中国政法大学精品系列教材
编审委员会

主　任：徐显明

副主任：张桂琳

委　员：（按姓氏笔画为序）

卞建林　　王人博　　王卫国　　王灿发

马怀德　　方流芳　　朱　勇　　乐国安

孙选中　　曲新久　　李传敢　　李树忠

李德顺　　李曙光　　张树义　　张桂琳

陈桂明　　周忠海　　莫世健　　徐显明

蔡　拓

中国政法大学精品系列教材

知 识 产 权 法

（第四版）

中国政法大学教材编审委员会 审定

主 编 冯晓青
副主编 （以撰写章节先后为序）
　　　　杨利华　陈丽苹　刘银良　佘力焓
　　　　周长玲　王晓艳　李玉香　罗　莉
　　　　刘　瑛　郑璇玉　陈　健　郝明英

中国政法大学出版社
2024・北京

声　　明　　1. 版权所有，侵权必究。

　　　　　　2. 如有缺页、倒装问题，由出版社负责退换。

图书在版编目（CIP）数据

知识产权法 / 冯晓青主编. —4版. —北京：中国政法大学出版社，2024.3
ISBN 978-7-5764-1390-8

Ⅰ.①知… Ⅱ.①冯… Ⅲ.①知识产权法－中国－高等学校－教材　Ⅳ.①D923.4

中国国家版本馆CIP数据核字(2024)第058904号

出　版　者	中国政法大学出版社
地　　　址	北京市海淀区西土城路25号
邮　　　箱	fadapress@163.com
网　　　址	http://www.cuplpress.com（网络实名：中国政法大学出版社）
电　　　话	010-58908435(第一编辑部) 58908334(邮购部)
承　　　印	北京鑫海金澳胶印有限公司
开　　　本	787mm×1092mm　1/16
印　　　张	49
字　　　数	1255千字
版　　　次	2024年3月第4版
印　　　次	2024年3月第1次印刷
印　　　数	1~3000册
定　　　价	138.00元

作者简介

冯晓青 法学博士、博士后，中国政法大学教授（二级）、博士生导师，知识产权法国家重点学科学术带头人，中国政法大学无形资产管理研究中心主任。兼任国家知识产权专家咨询委员会委员、中国法学会理事、中国法学会知识产权法学研究会副会长，中国知识产权研究会副理事长、学术顾问委员会委员暨高校知识产权专业委员会副主任委员，最高人民法院案例指导工作专家委员会委员、最高人民法院知识产权司法保护研究中心研究员、上海法院特聘教授、中国国际经济贸易仲裁委员会网上争议解决中心专家、世界知识产权组织（WIPO）仲裁与调解中心专家、北京恒都律师事务所高级法律顾问暨兼职律师、北京盈科律师事务所专家顾问、北京环世知识产权诉讼研究院院长，以及南京、长沙、淄博、焦作仲裁委员会仲裁员等。加拿大温哥华英属哥伦比亚大学法学院访问学者。出版《知识产权法利益平衡理论》《知识产权法哲学》《企业知识产权战略》《知识产权保护论》《知识产权法学》等个人专著十余部，主编三十余部，在《法学研究》《中国法学》等 CSSCI 刊物发表论文百余篇，在国外发表英文论文二十篇，主持国家社科基金重大项目两个、一般项目一个，先后获得第二届全国十大杰出中青年法学家提名奖、教育部新世纪优秀人才支持计划学者、首批国家知识产权专家库专家、首批全国知识产权领军人才、国家百千万人才工程"有突出贡献中青年专家"、享受国务院政府特殊津贴专家、中宣部文化名家暨"四个一批"人才以及国家高层次人才特殊支持计划（"万人计划"）哲学社会科学领军人才等荣誉。举办学术网站"知识产权学术与实务研究网"以及新浪微博、微信公众号"冯晓青知识产权"。

刘银良 法学博士、博士后，北京大学教授、博士生导师，北京大学科技法研究中心主任。曾在中国政法大学知识产权法研究所工作多年。在《中国社会科学》《法学研究》《中国法学》《法学》《中外法学》《环球法律评论》以及 IIC、EIPR 等国外刊物发表中英文论文五十余篇。出版《知识产权法》《信息网络传播权问题研究》《国际知识产权政治问题研究》等专著和教材。主持国家社科基金项目等重要项目。

杨利华 法学博士，中国政法大学教授、博士生导师，中国法学会知识产权法学研究会理事、中国知识产权研究会理事。出版《美国专利法史研究》《中国知识产权思想史》等专著，在《中外法学》《现代法学》《法学评论》《比较法研究》《知识产权》《社会科学战线》《科学管理研究》《月旦民商法杂志》《中国法律》（中英文）以及 Journal of the Copyright Society of the USA（SSCI）等国内外中英文专业核心期刊发表论文三十多篇。主持国家社科基金项目、司法部国家法治与法学理论研究项目、北京市社科基金项目各一项，参与国家社科基金重大项目、重点项目以及国家重点研发计划研究五项。

李玉香 法学博士，中国政法大学教授、硕士生导师。兼任中国科学技术法学会知识产权司法鉴定中心主任、商务部海外维权专家、中国法学会知识产权法学研究会理事。发表专业论文五十余篇；独著及与他人合作出版著作五部；主编或参编知识产权相关教材、司法考试教材等法学教材及其辅导书籍七部；独自承担或者与他人合作完成国家级、省部级科研项目十余项。

陈丽苹 法学博士，中国政法大学教授、硕士生导师，中国政法大学知识产权研究中心副主任，中国法学会知识产权法学研究会理事，美国密执安大学访问学者。独著《专利法律制度研究》，主编和参编《知识产权法》《知识产权法教程》等著作与教材十余部。在《中国法学》《政法论坛》《中国人民大学学报》等专业期刊上发表论文多篇。

刘　瑛 法学博士，中国政法大学教授，中国政法大学知识产权研究中心执行主任、中国政法大学品牌与社会信用研究中心主任，中国科学技术法学会执行秘书长、北京知识产权研究会副会长、北京知识产权法研究会副会长、北京信用学会副会长、中国法学会知识产权法学研究会理事，南京、广州、天津、西安、合肥等仲裁委员会仲裁员。2005年创立中国高校首个知识产权法律诊所并担任负责人。主持、参与司法部、科技部、国家知识产权局和中宣部版权管理局等委托课题二十余项。出版专著《企业信用法律规制研究》《知识产权法律诊所之运行研究》《知识产权信用体系与科研诚信》等。

周长玲 法学博士，中国政法大学教授、硕士生导师，中国政法大学企业知识产权保护与管理研究中心主任、北京市网络法学研究会秘书长，美国佛蒙特法学院访问学者、韩国首尔大学访问学者，中国国际经济贸易仲裁委员会仲裁员，上海法院特聘教授、三亚崖州湾海外知识产权保护联盟专家委员会特聘专家。出版专著《专利法生态化法律问题研究》《知识产权国际条约研究》，参编《知识产权法学》《知识产权法教学案例》等，在《政法论坛》《法制与社会发展》等重要专业刊物发表论文多篇。

罗　莉 法学博士（德国科隆大学），广东工业大学法学院"百人计划"特聘教授，兼任中国知识产权法学研究会理事，国家知识产权战略专家库专家，最高人民法院知识产权案例指导研究（北京）基地专家咨询委员会委员等。曾先后在中国政法大学、中国人民大学任教多年。出版德文专著一部、译著一部，以中英文在《中国社会科学》《法学》《法学评论》《法律科学》《政治与法律》《现代法学》《月旦法学》、

EIPR，Comparative Law Journal of the Pacific 等国内外学术期刊发表数十篇论文，主持国家社科基金、国家自科基金委中德科学中心、教育部和司法部等多个项目。

陈　健　法学博士，中国政法大学副教授、硕士生导师，知识产权法研究所副所长。独著《商业方法专利研究》《知识产权权利制度研究》《网络环境下的知识产权制度变迁》等专著五部，在《法律科学》《暨南学报（哲学社会科学版）》等核心期刊上发表论文数十篇，担任两项教育部重大社科课题子项目负责人，主持、参与国家知识产权局、司法部等部级课题十余项。兼任中国科技法学会常务理事，北京仲裁委员会仲裁员，韩国汉城大学法学院访问学者。

郑璇玉　法学博士，中国政法大学副教授、知识产权法研究所副所长、硕士生导师。韩国高等教育财团 ISEF 基金获得者，美国哥伦比亚大学、韩国西江大学访问学者，兼任中国科技法学会理事。主持中央电视台、联合国教科文组织的知识产权项目，参与省部级课题多项，其中《北京市技术市场条例》课题获得省部级奖。出版《商业秘密的法律保护》（独著）、《知识产权法概论》（副主编）等多部著作。在《法学家》《知识产权》《新亚洲论坛》、Asian Research Network 等中外文期刊发表论文多篇。

佘力焓　法学博士，管理学博士后，中国政法大学副教授、硕士生导师。在《中国科技论坛》《科学管理研究》《科技进步与对策》等 CSSCI 刊物发表论文十余篇。主持国家自然科学基金项目、司法部国家法治与法学理论研究课题、北京市社会科学基金项目、北京市自然科学基金项目、中国博士后科学基金第九批特别资助项目及中央高校基本科研业务基金等科研项目。2016 年入选国家留学基金委（CSC）国际区域问题研究及外语高层次人才。

王晓艳　法学博士、博士后（均为英国），中国政法大学讲师、硕士生导师。国家公派出国留学基金获得者。在《知识产权》以及 Queen Mary Journal of Intellectual Property，Journal of World Trade 等 SSCI 收录期刊发表论文多篇，在牛津大学主持英国经济与社会研究委员会基金项目一项，主持国家社科基金青年项目一项、国家知识产权局软科学研究项目一项，参与斯坦福大学法学院与维也纳大学法学院联合项目，以及国内科研项目、咨询项目多项。

郝明英　法学博士、博士后，中国政法大学讲师，北京知识产权法研究会著作权法专业委员会委员、北京市文化娱乐法学会立法咨询与政府规制研究会委员。参编《网络知识产权法研究》等著作以及《知识产权法前沿问题研究》等教材；在《学海》《中国出版》《编辑之友》《湖南大学学报（社会科学版）》《澳门法政杂志》《台湾专利师》等期刊独立或合作发表论文多篇。参与并负责多项省部级知识产权研究课题，曾获2016年度电子行业优秀工程咨询成果三等奖。

编写说明

为了深化教学改革，提高教学质量，中国政法大学教材编审委员会组织中国政法大学长期从事教研的专家、学者，打造一套在全国有重大影响的中国政法大学精品系列教材。

本套教材力求适应高等教育教学改革的新要求，面向并体现21世纪高等教育的新思想和新观念，在内容上注意吸收国内外教育、科研的最新成果，正确阐述本学科的基本理论、基础知识，努力做到知识性、理论性和实践性的统一。具体地讲，本系列教材的编写力求体现以下特征：

一、权威性。本套教材的编写人员在专业领域中具有较高学术水准、丰富的实践经验和教学经验，从而确保了每种教材在本学科领域中具备权威影响力。

二、基础性。本套教材体现"三基"，即基本概念、基本理论和基本体系，保证传授知识的完整性和系统性。

三、新颖性。本套教材体现"三新"，即知识点新、法律法规（司法解释）新、体例新，给读者呈现出一道全新而前沿的知识盛宴。

四、实用性。本套教材注重理论和实践相结合，重视收集典型案例、整理资料索引、编写多种引导学生自测的思考练习。

五、针对性。本套教材主要是针对本科生撰写的，但对研究生入学考试和相关职业考试也有重要的参考价值。

本套教材编写体例上继承了传统教材的优点，做到科学、规范、统一，并力求有所创新，以适应新世纪高等教育发展的全新要求。

参与编写本套教材的人员，或为学界有重要影响的学科带头人，或为在各自领域有较大影响的学术骨干，或为学术研究中崭露头角的学科新秀，他们均是具有丰富教学经验的一线教师，深谙教育教学的特点与规律。本套教材即是他们在教学和研究领域长期钻研的结晶。

本套教材的出版虽经长期酝酿、反复推敲，但疏漏之处在所难免，希望读者不吝指正。

中国政法大学教材编审委员会
2007年8月

第四版说明

2021年9月，中共中央、国务院印发《知识产权强国建设纲要（2021—2035年）》（以下简称《知识产权强国建设纲要》），对于未来一段时期我国知识产权制度有效实施和战略运用进行了前瞻性的布局。当前，我国进入新发展阶段，正在深入推进知识产权强国建设。知识产权强国建设目标是建设具有中国特色、世界水平的知识产权强国。其中，加强知识产权人才培养、依托相关高校布局一批国家知识产权人才培养基地、开发一批知识产权精品课程等就是"建设促进知识产权高质量发展的人文社会环境"的重要措施。2022年10月召开的党的二十大报告则提出要"加强知识产权法治保障，形成支持全面创新的基础制度"。

知识产权法作为调整智力创造成果和工商业标记领域的重要法律，主要包括著作权法、专利法、商标法、商业秘密保护法，以及集成电路布图设计、植物新品种、商号、地理标志保护制度等内容。鉴于知识产权法的重要性，教育部已将其纳入普通高等学校法学专业必修的核心课程。

为适应法学本科教学及知识产权人才培养的需要，我们特组织了中国政法大学民商经济法学院、北京大学法学院、中国人民大学法学院的部分专家撰写了这部教材。本教材具有体系完整、内容充实、深入浅出等特点。除此之外，与国内同类教材相比，本教材最大的特色是其在理论性和实践性方面均具有十分突出的优势，其中特别表现在对知识产权法基础理论的阐述以及各章节对知识产权典型案例的介绍和分析方面。在知识产权法基础理论研究方面，本教材以十余万字的篇幅系统阐释了知识产权法的基本概念和原理，是国内知识产权法同类本科教材中对知识产权法基础理论阐释最为全面和深入的教材之一；在典型案例介绍和分析方面，第四版替换了第三版中的大部分案例，同时新增了部分经典案例（很多是各省级行政区最新的十大知识产权案例，此外还包括最高人民法院公布的指导案例、知识产权年度报告案例、公报案例、全国十大知识产权案例和50个重点案例，以及部分国外经典案例）。第四版介绍和分析的案例达到99个。学习本教材，不仅可以系统而全面地掌握知识产权法的基本概念和原理，而且能够在知识产权法理论素养培养与实践训练方面有很大的提高。

还需要指出的是，为便于读者在阅读本教材介绍和阐述的基本知识和原理及诉讼案件后进一步提升理论素养和实践运用能力，主编精选了主要来自近年法学创新网（CLSCI）和国外英文法学刊物的论文共计约200篇（其中英文论文约50篇）的题录信息，以及600多个典型案例（包括部分国外经典案例）的案号和案由，作为参考文献在教材正文中相应位置以"参见"的形式进行了标注。这些参考文献理论和实务价值极大。相信读者在学习和研究本教材基本知识和原理基础之上，即使是仅选择性地阅读和研究这些文献，也能大幅度提高知识产权法理论水平和实践运用能力。

本教材在2008年出版第一版后，受到包括广大法律专业本科生在内的各类读者的欢迎。但是，该书出版后不久，我国知识产权法律制度有了新的进展，特别是《中华人民共和国专利法》（以下简称《专利法》）进行了第三次修改。为此，该书在2010年进行了第一次修订，也就是该书第二版。第二版出版后，我国知识产权法律制度又有了进一步的发展，特别是2013年对《中华人民共和国商标法》（以下简称《商标法》）作了重大修改，该书在2015年进行了第三次修订。近年来，《专利法》《中华人民共和国著作权法》（以下简称《著作权法》）《商标法》以及相关的《中华人民共和国反不正当竞争法》（以下简称《反不正当竞争法》）又分别进行了修改。此外，相关知识产权司法解释、部门规章也被修订或新增。同时，国际知识产权保护也有了最新进展。为保持本书资料的新颖性、内容的丰富性和前瞻性以及思想的先进性，中国政法大学出版社决定出版该书第四版。

本书第四版，绝大部分编章内容由第三版作者完成、部分编章内容则增加了新的作者。本书修改稿初稿完成后，主编进行了统稿，调整和增加了典型案例及简要分析（见以下说明），增加了有关法律、行政法规和司法解释规定的内容及其解读，对第三版部分章节的内容和结构进行了优化，并最后定稿。

本书第四版各编章作者分工如下：

冯晓青：第一编，第五编第三十章第一至三节、第五节，第三十三章第五节之一（一）3. 以及（二）；第三十六章第二节，附录（王晓艳老师对英文术语进行了核校工作），以及以下案例研讨：7-1~3（总第1~3）；8-4~7（总第7~10）；9-3~4（总第13~14）；10-1~4（总第15~18）；11-1（总第19）；12-1~2（总第21~22）：13-1~2（总第23~24）；14-1~4（总第25~28）；16-1~2（总第29~30）；17-2（总第32）；18-1~4（总第33~36）：19-1（总第37）；20-1~2（总第39~40）；21-1~3（总第41~43）；22-2（总第45）；22-4（总第47）：24-1~2（总第49~50）；25-1（总第51）；25-3~5（总第53~55）；26-2（总第57）；27-1~2（总第58~59）；28-1~2（总第60~61）：29-2~5（总第63~66）：29-8（总第69）：30-1~5（总第70~74）；31-2~3（总第76~77）；32-2~3（总第79~80）；33-2（总第82）；33-4~5（总第84~85）；34-1（总第86）；34-3~4（总第88~89）；35-2~3（总第91~92）；36-1~4（总第93~96）；40-1（总第97）；41-1~2（总第98~99）。

杨利华：第二编。

陈丽苹、刘银良：第三编（其中，第十六章第五节及第十八章第三节由冯晓青、郝明英完成）（本版修订人：冯晓青、佘力焓）。

周长玲：第四编第二十三至二十六章（第二十四章第六节除外）。
王晓艳：第四编第二十四章第六节。
李玉香：第四编第二十七至二十九章。
罗莉：第五编第三十一章。
刘瑛：第五编第三十二至三十五章。
郑璇玉：第五编第三十六章第一节。
陈健：第六编第三十七至四十二章。
郝明英：第六编第四十三章。

本书既可以作为高等院校法学专业的本科教材，也可供社会各界学习知识产权法选用。

值本书交付出版之际，适逢中国政法大学获准教育部第二批国家教材研究基地法学唯一被获批单位。本教材的出版，希望为该国家教材研究基地建设贡献一份力量。

由于作者水平有限，加之时间紧迫，仍然难以避免错漏，希望广大读者批评指正。

主编　冯晓青
2024 年 1 月

第三版说明

当前,知识产权法律制度日益重要。党的十八届三中全会即提出要加强知识产权的运用和保护,探索建立知识产权法院。十八届四中全会在史无前例地以"依法治国"为主题的报告中,也提出要加强知识产权的保护。

知识产权法作为调整智力创造成果和工商业标记领域的重要法律,主要包括著作权法、专利法、商标法、商业秘密保护法等内容。鉴于知识产权法的重要性,教育部已将其纳入普通高等学校法学专业必修的核心课程。

为适应法学本科教学及知识产权人才培养的需要,我们特组织了中国政法大学民商经济法学院、北京大学法学院、中国人民大学法学院的部分专家撰写了这部教材。本教材具有体系完整、内容充实、深入浅出等特点。除此之外,与国内同类教材相比,本教材最大的特色是其在理论性和实践性方面均彰显一定的优势,其中特别表现在对知识产权法基础理论的阐述以及各章节对知识产权典型案例(如最高人民法院公布的改革开放30年以来知识产权100个典型案例、最高人民法院近年知识产权年度报告案例、最高人民法院公布的全国十大知识产权案例)的介绍和分析方面。通过学习本教材,不仅可以掌握知识产权法的基本概念和原理,而且能在知识产权法理论素养的培养与实践训练方面有所提高。

本教材在2008年出版第一版后,受到包括广大法律专业本科生在内的各类读者的欢迎。但是,该书出版后不久,我国知识产权法律制度有了新的进展,特别是我国《专利法》进行了第三次修改。为此,该书在2010年进行了第一次修订,也就是该书第二版。第二版出版后,我国知识产权法律制度又有了进一步的发展,特别是2013年对《商标法》做了重大修改。为了保持本书资料的新颖性、内容的丰富性和前瞻性,中国政法大学出版社决定出版该书第三版。

本书第三版修订的重点是商标法部分,由李玉香教授和周长玲教授共同完成。著作权法、专利法和国际保护部分分别由杨利华副教授、陈丽苹教授和陈健副教授修订完成,其他部分由主编冯晓青教授修订完成。本书修改稿初稿完成后,主编进行了统稿,替换、增加了典型案例及简要分析,增加了有关司法解释规定的解读,并最后定稿。

本书第三版各编章作者分工如下:

冯晓青:第一编,第五编第三十章,附录。

杨利华:第二编。

陈丽苹、刘银良:第三编。

周长玲：第四编第二十三章至二十六章。
李玉香：第四编第二十七章至二十九章。
罗　莉：第五编第三十一章。
刘　瑛：第五编第三十二章至三十五章。
郑璇玉：第五编第三十六章。
陈　健：第六编。

　　本书既可以作为高等院校法学专业的本科教材，也可供社会各界学习知识产权法选用。
　　由于编者水平有限，加之时间紧迫，仍然难以避免错漏，希望广大读者批评指正。

主编　冯晓青
2015 年 1 月

目录

第一编 知识产权法总论

第一章 知识产权引论 ………………………………………………… 1
 第一节 知识产权的概念与范围 / 1
 第二节 知识产权与相关概念的关系 / 4
 第三节 知识产权的属性与特征 / 9

第二章 知识产权保护的产生及在当代的发展 ………………… 20
 第一节 知识产权保护的产生 / 20
 第二节 知识产权保护的发展阶段 / 23
 第三节 当代知识产权保护的主要特点 / 23
 第四节 知识产权制度发展的新趋势 / 26

第三章 知识产权侵权行为及其法律责任 ……………………… 34
 第一节 知识产权侵权行为及其界定 / 34
 第二节 知识产权侵权行为的法律责任 / 36

第四章 知识产权法概述 …………………………………………… 49
 第一节 知识产权法的概念、特征与调整对象 / 49
 第二节 知识产权法的适用范围 / 53
 第三节 知识产权法的地位和渊源 / 55

第五章 我国知识产权法概论 ……………………………………… 71
 第一节 我国知识产权法的沿革及其缘由 / 71
 第二节 我国知识产权法的基本原则 / 75
 第三节 我国知识产权制度的重要意义与作用 / 80
 第四节 我国知识产权制度的特点及其发展趋势 / 84

第六章 知识产权制度宗旨与价值构造 …………………………… 95
 第一节 知识产权制度宗旨 / 95
 第二节 知识产权制度的价值构造 / 97

本编拓展阅读书目 …………………………………………………… 106

第二编　著作权法

第七章　著作权法概述 ·· 107
　第一节　著作权与著作权法的概念　/ 107
　第二节　著作权制度的起源与发展　/ 109
　第三节　我国著作权制度的产生与发展　/ 111
　第四节　我国《著作权法》第三次修改　/ 115
　第五节　我国著作权法的原则　/ 119
　本章案例研讨　/ 124
　　基于公共领域素材创作的作品受著作权保护　/ 124
　　公共领域素材不受著作权保护　/ 125
　　思想与表达二分法在著作权侵权纠纷案件中的适用　/ 126

第八章　著作权的客体 ·· 128
　第一节　作品的概念及其构成要件　/ 128
　第二节　著作权法保护的作品　/ 133
　第三节　几种特殊的著作权客体　/ 144
　第四节　不适用著作权法保护的对象　/ 153
　本章案例研讨　/ 155
　　汇编类事实性作品应当在事实选择或编排上具有独创性　/ 155
　　相同设计思路和工艺方法不受著作权保护　/ 156
　　作品名称是否受著作权保护　/ 157
　　陶瓷元素是否存在独创性及实质性相似认定　/ 158
　　历史题材学术研究作品独创性及著作权侵权的判定　/ 160
　　公共领域表达再创作之独创性和实质性相似判定　/ 161
　　有限表达不受著作权保护　/ 162

第九章　著作权的主体 ·· 164
　第一节　著作权主体概述　/ 164
　第二节　不同作品的著作权归属　/ 168
　本章案例研讨　/ 176
　　缺乏证据支持不能证明音乐作品著作权归属和作者身份　/ 176
　　在民间曲调基础上改编完成的作品应尊重群体的署名权　/ 177
　　委托作品及法人作品的界定　/ 179

　　　　职务作品与非职务作品的区分及其著作权归属认定 / 180

第十章　著作权的内容 …………………………………………………… 182
　　第一节　著作权内容概述 / 182
　　第二节　著作权中的人身权 / 187
　　第三节　著作权中的财产权 / 193
　　本章案例研讨 / 201
　　　　合作作品著作权在共有人无法协商一致情况下的行使 / 201
　　　　播放他人短视频应尊重署名权、信息网络传播权和修改权 / 202
　　　　免费使用他人计算机软件应当遵循免费使用条件 / 203
　　　　NFT 数字藏品交易中侵害信息网络传播权的认定 / 205

第十一章　相关权 ………………………………………………………… 207
　　第一节　相关权概述 / 207
　　第二节　出版者版式设计专有权及相关权利 / 208
　　第三节　表演者权 / 210
　　第四节　录音录像制作者权 / 213
　　第五节　广播组织权 / 215
　　本章案例研讨 / 217
　　　　已履行侵害表演者权行为调解协议不能再主张权利 / 217
　　　　电视台擅自播放电视剧录像出版物构成著作权侵权 / 219

第十二章　著作权的利用与限制 ………………………………………… 220
　　第一节　著作权的利用 / 220
　　第二节　著作权的限制 / 226
　　本章案例研讨 / 239
　　　　教材适当引用的构成要件 / 239
　　　　著作权共有人之间相互侵害著作权的判定 / 240

第十三章　著作权集体管理 ……………………………………………… 242
　　第一节　著作权集体管理概述 / 242
　　第二节　我国著作权集体管理制度 / 244
　　本章案例研讨 / 245
　　　　著作权集体管理许可合同违约及其法律责任 / 245
　　　　音集协等著作权集体管理组织收费标准非侵权损害赔偿数额法定标准 / 247

第十四章　著作权的保护 ………………………………………………… 249
　　第一节　著作权侵权行为 / 249
　　第二节　侵犯著作权的法律责任 / 258

第三节　著作权民事诉讼　/ 271
　本章案例研讨　/ 280
　　网络服务提供者帮助侵权与合理注意义务的判定　/ 280
　　网络游戏作品独创性与实质性相似的判定　/ 281
　　基于传统题材创作的作品的著作权侵权认定　/ 283
　　实施捆绑销售、滥用技术措施不受法律保护　/ 284

本编拓展阅读书目 ·· 286

第三编　专利法

第十五章　专利法律制度概述 ·· 288
　　第一节　专利、专利权、专利制度与专利法的概念　/ 288
　　第二节　专利制度的起源与发展　/ 290
　　第三节　我国专利制度的产生与发展　/ 292

第十六章　专利权的客体 ·· 295
　　第一节　发明　/ 295
　　第二节　实用新型　/ 296
　　第三节　外观设计　/ 297
　　第四节　不受专利法保护的客体　/ 298
　　第五节　人工智能生成发明的可专利性　/ 300
　本章案例研讨　/ 303
　　利用科学发现制成的产品可以获得专利保护　/ 303
　　没有利用自然规律实现技术效果的专利申请不符合专利权客体的条件　/ 304

第十七章　专利权的主体 ·· 306
　　第一节　专利权主体概述　/ 306
　　第二节　发明人与设计人　/ 307
　　第三节　外国人　/ 308
　　第四节　发明创造的权利归属　/ 309
　本章案例研讨　/ 312
　　执行本单位的任务所完成的发明创造为职务发明创造　/ 312
　　职务发明创造权属纠纷中发明人确认之诉和权属之诉的并案审理　/ 314

第十八章　授予专利权的条件 ·· 316
　　第一节　发明和实用新型授予专利权的条件　/ 316

第二节　外观设计授予专利权的条件　/321

第三节　人工智能生成发明授予专利权条件的判定　/324

本章案例研讨　/325

新颖性判断中本领域惯用手段的直接置换的认定　/325

创造性判断明确发明实际解决的技术问题　/327

区别技术特征认定中对发明构思的考量　/328

具有一定缺陷的技术方案仍然可以具备实用性　/329

第十九章　专利权的取得 ……………………………………………… 331

第一节　专利申请文件　/331

第二节　专利申请的审查和批准　/335

第三节　专利申请复审、专利权无效和司法救济程序　/342

第四节　专利的国际申请　/344

本章案例研讨　/345

权利要求修改对同一专利多个无效宣告请求审查程序的影响　/345

缺乏创造性的实用新型专利权应被宣告无效　/347

第二十章　专利权的内容 ………………………………………………… 349

第一节　专利权人的权利　/349

第二节　专利权人的义务　/353

本章案例研讨　/356

发明专利许可合同效力及履行情况的认定　/356

专利恶意诉讼主观恶意的认定及反赔问题　/357

第二十一章　专利权的限制 ……………………………………………… 359

第一节　不视为侵犯专利权的行为　/359

第二节　指定许可　/362

第三节　开放许可　/363

第四节　强制许可　/365

本章案例研讨　/367

专利侵权纠纷案件中适用权利穷竭原则的限制　/367

实用新型专利侵权纠纷案件先用权抗辩的判定　/369

现有技术抗辩基础事实的合法性判断　/370

第二十二章　专利权的保护 ……………………………………………… 372

第一节　专利权的保护范围　/372

第二节　专利侵权行为及其判定　/378

第三节　专利侵权的法律责任　/383

第四节 专利诉讼 / 389

本章案例研讨 / 397

被告产品技术特征未覆盖专利权利要求全部技术特征不构成专利侵权 / 397

药品专利链接纠纷案中等同侵权与禁止反悔原则的适用 / 398

外观设计专利侵权以外观设计产品相同或者相似为前提 / 399

侵权和解后再次销售相同侵权产品的惩罚性赔偿责任 / 400

专利权人与侵权人的事先约定可以作为确定专利侵权损害赔偿数额的依据 / 401

本编拓展阅读书目 404

第四编 商标法

第二十三章 商标法概述 405

第一节 商标的概念、特征与类型 / 405

第二节 商标的功能和作用 / 409

第三节 商标与其他商业标志 / 411

第四节 商标制度的起源和发展 / 413

第二十四章 商标权的取得 417

第一节 商标权的取得方式 / 417

第二节 商标注册的条件 / 418

第三节 商标注册的原则 / 427

第四节 商标注册申请 / 431

第五节 商标注册申请的审查与核准注册 / 433

第六节 集体商标、证明商标的申请、审查与核准注册 / 438

第七节 商标国际申请 / 441

本章案例研讨 / 443

申请注册商标应合理避让他人在先商标 / 443

证明商标显著性的认定 / 444

第二十五章 商标权的内容 446

第一节 商标权的概念 / 446

第二节 商标权人的权利 / 447

第三节 商标权的期限与续展 / 448

第四节 商标权的限制 / 450

  本章案例研讨 / 452
  商标侵权纠纷案件中在先使用的判定 / 452
  使用"沁州黄"通用名称不构成侵害"沁州"注册商标专用权 / 454
  利用他人注册商标中表明商品受众特点的常用词汇构成叙述性合理
   使用 / 455
  注册商标中地名的正当使用受法律保护 / 457
  商标侵权纠纷案件中权利穷竭原则的适用 / 458

第二十六章 商标权的利用 …………………………………………………… 460
  第一节 注册商标的使用 / 460
  第二节 注册商标使用许可 / 461
  第三节 注册商标的转让 / 464
  第四节 注册商标利用的其他方式 / 466
  本章案例研讨 / 467
  尚未获得注册的商标的许可使用合同是否有效 / 467
  重复授权许可时未经备案不得对抗善意第三人 / 469

第二十七章 商标权的终止 …………………………………………………… 471
  第一节 商标权的终止概述 / 471
  第二节 注册商标无效宣告制度 / 473
  第三节 注册商标的撤销与注销制度 / 478
  本章案例研讨 / 480
  通过使用获得"第二含义"的注册商标不应被宣告无效 / 480
  连续三年公开、真实、有效的商标商业使用的认定 / 482

第二十八章 商标管理 ………………………………………………………… 484
  第一节 商标管理概述 / 484
  第二节 注册商标的使用管理 / 485
  第三节 对未注册商标使用的管理 / 490
  第四节 商标印制管理 / 490
  本章案例研讨 / 492
  市场监管部门依法对不构成正当使用的商标侵权行为处罚决定应予以
   维持 / 492
  销售假冒注册驰名商标商品的侵权行为行政处罚决定应予以维持 / 494

第二十九章 商标权的保护 …………………………………………………… 496
  第一节 商标权保护概述 / 496
  第二节 商标权的保护范围 / 497

第三节　商标侵权及其法律责任　/ 498

第四节　商标诉讼　/ 513

第五节　驰名商标的特殊保护　/ 517

本章案例研讨　/ 522

商标不相同也不近似不构成侵权　/ 522

在先行政处罚不影响民事侵权责任的认定　/ 524

注册商标专用权的保护不能排除他人对相关标识的正当使用　/ 525

同一案件商标侵权赔偿数额多种计算方式之适用　/ 527

以非善意取得的商标权对他人的正当使用行为提起商标侵权之诉构成
权利滥用　/ 528

在同一种商品上使用与注册商标相同的商标情节严重的构成假冒注册商
标罪　/ 530

获得显著性的未注册商标可被认定为未注册驰名商标　/ 531

注册驰名商标跨类保护的认定　/ 532

本编拓展阅读书目　……………………………………………………………… 534

第五编　其他知识产权

第三十章　制止不正当竞争权 …………………………………………………… 536

第一节　不正当竞争行为的概念和特征　/ 536

第二节　反不正当竞争法及其与知识产权单行法的关系　/ 539

第三节　与知识产权有关的不正当竞争行为　/ 543

第四节　对涉嫌不正当竞争行为的调查　/ 550

第五节　不正当竞争行为的法律责任　/ 551

本章案例研讨　/ 555

销售仿冒商品的行为构成不正当竞争　/ 555

商业诋毁行为的认定　/ 556

存在竞争关系经营者之间商业宣传行为构成不正当竞争的认定　/ 557

企业字号与在先注册商标冲突构成不正当竞争的认定　/ 558

技术手段抓取平台公开和非公开数据不正当竞争认定　/ 560

第三十一章　商业秘密权 …………………………………………………………… 562

第一节　商业秘密保护概论　/ 562

第二节　商业秘密法律保护的客体及其构成要件　/ 567

　　　　第三节　侵犯商业秘密的法律救济　/ 572
　　　本章案例研讨　/ 580
　　　　通过公开渠道可直接获取的信息不构成商业秘密　/ 580
　　　　约定保密期限届满后的保密义务　/ 581
　　　　商业秘密侵权惩罚性赔偿标准的适用　/ 583

第三十二章　**集成电路布图设计权** ·· 585
　　　第一节　集成电路布图设计保护概述　/ 585
　　　第二节　集成电路布图设计知识产权保护及其意义　/ 586
　　　第三节　集成电路布图设计权的客体、主体及归属　/ 588
　　　第四节　集成电路布图设计的登记　/ 590
　　　第五节　集成电路布图设计权的内容、限制、期限与终止　/ 591
　　　第六节　侵犯集成电路布图设计权的法律责任　/ 595
　　　本章案例研讨　/ 597
　　　　集成电路布图设计专有权侵权纠纷的行政处理　/ 597
　　　　直接复制集成电路布图设计中具有独创性的部分构成侵害布图设计
　　　　　专用权　/ 598
　　　　销售侵犯集成电路布图设计权的芯片的侵权认定　/ 599

第三十三章　**植物新品种权** ·· 602
　　　第一节　植物新品种保护概述　/ 602
　　　第二节　植物新品种权的取得　/ 604
　　　第三节　品种权的内容、归属与限制　/ 608
　　　第四节　植物新品种权的期限、终止和无效　/ 612
　　　第五节　植物新品种权的保护　/ 613
　　　本章案例研讨　/ 620
　　　　实质性参与合作育种者应享有合作育种者资格　/ 620
　　　　植物品种特异性判断中已知品种的确定　/ 621
　　　　未经许可销售授权品种侵害植物新品种权　/ 623
　　　　侵害无性繁殖植物新品种权的判定及许可替代停止使用方式的适用　/ 624
　　　　"农民自繁自用"例外的认定　/ 625

第三十四章　**商号权与地理标志权** ·· 627
　　　第一节　商号权　/ 627
　　　第二节　地理标志权　/ 632
　　　本章案例研讨　/ 640
　　　　未经许可继续使用原股东企业名称的行为构成不正当竞争　/ 640

地理标志证明商标专有权的界限 / 641
地理标志证明商标是否属于通用名称的认定 / 642
地理标志证明商标侵权的认定 / 644

第三十五章　域名权 ……………………………………………………………… 646

第一节　域名概述 / 646
第二节　域名的法律性质及特性 / 647
第三节　域名与商标的联系和区别 / 649
第四节　域名纠纷的解决机制 / 650

本章案例研讨 / 654

网络域名权属的界定 / 654
域名使用侵害驰名商标权及不正当竞争的认定 / 655
计算机网络域名侵犯商标权案件中对类似服务与商标标识近似的判断 / 657

第三十六章　非物质文化遗产与传统知识保护 ……………………………… 659

第一节　非物质文化遗产保护 / 659
第二节　传统知识的保护 / 667

本章案例研讨 / 672

民间文学艺术衍生作品的表达受著作权法保护 / 672
基于改进民间药方的发明创造专利申请权归属的界定 / 674
非物质文化遗产传承、发展和保护不排除注册商标保护 / 675
使用民间手工棉纺织品通用名称"鲁锦"不构成侵害商标权 / 676

本编拓展阅读书目 ……………………………………………………………… 679

第六编　知识产权的国际保护

第三十七章　知识产权国际保护概述 ………………………………………… 680

第一节　知识产权国际保护的产生和发展 / 680
第二节　世界知识产权组织 / 682

第三十八章　巴黎公约 ………………………………………………………… 685

第一节　巴黎公约的产生与发展概况 / 685
第二节　巴黎公约的保护范围 / 685
第三节　巴黎公约的基本原则 / 686
第四节　巴黎公约的共同规则 / 688

第三十九章　著作权国际保护 ······ 692

第一节　伯尔尼公约 / 692

第二节　世界版权公约 / 697

第三节　罗马公约 / 699

第四节　世界知识产权组织版权条约与表演和录音制品条约 / 701

第四十章　专利权国际保护 ······ 704

第一节　专利合作条约 / 704

第二节　布达佩斯条约 / 706

本章案例研讨 / 707

涉外专利民事纠纷案件管辖的适当联系原则 / 707

第四十一章　商标及相关标志的国际保护 ······ 709

第一节　马德里协定及议定书 / 709

第二节　尼斯协定 / 712

第三节　其他有关商标和相关标志的国际公约 / 713

本章案例研讨 / 714

涉外定牌加工案件中商标正当使用的判定 / 714

涉外定牌加工行为的商标侵权判定 / 716

第四十二章　与贸易有关的知识产权协议 ······ 718

第一节　TRIPs 协议的产生背景 / 718

第二节　TRIPs 协议的目标和基本原则 / 720

第三节　TRIPs 协议保护的领域 / 722

第四节　知识产权执法 / 729

第四十三章　知识产权国际保护的最新发展 / 733

第一节　区域全面经济伙伴关系协定中的知识产权制度 / 733

第二节　全面与进步跨太平洋伙伴关系协定的知识产权制度 / 735

本编拓展阅读书目 ······ 738

附录一　知识产权法重要名词、术语及中英文对照 ······ 739

附录二　主要知识产权国际公约名称中英文对照 ······ 755

第一编 知识产权法总论

第一章 知识产权引论

> **本章提要**
>
> 本章主要阐述和探讨以下内容：知识产权的涵义及其与无形财产权、信息产权、数据产权、工业版权和商品化权等概念的关系，知识产权的范围，知识产权的属性与特征。本章的重点是知识产权的概念、属性与特征。
>
> 本章将着重分析知识产权的基本内涵，知识产权的无形性、民事权利性（私权性）、法定性、人身权与财产权的融合性、社会性与人权属性等属性以及专有性、地域性与时间性等特征。本章的难点是对知识产权与相关概念的区分。

第一节 知识产权的概念与范围

"知识产权"，是知识产权法学的基本概念，是现代私法中一项十分重要的权利，属于与人身权、物权、债权并列的民事权利。

知识产权在英文中被称作"intellectual property"，在德文中被称作"Geistidesseigentum"。据考证，将一切来自知识活动领域的权利统称为知识产权最早是由17世纪法国学者卡普左夫提出的，后来为比利时法学家皮卡弟所发展。不过，直到20世纪60年代，包括法国在内的一些知识产权制度比较发达的国家一般并不使用"知识产权"这一概念，而多称"无形产权"。例如，在18世纪产生"知识产权"这一术语的德国，为避免人们将知识产权与有体财产混淆，在20世纪初反而不使用"知识产权"这一概念，而更多地以"无形产权"取代。[1] 但自1967年《成立世界知识产权组织公约》诞生后，"知识产权"逐渐成为国际上通行的法律术语。现在，"知识产权"这一概念在世界上已获得了普遍承认。

在我国，"知识产权"是个舶来品。1986年《中华人民共和国民法通则》（以下简称

---

[1] Geller 主编：《国际版权的法律与实践》，MatthenBender出版社1996年版，瑞士篇。

《民法通则》，已失效）颁布以前，我国法学界长期使用"智力成果权"的表述。英文"intellectual property"也被翻译成"智力成果""精神财产""知识成果财产权"等。《民法通则》颁行后，尤其是随着我国知识产权法治的健全，"知识产权"作为一个专门法律术语被普遍接受。[1]

一、知识产权的概念

关于知识产权的概念，各国认识不尽相同，国内学者的观点也不大一致。在20世纪80年代-90年代，一种有代表性的观点认为："知识产权是基于智力的创造性活动所产生的权利"[2]或"知识产权指的是人们可以就其智力创造的成果所依法享有的专有权利"[3]等。

上述定义的实质是将智力成果权直接置换为知识产权，它存在两方面的不足：一方面，有混淆智力成果权与知识产权之嫌，因为智力活动直接产生的并不是法律上的某项权利，而只是某种智力成果，而且并非所有的智力成果都能作为知识产权的客体受到法律保护，能够作为知识产权客体的只是智力成果的一部分，即使是纳入知识产权客体的某项智力成果，也必须由国家主管机关依法确认才能赋予其创造者以某种知识产权[4]；另一方面，该概念的外延不够周全，因为它未涉及知识产权中另一个重要客体——商业标志。

随着我国知识产权法治建设的发展，人们对知识产权概念的认识水平也在不断提高。近些年来，学者们比较重视从扩大概念外延的角度给"知识产权"下定义。其中，比较有代表性的观点是我国著名知识产权法专家刘春田教授、吴汉东教授的观点。例如，刘春田教授主张："知识产权是基于创造成果和商业标记依法产生的权利的统称"[5]这一表述具有如下特点：①智力成果概念使之与智力劳动概念划清了界限，仅有智力劳动而没有智力劳动成果并不产生知识产权，将知识产权界定为基于智力劳动而产生的权利不够确切；②"创造性智力成果"的概念使之将非创造性的智力成果排除在知识产权的保护对象之外；③知识产权之所以被划分为创造性智力成果权和工商业标记权，是因为作为财产权，这两者的价值来源截然不同，创造性智力成果权的概念不能涵盖工商业标记权的内容。[6]吴汉东教授也有类似观点。他认为，知识产权是人们对于自己的智力活动创造的成果和经营管理活动中的标记、信誉所依法享有的权利。[7]应当说，这些关于知识产权概念的观点更为全面与合理。

一般地说，知识产权是指在科学、技术、文化、艺术、工商等领域内，智力创造成果的完成人、所有人或工商业经营活动中工商标志所有人依法享有的专有权利。[8]

---

[1] 我国台湾地区则至今仍使用"智慧财产权"的提法。
[2] 中国大百科全书总编辑委员会《法学》编辑委员会、中国大百科全书出版社编辑部编：《中国大百科全书·法学》，中国大百科全书出版社1984年版，第751页。
[3] 郑成思主编：《知识产权法教程》，法律出版社1993年版，第1页；黄勤南主编：《新编知识产权法教程》，中国政法大学出版社1995年版，第2页。
[4] 参见何敏：《知识产权客体新论》，载《中国法学》2014年第6期；李雨峰：《知识产权制度设计的省思——以保护对象的属性和利用方式为逻辑起点》，载《当代法学》2020年第5期。
[5] 《知识产权法学》编写组编：《知识产权法学》，高等教育出版社2022年版，第1页。
[6] 刘春田主编：《知识产权法》，中国人民大学出版社2002年版，第6页；参见刘春田：《知识财产权解析》，载《中国社会科学》2003年第4期。
[7] 吴汉东主编：《知识产权法》，中国政法大学出版社1999年版，第4页。
[8] 冯晓青、杨利华主编：《知识产权法学》，中国大百科全书出版社2008年版，第4页。

二、知识产权的范围

知识产权的范围有广义与狭义之分。

按照早期一些学者的观点,如果知识产权等同于智力成果权,那么一切人类智力劳动成果都可以被列入知识产权的范围。这种广义的"知识产权",也是《成立世界知识产权组织公约》第2条第8项所划定的范围,即知识产权包括:①关于文学、艺术和科学作品的权利;②关于表演艺术家的演出、录音和广播的权利;③关于人类努力在一切领域内的发明的权利;④关于科学发现的权利;⑤关于工业品外观设计的权利;⑥关于商标、服务商标、厂商名称和标记的权利;⑦关于反不正当竞争的权利;⑧在工业、科学、文化或艺术领域内其他一切来自智力活动的权利。

上述第①项属于著作权,第②项属于邻接权或相关权,第③项至第⑦项属于工业产权。根据该公约的上述规定,知识产权涉及人类一切智力创造成果,这就将知识产权概念的外延无限制地扩大了。实际上,没有哪一个国家将所有智力成果都纳入知识产权的保护范围。

进一步说,对于该公约划定的上述范围,更主要的分歧在于"科学发现"是否应包含在知识产权范围之内。持肯定观点的人认为,"发现"无可争议的是智力活动,应享有知识产权有关的权利,何况我国1986年的《民法通则》已有明确规定。更多的人则认为,将科学发现权视为知识产权不大合理,因为科学发现作为对物质世界中尚未认识的现象、性质或规律能够证明的认识,其本身不能予以直接应用,不具有财产性质,人们承认科学发现者的人身权利及获取奖励的权利,并非赋予智力成果以专有使用权,而知识产权具有财产权的性质。迄今为止,其他国家或地区法律或国际条约均未授予科学发现以财产权利。

如果不从广义的角度认识,知识产权的范围可以按照世界贸易组织(WTO)的《与贸易有关的知识产权协议》(以下简称TRIPs协议)第二部分的规定划分,其范围是:①著作权(版权)与邻接权;②商标权;③地理标记权;④工业品外观设计权;⑤专利权;⑥集成电路布图设计(拓扑图)权;⑦未公开信息专有权。

实际上,在TRIPs协议生效前,1992年国际保护工业产权协会(AIPPI)在东京大会上对知识产权从广义上作了划分,即知识产权包括"创造性成果权利"和"识别性标记权利"两类。前者分为发明专利权、植物新品种权、集成电路权、Know-how权、[1]工业品外观设计权、著作权、软件权;后者分为商标权、商号权、其他与制止不正当竞争有关的识别性标记权。这种分类的意义是非常明显的,但联系到前面关于知识产权的概念界定,需要明确识别性标记中"商标""商号""原产地名称"如何体现知识产权意义上的"创造性劳动"以及为何应划入知识产权的范围。其关键在于,经营者在选定并使用了某种特定标识后,通过不同于(或高于)同类竞争者的广告宣传、打通销售渠道等促销活动,使有关标记在市场上建立一定的信誉或商誉,这体现了一定程度的创造性劳动;最根本的是,经营者通过自己的经营方式,保证所提供的商品或服务的质量,从而使自己的商标、商号具有稳定的、不断上升的价值。[2]

以上是对广义知识产权进行的讨论。从狭义或传统角度看,知识产权包括工业产权与著作权两类。

---

[1] "Know-how"英文本义指"知道怎么做",通常翻译为"技术诀窍""技术秘密",也有翻译为"专有技术"的。不过,"专有技术"的提法并没有体现其本义。

[2] 郑成思:《知识产权法》,法律出版社2003年版,第7页。

1. 工业产权（Industrial property）。这是指工业、农业、商业、林业、建筑业及其他产业中具有实用经济意义的一种无形财产权。这里的"工业"不限于狭义的制造业，而涉及广泛的产业领域，故又有"产业产权"之说。工业产权中的"产权"（Property）一词的英文含义指财产，这一概念的原意即工业财产，但它不是指动产、不动产之类的财产，而是指发明创造、商标及其他商业标记等——这些客体依法被赋予相应的与财产权类似的专有权，故而称"工业产权"。一般认为，工业产权中都包含专利权与商标权，至于其中作为智力创造成果而依法成为专有权的制止不正当竞争权，主要是针对专利权中保护不到的Know-how权以及商标权中难以包含的禁止假冒他人产品的权利。[1]

根据《保护工业产权巴黎公约》（以下简称《巴黎公约》）的规定，工业产权的保护客体有专利、实用新型、工业品外观设计、商标、服务标记、厂商名称（商号）、产地识别标记（货源标记和原产地名称）以及制止不正当竞争等。当代国际贸易实践表明，制止不正当竞争、保护正当的知识产权贸易活动在知识产权国际贸易领域显得更为重要。将制止不正当竞争列入工业产权范畴，有其合理之处。不过，这方面至今仍存在一些争议。

2. 著作权（Copyright）。又称版权，是关于文学、艺术和科学作品的创作者和传播者所享有的专有权利。当然这是从广义的角度来说的，即广义的著作权包括作者权和邻接权（又称相关权或作品传播者权），它将具有原创性的作品及传播这种作品的媒介纳入其保护范围。狭义的著作权仅指作者或其他著作权人对作者创作的文学、艺术和科学作品所享有的专有权利。

总的说来，传统的知识产权主要包括专利权、商标权与著作权，这是各国无论在理论上还是实践中都达成共识的，也是世界各国知识产权普遍保护的范围。这三大类也确实是知识产权的核心内容，故也是本书分析和研究的重点。

第二节 知识产权与相关概念的关系

一、知识产权与无形财产权

法律所要保护的财产分为有形财产与无形财产。有形财产包括动产与不动产，是财产所有权的客体。一般认为，知识产权属于无形财产范畴。"无形财产"的概念首先是由美国经济学家托尔斯·本德在19世纪末提出的。广义的无形财产包括专利、商标、著作权、工业品外观设计、厂商名称、服务标记、产地识别标记、商业秘密、专营权、特许权、代理权、场地使用权等。有学者甚至认为无形财产还应包括以股票为核心，债券及其他有价证券、商业票据在内的债券和票据。不过，从法律意义上讲，无形财产大致分为以下几类：

1. 创造性成果权，包括著作权、专利权、商业秘密权、集成电路布图设计权、植物新品种权等。这类权利保护的对象是人们智力活动创造的成果，这类成果获得法律保护应具备一定程度的创造性。

2. 经营性标记权，包括商标权、商号权、货源标记权、原产地名称权、其他与制止不正当竞争有关的识别性标记权等。这类权利主要作用于工商业活动中，权利客体应具有可识别性，法律保护的基点也在于阻止他人对权利人标记的仿冒。

3. 经营性资信权，包括特许专营权、特许交易资格、商誉权等。该权利的保护对象是

---

[1] 郑成思：《知识产权法》，法律出版社2003年版，第8页。

工商企业所获得的优势与信誉。[1]

由此可见,知识产权构成了无形财产权的重要组成部分。在英美法系国家,知识产权被称为"无形准动产";在大陆法系国家,知识产权则被称为"以权利为标的的物权"。这些都反映了知识产权作为无形财产权区别于有形财产权的特点。例如,与有体财产一样,无形财产也是劳动的产物,具有价值和使用价值,但其价值量不取决于生产它的社会必要劳动时间,而取决于其转化的社会效益、经济效益和被人们实际利用的程度。关于知识产权的无形财产权属性,下面还将继续讨论。

二、知识产权与信息产权

当代社会已进入信息社会,而社会信息化成为信息社会的主要标志。信息化社会中,信息本身成为人们不可或缺的财产,在社会生活中的作用越来越重要,这就需要制定专门的财产性信息保护法,并赋予信息以"信息产权"。知识产权与信息密切相关,其涉及的财产是无形的知识信息,知识产权本身可被理解为对某些知识和信息所享有的权利。[2] 从信息产权的角度看,知识产权可以被包容在信息产权这一更广泛的概念中。以专利而论,各国专利申请中的专利说明书构成了新技术信息的主要内容,专利法保护的"新的技术方案"体现了信息专有权。就商标而言,商标法保护的是指示商品或服务来源的识别性标记。商标作为区别商品经营者或服务提供者不同商品或服务来源的标记,本身成为区别商品或服务来源的重要信息,成为市场上重要的直觉信息源。著作权保护的是文学、艺术和科学领域思想的独创性表达,作为保护财产性信息的法律,著作权法被视为知识产权法诸分支的先导和信息保护法的中心。[3]

长期以来,知识产权被局限在一般的工业产权与著作权的范围,并未延及"信息产权"的保护。从国际上看,只有TRIPs协议明确将"未披露过的信息专有权"列入知识产权范围,可谓在知识产权立法上开创了先河。但是,随着计算机技术、网络技术的发展,对计算机存储数据、电子数据库保护等的立法已突破传统的知识产权保护框架,而更接近于对信息产权的保护。1996年的《欧盟关于数据库保护指令》对无独创性的数据库提供"特殊权利"保护即是一例。可以预料,信息技术的蓬勃发展,会使知识产权的范围在信息社会中被大幅度扩展,知识产权法不仅不会在信息化社会中被淹没,反而将在推动社会信息化过程中发挥更加重要的作用。

三、知识产权与数据产权

随着信息网络技术的迅猛发展,大数据、云计算、人工智能、区块链等新兴技术的推广与运用,人类进入大数据时代。在大数据时代,数据的生产、储存、传播、利用、交易和再生产,不仅成为一种新的商业模式,而且构成市场经济主体获得竞争优势的战略性手段。[4] 人工智能技术及其产业的发展,则在很大程度上助推了数据价值的极大提升,以致数据作为市场经济中的新型生产要素而逐渐上升为国家的战略资源,并成为国家和地区数字经济发展的核心内容。在数据市场竞争十分激烈、数字经济成为经济增长重要引擎的背景下,近些年来我国在国家政策和制度层面加强了对数据保护、数据产权规范和促进数

---

[1] 吴汉东主编:《知识产权法》,中国政法大学出版社1999年版,第4页。
[2] 冯晓青:《知识产权法利益平衡理论》,中国政法大学出版社2006年版,第362页。
[3] 中山信弘、张玉瑞:《多媒体与著作权》,载《电子知识产权》1997年第5期。
[4] 冯晓青:《大数据时代企业数据的财产权保护与制度构建》,载《当代法学》2022年第6期。

经济发展措施的落实。2019年10月举行的党的十九届四中全会明确将数据纳入生产要素的范畴，并将之与土地、劳动、资本等传统生产要素并列。2020年10月，十九届五中全会通过的《中共中央关于制定国民经济和社会发展第十四个五年规划和二〇三五年远景目标的建议》明确提出要"建立数据资源产权、交易流通、跨境传输和安全保护等基础制度和标准规范，推动数据资源开发利用"。2021年10月9日，国务院发布的《"十四五"国家知识产权保护和运用规划》在"完善知识产权保护政策"部分，则明确提出要"健全大数据、人工智能、基因技术等新领域新业态知识产权保护制度。研究构建数据知识产权保护规则。"2022年12月发布的《中共中央 国务院关于构建数据基础制度更好发挥数据要素作用的意见》（以下简称《数据二十条》），则不仅明确了数据产权基础制度的总体要求，而且提出了"结构性分置的数据产权制度"的政策框架，尤其是"建立数据资源持有权、数据加工使用权、数据产品经营权等分置的产权运行机制"，从数据动态流动角度奠定了数据产权制度的基本构架，是指引我国数据产权制度构建极为重要的规定。在我国数据产业和数字经济蓬勃发展之际，如何界定和保护数据产权、调整数据关系、规范数据行为是当前数据产业和数字经济发展必须解决的重大问题。

根据《中华人民共和国数据安全法》第3条第1款规定，数据"是指任何以电子或者其他方式对信息的记录"。从数据概念的界定可以发现，尽管数据本身只是一个技术术语，但在信息网络和大数据技术迅猛发展时代，其承载着信息的功能和作用，数据的本质是对信息的记录，数据与信息之间具有十分紧密的联系。数据无论是以数字、文字还是其他形式呈现，都是对客观世界的记录和反映。在当前信息网络环境下，数据除了以传统的非电子形式存在，更多地体现为以电子形式存在和传输、加工、交易、利用。随着人工智能和大数据技术发展，数据越来越体现为机器可读信息，是人类信息的机器可读形式。数据承载了信息，是信息的载体。数据是对信息的描述，也是对信息的记录，其本质在于呈现客观事实。信息则是数据生产、存储和传播的意义所在。数据的外延小于信息，除了数据外，信息还可以通过其他媒介加以附载与传播。

关于数据产权或者数据资源产权问题，当前我国有关部门发布的政策文件和规范明确提出了从"产权"角度架构和发展的理念与思路。例如，2021年1月，中共中央办公厅、国务院办公厅印发《建设高标准市场体系行动方案》，提出要建立数据资源产权、交易流通、跨境传输和安全等基础制度与标准规范，推动数据资源的开发与利用。[1] 数据产权是通过一定的法律保护机制，尤其是设立财产权保护制度或者承认数据保护中的财产性利益，实现对数据利益关系的调整和数据生产者等数据利益主体权益的保护。数据产权首先需要解决数据的权属关系，明确围绕数据的生产、加工、存储、传播、交易、利用行为和行使权利过程中的权属与利益分配关系。在数据的生产、挖掘、流转、交易、利用等行为和行使权利过程中，会围绕数据产生相关的利益关系，数据产权需要针对不同利益主体配置相关权利与义务，相关制度安排离不开对数据权属关系的确认。从数据的生成和动态变化情况看，数据生产者、数据处理者、数据控制者等需要在数据产权安排上各得其所。数据产权也需要解决数据的有效保护问题，如何有效保护数据是数据产权制度的关键。

数据产权需要构建有效的产权制度加以保障。但是，数据产权安排并非类似于授予物

---

[1]《数据二十条》则提出要建立"构建适应数据特征、符合数字经济发展规律、保障国家数据安全、彰显创新引领的数据基础制度"。

权一样的绝对排他权利，而仍然是以激励数据生产和流转为宗旨，以数据控制权为核心。基于数据产权制度以促进数据有效开发利用为目的，数据产权制度还需要解决数据专用与数据分享、数据控制与数据传播、数据保护与数据利用之间的矛盾与冲突，平衡和协调围绕数据产生的各种利益关系，鼓励数据生产和利用。[1] 总体上，数据产权的法律构造，应当以明晰的产权结构作为基础，以激励数据开发和有效利用、促进数据生产和流通及其价值最大化作为制度建设的方向。[2]

在数据财产保护中，知识产权法是赋予法定权利的重要法律。2021年3月，国家知识产权局颁发《推动知识产权高质量发展年度工作指引（2021）》提出要研究制定大数据、人工智能、基因技术等新领域新业态知识产权保护规则。对数据财产的知识产权法保护，无论是从国内外学界的学术观点还是现行知识产权的立法规定，都可以得到充分理解。如有学者从大数据与知识产权出发，认为知识产权制度能够规范和保护大数据。[3] 国内也普遍认同数据财产的知识产权法保护。如有观点指出，数据与知识产权保护存在契合度，能够受到知识产权保护。[4]

将数据纳入知识产权法保护，可以理解为对数据市场规则的分配机制，尤其是数据控制与数据分享、数据保护与数据限制，其合理性源于数据与知识产权客体诸多共性。从本书的阐述可知，知识产权客体具有非物质性、非排他性、非消耗性等特点。基于此，知识产权制度不能像物权法律一样授予权利人对客体的排他性控制权，而只能在保障客体共享的前提下，以法律"拟制稀缺"的形式人为地赋予法定权利，以对客体的商业性使用和市场交易控制为重点，实现对知识产权人利益的保护。客体共享与客体之上的权利专有，是知识产权法的重要特点。当然，将数据纳入知识产权保护对象、以知识产权法保护数据的原因，并非完全限于数据与知识产权客体即信息的共通性。实际上，数据保护制度与知识产权法律制度两者存在相似的立法价值取向，尤其体现在利益平衡、激励创新、促进公平竞争、提高效率等价值目标中。[5]

关于知识产权法对数据财产的保护，还必须指出的是，并非所有的数据都适合于知识产权法保护，纳入知识产权法保护的数据应当符合知识产权客体的要件。如本书后面着重分析的，我国知识产权法律对于受保护的客体条件作了规定，只有符合这些法律的规定，才能受到相应知识产权法的保护。[6]

四、知识产权与工业版权

如前所述，工业产权与著作权的区分是传统知识产权的基本分类。随着《巴黎公约》和《保护文学和艺术作品伯尔尼公约》（以下简称《伯尔尼公约》）的诞生，并且越来越多的国家参加这两个公约，两者的分野更加明显。就调整功能而言，工业产权以应用在工

---

[1] 冯晓青：《数字经济时代数据产权结构及其制度构建》，载《比较法研究》2023年第6期。

[2] 冯晓青：《数据产权法律构造论》，载《政法论丛》2024年第1期。

[3] Daniel J. Gervais, "Exploring the Interfaces Between Big Data and Intellectual Property Law", *Journal of Intellectual Property*, Information Technology and Electronic Commerce Law, Vol. 10, Issue 1 (2019), pp. 3-19.

[4] 程建华、王珂珂：《再论数据的法律属性——兼评〈民法典〉第127条规定》，载《重庆邮电大学学报（社会科学版）》2020年第5期；另参见刘鑫：《大数据时代数据知识产权立法的理据与进路》，载《知识产权》2023年第11期。

[5] 冯晓青：《知识产权视野下商业数据保护研究》，载《比较法研究》2022年第5期。

[6] 冯晓青：《数据财产化及其法律规制的理论阐释与构建》，载《政法论丛》2021年第4期。

商业领域的智力创造成果和工商业标志为保护对象，是在工商业领域可予利用的专有权；著作权以文学、艺术和科学领域的智力创作成果为保护对象，涉及文化、教育、科学研究等上层建筑领域。这两类权利的获得方式亦有所不同。在实践中，它们也是分别由不同部门加以管理的。从理论上讲，工业产权与著作权保护内容的侧重点也彼此不同：工业产权侧重于对智力创造内容的保护，如专利法侧重于保护实用技术领域的成果，而著作权侧重于智力创作成果的独创性表达形式。

但是，科学技术和社会经济的发展则打破了工商业领域与文化领域"泾渭分明"的格局。如果一种智力创造成果既需要在内容上获得保护，又需要在表现形式上获得保护，单靠工业产权或著作权某一方面进行保护就难以取得满意的效果，于是"工业版权"的概念应运而生。一些国家为弥补某些单一工业产品的工业产权保护或者著作权保护不足，突破了两者的传统分类，对工业产权与著作权交叉部分形成的"边缘保护成果"赋予一种新的权利——工业版权，其吸收了工业产权与著作权适合保护的内容。例如，受保护的对象要求具有专利法中的"新颖性"和著作权法中的"独创性"，权利保护期则低于著作权的保护期。

一般认为，工业版权保护对象主要有集成电路布图设计、工业品外观设计、计算机软件等。这些内容将在本书的相应部分进行介绍与研究。

五、知识产权与商品化权

商品化权（Merchandising right）是无形财产领域出现的一种新型权利形态，与知识产权有着十分密切的联系。它至今是个尚未定型的概念。例如，有人认为它是著作权人使用其作品的角色印刷于销售的商品上的专有权利；[1] 有人认为它是将能够创造大众需求的语言、名称、题目、标记、人物形象或这些东西的结合用于商品上使用或许可他人使用的权利；[2] 还有的学者将其称为形象权，认为"形象"包括真人的形象、虚构人的形象、人体形象等，这些形象付诸商业性使用的权利，称为形象权。[3] 在现有的商品化权研究中，虚构角色的商品化被讨论得最多。根据世界知识产权组织（WIPO）国际局公布的一份关于角色商品化权的研究报告，可将角色商品化定义为：为了满足特定顾客的需求，使顾客基于与角色的亲和力而购进这类商品或要求这类服务，通过虚构角色的创作者或自然人以及一个或多个合法的第三人，在不同商品或服务上加上或次要利用该角色的实质人格特征，如某个人的姓名、肖像、扮演形象、声音等。

在国外，角色商品化权受到保护的案例时有所见。例如，德国有两个案例涉及法国著名连环画中的角色"Asterix""Obelix"，法院判决角色的具体构图、风格受到保护；日本东京地方法院1976年5月26日对Sazae案件的判决也同样是对角色的保护。[4] 在美国，有关角色商品化权保护的案例也较多，如美国联邦法院判决的模仿迪斯尼滑稽剧案，以及复制"米老鼠""唐老鸭"卡通角色案，均体现了对角色商品化权的保护。这类案例的实质

---

[1] 梅慎实：《试论影视著作物中"虚构角色"商品化权之知识产权法保护》，载《版权参考资料》1989年第6期。

[2] 杨素娟、杜颖：《商品化权议》，载《河北法学》1998年第1期。参见杜颖、赵乃馨：《缓行中的商品化权保护——〈关于审理商标授权确权行政案件若干问题的规定〉第22条第2款的解读》，载《法律适用》2017年第17期。

[3] 郑成思：《知识产权法》，法律出版社1997年版，第32页。

[4] 朱槟：《关于角色的商品化权问题》，载《中外法学》1998年第1期。

是"基于角色本身的商业价值,即具有商业价值是它值得受法律保护的原因"。[1]

当然,商品化权保护对象不限于虚构角色,它也涉及真人形象。我国有因模仿赵本山等著名演员的声音和形象进行表演而引发的纠纷,涉及的便是这方面问题。

第三节 知识产权的属性与特征

一、知识产权的属性

(一) 无形性

知识产权的客体是一种知识形态的劳动产品。无论是智力创造成果还是附载于工商业标志的工商业信誉都是"无形"的。这里所说的"无形",是相对于动产、不动产的"有形"而言的,即它不占据空间,无论以何种形式表现出来,其本身都是无形的。并且,作为知识产权客体的智力创造成果与工商业信誉在事实上不能被人直接占有或控制,人们对它的占有表现为对某种经验、知识的认识与感受。例如,一项专利权作为无形财产,在由专利权人行使该权利时,标的可能是制造某种专利产品的制造权,而不是人们所看到的有形的专利产品本身。

可以说,"无形"使得知识产权与一切有形财产及对有形财产享有的权利加以区别。"无形"这一属性也使知识产品的使用不发生有形损耗。另外,知识产品一旦公开,就可以同时为许多人所利用,这使得知识产权比有形财产权更容易被他人侵害,故而知识产权的核心在于对权利人控制他人利用其成果的保护。知识产权人也往往只是自己在主张权利的诉讼中才"发现"自己是权利人。正因如此,有些国家将知识产权称为"诉讼中的准物权",这确实是耐人寻味的。不过,重视知识产权的无形性并不意味着不涉及有形物。实际上,尽管知识产品是无形的,它总要通过一定的客观形式表现出来,即体现为一定的物化载体。如果它没有赖以固定或向人们展示其存在的客观形式,就不会获得法律的承认和保护。知识产权作为一种财产,正是通过人们对其客观形态(表现形式)的利用而表现出来的。也就是说,这种无体财产价值是通过有体财产折射出来的。[2] 应当注意的是,物化载体本身是有形财产,而不是知识产权,物化载体的转让不视为知识产权的转让,反之亦然。[3]

知识产权的"无形性",使其成为无形财产权。大体说来,这种知识形态的特殊财产权利与一般财产权利具有以下区别:

1. 权利客体不同。知识产权客体没有形体,不占据空间,难于实际控制,使用也不带来自然损耗,可以在无限制的范围内利用。同时,其本身具有非排他性和非竞争性。这也正是知识产权与一般财产所有权相区别的重要原因。

2. 权利取得方式不同。一般财产所有权依一定的法律事实而取得,是基于对财产的占有而产生的,知识产权的取得则具有法定性。

3. 权利行使方式不同。一般财产所有权的行使表现在对有形物的占有、使用、收益和

---

[1] 冯晓青:《知识产权法利益平衡理论》,中国政法大学出版社2006年版,第728页。
[2] 刘春田主编:《知识产权法教程》,中国人民大学出版社1995年版,第5页。
[3] 《中华人民共和国民法典》(以下简称《民法典》)第600条规定:"出卖具有知识产权的标的物的,除法律另有规定或者当事人另有约定外,该标的物的知识产权不属于买受人。"

处分上。知识产权的行使则表现为转让、使用、许可使用以及禁止他人擅自利用其专有权等。如郑成思教授所指出的那样，在知识产权的行使上，权利人"一女二嫁""货许三家"都是可能的。

4. 权利侵害内容上不同。对一般财产所有权的侵害通常表现为非法占有或者毁损某项财物，而对知识产权的侵害往往表现为剽窃、假冒、仿冒、非法复制等。在司法实践中，基于权利侵害的上述特点，也使得知识产权人难以提供有效证据主张自身权益，"取证难"成为困扰权利人的一个重要问题。为此，知识产权专门立法需要构建有利于权利人的举证规则。[1]

（二）民事权利性（私权性）

1. 知识产权的民事权利性（私权性）的理论阐释。民事权利是民事主体实现其特定利益并排除他人妨害的权利，涉及人格、名誉、尊严、财产等方面。与民事权利中的债权、物权制度经历了上千年的历程相比，知识产权制度只有短短的几百年历史，而且它具有许多不同于物权、债权的特点，但知识产权反映了知识产品创造者的人格和财产利益，属于民事权利范畴。原则上，需要用民法的概念、原理、精神去认识知识产权，使其立足于民法制度，同时又考察其自身特殊的质的规定性和运动规律。

在我国当代的知识产权法原理中，一般认为知识产权是具有人身权利和财产权利"两权一体"的权利。实际上，严格地说，知识产权中的人身权利并非存在于所有知识产权中，而主要体现于著作人身权中，而财产权属性则是所有知识产权的共同属性。因此，所谓知识产权的私权属性，本质上还是针对知识产权的财产权属性，尤其是无形财产权属性。进言之，只有从财产权特别是无形财产权属性方面认识知识产权的私权属性，才能更深刻地认识知识产权的私权本质。

知识产权具有财产权的属性，也是因为其在本质上具有财产权的基本特征，即排他性、支配性并因实现这一权利而获取经济利益。在知识产权制度中，知识产权是作为民事主体的知识产权人对知识产品进行独占性控制并排除他人使用的专有权利，而排他性正是财产权的基本属性。正如国外学者指出：排除他人使用的权利是财产的必要条件和基本组成部分。如果能够赋予某人从有价值的资源中的排除权，某人就拥有财产。相反，如果不赋予这一排斥权，就没有财产。[2] 国外学者还从知识产权本身的抽象性和附载有形物的特点，解释知识产权的财产权属性，即"知识产权表达短暂且抽象之物（智力过程），同时也表达带有边界的、固定且确定的占有概念，故知识产权作为财产形式的特殊地位是不足为奇的"。[3] 同时，从知识产权相关规则和制度层面考察，也会发现作为无形财产权的知识产权与有形财产之间共通性也很多。[4] 吴汉东教授则进一步从知识产权作为财产权属性出

---

[1] 2020年11月9日，最高人民法院审判委员会第1815次会议通过《最高人民法院关于知识产权民事诉讼证据的若干规定》（以下简称《知识产权民事诉讼证据规定》），自2020年11月18日起施行。该司法解释出台的重要目的，就在于为人民法院审理知识产权民事案件在证据适用方面提供规范指引。

[2] Thomas W. Merrill, "Property and the Right to Exclude", *Nebraska Law Review*, Vol. 77. Issue 4 (1998), p. 730.

[3] Henry E. Smith, "Intellectual Property as Property: Delineating Entitlements in Information", *Yale Law Journal*, Vol. 116, Issue 8 (June 2007), p. 1744.

[4] I. Trotter Hardy, "Not So Different: Tangible, Intangible, Digital, and Analog Works and Their Comparison for Copyright Purposes", *University of Dayton Law Review*, Vol. 26, Issue 2 (Winter 2001), p. 213.

发，指出这一财产权也需要受到法律的必要限制。他认为："知识产权作为知识财产私有的权利形态，得到法律的严格保护，也受到法律的必要限制。这是知识产权的立法宗旨所决定的，并通过法律平衡与调整的制度设计而完成。"[1]该观点表明，知识产权作为一种财产权毕竟是无形财产权，由于对这种权利的保护承载着较为重要的公共利益，为了实现知识产权制度的目标，需要对这种专有权利进行必要的限制，以实现知识产权人的利益和社会公众利益之间的平衡，最终实现知识产权法的制度宗旨。[2]实际上，在知识产权司法实践中，知识产权也是被作为一种典型的私权和财产权受到法律保护的。[3]

不过，与一般民事权利相比，知识产权存在一系列的特殊之处，也是不容忽视的。例如，知识产权制度的特殊性，决定了民法中一些通行的原则在知识产权中并不能"顺理成章"地运用；反过来说，在知识产权中广泛存在的人身权在知识产权人亡故后的延续性、权利客体与权利的分离等，在民法中是行不通的。知识产权的客体是无形财产，无形财产的特性导致不同于民法中财产权的一系列法律后果，民法中财产关系的一般原则并不能解决知识产权领域的特殊问题。知识产权的内容固然包括人身权和财产权，但这些权利在行使、保护、利用上都有其特别之处。正因为如此，世界各国一般没有将知识产权法完全融入民法中，有关知识产权的立法大都以单独立法的形式加以规范，即使是德国、法国这样典型的"民法国家"，也在其民法典中缺乏对知识产权的系统规定，在民法典中设置知识产权编的国家并不多见。[4]

从另一个角度看，知识产权具有"私权性"，不能忽视知识产权的私权本质。这在国际立法中已被明确。例如，TRIPs协议前言部分在充分肯定有效保护知识产权的必要性时，也要求其成员承认知识产权是"私权"。知识产权作为一种私权，如吴汉东教授所指出的，是财产的非物质革命的产物。在早期的罗马私法中，并不存在现代意义上的知识产权制度实施的条件。当然，那时关于"无体物"概念的提出，以及后来欧洲学者关于"无形财产权"概念的提出，都为现代意义上的知识产权制度奠定了一定的思想观念基础。现代意义上的知识产权制度，最根本的就是将知识产权视为一种具有私人所有属性的知识财产，将知识产权定位于知识财产的私有化。换言之，知识产权是知识财产私有的法律形态。通过对知识财产的私有化改造，知识产权制度成功实现了由过去的"特权"到"私权"的飞跃。"知识产权制度的确立，完成了非物质财产的权利形态从特许之权到法定之权的制度变革，变革的结果使得知识产权嬗变为一种新型的私人财产权。"[5]

私权是与公权相对而言的，可被理解为属于具体的、特定的私人权利，属于传统意义上的民事权利。私权与公权的重要区别是，前者强调权利人的意思自治，后者强调国家的管理。中华人民共和国成立以来有相当长的一段时间不承认知识产权为私权，甚至批判"知识私有"，理由是创造成果或创作成果应由每一个社会成员共同享有、无偿使用，这是

---

[1] 吴汉东：《关于知识产权私权属性的再认识——兼评"知识产权公权化"理论》，载《社会科学》2005年第10期。

[2] 冯晓青：《知识产权法利益平衡理论》，中国政法大学出版社2006年版，第545~557页。

[3] 参见北京市第三中级人民法院（2014）三中民（知）初字第10606号民事判决书（合作创作合同纠纷案）；北京市高级人民法院（2014）高民终字第1152号民事判决书（著作权及隐私权侵权纠纷案）。

[4] 参见吴汉东：《民法法典化运动中的知识产权法》，载《中国法学》2016年第4期。

[5] 吴汉东：《知识产权的私权与人权属性——以〈知识产权协议〉与〈世界人权公约〉为对象》，载《法学研究》2003年第3期。

受"公共产品"观点影响造成的。知识产权的私权性要求对知识产权这种专有权以适当的、公正的保护,克服私权保护不足和私权保护过度两种极端。

2. 知识产权的民事权利性(私权性)在我国《民法典》中的确立及其意义。基于知识产权的私权、民事权利属性,我国民事立法一直将知识产权视为民事权利的范畴而加以规范。在20世纪80年代我国知识产权制度尚不健全,《民法通则》已在"民事权利"一章中对知识产权制度作了基本规范。在2017年通过的《中华人民共和国民法总则》(以下简称《民法总则》,已失效)中,其在第123条确立了知识产权的民事权利地位,并明确了知识产权保护的客体。2020年5月28日通过的《民法典》则将《民法总则》的内容纳入,在同条款中作了同样的规定,具体而言,其第123条第1款规定:"民事主体依法享有知识产权。"其第2款则规定:"知识产权是权利人依法就下列客体享有的专有的权利:(一)作品;(二)发明、实用新型、外观设计;(三)商标;(四)地理标志;(五)商业秘密;(六)集成电路布图设计;(七)植物新品种;(八)法律规定的其他客体。"

关于上述第123条第1款规定,本书认为尽管该规定的内容较为简略,但其意义十分重要。这主要体现于:

第一,在我国民事基本法中确立了知识产权作为民事权利、作为私权的法律地位,为构建和完善我国知识产权民事法律制度提供了基本的法律依据。如前所述,知识产权是一种私权、是一种民事权利。只有从私权和民事权利的角度认识知识产权的属性与特征,才能在实践中充分维护知识产权人对其知识财产享有的私人权利,更好地鼓励知识创造,实现知识产权制度的宗旨和价值目标。从中华人民共和国成立以来我国知识产权制度的构建与发展的情况看,囿于长期的计划经济体制和私权观念缺乏,我国在相当长时期内对于知识产权保护的定位缺乏私权的考虑,过于强调知识产权制度的"管理"色彩,这在商标制度上表现得更加突出。甚至至今的《商标法》第1条立法宗旨规定仍然将"加强商标管理"置于"保护商标专用权"之前。如后面所述,知识产权制度固然也存在维护公共利益的价值目标和取向,但在知识产权保护中实现公共利益仍然要立足于对知识产权这一私权的充分保护和维护上。离开对私权的充分的、有效的保护去谈论维护公共利益问题,会产生本末倒置的后果。特别在过去的知识产权文化中,广大社会公众对于知识产权的财产权和私权属性的认识较为缺乏,在相当大的程度上影响了知识产权制度的有效执行。《民法典》沿袭《民法总则》的规定,明确规定民事主体享有知识产权。这一规定在《民法通则》规定基础上,强化了知识产权的民事权利地位,必将有利于改变过去长期忽视知识产权私权、财产权属性的惯性思维,更好地维护知识产权的私权属性。

第二,确立知识产权的民事权利地位,为我国知识产权制度的构建与完善提供了根本性的方向和原则。我国知识产权制度尽管涉及知识产权的民事保护、行政保护和刑事保护,民事保护只是知识产权保护体系的一部分,但却是其基础和最重要的部分。可以认为,在知识产权制度中,知识产权民事保护制度是其基本的制度。这仍然源于知识产权的民事权利属性,只是作为一种民事权利,对其保护的手段和方法不完全限于民事法律,还包括行政法律和刑事法律。

第三,确立知识产权的民事权利地位,还有利于在司法实践中充分维护知识产权人和相关当事人的合法权益,防止侵害知识产权的行为发生,并对业已发生的知识产权侵权行为追究侵权损害赔偿等法律责任。当前,随着我国知识产权事业发展以及知识产权在经济社会发展中地位的不断提升,形形色色的知识产权侵权行为也不断增多。在我国各级人民法院依法判决的大量的知识产权侵权诉讼案件中，侵权人的行为多表现为对被侵权人财产利益的侵害，本质上都是侵害知识产权人对其知识财产享有的私权。从法官的视角看，知识产权法律可以被视为知识产权纠纷案件的"裁判法"。在国家民事基本法中明确知识产权的私权属性，为知识产权司法实践中提供明确的指引，有利于充分尊重私权和维护私权，并且根据知识产权制度宗旨，在上述基础上实现知识产权人利益与公共利益的平衡。

关于上述第123条第2款规定，其通过规定受知识产权保护的客体，明确了受知识产权保护的客体范围，有利于为社会公众界定知识产权保护的范围。值得注意的是，在当初《民法总则》制定过程中，对于知识产权客体的范围存在一定的争议，如曾将"科学发现""数据信息"等纳入知识产权保护的客体，并且存在客体与权利混用的情况。在如何表述兜底性质的规定方面，也存在一定争议。例如，行政法规是否可以规定知识产权客体的范围。最终，《民法总则》明确只能由法律明确规定知识产权客体的范围。本书认为，基于知识产权的法定性特点，以及知识产权制度随着经济社会发展与科学技术进步而与时俱进的要求，在明示知识产权客体范围的基础上，增加兜底性质的规定很有必要。这样可以使法律制度更好地应对经济社会发展和技术变革，以便及时纳入产生的新型知识产权客体。同时，为确保知识产权客体的增加与现行法律规定相一致，该款规定只能限于法律规定的其他客体。换言之，法律以外的行政法规、部门规章和司法解释等均不能规定新型知识产权客体。这一规定，也有利于理解下面所探讨的知识产权的法定性。[1]

（三）法定性

知识产权是知识产品的权利化和法律化。知识产权的法定性要求知识产权的种类、内容均由法律直接规定，当事人不得自由创立；知识产权的取得要经过专门的法律直接确认，且大多需要经过一定手续。[2] 人类智力成果的范围十分广泛，但并非所有的智力成果都能够获得知识产权保护。智力成果能否被授予知识产权，取决于当时的社会经济条件和国家的政策。工商标志的情况也一样。

一般来说，智力成果或工商标志能否取得某种知识产权须同时满足以下三个条件：①有某种知识产权单行法律关于此种知识产权的直接而具体的规定；②该智力成果或工商业标志被列入某种知识产权单行法律的保护范围；③按照法定的条件和程序，依法履行某种手续。

知识产权法定性要求知识产权需要由有关机关依法授予或确定，这主要是由知识产权客体的非物质性所决定的。知识产品获得保护的一般前提是公开知识产品，而知识产品一旦公开，其权利人就很难加以控制，其所有人不能像对有形财产一样占有并行使权利，而必须获得法律的特别保护，即由主管机关授予专有权。当然，对不同的知识产权，法定性具有不同要求。例如，著作权一般实行自动保护原则，无须办理特定手续，而专利权和商

---

[1]《民法典》分则部分相关规定，也涉及知识产权制度。例如，其第二编第十八章第二节关于权利质权的规定、第三编第一分编第二章关于合同订立的规定、第三编第二分编第九章关于买卖合同的规定、第二十章关于技术合同的一般规定、第五编婚姻家庭部分第三章第一节关于夫妻关系的规定、第七编第二章关于侵权的损害赔偿的规定等。详见《民法典》第440条、第444条、第501条、第600条；第844条、第876条、第1062条、第1185条等。

[2] 基于知识产权的法定性，我国著名知识产权法学者、北京大学郑胜利教授提出了"知识产权法定主义"理论。详见郑胜利主编：《北大知识产权评论（第2卷）》，法律出版社2004年版，第51~66页；李扬：《知识产权法定主义及其适用——兼与梁慧星、易继明教授商榷》，载《法学研究》2006年第2期。

标权则需要经过专门的行政审批手续才能获得。

知识产权的法定性在各国知识产权立法中都有规定，这既与知识产权客体的特殊性质有关，也与知识产权制度设立的目的——通过给予特定的私权保护，实现知识产品的社会价值有关。

(四) 人身权与财产权的融合性

知识产权具有人身权和财产权融合的特点，即在理论上所称的"两权一体性"，这是其他民事权利不具备的一大属性。正是基于此，知识产权才独立于民事权利中的人身权利、财产权利而成为一种独立的民事权利类型。

知识产权的这种"两权一体性"来源于知识产品的人格与财产的融合性。

1. 知识产权可以包括人身方面的权利。特别是就其中的智力创造成果来说，智力创造成果的诞生是人脑高级思维的结果，无不反映了创造者的文化素质、知识结构、修养水平与智慧，智力成果创造者的身份是任何人都不能够代替的。我国有关知识产权立法明确规定了这种权利，并规定这种权利为智力创造者所专有，不得转让与继承。根据我国《著作权法》等相关法律规定，人身权利方面的内容在我国知识产权法中处于相对重要的地位。知识产权可以包括人身权，这也是其与一般财产所有权的重要区别之一。

2. 知识产权包括财产权利。知识产品具有商品属性，可以作为商品进行交换，而且作为商品流通后，能产生巨大的效益，给权利人带来财富。因此，绝大多数国家法律都承认知识产权是一种财产权。与知识产权中的人身权不同，知识产权中的财产权部分还可以被转让和继承。

前面在述及知识产权的民事权利和私权属性时，谈到知识产权的财产权属性。将知识产权视为一种财产权，还可以从以下方面加以认识：知识产权制度作为市场经济的产物，其所保护的知识产权能够通过市场实现其经济社会价值，并且知识产权本身也可以作为一种具有价值和使用价值的无形商品在市场流通，如技术商品化就是体现。从知识产权保护的角度看，知识产权侵权行为所追求的一般也是为了实现某种财产性利益。加强对知识产权的保护，就能够更好地实现知识产权人、利害关系人和相关当事人的利益。知识产权侵权损害赔偿制度本质上也是因为侵权行为对于权利人造成了经济损害，需要根据民事赔偿的填平原则甚至惩罚性赔偿原则加以赔偿。至于有观点将知识产权视为知识经济第一财产权利，[1]本书对此则认为：至少可以说在财产权体系中，知识经济时代的知识产权是最为重要的财产权类型之一，因为随着知识经济的发展，科技创新与知识含量对于经济增长的贡献日益加强，有形财产的价值也越来越体现在附载于其上的知识产权的高附加值。当代世界，知识产权之所以成为包括我国在内的很多国家的国家战略，更是因为知识产权还具有重要的市场竞争方面的战略价值。[2]所有这些，都建立在知识产权的财产权属性和财产价值上。

不过，上述"两权一体性"并不意味着任何类型的知识产权均由人身权和财产权两部分组成，而是指在知识产权中人身权与财产权具有融合性。例如，某人对其知识产品的人格利益实施支配时，呈现为人身权，而对该知识产品的财产利益进行支配时，会形成财产权，二者可以合一。在知识产权诸类型中，专利权中的人身权是很有限的，一般只针对发

---

[1] 刘春田：《知识产权作为第一财产权利是民法学上的一个发现》，载《知识产权》2015年第10期。
[2] 冯晓青：《企业知识产权战略》，知识产权出版社2015年版，第1~2页。

明人对其发明享有的署名权，商标权中的人身权则更有限。严格地讲，只有著作权实现了人身权与财产权的高度融合。

（五）社会性与人权属性

知识产权的社会性体现在知识产权的产生、归属、权利享有与行使等方面。作为知识产权客体的知识产品的诞生在一定意义上是社会智力积累的延续和发展，每一项成果的诞生都包含了无数人的努力。知识产品进入市场流通后又成为促进社会发展与文明进步的重要因素，为后续知识产品的产生创造了条件。正因如此，我们在视知识产品为个人财富的同时也将其视为社会财富。

同时，知识产权本身也具有人权属性。在当代，知识产权与基本人权的冲突问题日益突出，需要予以特别关注和解决。正如联合国人权促进保护小组委员会2000年8月通过的《知识产权与人权》的决议所指出的一样，TRIPs协议并没有反映人权的基本性质和整体性，与国际人权法之间存在明显冲突。知识产权和人权之间具有十分密切的联系，甚至可以认为知识产权本身构成了人权的重要内容。《世界人权宣言》第27条规定："人人有权自由地参加社会的文化生活，享受艺术，并分享科学进步及其产生的福利；人人对由于他所创作的任何科学、文学或美术作品而产生的精神的和物质的利益，有享受保护的权利。"从《世界人权宣言》的规定看，知识产权被赋予了人权的属性——知识创造者对其创造性劳动成果享有受保护的专有权利，社会公众为了其自身发展也享有分享他人的创造性智力劳动成果的权利，这两项权利都是国际社会所确认与保障的基本人权。[1]

二、知识产权的特征

（一）专有性

知识产权的专有性也称独占性、排他性或垄断性，是指知识产权专为权利人所享有，非经法律特别规定或权利人同意，任何人不得占有、使用和处分。[2] 知识产权的专有性与前述私权性是相辅相成的关系。离开私权性，知识产权的专有性没有存在的理由；而离开专有性，知识产权的私权性也将无法得到保障。知识产品的商品属性和社会属性决定了它总是要进入市场流通的，而知识产品本身没有形体，占有它不是具体的控制，而是认识和利用，故而容易脱离所有人的占有而被不同的主体同时占有和利用；加之知识产品的传播又十分容易，知识产品所有人很难进行直接控制，因而不能用传统有形财产保护制度保护，而必须采取特殊的法律制度。这种特殊的法律制度就是确认知识产权人对其知识产品享有专有权利的知识产权法律制度。

知识产权的专有性直接来自于法律的规定或国家的授予，这是知识产权人利用知识产品的法律前提。[3] 专有的重心来自对知识产品利用的控制。这种对知识产权的控制与有形财产完全不同。在有形财产制度中，财产所有人遵循的原则是"得物获权，物去权失"，财产所有人可以凭借对有形财产的合法占有而实际控制和利用，法律没有必要加以专门授予。对有形财产的利用在很大程度上也遵循了意思自治原则。知识产权则不同，由于知识产权的无形性，对知识产权的客体知识产品的利用需要借助知识产权法律明确地界定知识产

---

[1] 参见吴汉东：《知识产权本质的多维度解读》，载《中国法学》2006年第5期。

[2] 参见易继明、李春晖：《知识产权的边界：以客体可控性为线索》，载《中国社会科学》2022年第4期；黎华献：《知识财产利益权利化路径之反思》，载《现代法学》2020年第3期。

[3] 参见杨涛：《知识产权专有性特质的理论阐释》，载《法制与社会发展》2020年第3期。

人行使权利的特定范围。这种行使权利的特定范围就是知识产权法中的"专有领域"。通过界定和确保知识产权人的"势力范围",知识产权法律制度激励了知识产权人从事知识创造的积极性,丰富了人类的知识宝藏,促进了社会进步。[1]

知识产权的专有性主要体现于:

1. 权利人依法可以独占其知识产权。如专利权人对其发明创造的专有实施权、商标权人对其注册商标在指定的商品上的专用权、著作权人对其作品享有的独占性使用的权利、集成电路布图设计权利人对其布图设计享有的独占性使用的权利等。这种独占,也意味着排除他人未经许可的使用,以及尽管获得许可但超出许可范围或者许可期限的使用。在知识产权司法实践中,特别是在知识产权侵权诉讼中,知识产权的独占性即主要体现为禁止擅自使用他人的知识产权,否则将依法承担相应的法律责任。

2. 知识产权的使用必须置于知识产权人的直接控制下,任何人未经其许可或法律特殊规定不得行使其知识产权。在知识产权保护中,知识产权的专有性主要体现为保障知识产权人对其取得知识产权的知识产品使用的控制。知识产品基于其非物质性、非消耗性、非排他性与非竞争性等特性,具有向任何地方自由流动的自然属性。由于知识产权人对于知识产品的创造付出了创造性劳动并付出了时间、金钱等成本,如果不将知识产权置于知识产权人控制之下,知识产权人就难以收回成本并获得必要利益,从而不利于鼓励其从事知识创造以及投资者对知识创造的投资。知识产权法律对于知识产权的专有性的保障,也主要是通过赋予知识产权人对其知识产品使用的控制权而加以实现的。

3. 一项知识产品只能被赋予一项专有权,其不能同时具备两个或两个以上的专有权。例如,两人分别做出同样的发明,无论是依据先申请原则还是先发明原则,专利权只能授予其中的一项发明。又如,在相同或者类似商品上,只要存在混淆之虞,就不允许申请注册相同或者近似商标。当然,对著作权而言,只要是分别独立完成的相同或者相似的作品,则在后作品依然能够获得独立的著作权。对此,本书第八章还将继续阐述。

4. 每一项知识产权只能被授予一次专有权。不过,需要注意的是,基于人类创造行为的延续性与承继性,知识产权存在基于"再创造"行为的情况。例如,著作权法中的演绎作品就是在已有作品基础上进行再创作而形成的作品;专利法中的从属专利也来自于基础专利。当然,针对上述不同创作、创造阶段获得的知识产权,尽管相互之间具有特定的法律关系,但其本身仍然是独立的。例如,演绎作品著作权行使受制于原作品,但演绎作品作者仍然享有独立的著作权。此外,知识产权的专有性并不排除同一知识产品中知识产权共有的可能。在知识产权的创造行为中,基于各方面条件限制和原因,共同从事创作、发明创造等创造性行为的情况十分普遍,这样就会形成知识产权共有的问题。在涉及多人继承知识产权中的财产权的场合,也会存在知识产权共有的问题。

知识产权的专有性使得受法律保护的知识产品亦具有独一无二性。我们知道,人类不断生产的知识产品除了可被大量复制外,还可以同时被多人利用。因此,法律并无必要鼓励人们去重复生产同一知识产品,而只能对特定的知识产品提供一次所谓的"初始性"保护,他人对知识产品的复制件被排除在保护外。

关于知识产权的专有性,还应明确:

1. 专有性是专有领域的知识产权与公共领域的知识产品相区别的一个重要特征。知识

---

[1] 冯晓青:《论知识产权的专有性——以"垄断"为视角》,载《知识产权》2006年第5期。

产权保护的客体知识产品虽然具有无形性，但作为一种无形商品，其同样具有价值和使用价值，在进行知识产权交易前需要确认其所有人对之拥有的专有权利。从现代市场经济社会的意义上来说，知识产权法对知识产品的公共性是排斥的，其天然地要对知识产品及其所有人的私人权利予以排他性保护。从国际范围来看，知识产权法对私权的保护已经成为一种共识，主要体现为将知识产权作为私权认定和保护。

如前所述，知识产权是一种无形财产权，属于财产权的范畴，因而也具有财产权的一般属性。在知识产权领域，知识产品的无形性使得这种权利确定显得更有价值。知识产权作为一种无形财产权，其实质上就是对某种知识产品确立了知识产权人的专有权，从而排除他人对该知识产品的权利享有和利用，限制了该知识产品进入公共领域的可能性。在专有权确立的权利范围内的知识产品，就不属于公共领域的范畴，未经专有权人许可或根据法律特别规定，任何人都不能自由、无偿使用。因此，可以认为专有性划定了专有领域的知识产权与公共领域中知识产品的界限，同时也确立了知识产权保护的边界和范围。专有权对公共领域的限制，确保了权利人在特定的时间和地域范围内可以充分地利用其知识产品，实现必要的经济和社会价值。

上述"公共领域"，理论上又被称为"公有领域"，其是指不受知识产权保护的知识产品以及受知识产权保护的知识产品中可以被社会公众自由利用的部分。其具体包括：知识产权制度产生以前的知识产品、未纳入知识产权客体的知识产品、保护期限届满的知识产品、权利人放弃知识产权的知识产品、被宣告无效的知识产品、未能满足知识产权客体条件的知识产品等。公共领域与专有领域一样，是现代知识产权法律制度中不可或缺的两大内容，二者的共存已为世界各国的立法和司法实践所认可。在本书后面探讨的著作权法、专利法和商标法等知识产权法律中，专有权保护与公共领域保留都得到了充分体现。

2. 专有性在各类知识产权的内容和表现形式上并不一致。例如，专利权人的专有性体现为对发明创造的独占实施权，著作权的专有性体现在对作品通过复制、发行、表演、播放、演绎、展览、信息网络传播等形式独占使用的权利，而商标权的专有性表现在核准注册的商标和核定使用的商品上的商标专用权以及排除他人在相同或者类似商品上使用相同或者近似商标并存在混淆之虞的商标禁止权。并且，在专有权利的"行"与"禁"方面，商标权不同于专利权与著作权，即与后两者的效力范围不大一致。

3. 知识产权的专有性不具有绝对性，而是受到一定限制。通常，在知识产权法中赋予知识产权人对知识产品的专有权是不允许权利人以外的任何人利用的，否则即构成侵害其知识产权。这也是保护知识产权的应有之义。但有原则就有例外。知识产权法赋予的上述专有权并非具有绝对性，即在任何情况下他人都不得利用知识产权人的知识产权。知识产权固然具有"权利专有"的特性，但其客体本身具有共享性，无法被知识产权人事实上垄断。更重要的是，知识产权法的立法目的决定了知识产权这一专有权的行使必须受到一定限制，即在一定情况下他人自由利用知识产权人的知识产权，知识产权人不得干预。本书后面阐述和探讨的著作权法中的合理使用、专利法中的侵权例外、商标法中的正当使用、商业秘密保护的限制、集成电路布图设计专有权的限制、植物新品种专有权的限制等就是典型体现。由于在上述利用知识产品的行为中，法律为使用人提供了一个不受知识产权人控制、限制的自由空间，这个空间应被视为属于知识产权法中公共领域的范畴。

与知识产权保护客体之外形成的公共领域相比，知识产权法中权利限制所产生的公共领域同样十分重要。[1] 具体而言，首先，它保障了公众在一定条件和环境下自由使用知识产品的机会和空间，从而有助于为知识创造和创新提供"养料"与"营养"，也为知识再创新、后续创新提供了根本保障。其次，它在更大程度上实现了知识产品的社会价值。作为知识产权保护的客体，知识产品本身具有社会属性以及自然流动的特点，而知识产权人由于自身条件的限制而很难最充分地利用其知识产品。本着"物尽其用"的原则和提高无形财产使用效能的经济学理念，知识产权法律应当在不损害知识产权人利益的前提下促进知识产品的充分利用。在知识产权法的价值构造中，权利保护与权利限制成为确保专有权与维护知识产品利用的基本构架形式，保障了知识产品价值最大化。最后，通过知识产权限制确保可以自由利用的公共领域空间，是维护公共利益的基本形式和必要制度设计，也是实现知识产权立法宗旨所必须。知识产权法具有维护公共利益的重要目的，维护公共利益的基本保障形式便是需要赋予社会公众在一定条件下的自由使用权。从实践看，即使没有法律特别规定的例外情况，专有权的权能行使也不是毫无顾忌的。在专有权的权能行使中，特别是其使用权能的行使中，在考虑专有权人的利益和便利的同时还需要考虑社会公共利益。在司法实践中，很多案例都对专有权权能行使过程中考虑社会公共利益予以认可。由此可见，公共领域作为知识产权法律体系中存在的两大支撑体系之一，其对专有权亦构成限制和制衡，以使得专有权不能任性而为，防止专有权的不当扩张影响社会公共利益，进而为科技文化进步和经济社会发展的真正实现提供保障。

（二）地域性

知识产权的地域性是指根据一国或地区法律取得的知识产权，原则上只能在该国或地区范围内发生法律效力，而不能当然地延及其他国家或地区。[2] 首先，知识产权地域性的特点是由国家主权原则决定的，在一般情况下，任何国家都不会承认是根据他国法律取得的知识产权，即不承认外国知识产权法的适用。其次，这也在于知识产权极易传播，利用它可以获得巨大经济效益以及知识产权需要由法律直接确认的特点。

值得指出的是，在各国、各地区之间经济贸易和技术交流与合作不断增强的背景下，知识产权地域性特征会使附随有形商品贸易走出国界的知识产权在其他国家和地区得不到有效保护。为消除或者减轻知识产权的地域性特征对国际经济贸易的影响，从 19 世纪末开始，知识产权制度开启了国际保护时代。知识产权国际保护实行国民待遇原则，在很大程度上解决了来自本国或地区的知识产权在其他国家和地区保护的问题。关于知识产权国际保护问题，本书第六编将专门进行介绍和阐述。此外，信息网络技术和跨境电子商务的迅猛发展，也对知识产权的地域性提出了挑战。在司法实践中，如何确定案件的管辖地就值得探讨。

（三）时间性

知识产权的时间性是指知识产权只在法定的期限内受法律保护，权利人享有的专有权利有时间限制。也就是说，在法律规定的有效期内，权利人可以享有独占权，有效期届满后，知识产权将自动消失，相关的知识产品进入公有领域而成为社会的共同财富，可以被人们自由使用。

规定知识产权时效范围是各国知识产权立法的通例，也是世界各国为鼓励知识产品公

---

[1] 杨利华：《公共领域视野下著作权法价值构造研究》，载《法学评论》2021 年第 4 期。

[2] 参见黄汇：《商标使用地域性原理的理解立场及适用逻辑》，载《中国法学》2019 年第 5 期。

开，促进科学技术和文化事业的发展，调整知识产品创造者与单位利益、社会整体利益的一种制度。知识产权的时间性是由知识产权的社会属性决定的。一方面，知识产权人对其知识产品享有专有权；另一方面，这种精神成果又不宜长期为其独占，社会对知识产品也有合法的需求，对知识产权进行时间限制反映了建立知识产权制度的社会需要，体现了法律的公平精神，它是协调知识产权专有性与社会性之间矛盾的一种重要手段。

知识产权时间性也是知识产权与有形财产权区别的一个特征。原因在于，所有权是不受时间限制的，只要权利客体存在，权利即受到法律保护。即使是根据取得时效或消灭时效产生的法律后果也只涉及财产权主体的变更，有形财产作为权利客体本身并不会产生变化。

由于各类知识产权的性质、特征及权利利用方式不同，知识产权中专利权、商标权、著作权的保护期也不相同：专利权保护期侧重于发明创造的技术寿命；商标权保护期在期满后可以续展，旨在维护产业秩序的稳定；著作权中人身权的保护一般无期限限制，财产权的保护期则有一定期限，但比专利权保护期明显要长。至于作为一种特殊知识产权的商业秘密，其保护期限取决于保密措施的落实情况。

关于知识产权的时间性，从各国知识产权立法和司法实践看，以下问题也值得关注：

第一，当某种知识产权保护期限届满后，专门通过立法延长其保护期限，从而使得这类知识产权保护期限更长。例如，美国通过颁行版权期限延长法，提高了部分类型作品版权期限。又如，针对专利药品上市存在的特殊行政审批程序，包括我国在内的一些国家在专利法中专门规定了药品专利期限补偿制度。[1]

第二，当某种知识产权保护期限届满后，原知识产权人能否再主张另一种知识产权或者主张制止不正当竞争的保护？在国内外司法实践中，已存在相关案例。例如，当一项外观设计专利保护期限届满后，原先的专利权人能否基于制止不正当竞争理由，禁止他人在同类产品上使用外观设计产品中的具有一定影响的相关装潢，这一问题在司法实践中存在不同认识。本书认为，这取决于使用人是否属于在原有的外观设计专利意义上使用，还是属于我国《反不正当竞争法》规制的范围。原则上，当一种知识产权保护期限届满后，原知识产权人可以主张另一种知识产权保护或者主张制止不正当竞争的保护，只要满足相应的保护条件即可。

---

[1] 参见何华：《药品专利期限补偿制度国际化及我国应对之策》，载《现代法学》2021年第1期。

第二章 知识产权保护的产生及在当代的发展

本章提要

本章主要阐述以下内容:知识产权保护的产生和发展历史脉络,知识产权在财产权地位中的确立过程,当代知识产权保护的主要特点,知识产权保护发展的新趋势,以及知识经济时代的知识产权等内容。

本章的重点是当代知识产权保护的主要特点与发展趋势,难点是知识产权在财产权地位中的确立过程。

第一节 知识产权保护的产生

一、封建社会的"特权"与知识产权的起源

追根溯源,知识产权起源于封建社会的"特权",即封建社会的地方官吏、封建君主、封建国家,以榜文、敕令、法令等形式授予发明创造者、图书出版者在一定期限内的专有权、专营权。例如,1236年英王亨利三世授予波尔多一市民制作各种色布的垄断权,为期15年。1367年英国爱德华三世曾特许两名钟表匠以经营特权。这就是由封建君主赐给发明人的特权。其动因在于鼓励发明创造和从国外引进新的技术。15世纪末,威尼斯共和国授予印刷商冯·施贝叶在威尼斯印刷出版的专有权,它是西方第一个由统治者颁发的保护翻印的特许令。这种特权带有一定的恩赐性质,与现代意义上的知识产权制度有很大的不同。但是,特许令使智力成果首次被确认为一种独占权,是知识产权制度发展进程上的第一次飞跃。

进入资本主义社会以后,科学技术和产业革命使社会生产力取得了空前的进步。对知识产品的占有、使用会带来极大的经济收益已逐渐成为人们的共识,商品生产者迫切需要获得最新的技术成果。然而,技术的转移和公开势必会使原先的发明创造者丧失竞争优势。这就需要建立一种机制,以确保既能维持新技术发明人的技术优势,又能满足社会对该技术的需要,防止技术垄断。原先的特权制度显然无法适应新的形势。于是,知识产权制度中的专利制度就率先应运而生。18世纪60年代在英国开始的产业革命,是专利制度产生的催化剂,之后在西方国家又产生了著作权制度和商标权制度。迄今为止,经过数百年的洗

礼，知识产权制度已成为国际上通行的保护智力创造成果和工商业标记的法律制度。[1]

二、知识产权在财产权地位中的确立过程

在当代，知识产权已成为一种十分重要的无形财产权，具有重要的经济社会价值，在财产权中的地位日益提高，并大有"赶超"的态势，最终成为最重要的一种财产权。然而，与传统有形财产权相比，知识产权制度产生的历史较短。研究和探讨知识产权在财产权地位中的确立过程，对于认识知识产权制度的来龙去脉及其作为财产权制度的重要意义十分必要。为此，需要先就一般意义上的产权概念的嬗变加以理解。

（一）产权概念的嬗变：从经济学到法学

产权的概念，可以从马克思那里寻找渊源。尽管马克思在相关著作中并未明确使用产权这一概念，但从他对所有权、对"占有"及法律的产生的阐述来看，产权意味着对生产资料的所有，在不同社会关系和不同时代所有权以不同方式发展。[2] 在马克思看来，财产意味着占有和所有权关系。马克思从所有权、所有制角度理解产权，其提出的所有权侧重于动态生产关系再生产过程中存在的权利，是包含资产权利在内的权利束。[3] 马克思与产权相关的所有权理论为认识现代产权、财产权理论以及知识财产权理论，提供了良好的基础。

产权是一个经济学概念，是"一个社会所强制实施的选择一种经济品的使用的权利"。[4] 产权和所有权不能等同，产权包括支配权、使用权、处分权等内容。根据产权经济学家德姆塞茨（Demsetz）的观点，产权的意义在于帮助交易各方构建合理的预期，无论是交易过程中受益或者受损情况的出现。[5] 在经济学上，产权设计与安排和资源有效配置与使用效率直接相关。产权经济学主张，产权安排应以产生最佳的激励效果为目标，为此需要促进资源的有效配置和使用。[6] 在经济学上，赋予产权的合理性体现在解决资源的稀缺性和有用性，以及外部性内部化问题。就当代市场经济而言，产权制度被认为是市场经济的基本制度。之所以如此，是因为市场经济强调通过市场交易行为实现市场经济的有序发展，产权制度则旨在促进市场交易和动态流转，能够为市场经济的正常运行提供保障。

产权是人与人之间以权利和义务为内容的社会关系的反映，因而也是一个法学上的概念。在法学意义上，有观点认为，产权就是财产权、财产所有权和财产权利的简称，意指对财产的占有、使用、收益和处分的权利。也有观点认为，产权既不等同于财产权，也不等同于财产所有权。从我国现行法律规范的术语来说，除了"知识产权"这一术语使用了"产权"的用语，使用"产权"表述的不多见。但是，产权作为一个经济学上被广泛采用的概念，在涉及相关财产权、财产所有权、财产性利益，特别是涉及财产的动态流转问题，

---

[1] 参见吴汉东：《财产的非物质化革命与革命的非物质财产法》，载《中国社会科学》2003年第4期。

[2] 尹德洪：《马克思产权理论和现代西方产权理论的比较》，载《现代经济探讨》2007年第1期。

[3] 程承坪：《所有权、财产权及产权概念辨析——兼论马克思所有制理论与现代产权理论的异同》，载《社会科学辑刊》2007年第1期。

[4] [美] 罗纳德·H. 科斯等：《财产权利与制度变迁——产权学派与新制度学派译文集》，刘守英等译，格致出版社、上海三联书店、上海人民出版社2014年版，第121页。

[5] Harold Demsetz, "Toward a Theory of Property Rights", *The American Economic Review*, Vol. 57, No. 2, Papers and Proceedings of the Seventy-ninth Annual Meeting of the American Economic Association (May, 1967), pp. 347-359.

[6] Harold Demsetz, "Toward a Theory of Property Rights", *The American Economic Review*, Vol. 57, No. 2, Papers and Proceedings of the Seventy-ninth Annual Meeting of the American Economic Association (May, 1967), pp. 347-359.

以及作为规范相关财产权保护和财产性利益规范和分配等问题时，仍然是一个具有价值的术语。产权和法学常用专业术语"财产权""财产所有权"等既具有区别，又有重要的联系。从区别的角度来说，产权强调和侧重于财产在市场交易和流转中实现特定对象物的价值，市场交易与动态流转是产权的要义所在。产权概念之所以率先由产权经济学派提出和发扬光大，很大程度上也是基于以适当的产权制度安排，促进资源的优化配置[1]及向着最有效率的方向流转，并形成一个最佳的激励机制。比较而言，法律意义上特别是民事法律意义上的财产权、财产所有权更多的是在充分确权的基础上，是先强调财产的静态归属，而不是先强调财产的市场化运行和财产的动态流转。

不过，还需要进一步看到，产权本身也是一个与时俱进的概念。不仅如此，经济学上产权的运作，最终需要以法律上明确规定的法定权利予以保障。缺乏法律上法定权利或者缺少法定化权益的保障，产权制度不可能得到有效的实施。在当代，随着经济社会发展和法治进步，涉及财产权相关的法定权利也在不断扩张。在相关法定权利能够为产权实现提供保障时，产权主体按照法定程序和要求即可以实现自身财产性利益。但是，这并不意味着没有纳入法定权利范畴的财产性利益不能受到法律保护。此外，通过合同和技术措施自力救济，也是一种在无论是否存在法定权利的情况下促进产权实施的途径。

就知识产权而言，其作为产权的范畴，也具有一般意义上产权的含义，只是更侧重于法学意义上的内涵。

（二）知识产权在财产权地位中的确立

从物权、财产权的演变及西方国家立法的发展看知识产权地位的确立以及对财产权制度和财产权理论的影响，可以对知识产权的产生及其在财产权中地位的确立有一个清楚的认识。

物权概念源于奴隶社会的罗马法，其产生比知识产权要早得多。在罗马法中可以看到财产的不同分类方式，如不动产与动产之分在《十二铜表法》中即有规定。不过，罗马法并未涉及无形财产或知识产权的规定。在这一时期，由于物质资源有限，人们只能充分认识到物的价值及对其占有、使用、收益、处分的重要意义。那时的财产观念自然限于看得见、摸得着的有形物，谈不上对知识产品价值的认识。由于物的占有对于实现物权具有关键意义，人们特别重视对物的占有。正如马克思在分析罗马社会和私有制时所指出的一样："私有财产的真正基础即占有，是一个事实，是一个不可解释的事实，而不是权利。只是由于社会赋予实际占有以法律的规定，实际占有才具有合法占有的性质，才具有私有财产的性质。"

英国工业革命后，不仅产生了无形财富的思想，而且生产力的大幅度提高，客观上为人们在满足基本生存需要的基础上考虑智力因素参与分配提供了可能。人们要求界定知识产品产权的意愿日益迫切。与此同时，作为反映现实经济生活的法律，总面临着大量的非物质财产关系的挑战。财产的非物质化便逐渐成为一股法学思潮。此时法学对产权的理解已不再是一种对"物"的权利，而是一种对价值的权利。产权概念的这种演变，使有价值的权利以无形资产的形式大量进入了财产权的范畴，如商誉、商标、著作权等。[2]终于，在传统物权的参天大树旁，出现了一开始多被称为"无形产权"的知识产权幼苗。

---

[1] 参见张耀辉：《知识产权的优化配置》，载《中国社会科学》2011年第5期。
[2] 姜安印：《知识的演进及其产权化过程》，载《开发研究》1996年第3期。

从总体上讲，知识产权作为一种新型的财产形态，是商品经济和科学技术发展到一定阶段的产物。商品经济的发展，不仅使知识产品创造人对其知识产品的权利意识增强，而且为知识产品的市场流通开辟了广阔的道路。科学技术的发展则为知识产品的利用及价值实现提供了必要条件。也就是说，知识产权是社会生产力发展到一定阶段后，才在法律中作为一种财产权出现的。

第二节 知识产权保护的发展阶段

19 世纪中后期，各国逐渐认识到知识产权在促进本国经济、文化发展和科学技术进步方面的重要作用，纷纷通过知识产权立法来保护知识产权。这堪称知识产权制度上的第二次飞跃。到了 19 世纪后期，资本主义进入垄断阶段，垄断资本家的势力范围也超出了国界，他们希望从国外的投资、产品和技术输出中获得更大利润。这些国家的专利技术、商标和作品随着有形商品输出而进入国际市场，在国外却得不到保护。知识产权的地域性与垄断资本家寻求国际市场的需要之间的矛盾便暴露出来，于是产生了签订国际条约以获得国际保护的愿望和要求。

从 19 世纪末开始，有关知识产权的双边协定、地区公约或多边公约纷纷出台，其中 1883 年签订的《巴黎公约》和 1886 年签订的《伯尔尼公约》成为知识产权领域国际保护制度的基本法律框架。知识产权保护从此呈现国际化的特点，而且知识产权保护和协调的国际化趋势愈来愈明显。特别是 20 世纪 70 年代以来，随着各国在经济、科学、技术、文化领域交流与合作的不断扩大，知识产权制度国际化又迈上了一个新台阶，全球性或地区性的新的国际条约不断出现。而且，以前缔结的有关知识产权国际公约也随着社会的发展而不断被修订。

随着知识产权保护国际公约的不断缔结，进入 20 世纪特别是 20 世纪 70 年代以来，有关协调、保护知识产权的国际性组织也纷纷建立。特别值得一提的是，世界知识产权组织和根据世界贸易组织 TRIPs 协议成立的与贸易有关的知识产权理事会。

知识产权保护从 19 世纪末进入国际保护阶段，可以称为知识产权制度上的第三次飞跃。这一次飞跃一直延续至今，它使具有严格地域性的知识产权可以通过一定途径获得他国保护而具有国际性。可以说，现代知识产权保护就是以成立知识产权国际保护组织和缔结大量国际知识产权公约为重要特点的。

第三节 当代知识产权保护的主要特点

知识产权制度是一个与时俱进的法律制度，其以保护知识产权作为立足点和主要目标。知识产权保护作为上层建筑的范畴，深受经济基础发展的影响。在当代，基于一个国家和地区经济社会发展的不同状况，知识产权保护也呈现自身特色。不过，当代知识产权保护仍然存在一些共同的特点。认识这些特点，对于了解当代知识产权保护状况具有重要意义。

一、在维护私权属性基础上强化了知识产权保护的公共利益

如前所述，知识产权是一种私权和民事权利。当代知识产权也立足于作为私权而加以保护。将知识产权作为一种私权保护，不仅具有理论上的正当性，而且具有实践中的重要性。从经济学的角度看，知识产权法保护的知识产品具有私人产品和公共产品的双重属性。

例如，作品、发明创造等知识产品无疑是智力创造者创造性劳动的产物，是一种私人产品。但同时，这种产品的创造离不开对他人成果的吸收和借鉴，其深刻地打上了社会性的烙印，因此它又是一种公共产品。只不过这种公共产品与一般的公共产品具有不同之处，因为其具有非排他性、非竞争性和非消耗性。如果不对知识产品赋予特别的专属权利，其创造者就无法控制对该知识产品的使用和传播。在这种情况下，创造者面临着不仅不能获得收益，而且投入的开发成本都难以收回的困境。这就是法律经济学上关于知识产权正当性讨论的著名论断"没有合法的垄断就不会有足够的信息生产出来"。解决这一问题的关键就是制造一种人为的"稀缺"，赋予创造者或者投资者对知识产品的专有权利。当然，从法律经济学层面看，赋予这种垄断权又会产生一个需要解决的新问题，即"赋予合法的垄断权又会使信息不会有效地传播和使用"。[1] 为此，需要通过进一步保障公众利益，以确保社会公众能够方便地接近、传播和利用知识产品。

知识产权是在不符合私权原则的环境下产生，却逐渐演变成被多数国家普遍接受的私权。在当代，知识产权的私权性并没有发生变化，但国家介入因素在增强。以著作权制度而论，法律规定有些作品不能享有著作权，作品著作权受强制许可限制，对计算机软件则规定了软件著作权登记制度。同时，国家主管机关对著作权的管理职能也增强了。至于将刑事责任引入著作权保护更使著作权的纯粹私权性受到了削弱。当然，公权的渗入并未改变知识产权的私权属性。[2]

随着知识产权在经济、科技、文化发展中地位的提高，知识产权保护中的公共利益越来越受到重视。这是因为知识产权制度在维护知识产权人利益的同时，肩负了维护公共利益的使命。正如英国知识产权委员会发布的《整合知识产权与发展政策》所指出的："不管对知识产权采取什么措辞，我们更倾向于把知识产权当成一种公共政策的工具，它将特权授予个人或单位应当完全是为了产生更大的公共利益。"[3]

近些年来，国际上的一些知识产权公约明确地对知识产权保护涉及的公共利益问题作了规定。例如，尽管TRIPs协议非常重视知识产权的私权属性，该协议也同时规定了确保公共利益的重要性："承认保护知识产权的诸国内制度中被强调的保护公众利益的目的，包括发展的目的与技术目的。""知识产权的保护与权利行使，目的应在于促进技术的革新、技术的转让和技术的传播，以有利于社会经济福利的方式促进技术知识的生产者与使用者互利，并促进权利与义务的平衡。"[4] 该协议第8条则规定成员可以采取必要的措施保护公共利益，并防止权利人滥用知识产权。知识产权法中的一个重要规则，即知识产权的行使不得损害公共利益，也体现了确保公共利益在知识产权保护中的重要地位。鉴于维护公共利益在知识产权保护中的重要地位和作用，本书第六章在论及知识产权制度的价值构造部分还将进一步阐述。

二、知识产权国际保护制度趋于完备

知识产权国际保护制度自19世纪末诞生以来，经过一个多世纪的发展，已日臻完备。

---

[1] 冯晓青：《知识产权法中专有权与公共领域的平衡机制研究》，载《政法论丛》2019年第3期。

[2] 冯晓青、刘淑华：《试论知识产权的私权属性及其公权化趋向》，载《中国法学》2004年第1期。

[3] 蒋志培、王利明、吴汉东：《中国知识产权保护前沿问题与WTO知识产权协议》，法律出版社2004年版，第115页。

[4] TRIPs协议序言和第7条。

知识产权国际公约确立的一些原则不断为各国国内法所吸收，推动了各国知识产权制度国际化的进程，从而进一步完善了知识产权国际保护制度。以我国为例，我国知识产权制度建立较晚，基于知识产权制度国际化的特点，我国自改革开放以后建立知识产权制度以来，十分注重知识产权的国际保护，努力使中国的知识产权制度符合国际化协调的趋势。具体地说，我国知识产权制度主要是遵循以下原则发展的：其一，注重与保护知识产权的国际公约接轨，逐步使中国的知识产权制度符合国际公约提出的知识产权保护的基本准则；其二，以中国知识产权国内法独立保护为原则；其三，在遵守国际公约保护基准的前提下，逐步完善知识产权国内法。

当代知识产权国际保护制度趋于完备还表现在：知识产权国际公约的数量增多、参加国增多、保护水平提高，以及国际保护组织日益健全。特别值得一提的是，由于知识产权日益成为世界性的贸易问题，20世纪80年代以来，西方国家极力主张建立一个有效的世界性的知识产权保护机制。在西方一些国家的推动下，知识产权被列为三个新增议项之一纳入了关贸总协定乌拉圭回合多边贸易谈判中，并且最终达成了TRIPs协议。我国已加入世界贸易组织，TRIPs协议也成为我国加强知识产权保护的重要准则。可以说，TRIPs协议的生效，使得当代知识产权国际保护制度更加完备。

三、地区性合作与协调在加强的同时也存在矛盾与冲突

当代一些国家或地区基于共同的经济利益和密切的经济交往，逐步形成了一些地区性的经济集团，建立了一些地区性的知识产权组织，如欧洲专利局、非洲知识产权组织、安第斯组织等。

应当看到的是，在当代，加强地区性知识产权合作与协调的同时，国家与国家之间因知识产权引发的矛盾和冲突也存在，而且在相当长的时间内难以消除。知识产权制度的发展状况与一个国家经济和科学技术、文化发展水平是密切相关的，发展中国家与发达国家相比在经济实力和科技文化方面都有差距，知识产权国际公约在"形式"上的平等并未消除"实质"上的不平等。一些发展中国家主张对一些不利于自己的国际公约条款进行修改，这势必会与发达国家存在矛盾与冲突。20世纪90年代以来，南北间知识产权外交谈判就是一例。由于世界经济和科学技术存在不平衡的发展格局，知识产权发展的不均衡性仍将存在。

就发达国家来说，主要是美国与一些发展中国家在知识产权问题上存在的摩擦较多。从根本上看，这是美国的知识产权制度战略和对外贸易政策的结果。美国是世界头号经济、科技强国，为了维护、巩固其在国内外市场上的竞争优势，其自20世纪80年代以来，逐渐将知识产权保护作为其对外贸易政策的重要方面，将知识产权保护与对外贸易挂钩。为了维持其经济、科技霸主地位，美国主张严格的知识产权国际保护，限制科技资源的国际利用，加强对技术转移的控制，对竞争对手提出对等性要求，并且积极主张将知识产权制度纳入世界贸易体制，以使其国际化。

正是由于当前世界贸易组织体制下知识产权国际保护的高标准保护代表的是发达国家的利益，尽管在是否签订TRIPs协议上各国有自由选择权，但很多发展中国家为了在更大程度上获得国家利益，而不得不接受这一高标准和高水平的知识产权国际保护公约。由于发展中国家与发达国家在经济、科技和文化方面存在的巨大差距，高标准的知识产权保护使得发展中国家和发达国家之间在一些方面产生了矛盾和冲突，包括在公共健康和人权方面的问题。虽然在2003年达成了关于公共健康与知识产权保护的多哈宣言，但由于南北国家之间的发展水平差距短期内无法缩小，知识产权国际保护中的矛盾和冲突仍然会存在甚至加剧。[1] 与此同时，以美国为代表的发达国家还在知识产权国际保护上奉行独占保护主义，特别是通过贸易保护和单边主义，通过滥用知识产权和垄断行为，进一步加剧了这一矛盾和冲突。尤其是在当代，知识产权日益成为国际竞争的战略武器，发达国家的跨国公司利用知识产权本身的优势以及娴熟地运用知识产权战略的手段，以技术和资本实力做后盾开展竞争，所以发展中国家企业在和跨国公司开展国内外市场竞争时往往不占优势。在解决国际知识产权纠纷时，发达国家一味强调强化知识产权保护，却忽视了知识资源在全球的公正分配和在此基础上实现全球正义。不仅如此，知识产权问题还屡屡被发达国家作为解决与发展中国家经济贸易争端的"杀手锏"，[2] 这一状况使得国家与地区之间在知识产权保护与协调方面仍将存在冲突和矛盾。在当代以和平与发展、平等与互利、合作与共赢为主旋律的背景下，这种冲突与矛盾的解决，需要各国和地区之间，特别是发达国家和发展中国家之间增进互信、通过民主对话和完善全球知识产权治理结构等多方面措施加以解决。在这方面，我国作为最大的发展中国家，具有独特的历史使命。[3] 通过引入人类命运共同体的先进理念，深度参与知识产权全球治理，我国就能够在解决国际知识产权合作与协调问题上发挥更重要的作用。

第四节　知识产权制度发展的新趋势

知识产权作为科学技术和商品经济发展的产物，随着社会从简单商品生产向现代市场经济发展，知识产权的地位变得越来越重要。在科学技术和市场经济不断发展的今天，知识产权制度的发展呈现出新的特点和趋势，[4] 值得深入研究。

一、知识产权与当代国际政治、经济贸易关系日益密切

当代一些发达国家已将知识产权保护作为实施外交政策的一种手段，把知识产权保护直接与发展对外政治、经济关系连接起来，使知识产权问题上升为政治、经济问题，成为科技、经济和外交斗争的重要组成部分，如美国就是将知识产权与经济发展和内政外交紧密结合起来的典型国家。这些国家的新兴产业在国民经济中的地位愈来愈重要，而新兴产业的特点是拥有大量的知识产权，因而新兴产业主们往往要在政府中安插自己的代表来对国家的政策施加影响，敦促政府对其他国家施加影响，甚至压力。例如，1991年至1992年，一些发展中国家对美国在本国未申请专利的一些技术以行政保护，就反映了与知识产权相关联的特殊国际关系。近年来，在我国与美国经贸磋商中，通过双方多次谈判，最终达成中美经贸协议（第一阶段），在开篇即规定了大量知识产权问题，也是重要体现。

自1986年以来，知识产权问题被纳入关贸总协定体制，国际贸易方面的知识产权问题被提上议事日程，关贸总协定乌拉圭回合形成的TRIPs协议就是知识产权渗入国际经贸关

---

[1] 参见万勇：《公共健康危机的知识产权法应对》，载《中国法学》2022年第5期。

[2] 冯晓青：《国际知识产权制度变革与发展策略研究》，载《人民论坛》2019年第23期。

[3] 参见邵科：《全球知识产权治理博弈的深层话语构造：中国范式和中国路径》，载《法学研究》2021年第6期；吴汉东：《国际变革大势与中国发展大局中的知识产权制度》，载《法学研究》2009年第2期。

[4] 参见廖丽：《国际知识产权制度的发展趋势及中国因应——基于博弈论的视角》，载《法学评论》2023年第2期；吴汉东：《中国知识产权法律变迁的基本面向》，载《中国社会科学》2018年第8期；吴汉东：《知识产权国际保护制度的变革与发展》，载《法学研究》2005年第3期。

系的一个象征。知识产权之所以被纳入关贸总协定的框架并与贸易挂钩,是有深层原因的:20世纪80年代以来,与知识产权相关的贸易迅猛发展,决定了有必要将知识产权作为一个特殊议题纳入关贸总协定的管辖范围;美国等发达国家为了自身的利益极力主张将贸易与知识产权保护挂钩;现行知识产权国际保护体系存在种种缺陷与不足。正是基于此,美国等发达国家一直想撇开世界知识产权组织而在关贸总协定内确立一套新的、全面的知识产权保护体系,加强实施措施,建立一个包含贸易报复内容的知识产权争端解决机制。

近些年来,区域性贸易谈判不断开展,并先后达成了区域性贸易协定。例如,全面与进步跨太平洋伙伴关系协定[1]是一个由亚太国家和地区形成的自由贸易区国际协定。该协定的前身是由美国主导的跨太平洋伙伴关系协定(TPP)。该协定于2018年12月30日生效。我国在2021年9月16日申请加入该协定。此外,《区域全面经济伙伴关系协定》[2]也是近年来我国加入的重要的区域性经贸协定。该协定在2012年由东盟发起。2020年11月,包括我国在内的15个亚太国家正式签署了该协定。2021年底,我国完成该协定的核准程序,成为最早加入该协定的国家之一。上述两个协定,涉及大量知识产权条款的内容,反映了在当前新的国际竞争格局下知识产权与当代政治、经济贸易的关系更加密切。有关这两个国际协定涉及的知识产权方面的规定,本书第四十三章将专题阐述。

二、知识产权制度在保护高新技术及其产业方面将发挥重要作用

知识产权制度是科学技术和商品经济发展的产物,其每一步发展无不与科学技术的进步息息相关。一方面,知识产权保护促进了科学技术的发展;另一方面,当代高新技术的迅猛发展,使传统知识产权客体所不及的高科技智力成果,如集成电路、计算机网络、多媒体节目生产、卫星传播、生物工程、人工智能生成成果[3]、大数据等不断出现,这不仅给传统的知识产权保护提出了新的挑战,也开辟了知识产权保护的新领域。[4]

关于高新技术及其产业发展与知识产权制度之间的关系,还可以进一步从技术创新与制度创新之间的关系,特别是知识产权制度对于技术创新的重要作用方面加以认识:

根据新经济增长理论,一个国家的技术进步和知识创新对其经济增长具有核心驱动作用。新经济增长理论强调知识和技术对经济增长的特殊贡献和作用,因而它与当前凸显的"以知识为基础"的知识经济一脉相承,甚至如经济合作与发展组织(OECD)报告所说,这一新的经济形态即知识经济。在经济学上,技术创新和制度创新是创新的基本形式,都是社会经济主体选择适应性行为的产物,它们共同对于经济增长和发展起到关键作用。其中,制度创新侧重于制定一定的规则,采取法律的、经济的手段激励创新,促进创新的发展。

知识产权制度属于制度创新的范畴,它是激励创新和保护创新成果的基本法律制度。在产权经济学上,知识产权属于产权的范畴,知识产权制度则属于产权制度的范畴。知识产权制度界定了知识产品所有者与知识产品之间的归属关系,以便其能够在行使权利的基础上既能弥补知识创造的成本,也能获得必要的利益。从产权理论的角度看,产权的基本

---

[1] Comprehensive and Progressive Agreement for Trans-Pacific Partnership, CPTPP.

[2] Regional Comprehensive Economic Partnership, RCEP.

[3] See Wills, Kathleen, "AI around the World: Intellectual Property Law Considerations and beyond", *Journal of the Patent and Trademark Office Society*, Vol. 102, Issue 2 (March 2022), pp. 186-202.

[4] 参见冯晓青:《数字环境下知识产权制度面临的挑战、问题及对策研究》,载《社会科学战线》2023年第9期;冯晓青:《数字时代的知识产权法》,载《数字法治》2023年第3期。

功能是激励和约束，前者主要通过产权界定来确定产权使用人的活动空间，为人们获取预期收益提供了激励，后者主要通过产权制度的内部约束和外部监督，保障产权的行使不损害他人的利益。知识产权制度是一种以建立和完善知识产权法律为基础与核心，激励知识创造、鼓励与促进知识创造成果广泛传播与利用、协调知识创造成果利益关系的法律制度。[1] 知识产权制度是市场经济的产物，直接为市场经济服务。从促进技术创新的角度看，知识产权制度是基于市场经济中的创新实践而产生的一种保护和调整知识财产的法律制度，是激励自主创新、保护创新成果、促进知识生产、协调利益关系的重要的法律制度。换言之，知识产权制度立足于市场经济土壤，调整创新成果和知识财产的归属、使用和利益分配，是市场经济条件下保障创新成果参与生产要素分配的基本形式。知识产权制度源于市场经济，以对知识成果产权界定和有效保护为基本形式。知识产权制度既重视保护创新成果和创新利益，也重视创新成果的转化和扩散及其相应的利益分配。从国家创新系统的角度看，知识产权制度也是一个国家创新系统中的重要组成部分，甚至是核心组成部分。知识产权制度运行在国家创新系统的各个环节和部分中，成为保障国家创新系统正常运转的法律机制。

知识产权制度实际上是技术创新的激励、保护与利益调整的法律制度。知识产权制度与技术创新的内在联系，或者说知识产权制度作用于技术创新的法律机制可以概括为：它是激励知识创新和创造的内在动力机制、产权确认和保障机制、涉及创新活动创新成果的利益协调机制、促进成果扩散的商业化机制、创新型人才的激励机制，以及优化配置创新资源机制。具体体现如下：其一，激励知识创新和知识创造，为技术创新源头提供源源不断的智力资源和财产，为技术创新提供内在动力机制；其二，降低交易费用，减少创新活动中的不确定因素，促进技术创新资源的优化配置，提高技术创新效率，加快技术创新进程；其三，通过知识产权制度中独特的利益协调、利益调节机制，特别是其中的利益平衡机制，妥善处理知识创造和创新中的利益关系，尤其是知识产权人的利益与社会公共利益之间的关系，使其各得其所，从而最大限度地发挥知识产权制度的效能，推进创新活动；其四，知识产权制度使技术创新成果权利化，它通过保护创新成果不被他人擅自使用，打击侵权行为，为技术创新提供了公平竞争的环境和良好的法律保障，保障新技术产品安全开发，使技术创新能够朝着既定的目标和路线前进，同时也激发了在更高层面上的技术竞争，促进了技术进步和创新；其五，知识产权制度有力地促进了创新成果的商业化和产业化，促进了创新成果的扩散，使技术创新最终实现等。

总体来说，知识产权制度本身是一种鼓励创新和保护创新成果、调节创新活动和创新成果利益关系的重要法律制度，创新本身也推动着市场经济主体核心竞争力的不断提高。知识产权制度是国家支撑创新体系和制度体系的根本，为我国建设创新型国家提供了强大的支撑。特别是自主创新，其更和知识产权制度不可分离，离开知识产权的确权和保护，自主创新实际上不可能实现。在当前，技术创新、制度创新、管理创新以及知识产权资源

---

[1] See Sims, Ellaheh D., "The Inherent Monetary Incentive of Intellectual Property Rights and the Failure of Intellectual Property Waivers to Recognize This Motive", *Barry Law Review*, Vol. 28, Issue 1 (2023), pp. 104-122; Shavell, Steven; Van Ypersele, Tanguy, "Rewards versus Intellectual Property Rights", *Journal of Law & Economics*, Vol. 44, Issue 2-Part 1 (October 2001), pp. 525-548; Fromer, Jeanne C., "Expressive Incentives in Intellectual Property", *Virginia Law Review*, Vol. 98, Issue 8 (December 2012), pp. 1745-1824.

的优化配置和安排等构成了我国建设创新型国家的重要内涵。特别是技术创新和知识产权之间具有内在的联系，知识产权本身是技术创新过程的产物，知识产权制度则通过作用于技术创新的主体和实施环境，对技术创新产生重要的内在激励和保障作用。[1]

技术创新，也是高新技术及其产业发展的重要目标。随着当代高新技术的迅猛发展，新技术成果不断涌现，如何通过对创新性成果的保护和利用促进技术创新、提高创新效率和市场经济主体的竞争力以及一个国家或地区的国际竞争力，是当前各国、各地区科技创新政策、国家创新战略以及以激励和保护创新成果、促进创新成果推广运用为重要目的的知识产权制度所共同面临的重大课题。技术发展可谓日新月异，特别是当前互联网、物联网、人工智能、云计算、大数据、区块链等新型技术的运用，对全球范围内经济社会发展产生了深远影响。在这方面，知识产权制度对于高新技术及其产业化发展将具有更加重要的作用。高新技术产业的发展迫切需要知识产权法律的保护，知识产权制度是支撑高新技术发展的必要条件。同时，高新技术的发展对知识产权保护提出了更高的要求，它推动着知识产权制度进一步完善和成熟。

三、知识产权扩张成为知识产权制度嬗变的直接表现

知识产权扩张表现为知识产权主体、客体或内容的增加，它使知识产权保护范围扩大。研究发现，知识产权的私权保护在几百年的洗礼后，总的趋势是保护范围越来越大、保护水平越来越高。知识产权的私权发展史，也就是知识产权的扩张史。不过，在不同知识产权法中，知识产权扩张的历史轨迹和特点不尽相同。[2] 知识产权的扩张不是偶然的：技术的发展、社会的进步要求加强对知识产权的保护，以激励更多的知识创造；而为了在新的环境中确保知识产权人的利益，也需要适当扩张知识产权的范围和内容，这可以说是知识产权扩张的重要原因。

在当代，知识产权扩张具有加速的迹象，并成为知识产权制度变革与发展的重要特点。在当前的信息化社会，这种扩张很多是高新技术发展带来的，正如前面所指出的一样，高新技术发展开辟了知识产权保护新领域。此外，有些陆续被纳入知识产权保护领域的主体与客体并不是当代技术变革的产物，而是基于新的形势下为维护国家利益、平衡发达国家和发展中国家利益而出现的。传统知识、民间文学艺术、地理标志保护就是比较典型的例子。

当然，基于知识产权法的利益平衡理论，知识产权的扩张并不是单方面的，而是建立在知识产权扩张与知识产权限制的动态平衡上。以我国《著作权法》为例，随着信息网络技术的发展，在2001年修法时增加了"信息网络传播权"这一新型著作权，从而使得著作权人的权利顺理成章地延伸到信息网络空间，为加强信息网络环境下的著作权保护奠定了坚实的法律基础。与此同时，信息网络空间的重要特点是开放与共享，社会公众对于在网络空间存储和传播的作品、表演、录音录像制品等也有合法的需求。为此，当著作权人的著作权扩张到信息网络传播权后，该权利也需要被适当限制，以免影响社会公众"网上冲浪"——必要地接近、获取相关思想、知识、信息和数字化资料。为此，国务院在2006年颁行了《中华人民共和国信息网络传播权保护条例》（以下简称《信息网络传播权保护条例》），在明确信息网络传播权保护内容的同时，也规定了对该权利的相关限制。可以预

---

[1] 冯晓青：《技术创新与企业知识产权战略》，知识产权出版社2015年版，第122~151页。
[2] 冯晓青：《著作权扩张及其缘由透视》，载《政法论坛》2006年第6期。

计,未来随着知识产权的扩张,对被扩张的知识产权的进一步限制也会接踵而来。这一现象,深刻地体现了知识产权法作为社会本位法和兼顾知识产权人利益和社会公众利益的制度本质与价值追求。[1] 对此,本书第六章等部分还将进行阐释。

四、知识产权制度国际化趋势将进一步增强

随着通信技术、生物技术、新材料技术、自动化技术、智能控制技术等的迅速发展,知识产权的国际保护面临一系列新的问题。国际知识产权组织为此作了大量的努力,如世界知识产权组织近些年就连续召开了有关专利问题的协调会议,并就"域名"问题展开了讨论,形成了解决域名争端的最终报告。

同时,国际社会仍然没有放弃突破地域性的、真正意义上的知识产权制度本身及其运行的国际化,即知识产权的全球统一性行动。[2] 目前,知识产权国际公约修改、完善的一个思路是简化多国专利申请、商标注册的程序,使一项国内知识产权的有效地域性扩大,这种简化制度的努力最终将实现国际一体化。实际上,随着国际互联网络的迅猛发展,享有著作权的作品可以同时在全世界获得。网络的无国界性、国际性对传统知识产权的地域性构成了巨大冲击。有人甚至认为此时法律上的地域性失去了赖以存在的基础,与互联网相关的知识产权保护的国际法律将是知识产权制度国际化的重要突破口。

五、全球知识产权治理的紧迫性日益凸显

国际知识产权制度的演变是一个从跨国问题到全球问题的过程。当初,为克服知识产权的地域性局限而产生了知识产权国际保护制度。如今,由于南北国家之间在经济科技和文化发展水平上存在差距,实行统一的高标准知识产权国际保护可能造成南北国家知识产权保护的利益失衡。国际知识产权保护的利益失衡在一定程度上是旧的不平等的国际政治经济秩序在新的历史时期的延续。从当前国际知识产权保护的趋势来看,南北国家知识资源及其有效利用的差距还在加大,而不是缩减。特别是在世界贸易组织体制下,知识产权日益替代关税而成为国际竞争的主要武器,发达国家跨国公司在发展中国家存在过度保护问题。[3] 不仅如此,发达国家在国际知识产权保护上越来越奉行独占主义。[4] 当前知识霸权的苗头出现,发展中国家的知识创新空间不断受到挤压,无不与发达国家在知识产权国际保护方面奉行的不适当的理念和忽视全人类社会福祉、只顾及本国利益最大化的价值追求有关。因此,为了对现行国际知识产权制度实施中的不公平、不合理部分进行改革,发展中国家需要在指引国际知识产权保护理念上进行重构,以彻底摆脱发达国家主导的国际知识产权保护以其利益最大化为基准的被动局面。在这方面,习近平总书记提出的人类命运共同体的先进理念具有十分重要的指导意义。党的二十大报告在"促进世界和平与发

---

[1] See Silbey, Jessica, "Questions of Intellectual Property and Fundamental Values in the Digital Age", *Marquette Intellectual Property & Innovation Law Review*, Vol. 27, Issue 1 (Winter 2023), pp. 1-20.

[2] 知识产权制度国际化趋势的进一步增强,是一种全球化走向。全球化是知识产权制度国际化进程中出现的新问题,对国际国内知识产权制度将产生深远影响。

[3] 杨睿宇:《外资企业知识产权过度保护问题研究——基于人类命运共同体理念》,载《四川理工学院学报(社会科学版)》2018年第2期。

[4] 在澳大利亚学者彼得·德霍斯所著的《知识财产法哲学》一书中,"独占主义"被描述为发达国家推行的高标准保护知识产权,试图从中获得最大化利益,而不考虑发展中国家的利益的一种状态。他进而主张应当采取工具主义态度,核心是实行对权利适当限制的权利行使制度。参见[澳]彼得·德霍斯:《知识财产法哲学》,周林译,商务印书馆2017年版,第276~315页。

展，推进构建人类命运共同体"部分作出进一步阐述和部署，指出构建人类命运共同体是世界各国人民前途所在。人类命运共同体理念主张平等、公平、民主与自由，以及互相尊重、合作共赢与共同发展，其揭示了国家间关系和国际社会的终极性命题即人类的终极命运，为构建新型国际关系和公平、公正、和谐的国际政治经济新秩序规划了美好蓝图和愿景，也是当代全球治理和全球化发展的重要方向，其意义和影响是深远的。[1] 该理念可以用于指引知识产权国际保护，为国际知识产权保护制度改革和深入推进全球知识产权治理提供先进的思想武器。同时，在人类命运共同体理念下，我国通过积极参与知识产权全球治理体系的变革，特别是国际知识产权规则的制定与修改，逐步改变发达国家"一统天下"的局面，不仅有利于我国在国际知识产权保护中拥有话语权和提高影响力，更主要的是在知识产权全球治理体系中融入了更先进的理念和措施，能够推动国际知识产权保护制度更加公平合理，最终实现知识资源的公正分配和全球知识共享。我国坚持以人类命运共同体理念为导向深度参与国际知识产权制度构建，这一先进理念和愿景必将对推动国际知识产权制度变革和发展产生积极的重大影响。

在全球知识产权治理的紧迫性日益凸显的背景下，随着我国综合国力的强大，知识产权综合实力也不断上升，在深入推进全球知识产权治理方面也将发挥更大的作用。深入参与全球知识产权治理，有利于提高我国在国际知识产权规则制定中的话语权，提高我国知识产权负责任大国的形象，更好地发挥我国在改革和完善知识产权国际保护制度方面的作用和影响力。党的十八届四中全会《中共中央关于全面推进依法治国若干重大问题的决定》提出，要"积极参与国际规则制定，推动依法处理涉外经济、社会事务，增强我国在国际法律事务中的话语权和影响力"。党的二十大报告则指出："中国积极参与全球治理体系改革和建设，践行共商共建共享的全球治理观，坚持真正的多边主义，推进国际关系民主化，推动全球治理朝着更加公正合理的方向发展"。当然，我国参与全球知识产权治理远不限于争取知识产权国际规则的话语权，还包括"统筹推进知识产权领域国际合作和竞争"，如推动完善知识产权及相关国际贸易、国际投资等国际规则和标准。[2]《知识产权强国建设纲要》第八部分"深度参与全球知识产权治理"，也提出了相关发展策略和对策，如"积极参与知识产权全球治理体系改革和建设"和"构建多边和双边协调联动的国际合作网络"。具体措施如"扩大知识产权领域对外开放，完善国际对话交流机制，推动完善知识产权及相关国际贸易、国际投资等国际规则和标准""积极维护和发展知识产权多边合作体系，加强在联合国、世界贸易组织等国际框架和多边机制中的合作"。

六、知识产权制度实施日益战略化：知识产权日益成为国家发展的战略性资源和国际竞争力的核心要素

在现代社会，知识产权已取代土地、劳动和资本成为企业制胜的关键，也是现代社会财富的主要体现。实证研究表明，20世纪中叶以来，随着科学技术的迅猛发展，知识产权资源在世界经济增长中所作的贡献一直在大幅度提高，这在发达国家表现得尤为明显。特别是随着信息化时代的到来，知识创造型发展模式居于越来越重要的地位。在当代，知识产权已成为企业十分重要的经营资源、战略资源和竞争资源，构成了企业核心竞争力的重

---

〔1〕 冯晓青：《国际知识产权制度变革与发展策略研究》，载《人民论坛》2019年第23期。

〔2〕 习近平：《全面加强知识产权保护工作 激发创新活力推动构建新发展格局》，载《求是》2021年第3期。

要组成部分。知识产权是企业参与市场竞争并获得竞争优势的战略武器。在国家层面,知识产权日益成为国家发展的战略性资源和国际竞争力的核心要素。这种新的情况,使得知识产权制度实施日益战略化。这里的战略化主要是指通过战略性地运用知识产权,提高企业、产业的市场竞争力以及国际竞争力。

当前各国围绕知识产权的竞争日益激烈。这在表面上体现为争夺核心技术、关键技术制高点的竞争,但最终体现的则是知识产权方面的竞争。这是因为,仅具有技术本身的优势不能转化为市场竞争优势,在当代知识产权国际保护水平日益提升的情况下,技术本身的优势只有通过知识产权授权的形式,获得法律上的垄断权,进而独占市场,才能真正转化为市场竞争优势。无疑,将知识产权作为一种具有重要经济社会价值的资源和无形财富,就能够使知识产权的所有人,包括企业、高校、科研院所等市场经济主体充分地珍惜这一无形资源和无形资产的价值和作用,采取各种措施和策略,提高这一无形资源和无形资产的利用效率。

在当代,知识产权日益成为国家发展的战略性资源。为理解这一点,首先应当充分认识知识产权本身的战略性。知识产权战略性这一属性与前述知识产权作为一种私权、一种民事权利以及具有经济社会价值的无形资源有所不同,其体现了市场经济主体创造和拥有知识产权取得市场竞争优势的内涵。按照美国哈佛大学商学院波特(Porter)教授的观点,战略的本质就是竞争。就知识产权的战略属性而言,也需要从知识产权制度及其有效运行促进竞争、提高市场竞争力方面加以考量。这就需要进一步认识知识产权制度与市场竞争之间的关系。

从法律上看,如前所述,知识产权是民事主体对于创造性智力成果和工商业标记享有的具有专有性的权利。从静态角度看,对于这种权利的保护会在一定程度上限制或者抑制竞争,因为未经权利人许可他人不得随意使用权利人所拥有的知识产权。但从动态的角度看,由于他人对创造者的创造性成果利用不需要投入成本,或者即使需要投入成本但成本很小,并且不用承担风险,在对这些创造性成果产品化、市场化和产业化的运用中,投入成本大并需要承担风险的创造者在与其他任何人进行市场竞争中都不具备竞争优势。这样一来,就会在很大程度上挫伤创造者从事知识创新的积极性和主动性,最终可能会出现"公地悲剧"。[1] 基于此,需要赋予创造性成果人为的稀缺,或者为相关主体赋予独占性的知识产权,以保障创造者能够收回成本并获得必要的利润。在知识产权中存在一种激励创新的机制,对此前面已有所论述。赋予创造者或者相关主体以知识产权,由于能够使创造者或者其他相关主体拥有对市场的独占权,这样就能够使其获得市场竞争优势。故从静态的角度看,赋予知识产权似乎限制了竞争,实际上这是在有限限制竞争的基础之上促进了更大程度和更高层面的有效竞争,能够在整体的竞争格局上提高竞争效率和相应的创新效率。

基于知识产权制度所隐含的促进竞争、提高竞争效率和创新效率的功能和作用,时任国务院总理温家宝曾指出,世界未来的竞争就是知识产权的竞争。当然,这里所说的竞争是公平、正当、合法的竞争,而不是不正当竞争。恰恰相反,不正当竞争是知识产权和相

---

[1] See Oliar, Dotan, Sprigman, Christopher, "There's No Free Laugh (Anymore): The Emergence of Intellectual Property Norms and the Transformation of Stand-Up Comedy", *Virginia Law Review*, Vol. 94, Issue 8 (December 2008), pp. 1787–1868.

关的制止不正当竞争法律制度予以打击的行为。知识产权法律制度通过一系列的制度设计和安排，建构了技术、文化、商品流通等市场经济领域的公平竞争秩序，为我国社会主义市场经济的健康发展和有效运行提供了重要的法治保障。

也正是因为知识产权制度具有激励有效竞争、保护正当竞争、维护公平竞争秩序方面的功能和作用，知识产权制度释放出竞争的特性，而这使知识产权的战略性具有了内在的逻辑性和充分的合理性。在当前知识产权制度日益国际化的背景下，知识产权逐渐成为国际竞争力的核心要素。

实际上，知识产权作为一个战略性问题，从战略高度认识和构建知识产权制度，在以美国为代表的西方国家中，早就具有基本的理念和实践。如美国在20世纪80年代就全面实施知识产权战略。日本在21世纪初也启动了国家知识产权战略，以谋求在新一轮国际竞争中充分发挥知识产权制度的作用，提高国际竞争力。

就我国而言，进入21世纪以来，我国也逐渐将知识产权作为一种战略性资源，并启动国家知识产权战略。特别是，2008年6月5日，国务院印发《国家知识产权战略纲要》，标志着我国将知识产权事业发展上升至战略高度，纳入国家战略中考量。该纲要明确指出：知识产权制度是开发和利用知识资源的基本制度。当今世界，随着知识经济和经济全球化深入发展，知识产权成为建设创新型国家的重要支撑和掌握发展主动权的关键。国际社会更加重视知识产权，更加重视鼓励创新。发达国家以创新为主要动力推动经济发展，充分利用知识产权制度维护其竞争优势；发展中国家积极采取适应国情的知识产权政策措施，促进自身发展。2021年中共中央和国务院发布的《知识产权强国建设纲要》则指出：进入新发展阶段，推动高质量发展是保持经济持续健康发展的必然要求，创新是引领发展的第一动力，知识产权作为国家发展战略性资源和国际竞争力核心要素的作用更加凸显。实施知识产权强国战略……全面提升我国知识产权综合实力，大力激发全社会创新活力，建设中国特色、世界水平的知识产权强国，对于提升国家核心竞争力，扩大高水平对外开放，实现更高质量、更有效率、更加公平、更可持续、更为安全的发展，满足人民日益增长的美好生活需要，具有重要意义。可以预见，随着知识产权强国建设的深入推进，我国知识产权制度的实施也将日益战略化，这必将使知识产权真正成为我国发展的战略性资源和获得国际竞争优势的核心要素与武器。

第三章 知识产权侵权行为及其法律责任

> **本章提要**
>
> 本章主要阐述和探讨以下内容：知识产权侵权行为的界定及其归责原则，知识产权侵权行为的民事责任、行政责任和刑事责任。
>
> 本章的重点是知识产权侵权行为及其法律责任的内容，难点是知识产权侵权行为归责原则、知识产权侵权行为行政责任和刑事责任的理论依据。

第一节 知识产权侵权行为及其界定

一、知识产权侵权行为的认定

知识产权侵权行为（Infringement of intellectual property）是引发知识产权纠纷的主要原因。近些年我国人民法院审理的知识产权民事案件中，侵权纠纷案件上升幅度较大，这种状况现在仍未改变。[1] 知识产权侵权行为是知识产权保护的"大敌"，是对知识产权人权利的践踏和剥夺，也是妨害文明进步和社会发展的绊脚石。因此，知识产权侵权行为的研究构成了知识产权保护研究的重要内容。

侵权行为是一种事实行为，它不以意思表示为构成要件，而因符合法定事实要件而成立，其法律后果依赖于法律的直接规定。知识产权侵权行为亦如此。从知识产权侵权行为侵害对象的角度看，知识产权侵权行为一般表现为未经知识产权人同意，也没有法律的特别授权，使用、特别是营利性地使用他人知识产品的行为；[2] 从知识产权侵权行为的本质特征看，知识产权侵权行为是行为人的行为侵害了受国家法律保护的基于知识产品而产生的合法权益，其行为被法律所禁止。换言之，凡是违反了法律规定而损害知识产品所有人的专有权的行为，都是侵犯知识产权的行为。至于其行为是否造成损害后果，是知识产权

---

[1] 仅以最高人民法院发布的《中国法院知识产权司法保护状况2021》统计数据为例，2021年我国法院新收一审、二审和申请再审等各类知识产权纠纷案件642 968件，审结601 544件（含旧存），分别比上年增加22.33%和14.71%。

[2] 有时，法律所确认的知识产权侵权行为与知识产权人特定的知识产品没有直接联系。例如，我国《著作权法》第53条第8项规定，制作、出售假冒他人署名的作品也属于著作权侵权行为。

侵权责任的问题，不影响对知识产权侵权行为的认定。

二、知识产权侵权行为的归责原则

归责是指将损害后果归于制造此种损害的原因者承担，以何种根据使侵权人承担民事责任。归责原则是确定不同类型的侵权行为应承担民事责任的标准。关于知识产权侵权行为的归责原则，我国现行法律没有明确规定。按照我国民事法律规定，一般侵权行为适用过错责任原则，法律有特别规定的情形适用无过错责任原则。[1] 由于侵犯知识产权的行为没有被法律规定为法律有特别规定的情形，我国法学界一般认为侵犯知识产权的行为应适用"过错责任原则"，这也是关于知识产权侵权归责原则的通说。其中一个重要理由是，行为人违反知识产权法规定的不作为义务，本身是一种具有过错的行为。

知识产权是一项法定权利，并且是具有垄断性和排他性的权利。这就意味着无论何种知识产权，只要国家没有依法定程序将权利授予某一主体或者依照法定程序转移该知识产权，该主体就不是权利人，何况商标权、专利权等知识产权还必须是经过法定申请授权程序才产生的；著作权的产生虽不必经过这一程序，而是因创作作品而自动产生，但人身属性极强。不仅如此，有些知识产权的许可或转让须经过法定的登记公告或备案程序，这就意味着权利的流转亦在透明公开的情形下进行。在权利的归属、权利的流转都公开、公告的情形下，权利人都是可以确定的，而没有权利者不取得许可却行使权利人的相关权利，本身就具有过错。

事实上，过错责任的认定并非完全是一个主观意图的评价，行为人主观上是否有过错最终还要通过其行为表现来认定。[2] 特别是现代侵权法对过错的界定较重视客观过错标准，即判断人的行为是否存在过错时不考虑故意或过失的因素，而是以一个理性人的标准来衡量。在客观过错标准下，客观上违法是界定过错的一个标准。从本质上说，法律是调整人们行为而非思想的规范。因此，过分强调过错的主观性并不符合法律的根本性质。在实践中，过错体现为各种各样的行为，同时也只有通过行为表现出来才具有法律意义，过错本身也体现了法律对违法行为的否定性评价。具体到知识产权法的规定，由于知识产权的法定性和唯一性，行为人违反法律规定的行为本身就体现了其存在过错，并不需要法律对过错做出额外的强调。在过错的认定中，违法性是其内涵之一，对过错的认识需要将行为的主观性与违法性联系起来，尤其是对于确定他人权利或利益的法律规定而言，除非是法律有明确规定的免责事由，否则违法即为有过错。过分强调过错的主观性，认为法律没有明确规定侵权人的主观过错，因此就不考虑过错，这种推断实际是对知识产权法律相关规定某种程度的误解。

进言之，知识产权侵权认定与侵权责任的构成显然是两个不同的问题，而在知识产权侵权无过错责任归责原则的观点中，将侵权认定置于侵权归责的主导地位，会形成理论上的相互冲突。从理论上说，归责原则强调的是行为人是否应承担责任的判断依据，"是确认不同种类侵权行为所应承担的民事责任的标准和原则，它决定着一定侵权行为的责任构成

---

[1] 例如，我国《民法典》第 1165 条规定："行为人因过错侵害他人民事权益造成损害的，应当承担侵权责任。依照法律规定推定行为人有过错，其不能证明自己没有过错的，应当承担侵权责任。"其第 1166 条规定："行为人造成他人民事权益损害，不论行为人有无过错，法律规定应当承担侵权责任的，依照其规定。"

[2] 虞婷婷：《网络服务商过错判定理念的修正——以知识产权审查义务的确立为中心》，载《政治与法律》2019 年第 10 期。

要件、举证责任的负担、免责条件、损害赔偿的原则和方法等"。[1] "责任是归责的结果，但归责并不意味着必然导致责任的产生。责任的成立与否，取决于行为人的行为及其后果是否符合责任的构成要件，而归责只是为责任是否成立寻求根据，而并不以责任的最终成立为最终目的。"[2] 从侵权行为法理论看，侵权行为本身并不必然意味着其构成损害赔偿责任，侵权行为负赔偿责任的前提是符合责任构成要件，而侵权行为归责原则即是要解决这一问题的。在无过错归责原则中，无过错应当成为知识产权侵权责任承担的基本判断依据。但是，作为侵权责任承担最重要的一种，损害赔偿责任承担要有过错的判断依据，即所谓损害赔偿的过错责任原则。

第二节 知识产权侵权行为的法律责任

知识产权侵权行为发生后，行为人应当对其侵权行为承担侵权责任。只有这样，才能弥补被侵权人因被侵权所受到的损害，同时有力地遏制侵权行为再次发生，维护知识产权人和相关当事人合法权益以及社会关系的稳定。知识产权侵权行为应承担的法律责任有民事责任、行政责任和刑事责任三种类型。

一、民事责任

知识产权的民事权利性质决定了其被侵犯后应予以民事救济，即追究知识产权侵权行为人的民事责任，这是保护知识产权的重要措施。《民法典》第176条规定："民事主体依照法律规定或者按照当事人约定，履行民事义务，承担民事责任。"其第179条则规定，承担民事责任的方式主要有：停止侵害；排除妨碍；消除危险；返还财产；恢复原状；修理、重作、更换；继续履行；赔偿损失；支付违约金；消除影响、恢复名誉；赔礼道歉。

应当指出，《民法典》第179条规定的承担11种民事责任形式中，有些并不适合知识产权侵权。[3] 这里通过"返还财产"和"恢复原状"略加说明。返还财产旨在使被侵占的财产重新回到权利人手中。就知识产权侵权而言，知识产品是具有非物质性的精神产品，侵权人实施侵权行为不是表现为占有知识产品的有形载体，不存在对知识产权的"返还财产"问题。同样，知识产品的非法使用并不必然妨碍权利人对知识产品的正常利用，而且知识产品的使用具有非损耗性，知识产权被侵权之后的救济也不涉及"恢复原状"问题。

从世界各国对知识产权保护的规定看，请求停止侵害与请求赔偿损失是最重要的民事救济措施。在我国，除了以上两种救济措施外，还有消除影响、赔礼道歉等民事责任形式可以救济权利。[4] 以下将分别予以讨论。

（一）停止侵害

停止侵害是及时制止知识产权侵权，维护知识产权权利形态的重要救济措施。当知识产权受到侵害时，知识产权人既可以要求侵权人停止侵害，也可以请求法院责令侵权人停止侵害。请求停止侵害包括铲除已经产生的侵害和未来可能出现的侵害。停止侵权是保护

---

[1] 吴汉东、胡开忠：《无形财产权制度研究》，法律出版社2005年版，第143页。
[2] 王利明：《侵权行为法归责原则研究》，中国政法大学出版社1992年版，第18页。
[3] 参见王国柱：《知识产权侵权责任承担方式的特殊法理》，载《法律科学（西北政法大学学报）》2022年第4期。
[4] 依《民法典》施行前的《民法通则》第118条规定，知识产权受到剽窃、篡改、假冒等侵害时，被侵害人有权要求停止侵害，消除影响，赔偿损失。

知识产权立竿见影的措施，其实质是排除对权利人行使专有权之任何妨碍，而不在于对知识产品的"侵害"。

在西方国家还广泛存在一种"禁止令"制度，以便在争议最后解决之前防止侵权行为重复或预期发生，或防止在侵权诉讼中损害结果扩大，以达到及时、有效地制止知识产权侵权行为的目的。我国 2000 年修改的《专利法》第 61 条、2001 年修改的《著作权法》第 49 条和 2001 年修改的《商标法》第 57 条赋予被侵权人在起诉之前向人民法院申请采取责令停止有关行为的措施的权利，也具有类似的性质。[1] 这些权利的行使，有利于及时制止知识产权侵权行为，切实维护权利人的利益。

在停止侵害方面，知识产权司法实践中还存在一种特殊情况，即在特定情况下，尽管人民法院认定知识产权侵权行为成立，但基于维护国家利益、公共利益以及利益平衡等方面的考虑，人民法院可以判决被告不停止涉案行为，而改为支付损害赔偿费。对此，2020 年 12 月 29 日公布的《最高人民法院关于审理侵犯专利权纠纷案件应用法律若干问题的解释（二）》（以下简称《审理侵犯专利权案件应用法律解释（二）》）第 26 条即有规定："被告构成对专利权的侵犯，权利人请求判令其停止侵权行为的，人民法院应予支持，但基于国家利益、公共利益的考量，人民法院可以不判令被告停止被诉行为，而判令其支付相应的合理费用。"在近些年来发生的知识产权侵权案件中，除专利侵权案件外，在其他知识产权侵权案件中也存在适用停止侵害责任限制的情形。当然也应看到，停止侵害毕竟是制止知识产权侵权行为继续、及时维护知识产权人合法权益的基本法律手段，对于上述停止侵害责任限制应当从严掌握。

（二）消除影响

知识产权侵权行为，尤其是涉及侵害其中的人身权利的行为，在有些情况下会对被侵害的知识产权人造成不良影响。例如，歪曲、篡改作品，侵害了作者享有的保护作品完整权，对于作者的声誉有时会造成难以弥补的损害。又如，商标侵权行为，损害了商标专用权人的商品声誉，在很多情况下，商标专用权人在主张停止侵害和赔偿损失的同时，会主张消除影响。当然，如果人民法院认定并不构成侵权，则相应地也不存在适用消除影响的余地。例如，在再审申请人四川省某集团有限公司与被申请人济南某酒业有限公司侵犯商标专用权及不正当竞争纠纷案[2]中，原告四川省某集团有限公司请求判令济南某酒业有限公司停止侵犯原告注册商标专用权和不正当竞争行为，赔偿经济损失并消除影响。最高人民法院于 2012 年 11 月 30 日裁定驳回其再审申请。

此外，根据《民法典》第 1000 条第 1 款规定，行为人因侵害人格权承担消除影响、恢复名誉、赔礼道歉等民事责任的，应当与行为的具体方式和造成的影响范围相当。就知识产权侵权行为而言，确定消除影响的范围应当考虑侵权行为人实施侵权的具体方式和该行为对被侵权人所造成的不良影响，如导致著作权人的社会评价降低或者导致商标专用权人商品信誉被减损等。从知识产权司法实践看，不同知识产权侵权行为对于被侵权人造成的影响不同。一般而言，涉及知识产权人人格、声誉损害的不良影响更严重，对这方面的损害适用消除影响民事责任的可能性更大。

---

[1] 2000 年修改的《专利法》第 61 条、2001 年修改的《著作权法》第 49 条和 2001 年修改的《商标法》第 57 条分别在后来的修法中作了进一步的修改。
[2] 最高人民法院（2012）民申字第 887 号民事裁定书。

(三) 赔礼道歉

在侵权民事责任的类型中，赔礼道歉是我国比较独特的责任形式，在其他国家民事法律责任制度中较少见到。在知识产权侵权责任中，赔礼道歉也是一种常见的民事责任方式。这与我国传统文化有一定的关系，也与我国法律规定民事侵权责任旨在实现定分止争、有效化解纠纷的目的有关。从我国近些年来审结的包括知识产权纠纷案件在内的大量民事纠纷案件的情况看，适用赔礼道歉民事责任方式取得了较好的法律效果和社会效果。适用这一民事责任，有利于督促侵权人忠诚地悔悟，反省自己过去实施的侵权行为的不当性，并使被侵权人心灵得到抚慰，从而弥补其所受到的伤害和损害。适用这种民事责任方式，还有一个重要作用是维系过去的合作关系，促进社会关系的和谐与稳定。

基于赔礼道歉民事责任的特点，在我国知识产权司法实践中，赔礼道歉民事责任方式更多地涉及侵害知识产权中的人身权利，尤其是著作权中的人身权。例如，再审申请人葛某与被申请人李某侵害著作权纠纷案[1]涉及古籍点校成果是否受著作权保护问题。[2] 在该案中，李某向山东省潍坊市中级人民法院提起著作权侵权诉讼，请求判令葛某赔偿经济损失并赔礼道歉。该案一审、二审均认定被告著作权侵权成立。葛某不服，向最高人民法院申请再审，最高人民法院在裁定提审本案后，于2018年判决维持二审判决。当然，在著作权案以外的其他知识产权侵权案中，知识产权人提出赔礼道歉的要求也很常见。例如，在再审申请人漳州某家化有限公司（以下简称某家化公司）与被申请人漳州某药业股份有限公司（以下简称某药业公司）侵犯商标专用权纠纷案中，[3] 某药业公司请求判令某家化公司停止侵权行为、公开赔礼道歉并赔偿损失。福建省漳州市中级人民法院一审判决被告侵害注册商标专用权。二审维持原判。最高人民法院于2009年10月27日裁定驳回某家化公司再审申请。

值得指出的是，尽管在我国知识产权司法实践中很多权利人在起诉时主张赔礼道歉，人民法院在适用这一侵权民事责任时则应慎重、从严掌握。原则上说，当认定侵权人侵害知识产权人享有的人身权时，一般可以适用赔礼道歉这种民事责任形式；但认定仅侵害知识产权人的财产权时，一般不宜轻易适用这种民事责任形式。原因在于，单纯地侵害知识产权中的财产权，难以构成对权利人人格和声誉的损害、贬损。

(四) 损害赔偿

1. 知识产权侵权损害赔偿的基本原理。当知识产权被侵害后，权利人通常都会要求侵权人支付一定数额的金钱予以赔偿，这属于侵权之债的范畴。损害赔偿在知识产权侵权民事责任中最具实质内涵，其对于充分且有效地维护知识产权人和相关当事人合法权益、有力制止和制裁知识产权侵权行为、定分止争、实现知识产权立法宗旨、维护社会关系的稳定等方面具有重要的意义和作用。知识产权具有价值和使用价值并具有法律上的专有性，权利人凭借其获得的知识产权，不仅能够收回创造与获得知识产权的成本，还能够获得一定的利益。知识产权侵权行为则因为剥夺或者挤占了知识产权人本应独占的市场，从而会给其造成经济损失及其他损失，因而需要侵权人承担知识产权侵权赔偿责任。

---

[1] 最高人民法院（2016）最高法民再175号民事判决书。
[2] 参见彭学龙：《古籍点校科学版本的邻接权保护》，载《法商研究》2023年第4期。
[3] 最高人民法院（2009）民申字第1310号民事裁定书。

根据侵权行为法原理，侵权损害赔偿的原则决定于侵权损害赔偿的目的及其实现条件。[1] 由于侵权损害赔偿以补偿受害人损失为一般目的、以抑制加害人行为为社会目的，全部赔偿原则就成为侵权损害赔偿的基本原则。知识产权侵权损害赔偿与传统所有权侵权损害赔偿一样，遵循全部赔偿的原则，即侵权人应当赔偿因其知识产权侵权行为而给被侵权人造成的一切损失，以及可以用金钱衡量和补偿的其他各种损害。这种全部赔偿原则，也被称为"填平原则"，即"损失多少赔多少"。

知识产权侵权损害赔偿与知识产品市场的丧失具有内在联系。知识产权虽然是无形财产权，但这种权利的实现往往要借助有形财产的转化，且这种转化必须以交换和市场为依托，以知识产权的利用、交易为条件，并始终受市场因素的制约。也可以认为，知识产权是权利人被赋予的、在市场上的排他权。这种无形财产权在获得和保持市场份额的努力下，可以不断增加其价值。

知识产权人要将其知识产权转化为有形的财富，主要是依其享有的知识产权收益。这种收益的大小除受各种不同类型知识产品特点的制约外，主要取决于该知识产权份额的多少，界定知识产权侵权损害赔偿也应以此为基础。简言之，知识产权的侵权损害赔偿针对的是权利人因侵权而使知识产品市场份额的减少、权利价值的降低，以及随之而来的其他财产损失，显然，这不同于一般财产损害赔偿。

2. 知识产权侵权损害赔偿归责原则。知识产权侵权损害赔偿也存在一定的归责基础或者说归责原则，即根据什么侵权人须承担损害赔偿责任，这是统领知识产权侵权赔偿立法的指导方针。国外知识产权立法大多规定，是否存在过错不是认定侵权的前提，而是免除或减轻赔偿责任的前提。如澳大利亚《著作权法》第115条规定，无过错侵权人的无过错并不能使其免除侵权责任，而只可使其减轻侵权赔偿责任。当然，各国也不是简单地规定无过错一律减免侵权赔偿责任。如法国1995年修订的《知识产权法》、希腊1993年《著作权法》对侵权赔偿额的确立，就没有规定因无过错而受影响。

在国际公约方面，明确界定知识产权侵权赔偿原则的，主要是TRIPs协议。该协议第45条第1款规定，司法部门有权责令侵权者向权利人支付适当的损害赔偿费，以便补偿由于侵犯知识产权而给权利人造成的损失，其条件是侵权者知道或者应当知道他从事了侵权活动。这清楚地表明，TRIPs协议规定的知识产权侵权损害赔偿归责原则是过错责任原则，因为侵权者赔偿损失的条件是知道或者应当知道他从事了侵权活动。该条第2款同时规定，在适当的情况下，即使侵权者不知道或者没有正当理由应当知道他从事了侵权活动，成员也可以授权司法部门，责令返还其所得利润和支付预先确定的损害赔偿费。

3. 知识产权侵权损害赔偿额的界定。知识产权侵权损害赔偿额的界定，是知识产权审判实践中的一个极为重要的问题。世界各国因为立法传统、民族习惯、政治经济制度不同，对知识产权损害赔偿的规定也不相同。但大致来说，最常见的界定方式有以下几种：①以权利人因被侵权所遭受的实际损失作为侵权损害赔偿额；②以侵权人因侵权的违法所得作为侵权损害赔偿额；③以"使用费"或"许可使用费"作为基数确定侵权损害赔偿额；④在以上方法均难于适用时，采用法定赔偿方法；⑤针对主观上存在故意或者恶意、情节严重的知识产权侵权行为，可以适用惩罚性赔偿制度。此外，被侵权人因制止侵权而支出

---

[1] 参见徐小奔：《知识产权损害的价值基础与法律构造》，载《当代法学》2019年第3期；张广良：《知识产权损害赔偿惩罚体系的构建》，载《法学》2020年第5期。

的合法费用，也需要纳入。

我国《专利法》《商标法》《著作权法》以及相关的《反不正当竞争法》等法律即对相关侵权行为应当承担的损害赔偿额作了上述规定，本书后面还将进行详细分析。同时，最高人民法院发布的《最高人民法院关于审理专利纠纷案件适用法律问题的若干规定》（以下简称《审理专利纠纷案件适用法律规定》）（2020修正）、《最高人民法院关于审理著作权民事纠纷案件适用法律若干问题的解释》（以下简称《审理著作权民事案件适用法律解释》）（2020修正）、《最高人民法院关于审理商标民事纠纷案件适用法律若干问题的解释》（以下简称《审理商标民事案件适用法律解释》）（2020修正）、《最高人民法院关于审理侵犯商业秘密民事案件适用法律若干问题的规定》（以下简称《审理侵犯商业秘密民事案件适用法律规定》）等司法解释针对特定类型的知识产权侵权损害赔偿额的界定作了更具有操作性的规定，为我国各级人民法院审理知识产权纠纷案件、确定侵权损害赔偿额提供了重要指引。以下不妨进行阐述。

就第一种计算方式而言，从知识产权侵权损害赔偿的本意来说，按照权利人因被侵权所遭受的实际损失作为赔偿数额也是最合理的。原因在于，知识产权作为知识产权人对其知识产权利用的专有权利，作用于市场交易和流通环境中。当侵权人实施知识产权侵害行为时，往往会挤占知识产权人的市场份额，从而使得知识产权人的市场利润减少。基于此，可以考虑知识产权人因被侵权而造成的市场销售量的减少与每件产品的合理利润，用以界定权利人因被侵权所遭受的实际损失。例如，《审理专利纠纷案件适用法律规定》第14条第1款规定：权利人因被侵权所受到的实际损失可以根据专利权人的专利产品因侵权所造成销售量减少的总数乘以每件专利产品的合理利润所得之积计算。权利人销售量减少的总数难以确定的，侵权产品在市场上销售的总数乘以每件专利产品的合理利润所得之积可以视为权利人因被侵权所受到的实际损失。《审理商标民事案件适用法律解释》第15条规定，因被侵权所受到的损失，可以根据权利人因侵权所造成商品销售减少量或者侵权商品销售量与该注册商标商品的单位利润乘积计算。此外，《审理著作权民事案件适用法律解释》第24条也作了类似规定。

当然，在司法实践中，以上述方法计算知识产权侵权损害仍然存在诸多困难，尤其是在侵权产品市场与知识产权人生产、销售产品的市场没有交集，或者知识产权人根本没有生产、销售附载知识产权的产品的情况下，就很难计算权利人因被侵权所造成的销售额减少的数量，甚至还存在侵权发生后权利人的销售数量不仅没有减少反而增加的情况。原因在于，知识产权人的销售市场受到很多因素的影响，如市场上合法替代品的存在就会在相当大的程度上影响权利人的销售份额和市场竞争力。也正是基于上述计算方式在实践中存在的这些困难，在知识产权司法实践中，权利人往往难以提供令人信服的证据证明其因被侵权所受到的实际损失。

就第二种计算方式而言，其合理性在于：一是根据侵权人不能获得不当得利的原则，对于侵权人因侵权而产生的违法所得，不应由其占有，否则就不利于遏制和制裁知识产权侵权行为；二是基于上述司法实践，权利人很难提供证据证明其因被侵权所遭受的实际损失。基于这一计算方式的合理性，我国知识产权法律和司法解释都作了相应规定。以相关司法解释规定为例，《审理专利纠纷案件适用法律规定》第14条第2款规定：侵权人因侵权所获得的利益可以根据该侵权产品在市场上销售的总数乘以每件侵权产品的合理利润所得之积计算。侵权人因侵权所获得的利益一般按照侵权人的营业利润计算，对于完全以侵权为业的侵权人，可以按照销售利润计算。《审理商标民事案件适用法律解释》第 14 条规定，侵权所获得的利益，可以根据侵权商品销售量与该商品单位利润乘积计算；该商品单位利润无法查明的，按照注册商标商品的单位利润计算。

以侵权人因侵权的违法所得作为知识产权侵权损害赔偿额，在司法实践中同样存在较多的困难。[1] 其原因在于：一是知识产权侵权人基于涉案产品所获得的利益，有可能并非全部来自因侵权而产生的违法所得，还可能包括合理利益在内。如侵犯专利权的产品只是被告涉案产品的一个部件或者零配件，就不宜以涉案产品的全部利润作为侵权人的违法所得。二是由于权利人并不掌握被控侵权人基于涉案产品所得利益的证据，在司法实践中也难以提供被控侵权人违法所得的证据。三是被控侵权人为了减少侵权赔偿额，有可能采取隐匿、转移甚至毁灭证据的形式，以致难以确定被控侵权行为人的违法所得。我国知识产权法律固然对于上述第三种情况作了相关规定，但仍难以避免在实践中出现问题。

就第三种计算方式而言，在前面两种计算方式都因为提供证据困难而难以适用时，就可以参照许可使用费的标准计算。[2] 这一计算方式的合理性在于，在存在知识产权许可贸易的场合，利用他人的知识产权应当支付一定的许可费用。当发生知识产权侵权行为时，侵权人却未予支付应当支付的费用，因此可以参照许可费用的标准。应当指出，在参照许可费用计算赔偿额时，通常需要乘以一定的倍数。例如，《审理专利纠纷案件适用法律规定》第 15 条规定：权利人的损失或者侵权人获得的利益难以确定，有专利许可使用费可以参照的，人民法院可以根据专利权的类别、侵权行为的性质和情节，专利许可的性质、范围、时间等因素，参照该专利许可使用费的倍数合理确定赔偿数额。《审理侵犯商业秘密民事案件适用法律规定》第 20 条第 1 款规定，权利人请求参照商业秘密许可使用费确定因被侵权所受到的实际损失的，人民法院可以根据许可的性质、内容、实际履行情况以及侵权行为的性质、情节、后果等因素确定。需要以许可费用的一定的倍数计算损害赔偿额，是基于以下原因：损害赔偿制度具有遏制侵权、防止侵权行为再犯的功能和作用，只有按照许可费的一定倍数确定损害赔偿额，才能达到惩治侵权的目的。

在司法实践中，上述计算方式也存在较大的局限性。原因在于，一是基于当前我国知识产权许可贸易不甚活跃，当发生知识产权侵权纠纷时，权利人很可能并没有许可其知识产权；二是即使存在上述许可，由于许可具有特定对象和许可方式、范围和期限，如何在案件中参照也存在一定难度；三是司法实践中存在倒签合同以及知识产权人为获取较高的赔偿而与第三方串通签订虚假许可合同的现象。此外，许可费的合理倍数如何确定也是一个难题。

就第四种计算方式而言，法定赔偿的方法是基于知识产权法律对知识产权侵权行为损害赔偿的直接规定。在司法实践中，前述三种方法的适用经常存在困难。为便于人民法院界定损害赔偿额，我国《专利法》《商标法》《著作权法》都规定了侵权的法定赔偿制度。相关司法解释也作了补充规定。例如，《审理商标民事案件适用法律解释》第 16 条规定：权利人因被侵权所受到的实际损失、侵权人因侵权所获得的利益、注册商标使用许可费均难以确定的，人民法院可以根据当事人的请求或者依职权适用商标法第 63 条第 3 款的规定确定赔偿数额。人民法院在适用商标法第 63 条第 3 款规定确定赔偿数额时，应当考虑侵权

---

[1] 参见杨涛：《知识产权侵权获利赔偿制度的完善路径》，载《现代法学》2020 年第 5 期。

[2] 参见杨涛：《知识产权许可费赔偿方法的功能、价值准则与体系重构》，载《中国法学》2021 年第 5 期。

行为的性质、期间、后果，侵权人的主观过错程度，商标的声誉及制止侵权行为的合理开支等因素综合确定。《审理侵犯商业秘密民事案件适用法律规定》第 20 条第 2 款规定：人民法院依照反不正当竞争法第 17 条第 4 款确定赔偿数额的，可以考虑商业秘密的性质、商业价值、研究开发成本、创新程度、能带来的竞争优势以及侵权人的主观过错、侵权行为的性质、情节、后果等因素。

我国知识产权侵权法定赔偿制度的合理性在于：基于知识产权作为一种无形财产权和知识产权保护客体的非物质性的特点，在知识产权司法实践中，无论是侵权人因侵权所造成的对被侵权人的实际损失，还是侵权人因侵权所获得的非法利润，都难以提出充分、有效的证据加以确定。法律通过规定侵权人所赔偿的法定范围，能够使处理知识产权侵权纠纷案件中的法官有一个统一的裁判标准，并且能够综合考虑案件的各种因素，最终决定一个大致合理的标准。[1]

值得注意的是，我国知识产权侵权纠纷案件大量适用法定赔偿。有调查统计，适用法定赔偿的知识产权侵权纠纷案件占了 90% 以上。法定赔偿适用的比例如此之高，应当说是不正常的。尤其是我国知识产权单行法律经过多次的修改，在知识产权侵权损害赔偿方面的一个重要的趋势是不断提高法定赔偿的额度。例如，2013 年修改《商标法》时将法定赔偿数额由 50 万元增加到 300 万元；2019 年修改时，再提高到 500 万元。这两次修改，一方面可以说大大增加了赔偿的力度；另一方面，也大大增加了法官在适用法定赔偿时的自由裁量权，如果不对法定赔偿的适用条件、方式等作出限定和详细的规范，就会存在滥用自由裁量权的风险。近些年来，尽管我国对知识产权侵权损害赔偿的研究很多，但真正从操作层面解决具体的问题还需要大力加强。如何妥善处理法官的自由裁量与适用法定赔偿的关系，尤其是防止法官滥用自由裁量权，需要引起关注和加强研究。[2]

就第五种计算方式而言，知识产权侵权惩罚性赔偿制度是包括我国在内的很多国家知识产权法律规定的比较特殊的侵权赔偿制度，该制度突破了传统的民事侵权填平原则，而对于侵权人具有一定的惩罚性。[3] 根据民事侵权的一般法理和规则，民事侵权损害赔偿实行的是补偿性赔偿制度，也就是损失多少赔多少。为了有效地惩治主观恶意明显[4]、情节严重的民事侵权行为，民事侵权惩罚性损害赔偿制度应运而生。惩罚性赔偿制度，通过加重侵权行为人的损害赔偿责任，能够对侵权行为人施以更大的威慑力和惩罚力度，从而更加有效地制止侵权和维护被侵权人的合法权益。

知识产权侵权损害赔偿制度中引进惩罚性赔偿制度的合理性体现于：首先，知识产权作为一种无形财产权，其被侵权的形式具有一定的隐蔽性和技术性。而且，一旦被侵权，侵权具有扩散性和权利人难以控制性。相应地，知识产权侵权行为给知识产权人和相关公

---

[1] 冯晓青：《知识产权法律制度反思与完善——法理·立法·司法》，知识产权出版社 2021 年版，第 370 页。

[2] 冯晓青：《知识产权法律制度反思与完善——法理·立法·司法》，知识产权出版社 2021 年版，第 370~371 页。参见和育东：《知识产权侵权法定赔偿制度的异化与回归》，载《清华法学》2020 年第 2 期；焦和平：《知识产权惩罚性赔偿与法定赔偿关系的立法选择》，载《华东政法大学学报》2020 年第 4 期。

[3] 参见刘银良：《知识产权惩罚性赔偿的类型化适用与风险避免——基于国际知识产权规则的视角》，载《法学研究》2022 年第 1 期；刘银良：《知识产权惩罚性赔偿的比较法考察及其启示》，载《法学》2022 年第 7 期；王利明：《论我国民法典中侵害知识产权惩罚性赔偿的规则》，载《政治与法律》2019 年第 8 期。

[4] 参见倪朱亮：《知识产权惩罚性赔偿主观要件的规范构造》，载《法学评论》2023 年第 5 期。

众利益带来的损害可能巨大。其次，有相当一部分知识产权侵权行为人主观恶意明显，其实施侵害知识产权的行为明显违背诚信原则，仅根据填平原则给予赔偿不仅难以弥补被侵权人所受到的直接损失，而且难以有效地遏制和威慑侵权行为的再次发生。

当前，我国知识产权保护制度实施严格保护政策。为充分、有效地保护知识产权人的合法权益，为创新提供更好的制度环境和激励机制，近些年来，我国知识产权法律先后引进了侵权惩罚性赔偿制度。2019年10月底召开的党的十九届四中全会，在报告中也专门论及要建立知识产权侵权损害惩罚性赔偿制度。2020年5月通过的《民法典》第1185条也规定："故意侵害他人知识产权，情节严重的，被侵权人有权请求相应的惩罚性赔偿。"

不过，知识产权侵权损害惩罚性赔偿需要严格控制其适用的范围，而且在理念上也应当注意，不能认为在确定知识产权侵权的前提之下，赔偿额度越高越好。知识产权侵权赔偿额应当与侵权的主观故意程度、侵权的性质、后果，尤其是侵权人给被侵权人所造成的损害或对其潜在市场的影响挂钩，被侵权人所获得的损害赔偿还应与知识产权的创新程度和对社会的贡献程度相联系。即在知识产权侵权损害赔偿中，亦应适用比例原则。[1] 为增加知识产权司法实践中人民法院适用知识产权侵权惩罚性赔偿制度的可操作性，2021年3月2日公布的《最高人民法院关于审理侵害知识产权民事案件适用惩罚性赔偿的解释》（以下简称《侵害知识产权民事案件惩罚性赔偿解释》），自2021年3月3日起施行。根据该司法解释的规定，原告主张被告故意侵害其依法享有的知识产权且情节严重，请求判令被告承担惩罚性赔偿责任的，人民法院应当依法审查处理。对于侵害知识产权的故意的认定，人民法院应当综合考虑被侵害知识产权客体类型、权利状态和相关产品知名度、被告与原告或者利害关系人之间的关系等因素。人民法院依法确定惩罚性赔偿的倍数时，应当综合考虑被告主观过错程度、侵权行为的情节严重程度等因素。因同一侵权行为已经被处以行政罚款或者刑事罚金且执行完毕，被告主张减免惩罚性赔偿责任的，人民法院不予支持，但在确定所乘倍数时可以综合考虑。[2]

此外，在计算知识产权侵权损害赔偿额时，权利人因调查、制止侵权所支付的合理费用也应计算在内。对此，我国知识产权单行法律和司法解释也都作出了规定。例如，2013年修正的《审理专利纠纷案件适用法律规定》第22条规定：人民法院根据权利人的请求以及具体案情，可以将权利人因调查、制止侵权所支付的合理费用计算在赔偿数额范围之内。《审理商标民事案件适用法律解释》第17条规定，商标法第63条第1款规定的制止侵权行为所支付的合理开支，包括权利人或者委托代理人对侵权行为进行调查、取证的合理费用。人民法院根据当事人的诉讼请求和案件具体情况，可以将符合国家有关部门规定的律师费用计算在赔偿范围内。合理费用之所以应计算在损害赔偿额之内，是因为这部分费用是权利人为维护自身合法权益所支出的必要开支，纳入损害赔偿额，有利于更充分地维护权利人合法权益。[3]

二、行政责任

对知识产权侵权行为追究行政责任，是指国家知识产权行政管理机关依法给予侵权者

---

[1] 冯晓青：《知识产权保护论》，中国政法大学出版社2022年版，第21~22页。
[2] 参见吴汉东：《知识产权惩罚性赔偿的私法基础与司法适用》，载《法学评论》2021年第3期。
[3] 参见王国柱：《知识产权"侵权物品处置"责任承担方式的私法逻辑》，载《政治与法律》2022年第4期。

因其侵犯知识产权行为的法律后果而应承担的法律责任。追究知识产权侵权人的行政责任是我国知识产权保护的一个重要特点，也是中国特色知识产权法律制度区别于西方知识产权制度的一个重要特点。

如前所述，知识产权是民事主体享有的一项重要民事权利，也是一种私权。对于这种私权进行行政保护，追究侵权人的行政责任，其理由主要在于：

第一，现实中一些比较严重的侵犯知识产权的行为，不仅侵害了知识产权人的合法权益，而且妨碍了国家知识产品市场的管理秩序，侵害了国家与社会公众的利益，从而触犯了国家行政管理法规，因而应使违反行政法律规范所规定的义务而造成后果的侵权人承担行政责任。这种责任，可以视为对侵权人实施侵权行为责任的加强。其目的在于强化对知识产权的保护，有力地制裁知识产权侵权行为，使其不再重犯。

第二，"民事权利"和"民事权利保护"并不是同一概念，民事权利的保护不限于民事方式，也可以是行政甚至刑事的方式。原因在于，从法理的角度来说，权利的保护在很大程度上体现于对侵权行为的有力制裁，包括知识产权在内的民事权利保护也一样，其在很大程度上体现为对民事侵权行为的制裁。由于民事侵权行为不仅侵害了权利人的民事权利，而且可能因为损害公共利益而触犯国家行政管理法规甚至刑律，通过追究民事侵权人的行政责任，有利于更好地保护民事权利人的合法权益。我国过去施行的《民法通则》第110条就是这方面的体现。

第三，从法理上看，同一行为可以形成民事法律关系与行政法律关系，两者发生交叉、重叠。对交叉、重叠的一部分社会关系，既可以适用民事法律规范，也可以适用行政法律规范，两者并行不悖。当然，在民事权利保护中，除追究民事侵权人民事责任外，如果还涉及行政责任甚至刑事责任承担，则应当处理好相关法律责任的协调和衔接。实践中民行交叉案件以及民刑交叉案件的处理就体现了这方面的问题。以知识产权民刑交叉案件的处理为例，在这类案件中，由于民事保护与刑事保护涉及证据规则与认定均存在不同的要求和特点，如民事保护强调的是高度盖然性标准，而刑事保护要求证据确凿，因而需要通过相应的证据规则和证据标准的构建与完善来推进这类案件的妥善处理。[1] 无论如何，在涉及不同法律责任时，需要优先保障民事权利。我国《民法典》第187条规定："民事主体因同一行为应当承担民事责任、行政责任和刑事责任的，承担行政责任或者刑事责任不影响承担民事责任；民事主体的财产不足以支付的，优先用于承担民事责任。"

第四，从保护效果上看，行政制裁比民事手段来得更直接、迅速，具有直接的强制性、处罚性，对侵权行为更具有威慑力。从我国知识产权法律、行政法规的规定看，知识产权行政保护措施通常有训诫，没收非法所得，责令停止制作、发行侵权复制品，没收侵权复制品和制作侵权复制品的设备、罚款等。这些行政制裁手段和追究侵权人行政责任的方式，在我国知识产权侵权行政责任的适用中取得了较好的效果。近些年来，随着我国经济社会发展、科技文化进步，知识产权制度在促进我国社会主义现代化建设中的作用更加凸显，对加强知识产权保护、提高知识产权保护水平也提出了更高的要求，除了相关知识产权法律法规在修改中强化了知识产权行政执法手段、提高知识产权行政保护水平外，针对特定知识产权领域的部门规章也进行了规范和完善。例如，国家版权局、原信息产业部联合发布《互联网著作权行政保护办法》，自2005年5月30日起施行。2009年5月7日国家版权

---

[1] 冯晓青：《知识产权保护论》，中国政法大学出版社2022年版，第38页。

局公布了《著作权行政处罚实施办法》，自 2009 年 6 月 15 日起施行。2007 年，原国家工商行政管理总局发布《国家工商行政管理局关于商标行政执法中若干问题的意见》（已失效）。随着知识产权强国建设的深入推进，未来一定时期内我国对知识产权的行政保护、对知识产权侵权行为追究行政责任的方式还会延续。[1]

不过，对于我国知识产权的行政保护、行政执法以及相关的知识产权侵权行政责任问题需要立足于我国知识产权保护体系而认识其适当的地位，不宜拔高。在我国知识产权保护体系中，知识产权行政保护和知识产权司法保护是并驾齐驱的保护知识产权的充分、有效的形式，但知识产权司法保护仍占据主导地位，知识产权行政执法需要接受知识产权司法审查。进言之，尽管知识产权行政保护构成了我国知识产权司法保护的有力支撑，但不能取代或者超越知识产权司法保护地位。

在我国知识产权制度及其运行领域，全面推进知识产权国家治理体系和治理能力现代化既是国家治理体系和治理能力现代化建设的应有之义，也是深入推进知识产权强国建设的重要内容。[2] 在推进我国知识产权国家治理体系和治理能力现代化进程中，引入知识产权"大保护"理念，构建社会共治的多元纠纷处理机制，也是我国知识产权保护体系完善的重要走向和内容。在上述背景下，结合我国建设社会主义法治国家的宏伟蓝图，知识产权行政执法、行政保护的职能将被重新定位。[3]

三、刑事责任

当侵犯知识产权的行为情节严重、构成犯罪时，对侵权行为人应以侵犯知识产权罪追究其刑事责任。从我国刑事立法对各种类型的知识产权犯罪的规定看，知识产权犯罪可以被概括为行为人以营利或其他非法利益为目的，严重违反知识产权管理法规，故意侵犯他人的知识产权，扰乱社会主义市场经济秩序，且销售金额、违法所得数额较大，或者具有其他严重情节的行为。

（一）知识产权刑事保护的必要性

针对一些严重侵犯知识产权的行为，世界上很多国家立法都规定了刑事制裁措施与刑事诉讼程序。知识产权刑事保护的必要性在于以下几方面：

1. 知识产权的核心在于对权利人控制他人利用其知识产品的保护，这种保护只有通过法律途径，依靠国家强制力才能根本实现。现实中，不法分子利用知识产权作为无形财产不能被权利人直接"占有"其客体即知识产品这一特点，采取隐蔽手段非法利用权利人的知识产品，而权利人却难以通过自己的力量排除他人的这种侵害。完备的立法是知识产权得以保护的基础和前提，而刑法保护是最具强制力也是最后的法律保障。正如法国思想家卢梭所指出的："刑法在根本上与其说是一种特殊法，还不如说是一切法律的制裁力量。"

2. 知识产权在当代已成为一种获得竞争优势的竞争性资源，知识产权侵权在相当程度上表现为一种妨碍公平竞争的行为，知识产权保护则是维护公平竞争的重要手段。从客观上看，知识产权侵权行为不仅是对权利人私人权益的侵害，而且也是对社会公共利益、市场经济秩序和社会生产力发展机制的破坏。当这种行为情节严重、具有社会危害性时，就

---

[1] 参见上海市闵行区人民法院（2022）沪 0112 行初 506 号行政判决书（人民政府罚款及行政复议案）。

[2] 冯晓青：《知识产权法律制度反思与完善——法理·立法·司法》，知识产权出版社 2021 年版，第 20~21 页。参见吴汉东：《中国知识产权制度现代化的实践与发展》，载《中国法学》2022 年第 5 期。

[3] 参见董涛：《国家治理现代化下的知识产权行政执法》，载《中国法学》2022 年第 5 期。

不能单纯依靠民事手段和行政处理的方法加以解决，而必须由刑罚介入。也就是说，当侵犯知识产权的行为具有刑事违法性时，[1] 它就成为了刑法规制的对象，侵权行为人应承担相应的刑事责任。

(二) 知识产权刑事保护的条件

尽管在当代知识产权犯罪愈演愈烈的情况下，知识产权刑事保护具有很强的必要性，但刑罚介入知识产权保护仍然存在一个适当的调控度，即什么性质的知识产权侵权行为才能适用刑罚，以及适用何种刑罚。前者涉及知识产权刑事保护的广度问题，对此应注意两点：①危害行为必须具有相当严重的社会危害性；②这一危害行为具有刑罚的必要性。换言之，只有侵害行为达到相当严重的程度，运用行政的、民事的手段均无法有效地调控时，方可动用刑罚手段。

在知识产权司法实践中，对于构成知识产权侵权的行为是否需要同时承担侵犯知识产权的刑事责任，需要严格把握知识产权侵权的罪与非罪的界限，既要避免将仅构成一般民事侵权的行为入罪，以致严重损害当事人合法权益，也要避免将同时构成知识产权犯罪行为的知识产权侵权行为采用仅追究行政责任的以罚代刑或者仅追究民事责任的方式，从而放纵犯罪，损害社会公共利益。基于此，严格把握知识产权刑事保护条件十分重要。

(三) 知识产权刑事保护的方式

知识产权首先而且最实在地体现为一种财产权利，这种权利的存在及保护是一种客观经济要求，任何国家的经济发展到一定的程度，都会有这种要求。然而，尽管刑法是各国公认的保护这种财产权利的不可或缺的方面，但各国对知识产权犯罪的规定有不同特色，大体有列举式与概括式两种立法体例。列举式对各类具体的知识产权犯罪行为作出列举，使人一目了然，如德国、英国、意大利等国在有关立法中详细列举了应承担刑事责任的知识产权犯罪行为。概括式则不明确指出哪些行为是知识产权犯罪，而是仅对构成犯罪的知识产权侵权行为作出原则性的规定，其具体类型往往借助于立法或司法解释。应当说，两者立法体例各有其优缺点。

国际法涉及知识产权犯罪的刑事制裁，最主要的是 TRIPs 协议。TRIPs 协议第 61 条规定，成员应规定刑事程序和惩罚，至少适用于具有商业规模的故意的商标假冒和盗版案件。关于刑事制裁措施，该条规定，成员应提供刑事诉讼程序和刑事处罚，可采取的法律补救措施应包括足以起到威慑作用的监禁或罚金，其处罚程序应与对具有相应严重性的罪行法律补救措施的处罚程序相一致。在适当的条件中，可采取的措施还应包括充公、没收或销毁侵权物品，以及任何其主要用途是用来进行上述犯罪行为的材料和设备。TRIPs 协议的这些规定自然对世界贸易组织成员具有约束力。

(四) 我国对知识产权的刑事保护

在《中华人民共和国刑法》(以下简称《刑法》) 1997 年修订之前，对知识产权犯罪的规定主要见于单行知识产权立法、全国人大常委会关于惩治侵犯知识产权犯罪的补充规定之中。具体地说，1980 年 1 月 1 日施行的《刑法》只规定假冒商标罪，1985 年 4 月 1 日施行的《专利法》增设了假冒专利罪；1993 年 2 月 22 日公布的《全国人民代表大会常务

---

[1] 知识产权犯罪的刑事违法性肇始于知识产权法律对当事人权利和义务的规定，而不单纯取决于刑事法律的规定，因为是否构成侵犯知识产权是认定知识产权犯罪的前提。知识产权侵权之界定，显然是知识产权法律的任务。

委员会关于惩治假冒注册商标犯罪的补充规定》（以下简称《关于惩治假冒注册商标犯罪的补充规定》，已失效）完善了侵犯注册商标权的犯罪的决定；1994年7月5日颁行的《全国人民代表大会常务委员会关于惩治侵犯著作权的犯罪的决定》（以下简称《关于惩治侵犯著作权的犯罪的决定》，已失效），开创了中华人民共和国著作权刑事法律保护的先河。这些刑事规范的实施，大大提高了我国知识产权保护水准与力度。

然而，我国对知识产权的刑事立法整体上呈现出保守、被动的态势。刑事立法规定存在的漏洞较多，不能适应惩治侵犯知识产权犯罪的需要。而且，司法界对知识产权犯罪刑事处罚的观念远不如有体财产犯罪强，以致知识产权犯罪真正受到刑事处罚的只占其中的一小部分，绝大部分案件一般只作为民事案件处理。

随着我国知识产权犯罪总体呈增长趋势，重特大案件增多，犯罪后果严重，损失巨大，法人犯罪、共同犯罪突出等情况的出现，完善知识产权刑事保护制度就被提上了日程。1997年3月14日修订通过的《刑法》的一个重要特点就是明确规定了知识产权犯罪，该法第三章"破坏社会主义市场经济秩序罪"第七节规定了侵犯知识产权罪的7个罪名：假冒注册商标罪，销售假冒注册商标的商品罪，非法制造、销售非法制造的注册商标标识罪，假冒专利罪，侵犯著作权罪，销售侵权复制品罪，侵犯商业秘密罪。[1]这统一了我国以前的知识产权刑事立法，结束了其零散、不系统的局面，进一步完善了我国知识产权刑事保护制度。其对于充分保护知识产权人的合法权益，维护我国社会主义市场经济秩序，促进我国科技、经济、文化的发展，具有十分重要的意义。

值得进一步指出的是，为了更有效地打击侵犯知识产权的犯罪行为，2004年11月2日最高人民法院审判委员会第1331次会议通过、2004年12月8日公布的《最高人民法院、最高人民检察院关于办理侵犯知识产权刑事案件具体应用法律若干问题的解释》（以下简称《知识产权刑事案件应用法律解释》），对各类知识产权犯罪的认定作了具体规定，并适当降低了侵犯知识产权犯罪的刑事制裁门槛。

2007年4月5日公布的《最高人民法院、最高人民检察院关于办理侵犯知识产权刑事案件具体应用法律若干问题的解释（二）》（以下简称《知识产权刑事案件应用法律解释（二）》），对知识产权犯罪及处理作出了新规定，规定侵犯知识产权犯罪具有下列情形者一般不适用缓刑：①因侵犯知识产权被刑事处罚或行政处罚后，再次侵犯知识产权构成犯罪；②不具有悔罪表现；③拒不交出违法所得；④其他不宜适用缓刑的情形。该司法解释还规定，对于侵犯知识产权犯罪，法院应综合考虑违法所得、非法经营数额、给权利人造成的损失和社会危害性等情节，依法判处罚金，罚金数额一般在违法所得1倍以上5倍以下，或者按照非法经营数额的50%以上1倍以下确定。被害人有证据证明的侵犯知识产权刑事案件，直接向人民法院起诉的，人民法院应当依法受理；严重危害社会秩序和国家利益的侵犯知识产权刑事案件，由人民检察院依法提起公诉。

随着当前我国知识产权保护形势的变化，特别是实施知识产权严保护政策，通过强化知识产权保护提高我国知识产权保护水平，《中华人民共和国刑法修正案（十一）》（以下简称《刑法修正案（十一）》）提高了知识产权刑事保护水平，将知识产权犯罪的最高刑

---

[1] 参见广东省深圳市中级人民法院（2023）粤03刑终422号刑事裁定书（侵犯著作权罪案）；陕西省西安市中级人民法院（2022）陕01刑初6号刑事判决书（假冒注册商标罪及销售假冒注册商标的商品罪案）；山西省太原市迎泽区人民法院（2023）晋0106刑初116号刑事判决书（侵犯著作权罪案）。

期由此前规定的 7 年提高到 10 年。同时，2020 年 9 月 12 日公布的《最高人民法院、最高人民检察院关于办理侵犯知识产权刑事案件具体应用法律若干问题的解释（三）》（以下简称《知识产权刑事案件应用法律解释（三）》），自 2020 年 9 月 14 日起施行。该司法解释对于"与注册商标相同的商标""作品、录音制品上署名"的认定，"给商业秘密的权利人造成重大损失""实施刑法第二百一十九条规定的行为造成的损失数额或者违法所得数额"的认定，"假冒注册商标的商品、非法制造的注册商标标识、侵犯著作权的复制品、主要用于制造假冒注册商标的商品、注册商标标识或者侵权复制品的材料和工具"的处置，"酌情从重处罚""酌情从轻处罚"，以及"依法判处罚金"的适用等问题均作了具有可操作性的规定。例如，其第 8 条规定："具有下列情形之一的，可以酌情从重处罚，一般不适用缓刑：（一）主要以侵犯知识产权为业的；（二）因侵犯知识产权被行政处罚后再次侵犯知识产权构成犯罪的；（三）在重大自然灾害、事故灾难、公共卫生事件期间，假冒抢险救灾、防疫物资等商品的注册商标的；（四）拒不交出违法所得的。"其第 9 条规定："具有下列情形之一的，可以酌情从轻处罚：（一）认罪认罚的；（二）取得权利人谅解的；（三）具有悔罪表现的；（四）以不正当手段获取权利人的商业秘密后尚未披露、使用或者允许他人使用的。"其第 10 条规定："对于侵犯知识产权犯罪的，应当综合考虑犯罪违法所得数额、非法经营数额、给权利人造成的损失数额、侵权假冒物品数量及社会危害性等情节，依法判处罚金。罚金数额一般在违法所得数额的一倍以上五倍以下确定。违法所得数额无法查清的，罚金数额一般按照非法经营数额的百分之五十以上一倍以下确定。违法所得数额和非法经营数额均无法查清，判处三年以下有期徒刑、拘役、管制或者单处罚金的，一般在三万元以上一百万元以下确定罚金数额；判处三年以上有期徒刑的，一般在十五万元以上五百万元以下确定罚金数额。"其第 11 条还规定："本解释发布施行后，之前发布的司法解释和规范性文件与本解释不一致的，以本解释为准。"这些规定，有利于我国司法机关在处理知识产权犯罪案件时，统一裁判标准，准确适用法律，有效惩处知识产权犯罪行为，加强知识产权保护。[1]

---

[1] 参见魏昌东：《情节犯主导与知识产权刑法解释体系转型》，载《中国刑事法杂志》2022 年第 1 期；付晓雅：《数字时代知识产权刑法保护的挑战与回应》，载《当代法学》2020 年第 2 期。

第四章 知识产权法概述

> **本章提要**
>
> 本章主要阐述和探讨知识产权法的概念、特征与调整对象，知识产权法的时间效力、空间效力和对人效力，知识产权法的地位和渊源，知识产权法学的概念和研究内容。
>
> 本章的重点是知识产权法的概念、特征与调整对象，以及知识产权法在法律体系中的地位，难点是知识产权法中的国际私法问题以及知识产权法与其他法律之间的关系。

知识产权制度是国际上通行的确认、保护和利用知识产权的法律制度。这一制度总是通过知识产权法予以确立和推行的。知识产权法和知识产权是两个密切相关但又互相区别的概念。如同民事权利是民事法律的核心一样，知识产权是知识产权法的核心，知识产权法则是确认和保护这种专有权利的法律规范，是调整知识产权关系的基本准则。

第一节 知识产权法的概念、特征与调整对象

一、知识产权法的概念

知识产权法是调整基于智力创造活动和工商业标记而产生的社会关系的法律规范的总称，是调整在创造和利用知识产品过程中所引起的各种社会关系的法律规范的总和。应当注意，与知识产权的概念有狭义与广义之分相同，知识产权法的概念也有狭义和广义之分。从狭义上讲，也就是从传统的知识产权法的角度看，知识产权法是指专利法、商标法和著作权法。从广义的角度看，一切调整智力成果与工商业标记所产生的社会关系的法律规范都是知识产权法。实际上，各国知识产权法的范围都是在传统知识产权法的基础上增进某些内容的。例如，有些国家将商业秘密法、技术进出口管理法列入知识产权法中。一般说来，可以采用广义的知识产权法的概念，将知识产权法限定在"与知识产权有关的社会关系的法律规范"之上。

由于知识产权制度随着技术进步与经济社会发展而需要不断变革与发展，知识产权法也是一个与时俱进的概念。无论是从上述狭义还是广义上理解知识产权法的概念，其调整的社会关系都处在变革和发展中。特别是随着当前信息网络、数字技术以及大数据技术及其相关产业的迅猛发展，知识产权法所调整的社会关系的内容日益丰富、法律关系日益复杂。这一特点也体现了知识产权法律制度不断现代化的趋势，反映了知识产权法律制度与

技术进步和经济社会发展的互动关系。

二、知识产权法的特征

知识产权法具有以下特征：

1. 知识产权法是关于知识产品的法律制度。[1] 知识产权法是与知识产权有关的法，而知识产权的客体是知识产品。知识产权法是在人类历史发展到一定阶段后，知识产品"挤"进法律调整领域而形成的关于知识产品保护的法律制度。如前所述，知识产品具有非物质性和无形商品属性。其同时也具有私人产品和公共产品的特征，并具有非竞争性、非排他性和非消耗性。正是知识产品所具有的这些与有形财产相区别的属性和特征，对于知识产品的法律调整和保护需要基于其"人为稀缺"特征，构建专门的法律保护制度——知识产权法律制度。实际上，对于知识产权法律制度的认识和研究，在很大程度上也是以知识产品的属性和特征作为研究起点的。[2]

2. 知识产权法具有综合性的特点。"知识产权法"本身是一个类称，是国家法律体系中综合调整知识产品创造、归属、利用、保护的法律部门。知识产权法在调整手段和方法上，也具有综合性，它可以利用各种基本法的调整手段和方法调整因知识产品所带来的一系列社会关系。知识产权法的上述综合性特点，在立法模式上通常体现为颁行知识产权单行法的形式实施知识产权法律制度，包括我国在内的很多国家和地区也是如此。不过，正是鉴于上述特定性，以法国为代表的少数国家通过颁行知识产权法典的形式，集中、统一地规定知识产权法律制度。

3. 知识产权法既是国内法，又是涉外法，具有国际性。知识产权法原则上只在本国范围内有效。但是，如前所述，知识产权制度具有国际化趋势，各国在知识产权立法时不能不考虑其参加的知识产权国际条约以及国际惯例，不断和国际接轨是当前各国知识产权制度的共同特点。因此，知识产权法是具有涉外性的法律，相应地具有国际性特点。上述特点，对于一个国家和地区知识产权法律的制定和完善具有重大影响，尤其是在修订知识产权法律时需要以参加的国际知识产权公约的规定为参照，达到知识产权国际公约的最低保护水平。当然，任何一个国家、地区知识产权法律制度也具有本土化特点，这与其特定时期的政治经济制度、传统文化及其现代化进程等多因素相关。[3] 为了兼顾国内法与国际标准的协调，一个国家、地区的知识产权法律制度需要实现本土化与国际化的融合。这些原理，对于后面探讨的我国知识产权法的构建与完善也同样适用并具有启发意义。

三、知识产权法的调整对象

法律以一定的社会关系为调整对象，知识产权法也是如此，其调整对象是基于智力创造成果和工商业标记而产生的社会关系，是一种知识产品关系。对此，可以按照不同标准进行分类。

从动态上划分，知识产权法的调整对象可分为：

1. 因确认知识产权而发生的社会关系，或者说因确认知识产品的所有权而产生的社会关系。知识产权法的本质特征之一在于从法律上确认知识产品归其创造者或其合法受让人

---

[1] 参见吴汉东：《知识产权的多元属性及研究范式》，载《中国社会科学》2011年第5期。

[2] 参见何敏：《知识产权客体新论》，载《中国法学》2014年第6期；龙文懋：《知识产权权利客体析疑》，载《政法论坛》2005年第5期。

[3] 参见吴汉东：《知识产权法律构造与移植的文化解释》，载《中国法学》2007年第6期。

所有，用法律手段保障当事人对知识产品的所有权。知识产权法确认知识产品是一种财产，它通过授予知识产权人一定时期的独占权来鼓励智力创造活动，从而破除"知识不值钱"的传统观念，形成尊重知识、尊重人才的良好社会风气。

因确认知识产权而产生的社会关系，在知识产权创造活动中体现为对创造与获得某种知识产权的过程中，通过法定、合同约定或者基于商业惯例形式明确相关知识产权的归属，从而建立起知识产权人与特定知识产品的归属关系。为调整因确认知识产权而产生的社会关系，我国《专利法》《著作权法》等知识产权单行法律都规定了权利归属制度，以此激励知识创造和创新，以及对创造的投资。例如，本书后面阐述和探讨的职务发明创造制度，合作作品、职务作品、视听作品、委托作品著作权归属制度等就是如此。在知识产权司法实践中，知识产权确认之诉也涉及通过诉讼形式明确知识产权的归属等问题。为统一裁判标准，相关司法解释还专门作出规定。例如，前述《知识产权刑事案件应用法律解释（三）》第2条第1款规定："在刑法第二百一十七条规定的作品、录音制品上以通常方式署名的自然人、法人或者非法人组织，应当推定为著作权人或者录音制作者，且该作品、录音制品上存在着相应权利，但有相反证明的除外。"

2. 因转让知识产权而发生的社会关系。知识产权转让是知识产权人以出让其知识产权为代价获取转让价金的法律行为。知识产权人按照法定的程序和要求，将其知识产权转让后，即丧失对该知识产权的专有权利，受让人则成为新的知识产权人。由此可见，转让知识产权必然发生一定的社会关系。

从商品价值形态意义上讲，知识产权是一项巨大的知识财富。知识产权人可以通过转让知识产权来利用自己的知识产权，并实现一定的经济目的。知识产权转让对知识产权人和受让人而言均具有独特的价值：就转让人而言，可以从转让行为中获得一次性收益，收回知识产权开发的投资，并获取预期利润；就受让人而言，其可以在不用付出开发知识产权的投资和承担开发风险的情况下直接获取他人的知识产权，并且可以利用受让的知识产权占领市场，获取经济利益。知识产权转让也是知识产权贸易的重要形式，成为实现知识产权保值增值和转化为物质财富的重要形式。当然，应当看到，知识产权转让对转让人和受让人而言也存在一定的风险。其中，转让人的风险在于可能为自己树立了一个强劲的竞争对手，失去可以垄断的市场，美国早些年转让电视机专利技术给日本就是一例典型。受让人的风险则在于，通过受让获得的技术存在法律瑕疵或者失去市场价值，或者因为技术急速变化而变得不再具有市场竞争力。因此，无论就知识产权人还是受让人而言，知识产权转让均需进行从战略角度进行通盘考虑，综合评估转让的目的、方式、对象、价值、风险等问题。[1]

3. 因许可使用和其他形式利用知识产权而发生的社会关系。知识产权人可以通过自己行使某一具体的知识产权而实现对知识产权的实际运用。在行使权利的过程中，就会发生权利人与其他人的法律关系。例如，出版一本著作会因著作权中出版权的行使而在著作权人与出版者之间产生一定的以权利义务为内容的社会关系；专利权人许可他人使用其专利后，就会在专利权人和被许可人之间建立许可与被许可的法律关系。

对于知识产权，知识产权人除了前述以转让的形式处置外，通常还可以自行实施、许可他人实施，以及通过权利质押、投资入股、证券化、信托、保险等多种形式利用。这些

---

[1] 冯晓青：《技术创新与企业知识产权战略》，知识产权出版社2015年版，第266页。

形式，也是知识产权战略特别是知识产权运用战略的重要内容，反映了知识产权在当代经济社会中重要的无形资产价值和竞争属性，以及通过有效实施知识产权实现其经济社会价值和市场竞争力的意蕴。

就知识产权人自行实施而言，它是将知识产权投入到生产经营实践中，使之产品化，并通过市场运营途径实现商业化的过程。知识产权自行实施有不同方式，原则上讲，需要针对不同知识产权所要求的实施条件采取不同实施方式。一般地说，应重视以下几点：一是瞄准市场需求，根据市场需要确定实施方式；二是投入必要的实施经费；三是对实施知识产权的效益和前景进行科学预测，同时对实施风险和障碍进行评估，以取得较好的经济效益。

知识产权许可，是知识产权人行使其知识产权的最重要的形式之一。知识产权许可属于许可证贸易范畴，是知识产权人将其知识产权在一定时间内授权被许可人行使，并由被许可人向其支付许可使用费的法律形式。知识产权许可是企业技术扩散、技术交易、技术转移和技术贸易的重要方式，对于企业技术创新具有重要意义。通过知识产权许可，知识产权人可以分担研究开发投入、及时收回研究开发成本、增加利润，这对于降低成本具有重要意义。对于被许可人而言，知识产权许可还是获取先进技术，并以此开拓新的市场以及获取巨大市场利润的重要手段。

知识产权质押融资、投资入股、信托、证券化、保险则涉及知识产权的资本化运营，涉及将知识产权作为投资工具和融资工具。知识产权的资本化运营体现了知识产权作为一种重要的生产要素在企业生产经营中的作用。在企业传统的生产经营模式中，企业生产、销售适应市场需要的产品并获取利润，逐渐发展壮大。随着资本市场的发育和现代企业制度的建立，以资本为核心，通过资产重组、兼并、收购、控股、参股等形式实现企业的规模扩张，成为企业发展战略的重要内容。在知识产权制度日益完善的环境下，以知识产权为内核的无形资本经营则变得越来越重要，并日益普遍。知识产权资本化运营对于实现企业生产经营战略、盘活知识产权类无形资产、提高企业竞争力具有重要作用。例如，通过知识产权资本化经营，可以取得投资回报，优化融资渠道，提高企业的资信和担保能力，提升企业知识产权的存量，利用资本要素扩展知识产权，同时也可通过具有一定声誉的知识产权开拓市场。[1]

4. 因保护知识产权而发生的社会关系。知识产权法主要是通过确定权利保护范围、明确侵权表现和应受处罚并给予权利人以必要限制来保护知识产权、协调专有权利与社会公共利益的。知识产权法以保护知识产权为己任，如何充分、有效地保护知识产权始终是各国、各地区知识产权法的主旋律。这与以知识产权法为核心内容的知识产权制度的价值追求和立法宗旨直接相关，对此问题本书第六章还将进行专题阐述。基于此，围绕知识产权保护问题，必然会发生一系列的社会关系。

在知识产权法和知识产权制度中，知识产权保护是最为重要的内容，甚至有"言必称保护"的说法。知识产权保护是建立和完善知识产权制度的基础，也是知识产权运用与实现知识产权经济社会价值和市场竞争力的基础。基于此，知识产权保护状况在很大程度上决定了一个国家、地区知识产权法律制度的实施的水平。习近平总书记指出：加强知识产

---

〔1〕 冯晓青：《技术创新与企业知识产权战略》，知识产权出版社2015年版，第267~268页。

权保护，这是完善产权保护制度最重要的内容。[1] 当然，知识产权保护也具有一定的规律性，应当与一个国家和地区经济社会发展与技术进步的状况相适应，并且随着知识产权制度重要性的提升而不断提高其水平。在知识产权制度国际化环境下，一个国家、地区知识产权保护水平还深受国际保护环境的影响。总体上，就一个国家、地区知识产权保护水平定位而言，应当注意避免保护不足和保护过度两个极端。知识产权保护不足，会影响对知识创新和创造的激励，使创新驱动失去动力；知识产权保护过度，则容易造成知识产权滥用，以致损害他人利益和社会公共利益。同时，知识产权保护水平并不完全取决于立法的规定，最终取决于知识产权制度有效实施的情况，特别是严格执法和公正司法状况，与知识产权保护的社会环境和文化观念也有一定的关系。无论如何，知识产权保护是包括我国在内的所有建立了知识产权制度的国家和地区知识产权立法、政策、执法与司法最重要的内容，围绕知识产权而产生的各种社会关系，也成为知识产权法调整的最重要的社会关系。

此外，以知识产权的范围为标准，可以分为因专利权而发生的社会关系、因商标权而发生的社会关系、因著作权而发生的社会关系、因制止不正当竞争而发生的社会关系等。按照知识产权法调整社会关系的性质，可以分为民事关系、行政关系和刑事关系。由于知识产权法具有国际性，其调整对象还可以分为国内知识产权关系和涉外知识产权关系。

总之，知识产权法的调整对象是在确认、转让、行使、保护知识产权的过程中形成的民事关系、行政关系和刑事关系。其内容复杂、范围广泛，但都是因知识产品而产生的。知识产权法在调整知识产品关系的过程中，始终以保护知识产品人的人身权和财产权为主要目的，这是知识产权法的实质所在。

第二节 知识产权法的适用范围

知识产权法的适用范围，即知识产权法的效力范围，包括知识产权法在时间上的效力、空间上的效力和对人的效力三个方面。

一、知识产权法的时间效力

知识产权法从其实施之日开始生效，至其废止之日失效。我国知识产权法从整体上说不具有追溯力。例如，1992年9月4日公布的《全国人民代表大会常务委员会关于修改〈中华人民共和国专利法〉的决定》明确规定，本决定施行前提出的专利申请和根据该申请授予的专利权，适用修改以前的专利法的规定。1990年9月7日通过的《著作权法》第55条第2款规定："本法施行前发生的侵权或者违约行为，依照侵权或者违约行为发生时的有关规定和政策处理。"

但是，与其他法律一样，我国知识产权法在法不溯及既往的原则上也有例外。如2020年修正的现行《著作权法》第66条第1款规定："本法规定的著作权人和出版者、表演者、录音录像制作者、广播电台、电视台的权利，在本法施行之日尚未超过本法规定的保护期的，依照本法予以保护。"即著作权法对保护期的规定具有溯及力，这一规定显然是为了更加充分地保护著作权人的利益。

二、知识产权法的空间效力

知识产权法的空间效力是指知识产权法在何种地域范围内具有拘束力。它可以分域内

---

[1] 2018年4月10日，习近平总书记在博鳌亚洲经济论坛开幕式上的演讲。

效力和域外效力两部分，其中后者是指知识产权法在本国领土以外生效，适用居住在国外的本国公民或外国人。

我国知识产权法原则上适用我国的全部领域，包括我国的全部领土、领海、领空，以及驻外使馆、航行或停泊在境外的我国飞机或船舶等延伸意义上的领域，但法律另有规定的除外。如前所述，知识产权具有地域性，知识产权法原则上仅在本国范围内有效，只适用于本国境内发生的知识产品关系。知识产权法在调整知识产品关系上主要适用法律属地原则。不过，知识产权法又是要调整涉外知识产品关系的法律，不排除它在一定情况下具有域外效力。这就会涉及国际私法问题，下面将予以讨论。

三、知识产权法的对人效力

知识产权法的对人效力是指知识产权法调整的知识产品关系适用哪些人，也就是知识产权法对哪些人具有法律约束力，可以分为对本国人的效力和对外国人的效力两方面。

不言而喻，我国的知识产权法适用于我国境内的所有中国人。同时，根据国家主权要求，我国知识产权法也适用于中国境外的中国人，即这些人对其智力创造成果等知识产品可依我国知识产权法在中国境内享有权利和承担义务；他们的权利在中国境内受到他人不法侵害时，我国知识产权法予以保护；他们侵害他人知识产权时，应承担相应的法律责任。不过，对此不能理解为境外中国人按我国的知识产权法在当地享有某种权利，因为知识产权具有法律确认的属性，所在国不会当然地保护这种在中国才能实现的专有权。同样，中国人在中国境外侵犯他人知识产权的，我国知识产权法原则上也不予调整，而应由当地法律调整。这同样涉及尊重他国主权的问题。

我国法律对在中国领域内的外国人、无国籍人，除另有特别规定外，也是适用的，这是法律属地原则的要求，知识产权法也不例外。外国人根据我国法律取得的知识产权受我国知识产权法保护，在我国境内侵害根据我国法律确认和保护的知识产权，也应根据我国知识产权法承担相应的法律责任。

但是，外国人在中国境内的知识产品并非都受我国知识产权法保护。我国知识产权法对外国人的法律地位一般根据其所属国同我国签订的协议或者共同参加的国际条约的规定办理，或者按照对等原则处理。例如，某外国人所属国与我国没有签订双边协定，也没有与我国共同参加国际条约，该国不保护我国公民首先在该国发表的作品，那么按照对等原则，我国《著作权法》也不保护该国公民首先在我国境内发表的作品。不过，上述规定也不是绝对的。例如，在我国境内有经常居所的外国人就可以按照《专利法》对其发明创造申请并取得专利权。对常居我国的外国人作品，无论是否发表，都可以按中国作品予以保护。

四、知识产权法中的国际私法问题

知识产权法在空间效力和对人效力方面，会延伸到国际私法领域。所谓国际私法，是指调整涉外民事法律关系的法律部门，主要由冲突规范和一定范围的实体规范构成，是一个国家国内法的组成部分。

对知识产权是否存在国际私法问题，也就是知识产权领域是否存在法律冲突及相应的法律适用问题，传统国际私法学认为，知识产权的特性决定了它没有域外效力，知识产权具有严格的地域性，除受条约约束外，经一国法律保护的知识产权只能在该国领域内发生法律效力，因而在知识产权领域内不存在法律冲突。[1] 尽管此观点仍被一些学者所支持，但随着知识产权国际保护的发展，特别是20世纪60年代至70年代以来一些国家国际私法立法的发展，知识产权的严格地域性在一定范围及程度内被突破，知识产权法的域外效力已得到一定程度的承认，传统的关于知识产权领域中不存在法律冲突的观点，正在逐渐丧失其存在的合理性。实践中，知识产权法领域存在法律冲突及相应的法律适用问题是客观存在的。例如，一部在苏联内部发行的小说在英国正式出版后，由于英国和苏联对"首次出版地"的解释差异很大，在回答"首次出版地是苏联还是英国"时，必然会涉及法律冲突问题。

其实，自1883年《巴黎公约》、1886年《伯尔尼公约》等国际公约以国际立法的形式对外国人在知识产权领域中给予"国民待遇"保护后，知识产权保护已从一国拓展到他国领域，外国人取得了相应的民事法律地位，涉外知识产权关系大量出现。各国知识产权法因科技文化发展不均衡等原因而存在不同程度的差异，则使得知识产权领域的法律冲突具有现实可能性。尤其是当代"跨国知识产权法"或部分具有这种性质的地区性国际公约极大地削弱了知识产权的地域性，为知识产权法律冲突的产生奠定了客观基础。

在知识产权的保护上，虽然各国一般仅适用法院地法，排除外国知识产权法的适用，但在知识产权的成立及效力上，有些国际条约成员国和一些国家采用双边冲突规范的规定，依连结点确定其准据法，从而给外国知识产权法的适用留有相当余地。例如，1928年大多数拉美国家采纳的《布斯塔曼特法典》第108条规定，工业产权、著作权均以其正式登记地为其所在地；该法典第115条规定，除受国际公约约束外，工业产权和著作权的取得、登记和享有均依授予此项权利的当地法。1976年经互会国家在哈瓦纳缔结的涉及相互承认发明证书和其他保护发明的证书的协定，更是使一个缔约国授予的专利权经另一缔约国的承认而在该国也有效，这实际上也就是间接承认了知识产权法的域外效力。

总之，尽管由于知识产权地域性以及国际条约关于知识产权独立性原则的规定，知识产权领域的法律冲突尚不十分明显，但在一定范围内和一定程度上是客观存在的。我国知识产权法也是如此。例如，在我国《著作权法》修改前，我国对作品"合理使用"的规定超过了《伯尔尼公约》的要求，按照该法的规定，合法复制的物品出口至另一个国家，依该国法律就可能被确认为非法复制品；在涉外知识产权关系上，就可能适用外国法。外国法院也可能适用我国知识产权法，我国知识产权法在域外就可能发生效力。只是这种法律冲突的解决方式仍脱离不了传统的间接调整方式。

第三节　知识产权法的地位和渊源

一、知识产权法的地位

知识产权法的地位，形式上是指知识产权法在整个法律体系中所处的位置，特别是它是否构成独立或相对独立的法律部门或能够归入特定的法律部门，实质上是指它在整个法律体系中的重要程度以及在社会经济生活中的作用。以下将从分析知识产权法与相关法律的关系入手，讨论知识产权法在法律体系中的地位。

---

[1]　法律冲突是指涉外民事关系中所涉及的外国法的规定与处理该关系的法院地法对同一问题规定不一致，从而产生在法律适用上的冲突。

(一) 知识产权法与相关法律的关系

法律部门是根据一定的标准和原则划分的同类法律规范的总称。关于知识产权法能否构成一个独立或相对独立的法律部门，学术界代表性的观点有以下三种：①知识产权法不是单独的法律部门，只是某一法律部门的一个分支。至于它隶属于哪一法律部门，又有隶属于民法、经济法、行政法、科技法、国际经济法、国际法之说。主张知识产权法属于民法范畴则是大多数学者的观点。②知识产权法尽管是与民法、经济法、科技法、行政法具有密切联系的法律，但它是不能隶属于这些法律部门的一个综合性法律制度。③知识产权法是独立的法律部门，至少是相对独立的法律部门。

从以下知识产权法与相关法律关系的分析看，它确实难以完全被顺理成章地纳入某一法律范畴。

1. 知识产权法与民法的关系。知识产权法和民法的关系最为密切。在我国《民法典》施行前，作为国家基本法律的《民法通则》将知识产权纳入"民事权利"一章，表明我国立法已将知识产权法归入民法。从知识产权作为一种无形财产权的变迁看，知识产权属于现代财产权体系[1]的范畴，作为规范财产权制度的基本法律，民法中规定知识产权制度具有当然的合理性。

财产是人们生存和发展的物质基础，也是社会发展不可缺少的资源。在很长时间内，人们对财产的认识主要限于有形财产，也就是传统物权法规范的有形财产。知识产权作为科学技术和商品经济发展的产物，在自由商品经济不够发达的时代，自然难有知识产权制度的生存土壤。但是，随着商品经济发展和技术进步，知识产权在一个国家和地区经济社会发展和技术创新中的地位不断提升，知识产权法律制度也应运而生。

事实上，知识产权作为财产权制度纳入民事法律财产权制度体系，还可以从财产利益的差异化以及前述知识产权保护客体的非物质性方面加以理解。"财产利益表现形态的差异性，既是我们划分不同财产类型的标准，也是新的财产制度赖以建立的依据。概言之，财产是构建财产权制度一体化的基础。"[2] 如前所述，知识产权是民事主体依法对智力创造性成果和工商业标记所享有的专有权利。知识产权制度规范的财产利益建立在非物质化的无形财产之上，也正是财产的非物质化革命导致了近现代社会调整无形财产利益关系的知识产权法律制度俨然以崭新的革命化的非物质财产形式在传统的财产权制度中逐渐占据了一定位置。[3] 国外学者也认为，承认财产种类之间的区别可以在法律中以不同方式来提供正当性。当确认新权利或扩大现行权利时，可以为知识产权提供正当性方面的一些特征。知识产权在传统财产权地位中的变迁，可谓地位日增。

从知识产权作为一种私权、一种具体的民事权利的属性看，民事法律纳入知识产权制度也顺理成章。如前所述，知识产权是一种私权和民事权利。知识产权作为民事权利的基本属性决定了民事法律纳入知识产权规定的合理性与必要性。诚然，从知识产权制度的产生历史看，其最初并非起源于私权或财产权。不过，这并不妨碍在现代市场经济社会，承认知识产权私权属性的极端重要性。承认知识产权的私权属性，是一个国家保护知识产权的基本立足点和出发点，也是在其民事立法中明确知识产权法律制度地位的根本保障。正

---

[1] 参见王卫国：《现代财产法的理论建构》，载《中国社会科学》2012年第1期。
[2] 吴汉东：《民法法典化运动中的知识产权法》，载《中国法学》2016年第4期。
[3] 吴汉东：《财产的非物质化革命与革命的非物质财产法》，载《中国社会科学》2003年第4期。

因为如此，无论一个国家民事立法对知识产权采取什么模式和方式，都需要强调知识产权的私权属性。

值得注意的是，在认识与研究知识产权法与民法的关系方面，在民法典中纳入知识产权制度、设立知识产权编已成为一种重要的立法趋势。从国外立法看，英美法系国家实行判例制度，没有制定民法典的法律传统和基础。有关知识产权专门立法，体现于制定单行法并通过判例制度不断完善。法、德等大陆法系国家则基于物权和债权的重要性，建立了以有形财产权制度为核心的民事法律体系。但是，随着20世纪以来知识产权在一个国家经济社会生活中地位的日益提升，传统民法典不对知识产权作任何规定的立法模式已经发生变化，一些国家民法典制定中开始接纳知识产权方面的规定，甚至还出现了像俄罗斯那样在民法典中将知识产权制度全方位引入，使其与物权、债权、继承权成为并行的一类独立的民事权利。[1] 有的国家虽然没有采用全方位纳入式，但在民法典中对知识产权制度作了原则性规定，以体现知识产权的私权属性和知识产权立法的私法地位，建立统一的民事法律制度。[2] 还有的国家则采用所谓糅合式立法模式在民法典中引入知识产权制度。这种立法模式是将知识产权视为一种无形财产权规定于所有权制度之中，以整合物权制度。[3] 虽然上述不同立法模式存在各自的立法局限性和不足，但不可否认的是，在民法典的制定与修改中纳入知识产权规定，已经是一种重要的立法趋势。

就我国来说，在《民法典》制定过程中是否应和物权编、合同编、侵权责任编等一样设立知识产权编，曾存在激烈争论。其中一种代表性意见主张维持现状或另外编撰知识产权法典，另一种代表性意见则主张在民法典中一般性地规范知识产权问题或者在民法典中系统地规定知识产权制度。这些争议本身反映了将知识产权制度完全纳入民法典的复杂性和困难。基于知识产权的民事权利属性和知识产权法的私法特性，以及知识产权的无形财产权特点和国内外已有民事立法中关于知识产权的制度规范，在我国《民法典》设立知识产权编具有合理性和必要性。在当代，随着知识产权经济的凸显和科学技术在国家经济社会生活中的作用和地位日益增强，知识产权这一私权需要在民事基本法中得以体现和强化。尤其我国正在实施国家知识产权战略和创新驱动发展战略，强化知识产权的作用、深入推进知识产权强国建设，更需要更加充分地发挥知识产权制度激励创新和促进成果转化与运用的作用。我国民事基本立法自当加强知识产权保护的地位。否则，《民法典》将无法体现其现代化特色，无法构建自身完整的财产权保护体系和民事权利体系，无法凸显知识产权在我国经济社会生活中日益重要的地位。[4]

---

[1] 俄罗斯《民法典》在1994年规定的物权、债权和继承权编生效后，于2006年新设立了"智力活动成果和个性化标识权"专编。此种立法模式是将知识产权立法全部纳入民法典。详见张建文译：《俄罗斯知识产权法——〈俄罗斯联邦民法典〉第四部分》，知识产权出版社2012年版。实际上，采取此种全方位纳入民法典模式的还有1993年越南制定的《民法典》。

[2] 例如，早在1942年意大利颁布实施的《民法典》中，就将知识产权分为"智力作品权和工业发明权"两部分，确认了知识产权的私权地位。又如，2003年的乌克兰《民法典》也采用链接式对知识产权制度作了概括性和原则性规定，如在知识产权的一般规定中即有知识产权的概念、知识产权与财产权的关系、知识产权的主体、客体、权利取得、转让及侵权责任条款。

[3] 例如，1995年实施的蒙古国《民法典》用传统财产权制度吸收了知识产权制度，在其总则、所有权、债的总则等编中均将知识产权制度作了规定，并赋予传统财产权制度新的内涵。详见徐国栋主编：《蒙古国民法典》，海棠、吴振平译，中国法制出版社2002年版。

[4] 冯晓青：《〈民法总则〉"知识产权条款"的评析与展望》，载《法学评论》2017年第4期。

如前所述，我国《民法典》在总则编第 123 条规定了知识产权制度，以基本法形式奠定了知识产权的民事权利地位，具有十分重要的意义。同时，其在分则诸多条款也规定了相关知识产权制度。《民法典》并未设立知识产权编，其上述规定仍然表明了知识产权的民事权利属性和知识产权法律制度的民事法律属性。未来，在立法层面，对于知识产权制度可以有两种不同走向：一是继续探讨在《民法典》中设立知识产权编，待未来其修订时，直接增补进去。这仍然是考虑到知识产权法主要是调整平等主体的民事关系，在这方面知识产权法要受民法原则的指导和制约。在此意义上，可以将知识产权法与民法看成是特别法与普通法的关系。当然，这需要知识产权法学者和民法学者的共同努力，能够提供较为成熟的立法草案版本。二是借鉴法国等国家的立法模式，制定专门的《知识产权法典》。知识产权法典化也是当前知识产权立法的一种模式。例如，1992 年作为专门法规系统化形式，法国将 23 个与知识产权有关的单行法规经过汇编整理，形成了一部统一的《知识产权法典》。在该法典中，知识产权的权利体系包含了著作权、邻接权、数据库作者权，以及发明专利权、外型设计权、技术秘密权、集成电路布图设计权、植物新品种权、商标权与其他标记权等。又如，1997 年 6 月 6 日，菲律宾总统菲德尔·拉莫斯签署了《知识产权法典》，其中涵盖专利、商标和著作权等知识产权的相关法律。

关于知识产权法和民法的关系，如前所述，知识产权制度的特殊性决定了民法中一些通行的原则在知识产权法中并非能"顺理成章"地运用；反过来说，在知识产权法中广泛存在的人身权在自然人亡故后的延续性、权利客体与权利的分离等在民法中都是行不通的。知识产权的客体是知识产品这样的无形财产，无形财产的特性导致不同于民法中财产权的一系列法律后果，民法中财产关系的一般原则并不能解决知识产权领域的特殊问题。知识产权的内容包括人身权和财产权，这些权利在行使、保护、利用上都有其特别之处。在债权问题上，知识产权合同的无效通常与权利的稳定性有关，合同违约与许可范围有关。基于此，从民法角度认识知识产权法，也应注意其保护的知识产权作为民事权利所具有的特殊性。

2. 知识产权法与经济法的关系。知识产权法的调整对象包含经济关系。知识产权法的有关规则可以说是经济法及其背后的经济政策在知识产权领域的具体化，正因如此，一些学者认为知识产权法客观上涉及多元的社会经济关系，既涉及财产关系又涉及管理关系，应当统一由经济法调整。其实，如果说将工业产权法纳入经济法勉强成立，但将保护文学、艺术和科学领域智力成果的著作权法纳入经济法就显得有些勉强，因为著作权法更多地作用于人们的精神生活领域，而不是物质生产领域。由此可见，将知识产权法纳入经济法范畴难以包含知识产品关系的全部问题。当然，从知识产权法学科建设和人才培养的角度看，当前我国确实也有个别高校是在经济法学专业下开展知识产权法研究方向博士生培养的。不过，这种个别现象不足以说明知识产权法属于经济法学学科门类。即使个别高校在经济法学专业下开展知识产权法方面的学历教育，也侧重于知识产权法与经济法交叉的相关领域，尤其是知识产权滥用的反垄断法规制问题、反不正当竞争法问题研究等。[1]

3. 知识产权法与行政法的关系。知识产权法中有一些涉及知识产权管理方面的内容，相当一部分属于知识产权行政管理范畴；相应地，知识产权法调整的社会关系中有相当一

---

[1] See Tom, Willard K.; Newberg, Joshua A., "Antitrust and Intellectual Property: From Separate Spheres to Unified Field", *Antitrust Law Journal*, Vol. 66, Issue 1 (Fall 1997), pp. 167-230.

部分在性质上属于行政关系，而且这部分行政关系在知识产权法中占有重要位置。不仅如此，很多类型知识产权的获得需要通过专门的行政授权程序才能实现，如本书后面阐述的专利申请、审批程序以及商标申请注册和核准程序就是典型体现。基于司法最终解决原则，知识产权行政授权以及相关的确权程序还涉及相应的司法审查程序，在法律性质上则属于行政诉讼，而不是民事诉讼。从知识产权法的具体规定来看，也存在大量的行政法规。在我国知识产权保护体系中，由于实行行政保护与司法保护相结合的形式，知识产权行政管理、行政执法、行政处罚和追究知识产权侵权人的行政责任的相关制度在知识产权单行法中内容很多。不过，无论如何，知识产权法的调整对象并非都属于行政关系，更多的是平等主体之间的民事关系。如果仅从有关知识产权行政管理、行政执法、行政责任的角度看，就重叠部分而言，知识产权法与行政法属于特别法和普通法的关系。此时，在涉及知识产权行政管理、行政执法、行政责任问题时，行政法的相关原理自然也适用于对这些问题的处理。当然，在知识产权法有特别规定时，仍然应当依照这些规定处理。

  4. 知识产权法与科技法的关系。有些学者基于知识产权法，尤其是专利法关于发明创造专利保护制度、著作权法关于科技作品著作权和计算机软件著作权制度、集成电路布图设计保护制度、植物新品种保护制度，是推动发明创造、促进科技进步与创新的重要法律制度，而主张将知识产权法归入科技法，并纳入科技行政法律、科技劳动法律、科技民事法律、科技刑事法律调整。这一观点在 1992 年的《中国法律年鉴》中即有反映。该年鉴"科技法"一节中明确指出，知识产权法既是早期科技法的雏形，又是现代科技法的重要组成部分。科技法是调整科技活动、科技成果归属、科技成果利用与保护、科技普及等方面社会关系的法律规范总和。在我国，具有代表性的如《中华人民共和国科学技术进步法》（以下简称《科学技术进步法》）、《中华人民共和国促进科技成果转化法》（以下简称《促进科技成果转化法》）、《中华人民共和国计量法》《中华人民共和国标准化法》《中华人民共和国科学技术普及法》《国家科学技术奖励条例》等。应当说，基于科技法调整的科技关系与知识产权法调整的知识产品关系在涉及科技成果归属、利用和保护等方面的重合，知识产权法和科技法之间也具有十分密切的联系，甚至被认为属于科技法的范畴。从我国当前对科技法与知识产权法的研究和政策规范看，在科技法研究方面，知识产权问题的研究构成了科技法学者的重点，如中国科技法学会年会每年都吸引了一大批知识产权法学者的参与；在科技法政策规范与制度构建方面，知识产权法则成为其中的重要内容，建立知识产权导向的我国科技创新体制机制、实现科技创新与知识产权制度的融合以及科技管理与知识产权管理的有机结合，是我国科技创新体系政策构建与制度规范的重要着力点。在近年国家中长期科技发展规划制定研究中，尤其值得注意的是如何建立和完善我国促进科技创新的知识产权制度激励机制。

  不过，应看到，知识产权法和科技法的调整对象只在调整科技关系上有所重叠，并非所有的调整对象都相同，尤其是知识产权法中的商标法调整的只是商业活动中产生的一系列的社会关系。基于此，不能简单地将知识产权法等同于科技法。

  5. 知识产权法与国际公法的关系。知识产权法具有国际性的特色，目前绝大多数国家都已形成了知识产权的双重保护体系，知识产权双边、多边条约也日益增多。基于此，有的学者提出知识产权法应属于国际法。知识产权法的发展确实和知识产权国际保护制度的建立和完善密切相关。自从 19 世纪末知识产权国际保护制度建立以来，越来越多的国家通过加入知识产权国际保护公约的形式，实现了本国知识产权法和国际标准的接轨。由于知识产权国际保护规则要求遵循最低保护标准原则，而知识产权国际保护公约在很长时间内由发达国家主导，总体上保护水平较高，这意味着各国、各地区知识产权制度国际化的过程也就是知识产权保护水平不断提高的过程。特别是世界贸易组织 TRIPs 协议是一个代表发达国家利益、保护水平较高的知识产权国际公约，在当前世界贸易组织体制下，加入世界贸易组织必须以加入 TRIPs 协议为前提，这在很大程度上助推了各国、各地区知识产权立法保护水平的普遍提高。当然，一个国家或地区实际的知识产权保护水平，还取决于其知识产权执法和司法水平、知识产权保护观念和社会环境等多方面因素，并不完全决定于立法保护水平。

知识产权国际保护公约属于国际公法的范畴。从前述知识产权法和知识产权国际保护的关系可以看出知识产权法和知识产权国际保护之间的密切联系。实际上，当前世界面临百年未有之大变局，推进全球知识产权治理，促进各国、各地区之间深度开展知识产权保护事务的合作与交流，营造和平与发展、互利与共赢局面，是当前知识产权国际保护面临的新课题。在这方面，一个国家或地区知识产权法能够在其国际化进程中发挥更重要的作用。当然，从学科意义上看待知识产权法与国际公法的关系，可以认为知识产权法仅在知识产权国际保护上才应属于国际公法。[1]

（二）知识产权法在法律体系中的地位

知识产权法是非"隶属于"各个部门法的综合性法律制度。[2] 诚然，知识产权法涉及经济、科技、文化、艺术等领域并在其中发挥重要作用，各部分与相应的部门法有着密切的联系，但因此将其"肢解"而将其各个部分放到不同的部门法中去则是不合适的，那样将造成各部门法相互争夺的局面。知识产权法调整对象的复杂性，使它构成了相对独立的部门法。这已成为多数国家及我国大部分学者的共识，在我国《学科分类与代码》国家标准中也得到反映。

知识产权法与其他部门法有不同的调整对象，即基于智力创造活动和工商业标记而产生的社会关系。这种调整对象是由知识产权法调整的特定知识产品社会关系的客观性、特殊性和重要性决定的。知识产权法这种特定的调整对象使它本身的诸多法律规范具有同类性，即知识产权法虽然涉及社会经济、科技、文化等方面，但已形成一个基本制度和原则相同的、相对完整的"法群"。从调整方法上看，知识产权法以鼓励知识创造活动、促进知识产品传播、利用并保护知识产品为目的，实行多种调整手段相结合的方法。将知识产权法视为一个相对独立的部门法，是它本身的特点决定的，[3] 否则，给知识产权法以"寄人篱下"的法律地位，必然会打乱这一法律体系，不利于健全我国知识产权法律制度，也不利于知识产权法学理论研究和法学教育。

关于知识产权法在法律体系中的地位，值得进一步探讨的是与此相关的知识产权法的

---

[1] 20世纪70至80年代，国外还有学者提出将知识产权法归入国际经济法的问题。如苏联学者勃古拉夫斯基在《国际关系中的著作权问题》（莫斯科科学出版社1973年版）一书中就提出了这一观点。英国律师斯蒂沃特也提出了同一问题。

[2] 参见李建华：《知识产权法学私法研究范式的展开》，载《当代法学》2023第6期。

[3] 构成一门独立的学科，应当具备的基本条件有：①有独立的研究对象；②自有的理论体系，即特有的概念、原理、命题、规律等所构成的严密的逻辑化的知识系统；③有科学知识的生产方法。学科是属性确定、内容系统，不断衍生与发展的知识体系。详见刘春田：《知识产权学科的性质与地位》，载《中国军转民》2022年第1期。

学科地位问题。前面探讨了知识产权法与民法、经济法、行政法等法律之间的关系。这里不妨以我国知识产权法学科地位而论，以便进一步认识我国知识产权法学科未来走向。从当前我国很多高校开展知识产权法学历教育的情况看，超过一百所大学设立了知识产权本科专业，还有一些在知识产权法人才培养方面具有较强实力的高校设立了知识产权法专业硕士点、博士点，专门培养知识产权法学专业高级专门人才。以中国政法大学为例，知识产权法作为法学一级学科门下的国家重点学科之一，自2009年起设置了独立的知识产权法学专业硕士点和博士点，并在法律硕士专业中开设知识产权法研究方向，为国家培养了大量知识产权法专业高级专门人才。

从近些年来国家层面对知识产权学科的定位和规划来看，除了知识产权本科专业设置外，最受关注的是设置知识产权二级学科甚至一级学科问题。例如，《国家知识产权战略纲要》提出"设立知识产权二级学科，支持有条件的高等学校设立知识产权硕士、博士学位授予点"。《知识产权强国建设纲要》在第七部分"建设促进知识产权高质量发展的人文社会环境"，针对"营造更加开放、更加积极、更有活力的知识产权人才发展环境"，提出要"完善知识产权人才培养、评价激励、流动配置机制。支持学位授权自主审核高校自主设立知识产权一级学科。推进论证设置知识产权专业学位。实施知识产权专项人才培养计划。依托相关高校布局一批国家知识产权人才培养基地，加强相关高校二级知识产权学院建设"。2021年10月9日，国务院印发《"十四五"国家知识产权保护和运用规划》，提出要"推进知识产权学科建设，支持学位授权自主审核单位依程序设置知识产权一级学科点，支持有关单位依程序设置知识产权二级学科点，研究设置知识产权硕士专业学位"。迄今为止，关于知识产权二级学科以及知识产权硕士、博士学位点，已有很多高校开展了这方面的人才培养工作，一般很少争议。争议较大的是，是否有必要设立知识产权一级学科？根据《学位授予和人才培养学科目录设置与管理办法》（已失效）第7条规定，一级学科是具有共同理论基础或研究领域相对一致的学科集合。一级学科原则上按学科属性进行设置。由于上述国家层面的政策和规划已经明确支持设立知识产权一级学科，未来我国相关高校开展知识产权一级学科建设和人才培养应当是大势所趋。不过，无论是否设立知识产权一级学科以及如何设立，都应当重视"知识产权学科，脱胎于法学，兴盛于法学。法学一直是其发展的学科母体和精神家园。"[1] 换言之，知识产权学科建设和人才培养，都应当深深扎根于法学素养和法学专业基础，只有建立在这一基础上，才能真正培养适应社会需要的知识产权复合型专门人才。

（三）知识产权法的重要作用

知识产权法作为法律体系的重要组成部分，其不仅具有一般意义上法律的指引、评价、预测、教育等方面的功能和作用，而且在当前知识经济凸显、创新型经济不断成型的信息化社会和数字经济时代能够发挥其他法律不可替代的重要作用。首先，这种作用来自知识产权法所保护的知识产权在当代经济社会中的重要作用，对此前面已指出知识产权在当代社会中是国家发展的战略性资源和国际竞争力的核心要素。其次，这也来自知识产权本身除作为受法律保护的私权以外，还是市场经济主体特别是企业拥有的极其重要的无形财产、经营资源和生产要素，拥有这种资源能够开拓市场并获得市场竞争优势。当下西方发达国家具有实力的大公司、企业一般来说都是知识产权方面的大户。我国也不例外，如华为公

---

[1] 余俊：《面向知识产权强国建设的知识产权学科治理现代化》，载《知识产权》2021年第12期。

司利用5G等先进技术开拓和占领国际市场，公司强大的国际竞争力是以占优势的知识产权作为后盾的。无论是国家将知识产权作为战略性资源还是市场经济主体将知识产权作为重要的无形财富与竞争武器，均以知识产权法对知识产权的充分、有效保护为前提。

大致说来，知识产权法在当代经济社会发展、科技文化进步与创新中的重要作用，可以从以下几方面加以理解。

1. 知识产权法是用以促进科技文化进步与创新以及经济社会发展的有力武器。在现代社会，经济发展对科学技术的依赖程度越来越高，科技的进步与创新是经济繁荣的先导。党的二十大报告即提出，要"完善科技创新体系"。与此同时，文化创新也有着不可替代的重要作用。党的二十大报告还提出，要"激发全民族文化创新创造活力，增强实现中华民族伟大复兴的精神力量"。科技文化进步与创新有赖于社会对科技文化创新成果提供保护的法律环境，其核心是以知识产权法为主的知识产权保护制度。知识产权法通过确认智力成果创造者权益，明确智力创造性劳动的社会意义，激发智力创造者从事创造性智力活动的热情，而且它通过确认产权关系、规定转让与许可使用等制度，鼓励知识产权人积极利用其智力成果，有力地促进科学技术的发展和文化艺术事业的繁荣。所以，知识产权法与经济、科技文化的发展是密切相关的。

具体而言，知识产权法是通过以下制度机制实现促进科技文化进步与创新以及经济社会发展的：

（1）保护机制。知识产权法以保护知识产权为核心和出发点，保护知识产权也是知识产权最重要的立法目的。对此，本书第六章还将专门探讨。保护知识产权具有充分的合理性和正当性。无论是从财产权劳动学说、人格理论、激励理论，还是利益平衡理论，以及关于财产权的经济学理论等，都能够对设立知识产权制度、颁行知识产权法保护知识产权的必要性和合理性进行合理阐释。[1] 在现代知识产权法中，存在着对知识产权主体、客体、内容、权利等的利用与限制，以及知识产权侵权行为及其法律责任等方面的规定，这些内容也明确了知识产权保护的基本内容。现代知识产权法律制度的改革和完善，也主要是围绕如何加强知识产权保护而进行修改与完善的。随着经济社会发展和技术进步，知识产权保护水平具有不断提高的趋势。知识产权法对于经济社会发展、科技与文化进步的重要作用，也根植于充分、有效的知识产权保护。当然，基于知识产权立法目的及其社会本位考量，保护知识产权并不是知识产权法的唯一目的。

（2）激励机制。知识产权法隐含着激励创新以及对创新的投资、激励创新性成果商业化的制度激励机制。这种激励机制在一个国家和地区知识产权保护政策规范、立法与司法实践中都得到了充分体现，在我国大量涉及知识产权保护和运用的政策规范、立法与司法实践中也有诸多体现。这种激励机制运行的机理，仍然来自前述知识产权保护机制。在充分、有效保护知识产权的前提下，知识产权人以及潜在的知识创造者能够借助法律赋予的具有独占性的权利控制和占领市场，收回成本并获得利益，这样就有利于激发人们从事创新的动力，以及投资者对创新活动的投资。同时，由于知识产权法赋予知识产权人静态的专有权利需要通过动态的运用才能实现知识产权的经济社会价值和竞争优势，知识产权法本身也隐含着商业化的激励机制。上述激励机制作用的发挥，无疑有利于促进创新活动，

---

[1] 参见冯晓青：《知识产权法哲学》，中国人民公安大学2003年版，第1~369页；易继明：《评财产权劳动学说》，载《法学研究》2000年第3期。

从而有利于科技文化进步和经济社会发展。当然，知识产权法中存在的这种激励机制作用的发挥，并非单纯依靠知识产权法规定就能够实现，还取决于一个国家和地区一定时期的创新政策、创新环境、创新能力，以及技术创新体系的构建和完善状况。无论如何，充分发挥知识产权法激励创新的功能和作用，是实现创新驱动、推动科技文化进步和经济社会发展的重要"引擎"。

（3）平衡机制。知识产权法通过特定的制度设计和安排，建构了知识产权人利益和社会公众利益之间的平衡机制，这种平衡机制的核心是知识产权人利益与社会公共利益之间的平衡。[1] 对此本书第六章还将专门探讨，这里仅从平衡机制角度简要阐明知识产权法对科技文化进步与创新和经济社会发展的促进作用。平衡机制要求在知识产权法中设立适当的权利和义务，并实现权利保护与限制的有效平衡。这种平衡，有利于保障知识产权人和社会公众基于知识产品的合法利益，使其在知识产权法中"各得其所"，有利于协调围绕知识产品开发、传播、利用与价值实现中的各种利益关系，促成社会资源的有效配置与利用，提高创新效率，从而有利于科技文化进步与经济社会发展。

（4）促进公平竞争的市场机制。知识产权法不仅是一种保护机制、激励机制、平衡机制，还是促进公平竞争的市场机制。从形式上看，知识产权法通过赋予知识产权人对知识产品享有的专有性权利，在相当程度上抑制和限制了竞争，因为在缺乏知识产权保护时，知识产品一旦公开，就可以被任何人所自由利用，从而使得其被"最广泛地"传播和利用。不过，这是从静态的意义上看待和评价知识产权法对竞争的抑制或者限制的。从动态意义上看，在缺乏知识产权制度的情况下，由于创造者、投资者投入人财物资源获得的知识产品不能获得法律保护，知识产品所有人就会采取保密等自力救济手段保护自身权益，从而大大助长成果保密倾向，反而不利于成果的推广运用。更严重的是，由于失去法律保护，他人可以在不需要承担创造成本和风险的前提下自由使用，这势必会使知识产品创造者感到其劳动成果不被尊重并在市场竞争中处于劣势，长此以往则会形成"劣币驱逐良币"现象，严重打击知识创造者从事创新活动的积极性和主动性，从而不利于科技文化进步与经济社会发展。相反，在建立知识产权制度、施行知识产权法的背景下，尽管人们不能自由使用受知识产权法保护的知识产权，但其可以围绕具有创新价值和竞争优势的知识产权竞相进行开发，形成"你追我赶"的竞争格局。

在知识产权法中，就存在促进公平竞争的市场机制。知识产权法对于妨害公平竞争的行为，如剽窃、抄袭、仿冒、假冒等侵害知识产权行为予以有力遏制，维护了公平竞争秩序，有利于形成促进公平竞争的市场机制。这种市场机制，强调借助自由竞争实现知识产权这一无形资源的优化配置，特别是通过公平竞争机制促成市场经济主体诚信经营，从而有利于维护市场竞争秩序和商品流通秩序，有利于为科技文化进步与经济社会发展创造良好的法律环境。

2. 知识产权法是进行国际科学技术和文化交流、发展对外贸易、提高国内外市场竞争力的重要工具。实践证明，颁布知识产权法、实施知识产权制度是一个国家吸引国外先进技术和优秀作品、促进对外开放的重要手段。如果没有知识产权保护，在这方面就会出现种种障碍，因为外国人的智力成果在本国得不到保护，就不会愿意向本国转让其智力成果，甚至人为"设卡"。在当代，知识产权与国际贸易的关系日益密切。知识产权制度的国际协

---

[1] 参见吴汉东：《科技、经济、法律协调机制中的知识产权法》，载《法学研究》2001年第6期。

调已迈出各国之间科技合作和交流的圈子，向着双边和多边贸易合作领域发展。知识产权制度的完善程度直接影响着本国对外经贸关系。

如前所述，当代知识产权制度日益国际化。知识产权制度国际化还具有不断增强的趋势。随着经济社会发展和科技文化进步，各国之间的合作与交流日益扩大，附载知识产权的有形商品也不断增多。特别是在世界贸易组织自由贸易体制下，知识产权本身俨然成为重要的无形商品，通过国内知识产权法的规定落实知识产权国际保护的要求就成为各国建立和完善知识产权制度、促进国际间科技文化交流以及发展对外贸易的重要手段。

在当代，知识产权作为国家发展的战略性资源和国际竞争力的核心要素，在开展国内和国外市场竞争中具有重要地位和作用。正是基于知识产权的竞争特性，如前所述，知识产权战略化也成为当代知识产权制度发展的一个重要特点和趋势。近些年来，美日欧等发达国家都先后启动和实施国家层面知识产权战略，试图战略性地运作知识产权，提高知识产权国际竞争力，这在国外跨国公司知识产权战略方面体现得尤为明显。[1] 知识产权战略化的特点，使得一个国家和地区以知识产权法为核心和基础的知识产权制度的重要性更加凸显。知识产权战略涉及知识产权创造、运用、保护和管理以及知识产权服务等多方面内容，但法律保护仍然是其关键和核心内容。制定和实施知识产权法，提高知识产权保护水平，[2] 就能够为一个国家和地区知识产权战略实施，提高知识产权综合实力与国内外市场竞争力提供坚实的法律保障。

3. 在市场经济中，建立健全以知识产权法为核心的知识产权制度，还有利于建立现代企业制度，完善技术创新体系，提高企业创新能力，为社会创造更多的财富。现代企业制度的基本特征之一是产权关系明晰，企业拥有法人财产权，成为一个独立的法人实体。主要由知识产品构成的企业无形资产构成了企业财产的重要组成部分，无形资产对企业的生存和发展具有举足轻重的意义。要建立完善的现代企业制度，离不开知识产权法的制度支撑。

知识产权法通过明确知识产品的产权关系，建立促进知识产品正常流转的交易制度和转化利用制度，既能够保障企业等市场经济主体和知识产权创造与运用主体的合法权益，激发其创造热情，又能够使知识产品在市场经济中及时变现，实现其经济社会价值。不仅如此，知识产权法还通过促进创新活动与创新成果的商业化的制度机制，推进形成以企业为主体、市场为导向、产学研深度融合的技术创新体系，从而有利于构建和完善国家创新体系，创造更多有价值的社会财富。

二、知识产权法的渊源

知识产权法的渊源，是知识产权法律规范的具体表现形式。这些具体表现形式主要由国家机关制定的规范性法律文件构成。各国因为政治经济体制、立法传统、现实国情不同，知识产权法的渊源也有所不同。不过，总体上可以分为国内法律规范和国际条约两部分。以下不妨以第五章还将专门阐述的我国知识产权法为例，结合其他国家的规定，介绍和分析知识产权法的渊源。

（一）宪法

宪法是一个国家的根本大法，其对人们从事创作、发明创造等活动享有权利和自由等

---

[1] 冯晓青：《企业知识产权战略》，知识产权出版社2015年版，第21~22页。
[2] 参见吴汉东：《知识产权保护论》，载《法学研究》2000年第1期。

方面予以规定，为知识产权法律的制定提供了宪法依据。从其他国家宪法的规定看，最具代表性的规定为美国《宪法》第 1 条第 8 款第 8 项关于著作权和专利权保护的规定：授予国会赋予作者和发明者对他们的创造物的有限的专有权，以此促进科学和有用艺术的进步。这一条款的目的旨在通过对公开的创造性发明和作品授予一定期限的专有权利来促进思想和信息的广泛传播。同时，通过授予知识创造物中的财产权，最大限度地激励这种知识创造物的生产。在宪法对知识产权进行直接规定方面，俄罗斯联邦《宪法》也值得一提。根据该法第 44 条规定，保障每一个人享有文学、艺术、科学以及其他创作等形式的自由；知识产权受法律保护。还如葡萄牙《宪法》在规定公民的文化活动自由的同时，也规定了知识产权的保护。[1]

就我国而言，宪法原则也是制定和实施我国知识产权法的基本准则。我国知识产权法的制定，就是宪法原则的条文化和具体化。宪法是我国知识产权法最重要的法律渊源。具体而言，《中华人民共和国宪法》（以下简称《宪法》）有关知识产权保护的条款有第 20 条、第 22 条、第 47 条，而第 6 条和第 23 条等条款也直接相关。以下不妨作出简要分析：

《宪法》第 6 条第 2 款规定："国家在社会主义初级阶段，坚持公有制为主体、多种所有制经济共同发展的基本经济制度，坚持按劳分配为主体、多种分配方式并存的分配制度。"这一规定奠定了我国基本经济制度和分配制度的基本原则，对于知识产权的分配和利用具有直接规范作用，因为"在物质和非物质生产要素中，知识、技术对财富创造而言，具有基础的、决定性的作用。借由知识、技术的商业转化和法律规制而形成的知识产权，作为重要甚至核心的元素参与财富的分配。"[2]

《宪法》第 20 条规定："国家发展自然科学和社会科学事业，普及科学和技术知识，奖励科学研究成果和技术发明创造。"其第 22 条规定："国家发展为人民服务、为社会主义服务的文学艺术事业、新闻广播电视事业、出版发行事业、图书馆博物馆文化馆和其他文化事业，开展群众性的文化活动。国家保护名胜古迹、珍贵文物和其他重要历史文化遗产。"其第 23 条规定："国家培养为社会主义服务的各种专业人才，扩大知识分子的队伍，创造条件，充分发挥他们在社会主义现代化建设中的作用。"其第 47 条则规定："中华人民共和国公民有进行科学研究、文学艺术创作和其他文化活动的自由。国家对于从事教育、科学、技术、文学、艺术和其他文化事业的公民的有益于人民的创造性工作，给以鼓励和帮助。"上述规定体现了对知识、人才和知识分子的尊重，反映了科学、文化事业与人才队伍建设的重要性，同时也是我国制定《著作权法》《专利法》的重要依据。

（二）法律

作为知识产权法渊源的法律主要有：

1. 著作权法、专利法、商标法、反不正当竞争法。这些法律是调整知识产权关系的专门法，是知识产权法的主要渊源，也构成了知识产权的基本法律体系。其中，"著作权法主要调整对作品的发生、利用、变更和消灭而产生的法律关系。专利法主要调整技术方案和外观设计的发生、利用、变更和消灭而产生的法律关系。商标法服务于商品交换环节，主要通过区别商品、服务来源，保护商业标记财产权，以维护良好的市场秩序，保障交易安

---

[1] 冯晓青：《知识产权法利益平衡理论》，中国政法大学出版社 2006 年版，第 85~86 页。
[2] 《知识产权法学》编写组编：《知识产权法学》，高等教育出版社 2022 年版，第 17 页。

全。反不正当竞争法中的一部分规定也发挥着保护技术方案和商业标记利益的功能。"[1]

具体而言，著作权法涉及文学、艺术和科学领域作品著作权以及相关权的保护和限制，主要作用于精神文化领域，与文化创意产业、著作权产业发展息息相关。随着人们物质文化生活水平的提高，对于精神文化领域的需求也日益增长。通过制定和实施著作权法，有利于鼓励创作、促进作品的传播和利用，进而实现发展和繁荣科学文化事业的目的。著作权法本身也是印刷技术和商品经济发展的产物，其发展和变革深受技术进步与创新的影响。尤其是在信息网络和数字技术迅猛发展背景下，受著作权保护的作品的创作、存储、传播和利用方式发生了翻天覆地的变化，对现行著作权制度也构成了巨大挑战。为应对技术变革的挑战，很多国家和地区著作权法频繁进行了修改，我国《著作权法》也不例外。总体上，各国、地区著作权法随着著作权制度的变革而不断完善。我国近些年来3次修正《著作权法》就是体现。

专利法涉及发明创造的保护和利用，其是围绕发明创造产生的社会关系的法律规范的总和。专利制度则是以专利法的制定和实施为基础和核心的法律制度和管理制度。专利制度本身被认为是人类的"重大发明"，其体现了制度创新适应技术发展需要的意蕴。专利制度最重要的特点是"独占"加"公开"。一方面，专利制度以"法律保护"作为基础，通过赋予发明创造者和相关主体对发明创造申请专利的权利和后续的专利权，鼓励发明创造，并促进发明创造的运用，以此提高一个国家或地区的创新能力；另一方面，专利制度强调技术信息的公开和传播，以此促进技术信息在全社会范围内的公开和交流，从而增进后续创新和再创新，进一步推动技术水平的提升。专利法中对于专利权保护和申请专利应予公开的规定，为实现上述目标奠定了法律基础。在当代，生物遗传工程、信息网络、数字技术、算法与人工智能技术的发展和广泛应用，对各国和地区专利制度也带来了巨大挑战。很多国家和地区专利法和配套的专利审查指南等规范频繁进行修改，就是为了应对技术发展和变革带来的这种挑战，实现专利制度的现代化。

商标法是围绕商标注册、使用、管理和保护而产生的社会关系的法律规范的总和。商标法尽管也属于知识产权法的范畴，但其与前述著作权法和专利法在调整对象、功能定位、价值目标等方面有所不同。其立足于确认商标对不同生产经营者提供的商品或者服务的区别功能，重点维护商标的显著性；同时，通过对破坏商标显著性、造成混淆之虞的商标侵权行为的制裁，维护消费者利益和公平竞争秩序，促进市场经济健康发展。基于此，商标法在价值构造方面，明显地体现为维护商标显著性和禁止混淆之虞的规定，具体体现为商标申请注册条件、商标申请注册制度、注册商标撤销制度和无效宣告制度、侵害注册商标专用权行为及其法律责任等方面规定。商标法同样隐含着激励创新的制度机制，其主要体现为通过确保注册商标的显著性，防止他人在相同或者类似商品上使用相同或者近似商标并造成混淆之虞或淡化，[2]从而促进厂商改善商品或者服务质量，塑造商标品牌形象、提高其知名度和美誉度，最终实现驰名商标的市场竞争力。

反不正当竞争法是维系诚信关系和商业道德，促进市场公平竞争的重要法律。在知识产权法律体系中，反不正当竞争法具有较为特殊的地位。知识产权法单行法和反不正当竞

---

[1]《知识产权法学》编写组编：《知识产权法学》，高等教育出版社2022年版，第18页。
[2] 参见杜颖：《商标淡化理论及其应用》，载《法学研究》2007年第6期。

争法之间也存在十分密切的联系。[1] 从国际公约看，《巴黎公约》明确将制止不正当竞争作为受保护的工业产权范畴。一般认为，反不正当竞争法可以对知识产权单行法保护不周或者保护不到之处给予补充性的附加保护。例如，对于没有公开的技术秘密，专利法难以保护，反不正当竞争法则对包括技术秘密在内的商业秘密保护制度作了规定，能够弥补专利法对技术秘密保护的空缺。又如，对于有一定影响的商品装潢、包装，除了专利法、著作权法保护外，还可以通过反不正当竞争法加以保护。实际上，著作权法、专利法、商标法等知识产权法律也均有促进公平竞争的价值取向和目标，在保护公平竞争、构建公平竞争秩序方面，与反不正当竞争法可谓殊途同归。例如，这些法律分别以促成精神文化领域、发明创造领域和商品流通领域的公平竞争秩序为己任。从各国、地区制止不正当竞争法律制度的规范内容看，尽管有些与知识产权问题不太相关，但总体上存在较多的保护知识产权的内容，对于充分、有效地维护知识产权人和相关当事人合法权益，具有重要意义和作用。基于此，反不正当竞争法也可以视为知识产权法的渊源之一。

2. 民法、刑法、诉讼法、科技法及其他相关法律。因知识产品而引起的各种社会关系时常需要由民法、刑法、诉讼法、科技法等相关法律进行调整，这些法律对于知识产权相关问题也作了规定，因而其也成为知识产权法的渊源之一。以下分别讨论。

从民法的角度看，由于知识产权属于私权和民事权利的范畴，围绕知识产品的创造、传播、交易、利用、权属变动以及侵权行为等方面问题，会产生大量的知识产权民事关系，规范相关知识产权制度的民事法律就成为知识产权法的重要渊源。以我国为例，在《民法典》施行前，《民法通则》《民法总则》对知识产权制度都作了规定。其中，《民法通则》第五章在"民事权利"的第三节专门规定了知识产权制度。《民法典》除了总则第 123 条明确了知识产权的民事权利性质和保护客体范围外，还在其分则多项民事制度中规定了知识产权问题。基于《民法典》的基本法律地位，《民法典》对知识产权制度的规定，成为司法实践中解决知识产权纠纷案件的重要法律依据。[2]

从刑法的角度看，其作为知识产权法的渊源，主要体现为对知识产权犯罪行为追究行为人的刑事责任。知识产权固然属于民事权利范畴，但在实践中侵害知识产权的行为如果主观恶性强、情节严重，就可能因为同时损害公共利益而触犯刑律。从世界各国或地区法律规定看，追究严重侵害知识产权行为的刑事责任已成为立法通例。在刑事法律中设立严重侵害知识产权行为的刑事责任，有利于严厉打击知识产权犯罪行为，净化知识产权保护环境，更好地维护知识产权人和相关当事人利益以及社会公共利益。在我国知识产权法律保护体系中，刑事保护也是不可或缺的重要内容。我国知识产权单行法中，一般针对某种侵害知识产权的行为规定"构成犯罪的，依法追究刑事责任"。《刑法》更是在分则第三章"破坏社会主义市场经济秩序罪"部分设立第七节"侵犯知识产权罪"。如前所述，随着当前我国知识产权严格保护政策的施行，《刑法》对侵犯知识产权罪的量刑起点和最高刑期予以提高，体现了国家立法机关通过基本法律形式加大对知识产权保护力度的意蕴。

从诉讼法的角度看，其作为知识产权法的渊源，主要体现为与知识产权保护相关的诉讼当事人、证据规则、举证责任、证据保全与财产保全等制度。具体而言，根据知识产权

---

[1] 有关问题将在本书第三十章专题阐述，在此仅做简单的探讨。
[2] 参见吴汉东：《〈民法典〉知识产权制度的学理阐释与规范适用》，载《法律科学（西北政法大学学报）》2022 年第 1 期；何松威：《论〈民法典〉中知识产权专有的体系功能》，载《现代法学》2021 年第 3 期。

诉讼案件性质不同，分为民事诉讼法、行政诉讼法和刑事诉讼法三类。以我国为例，《中华人民共和国民事诉讼法》（以下简称《民事诉讼法》）、《中华人民共和国行政诉讼法》（以下简称《行政诉讼法》）和《中华人民共和国刑事诉讼法》（以下简称《刑事诉讼法》）分别适用于知识产权民事案件、行政案件和刑事案件，这些法律相关规定也成为知识产权法的渊源之一。

从科技法的角度看，如前所述，其调整对象和知识产权法存在一定的重合之处。科技法作为知识产权法的渊源，主要体现为涉及科技进步与创新、科技成果权属与利益分配、科技成果交易与利用、科技成果保护等方面的知识产权保护规范和制度。以我国《科学技术进步法》和《促进科技成果转化法》为例，《科学技术进步法》在总则中规定：全社会都应当尊重劳动、尊重知识、尊重人才、尊重创造，形成崇尚科学的风尚。国家制定和实施知识产权战略，建立和完善知识产权制度，营造尊重知识产权的社会环境，保护知识产权，激励自主创新。企业事业单位、社会组织和科学技术人员应当增强知识产权意识，增强自主创新能力，提高创造、运用、保护、管理和服务知识产权的能力，提高知识产权质量。[1] 其还针对利用财政性资金设立的科学技术计划项目所形成的科技成果的知识产权权属和利益分配、以增加知识价值为导向的分配制度、利用财政性资金设立的科学技术计划项目所形成的知识产权首先在境内使用、企业研究开发所取得的知识产权的保护、国际科学技术研究合作中的知识产权保护、金融机构开展知识产权质押融资业务等作了原则性规定。[2] 对于通过知识产权保护激励科技进步与创新具有十分重要的意义。《促进科技成果转化法》则在总则中明确科技成果转化活动中的知识产权受法律保护，[3] 并在其他章节中规定：利用财政资金设立应用类科技项目和其他相关科技项目，应当加强知识产权管理，并将科技成果转化和知识产权创造、运用作为立项和验收的重要内容和依据；科技报告制度和科技成果信息系统中应公布相关知识产权信息；企业与研究开发机构、高等院校及其他组织采取联合建立研究开发平台、技术转移机构或者技术创新联盟等产学研合作方式，合作各方应当签订协议，依法约定合作的组织形式、任务分工、资金投入、知识产权归属、权益分配、风险分担和违约责任等事项；鼓励开展知识产权质押贷款、股权质押贷款等贷款业务。[4] 这些规定，能够通过加强知识产权保护和管理，促进我国科技成果转化和运用，提高科技成果的使用效益。

除了上述法律外，我国其他有关法律中涉及对知识产权方面的规定，也是知识产权法不可缺少的渊源。例如，《中华人民共和国公司法》（以下简称《公司法》）关于知识产权投资的规定、《中华人民共和国反垄断法》（以下简称《反垄断法》）关于禁止知识产权人滥用知识产权的规定即是体现。

(三) 行政法规

行政法规是由国务院根据我国《宪法》《中华人民共和国立法法》《行政法规制定程序条例》等的规定而制定的规范性法律文件。其表现形式通常体现为实施条例、细则、办法、规定等，行政法规经过法定程序制定和颁行后，具有法律效力，其效力介于法律和部门规

---

[1] 《科学技术进步法》第11条第2款、第13条。
[2] 《科学技术进步法》第32条、第33条、第34条、第45条、第82条、第92条。
[3] 《促进科技成果转化法》第3条。
[4] 《促进科技成果转化法》第10条、第11条、第26条、第35条。

章与地方性法规之间。基于前述知识产权法和行政法的密切关系，尤其是我国知识产权的获得在很大程度上体现为行政授权以及知识产权行政保护成为我国知识产权保护的重要途径，我国存在大量涉及知识产权方面的行政法规。行政法规作为国家主管机关执行知识产权法的重要工具，对于加强知识产权保护和管理、维护公共利益等具有重要意义。如《中华人民共和国知识产权海关保护条例》（以下简称《知识产权海关保护条例》）、《中华人民共和国专利法实施细则》（以下简称《专利法实施细则》）、《中华人民共和国著作权法实施条例》（以下简称《著作权法实施条例》）、《中华人民共和国著作权集体管理条例》（以下简称《著作权集体管理条例》）、《中华人民共和国计算机软件保护条例》（以下简称《计算机软件保护条例》）、《信息网络传播权保护条例》《广播电台电视台播放录音制品支付报酬暂行办法》《中华人民共和国商标法实施条例》（以下简称《商标法实施条例》）等。

（四）地方性法规、民族自治地方自治条例和单行条例、特别行政区的法律

这些规范性文件中关于知识产权的规定，也是知识产权法的渊源。不过，它们具有区域性质，只在颁布机关所辖区域内生效。其中，地方性法规是由地方立法机关颁行的在特定行政区域内生效的规范性法律文件，如《北京知识产权保护条例》《贵州省大数据安全保障条例》。民族自治地方自治条例和单行条例，是根据我国民族区域自治法的规定制定的适用于特定民族自治地方的规范性法律文件。这些自治条例和单行条例报全国人民代表大会常务委员会批准后生效。自治州、自治县的自治条例和单行条例报省、自治区、直辖市的人民代表大会常务委员会批准后生效，并报全国人民代表大会常务委员会和国务院备案。特别行政区的法律，在当前包括香港特别行政区和澳门特别行政区颁行的仅适用于本特别行政区的法律，其涉及知识产权制度的相关规定，也构成"一国两制"背景下我国知识产权法的特殊渊源。

（五）司法解释

在我国，司法解释一般是指最高人民法院、最高人民检察院为增加法律适用的可操作性而颁行的规范性法律文件。尤其是最高人民法院为便于各级人民法院正确理解和适用法律，近些年来针对知识产权民事侵权案件、授权确权行政案件以及证据规则等方面的理解和适用，先后颁行了一系列知识产权方面的司法解释。

在专利案件司法适用方面，最高人民法院发布了《审理专利纠纷案件适用法律规定》《最高人民法院关于审理侵犯专利权纠纷案件应用法律若干问题的解释》（以下简称《审理侵犯专利权案件应用法律解释》）、《审理侵犯专利权案件应用法律解释（二）》《最高人民法院关于审理专利授权确权行政案件适用法律若干问题的规定（一）》（以下简称《审理专利授权确权行政案件适用法律规定（一）》）等司法解释。

在商标案件司法适用方面，最高人民法院发布了《审理商标民事案件适用法律解释》《最高人民法院关于审理注册商标、企业名称与在先权利冲突的民事纠纷案件若干问题的规定》（以下简称《审理注册商标、企业名称与在先权利冲突民事案件规定》）、《最高人民法院关于审理涉及驰名商标保护的民事纠纷案件应用法律若干问题的解释》（以下简称《审理驰名商标民事案件应用法律解释》）、《最高人民法院关于人民法院对注册商标权进行财产保全的解释》（以下简称《关于人民法院对注册商标权进行财产保全的解释》）、《最高人民法院关于审理商标案件有关管辖和法律适用范围问题的解释》（以下简称《商标案件管辖和法律适用解释》）等司法解释。

在著作权案件司法适用方面，最高人民法院发布了《审理著作权民事案件适用法律解

释》《最高人民法院关于审理侵害信息网络传播权民事纠纷案件适用法律若干问题的规定》（以下简称《审理侵害信息网络传播权民事纠纷案件规定》）等司法解释。

在商业秘密保护和制止不正当竞争、反垄断案件司法适用方面，最高人民法院发布了《最高人民法院关于适用〈中华人民共和国反不正当竞争法〉若干问题的解释》（以下简称《适用〈反不正当竞争法〉的解释》）、《审理侵犯商业秘密民事案件适用法律规定》《最高人民法院关于审理因垄断行为引发的民事纠纷案件应用法律若干问题的规定》等司法解释。

在其他知识产权纠纷案件和相关案件司法适用方面，最高人民法院还发布了《最高人民法院关于审理侵害植物新品种权纠纷案件具体应用法律问题的若干规定》（以下简称《审理侵害植物新品种权案件应用法律规定》）、《最高人民法院关于审理植物新品种纠纷案件若干问题的解释》（以下简称《审理植物新品种案件解释》）、《最高人民法院关于审理涉及计算机网络域名民事纠纷案件适用法律若干问题的解释》（以下简称《计算机网络域名民事案件适用法律解释》）、《最高人民法院关于审理技术合同纠纷案件适用法律若干问题的解释》等司法解释。

此外，为规范知识产权民事案件证据认定问题，最高人民法院发布了《知识产权民事诉讼证据规定》。至于前述最高人民法院和最高人民检察院联合发布的《知识产权刑事案件应用法律解释》（一）至（三），是为了统一知识产权刑事案件裁判标准。

上述知识产权相关司法解释对增强司法实践的可操作性以及统一裁判标准、正确适用知识产权和其他相关法律上，提供了规范指引，对保障知识产权人和相关当事人的合法权益、维护社会公共利益等具有重要意义，这无疑也构成知识产权法渊源的一种。相关内容，将在本书予以介绍和研究。

还需要指出的是，随着我国知识产权法律的修改、完善以及知识产权司法保护形势的变化，在一定时期相关司法解释也进行了修改，以更好地为人民法院审理知识产权纠纷案件提供规范指引。例如，2020年12月29日公布的《最高人民法院关于修改〈最高人民法院关于审理侵犯专利权纠纷案件应用法律若干问题的解释（二）〉等十八件知识产权类司法解释的决定》（部分失效）。

（六）国际公约

如前所述，知识产权制度具有国际化趋势，知识产权国际保护制度也逐渐完备。当一个国家或地区加入某一项知识产权国际公约或者包含知识产权国际保护的国际公约时，该国际公约对于该国或者地区就具有约束力。"条约必须遵守"，是国际法上的重要原则。自1883年《巴黎公约》和1886年《伯尔尼公约》诞生以来，随着国际间经济技术贸易和文化交流与合作的深入，有关知识产权国际组织和国际公约不断涌现，其中由世界知识产权组织、联合国教科文组织以及世界贸易组织管辖的相关知识产权国际公约，构成了当前知识产权国际保护体系的基本框架。当然，随着地区性经济技术贸易和文化交流与合作的扩大，近些年来地区性知识产权多边协定也不时出现。近年我国已批准加入的RCEP以及申请加入的CPTPP就是如此。这些我国与外国缔结或我国加入并生效的国际法规范性文件，与我国国内法具有同样的约束力。我国不仅已加入了一些知识产权方面的国际公约，还与一些国家签订了政府间双边协定。这些公约、协定构成了知识产权法的一个特殊渊源。[1]

---

[1] 参见吕炳斌：《知识产权国际博弈与中国话语的价值取向》，载《法学研究》2022年第1期。

第五章 我国知识产权法概论

> **本章提要**
>
> 本章主要阐述和探讨我国知识产权法的沿革及其缘由、我国知识产权法的基本原则、我国知识产权制度的重要意义与作用、我国知识产权制度的特点及其发展趋势。
>
> 本章的重点是我国知识产权法的基本原则和特点，难点是我国知识产权制度的发展趋势。

第一节 我国知识产权法的沿革及其缘由

知识产权法作为科学技术和商品经济发展的产物，其产生和发展具有特定的历史条件。在我国古代，由于长期实行自给自足的自然经济，商品经济发育缓慢，加之封建社会实行文化专制主义，难以产生现代意义上的私权和财产权观念，传统文化中的义利观也强调义务本位，而不是权利本位。这些因素在总体上影响了我国知识产权制度的产生进程，相较于西方国家，我国知识产权制度"姗姗来迟"。我国知识产权制度的春天始于中华人民共和国成立后，特别是改革开放以来，知识产权已逐渐成为我国国家战略问题，以知识产权法为核心的知识产权制度不断健全。下述的我国知识产权制度的变迁和沿革，也能从一个侧面反映我国经济社会发展的巨大变化。

一、中华人民共和国成立前的知识产权法

我国是一个具有悠久历史和灿烂文化的文明古国，但在保护智慧瑰宝方面起步很晚。在我国封建社会，自给自足的自然经济占统治地位，加上封建统治者的残酷统治，不具备建立完整的知识产权制度的成熟条件。尽管我国历史上确实有过把知识成果作为某种财产权看待的实例，也有过一些保护知识成果财产权的实践，但我国对智慧成果的保护，在古代仅略具雏形，在近代才出现系统的立法。

1840年鸦片战争后，我国进入半殖民地半封建社会。帝国主义的入侵在给中国社会带来深重灾难的同时，也给中国带来了一些近代社会观念，其中包括保护知识产权的思想。这在清政府与帝国主义国家签订的某些不平等条约中就有所反映，如光绪二十九年（公元1903年）签订的《中美通商行船续订条约》和《中日通商行船续约》等。到了清末，清政府先后颁布了《振兴工艺给奖章程》《商标注册试办章程》和《大清著作权律》等保护知

识产权的法律规范。在北洋政府时期和国民党统治时期,也颁布过保护知识产权的法律法规。

总的说来,中华人民共和国成立前知识产权法律制度产生于半殖民地半封建的土壤上,这些维护商品经济的法律又或多或少来自西方国家的知识产权法,脱离中国实际。其"实施"却成了帝国主义对华实施政治、经济、文化侵略的工具。

二、中华人民共和国成立后的知识产权法

（一）改革开放前我国知识产权制度状况:计划经济体制的掣肘

中华人民共和国成立后,[1] 百废待兴。当时政治经济和社会环境使知识产权制度不可能像西方国家一样根植于商品经济环境中。但是,在20世纪50年代初我国经济十分落后的条件下,相关知识产权制度的建设也仍然受到重视。不过,在20世纪60年代至70年代,知识私有观念受到批判,知识产权制度失去了生存的经济和社会基础。在这些年间,知识产权制度发展几乎停滞不前,以前颁行的制度规范适用范围和效果有限。

中华人民共和国成立后到改革开放前,与现代意义上的知识产权制度相比,我国知识产权制度中建构的激励机制所发挥的作用极其有限。本书认为,至少以下几方面原因决定了中华人民共和国成立后几十年间,我国难以建立真正意义上的完整的知识产权制度:

第一,真正意义上的知识产权制度是市场经济的产物,而当时我国实行计划经济,难以产出知识产权制度的生存土壤。随着我国对农业、手工业和资本主义工商业的社会主义改造的顺利完成,我国逐渐建立和发展了高度集中的计划经济体制。计划经济体制的重要特点是排除市场调节,政府部门的行政控制占主导,而这与市场经济恰恰相反。这使当时先后颁行的知识产权规范不可能实现市场经济体制下应发挥的保障私权和激励创造与传播的功能,而可能演变为政府相关管理部门进行行政管理的工具。

第二,知识产权私权观念缺乏。在中华人民共和国成立后几十年的计划经济体制中,在不认为社会主义经济具有商品经济属性的观念影响下,人们认为脑力劳动成果必须与生产资料公有制相适应而进入不需要由法律和权利界定的公有领域,不认为创造性脑力劳动成果是无形财富,观念意识中长期排斥以私权保护为内核的知识产权制度。即人们将知识产权定位成一种公共产品,认为不能赋予其创造者以私人权利。忽视私权观念自然与计划经济体制有关,或者说计划经济体制下难以产生私权观念。

第三,知识产权制度本身也是一种国际化制度,当时我国缺乏实施有效的知识产权国际保护环境。知识产权制度作为一种被全球广泛认可和接受的法律制度,与该制度国际化有极大的关系。但是,在中华人民共和国成立后至改革开放之前,我国当时面临的国际环境是以美国为代表的西方国家对中国的长期封锁。在当时的国际政治经济背景下,要通过知识产权制度的国内立法,为吸引外资、引进技术提供良好的知识产权法律环境实际上是不可能实现的。[2]

（二）改革开放后至20世纪末我国知识产权制度:商品经济沃土上焕发光芒

我国真正着手建立全面的知识产权制度始于党的十一届三中全会以后。改革开放后,我国知识产权制度的建设与初步发展,与我国当时经济体制改革、逐步确立有计划的商品

---

〔1〕 中华人民共和国成立前,当时解放区人民政府为保护发明创造及智力创作成果,也颁布过一些保护知识产权的规定。如《哈尔滨市优待专门技术人员暂行条例》和《华北区奖励科学发明及技术改进暂行条例》等。

〔2〕 冯晓青:《中国70年知识产权制度回顾及理论思考》,载《社会科学战线》2019年第6期。

经济直至后来的社会主义市场经济体制,对外开放、逐步加入国际知识产权组织和国际公约,以及"一手抓经济建设、一手抓法制"的时代背景密切相关。随着经济发展,人们逐渐认识到以知识产权法律为核心保护人类智力劳动成果和工商业标记的重要制度,是保障我国经济正常运行的必要条件,也是开展国际科技文化交流与合作的基本环境和条件之一,知识产权制度是国际上普遍采用的促进经济发展、科技进步、文化繁荣的法律制度。在1979年,我国决定实行专利制度,成立了专利法起草小组;中断二十多年的著作权法起草工作也重新进行,商标立法已提上议事日程。整体上,20世纪70年代末是我国知识产权制度的孕育期。

进入20世纪80年代后,我国知识产权立法进入了迅速发展时期。首先是1982年出台《商标法》,接着在1984年颁布《专利法》,当时在国际上被誉为当代世界知识产权领域重大成果之一。《专利法》的颁布意味着中国首次以法律形式承认了发明创造这类智力成果具有商品属性。1986年颁布的《民法通则》更是以国家基本法的形式确立了我国知识产权保护制度。在这一阶段,我国还积极加入一系列国际组织和公约。可以说,20世纪80年代是我国知识产权制度的诞生期。

进入20世纪90年代以来,我国的知识产权制度飞速发展。先是在1990年颁布了中华人民共和国第一部《著作权法》,接着于1993年通过了《反不正当竞争法》。这标志着我国知识产权制度逐步向国际标准靠拢。同时,我国还分别在1992年和1993年对《专利法》和《商标法》作了重大修正。可以说,20世纪90年代是我国知识产权制度的成长期。

从20世纪70年代末改革开放以来,在短短十几年内我国就建立了比较完善的知识产权制度,走完了一些发达国家需要几十年甚至上百年才能完成的立法历程,其速度非常之快,如世界知识产权组织前总干事鲍格胥博士所说,"在知识产权史上,中国完成所有这一切的速度是独一无二的"。我国知识产权制度之所以能够在1978年实施改革开放政策以来焕发青春,主要有以下几点原因:

第一,思想解放和知识产权私权观念的回归是加快我国知识产权制度建设的思想基础。如前所述,中国的改革开放也是一场思想大解放运动。过去计划经济模式下的观念需要随着商品经济的建立和发展而更新。在知识产权制度建设中,私权观念的回归无疑为接纳知识产权制度奠定了坚实的思想基础。如1982年《商标法》确立的商标专用权保护制度、1984年《专利法》确立的发明创造技术商品专利权保护制度,就是典型的确立知识产权私权保护观念的制度。尽管在制定1984年《专利法》之际存在诸多分歧甚至有反对之声,但其最终通过表明以私权形式保护发明创造最终得到了广泛认可。

第二,开放的国际环境和知识产权国际保护,既为我国知识产权制度的诞生提供了必要性与可行性,也为我国知识产权制度服务于改革开放政策、营造良好的法律制度环境奠定了良好基础。改革开放的重要立足点就是通过加强与国外的联系与合作,促进我国企业走出国门,建立国际间互通有无、互利互惠、公平合理的体制与机制。基于改革开放和我国经济社会发展的需要,我国建立了开放的国际环境并加入了知识产权国际保护体系,所以知识产权制度建立与发展具有极大的必要性。

第三,知识产权制度在商品经济土壤中找到了自己的生存沃土,只有承认技术商品化与知识产权类无形财产权,才能真正实现知识产权的价值和知识产权制度的立法宗旨。我国改革开放政策的实施,是与经济体制改革同步进行的。党的十一届三中全会以来,我国经济体制改革第一步就是建立有计划的商品经济,并着手建立社会主义市场经济体制。改革开放之初的一些年里，我国逐步向市场经济过渡，商品经济的建立和发展，为我国知识产权制度的运行提供了广阔的舞台。在市场经济中，我国知识产权制度保护的无形财产能够作为商品，顺利地实现其财产价值并使市场经济主体借此获得市场竞争优势。[1]

（三）20世纪末、21世纪初期我国知识产权制度变革：适应市场经济发展需要并与国际接轨

20世纪末到21世纪初是我国加快建立社会主义市场经济体制的关键时期。党的十四大提出了建立社会主义市场经济体制的宏伟目标。党的十四届三中全会则作出了《中共中央关于建立社会主义市场经济体制若干问题的决定》历史性决议。在市场经济体制下，我国此前制定、实施的知识产权专门法律暴露出了逐渐不适应的缺陷，必须基于市场经济发展需要而做出必要的调整和改革。市场经济的本质是自由竞争，政府尽量减少对经济活动的直接干预，企业经济活动的展开更多地依赖于市场调节。因此，还必须制定专门调整竞争关系的法律。1993年我国《反不正当竞争法》的颁行，是我国建立社会主义市场经济体制的必然要求。反不正当竞争法被认为是实施知识产权保护制度不可缺少的法律制度。实践证明，我国《反不正当竞争法》的有效实施，有力地规制了现实中形形色色的破坏市场竞争秩序的不正当竞争行为，有力地维护了社会主义市场经济的健康发展。

我国市场经济体制的建立和完善，除了呼唤建立反不正当竞争制度外，对于既有的知识产权专门法律也提出了修改和完善的要求。同时，随着经济全球化的发展，全球政治经济和贸易格局正在发生深刻的变化，其中一个十分重要的特点是知识产权问题被纳入世界贸易组织的三大议题之一。在20世纪末到21世纪初我国加入世界贸易组织背景下，我国知识产权制度的修改、完善，不仅有适应社会主义市场经济体制建立的需要，而且必须考虑与国际公约接轨的要求。在这一阶段，我国《专利法》《商标法》《著作权法》先后进行了修改。总结这一阶段我国知识产权制度的完善，可以发现，这一阶段特色主要体现在适应社会主义市场经济体制、加入国际公约、新技术发展和提高保护水平的自身需要。作为服务于我国市场经济发展的知识产权制度，必须与时俱进，通过修法的形式加以完善，并实现同参加的国际知识产权公约接轨。

（四）21世纪初至今的我国知识产权制度：服务于国家战略需求和经济发展内在的自身需要

进入21世纪以来，我国知识产权制度的发展面临更加复杂的国内外形势。从20世纪80年代以来我国通过制定知识产权法律的形式，初步建立了系统的知识产权制度，并在20世纪末到21世纪初又通过系统修法形式使法律更好地适应社会主义市场经济体制的发展，全面与知识产权国际公约接轨。在21世纪初知识产权法律进行了系统修改的基础上，我国知识产权制度的进一步的走向和重心改变是为更好地服务于国家战略需求和经济发展内在的自身需要。这主要体现为加入世贸组织后我国逐步将知识产权制度纳入国家战略和创新型国家建设的重要制度支撑之中，我国知识产权制度在全面实现国际化的基础上侧重于服务我国的国家战略需求和经济发展内在的自身需要。换言之，我国知识产权制度的建立和发展固然经历了不少挫折，但最终在迈向社会主义现代化强国建设中找准了定位，那就是将其纳入国家战略范畴，服务于国家经济社会发展和创新型国家建设，并通过纳入国家治理体系，为国家经济建设、科技、文化发展做出独特贡献。

---

[1] 冯晓青：《中国70年知识产权制度回顾及理论思考》，载《社会科学战线》2019年第6期。

进入 21 世纪以来，随着知识产权地位的进一步提升以及我国加入世界贸易组织，知识产权单行法中的《专利法》分别在 2000 年、2008 年、2020 年，《商标法》分别在 2001 年、2013、2019 年进行了重大修改，《著作权法》在 2001 年进行首次修改、在 2010 年进行局部修改、在 2020 年进行重大修改。此外，与知识产权保护密切相关的《反不正当竞争法》也分别在 2017 年和 2019 年作了修改。在新的历史条件下，这些法律还将面临进一步修改，以更好地适应时代需要。

党的十八大以来，以习近平同志为核心的党中央多次对我国知识产权制度有效实施、加强知识产权保护和运用做了重要部署。例如，党的十九大报告提出：要"加快建设创新型国家"，"倡导创新文化，强化知识产权创造、保护、运用"。如前所述，党的二十大报告提出要加强知识产权法治保障，形成支持全面创新的基础制度，同时重申了培养创新文化的需求。当前，我国已经进入了知识产权强国建设阶段，知识产权制度运用将成为我国迈向新时代社会主义强国的国家战略。作为建设知识产权强国的重要法律保障机制，知识产权制度在建设社会主义强国的新时代将发挥比过去更加重要的作用。在新的形势下，我国知识产权制度正面临重大变革，即由过去侧重于调整市场经济竞争秩序、向国际标准靠拢，转变到服务于国家经济社会发展和创新型国家建设的战略层面，最根本的特点是一改过去被动式接受国际规则到主动适应我国经济社会发展战略。[1]

第二节 我国知识产权法的基本原则

知识产权法的基本原则是反映知识产权法的本质特征，调整因智力成果和工商业标记而产生社会关系的法律规范的基本准则和方针，是知识产权法精神实质和内容的集中体现。我国知识产权法的基本原则还是知识产权制度社会主义本质的集中体现。它是我国知识产权各项法律制度和法律规范的精髓，对我国知识产权立法、执法、司法、法律监督和守法以及各种具体的知识产权法律关系的确立具有普遍的指导作用。

我国知识产权法的基本原则主要如下。

一、鼓励创造活动，保护知识创造者和所有者正当权益的原则

鼓励和保护知识创造活动，是我国知识产权立法的重要目的。我国知识产权法是从以下几个方面体现上述原则的：

1. 我国知识产权法通过鼓励创新和创造性活动，实现激励创新和促进创新成果运用的目的。如前所述，在一般意义上，知识产权制度存在激励创新的法律保障机制和制度激励机制。这无论是在中外知识产权法理论和实践还是在知识产权立法中都得到了充分体现。例如，有观点针对著作权法的基本精神，认为回归知识产权法的首要原则应是著作权保护旨在促进新的创作活动，而不仅在于对过去的创作成果授予垄断权。除此之外，任何限制都只会妨碍思想的创造和交流。[2] 在国外著作权司法实践中，也主张著作权保护的最初目

---

[1] 冯晓青：《中国 70 年知识产权制度回顾及理论思考》，载《社会科学战线》2019 年第 6 期。

[2] David Skillman & Christopher Ledford, "Limiting the Commons with Uncommon Property: A Critique of Chander & Sunder's 'The Romance of the Public Domain'", *Oregon Review of International Law*, Vol. 8, No. 2 (Summer 2006), pp. 337–380.

的是促进创新,对作者提供有限的垄断。[1] 从我国知识产权法理论、立法与司法实践看,也同样如此。在知识产权法理论上,"激励理论"已成为当前十分重要的知识产权法的哲学理论;[2] 在知识产权立法方面,我国《著作权法》第1条规定"鼓励有益于社会主义精神文明、物质文明建设的作品的创作和传播";《专利法》第1条规定"鼓励发明创造"都体现了我国知识产权法鼓励知识创造的立法意蕴。

2. 我国知识产权法确认知识创造者、所有者拥有广泛的权利。权利所有人通过行使权利能够获得物质和精神两方面利益,从而刺激文学、艺术、科学、技术的创造性活动。在我国知识产权法中,确认知识创造者、所有者拥有广泛的权利,最重要的是建立以维护私权为基础的知识产权制度。"知识产权法律赖以建构的基础,是知识产权的私权性"。[3] 我国1986年《民法通则》第五章第三节专门规定了知识产权制度,将知识产权纳入和物权、债权一样的民事权利,这就在国家基本法中宣示了知识产权的私权属性。在当时我国对知识产权制度还不太熟悉的时代背景下,《民法通则》制定者凭借学术睿智确立了知识产权私权保护地位,实为难能可贵。此后,随着我国对知识产权作为民事权利和私权属性认识的加强,相关知识产权专门立法也逐渐摆脱了对知识产权的法律属性的认识误区,通过明确私权主体、客体、内容、侵犯私权的法律责任等规定,逐步建立和完善了我国知识产权私权保护制度。例如,我国商标制度上逐渐摒弃商标"管理思维"、回归私权保护的本质就较有代表性。[4] 2017年的《民法总则》第123条第1款规定"民事主体依法享有知识产权",进一步从国家基本法的角度奠定了知识产权的私权地位。

不过,也应看到,知识产权作为私权具有一定的特殊性,尤其是其承载着较为重要的公共利益价值取向。因此,在维护知识产权这一私权中,也应充分考虑知识产权保护中的公共利益。实际上,从根本上来说,知识产权制度是一种立足于私权保护、维护公共利益的利益平衡机制。从改革开放以来我国知识产权专门法律制度的建立到历次修改,都可以看出国家重视且切实维护私权与妥善处理私权保护和维护公共利益的利益平衡关系。[5] 对此,下面将进一步探讨。

3. 我国知识产权法通过建立有偿使用制度,激起人们的创造热情。经济利益是生产知识产品的原动力,建立有偿使用制度,能引起智力创造者的物质欲望和对经济利益的关心,促使其积极主动地进行知识创造活动以获得某种经济利益。我国知识产权法中的有偿使用制度,体现了知识产权人创造知识财富的经济社会价值,是我国知识产权制度运行中遵循市场经济规律的体现和要求。

在我国知识产权法中,有偿使用制度具体体现为他人利用知识产权,不仅应获得权利人的许可,而且还需要支付报酬。如我国《著作权法》第10条不仅规定了著作权人对其作品的专有性使用的权利,而且规定了著作权人基于其作品被使用有权获得报酬。我国知识产权法中规定的许可使用制度,也是有偿使用制度的典型体现。当然,如本书后面所探讨的,有偿使用制度并不排除他人在一些特殊情形下无偿使用的自由,如《著作权法》规定

---

[1] The Authors Guild, Inc. v. Hathi Trust, 902 F. Supp. 2d 445 (S. D. N. Y. 2012).
[2] 冯晓青:《知识产权法哲学》,中国人民公安大学出版社2003年版,第183~303页。
[3] 吴汉东:《中国知识产权法律变迁的基本面向》,载《中国社会科学》2018年第8期。
[4] LihuaYang, Xiaoqing Feng, "The Restoration of Private Rights: Preliminary Analysis of the New Chinese Trademark Law", *Journal of World Intellectual Property*, Vol. 6, No. 2, March 2003, pp. 251–282.
[5] 冯晓青:《中国70年知识产权制度回顾及理论思考》,载《社会科学战线》2019年第6期。

的合理使用制度就是如此。尽管如此，为充分保障知识产权人和相关当事人的合法权益，对他人在一些特殊情形下无偿使用的情形需要严格掌握法律规定的条件，我国相关知识产权法规定的对权利限制的限制就是体现。

4. 我国知识产权法运用多种调整手段和方法，对知识产权予以全面保护。我国法律承认知识成果创造者也是劳动者的一部分，他们的脑力劳动成果同样是社会劳动产品的一部分，应和物质产品一样获得保护，保护知识产权是发展我国科学文化事业的客观要求。基于知识产权保护的多元价值取向，我国以私权为基础的知识产权保护需要采取民事、行政乃至刑事手段，采取多种调整方法，而不完全限于民事保护手段和方法。从这里也可以在一定程度上理解知识产权在当代经济社会发展中的重要地位和作用。

二、利益兼顾（平衡）的原则

在知识产权法中，围绕知识产品的生产、传播、利用而形成了不同主体的利益。例如，在专利法中，涉及的利益可以分为国家利益、专利权人利益、发明者利益、专利用户利益等。专利用户的利益又可分为出于商业目的竞争性利用的竞争者利益与出于非商业目的为了获取知识和信息而利用专利的普通用户利益等。在著作权法中，涉及的利益包括国家利益、作者和其他著作权人利益、作品传播者利益、社会公众利益等；或者分为作者的利益、作品传播者的利益和作品使用者的利益。[1] 在商标法中，存在着商标权人利益、消费者利益、竞争性厂商利益、一般公众利益等。知识产权法中的这些不同主体的利益之间，需要进行平衡和协调。以著作权法为例，基于著作权法同样是服务于公共利益的重要工具，在作者利益和用户利益之间就应当取得平衡。[2]

我国知识产权法具有社会主义性质，它要求处理好知识产权人利益与国家、社会利益的关系，而不能偏颇一方。利益兼顾原则或者说利益平衡原则就是这一属性的体现。我国知识产权单行法对职务发明、职务作品的权利归属和使用，以及对知识产权限制的规定也体现了这一点。在我国知识产权立法中，利益兼顾原则的贯彻是通过利益平衡的途径实现的。所谓利益平衡，也称为利益均衡，是在一定的利益格局和体系下出现的利益体系相对和平共处、相对均势的状态。从一般意义上说，利益平衡既是一项司法原则，也是一项立法原则。法律、规则和制度都建立在利益平衡的基础上。[3]

尽管利益平衡原则不是知识产权法独有的原则，在知识产权法领域却具有特别重要的地位。这主要是因为，解决知识产权的垄断性与社会公众对知识产品的合理需求之间的矛盾是知识产权法的重要使命。利益平衡原则甚至被认为是现代知识产权法的基本理念和精神，是知识产权法追求的重要目标，它贯彻于知识产权法的产生、发展的全过程。知识产权法能否有效贯彻利益平衡原则，即能否维持对知识创造的激励与知识传播和利用之间的平衡，维持知识产权人利益与公共利益之间的平衡，将决定着其在现代社会生活中的地位。[4] 从下一章的阐述还可以进一步领会，利益平衡也是以知识产权法为核心的知识产权制度价值构造的灵魂，在整个知识产权制度构建中举足轻重。

---

[1] 吴汉东、王毅：《中国传统文化与著作权制度略论》，载《法学研究》1994年第4期。

[2] Estelle Derclaye & Marcella Favale, "Copyright and Contract Law: Regulating User Contracts: The State of the Art and a Research Agenda.", *Journal of Intellectual Property Law*, Vol. 18, No. 1 (Fall 2010), pp. 65–140.

[3] 冯晓青：《知识产权法利益平衡理论》，中国政法大学出版社2006年版，第11页。

[4] 冯晓青：《知识产权法利益平衡理论》，中国政法大学出版社2006年版，第23页。

三、促进知识产品传播和推广运用的原则

知识产品的创造、传播、运用是一种源和流的关系。知识产品创造出来后，如不利用、不传播就会丧失其现实意义。因此，我国知识产权法在确认、保护知识产权人合法权益的同时，也特别重视知识产品的传播和运用。

上述原则，可以以信息产权和利益平衡理论为指导加以理解：如前所述，知识产权可以被纳入信息产权范畴；相应地，知识产品在广义上可以被纳入信息产品范畴。信息产品的一个重要特点是：当其被公之于众后，信息的生产者就很难对该无形资源进行事实上的控制。在制度安排方面，由于信息具有这种事实上的难以控制性和非物质性，信息专有不能像物权所有人那样以直接占有形式加以控制，而只能是以法律直接而明确的规定赋予信息生产者对信息的排他控制权。

与将信息作为纯粹的公共产品即对信息不赋予产权相比，在信息这种公共产品中增加私人商品的含量，即通过设立信息产权的方法对信息生产的激励的增加，弥补了信息产权限制流通和竞争产生的问题。从限制竞争的角度看，知识产权法实际上是为了促进竞争而对竞争的限制；从限制信息流通、信息自由流动角度看，知识产权法可以看作是为了促使更多的信息被生产出来从而有更多的信息进入信息流通中而对信息流通的必要限制。正如经济学家所主张的，"为强化激励机制和作用以增加社会信息总量，信息不平等分配是合理的，即允许一部分人去掌握或拥有信息，并排斥其他人的接近，因此会产生更多的社会化的、有价值的信息"。[1] 这里的"允许一部分人去掌握或拥有信息，并排斥其他人的接近"，无疑需要通过赋予信息生产者以专有权的方式才能实现。知识产权法就是保障这种专有权的重要的制度安排。

从法律经济学角度分析，信息专有即赋予信息以产权可以保障信息产权人通过控制对信息的传播和使用而获得经济利益。信息专有是对信息自由传播、利用的限制，并且它和信息自由传播、利用是相冲突的。但是，它又是维持信息生产和再生产、维持信息源泉所必需的。赋予信息产品以专有权尽管本身包含了禁止随意传播和利用该信息产品的内容，但信息产品本身的特点和信息产权制度的宗旨决定了信息产权制度也必须保障信息产品被广泛传播与利用，否则信息产品本身的价值以及信息产权制度宗旨无法实现。以知识产权法而论，在重视对知识产权人专有权保障的基础上，建立促进知识产品传播与推广应用的机制也非常重要。因此，促进知识产品传播与推广应用也是我国知识产权法的一个重要原则，这一原则在很大程度上体现了我国知识产权制度的立法宗旨。

四、遵循国际惯例、与国际知识产权规则接轨的原则

我国知识产权立法起步虽晚，但起点高，具有现代化和国际化的特点。这在很大程度上得益于大量吸收国际先进立法成果，特别是国际惯例。

我们知道，知识产权制度的发展经历了一个从国内保护到国际保护的过程。在当代，随着世界经济一体化进程的加快，特别是世界贸易组织的成立，知识产权国际保护或者说知识产权制度国际化特点更加明显。知识产权制度国际化最重要的表现是多边知识产权国际条约确立国际标准的形成。从实质上看，是发展中国家的知识产权国内法向发达国家知识产权国内法看齐，或者说是发展中国家知识产权国内法与发达国家知识产权国内法的趋同。这是因为，发展中国家和发达国家相比，其经济、科技和文化发展比较落后，其知识

---

[1] 任寰：《论知识产权法的利益平衡原则》，载《知识产权》2005年第3期。

产权国内法给予的保护水平一般较低，以与本国科技、经济和文化发展水平相适应。发达国家经济、科技和文化则相当发达，与之相适应的知识产权保护水平相应地比较高。由于发达国家具有经济、科技上的优势，尽管最后制定出来的知识产权国际公约是发展中国家与发达国家相互妥协和利益衡量的结果，在知识产权国际公约的制定中发达国家具有更大的话语权。TRIPs协议的通过就是一个很好的证明。

当前知识产权国际保护以发达国家为主导，但我国在知识产权立法与修改、完善方面，仍然需要高度重视遵循国际惯例、与国际知识产权规则接轨的原则。这是因为，遵循知识产权国际惯例和规则是我国对外经济贸易和科技合作的基本保障，也是我国知识产权制度融入国际知识产权制度的先决条件。特别是加入世界贸易组织后，我国有义务履行保护水平相当高的TRIPs协议。我国现行知识产权立法充分注意到了与知识产权国际规则接轨的问题，在今后的修改完善过程中，遵循知识产权国际惯例和规则也始终是我国知识产权法的一个重要原则。

五、禁止权利滥用原则

权利滥用源自英美法中的衡平法概念，可将其理解为超越权利行使的法律界限而行使权利的行为。我国《民法典》第132条规定："民事主体不得滥用民事权利损害国家利益、社会公共利益或者他人合法权益。"这一规定确立了禁止滥用民事权利的原则和制度，对于作为民事权利范畴的知识产权同样适用。在知识产权法领域，权利滥用主要体现为知识产权滥用行为。[1] 它可以理解为知识产权人行使自己的权利时超越了法律所准许的合法范围，损害他人利益和社会公共利益的行为。如本书所阐述的，我国知识产权法律明确规定了禁止权利滥用的原则。例如，《专利法》第20条第1款规定："申请专利和行使专利权应当遵循诚实信用原则。不得滥用专利权损害公共利益或者他人合法权益。"一般来说，衡量知识产权是否被滥用的标准在个案上要看知识产权人行使权利的行为是否超出了合法垄断的范围，在宏观政策上则要看知识产权人行使知识产权是否符合知识产权法的公共政策目标。

由于知识产权本身就是一种合法垄断权，知识产权的行使本身是对竞争和市场的一种合法限制，知识产权的存在和行使即不构成对知识产权的滥用。一些涉及知识产权滥用的案件已注意到了这一问题。例如，欧洲法院（ECJ）所划分的界限是"行使的豁免"意味着与知识产权相关的权利的行使本身不构成权利滥用。[2] 我国《反垄断法》第68条前半部分也规定，经营者依照有关知识产权的法律、行政法规规定行使知识产权的行为，不适用本法。权利行使构成滥用只是限于特殊情况。这些特殊情况可能是滥用市场支配地位，[3] 这种市场支配地位明显地与一个知识产权的存在或行使相关，或者与知识产权有关的权利的行使相关，如许可和要求使用费的权利。根据《反垄断法》第68条后半部分规定，经营者滥用知识产权，排除、限制竞争的行为，适用本法。《专利法》第20条第2款则规定："滥用专利权，排除或者限制竞争，构成垄断行为的，依照《中华人民共和国反垄断法》处理。"可见，在我国《反垄断法》意义上，滥用知识产权是针对排除、限制竞争

---

〔1〕 参见易继明：《禁止权利滥用原则在知识产权领域中的适用》，载《中国法学》2013年第4期。

〔2〕 Parke, Davis & Co. v. Probel and Others, Case 24/67（CJEU February 29, 1968）.

〔3〕 参见"3Q"垄断纠纷案，最高人民法院（2013）民三终字第4号民事判决书（指导案例第78号）；最高人民法院（2021）最高法知民终1398号民事判决书（滥用市场支配地位纠纷案）。

的行为。[1] 当然，在一般意义上，滥用知识产权的行为并非一定构成反垄断法意义上的排除、限制竞争行为，也可能只限于反不正当竞争法范畴或者仅限于知识产权法体系内部的权利滥用行为，区分的重要标准是看滥用行为对竞争秩序的影响以及是否构成对公共利益的损害。如果知识产权人滥用其知识产权，构成了对公平竞争秩序或者自由竞争秩序、公共利益的损害，即需要反不正当竞争法或反垄断法予以干预和调整。

知识产权法中的禁止权利滥用原则，可以说是个人利益和社会利益相结合的一般法律原则在知识产权法中的特殊表现。它要求知识产权人在行使其对知识产品的独占权时，不得损害国家和社会的利益，不得损害他人的正当权益。它一般是在承认知识产权这一独占权的前提下，对权利人行使权利的一种必要限制。知识产权作为一种排他的独占权，也要服务于维护公平竞争的目标，不能由知识产权人非法垄断。

第三节 我国知识产权制度的重要意义与作用

当代社会，知识产权不仅是前述一种受法律保护的私权，或者说民事权利，同时也是市场经济主体的一种重要的无形财产权。对国家和企业来说，知识产权还是一种竞争战略武器。随着科学技术的迅猛发展和我国经济转型升级，知识产权在我国经济社会生活中的地位也越来越高，特别是当前我国正在深入实施创新驱动发展战略、建设创新型国家、深入推进知识产权强国建设过程中，知识产权法律保护制度作为激励创新、保护创新成果、协调利益关系的重要的法律制度和激励机制，是我国深入实施创新驱动发展战略、建设创新型国家和深入推进知识产权强国建设的重要法律保障机制。[2] 具体而言，我国知识产权制度的重要意义和作用，主要体现为以下几方面内容。

一、保护知识创造成果，激励创新，提高国家创新能力

党的二十大报告指出，要"加快实施创新驱动发展战略"。通过创新谋发展、不断提高我国创新能力，是当代我国经济社会发展的最重要主题之一。在这方面，知识产权制度作为保护创新成果、激励创新，以及促进创新成果有效利用的法律制度、激励机制和平衡机制，发挥着不可替代的重要作用。知识产权法律制度作为一种激励创新的机制，在当前我国深入实施创新驱动发展战略、推进知识产权强国建设的背景之下，在驱动我国创新发展，实现经济发展方式的改变和产业转型升级，使我国摆脱由粗放型经营进入集约型经营、经济增长模式由要素驱动跃升为创新驱动的转变中发挥着十分重要的作用。

从党和国家关于知识产权法律制度的阐述与政策构建来看，知识产权法律制度逐步定位于激励创新的重要制度机制和法律保障机制。从近些年来我国知识产权制度的有效实施来看，其对于我国经济社会的发展和创新能力提升的重要作用，也是有目共睹的。当前我国经济社会正处于转型之中，整个国家经济社会发展在极大程度上依赖于我国创新能力的提升。无疑，我国国家创新系统和技术创新体系的建设、创新能力的提升是一个巨大的系

---

[1] 根据2019年1月4日国务院反垄断委员会印发《国务院反垄断委员会关于知识产权领域的反垄断指南》第2条规定，分析经营者是否滥用知识产权排除、限制竞争，遵循以下基本原则：①采用与其他财产性权利相同的规制标准，遵循《反垄断法》相关规定；②考虑知识产权的特点；③不因经营者拥有知识产权而推定其在相关市场具有市场支配地位；④根据个案情况考虑相关行为对效率和创新的积极影响。

[2] 冯晓青：《知识产权法律制度反思与完善——法理·立法·司法》，知识产权出版社2021年版，前言。

统工程，需要全社会付出艰苦的努力。无论如何，知识产权制度的完善和有效运行在促进我国建设创新型国家、提高自主创新能力和整个国力方面具有不可替代的重要功能和作用。[1] 这方面在习近平总书记等党和国家领导人的多次论述中即有体现。例如，习近平总书记在 2020 年 11 月中央政治局第 25 次集体学习时，针对加强知识产权保护工作发表的重要讲话中指出，"创新是引领发展的第一动力，保护知识产权就是保护创新。全面建设社会主义现代化国家，必须更好推进知识产权保护工作"；"保护知识产权的目的是激励创新，服务和推动高质量发展，满足人民美好生活需要"。[2] 在当前贯彻新发展理念、构建新发展格局阶段，围绕建设创新型国家、提高创新能力，作为激励创新基本法律制度的知识产权制度如何有效地发挥其作用，并通过修改完善的形式适应创新型国家建设的要求，是值得认真研究的重大课题。[3]

二、促进创新成果利用，实现知识产品的经济社会价值、社会财富与经济增长

随着我国经济社会发展，知识产权制度在我国经济社会生活中的重要地位和作用，不仅体现为充分有效地保护知识产权，而且体现为如何充分地运用知识产权，使其产生更多的经济社会价值，为我国企业市场竞争力、产业竞争力和国际竞争能力提升做出独特的贡献，最终实现社会财富和经济增长。2017 年 10 月举行的党的十九大在报告中就提出要"强化知识产权创造、保护、运用"。2021 年 9 月，中共中央和国务院发布的《知识产权强国建设纲要》在第五部分"建设激励创新发展的知识产权市场运行机制"中指出要"健全运行高效顺畅、价值充分实现的运用机制""建立规范有序、充满活力的市场化运营机制"。2021 年 10 月，国务院发布《"十四五"国家知识产权保护和运用规划》。这些党和国家层面的关于我国知识产权制度运行的重大决策和规划，无不体现着我国知识产权制度在激励和保护知识产权的基础之上促进运用与价值实现的重要意旨。

实际上，知识产权的价值在于对知识产权资产的动态性利用。这也要求我国知识产权制度运行应充分运用知识产权制度的功能和特点，不仅重视知识产权的创造和保护，而且重视运用知识产权带来的市场效应，重视知识产权对社会财富增长、经济效益提高的作用。在当代激烈的技术竞争和市场竞争背景下，知识产权运用的重要性还体现在企业之间的竞争也表现为获得技术方面的竞争与利用技术方面的竞争，竞争制胜的关键则在于技术的利用及其带来的经济效益和竞争优势，而这离不开知识产权这一创新成果的有效运用。

知识产权运用不同于知识产权的保护和管理，它是企业等市场经济主体利用知识产权创造价值、实现知识产权保值增值的过程，是在分析面临的技术环境、市场环境和社会环境的基础上，充分利用市场经济主体内部的人力资源、财务资源和外部市场资源，谋求知识产权资产增值与价值实现的方式。知识产权运用的核心是利用知识资产生产具有高附加值的产品，同时充分运用知识产权的资产运营功能，通过许可、转让、投资入股、证券化、资产重组、兼并收购等多种形式和手段发挥知识资产的竞争和经济效能，提高市场经济主体市场竞争力。知识产权运用能力是实现知识产权资产价值的能力，或是以知识产权产品化、市场化、商业化、资本化等形式具体运营，又或是以知识产权许可、转让，知识产权

---

[1] 冯晓青：《知识产权制度及其运行研究：法律保护·战略运用》，光明日报出版社 2022 年版，第 3~7 页。
[2] 习近平：《全面加强知识产权保护工作 激发创新活力推动构建新发展格局》，载《求是》2021 年第 3 期。
[3] 冯晓青：《新时代中国特色知识产权法理思考》，载《知识产权》2020 年第 4 期。

投资、知识产权收购、知识产权资产重组等形式提高知识产权资产的配置效率和利用水平。知识产权制度运用旨在实现知识产权价值的最大化，实现价值创新，为市场经济主体和产业发展带来尽量大的经济效益。因此，知识产权制度运用更关注知识产权的产品化、市场化运营和商业价值实现，关注获得最大化的经济社会价值。[1]

我国以知识产权法为核心的知识产权制度促进知识产权运用，进而实现知识产品的经济社会价值、社会财富与经济增长的重要意义和作用，实际上也体现了当代知识产权制度在经济社会发展中的重要地位和作用。世界知识产权组织总干事卡米尔·伊德里斯（KamiIIdris）曾指出：知识产权是促进经济增长的有力手段。在可以预见的未来，随着知识产权强国建设的深入推进以及我国经济发展方式迈向创新驱动型经济、集约经营模式和数字经济的新阶段，我国知识产权制度将在进一步完善激励和保护创新机制基础上，更加重视发挥其促进知识产品经济社会价值实现以及社会财富和经济增长方面的重要作用。

三、营造公平竞争环境和良好营商环境，促进社会主义市场经济健康发展

我国社会主义市场经济的培育与发展，一方面，为知识产权制度的有效实施提供了更为广阔的舞台，使得知识产品的交易和流通及其价值能够更好地实现；另一方面，也对知识产权制度的制定和有效实施提出了更多的要求，尤其是知识产权制度的运行需要尊重市场经济规律，充分利用促进市场公平竞争的市场机制调整围绕知识产品的创造、传播和利用的社会关系。

如前所述，在一般意义上，知识产权制度也是一种促进市场公平竞争的市场机制。知识产权制度固然对竞争有一定的抑制作用，但正是因其对有限竞争的限制而在更大程度上实现了对公平竞争的保障。知识产权制度具有促进公平竞争的目标，其通过法律规定了禁止剽窃、抄袭、仿冒、假冒等破坏公平竞争的侵权行为，营造了公平竞争环境和良好的营商环境。

我国知识产权制度自然也不例外。在我国知识产权制度中，存在诸多规范公平竞争秩序、禁止破坏公平竞争的各种违法行为的法律。至于与知识产权保护密切相关的反不正当竞争法和反垄断法，也分别基于确保公平竞争和自由竞争角度，以维护公共利益为重要目标实现对公平竞争秩序和良好营商环境的保障。这对于促进我国社会主义市场经济的健康发展也十分重要。主要原因在于，我国社会主义市场经济既是一种法制经济也是竞争型经济，离不开构建公平竞争秩序和良好的营商环境。我国知识产权制度在很大程度上有利于促进公平竞争秩序的构建和良好营商环境的形成。为了更好地发挥我国知识产权制度在这方面的重要作用，所以在知识产权相关法律制度的构建和改革方面，不仅需要充分重视当事人意思自治，而且需要利用市场机制优化配置市场资源，提升市场机制在推进我国知识产权法律制度的改革和发展、促进我国经济社会发展方面的重要功能和作用。

四、推进国家治理体系和治理能力现代化，提高知识产权综合实力

国家治理体系与治理能力现代化在党的十八届三中全会中被明确提出。党的十九届四中全会则做出了关于坚持和完善中国特色社会主义制度，推进国家治理体系与治理能力现代化的决定。在建设中国特色社会主义现代化强国进程中，国家治理体系与治理能力现代化，是我国国富民强的根本保障。党的二十大报告即提出了到2035年基本实现国家治理体

---

[1] 冯晓青：《技术创新与企业知识产权战略》，知识产权出版社2015年版，第252~255页；冯晓青：《知识产权制度及其运行研究：法律保护·战略运用》，光明日报出版社2022年版，第270~291页。

系和治理能力现代化的宏伟目标。在国家治理体系中，我国的国家治理和西方的国家治理有着根本不同的特点，即我国是中国共产党领导人民有效地治理国家。我国的国家治理体系的内容涉及根本政治制度、国家治理体系的价值观念，国家治理体系及国家治理能力现代化等。国家治理体系的本质特征是国家制度。国家治理体系的现代化需要通过国家政治、经济、科技、文化、外交等各方面的制度的有效构建与运行。在国家治理体系与治理能力现代化中，法治化、依法治国是国家治理体系与治理能力现代化的必然要求。在建设中国特色社会主义的新时代，依法治国的基本要求是科学立法、严格执法、公正司法和全民守法，相较于有法可依、有法必依，执法必严、违法必究，内容更加丰富、内涵更加充实。

在我国大力推进国家治理体系和治理能力现代化的环境下，知识产权制度作为国家制度的重要组成部分，在国家治理体系和治理能力现代化进程具有独特的不可替代的地位和作用。[1] 2020 年 11 月，习近平总书记在中央政治局第 25 次集体学习时发表的重要讲话中，也指出"知识产权保护工作关系国家治理体系和治理能力现代化，只有严格保护知识产权，才能完善现代产权制度、深化要素市场化改革，促进市场在资源配置中起决定性作用、更好发挥政府作用"。[2] 我国知识产权制度"开始从被动跟随转变为主动参与和积极影响国际规则制定，知识产权制度融入社会发展的自觉性与主动性不断增强，已经成为我国国家治理体系中极为重要的一环。"[3] 由于知识产权是一种法定的权利，知识产权法也是我国法律体系的重要组成部分，知识产权国家治理体系与治理能力现代化的核心也在于法治化，其中知识产权制度体系的构建与完善尤为重要，具体包括知识产权立法体系、知识产权执法体系、知识产权司法体系、知识产权监督体系等内容。总的来说，当前我国知识产权立法体系趋于完善，但在专门立法与专门立法之间的协调方面仍存在不少问题。在知识产权执法体系方面，知识产权行政执法与司法保护之间关系的有机协调也有待完善。在知识产权监督体系方面，则需要进一步强化对知识产权的严格保护。此外，国家治理体系与治理能力现代化进程中，对知识产权管理体制机制的改革和发展也提出了新的要求。在当前推行实行一体化、集中化的知识产权管理体制模式下，现有的知识产权管理体制需要与时俱进，及时进行变革与发展。[4]

五、促进对外开放和国际交流与合作，提高我国市场国际竞争力

党的二十大报告提出，要"加快构建新发展格局，着力推动高质量发展。""推进高水平对外开放"则是实现上述目标的重要内容。在这方面，我国知识产权制度的有效实施也具有不可替代的重要作用。2020 年 11 月，习近平总书记在中央政治局第 25 次集体学习时发表的重要讲话中指出："知识产权保护工作关系国家对外开放大局，只有严格保护知识产权，才能优化营商环境、建设更高水平开放型经济新体制"。针对"统筹推进知识产权领域国际合作和竞争"的对策则指出："知识产权是国际竞争力的核心要素，也是国际争端的焦点……要秉持人类命运共同体理念，坚持开放包容、平衡普惠的原则，深度参与世界知识

---

[1] 申长雨：《提高知识产权治理能力和治理水平》，载《学习时报》2019 年 11 月 4 日，第 4 版。
[2] 习近平：《全面加强知识产权保护工作 激发创新活力推动构建新发展格局》，载《求是》2021 年第 3 期。
[3] 范建永、李牧、韩秀成：《砥砺四十载再启新征程——改革开放引领知识产权事业发展回顾与展望》，载《中国市场监管研究》2018 年第 12 期。
[4] 冯晓青：《知识产权法律制度反思与完善——法理·立法·司法》，知识产权出版社 2021 年版，第 20~21 页。

产权组织框架下的全球知识产权治理，推动完善知识产权及相关国际贸易、国际投资等国际规则和标准，推动全球知识产权治理体制向着更加公正合理方向发展。"[1] 在当代，随着知识产权制度国际化的深入和国际竞争环境的变化，我国知识产权制度在促进对外开放和国际交流与合作，提高我国市场国际竞争力方面，也将发挥更加重要的作用。

一方面，我国知识产权制度事关改革开放大局和国际交流与合作。原因在于，当前知识产权制度国际化趋势日益增强，我国只有建立与国际接轨的知识产权制度，才能适应改革开放的需要，为开展与其他国家和地区的经济技术贸易和文化交流与合作创造良好的法律环境。尤其是在当前世界贸易组织自由贸易体制下，我国加入 TRIPs 协议是加入世界贸易组织的前提，而我国为加入该协议则需要修改现行知识产权法律，使其达到该国际公约的保护标准。另一方面，我国知识产权制度的运行，既是我国知识产权制度国际化的基础，也是提高我国企业等市场经济主体国际竞争力的重要保障。这是因为，知识产权作为国际竞争力的核心要素，我国企业等市场经济主体通过开发和拥有知识产权，并通过国际保护形式，能够凭借具有创新性和竞争力的知识产权占领国际市场，并获得国际市场竞争优势。我国华为 5G 标准及其产业化占领全球市场就是典型例证。

第四节 我国知识产权制度的特点及其发展趋势

我国知识产权制度深深扎根于我国特有的政治经济和社会环境，是我国社会主义市场经济体制建立和发展的重要制度保障。我国知识产权制度具有自身特色。在一定程度上，这些特色也体现了我国社会主义制度的优势。

一、我国知识产权制度的特点

（一）具有社会主义属性，体现中国特色

我国知识产权制度立足于我国社会主义制度的根本要求，立足于我国经济和科技、文化发展水平。我国知识产权法律以宪法为指导，根据建设社会主义物质文明和精神文明的需要而制定与实施，体现了我国的社会主义属性。

从一般意义上讲，任何法律都是一定经济关系的反映，知识产权法也不例外。我国以知识产权法为基础的知识产权制度取决于我国特定的社会经济条件，通俗地讲就是我国的现实国情。我国作为一个人口众多的发展中国家，最大的国情是与发达国家相比，科学技术和文化发展水平还有一定差距并且存在地区之间发展的不平衡。尽管知识产权制度具有很强的国际性特点，但我国知识产权制度需首先立足于现实国情，再在充分考虑我国经济、科技、文化发展需要的基础上与国际知识产权规则接轨。

我国知识产权制度是西方舶来品，但在借鉴其他国家和地区立法经验和知识产权制度国际化过程中逐步实现了本土化的改造。本土化是我国知识产权制度的前提和基础，下面阐述的国际化是在本土化基础上的进一步延伸和发展。本土化无疑体现了中国特色。当然，中国特色可以从不同层面进行解构。例如，从政治的角度而言，中国特色的根本就在于中国共产党领导下的社会主义制度。需要指出的是，中国特色知识产权制度并不排除几百年来形成的关于知识产权制度的基本理论、原理的适用，如关于知识产权是私权的概念、关

---

[1] 习近平：《全面加强知识产权保护工作 激发创新活力推动构建新发展格局》，载《求是》2021 年第 3 期。

于知识产权法律制度追求公共利益目标的原理。

中国特色知识产权制度之具体构建，尤其体现为以下几方面重要内容：①我国知识产权保护水平和具体制度的构建，应当在兼顾知识产权国际保护要求的前提下，与我国经济、科技、文化发展的要求相适应。②知识产权保护在具体策略和方式方面，与中国现实国情相适应。特别是，我国知识产权制度植根于我国社会主义市场经济土壤，服务于中国特色社会主义市场经济的发展。为此，需要充分重视当事人意思自治，利用市场机制优化配置市场资源，提升市场机制以推进我国知识产权法律制度的改革和发展，促进我国经济社会发展方面的重要作用和功能。③在知识产权文化意识和社会观念方面，我国知识产权制度实施应当立足于本土文化，并根据知识产权制度的发展规律和要求，进行现代化的改造。④在指导思想方面，马克思主义理论与习近平新时代中国特色社会主义思想是我国知识产权制度的重要理论指导，尤其是习近平法治思想中知识产权保护重要论述对我国知识产权制度构建和运行具有重要指导作用。[1]

（二）具有现代化和国际化特点

从法理学的角度来说，法律的现代化问题一直是其研究的重要内容之一。在法理学上，法律现代化是伴随社会变迁与社会发展的过程，是从传统到现代的演进过程。法律现代化反映了社会发展和法律制度规范功能与作用的相互作用，特别是社会发展对法律制度的影响以及法律制定和完善对于社会关系调整、规范人们的行为方式的作用。从各国法律现代化进程看，并没有一个统一的模式，不过大致存在国家（政府）推动与社会推动等方式。知识产权制度作为法律制度的组成部分，同样存在法律现代化的问题。特别是，知识产权制度和国家经济、科技、文化发展之间的联系更加密切。

我国知识产权制度也具有现代化特点。通过研究我国知识产权制度现代化问题，揭示我国知识产权制度随着我国经济社会发展与时俱进中变迁的规律，对于不断完善我国知识产权制度，提高我国创新能力和国家竞争力，具有十分重要的意义和作用。为促进我国知识产权制度现代化，需要重视以下几方面问题：①现代技术，尤其是信息网络、生物遗传工程、大数据、云计算、人工智能等技术发展对我国知识产权制度的挑战与对策；②知识产权法律修改与完善中，应以法律现代化为重要指针；③我国知识产权制度现代化演进中如何与传统文化、传统社会相衔接；④我国知识产权制度在现代化演进中如何与我国建设社会主义现代化强国的宏伟目标相契合等。[2]

在知识产权保护范围和保护水平上走国际化道路，向国际规范靠拢，是我国保护知识产权的基本立场之一。我国知识产权制度适应了知识产权制度国际化趋势，还具有国际化的特点。在知识产权制度国际化方面，我国知识产权制度主要是通过以下两种形式实现的：

1. 体现国际公约的要求，按照国际标准建立自己的知识产权制度。这是我国知识产权制度国际化最重要的途径。我国逐渐建立起相当完备的、具有国际水平的知识产权法律体系，这也是使我国知识产权制度具有现代化特点的重要保障。

2. 参加保护知识产权的国际公约，履行保护知识产权的国际义务。从1980年加入世界知识产权组织以来，我国已加入了主要的知识产权国际公约。这些国际公约在我国生效后，除了我国声明保留的部分外，即成为我国知识产权法的一部分，具有法律效力，形成我国

---

[1] 冯晓青：《新时代中国特色知识产权法理思考》，载《知识产权》2020年第4期。
[2] 冯晓青：《新时代中国特色知识产权法理思考》，载《知识产权》2020年第4期。

知识产权国际保护的法律体系。对于知识产权国际公约要求的义务，我国除了完善立法，还通过加强执法和司法，保障了知识产权国际保护义务在我国的履行。

(三) 对知识产权的保护采用行政处理与司法审判"两条途径、协调处理"模式

在实践中，知识产权保护一般表现为对知识产权纠纷案件特别是侵权纠纷案件的处理。我国大量的知识产权纠纷案件具有以下特点：①案件的专业性、技术性很强，有的疑难程度也很高，涉及的法律关系复杂、处理难度大；②知识产权新型案件多，如各种类型的权利冲突案件、新型客体知识产权侵权纠纷案件、跨境电商平台知识产权纠纷案件以及涉及数据、算法和人工智能知识产权纠纷案件；③案件影响往往较大，常常引起社会广泛关注。

在我国，对知识产权纠纷案件的处理，采用了行政处理与司法保护相结合的"两条途径、协调处理"模式，并取得了良好的效果。这也是我国知识产权制度的一个重要特点。

1. 行政处理。在我国知识产权保护中，除了与各国基本相同的下述司法保护程序外，知识产权法律法规赋予了有关行政管理部门的行政执法权，尤其是对知识产权侵权行为进行行政处罚的权力。以行政处理的形式保护知识产权，这是根据我国的实际情况作出的。通过行政程序处理知识产权纠纷，往往比较迅速而省时，见效快。行政处理还能减轻司法审判的压力。我国已在众多省、市建立了地方知识产权局，这些机关具有执法和管理双重职能，其组成人员具备法律知识，特别是受过专利法培训，处理专利纠纷比较合适。在国家和地方层面，还建立了著作权行政管理部门和市场监督管理部门。[1] 我国知识产权行政管理部门拥有相应的行政执法权，特别是通过追究知识产权侵权行为的行政责任，实现保护知识产权人和相关当事人合法权益、维护社会公共利益的目的。对此，我国《专利法》《著作权法》《商标法》都有相应的规定，本书后面将分别介绍和研究。

不过，应当指出：我国知识产权纠纷行政处理权限和范围不宜膨胀，一则用行政手段解决民事权利纠纷，不符合知识产权保护的国际趋势；二则司法保护是一种最有力的保护方式，也是知识产权保护的主导方式。按照"司法最终解决"原则，对于知识产权中权利与义务归属等问题的确认权应移交法院。[2]

2. 司法保护。

(1) 我国知识产权司法保护的概念与内容。司法保护是我国知识产权制度体系中极其重要的组成部分。所谓知识产权制度体系，也就是我国知识产权的法治系统，它是以知识产权保护为核心的有机整体，涉及知识产权立法、执法、法律实施、法律教学研究、法律监督、普法宣传等内容。其中，知识产权司法保护体系是我国知识产权制度体系的核心内容。

---

[1] 近些年来，随着我国行政管理体制改革的进行，国家和地方层面知识产权行政管理部门和相应的职权与职责也都进行了改革。例如，重组后的国家知识产权局，将商标相关事务纳入其管理序列。

[2] 为提高我国知识产权行政保护水平，《知识产权强国建设纲要》在第四部分"建设支撑国际一流营商环境的知识产权保护体系"专门提出了以下措施："健全便捷高效、严格公正、公开透明的行政保护体系。依法科学配置和行使有关行政部门的调查权、处罚权和强制权。建立统一协调的执法标准、证据规则和案例指导制度。大力提升行政执法人员专业化、职业化水平，探索建立行政保护技术调查官制度。建设知识产权行政执法监管平台，提升执法监管现代化、智能化水平。建立完善知识产权侵权纠纷检验鉴定工作体系。发挥专利侵权纠纷行政裁决制度作用，加大行政裁决执行力度。探索依当事人申请的知识产权纠纷行政调解协议司法确认制度。完善跨区域、跨部门执法保护协作机制。建立对外贸易知识产权保护调查机制和自由贸易试验区知识产权保护专门机制。强化知识产权海关保护，推进国际知识产权执法合作"。

知识产权司法保护的实质是通过诉讼的途径对知识产权加以保护，即由人民法院依法受理和审结知识产权纠纷案件，并予以执行。从国际上看，司法保护是各国对知识产权保护最有力的手段，也是保护知识产权的基本途径。我国也不例外。在我国，知识产权司法保护的目的就是要通过及时、公正地审理知识产权纠纷案件，维护当事人的合法权益，保障知识产权在我国的有效执行。其主要内容有：通过民事诉讼、行政诉讼或刑事诉讼，责令侵权人停止侵权、赔偿损失，确认知识产权的归属，对知识产权相关部门的错误裁决予以纠正，对侵犯知识产权的犯罪行为判处徒刑与罚金。其中，民事诉讼是知识产权司法保护的基本形式，其又分为侵权诉讼、权属诉讼、合同诉讼等形式。[1]

（2）我国知识产权司法保护体制机制的重要改革——知识产权法院与知识产权法庭的建立与运行。[2] 我国知识产权纠纷案件的审理，长期以来一直都是在普通法院进行的，最早涉及知识产权方面的合同案件是由人民法院经济审判庭审判的。1979年9月，最高人民法院设立经济审判庭，负责审理包括技术合同纠纷案件[3]在内的经济纠纷案件。1982年7月1日《中华人民共和国经济合同法》（已失效）施行，人民法院开始依照经济合同法审理技术合同纠纷案件。1983年3月1日《商标法》施行，人民法院开始受理商标纠纷案件。1985年4月1日《专利法》施行，人民法院开始受理专利民事纠纷案件和发明专利授权确权纠纷案件。1987年1月1日《民法通则》施行，该法明确规定著作权（版权）等知识产权受法律保护，人民法院受理著作权纠纷案件逐渐增多。1991年6月1日《著作权法》实施，人民法院开始依照该法全面开展著作权纠纷案件的审判工作。到1993年8月5日，北京市高级人民法院、中级人民法院在全国率先设立了知识产权审判庭，将著作权案件与包括发明专利授权确权纠纷在内的各类工业产权纠纷案件集中到一个专门的审判庭审理，此后全国许多地方也都设立了专门的知识产权审判庭，截至2012年12月底，全国法院设立的知识产权庭已达420个，[4] 由此形成了设立知识产权审判庭的法院由知识产权审判庭审理知识产权纠纷案件、没有设立知识产权审判庭的法院由普通审判庭审理知识产权纠纷案件共存的局面。

2008年6月，国务院发布了《国家知识产权战略纲要》，从战略高度提出了研究设置统一受理知识产权民事、行政和刑事案件的知识产权单行法庭，并提出研究适当集中专利等技术性较强案件的审理管辖权问题，探索建立知识产权上诉法院。2012年，党的十八大提出"创新驱动发展战略"。2013年11月，《中共中央关于全面深化改革若干重大问题的决定》明确提出了加强知识产权运用和保护，健全技术创新激励机制，探索建立知识产权法院。在国家知识产权战略和创新驱动发展战略的背景下，2014年8月31日第十二届全国人民代表大会常务委员会第十次会议通过了《全国人民代表大会常务委员会关于在北京、上海、广州设立知识产权法院的决定》。根据该决定，先后成立了北京、上海、广州知识产权法院。2014年10月31日公布的《最高人民法院关于北京、上海、广州知识产权法院案件管辖的规定》（以下简称《关于北京、上海、广州知识产权法院案件管辖的规定》），明

---

[1] 冯晓青：《知识产权诉讼研究》，中南工业大学出版社1996年版，第2页。

[2] 冯晓青、武志孝：《知识产权法院与普通法院之间的关系》，中国社会科学院知识产权中心2014年"上地论坛"宣读论文；冯晓青：《知识产权保护论》，中国政法大学出版社2022年版，第40页。

[3] 参见新疆生产建设兵团第六师中级人民法院（2023）兵06民初4号民事判决书（技术服务合同纠纷案）。

[4] 王逸吟、殷泓、常鸣：《知识产权法院渐行渐近》，载《光明日报》2014年3月10日，第8版。

确了上述法院在知识产权案件审理方面的管辖权，尤其是北京知识产权法院对于不服国务院部门作出的一审行政授权确权案件的专属管辖权。这三家法院成立后，受理和审结了一大批知识产权纠纷案件，对于及时、有效地解决知识产权纠纷，加强我国知识产权司法保护，发挥了重要作用。

2018年10月26日公布了《全国人民代表大会常务委员会关于专利等知识产权案件诉讼程序若干问题的决定》，自2019年1月1日起施行；2018年12月27日公布了《最高人民法院关于知识产权法庭若干问题的规定》（以下简称《关于知识产权法庭若干问题的规定》），自2019年1月1日起施行。[1] 根据以上规定，最高人民法院设立了知识产权法庭，于2019年1月1日起挂牌，并在当天开始审理第一起技术型知识产权案件。该法庭是我国最高审判机关设立的专门的知识产权法庭和最高人民法院派出的常设审判机构，也是世界上第一个专门负责技术类知识产权案件二审的最高司法审判机关。根据《关于知识产权法庭若干问题的规定》，最高人民法院知识产权法庭主要审理专利、技术秘密等专业技术性较强的知识产权上诉案件。该法庭自成立以来，已经受理和审结了一大批技术类知识产权案件，在统一技术类知识产权案件审理标准、提高这类疑难、复杂、技术性强的知识产权案件的审判质量等方面彰显了其独特的优势和特色。当然，随着当前我国以审判为中心的司法体制机制改革的深入进行，就技术类甚至一般类型知识产权案件的二审上诉机制改革而言，仍然存在巨大的发展空间，如成立跨区域的专门的上诉法院，也是一种现实考虑。

在我国知识产权审判体制机制改革方面，部分地方中级人民法院知识产权审判庭分立为地方知识产权法庭，也是当前的一个重要动向。据统计，截至2024年1月，包括南京、苏州、长沙等地方行政区划已设立27个知识产权法庭。

在知识产权法院建设方面，随着我国对外开放的深入，2020年12月31日又设立了海南自由贸易港知识产权法院。该法院专属管辖的知识产权案件包括海南省内应由中级人民法院管辖的知识产权民事、行政、刑事案件，真正实现知识产权案件的"三合一"。该法院的成立和运行，对于营造海南自由贸易港良好的法治环境和营商环境，促进对外开放，加强对知识产权的保护等方面具有重要意义和作用。

（3）我国知识产权司法保护原则和司法保护体系的完善。近些年来，随着我国知识产权事业发展和法治建设的深入，知识产权司法保护日益重要。为此，最高人民法院等相关部门先后发布了推进以审判为中心的我国知识产权司法保护改革、提高知识产权司法保护水平的一系列政策性措施和制度。例如，2009年4月21日最高人民法院公布的《关于当前经济形势下知识产权审判服务大局若干问题的意见》；2011年12月16日最高人民法院公布的《关于充分发挥知识产权审判职能作用推动社会主义文化大发展大繁荣和促进经济自主协调发展若干问题的意见》；2018年2月中共中央办公厅、国务院办公厅公布的《关于加强知识产权审判领域改革创新若干问题的意见》。这些政策性措施和制度，有力地推动了我国知识产权司法保护的完善。

特别值得指出的是，2017年4月最高人民法院公布了《中国知识产权司法保护纲要（2016-2020）》，对我国知识产权司法保护的基本原则、重要目标以及重点措施都做了详细的规定，是当前我国知识产权司法保护重要的纲领性文件，也是指导我国各级人民法院知识产权审判活动，进行知识产权司法体制改革，服务于国家经济社会发展和创新型国家

---

[1] 该规定在2023年10月16日被修正。本书将在相关部分介绍修改后的内容。

建设的重要的司法政策性文件。[1]

根据该纲要的规定，知识产权司法保护的基本原则有下面几点：

一是坚持服务大局。纲要指出："服务大局是人民法院审判工作的根本使命，是知识产权审判的重要职责。必须切实增强大局意识，增强历史责任感和使命感，紧紧围绕党和国家发展大局，积极适应国际形势新变化，找准知识产权审判工作着力点"。

二是坚持改革创新。纲要指出："改革创新是知识产权审判持续健康发展的动力源泉，是实现审判体系和审判能力现代化的必由之路。对于影响和制约知识产权审判发展的关键领域和薄弱环节，必须以创新的理念和方法破解难题、补齐短板，不断完善审判体制机制，加快推进知识产权司法体系和司法能力向现代化迈进"。

三是司法主导。纲要指出："发挥知识产权司法保护的主导作用是司法的本质属性和知识产权保护规律的内在要求，是全面推进依法治国的重要体现。必须强化司法主导理念，充分发挥司法保护的体制机制性优势，妥善处理司法保护和行政保护之间的关系，强化对行政执法行为的程序审查和执法标准的实体审查，在依法支持行政执法行为的同时，加强监督，严格规范"。

四是平等保护。纲要指出："要平等保护不同所有制经济主体和不同国别当事人之间知识产权的合法权益。必须坚持权利平等、机会平等和规则平等，无论是公有制经济，还是非公有制经济，无论是本国当事人，还是外国当事人，都要切实保障当事人在知识产权诉讼中享有平等的程序权利和实体权利"。

五是严格保护。纲要指出："严格保护知识产权是实施创新驱动发展战略的必然要求，是我国当前和今后一个时期知识产权司法保护的基本方向。必须以充分实现知识产权价值为导向，以有利于激励创新为出发点，严格执行法律，切实提高知识产权司法保护的针对性和有效性"。

六是坚持分类施策。纲要指出："正确把握技术成果类、经营标记类等不同类型知识产权的保护需求和特点，妥善界定不正当竞争和垄断行为的判断标准，不断加强对关键环节、特殊领域以及特定问题的研究和解决。根据知识产权的不同类型和领域分类施策，使保护方式、手段、标准与知识产权特质、需求相适应"。

七是坚持比例协调原则。纲要指出："统筹兼顾保护权利和激励创新，坚持知识产权保护范围和强度与其创新和贡献程度相协调，侵权人的侵权代价与其主观恶性和行为危害性相适应，知识产权保护与发展规律、国情实际和发展需求相匹配，依法合理平衡权利人利益、他人合法权益和社会公共利益、国家利益，实现保护知识产权与促进技术创新、推动产业发展和谐统一"。

八是坚持开放发展。纲要指出："提高我国知识产权司法保护的国际影响力是建成中国特色、世界水平的知识产权强国的必然要求。必须坚持国际视野和世界眼光，既立足现实和国情，又尊重国际规则和主流做法，大胆吸收和借鉴知识产权司法保护的国际经验，认真总结和积极宣传知识产权司法保护的中国经验，不断增强我国在知识产权国际治理规则中的引领力"。

还值得指出的是，《知识产权强国建设纲要》第四部分之八对于如何构建和完善知识产

---

[1] 冯晓青：《知识产权法律制度反思与完善——法理·立法·司法》，知识产权出版社2021年版，第351页。

权司法保护体制进行了全面规范,〔1〕是新时代我国推进知识产权司法保护体制机制改革和完善,提高知识产权司法保护水平的重要行动方针和指南。

(四)在行政执法和司法保护基础上引入多元社会共治手段构建知识产权大保护格局和全链条保护体系

随着我国知识产权事业的发展和知识产权强国建设的深入推进,我国知识产权制度构建及其有效运行中日益重视在强化严格执法和公正司法的基础上,引入多元共治手段构建知识产权大保护格局和全链条保护体系。这也是我国知识产权制度在新时代所具有的重要特点。其中的原因,一方面在于随着人们的知识产权意识不断增强以及知识产权在经济社会发展和市场竞争中地位的不断提升,我国知识产权纠纷案件数量较之于过去有了极大提高,单纯依靠行政执法和司法保护不足以在短时间内有效解决所有知识产权纠纷案件,特别是数字和信息网络技术发展、电子商务的兴起导致知识产权纠纷案件数量急剧飙升,需要寻求多元解决机制;另一方面,我国知识产权制度改革和完善,需要不断优化知识产权保护体制机制,改变知识产权纠纷事后救济的被动局面,尽可能采取多种手段和方式避免知识产权纠纷发生,形成全链条保护体系。

实际上,关于我国知识产权制度之多元保护体制机制的构建,在2019年11月中共中央办公厅、国务院办公厅公布的《关于强化知识产权保护的意见》即有充分体现。《关于强化知识产权保护的意见》提出了知识产权"大保护"概念与具体措施。在当前我国大力推进国家治理体系和治理能力现代化的新形势下,知识产权国家治理体系和治理能力现代化作为其中的重要内容,对于推动我国国家治理体系和治理能力现代化,也具有十分重要的意义和作用。知识产权国家治理体系和治理能力现代化,在2015年12月公布的《国务院关于新形势下加快知识产权强国建设的若干意见》中已提出2020年基本实现知识产权治理体系和治理能力现代化。知识产权治理体系和治理能力现代化,最重要的是知识产权制度的构建、完善与有效的实施。为有效实施我国知识产权保护制度,有必要构建知识产权大保护格局,充分利用社会治理和全民参与的手段推进我国知识产权保护水平的不断提升。基于知识产权保护涉及我国经济社会发展和技术创新的方方面面,知识产权保护不仅是知识产权人和相关社会公众的问题,也不仅是知识产权行政执法和司法保护部门的事情,而是需要全社会关心和参与。换言之,知识产权保护需要引入社会治理、社会共治的基本理念和方法,充分调动社会各方面的资源和力量。〔2〕基于此,引入社会治理理念和方法构建我国知识产权制度的大保护格局就成为必然的选择。

同时,我国知识产权制度之大保护格局的构建,与知识产权全链条保护密切相关,并且是形成全链条保护的重要保障机制。习近平总书记在2020年11月30日中央政治局第25次集体学习时关于加强知识产权保护工作问题发表的重要讲话中即指出,要"强化知识产

---

〔1〕 具体内容如下:健全公正高效、管辖科学、权界清晰、系统完备的司法保护体制。实施高水平知识产权审判机构建设工程,加强审判基础、体制机制和智慧法院建设。健全知识产权审判组织,优化审判机构布局,完善上诉审理机制,深入推进知识产权民事、刑事、行政案件"三合一"审判机制改革,构建案件审理专门化、管辖集中化和程序集约化的审判体系。加强知识产权法官的专业化培养和职业化选拔,加强技术调查官队伍建设,确保案件审判质效。积极推进跨区域知识产权远程诉讼平台建设。统一知识产权司法裁判标准和法律适用,完善裁判规则。加大刑事打击力度,完善知识产权犯罪侦查工作制度。修改完善知识产权相关司法解释,配套制定侵犯知识产权犯罪案件立案追诉标准。加强知识产权案件检察监督机制建设,加强量刑建议指导和抗诉指导。

〔2〕 冯晓青:《知识产权保护论》,中国政法大学出版社2022年版,第486~487页。

权全链条保护。知识产权保护是一个系统工程，覆盖领域广、涉及方面多，要综合运用法律、行政、经济、技术、社会治理等多种手段，从审查授权、行政执法、司法保护、仲裁调解、行业自律、公民诚信等环节完善保护体系，加强协同配合，构建大保护工作格局。要打通知识产权创造、运用、保护、管理、服务全链条，健全知识产权综合管理体制，增强系统保护能力"。[1] 未来，我国知识产权制度将在大保护格局下对我国经济社会发展和科技、文化创新与进步发挥更重要的作用。

二、我国知识产权制度的发展趋向

我国自改革开放以来，特别是确立社会主义市场经济的目标以来，知识产权制度不断完善、知识产权保护水平不断提高，并体现了其自身的发展趋向。

（一）知识产权制度在进一步适合国情的同时，不断与国际标准接轨

在知识产权制度国际化环境下，我国知识产权制度发展的趋向是不断与国际标准接轨。我国知识产权制度与国际接轨也是改革开放政策实施的结果。在当今世界贸易体制下，我国高度国际化的知识产权制度成为融入世界经济贸易格局的重要支撑条件。我国知识产权制度国际化、与国际接轨主要是通过加入国际知识产权组织和国际公约，以及不断修改知识产权法律使之符合国际标准等形式实现的。在过去，由于我国知识产权制度保护水平与国际公约存在差距，我国知识产权制度国际化更多地体现为跟随和被动参与。随着我国知识产权制度完全与国际接轨，我国逐渐提出了提升在国际知识产权保护中话语权、打破长期以来被以美国为代表的发达国家所主导、充分实现发展中国家利益的要求。实际上，近些年来我国相关的知识产权立法已经体现了利用知识产权国际公约的弹性条款和可选择条款为我所用的特点，这尤其体现在遗传资源和药品公共健康领域。随着我国大国地位的确立，我国参与全球治理的责任越大，就越需要在知识产权国际保护体系中发挥自身的作用和影响力。特别是习近平总书记提出的构建人类命运共同体的愿景和目标，对于在知识产权国际保护领域如何更好地发挥中国的作用、表达包括中国在内的广大发展中国家的利益诉求，以及推进当今国际知识产权制度不合理方面的改革等内容，是值得进一步探讨的重要课题。随着我国"一带一路"倡议的推行，未来我国可以充分利用相关优势和资源推动建立更加公平合理的知识产权国际保护体系。[2]

（二）知识产权立法将不断完善

知识产权立法是知识产权制度的基础。我国知识产权制度的建立和发展，在很大程度上体现为知识产权立法的不断完善。近年来，我国知识产权立法步伐在不断加快。今后，知识产权立法将向专业化方向纵深发展。

基于知识产权立法及其完善对加强我国知识产权保护、提高知识产权保护水平的重要性，在现行知识产权立法体系不够完备的形势下，我国需要通过进一步修改现行知识产权立法、增补新的立法和协调知识产权法律法规体系等方面着力。习近平总书记在 2020 年 11 月 30 日中央政治局第 25 次集体学习时关于加强知识产权保护工作问题发表的重要讲话中即指出：要从国家战略高度和进入新发展阶段要求出发，全面加强知识产权保护工作，提高知识产权保护工作法治化水平。完备的知识产权法律法规体系、高效的执法司法体系，

---

[1] 习近平：《全面加强知识产权保护工作 激发创新活力推动构建新发展格局》，载《求是》2021年第3期。

[2] 冯晓青：《中国70年知识产权制度回顾及理论思考》，载《社会科学战线》2019年第6期。

是强化知识产权保护的重要保障。要在严格执行民法典相关规定的同时,加快完善相关法律法规,统筹推进专利法、商标法、著作权法、反垄断法、科学技术进步法等修订工作,增强法律之间的一致性。要加强地理标志、商业秘密等领域立法。要强化民事司法保护,研究制定符合知识产权案件规律的诉讼规范。[1]《知识产权强国建设纲要》也对我国知识产权立法的完善提出了对策:"开展知识产权基础性法律研究,做好专门法律法规之间的衔接,增强法律法规的适用性和统一性。根据实际及时修改专利法、商标法、著作权法和植物新品种保护条例,探索制定地理标志、外观设计等专门法律法规,健全专门保护与商标保护相互协调的统一地理标志保护制度,完善集成电路布图设计法规。制定修改强化商业秘密保护方面的法律法规,完善规制知识产权滥用行为的法律制度以及与知识产权相关的反垄断、反不正当竞争等领域立法。修改科学技术进步法。结合有关诉讼法的修改及贯彻落实,研究建立健全符合知识产权审判规律的特别程序法律制度。加快大数据、人工智能、基因技术等新领域新业态知识产权立法。适应科技进步和经济社会发展形势需要,依法及时推动知识产权法律法规立改废释,适时扩大保护客体范围,提高保护标准,全面建立并实施侵权惩罚性赔偿制度,加大损害赔偿力度。"[2]

我国知识产权立法的不断完善,既是我国知识产权制度发展的重要趋势,也是我国知识产权制度有效运行的必然要求。值得指出的其中一个重要问题是,未来我国《民法典》修正时是否应当增设知识产权编,或者借鉴法国等国家的立法模式制定专门的知识产权法典,或者仍然采用现行的单行法立法模式,值得深入研究。无论如何,在新的形势下,我国知识产权法律还将继续完善,以适应知识产权制度激励创新、更好地规范市场竞争行为、提高知识产权保护力度,以更好地发挥知识产权制度在社会主义现代化建设中的重要作用的迫切需要。

(三) 知识产权制度成为支撑国家知识产权战略实施和知识产权强国建设的重要保障

当前,我国正在深入实施国家知识产权战略、推进知识产权强国建设。[3] 国家知识产权战略的提出、制定、实施具有深刻的国际背景。国家知识产权战略的基础环境和保障则是知识产权制度的健全与有效运行。在新的历史条件下,我国知识产权制度将成为支撑国家知识产权战略实施和知识产权强国建设的重要保障,在我国经济、科技、文化和社会发展中的地位将进一步提高。

知识产权制度是我国实施国家知识产权战略的根本保障。如前所述,我国早在十多年前即制定实施了《国家知识产权战略纲要》,成就斐然。国家知识产权战略实施是一个巨大的系统工程,需要全社会各方面努力才能实现其目标。但无论如何,我国知识产权制度是支撑国家知识产权战略及其有效实施的根本法律保障,离开科学、合理的知识产权制度,有效实施知识产权战略是不可想象的。这是因为,国家知识产权战略必须在知识产权法治的轨道上运行。由于知识产权制度运用有其独特的社会环境、市场环境,前述我国知识产权立法制度在不同时期经历多次修改,实则印证了我国知识产权制度服务于国家知识产权

---

[1] 习近平:《全面加强知识产权保护工作 激发创新活力推动构建新发展格局》,载《求是》2021 年第 3 期。

[2]《知识产权强国建设纲要》第三部分"建设面向社会主义现代化的知识产权制度"之四"构建门类齐全、结构严密、内外协调的法律体系"。

[3] 参见吴汉东:《中国知识产权制度现代化的实践与发展》,载《中国法学》2022 年第 5 期;吴汉东:《知识产权法价值的中国语境解读》,载《中国法学》2013 年第 4 期。

战略需求和经济社会发展的内在本质。

我国正在深入推进的知识产权强国建设和知识产权战略特别是国家知识产权战略之间是一种相辅相成的关系。知识产权强国是国家知识产权战略的重要目标和必由之路。我国实行的国家知识产权战略，就是需要通过充分运用知识产权制度，提高知识产权综合实力，以此提高我国创新能力和国际竞争力，最终实现由当今的知识产权大国跃变为未来的知识产权强国。我国实现知识产权强国目标的战略布局，是在已实施的《国家知识产权战略纲要》基础上的进一步升级和发展。《国家知识产权战略纲要》经过十多年的实施，取得了显著成效，并完成了其历史使命。在当前贯彻新发展理念、构建新发展格局时代，《知识产权强国建设纲要》有如国家知识产权战略的"战略纵深"，在更大程度上全面推进我国知识产权综合能力的提升和国际竞争力的提高。因此，可以认为，知识产权强国建设是对国家知识产权战略的无缝衔接，是国家知识产权战略实施的升华和改进，其中特别体现为强调中国特色和世界水平，在充分实现中国知识产权制度及其有效实施的本土化和现代化前提下实现知识产权全球治理，全面提高中国知识产权综合运用水平。当然，也应看到：《知识产权强国建设纲要》目标的实现，仍然立足于进一步深入推进知识产权战略，全面提高我国知识产权创造能力、运用能力、保护能力、管理能力和相关服务能力，进一步提高我国创新能力和国际竞争能力。故也可以认为，《知识产权强国建设纲要》的制定和实施是在更高目标定位的基础上，实现我国知识产权战略能力的全面推进和提升。[1] 毫无疑问，我国知识产权制度及其完善依然是深入开展和推进知识产权强国建设的重要保障，知识产权强国建设在很大程度上体现为我国知识产权制度的有效实施。

(四) 知识产权制度将在我国更加有效地执行

知识产权制度作为当今社会激励创新、保护创新成果以及促进创新成果运用的法律制度、激励机制以及促进公平竞争的市场竞争机制，其功能和作用能否充分发挥，关键在于在实践中能否有效地执行。随着当代社会知识产权日益成为国家发展的战略性资源和国际力竞争的核心要素，知识产权制度的地位和作用也越来越大。就我国而言，如前所述，知识产权制度在促进我国社会主义现代化建设、提高综合国力和国际竞争力等方面的作用也不断增强。在当代，知识产权制度及其有效运行已成为我国的国家战略。更有效地实施我国知识产权制度，提高知识产权创造、运用、保护、管理和服务水平，最终使我国成为知识产权强国，也成为我国经济社会发展、科技文化进步与创新提出的要求和目标。

基于知识产权制度对于我国经济社会发展和科技文化进步与创新的重要作用，改革开放以来具有中国特色的知识产权制度逐渐建立与完善，并取得了巨大成就。这不仅体现为人们的知识产权意识不断提高、知识产权创造活跃且数量巨大，而且体现为知识产权保护体系不断完善、知识产权保护水平不断提高，以及知识产权保护和运用对于促进创新和社会财富与经济增长方面的作用不断提升。习近平总书记针对我国知识产权保护取得成就即指出："我国知识产权事业不断发展，走出了一条中国特色知识产权发展之路，知识产权保护工作取得了历史性成就，知识产权法规制度体系和保护体系不断健全、保护力度不断加强，全社会尊重和保护知识产权意识明显提升，对激励创新、打造品牌、规范市场秩序、

---

[1] 冯晓青：《我国知识产权制度实施的战略布局——关于〈知识产权强国建设纲要 (2021-2035年)〉的理论思考》，载《知识产权》2021年第10期。

扩大对外开放发挥了重要作用。"[1]

同时，也需要充分认识到在有效执行我国知识产权制度方面，依然存在一些问题和短板，亟待改进和完善。习近平总书记指出，在认识我国知识产权保护取得上述巨大成就时，也要清醒地看到存在的不足，主要表现为："全社会对知识产权保护的重要性认识需要进一步提高；随着新技术新业态蓬勃发展，知识产权保护法治化仍然跟不上；知识产权整体质量效益还不够高，高质量高价值知识产权偏少；行政执法机关和司法机关的协调有待加强；知识产权领域仍存在侵权易发多发和侵权易、维权难的现象，知识产权侵权违法行为呈现新型化、复杂化、高技术化等特点；有的企业利用制度漏洞，滥用知识产权保护；市场主体应对海外知识产权纠纷能力明显不足，我国企业在海外的知识产权保护不到位，等等"。[2]

针对我国知识产权制度的现状和问题，为强化我国知识产权制度的有效执行，全面提高我国知识产权战略能力、知识产权综合实力与国际竞争力，我国启动了知识产权强国建设工程。根据《知识产权强国建设纲要》的规定，需要重点在以下几方面取得突破：①建设面向社会主义现代化的知识产权制度；②建设支撑国际一流营商环境的知识产权保护体系；③建设激励创新发展的知识产权市场运行机制；④建设便民利民的知识产权公共服务体系；⑤深度参与全球知识产权治理；⑥组织保障。可以预计，我国知识产权强国建设的进程就是伴随我国知识产权制度有效执行的过程，我国知识产权制度的有效执行也必将为知识产权强国建设提供坚实的制度保障。

---

[1] 习近平：《全面加强知识产权保护工作 激发创新活力推动构建新发展格局》，载《求是》2021年第3期。

[2] 习近平：《全面加强知识产权保护工作 激发创新活力推动构建新发展格局》，载《求是》2021年第3期。

第六章
知识产权制度宗旨与价值构造

本章提要

本章主要阐述和探讨知识产权制度的宗旨及其内涵以及知识产权制度的价值构造，包括知识产权制度价值构造的核心要素和具体建构模式。在制度宗旨方面，着重探讨知识产权制度保护知识产权人和维护社会公共利益的意蕴。在价值构造方面，着重介绍和分析知识产权法的利益平衡理论的基本内涵、利益平衡的实现方式等。

第一节 知识产权制度宗旨

一、知识产权制度宗旨概述

任何法律制度在社会中都有一定的功能和作用，这是由其所要实现的宗旨或者说目的决定的。知识产权制度也有其特定目的，尽管在不同国家的知识产权制度中的表述有所差异，但在保护知识产权人的专有权利和确保社会公众对知识产品的合理需求，实现两者的利益平衡，从而达到促进社会经济发展、科学和文化进步的社会目的方面，应当说是基本相同的。

明确知识产权制度宗旨或者说目的，对于认识知识产权制度的精神实质具有关键意义，同时对解决知识产权纠纷也具有指导意义。具体而言，知识产权制度的目的可以分为直接目的和最终目的。知识产权制度的直接目的是保护知识产品的创造者等知识产权人的利益，如著作权法的首要原则就是以维护作者的权益为核心，从我国《著作权法》的规范结构分析，绝大部分条款表现为对著作权保护的授权性规范和对侵害著作权的禁止性规范。国际知识产权公约更是如此，例如，TRIPs 协议共有 73 个条文，除一些公约所必需的技术性规定外，绝大部分条款规定的是对各种知识产权的保护，涉及权利限制和例外的条款很少。其原因在于，没有对知识产权人利益的充分保护，知识产权制度将失去重心和基础，知识产权制度的目的也将无从实现。

知识产权制度的最终目的是通过保障知识产权人利益的激励机制，促进知识和信息的广泛传播，促进经济发展和科技、文化进步与创新。[1] 这体现了知识产权制度对整体社会利益的追求，构成了知识产权制度的社会目标。这一目标可以进一步分解为鼓励创新、促进公共利益、维护公平竞争秩序等内容。这些目标的实现并不是孤立的，而是相辅相成的。正如有学者指出：从直观上讲，所有知识产权制度的中心任务都是保护相应的知识产权，但其最终目的是促进经济社会文化事业的全面、迅速和可持续发展。原因是，只有充分保护知识产权，才能调动人们发明创造的积极性，鼓励诚实经营，维护公平竞争，从而推动社会的发展。[2]

确实，知识产权制度是基于总体的社会利益而为创造者提供激励的。虽然有体物中的私人财产权可以用个人主义术语加以解释，但从社会酬劳方面考虑则存在问题。虽然知识产权制度的社会效用和目标基于个人自由，像作品等知识产品被创造出来后，其目的不是为了作者个人欣赏，而是为了社会的利用。这样，从知识产权制度合理性方面的社会讨论就转化为了作者、发明者等知识创造者值得保护的利益，以及社会需要思想自由流动的公共利益这方面的思考。

知识产权制度为了实现促进经济和社会的科学、文化事业的发展，最终促进社会进步的目的，需要采纳有效方式利用国家资源，既包括技术上的激励政策，也包括智力上的激励政策。这就需要通过明确赋予知识创造者或所有者以某种专有权，以利益驱动机制刺激知识创造活动的进行，促进技术革新和进步，为经济发展提供动力。这种激励机制需要有一个可以创造出最大的经济增长率的环境，特别是当这种增长对一个国家的进步有直接的效果时更是如此。知识产权的形式多样，与经济福利的创造和进步相关。知识产权制度通过赋予知识产权人对知识产品以专有权，解决了类似于有形财产中产权界限不明的问题。知识产权制度的激励机制鼓励进一步商业化和有效地使用知识资源，其效果正如对土地赋予产权能够鼓励有效利用土地一样，社会作为一个整体将会从中受益。

二、知识产权制度宗旨的内涵

从前面的阐述可以看出，知识产权制度的目的无非是保护知识创造者或知识产品所有人的直接目标以及保障知识产品的传播和利用、保障知识和信息的扩散，从而促进经济发展和科学文化繁荣的社会公共利益目标。

1. 知识产权制度需要有合理、适当的激励机制和权利保障机制，充分保护知识创造者、所有者的合法权益，保障知识产权人能够通过控制和行使自己的权利而收回知识创造的成本并获得必要的报偿，从而达到激励知识和技术创新、促进知识产品利用和传播的目的。由于知识产品的产生源泉是知识产品生产者，如果不尊重知识创造者的劳动，不给予其必要的、充分的法律保护，知识产品创造者的创造热情就会受到极大打击，从而使科学文化事业的发展成为无源之水。正因如此，各国的知识产权立法宗旨首先体现为保护知识产品创造者等所有人对知识产品的专有权利。[3]

---

[1] 参见吴汉东：《知识产权法的制度创新本质与知识创新目标》，载《法学研究》2014年第3期；吴汉东：《知识产权的制度风险与法律控制》，载《法学研究》2012年第4期。

[2] 张玉敏主编：《知识产权法学》，中国检察出版社2002年版，第10页。还有学者在谈到知识产权的价值应体现二元取向要求时指出，就立法目的来说，即是促进科技、文化事业发展和保护创造者利益并重。吴汉东：《知识产权的私权与人权属性——以〈知识产权协议〉与〈世界人权公约〉为对象》，载《法学研究》2003年第3期。

[3] 我国知识产权单行法也不例外，如我国《著作权法》《专利法》和《商标法》第1条规定。

2. 知识产权制度还担负着实现在一般的社会公众利益基础之上更广泛的社会公共利益方面的重任，具有重要的公共利益价值目标。"知识产权与思想、信息、知识的表述和传播有着密切的关系。在保障知识创造者权益的同时，必须考虑促进知识广泛传播和推动社会文明进步的公益目标。"[1] 知识产权制度要同时实现保护私人权利和保护社会公共利益以促进社会进步的目的，就需要调整好知识产权人和社会公众之间的利益关系，以保障技术、思想和信息的及时广泛传播和利用，促进经济发展和科学、文化事业的繁荣。知识产权制度的目标功能是协调围绕知识产品而产生的利益冲突，均衡各方面的利益关系，使之处于系统优化状态。知识产权制度同时承担着保护知识产权人的私人利益和维护在一般的社会公众利益基础之上更广泛的公共利益的双重目标，两者并行不悖。甚至可以说，知识产权保护只是知识产权法运行的中间过程，促进知识创造和知识扩散，促进技术、知识和信息的交流与利用，从而促进社会经济发展、科学和文化进步才是知识产权制度的终极目的。[2]

第二节 知识产权制度的价值构造

知识产权制度的价值构造以一定的价值导向、价值目标为基础，以知识产权法为核心的知识产权制度内在本质的外在表征，体现了知识产权制度的精髓与基本精神。[3] 因此，分析知识产权制度的价值构造对于深刻领会知识产权法的基本原理具有重要意义。

一、知识产权制度价值构造概述

知识产权制度是一种激励知识创造、促进经济发展、科技进步与文化繁荣的重要法律制度。但是，这种制度的运行是有代价的，这表现为专有权的授予限制了知识和信息的自由流动，专有权和知识产品自由流通、利用直接发生冲突。为此，需要平衡知识专有权和知识共享权之间的利益，以最大限度地增进社会的整体福利。[4] 在几百年的知识产权制度设计和司法实践中，利益平衡原则作为一项根本的指导原则起着实质性的作用。利益平衡是知识产权制度价值目标实现的根本保障。知识产权司法判例也确认了"知识产权制度代表了知识产权人和用户之间精妙的平衡，这种平衡没有反映在利益团体之间的妥协中"。[5] 知识产权制度目的、功能以及整个制度设计应着眼于平衡知识产权人的专有权利和社会公众的自由与权利、相关的个人利益与社会公共利益等社会多元利益之间的关系。其基本的内涵为：①以私权保护作为利益平衡的前提，以利益平衡作为私权保护的制约机制，在立法上进行权利义务的合理配置；②以利益平衡原则贯穿整个知识产权法的解释和适用过程。[6] 正如有学者分析知识产权制度的价值目标所概括的那样：私权神圣与利益衡平是现

---

[1] 吴汉东：《科技、经济、法律协调机制中的知识产权法》，载《法学研究》2001年第6期。
[2] 在宏观层次上，《中国知识产权保护状况》指出：知识产权保护制度的作用在于促进科学技术进步、文化繁荣和经济发展。这从一个侧面体现了知识产权制度这方面的目标。详见国务院新闻办公室：《中国知识产权保护状况》，五洲传播出版社1994年版，第2~3页。
[3] 参见王国柱：《知识产权法基本范畴中的特殊法理》，载《法制与社会发展》2020年第2期。
[4] 参见朱谢群：《信息共享与知识产权专有》，载《中国社会科学》2003年第4期。
[5] Fogerty v. Fantasy, Inc., 510 U.S. 517, 526-527 (1994); Stewart v. Abend, 495 U.S. 207 (1990).
[6] 任寰：《论知识产权法的利益平衡原则》，载《知识产权》2005年第3期。

代知识产权制度应当确立的两个基本法律观。[1] 这实际上也勾勒出了知识产权制度价值构造的概貌：以专有权保护为重心，在私权充分保护和维护公共利益的基础上构建利益平衡机制。

二、知识产权制度价值构造的具体解剖

（一）充分而合理的私权保护

从知识产权的整个制度看，充分保护知识产权，是建立知识产权制度激励机制和保护机制的前提。根据前面的阐述，知识产权制度作为一种规范知识产品归属、市场流转、利用以及保护知识产品的法律制度，其直接目的是充分保护知识产权人的合法权益。就私权意义上的知识产权保护来说，知识产权制度需要适时扩大知识产权的保护范围，加大对知识产权侵权制裁力度。缺乏充分而有效的知识产权保护，将会导致知识产权保护不足，从而造成知识产品的有效供给不足，直接影响社会的发展与进步。所以，充分保护知识产权，制止知识产权侵权行为，是知识产权制度的直接使命。知识产权概念本身也体现了对知识产权这种法定垄断权的确认和保护。所以也不难理解，为何在论及知识产权问题时，总是和"知识产权保护"紧密地联系在一起。

根据专家研究，现代知识产权制度中的私权保护主要立足于以下几个重要的思想原则：①以私权领域为依归，即知识产权作为知识类无形财产的权利形态，其基本属性与财产所有权无异；②以权利制度为体系，即以创造者权利为中心，形成私法领域中独特的规范体系；③以权利中心为本位，即知识产权以权利为本位，在规范方法上以授权性规范为主要内容，在立法重心上以保护创造者权利为首要。[2]

私权保护是知识产权制度框架的重心，而合理保护的要求则使知识产权的私权保护受到一定制约，即知识产权人的私权保护不能超越知识产权制度需要实现的二元价值目标。知识产权保护限制了消费者获得与利用知识产品，限制了公众对知识和信息的接近，这可以视为为发明、创作等智力创造活动提供适当激励之所需。然而，这种限制的正当性须以适度和合理为前提。为保障知识产权制度对知识产权的授予具有适度性和合理性，知识产权制度需要适当规范知识产权行为，对知识产权行使中的不正当行为加以规制，以维护知识产品市场竞争秩序和社会公共利益。防止知识产权的过度扩张，能够保障知识共有物的容量，确保社会公众对知识与信息的获得与利用。对知识产权行为本身的规范，体现了知识产权制度具有保障社会公平竞争秩序、保障社会公众必要地获得知识和信息的功效和使命。[3]

（二）维护公共利益

关于知识产权制度维护公共利益的价值取向，前面在阐述当代知识产权制度的主要特点时指出"在维护私权属性基础上强化了知识产权保护的公共利益"。本部分将进一步从知识产权制度的价值取向方面解构知识产权制度维护公共利益的特性。从表面上看，以知识产权立法为核心的知识产权制度对知识产品给予专有的私人权利保护，一定程度上限制了公众的使用和公共利益，但在更深层次上是一种为了更大公共利益实现的制度安排，即通

---

[1] 吴汉东主编：《知识产权法》，法律出版社2004年版，第38~41页。
[2] 吴汉东主编：《知识产权法》，法律出版社2004年版，第39页。
[3] 这主要体现在知识产权限制方面。同时，规范市场经济秩序的竞争法律也涉及对知识产权正当行使问题。前面提到的我国《反垄断法》第68条对知识产权人正当行使权利的规范即是体现。

过利益激励促进创新，为社会大众提供更多更好的知识产品，从而更好地驱动科技文化进步和经济社会发展。换言之，它通过在一定程度上牺牲社会公众接触和利用知识产品的权利和自由，在更大程度、更大范围内便利社会公众获取与利用知识产品。无论是从知识产权公共政策层面，还是从知识产权制度的法理学抑或经济学理念层面考察，都能够得出知识产权制度之维护公共利益价值取向的结论。公共利益构成了知识产权法价值构造中的又一关键元素和内核。

从知识产权公共政策角度看，保护知识产权人享有专有权的知识产权法本身具有重要的公共政策目标。这种公共政策目标的关键是，在有效保护和激励知识创造的基础上，通过有效的权利义务配置，突破专有权对知识产品流动的约束，促进知识产品的有效传播和利用，最大限度地实现其经济和社会价值。由此可见，知识产权公共政策以尊重和充分保护私权为出发点与基础，以实现知识产权保护的公共利益为依归。

从知识产权法理学角度和一般的法理学原理出发，"所有的法律都必须服从于私益与公益这两种利益，失去了公共利益这个前提，个人自由便失去依托。一切法律无疑都是在维护社会整体利益这个前提，同时使社会成员的个别利益也得到满足。"[1] 相较于其他私法，知识产权法律承载着更加明显的公共利益。原因在于，与物权法调整和规范的有体财产相比，作为无形物的知识产品更需要得到社会利用，才能实现其经济社会价值。可以认为，维护公共利益也是在知识产权法中确立知识产权这一专有权的重要理由。在美国建国早期即有关于知识产权制度维护公共利益的观念。例如，美国詹姆斯·麦迪逊（James Madison）认为，由于新的发明创造不仅有利于创造者，而且有利于公众，在上述情况下个人利益与公共利益具有一致性。[2] 还有观点认为，作者享有有限权利的态度也表明，著作权法需要服务公共利益，而这些公共利益包括了未来创造者的利益和公众的利益。[3] 公共利益对知识产权的限制，也体现了知识产权法对围绕知识产品产生的利益关系进行选择和衡量后希望达到的均衡状态。"[4]

从知识产权制度的经济理性角度看，前面从知识产品的公共产品属性出发阐述了赋予知识产权以独占权利的理由。从知识产品这一无形资源的有效配置和充分利用来看，也能够理解知识产权制度承载着巨大的公共利益。作为一种重要的法律制度，知识产权制度的经济理性追求的是有效地配置无形资源以及在有效率地运用的前提下实现无形资源效率最大化。正如吴汉东教授指出："效率是知识产权法产生的思想基础，也是知识产权法追求的价值目标……在制度设计方面体现为合理与有效的权利配置，也就是使各方主体在权利体系中达致一种均衡状态。"[5] 知识产权制度效率目标的实现必须以知识、技术、信息的广泛传播与利用以及知识产权的有效运用为前提，而这些在很大程度上正是为了实现知识产权制度所追求的公共利益。[6]

---

[1] 梅夏英：《当代财产权的公法与私法定位分析》，载《人大法律评论》2001年第1期。

[2] THE FEDERALIST, No. 43, at 279（James Madison）（Modem Library ed., 1941）.

[3] Wendy J. Gordon, "The Constitutionality of Copyright Term Extension: How Long is Too Long?", *Cardozo Arts & Entertainment Law Journal*, Vol. 18, Issue 3 (2000), pp. 651-738.

[4] 冯晓青：《知识产权法利益平衡理论》，中国政法大学出版社2006年版，第314页。

[5] 吴汉东：《知识产权法价值的中国语境解读》，载《中国法学》2013年第4期。

[6] 冯晓青：《知识产权制度及其运行研究：法律保护·战略运用》，光明日报出版社2022年版，第36~40页。

实际上，关于知识产权制度维护公共利益的价值取向和目标，在国内外司法实践中也都得到了充分体现。例如，针对著作权制度激励创作而实现的公共利益，国外有判例指出：著作权法通过鼓励创造性表达来实现基于激励创造力所获得的公共利益。通过提供原告请求的法律救济，法院将通过保护其开发的具有挑战性的新型视听游戏来促进这种公共利益。[1] 针对专利法中的公共利益，有判例指出：法院一贯认为，专利法的主要目的不是为专利权人创造私人财富，而是促进科学和实用技术的进步。[2] 这里的促进科学和实用技术进步，显然是一种重要的公共利益。针对专利法上的酬报理论，有判例指出：对发明者而言，专利构成了一种补偿。这种补偿，既体现于弥补在发明创造过程中付出的劳动、辛劳和成本，也体现于补偿他们为了公共利益而进行的实践活动。[3]

从我国近些年相关知识产权政策、司法解释看，对于知识产权法中的公共利益也给予了高度肯定。例如，《最高人民法院关于贯彻实施国家知识产权战略若干问题的意见》[4] 明确提出要"处理好保护私权与维护公共利益的关系，既要强化私权保护意识和尊重私权保护规律，依法保护当事人的合法权益，通过保护私权实现激励创新的知识产权制度目标；又要合理界定知识产权的界限，服从法律为保护公共利益所设定的强制性规范，确保私权与公共利益的平衡，维护公共秩序"。针对著作权保护，则提出要"依法合理界定著作权保护与合理使用、法定许可的关系，平衡处理创作者、传播者和利用者之间的利益关系，确保私人权利与公共利益的平衡，保障人民基本文化权益"。如前所述，《审理侵犯专利权案件应用法律解释（二）》第26条的规定也体现了对国家利益、公共利益的维护。

在近些年来我国知识产权司法实践中，很多案例也很好地体现了维护公共利益的意蕴。例如，在"星河湾"商标侵权及不正当竞争案[5]中，最高人民法院提审认为：根据民法关于善意保护之原则，在商标权等知识产权与物权等其他财产权发生冲突时，应以其他财产权是否善意作为权利界限和是否容忍的标准，同时应兼顾公共利益的保护。该案中，由于某公司经南通市民政局批准将小区命名为"炜赋·星河湾"，小区居民已经入住多年，且并无证据证明其购买该房产时知晓小区名称侵犯星河湾公司商标权，如果判令停止使用该小区名称，会导致商标权人与公共利益及小区居民利益的失衡，故不再判令停止使用该小区名称，但某公司在其尚未出售的楼盘和将来拟开发的楼盘上不得使用相关"星河湾"名称作为其楼盘名称。该案提炼的裁判法理是：停止侵权责任的承担，应当遵循善意保护原则并兼顾公共利益。[6]

又如，在江苏某建材有限公司诉淮安市某水利水电建筑安装工程有限公司侵害发明专利权纠纷案中，法院针对原告提出的"拆除和销毁已施工的侵权产品"的诉讼请求，认为"因涉案的洋大河治理工程为水利工程，具有一定公益性，被控侵权的挡土块已实际码置在河道护岸的挡土墙中，将其予以销毁不利于保护社会公共利益，因此对原告该项诉讼请求

---

[1] Midway Mfg. Co. v. Dirkschneider, 571 F. Supp. 282 (D. Neb. 1983).
[2] Motion Picture Patents Co. v. Universal Film Mfg. Co., 243 U.S. 502, 511 (1917). See Lunney, Glynn S. Jr., "Reexamining Copyright's Incentives——Access Paradigm", *Vanderbilt Law Review*, Vol. 49, Issue 3 (April 1996), pp. 483-656.
[3] Pfaff v. Wells Elecs., Inc., 525 U.S. 55, 64 (1998).
[4] 2009年3月23日，法发〔2009〕16号。
[5] 最高人民法院（2013）民提字第102号民事判决书。
[6] 《最高人民法院知识产权案件年度报告（2015年）》，第85~87页。

不予支持，但在确定赔偿数额时将对上述情况予以综合考虑。"[1]

再如，在济南某建筑设计有限责任公司与山东某建筑设计研究院著作权属、侵权纠纷中，针对原告主张的责令停止使用被诉侵权图纸的诉讼请求，法院认为"著作权人不得滥用其权利，著作权人行使权利必须尊重社会公共利益和他人合法权益。本案中，某设计院被诉侵权行为发生在涉案工程验收环节，如果判令某设计院停止使用被诉侵权图纸，会导致此建筑工程长期不能验收、无法投入使用，造成社会资源的浪费。因此，本案不宜判令某设计院停止使用被诉侵权图纸"[2]。

以上案例表明，在著作权、专利权等司法实践中，法院是基于限制著作权人、专利权人停止使用行为的主张而实现对公共利益保护的。当然，对于知识产权制度中公共利益的维护，并不限于上述方面。

（三）利益平衡

利益平衡是知识产权制度价值构造的实质内涵。在知识产权制度中隐含着一种维护知识产权人利益与社会公众利益及在此基础上的社会公共利益的平衡机制，即知识产权制度的利益平衡机制。具体而言，它是国家平衡知识产权人的垄断利益、社会公众接近知识和信息的公众利益，以及在此基础之上更广泛地促进科技、文化和经济发展的社会公共利益关系的制度安排。人类社会创造性活动很早即已存在，进入阶级社会以来，知识创造者和使用者之间的矛盾和冲突也一直存在。随着科学技术和商品经济发展，这种矛盾和冲突表现得愈演愈烈，在客观上提出了以有效的方式加以协调的需要，于是知识产权制度在几百年前诞生了。这种制度，一开始就是作为平衡和协调知识创造者和使用者的利益关系，以及平衡知识创造者的垄断利益与公共利益的制度安排而出现的。正如有学者所指出的："一个国家的知识产权制度从其立法目的到具体的规范安排都是在垄断利益与公共利益之间保持必要的张力，以解决没有合法的垄断就不会有足够的信息生产出来，但是有了合法的垄断又不会有太多的信息被使用的难题。"[3] 确实，知识产权制度是在知识产权人的垄断利益与社会公众利益以及在此基础之上更广泛的社会公共利益之间的一种利益分配、法律选择和整合。在整个知识产权制度中，立法很明显地分为两块，即专有领域和公共领域。确定专有领域和公共领域的界限，需要考虑对知识产权保护的程度与知识产权人为社会所做的贡献。知识产权制度赋予了知识产品创造者一系列专有权利，以保障知识产权人因其创造性劳动成果对社会的贡献而应当获得的利益。同时，为了实现社会公共利益，知识产权制度对知识产权这一专有权又作了一系列限制。"知识产权限制的实质就是如何认识个人利益与公共利益，并在两者之间达成平衡的问题"，是"对知识产权法所包含的利益进行权衡、选择的结果"[4]。

在知识产权制度的整个历史发展过程中，谋求知识产权人利益与社会公众利益的平衡一直没有停止过。这是因为，社会发展的价值体系是个人本位与社会本位并重的双向本位观念，对知识产权人利益的保障不能忽视公共利益。在保护知识产权人利益和公共利益之

---

[1] 江苏省南京市中级人民法院（2012）宁知民初字第144号民事判决书。
[2] 山东省高级人民法院（2015）鲁民三终字第159号民事判决书。
[3] 古祖雪：《国际知识产权法》，法律出版社2002年版，第48页。
[4] 袁秀挺：《知识产权权利限制研究——着重于知识产权制度的内部考察》，北京大学2003年博士学位论文。

间实现平衡,是知识产权制度实现其立法宗旨所必需的。事实上,"利益平衡是人权思想和公共利益原则的反映"。[1] 在当代的知识产权立法和知识产权国际公约中,实现知识产权人利益与公共利益的平衡仍然是知识产权制度永恒的主题。例如,TRIPs 协议第 7 条明文规定应当促进权利与义务之间平衡;而《世界知识产权组织版权条约》(WIPO Copyright Treaty,简称 WCT)和《世界知识产权组织表演和录音制品条约》(WIPO Performances and Phonograms Treaty,简称 WPPT)序言部分"保持作者的权利(表演者、录音制品制作者的权利)与广大公众的利益尤其是教育、研究和获得信息的利益之间平衡"作为公约的重要目的,则是国际上对知识产权制度利益平衡意旨达成共识的标志。

知识产权人利益与公共利益的平衡,还源于知识产权保护客体——知识产品具有私人产品和公共产品的双重属性,具有个人创造属性和社会公共属性。知识产品的公共属性很强,这在于知识产品的使用、消费没有排他性,在于知识产品需要由社会利用的社会属性——一般地说,知识产品创造者创造知识产品不纯粹是为了个人使用。知识产品只有在社会中传播、使用才能发挥其应有的价值,也才能真正使知识产品所有人从知识产品的创造中获得收益,无论是物质上的还是精神上的。从知识产品的最终归属看,知识产品创造的成果,在终极意义上是全人类共同享有的财富,或者说知识财富本质上是人类共有的。虽然知识产品的具体产生过程来源于人的创造性劳动,但这种财富的创造离不开对前人智慧成果的借鉴和利用。一方面,需要防止将知识产品的个人占有绝对化,以免损害知识产品中的公共利益,扭曲知识产品生产的本质意义。另一方面,知识产品的生产具有成本,而其使用具有非对抗性。知识之产权化是解决知识产品生产市场失灵的途径。因此,也要防止忽视个人创造性而片面强调知识产品的公共属性,影响知识创造的积极性和知识创造者的合法权益。可见,从知识产品的双重属性分析,也需要对知识产权人的私人利益与公共利益进行平衡。

基于利益平衡在知识产权制度中的重要作用,其既是知识产权制度中的重要的立法原则,也是知识产权司法保护的重要原则。例如,《最高人民法院关于全面加强知识产权审判工作为建设创新型国家提供司法保障的意见》[2] 在"知识产权审判工作的指导思想、目标任务和基本原则"部分明确指出,要坚持利益平衡原则,"正确处理保护知识产权和维护公众利益的关系、激励科技创新和鼓励科技运用的关系,既要切实保护知识产权,也要制止权利滥用和非法垄断"。

三、知识产权制度价值构造建构模式

知识产权制度价值构造中的利益平衡实现模式,可以分为静态实现模式与动态实现模式两种类型。

(一)静态实现模式

知识产权制度价值构造中的利益平衡表现为知识产权制度在对知识产品权益分配、权利义务关系总体上的和谐协调。知识产权人与社会公众的利益以及在此基础之上更广泛的公共利益的平衡具体反映在知识产权制度的制度设计中。大体说来,这种平衡的实现存在以下模式:

---

[1] [美]奥德丽·R.查普曼:《将知识产权视为人权:与第 15 条第 1 款第 3 项有关的义务》,载《版权公报》2001 年第 3 期。

[2] 2007 年 1 月 11 日,法发〔2007〕1 号。

1. 知识产权的有限专有与最终进入公有领域的平衡。这种平衡体现在对知识产权保护期限或者说有效期的限制。知识产权单行法律都规定了知识产权的保护期。规定知识产权具有有限的保护期，其目的在于避免知识产权这一私权被个人永久性地占有，使知识产品来源于社会而最终又回归于社会，使社会公众最终能够不受任何限制地自由获取知识和信息。

可以说，知识产权的时间限制是实现知识产权个人利益和社会利益之间平衡的一种重要制度机制。美国国会报告即讨论过在确定著作权的适当的期限上的激励与接近之间的平衡机制。[1] 从理论上说，知识产权制度所要实现的社会和经济目标所要求的保护期，存在一个理想的时间界限。原则上，知识产权的保护期限不应当超过提供的激励足以鼓励后续的创造性活动所要求的保护期。

2. 知识产权的权能均衡。权能均衡是指"各行为主体依法享有的权利之种类、数量处于一种相对的平衡状态"。[2] 实际上，知识产权是一个类称，它是由一系列专有权构成的一个权利系统。例如，专利权可以分为专利实施权、专利许可权、专利转让权、专利标记权及其他权利，商标权可以分为商标专用权、商标转让权、商标许可权及商标续展权等，[3] 著作权可以分为独占使用作品权、许可权、转让权等，商业秘密权可以分为开发者身份权、商业秘密使用权、转让权、许可使用权等。每一个权能的设立，都需要考虑当时的社会经济、文化、科技发展状况。知识产权中的每一种类的权利都代表了在创造者的私人利益和更广泛的公共利益之间实现平衡。并且，每增加一个知识产权的权能，就需要在这一权能层次上实现相对的权利与义务的平衡、权利所有人的利益与社会公众利益的平衡。

知识产权的权能均衡，一般来说需要避免两种情况：①社会发展出现了使用知识产权的新的方式，而这种方式严重地影响了知识产权人的利益，知识产权制度却没有及时增加新的权能；②盲目追求知识产权的扩张，使一定时期授予知识产权人的权能太多，以致引起了知识产权人与社会公众之间的利益冲突。第一种情况的出现往往是各国修改知识产权立法的重要动因。我国近年来修改的几部知识产权单行法律中，确立的著作权人的信息网络传播权、专利权人的许诺销售权、商标权人制止反向假冒权，都在不同程度上体现了这一点。第二种情况则是不适当强化知识产权而引起的知识产权人的利益与社会公众利益失衡的体现，如1995年美国关于知识产权与国家信息基础设施的白皮书对著作权的不适当扩张，从而招致广泛的批评与反对。

3. 知识产权的权利行使方式的平衡。这种平衡也是知识产权制度涉及的利益平衡中最广泛的和关键性的内容。这种平衡在知识产权人方面的体现是：知识产权人在行使自己的专有权时，以不损害社会公众利益为前提。知识产权人在法律规定的范围内可以充分地行使自己的权利，社会公众也应当保障权利的正常行使。但是，权利的行使不能因此影响公众对知识和信息的正常利用。如商标的保护范围在传统上通过通用化原则、描述性原则等受到限制，这将商标保护范围限定为商业性质的市场交易领域。在不是这些领域的使用范围内，商标权人原则上不能干预。就著作权行使来说，著作权人行使著作权不能阻止他人为学术研究、教育等目的使用其享有著作权的作品。就专利权的行使来说，专利权人也不得

---

[1] H. R. Rep. No. 94, 1476, at 134 (1976).
[2] 曹新明：《试论"均衡原理"对著作权法律制度的作用》，载《著作权》1996年第2期。
[3] 蒋言斌、蒋美仕：《论知识产权的权利体系》，载《知识产权》1997年第4期。

垄断技术、排斥他人对技术的正常接近和使用。

知识产权行使方式的平衡，在知识产权制度设计中仍然体现为对知识产权的适当限制。为了国家利益、公共利益，知识产权的行使受到了一定限制。这一限制是确保社会公共利益的基本手段。知识产权行使方式的平衡要求对知识产权予以适度限制，这意味着知识产权没有被当成是一种绝对化的私权——虽然知识产权本身从权利的存在方面来看具有绝对性，但从知识产权的行使或实现方面来看则具有相对性。回顾一下早期的知识产权保护理论，曾试图以传统的所有权来涵盖非物质形态的精神产品。18 世纪的欧洲大陆国家曾流行着保护知识、技术的"精神所有权学说"，这种权利被理解为一种排他的、可对抗一切人的权利，是所有权的一种。但从所有权的原意上讲，上述权利并非是真正的所有权。与罗马法至近代民法立法中关于私人所有权无限制保护原则不同，知识产权制度在其建立之初，即是在保护创造者权利的基础之上寻求个人私益与公益的某种平衡。[1]《安娜女王法》的规定就是体现。确保知识产权权利行使方式平衡的基础，是知识产权私权的相对性、有限性，而不是绝对性。

知识产权行使方式的平衡涉及的另一方面则是社会公众只能在法律规定范围内使用知识产品，不能侵入专有领域，损害知识产权人的利益。知识产权人和社会公众都在各自的范围内行使自己的权利，是知识产权制度在实施中确保知识产权个人利益与社会利益的平衡，以及公平与效率的均衡和统一的保障。

（二）动态实现模式

知识产权制度作为一种静态的法律制度，需要通过动态的运行才能实现其立法宗旨。知识产权制度在动态运行中，同样需要遵循利益平衡原则。动态实现模式体现在以下几方面。

1. 寻求在激励知识创造和对知识、信息的限制之间适当的平衡点。知识产权制度作为平衡知识产权人的垄断利益与社会公共利益而作出的制度设计，旨在激励知识创造和对知识产品合理需求的社会利益之间实现理想的平衡，从而促进国家经济、科技和文化的发展与社会的进步。在知识产权人的私人利益与公共利益之间平衡是知识产权法律制度的基石。由于在知识产权制度中存在着不同的利益主体，知识产权制度需要在这些利益之间进行协调，特别是对知识产权人和社会公众之间的利益进行平衡与协调。前面阐述的知识产权是一种具有很强公共利益性质的私权也表明，需要在知识产权制度中的个人利益特别是知识产权人的利益和社会整体利益之间维持一种平衡和协调的关系。对个人利益与社会利益的协调，也要求在个人和社会之间寻求适当平衡。这种平衡，实质上是寻求在激励知识创造和对知识、信息的限制之间的适当平衡点的过程。

确定合理的利益平衡点的基本原则是，平衡点的确定取决于利益主体当事人之间对利益的估价、选择及其价值取向。在下限方面，知识产权制度对知识产权人赋予的专有权利必须能够激发其从事知识创造的热情；在上限方面，这种权利的赋予不能阻碍社会公众对知识产品的合理需求，也不能损害那些不可损抑的公共利益，特别是国家利益。

2. 寻求知识产品生产、激励与传播、利用之间的平衡。在知识产权人的个人利益与社会公共利益平衡的过程和目标中，知识产品的生产、激励与促进知识产品的传播、利用之间的平衡是关键性内容。在当代，知识产权越来越被看成是一个功能性概念，它通过刺激

---

[1] 吴汉东:《科技、经济、法律协调机制中的知识产权法》，载《法学研究》2001 年第 6 期。

人类的创造力发挥作用，而推广和传播知识以造福于人类则是其重要目的。[1] 在知识产品的生产、流转、利用的整个过程中，知识产品生产与传播和利用之间存在着平衡和协调关系。在知识产权制度这种平衡协调关系中，知识产品创造者的利益是知识产品传播者和使用者实现其利益的前提，而传播与利用知识产品对最终实现知识产权人的利益又具有决定性的意义。

---

[1] L. Ray Patterson, Stanley W. Lindberg, *The Nature of Copyright: A Law of Users Right*, the University of Georgia Press, Sathens & London, 1991, pp. 49–55.

本编拓展阅读书目

1. 郑成思:《知识产权论》,法律出版社2003年版。
2. 刘春田主编:《知识产权法》,中国人民大学出版社2022年版。
3. 《知识产权法学》编写组编:《知识产权法学》,高等教育出版社2022年版。
4. 吴汉东:《知识产权法》,法律出版社2021年版。
5. 吴汉东主编:《知识产权法》,法律出版社2023年版。
6. 吴汉东主编:《知识产权法学》,北京大学出版社2022年版。
7. 吴汉东主编:《中国知识产权理论体系研究》,商务印书馆2018年版。
8. 吴汉东:《知识产权总论》,中国人民大学出版社2020年版。
9. 吴汉东:《知识产权精要:制度创新与知识创新》,法律出版社2017年版。
10. 冯晓青:《知识产权法哲学》,中国人民公安大学出版社2003年版。
11. 冯晓青:《知识产权法利益平衡理论》,中国政法大学出版社2006年版。
12. 冯晓青:《知识产权保护论》,中国政法大学出版社2022年版。
13. 冯晓青主编:《知识产权法前沿问题研究》,中国政法大学出版社2023年版。
14. 徐瑄:《知识产权的对价理论》,法律出版社2013年版。
15. 陶鑫良、袁真富:《知识产权法总论》,知识产权出版社2005年版。
16. 齐爱民:《知识产权法总论》,北京大学出版社2014年版。
17. 杨雄文编著:《知识产权法总论》,华南理工大学出版社2013年版。
18. 何敏主编:《知识产权法总论》,上海人民出版社2011年版。
19. 李扬:《知识产权法总论》,中国人民大学出版社2008年版。
20. 王坤:《知识产权法学方法论》,华中科技大学出版社2016年版。
21. 刘茂林:《知识产权法的经济分析》,法律出版社1996年版。
22. [澳]布拉德·谢尔曼、[英]莱昂内尔·本特利:《现代知识产权法的演进:英国的历程(1760—1911)》,金海军译,北京大学出版社2006年版。
23. [美]罗伯特·P. 莫杰思:《知识产权正当性解释》,金海军、史兆欢、寇海侠译,商务印书馆2019年版。
24. [澳]彼得·德霍斯:《知识财产法哲学》,周林译,商务印书馆2008年版。
25. [美]阿瑟·R. 米勒、迈克·H. 戴维斯:《知识产权法:专利、商标和著作权》,法律出版社2004年版。
26. [英]蒂娜·哈特、琳达·法赞尼:《知识产权法》,法律出版社2003年版。

第二编 著作权法

第七章 著作权法概述

本章提要

本章主要阐述和探讨著作权法的基本问题,包括著作权的概念、特征、著作权与其他知识产权的关系,著作权制度在国际范围内的产生和发展历程、我国著作权制度的产生和发展概况,我国著作权法的第三次修改、我国著作权法的基本原则。

本章需要重点把握的内容是著作权和著作权法的含义与特征,以及著作权法的发展规律与基本原则,难点是我国著作权法修改的背景和著作权法的基本原则。

第一节 著作权与著作权法的概念

一、著作权

(一)著作权的概念

著作权是作者或者其他著作权人基于文学、艺术和科学领域内的作品而依法享有的人身权利和财产权利的总称。由此概念可知,著作权的主体是创作作品的作者,作者以外的其他人也可以成为著作权人;著作权的客体是文学、艺术和科学领域的作品,没有作品就没有著作权;著作权的内容包括人身权利和财产权利,其中人身权利在理论上被称为"著作人身权"、财产权利在理论上则被称为"著作财产权"。这是狭义和核心意义上的著作权;在广义上,著作权还包括相关权或者称之为邻接权,即作品传播者因传播作品而享有的专有权利。

对人们基于其作品依法产生的权利,各国的称谓不尽相同。英美法系国家称"版权"(Copyright),强调权利人禁止他人擅自复制作品的财产权利;以法国为首的大陆法系国家称"作者权"(Author's right),首先强调作者对体现其人格的作品的控制权,其次才是基于作品使用控制权的财产权利。

19世纪末至20世纪初,"版权"与"著作权"这两个法律术语被从日本引进到我国。

1910年颁布的《大清著作权律》，确立了"著作权"一词在我国法律中的地位。此后，北洋政府、南京国民政府和我国台湾地区一直使用"著作权"一词。

中华人民共和国成立后，"著作权"和"版权"都被用来表示因作者创作的作品而产生的权利。考虑到两个词在国际范围内已成为可以互换的同义语，在法律制定和生活实际中两者可以通用，其保护的客体、内容并没有实质差异，我国1990年9月7日公布、1991年6月1日施行的《著作权法》第51条规定："本法所称的著作权与版权系同义语。"

(二) 著作权的特征

著作权是作者基于作品而产生的权利，既有与人身相联系的著作人身权，如作者主张自己为某作品作者、决定作品是否发表、是否修改，以及保护作品的完整性等；也有因对作品复制、发行、改编、通过信息网络传播等的使用而获得收益的著作财产权。作为知识产权之一，著作权的核心是著作财产权。不过，这种财产权的内容和特征，与同为知识产权的工业产权不同。这种区别主要体现在：

1. 权利保护的内容不同。著作权保护的客体是作品，作品主要反映在文学、艺术和科学领域内，用以丰富人们的精神文化生活。工业产权的客体是具有创造性的产品、工艺方法及工商业标志等，主要涉及物质产业部门，用以促进物质生产的发展，改善人们的生产和生活条件。当然，如后面还将阐述的，著作权保护客体和工业产权保护客体并非绝对区分，在有的情况下存在交叉、重叠之处，如计算机软件就是如此。计算机软件本身具有作品和实用技术方案的技术特性。国际上关于计算机软件保护模式经历了一个探索的过程。目前主要以著作权法保护计算机软件，与硬件相结合的软件则可以获得专利保护。[1]

2. 权利产生的途径不同。著作权的产生一般实行"无手续原则"或者说"自动保护主义"，即作品一经完成即自动产生，无须履行任何形式的手续；专利权和商标权的产生则必须由特定的机构按法定程序进行必要的审查、批准或者核准才能确认。

3. 权利的独占性程度不同。比较而言，著作权的独占性程度较弱，因为不同作者独立完成的相同或近似的作品，允许分别获得独立的著作权。工业产权法对相同的主体，则只赋予一个法定的独占权，排除同样的主体享有相同的权利。例如，在绝大多数实行"申请在先"原则的国家和地区，发明创造专利权只赋予最先就该发明创造提出专利申请的人，商标权属于最先申请该商标注册的人。

4. 权利保护的侧重点不同。如前所述，著作权包括著作人身权和著作财产权，两者同时构成著作权的重要支柱。在工业产权中，专利权的价值侧重于财产权，通常只在确认发明人或设计人时才涉及署名权等人身权。商标权不直接涉及人身权内容。

二、著作权法

著作权法是国家用以调整文学、艺术、科学作品的作者、作品传播者和社会公众利益关系的法律，是调整围绕文学、艺术和科学作品的著作权以及与著作权有关的权益的确权、保护、利用、管理而产生的社会关系的法律规范的总称。其核心是国家确认和保护作者对其作品享有的著作权，在此基础上同时确认和保护与著作权有关的权益。

著作权法有广义和狭义之分。广义的著作权法包括著作权法、相关权法、各种相关的法律规范及关于著作权国际保护的国际公约。狭义的著作权法是广义的著作权法的表现形式之一，即集中、系统地调整著作权关系的法律，如《著作权法》。

---

[1] 冯晓青：《著作权法》，法律出版社2022年版，第10页。

著作权法以著作权和与著作权有关的权益的确认和保护所产生的社会关系为调整对象，确认著作权是著作权法调整著作权关系的基础，保护著作权是著作权法的核心。

著作权法和"著作权制度"这一概念之间也具有密切联系。著作权制度是以著作权法的颁行为基础和核心的保护作者和其他著作权人、协调围绕作品产生的利益关系的制度。作为促进文化创新和进步、繁荣科学文化事业的著作权制度，其以颁行著作权法为核心，以著作权法的有效实施为根本。狭义的著作权制度就是指著作权法律制度。在广义上，著作权制度则还包括著作权管理制度等内容。[1]

第二节 著作权制度的起源与发展

权利源于利益，著作权也是如此。著作权作为一种法律形态和社会观念，源于对文学、艺术和科学作品的商业性利用而带来的利益，并随着人类文明的进步尤其是信息传播技术和商品经济的发展而不断完善。[2] 著作权制度产生、发展至今，大体经历了以下几个阶段。

一、出版商印刷特权的保护阶段

保护著作权的观念始于作品的出版、印刷，而印刷术和造纸术则是其技术基础。尽管我国是印刷术和造纸术的起源地，但因缺乏促使作品广泛传播、交易、使用的商品经济土壤与社会环境，没有最早出现著作权制度。欧洲的情况则不同。

11世纪我国宋人毕昇发明的活字印刷术在15世纪传到欧洲后，印书之风很快盛行起来。出版业给出版商带来了前所未有的丰厚利润，同时也使一些不法书商盗版牟利。为了维护自身的利益，出版商希望获得所出版图书的复制发行垄断权，制止他人盗版印刷。同时，封建统治者也认识到出版业发展的重要性，为加强对思想传播的控制，维护出版秩序并增加收入，封建君王或地方政府开始授予出版商所要求的出版独占权。15世纪末威尼斯共和国授予印刷商冯·施贝叶以5年的印刷特权，被认为是西方国家第一个由封建政权颁发的保护印刷特权的特许令。此后，罗马教皇于1501年、法国国王于1507年、英国国王于1534年都曾颁布过保护印刷商印刷特权的命令。1556年，英王玛丽一世批准成立钦定的"出版商公司"，赋予其出版特权；此后颁布多个法令，确认该公司的印刷出版特权，限制图书的自由印刷。

印刷特权制度在一定程度上满足了出版商的要求，同时也可控制印刷品的出版与传播，维护封建统治。这种特许出版权是国家授予出版商的特权，它保护的是复制发行行为，受益的是出版商，并未赋予创作作品的作者任何权利。因此，它不能说是现代意义上的著作权制度。

二、著作财产权时期

印刷出版业在欧洲的蓬勃发展，在给出版商带来厚利的同时，也唤醒和催生了作者对

---

[1] 参见丁文杰：《论著作权法的范式转换——从"权利"到"行为规制"》，载《中外法学》2022年第1期；Landes, William M.; Posner, Richard A., "An Economic Analysis of Copyright Law", *Journal of Legal Studies*, Vol. 18, Issue 2, (June 1989), pp. 325–364.

[2] See Singh, Abhinav; Bhatnagar, Priya, "Copyright System: Philosophical Underpinnings", *International Journal of Law Management & Humanities*, Vol. 5, Issue 3, (2022), pp. 1991–2002.

其作品的权利意识,作者们开始要求分享对其作品印刷发行产生的利益。17世纪英国资产阶级革命后,随着资本主义商品经济与思想观念的确立,作者在作品传播中的权利日益受到重视,印刷特权受到越来越多的抨击。在作者阶层的强烈要求下,英国议会于1709年通过了世界上第一部现代意义的著作权法——《安娜女王法》。该法的原名是《为鼓励知识创作而授予作者及购买者就其已印刷成册的图书在一定期限内之权利的法》。该法序言部分指出:鉴于近来经常发生印刷商、书商和其他人未经作者或所有者之授权,擅自印制、翻印和出版图书,使图书作者或者所有者深受其苦,而且经常使其家庭破产;为杜绝以后发生此类事情,鼓励学者撰写有用的图书,特制定本法。该序言鲜明地表明了其立法宗旨。[1]

《安娜女王法》废除了皇家特权制度,承认作者是著作权保护的本源,确认作者对其作品享有支配权,从而第一次在法律上确认作者是著作权保护的主体,将出版商垄断的对作品商业性利用的特权转移到作者手中,实现了从主要保护出版者到主要保护作者的飞跃,标志着以保护作者利益为宗旨的现代著作权制度的诞生。

《安娜女王法》的制定,本身也是印刷传播技术和商品经济发展的产物。其中,印刷传播技术的产生和运用,降低了作品的创作成本,客观上为唤醒人们的著作权保护观念和要求奠定了基础,但其在有利于作者和出版者的同时,也为现代意义上的盗版行为提供了温床;商品经济发展则为作品这一无形财产权的开发利用提供了广阔的舞台,并强化了人们的私权观念。这两大因素交互作用,形成了现代意义的著作权制度。

《安娜女王法》确认了作者在著作权中的主体地位,但它强调的主要是书籍与乐谱的复制行为,重在作者对其作品的复制而获得经济利益的权利,忽略了作品体现的作者人格内容。受该法影响的美国《著作权法》也是如此。

三、作者权时期

在欧洲大陆,受康德等资产阶级启蒙思想家的影响,人们对著作权的观念有了新的认识:作品是作者人格的延伸和反映,只有作者才有权占有和处分自己的作品,作者基于作品的权利不只是财产权利,还是一种自然权利或天赋人权,其中作者基于作品的身份权利与精神利益是首要的。根据这种理论,法国于1793年颁布的《作者权法》在确认作者对作品享有权利的同时,强调作者的人身权利应受保护。该法对其他大陆法系国家以至世界很多国家影响很大,使著作权制度的内容更加丰富和完善,堪称著作权保护史上的又一里程碑。

英国和法国的著作权立法分别发展为著作权保护的两个不同体系:一是以英、美为代表的版权法体系,其特点是注重著作权中财产权的保护,将作品看成作者个人财产的一种表现形式,允许法人成为著作权人;二是以法、德为代表的作者权法体系,其特点是注重著作权中人身权的保护,将作品看成作者人格的体现,强调著作权的原始权利人为自然人,对作者向他人转让自己的权利进行严格的限制。

随着国际经济、政治、文化等的发展,尤其是近些年来国际交往的频繁和各国经济依存度的提高,各国相互借鉴的趋势在增强。著作权保护领域的两大体系之间互相借鉴,逐

---

[1] 冯晓青:《著作权法》,法律出版社2022年版,第17页。See Kimani, Paul, "Towards a Copyright Law That Encourages Creativity", *IDEA: The Law Review of the Franklin Pierce Center for Intellectual Property*, Vol. 63, Issue 2, (2023), pp. 354–414.

步融合，相互间的距离在缩小，界线在模糊。两大法系国家著作权立法中对精神权利、相关权等方面趋同的规定就是重要体现。

四、著作权国际保护阶段

19世纪中期以来，随着国际科学文化交流的扩大和作品复制与传播技术的进步，作品跨国传播日益广泛。但著作权保护具有地域性，一国受著作权保护的作品在他国不能获得保护。于是，各国开始谋求解决著作权国际保护问题的办法，如相互给予对方国家的作品以国民待遇，使本国作者的作品在他国获得著作权保护。同时，一些国家尝试通过多边条约保护国际著作权，经过多次磋商，英国、法国、德国、意大利等10国于1886年签订了《伯尔尼公约》。此外，保护著作权的国际公约还有1952年在联合国教科文组织主持下缔结的《世界版权公约》等。包括著作权在内的知识产权制度从19世纪末开始即具有不断国际化的趋势和特色，因而国际化也是各国、地区著作权法发展的重要趋势与特色。基于国际化要求的较高的最低保护标准，连同技术及经济社会发展导致的著作权的扩张，著作权制度的国际化过程实际上是不断提高著作权保护水准的过程。当然，基于上层建筑服从经济基础的基本原理和著作权制度社会本位属性，著作权法的现代化和国际化进程是与本土化进程紧密联系在一起的。

随着信息传播技术的发展，新的作品形式和作品利用方式不断产生，对著作权及其相关权利的国际保护提出了更高的要求。因此，在不断完善《伯尔尼公约》内容的同时，产生了一些保护相关权的国际公约。主要如：1961年在罗马缔结的《保护表演者、录音制品制作者和广播组织的国际公约》（以下简称《罗马公约》）；1971年在日内瓦缔结的《保护录音制品制作者防止未经许可复制其录音制品公约》（以下简称《录音制品公约》）；1974年于布鲁塞尔缔结的《关于播送由人造卫星传播载有节目的信号的公约》（以下简称《布鲁塞尔卫星公约》）。

1995年生效的TRIPs协议将著作权保护纳入国际贸易体系，更强调了国家、地区之间相互保护著作权的必要性和一致性。随着信息网络技术及其产业化发展，著作权保护面临新的挑战。为此，1996年，世界知识产权组织为调整信息网络环境下的著作权保护的利益关系，分别制定了《世界知识产权组织版权条约》（WCT）和《世界知识产权组织表演和录音制品条约》（WPPT）。此外，著作权国际保护规范还体现于综合性的具有全球性或者区域性的涉及知识产权国际保护的条约或协定。例如，《区域全面经济伙伴关系协定》(The Regional Comprehensive Economic Partnership，简称RCEP）是反映不同类型国家经济贸易的共同规则，其中第十一章"知识产权"中包含了"著作权和相关权利"等内容。又如，由亚太国家组成自由贸易区而缔结的《全面与进步跨太平洋伙伴关系协定》（Comprehensive and Progressive Agreement for Trans-Pacific Partnership，简称CPTPP），其第十八章关于知识产权制度的规定中包括"版权和相关权"等内容。以上两个区域性国际协定，我国都已申请加入，其相关内容介绍与分析见本书第四十三章。

第三节 我国著作权制度的产生与发展

我国著作权保护经历了从保护作品的社会习惯，到复制作品的行政保护，再到保护著作权人成文法的过程。其历程总体上与西方国家相似，但与我国特有的社会环境和法律文化背景相应，也具有自身特点。[1]

一、我国古代的著作权保护

在我国，保护作者作品的观念产生得很早。春秋战国时期的文献大都有作者的署名，剽窃、抄袭者会受到社会谴责，不过这种关于作品的、朦胧的权利意识还很粗略，基本没有财产权的内容。

与西方一样，我国对作品复制权的保护始于印刷技术的运用。宋代印刷技术的进步，使作品能以较低成本（与抄写相比）予以复制和传播。文献出版业具有的较大利益空间，为著作财产权的产生提供了基础，也促进了印刷出版业的兴起。当时，有实力的出版商在出版《四书》《五经》《十一史》及诗文小说等作品时，一般都投入一定的力量对文献进行必要的整理校刊，但"嗜利之徒"的"复板"盗印，无疑对正规出版商的利益造成威胁，于是他们请求官府申令"不许复板"以保护其文献的专有出版权。在宋代的《东都事略》《方舆胜览》等文献中都有关于"翻版禁令""出版特许令"等的记载。[2] 这种以禁令保护刻印出版者利益的形式一直延续到清末。它和欧洲的出版禁令一样，保护的是作品出版者而不是作者的利益，至多只能看成是著作权制度的雏形。

著作权法律制度的产生，既需要必要的技术条件（如作品复制传播技术）、文化环境（如社会对作品的广泛需求）和利益需求（文献传播与利用带来的利益），又需要该制度产生的经济基础（如将作品视为商品的经济环境）、思想观念及法律传统（强调民事权益保护的法治意识与传统）。我国封建社会由于部分条件的缺失，所以未能在保护出版者利益的出版禁令基础上，进一步发展为著作权制度。可以认为：我国古代基于特定的政治、经济和文化背景以及传统法律文化，不存在现代意义上的版权制度，但版权观念的萌芽很早，围绕作品保护产生的与版权相关的措施从宋代至明清以来逐渐成熟。随着近代中国社会变迁，清末通过颁行《大清著作权律》而开创了著作权制度先河。中国古代版权保护问题在一定程度上折射出中国传统法律文化面向。[3]

二、我国近现代的著作权保护

根据前面的研究观点，尽管对著作权制度产生具有关键意义的印刷传播技术最早于我国产生，但我国现代意义的著作权制度的建立晚于西方。原因在于很长时期内我国缺乏著作权制度赖以建立的经济基础。[4] 长期的自给自足的自然经济，不仅扼杀了人们的私权保护观念，而且导致缺乏财产权流转与实现的现实环境。

中国现代意义的著作权制度是在19世纪末期以来受国外影响而产生的。1903年中美《续议通商行船条约》第11条规定，根据国民待遇原则，中美互相保护对方国家人民的版权利益——将"版权"一词及保护作者利益的版权制度引入我国。同时，我国在1910年通过的最早的著作权立法——《大清著作权律》则采用从日本引进的"著作权"一词。《大清著作权律》设通例、权利期限、呈报义务、权利限制和附则计五章共55条，对著作权的概念、客体、作者权利及其有效期、取得著作权的手续、权利限制、侵权法律责任及不同

---

[1] 参见余俊：《中国著作权观念与标识性范畴的形成》，载《当代法学》2023年第4期。

[2] 例如，南宋嘉熙二年（1238），祝穆刊印《方舆胜览》。为防止他人擅自刻印，其向两浙转运司申请文告保护并获准。其在书中专门警示"照得雕书，合经使台申明，乞行约束，庶绝翻版之患"。详见冯晓青：《中国古代版权保护是啥样》，载《人民论坛》2021年第15期。

[3] 冯晓青：《中国古代版权保护是啥样》，载《人民论坛》2021年第15期。

[4] 参见余俊：《中国著作权观念与标识性范畴的形成》，载《当代法学》2023年第4期。

作品的权利继承与归属等问题进行了规定。该法开创了中国近代著作权立法的先河，首次肯定了作者受著作权保护的法律地位，对后来的北洋政府及南京国民政府的著作权立法影响很大，对我们今天的著作权立法也有一定参考价值。基于此，《大清著作权律》被认为是我国第一部具有现代著作权法特色的著作权法。该法基于满清政府的覆亡而未能真正施行，但其具有的法律文化意义仍然值得肯定。此后，北洋政府和南京国民政府相继于1915年和1928年颁布了《著作权法》，后者于1944年、1949年修订后，现仍在我国台湾地区实施。我国台湾地区经过数次修订"著作权法"后，才摆脱了《大清著作权律》的影响。

三、中华人民共和国的著作权保护

1949年中华人民共和国成立时废除了国民党政府的包括《著作权法》在内的"六法全书"。20世纪50年代初，在当时的社会历史条件下，国家相关部门即组建了以胡愈之为组长的著作权法制定小组，凸显了立法者对著作权法重要作用的高度重视。此后因为政治经济等多方面原因，我国著作权立法直到改革开放之初才被重新提出和重视。在1990年《著作权法》颁布前，我国主要是通过一些规范性文件特别是行政规章保护著作权。如1950年的全国第一次出版工作会议《关于改进和发展出版工作的决议》指出，"出版业应尊重著作权与出版权，不得有翻版、抄袭、篡改等行为""稿酬办法应兼顾著作家、读者及出版家三方面利益原则下与著作家协商解决；为尊重著作家的权益，原则上不应采取卖绝著作权的办法"。1953年，出版总署发布了《关于纠正任意翻印图书现象的规定》，要求"一切机关团体不得擅自自印出版社出版的书籍、图片，以重版权"。1961年文化部规定，出版社出版的书籍一律按字数和质量支付稿酬。整体上，这一时期我国承认并保护作者的权利，但保护水平很低：保护对象以图书为主，保护方式以行政手段为主，稿酬被认为是政府对作者的一种补助或奖励。

"文革"期间，由于极"左"思想的干扰，著作权保护几乎停滞。

1978年以后，中国的改革开放政策为包括著作权制度在内的知识产权制度的发展提供了契机。1980年国家出版事业管理局发布了《关于书籍稿酬的暂行规定》；1985年文化部颁布《图书、期刊版权保护试行条例实施细则》；1985年经国务院批准成立国家版权局，负责著作权法的起草和全国的著作权管理工作；1986年全国人大通过的《民法通则》正式规定著作权作为一种民事权利受法律保护，从而为著作权立法奠定了坚实的基础。在《著作权法》颁布以前，《图书、期刊版权保护试行条例实施细则》《民法通则》的有关规定是有关部门处理著作权问题的重要依据。

经过长达11年的艰苦努力，1990年9月7日公布了《著作权法》，1991年6月1日予以实施，接着我国又颁布了保护著作权的行政法规和规章，参加了国际著作权公约，至此我国建立起了以著作权法为核心、包括一系列相关法律规范在内的著作权法律体系。《著作权法》的颁行，是我国著作权制度发展中里程碑式的事件。其对鼓励创作、促进作品的传播和利用、繁荣与发展我国社会主义文化科学事业发挥了十分重要的作用。

经过近十年的实践，社会科技、经济、文化的发展尤其是我国加入世贸组织进程的推进，对《著作权法》予以修改成为现实的要求。经过反复研讨，2001年10月通过了《全国人民代表大会常务委员会关于修改〈中华人民共和国著作权法〉的决定》（以下简称《关于修改〈中华人民共和国著作权法〉的决定》，使我国著作权法律制度在反映新的社会

经济形势需要及与国际标准接轨方面更加完善。具体而言，本次修改的主要内容有：[1]

1. 权利客体。2001年《著作权法》将"摄影作品"从1990年《著作权法》的"美术、摄影作品"一类中分离，单独列为一类作品；采纳了《伯尔尼公约》的提法，将包括动态摄像的作品描述为"电影作品和以类似摄制电影的方法创作的作品"，相应地取消了原来的"电视、录像作品"的提法；同时，整合了图形作品和模型作品，将原来的"工程设计、产品设计图纸及其说明"和"地图、示意图等图形作品"进行了合并，并在涉及实用设计时加进了模型作品。这一修改，使作品的归类更加科学。同时，增加了杂技艺术作品、建筑作品等类型。

2. 权利内容。2001年《著作权法》细化了著作财产权的内容，对于复制、发行、出租、汇编等12种财产权的内涵作了界定；新增了电影作品和以类似摄制电影的方法创作的作品、计算机软件以及录音制品的出租权，放映权等权利；扩大了表演权的内涵，使之包含机械表演；引入了汇编权的概念。在邻接权保护方面，取消了表演者的法定许可，同时也扩大了表演者财产权的内容，即表演者不仅可以对传送其现场表演进行有效的控制，而且能够对录制品的复制权、发行权和信息网络传播权进行更加有效地控制；在录音录像制作者保护方面，除了调整法定许可外，主要是扩充了录音录像制作者的控制权，规定录音录像制作者对其制作的录音录像制品，享有许可他人复制、发行、出租、通过信息网络向公众传播并获得报酬的权利。

3. 权利利用。在著作权利用方面，2001年《著作权法》的重要特点是增加了著作权转让制度。

4. 权利限制。在法定许可方面，2001年《著作权法》取消了1990年《著作权法》第43条关于法定免费使用的规定，代之以法定许可。同时，2001年《著作权法》增加了为贯彻九年制义务教育和国家教材出版规划等法定许可类型。

5. 增加了网络环境下著作权保护的内容。在1990年《著作权法》制定之时，网络技术在我国还很陌生，因此该法没有对网络环境下的著作权保护作任何规定。随着20世纪90年代以来网络技术的普及，网络空间著作权问题日益凸显。[2] 为适应新的形势以及国际公约的规定，2001年《著作权法》专门规定了信息网络传播权，包括：著作权人享有信息网络传播权，表演者有权许可他人通过信息网络向公众传播其表演，录音制品制作者有权许可他人通过信息网络向公众传播其录音制品。此外，2001年《著作权法》还规定了技术措施和权利管理电子信息的保护。

6. 加强了著作权的行政保护与司法保护。在行政保护方面，扩大了著作权行政执法措施，以及适用著作权侵权行政处罚的著作权侵权行为的范围。在司法保护方面，增加了诉前临时禁令、诉前财产保全和证据保全制度，并确立了侵权全面赔偿原则和法定赔偿制度。

7. 确立了著作权集体管理组织的地位。2001年《著作权法》明确了著作权集体管理组织的法律地位，为建立健全我国著作权集体管理组织提供了基本的法律依据。

与此同时，2002年修正后的《著作权法实施条例》及相关的著作权行政法规与规章也付诸实施，适应新世纪需要的我国著作权制度已经全面建立。

---

[1] 冯晓青：《著作权法》，法律出版社2022年版，第25页。

[2] See Hardy, Trotter, "Property (and Copyright) in Cyberspace", *University of Chicago Legal Forum*, Vol. 1996, pp. 217-260.

2010年2月26日公布了《关于修改〈中华人民共和国著作权法〉的决定》。该决定对2001年《著作权法》第4条作了修改，并增加了关于著作权出质的规定，自2010年4月1日起施行。

随着形势的发展，我国《著作权法》第三次修正被纳入立法规划。与2001年、2010年两次修改不同，自2012年开始的我国《著作权法》第三次修改则主要是基于我国自身需求，是在我国著作权制度基本实现与国际标准接轨的前提下侧重于本土化需求的一次重大修改。2020年11月11日公布了《关于修改〈中华人民共和国著作权法〉的决定》，并于2021年6月1日施行。

第四节　我国《著作权法》第三次修改

一、修改的背景与必要性

从法的现代化原理来看，经济社会发展对法的功能和作用提出了新的要求。此时就需要及时通过修改法律的形式，以保持法律对社会经济关系调整的适应性，否则法律规定将逐渐变得滞后。[1] 可见，法的现代化也是与时俱进的过程，是法律制度本身不断完善的过程。适时修改法律，就成为维护法律的相对稳定性和强化法律调整社会关系的前瞻性与灵活性的惯常手段。著作权法作为各国法律体系中的一员也不例外。就国外的研究考察来看，从20世纪末到21世纪初，因技术尤其是现代传播技术以及著作权国际保护的发展，各国对其著作权修改活动日益频繁。如美国在1998年制定《数字千年著作权法案》后，常年有关于著作权法的修正案，2004年《著作权版税分配改革法案》、2005年《家庭娱乐与著作权法案》即为体现。法国也根据其加入的欧盟涉及著作权和相关权保护的指令及世界知识产权组织颁行的互联网条约在21世纪以来对其著作权法进行了多次修改。其他国家也存在类似情况。著作权法的频繁修改，反映了一国或地区著作权制度与技术变迁、经济社会发展和国际保护发展趋势的密切联系和互动关系，其本质上也是著作权制度的现代化、国际化和本土化的过程。

我国历次著作权法的修改，都遵循了上述同样的规律和趋势，并具有特定的历史背景和原因。我国著作权制度的发展，也是通过《著作权法》的修改和完善形式实现的。只是基于我国自身的国情以及政治、经济、文化环境，我国著作权制度的现代化进程、与国际接轨的内容和本土化要求均具有自身特色。就《著作权法》第三次修改而言，其修改背景与必要性可以从以下几方面加以理解：

第一，我国著作权法脱胎于计划经济，成长于社会主义市场经济，而市场经济为我国著作权制度的构建和发展提供了根本性保障，我国著作权制度也只有在市场经济中才能真正实现其立法目的。因此，著作权制度适应市场经济发展的程度，既是衡量我国著作权制度现代化的重要标志，也是我国著作权法生存的沃土。近些年来，随着我国社会主义市场经济体制的建立和发展，著作权法的部分规定已难以适应市场经济发展的新要求。例如，市场经济强调意思自治和自由、公平竞争，著作权法的相关制度设计就应当体现这一市场经济中的著作权保护规律，在可能的情况下通过市场机制解决。现有规定存在的不相适应部分显然只能通过修法的形式加以解决。

---

[1] 参见熊琦：《中国著作权立法中的制度创新》，载《中国社会科学》2018年第7期。

第二，当前信息网络技术发展日新月异，数字网络技术对我国作品著作权保护带来了巨大冲击，这使得既有的著作权法律规定显得力不从心，需要修改和完善相关规定，以保持著作权制度发展与技术变革的适应性。这尤其体现在作品数字化形式的存储、传播和利用中引发的著作权保护与限制问题，需要通过增补相关权利、调整相关权利的保护范围并对信息网络环境下的著作权保护给予适当限制。

第三，随着经济社会发展，我国对提高著作权保护水平具有更高的要求。在新的形势下，我国在知识产权保护方面施行严格保护的政策导向和制度安排。然而，现行著作权保护实践则不尽如人意，未能为著作权人和与著作权有关的权利人提供充分的法律保护。这尤其体现在被侵权人举证难、维权成本高，而侵权赔偿额总体上偏低，不足以遏制愈演愈烈的侵权行为。这一现象的存在，需要通过强化行政执法和司法保护手段，加强对著作权的有效保护。

第四，2010 年我国第二次修改的《著作权法》实施后，我国面临的著作权国际保护环境又有了变化。基于著作权保护与国际接轨的基本要求和特点，利用修法的机会吸收国际著作权保护条约的相关规定，一直是我国著作权法几次修正的共同特点。若不如此，就可能出现国内法与国际公约不一致而不能履行国际著作权公约规定的国际义务的情形。一旦出现这种情况，通过出台单方面保护外国人作品权益的规范，则会造成超国民待遇等很多新的问题。因此，进一步与国际接轨也是本次《著作权法》修改的原因之一。

第五，2010 年《著作权法》实施以来，我国出台了相关重要立法，特别是《民法典》的颁行，为我国构建和完善基本的民事法律制度奠定了坚实的基础。著作权法作为民事法律的范畴，也需要与已经颁行的《民法典》这一基本法协调与衔接。同时，著作权司法保护是我国著作权保护的主导形式，近些年来各级人民法院审结了大量著作权案件，人民法院也适时颁行了一些涉及著作权保护的司法政策和司法解释，这也为我国《著作权法》的完善提供了实践依据。利用修改《著作权法》的契机，可以在总结司法实践经验基础上，将成熟的做法上升为法律规定，以更好地指导司法实践。

正是基于以上考虑，从 2012 年开始，国家版权局拉开了《著作权法》第三次修改的序幕。国家版权局先是委托我国三家著名的知识产权学术机构独立起草《著作权法》第三次修改草案专家意见稿。在适当吸收专家意见稿的基础上，国家版权局在 2012 年 3 月、7 月先后公布了《中华人民共和国著作权法（修改草案）》（以下简称《著作权法（修改草案）》）、《中华人民共和国著作权法（修改草案第二稿）》（以下简称《著作权法（修改草案第二稿）》）等公开征求意见稿。同年 10 月，内部发布"征求意见稿"第三稿。同年 12 月，国家版权局报请国务院审议修改草案，随后向社会各界征求意见，指出本次修订的缘由在于"完善现有制度、回应科技发展、适应国际形势、完善知识产权制度、回应社会各界关切"。到 2014 年 6 月 6 日，原国务院法制办公室公布了《中华人民共和国著作权法（修订草案送审稿）》（以下简称《著作权法（修订草案送审稿）》），再次公开征求社会各界意见。到 2020 年 4 月，形成了全国人大常委会关于《著作权法修正案（草案）征求意见》的一次审议稿，进一步征求社会意见。2020 年 8 月，在一次审议稿基础上，形成了二次审议稿。二次审议稿形成后，再次向社会公开征求意见，直至 2020 年 11 月 11 日正式公布了修正后的《著作权法》。这次修法的时间固然较长，但仍然解决了我国著作权制度发展中一些亟待解决的重大问题，在实质上完善了我国著作权制度，提高了我国著作权保护水平。

二、修改的指导思想

为实现激励创作和促进作品传播与利用,[1] 以及繁荣和发展我国社会主义文化科学事业的立法宗旨,《著作权法》的修改遵循了以下指导思想:

第一,适应我国社会主义市场经济发展需要,通过修法实现著作权制度的现代化。当前我国正在完善社会主义市场经济体制。社会主义市场经济体制要求我国著作权保护应当遵循市场经济规律,更好地利用市场机制促进作品的传播和利用,并促进文化市场领域公平竞争。这就要求在著作权制度设计与安排上,破除不利于作品市场价值实现的规则,更多地引入市场规则和市场机制。同时,通过夯实著作权的利用途径和方式,促进著作权这一无形财产权保值增值。[2]

第二,适应技术特别是信息网络技术发展趋势,强化著作权和与著作权有关的权利在信息网络环境下的保护,通过修法实现著作权制度对技术变革的适应性和著作权制度的现代化。世界各国和地区著作权法的制定与实施,与社会文明的发展与进步是一脉相承的,与技术进步和经济社会发展也是相辅相成的。各国、各地区著作权法的制定和完善,也是著作权制度不断现代化的过程。著作权制度的现代化,是完善著作权法律制度的要求。[3] 如前所述,技术变革本身是促使《著作权法》修改的原因之一。作为《著作权法》修改的指导思想之一,《著作权法》修改应当回应技术变革带来的对著作权制度的种种挑战,通过适当的著作权扩张与限制,构建信息网络技术发展环境下著作权保护的动态平衡机制,防止技术急速发展下著作权保护不力而影响技术发展与社会公众利益,以及相关产业的健康发展,真正实现著作权制度的现代化。

第三,通过修法进一步提高著作权保护水平,更好地维护著作权人和与著作权有关的权利人的合法权益,为文化领域创新提供更强有力的激励机制。从中外著作权制度的历史看,总体上著作权具有扩张的趋向,包括著作权客体扩张、受保护权利范围扩大、保护期限延长以及在著作权案件中对侵权行为的打击力度的加强等。著作权保护水平逐渐提高的趋势,既符合技术发展使受著作权保护的客体增多的现实,也符合经济社会发展要求对权利人给予更多激励,实现知识财富加速增长的立法旨意。

第四,通过修法,以合理的制度设计与安排,平衡和协调权利人与社会公众之间的利益关系。在实现激励创作与保障公民的基本文化权利的平衡上,著作权法在本质上是一种利益平衡机制。围绕作品产生的作者与其他著作权人、作品传播者、经营者和使用者之间的利益关系,是著作权法调整的核心内容。一般而言,著作权制度需要以利益平衡为指针,在制度设计和安排上确保不同利益主体各得其所。不过,著作权法中的利益平衡机制是一种动态平衡机制,随着社会发展和技术变革,原有的利益平衡关系很可能会被打破,需要在新的历史条件下重构利益平衡机制。[4] 这因而也成为著作权法不断进行修改的动力和现实原因。

第五,通过修法,进一步与国际著作权保护条约接轨,在履行国际著作权保护义务的

---

[1] See Balganesh, Shyamkrishna, "Foreseeability and Copyright Incentives", *Harvard Law Review*, Vol. 122, Issue 6, (April 2009), pp. 1569-1633.

[2] 冯晓青:《知识产权法律制度反思与完善——法理·立法·司法》,知识产权出版社 2021 年版,第 58~59 页。

[3] 胡开忠:《高新技术发展中的知识产权制度现代化》,载《法商研究》2005 年第 5 期。

[4] 冯晓青:《知识产权法利益平衡理论》,中国政法大学出版社 2006 年版,第 378~419 页。

同时，获得国际著作权保护的应得利益，确立我国著作权国际保护负责任大国形象。著作权国际保护始于19世纪末。当今社会，著作权国际保护趋势日益增强，且有全球化态势。我国著作权制度从一开始就注重与国际接轨，国际化事实上也一直是我国著作权法立法及其修改、完善的重要指导思想。我国著作权制度与国际接轨，基本形式是参照我国加入的国际著作权条约的规定，使我国著作权保护水平不低于著作权国际公约规定的最低保护标准。可以认为，我国著作权法的修改，总体上也是著作权制度国际化改造的过程。原因在于，在国际保护环境下，我国只有全面加入著作权国际公约，才能更好地使我国作品在其他国家和地区得到保护，从而更好地激励文化创新。《著作权法》修改前，会出现国际著作权公约对著作权和与著作权有关权利的保护的新的规定，对于这些新的规定，就需要通过修法的形式加以落实，以使修改后的《著作权法》达到新加入的著作权国际条约的保护水平。可以认为，我国《著作权法》的修改过程也是我国著作权制度国际化的过程。不断国际化的过程，也体现了我国著作权保护水平不断提高的过程，因为著作权国际保护水平呈上升趋势。

第六，总结我国著作权行政执法和司法保护经验，将著作权保护实践中的成熟经验提升为法律规范，以便更好地指导著作权保护实践。同时，适当借鉴域外著作权保护先进经验，实施本土化改造。近些年来，我国各级人民法院审结了大量著作权纠纷案件，行政执法机关也调处了很多著作权纠纷案件，著作权法修改自然需要重视著作权保护实践中的成熟经验。尽管我国不是判例制国家，但近些年来也越来越重视指导案例的作用。从著作权保护实践中的典型案例中，能够提炼相应的裁判法理，用以指导司法实践。因此，我国《著作权法》的修改也需要关注和了解司法实践经验。从这次《著作权法》修改征求各相关部门和社会各界人士意见的情况来看，来自最高人民法院等司法部门和人员的意见得到了充分重视。此外，著作权保护具有一定的规律性，其他国家和地区著作权立法的成熟经验，也可以作为我国《著作权法》修改时的重要参考。当然，我国《著作权法》的制定与实施均立足于我国的国情和实际情况，其他国家和地区的立法经验需要经过本土化改造，而不能盲目照搬，这样也才能使修改后的《著作权法》更好地适应我国经济社会和文化发展需要。

第七，利用修法机会，适当整合我国著作权保护体系，健全我国著作权保护制度。我国著作权保护体系是以《著作权法》为核心、以《著作权法实施条例》及《信息网络传播权保护条例》《计算机软件保护条例》《著作权集体管理条例》等行政法规，以及有关著作权的司法解释和部门规章等组成的规范性法律文件体系。《著作权法》的修改，也不是孤立进行的，需要从优化我国著作权保护体系的角度加以完善，这样能使《著作权法》的具体规定得到切实的贯彻实施。进言之，对属于应当由《著作权法》明确规定的内容，不应当在其下位法中规定。如果存在这种情况，就需要通过修法的形式解决。如本文后面所探讨的关于作品定义的修改，就是如此。作品是著作权客体，属于著作权法中最重要的概念和内容之一，对作品的基本定义理所应当在著作权法中加以明确。但我国过去一直是在《著作权法实施条例》第2条规定什么是作品。此次修法一改这一立法模式，将对作品的定义置于《著作权法》第3条之中。

总的来说，这次《著作权法》修改旨在适当提高著作权保护水平，以便为著作权人和与著作权有关的权利人提供更加充分的法律保护，以更好地激励创作和促进作品的传播与利用。同时，通过协调和平衡权利人和社会公众之间的利益关系，在保护私权的基础之上维护社会公众利益和公共利益,实现著作权立法宗旨。

三、修改的主要内容

《著作权法》第三次修改涉及的主要内容如下:[1]

1. 著作权客体制度。这方面修改涉及明确作品的定义和视听作品的概念、修改关于作品类型的兜底性质的规定,修改不适用于著作权法保护的对象等。

2. 著作权归属和利用制度。这方面修改涉及完善视听作品、职务作品著作权归属制度、优化合作作品著作权利用制度等。

3. 著作权的内容。这方面修改涉及完善复制权、出租权和广播权的内容等。

4. 邻接权制度。这方面修改涉及完善表演者权内容、新增广播组织的信息网络传播权等。

5. 著作权限制制度。这方面修改涉及完善合理使用制度、法定许可制度等。

6. 著作权和与著作权有关的权利的保护。这方面修改涉及强化行政执法措施、提高司法保护水平,完善技术措施和权利管理信息保护等。

7. 我国著作权制度与国际接轨。这方面修改涉及为满足著作权国际公约要求而作出的完善。

8. 著作权集体管理及其他相关制度。这方面修改涉及完善著作权集体管理制度、扩充著作权行政管理范围,以及对相关概念和术语的重构等。

上述修改的具体内容及其内涵和缘由,将在本书后面相应部分进行阐述。

第五节 我国著作权法的原则

我国著作权法的基本原则,是指贯穿于全部著作权法中并对实施著作权法具有指导作用的准则,是我国著作权法本质的集中体现。

一、以维护作者权益为核心的原则

作者是作品的创作者,作品既渗透了作者的人格精神,也构成了现代社会的经济财富。法律只有充分保障作者的人格利益和经济利益,才能激发其创作热情,为社会提供更多的优秀作品。作者成为著作权的主要收益人和最重要的著作权主体,是当代各国著作权立法的基础。我国也不例外。我国著作权制度的法律价值在于,通过确认作者权益在著作权法律关系中的首要和核心地位,以实现法律保护作者、促进社会文化发展的目的。[2] 我国《著作权法》中的许多条款都直接体现了这一原则。例如,关于著作权的归属,一般情况下,著作权属于作者,并且作者是原始的著作权主体;关于著作权的内容,作者可以享有完整的著作人身权和著作财产权;关于著作权保护,作者也是最重要的受保护的权利主体。也正是因为作者在著作权法中的重要地位,如前所述,大陆法系国家将著作权称为"作者权",将著作权法甚至称为"作者权法"。

与上述原则相关,著名知识产权法专家刘春田教授提出著作权制度的完善应当坚持"以保护作者的著作权为中心"的原则,并认为该原则也是著作权法的"灵魂与核心价值

---

[1] 冯晓青:《著作权法》,法律出版社2022年版,第27页。
[2] 参见冯晓青:《试论作者在著作权中的法律地位》,载《知识产权》1995年第4期。

所在"。[1] 本书认为，基于作者是作品的主人和最重要的著作权主体，作者在著作权保护中处于主导地位。该原则与"以维护作者权益为核心的原则"本质上具有同一含义。

二、私权主体意思自治原则

针对著作权制度完善的原则，刘春田教授还提出了私权主体意思自治原则。[2] 本书对此也予以赞同。意思自治原则，充分体现了著作权保护应当尊重市场规律，充分利用著作权保护的市场机制，以调动著作权人和相关主体的积极性，根据著作权保护的实际情况灵活确定相关主体的权利义务关系。根据这一原则，有关著作权和与著作权有关权利的归属，不宜一律进行法定，可以适当引入约定优先机制。实际上，在我国《著作权法》中，很多制度体现了上述原则，如关于相关作品著作权归属的确定、关于著作权合同制度等的规定。从理论上说，按照私法的基本逻辑，"自治"是私有产权得以实现的手段。作为产权制度体系的重要组成部分，知识产权制度也始终围绕着如何实现"自治"展开，以达到其内在的效率目标。[3] 为此，需要引入私权主体意思自治原则，充分尊重著作权人和相关主体的意愿，更好地实现著作权立法宗旨。

当然，也应指出，著作权法中引入私权主体意思自治原则与适当的公权调控并不矛盾。著作权法基于维护公共利益的考虑，对著作权滥用等行为予以规制，就是体现。[4] 如后面还将探讨的，我国《著作权法》第4条明确规定，著作权人和与著作权有关的权利人行使权利，不得违反宪法和法律，不得损害公共利益。这一规定也体现了对作为私权主体的著作权人和与著作权有关的权利人行使权利的必要限制。

三、协调作者（或其他著作权人）、作品传播者与社会公众利益的原则

著作权法承担着通过保护作者和作品传播者的利益而促进社会文化发展的任务，围绕作品所产生的利益关系是著作权法调整的核心。协调著作权人专有权与广大公众使用和传播作品的矛盾，平衡作者个人利益与社会公共利益的冲突，是著作权法的重要原则。《著作权法》在著作权归属、保护期限、权利限制等方面的规定都体现了这一原则。

上述原则本质上属于著作权法中的利益平衡原则。如前所述，利益平衡是知识产权立法和司法的重要原则。作为知识产权范畴的著作权法自然也不例外。在著作权法中，围绕作品的创作、传播和利用会涉及作者或其他著作权人、作品传播者和以用户为代表的社会公众之间的利益关系，在总体上涉及著作权人利益和社会公共利益之间的平衡。在著作权法中，需要牢牢把握利益平衡原则，以合理配置作者和其他著作权人以及其他相关主体的权利义务、合理平衡与协调著作权人、作品传播者、商业经营者和使用者的利益为重要考量。著作权法中的利益平衡，还是一个典型的、动态的利益平衡机制。随着社会发展，原有的动态平衡机制被打破，需要通过修法的形式实现新的动态平衡。在著作权制度的发展和变革中，利益平衡机制的重构体现在私权保护与权利限制以及专有领域与公共领域的适当平衡。

具体而言，为实现著作权法中利益平衡原则，有关著作权的国际公约和各国著作权法都规定了相应的制度。其主要从以下几方面加以明确：

---

[1] 刘春田：《〈民法典〉与著作权法的修改》，载《知识产权》2020年第8期。
[2] 刘春田：《〈民法典〉与著作权法的修改》，载《知识产权》2020年第8期。
[3] 冯晓青：《知识产权制度的效率之维》，载《现代法学》2022年第4期。
[4] 参见殷继国：《长视频平台版权滥用行为的反垄断法规制》，载《政治与法律》2023年第2期。

第一，针对著作财产权设立有效的保护期限，使作品最终进入公共领域。著作权保护期限制度有利于调整著作权人和作品传播者与使用者的利益关系，使社会公众在保护期限届满后自由使用作品。关于著作权保护期限制度，本书第十章第一节将专题讨论。

第二，引入思想与表达二分法原则，明确著作权不保护作品中承载的思想，仅保护思想的表达，从而有利于明确著作权保护边界，协调不同主体之间的利益关系，促进知识、思想和信息的自由传播。思想与表达二分法原则是著作权法中的重要原则。根据这一原则，著作权法只保护思想的表达形式，不保护思想本身。[1] 二分法原则无论是从经济学角度，还是从法理学角度看都具有充分的正当性。如从经济学角度看，法律保护思想的成本巨大，且不能带来社会收益，因此缺乏经济上的正当性。从法理学角度来说，保护思想将造成思想的垄断，不利于保障社会公众利益，且保护思想缺乏可操作性。正是基于二分法原则在著作权保护中的正当性和合理性，其在著作权司法实践中也被广泛运用。例如，在一百年以前的著名 Baker v. Selden 案[2]中，法院明确区分了该案中不受保护的思想，也为区分著作权保护和专利权保护奠定了重要的判例法基础。在后来的国外很多著作权案件中，该原则也被反复适用。如有的判例指出：适用该原则是出于公众利益考虑而明确后续作者创作作品时能够自由利用的领域。美国联邦最高法院在相关案件中则认为，著作权法"确认了作者对原创表达的权利，但也鼓励其他人自由使用由作品产生的信息和思想。"[3]

二分法原则的重要性，最终是通过国内立法和国际条约形式加以体现的。从国内立法来看，一些国家在著作权法中明确规定了这一原则。例如，美国《著作权法》第102条规定："在任何情况下，对作者独创作品的著作权保护，不能扩大到作品所描述的任何思想、程序、方法、体系、操作方法、概念或者原理，或者发现上。"从国际公约规定看，TRIPs协议首次在国际公约层面引入了二分法原则，其第9条规定："著作权保护应延及表达，而不延及思想、工艺、过程或者数学概念之类"。可以认为，二分法原则已成为著作权保护中的根本性原则。

从我国著作权法理论研究与实务的情况看，基于该原则的极端重要性，理论界普遍认为该原则在著作权法中具有基础性地位。例如，有学者认为，二分法原则是"确保著作权法中利益平衡的基石"。[4] 在著作权司法实践中，越来越多法院引入该原则用于界分受著作权保护的表达和不受著作权保护的思想以及属于思想范畴的客观事实、惯用题材、情节、常用主题等。[5] 在2020年《著作权法》修改中，引入二分法原则也已形成基本共识。如2012年《著作权法（修改草案）》第7条第1款规定："著作权保护及于表达，不延及思想、过程、原理、数学概念、操作方法等。" 2014年《著作权法（修订草案送审稿）》第9条第1款则规定："著作权保护延及表达，不延及思想、过程、原理、数学概念、操作方

---

[1] 参见徐珉川：《"众创"时代数字内容侵权中的"思想/表达二分"》，载《法学评论》2022年第6期。

[2] 101U. S. 99（1879）.

[3] Harper & Row, Publishers, Inc. v. NationEnterprises, 471 U. S. 539, 560；冯晓青：《知识产权法利益平衡理论》，中国政法大学出版社2006年版，第376页。See also Whelan Assocs. v. Jaslow Dental Lab., Inc., 797 F. 2d 1222（3d Cir. 1986）（明确计算机程序的结构、顺序、组织（SSO）受著作权保护）。

[4] 冯晓青：《知识产权法利益平衡理论》中国政法大学出版社2006年版，第408页。

[5] 参见北京知识产权法院（2019）京73民终1270号民事判决书（侵害著作权及不正当竞争纠纷案）；广西壮族自治区桂林市叠彩区人民法院（2020）桂0303民初638号民事判决书（侵害著作权纠纷案）；四川省成都市武侯区人民法院（2019）川0107民初6549号民事判决书（著作权权属、侵权纠纷案）。

法等。"不过，2020年最终通过的现行《著作权法》则取消了前述规定。本书认为，鉴于前述二分法原则在著作权保护以及司法实践中明确著作权的权利边界范围的重要性，未来在完善著作权制度时，依然需要增加二分法原则，以更好地指导司法实践，实现我国著作权制度的现代化。

第三，引入"公共领域保留"原则。根据前面关于公共领域的讨论，在知识产权法中存在不受知识产权保护的公共领域，公共领域对于明确知识产权保护边界、合理划分权利人和社会公众利用知识产权的范围，从而协调不同主体的利益关系具有重要作用。[1] 在美国著作权法理论中，即有著名的"3P"原则，其中之一就是公共领域保留原则。在著作权法中强化公共领域保留的基本理念与制度设计，是实现著作权法价值目标的基本要求。著作权法中公共领域的理论与原则构建，可以为建立科学、合理的著作权保护理论体系提供强大的理论支持，并用以指导著作权立法完善与著作权司法实践。[2] 著作权法中公共领域保留条款的设计，可以为著作权法中平衡保护著作权人利益与维护社会公众利益的关系提供具体的制度规则。在著作权司法实践中秉承公共领域理念和原则，既重视著作权人利益的有效保护，又重视社会公众自由使用公共领域资源与元素的法律价值、产业价值、民主文化价值，不仅可以在个案中实现公平、正义与效率的平衡，而且可以为人们提供合理的著作权保护预期，确保著作权法之价值目标得以实现。[3]

上述"公共领域"，又称"公有领域"，是当前包括著作权法在内的知识产权法中的一个十分重要的学理概念。在著作权法领域，其首先出现在《伯尔尼公约》第18条关于"进入公共领域"的表述[4]中，意味着保护期届满的作品将不再受到著作权保护。在著作权法领域，公共领域的初始含义也被认为是著作权保护期限届满的作品可以被人们自由利用，既不需要获得许可，也不需要支付报酬。基于这一内涵，人们认为英国1709年《安娜女王法》是世界上最早确立著作权法中公共领域的立法。随着经济社会发展以及著作权法重要性的凸显，关于著作权法中公共领域的认识已不限于著作权保护期限届满这一情形，而是拓展到著作权法中所有不需要征得许可，也不需要支付报酬而自由使用作品的情形。这种情形与受著作权保护而形成的专有领域形成对照，两者构成对立统一的关系。在这种情况下，公共领域在著作权法中的地位也大为提高，甚至维护公共领域被有的国家著作权法确认为一项基本原则。公共领域因而也不仅是作为一个概念或理念存在，而且对构建整个著作权制度的理论大厦以及保障著作权法的有效运行都具有十分重要的意义和作用。我国有学者即指出："公共领域的理论在很大程度上是人们为了反思版权之不足而提出来的。公共领域既是版权创造的前提和基础，也是版权发展的终极目的和价值依归。从有关版权法上公共领域诞生的历史路径来看，公共领域实际上是和版权同呼吸、共命运的。二者在版权

---

[1] 参见冯晓青主编：《知识产权制度中的公共领域问题研究（第1卷）》，中国政法大学出版社2022年版；冯晓青主编：《知识产权制度中的公共领域问题研究（第2卷）》，中国政法大学出版社2023年版。

[2] 参见福建省高级人民法院（2022）闽民终879号民事判决书（侵害著作权纠纷案）；天津市高级人民法院（2021）津民终246号民事判决书（侵害作品信息网络传播权纠纷案）。

[3] 杨利华：《公共领域视野下著作权法价值构造研究》，载《法学评论》2021年第4期。

[4] 该条规定：本公约适用于所有在本公约开始生效时尚未因保护期满而在其起源国进入公有领域的作品。但是，如果作品因原来规定的保护期已满而在被要求给予保护的国家已进入公有领域，则该作品不再重新受保护。

法上的契合,既是一种历史的必然,也是一种逻辑的必然。"[1] "一个健康的公共领域是著作权制度的重要支柱。在缺乏公共领域时,我们甚至无法容忍著作权的存在。"[2]

国外对知识产权法中公共领域理论的适用与研究早于我国。如在美国,联邦最高法院的有关判决中多次述及公共领域概念。在学术研究中,早在1967年即有探讨著作权法中公共领域问题的论文。其认为,公共领域是著作权法中的另一面,它缺乏著作权保护下的私人财产要素,因为没有任何法律上赋予的权利会排除它,并且"像空气一样自由地供普通人使用"。[3] 随着近年来著作权的急剧扩张,公共领域日渐式微。这种情况引起了人们的担忧。有学者甚至将实践中公共领域被挤压的现象形象地称为文化领域的"第二次圈地运动"。[4]

如前所述,著作权法是一种典型的利益平衡机制,公共领域则是维系这一平衡机制的重要砝码和保障。公共领域的式微会打破著作权法中的动态化利益平衡机制,不利于著作权立法宗旨的实现。也正是基于此,近些年来国内外都开始日益重视公共领域保留原则在著作权法中的适用,并对公共领域本身的相关原理作了多方面探讨。无论关于著作权法中公共领域的概念如何定义,其基本内涵都是不受著作权规制的、可以为他人自由使用的公共财产。

在著作权法领域中,公共领域不仅是一个理论上的概念,在有的国家著作权法中也被明确引入。例如,法国1791年《著作权法》首次使用了公共领域这一概念,美国在1909年《著作权法》修改后首次引进这一术语。本书建议,未来随着我国著作权制度的发展,更需要构建基于专有领域与公共领域平衡的动态化平衡机制,应当适时引入公共领域的概念并确立公共领域保留原则。这不仅有利于优化我国著作权立法的价值构造,而且有利于指导著作权司法实践,更好地在保障著作权的基础上维护社会公众使用公共领域的自由和权利。

四、有偿使用作品的原则

因作品的利用而获得报酬,是作者或其他著作权人获取和行使著作权的重要目的,也是著作权制度的基本内容之一。如前所述,著作权本质上是一种财产权,著作权人能够通过行使著作权而获得一定的经济收益。不仅如此,基于著作权的专有权利属性,拥有和行使著作权还能够获得一定的竞争优势,这种竞争优势最终可以转化为经济利益。

我国《著作权法》规定了有偿使用作品、保障作者获酬权的制度。这主要体现为以下几方面:其一,明确规定著作权人享有获得报酬权。现行《著作权法》第10条第2款和第3款分别规定了著作权人行使许可权与转让权时,有权"依照约定或者本法有关规定获得报酬"。其二,明确规定在法定许可的情况下,著作权人享有获得报酬的权利。关于法定许可,本书第十二章第二节将进行探讨。当然,著作权法基于平衡著作权人利益与社会公共利益关系的考虑,也规定了在特定情况下他人使用受著作权保护的作品既不需要获得许可、

---

[1] 张玉敏、黄汇:《版权法上公共领域的合理性》,载《西南民族大学学报(人文社科版)》2009年第8期。

[2] 李雨峰:《版权法上公共领域的概念》,载《知识产权》2007年第5期。

[3] M. William Krasilovsky, "Observations on Public Domain", *Bulletin of the Copyright Society of the U.S.A.*, Vol. 14, Issue 3 (February 1967), p. 205.

[4] James Boyle, "The Second Enclosure Movement and the Construction of the Public Domain", *Law and Contemporary Problems*, Vol. 66, Issues 1-2 (Winter/Spring 2003), pp. 33-74.

也不需要支付任何费用的"合理使用"制度。现行《著作权法》第 24 条即对此作了详细规定。本书后面也将进行详细探讨。

五、符合著作权国际保护基本准则的原则

如前所述，包括著作权在内的知识产权制度从 19 世纪末开始即具有不断国际化的趋势和特色，因而国际化也是各国、地区著作权法发展的重要趋势与特色。我国著作权立法适应了著作权国际保护的发展趋势，在整体上吸收了各国普遍认可的著作权保护准则，贯彻了符合著作权国际保护基本准则的原则。在修改后的《著作权法》和《著作权法实施条例》中，更进一步实现了与著作权保护国际惯例的接轨。当然，基于包括著作权制度在内的知识产权制度国际化本身也处于变革与发展之中，并且全球知识产权治理的重要性也日益凸显，我国著作权法在未来也需要进一步符合著作权国际保护趋势，适时通过修法的形式实现与我国参与的知识产权国际公约所确立的著作权国际保护准则的一致。

本章案例研讨

7-1（总第 1）：基于公共领域素材创作的作品受著作权保护
——刘某与中国科学院某研究所等侵犯著作权纠纷案[1]

一、案情简介

原告中国科学院某研究所和郑某主张，其创作的有孔虫模型属于我国著作权法保护的作品。刘某与某公司合作制作的雕塑中有 10 个"有孔虫"雕塑和原告享有著作权的模型作品高度相似，并歪曲了有孔虫美学的天然性。原告遂向山东省济南市中级人民法院提起著作权侵权之诉。被告刘某则抗辩，有孔虫并非原告发现，而是前人发现的，原告不能禁止被告独立制作。并且，被告是参考很多来自公共领域的包括有孔虫的资料的基础之上制作完成的，故不侵犯原告的著作权。

二、法院裁判理由及结果

一审法院首先对原告主张的有孔虫模型是否受著作权法保护进行了认定。法院认为，有孔虫模型是依据自然界中的单细胞动物有孔虫的外形、构造并按照一定比例放大制成的模型。该模型制作由于体现了作者对"有孔虫特定生长阶段、色彩及表达方法的个性化选择及其观察能力、绘图能力和雕刻能力"，因而具有独创性而应受著作权保护。模型作品的创作题材来源于现实生活中客观存在的物体，在著作权保护意义上其属于抽象的思想范畴，以此为基础并通过个性化的选择、判断并运用一定的技巧所产生的模型作品才是受著作权保护的客体。基于此，就本案而言，原告创作的有孔虫模型作品受著作权保护的范围限于独创性的表达，而不是对大自然中客观存在的有孔虫的保护。原告对于有孔虫本身不能享有任何专有权利。针对本案中被告抗辩保护原告有孔虫模型会导致原告对有孔虫的垄断，法院认为，由于有孔虫模型作品的保护并不排除他人同样以有孔虫为基础创作其他作品，因此被告的抗辩理由不成立。

法院提出了实质性相似加接触再排除合理怀疑等判定思路和方法。鉴于被告承认接触过原告涉案作品，法院主要审查原被告作品之间是否存在实质性相似。法院先论证了作品中思想的表达与作品载体之间的关系，指出作品需要一定载体，但载体并不是著作权保护

---

[1] 山东省高级人民法院（2012）鲁民三终字第 33 号民事判决书。

的对象，同时作品可以拥有多种载体。法院对被控雕塑与有孔虫模型是否构成实质性相似问题进行了重点分析。法院采取了整体比对和具体细节对比相结合的方式。在整体对比上，法院认为由于被控雕塑与原告有孔虫模型在主体结构和造型选择上基本相同，故可以认定两者在整体上并无实质性差异，可以认定被控雕塑脱胎于原告有孔虫模型。从细节上看，虽然被控雕塑与原告有孔虫模型相比存在局部修改和变形处理之处，但被告在后设计的9个雕塑与原告的有孔虫模型正好形成对应关系。考虑到有孔虫是自然界中微小的单细胞动物，被告不是生物学领域的专业人员，不可能凭借参考书籍中有孔虫图片制作出立体的雕塑，法院确信被告与原告作品之间的相似难言巧合。基于上述分析，法院判决被告构成对原告模型作品的著作权侵权。二审法院维持原判。

本案涉及基于公共领域素材创作的作品的著作权保护问题。在该案中，法院考虑到被控雕塑作为抽象的有孔虫的具体形式与原告有孔虫模型存在高度相似，加之被告在创作雕塑作品过程中接触了原告的模型作品，且其并非生物技术相关专业领域人员，难以凭借其主张的参考书中的有孔虫图片形成立体的有孔虫雕塑。法院明确了有孔虫作为客观存在之物并非本案著作权保护的对象，著作权法也不能禁止他人以此为基础创作有孔虫题材的作品。本案判决表明，著作权保护不能禁止他人使用不受著作权保护的事实、题材等公共领域资源或者元素的范畴，而被告在创作中也不能占有原告作品中的富有个性化的独创性表达。在著作权侵权纠纷案件的处理中，对于以特定事实、题材为基础创作的作品，应当明确界分事实、题材本身以及利用特定事实、题材创作出的独创性作品的区别。其中，前者属于公共资源和公共领域范畴，任何人都可以自由利用；后者则属于受著作权保护的范畴，两者的区分是十分明显的。

7-2（总第2）：公共领域素材不受著作权保护
——何某形象造型著作权权属、侵权纠纷案[1]

一、案情简介

原告何某主张涉案"西湖十景"形象造型为具有独创性的立体美术作品，且其享有该作品的著作权，被告未经许可擅自制作相类似作品侵害其著作权。被告则认为"西湖十景"形象造型涉及的发型、头饰系客观事实，属于公共领域范畴，不能受著作权保护。

二、法院裁判理由及结果

一审浙江省杭州市西湖区人民法院认为，"西湖十景"形象造型并不是抽象意义上的创意，而是经过通过有形方式实现了对具体客观事实的个性化表达，尤其是对客观世界中的"西湖十景"如何具体化为形象造型，通过大发型、头饰的具体搭配和巧妙的布局进行了拟人化的选择与判断，因而属于具有独创性的立体美术作品，应受著作权保护。被告的"西湖十景"形象秀是否与原告的作品相似，是本案审理的关键。法院强调，这里的相似并非针对创意上的相似，而是外在表达上是否相似。

法院认为，如果被告同样以模特的形象造型表现"西湖十景"，只要以迥异的风格、布局和搭配诠释对客观事物的外在表达，也可以成为具有独创性的作品。在判断相似性时，要排除已进入公有领域的素材和表达，因为这些并非何某创作而来，如普遍使用的发式、

---

[1] 浙江省杭州市中级人民法院（2011）浙杭知终字第54号民事判决书。

头饰等，以及表达某个主题自然要使用到的相对固定的元素。法院认识到原告作品中涉及客观存在事实属于公共领域元素，被告作品与原告作品在这些方面的相同或者相似不是认定著作权侵权所需要考虑的，而所需要考虑的应是被告作品是否存在着与原告作品中利用相同或者相似的公共领域素材与表达产生出相类似的表达。经过对比证据发现，被告作品中对模特的形体要求、发饰头型、搭配装饰等区别明显，被告创作的形象造型中所使用的红梅、荷花等在形状、大小、颜色、布局等各方面与何某的均明显不同，何况使用的花都是客观存在的事物，任何人都可以自由使用。最终，一审法院认定被告不构成侵害著作权。

原告不服一审判决，向杭州市中级人民法院提起上诉。二审法院认可了原告作品作为立体美术作品享有的独创性。同时，对两部作品之间的区别进行了更为细致的比对，发现被告和原告作品之间缺乏实质性相似特征。如"断桥残雪""曲院风荷""雷峰夕照""柳浪闻莺"，在素材选取、搭配、装饰和位置等方面均存在区别，从整体上看二者属于不同的表达方式。二审法院还特别强调了双方作品表达中某些特定元素相似的问题，认为"西湖十景"所对应的特定景物古已有之。创造"西湖十景"艺术造型必然受特定景物的限制，"作品在表达时呈现出局限性的表达形式"。故不能以表达形式上存在某些特定的元素而认定著作权侵权。关于"西湖十景"的公有性问题，法院认为当利用公共领域元素进行创作时，需要从整体布局和具体表现两方面全面考察形象造型的异同。另外，对于利用公共领域元素创作而形成的作品在保护范围上应当避免宽泛，以免损害社会公共利益。基于本案中被告作品在诸如风格、布局、搭配等艺术造型具体表现形式上与原告作品存在实质性差异，二审法院维持了一审判决。

本案一、二审均注意到了"西湖十景"属于不受著作权保护的公共领域资源，无论谁以其作为主题创作艺术造型作品，都不可避免地利用相类似公共领域元素进行创作。被告使用的与原告相同的题材，均被法院认定为属于公共领域的元素。当然，法院并非认为只要被告作品是基于与原告相同或者相似的公共领域元素创作就不构成著作权侵权，而是认为这些具有客观事实性质的公共领域元素本身应当排除在著作权保护范围。本案还涉及思想、创意不受著作权保护问题，因为原告提出被告创作其作品事先知悉原告的作品，是受到原告作品的启发而创作其作品的。

7-3（总第3）：思想与表达二分法在著作权侵权纠纷案件中的适用
——张某与雷某等侵害著作权纠纷再审案[1]

一、案情简介

张某因与雷某、赵某、山东某音像图书有限公司侵害著作权纠纷一案，不服山东省高级人民法院（2011）鲁民三终字第194号民事判决，向最高人民法院申请再审。张某申请再审称：二审法院认定事实不清。在雷某、赵某对创作来源无客观证据证实且二审法院也未认定《最后的骑兵》剧本及电视剧（以下简称《雷剧》）存在其他创作来源的情况下，以赵某单方陈述否认《雷剧》改编系抄袭自其《高原骑兵连》剧本及电视剧（以下简称《张剧》）存在明显错误。二审法院以"公有领域的素材，或在表达上缺乏独创性，不应为张某所专有"来否认《雷剧》对《张剧》的改编与抄袭错误。张某请求撤销二审判决，

---

[1] 最高人民法院（2013）民申字第1049号民事裁定书（指导案例第81号）。

改判雷某、赵某停止侵权，赔偿损失。

二、法院裁判理由及结果

最高人民法院经审查，二审法院查明的事实属实予以确认，认为判断作品是否构成著作权侵权，应当从被诉侵权作品的作者是否"接触"过要求保护的权利人作品、被诉侵权作品与权利人的作品之间是否构成"实质相似"两个方面进行判断。本案各方当事人对雷某接触《张剧》剧本及电视剧并无争议，本案的核心问题在于两部作品是否构成实质相似。

我国著作权法所保护的是作品中作者具有独创性的表达，即思想或情感的表现形式，不包括作品中所反映的思想或情感本身。这里指的思想，包括对物质存在、客观事实、人类情感、思维方法的认识，是被描述、被表现的对象，属于主观范畴。思想者借助物质媒介，将构思诉诸形式表现出来，将意象转化为形象、将抽象转化为具体、将主观转化为客观、将无形转化为有形为他人感知的过程即为创作，创作形成的有独创性的表达，属于受著作权法保护的作品。著作权法保护的表达不仅指文字、色彩、线条等符号的最终形式，当作品的内容被用于体现作者的思想、情感时，内容也属于受著作权法保护的表达，但创意、素材或公有领域的信息、创作形式、必要场景或表达唯一或有限则被排除在著作权法的保护范围之外。在判断《雷剧》与《张剧》是否构成实质相似时，应比较两部作品中对思想和情感的表达，将两部作品表达中作者的取舍、选择、安排、设计是否相同或相似，而不是离开表达看思想、情感、创意、对象等其他方面。

最高人民法院认为：军旅历史题材作品是社会的共同财富，不能为个别人所垄断，作者有权以自己的方式对此类题材加以利用并创作作品；表现方式属于军旅题材作品不可避免地采取的必要场景，因表达方式有限，不应受著作权法保护；故事情节中仅部分元素相同、相似并不能当然得出故事情节相同、相似的结论。从《张剧》与《雷剧》两剧、《骑马挎枪走天涯》及《天苍茫》两部小说的具体内容看，《雷剧》与《张剧》除故事情节完全不同的部分外，其相同、相似的部分多属于公有领域素材或缺乏独创性的素材，有的仅为故事情节中的部分元素相同，但情节所展开的具体内容和表达的意义并不相同。整体而言，不能得出两部作品实质相似的结论。因此，《雷剧》与《张剧》属于由不同作者就同一题材创作的作品，两剧都有独创性，各自享有独立著作权。基于此，最高人民法院驳回张某的再审申请。

本案充分体现了著作权法中思想与表达二分法原理在司法实践中的正确适用。在该案中，法院基于涉案作品与再审申请人作品不构成实质相似而认定被申请人不构成著作权侵权。同时，明确了双方当事人的作品都具有独创性而受著作权保护。本案还涉及必要场景和二分法之"合并原则"问题。最高人民法院明确指出：必要场景是选择某一类主题进行创作时，不可避免而必须采取某些事件、角色、布局、场景，这种表现特定主题不可或缺的表达方式不受著作权法保护；表达唯一或有限，是指一种思想只有唯一一种或有限的表达形式，这些表达视为思想，也不给予著作权保护。

第八章 著作权的客体

本章提要

本章主要阐述和探讨文字作品、口述作品，音乐、戏剧、曲艺、舞蹈、杂技艺术作品，美术、建筑作品，摄影作品，视听作品，工程设计图、产品设计图、地图、示意图等图形作品和模型作品，计算机软件，"符合作品特征的其他智力成果"的基本概念，以及著作权法不予保护和不适用著作权保护的情形。

本章的重点是作品的独创性要件、各类作品的著作权保护特点，难点是"符合作品特征的其他智力成果"的理解、作品的独创性和不适用著作权保护的情形。

第一节 作品的概念及其构成要件

一、作品的概念

作品，是著作权的客体，也是作者或其他著作权人主张和实现其著作权的基础和根本。原因在于，著作权是基于作品而受著作权法保护的专有权利，离开作品，著作权无从谈起。鉴于作为著作权客体的作品概念或者定义在著作权法中的重要地位和作用，无论是保护著作权的国际公约还是各国、各地区著作权法，都需要规定著作权客体制度，明确作品的概念或者受著作权保护的类型。从有关著作权的国际公约的规定看，《伯尔尼公约》《世界版权公约》以及TRIPs协议等对受著作权保护的作品类型都作了列举。[1] 从其他国家或地区著作权法的规定来看，其常采取概括式与列举式相结合的方式界定作品的概念与内涵，也就是在界定作品定义的基础上明确规定受著作权保护的作品类型。[2] 这些国家如美国、德国、法国和日本等。[3]

著作权是基于文学、艺术和科学作品而依法产生的专有权利，著作权法通过保护作品不受侵犯来实现保护著作权人利益、促进作品创作与传播的目的。因此，界定作品的含义

---

[1] 分别见上述国际公约第2条、第1条和第9条。
[2] 曹新明：《著作权法上作品定义探讨》，载《中国出版》2020年第19期。
[3] 吴汉东：《〈著作权法〉第三次修改的背景、体例和重点》，载《法商研究》2012年第4期。

及范围是著作权法的重要内容。[1]

从我国《著作权法》关于作品的规定来看，从 1990 年 9 月 7 日公布的第一部《著作权法》到 2010 年 2 月 26 日公布的第二次修改的《著作权法》，一直缺乏对作品的基本定义性的规定，而只是在其第 3 条对受著作权保护的作品类型作出明确列举。但是，相关行政法规专门对作品的概念作了规定。例如，2013 年修订的《著作权法实施条例》第 2 条规定："著作权法所称作品，是指文学、艺术和科学领域内具有独创性并能以某种有形形式复制的智力成果。"在《著作权法》第三次修改过程中，立法者认识到对于属于著作权法中的重要概念和制度，应当直接在著作权法中作出规定，而不应当在其下位法中加以明确。如上所述，作品显然是著作权法中十分重要的概念，因而有必要将现行《著作权法实施条例》的规定整合到《著作权法》中。这也就是为何本次修改《著作权法》一改过去仅在《著作权法实施条例》中规定的立法惯性，在《著作权法》中直接作出规定。

现行《著作权法》第 3 条规定：本法所称的作品，是指文学、艺术和科学领域内具有独创性并能以一定形式表现的智力成果。对于该规定，有学者认为，其吸收了学理上经常采用的著作权定义，有突破著作权客体严格法定之意，体现了一定的进步色彩。[2] 值得注意的是，上述规定并非完全承袭《著作权法实施条例》第 2 条关于作品定义的规定，而是有所发展和改进。具体而言，是将《著作权法实施条例》第 2 条规定的"能以一定形式复制"修改为"能以一定形式表现"。

二、作品的构成要件

文学、艺术、科学领域的智力成果多种多样，但并非所有的成果都可以成为著作权的保护对象。著作权法保护的作品应当具备以下构成要件。

（一）作品应当反映一定的思想或情感

作者通过自己的创造性劳动完成的作品，应当表达作者某一方面的思想或情感，如传授知识、反映现实、阐述理论、表达观点、抒发感情等。单纯的堆砌事实、信手涂画，因为不具备这种特点而难以成为作品。相反，只要作品表达形式凝聚着作者的智力劳动，反映了一定的思想感情，即使表现形式有限，仍不失为作品。如我国最短一首诗题为《生活》，内容只有一个字"网"。相反，如果不存在反映一定思想或情感的余地，则不能成为受著作权保护的作品。例如，自动抓拍的照片，由于缺乏创作意图，该照片不能受著作权保护。[3]

受著作权保护的作品要求能够反映一定的思想或感情，是基于作品的社会文化功能所承载的精神内涵。作品作为智力创作成果，本质上是人类社会生活的体现和反映。人们在自己的工作和生活中，通过学习和模仿，以及思考和训练等，在获得相关知识、信息和思想的同时，也逐渐形成了一定的世界观和人生观。作者通过文字、图形、语言等形式阐释某种观点、传授某种知识或信息，无不体现和反映一定的思想或情感。这在文学和艺术作品中体现得尤为明显。如小说本身是以文字作品形式反映社会生活的文学作品，承载着作者个人对特定社会生活的感悟、思考和评价。自然科学类作品则更多地反映作者的技术思

---

[1] 参见张振锋：《符号学视角下作品认定的方法论研究》，载《法制与社会发展》2024 年第 1 期。
[2] 刘承韪：《论著作权法的重要修改与积极影响》，载《电子知识产权》2021 年第 1 期。
[3] 参见重庆市第一中级人民法院（2022）渝 01 民终 2190 号民事判决书（著作权侵权及商业诋毁纠纷案）。

想。无论属于何种类型作品，都需要反映一定的思想或情感。

应当指出，"作品应当反映一定的思想或情感"，并非我国《著作权法》以及其他国家和地区著作权法对作品构成要件的明确的规定，而是基于作品作为人类文化载体的基本要求以及其本质属性进行的归纳。这一要件，不仅具有重要的理论价值，而且具有重要的实践意义。基于这一要件，可以将著作权纠纷案件中那些并不具备上述要件的对象排除在受著作权保护的作品范畴。例如，针对古埃及壁画的复制行为，就不能纳入作品创作的范畴。

（二）作品应具有独创性

独创性（Originality），又称原创性或创造性，是作品获得著作权保护的首要条件。[1] 它是指作品是作者自己选择、取舍、安排、设计的结果，既不是依已有的形式复制而来的，也不是依照既定的程序、程式、手法进行推理和运算而来的，更不是抄袭、剽窃而来的。是否构成作品以有无独创性为标准，不受行为人技艺水平高低的影响。例如，幼儿所画的表现孩子们玩乐场景的画，体现了孩子们对生活的理解，尽管表现方法粗朴，但因为具有独创性而构成作品；相反，对已有作品（如书法、绘画）的临摹，无论水平多高，所反映的只是临摹者的技艺而不是其自己的设计和安排，只是复制而不是创作；临摹品无论多么逼真、传神，只能是复制品而不是作品。当然，如果在临摹过程中体现了作者的取舍和设计，则是在原有基础上的再创作，构成演绎作品。

独创性是著作权法中的一个重要法律概念，由于各国著作权保护的着眼点有别，在独创性的界定与判断上存在不同认识。在法国、德国等作者权体系国家，强调作品中反映的作者人格精神，认为作品的创作是作者运用创造力从事的智力创造活动，独创性被规定为创造性。只有具有创造性、反映了作者思想、感情和认识的智力成果，才是著作权保护的、具有独创性的作品。基于此，法国著作权法强调作品应当反映作者的"个性"，认为作品是作者的人格体现。这显然与法国著作权法的哲学基础受到黑格尔、康德等哲学家关于财产与人格的理论相关。在德国著作权法中，针对独创性强调"一定的独创高度"。英、美等版权法体系国家则奉行著作权"个人财产论"，认为保护著作权的目的是激励人们对文化产品的生产与投资，以促进新作品的产生和传播，作品的独创性被赋予很宽松的解释：只要是作者独立完成的，就具有独创性，构成创作。仅凭技巧甚至一般劳动直接形成的事实作品、功能性作品与具有较高创造水平的文学、艺术作品一样，都被认为是作者创造的具有独创性的作品。当然，随着两大法系的融合，关于独创性认定标准，大陆法系和英美法系国家也在变化之中。例如，德国引进"小铜币理论"，对于实用性较强的作品采取较低的独创性标准；美国在 Feist 案后，主张独创性应包含"最低程度的创造性"或者"创造性火花"。

我国《著作权法》借鉴了两大著作权体系的合理因素。结合我国著作权保护的价值取向，在判断作品独创性时一般要求作品在形成过程上是作者"独立创作完成"的，在表现形式上富有个性。但独创性不以新颖性为前提，不要求作品表现的思想主题新颖别致、绝无仅有，也不排斥他人对同样的思想主题进行独立表达。具体而言，"作品的独创性主要体现在作品的表现形式方面，而不体现在作品的思想内容上面。它包括相关联的两个因素：一是从作品本身看，作品是作者思想、感情的外在表现，作者的个性、人格是通过其独创性劳动融于其作品之中的，故作品具有个性特征。二是从作品的创作过程看，作品是作者独立的脑力劳动的结晶，独立创作成为界定独创性的根本标准。创作，是作品的源泉，是

---

[1] 参见王国柱：《著作权法中作品独创性的审美逻辑》，载《法学研究》2023 年第 3 期。

以作品为客体的著作权法律关系产生的基础，它规定了著作权理论中其他范畴的实质内容和相互关系，而作品的独创性则是作品中凝聚的作者创作活动的体现，对创作行为的保护构成了著作权保护的实质内容。因此，对作品独创性之界定，必须与作品创作活动相联系，只有这样才能真正揭示作品独创性的本质内涵"。[1]

关于作品独创性的认定，应当注意：其一，作品要求具备独创性，并不等于作品自始至终都是作者本人"独立"创造的。独创性并不排除在法律规定的范围内合理使用他人已发表的作品。只要作品在整体上注入了自己的见解和构想，并且是以自己特有的表现手段，包括富有个性的语言、风格、技巧等进行创作完成的，就应当认为具备了独创性。其二，独创性不等于新颖性。新颖性是专利法对发明创造专利保护的要求，而不是著作权法对作品的要求。一部作品即使在思想、情感表达方面缺乏新颖性，但只要是作者独立完成的，就同样可以获得著作权保护。对作品独创性不要求新颖性，也与作品自动保护主义原则相一致。当然，在思想和表达方面越是具有新颖性的作品，其价值会越大，也越受欢迎。因此，作品中承载的深邃思想和创新观点对于实现作品的经济社会价值仍然具有重要意义。其三，独创性不排除"巧合作品"的存在。所谓巧合作品，是指不同作者独立创作的在题材和表现形式上相同或者实质性相同的作品。[2]《审理著作权民事案件适用法律解释》第15条明确规定："由不同作者就同一题材创作的作品，作品的表达系独立完成并且有创作性的，应当认定作者各自享有独立著作权。"从这里也可以理解，著作权的独占性程度不如专利权。

在认定作品独创性时，除了上述考虑外，引入前述公共领域保留原则界分受著作权保护的表达与不受著作权保护的公共领域也具有重要意义。例如，南京某雕塑中心诉南京某雕塑艺术有限公司等侵犯著作权纠纷案[3]即涉及作品独创性认定问题。本案中，原告的雕塑作品与进入公有领域的雕塑作品无论在表现形式、思想内涵还是艺术风格上均基本相同，原告欲主张其诉讼请求，需要证明其是独立创作完成的。正如一审江苏省南京市中级人民法院所指出的："虽然在同一时间、不同主体独立创作的情况下，有可能产生作品的表达方式相同或近似，但需要证明创作系独立完成且创作时间相近，而非抄袭、剽窃他人作品。"由于原告未能举证证明其作品系独立创作，法院驳回了其诉讼请求。本案揭示了独创性应当排除公共领域的法理，为相同或近似作品发生著作权争议如何从独创性方面入手加以解决提供启发。又如，再审申请人刘某与被申请人包头市某联合旗人民政府等侵犯著作权及不正当竞争纠纷案[4]涉及行政区划地图的可版权性及其保护程度。在该案中，最高人民法院主张："独立创作完成的地图，如果在整体构图、客观地理要素的选择及表现形式上具有独创性，可构成著作权法意义上的作品；行政区划图中关于行政区的整体形状、位置以及各内设辖区的形状和位置等，由于系客观存在，表达方式非常有限，在认定侵权时应不予考虑。"从该案可以获得以下启示：一是不同性质作品其独创性程度不同；二是著作权保护思想的表达形式，但表达形式非常有限时，该表达也不受著作权保护，以避免作者对公有领域资源的独占。

---

[1] 冯晓青：《著作权法》，法律出版社2022年版，第50~51页。
[2] 冯晓青：《著作权法》，法律出版社2022年版，第50~51页。
[3] 江苏省高级人民法院（2005）苏民三终字第023号民事判决书。
[4] 最高人民法院（2008）民申字第47号民事裁定书。

(三) 作品应当具有一定的表现形式

著作权法保护的作品，应以文字、语言、声音、色彩、造型等形式表现出来，使他人能够直接接触或间接地看到、听到或感觉到。这反映了著作权的依附性特点：尽管著作权的产生和存在不取决于作品的形式，但作品必须依附于某种形式才能被利用，著作权法的社会目的也才能实现。

如前所述，在2020年《著作权法》颁行之前，《著作权法》对作品的要求是"能够以一定形式复制"，2020年《著作权法》则将其修改为"能以一定形式表现"。也就是说，取消了关于复制的要件，只要能够以一定形式表现即可。这一修改被认为使"作品摆脱了可固定性的要件，也摆脱了原有的僵化的有形形式的限制，为作品的认定留下了弹性的空间，适应了新的技术时代的变化需要。"[1] 本书对此表示赞同，并进一步认为该修改的合理性在于：如前所述，著作权制度具有因应技术发展的特点，这也是著作权制度现代化的重要体现和要求。随着当前信息网络技术和作品传播技术的迅猛发展，固定和存储作品的形式并不限于可以复制形式，还可以包括其他形式。如果仅限于可以复制形式，则可能无法涵盖新技术发展条件下出现的其他固定、存储作品的形式，为适应技术发展需要，需要将"以一定形式复制"扩大为"以一定形式表现"。[2]

关于作品应当具有一定的表现形式，还需要进一步探讨的是前述思想表达二分法原则。

作品中承载的思想和表现形式分别属于主客观两个范畴。思想本身是无形的，属于主观范畴，难以被人们控制，任何人都可以以自己的方式就同样的思想加以表现和利用；反映思想的表现形式，则属于客观范畴，可以成为人们支配的对象。著作权法只保护包含作者独创性创作的表现形式，不保护被表达的思想，这是著作权制度的基本理论之一，也是著作权法理论上著名的作品思想与表达"二分法"原则。该原则在国外是通过 Twentieth Century Music Corp. v. Aiken[3] 等判例发展起来的。

我国现行《著作权法》尽管尚未规定上述原则，但无论是在学理上还是司法实践中都认可这一重要原则。相关司法判决还强调了"唯一或者有限表达形式"属于思想范畴，不受著作权保护，这一点也应引起重视。在著作权法理论上，这被称为"合并原则"，实质上是对二分法原则的补充或限制。在司法实践中，适用合并原则的案例也并不罕见。例如，在再审申请人陈某与被申请人富顺县某印务有限公司侵犯著作权纠纷案[4]中，本身并不表达某种思想的答题卡能否构成著作权法意义上的作品。在该案中，最高人民法院经审查认为，由于答题卡片不符合著作权法中作品的构成要素且表现形式有限，因而被申请人不构成著作权侵权。[5] 本案反映了受著作权保护的作品应当能够表达一定的思想，且表达形式不具有唯一性或有限性的观点。实际上，关于上述原则，我国相关法律规范也有规定。[6]

---

[1] 刘承韪：《论著作权法的重要修改与积极影响》，载《电子知识产权》2021年第1期。

[2] 需要补充的是，立法者对上述修改也有一种解释，即为包含口述作品提供法律基础。See Xiaoqing Feng and Lixian Cong, "The Status of the Object of Copyright: Research on the System of Works Protected by the Amended Chinese Copyright Law", *Journal of the Copyright Society of the USA*, Vol. 69, No. 1, (2022), pp. 27-42.

[3] See 422 U.S. 151, 156 (1975).

[4] 最高人民法院（2011）民申字第1129号民事裁定书。

[5] Also see Morrissey v. P&G, 379 F. 2d 675 (1st Cir. 1967).

[6] 例如，《计算机软件保护条例》第29条规定："软件开发者开发的软件，由于可供选用的表达方式有限而与已经存在的软件相似的，不构成对已经存在的软件的著作权的侵犯。"

（四）作品应当属于文学、艺术和科学领域内的智力成果

这一要件又可以分解为两点：一是在作品的范围上，限于"文学、艺术和科学领域"。这里的科学，既包括自然科学，也包括人文科学和社会科学。从各国著作权法和著作权国际公约对著作权客体的规定看，尚未见超越上述范围的作品。不过，值得指出的是，在我国《著作权法》第三次修改过程中，曾提出是否应当将"文学、科学和艺术领域"扩大，将原有的表述改为"文学、艺术和科学领域等"。最终修改的《著作权法》则保留了原有规定。这是因为，"文学、科学和艺术领域"已足以涵盖所有受著作权保护作品的范围，不必另加"等"字。二是在作品的性质上，其属于"智力成果"。顾名思义，智力成果是基于智力劳动而产生的智慧成果。这里的作者创作而直接产生作品，就属于智力成果的范畴。"智力成果的范围很广，法律保护的仅是其中的一部分，而著作权法保护的又只是其中属于文学、艺术和科学领域内的创作，不延及技术范畴的对象。更严格地说，著作权法保护的只是属于著作权法规定的文学、艺术和科学领域内的智力创作成果。"[1] 在司法实践中，如何界定涉案标的是否属于受著作权保护的作品，关键在于判定其是否属于"智力创作劳动"的产物，排除"智力机械劳动"和"智力技艺劳动"。[2]

值得进一步指出的是，在《著作权法》第三次修改过程中，对于作品的性质是属于"智力成果"还是"智力表达"存在争议。在2014年原国务院法制办《著作权法（修订草案送审稿）》第5条将受著作权保护的作品界定为"文学、艺术和科学领域内具有独创性并能以某种形式固定的智力表达"。该定义不仅强调了作品需要以某种形式固定，而且应当属于"智力表达"。尽管著作权保护的确实是表达而不是思想，但将受著作权保护作品直接定义为"智力表达"则无法从根本上突出作品的法律属性。相反，"智力成果"则清晰地揭示了作品的法律属性和根本性特征。[3] 当然，严格地说，作品属于作者创作形成的智力成果，与在研究开发基础上取得的发明创造这类智力成果不同。因此，仅"智力成果"还不足以全面界定受著作权保护的作品的内涵。这样就需要借助于前述"独创性"这一概念。正是独创性、智力表达属性和智力成果属性共同界定了受著作权保护的作品的基本定义。[4] 正如有学者所说，修改后《著作权法》"对作品的定义明确了作品的基本特征，即独创性、表达属性和智力成果属性"。[5] 其中，独创性尽管是认定作品是否受著作权保护的关键要件，但在当前我国所有法律规范中并未对此进行明确定义。这也有待于通过完善立法加以解决。

第二节 著作权法保护的作品

著作权的客体（Object of copyright）是文学、艺术和科学作品。只要具备一定的表现形

---

[1] 冯晓青：《著作权法》，法律出版社2022年版，第56页。

[2] 刘春田教授曾提出区分智力创作劳动与智力机械劳动和智力技艺劳动的观点。本书认为，该观点对于认定涉案标的是否属于受著作权保护的作品，具有重要的理论指导意义。

[3] 冯晓青：《知识产权法律制度完善与反思——法理·立法·司法》，知识产权出版社2021年版，第67~72页。

[4] 徐珉川：《作品"原创性"规则的功能化解读——兼评〈著作权法（第三次修改送审稿）〉第5条》，载《法律科学（西北政法大学学报）》2017年第3期。

[5] 刘承韪：《论著作权法的重要修改与积极影响》，载《电子知识产权》2021年第1期。

式，符合作品的构成条件，都能够成为受著作权保护的作品。世界各国著作权法大都依据一定的划分标准和角度，规定了受保护的作品种类。如美国《著作权法》第102条列举了8类受保护的作品，法国《知识产权法典》在第112条列举了14类作品。我国《著作权法》第3条规定的受著作权法保护的作品有9类，以下对此分别予以阐述。

一、文字作品

文字作品（Written works）是以文字或其他等同于文字的符号来表达思想或感情的作品，包括小说、诗词、散文、论文等以文字形式表现的作品。文字作品利用文字本身或其内部的特定含义来反映作者的思想与感情。如果用文字表达的不是文字有序组合而体现的一定的思想感情，而是文字形体本身的效果，就不属于文字作品，如书法作品。

文字作品是著作权保护最古老的客体，也是各国著作权法保护的首要客体，因为文字作品范围广、数量多，运用领域广，与作者、社会公众的关系也极其密切。不过，并非所有的文字材料都受著作权保护。如一般的订书单、请柬、商品说明书、广告用语、广播电视节目表、飞机航班表等，因缺少独创性而不受著作权保护，除非上述材料在设计或表述上具有独创性，呈现别具一格的特色。例如，立意新颖、表达方式独特的广告短语可构成受著作权保护的作品。[1] 另外，在网络环境下，对有个性与独特性的网页也可以比照文字作品进行保护。[2]

二、口述作品

口述作品（Oral works）也称口头作品，是指事先无文字稿或仅有简单的文字提纲，用即兴的口头语言创作而未以任何物质载体固定的作品，包括即兴的演说、授课、法庭辩论等以口头语言形式表现的作品。口述作品与文字作品同属于语言作品，其区别在于，口述作品是即兴而作，没有以任何形式加以固定，用预先已有的文字作品加以口头表演或进行诗文朗诵或机械性地复述的，不在此列。同时，口述作品还应有直接的承受者，即听众，自言自语不属于口述作品。口述作品受著作权保护也需要具有独创性条件，日常的寒暄一般不能成为口述作品。

口述作品受著作权保护，是科学技术尤其是录音录像技术发展的产物，它使口述作品和其他作品一样得以复制、传播和利用。我国和不少国家一样对口述作品给予著作权保护，但一些国家基于口述作品难以确认、面对侵权诉讼难以取证等原因而对其不予保护。美国则要求以一定形式固定才能受到著作权保护。[3]

在现代技术条件下，速记、录音、录像等技术手段已经将许多口述作品固定下来，无论在国内还是国外，就口述作品主张权利的纠纷很少，实践中因口述作品产生的纠纷也不多。[4]

三、音乐、戏剧、曲艺、舞蹈、杂技艺术作品

音乐作品（Musical works）是指歌曲、交响乐等能够演唱或者演奏的带词或者不带词的作品。戏剧作品（Dramatic works）是指话剧、歌剧、地方戏等供舞台演出的作品。曲艺作

---

[1] 在上海东方商厦有限公司征集广告语的纠纷中，国家版权局就认为"世纪风采，东方情韵"不同于一般的广告语，具有独创性，是著作权保护的对象。

[2] 北京市海淀区人民法院（1999）海知初字第21号民事判决书（著作权侵权纠纷案）。

[3] See White-Smith Music Pub. Co. v. Apollo Co., 209 U.S. 1 (1908); Midway Mfg. Co. v. Artic Int'l, Inc., 547 F. Supp. 999 (N.D. Ill. 1982).

[4] 参见广西壮族自治区高级人民法院（2017）桂民终553号民事判决书（著作权权属、侵权纠纷案）。

品（Quyi works）是指相声、快书、大鼓、评书等以说唱为主要形式表演的作品。舞蹈作品（Choreographic works）是指通过连续的动作、姿势、表情等表现思想感情的作品，如芭蕾舞、秧歌舞等。这四种作品都是艺术表演作品，只有通过表演才能为公众感受而发挥其作用。但著作权法保护的音乐、戏剧、曲艺、舞蹈作品指的是表演的底本或脚本，而不是指呈现出来的表演，后者属于对作品的再现（表演）。如果是没有底本的即兴演出，演出者既是作品的创作者也是其表演者。仅从外在形式上来看，戏剧、曲艺、歌曲可以属于文字作品之一，只是基于其功能才单列出来。

杂技艺术作品是指杂技、魔术、马戏等通过形体动作和技巧表现的作品。这是2001年修改的《著作权法》增加的作品形式，以保护杂技艺术编导和演员的原创性艺术表现。杂技艺术作为受著作权保护的作品，保护的是其艺术内容而不是其技巧内容。杂技中的技巧部分，和体育中的技巧一样，都不是著作权保护的对象。在司法实践中，对于杂技艺术作品的著作权保护，首先需要认定原告主张的作品符合杂技艺术作品的条件，然后需要判定被诉侵权作品是否与原告杂技艺术作品构成实质性相似。例如，在"空竹"杂技艺术作品著作权权属及侵权纠纷案中，一审法院认定中国杂技团有限公司（以下简称中国杂技团）享有《俏花旦-集体空竹》除署名权外的著作权，某杂技团的演出行为等侵害了其著作权，判决停止侵权和赔偿损失。某杂技团不服，提起上诉。北京知识产权法院二审认为，《俏花旦-集体空竹》中的形体动作编排设计体现了创作者的个性化选择，属于具备独创性的表达，构成著作权法规定的杂技作品。某杂技团表演的《俏花旦》在开场部分的走位、动作衔接安排，以及多次出现的标志性集体动作等编排设计方面，与《俏花旦-集体空竹》的独创性表达部分等构成实质性相似。基于此，判决驳回上诉，维持原判。[1] 当然，在认定著作权侵权时，也要排除基于巧合而存在实质性相似的情况，以及这类作品中不属于艺术性成分、而属于技艺性成分的情况。

四、美术、建筑作品

美术作品（Works of fine art）是指绘画、书法、雕塑等以线条、色彩或者其他方式构成的有审美意义的平面或者立体的造型艺术作品。其中，绘画是美术作品最普遍的形式，包括素描、版画、油画、水墨画等许多品种；书法与篆刻是我国传统的造型艺术，雕塑包括雕刻和塑造，是以可塑或可刻的材料制出的立体空间艺术。[2]

著作权保护的美术作品，是体现了作者独创性的智力成果，自然形成的山石树木、雨雪云霞等，无论多么富有审美意义，都不在其中。一幅美术作品通常存在两种权利：一是物权，即权利人依照民法对自己的美术作品实物享有的占有、使用、收益、处分的权利；二是著作权，即权利人依照著作权法所享有的、对以实物负载的美术作品的发表权、署名权、复制权等人身权和财产权。美术作品的物权和著作权通常都属于作者。但作品原件的物权和作品著作权也可以由不同的人分别享有，如作者转让美术作品原件所有权后，作品实物的物权属于受让人，作者自己则拥有著作权。根据2010年《著作权法》第18条的规定，美术等作品原件所有权的转移，不视为作品著作权的转移，但美术作品原件的展览权由原件所有人享有。这堪称美术作品著作权归属方面的特殊之处。在《著作权法》第三次

---

[1] 北京知识产权法院（2019）京73民终2823号民事判决书（著作权权属及侵害著作权纠纷案）。
[2] See Mazer v. Stein, 347 U.S. 201, 205, 74 S. Ct. 460 (1954)（雕塑送审作品受著作权保护）.

修改过程中，对于这一条规定也进行了完善。[1] 现行《著作权法》第 20 条规定："作品原件所有权的转移，不改变作品著作权的归属，但美术、摄影作品原件的展览权由原件所有人享有。作者将未发表的美术、摄影作品的原件所有权转让给他人，受让人展览该原件不构成对作者发表权的侵犯。"与 2010 年《著作权法》规定相比，其改进之处有：其一，明确著作权归属不因作品原件所有权的转移而变化；其二，对于原件所有人享有的原件展览权由美术作品原件扩大到摄影作品原件；其三，明确美术、摄影作品的原件受让人展览未发表的该美术、摄影作品原件的展览权侵权例外。上述规定，有利于协调美术、摄影作品原件所有人与著作权人在利用作品原件方面的利益关系。

值得指出的是，技术的发展使人们的创作手段不断丰富，美术作品这类艺术作品也不例外。近些年来，随着人工智能（AI）尤其是生成式人工智能技术的发展，利用人工智能手段创作美术作品（"AI 绘画"）产生的著作权问题引发了广泛的争议和关注。2023 年我国"AI 绘画"第一案就是体现。在该案中，法院认定涉案图片系原告利用生成式人工智能技术生成，认为原告对于人物及其呈现方式等画面元素通过提示词进行了设计，对于画面布局构图等通过参数进行设置，体现了原告的选择和安排。在无相反证据的情况下，可以认定涉案图片由原告独立完成，体现出了原告的个性化表达。综上，涉案图片具备"独创性"要件。法院还指出，本案中整个创作过程中进行智力投入的是人而非人工智能模型，仍然是人利用工具进行创作，涉案图片是基于原告的智力投入直接产生，且体现出了原告的个性化表达，故原告是涉案图片的作者，享有涉案图片的著作权。[2] 当然，该案的观点也引发了一定的争议。有关人工智能生成作品及相关著作权问题，本章还将进行专题阐述。

关于美术作品的相关著作权问题，还需要针对"实用艺术作品"作出专门的探讨。现行《著作权法》尚未规定实用艺术作品这一著作权客体，但《伯尔尼公约》已有规定，我国司法实践中也早有相关案例，故值得研究。《伯尔尼公约》第 2 条第 7 款规定，在遵守本公约第 7 条第 4 款之规定的前提下，本同盟各成员国得通过国内立法规定其法律在何种程度上适用于实用艺术作品以及工业品平面和立体设计，以及此种作品和平面与立体设计受保护的条件。从立法进程看，1990 年《著作权法》未规定实用艺术作品，但考虑到 1992 年我国加入《伯尔尼公约》，为了履行保护实用艺术作品的国际义务，国务院颁行了《实施国际著作权条约的规定》，规定我国《著作权法》保护外国人实用艺术作品。但这一规定也产生了新的问题，即"超国民待遇"，因而受到广泛诟病。从学术界的观点看，在立法未明确实用艺术作品在著作权法中的地位的情况下，很多学者倾向于认为可以将实用艺术作品直接纳入美术作品的范畴。例如，有学者认为，针对艺术品而言，"保护实用艺术作品与保护一般美术作品，没有本质上的区别"。[3]

我国著作权立法上缺乏对实用艺术作品的明确规定，必然会对实用艺术作品著作权保

---

[1] 例如，2014 年 6 月国务院原法制办公布的《著作权法》（修订草案送审稿）第 22 条对上述规定作了较多的完善。其规定："作品原件所有权的移转，不产生著作权的移转。美术、摄影作品原件的所有人可以展览该原件。作者将未发表的美术或者摄影作品的原件转让给他人，受让人展览该原件不构成对作者发表权的侵犯。陈列于公共场所的美术作品的原件为该作品的唯一载体的，原件所有人对其进行拆除、损毁等事实处分前，应当在合理的期限内通知作者，作者可以通过回购、复制等方式保护其著作权，当事人另有约定的除外。"显然，该规定对于未发表的美术作品和陈列于公共场所的美术作品著作权和物权衔接问题作了特殊规定。

[2] 北京互联网法院（2023）京 0491 民初 11279 号民事判决书。

[3] 郑成思：《版权法》，中国人民大学出版社 1997 年版，第 105 页。

护实践造成困惑，这尤其体现在对实用艺术作品是否应归入美术作品以及实用艺术作品受著作权保护条件的理解和认识存在分歧。甚至就名称而言都存在很大的差异。正如有学者所指出："在保护对象的指称上，涉外与国内案例均存在将其称为实用艺术作品或者具有实用价值（功能）的艺术（美术）作品、实用美术作品等相似称谓的情形。"更主要的是问题在于判定标准不一。从近些年来涉及实用艺术作品保护的司法案件情况来看，采用的判定标准有实用成分与艺术成分在物理或观念上的可分离标准、一般公众标准、程度标准、非工业化标准等。关于实用艺术作品著作权保护司法实践的混乱现象，无疑值得深思。当前，随着我国广大人民群众物质文化生活水准的极大提高，实用艺术作品在我国已形成一个庞大的产业，实用艺术作品法律保护的重要性也愈加凸显。在这种情况下，在著作权法中仍然对这类作品的著作权保护不作任何规定，显然是不合适的。这既与《伯尔尼公约》的要求不符合，也与我国蓬勃发展的实用艺术作品产业现实不符。正是基于此，在《著作权法》第三次修改过程中，将实用艺术作品从美术作品中独立出来，并将其规定为一类独立的作品的观点和呼声日益高涨。最终，在相关立法草案中也确实将实用艺术作品作为一类独立的作品进行了规定。但是，在2020年4月草案一次审议稿、二次审议稿以及最终通过的修正案中，实用艺术作品的规定被取消。也就是说，尽管本次修法过程中对实用艺术作品著作权保护问题进行了热烈的讨论，最终仍未有任何变化。本书认为，这种情况必然会使过去司法实践中存在的问题依然存在，不利于加强对实用艺术作品的保护，也不利于促进实用艺术作品产业化发展。因此，建议在未来进一步修改和完善我国著作权制度时，增加对实用艺术作品的规定。

我国《著作权法》缺乏对实用艺术作品保护的规定，不等于司法实践中不保护这类作品。实用艺术作品之著作权保护，保护的显然不是其实用性方面，而是其艺术性方面。[1]从我国著作权司法实践来看，实用艺术作品保护一般是将其作为美术作品予以保护。例如，在"'唐韵'实用艺术作品著作权侵权纠纷案"[2]中，最高人民法院认为：实用艺术品本身既具有实用性，又具有艺术性。实用功能属于思想范畴不应受著作权法保护，作为实用艺术作品受到保护的仅仅在于其艺术性，即保护实用艺术作品上具有独创性的艺术造型或艺术图案，亦即该艺术品的结构或形式。作为美术作品中受著作权法保护的实用艺术作品，除同时满足关于作品的一般构成要件及其美术作品的特殊构成条件外，还应满足其实用性与艺术性可以相互分离的条件。在实用艺术品的实用性与艺术性不能分离的情况下，不能成为受著作权法保护的美术作品。[3]

建筑作品（Works of architecture）是以建筑物或建筑物形式表现的具有审美意义的作品。它既是一种具有审美功能的造型艺术品，也是一种实用物品，通过建筑实体与空间及周围的自然人文环境的统一组织和处理，使建筑物既有实用功能又达到人们的审美要求。《伯尔尼公约》和许多国家著作权法一般将其单列为一种受著作权保护的作品，这也是2001年修改《著作权法》的成果。

建筑作品的内容，一般指建筑物本身，包括外观、装饰及设计上含有独创性的表现形

---

[1] 冯晓青、付继存：《实用艺术作品在著作权法上之独立性》，载《法学研究》2018年第2期。
[2] 最高人民法院（2018）最高法民申6061号民事裁定书（指导案例第157号）。
[3] 关于实用性与艺术性的可分离标准，在美国的司法实践中有"物理上不可分离、观念上可以分离"的标准。

式，是建筑物外在的艺术性设计，而不包括实用性的建筑组件、建筑设计图与模型。建筑组件因讲究标准化而不具有独创性，建筑设计图和模型构成著作权法保护的图形作品和模型作品。[1] 由于建筑作品的实用功能，建筑作品作者（设计者）往往无权限制作品原件所有人（业主）对作品的修改与处置（改动外观甚至拆除），所以其著作权的行使具有特殊性。

在司法实践中，对于建筑作品的著作权保护，需要首先认定原告主张的建筑作品是否符合这类作品的特征，尤其是独创性，进而判定被诉建筑作品是否与其构成实质性相似。同时，也要排除原告作品中缺乏独创性部分。例如，在某股份公司诉北京某汽车销售服务有限公司侵犯著作财产权纠纷上诉案[2]中，原告指控被告非法复制了其建筑作品。北京市第二中级人民法院认为：原告主张的"北京某中心"建筑作品在整体设计上其外观造型独特并富有美感，符合建筑作品的条件。被告"某中心"作品与原告建筑作品尽管在高台、栏杆、展厅与工作间的位置、部分弧形外观、整体颜色深浅等部分存在细微差异，但基本特征相同。至于原告作品中的工作区部分的设计属于汽车4S店工作区的必然存在的设计，其外部呈现的横向带状及颜色与所用建筑材料有关，并非涉案原告建筑作品的独创性成分。基于此，法院认为此部分应当被排除在著作权保护之外。一审法院判决被告对其涉案建筑予以改建，使之不与原告组合建筑特征相同或近似，并判决合理赔偿。被告不服一审判决而提起上诉。北京市高级人民法院判决驳回上诉、维持原判。该案明确了建筑作品受著作权保护的条件，并且明确排除了建筑设计中必然存在的非独创性部分，对同类案件审理具有一定的借鉴意义。

五、摄影作品

摄影作品（Photographic works）是指借助器械在感光材料或其他介质上记录客观物体形象的艺术作品。摄影在本质上是一种记录事物影像的技术手段，很大程度取决于摄影器材、感光材料和数码技术等外在物质技术条件。但是，如果摄影者利用自己对光线强弱的把握、画面角度的设计与取舍、感光时间的确定、背景的利用等完成反映自己认识的摄影作品，就符合著作权法保护的条件。摄影如果没有体现摄影者的认识，只是对客观事物的机械与简单的记录与复制，则因为缺乏独创性而不构成作品。[3]

摄影作品被纳入著作权保护，有一个历史过程。英美法系国家，其是通过判例法确认最终被成文法所接受的。[4]

在非数码摄影时代，摄影作品具有底片和根据底片洗出的"照片"，它们在法律性质上都具有有体财产的性质。在司法实践中，应注意区分有体财产的保护与著作权保护。以下案件即具有典型性：在潘某与某地方志编纂委员会财产损害赔偿纠纷案中，柳州市中级人民法院一审认为：本案的案由应当为财产损害赔偿纠纷，而不是侵犯著作权纠纷。本案所涉底片、照片为潘某所创作，为潘某所有的财产，潘某对这些底片、照片既享有著作权，也享有财产权。潘某以地方志编纂委员会、地志办丢失其照片、底片为由，要求赔偿相关

---

[1] 参见北京市第一中级人民法院（2009）一中民初字第4476号民事判决书（侵害著作权纠纷案）。

[2] 北京市高级人民法院（2008）高民终字第325号民事判决书。

[3] 参见孙昊亮：《全媒体时代摄影作品的著作权保护》，载《法律科学（西北政法大学学报）》2021年第3期；北京知识产权法院（2017）京73民终1068号民事判决书（侵害著作权纠纷案）。

[4] See Burrow-Giles Lithographic Co. v. Sarony, 111 U.S. 53 (1884)（明确摄影作品具有独创性而受著作权保护）。

损失。虽然照片、底片属于摄影作品，对摄影作品的使用、收益、处分可能涉及著作权的相关内容，但本案涉及的是地志办丢失潘某的照片、底片，并不是对这些照片、底片进行非法使用、收益、处分，不属于《著作权法》所规定的侵犯著作权的情形。[1]一审法院故判决驳回原告诉讼请求。广西壮族自治区高级人民法院二审认为：本案中侵害的客体是潘某对摄影作品载体的所有权而不是摄影作品的著作权，故一审判决将本案的案由确定为财产损害赔偿纠纷，并无不当。二审法院判决：维持一审判决第二项，即驳回潘某对地方志编纂委员会的诉讼请求；变更一审判决第一项为，某地志办赔偿潘某经济损失人民币5万元。[2]该案区分了摄影作品涉及的财产权保护与著作权保护，对于审理摄影作品纠纷案件具有一定的启发意义。

六、视听作品

视听作品（Audiovisual works），是指由一系列有伴音或者无伴音的连续画面组成，并且能够借助技术设备被感知的作品，包括电影、电视剧以及其他视听作品。从创作方法或过程看，这类作品运用现代声、光、电学原理和相关技术手段，将高度复杂、彼此不同的视觉、听觉信息设计成有序的整体结构，通过图像、声音与跨时空的艺术情节等再现和反映生活，创造出视觉、听觉、时间、空间复合的综合性艺术形式。其创作包含了编剧、导演、演员、词作者、曲作者等多人的创造性劳动，并经过表演、配音、拍摄、录制、剪辑合成等一系列过程。与戏剧作品仅指剧本而不是整个舞台表演不同，视听作品是包含了相关的多项技术、多个环节及多人劳动成果的最终成果，而不是其中的阶段性成果或部分构成要素。其中的构成要素，如电影剧本、音乐、单幅胶片等，可以作为文字作品、音乐作品和摄影作品等享有著作权，但它们本身不是视听作品。

从我国《著作权法》的规定来看，在1990年《著作权法》第3条第5项规定了"电影、电视、录像作品"。2001年《著作权法》在修改时参照了《伯尔尼公约》的规定，其第3条第6项将上述规定修改为"电影作品和以类似摄制电影的方法创作的作品"，其中"以类似摄制电影的方法创作的作品"在学界又被称为"类电作品"。在2010年修改的《著作权法》则维持了前述规定。与之配套的2013年修改的《著作权法实施条例》第4条第11项则规定：电影作品和以类似摄制电影的方法创作的作品，是指摄制在一定介质上，由一系列有伴音或者无伴音的画面组成，并且借助适当装置放映或者以其他方式传播的作品。

现行《著作权法》第3条第6项则将2010年《著作权法》上述规定修改为"视听作品"。显然，视听作品的概念外延大于2010年《著作权法》规定的作品类型。现行《著作权法》作出上述修改，是考虑到随着技术特别是信息网络技术的迅猛发展，电影作品以及类电作品的概念不足以涵盖在新技术发展条件下出现的其他视听作品，特别是出现了并不需要通过摄制方式即能产生的视听作品。例如，在现有信息网络环境下，著作权司法实践中涉及的网络游戏直播、短视频[3]等侵权纠纷案件，一些法院将涉案对象认定为类电作

---

[1] 广西壮族自治区柳州市中级人民法院（2009）柳市民三初字第13号民事判决书。See Mannion v. Coors Brewing Co., 377 F. Supp. 2d 444 (S. D. N. Y. 2005)（摄影作品独创性界定）。

[2] 广西壮族自治区高级人民法院（2010）桂民三终字第84号民事判决书。

[3] 参见冯晓青、许耀乘：《破解短视频版权治理困境：社会治理模式的引入与构建》，载《新闻与传播研究》2020年第10期。

品，而这些所谓类电作品没有"以类似摄制电影的方式创作"。"视听作品"的概念则可以涵盖更广泛的相关作品类型，能够很好地适应新技术发展对著作权保护的需要。

实际上，本次修法采用"视听作品"的概念，也是基于借鉴有关国际公约的规定以及促进文化娱乐产业发展的需要。从国际公约看，1989 年签订的《视听作品国际登记条约》的条约名称即是"视听作品"。该条约对视听作品作了定义，涵盖了具有或者不具有伴音的连续相关图像。从文化娱乐产业发展的情况看，当前视听作品已经形成了一个庞大的产业，像短视频的发展态势蔚为壮观，突破 2010 年《著作权法》规定的限制，将符合视听作品特征的作品纳入受著作权保护的作品范围，有利于激励文化产业领域创作与传播，繁荣文化生活，促进相关版权产业的发展。

还值得注意的是，现行《著作权法》第 3 条列举的所有作品，均没有进一步的概念界定，当然也包括视听作品的定义。其原因在于与《著作权法》配套的《著作权法实施条例》对该每种类型作品的概念都作出了规定，在 2010 年《著作权法》修改后，《著作权法实施条例》也作了修改，被列举作品的定义也予以明确。鉴于视听作品并不需要以"摄制"作为前提，在定义视听作品时应对现有规定进行修改，以适应技术发展的需要。此外，尽管现行《著作权法》未明确视听作品的定义，但从其第 17 条规定可知，视听作品包括电影作品、电视剧作品和其他视听作品。对此，下文涉及视听作品著作权归属部分将进一步讨论。

七、工程设计图、产品设计图、地图、示意图等图形作品和模型作品

工程设计图（Drawings of engineering designs）和产品设计图（Drawings of product designs）是为工程施工或产品生产而绘制的图形作品。此外，如果依据这种实用性图形作品完成的成果是道路、桥梁、标准零部件、常用家具等，则不能成为受著作权保护的作品。著作权法保护平面的设计图；如果依据图形作品完成的成果是建筑物、实用艺术品等著作权法保护的作品，此时著作权法不仅保护平面设计图，还保护依据设计图制作的建筑物或实用工艺品。

地图（Maps）是以实用为目的、客观而精密地提供自然与人文地理信息的绘画艺术作品。示意图指借助简单的点、线、几何图形和符号等来说明内容复杂的事物、科学原理或者为显示事物的具体形状或轮廓而绘制的草图。地图和示意图都是为便于人们对客观事物的把握和理解而绘制的，科学性是其基本要求。

当前，随着信息网络和数字技术发展，地图的绘制和使用也日渐电子化。人们熟悉的"百度地图""高德地图"就是体现。近些年来，针对导航电子地图著作权侵权纠纷案也时常可见。[1] 例如，在"道道通"导航电子地图著作权侵权纠纷上诉案中，广东省高级人民法院二审认为：导航电子地图可以作为地图作品予以保护，其独创性主要体现在对地理信息的筛选、取舍以及表达方式上。法院通过采取列举具有个性特征的信息点的对比方式进行对比，认定双方作品存在的相同之处，明显超越了常理，足以认定被告涉案导航电子地图抄袭、剽窃了原告作品。二审法院遂维持一审关于被告构成侵害著作权的判决，同时将判赔金额降至 100 万元及合理维权费用。[2]

模型作品（Model works）是指为展示、试验或者观测等用途，根据物体的形状或结构

---

[1] 参见北京市高级人民法院（2021）京民终 421 号民事判决书（著作权侵权及不正当竞争纠纷案）。

[2] 广东省高级人民法院（2008）粤高法民三终字第 290 号民事判决书。

按照一定比例制成的立体作品。[1] 在模型作品的著作权保护中，应注意甄别具有独创性的模型作品和不具有独创性的复制品。例如，在关于"歼十飞机模型"著作权侵权纠纷案中，一审法院认为，关于中航某公司主张的歼十飞机模型是否构成受著作权法保护的作品，其是根据歼十飞机等比例缩小制作而成，其所主张的飞机模型及图纸是对歼十飞机的精确复制，并非由中航某公司独立创作而成，不符合著作权法关于作品之独创性的要求，故其不属于著作权法意义上的作品。[2] 关于歼十飞机模型是否构成模型作品，二审法院认为：模型作品是根据物体的一定比例放大或缩小而成。为了实现展示、试验或者观测等目的，模型与原物的近似程度越高或者越满足实际需要，其独创性越高。虽然该模型是歼十飞机造型的等比例缩小，但该模型的独创性恰恰体现于此，其已构成模型作品，应当受到著作权法的保护。[3] 最高人民法院再审则认为：在判断是否构成受我国著作权法保护的模型作品时，首先要判断该模型是否同时具备一般意义上作品的构成要件，而不能仅基于模型作品的规定。本案中，涉案模型作品是歼十飞机的等比例缩小，涉案模型与歼十飞机相比，除材质、大小不同外，外观造型完全相同。因此，无论中航某公司在将歼十飞机等比例缩小的过程中付出多么艰辛的劳动，其均未经过自己的选择、取舍、安排、设计、综合、描述，创作出新的点、线、面和几何结构，其等比例缩小的过程只是在另一载体上精确地再现了歼十飞机原有的外观造型，没有带来新的表达，属于严格按比例缩小的技术过程。二审法院关于"模型越满足实际需要，其独创性越高"的认定，也违背我国著作权法的立法本意。基于此，再审法院判决驳回中航某公司的全部诉讼请求。[4] 该案中，不同层级法院观点反映了对受著作权保护的模型作品内涵的不同认识，但基本的立足点都是基于是否具有独创性的考量，只是对独创性本身的认定仍存在分歧。

上述几种作品都是为满足现实的生产、生活和科学研究的需要而形成的实用性作品，与一般文学艺术作品满足人们精神生活需求不同。它们作为受著作权保护的作品，在于其体现了作者的独创性劳动，如独特的指示性与艺术性成分，独特的编辑、选择、加工方法。如果其中只有通用的表现方法和形式，无论多么精密、科学，都不能成为作品。另外，著作权法对这些实用作品的保护，主要在于复制传播而不在于实际工作中的运用，后者是工业产权法或科技管理法等涉及的内容。

八、计算机软件

计算机软件（Computers software），通常简称为"软件"，包括计算机程序及其有关文档。其中，计算机程序是指为了得到某种结果而可以由计算机等具有信息处理能力的装置执行的代码化指令序列，或者可以被自动转换成代码化指令序列的符号化指令序列或者符号化语句序列。同一计算机程序的源程序和目标程序为同一作品。文档，是指用来描述程序的内容、组成、设计、功能规格、开发情况、测试结果及使用方法的文字资料和图表等，如程序设计说明书、流程图、用户手册等。计算机软件是以源程序或者目标程序表现的、

---

[1] 在《著作权法》第三次修改过程中，曾出现增加"立体作品"以替代模型作品的立法草案规定。例如，2014年国务院原法制办公布的《著作权法（修订草案送审稿）》第5条第2款删除了《著作权法》中"模型作品"的规定，但同时新增了"立体作品"的规定。所谓立体作品，是指"为生产产品、展示地理地形、说明事物原理或者结构而创作的三维作品"。

[2] 北京市第一中级人民法院（2013）一中民初字第7号民事判决书。

[3] 北京市高级人民法院（2014）高民（知）终字第3451号民事判决书。

[4] 最高人民法院（2017）最高法民再353号民事判决书。

用于电子计算机或者其他信息处理装置运行的指令。

自从20世纪60年代德国学者奥尔斯莱格提出计算机软件法律保护问题以来，各国对计算机软件法律保护进行了多方面的探讨。根据计算软件实用性强、极易被复制的特点，各国对其法律保护有专利法保护、商标法保护、商业秘密法保护、计算机软件专门法保护、著作权法保护等多种立法模式。自1972年菲律宾《著作权法》率先将计算机软件列入著作权法保护的对象以来，著作权保护模式现已被包括美国、日本在内的许多国家和TRIPs协议等主要国际公约所接受，成为计算机软件法律保护的国际潮流。我国《著作权法》和《计算机软件保护条例》将计算机软件规定为一种特殊作品形式，并比照文字作品予以保护。

著作权法成为计算机软件法律保护的主导形式，其原因是多方面的：①著作权保护只要求在形式上具有独创性，这使大多数软件都符合著作权法保护的要求，因而能为软件提供最大范围的保护；②著作权保护手续简便，与软件的迅猛发展相适应；③著作权保护的核心是复制，对软件施加著作权保护有利于制止和解决软件盗版问题；④在计算机国际保护日益普遍的情况下，后来立法将软件纳入著作权保护范围，容易与国际标准接轨；⑤著作权只保护作品思想内容的表现形式，这既可以使程序的表达受到保护，又可避免对技术内容的垄断，有利于软件的优化与发展。[1]

当然，软件著作权保护也存在一定的弊端，只是目前它与其他保护方式相比具有相对的优势，所以被较多的国家所选择。随着形势的发展，计算机软件著作权保护的内容也在继续丰富和发展。[2]

九、符合作品特征的其他智力成果

关于受著作权保护的作品类型，各国著作权法规定有封闭式和开放式之分。在封闭式立法模式中，除了著作权法明确列举的作品类型外，不存在其他适用的空间。在开放式立法模式中，则存在一定的灵活性，能够基于个案的实际情况而做出适当延展。[3] 就我国《著作权法》规定来说，从1990年《著作权法》到2010年《著作权法》，其第3条最后一项兜底性规定均为"法律、行政法规规定的其他作品"。从形式上看，该规定似乎为开放式规定，因为该兜底性规定为其他作品的纳入提供了法律依据。[4] 但应当看到，由于"其他法律、行政法规"一般不会对何种智力成果可以纳入受著作权保护的作品范畴作出规定。这样一来，上述规定并没有在实质上拓展受著作权保护的作品类型，对于实践中因为技术发展和社会进步出现的新型作品无法及时给予著作权保护。并且，在著作权保护实践中也

---

〔1〕 参见北京知识产权法院（2021）京73民初345号民事判决书（侵害计算机软件著作权纠纷案）。

〔2〕 参见江苏省南京市中级人民法院（2021）苏01民初3229号民事判决书（侵害计算机软件著作权纠纷案）；江西省宜春市中级人民法院（2022）赣09知民初34号民事判决书（著作权侵权纠纷案）；Comput. Assocs. Int'l v. Altai, 982 F. 2d 693 (2d Cir. 1992).（提出"抽象-过滤-比较"三步骤判定软件著作权侵权）

〔3〕 参见朱冬：《作品类型限定表达范围之反思与超越》，载《中外法学》2023年第4期；卢纯昕：《法定作品类型外新型创作物的著作权认定研究》，载《政治与法律》2021年第5期；刘铁光：《非例示类型作品与例示类型作品之间的司法适用关系》，载《法学评论》2023年第4期；王国柱：《著作权法中作品独创性的作品类型逻辑》，载《法商研究》2024年第1期。

〔4〕 任安麒：《作品类型兜底条款的证成、选择与适用——兼议非典型作品的著作权保护路径》，载《电子知识产权》2021年第4期。

容易引起争议。[1]

在《著作权法》第三次修改中，对于是否应当修改上述2010年《著作权法》第3条兜底性规定，以及如果需要修改应如何修改的问题存在一定争议。反对修改的观点认为，基于著作权法定性原则，对于受著作权保护的作品也应具有法定性，完全开放式的兜底性规定则会肆意破坏这一法定性，不利于维护公众利益。[2] 此外，完全开放式规定[3]的法律适用也会造成司法实践的混乱，因为针对同一案件不同法院对于涉案标的是否符合受著作权保护作品的要件的判断可能存在差异。赞成者认为，封闭式列举规定存在很大的缺陷，因为著作权法对受著作权保护作品类型的列举有限，而经济社会发展与技术进步会出现新型符合受著作权保护作品特征的其他作品。引入开放式规定，则能够灵活应对司法实践的需求，更好地保护智力创作者的合法权益。[4] 最终，现行《著作权法》第3条对2010年《著作权法》同条兜底性规定作了修改，即将"法律、行政法规规定的其他作品"修改为"符合作品特征的其他智力成果"。这一修改大大增强了可纳入受著作权保护作品范围的可能性，因为只要是符合作品特征的其他智力成果均可以纳入。立法界专家对此认为，这一修改意义重大，因为其"对作品类型持开放性态度，为将来可能出现的新作品类型留出空间，有利于使著作权的保护范围更好地适应经济社会的发展。"[5]

可以认为，上述修改在很大程度上便利了司法实践中判定涉案标的是否应当作为受著作权保护的作品对待，为人民法院审理相关著作权纠纷案件，行使自由裁量权提供了极大便利，总体上值得肯定。当然，如何避免在司法实践中基于判定涉案对象认识差异而存在的裁判标准不统一问题，值得进一步研究。对此，本书认为：上述修改并不是著作权保护实践中可以随意判定的敲门砖，而应当严格掌握其适用条件，以免在实践中被滥用，以致损害社会公众利益，破坏激励创作与保障公民基本文化权益的平衡。这就要求实践中应当准确判定涉案标的是否符合作品条件，包括前述的独创性、表达属性和智力成果属性，以及属于文学、艺术和科学领域。在著作权司法保护中，著作权法可以认为属于"著作权裁判法"。为便于指导司法实践，建议在与《著作权法》配套的《著作权法实施条例》或者有关著作权保护的司法解释[6]中，对"符合作品特征"的标准作出具体规定。例如，在司法解释进一步完善时，增加"作品特征"标准的规定，尤其是明确独创性、表达属性和智力成果属性，以及属于文学、艺术和科学领域的内涵和认定标准。此外，鉴于我国正在推进案例指导制度，适时发布指导性案例和典型案例形式，提炼"符合作品特征"的裁判法理，用以指导司法实践，也不失为值得重视的做法。[7]

---

[1] 近年在著作权界引起广泛关注的"音乐喷泉"著作权侵权纠纷案就具有典型性。该案涉及的音乐喷泉最终被法院认定为美术作品。详见北京市海淀区人民法院（2016）京0108民初15322号民事判决书。

[2] 孙山：《〈著作权法〉中作品类型兜底条款的适用机理》，载《知识产权》2020年第12期。

[3] 这主要是针对2014年《著作权法（修订草案送审稿）》第5条规定的"其他文学、艺术和科学作品"。

[4] 孙山：《新类型作品著作权保护的现实选择——〈著作权法〉第三条中"其他作品"的解释适用》，载《电子知识产权》2020年第7期。

[5] 石宏：《〈著作权法〉第三次修改的重要内容及价值考量》，载《知识产权》2021年第2期。

[6] 最高人民法院于2002年公布了《审理著作权民事案件适用法律解释》。该司法解释在2020年作了修正，修正后的司法解释于2021年1月1日施行。

[7] 参见朱冬：《作品类型限定表达范围之反思与超越》，载《中外法学》2023年第4期。

第三节　几种特殊的著作权客体

一、民间文学艺术作品[1]

我国《著作权法》将民间文学艺术作品纳入著作权法保护范围。但是，鉴于民间文学艺术作品的特殊性，和计算机软件一样，其第6条规定："民间文学艺术作品的著作权保护办法由国务院另行规定。"

（一）民间文学艺术作品的概念、范围与特征

民间文学艺术作品是指在一国国土上由该国某个民族或某个地区的社会群体经过世代相传、逐渐创作出的反映本民族或本地区社会群体的生活历史、自然环境、风俗习惯、心理特征的文学和艺术形式。它是由传统文化遗产的独特成分组成的作品，是同一社会群体文化、社会特征及其价值标准的集中体现。有学者认为，民间文学艺术作品的概念并不十分精确，称为"民间文学艺术"或者"民间文学艺术表达"更为合适。本书认为，既然目前国内立法已使用民间文学艺术作品的表述，也就没有必要使用其他术语。

民间文学艺术作品反映了本民族或本部族的文化艺术遗产的独特成分，它是由社会群体成员或反映该社会群体艺术愿望的个人发展并保存下来的，并且一直处在缓慢的发展过程中。概括地说，民间文学艺术作品具有以下特征：

1. 没有确定的作者，但可确信是某个民族或某个地区的社会群体创作的。[2] 它是集体创作的产物，体现了社会群体整体的创作风格和特点，因此民间文学艺术作品具有创作主体的群众性和非特定性特征。从理论上讲，民间文学艺术作品的创作主体应当是创作了这些作品的作者，但由于其不确定性，在实践中代表权利人行使权利的可以是其所在民族地区的文化主管部门或者政府。对此，《突尼斯示范著作权法》即规定，主管当局可以对本国民间创作的作品享有权利予以行使。例如，在黑龙江省某县赫哲族乡人民政府诉郭某、某电视台等侵犯著作权纠纷案[3]中，北京市第二中级人民法院判决即认为：民间文学艺术是指某一区域内的群体在长期生产、生活中，直接创作并广泛流传的、反映该区域群体的历史渊源、生活习俗、生产方式、心理特征、宗教信仰且不断演绎的民间文化表现形式的总称。由于民间文学艺术具有创作主体不确定和表达形式在传承中不断演绎的特点，民间文学艺术作品的权利归属具有特殊性。一方面，它进入公有领域；另一方面，它又与某一区域内的群体有无法分割的历史和心理联系。赫哲族世代传承的民间曲调，是赫哲族民间文学艺术的组成部分，也是赫哲族群体共同创作和每一个成员享有的精神文化财富。它不归属于赫哲族的某一成员，但又与每一个赫哲族成员的权益有关。因此，该民族中的每一个群体、每一个成员都有维护本民族民间文学艺术不受侵害的权利。原告作为依照宪法和法律在少数民族聚居区内设立的乡级地方国家政权，既是赫哲族部分群体的政治代表，也是赫哲族部分群体公共利益的代表。在赫哲族民间文学艺术可能受到侵害时，鉴于权利主

---

[1] 选自冯晓青：《著作权法》，法律出版社2022年版，第70~72页。

[2] 参见张耕：《论民间文学艺术版权主体制度之构建》，载《中国法学》2008年第3期；崔国斌：《否弃集体作者观——民间文艺版权难题的终结》，载《法制与社会发展》2005年第5期；北京市东城区人民法院（2010）东民初字第2764号民事判决书（著作权权属、侵权纠纷案）。

[3] 北京市高级人民法院（2003）高民终字第246号民事判决书。

体状态的特殊性，为维护本区域内赫哲族公众的利益，原告以自己的名义提起诉讼，符合宪法和法律确立的民族区域自治法律制度，且不违反法律的禁止性规定。被告关于原告不具有诉讼主体资格的抗辩主张，本院不予采纳。显然，该判决确认了民间文学艺术作品原创地政府机关可以作为权利主体维护涉案民间文学艺术作品的资格。

2. 民间文学艺术作品始终处于连续的、缓慢的创作过程，并世代相传，因而它具有一定的继承性。[1] 相当一部分作品继承多于创造，群体审美趣味和流行样式限制了个性的独创表现。这一特点决定了民间文学艺术作品的保护期限较长。《突尼斯示范著作权法》即规定，对本国民间创作的作品提供的保护不受时间限制。不过，对于未经加工、整理的民间文学艺术作品发表后是否应规定一定的保护期，则存在不同认识。如埃及、摩洛哥等国认为应从发表之日起计算保护期，非洲知识产权组织认为其保护期也是无限的。

3. 民间文学艺术作品不一定以物质形式固定下来。民间文学艺术作品都有一定的客观表现形式。所以，对这类作品进行保护，只要有能使人感知和利用的一定客观表现形式即可。如果将流传的民间文学艺术以一定形式固定下来，就可以成为受著作权保护的作品。这种作品有可能是对民间文学艺术的改编，仍与原来的民间文学艺术形式存在一定的法律关系。前述黑龙江某县赫哲族乡政府诉某电视台及郭某《乌苏里船歌》著作权侵权纠纷案就反映了这一点。值得注意的是，民间文学艺术作品与以民间文学艺术为素材进行创作，由民间文学艺术加工、整理者完成的加工、整理版本不同，后者的著作权人具有特定性，著作权保护期限也具有有限性。

4. 民间文学艺术作品一般只在本民族成员内部或本地区社会群体内流传，具有地域性。其原因在于它受社会群体生活环境、思想观念等影响。

(二) 民间文学艺术作品法律保护的重要性

从国际上看，关于民间文学艺术作品的著作权保护，并未达成一致意见，且争论激烈。大体上讲，民间文学艺术资源不占优势的发达国家对推动民间文学艺术国际保护不够积极，甚至一些国家明确加以反对。例如，民间文学艺术难以确定作者，未以物质形式加以固定，且创作过程处于连续性，难以确定保护期限，因而与一般的著作权保护标准不同。另外，民间文学艺术的创作者缺乏著作权保护的财产权观念，将其纳入著作权保护体系缺乏思想基础。那些拥有丰富的民间文学艺术资源的国家则主张以著作权或者其他知识产权的形式保护民间文学艺术作品。这些不同主张在一定程度上反映了南北国家之间在知识产权国际保护上的分歧和利益冲突的现实。事实上，一个国家是否保护民间文学艺术作品，总体上取决于对其经济、文化发展的影响。

我国是一个具有五千年历史的文明古国，蕴藏着绚丽多彩的民间文学艺术，但由于法律保护不够充分，这些作品的创作者的利益并没有得到充分保障，加上现代传播技术的影响，民间文学艺术作品面临潜在的危险。因此，建立保护民间文学艺术作品的法律制度已刻不容缓。[2] 这有利于挖掘我国民族文化宝库，弘扬民族文化传统，还有利于平衡我国与发达国家的著作权贸易，更好地吸引世界优秀文化科学成果为我所用。

---

[1] 参见易玲：《表演者权视阈下民间文学艺术表达保护路径探析》，载《法律科学（西北政法大学学报）》2022年第4期；黄玉烨：《我国民间文学艺术的特别权利保护模式》，载《法学》2009年第8期。

[2] 参见胡开忠：《中国特色民间文学艺术作品著作权保护理论的构建》，载《法学研究》2022年第2期；张耕：《民间文学艺术知识产权正义论》，载《现代法学》2008年第1期。

(三) 民间文学艺术作品符合著作权保护条件

1. 民间文学艺术作品可以构成著作权客体。其一，从独创性上看，它总是根据某一社会群体特有的个性、思想观念、生活方式而发展，表达了这一社会群体对不断变化的环境所持的态度和所作出的反应，凝聚了该特定群体的审美意识。[1] 这一过程也是创作活动的过程。其二，从表现形式上看，民间文学艺术作品形式多样，如戏剧、音乐、舞蹈、传说、故事、绘画等。这些作品既可以文字记载，以表演、播放等形式传播，也可以出版、录音、录像等方式复制，无论如何，都能够以一定形式体现。其三，民间文学艺术作品是同一社会群体集体创作的智力成果，当然也属于文学、艺术和科学领域内的智力成果。

2. 用著作权法保护民间文学艺术作品符合国际著作权保护发展趋势。20世纪60年代和70年代初期，一些国家就开始探讨如何保护民族传统文化艺术，维护国家和民族利益的问题。当时由于加入国际著作权公约的发展中国家使用发达国家受著作权保护的作品是有偿的，而发达国家使用发展中国家优秀的民间文学艺术作品却是无偿的，这就在发达国家与发展中国家之间形成了一种事实上的不平等。于是，许多国家纷纷提出用著作权法保护民间文学艺术作品的问题。目前为止，已有突尼斯、玻利维亚、智利、摩洛哥、肯尼亚、马里、几内亚、布隆迪等国家将此类作品列入著作权法保护范围。[2]

《突尼斯示范著作权法》、1977年非洲知识产权组织的班吉文本、1982年通过的《保护民间文学表达形式、防止不正当利用及其他侵害行为的国内法示范法条》等国际性文件，也都有保护民间文学艺术作品的条款。为适应民间文学艺术作品保护的要求，且能使绝大多数成员国能够接受，《伯尔尼公约》第15条第4款规定，各成员国在书面通知伯尔尼联盟总干事前提下，可以给作者身份不明的、未曾发表的，而有足够理由推定其属于本联盟成员国国民的作品的那一部分提供法律保护。这些规定，都有利于推动民间文学艺术作品的国际保护。

二、人工智能生成作品[3]

近年来，伴随深度学习、互联网、数据挖掘等技术的飞速发展，人工智能技术及其产业也蓬勃发展，在经济、文化、法律、教育等无数领域大放异彩。在文学、艺术等传统著作权领域，人工智能也逐渐摆脱了辅助工具的地位，获得独立自主地创作相关作品的能力。[4] 在现实生活中，一款名为SwiftKey的智能软件在经过对莎士比亚诗歌的接触与学习后，能够自动生成一首全新的十四行诗歌；Quakebot算法能够基于数据分析与事实识别，使用自然语言生成器，形成一段与人类编写难以区分的新闻报道；由西班牙马拉加大学计算机科学家创建的lamus软件程序能够凭借对随机音乐片段的改变、评估与自我反馈，自主

---

[1] 参见浙江省瑞安市人民法院（2020）浙0381民初87号民事判决书（侵害作品表演权纠纷案）；贵州省贵阳市中级人民法院（2015）筑知民初字第17号民事判决书（侵害著作权纠纷案）。

[2] 参见张玉敏：《民间文学艺术法律保护模式的选择》，载《法商研究》2007年第4期；赵蓉、刘晓霞：《民间文学艺术作品的法律保护》，载《法学》2003年第10期。

[3] 本部分选自杨利华：《人工智能生成物著作权问题探究》，载《现代法学》2021年第4期。根据人工智能技术发展情况，本部分已略作修改。

[4] See Haudhary, Gyandeep, "Artificial Intelligence: Copyright and Authorship/Ownership Dilemma?", *Indian Journal of Law and Justice*, Vol. 13, Issue 2 (September 2022), pp. 212-238; Murray, Michael D., "Generative and AI Authored Artworks and Copyright Law", *Hastings Communications and Entertainment Law Journal*, Vol. 45, Issue 1 (Winter 2023), pp. 27-44.

制作出符合基本音律规则的原创音乐，其制作的音乐作品曾被伦敦交响乐团公开演奏。[1] 可以说，人工智能正在悄悄地走进人们的日常生活，作诗、绘画、作曲、摄影等文学、艺术创作，无一不在其生成范围之内。[2] 不仅如此，人工智能创作具有极大的效率优势，能够在短时间内批量生成大量作品，尤其是在当前生成式人工智能（如ChatGPT）背景下更是如此。[3] 人工智能生成物涉及复杂的著作权法律问题，包括人工智能生成物是否符合著作权法意义上作品的构成要件，以及在符合作品要件的前提下如何确定生成作品的著作权归属、如何行使著作权以及著作权侵权认定和限制等。[4] 在此，着重就人工智能生成物的可版权性进行探讨。

（一）人工智能生成物的作品属性争议

在人工智能生成物的作品属性这一问题上，存在着肯定说与否定说。肯定说认为，人工智能生成物在外在表现形式上满足最低程度创造性要件，实现了一种创造性表达，可以构成著作权法意义上的作品。[5] 与此相反，否定说则从不同角度论证了人工智能生成物的非作品属性。一是从创作主体角度出发，其主张自然人创作是作品成立的前提与基础，人工智能生成物并非自然人创作的产物，故不能被认定为作品。例如，德国著作权法明文规定只保护人类创作的作品；美国版权局发布的政策纲要也提出只有人创作的作品才可以拥有版权。[6] 二是以人工智能生成物的产生过程为切入点进行分析，认为人工智能生成物是应用算法、规则和模板的结果，其结果具有高度的同质性，没有留下任何创作空间，体现不出创作者的个性化特征，因而不可能满足作品独创性要求。[7] 三是从结果视角出发否定人工智能生成物构成作品，质疑人工智能生成物作为作品所带来的思想价值与情感意义，认为其无助于实现著作权制度的基本目标，不存在以赋权方式予以鼓励的理由。[8]

对比否定说与肯定说可以看出，其最大分歧在于对作品这一核心概念的理解不同：否定说强调作品概念下的人类参与因素，要求作品必须由自然人创作，体现了作者的个性化特征，并应当具有相应的人类思想价值与情感意义；肯定说则对作品的人格因素予以一定程度的淡化，偏向于对著作权法所保护的作品客观形式的判断。因此，为解决人工智能生成物在作品属性方面存在已久的争议，著作权法意义上作品的内涵就成为问题的关键所在，需要首先针对"作品"这一定义本身展开充分的讨论。

如前所述，我国2020年11月11日第三次修正并于2021年6月1日施行的《著作权

---

[1] See Robert C. Denicola, "ExMachina: Copyright Protection for Computer-Generated Works", *Rutgers University Law Review*, Vol. 69, Issue 1 (Fall 2016), pp. 257-264.

[2] 吴汉东：《人工智能生成作品的著作权法之问》，载《中外法学》2020年第3期。

[3] 参见邓文：《以ChatGPT为代表的生成式AI内容的可版权性研究》，载《政治与法律》2023年第9期。

[4] See Budden, Bradley, "On the Intersection of Artificial Intelligence and Copyright Law", *Canadian Law Library Review*, Vol. 47, Issue 1 (2022), pp. 10-18; "Redesigning Copyright Protection in the Era of Artificial Intelligence", *Iowa Law Review*, Vol. 107, Issue 3 (March 2022), pp. 1213-1252.

[5] 廖斯：《论人工智能创作物的独创性构成与权利归属》，载《西北民族大学学报（哲学社会科学版）》2020年第2期；卢炳宏：《论人工智能创作物独创性判断标准之选择》，载《内蒙古社会科学》2020年第4期。

[6] 邱润根、曹宇卿：《论人工智能"创作"物的版权保护》，载《南昌大学学报（人文社会科学版）》2019年第2期。

[7] 王迁：《论人工智能生成的内容在著作权法中的定性》，载《法律科学（西北政法大学学报）》2017年第5期。

[8] 刘银良：《论人工智能作品的著作权法地位》，载《政治与法律》2020年第3期。

法》第 3 条新增了关于作品的定义。对于人工智能生成物而言，其在客观上符合诗歌、画作、音乐等外在表现形式，自然满足"文学、艺术和科学领域内"与"能以一定形式表现"的构成要件。至于独创性以及智力成果要件，则尚需进一步的讨论与分析。人工智能生成物的作品属性问题，应当主要从人工智能生成物的智力成果认定及其独创性判断这两个部分入手。[1]

（二）人工智能生成物的智力成果认定

人工智能的搭建目标是对人脑某些智力活动的模仿与执行。在英文术语上，"智能"与"智力"皆可被还原为"intellectual"一词，即表明了人工智能与人类智力活动之间的共通含义。[2] 在实践中，人工智能被应用于模仿人类智力活动，故人工智能生成物作为模仿人类智力活动所形成的知识产品，应当被认定为著作权法意义上的智力成果。[3] 具体来看，人工智能生成物的智力成果属性可以从外在表现形式与内部运行原理两方面加以理解。

第一，在外在表现形式上，人工智能生成物是一类可被人类理解的思想、情感或认知的表达。一项针对人工智能写作软件的盲测表明，"人工智能生成内容与体育记者所编写体育故事相比差异很小，甚至可以说，软件生成内容在关于可信度概念的描述上得分更高"。[4] 可以设想，未来将会有越来越多由人工智能生成的作品出现在公众视野，但这丝毫不会对社会公众的信息获取及认知造成任何影响。这是因为，人工智能生成物并非一段令人摸不着头脑的无序文字符号组合，而是在语言风格、叙事结构、词组构造、语法构建、行文方式等表现形式上高度符合人类创作的文字作品特征，能够清晰地向读者传递文字符号背后所包含的信息与思想。读者可以像浏览人类作者作品一样进行无差别化的阅读，并对此作出理解与评价。即使在某些更为强调情感个性的艺术创作领域，人工智能也同样能够提供一系列可被人类理解并颇具情感意义的表达。例如，具有自动谱写音乐功能的 lamus 软件顺利地通过了音乐版本的图灵测试[5]，即表明软件本身具有与人相当的智力，能够生

---

[1] 参见丁晓东：《著作权的解构与重构：人工智能作品法律保护的法理反思》，载《法制与社会发展》2023 年第 5 期；丁文杰：《通用人工智能视野下著作权法的逻辑回归——从"工具论"到"贡献论"》，载《东方法学》2023 年第 5 期。

[2] 孙山：《人工智能生成内容著作权法保护的困境与出路》，载《知识产权》2018 年第 11 期。

[3] 孙正樑：《人工智能生成内容的著作权问题探析》，载《清华法学》2019 年第 6 期。在前述我国"AI 绘画"著作权侵权纠纷第一案中，北京互联网法院也确认了在原告存在"智力投入"的前提下人工智能生成物属于"智力成果"。在该案中，法院指出："智力成果"是指智力活动的成果。因此，作品应当体现自然人的智力投入。原告希望画出一幅在黄昏的光线条件下具有摄影风格的美女特写，其随即在 Stable Diffusion 模型中输入了提示词，提示词中艺术类型为"超逼真照片""彩色照片"，主体为"日本偶像"并详细描绘了人物细节如皮肤状态、眼睛和辫子的颜色等，环境为"外景""黄金时间""动态灯光"，人物呈现方式为"酷姿势""看着镜头"，风格为"胶片纹理""胶片仿真"等，同时设置了相关参数，根据初步生成的图片，又增加了提示词、调整了参数，最终选择了一幅自己满意的图片。从原告构思涉案图片起，到最终选定涉案图片止，这整个过程来看，原告进行了一定的智力投入，比如设计人物的呈现方式、选择提示词、安排提示词的顺序、设置相关的参数、选定哪个图片符合预期等。涉案图片体现了原告的智力投入，故涉案图片具备了"智力成果"要件。参见北京互联网法院（2023）京 0491 民初 11279 号民事判决书。

[4] Stephen Beckett, *Robo-Journalism: Howa Computer Describes a Sports Match*, BBC（Sept. 12, 2015），http://www.bbc.com/news/technology-34204052.

[5] 图灵测试是由英国数学家艾伦·麦席森·图灵于 1950 年提出的，成为决定计算机是否可以思考的一种手段。其测试方式是，由人类测试者在固定时间内向被测试者（计算机）提出问题，根据其回答来区分被测试者的人类主体或计算机身份。进行多次测试后，如果测试者让平均每个测试者作出超过 30% 的误判，该被测试者就会被认为具有人类智能。

成与音乐家相同的艺术表达。饶有趣味的是，伦敦交响乐团曾经公开演奏了一段由 lamus 软件生成的交响音乐，甚至资深音乐家也没有意识到它是由冰冷的机器生成的。[1] 因此，从外在表现形式来看，人工智能生成物能够传递信息认知、承载思想情感，与人类创作的智力成果相比无实质性差异，是一类处于人类理解范围之内的表达。

第二，从内部运行原理出发，人工智能生成物并非执行既定算法及程序后产生的固定结果，而是蕴含着一定意义上的智力"创作"行为。一方面，人工智能是一种模仿人类智力活动的智能信息处理系统，其所具备的不同结构与人类智力活动层级依次对应。作为人工智能运行基础的计算机硬件，对应着人类智力活动最低层次的生理过程，如中枢系统、神经元和大脑的基础活动；人工智能的计算机语言对应着人类智力活动中的初级信息处理，用于将不同符号的输入转换为可供人工智能理解的机器语言，像人类感知事物一样也让人工智能得以获得相应的认知；人工智能程序本身更是对应着人类智力活动的最高层级——思维策略，通过人工智能程序的运行再现人类的思维过程，在最优策略引导下生成最终产物。[2] 因此，人工智能还原了整个人类思维系统，能够发挥针对人类智力行为的模仿与替代作用。在此意义上，人工智能生成的知识产品，也应当具有与人类智力成果相一致的"智力"成分。另一方面，当前深度学习、神经网络、大数据等技术的出现，彻底颠覆了人工智能仅作为执行既定算法的工具地位，实现了人工智能的自主创作能力，且这种创作方式实际上与人类学习、构思与表达的过程并无差异。[3] 在深度学习技术下，计算机不再需要遵照设定好的程序指令工作，而是能从数据中自动发现特定模型。[4] 人工智能的创作方式，即通过独立地识别大数据的相似性与独特性，自主完成对其特征函数模型的构建，随后根据人类提供的创作素材，生成相对应的产物。[5] 由此可以看出，人工智能的创作过程与人类智力行为本质相同，二者均体现了认知事物、运用经验、解决问题等综合能力，人工智能当然具有一定意义上的创作"智力"。[6]

不过，人工智能的智力成果属性也面临着一定的质疑，尤其是国内外法院针对动物"智力成果"的相关司法判决，否认了动物"智力成果"属于受著作权保护作品的主张。例如，有观点提出，由于动物也具有相当的智力水平，如一只成年海豚的智商相当于人类幼童的智商，但动物"创作"的成果不能构成作品，这就意味着著作权法意义上的作品仅限于人类智力成果，故人工智能生成物并不属于相应的智力成果范畴。

本书认为，将作品绝对地限定为人类智力成果，是对著作权法作品定义条款的缩小解释，而这种缩小解释缺乏足够的法律依据。况且事实上，所谓动物智力成果的出现，或是偶然间动物的无意识行为，所诞生的不知所云的画作根本无法被人类认知或理解，或者即使能够理解，也需要投入过度的劳动，自然不会构成著作权法意义上的智力成果；亦或是经过人类长期训练，通过在动物身上形成肌肉记忆（条件反射）而产生的结果，并非动物

---

[1] See Philip Ball, *Artificial Music*：*The Computers That Create Melodies*，BBC：FUTURE（Aug. 8，2014），http：//www.bbc.com/future/story/20140808-music-like-never-heard-before.

[2] 蔡自兴等编著：《人工智能及其应用》，清华大学出版社 2020 年版，第 15 页。

[3] 廖斯：《论人工智能创作物的独创性构成与权利归属》，载《西北民族大学学报（哲学社会科学版）》2020 年第 2 期。

[4] 韦康博：《人工智能》，现代出版社 2016 年版，第 161 页。

[5] 马忠法、肖宇露：《人工智能创作物的著作权保护》，载《电子知识产权》2019 年第 6 期。

[6] 参见曹博：《人工智能辅助生成内容的著作权法规制》，载《比较法研究》2024 年第 1 期。

的自主行为,更何谈被视为动物的智力表达?[1] 正如我国法院在"海豚表演案"中所言:"海豚所作出的'表演',实质上是因驯养员的训练而产生的条件反射,是驯养员训练思维的一种机械性、生理性反映工具。"[2] 因此,动物智力成果本身就与著作权法意义上的智力成果相距甚远,不能以否认动物智力成果的作品属性简单类推到人工智能生成物的作品属性。进言之,人工智能生成物与动物"智力成果"在本质上并不相同,前者不仅是一类可被人类理解的思想、情感或认识的表达,而且体现了一定程度的创作"智力"性。这种"智力"性本身打上了人类干预和控制的烙印,因为人工智能是人类设计的结果,体现了人类的思想、情感和审美态度等个性化因素。基于此,人工智能生成物可以属于著作权法意义上的智力成果范畴。

(三) 人工智能生成物的独创性判断

无论是根据著作权法一般原理还是我国《著作权法》规定,受著作权保护的作品必须具有独创性。就人工智能生成物而言,其纳入受著作权保护的客体,自然也需要认定其是否具备著作权法意义上的独创性。虽然"独创性"是获得著作权保护的基本要件之一,其概念或内涵却并不清晰。在国际层面,《伯尔尼公约》涉及了独创性概念,却并没有赋予"独创性"一词明确的含义,也没有向成员国提供可被广泛采用的认定标准。每个成员国不得不各自构建本国的独创性概念与判断标准。[3] 反观国内,"具有独创性"这一表述也缺乏法律层面进一步的定义与解释。于是,理解独创性概念、厘清独创性判断标准成为著作权制度中基础也是最复杂的问题之一。

出现未定义"独创性"概念的局面似乎是立法者的有意为之,"独创性定义的不确定性使法院能够自由地确定哪些作品有权获得版权保护"。[4] 换言之,独创性判断标准并无定论,而只是实践为回应不同时期价值取向及历史逻辑所作的不同选择。在深受"浪漫主义作品观""人格主义理论"等哲学思想影响的 19 世纪,诞生了"作者中心主义"的作者理论观,并随之受到著作权法实践界的推崇。[5] 例如,在 Burrow-Giles Lithographic-Co. v. Sarony 案中,法院选择从作者角度对独创性概念进行阐述,将著作权描述为仅限于"作者的原创思想概念",并要求作品需要让"作者头脑中的思想得到确切表达",[6] 确立了以作者为中心的独创性主观判断标准。主观标准强调,作品是作者人格的延伸,受版权保护的作品应当展示作者独特的个性、凸显作者的创作意图、体现来自作者方面的思想或情感。进一步而言,由于人格、个性、思想为人类所独占,因而只有人类作者才能创作出著作权法意义上的作品。[7] 现行德国《著作权与邻接权法》第 2 条第 2 款就直接规定了作品必须是"个人的智力创作"。

---

[1] 孙山:《人工智能生成内容著作权法保护的困境与出路》,载《知识产权》2018 年第 11 期。

[2] 湖南省长沙市中级人民法院 (2003) 长中民三初字第 90 号民事判决书(著作权侵权及不正当竞争纠纷案)。

[3] See Shlomit Yanisky-Ravid&Luis A. Velez-Hernandez, "Copyright ability of Artworks Produced by Creative Robots and Originality: The Formality-Objective Model", *Minnesota Journal of Law, Science and Technology*, Vol. 19, Issue 1 (Winter 2018), p. 19.

[4] See Burrow-Giles Lithographic Co. v. Sarony, 111 U. S. 53 (1884), at 51.

[5] 黄汇、黄杰:《人工智能生成物被视为作品保护的合理性》,载《江西社会科学》2019 年第 2 期。

[6] See Burrow-Giles, 111U. S. at 57-58.

[7] 孙山:《人工智能生成内容著作权法保护的困境与出路》,载《知识产权》2018 年第 11 期。

然而，在随后一个多世纪的发展过程中，一方面作品"浪漫主义"受到"结构主义"的剧烈抨击，另一方面计算机软件等并不体现作者思想情感的作品也开始被纳入著作权客体范围，导致著作权制度开始呈现"去人格化"趋势，独创性判断标准出现了向文本主义的倾向，逐渐演变出了以作品为中心的客观判断标准。[1] 即使是一贯主张作者个性要素的德国，也选择采纳"小铜币理论"，放弃考察作品"主观方面的独特性"，而是寻求"客观方面（从外部看起来）的独特性"。[2] 在独创性客观判断标准之下，作品的独创性判断焦点从作者层面转移到作品之上。只要作品在客观上符合"最低限度的创造性"程度，即与现有其他作品相比存在可被区分的变化，就在一定程度上证明了其具备独创性。[3] "最低限度的创造性"客观判断标准正在被越来越多的法院适用，如 Schrock v. Learning CurveInternational, Inc. 案就明确提出："新作品要获得版权唯一所需的'独创性'是与公共领域或其他现有作品之间存在足够的表达差异，使其与在先作品能够很好地区分"。[4]

对于传统智力成果而言，关于独创性的主观判断标准与客观判断标准均体现出较强的合理性，二者在阐释独创性方面相互补充、相互结合，因为此时并不存在非人类作者的担忧。然而，在面对人工智能生成物的独创性判断时，选择不同的判断标准将会导致完全相反结论的产生：[5] 如果选择主观标准，由于人工智能生成物并非是由人类创作的，其当然不符合独创性要件；而如果选择客观标准，则并不需要将人工智能生成物与人类智力成果相区分，大量人工智能生成物可以具备著作权法意义上的作品独创性。鉴于此，如何选择独创性判断标准，就成为人工智能生成物著作权认定的核心。[6] 在这一问题上本书主张"最低限度的创造性"客观标准，理由如下：

第一，"作者创作意图"的判断在实践中往往难以落实。著作权保护的是作品，而作品是作者创作行为的结果。作者的创作意图不仅无从得知，甚至有时作者的创作意图将有悖于最终产生的实际作品。Alfred Bell&Co. v. Catalda Fine Arts, Inc. 一案表明，"复制者视力不好、肌肉缺陷或雷声引起的惊吓，都可能产生足够明显的差异，而'作者'可以将这种差异视为自己的并据此获得版权"。[7] 由于人们无法探寻创作活动时的主观心理，主观标准总是会带来巨大的模糊与不确定性。为解决相关难题，在刑事证据领域，法官选择使用医学专家的证词来判断被告的精神状况；在民事合同领域，法院则以"合同客观论"推断双方主体之间已达成合意。因此，从实践经验来看，选择客观标准而非通过调查心理活动来评价作者的贡献，应当是一种更为可行的方式。[8]

第二，"作品中心主义"的价值取向与著作权法宗旨更加贴切。我国《著作权法》明确规定了立法目标，也规定了实现这些目标的路径，即通过对著作权和与著作权有关的权

---

[1] 黄汇、黄杰：《人工智能生成物被视为作品保护的合理性》，载《江西社会科学》2019年第2期。
[2] [德] M. 雷炳德：《著作权法》，张恩民译，法律出版社2005年版，第51页。
[3] 卢海君：《版权客体论》，知识产权出版社2014年版，第156~157页。
[4] Schrock v. Learning CurveInt'l, Inc., 586 F. 3d 513, 521 (7th Cir. 2009).
[5] 卢炳宏：《论人工智能创作物独创性判断标准之选择》，载《内蒙古社会科学》2020年第4期。
[6] 参见冯晓青、李可：《人工智能生成内容在著作权客体中的地位》，载《武陵学刊》2023年第6期。
[7] Alfred Bell & Co. v. Catalda Fine Arts, Inc., 191 F. 2d 99 (2d Cir. 1951).
[8] See Russ VerSteeg, "Rethinking Originality", *William and Mary Law Review*, Vol. 34, Issue 3 (Spring 1993), p. 813.

利的保护，鼓励作品的创作与传播，促进社会主义文化和科学事业的发展与繁荣。[1] "著作权法基本目标的实现有赖作品的创作与传播，作品因而构成著作权制度的基石"。[2] 美国国会也曾强调，宪法授权的重点在于作品，而不是作者。版权法的主要目标是鼓励更多有利于公众利益的独创性表达的产生，站在这一目标上来看，作品才是更明显的起点。[3] 就人工智能生成物而言，其可版权性取决于是否能像其他智力成果一样提高社会共同福祉，而此贡献似乎并不会受到作者创作过程的影响。弱化作者创作过程而强调作品创作结果，恰恰与"作品中心主义"的价值取向相吻合。

遵循以作品为中心的独创性客观判断标准，人工智能能够凭借深度学习与大数据技术生成全新的知识产品，这些知识产品的外在表现形式与现有作品相比存在显著差异，能够让读者明显感知到新内容的产生，故人工智能生成物满足著作权法规定的作品独创性构成要件。上述观点也已被我国著作权司法实践所采纳。如在"Dreamwriter 案"中，法院提出"判断涉案文章是否具有独创性，应当从是否独立创作及外在表现上是否与已有作品存在一定程度的差异，或具备最低程度的创造性进行分析判断"，强调了客观判断标准的适用。据此分析，"涉案文章的外在表现符合文字作品的形式要求，其表现的内容体现出对相关信息、数据的选择、分析、判断，文章结构合理、表达逻辑清晰"，故"具有一定的独创性"，应当受到著作权法的保护。[4] "Dreamwriter 案"是对人工智能生成物具备独创性要件的首次正面肯定，表明了我国司法实践对人工智能生成物著作权保护持肯定的立场。在该案中，法院总体上依上述客观标准进行判定。具体而言，其将涉案人工智能生成作品视为我国《著作权法》规定的法人作品，认为其是原告腾讯公司主持，体现了其意志，并由其承担责任。前述"AI 绘画"著作权侵权纠纷案也确认了人工智能生成作品的独创性。

就人工智能生成物著作权保护的发展动态来看，目前许多国家与地区已确立人工智能生成物的著作权作品属性。英国 1988 年《版权、外观设计和专利法》第 9 条明确提及"计算机生成的文学、戏剧、音乐或艺术作品"，对其著作权归属与保护期限作出特别规定；2000 年《爱尔兰版权及相关权利法》扩展了版权保护客体，使其涵盖计算机生成作品这一全新的作品类型，并将计算机生成作品定义为"作品由计算机生成的，作品作者不是个人"。[5] 近年来，欧盟法律事务委员会也已经认可了人工智能的"独立智力创造"地位，以便确定其著作权归属。[6] 2020 年发布的《欧盟人工智能知识产权立法报告》也涉及开发人工智能的知识产权以及人工智能生成作品著作权保护问题，尤其提到当人工智能仅用于协助人们从事创作活动的工具时，传统知识产权保护手段仍然适用。[7] 可以认为，确认人工智能生成物的作品属性从而对其提供著作权保护，已然成为了人工智能时代下国际发

---

[1] 《著作权法》第 1 条。
[2] 刘银良：《论人工智能作品的著作权法地位》，载《政治与法律》2020 年第 3 期。
[3] See H. R. REP. No. 60-2222, at 7（2dSess. 1909）.
[4] 广东省深圳市南山区人民法院（2019）粤 0305 民初 14010 号民事判决书。
[5] See Paul Lambert, "Computer Generated Works and Copyright: Selfies, Traps, Robots, AI and Machine Learning", *European Intellectual Property Review*, Vol. 39, Issue 1（July 2017）, p. 14.
[6] 孙松：《人工智能创作内容的作品定性与制度因应》，载《科技与出版》2019 年第 4 期。
[7] 史宇航：《欧盟人工智能知识产权立法报告》，载 https://zhuanlan.zhihu.com/p/269590439，最后访问日期：2024 年 4 月 1 日。

展的重要趋势。[1]

第四节　不适用著作权法保护的对象

著作权法保护的对象相当广泛，但并非所有的作品都受著作权保护。我国和世界许多国家一样，从社会公共利益等方面考虑，规定了不适用著作权法保护的对象。我国《著作权法》第5条规定的情形包括以下三种。

一、官方文件

官方文件，包括法律、法规，国家机关的决议、决定、命令和其他具有立法、行政、司法性质的文件，及其官方正式译文。具体而言，官方文件包括各级权力机关、行政机关、司法机关等发布的法律、行政法规、规章、决议、决定、命令、判决、裁定等文件，以及由国家机关确认的这些文件的正式译文。这些对象大都具有作品的构成条件，本可以享有著作权，但我国和世界各国及国际公约规定的一样，对其不予著作权保护。原因在于，国家机关是由公共税收支持的、承担公共管理与服务的机构，制定规范性文件是其本职工作，它们制作的公务文件当然可以由公众自由使用；同时，国家机关制作这类文件的目的就是为了广泛传播，以便人们了解和执行。因此，著作权法一般都规定，官方文件不适用著作权保护，一旦公开即进入公有领域，任何人都可以不加限制地利用。

关于官方文件著作权问题，需要注意：①根据1990年7月29日国务院发布、2019年3月2日修订的《法规汇编编辑出版管理规定》第5条规定，根据工作、学习、教学、研究需要，有关机关、团体、企业事业组织可以自行或者委托精通法律的专业人员编印供内部使用的法规汇集；需要正式出版的，应当经出版行政管理部门核准。除前款规定外，个人不得编辑法规汇编。②公务文件的非官方译文仍受著作权保护。

需要进一步看到的是，修改后的《著作权法》仍未将官方组织并公开的考试试卷、强制性国家标准及其官方正式译文等纳入不适用著作权保护的对象。这不利于在实践中基于学习、研究目的使用这些考试试卷以及国家标准。因此，本书建议将来在完善著作权制度时，对于这类不适用著作权保护的对象进行修改，以更好地满足人们对学习、研究和其他合理的需要。

二、单纯事实消息

单纯事实消息是通过报纸、期刊、广播电台、电视台、网络等媒体报道的纯粹的事实消息。如2001年美国"9·11"袭击的消息、2008年我国举办奥运会的消息、2022年10月召开党的二十大的消息。一方面，用简单的文字或机械记录手段记下的关于国家、社会公众、国际社会乃至全人类的政治、经济、文化与社会生活的客观现象与事实，属于著作权法不予保护的事实；另一方面，新闻作为一种具有时事性质的信息，需要广泛而迅速地传播才能实现其价值。但新闻中如果体现了记录者的加工、整理、评论等创造性成分，就不是单纯事实报道的时事新闻，而是享有著作权的作品。

应当指出，2010年《著作权法》第5条第2项规定的不适用著作权保护的对象是"时

---

[1] 参见徐小奔：《论人工智能生成内容的著作权法平等保护》，载《中国法学》2024年第1期；张新宝、卞龙：《人工智能生成内容的著作权保护研究》，载《比较法研究》2024年第2期；高阳：《通用人工智能提供者内容审查注意义务的证成》，载《东方法学》2024年第1期。

事新闻"。这里所说的时事新闻是指上述单纯事实消息，是对于时间、地点、人物、事件等基本的客观事实素材进行的简单组合和描述，本身并不具备独创性和个性化特色，因而不属于受著作权保护的作品范畴。对此，2002年最高人民法院发布的《审理著作权民事案件适用法律解释》第16条已明确："通过大众传播媒介传播的单纯事实消息属于著作权法第五条第（二）项规定的时事新闻。传播报道他人采编的时事新闻，应当注明出处。"然而，在著作权实践中，经常出现将新闻作品与单纯事实消息混淆，以致新闻作品著作权难以得到充分的保障的情况。实际上，新闻作品与单纯事实消息不同，其是在单纯事实消息基础之上，对其进行适当加工、评论而形成的具有独创性的作品，理应受到著作权保护。由于现行《著作权法》颁布前，对于单纯事实消息一直使用的是"时事新闻"这一术语，在不少涉及新闻作品著作权纠纷案件中，被控侵权人时常主张其使用的新闻作品属于时事新闻的范畴而不能受到著作权保护。[1] 这对新闻作品一类作品著作权的保护显然不利。2020年《著作权法》第三次修改，可以认为既是回应我国新闻界的关切、加强对新闻作品保护的需要，也是将司法解释精神和司法实践经验落实到立法中的体现。可以预见，上述规定实施后，必能更好地维护我国广大新闻工作者对新闻作品的著作权。

三、历法、通用数表、通用表格和公式

这些属于公知公用的常识性作品，属于人类的共同财富，不宜为某些特定的人专有，以免妨碍人们的日常工作、学习和生活，阻碍科学技术的发展。不过，在公用知识基础上加入创造性成分，则可以构成著作权保护的作品。例如，在标准历法基础上制成的台历、挂历，利用通用数表和表格制成的具有独创性的编排或表现形式的成果，因为体现了编制者的创造性劳动而应作为作品受著作权保护。[2]

值得指出的是，2001年《著作权法》第4条规定："依法禁止出版、传播的作品，不受本法保护。著作权人行使著作权，不得违反宪法和法律，不得损害公共利益。"著作权法不保护违禁作品是国际通认的原则和通例。其中，"依法"是指依据宪法、法律、行政法规和其他法律法规的规定；"禁止出版、传播的作品"主要是指违反国家法律、违反社会公德的内容反动、淫秽的作品。这种作品由有关主管部门依法确定，而不能由某个人确定。

还必须指出的是，在《著作权法》2010年的修正中，第十一届全国人民代表大会常务委员会第十三次会议将前述第4条修改为："著作权人行使著作权，不得违反宪法和法律，不得损害公共利益。国家对作品的出版、传播依法进行监督管理。"这一修改有复杂的国际背景。事实上，取消原来第4条中"依法禁止出版、传播的作品，不受本法保护"的规定，并不会有实质性的影响。因为即使2001年《著作权法》不规定这一内容，这类作品也不可能受到著作权保护，相反，这类作品作者还会因为触犯我国《刑法》等法律而受到相应的法律制裁。

---

[1] 参见湖北省高级人民法院（2011）民监字第649号民事判决书（著作权侵权纠纷案）；广东省广州市中级人民法院（2014）穗中法知民终字第305号民事判决书（侵害作品信息网络传播权纠纷案）；广东省广州知识产权法院（2018）粤73民终1067号判决书（侵害作品信息网络传播权纠纷案）。

[2] 参见湖南省长沙市中级人民法院（2008）长中民三初字第0406号民事判决书（侵犯著作财产权纠纷案）。

本章案例研讨

8-1（总第4）：汇编类事实性作品应当在事实选择或编排上具有独创性
——Rural Telephone Service Co. v. Feist Publications, Inc. 案[1]

一、案情简介

美国 Feist 出版有限公司（以下简称 Feist）使用了乡村电话服务公司电话簿中的4935条记录，其中相同复制的达到1309条之多。另外，Feist 还复制了乡村电话服务公司设陷阱的条目中的4个。这里的设陷阱条目是指原告为侦察未授权的侵权者而在电话簿中有意列举的一些错误信息。这些错误信息具有陷阱作用。原告乡村电话服务公司于是起诉被告 Feist 侵权。

二、法院裁判理由及结果

美国地区法院和第十巡回法院都认可了原告的诉讼请求，但被美国联邦最高法院（以下简称最高法院）推翻。

最高法院在该案中认定，原告所有的电话按字母顺序的列表不符合著作权保护的独创性条件，尽管该作品具有商业上的重要性，并且在作品中投入了辛劳、投资和组织安排。最高法院认为电话簿中按照字母顺序组织人名、地址和电话号码不能产生著作权，原因是生产者没有足够的创造性来使其成为原创之物。

在该案中，最高法院不仅强调了一般性作品受著作权保护应具备的独创性要求，还强调了事实编撰物一类的事实性作品受著作权保护的独创性要求。其认为，事实性编撰物享有著作权的条件是在事实的选择或编排上具有独创性，而其受著作权保护的范围也限于实际的选择或编排。就该案所涉及的电话簿来说，由于它只是按照字母顺序排列的数据收集的产物，缺乏著作权保护的独创性要件，不能获得著作权。[2]

最高法院推翻原有判决的原因是强调作品创作中投入的创造性劳动，而不拘泥于"额头出汗"原则。[3] 原因是，著作权应当仅及于原创的作品，并且在思想的创造力中能够找到其存在的基础。被保护的创作物应当是智力劳动的果实。在该案中，法官引用了1879年的案子来否认对未经授权的编撰"事实"的使用构成著作权侵权，从而使这种观点扩展为整个财产制度的普通法基础。

Feist 案将作者身份和原创性纳入到当代的著作权法中，该案的焦点无疑集中于受著作权保护作品的独创性要件及其界定问题。在该案中，美国联邦最高法院虽然没有十分明确地提出著作权法中的公共领域问题，但对事实性质作品著作权性的否认表明了其对作者未来创作材料保障的关注。美国联邦最高法院认识到了在公有领域中未受到保护的事实作为未来创造者的资源和原材料的重要性，将电话簿的名单列为公有领域的对象。Feist 案在美国产生了深远影响，并与美国后来对电子数据库所有权的讨论相关。在该案后，在知识产

---

[1] 499 U.S. 340 (1991).

[2] Feist, 499 U.S. 340 (1991) at 358. 该法院引证了以下案件中提到的最低程度的创造性标准：Bleistein v. Donaldson Lithographing Co., 188 U.S. 239 (1903).

[3] 这是英美法系国家认定作品独创性标准的一个形象说法，意思为只要为作品诞生付出了心血、投资和劳动，就应当获得著作权保护。

权的其他领域,如专利权和商标权领域,对未被占有的原始资料与原创身份关系的研究也不断受到重视。[1]

8-2(总第5):相同设计思路和工艺方法不受著作权保护
——再审申请人景德镇某实业有限公司与被申请人潮州市某陶瓷有限公司侵害著作权纠纷案[2]

一、案情简介

景德镇某实业有限公司(以下简称景德镇某实业公司)经著作权人某实业有限公司(以下简称某实业公司)许可获得了"蜂鸟茶具系列""小红莓系列""蜂鸟摆饰系列"等陶瓷作品的专有使用权。潮州市某陶瓷有限公司(以下简称潮州某陶瓷公司)生产"圣诞果系列""金鱼系列""鸢尾花系列"陶瓷产品。景德镇某实业公司主张潮州某陶瓷公司产品是对其享有专有使用权的作品的刻意模仿,侵犯了景德镇某实业公司的著作权,遂向福建省厦门市中级人民法院提起著作权侵权诉讼。

二、法院裁判理由及结果

一审法院认为,潮州某陶瓷公司"圣诞果系列"产品侵犯了景德镇某实业公司"小红莓系列"作品著作权,据此判决潮州某陶瓷公司承担停止侵权、赔偿损失的民事责任。景德镇某实业公司和潮州某陶瓷公司均不服,提出上诉。福建省高级人民法院在一审判决的基础上,又增加认定潮州某陶瓷公司"鸢尾花系列"中的大盘、杯盘组构成侵权,但认为"鸢尾花系列"中的茶壶、奶罐糖罐以及"金鱼系列"陶瓷制品不构成侵权。景德镇某实业公司不服,向最高人民法院申请再审。

最高人民法院审查认为:将动植物形象引入生活用品中,制作出精美的陶瓷制品的设计思路、工艺方法早在一百多年前已经出现。某实业公司借鉴已有的设计思路和工艺方法,用鸢尾花、蜂鸟、金鱼等动植物的形象来装饰茶壶、杯盘汤匙组和奶罐糖罐等产品,使其系列瓷制品在艺术造型、结构、色彩搭配上具有独创性,构成有审美意义的立体造型艺术作品,应当受到著作权法的保护。但著作权法保护思想的表达,并不保护思想本身。用动植物形象装饰陶瓷制品,在各种器形载体的杯缘、瓶口、把手上刻画出立体生动的动植物造型的设计思路以及相应的工艺方法并非某实业公司独创,也非著作权法的保护对象。某实业公司不能通过著作权垄断相应的设计思路和工艺方法,否则将违背著作权法的立法原意,阻碍文学、艺术、科学的进步和作品的多样性发展。模仿是文学、艺术和自然科学、社会科学、工程技术等进步的基本手段和方法,他人可以采用同样的设计思路和工艺方法,设计并生产类似主题的产品。著作权制度并不禁止他人的适度模仿,但不能抄袭他人具有独创性的表达。自然界中已经客观存在的动植物形象不属于某实业公司独创,但如果其用特定的方式赋予其具有特定审美意义的造型表达,则应当予以保护。将潮州某陶瓷公司的"鸢尾花系列"产品中的茶壶、奶罐糖罐以及"金鱼系列"产品与某实业公司的相应产品对比可见,虽然潮州某陶瓷公司的产品具有模仿某实业公司产品的痕迹,两者产品有相同

---

[1] 冯晓青:《知识产权法利益平衡理论》,中国政法大学出版社2006年版,第757~760页。
[2] 《最高人民法院知识产权案件年度报告(2013)》,第59~61页。

之处，但也有明显的差异。相同之处主要是设计主题、思路、位置关系和动植物形象等元素，这些相同之处尚未使两公司产品达到实质性相似的程度，潮州某陶瓷公司的行为没有超出合法模仿的界限，二审法院认定潮州某陶瓷公司生产的"鸢尾花系列"中的茶壶、奶罐糖罐以及"金鱼系列"陶瓷制品未侵犯景德镇某实业公司著作权正确。基于此，最高人民法院于2013年3月25日裁定驳回景德镇某实业公司的再审申请。

本案涉及立体造型美术作品的著作权保护范围与侵权判断。在该案中，最高人民法院的核心观点是："设计思路以及相应的工艺方法并非著作权法的保护对象，权利人不能通过著作权垄断相应的设计思路和工艺方法；他人可以采用同样的设计思路和工艺方法，设计并生产类似主题的产品，但不能抄袭他人具有独创性的表达。"该观点可以从多方面加以解读。其中，前述思想表达二分法即是其一。在该案中，最高人民法院裁定驳回景德镇某实业公司的再审申请，就是考虑到被申请人采用的并非是受著作权保护的"表达"的范畴，而是"思想"范畴。

8-3（总第6）：作品名称是否受著作权保护
——赵某诉某卷烟厂使用"五朵金花"剧本名称著作权侵权、不正当竞争纠纷案[1]

一、案情简介

1958年，为向国庆10周年献礼，中共中央宣传部指定云南省委宣传部组织拍摄反映少数民族生活的电影。原告赵某和王某接受指派创作了电影文学剧本《五朵金花》，作品署名为季康、公浦。该剧本被拍摄成同名电影于1959年公映。1983年被告某卷烟厂以"五朵金花"为名向国家商标局申请香烟商标注册，"五朵金花"牌香烟至今仍在生产、销售。另查明，原告赵某于1981年移居美国，在美国居住期间曾两次回中国作短暂停留。

二、法院裁判理由及结果

一审云南省昆明市中级人民法院认为：其一，关于原告是否是著作权人的问题。被告某卷烟厂提供的关于著作权归属问题的证据仅反映了《五朵金花》剧本创作时的社会历史背景，不足以否定季康、公浦是该剧本的作者。故季康即本案原告赵某和公浦享有电影文学剧本《五朵金花》的著作权。其二，关于时效问题。被告申请"五朵金花"商标注册的时间为1983年，而赵某1981年即已移居美国，某卷烟厂推定赵某从1983年开始就知道或者应当知道自己的权利受到侵害不符合常理。且根据最高人民法院《审理著作权民事案件适用法律解释》的规定，如果侵权行为在起诉时仍在持续，在该著作权保护期内，人民法院应当判决被告停止侵权行为，而本案被告生产、销售"五朵金花"牌香烟的行为至今仍在持续，被告关于"本案超过诉讼时效，原告丧失胜诉权"的观点不能成立。其三，关于电影文学剧本《五朵金花》的名称是否受我国《著作权法》保护的问题。我国《著作权法》对是否保护文学作品的名称没有明确规定，电影文学剧本《五朵金花》的名称不能单独受我国《著作权法》保护。原因在于：电影文学剧本《五朵金花》是一部完整的文学作

---

[1] 云南省高级人民法院（2003）云高民三终字第16号民事判决书。

品，但仅就"五朵金花"4字而言，其并不具备一部完整的文学作品应当具备的要素。"五朵金花"这一词组的构成虽然有可能包含作者的思想感情及创作意图，但我国《著作权法》保护的是作品的内容，而非作者的思想。因此"五朵金花"这一词组只有与作品内容共同构成一部完整的作品，才受我国《著作权法》保护。同时，"五朵金花"一词并不构成《五朵金花》电影剧本的实质或者核心部分。如果对其单独给予著作权法保护，禁止他人使用"五朵金花"一词，既有悖于社会公平理念，也不利于促进社会文化事业的发展与繁荣。再则，被告的行为既不损害原告的著作权，也不妨碍原告行使其著作权。其四，关于某卷烟厂的行为是否属不正当竞争行为的问题。根据我国《反不正当竞争法》的规定，本案纠纷不属于我国《反不正当竞争法》调整的范畴，原告主张被告的行为构成不正当竞争不能成立。综上所述，一审法院认为，原告要求确认被告生产"五朵金花"牌香烟的行为侵犯其合法权利，并应承担相应民事责任的诉讼请求无法律依据，据此判决驳回原告赵某的诉讼请求。

赵某不服昆明市中级人民法院的判决，向云南省高级人民法院提起上诉。二审法院认为：赵某是电影文学剧本《五朵金花》的著作权人。某卷烟厂主张该剧本属国家享有著作权的法人作品或职务作品证据不足，不能成立。赵某作为著作权人可在法定著作权保护期限内向法院请求保护其合法权益，但其主张对其作品名称适用《著作权法》保护缺乏法律依据，依法不能成立。又因赵某不是市场经营主体，与某卷烟厂之间不存在市场竞争关系，本案也不应适用《反不正当竞争法》调整。一审判决认定事实清楚，适用法律正确，应予维持。二审判决如下：驳回上诉，维持原判。

作品名称是作品所表达的主题思想的高度概括，而且是一部作品区别于其他作品的重要标志。当作品的名称被商家抢注成商标后，作品名称是否受法律保护？如果受保护，应受何法律保护、如何保护等问题，目前我国法律对此缺乏明确规定。本案反映了作品名称的著作权法、反不正当竞争法的法律保护问题。〔1〕

8-4（总第7）：陶瓷元素是否存在独创性及实质性相似认定
——景德镇市某文化有限公司与景德镇某陶瓷文化有限公司
著作权权属、侵权纠纷上诉案〔2〕

一、案情简介

原告景德镇市某文化有限公司（以下简称景德镇某文化公司）向江西省版权局登记了美术作品《绽放》，作品类别为美术作品。附有《绽放》美术作品的图案及附着该图案的盖碗图形，杯身正面画有葫芦形线条内有"吉"字图案标识，杯子底部、杯盖及杯托的图

---

〔1〕 冯晓青主编：《著作权侵权专题判解与学理研究（第1分册）》，中国大百科全书出版社2010年版，第198页。参见彭学龙：《作品名称的多重功能与多元保护——兼评反不正当竞争法第6条第3项》，载《法学研究》2018年第5期；陕西省高级人民法院（2019）陕民终695号民事判决书（著作权纠纷案）；北京市朝阳区人民法院（2002）朝民初字第2217号民事判决书（著作权侵权纠纷案）。

〔2〕 江西省景德镇市中级人民法院（2022）赣02民终171号民事判决书。

案均采用花朵、枝茎元素组成二方连续装饰图案。被告景德镇某陶瓷文化有限公司（以下简称某陶瓷文化公司）则通过淘宝网店销售"山音"陶瓷盖碗茶杯，其杯身正面均有葫芦形线条内"山音"字样。原告认为被告的销售行为，侵害了其著作权。

二、法院裁判理由及结果

一审法院认为，美术作品的独创性应当体现作者在美学领域上独特的创造力和观念，能够与同领域或者相近领域内的现有其他作品相区分；那些不断重复陶瓷行业沿袭下来的设计和图案的陶瓷产品，因其早已普遍存在，属于行业共性存在，则不具有独创性，不受著作权法的保护。原告的主张并未体现其在画法、纹饰图案、颜色层次上的独特性和创新性，其整合风格仍沿用传统的常用纹样，遂判决驳回原告诉讼请求。

二审法院认为，本案的争议焦点为上诉人《绽放》美术作品是否具有独创性以及被上诉人行为是否侵犯上诉人的著作权。本案中，景德镇某文化公司将传统二方连续装饰图案经过挑选、变换并配以相应色彩融汇而成的具有审美意义的图案，设计者的思路虽然来源于传统元素，但是整体构图展示出源自设计者自身的个性印记，体现设计者独特的智力选择与判断，达到了一定水准的智力创造高度，符合独创性要求。一审法院认为《绽放》美术作品不具有独创性系认定错误，应予纠正。现有证据难以确定涉案作品的创作形成时间。在作品的创作完成时间难以确定的情况下，作品公开发表时间的早晚也可以表明作者享有权利的时间节点。对涉案作品何时公开发表，景德镇某文化公司并没有证据证实。某陶瓷文化公司提供的证据可以证实其2018年9月8日和10月6日在淘宝店铺已销售被诉侵权产品，早于景德镇某文化公司作品的登记时间。并且景德镇某文化公司从事陶瓷设计、加工、销售，有创作陶瓷产品的动力和市场需求。比较双方的证据优势，景德镇某文化公司主张某陶瓷文化公司侵犯其著作权的证据并不充分，应承担举证不能的法律后果。二审法院进一步从是否存在实质性相似的角度进行了认定。其认为，对《绽放》作品与被诉侵权产品进行比对，二者均属于陶瓷杯，且采用类似图案的纹饰，因此表达方式非常接近。但鉴于此类纹饰和画法属于陶瓷领域内常用，以植物枝茎、花卉纹样做二方连续装饰带起源较早，因此对于采用该纹饰的产品比对应当更注重细节，对于其是否侵权的比对应要求较高。被诉侵权产品上二方连续装饰图案中的缠枝纹、花朵均与《绽放》作品上的缠枝纹、花朵在样式、形态上存在区别，故在纹饰存在一定区别的情况下，不认为构成实质相似。基于此，尽管二审法院认为一审法院对于原告涉案作品是否具有独创性认定错误，但结果相同，故判决驳回上诉，维持原判。

本案涉及如何界定传统元素陶瓷作品的独创性和受著作权保护的时间起点等问题。在本案中，二审法院纠正了一审法院关于原告作品不具有独创性而不受著作权保护的观点，认为应当区分公共领域的传统陶瓷元素和在传统元素基础上进行改进和创新而形成的具有独创性的作品。本案对于如何处理传统文化创新和维护公共领域的关系，既要保障传统文化的传承，防止不适当垄断传统陶瓷元素和公共领域创作素材，又要鼓励在传承陶瓷文化基础上实现创新和发展，具有较为重要的启发意义和价值。本案还涉及作品受著作权保护时间的界定，对此二审法院基于优势证据原则判定上诉人承担举证不利后果，对于著作权侵权纠纷案件审理中适用证据规则也有一定启发意义。

8-5（总第8）：历史题材学术研究作品独创性及著作权侵权的判定
——周某与王某侵害著作权纠纷案[1]

一、案情简介

原告周某起诉称：其于2004年4月完成博士学位论文《晚清留日学生与云南近代化》的撰写。2014年，其发现被告王某在其著作《留学生与云南近代化》一书中，未经原告许可，擅自引用原告《晚清留日学生与云南近代化》论文中的内容，并且抄袭原告论文，故要求法院判决停止侵害并赔偿损失。被告王某则抗辩：其被诉侵权著作属于历史学术作品，历史事实无法创造，必须借鉴引用大量的史料和前人研究成果才能完成。因此，被告在写作过程中合理借鉴和引用了包括原告作品在内的各种论著和史料，不构成著作权侵权。原告为证明被告侵权，向法院提供了侵权对比证据。

二、法院裁判理由及结果

云南省昆明市中级人民法院为查明事实，将原被告作品进行了分类。其中，相同或相似的内容与表达有两类，共17例。其中第一类包括被告与原告作品均注释引用刘存厚著《云南光复阵中日志》、被告注释出自原告作品等，第二类包括被告作品与原告作品中错误一致、对引文的转述一致、对引文的省略一致等。法院将争议焦点归纳为：原告主张被告擅自使用其论文中的部分内容，构成著作权侵权是否有事实和法律依据，以及若原告的主张成立，被告应如何承担法律责任。

法院认为：《著作权法》对学术研究行为具有规范力，要求进行原创性研究。《著作权法》以鼓励独立创作为手段，目的是为社会提供符合实用需求的作品，进而推动文化和科学的发展与繁荣，故满足社会实用需求是著作权立法的主要功能。著作权保护的对象是作品中的独创性表达。就本案而言，被告作品以著作方式呈现，其章节安排、章节标题与原告作品不同，两者的篇幅亦有差异，故从作品整体来看，两者的表达并不完全相同，也不构成实质性相似。但是，保护作品著作权的方式是对其中的独创性表达给予排他性保护，而独创性表达的标的可以是作品的整体，也可以是作品的局部内容。

针对独创性标准的确立，法院认为独创的法律含义是具有个性化的创作行为，独创性的判定标准就是看作品表达中是否呈现出与同等创作人（实际的或者拟制的）有区别的、专属于特定作者的个性化表达。但凡独立之研究都不可避免地带入研究者的个性化元素，在创作学术论著时更能让其中的个性化特征得以表现出来。本案需要从独立研究、独立创作、个性化表达之间的逻辑关联性认识到史料文献往往并非被简单直接地选取使用，其中融汇了研究者独立的思想、见解和个性化的智力投入，故而史料文献的使用本就具有其独特的学术价值。鉴于史学研究的规律，具有相当程度个性化特征的史料文献引用表述方面可以满足独创性标准。本案中，原告对史料文献的查找、选取、编排、转译的独立研究和独立创作产生出独特的学术价值，其满足实质性的价值标准，应当得到著作权法的保护。

在上述观点基础上，法院对被告对应行为进行了评判。针对第一类行为，法院认为被告作品中十处内容表述与原告作品中享有著作权法保护的独创性表达构成相同或者实质相同。被告在将原告独创性表达侵权内容使用在自己研究撰写的作品中，假借为自己的研究

---

[1] 云南省昆明市中级人民法院（2015）昆知民初字第117号民事判决书。

创作成果予以自己的名义出版发行，此行为构成剽窃，应当为此造成的侵权后果承担相应的侵权责任。针对第二类行为，法院认为被告违背了独立研究的学术准则，径行照搬使用原告作品中的表述，尤以错误之处相同为甚。基于上述，法院判决被告构成著作权侵权并赔偿 6 千元损失。

本案涉及历史题材学术作品剽窃、抄袭一类著作权侵权的判定问题。在该案中，法院一方面从著作权法保护学术创新的角度，阐明了独创性在著作权法中的重要价值，以及具有个性化特色的独创性要件在历史题材学术作品中的体现和要求，另一方面则从侵权对比的角度认定被告相关引述原告作品的行为构成剽窃，应承担著作权侵权法律责任。本案区分了"史料无版权"和"运用史料进行个性化创作受版权保护"，为认识著作权法中独创性标准的使用提供了较为重要的范例。

8-6（总第 9）：公共领域表达再创作之独创性和实质性相似判定
——江西省某电子商务有限公司诉厦门某科技有限公司侵害著作权纠纷上诉案[1]

一、案情简介

邓某享有美术作品《汤圆酱》等的著作权并在重庆市版权局进行了著作权登记。其授权江西省某电子商务有限公司（以下简称江西某公司）使用汤圆酱系列作品、进行再创作和对侵权行为行使诉权。厦门某科技有限公司（以下简称厦门某公司）是《脸红小馒头》美术作品著作权人。江西某公司主张厦门某公司侵害其涉案作品著作权，故向福建省厦门市中级人民法院提起侵权之诉。

二、法院裁判理由及结果

一审法院认为：江西某公司通过对公有领域的既有表达方式、表达元素进行修改调整或重新组合后设计了"汤圆酱"系列表情包形象，该系列形象与"阿鲁"表情包等已有的表达方式具有一定区别，体现了江西某公司对公有领域元素内容的取舍、选择和安排，融入了作者个性化的构思和意志，属于具有独创性的表达，构成著作权法所保护的作品。同时，认定"脸红小馒头"表情包与"汤圆酱"系列作品之间构成实质性相似且厦门某公司接触过"汤圆酱"作品。基于此，该院判决被告侵害著作权成立，要求停止侵权并赔偿损失。厦门某公司不服，向福建省高级人民法院提起上诉。

福建省高级人民法院将该案争议焦点归纳为：《汤圆酱》系列作品是否享有著作权，以及厦门某公司是否构成著作权侵权或不正当竞争。法院认为，从整体上看《汤圆酱》系列作品体现了江西某公司对公有领域元素内容的取舍、选择和安排，融入了作者个性化的构思和意志，属于具有独创性的表达，构成著作权法所保护的作品。但在比对同类型作品是否近似时，应当充分考虑其作品本身包含的公有领域的因素。即对此类作品进行保护时，既应当注意保护作品作者对作品的创新，又应当注意保护其他创作者对公有领域素材的合理使用，防止部分的创作者通过对其作品的保护垄断了公有领域素材的使用权利，排斥、遏制其他创作者对公有领域素材的合理使用、开发，从而限制了全社会对公有领域素材的

---

[1] 福建省高级人民法院（2022）闽民终 879 号民事判决书。

合理使用并进行创作创新。江西某公司将其作品的独创性特征归纳为"无毛发圆头、大眼眶、大眼珠、较宽的眼距、贴近眼底较小的腮红、较小且较为贴近两眼的嘴",明显扩大了对自身作品的保护范围。从此类作品(简笔画表情包)的共同特征来看,无毛发圆头,大眼眶、口鼻一体,腮红均属于常见的表达元素。在江西某公司主张的作品特征或独创性特征不能成立的情况下,其主张厦门某公司的表情包侵犯了其作品著作权就失去了比对基础。退一步而言,即便其主张的上述作品主要特征能够成立,将其作品"汤圆酱"与被诉的厦门某公司"脸红小馒头"系列形象相对比,二者在整体风格与细节上存在不同,包括脸型、眼睛、头部与躯干部的比例,动作以及表达或传递出的情感元素不同。因此,厦门某公司的《脸红小馒头》系列形象与江西某公司的《汤圆酱》系列美术作品相比,两者所表现出的差异之处恰好是二者各自独创性的核心部分,一般社会公众能够较为清楚地区分上述差异,故二者不存在实质相似性。江西某公司关于厦门某公司《脸红小馒头》系列卡通形象侵犯其著作权的主张依据不足。二审法院遂判决撤销一审判决,驳回江西某公司全部诉讼请求。

本案涉及利用公共领域元素进行创作的独创性以及他人利用相关公共领域元素创作的在后作品是否侵害在先作品著作权的问题。在该案中,一、二审法院均认定原告《汤圆酱》系列美术作品基于对公有领域元素的取舍、选择、安排、设计,融入了具有个性化的独创性劳动,因而应受著作权保护。但二审法院纠正了一审判定侵权的结论,认为被告作品与原告作品不构成实质性相似。本案对于认识独创性与公共领域保留的关系以及相关的著作权侵权认定提供了较好的范例。

8-7(总第10):有限表达不受著作权保护
——孙某与马某侵害著作权纠纷再审申请案[1]

一、案情简介

再审申请人孙某因与被申请人马某侵害著作权纠纷一案,不服山东省高级人民法院(2016)鲁民终339号民事判决,向最高人民法院申请再审。孙某认为,本案所涉图表作品及其分析结果具有独创性。对图表作品的整体排列、横向纵向布局、包含原始厂家的独特价格数据,其颜色与线条的搭配,是孙某独创的构思。因此,该图表作品无论是设计格局、颜色搭配、标识标注以及用途等,都具有明显的独创性。孙某请求撤销二审判决,支持其诉讼请求。

二、法院裁判理由及结果

最高人民法院经审查认为,本案主要争议焦点为孙某所主张的作品是否是著作权法意义上的作品以及如果前述作品主张成立,马某是否实施了侵权行为及应当承担何种侵权责任。

关于孙某主张的作品是否属于著作权法意义上的作品,最高人民法院认为著作权法保护作品及基于作品产生的权利,但并非所有作品都能成为著作权法保护的客体。只有那些

---

[1] 最高人民法院(2016)最高法民申2136号民事裁定书。

符合著作权法规定条件的作品，才能成为著作权的客体，受到著作权法的保护。

判断作品是否具有独创性应当从以下两点把握：一是从著作权法保护作品的历史和传统看，著作权法保护基于个人的智力劳动产生的结果。从财产权的角度看，作品系个人智力的付出，按照投入者应当从获利中得到公平回报的原则，智力劳动的结果亦应当归属于付出者。作品必须是作者独立创作完成的，独立创作构成独创性的首要之义。同时，独立创作可能会在作品上留下个人印迹，这时个人印迹成为判断作品独创性的重要根据。二是从著作权法保护作品的目的看，著作权法体现了人类对社会文化生活多样性的追求。我国著作权法保护作品并赋予专有权的目的，系为促进社会主义文化和科学事业的发展与繁荣。

著作权法试图推动文学、艺术和科学作品的多样性与进步性的立法宗旨，反映在作品上，就产生了作品在客观表现形式上，如在文字的组合、线条的安排、音符的排列、动作的设计等方面，至少应与公有领域的相关作品存在些许程度的差异要求。如果一个智力成果在表现上是唯一的，其表现形式就将无法呈现出相应的差异性，在理论上无法产生归结于作者的结果，在现实上也无法与已有的智力劳动成果进行区分，不符合著作权法关于独创性的要求。综上，判断一部作品是否具有独创性，应当从是否独立创作以及在外在表现上是否与公有领域作品存在一定程度的差异方面进行分析判断。

本案中，孙某所主张的曲线图，系当事人根据客观的价格数据，通过使用WPS制表工具制作完成。鉴于图表所使用的数据客观存在，数量有限，WPS为通用软件，将上述数据录入制表工具所形成的结果，尽管属于孙某运用智力的结果，符合独立完成的要件，但该结果的表现形式有限。换言之，使用上述数据与工具所产生的结果缺少差异性。这种唯一或有限的表达方式，通常被排除在独创性之外。至于孙某所主张的线条颜色问题，在线条数量有限的情况下对线条颜色的选择，并不能改变该图表表达有限的现状。据此，一审、二审法院认定孙某主张的曲线图不构成著作权意义上的作品，认定事实清楚，适用法律正确。

关于孙某主张对该图表的分析结果同样构成作品，最高人民法院认为对说明性作品而言，即使在作品本身可以获得著作权法保护的情况下，著作权法通常也仅着重于保护作品的表达方式而非结论本身，垄断结论不符合著作权法的立法本义。综上，最高人民法院裁定驳回孙某的再审申请。

本案涉及有限表达不受著作权保护。在该案中，最高人民法院一方面对受著作权保护作品的条件从理论上进行了高度概括，强调受著作权保护作品应当是"个人的智力劳动产生的结果"，构成独立创作且在外在表现上与公有领域作品存在一定程度差异，另一方面明确唯一或有限的表达方式，通常被排除在独创性之外。该案为认识独创性之本质以及合并原则提供了范例。

第九章 著作权的主体

本章提要

本章主要阐述和探讨著作权主体的概念与分类，作者的概念与认定，作者与其他著作权人的类型，演绎作品、合作作品、视听作品、职务作品、委托作品、美术作品、作者身份不明作品及其他特殊作品的著作权归属。

本章的重点是作者的概念与认定以及各类作品的著作权归属，难点是作者与著作权法的关系。

第一节 著作权主体概述

著作权主体制度需要解决的是作品著作权归属，其涉及作品著作权归谁所有等问题，是著作权法中的重要制度。从著作权法的一般原理和原则来说，除非著作权法另有规定，在一般情况下作品的著作权属于作者。如前所述，著作权法是调整基于作者创作、传播和利用作品而产生的利益关系的法律规范的总和，作者在著作权法中处于最重要地位。[1] 我国《著作权法》第9条也明确了作者是第一序位的著作权人。但是，由于不同类型作品创作目的不同，并且创作作品需要付出各方面资源，包括投资和其他人财物资源等，一些作品创作和利用还需要承担巨大风险，各国、各地区著作权法基于促进作品利用价值取向以及利益平衡考虑，针对不同类型作品著作权的归属作出了富有个性化的规定。此外，促进作品利用也是著作权法的重要立法宗旨和内容。[2] 从法律经济学角度看，著作权法通过设置有利于提高作品使用效率的制度，能够在作品产权流转中降低交易成本，更好地实现作品的经济社会价值。

一、著作权主体的概念

著作权主体（Subject of copyright），也称著作权人（Copyright owner/Proprietor），是指依法对文学、艺术和科学作品享有著作权的人。著作权主体制度解决不同情况下作品著作权归谁所有的问题。著作权的主体可以按照不同的标准进行划分。

---

[1] 冯晓青：《试论作者在著作权中的法律地位》，载《知识产权》1995年第4期。

[2] 尹西明、欧阳梅：《著作权种类划分与制度整合——兼论著作利用权之独立》，载《河南社会科学》2008年第4期。

1. 根据著作权主体与作品的关系，可以分为原始著作权主体和继受著作权主体。原始著作权主体，是指作品创作完成后，直接根据法律规定或者合同约定对作品享有著作权的人。原始著作权主体通常是自然人，即作品的创作者；但作者以外的自然人、法人或者非法人组织在特殊情况下也可以成为原始著作权人，如职务作品所依托的单位、委托作品的雇主等。现行《著作权法》第12条第1款、第18条第2款、第19条就有相关规定。继受著作权主体则是指基于某种法律事实，如继承、遗赠、赠予、转让、公司分立或重组等取得著作权的人。它以原始著作权为基础或者与原始著作权主体形成一定法律关系而取得著作权主体资格。

2. 根据著作权主体的自然属性，可以分为公民、法人、非法人组织和国家。著作权是基于作品的权利，而作品的完成依赖于自然人的创作，因而著作权主体一般是作为自然人的公民。但是，现代著作权制度已突破了只将自然人视为著作权主体的理论，认为法人或非法人组织也可以享有著作权，国家在一定条件下也能成为著作权的主体。

3. 根据著作权主体的国籍，可以分为本国主体和外国主体。著作权具有地域性，作者的国籍与著作权主体的身份具有密切联系。划分本国主体和外国主体，便于根据国际公约或国际惯例对本国和外国主体实行相应的著作权保护。

4. 按照著作权的完整程度，可以分为完整著作权主体和部分著作权主体。完整著作权主体是享有一部作品的全部著作财产权和著作人身权的著作权人，否则是部分著作权主体。通常，原始著作权主体是完整的著作权主体，如作品作者享有全部著作财产权和著作人身权；继受著作权主体是部分著作权主体，它至多享有全部著作财产权，而不能享有著作人身权。但是，原始著作权主体也可能成为部分著作权主体，如《著作权法》第18条第2款规定的由法人或者非法人组织享有著作权的职务作品，法人或者非法人组织是作品的原始著作权人，但署名权由作者享有，法人或者非法人组织和作者都是部分著作权主体。

二、作者

（一）作者的概念及认定

作者即创作文学、艺术和科学作品的人。《著作权法实施条例》第3条第1款规定，著作权法所称创作，是指直接产生文学、艺术和科学作品的智力活动。作者是进行独创性创作并借助一定形式表现其文学、艺术和科学领域的智力成果的人，是对作品的独创性作出了实质性贡献的人。无论何种民族、宗教、性别、文化程度、年龄、职业，只要创作了作品，就可以成为作者。

从著作权意义上认定作者，通常考虑以下因素条件：①应当具有创作能力，即掌握一定的文学、艺术和科学知识并具备将这种知识以一定形式表现出来的能力与技巧。②应当具有创作作品的行为。③应当创作完成了著作权意义上的作品，这包括两层含义：其一，要有作品，没有作品，基于作品而产生的著作权就无从谈起；其二，该作品属于著作权法意义上的文学、艺术和科学领域内的作品。

不过，一般公众不必要也不可能运用上述"创作标准"来确定作品的作者，"推定作者"因而成为大多数国家和国际公约认可的确认作品作者的方法。[1] 即如果没有相反证明，就认为在作品上署名的人为该作品的作者。例如，日本《著作权法》第14条、意大利《著作权法》第8条都有相关规定。我国《著作权法》第12条第1款则规定："在作品上署

---

[1] 参见王迁：《论〈著作权法〉中"署名推定"的适用》，载《法学》2023年第5期。

名的自然人、法人或者非法人组织为作者，且该作品上存在相应权利，但有相反证明的除外。"值得指出的是，2010年《著作权法》第11条第4款仅规定"如无相反证明，在作品上署名的公民、法人或者其他组织为作者"。本书认为，增加"该作品上存在相应权利"具有以下重要价值：署名者可以直接行使该作品的著作权，这样便于有效率地利用作品，体现了著作权法对效率价值的肯定。从著作权实践看，在绝大多数情况下，署名者确实也是真正的作者和相应的著作权人，其享有和行使著作权是理所当然的。[1] 同时，为了防止"假李逵"现象，应当允许真正的作者提供反证排除非法署名者的作者资格。[2]

（二）作者的类型

1. 根据权利主体的自然属性，可以将作者分为自然人、法人和非法人组织。作者首先是自然人，因为创作作品是自然人所特有的能力。我国《著作权法》第11条第2款规定，创作作品的自然人是作者。自然人能够成为作者，无疑是各国著作权法的通例。

自然人以外的法人或非法人组织等，不可能成为事实上的作者，但著作权法在某些特殊情况下也将不具有创作能力的法人或非法人组织拟制为作者。现行《著作权法》第11条第3款规定："由法人或者非法人组织主持，代表法人或者非法人组织意志创作，并由法人或者非法人组织承担责任的作品，法人或者非法人组织视为作者。"这说明，法人或者非法人组织在我国可以被依法"拟制"为作者：尽管其不是作品的实际创作者，但在享有著作权的法律地位上，同作者一样。这种作品也称为法人作品或单位作品。

上述关于作者的分类的意义在于，有利于明确作者的具体身份，区分自然人作者和法人作品作者，特别是在涉及法人作品著作权权属纠纷时准确界定作品的性质与作者身份。

2. 根据作品创作与再创作的关系，可以将作者分为原创作者和再创作作者。前者是原始作品的创作人，后者是在原始作品的基础上进行创作从而形成新的作品的创作人，即演绎作品著作权人。原创作者对应于原始作品或者原创作品，演绎作者则对应于演绎作品。

上述分类的意义在于，便于区分创作实践中存在的原始作品与演绎作品，从而明确相应的法律关系，正确适用法律，赋予原创作者与演绎作者相应的权利和义务。

3. 根据创作作品的作者人数，可以将作者分为独立作者和合作作者。独立作者是指一部作品只有一个作者，既可以是一个自然人，也可以是一个法人或非法人组织。合作作者即合作作品的作者，其必须至少有两个创作主体，既可以是两个自然人，也可以是两个法人或者非法人组织，还可以是自然人与法人或者非法人组织的合作创作者。

上述分类的意义在于，便于确定作品中作者的地位，明确不同作者之间的权利义务。在创作实践中，独立作者和合作作者都十分普遍，但在享有和行使著作权方面具有不同特点。就合作作者而言，明确其在合作作品中的权利义务尤其重要。对此，现行《著作权法》第14条作出了规定，后面将进行探讨。

4. 根据作者署名情况，可以将作者分为实名作者、假名作者与隐名作者。实名作者指在自己作品上署上真实姓名的作者；假名作者与此相对，在自己作品上不署真名而署一个

---

[1] 参见广东省中山市中级人民法院（2014）中中法知民终字第197号民事判决书（著作权侵权纠纷案）。

[2] 为增强司法的可操作性，《审理著作权民事案件适用法律解释》第7条规定："当事人提供的涉及著作权的底稿、原件、合法出版物、著作权登记证书、认证机构出具的证明、取得权利的合同等，可以作为证据。在作品或者制品上署名的自然人、法人或者非法人组织视为著作权、与著作权有关权益的权利人，但有相反证明的除外。"

虚构的名字；隐名作者多是合作作者之一，其他作者至少有一个署上了真名或假名，而该作者则未在作品上以任何形式署名。同时，隐名作者也可以是独立作品中的匿名作者，相应的作品被称为匿名作品。

上述分类的意义在于，根据不同作者的署名情况，确定作者享有和行使著作权。例如，匿名作品作者行使著作权受限，但一旦公开或确认真实作者身份，就仍然可以按照通常的实名作品给予著作权保护。

三、其他著作权人

其他著作权人是指除了作为作者的自然人及视为作者的法人或非法人组织之外，依法享有著作权的自然人、法人或非法人组织、国家。其他著作权人主要是继受著作权人，也有少数是原始著作权人。

（一）继受著作权人

继受著作权是以已有著作权为基础而获得的著作权，因继受而取得著作权的人为继受著作权人。继受著作权人取得著作权的途径包括以下几种：

1. 依照继承法规定而取得作品著作权。各国继承法一般规定：著作财产权可以被继承。根据我国2010年《著作权法》第19条第1款规定，公民死亡后，其著作财产权在著作权保护期内，依照《中华人民共和国继承法》（以下简称《继承法》，已失效）的规定转移。依现行《著作权法》第21条第1款规定，著作权属于自然人的，自然人死亡后，其享有的著作财产权在本法规定的保护期内，依法转移。现行法的修改体现于以下两方面：一是将"公民"改为"自然人"；二是将"依照《继承法》的规定转移"改为"依法转移"。原因在于，一则现行《著作权法》将多处带有政治色彩的概念"公民"改为"自然人"，此处也不例外；二则我国原《继承法》已经失效，相关内容被整合至《民法典》，因此改为"依法转移"。

著作权的继承根据《民法典》继承编的规定进行，既可以是法定继承，也可以是遗嘱继承。此外，自然人、法人或者非法人组织也可以根据遗赠扶养协议取得作为被扶养人的作者的著作权。

在著作权司法实践中，涉及著作权继承的纠纷案件也并不少见。例如，在傅敏与某音像出版社有限责任公司、某信息技术有限公司侵害著作权纠纷案[1]中，一审法院查明：当代著名翻译家和文艺评论家傅雷于1966年亡故，其法定继承人是长子傅聪和次子傅敏。《傅雷家书》收录了1954年至1966年间傅雷写给长子傅聪的家信。该书自1981年出版以来，几经增订、整理，先后由多家出版单位出版发行。1990年1月1日，傅聪与傅敏签订《备忘录》约定：傅聪和傅敏为法定继承人，现经我们俩商议决定先父所有著译的在中国大陆地区的版权归傅敏拥有。2014年6月27日，傅敏声明还载明2017年始《傅雷家书》完整著作权由三原公司独家享有，任何人不得侵犯。一审法院认定，《傅雷家书》已故作者傅雷的法定继承人为傅聪和傅敏，由于傅聪和傅敏已达成协议，傅雷的相关作品在中国大陆地区的著作权由傅敏享有，且在著作权法保护期内，因此傅敏有权对相关侵权行为提起诉讼。某音像出版社公司未注意到权利人的利益，未经著作权人许可即出版，故其未尽到合理注意义务，主观过错明显，应承担停止侵害、赔偿损失的民事责任。某信息技术有限公司所销售的被控侵权图书有合法来源，尽到了合理注意的义务，因此无需承担赔偿责任，

---

[1] 江苏省无锡市高新技术开发区人民法院（2015）新知民初字第0016号民事判决书。

但应停止销售涉案侵权的某音像出版社公司版《傅雷家书》图书。一审判决后，某音像出版社公司不服，提起上诉。二审法院判决驳回上诉，维持原判。[1] 该案确认了法定继承人可以继承《傅雷家书》的著作财产权，并对侵害该作品著作权的行为主张权利，体现了对著作财产权继承的法律确认和保护。[2]

还需要指出，著作人身权虽不属于著作权继承的内容，但保护该权利的国家一般在作者死亡后仍给予保护。我国《著作权法实施条例》第15条第1款规定："作者死亡后，其著作权中的署名权、修改权和保护作品完整权由作者的继承人或者受遗赠人保护。"[3] 其第17条规定，作者生前未发表的作品，如果作者未明确表示不发表，作者死亡后50年内，其发表权可由继承人或者受遗赠人行使。这表明，著作人身权中的发表权在有些情况下可以作为继承的内容。

2. 依法承受著作权。根据我国《著作权法》的规定，依法承受著作权包括以下情形：

（1）法人或非法人组织变更、终止后，其著作财产权在著作权保护期内由承受其权利与义务者享有；没人承受其权利义务的，由国家享有。

（2）作者身份不明的作品、无人继承也无人受遗赠的遗作，作品原件合法持有人可以行使除署名权以外的著作权；作者没有明确表示不发表的，可以行使发表权。

（3）著作权人通过转让或捐赠方式将自己的权利转移给他人，受让人或受赠人成为著作权人。

（二）原始著作权人

作者以外的其他著作权人作为原始著作权人主要有以下情况：

1. 委托作品的委托人按照合同约定享有著作权，成为该作品的著作权人；

2. 视听作品中的电影作品、电视剧作为一个整体，署名权以外的著作权依法由制片人享有，制片人成为著作权人。

第二节 不同作品的著作权归属

确定作品著作权的归属，是行使、保护和利用著作权的前提与基础，成为著作权法的重要内容。根据国际通行的著作权自动产生的原则，作品创作一经完成即享有著作权，创作作品的作者依法成为著作权人。简单地说，著作权通常属于作者。但因为不同作品的创作情况有别，著作权的归属存在不同的情况。

一、演绎作品的著作权归属

演绎作品（Derivative works）又称再创作作品、二次创作作品，是指在原作品的基础上经过独创性的再创作而产生的作品。演绎作品的基本特点是对已有作品的依赖性，无论是基于原作而派生的，还是基于演绎作品而再次演绎而成的，其创作都离不开原有作品。

演绎作品包括改编作品、翻译作品、注释作品、整理作品。其中，改编作品是最主要的形式，改编后的作品保留了原作的基本内容，但在表现形式或作品用途上有了改变；翻译作品是在他人作品基础上以另一种语言表达思想感情的作品；注释作品是对作品的词汇、

---

[1] 江苏省无锡市中级人民法院（2015）锡知民终字第0039号民事判决书。

[2] 其他案件，参见最高人民法院（2021）最高法民申3068号民事裁定书（侵犯作品表演权纠纷案）。

[3] 参见北京知识产权法院（2020）京73民终3021号民事判决书（著作权侵权纠纷案）。

内容、引文、出处等所作说明而产生的作品；整理作品是对某些散乱的作品进行删减、组合、编排、加工使其具有可读性而产生的作品。

演绎作品是在原作基础上的新作品。演绎人对原作的演绎既是使用原作的行为，也是一种新的创作行为。演绎作品受著作权保护，演绎人凭借他在演绎过程中付出的创造性劳动而享有独立的著作权，即使是原作著作权人，未经同意也不得擅自使用演绎作品。同时，由于演绎作品毕竟是在原作品基础上派生的，其中保留着许多原作的创作成分，体现了原作的创造性劳动，故演绎作品著作权的独立性是相对的，要受到多方面的限制：①演绎作品作者行使著作权应当尊重原作品的著作权，不得以侵害原作品著作权的方式行使其著作权。现行《著作权法》第13条即规定："改编、翻译、注释、整理已有作品而产生的作品，其著作权由改编、翻译、注释、整理人享有，但行使著作权时不得侵犯原作品的著作权。"②对他人享有著作权的作品进行演绎创作，应征得原作著作权人许可，否则构成侵权演绎作品，因为改编、翻译、汇编等演绎权依法属于作者或其他著作权人。[1] ③演绎作品著作权人只能对其演绎的作品主张著作权，不能对被演绎的原作享有和行使著作权，也不能对基于同一原作而产生的其他演绎作品主张权利。

对于演绎作品著作权的行使以及他人使用演绎作品而言，还需要注意：

第一，他人使用演绎作品时，需要取得演绎作品和原作品著作权人的双重许可，并向其支付报酬，因为演绎作品体现了原作者和演绎作者两方的智力创作成果。[2] 现行《著作权法》第16条即规定："使用改编、翻译、注释、整理、汇编已有作品而产生的作品进行出版、演出和制作录音录像制品，应当取得该作品的著作权人和原作品的著作权人许可，并支付报酬。"该规定是2020年修法时新增的条款，但实际上是对2010年《著作权法》第35条、第37条第2款以及第40条第2款的适当整合。这一修改，体现了立法简约的原则，也便于公众理解，故具有合理性。当然，如果演绎作品不是基于受著作权保护的作品而产生的，则无须考虑原作著作权问题。

第二，对于侵犯演绎作品著作权的行为，演绎作者享有独立的诉权；如果这种行为也构成对原作著作权的侵犯，原作作者也享有诉权。

第三，演绎作者对其著作权的放弃不影响原作的著作权，他人不得因此而随意演绎或以其他方式使用原作品。

二、合作作品的著作权归属

（一）合作作品的认定

合作作品（Works of joint authorship）是指两个或者两个以上主体共同创作而形成的作品。合作作品的作者称为合作作者。这里的"主体"是著作权意义上的自然人、法人或非法人组织，当然主要是自然人。合作作品强调一部作品中两个或两个以上的人投入创造性劳动的合成性。在我国著作权立法模式中，合作作品被区分为可以分割的合作作品和不可分割的合作作品。

构成一部合作作品通常需要具备以下条件：

---

[1] 至于侵权演绎作品是否受著作权保护，则是一个值得探讨的问题。从美国著作权法理论与实践的角度看，只要侵权演绎作品具有独创性，就仍然受著作权保护。本书赞同此观点。详见冯晓青：《著作权法》，法律出版社2022年版，第135~136页。

[2] 参见熊琦：《"二次创作"行为著作权合理使用认定的经济分析范式》，载《当代法学》2024年第1期。

1. 各方具有共同创作的合作意向。即各方对合作创作具有一致的意思表示，如共同创作的约定、对作品主题及表现形式的一致设想、对创作活动的一致安排等。现实中，合作创作协议（口头或书面的）是认定合作作品的一个有力依据。彼此之间如果没有明确一致的合作意向，没有对共同创作的认同，共同创作是难以进行的。不过，作品产生于创作行为，只要有共同创作行为的各方没有反对相互合作，即使没有明确的合作意思表示，也不会必然丧失合作者的资格。实践中，各合作者之间没有明确约定的合作作品大量存在。

2. 合作各方事实上有共同的创作行为。即合作人都亲自参加了直接产生作品的智力活动，各方都对作品的诞生作出了实质性贡献。这是合作作品成立的核心要件。《著作权法》第14条第1款规定，没有参加创作的人，不能成为合作作者。对创作提供素材、专业咨询和理论指导，或者专为出版之需而对作品进行的纯技术性加工，因没有对作品本身的新表现形式作出实质性贡献，都不属于合作创作。

3. 共同的创作完成了一个著作权法意义上的作品。即各合作作者完成的部分对作品整体来说都是必要的，共同构成一个在形式、结构上都连贯的有机整体，能够成为著作权保护的对象，而不是各部分简单的拼凑。

关于作为一个有机整体的合作作品的含义，人们的认识不尽相同。有的观点认为，各合作作者完成的水乳交融似的、从整体和局部上都不可分割的作品，才是合作作品；另一种观点则认为，除了以上典型的合作作品，共同创作完成并可以将每个作者创作的部分从整体中分割出来单独使用的作品，也是合作作品，如词曲作者共同创作的歌曲，既可以作为一个有机整体使用，也可以将词曲分开分别作为文字作品和音乐作品使用。根据我国《著作权法》第14条的规定，我国采用的是广义合作作品的含义。

（二）合作作品的著作权归属与行使

共同享有和行使著作权是合作作品著作权归属与行使的一般原则。合作作品著作权由合作作者共同享有。现行《著作权法》第14条第1款即规定：两人以上合作创作的作品，著作权由合作作者共同享有。在合作作品中，每一位作者都是合作作品的著作权人，但他们是共同主体而不是独立主体。就整体著作权而言，任何一方不能单独行使，也不能恶意阻止他方正当行使。

合作作品著作权行使的特殊之处在于，享有著作权的主体有两个或者两个以上，各作者之间就行使著作权存在分歧时如何处理，尤其是涉及转让、许可与出质等情况时会出现分歧。为促进合作作品的有效利用，2013年《著作权法实施条例》针对不可以分割使用的合作作品规定了协商一致行使著作权的原则，并对在不能协商一致情况下的具有正当理由的使用作了规定。但是，该规定存在以下两方面问题：其一，仅明确了不可以分割的合作作品著作权行使的原则，对于可以分割的合作作品作者共同著作权的行使则未予规定，形成了立法空档；其二，对于在未能协商一致情况下不允许使用的情况仅限于转让这一行为，没有考虑许可他人专有使用和出质这两种具有类似性质的情形，以致在实践中有可能形成冲突。正是基于此，现行《著作权法》第14条第2款一方面借鉴了《著作权法实施条例》上述规定，另一方面又对该规定作了必要的修改。其具体规定是："合作作品的著作权由合作作者通过协商一致行使；不能协商一致，又无正当理由的，任何一方不得阻止他方行使除转让、许可他人专有使用、出质以外的其他权利，但是所得收益应当合理分配给所有合作作者。"还值得指出的是，上述规定从立法技巧上说，也具有重要的意义和作用。如前所述，对于应当在著作权法中作出规定的重要制度，不应当在其下位法中予以规定。在我国，有资料统计，在著作权司法实践中合作作品著作权纠纷占全部案件的 1/3 以上。合作作品著作权行使问题，显然属于应当由《著作权法》规定的重要问题，不宜在属于下位法的《著作权法实施条例》中规定。这次修法，就很好地体现了上述原则。

上述修改，实际上也体现了著作权法对于作品使用效率追求的价值取向：著作权法在配置作者使用作品的权利和义务时，应当在确保著作权人合法权益的前提下，尽量促成作品的广泛传播和利用。就合作作品而言，协商一致行使自然能够取得最佳的效率。但现实中很可能存在部分作者不同意的情形。如果因为部分作者不同意使用就不能使用该作品，则无疑会减少该合作作品的使用机会，不利于实现该作品的经济社会价值。所以，现行《著作权法》规定了不能协商一致时的行使规则。该规则同时也考虑了著作权法的公平价值取向，因为在不能协商一致情况下使用时，"所得收益应当合理分配给所有合作作者"，而不能由部分使用者独占。由此可见，上述规定也体现了公平与效率均衡问题，因此值得肯定。

进言之，合作作品作者在行使合作作品著作权时，应当遵循以下原则：

1. 协议行使原则。任一合作作者都不能对合作作品整体单独行使著作权，需要同其他合作作者协商一致。

2. 正当行使原则。根据前述《著作权法》第 14 条第 2 款规定，这包括两方面内容：一是合作作者在有正当理由时，可以在各作者就合作作品的使用不能协商一致时使用作品；二是各合作作者就行使合作作品的著作权所获收益，享有正当、合理的分享权。

3. 有限行使原则。针对合作作品的使用不能协商一致的情况下，任何一位合作作者不得对合作作品整体著作权行使转让、许可他人专有使用、出质的权利，而只能是这些权利以外的其他权利。这是因为，上述转让、许可他人专有使用、出质的权利涉及合作作品整体著作权的重大利益，不宜由任何一位合作作者单独行使，而需要取得一致同意，否则将不仅造成不同合作作者之间权利行使上的矛盾与冲突，而且很有可能损害合作作品整体著作权。

对于可以分割的合作作品，因每一个作者创作的部分可以同作品整体分离而独立存在，如歌曲的词和曲，可以分割使用，在不影响合作作品完整性和整体著作权行使的前提下，作者可以将自己创作的部分单独使用。现行《著作权法》第 14 条第 3 款即规定："合作作品可以分割使用的，作者对各自创作的部分可以单独享有著作权，但行使著作权时不得侵犯合作作品整体的著作权。"此时存在"双重著作权"，即合作作品的整体著作权和各作者对自己所创作部分单独享有的著作权，不过合作作者在行使自己创作部分的著作权时，不得侵犯合作作品整体著作权。

三、汇编作品的著作权归属

汇编作品（Compilation works）是指根据一定的主题内容和体例要求，选择若干作品、作品的片段或者不构成作品的数据或其他材料进行汇集编排而形成的作品。由于汇编作品在内容选择、形式编排等方面表现了汇编人的独创性，并在整体上赋予了这些原本分散的作品或者不构成作品的数据或其他材料以新的组织结构和表现形式，《著作权法》第 15 条规定，汇编作品"著作权由汇编人享有"。

通常，汇编作品并不改变原有作品的形式，只是将原有作品作为汇编作品整体结构的子系统，编排在汇编作品中。因此，汇编作品中被选入作品、作品的片段的著作权情况，决定汇编作品涉及的著作权问题。

1. 如果将受著作权保护的作品进行汇编，则需要尊重著作权人的汇编权，即征得著作权人许可并支付报酬，否则将构成对他人作品汇编权的侵犯。汇编作品因其整体形式的独创性而享有的著作权，并不能抹杀或取代原有作品的著作权，即原作并不因为被汇编而丧失著作权。所以，现行《著作权法》第15条还规定汇编者在"行使著作权时，不得侵犯原作品的著作权"。同时，汇编者也无权限制所选作品的作者行使著作权。在这种情况下，汇编作品获得双重著作权保护，他人使用汇编作品应同时尊重原作品作者和汇编作者的著作权。〔1〕

2. 如果将不受著作权保护的作品或者作品片段进行汇编，如按作者或主题汇编已进入公有领域的古典文学作品，则不存在取得原作著作权人授权的问题。在这种情况下，他人使用汇编作品仅涉及汇编者的著作权。至于选择不构成作品的数据或其他材料进行汇集编排，当然也不存在取得原著作权人授权的问题，因为不构成作品的数据或者其他材料本身不存在著作权。不过，也应指出，这并不意味着汇编者可以自由地选择不构成作品的数据或者其他材料进行汇集编排并予以公开传播。以数据为例，在当前大数据和数字经济时代，数据日益成为重要的生产要素，数据确权也成为当今财产权和知识产权相关领域的热门话题。2022年12月发布的《数据二十条》，提出要建立保障权益、合规使用的数据产权制度，建立健全数据要素各参与方合法权益保护制度。因此，汇编不构成作品的数据而形成具有独创性的汇编作品，尽管不存在任何著作权问题，但可能会受到数据生产者、数据经营者的约束。〔2〕

3. 对于按自然顺序汇集、编排事实材料而构成的汇编物，如按时间顺序或者笔画、字母顺序汇集的广播电视节目表、邮政编码表、火车时刻表等，有关法律未规定其著作权问题。一般来说，这种汇编设计和编排不存在独创性，不构成汇编作品，不受著作权保护。当然，也应指出，不受著作权保护不等于不受其他法律保护。如关于广播电视节目表，过去即发生过相关的纠纷，在司法实践中受到保护。原因在于，这类"汇编物"的制作也需要付出投资和时间，他人未经许可进行商业性使用有可能构成不正当竞争。

另外，多人合作产生的汇编作品构成合作汇编作品，在遵循汇编作品著作权规定的同时，也需要遵循前述合作作品著作权制度的有关规定。

在汇编作品著作权保护司法实践中，既包括因擅自汇编他人享有著作权的作品并公开发行而产生的侵害汇编权的著作权纠纷，〔3〕也包括汇编作品著作权被他人侵害而产生的著作权侵权纠纷。〔4〕处理这类案件，需要明确汇编权与汇编作品著作权保护的关系，判定他人对汇编作品使用行为的性质。

---

〔1〕 根据现行《著作权法》第16条规定，使用汇编已有作品而产生的作品进行出版、演出和制作录音录像制品，应当取得该作品的著作权人和原作品的著作权人许可，并支付报酬。

〔2〕 详见冯晓青：《大数据时代企业数据的财产权保护与制度构建》，载《当代法学》2022年第6期；冯晓青：《知识产权视野下商业数据保护研究》，载《比较法研究》2022年第5期；冯晓青：《数字经济时代数据产权结构及其制度构建》，载《比较法研究》2023年第6期；纪海龙：《数据的私法定位与保护》，载《法学研究》2018年第6期。

〔3〕 在著作权司法实践中，还包括侵害汇编作品著作权的刑事犯罪。参见上海市浦东新区人民法院（2019）沪0115刑初4634号一审判决书（侵犯著作权罪案）。

〔4〕 参见新疆维吾尔自治区高级人民法院（2010）新民三终字第11号民事判决书（侵犯著作财产权纠纷案）。

四、视听作品的著作权归属

现行《著作权法》第 17 条规定的视听作品（Audiovisual works），是对 2010 年《著作权法》规定的"电影作品和以类似摄制电影的方法创作的作品"的替代与改进。这类作品尽管表现形式多样，但都是摄制在一定物体上，由一系列有伴音或无伴音的画面组成，并且借助适当装置放映、播放的作品，是特定的创作者基于共同的创造性劳动而形成的综合性艺术作品，它兼具演绎作品和合作作品的特点。

在视听作品中，既存在各作者（如编剧、导演、词作者、曲作者、摄影者）的利益，也存在组织领导、提供物质条件的制片人的利益。视听作品著作权归属的特殊性，是由其创作的特点决定的。视听作品是各方通力合作的产物，各作者的创作活动构成作品整体结构的一部分。制片人对作品的创作提供了物质条件，进行了组织和监督，其所投入的资金需要有所回报，因此，视听作品著作权归属的核心在于协调各创作者和制片人的关系。

对于视听作品的著作权归属，不同国家和地区基于自身著作权保护理念和价值取向，具有不同的特点。[1] 视听作品的特殊性，也使得各国对其著作权归属的规定差别较大。例如，作为重视作者权的大陆法系国家，德国著作权法规定这类作品的著作权由导演、编剧等作者享有，即强调作品的原始著作权，认为著作权属于参加创作的每个自然人。奉行"无形财产论"的美国著作权法规定除非当事人有相反约定，否则视听作品著作权归属于制片者。加拿大著作权法也强调作品的整体性，将视听作品视为雇佣作品，规定作品著作权归雇主（制片人）所有，制片人享有视听作品的作者身份，英国著作权法允许作者和制片人通过合同确定视听作品著作权归属。基于视听作品涉及利益关系的复杂性，《伯尔尼公约》未明确规定这类作品的著作权归属，而只是规定各成员国可以在其国内法中自主规定。

就我国《著作权法》第三次修改而言，视听作品著作权归属制度的改革一直是修法的重要内容之一，并且在修改过程中存在较大的分歧。例如，2014 年的《著作权法（修订草案送审稿）》对 2010 年《著作权法》第 15 条作了重要修改。2020 年 4 月的修正案草案一次审议稿在很大程度上"退回"到 2010 年《著作权法》的规定。到 2020 年 8 月十三届全国人大常委会第二十一次会议上全国人大宪法和法律委员会二次审议稿阶段，认为将电影作品和类电作品修改为视听作品的概念后，明显地扩大了视听作品的范围，规定电影作品、电视剧作品和其他视听作品著作权一律属于制片者不够妥当，主张对于不同类型的视听作品著作权归属分别进行规定。最终通过的现行《著作权法》第 17 条则将视听作品分为电影作品、电视剧作品以及其他视听作品两大类型，并规定前者的著作权由制片者享有，但编剧、导演、摄影、作词、作曲等作者享有署名权，并有权按照与制作者签订的合同获得报酬；后者的著作权归属则由当事人约定；没有约定或者约定不明确的，著作权由制作者享有，但作者享有署名权和获得报酬的权利。

本书认为，上述修改的合理性在于，视听作品中电影作品和电视剧作品这类作品的创作投入成本很大，并且制片者还需要承担巨大的市场风险，基于鼓励对这类作品创作的投资、促进这类作品利用以及利益平衡角度考虑，应当维持著作权归属于制片者的规定。同时，基于署名权的人格属性，以及编剧、导演、摄影、作词、作曲等作者为创作这类作品所付出的智力劳动，同时也应维持作者署名权和依据与制片者签订的合同获得报酬的权利的规定。至于电影作品和电视剧作品以外的视听作品，其与电影作品和电视剧作品存在的

---

[1] 参见王迁：《论视听作品的范围及权利归属》，载《中外法学》2021 年第 3 期。

明显区别是，不需要投入巨额创作成本，相应地，市场风险也要小些。基于此，现行《著作权法》采取意思自治优先原则，规定这类作品的著作权归属通过合同约定，只是在没有约定或者约定不明确时才由制作者享有。即使在由制作者享有时，作者仍然享有署名权和获得报酬的权利。上述规定对不同类型视听作品著作权归属进行区分，适应了视听作品创作和承担市场风险的实际情况，同时兼顾了创作者与制作者之间的利益关系，有利于激励视听作品创作，促进这类作品的传播与利用。

此外，根据现行《著作权法》第17条第3款规定，视听作品中的剧本、音乐等可以单独使用的作品的作者有权单独行使其著作权。这一规定可以理解为遵循可以分割的合作作品的著作权行使原则，赋予作者单独行使其创作部分著作权的权利。

在视听作品著作权司法实践中，即涉及基于电影作品制片者与作者、表演者等相关利益主体的著作权纠纷，[1] 也涉及数字环境下网络游戏作品著作权纠纷等类型。[2] 解决这类著作权纠纷案件，需要基于充分、有效保护视听作品著作权，平衡当事人之间利益、促进视听产业发展的原则进行。

五、职务作品的著作权归属

职务作品（Works created in the course of employment）是指自然人为了完成其所在的法人或非法人组织的工作任务所创作的作品。职务作品的产生与自然人所担任的职务紧密相关，是法人或非法人组织安排其工作人员履行职责和任务而创作的作品，其既不同于自然人个人的作品，也不同于法人或非法人组织委托创作的作品。

确立职务作品著作权归属的基本原则是既要保障职务作品创作者的利益，以调动其从事职务创作的积极性，也要保障职务作品所在单位的利益，以促进作品的充分利用和价值实现。其中，最重要的是如何建立职务作品作者和其所在单位之间的利益平衡关系。对于职务作品的著作权归属，各国著作权法的规定不尽相同。

我国《著作权法》从1991年实施，关于职务作品著作权归属的规定一直倾向于赋予职务作品作者以著作权，以激励创作，同时也注意兼顾单位的利益，赋予了单位在作品完成2年内的优先使用权。同时，对于主要是利用法人或者非法人组织的物质技术条件创作，并由法人或者非法人组织承担责任的部分特殊性质的作品，以及法律、行政法规规定或者合同约定著作权由法人或者非法人组织享有的职务作品，规定单位享有除署名权以外的著作权。从职务作品著作权归属制度的施行情况看，较好地协调和平衡了职务作者和所在单位利益。

在《著作权法》第三次修改过程中，对于职务作品著作权归属制度并无太大的分歧。当然，修改过程中的不同版本，依然存在一定的差异。以2014年送审稿的规定为例，其第20条引入了意思自治优先原则，规定职工在职期间为完成工作任务所创作的作品为职务作品，其著作权归属由当事人约定。当事人没有约定或者约定不明的，职务作品的著作权由职工享有，但工程设计图、产品设计图、地图、计算机软件等部分特殊性质作品单位享有除署名权以外的著作权。

现行《著作权法》第18条根据职务作品的不同情况，规定了两种不同的著作权归属情形。

1. 通常来说，职务作品的著作权属于事实作者，即创作作品的人，但自然人与所在单

---

[1] 参见四川省高级人民法院（2011）川民终字第79号民事判决书（侵犯著作财产权纠纷案）。
[2] 参见广东省高级人民法院（2021）粤民终1035号民事判决书（著作权侵权及不正当竞争纠纷上诉案）。

位的劳动关系制约着职务作品的著作权归属。《著作权法》第18条第1款规定："自然人为完成法人或者非法人组织工作任务所创作的作品是职务作品，除本条第二款的规定以外，著作权由作者享有，但法人或者非法人组织有权在其业务范围内优先使用。作品完成两年内，未经单位同意，作者不得许可第三人以与单位使用的相同方式使用该作品。"概括地说，一般的职务作品的著作权属于作者，但作者所在单位在其业务范围内有永久使用权和2年的优先使用权。作者所在单位对作品的使用，是基于作者和单位间的劳动关系，所以限于单位业务范围内，这种使用通常是无偿的，作者得到的至多是根据作品使用情况由单位提供的奖励。至于单位业务范围外的权利，因不受作者与单位劳动关系的约束，单位不得擅自行使属于作者的著作权。

2. 在特定情况下，作者享有署名权，著作权中的其他权利属于作者所在单位。这种情况包括：①主要是利用法人或者非法人组织的物质技术条件，并由法人或者非法人组织承担责任的工程设计图、产品设计图、地图、计算机软件等；②报社、期刊社、通讯社、广播电台、电视台及所属媒体的工作人员创作的职务作品；[1] ③法律、行政法规规定或者合同约定著作权由法人或者非法人组织享有的职务作品。这类职务作品可以称为特殊职务作品。值得指出的是，上述第②类是2020年修法中新增加的内容。本书认为，之所以新增这一类型的作品，是考虑到这类作品由单位享有除署名权以外的著作权能够更好地传播和利用，尤其是这类作品多具有时事新闻作品性质，需要及时传播和扩散。当然，也需要注意保障这类职务作品作者的利益。根据现行《著作权法》第18条第2款规定，"法人或者非法人组织可以给予作者奖励"。上述第③类则是沿袭既有规定。随着市场经济的发展，该规定意义更加重要，因为合同作为市场机制下民事主体解决利益关系问题的有效方式，日益成为处理作者与其所在单位著作权使用与归属问题的重要手段。

在著作权司法实践中，涉及职务作品著作权纠纷，既包括职务与非职务作品著作权权属纠纷，[2] 也涉及职务作品与法人作品的区分，[3] 还包括职务作品著作权侵权纠纷等。[4] 解决这类著作权纠纷，一则需要准确认定涉案作品的法律性质，二则需要以平衡和协调职务作品作者与其所在单位之间的利益关系、促进职务作品使用效率的提高为原则。

六、委托作品的著作权归属

委托作品（Commissioned works）是受托人根据委托人的委托承揽创作合同而创作的作品。委托作品具有以下特征：

1. 作者接受他人委托进行创作，其创作受委托人特定要求的约束。

2. 委托方与受托方是一种委托合同关系，合同中应明确双方的权利和义务，特别是委托方给作者付酬的义务、作者按要求创作的义务以及作品权益分配问题。例如，王某诉北京某影视文化传播有限公司委托创作合同纠纷案，[5] 就涉及委托人应当按照依法成立的委托创作合同支付报酬问题。本案是基于委托创作（改编）而引起的付酬纠纷，而不是权属纠纷。在本案中，法院认定了委托改编协议的有效性，主张应根据协议约定支付报酬。本

---

[1] 张明：《新闻类职务作品著作权权属制度：制度嬗变与完善路径》，载《出版发行研究》2021年第4期。
[2] 参见最高人民法院（2009）民监字第361号民事判决书（著作权侵权纠纷案）。
[3] 参见上海市第二中级人民法院（2011）沪二中民五（知）终字第62号民事判决书（著作权权属纠纷上诉案）。
[4] 参见黑龙江省哈尔滨市中级人民法院（2011）哈知初字第15号民事判决书（侵害著作权纠纷案）。
[5] 北京市第二中级人民法院（2006）二中民终字第11356号民事判决书。

案当事人之间的分歧在于支付剩余的 8 万元稿酬的时间以及根据对方履行合同的情况某影视公司是否还存在付款义务。一、二审法院均认定根据协议的约定和双方履行协议的情况，某影视公司应履行支付剩余的 8 万元稿酬的义务。当然，委托创作合同也可以是无偿合同。

3. 委托合同中，双方既是一种平等主体的民事关系，也是一种劳务关系和临时经济关系。

各国著作权法对委托作品著作权归属的规定不尽一致。有的侧重保护受托人的智力创作劳动，规定著作权归受托人享有，如法国；有的兼顾双方利益，规定著作权由委托人和受托人共有，如菲律宾；大部分国家则允许双方通过合同约定委托作品的著作权归属，在没有合同约定时，则依照法定标准确认。我国即是如此。现行《著作权法》第 19 条规定："受委托创作的作品，著作权的归属由委托人和受托人通过合同约定。合同未作明确约定或者没有订立合同的，著作权属于受托人。"

根据《审理著作权民事案件适用法律解释》第 12 条的规定，按照《著作权法》规定委托作品著作权属于受托人的情形，委托人在约定的使用范围内享有使用作品的权利；双方没有约定使用作品范围的，委托人可以在委托创作的特定目的范围内免费使用该作品。

在委托作品著作权司法实践中，主要争议点为涉案作品是否为委托作品，如职务作品与委托作品的区分，以及委托作品著作权归属的纠纷，[1] 有时还涉及受托人使用委托作品的行为是否构成侵害委托作品著作权等问题。[2] 解决这类争议，应重视当事人之间就创作作品的具体约定，以及个案中委托作品的著作权归属。

七、作者身份不明作品及其他特殊作品的著作权归属

对作者身份不明的作品（Anonymous works），一般国家著作权法规定，其著作权由作品原件所有人行使或由出版者代为行使；作者身份一旦确定，著作权将自动回到作者或其继承人手中。我国《著作权法实施条例》第 13 条也作了类似规定。

此外，根据《审理著作权民事案件适用法律解释》第 13 条规定，除《著作权法》第 11 条第 3 款规定的情形外，由他人执笔，本人审阅定稿并以本人名义发表的报告、讲话等作品，著作权归报告人或者讲话人享有。著作权人可以支付执笔人适当的报酬。其第 14 条还规定，当事人合意以特定人物经历为题材完成的自传体作品，当事人对著作权权属有约定的，依其约定；没有约定的，著作权归该特定人物享有，执笔人或整理人对作品完成付出劳动的，著作权人可以向其支付适当的报酬。

本章案例研讨

9-1（总第 11）：缺乏证据支持不能证明音乐作品著作权归属和作者身份
——北京某影视文化有限公司诉于某著作权权属纠纷案[3]

一、案情简介

北京某影视文化有限公司（以下简称某影视文化公司）成立于 2003 年 10 月 22 日，该公司主张其为电视连续剧《七剑下天山》音乐作品的著作权人，该电视剧音乐作品为其法

---

[1] 参见重庆市高级人民法院（2018）渝民终 234 号民事判决书（著作权权属纠纷案）。
[2] 参见黑龙江省高级人民法院（2019）黑民终 205 号民事判决书（著作权权属、侵权纠纷案）。
[3] 北京市高级人民法院（2007）高民终字第 251 号民事判决书。

人作品，并提交了有关该公司进行策划、采风、购买他人的音乐作品、聘请人员进行创作等证据。于某对某影视文化公司提交的上述有关证据不予认可。2005年8月18日，东阳市某影视制作有限公司（以下简称某影视制作公司）与于某签订合同书，委托于某为电视连续剧《七剑下天山》的唯一作曲，于某为著作权人。于某主张电视连续剧《七剑下天山》使用了其创作或改编的19首歌曲。某影视文化公司认可使用其中的18首歌曲。法院曾向有关部门调取在中央电视台播出的电视连续剧《七剑下天山》的播出带，但未能调取到。

二、法院裁判理由及结果

北京市第二中级人民法院认为，由于现有证据不能证明中央电视台播出的电视连续剧《七剑下天山》的具体确切内容，故无法确认涉案音乐作品的具体表达形式，无法就此依据双方提交的相关证据对其著作权归属作出判断。双方当事人对电视连续剧《七剑下天山》中是否使用Gulsaba音乐作品存在的争议，法院也无法对此作出处理。本案现有证据不能证明某影视文化公司参与了电视连续剧《七剑下天山》音乐作品的具体创作活动。某影视文化公司虽主张聘用于某参与电视连续剧《七剑下天山》音乐作品的编曲工作，并支付了相关劳务费，但未举证证明是否对相关作品著作权归属进行了约定。根据现有证据不能得出涉案音乐作品属法人作品，著作权应归其所有的结论。该院依据2001年《著作权法》第11条、第17条的规定，判决驳回某影视文化公司的诉讼请求。某影视文化公司不服一审判决，向北京市高级人民法院提起上诉。

北京市高级人民法院认为，根据现有证据不能证明某影视文化公司就电视连续剧《七剑下天山》音乐作品的著作权归属与于某进行了约定，不能证明某影视文化公司在电视连续剧《七剑下天山》音乐形成过程中进行了哪些具体、明确的创作活动，也不能确定某影视文化公司与于某所争议的电视连续剧《七剑下天山》在中央电视台播出的播出带中的音乐作品的确切内容，故无法依据现有证据对涉案音乐作品著作权归属作出判断，判决驳回上诉，维持原判。

本案是关于法人作品与一般性作品著作权权属纠纷。在本案中，由于某影视文化公司无法提供足够的证据证明被告进行创作的作品属于法人作品，即由某影视文化公司主持，代表某影视文化公司意志创作，并由其承担责任。因此，一、二审法院均驳回了某影视文化公司的诉讼请求。

9-2（总第12）：在民间曲调基础上改编完成的作品应尊重群体的署名权
——黑龙江省某县四排赫哲乡人民政府诉郭某、某电视台、
北京某购物中心著作权侵权纠纷案[1]

一、案情简介

《想情郎》是一首世代流传在乌苏里江流域赫哲族中的民间曲调，已无法考证该曲调的最初形成时间和创作人。该曲调在20世纪50年代末第一次被记录下来。在同一时期，还首次收集记录了与上述曲调基本相同的赫哲族歌曲《狩猎的哥哥回来了》。1962年，郭某、

---

[1] 北京市高级人民法院（2003）高民终字第246号民事判决书。

汪某、胡某到乌苏里江流域的赫哲族聚居区采风，收集到了包括《想情郎》等在内的赫哲族民间曲调。在此基础上，郭某、汪某、胡某共同创作完成了《乌苏里船歌》音乐作品。后来该作品在某电视台播放，而有关载体在北京某购物中心出售。

二、法院裁判理由及结果

北京市第二中级人民法院认为：以《想情郎》和《狩猎的哥哥回来了》为代表、世代在赫哲族中流传的民间音乐曲调，应作为民间文学艺术作品受法律保护。原告作为民族乡政府，可以以自己的名义提起诉讼。

与《想情郎》曲调相比，《乌苏里船歌》体现了极高的艺术创作水平，其作品整体的思想表达已发生了质的变化。郭某作为该作品的合作作者之一，享有《乌苏里船歌》音乐作品著作权。但是，《乌苏里船歌》曲调的作者在创作中吸收了《想情郎》等最具代表性的赫哲族传统民间曲调，《乌苏里船歌》主部即中部主题曲调与《想情郎》《狩猎的哥哥回来了》的曲调基本相同。因此，《乌苏里船歌》系在赫哲族民间曲调的基础上改编完成的作品。郭某等人在使用音乐作品《乌苏里船歌》时，应客观地注明该歌曲曲调是源于赫哲族传统民间曲调改编的作品。

北京市第二中级人民法院判决郭某、某电视台以任何方式再使用音乐作品《乌苏里船歌》时，应当注明根据"赫哲族民间曲调改编"，某购物中心立即停止销售任何未注明改编出处的音乐作品《乌苏里船歌》的出版物。

被告不服一审判决，提起上诉。北京市高级人民法院确认了原告主体资格的合法性。同时指出，著作权法上的改编，是指在原有作品的基础上，通过改变作品的表现形式或者用途，创作出具有独创性的新作品。改编作为一种再创作，应主要是利用了已有作品中的独创部分。对音乐作品的改编而言，改编作品应是使用了原音乐作品的基本内容或重要内容，应对原作的旋律作了创造性修改，却又没有使原有旋律消失。根据鉴定报告中关于《乌苏里船歌》的中部乐曲的主题曲调与《想情郎》和《狩猎的哥哥回来了》的曲调基本相同的鉴定结论，以及《乌苏里船歌》的中部乐曲与《想情郎》和《狩猎的哥哥回来了》相比又有不同之处和创新之处的事实，《乌苏里船歌》的中部乐曲应系根据《想情郎》和《狩猎的哥哥回来了》的基本曲调改编而成。《乌苏里船歌》乐曲的中部是展示歌词的部分，且在整首乐曲中反复3次，虽然《乌苏里船歌》的首部和尾部均为新创作的内容，且达到了极高的艺术水平，但就《乌苏里船歌》乐曲整体而言，如果舍去中间部分，整首乐曲也将失去根本，因此可以认定《乌苏里船歌》的中部乐曲系整首乐曲的主要部分。在《乌苏里船歌》的乐曲中部系改编而成、中部又构成整首乐曲的主部的情况下，《乌苏里船歌》的整首乐曲应为改编作品。郭某关于《乌苏里船歌》与《想情郎》《狩猎的哥哥回来了》的乐曲存在不同之处和创新之处且在表达上已发生了质的变化的上诉理由，并不能否定《乌苏里船歌》的乐曲基本保留了赫哲族民歌基本曲调的事实。郭某关于《乌苏里船歌》的首部和尾部均为创作，其整首乐曲在结构上为单三部曲式因而全曲不应认定为改编作品的上诉主张不能成立，本院不予支持，故判决驳回上诉，维持原判。

在上述案件中，《乌苏里船歌》是在赫哲族民间文学艺术作品的基础上创作完成的。《乌苏里船歌》固然具有很大程度的独创性和极高的艺术水平，但仍然属于对赫哲族民间曲调的改编。改编作品著作权人应尊重原作品著作权人的著作权，而不能完全独立地行使自己的著作权。本案作为演绎作品中改编作品著作权纠纷案，还有一个特殊之处是，它涉及民间文学艺术作品的保护问题。法院认定四排赫哲族乡政府作为赫哲族部分群体公共利益的代表，可以自己的名义对侵犯赫哲族民间文学艺术作品合法权益的行为提起诉讼。

9-3（总第13）：委托作品及法人作品的界定
——申诉人某动漫集团有限公司与被申诉人杭州某文化发展有限公司著作权侵权纠纷案[1]

一、案情简介

在申诉人某动漫集团有限公司（原某动画公司，以下简称某动漫公司）与被申诉人杭州某文化发展有限公司（以下简称某文化公司）著作权侵权纠纷案中，1994年，95版动画片导演崔某、制片汤某、上海某教育电影制片厂副厂长席某三人到刘某家中，委托其为即将拍摄的95版动画片创作人物形象。刘某当场用铅笔勾画了"大头儿子""小头爸爸""围裙妈妈"三个人物形象正面图（以下简称94年草图），并将底稿交给崔某。当时双方并未就该作品的著作权归属签署任何书面协议。95版动画片由央视和上海东方电视台联合摄制，于1995年播出，在其片尾播放的演职人员列表中载明："人物设计：刘某"。2012年，刘某与洪某签订了《著作权（角色商品化权）转让合同》，约定刘某将自己创作的"大头儿子""小头爸爸""围裙妈妈"3件作品的所有著作权转让给洪某。2013年，刘某与某动漫公司（原某动画公司）约定上述3幅美术作品为委托作品，某动漫公司甲方独家拥有除署名权以外的全部知识产权。某文化公司向浙江省杭州市滨江区人民法院提起诉讼，主张某动漫公司《新大头儿子和小头爸爸》动画片侵犯其享有的著作权。

二、法院裁判理由及结果

一审法院判决某动漫公司侵犯了某文化公司的著作权，承担损害赔偿责任。某动漫公司不服，提起上诉。浙江省杭州市中级人民法院二审判决驳回上诉，维持原判。某动漫公司不服，向浙江省高级人民法院申请再审。该院裁定驳回某动漫公司再审申请。某动漫公司不服，向最高人民法院申诉。

最高人民法院再审认为：现有证据足以证明94年草图为刘某独立创作完成，应当认定刘某为94年草图的作者。根据再审查明的事实，《大头儿子和小头爸爸》美术设计和造型设计系央视动画部委托上海某教育电影制片厂创作，版权全部归央视动画部所有，亦即属于央视所有。现有证据不足以证明刘某创作94年草图是代表上海某教育电影制片厂意志进行创作或者是为完成借调工作任务而创作。故94年草图不应当被认定为法人作品或者特殊职务作品，应当被认定为委托创作作品，某动漫公司关于94年草图系法人作品或特殊职务作品的相关主张不能成立。本案中，根据一审、二审法院和浙江省高级人民法院查明的事实，刘某于不同时间分别与洪某、某动画公司签订了多份涉及94年草图著作权归属的协议或者说明，对权属的处分多次反复。95年声明落款时间为1995年2月8日，即使实际形成时间为1998年，其签署时间亦早于上述协议或者说明签署时间。刘某认识洪某并与其签订转让协议均在2012年以后，而在此前长达18年期间，刘某从未就其作品被使用向某电视

---

[1]《最高人民法院知识产权案件年度报告（2022）》，第73~76页；最高人民法院（2022）最高法民再44、45、46号民事判决书。

台或某动画公司主张过权利或提出过异议。此外，广东法院和北京法院均依据司法鉴定结论认可了 95 年声明上刘某签名的真实性。因此根据上述证据以及相关事实，应当认定 95 年声明真实合法有效。某文化公司提交的视频证据不足以推翻上述认定。根据 95 年声明、刘某后续与某动画公司签订的协议、补充协议以及说明和其他相关事实，应当认定 94 年草图除署名权以外的著作权及其他知识产权属于央视所有，刘某无权就 94 年草图著作权再转让至洪某。因此，某文化公司不享有 94 年草图的著作权，其诉讼请求缺乏事实和法律依据。最高人民法院裁定于 2022 年 4 月 18 日判决撤销一、二审判决，驳回某文化公司诉讼请求。

本案涉及委托作品与法人作品的区分和认定问题。在该案中，最高人民法院在"裁判要旨"中指出：基于已有证据不足以证明涉案作品系代表单位意志进行的创作或者系为完成（借调）工作任务而进行的创作，就不应认定为法人作品或者特殊型职务作品。但是，如果有证据证明符合委托作品要件，则可以作为委托作品保护。本案为区分和认定法人作品、特殊型职务作品及委托作品提供了范例。

9-4（总第 14）：职务作品与非职务作品的区分及其著作权归属认定
——赵某诉白某、甘肃某日报社侵害著作权纠纷上诉案[1]

一、案情简介

2019 年 9 月 5 日，赵某署名的《润物细无声——某县"精神扶贫"助推精准扶贫侧记》（以下简称《润物细无声》）文章在某作家网上发表。次日，某县委宣传部公众号陇南某县发布上刊登了该文章，并将标题改为《春风化雨正当时——某县"精神扶贫"助推精准扶贫侧记》（以下简称《春风化雨正当时》）文章末尾载明记者赵某。2019 年 9 月 16 日，《某经济日报》第 3 版上刊登了《春风化雨正当时》文章，文章载明记者白某，通讯员赵某。2020 年 9 月 25 日，赵某在某县融媒体中心主办的《某县》第 2 版上发表了文章《某县苹果礼尚往来——某县苹果产业发展综述》（以下简称《某县苹果礼尚往来》），文章末尾载明供稿赵某。赵某认为白某、某经济日报社侵犯其著作权，向甘肃省兰州市城关区人民法院提起著作权侵权之诉。

二、法院裁判理由及结果

一审法院判决驳回赵某全部诉讼请求。赵某不服，上诉于兰州市中级人民法院。其上诉理由是：案涉作品《润物细无声》（又名《春风化雨正当时》）与《某县苹果礼尚往来》不属于职务作品，赵某系著作权人。赵某系某县融媒体中心编辑，写稿并非其职责，文章系赵某独立创造的散文并非新闻报道，非职务作品。白某在文章处署名本报记者白某侵犯其署名权。白某对案涉两篇文章未做任何创作即署名本报记者白某，将赵某署名为通讯员，实质否定作者系赵某。此外，一审适用法律错误。兰州市中级人民法院将本案的争议焦点归纳为：①《润物细无声》（又名《春风化雨正当时》）和《某县苹果礼尚往来》两篇文章是否系职务作品；②白某、甘肃经济日报社是否侵害了赵某署名权；③一审判决是否适

---

[1] 甘肃省兰州市中级人民法院（2022）甘 01 民终 3484 号民事判决书。

用法律错误。

关于争议点①,二审法院认为本案中赵某系某县融媒体中心干部。因宣传工作需要,该单位安排赵某采写了案涉两篇新闻稿件,并在县级媒体予以刊发。审查案涉两篇文章主题,文章主题均与某县融媒体关注某县发展、传播某县声音宣传主旨一致,故案涉两篇文章系职务作品,赵某享有署名权,著作权的其他权利归属于赵某的单位某县融媒体中心。赵某上诉主张,案涉两篇文章系其独立完成与工作职责无关非职务作品的理由,无事实及法律依据,本院不予采信。

关于争议焦点②,二审法院认为某经济日报社分别在案涉两篇文章中将赵某署名为通讯员,实质是对供稿者赵某为编外新闻工作者身份的界定,并未侵犯赵某作为案涉两篇文章作者的署名权。本案中某县融媒体中心系案涉两篇文章除署名权之外的著作权人,其授权某县外宣办对案涉两篇文章向中央、省、市级媒体及记者、编辑推送,编辑刊发。某县外宣办将案涉两篇文章推送至某经济日报社、白某处,授权该社记者根据报社有关发稿规定进行编辑刊发。上述授权未超出代理权限,符合法律规定。白某作为某经济日报社记者经授权审核来稿,并与通讯员赵某联合署名,符合行业规定,亦不违反法律规定。白某经授权对来稿《某县苹果礼尚往来》进行改编整合,享有改编作品署名权。因案涉文章中的税务数据系张某提供,故张某亦署名为通讯员。因此,白某、某经济日报社在《某县苹果礼尚往来》文章中载明记者白某,通讯员赵某、张某的行为未侵害赵某的署名权。

关于争议焦点③,二审法院经审查认为,一审适用法律正确,未损害当事人合法利益。

基于上述,二审法院判决驳回上诉、维持原判。

本案涉及职务作品与非职务作品的区分以及相应的著作权的归属认定等问题。在该案中,一、二审法院均认定原告赵某主张著作权的作品为职务作品,而非个人享有全部著作权的非职务作品。法院主要是基于赵某的工作职责、创作者身份以及白某和某经济日报社使用涉案作品的性质等方面明确涉案作品的法律属性和被告行为的性质的。本案为认识职务作品和非职务作品的区别及其著作权归属提供了启发和借鉴。

第十章 著作权的内容

> **本章提要**
> 本章主要阐述和探讨著作权的内容与特征，著作权的取得形式，著作人身权和财产权的保护期限以及特殊作品的著作权保护期限，著作人身权和著作财产权的概念、特征和具体内容。
> 本章的重点是著作人身权和著作财产权的概念、特征与具体内容，难点是著作人身权和著作财产权之间的关系。

第一节 著作权内容概述

一、著作权的内容与特征

著作权的内容表现为作者和其他著作权人在人身关系和财产关系上与作品之间的利益。著作权保护的利益以权利人对作品的支配为特点，包括两方面内容：一是对作品的人身利益，涉及著作人身权，包括对作品的发表权、署名权、修改权和保护作品完整权；二是对作品的财产利益，涉及著作财产权，包括以各种方式复制、发行和以其他方式使用作品，以及许可使用和转让的权利等。[1]

《伯尔尼公约》和大多数国家的著作权法都规定著作权包括人身权利（Personality rights）和财产权利（Property rights），或分别称为"精神权利"（Moral rights）与"经济权利"（Economic rights）。人身权利与财产权利的并存，是著作权区别于物权和其他知识产权的重要特征。这种特征根源于作品的特点：作品包含的作者的智力劳动和作品的财产性，使著作权天然地兼有人身权和财产权的内容。

国际上对著作人身权和财产权关系的认识，存在"一元论"和"二元论"之分。以德国为代表的"一元论"认为，著作权中的人身权与财产权密不可分，它们结合为一项统一的权利。以法国为代表的"二元论"则认为，作品的完成产生的不是一项统一的权利，而是人身权和财产权两种独立的权利。

根据我国《著作权法》的制度构架，我国将著作人身权和著作财产权视为两种权利。例如，《著作权法》第10条第1款规定著作权包括人身权与财产权，并逐项列举权利名称

---

[1] 参见王迁：《著作权法中传播权的体系》，载《法学研究》2021年第2期。

及内容，允许将著作财产权许可他人使用和转让，但不允许转让著作人身权，同时对这两类权利设定了不同保护期。此外，根据《民法典》第 992 条和《著作权法》第 21 条规定，著作权的继承只发生于著作财产权，除特殊情况下可由特定人行使发表权外，著作人身权不得被继承或遗赠。

二、著作权的取得

作品著作权的取得须具备一定的条件，对此各国著作权法的要求有所不同。这些条件可以分为实质条件和形式条件。前者也就是前面论及的著作权客体的构成要件，后者则主要有自动取得、注册登记取得和加注著作权标记取得三种方式。

（一）自动取得

这是指作品著作权随作品的创作完成而自动取得，不需要履行任何形式的手续，即所谓"自动保护主义"原则。这是大多数国家和《伯尔尼公约》的做法。根据这一原则，作品无论是否发表，只要一经创作完成，即自然获得著作权。这一原则简便易行，可以避免繁杂的注册手续，有利于充分保护作者的著作权。

（二）注册登记取得

1. 注册登记制的概念与国外立法例。这是指作品创作完成以后，需要履行注册登记手续才能取得著作权，又称注册登记主义。实行这一原则的国家主要有：实施 1987 年《著作权法》之前的西班牙，以及受西班牙影响较大的拉丁美洲国家和少数非洲国家，如阿根廷、巴拿马、马里等。在这些国家中，对登记注册的要求又有所不同，有的要求作品创作完成后就应登记；有的规定作品发表后，限在一定时期内登记。

注册登记主义的优点是可以使著作权保护更加明确，缺点是要设置一个庞大的登记机构，既不利于精简机构，又不方便作者。它只在地域不广、人口较少的国家适用，所以未能成为世界著作权保护及发展的趋势。

国际上还有一种著作权"登记"制，其登记不是取得著作权的条件，而是为了确认作品著作权的实际归属，以方便侵权诉讼或权属诉讼，便于著作权的管理。如日本《著作权法》第 75 条规定，假名或者匿名作品可以就作品登记真实姓名，以确认著作权归属。

2. 我国作品著作权登记的地位和意义。如前所述，我国参加的《伯尔尼公约》和世界上绝大多数国家或地区著作权法一样，都规定作品著作权的获得采用自动保护主义。我国《著作权法》也不例外。在 2014 年《著作权法（修订草案送审稿）》第 5 条第 3 款还专门规定：著作权自作品创作之日起自动产生，无须履行任何手续；其第 6 条第 2 款则规定：相关权自使用版式设计的图书或者期刊首次出版、表演发生、录音制品首次制作完成和广播电视节目首次播放之日起自动产生，无须履行任何手续。现行《著作权法》则明确规定了作品的登记制度。其第 12 条第 2 款规定："作者等著作权人可以向国家著作权主管部门认定的登记机构办理作品登记"；其第 3 款则明确与著作权有关的权利参照上述规定。对于上述规定，应当指出的是，其建立的是一种作品自愿登记制度，而不是只有登记才产生著作权的制度，因此并不影响著作权自动获取原则。实际上，关于作品自愿登记制度，早在 1994 年国家版权局即发布了《作品自愿登记试行办法》。至于计算机软件登记，在《计算机软件保护条例》中也作了明确规定。如 2013 年《计算机软件保护条例》第 7 条第 1 款规定："软件著作权人可以向国务院著作权行政管理部门认定的软件登记机构办理登记。软件登记机构发放的登记证明文件是登记事项的初步证明"。在早期版本中，甚至规定计算机软件登记是进行行政处理和提起诉讼的前提。

现行《著作权法》规定作品自愿登记制度，其合理性及其意义可以从以下几方面加以理解：首先，该制度是对我国大量存在的作品自愿登记实践的立法回应，有利于使作品登记步入规范化和法治化轨道。《作品自愿登记试行办法》实施后，近些年来我国已有大量的作品登记实践。有资料统计，仅在2019年我国作品登记数量为418.6549万件，相比2018年的345.7338万件，增长21.09%。其次，作品自愿登记制度对著作权人维权具有重要意义。根据现行《著作权法》第12条第1款规定，在作品上署名的自然人、法人或者非法人组织为作者，且该作品上存在相应权利，但有相反证明的除外。在通常情况下，可以凭借作品的署名确认作者身份和著作权人。但是，也不排除署名者并非作者的情形。作品登记则可以作为享有作品著作权的初始证明。尤其是在发生著作权权属、侵权纠纷时，能够作为主张权利的初步证明。对此，《审理著作权民事案件适用法律解释》也明确规定"著作权登记证书"可以作为享有著作权的初步证明。从近些年来我国著作权登记实践的情况看，作品登记的相关信息能够很好地反映作者主张作者身份和作品著作权变动状态，成为著作权人行使权利和维护权利的初始证据，在解决权利冲突问题时也能作为有效的依据。最后，作品自愿登记制度也有利于作品著作权的转移、交易、转让活动，降低交易成本，促进作品经济社会价值的实现。作品著作权交易，最重要的是要预防权属风险，而单凭作品上署名确认作者身份和著作权归属，有时可能会存在隐患。在作品登记基础上获得的登记证书则能够进一步证明作者身份和待交易著作权的归属。

当然，对于上述作品登记制度，还需要进一步认识到其属于自愿登记制度，不能过于强调其功能和作用，更不能以强制替代自愿，否则就会扭曲这一制度的宗旨。同时，作品登记并不能在事实上改变作品的著作权归属，而只能"证明作品著作权的归属，而不具有产生著作权的功能"。这是因为，正如署名者并非绝对的作者一样，作品登记者也并非绝对的作品作者。在现实中，不排除有的作品登记者违法"捷足先登"，剽窃他人作品并将其进行作品登记。因此，在著作权保护实践中，只要真正的权利人能够提出证据证明登记者并非作者和权利人，即可以排除登记者的作者和著作权人身份。这也就是为何前述司法解释仅将"著作权登记证书"作为"初步证明"的缘由。[1]

（三）加注著作权标记取得

这是指著作权人在出版的作品上必须加注特定的标志符号，方能取得著作权。这一方式只适用于已出版的作品。标记一般是在印刷出版物或音像出版物上标明，标记应置于足以使人注意到的地方，如扉页或著作权页。例如，美国《著作权法》规定，著作权标记是取得著作权保护的一个前提条件。所有出版物上均应在注目的位置上刊载著作权标志Ⓒ、作者或其他著作权人姓名、作品出版年月。作品如以录音制品形式出版，应将标记Ⓒ换成Ⓟ。有些国家则可能还采取其他形式的标记符号或用语，如"著作权""COPR"（英文"著作权"的缩写）、"DR"（"保留著作权"的西班牙文缩写），再加上著作权人姓名、出版者、印刷者或首次出版日期或著作权注册年份。[2]

加注著作权标记的方式简便易行，能够使人注意到著作权人的权利要求，所以它也被广泛接受，这也是《世界版权公约》的重要特点。我国是该公约成员国，为避免使我国的作品在公约其他成员国丧失著作权，应根据公约要求在出版物上加注公约规定的著作权标

---

〔1〕 参见江西省高级人民法院（2022）赣民终439号民事判决书（著作权权属、侵权纠纷案）。
〔2〕 冯晓青：《著作权法》，法律出版社2022年版，第164~165页。

记"ⓒ"以及其他相关信息。

三、著作权的终止

著作权的终止通常指著作权在保护期届满后不复存在。除了著作权保护期限届满导致著作权终止外，著作权人放弃其著作权也是著作权终止的一种形式。[1] 不过，尽管著作权人享有放弃其著作权的权利，在现实中这种情况仍然较少发生。[2] 因此，以下主要针对著作权保护期限研究著作权终止问题。

著作权保护期是著作权受法律保护的有效期限，即著作权人对其作品享有专有权的法定期间。在著作权保护期内，著作权人可以充分行使其著作权；著作权保护期限一旦届满，任何人都可以自由利用不再受著作权保护的作品。[3] 著作权具有一定的保护期限，这是世界各国和地区著作权法以及国际公约的立法通例。[4] 这也被认为是确立著作权法中公共领域的体现，因为保护期限届满意味着任何人都可以自由利用。[5] 著作权具有一定的保护期限，这也是著作权立法目的使然，深刻地体现了著作权法作为社会本位法的属性和著作权法维护著作权人利益与社会公共利益平衡的考虑。

各国对著作权保护期一般规定为：自然人的著作权保护期比其他权利人著作权的保护期要长；一般的文学艺术作品著作权保护期比视听作品、实用艺术作品等的著作权保护期要长；对著作人身权和财产权的保护期予以分别规定，两者相互独立。

（一）著作人身权的保护期

保护著作人身权的国家对著作人身权保护期的规定有三种立法例：一是实行永久保护主义，如采用"二元论"的法国以及其他一些大陆法系国家和苏联、东欧国家。二是实行有限保护主义，如采用"一元论"的德国、卢森堡等少数大陆法系国家，规定著作人身权保护期与著作财产权保护期相同，或者在著作财产权保护期届满后再延长一定的时间。三是实行上述两者的混合。我国《著作权法》第22条规定，作者的署名权、修改权、保护作品完整权的保护期不受限制。该法第23条规定，发表权的著作权保护期与著作财产权相同。

（二）著作财产权的保护期

大多数国家对著作人身权实行永久保护。如无特别指明，著作权保护期仅针对著作财产权。各国对著作财产权都规定了有限的保护期，通常为作者有生之年加亡故后若干年或

---

[1] 著作权期限届满和著作权放弃的法律后果是著作权进入公共领域。著作权进入公共领域则意味着著作权成为社会公共财富。详见冯晓青主编：《知识产权制度中的公共领域问题研究》，中国政法大学出版社2022年版，第99~318页；冯晓青：《知识产权法利益平衡理论》，中国政法大学出版社2006年版，第682~761页。

[2] 参见广东省东莞市中级人民法院（2013）东中法知民终字第25号民事判决书（著作权权属、侵权纠纷案）；广东省广州市中级人民法院（2014）穗中法知民终字第634号民事判决书（著作权侵权纠纷案）。

[3] 参见山东省高级人民法院（2010）鲁民三终字第47号民事判决书（侵犯著作权纠纷上诉案）。

[4] 世界上最早的著作权法《安娜女王法》即对此予以确认。See Statute of Anne, 1710, 8Ann., c.19 (Eng.). 此外，有的国家基于对市场价值大的作品给予特殊保护的考虑，在著作权保护期限届满后，通过专门立法延长这类作品保护期限。See Eldred v. Ashcroft, 537 U. S. 186 (2003); McFarlin, Timothy J., "A Copyright Restored: Mark Twain, Mary Ann Cord and How to Right a Longstanding Wrong", *Wisconsin Law Review*, Vol. 2023, Issue 1 (2023), pp. 45-108.

[5] Edward Lee, "The Public's Domain: The Evolution of Legal Restraints on the Government's Power to Control Public Access Through Secrecy or Intellectual Property", *Hastings Law Journal*, Vol. 55, Issue 1 (November 2003), pp. 91-210.

作品发表后若干年，即"死亡起算主义"与"发表起算主义"。

1. 死亡起算主义适用于著作权为自然人享有的作品。各国对此具体规定有所不同。从起算的时间看，有的国家从作者死亡之年的年初（1月1日）计算，如苏联、保加利亚；有的国家从作者死亡之年的年底计算，如法国、日本、肯尼亚、秘鲁、新西兰；还有的国家从作者死亡之年的确切日期计算，如白俄罗斯。从保护期限的长短看，作者终生其权利都受保护；作者死后保护期最短为25年，最长为99年，绝大多数国家则为50年，这与多数国家加入了《伯尔尼公约》，适用公约规定有关。我国现行《著作权法》第23条第1款规定，自然人的作品，其发表权和著作财产权的保护期为作者终生及其去世后50年，截止于作者死亡后第50年的12月31日；如果是合作作品，截止于最后死亡的作者死亡后第50年的12月31日。

关于上述著作权为自然人享有的作品情况，还需要指出，现行《著作权法》第23条对于摄影作品著作权保护期限的规定有所调整，规定其与一般作品著作权保护期限相同。从摄影作品著作权保护来看，《伯尔尼公约》在制定实施之初并不保护摄影作品，在后来其被纳入保护范围后，则规定了较之于一般作品更短的保护期限。我国1990年至2010年《著作权法》也均是按照该公约的规定，规定了较短的保护期限。但是，我国后来加入了《世界知识产权组织版权条约》，而该条约明确规定摄影作品的著作权保护期限和其他作品相同。基于此，并考虑到我国摄影界的强烈要求，现行《著作权法》取消了2010年《著作权法》关于摄影作品著作权保护期限规定，实际上是间接肯定了这类作品著作权保护期限与其他一般作品相同。这一修改既与我国加入的新的国际公约相接轨，也提高了摄影作品著作权保护水平，因而有利于激励这类作品的创作和传播。

2. 发表起算主义适用于著作权归法人或非法人组织享有的作品。我国《著作权法》和国际通行做法一样，规定法人或者非法人组织的作品，著作权（署名权除外）由法人或者非法人组织享有的职务作品，其发表权的保护期为50年，截止于作品创作完成后第50年的12月31日；著作财产权的保护期为50年，截止于作品首次发表后第50年的12月31日，但作品自创作完成后50年内未发表的，其不再受到保护。

（三）某些作品保护期限的特殊规定

1. 作者身份不明的作品。因难以适用死亡起算主义，根据我国《著作权法实施条例》第18条的规定，其财产权保护期截止于作品首次发表后第50年的12月31日，作者身份一旦确定，适用《著作权法》第21条（现行《著作权法》第23条）的规定。

2. 遗作。各国对遗作著作权保护期的规定有两种模式：一是规定保护期为遗作发表后若干年，如日本、英国、巴西；二是规定保护期与一般作品相同，都是作者终生及其亡故后若干年，如德国、丹麦、挪威。我国《著作权法》未规定遗作保护期，从有关规定可以推知，它与一般作品一样，为作者终生加死后50年，自作品创作完成后50年内未发表的，《著作权法》不再保护。

3. 合作作品。著作权属于自然人的合作作品，适用一般作品保护期。如前所述，根据现行《著作权法》第23条规定，合作作品发表权和著作财产权的保护期限，截止于最后死亡的作者死亡后第50年的12月31日。

4. 计算机软件。根据我国《计算机软件保护条例》第14条规定，软件著作权的保护期与一般作品相同：自然人的软件著作权截止于自然人死亡后第50年的12月31日；软件是合作开发的，截止于最后死亡的自然人死亡后第50年的12月31日；法人或者非法人组织的软件著作权，截止于软件首次发表后第 50 年的 12 月 31 日，但软件自开发完成之日起 50 年内未发表的，不再受保护。

第二节 著作权中的人身权

作品著作权是著作权法所保护的实质内容。大多数国家著作权法规定，著作权包括人身权利和财产权利两部分。我国《著作权法》也是如此。

一、著作人身权概述

著作权中的人身权简称著作人身权，它是作者对其创作的作品享有的一种人身非财产权利，即作者因创作作品而依法享有的、与其人格和身份相关联的专有权利。[1] 对著作人身权的保护，两大法系国家态度不同：大陆法系国家立法接受德国哲学家康德等人提出的作品是人身权、人格权的一种延伸权利的观点，主张保护作品作者的人身权；英美法系国家视作品为一种商品，将著作权理解为一种财产权，除在普通法或衡平法中保护某些精神权利外，在著作权法中对精神权利并未作出规定。当然，这方面已有所改变，如英美法系国家在加入保护精神权利的《伯尔尼公约》时，在著作权法中就增加了保护精神权利的内容，以达到该公约保护精神权利的要求。

著作人身权的功能在于保障作者的人身、智力和精神利益，其产生是基于作者创作出了反映其人格、个性的特定作品。作者在创作过程中，将自己思想感情融入作品中，并以独创性的外部形式表现出来，使作者与其作品之间存在着任何人都不具备的特定人格关系。作品是作者人格的体现，作品的人格性在著作权法中就体现为著作人身权。可以说，保护著作人身权就是承认和尊重作者在作品中做出的精神上的贡献，是衡量社会文明程度的一个重要标志。

著作人身权具有以下特征：①它专属于作者，与作者特定身份不可分离，通常不得被转让、继承、放弃，也不可被剥夺与被强制宣布无效；②它是不含经济利益的权利，本身不具有直接的财产内容，而且是独立于著作财产权的权利，对财产权利的处分不直接影响著作人身权的存续。

著作人身权与一般民法中人身权存在着一定联系，但又有显著区别，被认为是类似于民法中人格权与身份权的混合。著作人身权与一般民法中人身权的区别主要有：①一般人身权人人生而有之，并随着人的死亡而消亡；著作人身权以作品的创作为前提，不具有普遍性，它可在权利主体死亡后独立存在。②一般人身权只与"人"相联系，对一般人身权的侵害通常表现为对人的直接侵害；著作人身权则与作品相联系，对著作人身权的侵犯一般表现为对作品的直接侵犯，通过作品受侵犯而使作者间接受到侵犯。③一般人身权是一切法治国家毫无例外地给予本国公民的一种基本权利；而著作人身权并不是每个国家，包括有著作权法的国家都给予保护的权利。

我国《著作权法》规定的著作人身权包括发表权、署名权、修改权、保护作品完整权等内容。

二、发表权

各国对于发表权（Right of publication）的认识不一。许多保护精神权利的国家并不承

---

[1] 参见李莉：《论作者精神权利的双重性》，载《中国法学》2006 年第 3 期。

认发表权,《伯尔尼公约》也未确认发表权。我国《著作权法》规定了发表权,这体现了我国对著作人身权较高水平的保护。

(一) 发表权的概念与内容

发表权又称公开权、公表权,是指决定作品是否公之于众的权利,它是作者控制其作品是否发表的权利。发表权主要有以下三方面内容:

1. 将作品是否"公之于众"的选择权。"公之于众"的"众",指不特定的多人,而不是特定范围内的人。是否"公之于众"包括两方面含义:其一,著作权人有将作品公之于众的意愿,作品公之于众不违背其本意,作品的发表意味着作者愿意使自己的作品公之于众。其二,客观上有将作品公之于众的事实,通过以外观可感知的形式将未与公众见面的作品提供给公众,使作品内容不再处于秘密状态。原则上,只要作品处于公众想获得即可获得的状态,即可认定发表。根据《审理著作权民事案件适用法律解释》第9条规定,《著作权法》第10条第1款第1项所规定的"公之于众",是指著作权人自行或者经著作权人许可将作品向不特定的人公开,但不以公众知晓为构成条件。

2. 作品发表方式的选择权。作品发表即公之于众的方式是多种多样的,大体分为两类:一是将作品的原作或复制件提供给公众,如出版、出租、出售;二是公众通过听觉、视觉等感觉器官感觉到作品的存在,但没有得到作品原件或复制件,如广播、放映、展览、播放等。不论以哪种方式发表,作者都有权加以选择。

3. 他人擅自发表作品的禁止权。作者有权禁止他人未经其许可擅自发表其作品。如果作品被擅自公之于众,作者仍不丧失对该作品的发表权。这是发表权的消极权能。[1]

(二) 发表权的性质

国内外理论界对此认识不一。基于法国的"二元论"学说,认为发表权属于著作权中的人身权。基于英美国家的"无体财产权"学说,认为发表权属于著作权中的财产权。基于德国的"一元论"学说,则认为发表权兼有人身权和财产权的双重性。

我国学者一般认为,发表权是著作人身权的一项基本权能,但它又是一种与著作财产权密切相关的人身权,是包含并转移到使用权中的一项人身权。因为,作者发表作品时的表现为对经济利益的要求,作品的使用总是伴随着发表——发表实际上是作品的首次使用,而作品的使用与作品的财产利益密切相关。因此,我国《著作权法》在规定发表权的继承和保护期问题时,与其他人身权作了区别,但发表权并不是经济权利,它在本质上是一种决定作品是否公之于众的人身权,而著作财产权侧重的是"如何利用而获得报酬"。

(三) 发表权的特征

1. 发表权是一次性的权利。即发表权只能行使一次,一旦行使便告穷竭。发表权的实质含义为是否、如何"首次"将作品公之于众。再次公开使用作品,则不是行使发表权,而是使用权。当然,发表并非都是以著作权法列举的方式将作品公之于众,因为发表方式与使用方式相对应,著作权法对使用方式不可能穷举。

2. 发表权通常要和作品的某一种使用方式相结合才能行使,不能单独行使。发表权一般是与首次使用的著作财产权共同行使的。

3. 发表权通常是可以转移的。例如,凡是作者生前对作品的发表未作明确意思表示的,推定其同意发表。在作者生前已将部分或全部著作财产权的使用权或所有权让与他人时,

---

[1] 参见黑龙江省高级人民法院(2021)黑民终365号民事判决书(侵害作品发表权纠纷案)。

该遗作的发表权随着财产权的使用许可或转让而转移。

4. 发表权是受到一定限制的权利,包括:①作品是否发表受出版法、保密法、个人信息保护法、档案法等著作权法以外的法律、法规的制约。②发表权受使用权的限制,如果著作权人许可他人以某种方式使用其尚未发表的作品,应推定使用人有权以这一特定的方式发表其作品;当作者将其未发表的作品著作权转让时,受让人有权将该作品提供给公众。如前所述,现行《著作权法》第20条第2款规定:作者将未发表的美术、摄影作品的原件所有权转让给他人,受让人展览该原件不构成对作者发表权的侵犯。[1] 这实际上是认可未发表的特定作品的原件所有权受让人有权行使原件发表权。这一规定,有利于促进上述作品原件的交易和利用。

(四)发表权的行使

发表权的行使有多种情形:

1. 对于部分已发表的作品,作者对其中未发表的部分仍享有发表权。

2. 如果作品的部分内容经作者同意被作为消息报道,这部分也构成发表。

3. 有些作品的发表涉及他人的人格利益和民事权利,如发表肖像美术、摄影作品时,可能涉及他人隐私;书信作为一种文字作品,发表时要注意尊重写信人和收信人的权利。

4. 演绎作品的作者依法享有著作权,但对于根据未发表的作品创作的演绎作品,其发表必然使原作的实质部分公之于众,因而擅自发表会侵犯原作发表权。如前所述,根据《著作权法》第13条规定,演绎人行使著作权,不得侵犯原作品的著作权,此时演绎作品发表权应受原发表权的制约。只有当原作作者放弃发表权时,演绎作品作者才可直接行使其发表权。

5. 合作作品发表权的行使有赖于各方共同的意思表示,在作品是否发表及如何发表上,如果不能达到一致意见,根据前述《著作权法》第14条第2款规定,任何一方无正当理由不得阻止他方发表该作品。同时,发表该作品后取得的收益,应当分配给所有合作作者。

三、署名权

署名权(Right of authorship)是作者最基本的权利,也是最重要的一种著作人身权。[2]

(一)署名权的含义

署名权也称姓名表示权、作者身份权,是作者要求承认其创作人资格,决定作品是否署名及如何署名的权利,即"表明作者身份,在作品上署名的权利"[3]。署名权的法律意义在于表明作者身份、确认和尊重作者是某作品的创作者这一事实,防止他人假冒。确认作者享有署名权,也是各国著作权法的通例。

作品留下了作者人格烙印,与作者具有"血肉关系"。这决定了作者有权通过署名的方式表明自己特定的作者身份,署名权本质上是确认作者身份权。

作者身份是基于创作作品这一客观事实而具备的,作者与其作品之间这种天然的联系是任何东西都无法割断的。作者在作品上署名,等于向外界简便、直观地表明了作者身份,

---

[1] 参见江苏省南京市中级人民法院(2017)苏01民终8048号民事判决书(著作权权属、侵害著作权纠纷案)。

[2] 参见张玲:《署名权主体规则的困惑及思考》,载《中国法学》2017年第2期。

[3] 《著作权法》第10条第1款第2项。

否则作者身份将永远只是潜在的、不为人所知的。前述现行《著作权法》第 12 条第 1 款的法律推定规则也表明，署名权就是作者身份表明权。在作品上署名和确认作者身份，两者是行为与结果的关系，表明作者身份是署名的结果。[1]

(二) 署名权的内容

1. 决定是否在作品上署名的权利。作者有权决定在作品上署名或不署名，署真名或署假名。作者在作品上署名的选择权，不是一般意义上的姓名或名称使用权，只有当姓名或名称的使用权与作品相联系时，才属于署名权的范畴。当然，作者署假名或不署名，并不导致改变作者身份的法律后果，因为署名只反映作者与作品的关系，而不反映作品与他人的关系。作者在作品上不署名，不意味着他放弃作者身份，而是对署名权的一种处分行为。[2]

2. 禁止未参加创作的人在其作品上署名的权利。这是署名权的消极权能之一。署名主要在于表明作者身份，相应地要求禁止他人擅自在作品上署名，否则署名权将无法保障。如后面还将探讨的，根据现行《著作权法》第 52 条第 3 项规定，没有参加创作，为谋取个人名利，在他人作品上署名的行为，属于应当承担民事责任的侵害著作权的行为。

3. 禁止在并非自己的作品上署自己的名字，即禁止"冒名"。"署名权是否应包括禁止冒名之权，各国对此认识不尽相同。有些国家认为，以他人名义发表自己作品只是侵犯了一般民法中的姓名权。应当指出，在作品中的冒名和一般民法中侵犯姓名权并不相同。著作权保护的客体是作品，在作品上署名不当，会损害作者的名誉和声望，尤其是冒名发表质量低劣的作品，不但会直接损害真正作者的人格利益和价值，直接危及其作品的市场价值，而且会直接损害购买者的利益，扰乱正常的文化市场秩序。所以，也有一些国家将这项禁止权包括在作者的署名或确认作者身份权中。"[3] 从我国现行《著作权法》的规定看，尽管没有明确规定署名权包含禁止冒名之权，但在其第 53 条第 8 项中明确规定"制作、出售假冒他人署名的作品的"行为属于可以承担行政责任乃至刑事责任的侵权行为。因此，也可以认为间接确认了署名权的上述内容。[4]

4. 禁止破坏作品上的署名从而使得作者无法向公众表明其作者身份的权利。署名权作为确认作者身份权，还包括禁止他人擅自修改、涂改或者通过其他不正当手段破坏作品上的署名的行为。在著作权司法实践中，不乏相应案例。例如，在最高人民法院知识产权法庭发布的裁判要旨（2021）第 45 号案中指出，"软件著作权人向不特定用户提供软件，允许其免费下载并商业使用，但在用户协议中明确要求必须保留有关版权标识和链接信息，用户免费下载并在商业使用时去除该版权标识或者链接信息的，应当认定其构成侵害软件

---

[1] 就署名权规定而言，现行《著作权法》第 10 条第 1 款规定仍然存在一定问题，至少有二：一是没有完整地界定署名权的内涵，因为不表明作者身份也是署名权的应有之义；二是与前面的关于发表权的定义不吻合，因为发表权定义中明确了"是否公之于众"。也正是基于上述缺憾，2014 年《著作权法（修订草案送审稿）》第 13 条第 2 款第 2 项规定：署名权，即决定是否表明作者身份以及如何表明作者身份的权利。遗憾的是，最终通过的修正案未采纳上述规定。未来进一步改革我国著作权制度时，仍应考虑采纳草案的上述规定，这样就能够完整地包含署名权的内容，促进署名权制度的完善。

[2] 参见浙江省温州市中级人民法院（2017）浙 03 民终 351 号民事判决书（侵害作品署名权纠纷上诉案）。

[3] 冯晓青：《著作权法》，法律出版社 2022 年版，第 96~97 页。

[4] 参见云南省高级人民法院（2008）云高民三终字第 90 号民事判决书（侵犯著作权纠纷案）。

著作权人的署名权"。[1]

此外，在司法实践还存在擅自改动约定的署名顺序是否受署名权控制的问题。[2]《审理著作权民事案件适用法律解释》第 11 条规定："因作品署名顺序发生的纠纷，人民法院按照下列原则处理：有约定的按约定确定署名顺序；没有约定的，可以按照创作作品付出的劳动、作品排列、作者姓氏笔划等确定署名顺序。"

四、修改权

修改权（Right of alteration），是指"修改或者授权他人修改作品的权利"。[3] 修改权不是一种绝对的权利，会受到作品使用要求等的限制。如编辑对文稿病句、笔误进行订正，对文字作必要删减；为使计算机程序在特定的计算机上使用或为了使程序在计算机上发挥更好的功效，对程序所做的必要改动；以及由于作品的性质及使用目的、状况所做的不得已的改动，都不必经作者许可。

修改权的行使因作品种类不同而有所差异。在有些情况下，修改权还受到其他权利的制约，如原件对美术作品来说具有重要价值，如果作品原件被合法转让给他人所有，作者要行使修改权就必须征得美术作品原件所有人的许可，否则可能造成对他人财产所有权的侵犯，此时作者的修改权受制于物权。当然，原件所有人也没有修改原作的权利。在这种情况下，对作品的修改虽限于不修改原件会有损于作者人格、思想、感情的情况，作者仍有权禁止他人不合理地修改作品。为解决这一问题，双方可在转让作品原件时就作品修改权问题达成协议。[4]

此外，有些国家著作权法还规定了作品收回权（Right to withdraw published works）。作品收回权指的是作者因为自己的思想观点发生变化，作品的内容存在错误及其他正当理由，有权收回已经发表的作品。它体现了对作者处分其作品意愿的尊重，是作者修改权的一种极端表现。作品收回权符合《伯尔尼公约》有关规定的精神，但只在法、德、意等保护精神权利比较典型的国家才有规定，并且也对这种权利的行使作了限制，如收回作品必须有充分合法的理由，因收回作品给他人造成经济损失的应予补偿。

五、保护作品完整权

保护作品完整权（Right of integrity），即保护作品不受歪曲、篡改的权利。这是一种纯粹的精神权利，也是作者人身权利的集中体现。歪曲、篡改作品是未经作者同意对其作品进行变更、增删、阉割及其他改变作品内容、形式等有损于作者声誉的行为。具体而言，歪曲，是指故意改变事物的真相或内容；篡改，是指用作伪的手段曲解或改动作品。歪曲、篡改作品，不仅破坏了作品的完整性，而且可能损害作者的人格和声誉，从而带来不良的社会影响，因为歪曲、篡改作品尽管针对的是作品，损害的却是作者表达的思想、感情和本来用意，而这些与作者的人格紧密相连，正所谓"文如其人"。正因如此，在保护精神权利的国家，一般都授予作者禁止他人歪曲、篡改作品的权利。我国《著作权法》第 10 条第

---

[1] 最高人民法院（2021）最高法知民终 1547 号民事判决书。

[2] 参见浙江省温州市中级人民法院（2017）浙 03 民终 351 号民事判决书（侵害作品署名权纠纷案）。

[3] 现行《著作权法》第 10 条第 1 款第 3 项。值得指出的是，在《著作权法》第三次修改过程中，2014 年《著作权法（修订草案送审稿）》第 13 条第 2 款取消了在人身权中单列修改权的做法，而将其并入保护作品完整权之中。

[4] 参见江苏省高级人民法院（2019）苏民终 955 号民事判决书（著作权权属、侵权纠纷案）。

1款第4项规定了这种权利,并在该法第52条第4项规定了侵权责任。[1]

这里的"作品完整性"包括作品主题内容、表现形式以及作品标题、作品中塑造的形象等的完整性,而不限于作品表达形式。对作品主题内容的篡改、割裂和对表现形式的曲解、变更一样,将破坏作品结构的完整性,扭曲作者的创作思想,故法律禁止对作品的内容作损害性处理。作品标题如果具有独特个性,本身就是作品,受到著作权保护;即使不具有独特个性,也不得随意删略或变更,否则会扭曲作者本来用意,甚至损害作者和作品当事人声誉,如将《影坛明星》改为《风流明星》,其后果是可以想象的。作品中塑造的形象是作品产生的社会评价,如果借用现有作品主要角色对原作进行时空延展,就可能存在损害原作品的整体形象、构成著作权侵权或不正当竞争的风险[2],这就是所谓"后续作品"或"同人作品"[3]侵犯原作著作权的问题。

保护作品完整权实际上是一种禁止权,即作者禁止他人对其作品进行有损于作品完整性、同一性行为的权利。它和修改权密切相关,是修改权的消极权能。鉴于修改权与保护作品完整权的内容上的联系,《伯尔尼公约》及许多国家著作权法没有规定修改权,只有对保护作品完整权的规定。

保护作品完整权作为修改权的延伸,其内容比修改权更进一步,不仅禁止他人擅自对作品进行修改,而且在作品的传播和使用过程中禁止对其作品进行有损于作者声誉的改变。[4]以使用作品为例,将一首严肃的乐曲用于色情场合下的演奏,即可认定为侵犯保护作品完整权。

与修改权一样,有些国家对保护作品完整权也规定了限制条款。因为保护作品完整权是一项由作者行使的权利,是否构成对作品的歪曲、篡改也由作者判定,为避免作者滥用这一权利,妨碍正常的作品利用,著作权法一般规定:他人对作品的歪曲、篡改必须达到有损于作者声誉的程度才侵犯了作者的保护作品完整权。《伯尔尼公约》对于保护作品完整权的保护即包含这一要求。

---

[1] 参见易玲:《数字时代保护作品完整权的功能更代及存废思考》,载《法学研究》2023年第5期。

[2] 参见浙江省杭州市中级人民法院(2015)浙杭知终字第356号民事判决书(侵害著作权纠纷上诉案)。

[3] "同人作品"并不是著作权法上的专门术语,而是学理上使用的概念。其指的是借用现有作品中的角色形象创作新的作品。如司法实践中即有观点认为:同人作品是"使用既有作品中相同或近似的角色创作新的作品",并主张若同人作品创作仅为满足个人创作愿望或原作读者的需求,不以营利为目的,新作具备新的信息、新的审美和新的洞见,能与原作形成良性互动,亦可作为思想的传播而丰富文化市场。详见广州知识产权法院(2018)粤73民终3169号民事判决书(侵害著作权纠纷、不正当竞争纠纷案)。学术界则有观点认为:"判断同人作品是否为侵权作品的关键,在于正确地划分思想与表达的界限。独创且细致到一定程度的情节属于表达,未经许可使用实质相似的表达就可能侵权。在同人小说中直接借用经充分描述的角色和复杂的关系,可能将以角色为中心的情节带入新作品,从而形成与原作品在表达上的实质性相似。但仅使用从具体情节中抽离的角色名称、简单的性格特征及角色之间的简单关系,更多的是起到识别符号的作用,难以构成与原作品的实质性相似。"(王迁:《同人作品著作权侵权问题初探》,载《中国版权》2017年第3期)

[4] 参见广西壮族自治区高级人民法院(2015)桂民三终字第72号民事判决书(侵害保护作品完整权等纠纷案)。

第三节 著作权中的财产权

一、著作财产权概述

著作权中的财产权，简称著作财产权，它是指著作权人依法通过各种方式利用其作品，并因此种利用而获得报酬的权利，是能够给著作权人带来经济收益的权利。

确认和保护著作权人的财产权利，是著作权法律制度的基本内容，也是各国著作权法毫无例外的基本原则。著作财产权的产生依据，其根本在于智力创作劳动的价值性，在于作者创作了能够为作品使用人和社会带来或实现直接经济价值的智力作品。

著作财产权和民法中的财产权不同，两者的区别主要表现在：

1. 在权利的内容及表现上，民法中的财产权表现为所有者对物的占有、使用、收益、处分等权利；著作财产权则是通过权利人对其作品的使用而获得收益的权利，没有作品的使用就不能实现著作财产权，所以它属于一种期待权。

2. 在保护期限上，民法中的财产权没有保护期限的限制，只要实物不灭，就可以世世代代延续下去；著作财产权的保护则有期限的限制，超过了保护期，作品便进入公有领域，不再享有禁止他人使用以及因使用而获得收益的权利。

3. 在权利的行使上，法律对物权的行使限制较少，而对著作财产权的行使则作了较多的限制，如合理使用、法定许可等。

与著作人身权属于著作权中的"静态部分"、由作者基于创作而获得不同，著作财产权属于著作权中的"动态部分"，基于人们对作品的使用而实现，它既可以由作者自己行使，也可以由权利人许可或转让给他人行使从而获得经济收益。在实现时间上，著作人身权先于著作财产权实现。

尽管大陆法系和英美法系对于著作财产权和人身权的关系认识有别，但都十分重视著作财产权的保护。在当今知识经济、数字经济条件下，著作财产权更受到前所未有的重视。通过赋予并保护作者及其他著作权人基于作品利用而获得的经济权利，不仅保护了权利人利益，促进了作品的创作、传播与利用，还推动并繁荣了整个社会的文化产业，促进了社会经济文化的发展。

著作财产权的具体内容在各国著作权法中不完全相同，大体包括复制权、传播权和演绎权三类。我国《著作权法》以列举方式规定著作财产权，从而便于著作权人自己和他人具体了解该权利的内容以及对权利的行使。从法条设置看，该法实际上将著作财产权分解为使用权、许可使用权、转让权和获得报酬权4种权能。其中，使用权是著作权人以复制、发行、出租、通过信息网络传播、改编、翻译等方式使用其作品的权利，许可权是著作权人许可他人行使部分或全部著作财产权的权利，转让权是著作权人将其著作财产权转让给他人的权利，获得报酬权是著作权人通过使用、许可使用、转让等方式行使其著作权而获得收益的权利。在上述权利中，许可使用权和转让权是由使用权直接衍生出的子权利。随着科学技术的发展，作品的使用方式不断增多，著作财产权的内容因此而不断丰富，著作权人因为人力物力等方面的限制通常难以充分行使其著作权。所以，将著作权许可或转让给他人行使，是权利人实现其著作财产权的普遍形式，得到各国著作权法的普遍肯定。[1]

---

[1] 冯晓青：《企业知识产权战略》，知识产权出版社2015年版，第270~271页。

无论是作品的部分著作财产权还是全部著作财产权，只要不妨碍社会公共利益和相关利害关系人利益，都可以不受限制地进行许可或转让。[1]

二、复制权

复制权（Right of reproduction），是指"以印刷、复印、拓印、录音、录像、翻录、翻拍、数字化等方式将作品制作一份或者多份的权利"[2]。复制权是著作权人通过一定方式使作品以某种物质形式再现出来的权利。在作品的众多使用方式中，复制是最普遍采用的方式，以复制之外的方式使用作品，往往是在作品复制后进行的。因此，复制权是著作财产权中最基本和处于首要地位的权利。

复制，即再现原作，是指以一定方式对作品进行重制的行为。依照《著作权法》第10条第1款第5项的规定，复制即"以印刷、复印、拓印、录音、录像、翻录、翻拍、数字化等方式将作品制作一份或者多份"的行为。复制方式随着现行科技的发展而不断增多，上述规定只是一种示例，一般地说，任何一种随新技术而出现的新的重现或再现作品的形式，均构成复制。[3]

就复制权中的复制而言，著作权法一般不限定复制作品的数量、方法、范围等。在数量上，复制是对作品制作一份或多份的行为。也就是说，复制是不受份数限制的，再制作品多份是复制，再制一份也是复制。在方法上，即使只复制作品的一部分，但若这部分构成了作品的实质内容，也构成复制。在范围上，即使是在一个特定范围内进行再制仍构成复制。应注意的是，并非任何再现作品的行为都是复制，受复制权控制。像后面阐述的表演、播放、改编、翻译等也是再现作品的行为，但并非复制。[4]

进言之，著作权法意义上的复制，限于以特定方法和方式再现作品的行为。在数字时代前，其限于在有形物质载体上再现作品，而且这种再现具有持久的稳定性并缺乏创造性。例如，美国《著作权法》第106条对"复制件"的解释是：作品以现在已知的或以后发展的方法固定于其中的物体，通过该物体可直接或借助于机器或装置感知、复制或用其他方式传播该作品。值得进一步探讨的是，随着信息网络和数字技术的发展，复制权所覆盖的范围被扩大，延伸到作品数字化行为。现行《著作权法》第10条第1款第5项在2010年《著作权法》同条款第5项中的"翻拍"后增加"数字化"。这一修改尽管只增加几个字而已，但具有极其重要的意义和价值，因为它使得我国著作权制度赶上了数字化和信息网络时代的步伐，体现了著作权制度现代化的要求。[5]

三、发行权

发行权（Right of distribution），是指"以出售或者赠与方式向公众提供作品的原件或者复制件的权利"[6]。发行权是著作权人以发行方式使用其作品的专有权。1996年12月20

---

[1] 参见山东省高级人民法院（2022）鲁民终2685号民事判决书（著作权侵权纠纷案）。

[2] 《著作权法》第10条第1款第5项。

[3] 参见江西省景德镇市中级人民法院（2011）景民三初字第16号民事判决书（侵害复制权、发行权纠纷案）；最高人民法院（2017）最高法民再353号民事判决书（侵害著作权纠纷案）。See also Meshwerks, Inc. v. Toyota Motor Sales U. S. A., 528 F. 3d 1258 (10th Cir. 2008)（数字模型基于精确复制而不具备独创性）。

[4] 冯晓青：《著作权法》，法律出版社2022年版，第104页。

[5] 冯晓青：《著作权法》，法律出版社2022年版，第104页；杨利华：《我国著作权制度的最新进展及其司法适用与完善》，载《中州学刊》2021年第7期。

[6] 《著作权法》第10条第1款第6项。

日通过的《世界知识产权组织版权条约》第6条规定，文学和艺术作品的作者应享有授权通过销售或其他所有权转让形式向公众提供作品原件或复制品的专有权。就发行权中的"发行"而言，除了提供原件外，其一般是指为满足公众的合理需求，通过出售、赠予等方式向公众提供一定数量的作品复制件，如图书、录像带、电影拷贝、软盘、唱片、报刊的发行，都是著作权法意义上的发行。发行不仅是传播作品的重要方式，也是实现作品经济价值的重要途径。

发行权的内容包括，著作权人有权自己发行或许可他人发行其作品，并有权确定作品的发行方式、发行范围和发行对象。[1] 当然，发行权的行使除符合著作权法规定外，还应符合出版法、保密法等的规定。在当代，作品发行方式灵活多样，而不限于以批发、零售的方式向公众提供作品的复制件。[2] 散发、出借、出口都是发行的重要方式。

对于发行权，应注意它与"复制权""出版权"的关系。发行与复制、出版是三种密切相关但又有区别的行为，发行与复制往往结合在一起，因为复制是作品发行的前提，但复制并非都是为了发行。出版则可以说是复制和发行的结合，但不是两者简单的叠加。正因如此，两大著作权国际公约及很多国家著作权法未单列发行权，而只规定出版权。不过，发行权和出版权是交叉关系，可以区分不同情况独立行使。我国和美国、奥地利等国著作权法一样，没有规定出版权，发行权就是必不可少的了。

在数字环境下，作品借助互联网平台传播，相应地被赋予下面将专门探讨的信息网络传播权。在数字环境下，数字化作品通过数字藏品之类的平台进行交易、传播和利用，是否依然存在发行权以及后面还将探讨的发行权穷竭问题，在著作权法理论研究与司法实践中存在不同认识，值得进一步研究。例如，中国NFT（非同质化代币）数字化作品保护第一案[3]就反映了这方面的问题。[4]

四、出租权

出租权（Right of lease）是指"有偿许可他人临时使用视听作品、计算机软件的原件或者复制件的权利，计算机软件不是出租的主要标的的除外"。[5] 由此可见，出租权的法定客体为两类：一是视听作品；二是计算机软件，但计算机软件不是出租主要标的的除外。值得指出的是，现行《著作权法》对于出租权的定义进行了完善，除了将2010年《著作权法》同条规定中的"电影作品和以类似摄制电影的方法创作的作品"改为"视听作品"外，还明确了出租权涉及的为视听作品、计算机软件的"原件或者复制件"的权利。

我国1991年颁布的《著作权法实施条例》将出租权列为发行权之一，2001年修改后

---

[1] 参见海南自由贸易港知识产权法院（2021）琼73民初28号民事判决书（侵害作品发行权纠纷案）。

[2] See Breyer, Stephen, "The Uneasy Case For Copyright–A Study of Copyright in Books, Photocopies, and Computer Programs", *Harvard Law Review*, Vol. 84, Issue 2 (December 1970), pp. 281-351.

[3] 详见浙江省杭州市中级人民法院（2022）浙01民终5272号民事判决书（侵害作品信息网络传播权纠纷案）。

[4] 这些问题如：①著作权人对数字作品是否享有发行权？②发行权穷竭原则在网络环境中是否适用？③通过网络交易平台转移数字作品的行为，属于所有权的转移还是著作权的转让或许可？④未经许可将他人作品铸造成NFT的行为侵害的是发行权还是信息网络传播权？损害赔偿如何计算？详见《NFT数字艺术作品著作权问题》，载微信公众号"冯晓青知识产权"，2022年5月30日。参见王迁：《论NFT数字作品交易的法律定性》，载《东方法学》2023年第1期；李逸竹：《NFT数字作品的法律属性与交易关系研究》，载《清华法学》2023年第3期；浙江省杭州市中级人民法院（2022）浙01民终5272号民事判决书（侵害作品信息网络传播权纠纷案）。

[5] 《著作权法》第10条第1款第7项。

的《著作权法》将其与发行权并列为独立的著作权项。这不仅是经济和技术发展趋势下的现实要求，也是我国《著作权法》按照TRIPs协议标准完善的体现。

出租是著作权人利用作品的一种形式，也是使用者获取作品的一种方式。为平衡著作权人和作品使用者的利益，鼓励作品创作与传播，出租权受到一定限制。我国《著作权法》修改前，出租权作为发行权下的分项，其所受限制来自于权利穷竭原则。《著作权法》修改后，对出租权的限制主要是对该权利客体范围的限定，即仅有计算机软件、视听作品等才是出租权客体。

五、展览权

展览权（Right of exhibition）又称展出权，是指"公开陈列美术作品、摄影作品的原件或者复制件的权利"。[1] 展览权是美术作品、摄影作品著作权人本人或授权他人将其作品的原件或者复制件通过公开陈列方式向公众展示的权利。它是美术作品、摄影作品著作权人展览其作品的专有权。

依照《著作权法》第10条第1款第8规定，展览是指"公开陈列美术作品、摄影作品的原件或者复制件"的行为，即展览权只限于绘画、书法、雕刻、雕塑、照片等作品。这是由这些视觉作品独特的传播方式决定的，因为与其他作品相比，其展览权的人格和财产价值更为突出。

尽管取得作品原件所有权不等于取得作品著作权，美术、摄影作品原件的展览权却存在例外。如前所述，《著作权法》第20条第1款明确规定，作品原件所有权的转移，不改变作品著作权的归属，但美术、摄影作品原件的展览权由原件所有人享有。日本《著作权法》也有类似规定。这是因为，美术、摄影作品原件的价值很大程度上在于展览，原件展览权如果仍然保留在著作权人手中，就不利于作品价值的实现。如果原件是未发表的，应推定著作权人同意以展出方式公开展示原件，前述现行《著作权法》第20条第2款规定即是体现。[2]

六、表演权

表演权（Right of performance），又称公演权，是指"公开表演作品，以及用各种手段公开播送作品的表演的权利"。[3] 该权利是著作权人自己或授权他人向不特定的多数人公开表演作品的权以及利用各种手段公开播送作品的表演的权利。

表演权中的"表演"，是指演奏乐曲、上演剧本、朗诵诗词等直接或者借助技术设备以声音、表情、动作公开再现作品，如在舞台或非舞台上通过演唱、演奏、朗诵、舞蹈等方式进行演出。根据表演的方式与内容，表演权一般可以分为上演权、演奏权和上映权：利用剧本、舞蹈作品、乐谱产生的表演权称上演权；利用声音或乐器使用音乐作品产生的表演权称演奏权；视听作品的表演权称上映权。不过，无论何种形式，表演权涉及的表演应向不特定的多数人公开进行，在家庭等特定范围内演唱歌曲、朗诵诗词等不在此列。

许多艺术作品的财产价值主要通过表演而实现，因此由著作权人控制表演权十分重要。我国《著作权法》参照《伯尔尼公约》关于公开表演权的规定而设置了表演权。其确定了

---

[1] 《著作权法》第10条第1款第8项。

[2] 参见江苏省南京市中级人民法院（2017）苏01民终8048号民事判决书（著作权权属、侵权纠纷案）；福建省厦门市中级人民法院（2018）闽02民终1515号民事判决书（著作权权属、侵权纠纷案）。

[3] 《著作权法》第10条第1款第9项。

公开原则，即规定凡是在公开场合表演他人享有著作权的作品即属于对作者权利的使用，须经作者授权并支付报酬。相反，在私人的、家庭的场合表演即不在此列。该法还规定了现场表演与机械表演的内容与划分，其中机械表演是指通过技术设备公开再现作品或作品的表演。此外，将"公开播送"规定为表演权的内容。在此基础上，表演权表现为对作品的表演许可权和对作品表演的获酬权。著作权人也有权转让该项权利。

七、放映权

放映权（Right of projection）是指"通过放映机、幻灯机等技术设备公开再现美术、摄影、视听作品等的权利"[1]。该权利是美术、摄影、视听作品等特定类型作品著作权人以放映方式使用作品的专有权。

放映权与表演权有相似之处，都具备"公开"性，都包括机械再现作品的内容。可以认为，放映权是从表演权中分离出来的特殊权利。其特殊性在于权利客体特定为美术、摄影、视听作品，权利行使方式也相应地特定为通过放映机、幻灯机等技术设备公开再现的方式。在《著作权法》第三次修改过程中，《著作权法（修订草案送审稿）》一度取消了"放映权"的规定，主要是考虑到其可以纳入复制权控制的范畴。[2]

八、广播权

广播权（Right of broadcasting），是指以有线或者无线方式公开传播或者转播作品，以及通过扩音器或者其他传送符号、声音、图像的类似工具向公众传播广播的作品的权利，但不包括信息网络传播权。[3] 比较而言，2010年《著作权法》第10条第1款第11项关于广播权的定义是：以无线方式公开广播或者传播作品，以有线传播或者转播的方式向公众传播广播的作品，以及通过扩音器或者其他传送符号、声音、图像的类似工具向公众传播广播的作品的权利。由此可见，修改之处体现于：一是整合了以有线或者无线方式传播及转播作品的表述，使得立法条文表述更加精练，但内容更周全，特别是适应了当前网络同步转播使用作品技术发展的需要；二是为了与该法规定的信息网络传播权相区分，规定广播权不包括信息网络传播权，有利于以交互式传播标准界分信息网络传播权和广播权，防止在实践中两者发生混淆。[4]

广播权一般适用于以文字、声音、图像为表现媒介的作品，如文字、音乐、戏剧、舞蹈、曲艺、视听作品。行使广播权有两个显著特征：一是直接针对广大公众；二是著作权人一般要借助有线或者无线传播工具、扩音器及其他作品传送工具才能行使权利。

在行使权利的方式上，广播权的内容主要有三方面：①无线广播权，即通过空间传播电磁波进行广播的权利；②有线广播权，即通过安装电缆线的电缆广播、电缆电视、闭路电视系统等有线设备广播作品的权利；③通过扩音器或其他传送符号、声音、图像的类似工具向公众传播作品的权利。在权利内容上，广播权表现为对作品播放的许可播放权、转让播放权和获酬权，以及声明不许以播放方式使用的禁止权。

公开传播或者转播作品以及借助于技术手段向公众传播广播的作品，是公众获取知识、

---

〔1〕《著作权法》第10条第1款第10项。

〔2〕 参见海南省海口市中级人民法院（2019）琼01民初659号民事判决书（侵害作品放映权纠纷案）。

〔3〕《著作权法》第10条第1款第11项。

〔4〕 冯晓青：《著作权法》，法律出版社2022年版，第116页；刘银良：《制度演进视角下我国广播权的范畴》，载《法学》2018年第12期。

信息，欣赏文化艺术成果的重要方式。基于利益平衡考虑，需要对广播权作出一定限制，主要体现为以广播形式对作品进行合理使用等的规定。

九、信息网络传播权

信息网络传播权（Right of communication of information on networks），是指"以有线或者无线方式向公众提供，使公众可以在选定的时间和地点获得作品的权利"。[1]

这一权利在著作权法中的确立，是在网络传播技术迅速发展的环境下，法律为调整著作权的相关利益而作出的规定。

随着网络技术的快速发展，通过信息网络传播权利人的作品、表演、录音录像制品、广播电视的情况越来越普遍。调整著作权人、网络服务提供者和作品使用者之间的关系，已成为著作权法必须面对的问题。世界知识产权组织于1996年12月通过了《世界知识产权组织版权条约》和《世界知识产权组织表演和录音制品条约》，赋予权利人享有以有线或者无线方式向公众提供作品，使公众可以在其选定的时间和地点获得该作品的权利。我国2001年修改的《著作权法》吸收了这一内容，将其规定为信息网络传播权。国务院据此于2006年5月18日公布了《信息网络传播权保护条例》，自2006年7月1日起施行。该条例与上述两个条约的规定相符，有利于发挥网络传播作品的潜能，保持权利人、网络服务提供者、作品使用者的利益平衡，对权利内容、权利保护、权利限制以及网络服务提供者责任免除等作了规定，是处理信息网络传播权的基本法律依据。[2]

在司法实践中，对于信息网络传播权的保护，主要是针对未经许可进行信息网络传播的行为。[3] 以数字图书馆为例，其从事网络图书服务具有一定的公益性，并且通常需要为保障著作权人的权利采取技术措施。但是，数字图书馆如果未经许可将享有著作权的作品通过数字化形式予以存储并网上传播，就涉及侵害信息网络传播权问题。

十、摄制权

摄制权（Right of production），又称制片权，是指"以摄制视听作品的方法将作品固定在载体上的权利"。[4] 该权利是著作权人将其作品转化为电影、电视剧作品和其他视听作品的专有权。如将电影文字脚本搬上银幕、将乐曲作为电影的配乐，须征得著作权人同意并付酬，这就是行使制片权。[5]

---

[1]《著作权法》第10条第1款第12项。参见曹博：《著作权法如何应对Web3.0挑战：以视听内容为样本》，载《东方法学》2023年第3期。

[2] 参见吴汉东：《论网络服务提供者的著作权侵权责任》，载《中国法学》2011年第2期；王杰：《网络存储空间服务提供者的注意义务新解》，载《法律科学（西北政法大学学报）》2020年第3期；虞婷婷：《网络服务商过错判定理念的修正——以知识产权审查义务的确立为中心》，载《政治与法律》2019年第10期；参见最高人民法院（2008）民申字第926号民事裁定书（侵犯信息网络传播权纠纷申请再审案）；浙江省杭州市中级人民法院（2019）浙01民终4268号民事判决书（侵害作品信息网络传播权纠纷案）；广东省深圳市中级人民法院（2014）深中法知民终字第328号民事判决书（侵害信息网络传播权纠纷上诉案）。

[3] 参见北京知识产权法院（2021）京73民终2496号民事判决书（侵害作品信息网络传播权纠纷案）；四川省高级人民法院（2023）川知民终253号民事判决书（侵害作品信息网络传播权纠纷案）；黑龙江省高级人民法院（2023）黑民终528号民事判决书（侵害作品信息网络传播权纠纷案）；新疆维吾尔自治区高级人民法院（2023）新民终127号民事判决书（侵害作品信息网络传播权纠纷案）。

[4]《著作权法》第10条第1款第13项。

[5] 参见广东省高级人民法院（2022）粤民再346号民事判决书（著作权侵权纠纷再审案）。

十一、演绎权

演绎权（Right of deduction），是指著作权人享有的以其作品为蓝本进行再创作的权利，主要包括改编权和翻译权。根据《著作权法》第 13 条的规定，演绎包括改编、翻译、注释、整理等形式，但著作财产权主要是改编权和翻译权。对已有作品的注释主要是针对年代已久、不易理解的古籍，一般不涉及著作权问题。当然，对享有著作权的作品的注释，则需要参照有关规定办理。对已有作品及材料的条理化、系统化整理的权利，被纳入汇编权之列。

改编权（Right of adaptation），是指"改变作品，创作出具有独创性的新作品的权利"。[1]"改编"，指依一定原则和方法对原作的再创作。改编应有所创新，而不是简单的形式变动或改变，否则就可能成为抄袭。行使改编权的结果是形成改编作品。该作品如果系著作权人改编自己的作品，则原作品和改编作品之间不会存在任何权利冲突。该作品如果是获得著作权人改编权许可而产生的结果，则存在改编作品与原作品之间的利益协调问题。又根据前述《著作权法》第 16 条规定，使用改编已有作品而产生的作品进行出版、演出和制作录音录像制品，应当取得该作品的著作权人和原作品的著作权人许可，并支付报酬。此外，以改编作品为蓝本进行再改编，则要征得第一改编人和原作者的双重同意，除非此前被再改编的作品著作权保护期限已届满。[2]

翻译权（Right of translation），是指"将作品从一种语言文字转换成另一种语言文字的权利"。[3] 翻译权的客体只能是运用语言文字的作品。[4] 它作为一种经济权利，在国际著作权保护中尤为重要。翻译权在著作权国际保护中往往与出版权相连，因为翻译的目的往往是为了出版。许多国家及两个国际著作权公约都将翻译权解释为翻译出版权。

上述改编权和翻译权都不是一种绝对的著作财产权。基于维护公共利益和利益平衡考虑，现行《著作权法》对改编权和翻译权规定了相关权利限制和例外，如《著作权法》第 24 条第 1 款第 6 项规定的合理使用制度。对此，后面章节将继续探讨。

十二、汇编权

汇编权（Right of compilation），是指"将作品或者作品的片段通过选择或者编排，汇集成新作品的权利"。[5]"汇编"是各国著作权法以及《伯尔尼公约》中使用的一个重要的著作权术语。汇编权也是著作权中一种重要的财产权。我国《著作权法》根据国际惯例，以"汇编"一词取代此前法律中使用的"编辑"一词。

汇编权的适用范围很广，除立体美术作品外，一般都可适用。行使汇编权的结果是产生汇编作品。该作品如果是著作权人汇编自己的作品的结果，则原作品和汇编作品之间不会存在任何权利冲突。该作品如果是获得著作权人汇编权许可而产生的结果，则存在汇编

---

[1]《著作权法》第 10 条第 1 款第 14 项。

[2] 参见江苏省高级人民法院（2018）苏民终 1164 号民事判决书（侵害著作权纠纷案）；北京市高级人民法院（2018）京民终 226 号民事判决书（侵害改编权及不正当竞争纠纷案）；天津市第三中级人民法院（2019）津 03 知民终 6 号民事判决书（侵害作品改编权纠纷案）。

[3]《著作权法》第 10 条第 1 款第 15 项。

[4] 翻译权所涉及的语言文字，一般只涉及文字作品、口述作品以及与此有关的作品。应当注意，计算机软件也是翻译权的客体，如将一种计算机语言译成另一种计算机语言、将用一种高级语言写成的源程序改变为用另一种高级语言写成的源程序、将原软件的源代码改变为目标代码等。

[5]《著作权法》第 10 条第 1 款第 16 项。

作品与原作品之间的利益协调问题。根据前述《著作权法》第 15 条规定，汇编作品著作权人行使著作权时，不得侵犯原作品的著作权。又根据前述《著作权法》第 16 条规定，使用汇编已有作品而产生的作品进行出版、演出和制作录音录像制品，应当取得该作品的著作权人和原作品的著作权人许可，并支付报酬。[1]

汇编权同样不是一种绝对的著作财产权。基于维护公共利益和利益平衡考虑，现行《著作权法》对汇编权规定了相关权利限制和例外，包括《著作权法》第 24 条第 1 款第 6 项规定的合理使用以及第 25 条规定的法定许可等，具体内容将在后面继续探讨。[2]

十三、应当由著作权人享有的其他权利

我国《著作权法》自 2001 年修正以来，其第 10 条第 1 款第 17 项均规定了"应当由著作权人享有的其他权利"。这在著作权法理论上，被作为关于著作权内容的"兜底规定"。其合理性在于：作品的使用方式随着技术进步与社会发展而不断丰富，伴随着作品使用方式的增多，受著作权法保护的权利也应当相应地进行拓展，故有必要规定"应当由著作权人享有的其他权利"，以应对因作品使用方式增多而扩大保护的需要。此外，著作权法对著作权内容的列举具有有限性，为增强司法实践的可操作性，使法院能够根据案件的具体情况确定是否需要根据原告主张的权利加以保护，也有必要增加这一规定。

著作权固然是一种法定权利，上述规定在司法实践中也可能会带来裁判标准不统一的问题。因此，在司法实践中应当从严掌握。有学者即指出：依据历史解释和法理分析，我国《著作权法》规定的"应当由著作权人享有的其他权利"仅指著作财产权。司法认定"其他权利"时宜谨慎。非基于作品产生的利益、立法者有意排除保护的作品利益，均不得解释为"其他权利"。认定时应采用"止损原则"，而非"利益延伸原则"，即：新的作品使用方式严重损害既有著作权之时才考虑适用。如果新的使用方式只是带来了新增利益，未严重影响既有著作权，设权与否应交由立法确认。[3]

从近些年来我国发生的一些著作权纠纷特别是著作权侵权纠纷案件来看，各级人民法院适用上述兜底规定，审理了一批案件。[4] 总结这些案件的审判经验，本书认为：对于"应当由著作权人享有的其他权利"兜底规定的适用，应当是在《著作权法》没有明确规

---

[1] 参见四川省成都市中级人民法院（2016）川 01 民初 1418 号民事判决书（著作权权属、侵权民事纠纷案）。

[2] 国外还存在公共借阅权和追续权制度。公共借阅权又称公共出借权（Public lending right），是指基于公共性图书馆将权利人的作品免费出借而对权利人所作的补偿，属于一种著作权补偿金制度。它起源于丹麦，20 世纪中期以来，瑞典、冰岛、荷兰、德国、新西兰、澳大利亚、英国等纷纷建立公共借阅权制度，德国还在其《著作权法》第 27 条予以确认。因为不符合当前中国国情，这一制度未被我国《著作权法》所吸收。追续权（Droit de suite）又称延续权、转售权，是指艺术作品的作者在其作品原件被转让后，有因作品的再次出售而分享收益的权利。追续权制度主要实行于法国等大陆法系国家。其主要内容是：①享有追续权的只能是作者本人或其继承人，该权利不能被转让、剥夺与放弃；②追续权的客体只限于美术作品、书面刻印等艺术作品及音乐作品、文学作品手稿，不包括复制品，也不包括摄影作品；③追续权的实现体现在对有形物的再出售上，它不受作品转移次数的限制，但转售价应高于购买价。可以说，追续权既不是纯粹的著作财产权，也不是纯粹的著作人身权，而是一种介于两者之间的权利。我国《著作权法》未确认这一制度。

[3] 李琛：《论"应当由著作权人享有的其他权利"》，载《知识产权》2022 年第 6 期。

[4] 根据本书主编指导的 2020 年全国大学生版权征文本科生组唯一特等奖获得者邓仁江同学的论文"应当由著作权人享有的其他权利研究"所进行的分析，司法实践中认定的权利有网络直播权、（定时非同步）网络播放权、作品（角色）形象使用权、保护作品使用环境完整权、禁止假冒署名权、数字化权等。详见冯晓青：《著作权法》，法律出版社 2022 年版，第 124 页。

定的权利的条件下适用；应当是基于作品的使用且对著作权人有重大利害关系的；在性质上应当属于著作权的范畴。为增强司法实践的可操作性，建议在《著作权法实施条例》或关于著作权的司法解释中对于上述兜底条款的具体认定作出规定，以便于指导司法实践，避免对同一类型的行为作出不同的司法认定。

本章案例研讨

10-1（总第15）：合作作品著作权在共有人无法协商一致情况下的行使
——沈乙、沈丙、樊某与绵阳某旅游集团有限公司、济南某文化传媒公司、山东某文化传播公司及第三人鲁某、罗乙侵害作品改编权纠纷案[1]

一、案情简介

沈甲和罗甲共同创作完成了涉案作品《自有后来人》。2004年4月21日，山东某文化传播有限公司（以下简称某文化传播公司）与沈甲、罗甲通过签订《版权转让协议》取得了涉案作品使用权，转让期自2004年6月26日至2009年6月26日。沈甲于2009年8月20日去世，继承人有沈丙、沈乙、沈丁和樊某。罗甲于2015年4月20日去世，继承人有鲁某、罗乙。2004年4月21日，某文化传播公司与沈甲和罗甲签订《版权转让协议》取得了涉案作品使用权，转让期5年，据此改编拍摄了第一版《红灯记》电视剧（以下简称《红灯记Ⅰ》）。2017年2月23日，某文化传播公司与中国文字著作权协会签订了《版权代理协议》，委托其取得涉案作品的改编、摄制、发行权的授权相关事宜。此后，绵阳某旅游集团有限公司（以下简称某旅游公司）、济南某文化传媒有限公司（以下简称某文化传媒公司）、某文化传播公司就改编和使用涉案合作作者沈甲的继承人多次进行联系无果，遂通过登报等形式予以确认。2019年8月1日，电视剧《红灯记Ⅱ》进入拍摄。沈乙、沈丙、樊某认为，某旅游公司、某文化传媒公司、某文化传播公司的行为侵犯其著作权，故向四川省绵阳市中级人民法院提起著作权侵权之诉。

二、法院裁判理由及结果

一审法院判决驳回沈乙、沈丙、樊某的全部诉讼请求。原告不服，上诉于四川省高级人民法院。

四川省高级人民法院认为，某旅游公司、某文化传播公司、某文化传媒公司对涉案作品的改编使用是否取得合作作者的合法授权，是认定其行为是否构成侵权的前提。涉案作品属于不可分割的合作作品，作者去世后，其继承人对涉案作品依法享有继承权。因此，涉案作品的著作权应由合作作者的继承人协商一致行使。某文化传媒公司为取得涉案作品的改编权及对改编作品的使用权等，多次与沈甲的继承人沈丙、沈乙协商或通过他人与其商谈涉案作品著作权许可使用的事宜，但双方未达成一致。因鲁某、罗乙无法联系到沈甲的继承人，托律师在《安徽日报》《中国商报》上刊登公告。公告期满，仍未与沈甲的继承人取得联系。某文化传播公司、某文化传媒公司为了拍摄电视剧《红灯记Ⅱ》，多次与沈丙、沈乙等著作权人协商涉案作品的著作权许可使用事宜未果。某文化传媒公司在受让取

---

[1] 四川省高级人民法院（2022）川知民终866号民事判决书。

得电视连续剧《红灯记Ⅱ》项目后，与本案第三人鲁某、罗乙进行协商，鲁某、罗乙因无法与沈甲继承人沈丙、沈乙等取得联系，通过刊登公告告知拟将涉案作品许可转让的内容，征询其对著作权许可转让使用的意见。故鲁某、罗乙的上述行为可以视为协商行为，并已尽到协商义务。鲁某、罗乙与某文化传媒公司签订《著作权许可使用合同》，许可其对涉案作品进行改编使用，并认可其之前对涉案作品的改编使用行为，并不违反法律规定。沈丙、沈乙等人无正当理由不能阻止鲁某、罗乙许可他人对涉案作品的正当使用。某文化传播公司、某文化传媒公司在涉案作品的改编、使用过程中，依法取得合作作品部分著作权人的许可，并向著作权人支付了著作权许可使用费，已尽到合理注意义务。因此，某文化传播公司、某文化传媒公司、某旅游公司对涉案作品的改编使用行为不构成侵权。二审法院故驳回上诉，维持原判。

本案涉及合作作品著作权在部分共有人因为无法联系的情况下而不能协商一致时，如何合法行使的问题。该案还涉及著作权继承问题，明确了著作财产权可以被依法继承。在存在两个或者两个以上的继承人时，即涉及著作权共有问题。该案表明，对于共有著作权的行使，既要充分维护各共有人的合法权益，又要最大限度促进作品的传播和利用，在两者之间找到合理的平衡点。本案还明确了被许可人使用被授权作品如何尽合理注意义务的问题。本案为处理合作作品及著作权继承侵权纠纷提供了较重要的范例。

10-2（总第16）：播放他人短视频应尊重署名权、信息网络传播权和修改权
——夏某等4人与某广播电视台著作权权属、侵权纠纷案[1]

一、案情简介

夏某、杨某、林某、邓某共同出具《著作权声明》，载明：4人于2021年12月29日共同创作了一个名为《新概念打牌》的视听作品，表演者为杨某、邓某，创新性地以各类学生奖状替代传统扑克牌，由两人进行对决，意在展现和激发当代大学生奋发向上、勇于追求的精神；4人于2021年12月29日晚11时，首次将该视听作品公之于众，将其发表于抖音平台上，抖音名为"嘿嘿诶嘿"；该视听作品系4人共同构思创作完成，著作权由4人共同享有。某广播电视台对其官方抖音号上播放的视频与夏某等4人主张的视频内容一致不持异议。夏某等4人认为某广播电视台行为侵害了其涉案作品著作权，遂向福建省福州市中级人民法院提起诉讼。

二、法院裁判理由及结果

一审法院确认夏某等4人对涉案视频享有著作权，杨某、邓某对涉案视频享有表演者权。同时，认定某广播电视台并未侵犯夏某等4人对涉案视频享有的署名权、信息网络传播权以及杨某、邓某的表演者权，但应当向夏某等4人支付相应的报酬2000元。原被告均不服，向福建省高级人民法院提起上诉。

福建省高级人民法院认为：作品的署名权是作者基于创作行为而产生的要求他人承认其对作品创作资格的权利，其实质在于控制作者与作品的关联性。某广播电视台映象网抖

---

[1] 福建省高级人民法院（2022）闽民终1751号民事判决书。

音编辑向夏某等4人征询发布案涉视频时,承诺"在视频里标注来源以及在视频下方艾特您的账号"。某广播电视台从抖音上下载视频修改后发布。从抖音上下载视频,视频左上角、右下角会有视频来源抖音号的标识。但从发布的视频来看,某广播电视台刻意将视频自带的来源标识删除,而且以与字体背景相近颜色的白色字体出现2~3秒的方式标注"来源嘿嘿诶嘿",如非特意说明,难以引起观看者的注意。与此同时,某广播电视台在视频上方显著醒目用红色字体标识"HNR映象网"。某广播电视台映象网以一般观看者不易察觉的方式标识"来源嘿嘿诶嘿",加之醒目的标注"HNR映象网",使人造成对作者身份的混淆,构成侵害著作权人的在视频作品中署名的权利。

关于侵害信息网络传播权问题,夏某等4人虽然在微信聊天中同意某广播电视台发布视频,但是前提条件是"在视频里标注来源以及在视频下方艾特您的账号"。某广播电视台发布的抖音视频未按照微信聊天记录中的约定标注作品来源,夏某等4人同意某广播电视台发布视频的前提条件并不具备,因此某广播电视台侵犯了夏某等4人的网络信息传播权。

关于侵害修改权问题,映象网发布视频时,未直接发布原始视频,而是删减了视频、添加标识、变更背景音乐后发布。映象网对作品进行修改未征得视频著作权人夏某等4人许可,侵犯了夏某等4人对作品的修改权。

关于侵害表演者权问题,邻接权的产生源于保护作品传播过程中产生的、无法作为作品受保护的新成果的需要。即邻接权所保护的是无法受著作权保护的有关权利。因此,当邻接权人与著作权人一致时,当事人可以作为著作权人主张权利,邻接权被著作权所吸收,应当一并主张。杨某、邓某主张著作权的同时又主张表演者权,本院不予支持。

基于上述,二审法院判决撤销原判,改判被告侵害著作权成立,并向原告赔偿5000元。

本案涉及被许可人发布他人原创短视频时,如何尊重短视频作者的署名权、信息网络传播权和修改权问题。在该案中,二审法院纠正了一审判决关于被告不构成著作权侵权的观点,认定被告播放涉案短视频时未能使作者身份得以确认,从而侵害了作者署名权。同时,基于被告信息网络传播行为未满足原告提出的前提条件以及擅自修改后发布,侵害了信息网络传播权和修改权。该案二审法院还阐明了邻接权保护和著作权保护的关系。本案为认识网络环境下的著作权保护提供了较为重要的启发。

10-3(总第17):免费使用他人计算机软件应当遵循免费使用条件
——长沙某信息技术有限公司与黑龙江某酒业有限公司侵害
计算机软件著作权纠纷案[1]

一、案情简介

长沙某信息技术有限公司(以下简称某信息公司)成立于2009年6月24日,是一家专注于为中小企业提供信息化服务的互联网软件开发及运营企业,曾获得高新技术企业、"双软"认证企业等荣誉。其于2009年开发了"MetInfo企业网站管理系统",并取得计算

---

[1] 黑龙江省哈尔滨市中级人民法院(2021)黑01知民初9号民事判决书。

机软件著作权登记证书。为扩大影响，某信息公司在其网站公布了米拓企业建站系统使用的相关协议。该协议显示，任何用户在下载安装及使用过程中均能看到该协议。协议的核心内容是，用户只要遵循该协议，保留版权标识和公司网站链接，就可以免费使用米拓企业建站系统。某信息公司认为，黑龙江某酒业有限公司（以下简称某酒业公司）运营的网站擅自复制、修改、使用"MetInfo企业网站管理系统"建设网站，没有按照《最终用户授权许可协议》的要求保留版权标识和网站链接，其侵害了某信息公司著作权。某信息公司遂向哈尔滨市中级人民法院提起著作权侵权诉讼。某酒业公司则提出"被诉侵权网站前端模板为某酒业公司自主设计，不属于涉案软件的组成部分。前端代码与后端代码的呈现方式、发挥作用等均不相同，彼此独立，没有侵害涉案软件著作权""使用被诉侵权网站系基于某信息公司'免费使用'的宣传，没有篡改涉案软件代码，亦未删除网站后台某信息公司署名，且收到某信息公司律师函后立即停止运营被诉侵权网站，具有主观善意"等抗辩。

二、法院裁判理由及结果

黑龙江省哈尔滨市中级人民法院认为，本案的争议焦点是某酒业公司是否侵害了涉案计算机软件著作权，如构成侵权如何判定某酒业公司的民事责任。法院认定，涉案计算机软件是MetInfo企业网站管理系统V5.0后续升级版本，某信息公司是涉案计算机软件的著作权人。将涉案计算机软件源程序与被诉侵权网站网页源代码进行对比，被诉侵权网站资源文件目录内的文件含有MetInfo标识和某信息公司的企业名称，且部分复制了涉案计算机软件源代码。某酒业公司既不能提供被诉侵权网站源程序以供对比，也不能合理解释被诉侵权网站网页源程序含有某信息公司版权标识、企业名称以及与涉案计算机软件对应文件内容相同的源代码的原因，应当认定被诉侵权网站使用了与涉案计算机软件实质相似的源程序，侵害了涉案计算机软件著作权。某酒业公司是被诉侵权网站的运营主体，被诉侵权网站网页源程序中亦包含某信息公司的版权标识，某酒业公司未经许可擅自去除涉案计算机软件版权标识的行为侵害了涉案计算机软件的署名权，某信息公司关于某酒业公司侵害涉案计算机软件署名权，应当承担赔偿损失、赔礼道歉的主张成立。

关于损害赔偿额的确定，法院认为应考虑以下因素：某信息公司已停止对涉案计算机软件提供技术支持的事实，某酒业公司使用涉案计算机软件的方式、用途、后果、主观过错、持续时间；某酒业公司已停止运营被诉侵权网站的情节；本地经济文化实际状况等因素，某信息公司为制止侵权行为进行调查、取证、聘请律师出庭应诉等所需支付的合理开支等因素。在此基础上，酌情确定某酒业公司的赔偿数额。

基于上述，法院认定某酒业公司擅自剔除涉案计算机软件版权标识的行为侵害作者署名权，判决某酒业公司赔偿损失、合理开支1万元与赔礼道歉。

本案涉及在互联网环境下免费使用他人享有著作权的计算机软件，应当遵循意思自治和合法性原则，尊重他人作品署名权等著作权。在该案中，原告为促进互联网软件的开发和运营发布免费建站软件，同意用户在遵守用户协议的前提下免费下载和使用。该用户协议明确应当保留软件上的署名等相关信息。被告擅自删除这些信息，被法院认定为侵害软件署名权的行为，因此应承担赔偿损失和赔礼道歉的法律责任。本案为认识互联网环境下计算机软件的署名权保护提供了较重要的启发。

10-4（总第18）：NFT数字藏品交易中侵害信息网络传播权的认定
——深圳某文化创意有限公司与杭州某科技有限公司侵害作品信息网络传播权纠纷上诉案[1]

一、案情简介

深圳某文化创意有限公司（以下简称某文化创意公司）获得了漫画家马千里"我不是胖虎"系列作品独占性使用许可权。其通过杭州某科技有限公司（以下简称某科技公司）经营的平台发现，有用户铸造并发布了与马千里在微博发布的插图作品一样的"胖虎打疫苗"NFT数字作品，遂以某科技公司为被告，向浙江省杭州互联网法院提出侵害信息网络传播权之诉。

二、法院裁判理由及结果

一审法院认定，涉案作品"胖虎打疫苗"呈现作者的独特个体表达，体现了一定的艺术美感，属于著作权法意义上的美术作品。被告构成侵害信息网络传播权，判决停止侵害和赔偿损失。被告不服该判决，向浙江省杭州市中级人民法院提起上诉。杭州市中级人民法院认为，本案的焦点问题为涉案NFT数字作品交易行为是否受信息网络传播权规制，某科技公司作为NFT数字作品交易平台经营者应当负有何种注意义务，以及某科技公司在本案中是否尽到了该种注意义务等。在该案中，NFT（Non-Fungible Token），即非同质化通证或非同质化权益凭证，是基于区块链技术的一种分散式数据存储单元，与其映射的数字化文件具有唯一关联性，具有独一无二的特征。NFT数字藏品，则是将数字化文件等底层数据上传至NFT交易平台并铸造NFT后呈现的数字内容。在底层文件为数字化作品的场合，称之为NFT数字作品，NFT数字作品是使用区块链技术进行唯一标识的特定数字化作品。本案中，网络用户"anginin"将其铸造的涉案NFT数字作品在公开的互联网平台发布，使公众可以在其选定的时间和地点获得该作品，属于以有线或者无线方式向公众提供作品的信息网络传播行为，受信息网络传播权规制。

某科技公司系为网络用户铸造和交易NFT数字作品提供网络服务，故属于网络服务提供者，而非内容服务提供者，但此种网络服务属于一种新型的网络服务。法院明确了涉案NFT数字作品交易平台提供网络服务的性质，即为NFT数字作品的铸造和交易提供网络服务。依托于区块链和智能合约技术，NFT数字作品的铸造使NFT映射的数字作品特定化，从而产生一项基于数字藏品网络虚拟财产的财产性权益，NFT数字作品交易使NFT映射的特定的数字化作品在不同的民事主体之间发生移转，产生类似于"交付"的后果，并使基于该NFT数字作品的财产性权益在不同的民事主体之间发生移转。由此可见，不同于一般的网络服务，NFT数字作品交易平台提供的此种网络服务伴随着相应财产性权益的产生和移转。法院还阐述了NFT数字作品交易可能引发的侵权后果：基于NFT数字作品的网络虚拟财产属性，NFT数字作品的产生和取得均应当符合法律规定，只有合法的NFT数字作品才能受到法律的保护。NFT数字作品交易平台的网络用户一旦将侵害他人著作权的作品铸造为NFT数字作品，就会导致该NFT数字作品上创设的"财产性权益"因不合法而无法受到保护，故其铸造交易行为不仅侵害了他人的著作权，而且损害了交易相对方的合法权益。

---

[1] 浙江省杭州市中级人民法院（2022）浙01民终5272号民事判决书。

基于NFT数字作品采用的区块链技术，除侵权信息存在于中心化服务器上，记录该错误信息的NFT还存在于区块链上，这势必会动摇NFT作为非同质化权益凭证的根基，严重影响NFT数字作品的交易安全，破坏NFT数字作品平台的信任机制和交易秩序。

二审法院认为，基于NFT数字作品交易平台提供网络服务的性质、平台的控制能力、可能引发的侵权后果以及平台的营利模式，某科技公司应当对其网络用户侵害信息网络传播权的行为负有相对于一般网络服务提供者而言较高的注意义务。NFT数字作品的铸造发布者不仅应当是该特定的数字化作品的持有者，还应当是该数字化作品的著作权人或被授权人。故而，除一般网络服务提供者应当承担的义务外，某科技公司作为专门从事NFT数字作品交易服务的平台经营者，还应当建立起有效的知识产权审查机制，审查NFT数字作品来源的合法性，确认NFT数字作品铸造者具有适当权利。在上述基础上，二审法院认定某科技公司应当知道其网络用户利用其网络服务侵害他人信息网络传播权而未采取必要措施，主观上存在过错，应当承担帮助侵权的民事责任，判决驳回上诉、维持原判。

本案涉及NFT数字作品交易平台的著作权侵权责任的认定。该案是我国第一例关于NFT数字作品交易平台的著作权侵权责任认定的案件，其涉及NFT数字藏品的法律属性、铸造、销售等行为的法律性质，以及交易平台应承担的注意义务及其判定和是否存在发行行为、发行权侵权和发行权穷竭等诸多问题。该案为使用数字技术和数字产业发展，妥善处理涉及NFT数字作品交易平台出现的著作权侵权纠纷案件提供了启示。

第十一章 相关权

本章提要

本章主要阐述和探讨相关权的概念、历史沿革，版式设计专有权、图书出版者的专有出版权、报刊社相关权利，以及表演者权、录音录像制作者权和广播组织权。

本章的重点是掌握相关权的概念、各类相关权的基本内容，难点是相关权与著作权的关系以及相关权之间的关系。

第一节 相关权概述

一、相关权的概念

相关权（Related rights），又称邻接权或作品传播者权，是指作品传播者就其作品传播过程中付出的创造性劳动或投资而依法享有的、与著作权相类似的权利。相关权有狭义与广义之分，狭义的相关权即传统意义上的相关权，包括表演者权、录制者权和广播组织权，其中表演者权是狭义相关权的最初内容；广义的相关权是指一切传播作品的媒体所享有的专有权。我国《著作权法》没有使用相关权的概念，而是称"与著作权有关的权利"（Copyright-related rights）。其内容除传统相关权外，还包括出版者权。《著作权法实施条例》第26条即规定："著作权法和本条例所称与著作权有关的权益，是指出版者对其出版的图书和期刊的版式设计享有的权利，表演者对其表演享有的权利，录音录像制作者对其制作的录音录像制品享有的权利，广播电台、电视台对其播放的广播、电视节目享有的权利。"

广义的著作权包括相关权，在保护相关权的国家，一般在著作权法中专门规定相关权保护问题，构成著作权法的内容之一。

相关权作为与著作权（作者权）相邻的权利，彼此既有密切联系又有显著区别。相关权的产生离不开对作品的使用，而作品是著作权的客体。创作作品和传播作品是源和流的关系，如果说创作作品是生产行为，传播作品就是流通行为。相关权依赖于著作权，是由著作权派生的一种权利，具有从属于著作权的属性。相关权受著作权的制约决定了这种权利的行使应以尊重著作权为前提。同时，关于著作权的自动保护、合理使用、权利的合同转让与许可等制度，除非特殊规定，一般都适用于相关权。

著作权法保护相关权是基于作品传播者在传播作品过程中的贡献。作品的传播者在向公众传播作品时，或者利用了自己的智慧与技能（如表演），或者付出了大量投资（如录音录像制作者、广播电视台），才使被传播的作品能更好地满足人们的需要。对于传播者因传播作品而产生的正当权益，需要予以确认和保护，才能使作品传播者获得必要的回报，从而更好地传播作品。同时，保护相关权也是保护著作权的需要，因为著作权中的许多权利是靠传播实现的，传播领域的混乱必然会损害著作权制度。可以说，没有相关权保护，著作权制度将是不完整的。

二、相关权的沿革

如果说印刷技术的出现导致了著作权制度的产生和发展，录音录像技术和无线电传播技术的出现就催生了相关权制度。留声机发明后，特别是20世纪以来，随着录制技术的长足发展，表演者的表演内容可以固定在唱片、磁带、胶片上并可方便地复制和翻录，观众不到现场即可欣赏表演，这首先严重影响了表演现场上座率，使表演者及表演经营者的利益受到极大威胁，也因为方便快捷的非法音像复制而危及合法音像录制者的经济利益，因为合法录制唱片、磁带需要投入大量人力和资金，并向著作权人与表演者取得许可、支付报酬，而非法复制则极其简便。同时，无线传播技术的发展使广播组织迅速发展，广播组织播放的节目或者由自己投资制作，或者使用他人制作的录音制品，都需要付出大量人力物力，或者取得他人（作者、表演者、录音制作者）许可并支出报酬，而这些节目的复制非常容易。于是，通过立法保护表演者、录音录像制作者、广播组织的利益，成为信息传播技术发展后知识产权保护的现实要求。一些国家开始在著作权法中首先加入保护表演者的内容。1910年德国《文学与音乐作品产权法》首先将音乐作品及音乐戏剧作品的表演者作为原作的改编作者加以保护。1925年英国颁布单行的《戏剧、音乐表演者权利保护法》。1936年奥地利、意大利著作权法将表演者的保护扩大到录音制品制作者。一些国际组织尝试着缔结保护表演者、录音制品制作者、广播组织的国际公约。1961年，联合国劳工组织、联合国教科文组织与世界知识产权组织共同主持在罗马缔结《罗马公约》，比照《伯尔尼公约》的基本原则规定了三类相关权的保护。

迄今为止，大部分国家规定了相关权保护制度。而且，随着国际文化科学交流与合作的不断加强，尤其是世界贸易组织TRIPs协议纳入《罗马公约》关于相关权保护的基本内容，相关权保护的国际化更加突出。

第二节 出版者版式设计专有权及相关权利

一、版式设计专有权

图书、期刊出版者对其图书、期刊的版式设计（Typographical arrangement）的专有权利，是出版者享有的相关权。法律赋予出版者相关权的本质原因，在于出版者在书刊出版过程中付出了创造性劳动，从而使原作品获得了新的表现形式。书刊的版式设计包含了出版者在作品传播过程中付出的创造性劳动。

出版者的版式设计专有权意味着在一定期限内，出版者有权专有性地使用自己设计的版式设计，并以一定条件许可他人予以使用，禁止任何第三人未经许可擅自使用其出版的图书、期刊的版式设计。版式设计专有权并不与专有出版权相连，出版者即使没有专有出版权或者约定的专有出版权期满，其版式设计权依然存在，其他出版者不能擅自使用其版式设计。

《著作权法》第37条规定："出版者有权许可或者禁止他人使用其出版的图书、期刊的版式设计。前款规定的权利的保护期为十年，截止于使用该版式设计的图书、期刊首次出版后第十年的12月31日。"该条明确了图书、期刊出版者的版式设计权。该权利对于鼓励版式设计创新、保护图书和期刊出版者基于版式设计的合法权益具有重要意义。[1]

二、其他相关权利

图书、期刊出版者除了享有上述版式设计专有权以外，根据我国《著作权法》的规定还分别享有其他相关的权利。不过，这些权利已不是出版者享有的相关权的范畴，只是为了介绍和分析的方便，在本节一并探讨。

（一）图书出版者依照合同约定取得的专有出版权

图书出版者的专有出版权（Exclusive right to publish）是指图书出版者（出版社）独占性地享有并排除他人出版某一作品的专有权，是图书出版者经著作权人许可以图书出版的形式独占使用作品的权利。专有出版权早在著作权制度萌芽和确立时即已存在，现代各国也都确认图书出版者可以依照著作权人的授权而对其出版的图书享有专有出版权。

按照我国《著作权法实施条例》第28条的规定，图书出版合同中约定图书出版者享有专有出版权但没有明确其具体内容的，视为图书出版者享有在合同有效期限内和在合同约定的地域范围内以同种文字的原版、修订版出版图书的专有权利。对于这一权利，需要把握以下内容：

1. 专有出版权是出版者通过签订书面出版合同而取得的作品独占使用权。根据《著作权法》第33条的规定，图书出版者对著作权人交付出版的作品，按照合同约定享有的专有出版权受法律保护，他人不得出版该作品。例如，在某音乐出版社诉某文艺出版社、北京某外文书店股份有限公司音乐书店等侵犯专有出版权纠纷案[2]中，法院确认某音乐出版社对该书享有的专有出版权受我国法律保护。在本案中，由于某文艺出版社2000年第2版的《贝多芬钢琴奏鸣曲集》一书和某音乐出版社享有专有出版权的亨勒中文版同名书籍无论从版式、版面和内容来看均相同，却未能提供证据证明其出版获得了合法授权。同时，2000年第2版的《贝多芬钢琴奏鸣曲集》一书，某文艺出版社也不能证明该版图书系他人冒用其名义所为，故法院认定该出版社的行为侵害了某音乐出版社的专有出版权。

专有出版权不仅是法律赋予图书出版者的权利，而且是为保护图书出版者利益而对著作权进行的限制。它源于著作权人享有的著作权，没有著作权人的授权，没有与著作权人签订书面出版合同，图书出版者不能取得专有出版权。

2. 专有出版权属于独占使用权。著作权人在合同约定的期限内，既不得再授权其他出版者另行出版其作品，也不得自己出版该作品，否则应承担侵犯专有出版权的法律责任。

3. 专有出版权只能自己行使，不能转让给他人，也不得许可他人行使。[3]

（二）报刊社的相关权利

《著作权法》还设置了一些规范，以协调出版者和著作权人的关系，维护正常的出版秩序、维护著作权人利益。

---

[1] 参见四川省高级人民法院（2006）川民终字第330号民事判决书（侵犯版式设计专有使用权纠纷案）。
[2] 北京市高级人民法院（2003）高民终字第345号民事判决书。
[3] 参见天津市高级人民法院（2018）津民终404号民事判决书（著作权侵权纠纷案）。

1. 在法定期限内禁止著作权人一稿多投。《著作权法》第 35 条第 1 款规定："著作权人向报社、期刊社投稿的，自稿件发出之日起十五日内未收到报社通知决定刊登的，或者自稿件发出之日起三十日内未收到期刊社通知决定刊登的，可以将同一作品向其他报社、期刊社投稿。双方另有约定的除外。"法律赋予报刊出版者禁止著作权人在法定期限内一稿多投，以保证报刊出版者对发表的作品享有优先刊载权，同时将"禁止权"限制在法定期限内，如果报刊社在法定期限内不将用稿决定通知著作权人，或者逾期通知著作权人，则无权阻止著作权人向其他报刊另行投稿，以避免报刊社拖延稿件，损害著作权人的利益。

实践中，报刊社常刊登"征稿启事"或"启事"。这种"启事"构成要约邀请行为，作者投稿是要约行为，报刊社决定刊登的意思表示则是承诺。否则，如果将"启事"设定为要约，作者按"启事"的要求投稿则是承诺，投稿合同即成立；如稿件未被采用，报刊社要承担违约责任，但事实并非如此。由此可见，应当将"征稿启事"或"启事"之类的行为理解为要约邀请行为，而不是要约行为。

2. 报刊社转载、摘编作品权。报刊社依法可以转载、摘编（Reprint the work or print an abstract thereof）或者作为文摘资料刊登其他报刊上发表的作品，以便于促进优秀作品的广泛传播。但是，这种权利的行使受到一定条件的限制：①著作权人在发表作品时已声明不准转载、摘编的，报刊社不得擅自转载、摘编或作为资料刊登；②转载、摘编的作品限于已刊登在其他报刊上的作品，不包括在互联网上发表的作品；[1] ③内部报刊上发表的作品，未经许可，公开发行的报刊不得转载；④转载、摘编的报刊应向著作权人支付报酬。又根据《审理著作权民事案件适用法律解释》第 17 条规定，现行《著作权法》第 35 条第 2 款规定的转载，是指报纸、期刊登载其他报刊已发表作品的行为。转载未注明被转载作品的作者和最初登载的报刊出处的，应当承担消除影响、赔礼道歉等民事责任。

3. 从编辑角度对作品进行修改的权利。《著作权法》第 36 条规定："图书出版者经作者许可，可以对作品修改、删节。报社、期刊社可以对作品作文字性修改、删节。对内容的修改，应当经作者许可。"

第三节 表演者权

一、表演者权概述

表演者权（Rights of the performer）是指表演者基于其表演而依法享有的权利，即表演者的权利。表演者以外的人通过合同、继承等方式也可以成为表演者权的主体。

表演者即表演文学、艺术作品的自然人，是表演者权的原始主体，享有法律上表演者身份，这是保护表演者权的国家的通例。尤其是在西方国家，演员一般为自由职业者，即使他们加入某一个表演组织，其独立的表演者身份也不会变化。但正如作者与著作权人并非同一概念一样，演员和表演者权主体也非同一概念。从国外立法看，少部分国家认为法律意义上的表演者，除演员外还包括指导整个表演过程、为表演承担义务的法人或组织。

我国现行《著作权法》施行前，曾借鉴国外经验并考虑到我国表演管理体制现状，将

---

[1] 参见新疆维吾尔自治区乌鲁木齐市中级人民法院（2022）新 01 民初 103 号民事判决书（侵害作品信息网络传播权纠纷案）。

表演者规定为"演员、演出单位"两种类型。[1] 即我国著作权法意义上的表演者既包括作为自然人的演员，也包括组织演出活动的表演单位。但是，根据我国参加的国际著作权公约，包括《罗马公约》《视听表演北京条约》以及多数国家著作权法的规定来看，表演者并不包括演出单位，而仅限于作为自然人的演员。在《著作权法》第三次修改过程中，对于表演者的概念和内涵进行了热烈的讨论，其中一种代表性观点主张应注意区分表演者的概念与表演者权利归属的概念。其中，表演者是进行表演活动、为表演做出创造性贡献的自然人，而演出单位则是为表演活动提供表演设备等物质技术条件、组织表演的单位。尽管演出单位为表演活动也做出了贡献，但不需要以赋予其表演者主体资格的形式加以保护，而是可以以职务表演的形式明确其相应的权利与义务。基于此，现行《著作权法》不再将演出单位视为表演者，同时新增了职务表演制度，对表演者的权利内容作了适当调整。

表演者权的客体为现场表演。表演指演员将自己对作品的理解，以形象、动作、声音、表情等表现出来，或者借助乐器、道具等传达出来。表演成为表演者权的客体，是录音录像技术发展从而使欣赏表演得以突破现场观看的时空限制的结果。不过，表演者权的客体是表演活动，即表演者声音、动作等的组合，而不是表演者演出的节目，也不是载有表演的录音录像制品。

二、表演者的权利

表演者的权利是表演者对其表演所享有的权利。根据《著作权法》第39条规定，表演者对其表演享有人身权利和财产权利。

（一）表演者人身权利

表演者权的人身权属性较强，这是它与其他相关权相比的独到之处。《世界知识产权组织表演和录音制品条约》第5条第1款规定，表演者人身权利（精神权利）不依赖于表演者的经济权利，甚至在这些权利转让之后，表演者仍应对于其现场有声表演或以唱片录制的表演有权要求承认其系表演者，并有权反对任何对其表演进行有损其名声的歪曲、篡改或其他修改。我国《著作权法》第39条规定的表演者人身权包括：

1. 表明表演者身份。表明表演者身份（To claim performership），实质上是指表演者的署名权，是表演者要求承认自己是该表演者的权利，是要求承认和尊重其具有表演者法律地位的权利。它是表演者一项基本的人身权。通过行使这一权利，表演者能够获得一定的人格利益。尊重表演者身份权，也是文明社会应普遍遵守的法律规范和道德规范。[2]

2. 保护表演形象不受歪曲。表演形象（The image inherent in his performance）是指表演者在现场表演时所表现的艺术形象。著作权法赋予表演者此种权利，有利于维护表演的完整性。

表演者上述精神权利具有严格的人身属性，不得被转让、继承和被强制剥夺。按照《著作权法》第41条第1款的规定，上述权利的保护期是永久性的。

（二）表演者财产权利

1. 许可他人从现场直播和公开传送其现场表演，并获得报酬。现场直播是指表演者在进行现场演出时，通过通信技术将其表演传播到现场之外。公开传送是指将传播设备的终端置于公共场所，使公众能够欣赏现场表演。广义的公开传送包括现场直播。这虽然有助

---

[1] 2010年《著作权法》第37条。
[2] 参见最高人民法院（2008）民提字第55号民事裁定书（侵犯表演者权纠纷提审案）。

于传播表演,但是对表演者演出的上座率影响很大,直接威胁表演者的经济收入,故应当赋予表演者控制权。

2. 许可他人录音录像,复制、发行、出租录有其表演的录音录像制品,并获得报酬。对表演的音像录制及其复制、发行、出租行为,可能影响表演者对同一节目再次演出的收入;擅自将未能代表表演者水平的表演录制下来并予以发行,还会影响表演者的声誉。因此,为保护表演者的利益,不论是否以营利为目的,对表演者的表演进行录音录像以及将录音录像复制、发行、出租的,须取得表演者的授权,并支付相应的报酬。值得注意的是,上述"出租权",是2020年《著作权法》第三次修改时新增的内容,这就是所谓表演者的出租权。本次修改增加表演者出租权,是基于以下考虑:其一,与国际接轨的需要。我国已加入的相关著作权国际公约对于表演者的出租权有明确规定,利用修改机会实现与国际标准的统一在表演者权保护方面也是重要体现。具体而言,《世界知识产权组织表演和录音制品条约》第9条第1款规定了表演者的出租权:表演者享有根据缔约方国内法的规定授权以录音制品录制的表演的原件和复制品向公众进行商业性出租的专有权,即令该原件或者复制件在它们已由或者根据表演者的授权发行之后。我国参加的《视听表演北京条约》第9条第1款也作了类似规定。为了与上述国际公约接轨,增加表演者出租权就顺理成章了。其二,提高表演者权保护水平的需要。出租行为是一种商业性行为,表演者对于录有其表演的录音录像制品的出租行为应当享有许可并获得报酬的权利。这一规定为表演者经济利益的实现增加了新的渠道。实际上,本书认为,这还体现了表演者权保护与录音录像制作者权在保护出租权方面的平衡,因为录音录像制作者对其制作的录音录像制品享有出租和获得报酬的权利,而录音录像制品的制作中表演者的表演可能是其核心内容。无疑,增加表演者的出租权,有利于规范载有表演者表演的录音录像制品的出租行为,加强对表演者权的保护。

3. 许可他人通过信息网络向公众传播其表演,并获得报酬。这是2001年《著作权法》为适应信息网络技术发展而新增加的内容。网络技术在便于表演和广泛传播的同时,也使权利人难以控制作品的利用而使表演者利益受到损害。因而,法律赋予表演者对其表演的信息网络传播权,规定表演者有权许可或禁止将其表演进行网络传播,并因这种许可而获得报酬。

表演者对于上述三项权利,一般是通过与录音录像制作者、广播组织或信息网络传播者签订表演者权许可合同的方式实现的。[1] 还需要指出,表演者权内容深受技术发展的影响。在元宇宙环境下,出现了虚拟表演和虚拟表演者的概念,"数字人"法律纠纷也显现端倪。[2]

三、表演者与著作权人的关系

表演者的表演往往以他人享有著作权的作品为底本,表演者因此与作品著作权人发生相应的权利义务关系。这主要表现在:

1. 表演者使用他人作品演出,无论该作品是否发表,都应当取得著作权人的许可,并支付报酬。《著作权法》第38条规定:"使用他人作品演出,表演者应当取得著作权人许

---

[1] 参见四川省巴中市中级人民法院(2015)巴中民初字第11号民事判决书(侵害表演者权民事纠纷案);北京市海淀区人民法院(2017)京0108民初11811号民事判决书(侵害著作权纠纷案)。

[2] 参见张利国:《论数字技术对表演者权保护的冲击与法律上的回应》,载《政治与法律》2023年第5期。

可，并支付报酬。演出组织者组织演出，由该组织者取得著作权人许可，并支付报酬。"实践中，在参加表演者人数众多的情况下，统一由演出组织者向著作权人取得授权，更加现实可行。

2. 表演者使用他人演绎作品进行演出，应当分别向演绎作品著作权人和原作品著作权人征得许可并支付报酬。根据前述《著作权法》第16条规定，使用改编、翻译、注释、整理、汇编已有作品而产生的作品进行演出，应当取得该作品的著作权人和原作品的著作权人许可，并支付报酬。如果表演者为制作录音录像而使用享有著作权的作品，则由录音录像制作者取得授权并付酬，此时表演者与录音录像制作者之间的关系，适用《著作权法》第43条规定。

四、职务表演制度

表演者权是邻接权中十分重要的内容，涉及表演者对表演的权利。现行《著作权法》通过引进职务表演制度明确演出单位在表演中的地位。其第40条规定："演员为完成本演出单位的演出任务进行的表演为职务表演，演员享有表明身份和保护表演形象不受歪曲的权利，其他权利归属由当事人约定。当事人没有约定或者约定不明确的，职务表演的权利由演出单位享有。职务表演的权利由演员享有的，演出单位可以在其业务范围内免费使用该表演。"首先，该规定明确了职务表演中演员所享有的表演者精神权利。表明表演者身份和保护表演形象不受歪曲的权利，属于表演者应当享有的精神权利或者说人身权利，它不能因为属于职务表演而被转移。其次，该规定引入了意思自治优先原则，充分尊重演员与演出单位之间的约定，只是在没有约定或者约定不明确时，职务表演的权利才由演出单位享有。最后，该规定也充分考虑了在职务表演的权利约定由演员享有时演出单位的利益，规定演出单位可以在其业务范围内免费使用该表演。这一规定为当前我国表演体制改革，更好地利用市场机制促进表演事业的发展与繁荣提供了制度保障，也有利于协调演员与其所在单位之间的关系。

第四节 录音录像制作者权

一、录音录像制作者权概述

录音录像制品包括录音制品（Sound recordings）和录像制品（Video recordings）。其中，录音制品是指表演声音或其他声音的录制品，录像制品是指视听作品外的任何有伴音或者无伴音的连续相关形象的录制品。录音录像制作者（Producer of sound recordings or video recordings）即制作录音、录像制品的人，也就是将声音、形象或者两者的结合首次固定于一定物质载体上的人。已有录音录像制品的翻录、复制者不是录音录像制作者。录音录像制作者权指录音录像制品制作者就其录制的原始录音、录像制品而享有的许可他人以复制、发行等形式使用其录音录像制品，并因此而获得报酬的权利。

值得注意的是，录像制品与"录像作品"不同。现实生活中的录像片不是录像制品，而是录像作品。录像制品是用摄像机等设备将客观存在的事物，如自然风景、文艺表演、专家讲座实况等机械地录制下来，记录的内容并非为录制而存在，制作的工艺比较简单，录制者付出的创造性劳动较少，实质上是一种复制行为而不是创作行为，因此录像制品属于相关权保护范围。[1] 录像作品的完成则是一个组合工程，制作者在制作过程中需要体现自己的取舍、组合与编排等创造性劳动，记录的内容是为创作作品而专门呈现的，如为制作电影作品或电视剧作品而进行的表演等，其涉及的工艺与技术也较复杂，因此录像作品是受著作权保护的作品。[2]

二、录音录像制作者的权利

《著作权法》第44条第1款规定："录音录像制作者对其制作的录音录像制品，享有许可他人复制、发行、出租、通过信息网络向公众传播并获得报酬的权利；权利的保护期为五十年，截止于该制品首次制作完成后第五十年的12月31日。"法律赋予录音录像制作者对其录音录像制品享有复制权、发行权、出租权和网络传播权，是基于录音录像制作者在制作录音录像制品时付出了人力、物力和投资，这也是各国保护录音录像制作者权的通例。[3]

三、录音录像制作者和著作权人、表演者的关系

录音录像技术的发展使得作品、表演能够通过录音录像制品形式被广泛传播。在录音录像技术发展环境下，需要调整录音录像制作者、表演者和著作权人之间利益关系，以调动各方的积极性，并促进作品、表演和录音录像制品的传播与利用，惠及社会公众，繁荣我国文化与科学事业。一部录音录像制品通常包含三种主体的权利：原作品作者的权利、表演者的权利以及录制者的权利。因此，在确认录音录像制作者权的同时，需要处理好其与相关的著作权人和表演者的权利义务关系。

（一）录音录像制作者与著作权人的关系

根据《著作权法》第42条的规定，录音录像制作者使用他人作品制作录音录像制品，应当取得著作权人许可，并支付报酬。使用他人已合法录制为录音制品的音乐作品制作录音制品，可以不经著作权人许可，但应当按照规定向著作权人支付报酬；著作权人声明不许使用的，不得使用。这是因为，录像制品的发行，必然会影响表演者的演出和电影的上座率，从而影响表演者和著作权人的利益。著作权人对其已发表作品在制作录像制品方面也应有权控制。此外，录音录像制作者使用演绎作品制作录音录像制品，应当向演绎作品著作权人和原作品著作权人支付报酬。如前所述，现行《著作权法》第16条对此已作出规定。[4]

（二）录音录像制作者与表演者的关系

录音录像制品在许多情况下是直接依据表演者的表演制作的，故录音录像制品会涉及表演者权。《著作权法》第43条规定："录音录像制作者制作录音录像制品，应当同表演者订立合同，并支付报酬。"录音录像制作者通过合同取得录制许可证后，方可制作录音录像

---

[1] 参见北京互联网法院（2020）京0491民初8329号民事判决书（侵害作品信息网络传播权纠纷案）。

[2] 无疑，录像制品是邻接权的客体，而录像作品是著作权的客体。值得一提的是，1990年《著作权法》第3条第5项将"电影、电视、录像作品"作为受著作权保护的一种作品类型，并在第15条规定了"电影、电视、录像作品"著作权归属制度。2001年修改《著作权法》时，取消了上述表述，改为"电影作品和以类似摄制电影的方法创作的作品"。实际上，"以类似摄制电影的方法创作的作品"包括录像作品。2020年修改《著作权法》时，则采用了"视听作品"的概念，故可以认为"录像作品"被纳入视听作品范围。

[3] 参见最高人民法院（2008）民申字第453号民事裁定书（邻接权侵权纠纷案）；北京市高级人民法院（2010）高民终字第1694号、1700号、1699号民事调解书（侵害录音制作者权纠纷上诉案）。

[4] 参见陕西省西安市中级人民法院（2021）陕知民终243号民事判决书（侵害录音制作者权纠纷案）。

制品。而且，根据现行《著作权法》第44条第2款规定，被许可人复制、发行、通过信息网络向公众传播录音录像制品，应当同时取得著作权人、表演者许可，并支付报酬；被许可人出租录音录像制品，还应当取得表演者许可，并支付报酬。其中，"被许可人出租录音录像制品，还应当取得表演者许可，并支付报酬"系《著作权法》第三次修改时新增的内容。

四、录音制作者的二次获酬权

录音制作者权内容的扩张，与前述表演者权的扩张一样，也是因为技术的发展使得录音制品能够借助新型传播手段和媒介传播、利用，从而使其使用范围扩大。对此，录音制作者应有权因为这种使用而获取报酬。

现行《著作权法》第45条规定：将录音制品用于有线或者无线公开传播，或者通过传送声音的技术设备向公众公开播送的，应当向录音制作者支付报酬。该规定被认为是增加了录音制作者的广播权与机械表演权。新增该规定的原因，主要是为了更充分地保护录音制作者的权利。《世界知识产权组织表演和录音制品条约》第15条第1款规定，对于将为商业目的发行的录音制品直接或间接用于广播或用于对公众的任何传播，表演者和录音制品制作者应享有获得一次性合理报酬的权利。2007年6月9日我国加入该条约时对于该条款作了保留，因而该条款对我国不具有约束力。但是，在当前信息网络环境下，录音制作权获取报酬的途径和形式受到了很大限制，需要针对录音制品的广播和向公众传播时增加获得报酬权的内容。上述第45条规定，本质上与下述法定许可具有相同性质，因为在上述情况下录音制品制作者只享有获酬权，并不享有排他权。这与国际上有些国家还明确赋予录音制作者针对录音制品的广播和向公众传播时赋予排他性专有权的规定有所不同。

第五节 广播组织权

一、广播组织权概述

广播组织权这一邻接权在我国《著作权法》中体现为广播电台、电视台对其播放的广播、电视享有的权利。广播组织权纳入邻接权保护体系，是广播、电视技术发展的结果。[1] 在广播电视技术发展早期，缺乏对广播组织的法律保护，一些未获得授权的广播组织通过技术收到窃取其他广播电台电视台的信号，擅自转播、重播，严重影响了原创广播电台、电视台的合法权益，因而需要建立广播组织权保护制度。随着广播、电视技术的迅猛发展，广播组织权被普遍纳入邻接权保护范畴。

广播组织权中的"广播组织"，是指为公众接收的目的，通过无线或有线方式传载声音、图像或其结合等信息的组织，包括无线电台、电视台和有线电台、电视台等。[2]

关于广播组织权的客体，我国著作权制度的变迁有一个认识深化过程。[3] 在1990年《著作权法》中，主张为"广播电视节目"，到2001年、2010年《著作权法》中规定为广播、电视，在2020年《著作权法修正案（草案）征求意见》一审稿中曾规定为"广播电台、电视台对其播放的载有节目的信号"，最终通过的现行《著作权法》则仍然采取"广

---

[1] 崔立红：《三网融合背景下的广播组织权研究——以传媒经济为视角》，载《政法论丛》2019年第3期。
[2] 参见河南省高级人民法院（2014）豫法知民终字第249号民事判决书（侵害广播组织权纠纷案）。
[3] 崔立红、曹慧：《广播组织权客体研究》，载《法学论坛》2019年第3期。

播、电视"的表述。应当看到,通过技术手段传输的信号作为广播组织权的客体具有不适当性,因为信号只是广播、电视传输的技术形式,而广播组织权保护的还是针对广播、电视本身。[1]

二、广播组织权的内容

广播组织权一般是指广播组织有权自己播放或许可、禁止他人传播、录制、复制其播放的广播、电视。[2] 它是广播组织对其播放的广播、电视享有的权利,而不是广播组织创作的作品(如电视台摄制的电视剧)之权利(此时涉及作品著作权)。

现行《著作权法》第47条第1款规定,广播电台、电视台有权禁止未经其许可的下列行为:①将其播放的广播、电视以有线或者无线方式转播;②将其播放的广播、电视录制以及复制;③将其播放的广播、电视通过信息网络向公众传播。[3]

对比现行《著作权法》和2010年《著作权法》关于广播组织权的规定可以看出,本次修改的变化体现于:其一,明确了广播组织对其享有的广播、电视的转播权包括了无线转播和有线转播两种形式,不限于无线转播。这一修改的原因在于适应当前信息网络和传播技术的发展,将有线转播纳入广播组织权的控制范围,防止其他广播组织利用有线转播形式侵害广播组织的合法权益。同时,也是为了与前述广播权的修改相一致,因为广播权的内容已从无线广播扩大到有线广播领域。其二,将"将其播放的广播、电视录制在音像载体上以及复制音像载体"修改为"将其播放的广播、电视录制以及复制",删除了"音像载体"的表述。原因在于,随着录制技术发展特别是数字化存储技术发展,录制与复制行为不再限于录音带、录像带、光盘等音像载体上,而是可以通过云存储、数字化等形式体现。这一修改,很好地体现了我国著作权制度适应技术发展的规律和要求,能够使受著作权法保护的权利更具有开放性和包容性,在新技术发展环境下大放异彩。其三,新增了广播组织的信息网络传播权。[4] 信息网络传播权无疑是著作权法回应信息网络技术发展的产物。在我国2001年《著作权法》修改时,首次引进了信息网络传播权保护制度,对于著作权人、表演者、录音录像制作者均规定了这一权利,但唯独没有对广播组织赋予这一权利。从国际上看,针对是否应当规定广播组织的信息网络传播权,有关网络广播组织公约草案制定中也存在争议。在本次修法过程中,同样存在争议。反对者认为,著作权法没有规定广播组织信息网络传播权,并非立法者的疏忽,而是基于利益平衡的考虑。赞同者则主张,在当前信息网络环境下,对于广播组织的广播、电视通过交互式传播的信息网络传播行为,广播组织也应有权予以控制,否则将使其付出巨大投资和成本的广播、电视在互联网环境下不能得到有力的保护。在信息网络环境下,唯独不赋予广播组织的信息网络传播权,也会造成著作权法中不同主体保护的利益失衡。最终,广播组织被赋予信息网络传播权。此外,还需要指出,广播组织行使前面所述的专有权利,往往还涉及著作权人的著

---

[1] 参见冯晓青、郝明英:《"著作权法"中广播组织的多元主体地位及权利构造——兼评〈著作权法〉第47条》,载《学海》2022年第2期。

[2] 参见王迁:《许可权抑或禁止权:广播组织权的权能研究》,载《法学研究》2023年第2期。

[3] 关于广播组织权规定的内容体现为许可权还是禁止权为好,在《著作权法》第三次修改过程中曾存在争议。从部门法理学的角度来说,广播组织权也是一种专有权利,包括权利的积极行使方面和消极禁止方面。对于广播组织权,规定"禁止未经许可的行为",实际上隐含了许可权的内涵,较之于单纯的"许可权"更有力度。因此,可以认为,这里立法表述体现了对广播组织权的严格保护。

[4] 参见王迁:《论〈著作权法〉对"网播"的规制》,载《现代法学》2022年第2期。

作权以及其他与著作权有关的权利的行使，因为制作、传播的广播和电视往往包含了作品、表演、录音录像制品。为了平衡和协调这些不同的权利，防止广播电台、电视台行使上述权利损害其他权利，现行《著作权法》第47条第2款还专门新增规定："广播电台、电视台行使前款规定的权利，不得影响、限制或者侵害他人行使著作权或者与著作权有关的权利。"[1]

三、广播组织与著作权人、录音录像制作者和表演者之间的关系

广播组织使用他人作品或录音录像制品时，需要尊重著作权人的著作权和录音录像制作者的录音录像制作者权，处理好与著作权人和相关权利人的关系：

1. 广播组织播放他人享有著作权的作品时，如果该作品从未发表过，应取得著作权人的许可并支付报酬；如果该作品已经发表过，可以不经著作权人许可，但除《著作权法》规定可以不付报酬的情形外，均应按照规定支付报酬。《著作权法》第46条即规定："广播电台、电视台播放他人未发表的作品，应当取得著作权人许可，并支付报酬。广播电台、电视台播放他人已发表的作品，可以不经著作权人许可，但应当按照规定支付报酬。"

2. 电视台播放他人视听作品、录像制品时，应取得权利人许可并支付报酬。《著作权法》第48条规定："电视台播放他人的视听作品、录像制品，应当取得视听作品著作权人或者录像制作者许可，并支付报酬；播放他人的录像制品，还应当取得著作权人许可，并支付报酬。"

3. 广播组织播放他人的表演时，应当与表演者签订合同，取得制作和播放许可，并应支付报酬。

录音录像制作者要复制发行广播电台、电视台制作的广播、电视，也应事先取得广播电台、电视台的许可，并支付报酬。广播组织授权录音录像制作者复制、发行其制作的广播电视节目时，录音录像制作者还应按照规定向著作权人和表演者取得许可和支付报酬。[2]

本章案例研讨

11-1（总第19）：已履行侵害表演者权行为调解协议不能再主张权利
——芦某与某县人民政府、周某、某县文化馆侵害表演者权民事纠纷案[3]

一、案情简介

原告芦某诉称：2012年10月，聂某、富某与其分别完成《水墨平昌》歌曲的作词、作曲、演唱的作品创作。该作品被某县人民政府选中为县歌，某县人民政府没有告知原告。2013年5月10日，芦某突然在网上发现，自己原唱的《水墨平昌》歌曲被人篡改为《江口水乡》，以原词、原曲、原唱、原音频不变格调，被上传网上，并以周某的名义公开发

---

[1] 参见福建省高级人民法院（2022）闽民终1751号民事判决书（著作权权属、侵权纠纷案）。
[2] 参见河北省高级人民法院（2020）冀知民终2号民事判决书（侵害著作权纠纷案）；湖北省武汉市中级人民法院（2012）鄂武汉中知字第3号民事判决书（侵害信息网络传播权纠纷案）。
[3] 四川省巴中市中级人民法院（2015）巴中民初字第11号民事判决书。

表。2014年，在乡村文化旅游节开幕式上，某县人民政府及周某套播芦某《江口水乡》歌曲原唱声音，由周某在台上假唱。原告认为某县人民政府、周某侵犯其对涉案作品表演者权，遂向四川省巴中市中级人民法院提起诉讼，要求停止侵害、消除影响、赔礼道歉和赔偿损失。法院依法追加某县文化馆为被告。3名被告则从原、被告主体资格不适格以及已就过去纠纷进行过调解和处理方面进行了答辩。

二、法院裁判理由及结果

巴中市中级人民法院认为，本案原告芦某既不是音乐作品《江口水乡》的词曲作者，也不是改编、汇编该作品的作者，而是直接或者借助技术设备以其声音再现作品的演唱者，故原告芦某不是诉争音乐作品《江口水乡》的著作权人，不享有著作权，也不享有表演权。但是，芦某是《江口水乡》歌曲小样的演唱者，享有表演者权，故本案应定性为侵害表演者权纠纷。

本案中，一方面，某县人民政府虽在官方网站上播放过《江口水乡》MTV（署名演唱者周某，实为芦某在歌曲小样中的演唱）和开幕式演出视频，但此视频系某县文化馆提供，某县人民政府不知道某县文化馆提供的作品、表演、录音录像制品等侵权，也无证据证明某县人民政府明知视频侵权而予以上传，某县人民政府尽到了合理的审查义务，故对芦某要求其承担侵权责任的主张不予支持。另一方面，芦某与某县文化馆通过某县江口镇人民调解委员会于2014年5月13日达成的《协议书》，是双方当事人的真实意思表示，未违反法律的禁止性规定，且在该协议达成后，某县文化馆已按协议约定支付赔偿款15万元，并重新为芦某拍摄了MTV。本案在审理过程中，原告芦某并没有提供证据证实该协议存在调解协议无效的法定情形，故对芦某认为该协议无效的主张，本院不予支持。该协议虽是原告芦某与某县文化馆签订的，但在协议第6条载明了"乙方对甲方及相关单位在《江口水乡》歌曲演唱、使用中的侵权行为表示予以谅解，放弃侵权一事所有的民事赔偿的权利，不再追究。同时乙方对在网络传媒上以前和删不掉的视频仍存在的《江口水乡》（含音频、视频）等也同时予以谅解，达成协议后不追究任何责任。"即使某县人民政府有侵权行为，在该协议中也明确了对相关单位的侵权行为予以谅解，对民事赔偿表示放弃，不再追究，故对芦某要求某县人民政府承担侵权责任并赔偿经济损失的主张，本院不予支持。某县人民政府没有具体使用芦某歌曲小样，双方也未对使用歌曲小样达成协议，芦某要求某县人民政府支付一年使用费50万元的主张既无事实依据，亦于法无据，本院不予支持。因芦某与某县文化馆达成的协议中已对侵权行为予以谅解，且在达成协议后某县文化馆已在某县人民政府网站上发表了声明，故对原告芦某要求在侵权范围内消除影响、恢复名誉、公开赔礼道歉的诉讼请求，本院不再支持。

基于上述，巴中市中级人民法院判决驳回原告诉讼请求。

本案涉及侵害表演者权纠纷。在该案中，针对被告某县文化馆涉及署名、假唱等侵害原告表演者权的行为，该文化馆和原告达成调解协议并已履行，法院认定不能再对相关行为主张表演者权保护。对于某县人民政府行为，法院基于其不存在主观过错而认定不承担侵权责任。本案体现了著作权纠纷诉讼解决与此前相关调解协议的衔接，也反映了契约精神与诚信原则在著作权法中的适用。

11-2（总第20）：电视台擅自播放电视剧录像出版物构成著作权侵权
——北京某音像出版社诉某县电视台著作权侵权纠纷案[1]

一、案情简介

1994年2月2日，新加坡某（企业）有限公司与北京某音像出版社签订《合作制作"金牌小子"协议》一份，约定：北京某音像出版社同意并保证分3次向新加坡某（企业）有限公司支付该节目制作费人民币40万元；新加坡某（企业）有限公司在1994年6月30日前交付PAL制式的母带；新加坡某（企业）有限公司授予北京某音像出版社在中华人民共和国境内在许可期内独家享有电视录像权、标准电视播放权及有线电视台播放权。1994年2月，中华人民共和国文化部录音录像管理处以文录字（1994）第10号批复批准了该协议。同年8月24日，北京某音像出版社报请文化部录音录像管理处批准，将《金牌小子》更名为《勇者无惧》。同年10月，北京某音像出版社在中国大陆地区独家发行了电视剧《勇者无惧》录像出版物，并在出版物上只署了防止侵权播放的声明。1995年2月，某县电视台未经北京某音像出版社允许，擅自播放了《勇者无惧》电视连续剧。上述事实，有北京某音像出版社与新加坡某（企业）有限公司的协议、文化部有关批复、电视观众举报信等证据在案佐证。

二、法院裁判理由及结果

湖北省高级人民法院认为，原告北京某音像出版社依法取得《勇者无惧》电视剧在中国大陆地区著作独占使用权，其权益应当受到保护。被告某县电视台未经原告允许，擅自播放《勇者无惧》电视剧录像出版物，其行为已构成侵权，应当承担相应的民事责任。判决被告某县电视台立即停止侵权行为，向原告赔礼道歉，并赔偿原告人民币1万元。

被告某县电视台不服一审判决，提起上诉。最高人民法院认为，北京某音像出版社独家享有《勇者无惧》电视剧在中国大陆的发行、播放权。某县电视台未经北京某音像出版社同意，擅自播放《勇者无惧》电视剧，其行为已构成侵权。其以群众举报信称其行为系"转播"，而"转播"不构成侵权的上诉理由不成立，应予驳回。二审法院判决驳回上诉，维持原判。

在本案中，北京某音像出版社通过合同和合法程序依法取得了在中国大陆地区独家发行电视剧《勇者无惧》录像出版物的发行、播放权，被告却在既未取得原告同意、也未取得新加坡某（企业）有限公司授权的情况下擅自播放了《勇者无惧》电视剧，因而被两级法院均认定为著作权侵权。

---

[1] 最高人民法院（1997）知终字第5号民事判决书。

第十二章 著作权的利用与限制

本章提要

本章主要阐述与探讨著作权许可使用、转让的概念与类型以及许可与转让合同，信托、设立质权、作为破产债务标的、作为强制执行标的等其他形式的利用，著作权限制的概念与缘由，合理使用、法定许可、强制许可、权利穷竭、公共秩序保留等著作权限制形式。

本章的重点是我国著作权法对著作权许可、转让和合理使用、法定许可的规定，难点是著作权利用的其他形式、著作权限制的缘由等内容。

著作权的经济价值是通过著作权的利用来实现的，著作权的利用通常是指著作财产权的利用。著作权除了由权利人自己行使，更多地通过许可使用或转让等方式利用，还可以设立质权、信托、作为破产财产和强制执行的对象等方式利用。

著作权是权利人对作品利用的控制权，它涉及作者、作品传播者和公众的利益。为了在保护著作权人利益的同时保障作品传播者和广大公众在作品传播利用方面的利益，著作权的行使依法受到一定的限制。其中，合理使用是国际上通行的最主要的著作权限制形式，法律通过规定一定情形下可以不经许可也不付报酬而对著作权作品的使用，保障社会对知识和信息的合理需求。

第一节 著作权的利用

一、著作权的许可使用

（一）著作权许可使用的概念与类型

著作权的许可使用（Copyright licensing），是指著作权人在保留著作权的前提下，在著作权保护期内，授权使用作品的人在一定期限、范围内以一定方式使用其作品的法律行为。由于著作财产权的内容较多，权利人凭自己的力量很难充分行使其著作权，因此许可使用成为实现著作权的通行方式，许可使用制度成为当代极为重要的著作权法律制度。

著作权的许可使用通常是通过签订许可使用合同的方式实现的。实践中的著作权贸易主要是指通过许可使用合同进行的著作权交易，即著作权许可证贸易。

著作权的许可使用，按照授权范围的不同，可以分为专有许可使用（独占许可）与非专有许可使用（非独占许可）两种类型。

著作权的独占许可，是指著作权人给被许可人授予的、在一定时间范围内使用其作品的权利是唯一的，即使著作权人也不得在许可范围内行使该权利。图书出版者通过合同从作者处获得的专有出版权，就是典型的独占许可。我国《著作权法实施条例》第24条规定，取得某项专有使用权者，有权排除包括著作权人在内的任何人以同样的方式使用作品；除合同另有约定外，被许可人许可第三人行使同一权利，也必须取得著作权人的许可。

著作权的非独占许可，则是指著作权人给被许可人授予的、在一定的时间范围内使用作品的权利不是独占的。具体而言，非独占许可可以再细分为排他许可与普通许可。其中，排他许可是指著作权人仅许可一个被许可人在约定的时间和范围内使用，但其本人仍然可以在许可范围内使用，这也是其与前述著作权的独占许可的不同之处。普通许可则是指著作权人可以同时向不同的使用者颁发许可证，其本身也可以使用其作品。一般来说，著作权人已就同一项权利颁发过非独占许可证，不应再向第三方颁发独占许可证，不然被许可人之间的权利会发生冲突。但有的国家也允许这样做，只是在后的独占被许可人不能对抗在先的非独占被许可人。另一种情况是，著作权人已就同一项权利颁发过独占许可证，不应再颁发独占许可证或非独占许可证，否则不同的被许可人之间的权利会发生冲突。在过去，就发生过上述权利冲突的情况，需要注意避免。为此，可在著作权许可合同中作出特别约定。

（二）著作权许可使用合同

著作权许可使用一般是通过许可使用合同的形式进行的。依照《著作权法》第26条的规定，除非法律另有规定，使用他人作品应当同著作权人订立许可使用合同。

著作权许可使用合同，是指著作权人和作品使用者之间作出的利用作品的意思表示，是以作品的使用权为标的的双务合同、诺成合同和有偿合同。合同可以用非书面形式，但专有许可使用合同一般表现为书面合同形式。如我国《著作权法实施条例》第23条规定，除报刊、期刊社刊登作品外，同著作权人订立含有专有使用权内容的许可合同，应当采取书面形式。

1. 著作权许可使用合同的内容。根据著作权许可使用合同的特点和性质以及《著作权法》第26条第2款规定，其主要内容有：

（1）许可使用的权利种类。依据《著作权法》第29条的规定，合同中著作权人未明确许可的权利，未经著作权人同意，另一方当事人不得行使。

（2）作品使用人的权利范围。即许可使用的是专有权还是非专有权。合同双方当事人可依作品的性质、潜在市场价值等因素，约定许可使用的权利范围。

（3）许可使用的范围、期间。许可使用的范围是指地域范围。在国内许可使用中，如无特别说明，仅指中国大陆地区。一些国家著作权法将进口作为侵犯著作权的行为，我国《著作权法》未作规定，因此合同约定权利许可使用范围尤其重要。在著作权合同实践中，被许可人超越许可范围使用作品往往成为发生争议的重要原因。在上述情况下，被许可人的违约行为还容易演化成著作权侵权行为。[1]

许可使用的期间指作品使用人享有使用权的存续期限，由当事人根据需要自由约定。

（4）付酬标准和办法。付酬标准是指使用作品付酬数额标准。我国传统上实行基本稿

---

[1] 参见广东省广州知识产权法院（2019）粤73知民初1519号民事判决书（侵害计算机软件著作权纠纷案）；北京知识产权法院（2020）京73民终1897号民事判决书（著作权权属、侵权纠纷案）。

酬加印数稿酬的办法，出版者根据规定的稿酬标准、结合印数向著作权人支付稿酬；国际上则通行版税制，即著作权人按一定的比例分享出版者使用作品的收益。《著作权法》第30条规定："使用作品的付酬标准可以由当事人约定，也可以按照国家著作权主管部门会同有关部门制定的付酬标准支付报酬。当事人约定不明确的，按照国家著作权主管部门会同有关部门制定的付酬标准支付报酬。"向版税制过渡，是我国著作权使用费的发展趋势。

（5）违约责任。在履行许可合同的过程中，著作权人和作品使用人都可能出现违约的情况。如就许可方来说，在颁发独占许可证后，仍向第三人颁发非独占性许可证；就使用方而言，擅自将合同约定的权利义务转让给第三人。对于违约行为，应承担违约责任。其责任承担方式与一般民事合同大体相同。[1]

（6）双方认为需要约定的其他内容。根据著作权许可使用合同双方当事人的需要，也可以在合同中增加其他必要条款，如约定争议解决办法有助于及时解决纠纷。又如，合同中被许可人通常会要求在合同中约定著作权人应保证其是真正的著作权人，有权许可被许可人行使作品的著作权，且没有侵犯第三人的合法权利。如果被许可人行使合同约定的权利而侵犯他人的权利，著作权人应承担相应的法律责任，并赔偿被许可人由此造成的损失。在出现上述情况时，被许可人还有权解除合同。这些条款与上述法律直接规定的主要条款具有同样的法律效力。[2]

2. 著作权许可使用合同的种类。根据作品的使用方式和使用范围等，著作权许可使用合同的种类很多。现实中最通常的许可使用合同包括以下几类：

（1）图书出版合同。该合同即图书出版权许可使用合同，是著作权人与出版者之间关于出版作品的协议。这是常见的著作权许可使用合同之一，也是保障出版作品和实现著作权的重要法律形式。[3]

（2）表演合同。该合同可以分为表演权许可使用合同和表演者权许可使用合同两类。前者是著作权人与表演者（演出举办人）签订的关于表演作品的协议，一般对表演的方式、期限、范围、付酬标准和办法等作出规定。后者是表演者与广播电台、电视台或录音录像制作者之间，就表演者的表演进行播放或录音录像达成的协议。这种合同的标的是表演者的表演，内容是广播电台、电视台或录音录像制作者取得对表演的播放权或录制权并向表演者付酬。

（3）计算机软件许可使用合同。该合同简称软件许可合同，是在软件著作权保护期内，软件著作权人（如软件公司）与使用人（如经销商、用户）就软件使用和其著作权保护而达成的协议。根据我国《计算机软件保护条例》的规定，许可使用是软件著作权的重要权能，软件使用者应依据有关法规以签订、执行合同的方式进行。[4] 在计算机软件著作权许可使用实践中，被许可人还应注意在许可授权范围内使用，否则容易引发著作权侵权

---

[1] 冯晓青：《著作权法》，法律出版社2022年版，第222页。

[2] 冯晓青：《著作权法》，法律出版社2022年版，第222~223页。

[3] 参见甘肃省兰州市中级人民法院（2015）兰民三初字第15号民事判决书（著作权侵权纠纷案）。

[4] 参见海南自由贸易港知识产权法院（2022）琼73知民初2号民事判决书（计算机软件开发合同纠纷案）；最高人民法院（2020）最高法知民终1839号民事判决书（计算机软件开发合同纠纷案）。

纠纷。[1]

无论是何种许可使用合同，被许可人都应在合同规定的方式、条件、范围内行使使用权。合同中未明确规定为独占许可的，被许可的权利应当视为非独占许可使用。

二、著作权的转让

(一) 著作权转让的概念与类型

著作权转让（Assignment of copyright），一般是指著作财产权的转让，即著作权人在著作权有效期内，将著作财产权的全部或部分权利出让给他人的一种民事法律行为，其本质是著作权权属的变更。在著作权转让中，受让人在支付购买著作权的价金后，成为著作权的所有者，有权行使和处分（包括再次转让）著作权；转让人在转让期限内则丧失了著作权。著作权转让是权利人利用其著作权的重要途径。

世界上大多数国家著作权法都规定了著作权转让制度，但具体内容则彼此不同。英美法系国家奉行著作权财产权说，认为著作权如同债券、股份等财产权一样，权利人有权随意转让和处分自己的全部或部分著作权。大陆法系国家认为著作人身权是不可转让的，可转让的只是著作财产权中的全部或部分，如法国《著作权法》规定，作品的复制权和表演权可以转让，其他权利禁止转让。苏联及东欧国家则认为，著作财产权不能转让给第三者，只能授权他人行使。我国《著作权法》允许著作财产权的转让。

著作权转让可按不同的标准划分为不同类型：

1. 根据权利转让程度，可以分为全部转让与部分转让。前者相当于一次卖绝著作权，后者指著作权人将全部或部分著作权在一定期限内出让给他人。

2. 根据转让的时间不同，可以分为有期限转让和无期限转让。前者指在著作权保护期内的一定时间内转让著作财产权，后者则指在整个著作权有效期内转让。

3. 根据转让的作品不同，可以分为已有作品著作权转让与未来作品著作权转让。对尚未创作或尚未创作完成的"未来作品"是否可以进行著作权转让，各国规定不一。如英国、澳大利亚等允许转让未来作品著作权，摩洛哥、埃及等国则不允许。巴西、委内瑞拉等国尽管允许转让未来作品著作权，但转让合同有效期不得超过5年。我国对此未作规定。

(二) 著作权转让合同

著作权转让通常通过签订转让合同的方式来实现。大多数国家要求以书面方式订立，否则无效。其内容依据著作权转让的要求，由双方约定。我国《著作权法》第27条规定，转让著作财产权应当订立书面合同，合同内容包括：作品的名称、转让的权利种类与地域范围、转让价金、交付转让价金的日期和方式、违约责任以及双方认为需要约定的其他内容。在司法实践中，则存在著作权转让合同未采取书面形式的情况。对此，并不能当然地认定合同不能成立。根据《审理著作权民事案件适用法律解释》第22条规定，著作权转让合同未采取书面形式的，人民法院依据《民法典》第490条的规定审查合同是否成立。

通常，著作权转让合同一经依法签订即具法律效力。但有的国家要求将合同提交有关部门登记；一些国家虽然不以登记作为合同有效的前提条件，却将其视为对抗第三者侵权行为成立的先决条件。依照我国《著作权法实施条例》第25条的规定，当事人可以自由选

---

[1] 根据《审理著作权民事案件适用法律解释》第21条规定，计算机软件用户未经许可或者超过许可范围商业使用计算机软件的，依据《著作权法》第53条第1项、《计算机软件保护条例》第24条第1项的规定承担民事责任。

择是否将著作权转让合同向著作权行政管理部门备案。《计算机软件保护条例》第21条规定，订立转让软件著作权合同，可以向国务院著作权行政管理部门认定的软件登记机构登记。也就是说，我国不以登记作为著作权转让合同生效或对抗的要件。

在著作财产权的转让中，需要协调作者的著作人身权与著作财产权的关系。因为著作人身权具有不可转让性，它在著作财产权转让后仍保留在原著作权人手中，受让人行使著作财产权会受制于著作人身权，而作者行使著作人身权也可能与受让人利益发生冲突。为解决这一矛盾，有的国家著作权法要求著作权转让合同写明：转让后权利的利用范围、利用目的和地域、利用时间和条件等。有学者认为，这相当于"精神权利部分穷竭"，即作者精神权利只要通过合同行使一次即告完毕，作者在转让著作财产权的同时，应视为作者精神权利的一部分已经用尽，或者说同时行使完毕，待合同期满后才能再次行使。[1] 我国在这方面还没有明确的规定，一般认为，通过合同约定处理较为合适。[2] 此外，在著作权司法实践中，还存在因多次转让著作权而引发的著作权侵权纠纷。针对这种情况，需要从权利基础出发，理清不同著作权转让合同的法律效力，进而认定被控行为是否取得了著作权授权。[3]

三、著作权的其他利用

著作权的财产属性，使其除了可以通过许可使用、转让形式利用外，还可以用来作为信托、设立质权、进行证券化运营、破产财产清偿以及强制执行的对象。

（一）信托

信托是一种为他人利益管理财产的制度，其基本含义是财产所有人（委托人）将其财产权（信托财产）转移或设定给有管理能力且足以信赖的人（受托人），使其为一定人（受益人）之利益或为特定目的，管理或处分该财产。现代意义上的信托制度起源于中世纪英国的用益设计，在英美等国早被广泛利用并且建立了相关的法律制度。信托制度运用于著作权利用中构成著作权信托。

著作权信托，是指著作权人将其著作权托付给被信托人，被信托人以自己的名义按照一定的方式进行管理或做其他处分，信托人则依照约定取得一定的报酬。在英美等信托制度发达的国家，著作权信托已成为一种重要的著作权利用形式，国际上通行的著作权集体管理一般也由著作权集体管理组织以自己的名义管理著作权人信托的著作权。

《中华人民共和国信托法》确立了财产信托制度，著作财产权作为一种财产，自然可以通过信托的方式行使。《著作权法》和《著作权集体管理条例》则确认了著作权集体管理的著作权信托性质。

（二）设立质权

质权包括动产质权、不动产质权和权利质权三种。著作权作为一种无形财产权，可以用于设立质权。这是国际上比较普遍的做法。《民法典》第440条规定："债务人或者第三人有权处分的下列权利可以出质：……（五）可以转让的注册商标专用权、专利权、著作权等知识产权中的财产权……"

---

[1] 郑成思：《版权公约、版权保护与版权贸易》，中国人民大学出版社1992年版，第231页。

[2] 参见山东省烟台市芝罘区人民法院（2021）鲁0602民初1329号民事判决书（侵害信息网络传播权纠纷案）。

[3] 参见山西省太原市中级人民法院（2008）并民初字第42号民事判决书（侵犯著作权纠纷案）。

著作权质押，又称将著作权设立质权，是指债务人或者第三人依法将其著作权中的财产权出质，将该财产权作为债务的担保。债务人不履行债务时，债权人有权依法以该财产权折价或者以拍卖、变卖该财产权的价款优先受偿。其中债务人或者第三人为出质人，债权人为质权人。为了规范著作权质押合同，2010年11月25日，国家版权局公布《著作权质权登记办法》，同时废止原《著作权质押合同登记办法》。2010年2月26日公布的《全国人民代表大会常务委员会关于修改〈中华人民共和国著作权法〉的决定》则规定，增加一条，作为第二十六条："以著作权出质的，由出质人和质权人向国务院著作权行政管理部门办理出质登记。"

《民法典》第431条规定："质权人在质权存续期间，未经出质人同意，擅自使用、处分质押财产，造成出质人损害的，应当承担赔偿责任。"根据这一规定，著作权设立质权后，出质人非经合同特别约定不得行使或处分著作权。

（三）著作权证券化

随着资产证券化的纵深发展，金融资本与知识资本实现了自然的结合，知识产权证券化日益成为企业实现知识产权运营的重要手段和结构性融资的新选择。对于著作权证券化重要性的认识，可以从其上位概念"知识产权证券化"的重要性方面加以理解：知识产权证券化也是充分发挥知识产权杠杆融资作用的重要机制，因为它可以在不丧失知识产权的前提下较快实现企业知识产权的价值。同时，它还是企业分散技术创新风险，降低技术创新成本的重要机制，因为知识产权证券化使作为知识产权人的企业应承担的风险让位于购买证券的投资者，而其知识产权未来的许可使用费得以提前实现。对于中小企业特别是科技型中小企业而言，知识产权证券化具有更现实的意义，这尤其体现在科技型中小企业虽然可能拥有具有竞争力的知识产权，但往往缺乏资金，知识产权证券化则可以解决这类企业的燃眉之急，为其知识产权转化为现实的生产力提供资金保障。[1]

著作权是知识产权体系的重要组成部分，以音乐产业、影视产业为代表的文化产业已经显露出明朗的商业前景，一部成功的影视、音乐作品可以产生巨大的利益。1997年，美国著名摇滚歌星大卫·鲍伊（David Bowie）在美国金融市场上以其25张专辑做成著作权资产池，发行了5500万美元债券。百代唱片公司（EMI）则以与其签订了为期15年的全球著作权许可协议的方式提供信用增级，这被认为是世界上第一个知识产权证券化案例。著作权证券化是知识产权证券化在著作权领域的具体实现，对象一般为具有未来收益前景，可产生一定现金流的作品著作权或者以尚未成为作品的著作权创意、半成品为对象进行投资，利用发行证券的资金帮助其完成创作、产生收益，进而使证券化投资者获得利润。目前，我国著作权证券化还处于探索之中，但应当具有广阔的前景。

（四）作为强制执行对象

一些国家法律规定，在违约、侵权诉讼中，法院可判决将当事人一方的著作权作为赔偿物转移给另一方所有。由于著作人身权具有强烈的人格性，这种转移不包括著作人身权。而且，未发表的作品也不得作为法院强制执行的对象；相应地，未发表作品的原件也被禁止扣押。我国对此未作规定。

（五）作为破产债务标的

《中华人民共和国企业破产法》第30规定："破产申请受理时属于债务人的全部财产，

---

〔1〕 冯晓青：《技术创新与企业知识产权战略》，知识产权出版社2015年版，第280页。

以及破产申请受理后至破产程序终结前债务人取得的财产，为债务人财产。"破产企业拥有的著作权显然也属于破产财产之列。著作权属于破产企业的，债务人的著作权可以依法作为清偿标的转移给有关的债权人。

第二节 著作权的限制

一、著作权限制概述

著作权制度在赋予著作权人对作品利用的专有权以激励作品的创作与传播的同时，需要使这一专有权不至于妨碍作品的传播与利用、限制公众获取知识与信息的权利。[1] 对著作权进行限制的理由，大体可以从以下几方面认识：著作权法对著作权实行有限保护的传统；著作权法均衡著作权人与社会公众利益的需要；著作权法增进民主目标的需要；著作权法保障智力创作的继承性和社会性的需要。各国著作权法和国际著作权公约都设置了著作权限制制度，以此平衡著作权人与作品利用者的关系，使著作权法保障作者权益和促进文化发展的双重功能得到实现。

著作权限制通常是指对著作财产权的限制。著作权限制包括合理使用、法定许可、强制许可等制度。

二、合理使用

（一）合理使用概述

合理使用（Fair use，Fair dealing）是国际上通行的著作权术语。其一般含义是指著作权法明文规定的，他人可以不经著作权人许可，不向其支付报酬而对作品的使用。合理使用制度率先由英美法系国家确认。1841年美国法官约瑟夫·斯托里（Joseph Story）在Folsom v. Marsh 案[2]中所作的判决，被认为是历史上第一次对合理使用原则所作的表述，对各国著作权法之合理使用制度产生了深远的影响。合理使用现已成为各国著作权法的通例，并且被著作权国际公约所接纳，成为一项国际规则。[3]

合理使用制度作为著作权限制的范畴，是著作权国际公约和各国、地区著作权法规定的重要内容之一。合理使用实际上是一种自由的、免费的使用，也是对著作权限制最严厉的体现。[4] 合理使用制度在著作权制度中构建了一道"公共蓄水池"，为人们接近、获取与利用知识、信息提供了取之不尽的源泉。因此，在著作权法理论上，合理使用也被纳入著作权法中公共领域范畴，[5] 对于实现著作权法的民主文化目标和公共利益价值取向具有关键性作用。

合理使用的"合理性"，可以从多方面加以认识。例如，从维护公共利益、实现利益平衡的角度看，合理使用是确保著作权法中公众利益之所需；从经济学角度看，合理使用是

---

[1] 参见刘银良：《著作权法中的公众使用权》，载《中国社会科学》2020年第10期。

[2] Folsom v. Marsh. 9F. Cas. 342（C. C. D. Mass. 1841）（No. 4901）.

[3] See Awad, Taysir, "Universalizing Copyright Fair Use: To Copy, or Not to Copy?", *Journal of Intellectual Property Law*, Vol. 30, Issue 1（Fall 2022）, pp. 1-54.

[4] 阳东辉、张晓：《合理使用的性质重解和制度完善》，载《知识产权》2015年第5期。

[5] See Lawrence Lessig, "Re-Craftinga Public Domain", *Yale Journal of Law & the Humanities*, Vol. 18, Supplement-Special Issue 2006（2006）, pp. 56-83.

解决市场失灵、促进无形资源分配的重要法律机制。[1]

合理使用的实质是对著作权人的著作财产权的限制，其基本内容是：无须著作权人的许可，也无须向著作权人付酬。其基本要求有：①限于法律规定的特殊情况的使用；②这种使用"不得影响该作品的正常使用"；③这种使用"不得不合理地损害著作权人的合法权益"。我国《著作权法实施条例》第 21 条体现了这一原则。

现行《著作权法》第 24 条第 1 款吸收了《著作权法实施条例》上述规定。其规定：在特定情况下合理使用作品的行为，应当"指明作者姓名或者名称、作品名称，并且不得影响该作品的正常使用，也不得不合理地损害著作权人的合法权益"。在理论上，这被认为是引进了国际公约规定的三步检验法。[2] 在国际上，《伯尔尼公约》第 9 条 2 款、《世界知识产权组织版权条约》第 10 条对此都作了规定。其中，前者规定：本同盟成员国法律得允许在某些特殊情况下复制上述作品，只要这种复制不损害作品的正常使用、也不致无故侵害作者的合法利益；后者规定：对著作权的任何限制与例外只能限于特殊情况，不得影响作品的正常使用，也不得无故妨碍权利人的合法利益。对比上述规定，可以看出此次修法吸收了国际公约的规定，是我国著作权制度国际化的又一体现。三步检验法的合理性在于：首先，合理使用相对于著作权这一具有专有性的权利而言只是一种特例，并不是普遍的情况；其次，合理使用毕竟是对作品的一种利用形式，这种使用如果影响到受著作权保护作品的正常利用，显然就跨越了使用"合理"的边界范围；最后，合理使用以不侵害著作权人合法权益为前提，如果使用行为侵害了著作权人利益，如构成对受著作权保护作品的市场替代，则不可能是合理的。实际上，2010 年《著作权法》第 22 条部分涉及前述三步检验法的规定，如"不得侵犯著作权人依照本法享有的其他权利"就是体现。此外，现行《著作权法》上述规定既是遵循国际公约的体现，也是优化我国著作权制度体系的反映，因为如前所述，2013 年修改的《著作权法实施条例》第 21 条已有同样的规定。将上述规定整合至立法层级效力更高的现行《著作权法》中，能够更好地适用该原则判定合理使用行为。

从域外著作权立法看，美国《著作权法》第 107 条在总结司法实践经验基础上，规定了合理使用的四项标准，即：①使用的目的和特点，是具有商业特性还是非营利的教育目的；②享有著作权作品的性质，如创造性程度的高低，是否发表；③使用的数量和质量在著作权作品中的比重；④使用对于著作权作品潜在市场的影响。[3] 上述标准对于世界各国著作权法关于合理使用制度的构建和实践产生了重要影响。我国著作权司法实践中，也将其作为判定涉案行为是否为合理使用的参考。

---

[1] 参见 Gordon, Wendy J., "Fair Use as Market Failure: A Structural and Economic Analysis of the Betamax Case and Its Predecessors", *Columbia Law Review*, Vol. 82, Issue 8 (December 1982), pp. 1600-1657; Kennedy, Colin, "An Economic Analysis of Market Failures in Copyright Law: Iatrogenesis and the Fair Use Doctrine", *Wake Forest Journal of Business and Intellectual Property Law*, Vol. 16, Issue 2 (Winter 2016), pp. 208-240.

[2] 张曼：《论 TRIPS 协议中"三步检验法"存废之争和解决途径》，载《暨南学报（哲学社会科学版）》2016 年第 11 期。

[3] See Marcowitz-Bitton, Miriam; Bombach, Dan, "Fair Use as a Market Facilitator", *Akron Law Review*, Vol. 55, Issue 2 (2022), pp. 317~358.; Bedi, Suneal; Schuster, Mike, "Measuring Fair Use's Market Effect", *Wisconsin Law Review*, Vol. 2022, Issue 6 (2022), pp. 1467-1512.

(二) 我国著作权法规定的合理使用的范围

合理使用作为对著作权的限制，各国著作权法一般都规定其仅在一定范围内适用。我国 2010 年《著作权法》第 22 条第 1 款列举了 13 种合理使用的情形。其中，部分内容在 2020 年《著作权法》第 24 条规定中得以完善。以下将对该条第 1 款列举的 13 项内容逐一进行介绍和探讨。

1. 为个人学习、研究或者欣赏，使用他人已经发表的作品。个人学习、研究与欣赏作品，是现实中普遍的作品利用形式，将其规定为合理使用，堪称最严厉的一种著作权限制形式。但它本身也有严格的条件限制：①使用作品的目的是个人学习、研究或者欣赏，而不能存在直接或间接的商业目的；②使用范围限于使用者本人（包括家庭）使用，不能延及第三者和单位；③使用的作品限于已发表的作品。

2. 为介绍、评论某一作品或者说明某一问题，在作品中适当引用他人已经发表的作品。在自己作品中引用他人已发表的作品，应注意引用目的的正当与引用内容的适度。引用的目的，应限于介绍、评论某一作品或说明某一问题，用他人作品中的观点、材料等反映自己的认识，而不能以自己的作品代替他人作品。引用内容、数量应限于少部分，质量上应不包括原作的实质精华。此外，引用应标明作品的名称、出处、作者的姓名，否则将无法确定引用与抄袭的界限。[1]

3. 为报道时事新闻，在报纸、期刊、广播电台、电视台等媒体中不可避免地再现或者引用已经发表的作品。这与《伯尔尼公约》的规定一致。这里的"不可避免"，一般是指被使用的对象处于新闻报道同一特定环境之中等情形，如电视台报道美术展览时再现参展的某些画作。[2]

4. 报纸、期刊、广播电台、电视台等媒体刊登或者播放其他报纸、期刊、广播电台、电视台等媒体已经发表的关于政治、经济、宗教问题的时事性文章，但著作权人声明不许刊登、播放的除外。[3] 这一规定与《伯尔尼公约》第 10 条之二第 1 款的内容一致。

5. 报纸、期刊、广播电台、电视台等媒体刊登或者播放在公共集会上发表的讲话，但作者声明不许刊登、播放的除外。我国《著作权法》规定的这类群众性讲话或其他讲话的范围比其他国家限定的范围要广，其他国家一般将其限制在政治性、行政性、宗教性的演讲范围之内。

6. 为学校课堂教学或者科学研究，翻译、改编、汇编、播放或者少量复制已经发表的作品，供教学或者科学研究人员使用，但不得出版发行。课堂教学与科学研究事关人才培养、国家民族文化素质的提高以及学术、技术创新能力的提升，因而承载着重要的公共利益。著作权法理应为基于这类目的使用作品的行为提供便利。各国著作权法对教学科研领域使用作品都规定了合理使用制度，以利于科学文化事业的发展。现行《著作权法》这一规定，应从以下几方面把握：

①使用目的限于学校课堂教学或者科学研究，包括全日制普通学校和各类业务学校的

---

[1] 参见新疆维吾尔自治区乌鲁木齐市中级人民法院（2017）新 01 民初 340 号民事判决书（侵害作品署名权、发行权、保护作品完整权纠纷案）。

[2] 参见青海省高级人民法院（2019）青民终 71 号民事判决书（侵犯作品信息网络传播权纠纷案）。

[3] 2010 年《著作权法》的相应规定为"作者声明不许刊登、播放的除外"。2020 年《著作权法》修改的原因在于，在有的情况下作者并非著作权人。

面授教学，即教师与学生在教室、实验室、电教室等场所进行的面对面的教学，不包括函授、广播与电视教学。②使用手段限于翻译、改编、汇编、播放或者少量复制，不得用于营利。"少量"包括使用的份数和所用部分占原作品的份额，应以满足学校课堂教学和科学研究的实际需要为准，不能是多份复制或整本复制。值得指出的是，2010年《著作权法》第22条第1款第6项规定，为学校课堂教学或者科学研究，翻译或者少量复制已经发表的作品，供教学或者科研人员使用，但不得出版发行，属于合理使用行为。现行《著作权法》第24条第1款第6项则将上述"翻译或者少量复制"扩大为"翻译、改编、汇编、播放或者少量复制"，这样就为基于上述目的使用作品提供了更大的便利。在学校课堂教学或者科学研究中，也经常需要改编、汇编或播放他人享有著作权的作品。本次修法增加上述使用行为类型，也是对现实需要的回应。③使用人仅限于教学或者科研人员，并且不得用于出版发行，也不得用于学生学习使用。如果影印他人著作发给学生作教材使用，即使没有营利目的，也会影响该作品潜在市场价值，不属于合理使用。[1]

7. 国家机关为执行公务在合理范围内使用已经发表的作品。这里的国家机关限于国家立法、行政、司法机关，而不包括国有企事业单位；使用的目的应当是执行公务的需要，不能用于其他目的；使用应限于合理范围内，一般应限定为复制与翻译，不应包括表演、改编、整理等其他方式。

8. 图书馆、档案馆、纪念馆、博物馆、美术馆、文化馆等为陈列或者保存版本的需要，复制本馆收藏的作品。图书馆、档案馆、纪念馆、博物馆、美术馆、文化馆等公共文化机构承担着传播公共文化，满足公民日益增长的文化生活需要的使命。这是唯一不限于已发表作品的合理使用情形。它应符合以下条件：①复制目的限于陈列或者保存版本的需要，不得用于借阅、出租、销售等。②复制的数量必须严格限制在最低限度内。③对于未发表作品，如果作者不愿将其公之于众，就不能为陈列目的而复制，只能为保存版本需要而复制。至于图书馆等为满足公众需要而复制馆藏作品，或者为丰富馆藏需要而复制其他馆藏作品，不属于本项合理使用之列。值得指出的是，2020年《著作权法》第三次修改时，扩大了为陈列或者保存版本的需要而合理使用公共文化机构的范围。即在"美术馆"后增加了"文化馆"。这样就为我国众多的文化馆为陈列或者保存版本的需要而复制本馆收藏的作品提供了法律依据，有利于文化馆更好地提供作品服务。

不过，需要进一步看到的是，上述规定为图书馆等公共文化服务机构赋予的合理使用的范围仍然过窄，不利于这些公共文化机构充分发挥其传播作品的公共文化职能。尤其是在数字和信息网络技术迅猛发展的当今，数字图书馆异军突起，如何在确保著作权人合法权益的前提下便利于图书馆等公共文化机构针对享有著作权的作品提供公共服务，值得深入探讨。为此，建议深入研究近些年来我国涉及图书馆等公共文化机构相关的著作权案例，以及国外著作权法关于图书馆等公共文化机构合理使用等著作权限制的规定，改革图书馆等公共文化机构合理使用制度，以更好地实现著作权保护与维护公共利益的平衡。

9. 免费表演已经发表的作品。这里的"免费表演"，包括未向公众收取费用，也未向表演者支付报酬。即：①不得有直接或间接的营利目的；②不得向观众、听众收取费用；

---

[1] 参见天津市第二中级人民法院（2018）津02民终5518号民事判决书（侵害作品信息网络传播权纠纷案）；湖南省长沙市天心区人民法院（1997）天民初字第367号民事判决书（著作权侵权纠纷案）；北京互联网法院（2020）京0491民初34134号民事判决书（著作权侵权纠纷案）。

③不得向表演者支付报酬,包括变相报酬。此外,被表演的作品必须是已发表的作品。在实践中,存在以免费表演为名、通过广告等形式变相获利的情形。基于此,现行《著作权法》在2010年《著作权法》规定基础上增加了"不以营利为目的"的限制性规定。具体规定是"免费表演已经发表的作品,该表演未向公众收取费用,也未向表演者支付报酬,且不以营利为目的"。

10. 对设置或陈列在公共场所的艺术作品进行临摹、绘画、摄影、录像。此时需要满足的条件包括:①艺术作品必须设置或陈列在公众可以到达的公共场所;②使用方式只能是临摹、绘画、摄影、录像。至于将这些作品临摹、绘画、摄影、录像后是否能用于营利目的,我国《著作权法》未作规定,有些国家则明确规定这不能视为合理使用。

值得指出的是,在2010年《著作权法》相应规定中,"公共场所"限于"室外公共场所"。也就是说,"室内公共场所"不在上述合理使用之列。实际上,无论是室外公共场所还是室内公共场所,都是公共场所。在这些公共场所设置或陈列的艺术作品,如雕塑、绘画、书法等艺术作品,其具有较强的公共利益属性。为便利人们分享文化艺术成果、享受生活的美好,对于这些设置在公共场所的艺术作品进行临摹、绘画、摄影、录像,应当纳入合理使用范围。基于此,2020年《著作权法》第三次修改时,取消了公共场所的"室外"限制。这样就将室外公共场所扩大到室内公共场所,有利于人们更便利地分享公共场所艺术作品。

关于上述合理使用,应当严格掌握适用条件并排除以营利为目的的使用行为。[1] 在著作权司法实践中,即对此予以确认。例如,在某市公共交通总公司诉自贡市某广告灯饰公司侵犯著作权纠纷案[2]中,一审法院认定被告未经原告许可将原告制作的"希望之光"大型灯组录像镜头自制成"天上彩虹、人间霓虹"的商业性电视广告,同时在某电视台播放,为推销自己的"五星牌霓虹灯"产品作广告宣传。"希望之光"美术作品是专门为参加灯会创作的,灯会结束后,原告将该作品运回存放,不另在室外公共场所设置或陈列,因而不应将其认定为"设置或者陈列在室外公共场所的艺术作品"。此外,在上述合理使用中,社会公众一般并不知晓艺术作品的作者身份,因而不具有当然的署名的义务。但是,针对特定的主体而言,仍然存在署名的义务。[3]

11. 将中国公民、法人或者非法人组织已经发表的以国家通用语言文字创作的作品翻译成少数民族语言文字作品在国内出版发行。这是我国特有的一种著作权限制。它要求:①仅适用于中国公民、法人或者非法人组织已经发表的以国家通用语言文字创作的作品,将外国人已经发表的以国家通用语言文字创作的作品翻译成少数民族文字出版发行的,不在此列;②翻译的作品只能在我国境内出版发行,在国外出版发行的不在此列。

我国是一个统一的多民族国家,其中少数民族地区因为历史文化等原因,在文化发展方面仍然存在一定差距。为了扶持我国少数民族文化发展,在著作权制度设计与安排上,需要适当给予照顾与倾斜。这也是我国著作权制度本土化特色的重要体现。同时,它也体

---

[1] 根据《审理著作权民事案件适用法律解释》第18条第2款规定:对设置或者陈列在室外社会公众活动处所的雕塑、绘画、书法等艺术作品的临摹、绘画、摄影、录像人,可以对其成果以合理的方式和范围再行使用,不构成侵权。
[2] 四川省自贡市中级人民法院(1994)自民初字第2号民事判决书。
[3] 参见最高人民法院(2013)民提字第15号民事判决书(侵害著作权纠纷案)。

现了我国扶持少数民族发展的民族政策与著作权制度特有的人文精神。2010年《著作权法》第22条第1款第11项规定，"将中国公民、法人或者其他组织已经发表的以汉语言文字创作的作品翻译成少数民族语言文字作品在国内出版发行"，属于合理使用。现行《著作权法》第24条第1款第11项则将上述"以汉语言文字创作的作品"修改为"以国家通用语言文字创作的作品"。其原因在于，随着经济社会发展，国家通用语言文字可能增加，而不完全限于汉语言文字，上述修改有利于更多的语言文字被翻译成少数民族语言文字并在国内出版发行。

12. 以阅读障碍者能够感知的无障碍方式向其提供已经发表的作品。这是为保障阅读障碍者学习文化知识而设立的制度。当然，以阅读障碍者能够感知的无障碍方式向其提供已经发表的作品，仍应提及作者姓名、作品名称，并不得歪曲、篡改原作。

阅读障碍者是身体具有某种障碍，如盲人、聋哑人等。阅读障碍者基于身体某方面的缺陷，接近与利用受著作权保护作品较之于正常人会存在一定困难。正是基于此，很多国家和地区著作权法从人道主义和人文关怀的角度，为其提供了特殊形式的合理使用制度。我国《著作权法》也不例外。从1990年《著作权法》至2010年《著作权法》，一直规定了盲文出版的合理使用制度。例如，2010年《著作权法》第22条第1款第12项规定，"将已经发表的作品改成盲文出版"，属于合理使用。不过，上述规定也存在一定的问题，特别是随着经济社会与技术的发展，阅读障碍者不限于盲人，其获取与利用受著作权保护的作品也不限于盲文读物，而可以是以其能够感知的其他无障碍方式。实际上，2013年通过的《马拉喀什条约》在《残疾人权利公约》规定的基础上，针对阅读障碍者这一特殊群体使用作品行为规定了特殊待遇。基于此，现行《著作权法》第24条第1款第12项规定，"以阅读障碍者能够感知的无障碍方式向其提供已经发表的作品"属于合理使用。[1]

需要进一步看到的是，本次修法固然改进了原先针对盲文出版的合理使用制度，规定以阅读障碍者能够感知的无障碍方式向其提供已经发表的作品属于合理使用，但该规定没有考虑到阅读障碍者以外的其他体障者的合理使用，如聋哑人就属于这种情况。我国人口众多，聋哑人数量也较大，在设计合理使用制度时，也应考虑这部分人的学习知识和接触信息的合法利益，规定相应的合理使用制度。

13. 法律、行政法规规定的其他情形。这是关于合理使用的兜底性规定。兜底性规定在法律规定中十分常见。其原因在于避免前面列举的内容挂一漏万，增加法律规定的可操作性，以便更好地应对现实生活中的各种情况，使法律规定更好地解决现实问题。我国《著作权法》也不例外。如前所述，现行《著作权法》第3条增加了兜底条款。在第三次修法中，对于合理使用条款规定中是否应增加兜底性规定，存在很大争议。赞成者认为，现行法关于合理使用的规定属于封闭式规定，过于僵化，难以适应现实中的各种情况，给司法实践中法官适用法律造成了很大困扰，因而应增加具有开放性的兜底性规定。反对者则认为，著作权是一种法定的权利，对于合理使用这一著作权限制的形式也应予以法定，否则将严重动摇著作权的法定性。同时，增加开放式兜底性规定也不利于司法裁判标准的统一，因为不同法官对于同样的情形是否属于合理使用会存在不同认识和观点。最终，现行《著作权法》第24条第1款第13项规定"法律、行政法规规定的其他情形"属于合理使用。

需指出的是，在《著作权法》第三次修改过程中，不同草案版本对于是否应增加兜底

---

〔1〕 参见杨利华：《〈马拉喀什条约〉与我国著作权限制制度之完善》，载《中国出版》2021年第23期。

性规定以及如何规定也不一致。其中，2014 年《著作权法（修订草案送审稿）》第 43 条第 1 款第 13 项主张增列兜底性规定，具体规定为"其他情形"；2020 年 4 月修正案草案一次送审稿则取消了兜底性规定。本书认为，现行《著作权法》的规定严格地说属于半开放式，因为在法律、行政法规未予规定的情况下，仍然是封闭的。不过，其较之于 2010 年《著作权法》的规定有一定的进步意义。此外，根据修改后的兜底性质规定，"法律、行政法规规定的其他情形"同样应当符合前面列举的合理使用行为的特征和要求，而不能作出过于宽泛的解释，以免不适当地损害著作权人的利益。

关于《著作权法》中上述合理使用制度，总的来说，现实中人们使用作品的行为形形色色，著作权法对合理使用行为的列举，不可能概括符合合理使用制度宗旨的所有作品使用行为，而且合理使用在实践中往往作为著作权侵权的抗辩事由[1]出现，因此需要根据合理使用制度的宗旨，结合著作权法关于合理使用的判断标准，[2]来分析具体的作品使用行为是否为合理使用。[3]

(三) 关于信息网络环境下合理使用制度问题

当前，数字和信息网络技术飞速发展，大数据、人工智能技术也日新月异，对享有著作权作品的存储、传播和利用都产生了深远的影响。在信息网络环境下，一方面，著作权人能够更好地实现其著作权，因为互联网为著作权人提供了新的市场机会；另一方面，著作权人也会面临更多的侵权威胁，而且这些侵权行为往往具有隐蔽性和复杂性，权利人难以发现侵权和及时固定证据。但无论如何，信息网络空间的出现并未从根本上改变著作权制度的基本原理，只不过需要在信息网络空间重构著作权保护与限制的利益平衡机制。在加强著作权保护方面，现行《著作权法》的规定体现为明确信息网络传播权，其中广播组织的信息网络传播权属于新增的权利内容；同时，规定了技术措施与权利管理信息保护制度等。这些问题将在后面的章节中继续探讨。在权利限制方面，现行《著作权法》对于信息网络传播权的限制未作规定，只是对技术措施的保护作出了限制性规定。这一限制性规定，主要是针对《信息网络传播权保护条例》的相关规定所作的改进。在当前我国著作权立法仍然保持基础法律加上若干条例的格局下，信息网络传播权的限制仍然是通过修改《信息网络传播权保护条例》的规定的形式加以实现的。从《信息网络传播权保护条例》第 6 条和第 7 条等对信息网络传播权的限制性规定，尤其是合理使用规定来看，规定的内容仍然稍显简单，不能充分适应信息网络技术发展的需要。其中，信息网络环境下的很多行为，需要在该条例中做出回应。例如，以下较为典型的行为需要规范：现行《著作权法》第 24 条第 1 款第 3 项至第 5 项的行为拓展到信息网络空间；信息网络环境下享有著作权作品的转载行为的定性与法律规制；信息网络环境下临时复制行为的规制；信息网络环境下私人复制行为的规制；[4]信息网络环境下默示许可；信息网络环境下平台著作权侵权责任

---

[1] 英美判例法中，发展了"实质性非侵权用途"的侵权抗辩原则，具有较大影响。See Sony Corp. of Am. v. Universal City Studios, Inc., 464 U.S. 417 (1984).

[2] 详见冯晓青：《著作权法》，法律出版社 2022 年版，第 180 页；Lenz v. Universal Music Corp., 815 F. 3d 1145 (9th Cir. 2016).

[3] 参见北京市高级人民法院 (2021) 京 73 民终 2496 号民事判决书（侵害作品信息网络传播权纠纷案）；北京市高级人民法院 (2022) 京民再 62 号民事判决书（侵害作品信息网络传播权纠纷案）。

[4] 参见杨明：《私人复制的著作权法制度应对：从机械复制到云服务》，载《中国法学》2021 年第 1 期。

的豁免等。[1]针对信息网络环境下的著作权限制，还需要注意紧跟信息网络技术发展的步伐，针对信息网络技术的最新发展及时作出法律上的回应。

（四）合理使用制度的新发展——转换性使用[2]

转换性使用理论是近些年来美国司法实践中出现的关于合理使用行为判断的重要进展。其源于 Campbell v. Acuff-Rose Music, Inc. 案。[3] 在该案中，苏尔特（Souter）法官首次将这一概念引入美国司法判例，认为在判断被告行为是否构成合理使用时，"使用的性质与目的"分析的关键在于"新作品是否以不同的目的或性质增加了新的东西，以新的表达、意义或者信息改变了原作品；换言之，它探求作品是否以及在多大程度上是转换性的"，以"不同的目的或性质"增加了新的东西。[4] 在我国，关于转换性使用的理论研究也逐渐引起关注，司法实践中也有案例涉及对转换性使用理论的适用。

（五）关于相关权的限制

依《著作权法》第24条第2款的规定，"前款规定适用于对与著作权有关的权利的限制"。也就是说，对出版者、表演者、录音录像制作者、广播电台、电视台等相关权主体的权利限制，适用于上述第1款的规定。原因在于，相关权同样不是一种绝对性的权利，而是一种受到限制的相对的权利。加之相关权本身是一种受著作权制约的派生权利，相关权不是一种绝对权，故相关权保护不是没有限制的。正因如此，《罗马公约》第15条第2款规定，缔约国可以对表演者、录音制品制作者和广播组织的保护，规定与该法律和规章给予文学和艺术作品保护规定相同的种类的限制。《世界知识产权组织表演和录音制品条约》第16条第1款也规定，缔约方在其国内立法中，可在对表演者和录音制品制作者的保护方面规定与其国内立法中对文学和艺术作品的著作权保护所规定的相同种类的限制或例外。[5]

以下不妨结合现行《著作权法》的规定，阐述对相关权的限制问题：[6]

现行《著作权法》第39条第1款第4项规定，表演者对其表演，享有许可他人录音录像，并获得报酬的权利。但是，如果对表演者的表演进行录音或录像只是为了个人学习、研究或者欣赏的目的，就不需要征得表演者许可和付酬。

现行《著作权法》第39条第1款第5项规定，表演者享有许可他人复制、发行、出租录有其表演的录音录像制品，并获得报酬的权利。但如果进行录音录像是为了在音乐学院的课堂教学，或者为了个人学习、研究或者欣赏，就不必征得表演者的授权并支付报酬。

现行《著作权法》第44条第1款规定，录音录像制作者对其制作的录音录像制品，享有许可他人复制、发行、出租、通过信息网络向公众传播并获得报酬的权利。但如果复制

---

[1] 参见袁锋：《元宇宙空间著作权合理使用制度的困境与出路——以转换性使用的界定与适用为视角》，载《东方法学》2022年第2期；林秀芹：《人工智能时代著作权合理使用制度的重塑》，载《法学研究》2021年第6期。

[2] 选自冯晓青、刁佳星：《转换性使用与版权侵权边界研究——基于市场主义与功能主义分析视角》，载《湖南大学学报（社会科学版）》2019年第5期。

[3] 510 U. S. 569 (1994).

[4] 参见 Chen, Madelyn, "An Intentionalist Proposal to Reform the Transformative Use Doctrine", *Journal of Intellectual Property Law*, Vol. 30, Issue 1 (Fall 2022), pp. 55-111.

[5] 冯晓青：《著作权法》，法律出版社2022年版，第258页。

[6] 冯晓青：《著作权法》，法律出版社2022年版，第259~260页。

该录音录像制品是为了在音乐学院或舞蹈学院进行课堂教学或者科学研究，为了报道时事新闻，为了个人学习、研究或者欣赏，或者是国家机关为执行公务的需要，就不必征得录音录像制作者的同意，不向其和表演者支付报酬。

现行《著作权法》第47条规定，广播电台、电视台有权禁止未经其许可的下列行为：将其播放的广播、电视以有线或者无线方式转播；将其播放的广播、电视录制以及复制；将其播放的广播、电视通过信息网络向公众传播。但是，其他广播电台、电视台转播该广播、电视的一部分是为了报道时事新闻，或者为个人学习、研究或者欣赏的需要将其播放的广播、电视录制下来，就不必取得广播电台、电视台的许可，也不必支付报酬。

现行《著作权法》第48条规定，电视台播放他人的视听作品、录像制品，应当取得视听作品著作权人或者录像制作者许可，并支付报酬；播放他人的录像制品，还应当取得著作权人许可，并支付报酬。但是，如果其他电视台为了介绍、评论某一影片、电视节目，或者为了播送时事新闻的需要，使用视听作品、录像制品的某个片段，就不必取得视听作品著作权人或者录像制作者许可，也无须支付报酬。此外，《计算机软件保护条例》第16条、第17条对软件著作权也规定了限制条款。

三、法定许可

(一) 法定许可概述

法定许可（Statutory license），又称非自愿许可，与自愿许可相对。这里的自愿许可，是指著作权人与作品使用人以自愿、平等的方式协商作品使用事宜。法定许可则是指根据著作权法的直接规定，可以不经著作权人的许可而以一定方式使用享有著作权的作品但应向著作权人支付报酬。法定许可一般只适用于邻接权主体，即作品传播者；法定许可使用的作品限于已发表作品；法定许可使用人应依法向著作权人支付报酬，并尊重其各项人身权利和财产权利。

法定许可制度不同于前述合理使用制度，其侧重于传播作品，并且不排除营利性目的。[1] 法定许可制度的合理性可以从法经济学角度加以理解：基于效率和避免市场交易失败考虑，在一定情况下使用受著作权保护的作品，不需要征得著作权同意，否则将妨碍作品的传播和利用。[2] 至于法定许可制度下确保著作权人的获酬权，则是基于维护著作权人的基本财产利益和利益平衡考虑。

法定许可是现代著作权法普遍采取的制度，其目的在于鼓励和促进作品的使用和传播，维护作品传播者和使用者的合法利益，协调作者个人利益与社会利益的关系。法定许可的理论依据在于：①它对著作权人的权益无甚损害，著作权人通常不会反对将已合法发表的作品重复进行营利目的的使用并取得报酬；②它可以简化授权使用手续，节省人力、物力，促进作品及时传播，满足广大公众文化生活需要。

法定许可与合理使用尽管都属于著作权限制制度，但彼此具有显著的区别：①法定许可下著作权人的获酬权仍然存在，合理使用则无须付酬；②适用法定许可的只能是著作权人未声明不许使用的作品，合理使用没有这种限制；③法定许可多适用于具有商业目的的作品传播行为，合理使用一般限于非商业目的。

---

〔1〕 付继存：《著作权法定许可的立法论证原则》，载《学术交流》2017年第9期。

〔2〕 熊琦：《著作权法定许可的正当性解构与制度替代》，载《知识产权》2011年第6期。

(二) 法定许可的范围

各国对法定许可规定的范围包括录制权、表演权、播放权等。根据我国《著作权法》的相关规定，法定许可包括以下几种情况：

1. 教科书使用的法定许可。2010年《著作权法》第23条第1款规定：为实施九年制义务教育和国家教育规划而编写出版教科书，除作者事先声明不许使用的外，可以不经著作权人许可，在教科书中汇编已经发表的作品片段或者短小的文字作品、音乐作品或者单幅的美术作品、摄影作品，但应当按照规定支付报酬，指明作者姓名、作品名称，并且不得侵犯著作权人依照本法享有的其他权利。将编写教材使用他人作品归入法定许可范畴，便于有关教科书的编纂者能更好地利用已发表作品编纂出高质量的教材，满足国家教育事业发展和人才培养的需要。

现行《著作权法》第25条第1款则删除了上述"九年制"；在摄影作品后增加"图形作品"；在"支付报酬"前增加"向著作权人"、在"作者姓名"后增加"或者名称"。上述修改，主要是为了适应我国义务教育制需要，便利开展义务教育，适当拓宽使用作品的范围。具体而言，现行《著作权法》第25条第1款规定："为实施义务教育和国家教育规划而编写出版教科书，可以不经著作权人许可，在教科书中汇编已经发表的作品片段或者短小的文字作品、音乐作品或者单幅的美术作品、摄影作品、图形作品，但应当按照规定向著作权人支付报酬，指明作者姓名或者名称、作品名称，并且不得侵犯著作权人依照本法享有的其他权利。"

2. 报刊转载的法定许可。如前所述，根据《著作权法》第35条第2款的规定，作品刊登后，除著作权人声明不得转载、摘编的外，其他报刊可以转载或者作为文摘、资料刊登，但应当按照规定向著作权人支付报酬。这主要涉及权利人的复制权和发行权，这一规定有利于优秀作品通过多种报刊广泛传播，让更多的公众了解作品。[1]

根据现行《著作权法》上述规定，报刊转载法定许可应符合以下条件：其一，转载、刊登的媒体均为国家批准的报刊，而不能是图书出版社、网络媒体等。其二，转载或者刊登的报刊负有向著作权人支付报酬的义务。其三，限于著作权人未声明禁止转载、摘编的作品。根据前述《著作权法实施条例》第30条规定，著作权人声明不得摘编时，应当在报刊发表作品时作出声明，而不能在发表后声明。其四，报刊转载或摘登其他报刊发表的作品后，应当表明作者姓名或者名称、作品名称，并不得侵犯著作权人享有的其他权利。例如，摘登时不能断章取义、歪曲、篡改作品原意。根据《审理著作权民事案件适用法律解释》第17条规定，《著作权法》规定的转载，是指报纸、期刊登载其他报刊已发表作品的行为。转载未注明被转载作品的作者和最初登载的报刊出处的，应当承担消除影响、赔礼道歉等民事责任。[2]

3. 制作录音制品的法定许可。法定许可制度除了适用于著作权限制，也适用于与著作权有关的权利的限制。现行《著作权法》第42条第2款规定："录音制作者使用他人已经合法录制为录音制品的音乐作品制作录音制品，可以不经著作权人许可，但应当按照规定支付报酬；著作权人声明不许使用的不得使用。"这一规定与《伯尔尼公约》第13条的规定相符，有利于录音制作者对更多的音乐作品进行录音制作，使社会公众接触更多的音乐

---

[1] 参见重庆市第一中级人民法院（2012）渝一中法民初字第00303号民事判决书（侵犯著作权纠纷案）。
[2] 冯晓青：《著作权法》，法律出版社2022年版，第196~197页。

作品，并防止个别著作权人垄断录音制品市场。在这一法定许可制度下，著作权人仍享有获酬权，能够从音乐作品的迅速录制和传播中获得更多的回报。不过，在录音制品涉及的音乐作品著作权、表演者权、录音录像制作者权中，法定许可的是著作权，而不是表演者权和录音录像制作者权。[1]

4. 录音制品用于有线或者无线公开传播或者通过传送声音的技术设备向公众公开播送的法定许可。播放已发表录音制品的法定许可，涉及对著作权人、表演者、录音制作者权利的限制。我国 2001 年《著作权法》第 43 条改变了此前广播电台、电视台"法定免费使用"录音制品的规定，参照《伯尔尼公约》第 11 条之二的规定，将广播电台、电视台播放已经出版的录音制品纳入法定许可的范畴，以维护著作权人的获酬权。2010 年《著作权法》第 44 条维持了前述规定："广播电台、电视台播放已经出版的录音制品，可以不经著作权人许可，但应当支付报酬"。[2] 现行《著作权法》则删除了该规定。同时，在其第 45 条规定："将录音制品用于有线或者无线公开传播，或者通过传送声音的技术设备向公众公开播送的，应当向录音制作者支付报酬。"这就是前面已探讨的本次修法中新增的录音制品广播与机械表演获酬权制度。这一制度也可以认为是建立了一种新的法定许可制度。[3] 其有利于协调录音制品制作者和广播组织之间的利益关系，在保障录音制品制作者权益基础上，促进录音制品开发和利用。

与录音制品经常一同讨论的录像制品和视听作品，也值得注意。如前所述，根据《著作权法》第 48 条的规定，电视台播放他人的视听作品、录像制品，应当取得视听作品著作权人或者录像制作者许可，并支付报酬；播放他人的录像制品，还应当取得著作权人许可，并支付报酬。所以，其不适用法定许可制度。

此外，上述法定使用制度中，部分制度要求以权利人未声明不得使用为前提，如果著作权人声明不得使用，则不能法定使用他人的著作权及相关权利。

四、其他限制

根据有关国际公约和各国著作权法，除了合理使用和法定许可，著作权限制还包括强制许可、权利穷竭、公共秩序保留等。

（一）强制许可

强制许可（Compulsory licence）是指作品使用人在著作权人没有正当理由拒绝授权其使用作品的情况下，为了教学、科学研究需要，可向政府主管部门申请颁发强制许可证，以强制使用其作品，但应按规定向著作权人支付报酬，并且不得损害著作权人享有的其他权利。它是为防止著作权人滥用权利，促进文化科学事业的发展而设立的一种制度。

强制许可与法定许可都具有强制性，无须取得著作权人同意，但应支付报酬。但是，法定许可是直接依法许可，使用人无特定的范围，使用也无须办理申请手续；强制许可则应由作品的特定使用人提出申请，经主管机关批准才能使用；强制许可对使用者的数量和范围都存在一定限制。法定许可多适用于国内作品，强制许可多适用于国外作品。

---

[1] 参见最高人民法院（2008）民提字第 57 号民事判决书（著作权侵权纠纷案）；北京市西城区人民法院（2012）西民初字第 14070 号民事判决书（著作权权属、侵权纠纷案）。

[2] 参见北京知识产权法院（2015）京知民终字第 122 号民事判决书（著作权权属、侵权纠纷案）。

[3] 杜娟：《我国录音制品法定许可规则完善研究》，载《电子知识产权》2020 年第 8 期。参见焦和平：《〈著作权法〉第 43 条与第 44 条之冲突及解决——兼论"播放作品法定许可"的规定之完善》，载《知识产权》2016 年第 4 期。

《伯尔尼公约》和很多国家著作权法都有强制许可制度。我国《著作权法》虽然没有规定强制许可制度，但作为《伯尔尼公约》成员国，从理论上讲，可以享受公约规定的强制许可待遇。但是，在对强制许可制度的条款予以保留时，则不适用其规定。

（二）权利穷竭

权利穷竭（Exhaustion of rights），又称发行权穷竭，是指当著作权人或者其许可的人发表其作品后，他人对该作品原件或复制件的进一步转售行为，不再受著作权人的控制。也就是说，著作权人将其权利行使一次后便告用尽、不能再行使该权利。它仅适用于著作财产权中的发行权，即权利人一旦将作品出版发行，即失去了对作品进一步销售的控制权。权利穷竭原则有利于协调著作权保护和附载著作权的有体物的自由流通之间的矛盾，促进商品的自由流通。基于此，各国、各地区著作权法中均认可著作权穷竭这一原则。一些国家还明确规定了著作权穷竭制度。例如，1974 年前联邦德国《著作权法》规定，如果原件及其复制品在法律规定的范围内经作品权利人同意已经销售，就应当允许进一步销售发行。权利穷竭只适用于著作权人自己或许可他人销售的作品及其复制品，对他人擅自销售部分，仍享有市场流通的控制权。[1]

根据《伯尔尼公约》有关"进口权"的规定，权利穷竭原则不适用于涉外著作权贸易。例如，中国某著作权人许可其作品在美国复制发行，他人将这些复制品在美国投入市场后转售到加拿大，就会侵犯他在加拿大享有的发行权，因为该著作权人并未许可第三者在加拿大复制发行其作品。[2]

就我国著作权立法而言，一直没有像《专利法》一样，明确规定权利穷竭原则。但是，在著作权司法实践中，并不乏涉及权利穷竭的案件。[3] 现行《著作权法》仍然没有引入权利穷竭原则，不利于著作权司法实践中为该原则的适用提供明确的法律依据。因此，建议未来在改革我国著作权制度时，法律中应明确规定著作权穷竭制度。

还需要指出，在当前信息网络技术迅猛发展的新形势下，享有著作权的作品的数字传输是否仍然适用著作权穷竭原则，值得深入探讨。从国际立法看，欧盟涉及数字著作权保护的指令已对此进行了明确，司法实践中也有体现。我国《著作权法》由于对一般情况下的著作权穷竭原则都没有作出规定，遑论规定数字环境下的著作权穷竭原则。[4] 因此，本书建议适当加强对数字环境下权利穷竭原则的适用的研究，[5] 包括运用区块链技术的研究，旨在使著作权法更好地适应数字技术和数字产品市场发展的需要。

（三）公共秩序保留（禁止滥用著作权）

公共秩序保留，也称公共利益保留，是指著作权人行使著作权不得违反社会公共秩序

---

[1] 参见 Bobbs-Merrill Co. v. Straus, 210 U.S. 339 (1908)（确认发行权穷竭原则）。

[2] 实际上，权利穷竭还涉及国家或国际范围内的问题。通常认为，权利穷竭限于本国、地区范围内。国际穷竭则涉及更复杂的平行进口问题。See Kikkis, Ioannis, "International Exhaustion of Copyright versus Regional/National Exhaustion", *Romanian Journal of Intellectual Property Law*, Vol. 2022, Issue 4 (2022), pp. 17-31.

[3] 参见浙江省杭州市中级人民法院（2022）浙01民终5272号民事判决书（侵害作品信息网络传播权纠纷案）；江苏省南京市中级人民法院（2005）（2017）苏01民终8048号民事判决书（著作权权属、侵权纠纷案）。

[4] 国外案例，详见 Capitol Records, LLC v. ReDigi Inc., 934 F. Supp. 2d 640 (S.D.N.Y. 2013)（明确数字环境下发行权穷竭的适用）。

[5] See Durham, Joshua L., "Creating True Digital Ownership with the 'First Sale' Doctrine", *Wake Forest Journal of Business and Intellectual Property Law*, Vol. 23, Issue 3 (Winter 2022), pp. 136-163.

或利益。这是各国著作权法和有关国际公约普遍确认的原则。一般规定，低级下流、欺骗公众、诽谤他人、蔑视法律的作品，是违反公共秩序的作品，不得出版、发行或以其他方式传播。有的国家规定，为了社会公共利益，国家或国家授权的机关可以不经著作权人同意而强制行使作品的著作权。如保加利亚《著作权法》第23条规定，只要对社会公共利益有重大影响，法院即有权在著作权人禁止使用的情况下，判决使用任何已经发表的作品。

公共秩序保留原则，体现了著作权法对公共利益的关注和实现公共利益的价值取向。[1] 著作权法中存在着广泛的公共利益，它也是最终促进公共利益的重要手段。从这个意义上看，可以根据公共利益来定义以研究著作权法及其相关的政策问题。著作权法具有促进公共利益的目标，它对著作权的过度保护会对著作权法所要实现的公共利益产生损害。著作权法本身也涉及重要的公共利益问题。公共利益在著作权法研究中具有重要地位，甚至可以公共利益为核心来指导著作权法的概念性框架。我国《著作权法》第4条也规定，著作权人和与著作权有关的权利人行使权利，不得违反宪法和法律，不得损害公共利益。这一规定体现了著作权法对保护公共利益的关注和维护私人利益与公共利益平衡的重要性。[2]

实际上，对于著作权滥用行为的规制，也体现了著作权法和相关的竞争法对于维护公共利益和公平竞争秩序的考量。[3] 在著作权实践中，权利人滥用权利，从而构成对他人合法权益和社会公共利益损害的事件并非罕见。因此，对于著作权的保护不应绝对化，当著作权人不正当行使权利，以致构成著作权滥用时，即可能触犯我国《反垄断法》。为了规制著作权滥用，防止著作权滥用行为影响作品的正常传播，在《著作权法修正案（草案）征求意见》2020年4月一次审议稿增加了"不得滥用权利影响作品的正常传播"的规定。并且，其相应地新增了滥用权利应承担的行政责任。对此，2020年4月26日公布的《关于〈中华人民共和国著作权法修正案（草案）〉的说明》，在"加大著作权执法力度和对侵权行为的处罚力度"部分明确指出："增加滥用著作权或者与著作权有关的权利、扰乱传播秩序的行为的法律责任，进一步明确侵犯著作权损害公共利益行为的法律责任"。

上述草案公布后，其中第50条关于著作权滥用承担较为严厉的行政责任的规定一时引起了极大争议。主流观点认为，著作权法是以保护著作权为基本定位和目标的法律，上述规定则反过来规定了著作权人应承担较为严厉的行政责任，与著作权法保护著作权的价值取向背道而驰，且缺乏可行性，在实践中容易被被控侵权人和行政管理部门滥用，故应当予以取消。在充分了解社会各界的观点和认识的基础之上，2020年8月8日全国人民代表大会宪法和法律委员会关于《著作权法修正案（草案）征求意见》修改情况的汇报，明确建议取消上述第50条规定。在最后公布的现行法中，则不仅取消了上述第50条规定，第4条除了将著作权扩大到"与著作权有关的权利人"外，其他规定和修法前相同。换言之，本次修法，最终没有涉及著作权滥用方面的问题。但同样值得关注的是，2020年修改的现行《专利法》第20条则新增了专利权滥用的反垄断法规制制度。为此，建议《著作权法》

---

〔1〕 See Pangle, Matthew L., "A Modern Reconceptualization of Copyrights as Public Rights", *Vanderbilt Journal of Entertainment & Technology Law*, Vol. 24, Issue 3（Spring 2022）, pp. 487-534.

〔2〕 冯晓青：《知识产权法利益平衡理论》，中国政法大学出版社2006年版，第315页。

〔3〕 参见 Morton Salt Co. v. G. S. Suppiger Co., 314 U.S. 492（1942）；Mitchell Bros. Film Group v. Cinema Adult Theater, 604 F. 2d at 865；Lasercomb America, Inc. v. Reynolds, 911 F. 2d 970（4th Cir. 1990）；浙江省义乌市人民法院（2022）浙0782民初2790号民事判决书（侵害作品信息网络传播权纠纷案）。

在进一步修正时，仍然要增加对规制著作权滥用的原则性规定，以宣示对这一行为的否定性评价，并便于为规制著作权滥用司法实践提供具体的法律依据。

本章案例研讨

12-1（总第21）：教材适当引用的构成要件
——孙某与上海某出版社有限公司著作权权属、侵权纠纷案〔1〕

一、案情简介

再审申请人孙某因与被申请人上海某出版社有限公司著作权侵权纠纷案，不服上海知识产权法院民事判决，向上海市高级人民法院申请再审。孙某申请再审称：二审法院关于被申请人对诗歌《西部畅想》是否侵权、是否合理使用的认定系适用法律错误。被控图书《说题做题语文课后练习精讲》几乎将诗中主要诗句全部引用，并非《著作权法》规定的"适当引用"的合理使用行为。被控侵权作品未指明申请人作品作者姓名，侵犯了作者署名权，亦不构成合理使用，而应构成侵权。

二、法院裁判理由及结果

上海市高级人民法院认为，判定被控侵权作品是否构成"适当引用"的合理使用，应当从以下几方面要件予以综合认定：

第一，关于申请人作品是否已经公开发表，根据在案证据及双方当事人确认的事实，申请人作品《西部畅想》显然已公开发表。

第二，关于被控侵权作品引用申请人作品的主要目的。被控图书系八年级上册的《说题做题语文课后练习精讲》，其第十六单元即被控侵权作品，亦与语文课本中申请人作品《西部畅想》相对应。该被控侵权作品中包括"阅读""表达""积累"等部分，在"阅读"部分中引用了申请人作品的部分诗词，在"表达"部分中列举了申请人作品中提到的多处景观。纵观该被控侵权作品之内容，可以认定其主要目的在于通过介绍、解读、评论语文课本上《西部畅想》诗歌的内容、含义、意境以及所涉及的相关自然景观、人文景观等，帮助读者更好地了解、感受、体会《西部畅想》这首诗歌。至于被控侵权图书或被控侵权作品是否以营利为目的或是否实际营利，则并非判定被控侵权作品是否构成"适当引用"合理使用的要件。

第三，关于被控侵权作品引用申请人作品的具体方式。我国著作权法所指"适当引用"之"适当"，并不是指被控侵权作品所引用的部分占申请人作品的比重大小，而是该部分占被控侵权作品的比重以及被控侵权作品引用的具体方式是否合理。本案中，被控侵权作品虽引用了申请人作品的部分内容，但其引用时，均融入其具有独创性的介绍、解读和评论内容，且引用的部分较被控侵权作品整体而言仅占较少比重，其程度尚属合理范畴。

第四，关于被控侵权作品是否依法指明作者姓名及作品名称。对于著作权法"适当引用"情形中所规定的"指明"作者姓名及作品名称的理解，并不仅限于在作品中标注、载明等方式，还包括能使读者明确知晓被引用作品的名称和其作者姓名等信息的情形。本案

---

〔1〕 上海市高级人民法院（2020）沪民申2416号民事裁定书。

中，读者在阅读、使用该图书时必然要结合课本原文一起配套使用，而课本原文已经明确指明作者信息，读者在使用时势必会对此知晓，故被控侵权作品的相应行为并未违反著作权法的相关规定。

第五，关于被控侵权作品是否会对申请人作品的正常使用和著作权人的合法利益造成负面影响。对申请人作品的正常使用和权利人的合法权益造成负面影响，主要指被控侵权作品是否会因其中的引用而对被引用的申请人作品产生替代效应。本案并无证据可以印证该事实。从日常生活常识角度而言，被控侵权作品不仅不会产生替代效应，相反会对读者加深课文理解有所助益。因此，被控侵权作品并未对申请人作品的正常使用和著作权人的合法利益造成负面影响。

综上，被控行为属于合理使用情形，不构成对申请人作品的侵犯。上海市高级人民法院裁定驳回孙某的再审申请。

本案涉及合理使用中的"适当引用"标准和要求。在该案中，再审被申请人在《说题做题语文课后练习精讲》中引用再审申请人已公开发表的《西部畅想》诗歌，系出于为介绍、评论某一作品的目的，且该行为不会影响申请人作品的正常使用，也不会造成市场替代后果。再审法院还主张合理使用并非一定排除以营利目的。该案为认识著作权法中"适当引用"的标准提供了重要启发。

12-2（总第22）：著作权共有人之间相互侵害著作权的判定
——再审申请人北京某文化艺术有限公司与被申请人上海某影视发展有限公司、原审被告李某、李某某侵害著作权纠纷案[1]

一、案情简介

上海某影视发展有限公司（以下简称上海某影视公司）与北京某文化艺术有限公司（以下简称北京某文艺公司）于2006年11月22日签订《联合摄制合同》，约定双方共同摄制20集电视连续剧《天情》；电视剧著作权及与此有关的一切权利均属上海某影视公司、北京某文艺公司共有并按出资比例分配；所有与拍摄电视剧有关的合同和协议的订立和生效均需双方同意；未经对方书面同意，任何一方不得抵押或出卖关于联合摄制电视剧的任何财产、资产和无形权利，不得将其在电视剧中的权益转让或抵押。2007年2月25日，北京某文艺公司与案外人某公司签订《版权质押典当合同》，约定作价30万元将《天情》著作权及原剧本的电视剧使用权质押给某公司。2007年12月25日，北京某文艺公司与某公司签订《绝当协议书》，对《版权质押典当合同》进行绝当处理，北京某文艺公司将《天下父母心》（原名《天情》）的著作权及原剧本的电视剧使用权、发行权和唯一的电视剧摄制数码母带（含制作许可证、发行许可证）移交给某公司，由某公司全权处置。2008年4月8日，某公司作价54.8万元，将上述全部权利转让另一个案外公司。上海某影视公司以北京某文艺公司的上述行为侵害其著作权为由，提起诉讼。江苏省无锡市中级人民法院

---

[1]《最高人民法院知识产权案件年度报告（2015）》，第77~79页；最高人民法院（2015）民申字第131号民事裁定书。

一审认为，北京某文艺公司擅自典当电视剧著作权的行为侵害了上海某影视公司的著作权，遂判决北京某文艺公司赔偿上海某影视公司经济损失50万元。上海某影视公司不服，提起上诉。江苏省高级人民法院二审认为，因北京某文艺公司的过错致使涉案电视剧未能发行，故上海某影视公司主张以其无法回收的投资款作为实际损失，具有事实依据。遂改判北京某文艺公司赔偿上海某影视公司经济损失2 631 993.50元。北京某文艺公司不服，向最高人民法院申请再审。

二、法院裁判理由及结果

最高人民法院审查认为：涉案电视剧由北京某文艺公司和上海某影视公司共同摄制，双方为共同著作权人。《著作权法实施条例》规定，不可分割的合作作品，共有权利人应协商行使著作权，在不能协商一致的情况下，共有权利人有权单独行使除转让以外的其他权利，但所得收益应当合理分配给共有人，另一方有正当理由的除外。双方亦在合同中约定，对于作品的典当质押行为应与对方协商并征得书面同意。通常情况下，权利的行使必须经过权利人的同意，但共有权利人可以在与对方协商不成、对方无正当理由、行使的权利不含转让、与对方分享收益等条件满足的情况下，单独行使权利。对著作权进行质押和转让，是对著作权权利的重大处分，北京某文艺公司实施的上述行为未与上海某影视公司进行任何协商，违反了著作权法及双方合同的约定，导致作品著作权被转让的严重后果，使共有权利人丧失了对涉案作品的控制和联系，并无法参与到涉案作品的发行利用及由此产生的利益分享和亏损承担，属于未经共有权利人许可侵害其权利的行为。最高人民法院于2015年6月25日裁定驳回北京某文艺公司的再审申请。

本案涉及在著作权共有的情况下各共有人如何合法行使共有著作权的问题。最高人民法院在该案的"裁判要旨"中指出："著作权的共有权利人可以在与对方协商不成、对方无正当理由、行使的权利不含转让、与对方分享收益等情况下，有条件地单独行使权利。但著作权的质押和转让，是对权利的重大处分。未与共有权人协商而对著作权进行转让，构成未经许可侵害共有权人著作权的行为。"值得注意的是，现行《著作权法》已吸收《著作权法实施条例》关于合作作品之共有著作权行使的规定，并进行了一定修改。该案为部分共有人行使合作作品著作权不得侵害合作作品著作权提供了范例。

第十三章 著作权集体管理

> **本章提要**
> 本章主要阐述和探讨著作权集体管理的概念、特点、历史沿革与发展，我国著作权集体管理的内容，包括著作权集体管理组织管理的权利、使用费的收取和转付、对著作权集体管理组织的监督、著作权集体管理与法定许可的关系等。
> 本章的重点是著作权集体管理的内涵以及我国著作权集体管理条例的内容，难点是著作权集体管理的性质。

第一节 著作权集体管理概述

一、著作权集体管理的含义

著作权集体管理，是指著作权集体管理组织经权利人授权，集中行使权利人的有关权利并以自己的名义进行的以下活动：与使用者订立著作权或者与著作权有关的权利许可使用合同；向使用者收取使用费；向权利人转付使用费；进行涉及著作权或者与著作权有关的权利的诉讼、仲裁、调解等。著作权集体管理是一定的社会组织对著作权人不便自己行使或难以实现的权利进行的统一管理活动。它是通过代表著作权人的集体管理组织，授权作品的使用者使用该组织成员的作品，并收取著作权使用费以分配给著作权人的一种社会行为。这种代表著作权人的集体组织通常称为著作权集体管理机构。根据现行《著作权法》第8条第1款规定，著作权集体管理指的是获得著作权人和与著作权有关的权利人授权的组织，以自己的名义为著作权人和与著作权有关的权利人主张权利，行使著作权或者与著作权有关的权利的行为。依法设立的著作权集体管理组织是非营利法人。集体管理是著作权法领域所特有的，在专利法、商标法领域没有这种制度。

著作权集体管理制度是为了方便权利人和作品使用人而建立的促进作品使用和著作权交易的制度。其是各国著作权法规定的促进作品有效利用和传播的制度。[1] 它在尊重著作权的前提下，追求著作权行使的效率，促进作品的有效传播与利用，既让作品使用与著作权行使中各方的经济成本得以降低，也使各方的利益达到最大化，是维持与著作权有关的

---

[1] 张洪波：《我国著作权集体管理制度的建立与发展》，载《中国出版》2020年第21期。

各种利益平衡、实现社会文化事业发展和繁荣立法宗旨的重要保障。

二、著作权集体管理的特点

各国著作权集体管理机构设置与运行体制彼此不同，但一般具有以下特点：

1. 体现著作权的自我保护功能。著作权集体管理不同于著作权代理，它通常是由权利人将权利以信托方式"托付"给著作权集体管理机构，由该机构以自己的名义行使著作权。即著作权集体管理组织对作品的使用进行统一监视，并以一揽子许可方式授权作品使用人使用该机构名下的所有著作权人的作品，将著作权使用费发放给著作权人。著作权集体管理是著作权保护机制中自我保护功能的体现。

2. 主要涉及著作权人不便行使或难于实现的权利，如音乐作品的表演权、播放权等。著作权人根据自己的意志，对其合法权利加以行使和保护，是著作权行使的理想状态。著作权集体管理不是侵夺著作权人亲自行使其著作权的权利，而只是对权利人不便行使或难以实现的权利进行管理，以更充分地实现其著作权。

3. 是将单个的著作权人的权利集中到一起，由著作权集体管理机构统一管理。著作权集体管理机构以著作权人的集体代表身份与作品使用人打交道，往往通过签订一揽子许可合同，许可他人使用诸权利人的作品并综合性地收取使用费，维护著作权人的合法权益。

4. 集体管理由特定的社会组织进行。这种机构一般为非营利性的社团法人，通常需要由政府部门批准。如法国、西班牙和丹麦等是由文化部批准，比利时是由司法部批准，我国则由国家版权局和民政部批准。一旦获得批准成立后，有关的监督机构就要对著作权集体管理组织的运作，进行长期和多方面的监督。

三、国外著作权集体管理的产生与发展概况

著作权集体管理起源于法国的戏剧权管理。世界上最古老的著作权集体管理机构的雏形，是1777年法国戏剧家博马歇（Beaumarchais）创立的"戏剧立法局"，其创立的目的在于支持会员获得法律对作者权利的承认，并帮助会员从剧院获取作品的使用报酬。经过不懈的努力，其实现了自己的目标。其于1791年促使法国法律规定了作者的有关权利。

在著作权集体管理制度史上产生重大影响的事件，是发生在1847年法国两位作曲家因其乐曲被咖啡厅演奏而拒付饮料费的案例。经过艺术家们的不断努力，1851年，法国成立了世界上第一个著作权集体管理机构——词作家、作曲家及音乐出版商协会（SACEM），管理非戏剧音乐作品的表演权。此后，欧美一些国家相继成立了自己的著作权集体管理组织，英国、法国、意大利、德国、西班牙、葡萄牙、比利时、瑞士、荷兰、丹麦等国的著作权集体管理组织都有相当的历史和规模。如法国作者协会（SACD）是世界上历史最悠久的著作权集体管理组织；意大利1882年成立的作者和出版商协会（SIDAE）、德国成立的音乐著作权协会（GEMA）都在国际上久负盛名，1914年成立的美国作曲家、作词家及音乐出版商协会（ASCAP）则是美国最主要的音乐表演权集体管理组织，2004年其收取的版税近7亿美元。迄今为止，世界上许多国家和地区都建立了著作权集体管理机构。

在著作权集体管理制度两百多年的发展历史中，其内容不断丰富、制度不断完善，管理的作品从最初的戏剧、文学、音乐等领域逐步延伸到美术、摄影、电影、多媒体等多个行业，管理的权利范围从传统的表演权、机械复制权扩展到广播权、信息网络传播权等。

第二节 我国著作权集体管理制度

一、我国著作权集体管理制度的发展

我国著作权集体管理制度始于 20 世纪 90 年代。1991 年《著作权法》施行后，1992 年就批准成立了第一个著作权集体管理组织——中国音乐著作权协会，代表作为会员的音乐作品著作权人管理其音乐作品的表演权、广播权、录制权。2001 年修改的《著作权法》第 8 条对著作权集体管理组织的法律地位及著作权集体管理的性质等进行了原则性规定，构成我国著作权集体管理制度的基本依据。同时，其将著作权集体管理机构的设立方式、权利义务、著作权许可使用费的收取和分配，以及对其监督和管理等具体内容留给国务院通过相应的行政法规另行规定。2004 年 12 月 28 日，国务院公布《著作权集体管理条例》，该条例自 2005 年 3 月 1 日起施行，以此确立了我国的著作权集体管理制度。

《著作权集体管理条例》实施后，我国著作权集体管理工作得到快速发展。2005 年 12 月，批准成立了中国音像著作权集体管理协会，同时先后建立了摄影、电影等领域的著作权集体管理组织，文字著作权协会也已成立。

二、我国著作权集体管理制度的基本内容

1. 著作权集体管理组织的性质。根据现行《著作权法》第 8 条第 1 款的规定，著作权集体管理组织是非营利性组织。

2. 著作权集体管理的内容。根据《著作权集体管理条例》的规定，著作权集体管理组织经权利人授权，可以集中行使权利人的有关权利并以自己的名义进行相关的著作权管理活动。包括：①与使用者订立著作权或者与著作权有关的权利许可使用合同；②向使用者收取使用费；③向权利人转付使用费；④进行涉及著作权或者与著作权有关的权利的诉讼、仲裁、调解等。值得指出的是，上述"调解"是 2020 年《著作权法》新增的内容。这一规定，有利于发挥著作权集体管理组织的专业特色，参与著作权纠纷的调解，及时解决纠纷，实现定分止争的目的。

3. 著作权集体管理组织管理的权利。权利人享有的著作权和与著作权有关的权利，一般都由权利人个人行使，只有那些权利人自己难以有效行使的权利，才需要通过集中行使的方式来实现。根据我国具体情况并参考国外通行做法，《著作权集体管理条例》第 4 条规定："著作权法规定的表演权、放映权、广播权、出租权、信息网络传播权、复制权等权利人自己难以有效行使的权利，可以由著作权集体管理组织进行集体管理。"

4. 使用费的收取和转付。收取和转付著作权使用费，是著作权集体管理的重要内容。著作权集体管理组织向使用者收取使用费的方式和数额，属于民事行为，应当通过协商确定，这是国际上的通行做法。现行《著作权法》明确了著作权集体管理组织因根据授权向使用者收取使用费而发生纠纷时的争议解决程序。其第 8 条第 2 款规定，使用费的收取标准由著作权集体管理组织和使用者代表协商确定，协商不成的，可以向国家著作权主管部门申请裁决，对裁决不服的，可以向人民法院提起诉讼；当事人也可以直接向人民法院提起诉讼。该规定表明，对于使用费纠纷问题的解决，可以选择行政裁决和诉讼的形式。同时，根据司法最终解决的原则，对于国家著作权主管部门的裁决，给予当事人申请司法审查的机会。这样就明确了使用费争议的解决程序，有利于及时解决纠纷、促进作品利用。此外，现行《著作权法》对于著作权集体管理组织收取与转付使用费、提取和使用管理费、

尚未分配的使用费等情况规定定期向社会公布的义务，并规定了国家著作权主管部门对著作权集体管理组织进行监督、管理的职责。[1] 应当说，这一新增规定也是基于实践的需要。在著作权集体管理中，权利人希望增强著作权集体管理的透明度，充分了解相关信息，以更好地维护自身权益。上述规定，有利于保障权利人的信息对称，也有利于加强对著作权集体管理组织的监管。

此外，为了防止著作权集体管理组织利用优势地位提高收取使用费的数额，保护作品使用人的利益，维护正常的作品使用秩序，《著作权集体管理条例》第13条还规定，著作权集体管理组织应当根据下列因素制定使用费收取标准：①使用作品、录音录像制品等的时间、方式和地域范围；②权利的种类；③订立许可使用合同和收取使用费工作的繁简程度。其第14条则规定，著作权集体管理组织应当根据权利人的作品或者录音录像制品等使用情况制定使用费转付办法。

5. 对著作权集体管理组织的监督。著作权集体管理组织是经国务院著作权管理部门批准，并依照有关规定登记的非营利性组织，其成立和运行依托于著作权人及邻接权人的授权和作品使用人对作品的使用，运行经费来源于所收使用费中提取的管理费，不需要国家的财政支持，因此不接受国家的财务审计和法纪监督。但著作权集体管理组织的集成式著作权管理，无论对权利人还是作品使用人都具有非常大的优势地位。为了防止集体管理组织利用其优势地位损害权利人和使用者的合法权益，《著作权集体管理条例》规定了对著作权集体管理组织六个方面的监督措施：①赋予权利人维护其合法权益的多种手段与途径；②规定权利人组成的会员大会是著作权集体管理组织的决策机构；③规定有关行政部门的监管职责；④规定保障作品使用者和社会公众的相关利益的多种措施；⑤设置规范著作权集体管理组织有序运行的各项制度；⑥明确著作权集体管理与法定许可的关系。

本章案例研讨

13-1（总第23）：著作权集体管理许可合同违约及其法律责任
——中国音像著作权集体管理协会与某文化集团有限公司
著作权许可使用合同纠纷案[2]

一、案情简介

2007年12月27日，中国音像著作权集体管理协会（以下简称音集协）与某文化集团有限公司（以下简称某文化集团）签订《服务协议》。根据该协议约定，音集协委托某文化集团组建卡拉OK版权交易服务机构，代表音集协向全国各地卡拉OK经营者收取卡拉OK节目著作权许可使用费。此后，音集协与某文化集团又签订了多个补充协议，以实现双方合作目的。根据协议，某文化集团在全国范围内成立子公司，履行收取和转付著作权许可使用费的合同义务。但是，在双方合作和履行合同过程中，音集协认为某文化集团及其

---

[1]《著作权法》第8条第3款规定："著作权集体管理组织应当将使用费的收取和转付、管理费的提取和使用、使用费的未分配部分等总体情况定期向社会公布，并应当建立权利信息查询系统，供权利人和使用者查询。国家著作权主管部门应当依法对著作权集体管理组织进行监督、管理。"

[2] 北京市高级人民法院（2021）京民终929号民事判决书。

子公司并未严格按照协议约定及时收取和转付著作权许可使用费,而是存在多项违约行为,致使音集协造成巨大损失,严重影响其履行著作权集体管理的职责。为此,音集协多次进行协商和催告,但某文化集团及其子公司仍然不履行合同义务。在上述情况下,音集协以某文化集团及其子公司为被告,提起合同之诉,请求解除包括上述《服务协议》在内的纠纷协议,同时要求被告支付著作权许可使用费及相应利息以及因被告违约行为造成的损失。某文化集团则抗辩,其并不存在违约行为,并反诉音集协继续履行现有九份协议,支付因为违约和终止履行协议对其造成的损失。

二、法院裁判理由及结果

一审北京知识产权法院认为,音集协与某文化集团签订的涉案系列合同系当事人真实的意思表示,内容不违反法律和行政法规的强制性规定,属于合法有效的合同,当事人之间均应按照合同约定履行。本案中,双方将著作权集体管理许可业务重要标志的许可合同、发票、账号全部"三统一"到音集协的约定是双方实现正常合作的基础,体现了由著作权集体管理组织控制著作权集体管理活动的制度要求和核心利益,避免在具体业务活动中产生让渡著作权集体管理权利予营利性机构的现象发生。《服务协议》第3.5条约定双方实行版权使用费快速分配原则,结算周期为3个月结算一次。某文化集团及其子公司在履行合同期间,存在不兑现"三统一"承诺、连续故意延迟结算、利用收取版权费独家执行方的便利截留版权费等多种持续的违约违规行为,主观上具有过错,客观上给音集协造成了合同目的无法实现的严重后果,除了应支付相应的版权费之外,还应当承担包括侵占的费用及利息损失在内的相应的违约责任。

基于上述,一审法院判决解除涉案的九份协议,某文化集团向音集协支付许可使用费9530万余元及相应利息以及延迟支付许可使用费利息410万余元,某文化集团及其部分子公司赔偿音集协损失33万余元等,并驳回某文化集团的反诉请求。某文化集团不服上述判决,向北京市高级人民法院提起上诉。

二审法院认为,在音集协未确认双方变更结算周期,并多次催收,在案证据亦无法证明双方确已在合同实际履行过程中变更版权费结算周期的情况下,合同约定的结算期间对双方具有约束力,某文化集团公司及其子公司无正当理由延迟支付版权费,构成违约行为。某文化集团未履行"三统一"相关约定,也构成违约。其违约行为足以导致音集协履行其著作权集体管理组织的职能受阻,通过发放版权许可收取版权收益,向权利人及时分配版权收益的目的无法实现。某文化集团及其子公司的行为构成根本违约,音集协提出解除《服务协议》《补充协议》等系列协议的主张具有事实和法律依据。基于此,二审法院判决驳回上述,维持原判。

本案涉及著作权集体管理背景下著作权许可使用纠纷。著作权集体管理有利于提高授权效率,及时、有效地维护权利人的利益。该案中,音集协与某文化集团的合作,是实施著作权集体管理的具体表现。这种合作以双方签订和履行相关有效的协议为基础。该案中,某文化集团及其子公司的违约行为使音集协实施著作权集体管理的目的无法实现,法院因而判决解除合同,并判令某文化集团及其子公司因违约支付著作权许可使用费和延迟支付利息。本案对于强化许可合同约束、完善著作权集体管理制度具有重要启发意义。

13-2（总第24）：音集协等著作权集体管理组织收费标准非侵权损害赔偿数额法定标准
——中国音像著作权集体管理协会与永宁县某休闲会所著作权权属、
侵权纠纷上诉案[1]

一、案情简介

中国音像著作权集体管理协会（以下简称音集协）向宁夏回族自治区银川市中级人民法院提起诉讼，请求判令永宁县某休闲会所（以下简称某休闲会所）立即停止使用音集协管理的全部音像作品；依照《关于2019年卡拉OK著作权使用费收取标准的公告》及《关于2020年卡拉OK著作权使用费收取标准的公告》，判令某休闲会所依法向音集协赔偿经济损失87 600元，以及其他合理开支。

二、法院裁判理由及结果

一审法院认定，相关权利人与音集协签订了《音像著作权授权合同》，将其依法拥有的音像节目的卡拉OK放映权、复制权、信息网络传播权信托音集协管理，以便上述权利在其存续期间及在合同有效期内完全由音集协行使，现合同均在有效期内。据此，音集协取得了对案涉权利作品进行集体管理的权利。根据《著作权法》第8条规定，音集协有权以自己的名义提起诉讼。经过比对，能够确认侵权曲目均系音集协管理的权利作品。根据《著作权法》规定，其行为侵害了音集协对案涉作品的放映权，应当承担停止侵权、赔偿损失的民事责任。对于本案赔偿数额的认定，考虑音集协提起多起关联案件，应当坚持总量分析、个案衡量，综合考量音集协在同一地区因侵权行为的整体获赔能否弥补其整体经济损失。综合考虑案涉作品类型、数量和影响力，侵权行为的性质、后果及某休闲会所经营地点、经营规模等因素，一审法院酌情确定某休闲会所的赔偿数额为18 000元，以及合理维权费用3500元。某休闲会所不服上述判决，向宁夏回族自治区高级人民法院提起上诉。

宁夏回族自治区高级人民法院将本案争议焦点归纳为本案侵权赔偿标准和合理维权费用应如何确定。法院认为，《著作权集体管理条例》第39条"著作权集体管理组织有下列情形之一的，由国务院著作权管理部门责令限期改正：……（三）未根据公告的使用费收取标准约定收取使用费的具体数额的"的规定，系对作为著作权集体管理组织的音集协应合法合规收费的规制，并非确定音集协制定公告的使用费收取标准就是使用者或侵权人必须执行的使用费的法定标准，且该条规定第3项中也明确音集协收取使用费的具体数额应当根据"约定"。合理使用费应当根据侵权人在同一区域范围内经营场所规模、经营状况等情况近似的经营者的许可使用费标准综合考量确定，并非市、县（区）行政区域内适用同一标准，本院（2020）宁民终334号民事判决中计算的赔偿标准虽可供本案参考，但非本案必须适用的依据。本案中，音集协所举证据并不能证明某休闲会所使用了音集协管理的卡拉OK全部作品曲库。一审法院认为权利人音集协的实际损失、侵权人某休闲会所的违法所得均难以确定，根据侵权行为的情节等因素，综合考量酌情判决某休闲会所给予音集协的赔偿标准和金额符合法律规定，并无不当。

关于合理支出，音集协虽然提交了委托代理合同以证明其为本案支出了1万元律师费，但未提交交费凭证予以印证，根据《最高人民法院关于适用〈中华人民共和国民事诉讼

---

[1] 宁夏回族自治区高级人民法院（2022）宁知民终31号民事判决书。

法〉的解释》（以下简称《适用〈民事诉讼法〉解释》）第90条的规定，一审法院未予支持其律师费的主张并无不当。

基于上述，二审法院判决驳回上诉，维持原判。

本案涉及著作权集体管理组织在代表权利人维权时，针对卡拉OK收费标准的问题。二审法院明确，音集协等著作权集体管理组织收费标准并非确定侵权损害赔偿数额的标准，并指出某休闲会所作为侵权人，"主观上或许并不具有侵权的故意，但在音集协提起本案诉讼后，其应当明确知道案涉音乐电视作品等，未经著作权人许可，用于经营的行为属侵犯著作权的非法行为，应当承担侵权责任"。法院还提出音集协应根据多种因素制定合理的许可使用费标准区间，注重加强集体管理组织的有序运行。本案对于著作权集体管理背景下著作权侵权损害赔偿额的界定提供了范例。

第十四章 著作权的保护

本章提要

本章主要阐述和探讨著作权侵权行为的含义与构成要件、著作权侵权行为的类型,著作权侵权应承担的民事责任、行政责任与刑事责任,著作权诉讼的主体、著作权诉讼的管辖、著作权诉讼的举证责任、诉前司法措施、著作权诉讼的时效,以及著作权民事诉讼中的特殊问题。

本章的重点是著作权法对著作权侵权类型的规定和表现,以及著作权诉讼的基本问题,难点是著作权侵权承担行政责任和刑事责任的缘由以及著作权民事诉讼中的特殊问题。

第一节 著作权侵权行为

一、著作权侵权行为的含义与构成要件

著作权侵权行为,即侵犯著作权的行为,是指除著作权法特别授权以外,未经著作权人的许可,擅自对受著作权法保护的作品行使著作权人的专有权利,而使其权利受到损害的一种违法行为。与一般侵权行为相比,著作权侵权行为是通过对权利人作品的非法利用而使权利人利益受到侵害的违法行为。因为著作权在广义上包括作者的人身权和财产权,也包括作品传播者的权利,对著作权的侵权包括对著作权人人身权和财产权的侵犯,也包括对相关权的侵犯。

著作权侵权作为民事侵权,其构成应具有一般民事侵权的基本构成要件。

1. 违法行为,即行为人实施了被著作权法明文禁止的行为。《著作权法》第52条和第53条分别列举了11种应承担民事责任的侵权行为和8种除承担民事责任外还可能承担行政责任甚至刑事责任的侵权行为。

2. 损害事实,即著作权侵权行为损害了著作权人和相关权人的合法权益,包括精神损害和财产损失,不过著作财产权的损害并不限于既有财产的减少,也包括可得利益的丧失。

3. 因果关系,即权利人的损害与不法行为具有因果关系。

4. 主观过错,即行为人主观上存在过错。在过错认定上一般实行客观过错标准,行为人如果既没有依著作权法的特别规定,也未取得著作权人授权,而在客观上实施了侵害著作权的行为,就推定其存在主观过错;如果行为人能证明自己无过错,则可免除侵权之虞。

实行这一原则有利于保护著作权人的合法权益,有效制裁侵权行为。《著作权法》第 59 条第 1 款规定了这一原则,即复制品的出版者、制作者不能证明其出版、制作有合法授权的,复制品的发行者或者视听作品、计算机软件、录音录像制品的复制品的出租者不能证明其发行、出租的复制品有合法来源的,应当承担法律责任。

二、著作权侵权行为的种类

著作权侵权行为可依不同标准划分为不同种类,实践中最主要的著作权侵权包括以下几种:

(一) 直接侵权

根据行为人与受保护权利的关系,著作权侵权分为直接侵权和间接侵权。直接侵权是指对著作权的直接侵害,指未经著作权人许可,以复制、发行、演绎、表演等方式使用作品,直接非法行使著作权人对其作品享有的专有权的行为。这是现实中最通常的著作权侵权行为。

(二) 间接侵权

间接侵权与直接侵权相对,是指不法行为人没有直接侵犯著作权,但为著作权侵权提供了便利条件,行为人自觉或不自觉地参与了侵权事件,从而对著作权人的合法权益造成了间接损害。[1] 这种侵权以他人的侵权行为为前提,一般包括以下两种情况:①行为人因帮助、教唆或引诱他人直接侵权而构成间接侵权;②行为人因特定关系而对他人的侵权行为承担责任,包括:受托人为履行合同义务而侵权时,委托人为间接侵权人;单位雇员或职员为完成本职工作而侵权时,雇主或单位为间接侵权人。

(三) 合同违约侵权

现实中,著作权侵权大多是未经许可擅自行使他人著作权而造成的普通侵权,但也有相当一部分侵权是在订立了著作权合同的条件下发生的,此时构成合同违约侵权。

订立著作权合同,许可他人在合同约定范围内行使其著作权,是著作权人行使权利的重要方式。著作权合同,特别是著作权许可使用合同,一般都明确约定使用作品的方式和期限等,如果作品使用人超出合同约定的范围使用作品,以未授权使用的方式利用作品(如合同许可表演权,却将表演制作录像出版发行),或者违反合同约定的使用权性质(如将自己取得的使用许可,再许可他人行使),或者违反约定的使用权期限而在使用期限届满后继续使用,其超出部分构成无权处分,此时既构成违约行为,也构成侵权行为,导致违约责任和侵权责任的竞合。依《民法典》规定,受损害方有权选择依法要求对方承担违约责任或者侵权责任。

著作权合同一般都是基于著作权的利用而订立的,所以著作权违约侵权不仅属于直接侵权,而且是对著作财产权的侵犯。当然,并非著作权违约都会侵犯著作权,因合同违约而侵犯著作权的,也不一定都体现在履行著作权合同的过程中,因为商标特许合同、技术转让合同等都可能有保护著作权的条款。

(四) 著作人身权的侵犯

著作权在市场中主要表现为经济权利,著作权侵权在现实中主要是侵犯著作财产权,

---

[1] 参见冯术杰:《论网络服务提供者间接侵权责任的过错形态》,载《中国法学》2016 年第 4 期;朱冬:《网络服务提供者间接侵权责任的移植与变异》,载《中外法学》2019 年第 5 期;A&M Records v. Napster, Inc., 239 F. 3d 1004 (9th Cir. 2001)。

但实践中也常常发生侵犯著作人身权，或者同时侵犯著作人身权与财产权的情形。著作人身权包括发表权、署名权、修改权、保护作品完整权，它们都可能发生在实际的作品利用环境中。例如，未经许可在报刊上刊登他人的文章，就同时侵犯该作者的发表权与复制、发行权；擅自公开表演未发表作品同时构成对发表权和表演权的侵犯。当然，发表权是一次性权利，对已发表作品的非法使用不侵犯发表权。未经同意将与他人合作创作的作品仅署自己的名字、当作独立创作的作品使用，就构成对他人署名权的侵犯；擅自修改作品、破坏作品原有风格，损害了作者声誉的，就构成侵犯修改权、保护作品完整权。

三、著作权侵权行为的表现

各国著作权法对著作权侵权行为的界定主要有三种模式：一是在著作权法中对著作权的内容、行使及其限制作了明确规定，而不另外规定著作权侵权行为；二是对著作权侵权作概括式规定；三是采取列举式，对于哪些行为属于著作权侵权作出详细规定。列举式规定尽管有难以全面的不足，但可以使人们明确哪些行为构成侵权，为人们把握和执行著作权法提供直接的法律依据。我国《著作权法》采取的是第三种立法模式。

（一）应承担民事责任的侵权行为

应承担民事责任的侵权行为是指《著作权法》第52条规定的11种涉及著作权人、邻接权人的合法权益的侵权行为。对此，一般根据民事侵权的解决原则和方法予以处理。

1. 未经著作权人许可，发表其作品。实践中，侵犯发表权的情形通常有：①未经著作权人许可，发表其未曾发表过的作品；②作者亡故后，未经其继承人或受遗赠人同意，将其遗作发表；③虽然被授权行使发表权，但未按权利人的意愿发表；④以作者负有债务为由，将作品作为质权标的物强行发表；⑤作者已发表作品的一部分，他人擅自发表未发表部分。作者愿意发表作品，被他人无理妨碍发表，也是对发表权的侵害。另外，未经著作权人许可，出版其日记、信函或其他类似作品，根据著作权法原理，也是侵犯著作权人发表权的行为。[1]

2. 未经合作作者许可，将与他人合作创作的作品当作自己单独创作的作品发表。合作作品著作权由全体合作作者共同享有。上述行为，不仅侵犯了其他合作作者的发表权，还侵犯了其署名权。[2]

3. 没有参加创作，为谋取个人名利，在他人作品上署名。这是侵犯署名权的行为。实践中这种侵权行为的表现多种多样，包括：①强行或以其他不正当手段在他人作品上署名；②为谋取个人名利，故意改变、隐瞒作者姓名；③"合理使用"时不注明或不适当注明作者姓名、作品名称；④"法定许可"时使用作品，不表明作者身份；⑤擅自披露匿名或假名作品作者身份；⑥假冒他人署名；⑦妨碍作者署名等。不过，认定侵犯署名权时，应重

---

[1] 冯晓青：《著作权法》，法律出版社2022年版，第271页。参见黑龙江省高级人民法院（2021）黑民终365号民事判决书（侵害作品发表权纠纷案）；最高人民法院（2010）民提字第117号民事判决书（侵犯著作权纠纷再审案）。

[2] 参见河南省高级人民法院（2010）豫法民三终字第46号民事判决书（侵犯著作权纠纷上诉案）；广西壮族自治区高级人民法院（2013）桂民三终字第65号民事判决书（侵害著作权纠纷上诉案）；四川省高级人民法院（1993）川高法民终字第3号民事判决书（雕塑作品署名权纠纷案）。

视行为人主观上"为谋取个人名利"的目的。[1]

4. 歪曲、篡改他人作品。这是侵犯保护作品完整权的行为，它既可以发生在作者授权修改时，被许可人超越修改权限对作品的内容、观点、风格作了曲解和变更，也可以发生在使用作品时，被许可使用人在表演、演绎、摄制视听作品等场合歪曲、篡改作品。[2]

5. 剽窃他人作品。剽窃，是指将他人作品窃为己有、欺骗公众的违法行为。在著作权法意义上，剽窃与"抄袭"同义。例如，1990 年《著作权法》使用的术语就是"剽窃、抄袭他人作品"，并将其规定为可以承担民事责任和行政责任的著作权侵权行为。但是，从 2001 年《著作权法》开始，剽窃行为不再被列为可以承担行政责任的著作权侵权行为，而被列为仅承担民事责任的著作权侵权行为。[3] 当然，这一修改并不意味着剽窃他人作品的行为的危害性降低。剽窃他人作品，不仅侵犯了著作权人的著作人身权和财产权，而且欺骗了社会公众，同时构成"学术不端"行为，受到学术道德的谴责。

如何认定剽窃，是困扰各国司法实践的问题。一般地说，需要综合以下因素：两部作品产生先后和近似程度，被控作品作者接触原作的可能性，被控作品的社会影响及对原作者人身和财产利益的影响，两部作品的性质、特点及它们所体现出来的技巧与创作价值，被控剽窃人的主观意图等。总结国内外司法实践经验，认定剽窃他人作品，需要注意把握以下要点：其一，行为人具有接触被剽窃作品的可能性;[4] 其二，两部作品具有实质性相似;[5] 其三，行为人主观上具有故意。[6] 在司法实践中，应当注意甄别剽窃与合理使用、合理参考和借鉴，后者并不构成著作权侵权行为，而是合法使用作品的行为。同时，还应注意在认定剽窃时对于"实质性相似"范围的把握。[7] 实质性相似不应当包含前述不受著作权保护的公共领域范畴的各种主题、元素，而仅限于原告作品中具有个性化特征的独创性表达部分。以中国某语言研究所、某印书馆诉王某等抄袭其辞典作品著作权侵权纠纷案[8]为例，该案涉及作品独创性的认定以及被告是否存在抄袭的著作权侵权问题。该案中词典包含的语言具有公有素材的特点而不存在独创性，不能由任何人垄断。但是，利用这

---

[1] 参见贵州省贵阳市中级人民法院（2015）筑知民初字第 17 号民事判决书（著作权侵权纠纷案）；北京知识产权法院（2015）京知民终字第 1814 号民事判决书（侵害著作权纠纷案）；黑龙江省哈尔滨市中级人民法院（2021）黑 01 知民初 9 号民事判决书（侵害计算机软件著作权纠纷案）。

[2] 参见湖北省武汉市中级人民法院（2020）鄂 01 知民初 251 号民事判决书（侵害著作权纠纷案）；北京知识产权法院（2019）京 73 民终 2030 号民事判决书（侵害文字作品著作权纠纷案）。

[3] 参见王国柱：《论著作权法对剽窃侵权的独立规制》，载《法商研究》2020 年第 3 期。

[4] See Ty, Inc. v. GMA Accessories, Inc., 132 F. 3d 1167 (7th Cir. 1997)（从作品的相似程度判定接触可能性）。

[5] See Asay, Clark D., "An Empirical Study of Copyright's Substantial Similarity Test", *UC Irvine Law Review*, Vol. 13, Issue 1, December 2022, pp. 35-102. See Three Boys Music Corp. v. Bolton, 212 F. 3d 477, 483 (9th Cir. 2000)（从接触可能性和实质性相似方面界定著作权侵权）。

[6] 参见广东省高级人民法院（2008）粤高法民三终字第 290 号民事判决书（侵犯著作权纠纷上诉案）；北京知识产权法院（2020）京 73 民终 3021 号民事判决书（著作权侵权纠纷案）。

[7] 参见梁志文：《版权法上实质性相似的判断》，载《法学家》2015 年第 6 期。参见"骑兵连剧本侵权纠纷案"，最高人民法院（2013）民申字第 1049 号民事裁定书（指导案例第 81 号）。国外案例，参见 Nichols v. Universal Pictures Corporation 45 F. 2d 119 (1930), cert. denied 282 U. S. 902 (1931)（提出判定实质性相似的"抽象测试法"）；Arnstein v. Porter, 154 F. 2d 464 (2d Cir. 1946)（提出判定实质性相似的"两步测试法"）；Steinberg v. Columbia Pictures Indus., 663 F. Supp. 706 (S. D. N. Y. 1987)（提出判定实质性相似的"普通观察者感知法"）。

[8] 北京市高级人民法院（1997）高知终字第 25 号民事判决书。

些公有素材进行创造性劳动，形成的智力创作成果则具有独创性而取得著作权。因此，语言研究所享有《现代汉语辞典》及其增补版作品的著作权。由于被告照搬了原告作品中享有著作权的特定表达形式，属于剽窃、抄袭行为，因此构成著作权侵权。

关于剽窃他人作品，还应当指出，其一般指的是对他人作品的思想的表达的照搬、抄袭。在特殊情况下，则还存在仅抄袭他人未发表作品所表达的思想，而并不抄袭其思想的表达，此种情况如何认定其法律性质，值得研究。

6. 除法律另有规定外，未经著作权人许可，以展览、[1] 摄制视听作品的方法使用作品，[2] 或者以改编、翻译、注释等方式使用作品。[3] 上述行为属于擅自使用作品、侵犯著作财产权的行为。这类行为会挤占著作权人作品的市场，致使其造成损失，因而应当予以禁止。值得注意的是，对于以侵权手段传播作品能否产生相关权，我国《著作权法》没有规定。通常认为，相关权是受著作权制约的权利，如果授予侵犯著作权的传播者以相关权，会使著作权在作品的进一步传播过程中受到侵害。因此，凡是以侵权方式传播作品的，不能获得相关权保护。

7. 使用他人作品，应当支付报酬而未支付。这是侵犯著作权人获得报酬权的行为。获得报酬是著作权人许可或转让其著作权的结果，著作权人对侵犯获酬权的行为，除有权要求按规定支付报酬外，还可要求对因延付、少付报酬造成的损失予以补偿。[4]

8. 除法律另有规定外，未经视听作品、计算机软件、录音录像制品的著作权人、表演者或者录音录像制作者许可，出租其作品或者录音录像制品的原件或复制件。上述行为是侵犯权利人出租权的行为。需要注意的是，侵害出租权涉及的客体限于视听作品、计算机软件、录音录像制品，不包括其他类型客体。原因在于，其他类型客体通过出租形式使用的意义不大，法律没有必要专门进行规制。

9. 未经出版者许可，使用其出版的图书、期刊的版式设计。这是侵犯出版者的版式设计专有使用权的行为。[5]

10. 未经表演者许可，从现场直播或公开传送其现场表演，或者录制其表演。[6] 这是侵犯表演者权的行为。[7]

11. 其他侵犯著作权以及与著作权有关的权利的行为。需要指出的是，在 2010 年《著作权法》第 47 条第 11 项的表述为"其他侵犯著作权以及与著作权有关的权益的行为"。上

---

[1] 参见江苏省昆山市人民法院（2017）苏 0583 民初 7981 号民事判决书（著作权侵权纠纷案）；江苏省南京市中级人民法院（2017）苏 01 民终 8048 号民事判决书（著作权侵权纠纷案）。

[2] 参见福建省三明市中级人民法院（2019）闽 04 民初 297 号民事判决书（著作权权属、侵权纠纷案）；北京互联网法院（2018）京 0491 民初 1 号民事判决书（侵害作品信息网络传播权纠纷案）。

[3] 参见江苏省高级人民法院（2018）苏民终 1164 号民事判决书（侵害著作权纠纷案）；北京市高级人民法院（2018）京民终 226 号民事判决书（侵害改编权及不正当竞争纠纷案）；天津市第三中级人民法院（2019）津 03 知民终 6 号民事判决书（侵害作品改编权纠纷案）；上海市第三中级人民法院（2021）沪 03 刑初 101 号刑事判决书（侵犯著作权罪案）。

[4] 参见钱某、某文学出版社诉胥某、某文艺出版社著作权纠纷二审案，1997 年最高人民法院公报案例；陈某诉成都某商情报社著作权纠纷一审案，1999 年最高人民法院公报案例。

[5] 参见四川省高级人民法院（2006）川民终字第 330 号民事判决书（侵犯版式设计专有使用权纠纷案）。

[6] 参见王迁：《论现场直播的"固定"》，载《华东政法大学学报》2019 年第 3 期。

[7] 参见四川省巴中市中级人民法院（2015）巴中民初字第 11 号民事判决书（侵害表演者权纠纷案）；北京市海淀区人民法院（2017）京 0108 民初 11811 号民事判决书（侵害著作权纠纷案）。

述"与著作权有关的权利",就是本书所指的相关权或者说邻接权。

在上述 11 种侵权行为中,第 1~5 项主要涉及对著作人身权的侵犯,第 6~7 项主要涉及对著作财产权的侵犯,第 8 项既涉及对著作财产权中的出租权的侵犯,也涉及对相关权中的出租权的侵犯,第 9~10 项主要涉及对相关权的侵犯,第 11 项是《著作权法》为避免挂一漏万而作出的兜底性规定,以便从立法技巧上弥补列举式的不足。

(二)应承担民事责任并可能承担行政与刑事责任的侵权行为

著作权侵权涉及他人的民事权益,首先应承担民事责任。但严重的著作权侵权行为还可能破坏国家文化市场管理秩序、侵害社会公共利益。《著作权法》第 53 条规定了 8 种在承担民事责任的同时可能承担行政责任、构成犯罪时还应依法承担刑事责任的著作权侵权行为。

1. 除著作权法另有规定的外,未经著作权人许可,复制、发行、表演、放映、广播、汇编、通过信息网络向公众传播其作品。这是较为典型的侵犯著作财产权的行为,对应《著作权法》第 10 条第 1 款和第 52 条。在《著作权法》第 10 条第 1 款规定的著作权中,除其第 52 条规定应承担民事责任的侵犯著作人身和侵犯出租、展览、摄制、改编、翻译等权利外,该条规定了侵犯复制、发行、表演、放映、广播、汇编、信息网络传播等权利的情形。

例如,中国某电视总公司诉重庆某多媒体发展有限公司、广州市某影视有限公司侵犯邻接权纠纷案[1]即涉及未经授权擅自复制 DVD 光盘侵害权利人享有的独家复制发行权。在该案中,广州某公司没有提供证据证明其有权合法授权复制、销售涉案电视剧《三国演义》DVD 光盘,因而法院认定其侵犯了中国某电视总公司所享有的涉案电视剧《三国演义》DVD 光盘独家复制发行权。同时,重庆某公司系接受广州某公司委托而进行复制行为,由于该公司在接受委托时没有对涉案的电视剧《三国演义》DVD 光盘尽到合理的审查义务,法院也同样认定其构成对中国某电视总公司所享有的涉案电视剧《三国演义》DVD 光盘独家复制发行权的侵犯。[2]

值得指出的是,侵犯信息网络传播权是 2001 年修改《著作权法》时新增的著作财产权的类型。由于在网络空间著作权实践中,著作权侵权行为往往与网络服务提供者(ISP)具有密切的关系。[3] 2000 年发布、2006 年修正的《最高人民法院关于审理涉及计算机网络著作权纠纷案件适用法律若干问题的解释》(已失效)对网络服务提供商(ISP)及相关网络内容提供商(ICP)涉及的著作权侵权责任作出了专门规定。最高人民法院于 2012 年 12 月 17 日公布了《审理侵害信息网络传播权民事纠纷案件规定》,自 2013 年 1 月 1 日起施

---

[1] 北京市高级人民法院(2007)高民终字第 66 号民事判决书。

[2] 其他案件,参见天津市高级人民法院(2022)津民终 832 号民事判决书(著作权侵权纠纷案);上海市第三中级人民法院(2022)沪 0112 刑初 577 号刑事判决书(侵犯著作权罪);最高人民法院(2021)最高法民申 3068 号民事裁定书(侵犯作品表演权纠纷案);江西省南昌高新技术产业开发区人民法院(2011)高新民初字第 729 号民事判决书(著作权权属、侵权纠纷案);黑龙江省高级人民法院(2016)黑民终 300 号民事判决书(侵害著作权纠纷案);四川省成都市中级人民法院(2016)川 01 民初 1418 号民事判决书(著作权权属、侵权民事纠纷案)。

[3] 参见毕文轩:《〈民法典〉视阈下新型网络服务提供者知识产权侵权责任研究》,载法律科学(西北政法大学学报)》2023 年第 5 期。

行。该司法解释对于网络服务提供者著作权侵权[1]的"应知"、著作权侵权表现及其责任等问题作了进一步规定，是指导人民法院审理网络环境下著作权侵权纠纷案件的重要规范性法律文件。该司法解释在2020年作了进一步修正。[2]

2. 出版他人享有专有出版权的图书。这是侵犯专有出版权的行为。专有出版权是图书出版者依合同由著作权人授予及法律规定产生的，该行为既侵犯了图书出版者的专有出版权，也侵犯了著作权人的出版权。[3]

3. 除著作权法另有规定的外，未经表演者许可，复制、发行录有其表演的录音录像制品，或者通过信息网络向公众传播其表演。这是侵犯表演者权的行为。这种行为通常以营利为目的，它不仅损害了表演者财产权，还扰乱了正常的文化市场管理秩序，须承担相应的法律责任。[4]

4. 除著作权法另有规定的以外，未经录音录像制作者许可，复制、发行、通过信息网络向公众传播其制作的录音录像制品。这是侵犯录音录像制作者权利的行为。未经许可非法复制、发行的行为，包括将录音录像制作者制作的录音录像制品全部复制发行，或者从不同的音像带中各取一部分拼凑成一个音像带复制发行等行为。[5]

5. 除著作权法另有规定的外，未经广播电台、电视台许可，播放、复制或者通过信息网络向公众传播广播、电视。这是侵犯广播组织权的行为。这里还涉及广播电台、电视台播放的作品，包括自己创作和他人创作的作品。[6]

上述第3~5项都属于侵犯相关权的行为。

6. 除法律、行政法规另有规定的外，未经著作权人或者与著作权有关的权利人许可，故意避开或者破坏技术措施的，故意制造、进口或者向他人提供主要用于避开、破坏技术措施的装置或者部件的，或者故意为他人避开或者破坏技术措施提供技术服务的行为。技术措施本身并不是作品，侵害技术措施本身也不是侵害著作权的行为。但是，在当前信息网络环境下，著作权侵权行为愈演愈烈。"道高一尺、魔高一丈"，技术措施保护对于维护受著作权保护的作品的安全，防止被非法公开、传播和利用均具有十分重要的意义和作用。通过技术措施，著作权人能够确保其作品"穿上防护的铠甲"，有效应对侵权的发生。正因如此，有关国际公约和很多国家或地区著作权法都规定了技术措施保护制度。[7] 例如，《世界知识产权组织版权条约》和《世界知识产权组织表演和录音制品条约》都对此予以明确。我国2001年修改《著作权法》时，根据国际公约的规定和加强信息网络环境下著作权保护的需要，规定了技术措施保护制度。其后的《信息网络传播权保护条例》也明确了

---

[1] 参见毕文轩：《〈民法典〉视阈下新型网络服务提供者知识产权侵权责任研究》，载《法律科学（西北政法大学学报）》2023年第5期。

[2] 参见北京互联网法院（2020）京0491民初8329号民事判决书（侵害作品信息网络传播权纠纷案）；北京知识产权法院（2019）京73民终2549号民事判决书（侵害作品信息网络传播权纠纷案）；福建省高级人民法院（2021）闽民终805号民事判决书（侵害作品信息网络传播权纠纷案）；陕西省高级人民法院（2020）陕民终1109号民事判决书（侵害作品信息网络传播权纠纷案）。

[3] 参见天津市高级人民法院（2018）津民终404号民事判决书（著作权侵权纠纷案）。

[4] 参见最高人民法院（2008）民提字第55号民事裁定书（侵犯表演者权纠纷提审案）；北京市高级人民法院（2004）高民终字第153号民事判决书（侵犯著作邻接权纠纷案）。

[5] 参见最高人民法院（2008）民三终字第5号民事判决书（侵犯著作权纠纷案）。

[6] 参见江西省高级人民法院（2017）赣民终170号民事调解书（侵害信息网络传播权案）。

[7] 刘颖：《版权法上技术措施的范围》，载《法学评论》2017年第3期。

对技术措施的保护。当前，信息网络技术发展更是日新月异，技术措施的保护显得更加重要。因此，现行《著作权法》第 49 条规定了技术措施的保护制度。该条第 1 款规定："为保护著作权和与著作权有关的权利，权利人可以采取技术措施"；第 2 款从禁止权的角度明确了技术措施的保护范围："未经权利人许可，任何组织或者个人不得故意避开或者破坏技术措施，不得以避开或者破坏技术措施为目的制造、进口或者向公众提供有关装置或者部件，不得故意为他人避开或者破坏技术措施提供技术服务。但是，法律、行政法规规定可以避开的情形除外"；第 3 款则规定了技术措施的定义："本法所称的技术措施，是指用于防止、限制未经权利人许可浏览、欣赏作品、表演、录音录像制品或者通过信息网络向公众提供作品、表演、录音录像制品的有效技术、装置或者部件。"同时，根据该法第 53 条第 6 项规定，除法律、行政法规另有规定的除外，未经著作权人或者与著作权有关的权利人许可，故意避开或者破坏技术措施的，故意制造、进口或者向他人提供主要用于避开、破坏技术措施的装置或者部件的，或者故意为他人避开或者破坏技术措施提供技术服务的，同时损害公共利益的，除承担民事责任外，还要承担行政责任。与 2010 年《著作权法》第 48 条第 6 项规定相比，现行《著作权法》的上述规定扩大了技术措施的保护范围，将"故意制造、进口或者向他人提供主要用于避开、破坏技术措施的装置或者部件的，或者故意为他人避开或者破坏技术措施提供技术服务的"行为也纳入禁止范围。这无疑有利于在更大范围和程度上加强对技术措施的保护。[1]

需要进一步指出，技术措施保护也具有合法边界，在一定情况下基于公共利益目的或者其他合法目的，在不向他人提供避开技术措施的技术、装置或者部件，也不构成侵害权利人依法享有的其他权利的情况下，可以避开技术措施。[2] 这些情况下避开技术措施，行为本身不会对著作权人合法权益造成损害，反而能够促进文化教育、增进公共利益、实现技术进步等，因而应当允许。从著作权人的角度来说，则意味着不得滥用技术措施。[3]

7. 除法律、行政法规另有规定的外，未经著作权人或者与著作权有关的权利人许可，故意删除或者改变作品、版式设计、表演、录音录像制品或者广播、电视上的权利管理信息的，知道或者应当知道作品、版式设计、表演、录音录像制品或者广播、电视上的权利管理信息未经许可被删除或者改变，仍然向公众提供的行为。权利管理信息也是信息网络时代出现的保护著作权的一种手段和形式。随着信息网络环境中著作权保护形势的严峻，著作权国际公约和各国、各地区著作权开始引入权利管理信息保护著作权。例如，《世界知识产权组织版权条约》专门规定了权利管理信息的保护。其第 12 条规定，"权利管理信息"是指识别作品、作品的作者、对作品拥有任何权利的所有人的信息，或有关作品使用的条款和条件的信息，以及代表此种信息的任何数字或代码，各该项信息均附于作品的每件复

---

[1] 参见广东省深圳市中级人民法院（2018）粤 03 民终 8807 号民事判决书（侵害作品信息网络传播权纠纷案）。

[2] 《著作权法》第 50 条规定的情形有：①为学校课堂教学或者科学研究，提供少量已经发表的作品，供教学或者科研人员使用，而该作品无法通过正常途径获取；②不以营利为目的，以阅读障碍者能够感知的无障碍方式向其提供已经发表的作品，而该作品无法通过正常途径获取；③国家机关依照行政、监察、司法程序执行公务；④对计算机及其系统或者网络的安全性能进行测试；⑤进行加密研究或者计算机软件反向工程研究。其同时规定，前款规定适用于对与著作权有关的权利的限制。对比上述规定和《信息网络传播权保护条例》第 12 条规定，可以发现现行《著作权法》作了适当补充和完善。

[3] 参见最高人民法院（2020）最高法知民终 1206 号民事判决书（侵害计算机软件著作权纠纷案）。

制品上或在作品向公众进行传播时出现。又如，《世界知识产权组织表演和录音制品条约》也专门规定了权利管理信息的保护。根据其第19条规定，"权利管理信息"是指"识别表演者、表演者的表演、录音制品制作者、录音制品、对表演或录音制品拥有任何权利的所有人的信息，或有关使用表演或录音制品的条款和条件的信息，和代表此种信息的任何数字或代码，各该项信息均附于录制的表演或录音制品的每件复制品上或在录制的表演或录音制品向公众提供时出现"。[1]

就我国《著作权法》规定而言，2001《著作权法》第47条、2010年《著作权法》第48条均规定了法律、行政法规另有规定的除外，未经著作权人或者与著作权有关的权利人许可，故意删除或者改变作品、录音录像制品等的权利管理电子信息应承担的法律责任。在现行《著作权法》中，则将前述"权利管理电子信息"修改为"权利管理信息"，这样就极大地扩大了权利管理信息的保护范围，因为其不限于电子信息，还包括电子信息以外的信息。[2] 此外，现行《著作权法》还明确规定了未经权利人许可不得故意删除或者改变作品、版式设计、表演、录音录像制品或者广播、电视上的权利管理信息，以及在知道或者应当知道的情况下仍然向公众提供的行为。[3] 不仅如此，针对这些行为，其相应地规定了应承担的法律责任。这些规定，有利于在强化权利管理信息保护基础上加强对著作权和与著作权有关的权利的保护。[4]

8. 制作、出售假冒他人署名的作品。假冒他人署名即通常说的"冒名"。冒名的作品涉及美术、文字、音乐等领域的作品，其中以美术作品尤其是名画最为突出。制作、出售冒名作品的"制作"，主要有两种方式：一是行为人采用摹、临、仿等方式制作仿冒名家的假画，冒充名家的真迹；二是将自己的作品署上名家的姓名，假冒名家的作品。制作、出售冒名作品可以是既制作又出售冒名的作品，也可以是出售明知是假冒的作品，还可以是不知是假冒作品而予以出售。

有观点认为冒名不属于侵犯著作权，而是侵犯被冒名者的姓名权，因为被冒名者没有进行该作品的创作，而著作权必须依附于作品而存在。其实，如前所述，署名权包含禁止冒名之权，是由署名权的本质属性决定的。制作、出售假冒他人署名的作品，实质不在于冒用他人姓名，而在于通过冒用姓名达到混淆被冒名者真迹的目的，因而这种行为侵害的客体不仅是作者姓名权，还直接指向其作品。由于赝品多系粗制滥造，其传播必然会损害被冒名者的名誉和声望，从而间接地给被冒名者的已有作品或未来作品造成不利影响，危

---

[1] 湛茜：《因特网条约权利管理信息条款研究——兼论我国〈著作权法〉第三次修改》，载《暨南学报（哲学社会科学版）》2015年第2期。

[2] 与技术措施不同，现行《著作权法》对于权利管理信息未作出明确定义。《信息网络传播权保护条例》第26条第3款对"权利管理电子信息"所作出的定义则是：说明作品及其作者、表演及其表演者、录音录像制品及其制作者的信息，作品、表演、录音录像制品权利人的信息和使用条件的信息，以及表示上述信息的数字或者代码。

[3] 现行《著作权法》第51条规定："未经权利人许可，不得进行下列行为：（一）故意删除或者改变作品、版式设计、表演、录音录像制品或者广播、电视上的权利管理信息，但由于技术上的原因无法避免的除外；（二）知道或者应当知道作品、版式设计、表演、录音录像制品或者广播、电视上的权利管理信息未经许可被删除或者改变，仍然向公众提供。"对比其和《信息网络传播权保护条例》第5条规定，可以发现其明显扩大了权利管理信息的保护客体，即由"作品、表演、录音录像制品"拓展到"作品、版式设计、表演、录音录像制品或者广播、电视"。这一修改针对的是相关权客体，有利于提高对相关权的权利管理信息的保护水平。

[4] 参见北京互联网法院（2018）京0491民初1号民事判决书（著作权权属、侵权纠纷案）。

及其市场价值,并给其精神权利造成损害。正因如此,不少国家著作权法都认为这类行为是严重侵犯著作权的行为。我国《著作权法》将制售冒名作品这一欺世盗名、骗取钱财的行为规定为可能承担行政乃至刑事责任的严重侵权行为,对于遏制制售假画等违法犯罪现象具有重要作用。当然,仅制作假画而未出售(如习作);没有给被署名者造成实际损害的,不在此列。[1]

此外,我国《计算机软件保护条例》第 24 条也规定了既应承担民事责任,又可以承担行政责任乃至刑事责任的软件著作权侵权行为。

第二节 侵犯著作权的法律责任

侵犯著作权的法律责任,包括民事责任、行政责任和刑事责任。[2] 下面分别进行探讨。

一、侵犯著作权的民事责任

(一)侵犯著作权的民事责任承担方式

侵犯著作权的民事责任是侵权人普遍承担的一种法律责任。一般来说,各国著作权法对应承担民事责任的行为并不是简单地援引本国民法的规定,而是在著作权法中另外作出专门规定。根据我国《著作权法》第 52 条和第 53 条规定,侵犯著作权应承担的民事责任主要有停止侵权、消除影响、赔礼道歉、赔偿损失。

1. 停止侵权。即停止正在实施的侵犯著作权的行为,如停止非法的播放、表演、出版,销毁侵权产品和专门用于生产、使用侵权产品的设备等。停止侵权可以在认定侵权后由主管部门或法院责令停止侵害,也可以在诉前和诉讼过程中由权利人向法院申请停止侵权。需要指出的是,在司法实践中,基于维护国家利益或公共利益以及利益平衡等因素的考量,在特定情况下存在法院认定著作权侵权成立但并不判决停止使用的情形。[3]

2. 消除影响、赔礼道歉。这是非财产责任方式,主要针对著作权侵权给权利人造成人身权利损害而适用的,可以单独适用,也可以与其他责任方式一起适用。消除影响一般由侵权人发表声明或采取其他措施,消除侵权行为给权利人带来的消极影响,公布判决书是消除影响的通常方法。赔礼道歉指侵权人以公开或非公开的书面形式就其侵权行为给权利人造成的精神损害赔礼道歉。值得注意的是,在 1990 年《著作权法》第 45 条规定中,使用"消除影响、公开赔礼道歉"的表述,但此后各个版本的《著作权法》则均规定为"消除影响、赔礼道歉"。换言之,"赔礼道歉"不再要求是"公开的"。本书认为,这有利于"消除影响、赔礼道歉"这一责任形式的履行,因为著作权侵权纠纷案件多为"文化人"之间的纠纷,而文化人较重视"脸面",非公开道歉形式更容易得到履行。此外,关于"赔礼道歉"责任形式,还应注意防止滥用。严格地说,这种责任形式限于侵害著作人身权,对于单纯地侵害著作财产权的行为不应当适用。在司法实践中,如果作者已经过世,在法院认定被告行为构成侵害著作人身权的情况下,是否应当适用赔礼道歉这种责任形式,

---

〔1〕参见吴某诉上海某公司、香港某古玩有限公司出售假冒其署名的美术作品纠纷二审案,1996 年最高人民法院公报案例;云南省高级人民法院(2008)云高民三终字第 90 号民事判决书(侵犯著作权纠纷案)。
〔2〕参见王迁:《论著作权保护刑民衔接的正当性》,载《法学》2021 年第 8 期。
〔3〕参见广东省高级人民法院(2022)粤民再 346 号民事判决书(著作权侵权纠纷案)。

也有不同做法。本书赞同仍然适用赔礼道歉的责任形式，因为这样可以更好地安慰作者的继承人，使作者受到侵害的著作人身权得到充分弥补。[1]

3. 赔偿损失。赔偿损失是指侵权行为人以给付金钱或实物方式，补偿权利人因侵权所受到的损失。这是侵害著作权民事责任的主要方式，也是著作权法理论和实践中的疑难问题。鉴于这一问题的重要性，以下将结合现行《著作权法》关于损害赔偿制度的规定进行详细探讨。

（二）著作权侵权损害赔偿的确定

1. 损害赔偿额之界定。损害赔偿无疑是侵权法律责任最重要的内容之一。著作权侵权损害赔偿制度的初衷，是为了弥补被侵权人因被侵权所受到的损失，从而使权利人获得公平的补偿，同时表明法律对著作权侵权的否定性评价，并遏制潜在的著作权侵权行为发生，实现法律的指引、评价、教育和预测功能。著作权侵权损害赔偿通常遵循全部赔偿原则，由侵权人赔偿权利人因侵权所受到的全部损失，包括财产损失和精神损失。由于著作权因侵权造成的精神损害和财产损失都难以计算，计算损害赔偿额成为著作权司法实践中的基础性问题和疑难问题。

国际上通行的侵害著作权损害赔偿额的计算标准有四种：一是以被侵权人因侵权受到的实际损失（包括直接损失和间接损失）作为损害赔偿额；二是以侵权人在侵权期间的违法所得作为损害赔偿额；三是在被侵权人实际损失和侵权人违法所得均难以计算时，参照权利使用费标准计算；四是在著作权法中规定"法定赔偿额"，或者实行法定赔偿与推定赔偿相结合的做法。

我国 2010 年《著作权法》第 49 条采用了前述第一、二和第四种计算方法界定著作权侵权损害赔偿额。具体规定如下："侵犯著作权或者与著作权有关的权利的，侵权人应当按照权利人的实际损失给予赔偿；实际损失难以计算的，可以按照侵权人的违法所得给予赔偿。赔偿数额还应当包括权利人为制止侵权行为所支付的合理开支。权利人的实际损失或者侵权人的违法所得不能确定的，由人民法院根据侵权行为的情节，判决给予五十万元以下的赔偿。"也就是说，对著作权侵权损害赔偿，适用权利人的实际损失、侵权人的违法所得、法定赔偿的方式进行处理。

从近些年来我国著作权司法实践的情况看，上述规定存在的问题日益凸显。主要问题如：其一，基于著作权的无形性以及著作权侵权损害的难以界定性，在实践中实际损失界定难度极大，将其作为第一序位计算方法虽然在理论上合理，但在实践中可行性不强，有必要将违法所得纳入同一序位计算著作权侵权损害赔偿额。其二，上述规定缺乏国际上通行的参照权利使用费的方法。其三，法定赔偿标准过低，加之司法实践中适用法定赔偿标准的案件比例极高，导致整体上著作权侵权损害赔偿标准过低，出现"赢了官司输了钱"的不正常现象。其四，对于存在主观故意且情节严重的著作权侵权行为，缺乏惩罚性赔偿制度，不能很好地遏制这类严重侵害著作权的行为。针对这些问题，在《著作权法》第三次修改过程中，人们对于如何完善著作权侵权损害赔偿制度进行了热烈的讨论。现行《著作权法》第 54 条对上述问题进行了重要改革，主要体现于以下几方面内容：

---

[1] 参见北京市西城区人民法院（2019）京 0102 民初 32859 号民事判决书（著作权权属、侵权纠纷案）；北京知识产权法院（2020）京 73 民终 3021 号民事判决书（著作权权属、侵权纠纷案）；冯晓青：《著作财产权期限届满人身权保护仍需重视》，载《中国知识产权报》2023 年 5 月 24 日，第 3 版。

第一，将违法所得与实际损失纳入并行的侵权损害标准。从侵权损害赔偿的一般原理来说，损害赔偿是基于侵权行为对被侵权人造成实际损失而应当由侵权人向被侵权人赔付这一损失的金额。就著作权侵权损害赔偿而言，按照实际损失赔偿是最合理的方式。只有在实际损失难以计算时，才考虑按照侵权人的违法所得给予赔偿。正是基于此，2010年《著作权法》第49条第1款作了上述规定。[1]

但是，在著作权保护实践中，由于著作权是一种无形财产权，作为被侵权人的原告很难提出充分的证据证明其因被侵权而受到的实际损失，因此很难按照权利人的实际损失给予赔偿。[2] 在著作权侵权诉讼中，损害赔偿额的界定也一直是长期困扰法院的问题。为此，在著作权立法层面，应当考虑著作权保护的实际情况，将侵权人的违法所得作为界定著作权侵权损害赔偿同等考虑因素，而不是刻板地先按照权利人的实际损害确定，在实际损失难以确定时，再考虑侵权人因侵权所获得利益。进一步从侵权损害赔偿原理来说，按照侵权人的违法所得给予赔偿，也有其合理性。这是因为，早在罗马法中就确立了人们不能基于违法行为而获得利益的法谚，通过剥夺违法者因违法而获得的收益，可以在实质上起到制裁侵权人、补偿被侵权人的制度功效和作用。正是基于此，现行《著作权法》第54条第1款规定，侵犯著作权或者与著作权有关的权利的，侵权人应当按照权利人因此受到的实际损失或者侵权人的违法所得给予赔偿。这一修改，调整了确定著作权侵权损害赔偿界定方式的顺序，使得侵权人违法所得能够与被侵权人实际损失作为同一位阶的界定方式，从而避免了先适用权利人实际损失再适用侵权人违法所得顺序而增加当事人举证负担和诉累问题，有利于权利人根据实际情况选择对其有利的计算方式，也有利于人民法院更好地查明案件事实并确定合理的损害赔偿额。实际上，我国《民法典》第1182条的规定也已明确了侵权人违法所得与权利人实际损失处于同一序位。

第二，引进权利使用费作为赔偿的标准。著作权作为一种无形的知识商品，本身具有价值和使用价值。在权利人通过许可方式利用其作品时，也会存在许可使用费难以界定的问题。权利使用费的存在，本身表明其存在的经济社会价值。考虑到在很多著作权侵权案件中，无论是权利人的实际损失或者侵权人的违法所得难以计算，参照权利使用费作为赔偿标准，也是各国、各地区著作权法的立法通例。在本次修法中，也正式引进了参照著作权使用费的赔偿标准。现行《著作权法》第54条第1款规定，权利人的实际损失或者侵权人的违法所得难以计算的，可以参照该权利使用费给予赔偿。该规定拓宽了著作权侵权损害赔偿界定方式，有利于减轻权利人的举证负担，因为即使权利人的实际损失或者侵权人的违法所得难以计算，只要能够提供著作权使用费证据，也能据此确定侵权损害赔偿额。[3]

---

[1] 根据最高人民法院《审理著作权民事案件适用法律解释》第24条规定，权利人的实际损失，可以根据权利人因侵权所造成复制品发行减少量或者侵权复制品销售量与权利人发行该复制品单位利润乘积计算。发行减少量难以确定的，按照侵权复制品市场销售量确定。

[2] 谢惠加：《著作权侵权损害赔偿制度实施效果分析——以北京法院判决书为考察对象》，载《中国出版》2014年第14期。

[3] 《知识产权民事诉讼证据规定》第32条规定："当事人主张参照知识产权许可使用费的合理倍数确定赔偿数额的，人民法院可以考量下列因素对许可使用费证据进行审核认定：（一）许可使用费是否实际支付及支付方式，许可使用合同是否实际履行或者备案；（二）许可使用的权利内容、方式、范围、期限；（三）被许可人与许可人是否存在利害关系；（四）行业许可的通常标准。"

值得进一步探讨的是，上述规定和我国 2019 年修改的《商标法》及 2020 年修改的《专利法》的相应规定有所不同，没有明确是否按照著作权使用费的倍数加以确定，更没有明确是否限于著作权许可使用费的倍数。对此，本书认为，不能将上述规定理解为仅限于著作权使用费，而不包括著作权使用费的倍数，即应当认为可以包括著作权使用费的合理倍数。这可以从以下几方面加以理解：其一，损害赔偿意义上的参照著作权使用费，应当具有一定的惩戒功能，因此按照著作权使用费的合理倍数是应有之义，否则将失去损害赔偿的制度功用。其二，我国 2019 年修改的《商标法》及 2020 年修改的《专利法》都明确需要参照权利许可费的倍数加以确定，同为知识产权侵权损害赔偿，著作权侵权损害赔偿也应保持一致，因而也可以解释为包括参照权利使用费的倍数。其三，我国著作权保护实践中也已适用了著作权使用费倍数的做法。例如，《北京市高级人民法院关于确定著作权侵权损害赔偿责任的指导意见》[1] 第 25 条、重庆市高级人民法院印发《关于确定知识产权侵权损害赔偿数额若干问题的指导意见》第 4 条第 3 项都规定在考虑相关因素基础上，在国家有关稿酬规定的 2 至 5 倍以内确定赔偿数额。此外，在本次修法中，也曾规定过按照"权利交易费用的合理倍数"确定著作权侵权损害赔偿额。[2] 当然，在现行《著作权法》实施后，如何根据个案情况确定合理的倍数，也是值得探讨的问题，因为在实践中，不同的许可方式和条件所对应的著作权使用费不同，倍数的确定应当考虑对著作权人利益的充分补偿，但也应注意公平和合理。[3]

第三，引进惩罚性赔偿制度。惩罚性赔偿制度是民事侵权损害赔偿制度的一种特殊形式。这是因为，民事侵权损害赔偿的基本法理是损害多少即赔多少，具有补偿性。随着社会变迁，一些主观恶性程度大、情节严重的侵权行为，如果只是按照通常的民事侵权填平原则处理，就不能实现有效遏制侵权、充分保障被侵权人合法权益的目的。为此，在消费者权益保护等领域，逐渐引入了惩罚性赔偿制度，以更好地打击较为严重的侵权行为。

就包括著作权在内知识产权侵权而言，引入侵权损害惩罚性赔偿制度的合理性则在于，知识产权是一种无形财产权，其受到侵害后往往给权利人造成巨大的经济损失。特别是就故意侵害知识产权且情节严重的行为，危害更大。为了有力地遏制日益猖獗的知识产权侵权行为，有必要"重拳出击"，引进惩罚性赔偿制度。[4] 从近年来党和国家发布的重要文件、政策和最高人民法院发布的相关司法政策看，建立知识产权侵权惩罚性赔偿制度可谓众望所归。例如，《中共中央、国务院关于完善产权保护制度依法保护产权的意见》[5]

---

[1] 2020 年 4 月，北京市高级人民法院发布了《关于侵害知识产权及不正当竞争案件确定损害赔偿的指导意见及法定赔偿的裁判标准》，该指导意见相应地被废止。

[2] 2014 年《著作权法（修订草案送审稿）》第 76 条第 1 款规定："侵犯著作权或者相关权的，在计算损害赔偿数额时，权利人可以选择实际损失、侵权人的违法所得、权利交易费用的合理倍数或者一百万元以下数额请求赔偿。"

[3] 参见辽宁省大连市中级人民法院（2022）辽 02 民终 1296 号民事判决书（侵害著作权纠纷案）；山东省烟台市芝罘区人民法院（2021）鲁 0602 民初 1329 号民事判决书（著作权侵权纠纷案）。

[4] 李扬、陈曦程：《论著作权惩罚性赔偿制度——兼评〈民法典〉知识产权惩罚性赔偿条款》，载《知识产权》2020 年第 8 期。

[5] 其提出，要"加大知识产权侵权行为惩治力度，提高知识产权侵权法定赔偿上限，探索建立对专利权、著作权等知识产权侵权惩罚性赔偿制度，对情节严重的恶意侵权行为实施惩罚性赔偿，并由侵权人承担权利人为制止侵权行为所支付的合理开支，提高知识产权侵权成本"。

中共中央办公厅、国务院办公厅印发的《关于强化知识产权保护的意见》、[1] 党的十九届四中全会通过的《中共中央关于坚持和完善中国特色社会主义制度 推进国家治理体系和治理能力现代化若干重大问题的决定》等都明确强调了建立知识产权侵权惩罚性赔偿制度。特别是，我国《民法典》第 1185 条明确规定："故意侵害他人知识产权，情节严重的，被侵权人有权请求相应的惩罚性赔偿。"实际上，早在 2013 年 4 月第三次修改的《商标法》中，就在我国知识产权立法领域首次引进了侵权惩罚性赔偿制度。在 2020 年 10 月第四次修正的《专利法》中，明确规定了专利侵权惩罚性赔偿制度。此外，在 2019 年第二次修改的《反不正当竞争法》也同样引进了侵权惩罚性赔偿制度。由于著作权是我国知识产权制度的重要组成部分，在《民法典》和相关法律都引进了侵权惩罚性赔偿制度的情况下，本次修法增加著作权侵权惩罚性赔偿制度自然是顺理成章之事。现行《著作权法》第 54 条第 1 款还规定，对故意侵犯著作权或者与著作权有关的权利，情节严重的，可以在按照上述方法确定数额的 1 倍以上 5 倍以下给予赔偿。[2]

本书认为，在著作权法中引进侵权惩罚性赔偿制度具有十分的必要性和重要意义。这是因为，当前随着信息网络技术发展，作品传播和利用方式发生了根本性变化，各种具有主观恶意的形形色色的著作权侵权行为，尤其是群体侵权、反复侵权、持续侵权现象屡禁不止，严重侵害了著作权人合法权益，损害了社会公众利益和公共利益，亟需强化对侵权行为的打击力度。引入侵权惩罚性赔偿制度，能够极大地震慑侵权人和潜在的侵权人，充分维护权利人合法权益，同时有力地保护相关的著作权产业发展。当然，也应当指出，毕竟惩罚性赔偿不是著作权侵权损害赔偿的主要形式，它仅限于主观上存在故意且情节严重的著作权侵权行为，不能为单纯提高对侵权的打击力度而滥用该制度。[3] 此外，还需要指出，鉴于现行《著作权法》还针对著作权侵权规定了较为严厉的行政处罚制度，在著作权保护实践中，存在如何协调著作权行政处罚与适用著作权侵权民事赔偿特别是惩罚性赔偿的问题，以避免同一侵权人在同一著作权侵权案件中被重复处罚。例如，如果侵权人在被提起著作权侵权诉讼之前已被高倍数行政处罚，如何再适用惩罚性赔偿，尤其是适用惩罚性赔偿的倍数，就值得重视了。[4]

第四，大幅度提高法定赔偿标准。法定赔偿，是我国知识产权单行法律规定的知识产权侵权损害赔偿方式之一。其指的是，根据知识产权专门法律规定，在不能根据相关证据确定权利人的实际损失、侵权人的违法所得以及知识产权使用费的情况下，人民法院根据个案中侵权行为的情节确定法律事先规定的幅度内的赔偿金制度。法定赔偿的制度价值在于为权利人获得侵权赔偿额提供最基本的保障，避免因为损害赔偿证据无法获取而不能确

---

[1] 其提出，要"加快在专利、著作权等领域引入侵权惩罚性赔偿制度。大幅提高侵权法定赔偿额上限，加大损害赔偿力度"。

[2] 为增强适用惩罚性赔偿的可操作性，最高人民法院发布了《侵害知识产权民事案件惩罚性赔偿解释》，自 2021 年 3 月 3 日起施行。该司法解释对于侵害知识产权的故意和情节严重的认定、赔偿数额基数的计算等都作了明确规定，是人民法院审理知识产权侵权纠纷案件适用惩罚性赔偿的重要指引。

[3] 参见河南省郑州市中级人民法院（2022）豫 01 知民初 1189 号民事判决书（侵害计算机软件著作权纠纷案）。

[4] 参见安徽省铜陵市中级人民法院（2021）皖 07 民初 23 号民事判决书（著作权侵权及仿冒纠纷案）；河南省郑州市中级人民法院（2022）豫 01 知民初 1189 号民事判决书（侵害计算机软件著作权纠纷案）；江苏省南京市中级人民法院（2021）苏 01 民初 3229 号民事判决书（侵害计算机软件著作权纠纷案）。

定侵权人的赔偿额的情况出现。法定赔偿照理应当作为侵权损害赔偿适用的"保底"措施，但在我国近些年知识产权审判实践中俨然成了界定知识产权侵权损害赔偿的最主要形式。很多实证研究表明，各级人民法院适用法定赔偿的比例竟然一般都在90%以上。加之知识产权法律对于知识产权侵权法定赔偿的数额规定较低，最终结果是大量知识产权案件中对权利人的赔偿数额明显偏低，以致前述"赢了官司输了钱"成为被广为诟病的问题。无论如何，法定赔偿在知识产权侵权损害赔偿中的过度适用并不是否认其制度价值的理由。法定赔偿制度本身的最大问题是，随着经济社会发展和知识产权重要性的不断凸显，原先较低的赔偿标准已不适应现实需要。因此，本次修法关于法定赔偿制度的改革，主要是针对如何提高赔偿额度的问题。

2010年《著作权法》第49条第2款规定："权利人的实际损失或者侵权人的违法所得不能确定的，由人民法院根据侵权行为的情节，判决给予五十万元以下的赔偿。"[1] 现行《著作权法》第54条第2款则规定："权利人的实际损失、侵权人的违法所得、权利使用费难以计算的，由人民法院根据侵权行为的情节，判决给予五百元以上五百万元以下的赔偿。"对比上述修改，可以发现，修改之处体现于：一是在著作权侵权法定赔偿制度中首次规定了"下限"；二是大幅度提高了法定赔偿额的上限，即由原先的50万元提高到500万元。关于第一点，在立法中存在一定争议。其中反对者认为不应设置下限，否则将会为商业维权提供不适当激励；赞成者则认为这样可以为权利人获得赔偿提供最基本的保障。最终，立法者基于为权利人提供基本保障考虑，规定了500元的下限。关于第二点，确定500万元的标准有以下考虑：一是此前修改的《商标法》《反不正当竞争法》《专利法》针对法定赔偿上限标准的修改均提高到500万元，此次修法有必要保持一致；二是当前著作权侵权具有新的特点，大幅度提高侵权赔偿标准是有力遏制严重侵犯著作权行为发生的重要手段。

关于现行《著作权法》规定的法定赔偿制度，本书认为还有以下问题值得关注：其一，应当注意克服过去过度依赖法定赔偿的问题。法定赔偿的泛化实际上不利于公平合理地维护当事人合法权益，因为它本身是在界定侵权损害赔偿额的证据难以甚至无法确定时所适用的赔偿方式。其二，修改后的法定赔偿制度大幅度扩大了法定赔偿的范围，为人民法院如何正确适用自由裁量权提出了新的挑战，人民法院应当不断总结司法审判经验，根据个案的具体情节确定合适的赔偿幅度，而不是千篇一律地简单适用。其三，在特殊情况下，如果权利人能够提供充分的证据证明，其因被侵权而受到的损害金额超过甚至远远超过了法定赔偿的上限，则仍然可以在该上限即500万元以上标准判赔。[2]

2. 关于为制止侵权行为所支付的合理开支问题。如前所述，2010年《著作权法》第49条第1款规定"赔偿数额还应当包括权利人为制止侵权行为所支付的合理开支"。现行《著作权法》第54条第3款沿袭了这一规定。又根据《审理著作权民事案件适用法律解释》

---

[1]《审理著作权民事案件适用法律解释》第25条规定："权利人的实际损失或者侵权人的违法所得无法确定的，人民法院根据当事人的请求或者依职权适用著作权法第四十九条第二款的规定确定赔偿数额。人民法院在确定赔偿数额时，应当考虑作品类型、合理使用费、侵权行为性质、后果等情节综合确定。当事人按照本条第一款的规定就赔偿数额达成协议的，应当准许。"

[2] 参见黑龙江省七台河市中级人民法院（2021）黑09民初48号民事判决书（著作权权属、侵权纠纷案）；宁夏回族自治区高级人民法院（2022）宁知民终31号民事判决书（著作权权属、侵权纠纷案）；湖南省高级人民法院（2022）湘知民终636号民事判决书（侵害出版者权纠纷案）。

第26条规定，制止侵权行为所支付的合理开支，包括权利人或者委托代理人对侵权行为进行调查、取证的合理费用。人民法院根据当事人的诉讼请求和具体案情，可以将符合国家有关部门规定的律师费用计算在赔偿范围内。上述"为制止侵权行为所支付的合理开支"之所以应被纳入损害赔偿额范围，是因为这部分开支是权利人为制止侵权进行的必要支出，也属于其因被侵权而产生的损失，应当由侵权人"买单"，否则将会使权利人得不到足额的赔偿，不利于充分保护权利人的合法权益。当然，在司法实践中也应注意为制止侵权行为所支付的开支的合理性问题。在有的知识产权侵权纠纷案件中，法院将以风险收益形式计算的百万律师费用计入"合理开支"并判决由被告承担，其合理性值得商榷。[1]

3. 关于著作权侵权精神损害赔偿的问题。《民法典》第1182条规定："侵害他人人身权益造成财产损失的，按照被侵权人因此受到的损失或者侵权人因此获得的利益赔偿；被侵权人因此受到的损失以及侵权人因此获得的利益难以确定，被侵权人和侵权人就赔偿数额协商不一致，向人民法院提起诉讼的，由人民法院根据实际情况确定赔偿数额。"其第1183条则规定："侵害自然人人身权益造成严重精神损害的，被侵权人有权请求精神损害赔偿。因故意或者重大过失侵害自然人具有人身意义的特定物造成严重精神损害的，被侵权人有权请求精神损害赔偿。"《民法典》上述规定，为著作权侵权精神损害赔偿的适用提供了法律依据。

如前所述，现行《著作权法》第10条第1款规定著作权包括著作人身权和著作财产权，并将人身权置于财产权之前而突出著作人身权的保护；其第52条规定著作权侵权的民事责任包括停止侵害、消除影响、赔礼道歉、赔偿损失等，为著作权侵权的精神损害赔偿留下了空间。关于著作权侵权的精神损害赔偿，尽管理论界存在不同认识，但在司法实践中涉及著作权侵权精神损害赔偿的案件并非罕见。[2]

著作权的精神损害是著作人身权被侵害的结果，但侵权行为人在侵犯著作人身权的同时往往也侵犯了著作财产权，因此同时涉及侵犯著作人身权的法律责任和侵犯著作财产权的法律责任。对于侵犯著作人身权、损害权利人精神利益的，著作权人在要求侵权人赔偿经济损失的同时，有权请求精神损害赔偿，而无论精神损害是否给著作权人带来经济损失。损害赔偿数额一般根据被侵权人所受损害，并结合侵权情节、时间、后果以及侵权人的情况等予以确定。

不过，著作权精神损害赔偿应限制在一定范围内：①它只适用于侵犯著作人身权的情况，而且获得赔偿的主体一般只能是作者；②著作权侵权精神损害程度较轻、社会影响较小的，可以不考虑精神损害赔偿；③只有在停止侵权、消除影响、赔礼道歉等民事责任形式不足以保护著作权人的精神权益时，才适用著作权精神损害赔偿；④著作权侵权精神损害赔偿是补偿性的，赔偿数额不能过高。

4. 关于出版物侵害他人著作权的损害赔偿问题。在著作权侵权损害赔偿界定中，出版物侵害他人著作权具有一定的特殊性。根据《审理著作权民事案件适用法律解释》第20条规定，出版物侵害他人著作权的，出版者应当根据其过错、侵权程度及损害后果等承担赔

---

〔1〕 参见云南省高级人民法院（2012）云高民三终字第13号民事判决书（侵害其他著作财产权纠纷案）。

〔2〕 参见青海省西宁市中级人民法院（2020）青01知民初124号民事判决书（侵害作品署名权纠纷案）、青海省高级人民法院（2021）青知民终4号民事裁定书；北京市海淀区人民法院（2017）京0108民初7972号民事判决书（侵害著作权纠纷案）。

偿损失的责任。出版者对其出版行为的授权、稿件来源和署名、所编辑出版物的内容等未尽到合理注意义务的，依据《著作权法》第54条的规定，承担赔偿损失的责任。出版者应对其已尽合理注意义务承担举证责任。由此可见，在界定出版物侵害他人著作权的损害赔偿问题时，需要综合考量主观过错、侵权程度和损害后果等因素，其中尤其应查明出版者是否已经尽到合理注意义务。在司法实践中，还存在因为出版者将著作权人交付出版的作品丢失、毁损致使涉案图书无法出版的纠纷案件。《审理著作权民事案件适用法律解释》第23条规定，出版者将著作权人交付出版的作品丢失、毁损致使出版合同不能履行的，著作权人有权依据《民法典》第186条、第238条、第1184条等规定要求出版者承担相应的民事责任。

5. 建立和完善基于著作权市场价值的侵权损害赔偿的制度。从现行《著作权法》的上述规定看，无论是采取权利人的实际损失还是侵权人的违法所得，抑或著作权使用费的方式计算或者法定赔偿，都存在着很大的不确定性和困难，因为实践中侵权人和权利人的作品交易市场很可能没有交集。至于被极大地扩大赔偿范围的法定赔偿，更是建立在前述数额难以界定的基础之上。基于此，本书建议高度重视对于著作权侵权损害赔偿界定方式的可操作性问题，引入最高人民法院发布的《中国知识产权司法保护纲要（2016—2020年）》确定的基于市场价值的知识产权侵权损害赔偿额的界定理念[1]，探讨如何细化规定，以增强司法实践中界定著作权侵权损害赔偿的可操作性。

二、侵犯著作权的行政责任

侵犯著作权或者说著作权侵权的行政责任，主要体现为主管著作权的部门对于同时损害公共利益的侵权行为通过行政执法手段实施行政处罚。侵犯著作权的行政责任，是国家行政主管管理机关等依法对违反著作权法的行为人进行的行政处罚。依法追究著作权侵权人的行政责任是我国对著作权保护的一个重要特点。著作权行政执法，是著作权相关主管部门根据被赋予的行政职权，查处著作权侵权纠纷，有效保护著作权人和行政相对人合法权益，维护文化市场秩序和社会经济关系稳定的活动。如前所述，在知识产权保护方面，我国实行行政处理与司法保护两条途径、有机协调的模式，其中司法保护为主导，行政处理为有力支撑。

（一）著作权侵权的行政责任及其依据

1. 著作权侵权的行政执法主体。根据《著作权法》第7条及相关法律规定，国家著作权主管部门负责全国的著作权管理工作；县级以上地方主管著作权的部门负责本行政区域的著作权管理工作，通过具体行政行为来贯彻、执行著作权法。其中，国家著作权主管部门即国家版权局，负责全国的著作权管理工作，如制定有关著作权的部门规章、会同有关部门制定著作权使用费标准、查处在全国有重大影响的著作权违法行为等；县级以上地方主管著作权的部门负责本行政区域的著作权管理工作，包括查处辖区内的著作权侵权行为、著作权合同备案等。

2010年《著作权法》第7条规定："国务院著作权行政管理部门主管全国的著作权管理

---

[1] 吴汉东：《知识产权损害赔偿的市场价值分析：理论、规则与方法》，载《法学评论》2018年第1期；吴汉东：《知识产权损害赔偿的市场价值基础与司法裁判规则》，载《中外法学》2016年第6期。《民法典》第1184条的规定"侵害他人财产的，财产损失按照损失发生时的市场价格或者其他合理方式计算"，也可以作为基于市场价值界定包括著作权在内的知识产权侵权损害赔偿额的依据。

工作；各省、自治区、直辖市人民政府的著作权行政管理部门主管本行政区域的著作权管理工作。"现行《著作权法》第7条则将其修改为："国家著作权主管部门负责全国的著作权管理工作；县级以上地方主管著作权的部门负责本行政区域的著作权管理工作。"上述修改，可以从以下两方面加以理解：一是近年来国家行政管理体制进行了一定的改革，提出了国家机构改革方案。根据这一方案，国家版权局行政建制有所调整，中共中央宣传部对外加挂国家新闻出版署（国家版权局）的名称，原国家新闻出版广电总局涉及新闻出版管理职责划入中共中央宣传部。[1] 这样一来，2010年《著作权法》第7条中"国务院著作权行政管理部门"就需要修改为"国家著作权主管部门"；同时，"主管全国的著作权管理工作"需要改为"负责全国的著作权管理工作"。二是为适应著作权行政执法的现实需要、加强著作权行政管理，此次修法将"各省、自治区、直辖市人民政府的著作权行政管理部门"扩大到"县级以上地方主管著作权的部门"。应当说，这是我国著作权行政执法制度的重大变革，它使我国县级政府部门也被赋予著作权行政管理权和行政执法权，有利于实现全国从省到市县行政区域范围内著作权行政管理和行政执法，从而大幅度提高了著作权行政执法区域范围。

此外，国家新闻出版、文化、市场监督管理、海关等行政管理部门，也会在职权范围内涉及著作权行政管理事项。在诸项著作权行政管理事务中，查处著作权违法行为、追究行为人的著作权侵权行政责任，是其重要内容。

2. 设置著作权侵权行政责任的依据。著作权违法行为主要是侵犯权利人的民事权利的行为。之所以设置著作权侵权行政责任制度，是因为严重的著作权侵权行为不仅侵害了著作权人的合法权益，而且妨碍了国家文化市场管理秩序，触犯了国家行政管理法规，损害了社会公共利益，因而应承担相应的行政责任。从法理上讲，对于同时形成民事法律关系与行政法律关系的著作权侵权行为，既可以适用民事法律规范，也可以适用行政法律规范，两者并行不悖。针对著作权这一民事权利的保护也并非完全限于民事手段，而是可以采取行政执法手段乃至刑事手段。

从世界各国、各地区著作权保护体系和模式看，我国著作权行政执法构成了颇具中国本土化特色的著作权保护模式。著作权行政执法、行政处理具有很强的合理性与必要性。我国地域辽阔、著作权纠纷案件数量众多，行政处理能够凭借其便捷、高效的工作模式尽快解决纠纷，及时定分止争，维护权利人和当事人合法权益以及社会关系稳定。从近些年来我国著作权行政执法和行政处理的情况看，行政执法在及时制止侵权、维护著作权人和行政相对人合法权益、制止不正当竞争、维护社会关系稳定等方面发挥了十分重要的作用。[2] 在相当长时间内，著作权行政执法和行政处理仍存在必要性。

当然，在包括著作权在内的知识产权行政执法问题上，我国知识产权界也存在一定分歧。如"在这次修法过程中，曾有意见提出，民事侵权纠纷应通过司法救济调整，公权力不应干涉私权利，建议将著作权侵权行为不纳入行政执法规制的范畴"[3]。立法者则认为，著作权行政执法与司法保护的保护体系和模式构成了我国著作权保护的特点和优势。在当前尤其是信息网络技术发展迅猛的背景下，著作权行政执法能够更好地应对盗版等大规模

---

[1] 石宏：《〈著作权法〉第三次修改的重要内容及价值考量》，载《知识产权》2021年第2期。

[2] 李顺德：《对加强著作权行政执法的思考》，载《知识产权》2015年第11期。

[3] 石宏：《〈著作权法〉第三次修改的重要内容及价值考量》，载《知识产权》2021年第2期。

的侵权行为，提高处理侵权纠纷案件的效率。基于此，近些年来我国每一次修改《著作权法》，不仅肯定了著作权行政执法的地位，而且加强了执法手段、完善了执法机制。以2020年修法为例，总的看法和观点是，需要继续强化著作权行政执法，而不是削弱。这不仅体现于著作权行政执法本身对著作权保护的重要意义和作用，包括分流部分著作权纠纷案件，减轻人民法院审理日益增多的著作权纠纷案件的审判压力，而且体现于在我国当前的著作权行政执法实践中，存在执法手段不够、执法效果不佳等问题，特别是在应对互联网环境下数量飙升的著作权侵权案件时感到力不从心。最近几年全国人大常委会开展的知识产权执法检查也暴露了我国著作权、专利权等知识产权行政执法方面的种种问题。也正是基于知识产权行政执法的现实需要和实践问题，本次修法从扩大行政执法主体的范围、优化行政执法手段、提高行政处罚标准等方面对我国著作权行政执法制度进行了改革。

3. 承担行政责任的著作权侵权行为的限制。著作权侵权行政责任是民事责任的补充，是从国家、社会和公共利益出发维护著作权制度的手段。《著作权法》第53条规定的承担民事责任后可能承担行政责任的侵权行为，是"同时损害公共利益的"行为。一般说来，这类侵权行为应具有以下特点：①侵权动机和目的都是非法牟利；②行为人主观上为故意，并且是直接故意；③侵权后果较为严重、侵权手段比较恶劣、侵权数额较大、侵权覆盖面广，它不仅给著作权人的合法权益造成损害，而且损害公共利益、破坏文化市场管理秩序。

(二) 著作权侵权行政责任承担方式

现行《著作权法》关于著作权侵权行政责任承担方式，与2010年《著作权法》相比，其改进主要体现于以下几点：

1. 优化行政执法手段，强化行政执法权。行政执法手段是行政机关履行行政管理职责、开展行政执法活动的基础，也是行使行政执法权的保障。为加强知识产权行政执法，我国《专利法》《商标法》等知识产权单行法律都明确规定了相关知识产权主管部门的行政执法权。本次修法则借鉴了上述法律的规定，明确赋予了主管著作权的部门对涉嫌侵犯著作权和与著作权有关的权利的行为进行查处时的行政执法权。[1] 这类行政执法权包括询问、调查、现场检查、查阅与复制以及查封与扣押。其中，查封、扣押属于行政法上的行政强制措施，对行政相对人具有重大的利害关系，应当严格根据我国行政法规定的法定程序进行，而不能随意实施，否则容易对行政相对人合法权益造成损害，并容易引发行政诉讼。

2. 优化行政处罚责任。著作权侵权行为的行政处罚责任，是承担行政法律责任的体现，对于有效遏制侵权行为、预防侵权的发生、维护权利人合法权益和社会公众利益都具有十分重要的作用。2010年《著作权》第48条规定了损害公共利益而可以由著作权行政管理

---

[1] 现行《著作权法》第55条规定："主管著作权的部门对涉嫌侵犯著作权和与著作权有关的权利的行为进行查处时，可以询问有关当事人，调查与涉嫌违法行为有关的情况；对当事人涉嫌违法行为的场所和物品实施现场检查；查阅、复制与涉嫌违法行为有关的合同、发票、账簿以及其他有关资料；对于涉嫌违法行为的场所和物品，可以查封或者扣押。主管著作权的部门依法行使前款规定的职权时，当事人应当予以协助、配合，不得拒绝、阻挠。"

部门实施行政处罚的行为。现行《著作权法》第 53 条则对该条规定作了改进。[1] 具体修改之处体现为：

第一，针对"同时损害公共利益的"著作权侵权行为，明确规定了由主管著作权的部门采取行政处罚措施，而不是"可以由"上述机构采取行政处罚措施。这样就为追究同时损害公共利益的著作权侵权行为的行政法律责任提供了更加明确的法律依据，有利于遏制著作权侵权行为。

第二，针对著作权侵权的行政处罚措施，增加了"予以警告"这一处罚力度较小的方式，以便针对情节轻微的著作权侵权行为，将惩戒与教育相结合，增加了适用行政处罚手段的灵活性，更能适应现实的执法需要。

第三，对于没收违法获得、侵权复制品以及主要用于制作侵权复制品的材料、工具、设备，以及销毁侵权复制品的行政处罚责任作了修改，代之以没收违法所得，没收、无害化销毁处理侵权复制品以及主要用于制作侵权复制品的材料、工具、设备。同时，对于没收主要用于制作侵权复制品的材料、工具、设备，也不再要求"情节严重"这一条件。本书认为，这一修改的合理性在于，在实施销毁处理时，强调"无害化"，注意环保要求，凸显了著作权保护的绿色原则，与《民法典》倡导的绿色原则相一致。同时，主要用于制作侵权复制品的材料、工具、设备是著作权侵权人实施侵权的物质技术基础，取消"情节严重"的要件，可以更加有力地打击著作权侵权行为，加大著作权行政处罚的威慑力度和执行力。

第四，提高了著作权侵权行政处罚标准的可操作性。根据现行《著作权法》第 53 条规定，针对同时损害公共利益的著作权侵权行为，"违法经营额五万元以上的，可以并处违法经营额一倍以上五倍以下的罚款；没有违法经营额、违法经营额难以计算或者不足五万元的，可以并处二十五万元以下的罚款；构成犯罪的，依法追究刑事责任。"与 2010 年《著作权法》第 48 条规定相比，上述规定更便于著作权主管部门根据个案的情况确定对应的行政处罚标准，不仅有利于增加著作权侵权行政处罚的可操作性和执法的统一性，而且也有利于加大对同时损害公共利益的著作权侵权行为的打击力度。

（三）著作权侵权行政案件的管辖

《著作权法》第 53 条、《计算机软件保护条例》第 24 条等规定的应予行政处罚的著作权违法案件，依照《著作权法实施条例》第 37 条、《著作权行政处罚实施办法》第 3 条、第 5 条、第 6 条的规定，由侵权行为实施地、侵权结果发生地、侵权制品储藏地或者依法查封扣押地的著作权行政管理部门负责查处。法律、行政法规另有规定的除外。国家版权局可以查处在全国有重大影响的违法行为，以及认为应当由其查处的其他违法行为。县级以上地方主管著作权的部门负责查处本辖区发生的违法行为。

此外，县级以上地方主管著作权的部门可以对著作权侵权纠纷进行调解，但这种调解应以当事人的申请为前提。县级以上地方主管著作权的部门不宜主动干预，而且达成的调

---

[1] 现行《著作权法》第 53 条规定，侵权行为同时损害公共利益的，由主管著作权的部门责令停止侵权行为，予以警告，没收违法所得，没收、无害化销毁处理侵权复制品以及主要用于制作侵权复制品的材料、工具、设备等，违法经营额 5 万元以上的，可以并处违法经营额 1 倍以上 5 倍以下的罚款；没有违法经营额、违法经营额难以计算或者不足 5 万元的，可以并处 25 万元以下的罚款；构成犯罪的，依法追究刑事责任。在上述著作权行政处罚方式中，"没收违法所得"是将侵权行为人的全部侵权非法利益收缴国库；"罚款"是对侵权人进行的带有行政强制性质的经济处罚，不得从给予没收的违法所得的财产中支付，而应先行没收，再予罚款。

解协议也没有强制执行力。

（四）对行政决定不服的处理

根据 2010 年《著作权法》第 56 条的规定，当事人对著作权行政管理部门的行政处罚不服，可以在收到行政处罚决定书之日起 3 个月内向人民法院起诉，期满不起诉又不履行的，著作权行政管理部门可以申请人民法院执行。现行《著作权法》则取消了上述规定。这是因为，我国《行政诉讼法》对于行政决定不服的处理已有相应规定，直接根据其规定即可，不必在《著作权法》中另行作出规定。提起著作权行政诉讼的案件由最初作出具体行政行为的地方主管著作权的部门所在地人民法院管辖。

三、侵犯著作权的刑事责任

我国 1990 年《著作权法》没有确立侵犯著作权的刑事责任制度。由于民事和行政责任方式不足以有效惩治严重侵犯著作权的行为，1994 年第八届全国人民代表大会常务委员会第八次会议通过了《关于惩治侵犯著作权的犯罪的决定》，明确了严重侵犯著作权的刑事责任。1997 年修订的《刑法》接纳《关于惩治侵犯著作权的犯罪的决定》的内容，规定了两个侵犯著作权的犯罪罪名：侵犯著作权罪和销售侵犯著作权的复制品罪。[1] 2001 年《著作权法》修改后，在其第 47 条中明确规定，侵犯著作权构成犯罪的，依法追究刑事责任。为了有效打击与处理侵犯知识产权的犯罪，2004 年通过的《知识产权刑事案件应用法律解释》对侵犯著作权犯罪行为等作了具体规定，降低了侵犯著作权犯罪的立案标准。2007 年 4 月最高人民法院和最高人民检察院通过《知识产权刑事案件应用法律解释（二）》又进一步降低了著作权犯罪的门槛，强化了著作权刑事责任。如前所述，自 2020 年 9 月 14 日起施行的《知识产权刑事案件应用法律解释（三）》，对于"作品、录音制品上署名"以及侵犯著作权的复制品的认定问题，主要用于制造假冒注册商标的商品、注册商标标识或者侵权复制品的材料和工具的处置等问题作了具有可操作性的规定。[2]

根据《著作权法》《刑法》以及上述司法解释，可以把握我国著作权侵权的刑事责任制度。

（一）侵犯著作权罪

侵犯著作权罪，是指以营利为目的，违反著作权法的规定，复制发行、通过信息网络向公众传播他人享有著作权的作品或享有专有出版权的图书或录音录像制品，或者未经表演者许可，复制发行录有其表演的录音录像制品，或者通过信息网络向公众传播其表演的，或者制作、出售假冒他人署名的美术作品，或故意避开或者破坏权利人为其作品、录音录像制品等采取的保护著作权或者与著作权有关的权利的技术措施的，违法所得数额较大或者有其他严重情节的行为。[3]

《刑法》第 217 条规定构成侵犯著作权罪的行为有：①未经著作权人许可，复制发行、通过信息网络向公众传播其文字作品、音乐、美术、视听作品、计算机软件及法律、行政法规规定的其他作品的；②出版他人享有专有出版权的图书；③未经录音录像制作者许可，

---

[1] 需要指出，这里的侵犯著作权是广义的概念，包括了侵害相关权即"与著作权有关的权利"的内容。

[2] 参见张燕龙：《著作权法与刑法的衔接》，载《国家检察官学院学报》2023 年第 2 期；刘铁光：《著作权民刑保护之间的法域冲突及其化解》，载《法律科学（西北政法大学学报）》2023 年第 5 期。

[3] 参见上海市第三中级人民法院（2023）沪 03 刑初 23 号刑事判决书（侵犯著作权罪案）；海南省高级人民法院（2021）琼 73 刑终 5 号刑事裁定书（侵犯著作权罪案）。

复制发行、通过信息网络向公众传播其制作的录音录像的；④未经表演者许可，复制发行录有其表演的录音录像制品，或者通过信息网络向公众传播其表演的[1]；⑤制作、出售假冒他人署名的美术作品的；⑥未经著作权人或者与著作权有关的权利人许可，故意避开或者破坏权利人为其作品、录音录像制品等采取的保护著作权或者与著作权有关的权利的技术措施的。

根据《知识产权刑事案件应用法律解释》第11条的规定，未经著作权人许可指没有得到著作权人授权或者伪造、涂改著作权人授权许可文件或者超出授权许可范围；通过信息网络向公众传播他人文字作品、音乐、电影、电视、录像作品、计算机软件及其他作品的行为，视同为2002年修正的《刑法》第217条规定的"复制发行"；"以营利为目的"包括以刊登收费广告等方式直接或者间接收取费用。

侵犯著作权罪是以营利为目的的故意侵犯著作权的行为，《刑法》第217条根据违法所得数额或其他情节标准，规定了两个不同的法定刑幅度。即：①违法所得数额较大或者有其他严重情节的，处3年以下有期徒刑，并处或者单处罚金；②违法所得数额巨大或者有其他特别严重情节的，处3年以上10年以下有期徒刑，并处罚金。《知识产权刑事案件应用法律解释》具体规定了"违法所得数额"与"情节"的判定标准，《知识产权刑事案件应用法律解释（二）》进一步降低了判定"情节严重"与"情节特别严重"的标准，"情节严重"由1000张（份）以上降为500张（份）以上，"情节特别严重"由5000张（份）以上降为2500张（份）以上。该司法解释还明确了发行的范围，并规定：侵犯著作权罪中的"复制发行"，包括复制、发行或者既复制又发行的行为。《知识产权刑事案件应用法律解释（三）》则对作品、录音制品上的署名，"未经著作权人许可""未经录音制作者许可"的内涵作了进一步规定。其第2条规定：在刑法第217条规定的作品、录音制品上以通常方式署名的自然人、法人或者非法人组织，应当推定为著作权人或者录音制作者，且该作品、录音制品上存在着相应权利，但有相反证明的除外。在涉案作品、录音制品种类众多且权利人分散的案件中，有证据证明涉案复制品系非法出版、复制发行，且出版者、复制发行者不能提供获得著作权人、录音制作者许可的相关证据材料的，可以认定为刑法第217条规定的"未经著作权人许可""未经录音制作者许可"。但是，有证据证明权利人放弃权利、涉案作品的著作权或者录音制品的有关权利不受我国著作权法保护、权利保护期限已经届满的除外。

（二）销售侵犯著作权的复制品罪

销售侵犯著作权的复制品罪，简称销售侵权复制品罪，是指以营利为目的，违反著作权法规定，销售明知是侵犯他人著作权的复制品，违法所得数额巨大的行为。

《刑法》第218条规定："以营利为目的，销售明知是本法第二百一十七条规定的侵权复制品，违法所得数额巨大或者有其他严重情节的，处五年以下有期徒刑，并处或者单处罚金。"

对于销售侵权复制品罪与侵犯著作权罪的关系，根据《知识产权刑事案件应用法律解释》，如果既实施了《刑法》第217条所规定的侵犯著作权的行为，又销售明知是该侵权复制品构成犯罪的，依刑法重行为吸收轻行为的原则，以侵犯著作权罪论处，不实行数罪并罚；如果销售侵权复制品行为人与复制发行侵权复制品的人事前合谋，则依据《刑法》的

---

[1] 参见安徽省合肥市中级人民法院（2022）皖刑终35号刑事判决书（侵犯著作权罪案）。

共同犯罪规定，将销售者列入侵犯著作权罪的共犯；如果实施《刑法》第217条规定的侵犯著作权的行为，又销售明知侵犯著作权的其他复制品构成犯罪的，则同时构成侵犯著作权罪和销售侵权复制品罪，应实行数罪并罚。此外，根据《知识产权刑事案件应用法律解释（三）》第7条规定，除特殊情况外，侵犯著作权的复制品以及侵权复制品的材料和工具，应当依法予以没收和销毁。上述物品需要作为民事、行政案件的证据使用的，经权利人申请，可以在民事、行政案件终结后或者采取取样、拍照等方式对证据固定后予以销毁。

（三）单位著作权犯罪

依据《刑法》第220条的规定，单位犯有该法第213条至第219条之一规定的犯罪的，对单位判处罚金，并对其直接负责的主管人员和其他责任人员，依照对侵犯著作权罪、销售侵权复制品罪的规定处罚。[1]

第三节　著作权民事诉讼

著作权纠纷主要是民事纠纷，包括侵权纠纷、合同纠纷与权属纠纷等类型。和一般民事纠纷一样，解决著作权民事纠纷的方式通常有协商和解、调解、仲裁、[2] 诉讼等。其中，向人民法院提起著作权民事诉讼，通过司法途径解决著作权纠纷，是最后的纠纷解决途径。这就是著作权民事司法保护。著作权民事司法保护是人民法院依照民事审判程序审理各类著作权民事案件，依法维护著作权人和其他当事人合法权益，定分止争，解决著作权纠纷，维护社会经济秩序和社会关系稳定的诉讼活动和过程。著作权民事司法保护是我国著作权保护体系中的主导形式，对于强化我国著作权保护，提高著作权保护水平具有关键意义。[3] 近些年来我国《著作权法》的几次修改，在提高著作权保护水平方面，除了前述著作权行政执法的强化外，强化知识产权司法保护无不是重中之重。为提高包括著作权在内的知识产权司法保护水平，近年来最高人民法院还先后颁行了相关司法政策性文件，用以指导和推进我国知识产权司法保护。[4]

著作权民事司法保护体现于著作权民事诉讼中。关于著作权民事诉讼，以下问题值得重视。

一、著作权民事诉讼的主体

著作权民事诉讼包括著作权侵权纠纷诉讼、合同纠纷诉讼和权属纠纷诉讼等。著作权民事诉讼主体是指在著作权诉讼中，享有诉讼权利、承担诉讼义务，诉讼过程发生、变更或消灭的诉讼行为人，当事人和人民法院是两个基本的诉讼主体。

确定著作权诉讼的当事人，是目前著作权审判实践中的主要问题之一，其原因在于著作权的归属，尤其是职务作品、合作作品、委托作品、演绎作品、汇编作品以及著作权许可使用合同纠纷当事人诉讼地位的确定上。分析著作权侵权诉讼主体资格，可以把握著作权民事诉讼当事人的一般情况。

---

[1] 参见江海洋：《数字时代规避型侵犯著作权罪的司法适用》，载《中国刑事法杂志》2023年第6期。

[2] 参见孙子涵：《我国知识产权效力争议仲裁的理论基础与实现路径》，载《现代法学》2023年第1期。

[3] 孔祥俊：《当前我国知识产权司法保护几个问题的探讨——关于知识产权司法政策及其走向的再思考》，载《知识产权》2015年第1期。

[4] 例如，2020年4月15日，最高人民法院发布《关于全面加强知识产权司法保护的意见》、2020年11月16日，最高人民法院印发《关于加强著作权和与著作权有关的权利保护的意见》。

一般认为，著作权权利主体为最重要的诉讼主体。在著作权侵权诉讼中，基于著作权的独占性、排他性，著作权人即著作人身权或者著作财产权的部分或全部享有者，享有原告的法律地位。参照我国《著作权法》第9条的规定，在著作权侵权诉讼中享有原告资格的人包括作者和其他依法享有著作权的自然人、法人或非法人组织。同时，在著作权许可使用关系存在的情况下，独占被许可人也可以原告名义起诉著作权侵权人。根据司法解释精神，排他被许可人在著作权人不起诉的前提下也可以原告身份起诉。至于普通被许可人则不能单独起诉，但在征得权利人同意时，也可以原告身份起诉或者与权利人共同起诉。在特定情况下，著作权人可以通过"诉讼信托"的方式转移其诉讼权，这常见于著作权集体管理中，由著作权集体管理组织以自己的名义提起诉讼。[1]

二、著作权民事诉讼的受案范围与管辖

（一）著作权民事诉讼的受案范围

《审理著作权民事案件适用法律解释》第1条规定："人民法院受理以下著作权民事纠纷案件：（一）著作权及与著作权有关权益权属、侵权、合同纠纷案件；（二）申请诉前停止侵害著作权、与著作权有关权益行为，申请诉前财产保全、诉前证据保全案件；（三）其他著作权、与著作权有关权益纠纷案件。"由此可见，著作权民事诉讼案件的受案范围包括权属纠纷、侵权纠纷[2]和合同纠纷案件，既包括著作权案件，也包括相关权案件，既涉及实体问题解决的纠纷案件，也涉及诉前行为保全、财产保全和证据保全等程序性问题的案件。[3]

（二）著作权民事诉讼案件的管辖

对于诉讼管辖，国外一般规定著作权民事诉讼适用地域管辖原则，由侵权行为地或侵权人所在地地方法院为一审法院。但在级别上，作为一审法院的一般不是最基层的地方法院。另外，有些国家规定，著作权民事诉讼适用特殊案件的专属管辖。

《审理著作权民事案件适用法律解释》第2条规定了著作权民事纠纷案件的级别管辖原则，即"著作权民事纠纷案件，由中级以上人民法院管辖。各高级人民法院根据本辖区的实际情况，可以报请最高人民法院批准，由若干基层人民法院管辖第一审著作权民事纠纷案件"。其第3条规定了涉及对著作权行政管理部门查处的侵害著作权行为的诉讼管辖原则："对著作权行政管理部门查处的侵害著作权行为，当事人向人民法院提起诉讼追究该行为人民事责任的，人民法院应当受理。人民法院审理已经过著作权行政管理部门处理的侵害著作权行为的民事纠纷案件，应当对案件事实进行全面审查。"其第4条规定了著作权侵权纠纷案件的管辖原则，即因侵害著作权行为提起的民事诉讼，由《著作权法》第47条[4]、第48条[5]规定的侵权行为实施地、侵权复制品储藏地或者查封扣押地、被告住所地人民法院管辖。前款规定的侵权复制品储藏地，是指大量或者经常性储存、隐匿侵权复

---

［1］参见北京市高级人民法院（2021）京民终929号民事判决书（著作权许可使用合同纠纷案）；黑龙江省哈尔滨市中级人民法院（2010）哈知初字第49号民事判决书（侵犯著作权纠纷案）。

［2］这里的侵权纠纷，在司法实践中还包括"确认不侵权纠纷"，参见杭州互联网法院（2021）浙0192民初10369号民事判决书、浙江省杭州市中级人民法院（2023）浙01民终453号民事判决书（确认不侵害著作权纠纷案）。

［3］参见云南省高级人民法院（2022）云民终2088号民事判决书（著作权权属、侵权纠纷案）。

［4］现行《著作权法》第52条。

［5］现行《著作权法》第53条。

制品所在地;查封扣押地,是指海关、版权等行政机关依法查封、扣押侵权复制品所在地。其第 5 条规定了涉及共同诉讼的管辖原则,即"对涉及不同侵权行为实施地的多个被告提起的共同诉讼,原告可以选择向其中一个被告的侵权行为实施地人民法院提起诉讼;仅对其中某一被告提起的诉讼,该被告侵权行为实施地的人民法院有管辖权"。其第 6 条则规定了著作权集体管理组织的独立诉权制度:"依法成立的著作权集体管理组织,根据著作权人的书面授权,以自己的名义提起诉讼,人民法院应当受理。"[1]

三、著作权民事诉讼的证据、举证责任及举证妨碍制度

(一)著作权民事诉讼证据

证据,是当事人向人民法院提交的用以证明其主张的材料和事实。基于知识产权民事诉讼证据的重要性,2020 年 11 月 9 日最高人民法院公布《知识产权民事诉讼证据规定》,自 2020 年 11 月 18 日起施行。该司法解释无疑是人民法院审理包括著作权在内的知识产权民事纠纷案件进行证据认定的重要指引和依据。在著作权民事诉讼中,证据也具有关键作用。在很多案件中,当事人之所以败诉或者部分败诉,就是因为未能提供令人信服的证据。因此,应当高度重视著作权民事诉讼证据问题。

《审理著作权民事案件适用法律解释》为规范著作权民事诉讼证据制度,作出了相应规定。其第 7 条规定:"当事人提供的涉及著作权的底稿、原件、合法出版物、著作权登记证书、认证机构出具的证明、取得权利的合同等,可以作为证据。在作品或者制品上署名的自然人、法人或者非法人组织视为著作权、与著作权有关权益的权利人,但有相反证明的除外。"该规定列明了著作权民事诉讼中参见的证据类型,并明确了作品或者制品上署名人与权利主体之间的关系。其第 8 条则规定:"当事人自行或者委托他人以定购、现场交易等方式购买侵权复制品而取得的实物、发票等,可以作为证据。公证人员在未向涉嫌侵权的一方当事人表明身份的情况下,如实对另一方当事人按照前款规定的方式取得的证据和取证过程出具的公证书,应当作为证据使用,但有相反证据的除外。"该规定明确了实物、发票作为证据的情形以及特殊情形下的公证取证效力,有利于统一证据认定标准,促进证据的规范收集和使用。[2]

(二)著作权民事诉讼举证责任

著作权民事诉讼通常实行"谁主张,谁举证"的举证责任原则。当权利人发现了侵权、盗版行为时,应由自己提出证据证明对方侵犯了自己的权利。但著作权侵权具有一定的隐蔽性和复杂性。在著作权侵权诉讼中,权利人经常因为不能提出充分证据证明被控侵权人实施了侵权行为而败诉。侵权者则往往隐瞒侵权事实,不提供盗版作品的来源,并千方百计地说明自己复制、发行或者出租的作品有合法来源,使权利人很难举出对方侵权的事实证据。特别是复制品的发行者、出租者往往以不知道或者找不到侵权盗版的提供者为由逃避责任,使著作权人的合法权益得不到及时的保护。所以,为了切实维护著作权人的合法权益,我国和一些国家一样,规定了著作权民事诉讼中的举证责任部分倒置规则。换言之,

---

[1] 参见黑龙江省高级人民法院(2022)黑民终 68 号民事裁定书(著作权侵权纠纷管辖权异议案)。

[2]《知识产权民事诉讼证据规定》也有相关规定。例如,其第 7 条规定:"权利人为发现或者证明知识产权侵权行为,自行或者委托他人以普通购买者的名义向被诉侵权人购买侵权物品所取得的实物、票据等可以作为起诉被诉侵权人侵权的证据。被诉侵权人基于他人行为而实施侵害知识产权行为所形成的证据,可以作为权利人起诉其侵权的证据,但被诉侵权人仅基于权利人的取证行为而实施侵害知识产权行为的除外。"

在举证责任分配方面，应对作为权利人的原告给予一定的倾斜，施行一定条件下的举证责任倒置原则。

《著作权法》第59条第1款规定，复制品的出版者、制作者不能证明其出版、制作有合法授权的，复制品的发行者或者视听作品、计算机软件、录音录像制品的复制品的出租者不能证明其发行、出租的复制品有合法来源的，应当承担法律责任。依照《审理著作权民事案件适用法律解释》第19条的规定，出版者、制作者应当对其出版、制作有合法授权承担举证责任，发行者、出租者应当对其发行或者出租的复制品有合法来源承担举证责任。举证不能的，依据现行《著作权法》第52条、第53条的相应规定承担法律责任。上述规定同时确立了著作权侵权举证责任倒置原则，规定了出版者、制作者、发行者和出租者对其经营的复制品有合法授权和从合法渠道获得的注意义务，当权利人与其发生著作权侵权纠纷时，他们有责任证明其涉诉复制品的合法的授权、合法来源。否则，就应当承担著作权侵权责任。

在实行举证责任部分倒置的情况下，原告举证责任包括：①自己享有著作权、具有原告资格的证据；②被告侵权的证据（如未经许可而复制、出版、录像等）及与争议有关的物证、书证、证人证言；③因被告侵权致使其著作人身权和著作财产权受损害的事实。被告的举证责任主要在于，行为人主观上有无过错、侵权的具体过程、非法复制的场所、侵权行为的范围，以及被告因侵权而获利等方面的事实。

还值得注意的是，现行《著作权法》第59条第2款规定："在诉讼程序中，被诉侵权人主张其不承担侵权责任的，应当提供证据证明已经取得权利人的许可，或者具有本法规定的不经权利人许可而可以使用的情形。"该规定表明，在原告主张被告构成了著作权侵权的情况下，被告为摆脱侵权责任，需要举证证明其使用涉案受著作权保护的作品具有合法性。这种合法性证明，可以通过以下两方面加以实现：其一是使用行为获得了权利人的许可；其二是使用行为根据《著作权法》的规定不需要经过权利人许可。就第一种情况而言，在著作权司法实践中应注意许可人资格的合法性，如果许可人不是真正的权利人，则仍然存在侵权问题。此外，还应注意是否存在默示许可的情形。这种情形本身也需要通过证据证明，因而具有一定的复杂性。就第二种情况而言，被告可以提出以下事实与理由：①其使用作品属于现行《著作权法》第24条规定的合理使用行为；②其使用作品行为属于权利穷竭范畴；③其使用的作品著作权保护期限已经届满；④其使用作品著作权因为著作权人放弃等原因而使其著作权被提前终止；⑤其使用作品的行为属于著作权法不予以保护的公共领域范畴的思想、主题、事实、题材等内容。[1] 上述情形，本身也需要提供一定证据加以证明，有的则属于如何根据个案事实加以认定的问题，如合理使用，此时无需被告另行提供证据，而只需要就不侵权的事实进行充分说理即可。

关于著作权侵权诉讼的举证责任分配，司法实践还强调"证明标准应根据当事人客观存在的举证难度合理确定"。例如，"'机床切割'计算机软件著作权侵权纠纷案"即据此确立了合理的责任标准，判决被告承担举证不能的不利后果。[2]

---

[1] See Hoehling v. Universal City Studios, Inc., 618 F.2d 972 (2d Cir. 1980) （题材、历史事件不受著作权保护）；Miller v. Universal City Studios, Inc., 650 F.2d 1365 (5th Cir. 1981) （事实材料不受著作权保护）。

[2] 江苏省高级人民法院（2007）苏民三终字第0018号民事判决书（指导案例第49号）。

(三) 著作权侵权举证妨碍制度

著作权和其他知识产权一样，是一种无形财产权。在著作权侵权诉讼中，权利人维权普遍感到困惑的是难以提供充分的证据，用以证明侵权以及侵权损害赔偿的情况。举证难、周期长、赔偿低被视为当前我国包括著作权在内的知识产权诉讼普遍存在的问题。仅就举证而言，由于我国实行"谁主张、谁举证"的原则，而著作权侵权具有一定的技术性和复杂性，在信息网络环境下还具有隐蔽性、快捷性，权利人很难及时收集到侵权人侵权的证据。在这种情况下，权利人主张侵权赔偿就难以获得支持。正是基于知识产权侵权这种特殊性，欧美国家在相关知识产权法律中规定了证据妨碍制度，也就是通常说的欧美文书令制度。根据该制度，在侵权证据由侵权人掌握而权利人不便获取时，权利人可以要求侵权人提供；当侵权人拒不提供时，将按照权利人的主张及提供的相关证据加以确定。在我国知识产权立法中，2013 年《商标法》第三次修改时首先引进了这一制度。[1] 2020 年 10 月第四次修改的《专利法》也遵循 2013 年《商标法》规定，引进了这一制度。[2] 本次修法，参照上述规定也就顺理成章。为此，现行《著作权法》正式引进了文书令制度。现行《著作权法》第 54 条第 4 款规定："人民法院为确定赔偿数额，在权利人已经尽了必要举证责任，而与侵权行为相关的账簿、资料等主要由侵权人掌握的，可以责令侵权人提供与侵权行为相关的账簿、资料等；侵权人不提供，或者提供虚假的账簿、资料等的，人民法院可以参考权利人的主张和提供的证据确定赔偿数额。"无疑，该制度的引进，一方面和现行《商标法》《专利法》的规定能够保持一致，另一方面能够在著作权侵权诉讼中"倒逼"侵权人在证据收集方面予以配合，以便人民法院全面查明案件事实，合理确定著作权侵权损害赔偿额。因此，该制度总体上有利于加大对著作权的保护和对著作权侵权的制裁。

四、诉前保全措施

诉前保全制度是在诉讼程序中为了更好地保护权利人的利益、防止因未及时采取相关措施而使权利人受到难以弥补的损害而实行的制度，包括诉前行为保全、财产保全和证据保全制度等。为了充分、有效地维护知识产权人的合法权益，并遵循 TRIPs 协议的规定，在我国近些年知识产权单行法律中，都规定了诉前保全制度。其中，《著作权法》也赋予人民法院处理著作权纠纷案件中的多种诉前保全措施，包括诉前行为保全、诉前财产保全和诉前证据保全等。从近些年来的相关司法实践看，诉前保全制度的实施在防止权利人受到难以弥补的损害、及时遏制侵权行为的发生等方面发挥了重要作用。[3]《审理著作权民事案件适用法律解释》第 28 条规定：人民法院采取保全措施的，依据《民事诉讼法》及《最高人民法院关于审查知识产权纠纷行为保全案件适用法律若干问题的规定》（以下简称《审查知识产权行为保全案件适用法律规定》）的有关规定办理。

（一）诉前行为保全

诉前行为保全，是为了及时保护著作权人的合法权益而采取的防止著作权侵权损害后果进一步扩大的有效措施，表现为人民法院代表国家发出裁定，禁止被申请人从事正在实施或者即将实施的某种行为，或者要求被申请人从事一定行为。通常，著作权侵权是一种持续而动态的行为，在著作权人提起诉讼或者要求主管著作权的部门处理的过程中，该侵

---

[1] 2013 年《商标法》第 63 条第 2 款。
[2] 2020 年《专利法》第 71 条第 2 款。
[3] 参见上海知识产权法院（2016）沪 73 行保复 1 号民事裁定书（诉前停止侵害著作权纠纷案）。

权行为往往继续进行。如果不采取必要的措施，等到人民法院作出判决或主管著作权的部门作出处理决定后再作处理，可能会对权利人产生难以弥补的损害。

TRIPs协议第50条规定，在以下两种情况下，必须采取临时措施：阻止侵权行为发生和将侵权商品进入商业渠道，包括海关已经应允进入国内商业渠道的侵权商品的进口，以及为被指称的侵权提供相关的证据。在适当的情况下，司法机关在当事人提起正式的诉讼之前，应有权应有关当事人的请求采取上述临时措施。为了保障著作权人的利益不受难以弥补的损害，并与TRIPs协议的规定相协调，2010年《著作权法》第50条规定，著作权人或者与著作权有关的权利人有证据证明他人正在实施或者即将实施侵犯其权利的行为，如不及时制止将会使其合法权益受到难以弥补的损害的，可以在起诉前向人民法院申请采取责令停止有关行为和财产保全的措施。现行《著作权法》第56条则对前述规定作了一定的优化。其具体规定如下："著作权人或者与著作权有关的权利人有证据证明他人正在实施或者即将实施侵犯其权利、妨碍其实现权利的行为，如不及时制止将会使其合法权益受到难以弥补的损害的，可以在起诉前依法向人民法院申请采取财产保全、责令作出一定行为或者禁止作出一定行为等措施。"基于更有力地维护著作权人和与著作权有关的权利人的利益考虑，这一修改体现于：将上述"即将实施侵犯其权利的行为"扩大为"即将实施侵犯其权利、妨碍其实现权利的行为"。同时，将"在起诉前向人民法院申请采取责令停止有关行为和财产保全的措施"修改为"在起诉前依法向人民法院申请采取财产保全、责令作出一定行为或者禁止作出一定行为等措施"。本书认为，前者的修改原因在于，在著作权保护实践中存在妨碍权利人及时实现其权利的行为，如果不及时予以制止，同样会给权利人造成难以弥补的损害。增加"妨碍其实现权利的行为"，则有利于权利人通过申请诉前行为保全措施，保障其权利正常实现。后者的修改合理性则在于，为实现权利人的合法权益，在有的情况下不限于责令停止有关行为，而是责令做出一定行为。这样就能够使权利人根据个案的具体情况，在诉前提出相应的主张。

上述涉及诉讼的行为保全措施，对于及时保护著作权人的合法权益，加大对著作权的保护力度具有重要的作用。但在实施时应慎重，因为采取这种行为保全措施会对被告方利益产生重要影响。为公平合理地维护双方当事人合法权益，应从严掌握行为保全措施的标准。[1]

值得指出的是，为规范包括著作权在内的知识产权行为保全行为，最高人民法院发布前述《审查知识产权行为保全案件适用法律规定》，自2019年1月1日起施行。该司法解释对于提起知识产权行为保全的条件、程序、担保、申请错误的处理等都作了明确规定，成为适用知识产权行为保全的重要指引。例如，其第7条规定："人民法院审查行为保全申请，应当综合考量下列因素：（一）申请人的请求是否具有事实基础和法律依据，包括请求保护的知识产权效力是否稳定；（二）不采取行为保全措施是否会使申请人的合法权益受到难以弥补的损害或者造成案件裁决难以执行等损害；（三）不采取行为保全措施对申请人造成的损害是否超过采取行为保全措施对被申请人造成的损害；（四）采取行为保全措施是否损害社会公共利益；（五）其他应当考量的因素。"

---

[1] 参见山东省青岛市中级人民法院（2021）鲁02行保1号民事裁定书（申请诉前行为保全案）；上海知识产权法院（2016）沪73行保复1号民事裁定书（诉前停止侵害著作权纠纷案）。

（二）诉前财产保全

诉前财产保全是我国《民事诉讼法》明确规定的司法措施。由于诉前财产保全有利于加强著作权保护，前述《著作权法》第56条规定人民法院在处理著作权纠纷中可以采取诉前的财产保全措施。

诉前临时措施与诉前财产保全制度相结合，可以使著作权人在诉讼之前即处于主动地位，便于有效地打击著作权侵权行为，保护著作权人的合法权益。

（三）诉前证据保全

《著作权法》第57规定，为制止侵权行为，在证据可能灭失或者以后难以取得的情况下，著作权人或者与著作权有关的权利人可以在起诉前依法向人民法院申请保全证据。

《著作权法》确立诉前证据保全制度，对于著作权保护的意义不可低估，因为著作权作为无形财产权，当其被他人侵害时，证据的收集、获得对权利人来说往往很困难。面临侵权诉讼，侵权人为了逃避制裁，往往千方百计地隐匿、毁灭证据。在实行"谁主张，谁举证"原则的情况下，权利人往往因缺少证据而得不到保护。诉前证据保全制度从制度上弥补了这方面的缺陷。它与诉前临时措施、诉前财产保全一起，构成了在诉前著作权人保护自己权益的坚强盾牌。[1] 值得指出的是，为规范包括著作权在内的知识产权证据保全行为，《知识产权民事诉讼证据规定》第11条至第17条规定了知识产权证据保全相关制度。如其第12条第1款规定，人民法院进行证据保全，应当以有效固定证据为限，尽量减少对保全标的物价值的损害和对证据持有人正常生产经营的影响；第13条规定，当事人无正当理由拒不配合或者妨害证据保全，致使无法保全证据的，人民法院可以确定由其承担不利后果。构成《民事诉讼法》第111条规定情形的，人民法院依法处理。

五、著作权民事诉讼的时效

诉讼时效是指权利人在法定期间内不行使权利即丧失请求法院依诉讼程序强制义务人履行义务的权利，属于消灭时效。我国《著作权法》对著作权诉讼时效未作规定。《民法典》第188条则规定："向人民法院请求保护民事权利的诉讼时效期间为三年。法律另有规定的，依照其规定。诉讼时效期间自权利人知道或者应当知道权利受到损害以及义务人之日起计算。法律另有规定的，依照其规定。但是，自权利受到损害之日起超过二十年的，人民法院不予保护，有特殊情况的，人民法院可以根据权利人的申请决定延长。"《审理著作权民事案件适用法律解释》第27条规定："侵害著作权的诉讼时效为三年，自著作权人知道或者应当知道权利受到损害以及义务人之日起计算。权利人超过三年起诉的，如果侵权行为在起诉时仍在持续，在该著作权保护期内，人民法院应当判决被告停止侵权行为；侵权损害赔偿数额应当自权利人向人民法院起诉之日起向前推算三年计算。"

关于著作权诉讼时效，以下两个问题还值得重视：

第一，关于停止侵害请求权的诉讼时效。根据《民法典》第196条规定，"请求停止侵害、排除妨碍、消除危险"等请求权不适用诉讼时效的规定。著作权是法律授予权利人的独占权，是一种绝对权。对于著作权侵权行为，著作权人的停止侵害请求权不受诉讼时效限制。也就是说，只要著作权侵权行为在进行，不论该行为持续了多长时间，也不论是否超过了一般诉讼时效，权利人都可以随时诉请法院强制侵权人停止侵害，人民法院应予

---

[1] 参见重庆市第一中级人民法院（2021）渝01行保1号民事裁定书（侵犯信息网络传播权纠纷案）；上海知识产权法院（2015）沪知民保字第1号民事裁定书（侵害计算机软件著作权纠纷案）。

受理。

第二，关于损害赔偿请求权的诉讼时效。著作权侵权行为所产生的侵权之债，即要求行为人赔偿著作权人因侵权所造成的损失，适用一般诉讼时效规定。例如，甲非法复制发行著作权人乙的作品，乙在知道或者应当知道侵权的 3 年内未主张损害赔偿请求权，即丧失了提请人民法院强制保护其损害赔偿请求权的机会。不过，如甲的行为是一个连续过程，人民法院对于乙未超过 3 年的部分应给予保护，根据前述司法解释的规定，侵权损害赔偿数额应当自权利人向人民法院起诉之日起向前推算 3 年计算。

六、关于著作权民事诉讼中的几个特殊问题

（一）人民法院在著作权侵权诉讼案件中对侵权人的民事制裁问题

著作权侵权的民事制裁指的是国家司法机关对于侵犯著作权并应承担民事责任的行为人施加的具有国家强制性的惩处措施。著作权侵权的民事制裁，不仅体现了国家对侵害著作权行为的否定性评价，而且通过实施民事制裁措施，加大对侵权行为的惩处力度。其与民事责任既有联系又有重要区别。从两者的联系看，著作权侵权的民事制裁建立在著作权侵权行为承担民事责任的基础之上，即著作权侵权承担民事责任是进行民事制裁的前提和基础，著作权侵权民事制裁则体现了实施著作权侵权行为的法律后果。但是，两者也有重要区别，体现在两者的法律性质不同，并且承担民事责任的著作权侵权行为并非一定需要被给予民事制裁。

2002 年版《审理著作权民事案件适用法律解释》第 29 条规定，人民法院对于应给予行政处罚的侵权行为，在根据当事人的请求追究行为人民事责任外，还可以给予民事制裁，直接没收违法所得、侵权复制品以及进行违法活动的财物，并予以罚款，而不必先行与著作权行政管理部门协商。人民法院的罚款数额可以参照《著作权法实施条例》的有关规定确定。著作权行政管理部门对相同的侵权行为已经给予行政处罚的，人民法院不再予以民事制裁。该司法解释在 2020 年修正时，上述规定则被删除。现行《著作权法》第 54 条第 5 款则规定："人民法院审理著作权纠纷案件，应权利人请求，对侵权复制品，除特殊情况外，责令销毁；对主要用于制造侵权复制品的材料、工具、设备等，责令销毁，且不予补偿；或者在特殊情况下，责令禁止前述材料、工具、设备等进入商业渠道，且不予补偿。"特别是销毁侵权复制品的规定，有利于防止侵权物品在市场上进一步流通而扩大侵权后果。由此可见，修改后的现行《著作权法》从民事制裁角度强化了对著作权的司法保护。当然，在著作权保护实践中，应注意相关责任措施的衔接，防止侵权人受到重复处罚。同时，也应确保在民事司法救济程序中权利人能够获得必要的赔偿。

（二）被侵权人对著作权行政管理部门已给予行政处罚行为的民事赔偿问题

对于一个侵权行为受到行政处罚后，特别是在侵权人的非法所得已被没收，侵权人已无利可图时，是否应进行民事赔偿，人们的认识不同。其实，此时权利人仍然有权提出侵权民事赔偿要求，包括民事赔偿诉讼。因为民事赔偿责任产生于权利受到侵害并造成损失，而不是是否给予了其他法律制裁。著作权侵权如果既妨害公共利益又侵犯权利人的合法利益，就应分别承担相应的民事责任和行政责任，两者并行不悖。《审理著作权民事案件适用法律解释》第 3 条即明确规定："对著作权行政管理部门查处的侵害著作权行为，当事人向人民法院提起诉讼追究该行为人民事责任的，人民法院应当受理。人民法院审理已经过著作权行政管理部门处理的侵害著作权行为的民事纠纷案件，应当对案件事实进行全面审查。"

(三)著作权民事诉讼与著作权行政执法衔接问题

从前面对现行《著作权法》关于著作权行政执法与司法保护的完善的研究可以看出，强化著作权行政执法手段、执法力度以及提高司法保护水平，是完善我国著作权制度的重要内容，实际上也是对著作权保护实践的积极回应。需要进一步看到的是，除了对著作权行政执法的行政相对人给予司法救济外，我国《著作权法》一直缺乏对著作权行政执法与司法保护有机衔接的制度性规定。对于同时损害公共利益的著作权侵权行为，如何在实现被侵权人利益和公共利益平衡基础上协调行政责任与通过司法保护追究民事责任的关系，值得深入探讨。实际上，近年来我国相关部门发布的有关知识产权政策性文件已注意到协调知识产权行政执法与民事司法保护的关系。例如，中共中央办公厅、国务院办公厅联合发布的《强化知识产权保护的意见》在"优化协作衔接机制，突破知识产权快保护关键环节"部分强调指出，要"健全……行政执法、司法保护之间的衔接机制，加强信息沟通和共享，形成各渠道有机衔接、优势互补的运行机制，切实提高维权效率"。《人民法院知识产权司法保护规划（2021—2025年）》则提出，要"优化知识产权民事、行政案件协同推进机制""强化行政执法和司法衔接机制"。基于此，建议未来在改革我国著作权制度时，在总结著作权行政执法与司法保护有机协调的经验基础上，提炼相关的原则和程序性规定，以更好地促进著作权行政执法和司法保护的有机协调。

(四)著作权民事诉讼中对行政行为认定基本事实的确认

在著作权民事诉讼中，可能存在对行政行为所认定的基本事实的确认问题。对此，《知识产权民事诉讼证据规定》第6条规定，对于未在法定期限内提起行政诉讼的行政行为所认定的基本事实，或者行政行为认定的基本事实已为生效裁判所确认的部分，当事人在知识产权民事诉讼中无须再证明，但有相反证据足以推翻的除外。

(五)著作权民事诉讼的法律适用问题

如前所述，著作权法具有与时俱进性，需要随着经济社会环境变化而及时修改。在著作权司法实践中，即存在著作权民事纠纷案件审理时《著作权法》已经修改的情况。此时，如何适用法律，值得研究。《审理著作权民事案件适用法律解释》第29条规定，除本解释另行规定外，人民法院受理的著作权民事纠纷案件，涉及著作权法修改前发生的民事行为的，适用修改前著作权法的规定；涉及著作权法修改以后发生的民事行为的，适用修改后著作权法的规定；涉及著作权法修改前发生，持续到著作权法修改后的民事行为的，适用修改后著作权法的规定。

本章案例研讨

14-1（总第25）：网络服务提供者帮助侵权与合理注意义务的判定
——河南省某影视制作有限公司、某信息技术（北京）有限公司
侵害作品信息网络传播权纠纷上诉案[1]

一、案情简介

河南省某影视制作有限公司（以下简称某影视公司）于2011年9月26日注册成立，经营范围涵盖电影摄制（单片）等。2017年，该公司拍摄现代豫剧电影故事片《第九个女婿》，并于同年8月9日获国家新闻出版广电总局电影局《电影片公映许可证》。2017年10月25日，涉案电影在爱奇艺视频平台上线。某影视公司法定代表人主张证据保全公证，认定优酷视频网、土豆视频网能够搜索"第九个女婿"，遂向河南省开封市中级人民法院提起侵权诉讼。某信息技术（北京）有限公司（以下简称某信息技术公司）则认为，其仅提供了网络存储空间服务，且尽到了网络服务提供者的注意义务。某信息技术公司主张涉案电影由某用户上传，并在庭审中提供了上传用户信息。

二、法院裁判理由及结果

一审法院判决驳回某影视公司的诉讼请求。某影视公司遂向河南省高级人民法院提起上诉。河南省高级人民法院将案件争议焦点归纳为某信息技术公司是否侵犯了涉案作品的著作权，如果构成侵权，应当如何承担责任。

法院阐明了被告是否构成直接侵权。《审理侵害信息网络传播权民事纠纷案件规定》第6条规定："原告有初步证据证明网络服务提供者提供了相关作品、表演、录音录像制品，但网络服务提供者能够证明其仅提供网络服务，且无过错的，人民法院不应认定为构成侵权。"根据上述规定，法院认为信息网络传播权控制的行为是向公众提供作品的行为。未经许可实施向公众提供作品的行为构成侵害信息网络传播权的行为，属于直接侵权。本案中，涉案侵权视频是个人网络用户自行上传，某信息技术公司提供的是信息存储空间服务，因此某信息技术公司的行为不属于直接侵权。

法院评判了被告是否构成帮助侵权。《审理侵害信息网络传播权民事纠纷案件规定》第7条第3款规定："网络服务提供者明知或者应知网络用户利用网络服务侵害信息网络传播权，未采取删除、屏蔽、断开链接等必要措施，或者提供技术支持等帮助行为的，人民法院应当认定其构成帮助侵权行为。"根据其第8条规定，人民法院应当根据网络服务提供者的过错，确定其是否承担教唆、帮助侵权责任。网络服务提供者的过错包括对于网络用户侵害信息网络传播权行为的明知或者应知。网络服务提供者未对网络用户侵害信息网络传播权的行为主动进行审查的，人民法院不应据此认定其具有过错。据此，判断网络服务提供者提供的信息存储空间服务是否构成对权利人信息网络传播权的帮助侵权，应具备下列要件：其一是网络用户利用该服务实施了未经许可提供作品的直接侵权行为；其二是该服务提供者对网络用户实施的直接侵权行为主观上具有明知或者应知的过错，且未及时采取删除、屏蔽等必要措施。

---

[1] 河南省高级人民法院（2020）豫知民终397号民事判决书。

关于某信息技术公司是否具有"明知"的过错，法院认为"明知"通常理解为网络服务提供者确切知道网络用户利用其网络服务传播的特定内容系侵犯他人信息网络传播权的内容，而对该侵权内容不及时采取必要措施。网络服务提供者确切知道侵权内容通常是收到了权利人的"通知"，该"通知"应符合信息网络传播权保护条例中的规定或者足以使网络服务提供者能够准确定位侵权内容。优酷视频网站上设置有侵权投诉渠道，庭审中，某信息技术公司亦表示收到起诉状时，已将涉案电影下线，符合"通知-删除"的规则，故某信息技术公司不具有"明知"的过错。

关于某信息技术公司是否具有"应知"的过错，法院认为，根据《审理侵害信息网络传播权民事纠纷案件规定》第9条规定，认定网络服务提供者对于网络用户利用其网络服务实施的侵权行为是否应知，其核心在于确定网络服务提供者是否尽到了应尽的合理注意义务。关于网络服务提供者应尽的注意义务，应在坚守诚信善意之人注意义务基本标准的基础上，充分考虑网络服务提供者系为他人信息传播提供中介服务的特点，在促进网络行业健康发展与保护权利人合法权益之间寻找合适的平衡点，不能失之过严，也不能操之过宽。认定应知的前提是侵权事实明显，即当存在着明显侵权行为的事实或者情况，网络服务提供者从中应当能够意识到侵权行为的存在时，就可以认定其有过错。《审理侵害信息网络传播权民事纠纷案件规定》第12条规定了提供信息存储空间服务的网络服务提供者应知网络用户侵害信息网络传播权的三种类型。就本案而言，这三种情况都不符合。综合考虑到涉案作品的知名度、侵权视频数量、侵权视频的浏览量、某信息技术公司所应当具有的管理能力，法院认为某信息技术公司不具有"应知"的过错。

基于上述，二审法院判决驳回上诉，维持原判。

本案涉及提供信息存储空间服务的网络服务提供者帮助侵权和合理注意义务的判断。在该案中，在被告网络平台中出现的涉嫌侵害著作权的作品系用户提供。法院从提供信息存储空间服务的网络服务提供者应履行的合理注意的范围、网络服务提供者直接侵权和帮助侵权的构成要件等方面，结合最高人民法院有关司法解释规定，明确某信息技术公司的行为不构成侵害著作权。本案为认识提供信息存储空间服务的网络服务提供者帮助侵权和合理注意义务提供了范例。

14-2（总第26）：网络游戏作品独创性与实质性相似的判定
——苏州某网络科技股份有限公司与浙江某网络科技有限公司、上海某网络科技有限公司著作权权属、侵权纠纷上诉案[1]

一、案情简介

浙江某网络科技有限公司（以下简称浙江某网络公司）拥有网络游戏软件，并进行了软件著作权登记（软著登字第1131905号），软件名称：盛焰蓝月传奇。其主张《蓝月传奇》游戏应受著作权法保护的独创性表达主要体现在其角色养成系统、消费奖励系统与场景（副本）段落三大方面。浙江某网络公司和上海某网络科技有限公司（以下简称上海某

---

[1] 浙江省高级人民法院（2019）浙民终709号民事判决书。

网络公司,发行运营公司)认为苏州某网络科技股份有限公司(以下简称苏州某网络公司)发行的游戏软件《烈焰武尊》抄袭上述软件,向浙江省杭州市中级人民法院提起侵权诉讼。

二、法院裁判理由及结果

一审法院认定《烈焰武尊》抄袭了《蓝月传奇》游戏的独创性表达,两者构成实质性相似,因而判决被告停止侵权和赔偿损失。被告不服,向浙江省高级人民法院提起上诉。

二审法院首先对《蓝月传奇》是否属于受著作权法保护的作品进行了界定。法院认为:《蓝月传奇》属于角色扮演类网络游戏,蕴含了游戏设计者的大量智力成果,通过程序预设和玩家操作,游戏的情节以有机连续动态画面的形式对外表达并被玩家所感知,游戏整体运行环境亦可实现有形复制,故其属于著作权法规定的具有独创性的作品。《蓝月传奇》游戏可以作为著作权法规定的以类似摄制电影的方法创作的作品予以保护。

针对苏州某网络公司辩称《蓝月传奇》游戏的玩法规则、基本架构、子系统模块、宝物和道具名称、角色属性及数值等来源于《热血传奇》等在先发表的游戏,属于公有领域的内容,并非《蓝月传奇》游戏所独创,不应受到著作权法保护,法院认为一款新游戏的开发与设计往往并非从零开始,而是基于现有成熟的游戏玩法系统的基础上,进行玩法系统或模块的选择、组合或部分新玩法系统的开发创新,并在此基础上设计具体的游戏界面和游戏数值,但其区别在于现有游戏的具有独创性的设计仍应受到著作权法保护,故在确定著作权保护范围时,应当将不具有独创性的表达部分和公有领域的表达内容进行剔除。就《蓝月传奇》而言,其游戏中关于"打怪升级"的游戏玩法和三大系统的基本架构属于思想范畴,亦是以《热血传奇》为代表的传奇类游戏常见的设计模式,不属于《蓝月传奇》著作权的保护范围。《蓝月传奇》游戏的角色、技能和装备名称、孤立的属性和数值等元素本身由于表达过于简单,尚未达到著作权法要求的作品创造性高度,亦不属于著作权法保护的范围。除此之外,《蓝月传奇》游戏对于创作元素、属性与数值的取舍、安排及其对应关系,以及各个系统相互之间的有机组合形成的特定玩法规则和情节具有独创性,已达到使其区别于其他游戏的创造性高度,并能够通过操作界面内直白的文字形式或连续动态画面方式对外呈现,该特定玩法规则和情节在游戏运行整体画面中的具体表达属于著作权法保护的客体。

关于《烈焰武尊》与《蓝月传奇》是否构成实质性相似,法院认为:认定在后游戏是否实质利用了在先游戏的独创性表达,应先判断两者单个子系统的特定呈现方式是否构成相同或实质性相似,再看整体游戏架构中对于单个子系统的选择、安排、组合是否实质性相似。《蓝月传奇》游戏受著作权法保护的范围是对设计元素取舍、安排和组合形成的特定玩法规则和情节的具体表达,而非简单的游戏元素本身,即便《烈焰武尊》有部分场景地图、人物和道具名称、形象来自株式会社传奇IP的授权,但在具体玩法规则、属性数值的取舍、安排、组合上与《蓝月传奇》存在实质性相似。对于角色扮演类游戏而言,具体的玩法规则、属性数值策划、技能体系等属于游戏设计的核心部分,美术、配乐等形象设计服务于游戏情节的需要,尽管《烈焰武尊》进行了美术、动画、音乐等内容的再创作,但其在玩法规则的特定呈现方式上利用了《蓝月传奇》的独创性表达,对于普通游戏玩家而言,其所感知到的游戏整体情节相似度极高,故两者整体上构成实质性相似。

基于上述,二审法院判决驳回上诉,维持原判。

本案涉及网络游戏作品独创性、游戏玩法规则的法律属性、思想与表达二分以及在侵权纠纷中如何进行实质性相似的判定等问题。该案二审法院明确"游戏特定玩法规则和情节是构成游戏的核心，其通过游戏界面或连续动态画面呈现的具体表达也是玩家所感知的游戏主要内容，将该部分内容作为核心组成部分并对游戏整体适用类电作品法律规则予以保护，有利于实现对网络游戏著作权的充分保护和实质保护"。该案为认识网络游戏作品的法律属性与实质性相似的判定提供了重要启发。

14-3（总第27）：基于传统题材创作的作品的著作权侵权认定
——南京某非遗文化传播有限公司与赵某侵害著作权纠纷上诉案[1]

一、案情简介

原告赵某设计、制作的绒花制品具有较高的知名度和美誉度，被电视剧《延禧攻略》等采用，且多家媒体予以宣传报道。原告创作了"福寿三多"美术作品，并取得了作品登记证书。被告南京某非遗文化传播有限公司（以下简称某非遗公司）系自然人独资有限责任公司。2021年被告通过西塘汉服节及淘宝店铺等渠道销售"粉福寿发簪头饰发饰夹钗旗袍晚礼服正装汉服服饰""蓝福寿发簪头饰发饰夹钗旗袍晚礼服正装汉服服饰"等绒花制品。原告认为被告侵害其著作权，遂诉至江苏省南京江北新区人民法院。

二、法院裁判理由及结果

一审法院将被控侵权产品与登记美术作品图片及原告产品实物进行了比对，其中被控侵权产品与登记美术作品均包含"佛手、寿桃、石榴"三种主要元素。从各种元素的相对大小、相对位置、排列布局、整体形态、视觉效果、色彩处理等方面来看，构成实质性相似。法院认为，"福寿三多"虽系传统创作题材，但原告在传统的基础上进行了个性化的创作而形成的美术作品。被告销售的涉案绒花制品与原告作品实质性相似，法院认定被告侵犯著作权成立，故判决停止侵权和赔偿损失。被告不服，向南京市中级人民法院提起上诉。

南京市中级人民法院确认：上诉人某非遗公司主张"福寿三多"作品，除包含"佛手、寿桃、石榴"三种因素外，还包括"绶带鸟"，双方对一审法院其他查明事实无异议。法院将该案争议焦点归纳为：①赵某是否拥有其诉称的著作权；②某非遗公司的行为是否构成侵权；③如果侵权成立，一审确定的赔偿数额是否合理。

关于争议焦点①，法院认为赵某拥有其诉称的著作权。其理由是，当事人提供的涉及著作权的底稿、原件、合法出版物、著作权登记证书、认证机构出具的证明、取得权利的合同等，可以作为证据。本案中，赵某提供了作品登记证书及媒体的报道，在没有相反证据的情况下，可以认定原告系涉案作品的作者，依法享有著作权。

关于争议焦点②，法院认为某非遗公司的行为构成侵权。其理由是：某非遗公司销售的绒花制品、赵某拥有著作权的绒花制品与故宫款"福寿三多"制品，虽然都主要包括"佛手、寿桃、石榴、绶带鸟"四种元素，但某非遗公司销售的绒花制品和赵某拥有著作权的绒花制品与故宫款"福寿三多"制品相比，某非遗公司销售的绒花制品和赵某拥有著作权的绒花制品，"绶带鸟"较为舒展、鸟的翅膀、尾羽较为飘逸，表现了鸟的飞翔状态，

---

[1] 江苏省南京市中级人民法院（2022）苏01民终6088号民事判决书。

"佛手"微蜷且上面较尖，整体占比较小，上述特征与故宫款"福寿三多"制品差别较大。某非遗公司销售的绒花制品和赵某拥有著作权的绒花制品相比基本相同，构成实质性相似。某非遗公司未经赵某授权，擅自制作、销售上述作品，侵害了赵某的涉案著作权，应当承担停止侵害、赔偿损失等民事责任。

关于争议焦点③，法院认为赵某没有举证证明因侵权造成的实际损失或侵权人在侵权期间因侵权的违法所得，一审法院考虑案涉作品的类型、独创性高度、销售价格、侵权行为的手段、持续时间、地域范围及后果，赵某维权合理支出等因素酌定赔偿的数额（包含合理费用）为50 000元，于法有据。

基于上述，南京市中级人民法院判决驳回上诉，维持原判。

本案涉及利用传统题材进行创作的作品的著作权保护边界问题。在该案中，法院区分了传统题材本身和借助于传统题材进行个性化创作，认定原告作品具有独创性而受著作权保护，被告作品则因为与其构成实质性相似而被判定为侵害著作权。值得注意的是，在对这类作品进行实质性相似比对时，应当剔除不受著作权保护的传统题材部分，而仅限于具有创作属性的个性化表达。本案为认识传统文化类作品著作权保护边界和侵权认定提供了较为重要的范例。

14-4（总第28）：实施捆绑销售、滥用技术措施不受法律保护
——北京某科技有限公司诉上海某电子科技有限公司侵害
计算机软件著作权纠纷上诉案[1]

一、案情简介

原告北京某科技有限公司（以下简称某科技公司）取得了国家版权局向其颁发的《计算机软件著作权登记证书》，登记其为精雕雕刻软件JDPaintV4.0、JDPaintV5.0（两软件以下简称JDPaint）的原始取得人。上海某电子科技有限公司（以下简称某电子公司）取得国家版权局向其颁发的《计算机软件著作权登记证书》，登记其为软件奈凯数控系统V5.0、维宏数控运动控制系统V3.0（两软件以下简称Ncstudio）的原始取得人。原告认为，被告Ncstudio软件能够读取JDPaint软件输出的Eng格式数据文件，而原告对Eng格式采取了加密措施。被告非法破译Eng格式的加密措施，属于故意避开或者破坏原告为保护软件著作权而采取的技术措施的行为，构成对原告软件著作权的侵犯。原告遂向上海市第一中级人民法院提起诉讼，请求法院判令被告立即停止支持精雕JDPaint各种版本输出Eng格式的数控系统的开发、销售及其他侵权行为，公开赔礼道歉，并赔偿损失。某电子公司辩称：Eng数据文件及该文件所使用的Eng格式不属于计算机软件著作权的保护范围，故其不构成侵权。请求法院驳回原告的诉讼请求。

二、法院裁判理由及结果

上海市第一中级人民法院判决驳回原告某科技公司的诉讼请求。原告不服，向上海市高级人民法院提起上诉。

---

[1] 上海市高级人民法院（2006）沪高民三（知）终字第110号民事判决书（指导案例第48号）。

上海市高级人民法院认为：本案中，Eng 文件是 JDPaint 软件在加工编程计算机上运行所生成的数据文件，其所使用的输出格式即 Eng 格式是计算机 JDPaint 软件的目标程序经计算机执行产生的结果。该格式数据文件本身不是代码化指令序列、符号化指令序列、符号化语句序列，也无法通过计算机运行和执行，对 Eng 格式文件的破解行为本身也不会直接造成对 JDPaint 软件的非法复制。此外，该文件所记录的数据并非原告某科技公司的 JDPaint 软件所固有，而是软件使用者输入雕刻加工信息而生成的，这些数据不属于 JDPaint 软件的著作权人某科技公司所有。因此，Eng 格式数据文件中包含的数据和文件格式均不属于 JDPaint 软件的程序组成部分，不属于计算机软件著作权的保护范围。

法院认为，《著作权法》和《计算机软件保护条例》规定了故意避开或者破坏著作权人为保护其软件著作权而采取的技术措施的侵犯软件著作权的行为，体现了为加强对软件著作权保护而对恶意规避技术措施的限制。"恶意规避技术措施"的规定不能被滥用。上述规定主要限制的是针对受保护的软件著作权实施的恶意技术规避行为。著作权人为输出的数据设定特定文件格式，并对该文件格式采取加密措施，限制其他品牌的机器读取以该文件格式保存的数据，从而保证捆绑自己计算机软件的机器拥有市场竞争优势的行为，不属于上述规定所指的行为。他人研发能够读取著作权人设定的特定文件格式的软件的行为，不构成对软件著作权的侵犯。某科技公司对 JDPaint 输出文件采用 Eng 格式，旨在限定 JDPaint 软件只能在"精雕 CNC 雕刻系统"中使用，其根本目的和真实意图在于建立和巩固 JDPaint 软件与其雕刻机床之间的捆绑关系。这种行为不属于为保护软件著作权而采取的技术保护措施。某电子公司开发能够读取 JDPaint 软件输出的 Eng 格式文件的软件的行为，并不属于故意避开和破坏著作权人为保护软件著作权而采取的技术措施的行为。

基于上述，二审法院判决驳回上诉、维持原判。

本案涉及故意避开或者破坏原告为保护软件著作权而采取的技术措施以及为垄断相关市场而滥用技术措施的界限及其认定。该案中，一、二审法院均认定 Eng 数据文件及该文件所使用的 Eng 格式不属于软件著作权保护范围，原告为实现软件与机器的捆绑销售而设置特定输出文件格式并采取加密措施不属于著作权法中为保护著作权而采取的技术措施；相应地，他人独立研发能够读取该特定文件格式的软件不构成侵害原告软件著作权。本案为理解著作权法中的技术措施的内涵以及规制滥用技术措施提供了重要范例。

本编拓展阅读书目

1. 郑成思：《版权法》，中国人民大学出版社1997年版。
2. 吴汉东：《著作权合理使用制度研究》，中国人民大学出版社2020年版。
3. 冯晓青：《著作权法》，法律出版社2022年版。
4. 冯晓青、胡梦云：《动态平衡中的著作权法——"私人复制"及其著作权问题研究》，中国政法大学出版社2011年版。
5. 冯晓青、杨利华主编：《著作权法评注与案例》，中国法制出版社2023年版。
6. 张今：《著作权法》，北京大学出版社2020年版。
7. 张今：《版权法中私人复制问题研究——从印刷机到互联网》，中国政法大学出版社2009年版。
8. 王迁：《著作权法》，北京大学出版社2023年版。
9. 李扬：《著作权法基本原理》，知识产权出版社2019年版。
10. 王迁：《网络著作权专有权利研究》，中国人民大学出版社2022年版。
11. 王迁：《网络环境中的著作权保护研究》，法律出版社2011年版。
12. 李明德、许超：《著作权法》，法律出版社2009年版。
13. 萧雄淋：《著作权法论》，五南图书出版公司2010年版。
14. 汤宗舜：《著作权法原理》，知识产权出版社2005年版。
15. 杨利华、冯晓青编著：《中国著作权法研究与立法实践》，中国政法大学出版社2014年版。
16. 李琛：《著作权基本理论批判》，知识产权出版社2013年版。
17. 熊琦：《著作权法中的私人自治原理》，法律出版社2021年版。
18. 黄汇：《版权法上的公共领域研究》，法律出版社2014年版。
19. 周贺微：《著作权法激励理论研究》，中国政法大学出版社2017年版。
20. 骆电：《作品传播者论》，法律出版社2010年版。
21. 马晓莉：《近代中国著作权立法的困境与抉择》，华中科技大学出版社2011年版。
22. 李明山主编：《中国近代版权史》，河南大学出版社2003年版。
23. 《十二国著作权法》翻译组译：《十二国著作权法》，清华大学出版社2011年版。
24. 刘春田主编：《案说著作权法》，知识产权出版社2012年版。
25. 李雨峰：《中国著作权法：原理与材料》，华中科技大学出版社2014年版。
26. 崔国斌：《著作权法原理与案例》，北京大学出版社2014年版。
27. 杨柏勇主编：《著作权法原理解读与审判实务》，法律出版社2021年版。
28. 陈锦川：《著作权审判：原理解读与实务指导》，法律出版社2014年版。
29. 冯晓青主编：《著作权侵权专题判解与学理研究（第1分册）》，中国大百科全书出版社2010年版。
30. 冯晓青主编：《著作权侵权专题判解与学理研究（第2分册·网络空间著作权）》，中国大百科全书出版社2010年版。

31. 祝铭山主编:《典型案例与法律适用——著作权纠纷》,中国法制出版社2004年版。
32. [匈]米哈依·菲彻尔:《版权法与因特网》,郭寿康、万勇、相靖译,中国大百科全书出版社2009年版。
33. [加]迈克尔·盖斯特主编:《为了公共利益——加拿大版权法的未来》,李静译,知识产权出版社2008年版。

第三编 专利法

第十五章 专利法律制度概述

> **本章提要**
> 本章主要阐述和探讨专利法律制度及其相关概念和理论，主要内容包括专利及专利权的相关概念、专利制度的起源与发展、专利制度的有关理论学说。
> 本章的重点是专利、专利权、专利法的概念，难点是专利制度的理论学说。

第一节 专利、专利权、专利制度与专利法的概念

一、专利的概念

"专利"一词，是从英文"patent"翻译过来的，而"patent"来自拉丁文"Litteræ Patentes"。在中世纪的英国，它是国王对人们封以爵位、任命官职及授予各种特权所常用的一种文书。这种文书盖有国王玉玺，没有封口，人人可以打开阅读。也就是说，其内容是公开的。自1623年英国颁布《垄断法》以后，英国对发明人授予垄断权所用的这种文件改用英国专利局的印章，表明国家对某一发明创造已授予垄断权。这种特殊的权利证书带有明显的法律色彩，被称为专利证书，其所授予的权利被称为专利权，简称专利。这种证书的内容也是公开的。这两大特点构成了专利的最基本特征——垄断和公开。[1]

专利（Patent）是一种重要的知识产权形式，专利制度也是产生最早和发展较为完善的一种知识产权制度。但是，和其他知识产权概念一样，要确切地定义专利概念也较为困难。

专利的概念有三层基本含义。第一层含义是指获得专利权保护的技术方案，此方案可以是涉及产品的技术方案，也可以是涉及方法的技术方案。第二层含义是指权利人针对该技术方案所获得和拥有的专利权。当我们说一个公司把手机专利转让或许可给第三人时，这指的是该公司把该项产品的专利权转让给他人，或者许可他人实施。第三层含义是指专

---

[1] 冯晓青、刘友华：《专利法》，法律出版社2022年版，第1页。

利文献。专利文献主要是申请和获得专利权的文献，能够反映专利授权确权过程的状况。

我国《专利法》规定了三种专利，分别是发明专利、实用新型专利和外观设计专利，它们的客体分别是发明、实用新型和外观设计。在我国《专利法》《专利法实施细则》和国家知识产权局颁布的《专利审查指南》中，如果称"发明"就仅指发明，如果称"发明创造"就统指发明、实用新型和外观设计这三类专利客体，在本编中也是如此。三种专利在授权条件、审查程序、权利内容和保护期等多方面都各有差异。

二、专利权的概念

专利权是专利权的主体对其专利依法享有的在一定期限内的独占权，也就是专利的第二层含义。专利权的核心内容是排他性的独占权。

专利权是一种私权，这已为当今的国际社会所认可，也规定在 TRIPs 协议的序言中。从 17 世纪前的英国王家特权过渡到今天的现代专利制度，中间经过了几百年的漫长历史，其间既有立法者和司法者的贡献，也有发明家和工业企业的积极推动。他们都是推动专利制度发展的力量。"明晰专利权的私权本质定位，有利于专利制度的建构，特别是合理确定专利权的权利强度与范围，从而能给研发者以足够的激励；同时，私权定位也影响着专利权的限制范围与强度。因此，专利权的私权本质是建构专利制度的前提和基础。"[1]

关于专利权的概念，还可以从以下几方面认识其内涵：其一，专利权是一种民事权利。专利权是依法获得的一种专有权利，受法律保护。对此，我国《专利法》作了详细规定，《民法典》第 123 条也规定包括专利权在内的知识产权具有民事权利属性。其二，专利权是一种工业产权。专利权与物质生产活动关系密切，成为工业产权的一部分。[2]

三、专利制度和专利法

专利制度是关于专利申请、审查、授权、保护和救济的制度总称。在我国，具有代表性的专利制度的概念是 1983 年《中华人民共和国专利法（草案）的说明》所指出的："专利制度是国际上通行的一种利用法律的和经济的手段推动技术进步的管理制度。这个制度的基本内容是依据专利法，对申请专利的发明，经过审查和批准授予专利权，同时把申请专利的发明内容公诸于世，以便进行发明创造信息交流和有偿技术转让。"这是一个比较严密、完整的说明。简单地说，专利制度是依照专利法，通过授予专利权和公开[3]发明创造，推动技术进步和经济发展的法律制度。专利制度的核心是依照专利法授予并保护专利权人对发明创造的专有权的同时，通过法律手段和经济手段促使发明创造尽早公开和实施。[4] 专利制度以法律保护为根本，同时以促进发明创造公开和有效实施以及专利信息传播为重要内容。[5]

---

[1] 冯晓青、刘友华：《专利法》，法律出版社 2022 年版，第 2 页；参见徐瑄：《专利权垄断性的法哲学分析》，载《中国法学》2002 年第 4 期。

[2] 冯晓青、刘友华：《专利法》，法律出版社 2022 年版，第 2 页。

[3] 参见伯雨鸿：《专利公开的逻辑理路与功能重构》，载《现代法学》2023 年第 2 期。公开能够产生技术外溢效果，促进技术交流，有利于技术进步和创新。See Frischmann, M. Brett; Lemley, A. Mark, "Spillovers", *Columbia Law Review*, Vol. 107, Issue 1 (January 2007), pp. 257~302.

[4] 冯晓青、刘友华：《专利法》，法律出版社 2022 年版，第 10 页。

[5] 《专利法》第 21 条第 2 款规定："国务院专利行政部门应当加强专利信息公共服务体系建设，完整、准确、及时发布专利信息，提供专利基础数据，定期出版专利公报，促进专利信息传播与利用。"其第 48 条则规定："国务院专利行政部门、地方人民政府管理专利工作的部门应当会同同级相关部门采取措施，加强专利公共服务，促进专利实施和运用。"

专利法是具体规定专利制度的法律,是国家制定的用以调整由发明创造活动而引起的各种社会关系的法律规范的总称。[1] 专利法和专利制度之间具有密切联系,其中专利法是实施专利制度的法律形式,专利制度是专利法的实质内容。[2] 在我国,广义的专利法除包括《专利法》外,还包括相应的行政法规、司法解释和部门规章等。与专利制度概念的概括性相比,专利法的概念更为具体,更具可执行性。

作为部门法,专利法等知识产权法与一般民事法律既有共性,又有自身特点,这在总论部分已有阐释。

第二节　专利制度的起源与发展

一、专利制度的起源

财产权或所有权等一般民事权利的起源可追溯至罗马法时代甚至更早的年代。与之相比,专利权制度的起源较晚。

专利作为一种制度,首先是在工商业盛极一时的威尼斯城市共和国出现的。威尼斯是最早实行专利制度、最早颁布专利法的国家。1474年,威尼斯颁布了世界上第一部专利法。它规定:"任何人在本城市制造了以前未曾制造过的、新而精巧的机械装置者,一俟改进趋于完善以便能够使用和操作,即应向市政机关登记。本城其他任何人在10年内没有得到发明人的许可,不得制造与该装置相同或相似的产品。如有任何人制造者,上述发明人有权在本城市任何机关告发,该机关可以命令侵权者赔偿100金币,并将该装置立即销毁……"[3] 该法虽然比较简单,却已包含了现代专利法的一些基本因素。[4]

现代意义上的专利法则发端于英国。公元13世纪~16世纪,英国国王运用其特权,通过特许状方式授予工商业者垄断经营某种商品或贸易的特权,禁止其他人从事相同的商业活动。如1236年国王亨利三世曾授予一波尔多人制作色布的垄断经营权,这被认为是世界最早的一件专利。1331年国王爱德华三世曾授予来自佛兰德的一个织布匠在英格兰从事缝纫及染织贸易活动的专利。王室特权阶段的专利制度主要用来鼓励发展贸易,目的是避免英国的先进技术外流。

不过,后来出现的国王滥用特权现象,在一定程度上扰乱了正常的生产经营活动,阻碍了新兴资产阶级的发展,法院和议会对此都有所反应。在1602年的Darcy v. Thomas Allen案中,法院认为,授予一个商人排他性的进口、制造和出售扑克牌的垄断权与英国的普通法冲突,因而无效。从詹姆斯一世时代,议会中的新兴资产阶级代表就开始尝试用立法形式代替国王授权,但专利"钦赐"的方式一直持续到伊丽莎白一世的统治结束才终止。

《垄断法》(the Statute of Monopolies)于1623年获得通过,于1624年实施。该法被认为是世界上第一部具有现代意义的专利法。为控制国王授权专利的滥用,该法宣布以往以"钦赐"形式授予的垄断权一律无效。该法规定针对任何新产品可授予14年的垄断权,权

---

[1] See Kitch, Edmund W., "The Nature and Function of the Patent System", *Journal of Law & Economics*, Vol. 20, Issue 2 (October 1977), pp. 265-290.

[2] 冯晓青、刘友华:《专利法》,法律出版社2022年版,第8~10页。

[3] 斯蒂芬·P. 拉达斯:《专利、商标与有关权利》(第1卷,英文版),哈佛大学出版社1975年版,第6~7页。

[4] 冯晓青、刘友华:《专利法》,法律出版社2022年版,第15页。

利人应是"第一个真正发明人",这被视为发明的新颖性标准和专利申请优先权的起源。该法为以后的专利立法划定一个基本范围,其应用的许多概念与原则至今仍在沿用。但该法仍属专利法的初级阶段,许多方面仍有待进一步完善。[1]

二、专利制度的发展

在其后几百年间,英国的专利制度逐步完善。1852年英国第一部全面修订的《专利法》颁布。该法规定在专利申请中需有说明书描述发明,以实现公开发明技术内容的目的,这标志着具有现代特点的专利制度的形成。

可以说,英国专利制度发展史基本代表着现代专利制度的发展历程。其中不仅有英国的贡献,同样也有其他国家的成功尝试,其中尤以美国和荷兰等国的专利实践为突出。

美国在建国之初就认识到专利制度的重要性,在托马斯·杰佛逊(Thomas Jefferson)起草的美国《宪法》中明确规定,国会应有权力"保障作者和发明者在一定时间内就其作品和发现分别享有独占权,以促进科学和实用技术的进步"。这被认为是美国专利法和版权法的宪法根据。

伴随着工业革命,其他国家也先后颁布专利法,建立专利制度。在这些国家的专利立法实践中,荷兰的做法尤其耐人寻味。荷兰于1809年颁布第一部专利法,但后来由于有反对意见认为专利制度弊大于利,它在专利法实施后60年即1869年废除了专利法;经过约40年的实践,荷兰再次认识到专利制度的优越性,因此又于1912重新颁布专利法。不仅如此,荷兰还在专利审查程序上积极改革,于1964年首先实行"早期公开、请求审查制"制度。由于该制度具有优越性,有助于发挥专利制度的优点,现在已成为当今世界基本一致的专利审查程序。

三、专利制度与当代的知识经济

从20世纪90年代初开始,知识经济开始兴起。科学技术是第一生产力,如果一个国家没有较好的专利制度,或者专利制度不能较好地保护由科学技术创新产生的发明创造,科学技术创新就难以保证可持续地为经济和社会发展服务,从而不能在科技创新、经济发展和社会进步建立良性循环并造成资源浪费。一个好的专利制度不仅能够有效地激励科技创新,还能节省交易成本,[2] 吸引外国的先进技术和投资,实现智力资源和财力资源的优化配置,促进技术成果向社会生产力的有效转化。在知识经济时代和市场经济社会,专利资源的财产属性更加明显,专利制度的重要性更加凸显,需要随着时代变化及时予以变革。[3] 美国、欧洲和日本等发达国家或地区近几十年的专利制度实践为此提供了较好说明。

随着当代数字经济和智能社会的形成,知识经济发展出现更高级形态。与此相适应,专利制度也面临新型权利客体的挑战,如人工智能生成发明的专利性和发明人资格问题就

---

[1] 参见张南:《英国工业革命中专利法的演进及其对我国的启示》,载《当代法学》2019年第6期;杨利华:《英国〈垄断法〉与现代专利法的关系探析》,载《知识产权》2010年第4期。

[2] See Heald, Paul J., "A Transaction Costs Theory of Patent Law", *Ohio State Law Journal*, Vol. 66, Issue 3 (2005), pp. 473-510.

[3] See Merges, Robert P., "As Many as Six Impossible Patent before Breakfast: Property Rights for Business Concepts and Patent System Reform", *Berkeley Technology Law Journal*, Vol. 14, Issue 2 (1999), pp. 577-616; Rai, Arti K., "Engaging Facts and Policy: A Multi-Institutional Approach to Patent System Reform", *Columbia Law Review*, Vol. 103, Issue 5 (June 2003), pp. 1035-1135.

值得研究。对此，本书将在专利权客体和主体部分再行探讨。

第三节 我国专利制度的产生与发展

与西方发达国家相比，我国专利制度产生较晚，前期的发展也较为迟缓，到了改革开放后的 20 世纪 80 年代，我国专利制度建设才开始真正驶向快车道。这和我国其他知识产权制度的历程相似。

一、前期的曲折历程

清朝末期的"洋务派"在引进西方国家的先进技术的同时，也试图把相应的专利制度引入中国。我国当时还处于半殖民地半封建社会时期，开始实行的也只是类似于英国 17 世纪之前的"钦赐专利"形式。例如，上海机器织布局曾于 1882 年就其机器织布技术获得光绪皇帝钦赐的 10 年专利。这比英国晚了几百年的时间。

在清末 1898 年的"戊戌变法"中，光绪皇帝颁布一系列革新措施，其中包括《振兴工艺给奖章程》。该章程被称为我国第一部专利法，但因为戊戌变法只维持了短短的一百多天，其并没有机会得到实施。

南京国民政府于 1911 年成立，于 1912 年颁布《奖励工艺品暂行章程》。该章程得以实施，成为我国第一部付诸执行的专利法。但该章程的保护范围有限，只保护发明的或改进的工艺品，不保护其制造方法，保护期限只有 5 年时间，还规定如果发明在得到奖励后 1 年内未付诸实施，或者实施无故中止 1 年，针对该发明的专有权即行灭失。1932 年南京国民政府又颁布《奖励工业技术暂行条例》及其实施细则，还颁布了《奖励工业技术审查委员会规则》。1944 年南京国民政府又颁布了《专利法》，使之成为中国第一部真正以"专利法"命名的专利法律。

可以说，在形式上南京国民政府已初步建立了专利制度。但鉴于长达几十年的战争和中国当时科技、工业和经济的凋零，这些专利法律制度并未发挥出较大作用。

二、改革开放前的专利制度

中华人民共和国成立后，当时的政务院（国务院前身）于 1950 年颁布《保障发明权与专利权暂行条例》，同年政务院的财政经济委员会颁发该条例的实施细则，以及关于审查规则和程序的《发明审查委员会规程》。该暂行条例把保护的客体分为发明和专利两类，规定发明权人享有署名权和获得奖励权，但发明的实施权和处置权属于国家，专利权人则享有实施专利、转让专利、许可或制止他人使用专利的权利，并且无论是发明权人的获得奖励权还是专利权人的权利皆可继承。国家依据该条例共授予了 6 项发明权和 4 项专利权。1954 年该暂行条例被《有关生产的发明、技术改进及合理化建议的奖励暂行条例》（已失效）取代。

1957 年之后，私有制经济基本消灭，我国经济体制发生重大变化，专利制度名存实亡。1963 年国务院明令废止《有关生产的发明、技术改进及合理化建议的奖励暂行条例》，同时颁布实施《中华人民共和国发明奖励条例》（已失效），对具备一定水平和条件的发明创造颁发发明证书，给予一定奖励，发明人不再享有其他权利。在"文化大革命"期间，发明奖励制度也被实际废止。[1]

---

[1] 郑成思：《知识产权法》，法律出版社 2003 年版，第 207~210 页。

可以说，从 1949 年至 1978 年的 30 年间，我国未能建立基本的专利法律制度，除了未能颁布专门的专利法律之外，也没有成立专门的专利管理机关，这与当时特殊历史时期相对应。

三、《中华人民共和国专利法》的颁布实施

20 世纪 70 年代末，随着改革开放政策的实行，我国开始筹建新时期的专利制度。1979 年 3 月，专利法起草小组成立。经国务院批准，1980 年 5 月，中国专利局成立。1980 年 6 月 3 日，我国加入世界知识产权组织（WIPO），这标志着我国专利制度建设开始主动向国际社会看齐。

1984 年 3 月 12 日，《专利法》获得通过，成为中华人民共和国第一部专利法。该法的通过标志着我国现代专利制度的正式建立。《专利法》于 1985 年 4 月 1 日起施行。

1984 年 12 月 19 日，我国向世界知识产权组织递交关于加入《巴黎公约》的申请，并于 1985 年 3 月 19 日成为《巴黎公约》第 96 个成员国。1985 年 1 月，国务院颁布《专利法实施细则》，对有关事项作出进一步规定。[1]

1984 年第一部《专利法》的颁布和实施填补了我国专利制度的空白，对鼓励科技创新、经济发展和社会进步起到了积极作用。但由于我国当时专利法立法经验不多，该法存在一些不足。为此，1992 年，《专利法》进行了第一次修改，《专利法》修正案提交第七届全国人民代表大会常务委员会第二十七次会议审议，1992 年 9 月 4 日获得通过并施行。经过第一次修改后，我国的专利保护已经提升到为国际社会所普遍接受的水平。

在第一次专利法修改之后不久，我国于 1993 年 10 月 1 日正式向 WIPO 递交加入《专利合作条约》（Patent Cooperation Treaty，PCT）申请，于 1994 年 1 月 1 日正式成为 PCT 的成员国。此前，中国专利局已成为 PCT 国际专利申请的受理局、检索单位和初步审查单位；20 世纪末，我国正在争取加入 WTO。基于这两方面的需求，及时修改我国《专利法》使之与 PCT 和 TRIPs 协议等国际条约的规定相一致，就成为我国专利法修订必须完成的任务。从国内环境看，经过 20 世纪 90 年代的飞速发展，我国已经实现科技进步和经济腾飞，产业界开始成功融入经济全球化的国际竞争，知识产权制度也需随时代发展得到进一步完善。在此形势下，《专利法》进行了第二次修改。第二次《专利法》修正案于 2000 年 8 月 25 日由第九届全国人民代表大会常务委员会第十七次会议审议通过，于 2001 年 7 月 1 日起生效。这次修改使我国《专利法》真正实现与 PCT、TRIPs 协议等国际条约接轨的目标，成为我国专利制度建设历程中的一个里程碑事件，为我国科技和经济的进一步发展提供了更为充实的制度支撑。

2008 年，为配合我国转变经济发展方式、建设创新型国家的目标，以及作为实施《国家知识产权战略纲要》的重要举措，《专利法》进行第三次修改。2008 年 12 月 27 日，第十一届全国人民代表大会常务委员会第六次会议通过了《全国人民代表大会常务委员会关于修改〈中华人民共和国专利法〉的决定》，修改后的《专利法》于 2009 年 10 月 1 日起实施。本次修改新增加了 7 条，修改了 23 条。前两次专利法修改的主要目的在于履行国际承

---

[1]《专利法实施细则》在此后进行了几次修订：根据 2002 年 12 月 28 日《国务院关于修改〈中华人民共和国专利法实施细则〉的决定》进行了第一次修订；根据 2010 年 1 月 9 日《国务院关于修改〈中华人民共和国专利法实施细则〉的决定》进行第二次修订；根据 2023 年 12 月 11 日《国务院关于修改〈中华人民共和国专利法实施细则〉的决定》进行第三次修订。本书后面章节引用的《专利法实施细则》即为 2023 年修订的版本。

诺，使专利制度与国际接轨。第三次修改是主动性的修改，也更符合我国的发展状况。

2020年，《全国人民代表大会常务委员会关于修改〈中华人民共和国专利法〉的决定》已由中华人民共和国第十三届全国人民代表大会常务委员会第二十二次会议于2020年10月17日通过。第四次修改的《专利法》自2021年6月1日起施行。本次专利法修改涉及的促进专利实施和运用、完善职务发明制度、新增专利开放许可制度、加强专利转化服务、完善专利授权制度、增加局部外观设计保护、增加新颖性宽限期的适用情形、完善专利权评价报告制度、新增惩罚性赔偿制度、提高法定赔偿额等内容，是新的历史发展阶段进一步加大对专利权保护的重要体现。

第十六章 专利权的客体

本章提要

本章主要阐述和探讨专利权的客体,包括发明、实用新型和外观设计三种专利和对专利客体的排除,以及人工智能生成发明专利性等内容。

本章的重点是三种专利客体的定义和法定构成条件,难点是三种客体的区别及受专利法保护的理由以及人工智能生成发明的可专利性。

第一节 发 明

专利权的客体即专利权人的权利和义务指向的对象,也就是发明创造。现行《专利法》第2条第1款规定:"本法所称的发明创造是指发明、实用新型和外观设计。"由此可见,我国专利权的客体包括发明、实用新型和外观设计三种专利类型。

根据我国《专利法》第2条第2款的规定,发明是指"对产品、方法或者其改进所提出的新的技术方案"。由此可见,发明应满足以下几个条件:①它应是一种具体的和能够实现的技术方案,而不是抽象的构思、设想或理论;②该技术方案应针对产品、方法或其改进;③该技术方案应是新的。

发明通常被认为是对技术问题提出的新的技术方案。它首先是一个技术范畴,但技术上的发明和法律意义上的发明不完全一致。作为专利保护客体的发明必须具备两个属性:技术属性和法律属性。其中,技术属性体现于:①发明是一种技术方案。发明是一种为解决特定技术问题而作出的创造性构思,但单纯提出课题或构思而未提出具体的技术方案不能称作发明。这种思想付诸实践,必须能解决技术领域的问题。也就是说,发明是技术思想和技术方案的统一。技术思想是技术方案的基础,技术方案是技术思想成为现实的途径和体现。②发明是在利用自然规律基础上的技术创造与革新,而非单纯地揭示自然规律本身。首先,发明是利用自然规律所作的结果。自然规律是自然界的客观规律或自然法则。违背自然规律或不是利用自然规律的"技术方案"或其他方案不是发明。其次,发明是一种技术应用上的创造和革新,不是认识自然规律的理论创新,也非自然规律本身。发明是解决特定技术课题的完整技术方案,而非单纯提出课题或构思。发明虽不需要达到直接应用于产业化的阶段,但它应当可以直接转化为技术,一旦付诸实践能够解决某一特定技术问题。根据《专利审查指南》第二部分第一章的"2. 不符合专利法第二条第二款规定的客体"规定,未采用技术手段解决技术问题,以获得符合自然规律的技术效果的方案,不属于《专利法》第2条第2款规定的客体。法律属性则体现于:专利法保护的发明具有一定的法律意义,被称为发明的新技术方案并不能自动成为专利保护的客体,而是要经过主管专利机关的审查,确认其符合专利法的条件才能取得专利权。[1]

当发明是关于产品的技术方案时,就为产品发明,相应的专利为产品专利。当发明是关于制造产品或解决问题的操作方法、制造方法或工艺流程等技术方案时,就为方法发明,相应的专利为方法专利。如果发明是对现有技术特征的重新组合或选择,能够产生新的技术效果,就属改进型专利。因为像贝尔发明电话和莱特兄弟发明机翼那样的创新型发明很困难,并不是每个发明创造者都能做到,现实中的很多专利都属于改进型专利。换言之,要获得专利,并不需要每个发明都有非常大的技术进步,有时只要是一个确实的技术进步,即令只是一小步,只要能满足专利法规定的条件就可能获得专利。当然,改进发明也必须形成一个"新的"技术方案,否则可能因缺乏新颖性、创造性等原因而不能被授予专利权。

从上述专利法上的发明的技术属性和法律属性可以看出,发明和发现不同,但两者之间也存在十分密切的联系。发明是一种技术方案,能够体现为具体产品或者方法,被工业上批量制造或使用;发现是对自然界科学规律的认识或描述,如牛顿的万有引力定律、法拉第的电磁感应定律、爱因斯坦的相对论等。在专利法的意义上,发明与发现泾渭分明,发明能够获得专利权保护,而科学发现不能获得这种保护,它只能获得科学发现权的奖励。在美国专利法中,虽然使用了"发现"的概念,但它仅指发现了新产品或产品的新用途,并非纯粹的科学发现。[2]

每个发明创造都有一个主题,如一种MP3或一种药物,该主题可称为专利主题。如果一类主题没有被专利法明确排除,就可称该类主题是可专利的主题。当然,一个发明能否被授予专利,还需要看其是否满足专利法规定的必要条件即可专利性(Patentability)。[3] 只有在满足了可专利性要求之后,一个发明专利申请才能获得专利授权,否则就可能被驳回。

第二节 实用新型

依据《专利法》第2条第3款的解释,实用新型是指"对产品的形状、构造或者其结合所提出的适于实用的新的技术方案"。

由此可知,实用新型具有以下特点:

1. 实用新型应是一种具体的、能够实现的和新的技术方案。

2. 实用新型的技术方案应针对产品的形状或构造,或者针对形状与构造的结合。形状是指产品具有可从外部观察到的确实的空间形状。构造是指产品由两个或多个空间部件或

---

[1] 冯晓青、刘友华:《专利法》,法律出版社2022年版,第50~51页。

[2] 35 USC § § 100, 101. See Alice Corp. Pty. Ltd. v. CLS Bank Int'l, 573 U.S. 208 (2014)(抽象概念和思想不具有可专利性)。

[3] 也有文献将可专利性简称为专利性。

部分组成，这些部件或部分具有确定的空间位置关系，以某种刚性方式相互联系成一个整体。因此，不具有空间形状的气态、液态、粉末状、糊状、颗粒状产品不能成为实用新型。

在判断是否构成实用新型时，应注意不能以产品的自然形状、处理产品获得的非确定性形状或者对技术效果没有实质性贡献的形状作为技术方案的特征。此外，物质的微观结构如分子结构或原子结构等也不属于实用新型的范围。

3. 实用新型只能是产品，而不能是方法，如产品制造方法、使用方法或用途发明等都不属于实用新型范围，不能获得实用新型专利。可见，实用新型与有的国家或地区使用的"小发明"概念并不等同，因为小发明既可以是产品，也可以是方法。

4. 与发明相比，实用新型的创造性可能不高，但它具有确实的实用性，能够在工业中被制造和应用。

5. 实用新型产品应有一定的空间独立性，应可自由移动。例如，一种新型的、易操作的、简易的葡萄酒瓶开瓶器就可能是一件实用新型。

第三节 外观设计

外观设计，又称工业品外观设计或工业设计。[1] 依据《专利法》第 2 条第 4 款的规定，外观设计是指对产品的整体或者局部的形状、图案或者其结合以及色彩与形状、图案的结合所作出的富有美感并适于工业应用的新设计。

值得指出的是，将外观设计专利权保护范围延伸到局部外观设计，是 2020 年第四次修改《专利法》时新增的内容。根据现有研究，其原因在于：一是旨在与国际接轨，提升中国企业竞争力。美国、日本、韩国、欧盟等国家和地区均设计了保护局部外观设计的制度。我国如果不设立相应制度，将影响国内设计者的创新活力，进而影响中国企业在国际市场的竞争力。二是解决实践中局部外观设计制度缺失造成优先权不公平问题。在仅保护整体外观设计的情况下，当国内的申请人向其他国家主张优先权时，会因其整体保护的内容导致在先申请和在后申请存在差异，进而影响优先权的获得。三是解决整体外观设计的近似判断困境。司法实践中，在仅保护整体外观设计制度下，在外观设计专利侵权案件中局部设计如果作为整体外观设计的创新点但不处于显著部位，或者侵权人为规避侵权，仅在其他对视觉效果影响显著的非创新部分进行增删调整时，侵权判断就较困难。在整体保护的近似判断规则下，局部设计差异是否会对整体视觉效果产生显著影响，存在一定主观性，增加了结论的不确定性。正因如此，引入局部外观设计制度具有必要性和紧迫性。[2]

从上述定义看，外观设计具有如下特点：

1. 外观设计是可被感知的三种因素即形状、图案和色彩的结合。在一般情形下，色彩不能单独构成外观设计，除非色彩或其组合本身已构成设计图案。可构成外观设计的组合通常有：产品形状；产品图案；产品形状和图案的结合；产品形状和色彩的结合；产品图案和色彩的结合；产品形状、图案和色彩的结合。对形状、图案和色彩三概念按通常意义理解即可。

我国专利法保护局部外观设计，这为仅存在较小设计空间的产品提供了专利权保护的

---

[1] 参见梁志文：《论设计保护的功能性原则》，载《现代法学》2019 年第 3 期。
[2] 冯晓青、刘友华：《专利法》，法律出版社 2022 年版，第 65~66 页。

机会，例如，人机交互界面。但也有一些外观设计并不属于专利法意义上的外观设计，不能获得外观设计专利。这些设计包括：①取决于特定地理条件、不能重复再现的固定建筑物、桥梁等。例如，包括特定的山水在内的山水别墅。②因其包含有气体、液体及粉末状等无固定形状的物质而导致其形状、图案、色彩不固定的产品。③不能作用于视觉或者肉眼难以确定，需要借助特定的工具才能分辨其形状、图案、色彩的物品。例如，其图案是在紫外线灯照射下才能显现的产品。④要求保护的外观设计不是产品本身常规的形态，如手帕扎成动物形态的外观设计。⑤以自然物原有形状、图案、色彩作为主体的设计，通常指两种情形，一种是自然物本身；一种是自然物仿真设计。⑥纯属美术、书法、摄影范畴的作品。⑦仅以在其产品所属领域内司空见惯的几何形状和图案构成的外观设计。⑧文字和数字的字音、字义不属于外观设计保护的内容。[1]

2. 外观设计需要与产品相结合，单纯的美术设计可以获得著作权保护，但不能得到外观设计专利保护。

3. 外观设计应用的产品应具有一定的独立性，不应仅是产品的不可拆分的一部分。

4. 外观设计应用的产品应适于工业应用，即产品可为生产经营目的制造、使用或生产，不应是自然物品或农畜产品等。

5. 外观设计应是新的，应具有新颖性。如以常见的几何图形构成的设计就难以获得外观设计专利。

6. 外观设计应富有美感，应有装饰性或艺术性。

实用新型和外观设计有时可在产品上产生交叉。例如，一种应用力学原理的流线型跑车就可能既有风阻系数小的实用功能，又能令人产生赏心悦目的美感，此时就该产品可分别同时申请实用新型专利和外观设计专利，以达到加强保护的目的。

第四节 不受专利法保护的客体

并非每一种发明创造都可以当然地获得专利权保护。为保护公共秩序和公共利益不受侵犯，专利法对多类客体给予排除。排除分为两类，一是利用违禁条款的概括性排除；二是列举式的具体排除。

一、违禁条款的排除

我国《专利法》第 5 条第 1 款规定："对违反法律、社会公德或者妨害公共利益的发明创造，不授予专利权。"此即多国专利法通用的违禁条款，也为 TRIPs 协议所规定。对于其中的违法、违反公德和妨害公共利益的情形，国家知识产权局颁布的《专利审查指南》给予了较为详细的解释。

对"违反法律"的发明创造的判断需要区分三种情况：

1. 发明创造本身违法。例如，针对伪造货币、票据或文物的设备或方法，或者专门用于赌博的机器等产品或者方法的专利申请，可依据《专利法》第 5 条规定的违禁条款直接予以驳回。

2. 发明本身不违法，但发明的获得途径违法，不能受理其专利的申请。例如，2008 年《专利法》的修改中，新增第 5 条第 2 款："对违反法律、行政法规的规定获取或者利用遗

---

[1]《专利审查指南》第一部分第三章第"7.4 不授予外观设计专利权的情形"节。

传资源,并依赖该遗传资源完成的发明创造,不授予专利权。"作出这类发明创造的目的本身不一定违反法律、行政法规,之所以不授予专利权,是因为其所依赖的遗传资源在获取或者利用过程中违反了我国关于遗传资源管理、保护的法律或者行政法规。如果对这类发明创造授予专利权,不仅会助长非法利用我国遗传资源的恶劣行为,而且可能由于专利权人享有的独占权而阻碍我国对该遗传资源的进一步开发利用和对该发明创造的应用。因此,根据《生物多样性公约》确立的国家主权等原则,《专利法》对这类发明创造作出了特别规定。

3. 发明创造本身不违法,但其实施、使用或滥用为法律所禁止,不能简单一律驳回专利申请。例如,法律禁止人们私自携带或使用枪支也不能作为驳回枪支发明专利申请的理由,因为枪支还有维护国防和公共安全等正当用途。对这种情形进行区分的简单办法就是看除违法用途外,是否还有合法用途,如果有就不应简单驳回其申请,如果没有就可给予驳回。只有区分这种情形并给予分别对待,才能在保护社会公共利益的同时也能够保护专利权人的利益。这也是TRIPs协议为制约或防止成员滥用违禁条款作出的设置。

对于违反社会公德和妨害公共利益的判断,虽然看似主观,但对特定的国家和时代而言,有着相对客观的判定依据,因为对于一个文化语境下的大众群体来说,一定社会时期的基本道德观是相对稳定的。这就像美国联邦法院的法官所说的那样,人们虽然不能准确描述什么是淫秽,但可以确实知道什么是淫秽。

二、列举式排除

在违禁条款的基础上,我国《专利法》第25条也直接列举了需要明确排除的客体,包括科学发现,智力活动的规则和方法,疾病的诊断和治疗方法,动物和植物品种,用原子核变换方法获得的物质,对平面印刷品的图案、色彩或者二者的结合作出的主要起标识作用的设计。

1. 科学发现是对自然界中客观存在的物质、现象、变化过程及其特性和规律的揭示,不同于专利法意义上的技术方案,不是专利法意义上的发明创造,不能被授予专利权。例如,牛顿万有引力定律对物质间吸引现象的揭示和描述,就属于科学发现,不能获得专利权。

2. 智力活动的规则和方法是关于人们思维、表达、判断和记忆的规则和方法,不涉及技术手段,不产生技术效果,其本身不构成技术方案,不能构成发明创造,不能被授予专利。类似的例子包括比赛规则、推理方法、信息检索方法、记忆方法、游戏规则和语法等。如果一件发明除涉及智力活动规则和方法外,还涉及具体的技术方案,就不应仅依据此条款给予驳回。[1]

3. 疾病的诊断和治疗方法是以人体或动物体为直接实施对象,进行识别、确定、消除病因或病灶的方法,这类方法的实施对象是人类或动物,涉及生命伦理和人道主义,再加上它直接以人或动物为实施对象,无法在产业上实施,因此不属于专利法意义上的发明创造。这也是很多国家和TRIPs协议的规定。但应注意,用于疾病诊断和治疗的仪器、装置、试剂、材料和药品等,都不是当然的排除客体,如果它们能够满足授予专利权的条件,就

---

[1] 参见北京市高级人民法院(2010)高行终字第254号行政判决书(发明专利申请驳回行政纠纷案);广东省高级人民法院(2014)粤高法民三终字第556号民事判决书(侵害外观设计专利权纠纷上诉案)。

可以被授予专利权。[1]

4. 动物品种、植物品种为专利法明确排除，但动物和植物品种的生产方法不在明确排除之列，如果它们满足条件就可被授予专利权。在满足专利法规定的条件下，涉及微生物或微生物方法的发明都可以获得专利权。[2]

5. 原子核变换方法和用原子核变换方法获得的物质关系到国防、经济、科研和公共安全等重大利益，不宜纳入专利权保护，因此予以排除。

6. 对平面印刷品的图案、色彩或者二者的结合作出的主要起标识作用的设计，不授予专利权。"平面印刷品"主要指平面包装袋、瓶贴、标贴等用于包装被销售的商品或者用于附着在其他产品之上、不单独向消费者出售的二维印刷品；"主要起标识作用"是指二维印刷品的图案、色彩或者二者的结合主要是用于让消费者识别被装入的商品或者被附着的产品的来源或者生产者，而不是用于使被装入的商品外观或者被附着的产品外观本身"富有美感"而吸引消费者。应当注意的是，能够产生识别产品来源或者生产者作用的标识并不限于商标标识或者厂商名称，只要二维印刷品的图案、色彩或者其结合主要用于产生标识作用，就属于被排除的范围。

专利法对某些客体的排除体现了专利制度所追求的智力成果创造者和社会公共利益之间保持平衡的意旨。如果发明创造不属于违禁条款所涉及的情形，也不属于专利法的明确排除客体，在它们满足专利法规定的条件的前提下，就可获得专利权。

第五节 人工智能生成发明的可专利性

关于人工智能生成作品的著作权保护问题，前面已作出阐述和探讨。人工智能生成发明是否具有可专利性，也是专利法领域需要面对的前瞻性问题。[3]

作为引领新一轮科技革命和产业变革的战略性技术，人工智能成为我国经济社会发展的重要技术支撑。人工智能技术发展对知识产权法律制度提出了挑战，知识产权的保护与制度完善对于发展人工智能技术也至关重要。根据人工智能技术发挥作用的方式不同，人工智能相关创新成果涉及的专利问题可分为两类，一类是包括人工智能技术的发明涉及的专利问题；另一类是人工智能生成发明的专利保护问题。结合《专利审查指南》中有关涉及计算机程序发明的界定，前者指为解决发明提出的问题，全部或部分以人工智能算法为基础，由此编制计算机程序，对计算机外部对象或者内部对象进行控制或处理的解决方案；后者指以人工智能为技术手段，借助自身算法，通过对数据进行学习而生成的技术方案。随着人工智能技术的不断发展，人工智能将作为创新主体进行发明创造，其生成发明如何定性，是否可以获得专利法的保护，这些问题在现行专利法框架下难以直接回答。实践中也已经产生诸多关于人工智能发明专利保护的法律问题，如 DABUS 案涉及发明人资格的讨论。由于在欧美等国家 DABUS 生成发明专利申请并未进入实质审查阶段，也就无法涉及人工智能生成发明是否可获得专利保护的实践讨论，有关人工智能生成发明的可专利性目前

---

[1] 参见最高人民法院（2012）知行字第 75 号行政裁定书（发明专利权无效行政纠纷再审案）。
[2] See Diamond v. Chakrabarty, 447 U.S. 303（1980）（"阳光下的一切生物可以获得专利保护"）。
[3] 参见杨利华：《人工智能生成技术方案的可专利性及其制度因应》，载《中外法学》2023 年第 2 期。

并无定论。探讨这一问题,先要明确人工智能生成发明是否属于可专利的客体范畴。[1]

根据我国《专利法》的规定,某一技术方案要获得专利法的保护,需要属于可专利主题,符合《专利法》第 2 条的定义,同时又不属于第 5 条、第 25 条规定的排除领域。人工智能生成发明需借助程序算法对数据进行学习后生成技术方案,如 DABUS 在学习相关文献基础上自动生成的两个技术方案,一种基于分形食物容器和一种以新颖且富有创意的方式闪烁以吸引注意力的警示灯(分别见图 1、图 2)。分析人工智能生成发明是否属于可专利主题,关键在于明确其是否属于技术方案,并且不属于《专利法》第 25 条第 1 款第 2 项规定的"智力活动的规则和方法"。

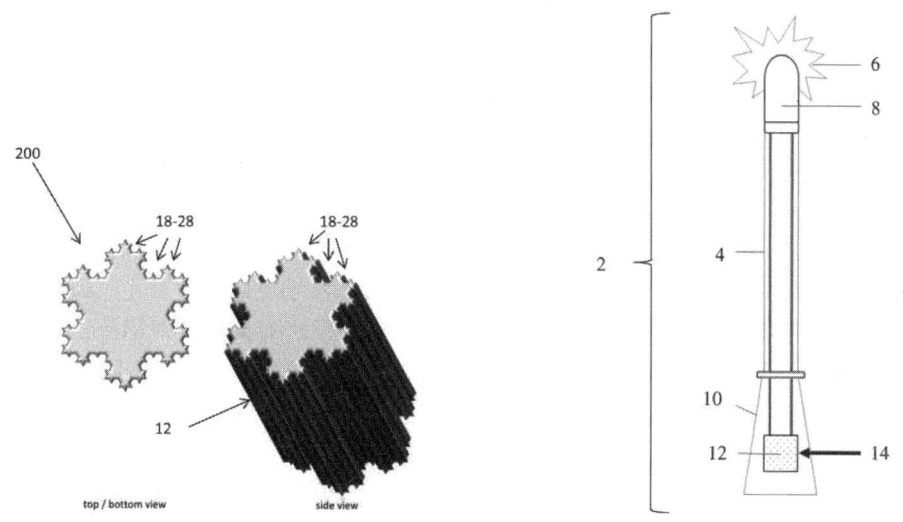

图 1　发明 1:DABUS 发明的分形食物容器　　图 2　发明 2:用于搜救任务的闪烁的信标灯

本书主张,人工智能生成发明并不必然属于智力活动的规则和方法。如前所述,我国《专利法》第 25 条第 1 款第 2 项规定,智力活动的规则和方法不能被授予专利权。程序算法是否属于智力活动的规则和方法,能否获得专利法保护一直存在较大争议。从计算机程序的知识产权保护历程来看,最初欧美等国家反对以专利法来保护计算机程序,Gottschalk v. Benson 案明确指出数学算法不具有可专利性,但判决中也进一步说明,程序的专利法保护具有不确定性,其与政策密切相关。[2] 与此同时,各国以及国际公约开始以著作权法保护计算机程序,如 1976 年的美国《版权法》、TRIPs 协议等。由于著作权法并不能保护计算机程序的核心算法,只能保护表达,对于计算机产业走在世界前列的美国而言,保护力度明显不足,其率先探索程序的专利法保护。在经过"In re Freeman"案、[3] "Diamond

---

[1] See McFarlane, Robert A.; Gan, Rosanna W., "Federal Circuit Decision Casts Doubt on Availablity of Patent Protection for AI-Generated Inventions", *RAIL*: *The Journal of Robotics*, *Artificial Intelligence & Law*, Vol. 6, Issue 2 (March-April 2023), pp. 103-110.

[2] Gottschalk, commissioner of patents v. Benson et al., 409 U.S. 63 (1972).

[3] 573 F. 2d 1237 (1978).

v. Diehr"案[1]和"In re Alappat"案[2]等一系列案件后,美国在 1995 年修改专利审查指南时确认,将程序中的算法用于实践,如果能够产生"有用、具体、有形的后果",则该程序可以获得专利法保护。我国《专利审查指南》一直强调计算机程序需要与硬件结合方属于可专利主题,2017 年该指南修订,明确计算机程序本身并不等于涉及计算机程序的发明,后者是针对技术问题的解决方案。2019 年该指南再次修订时,在第二部分第九章增加第 6 节,明确"包含算法特征或商业规则和方法特征"的发明专利申请审查规定,逐步认可算法发明的可专利性。

之所以各国对程序算法的专利保护持有较为谨慎的态度,主要原因是程序算法与数学计算方法密切相关,容易理解为具有抽象意义的规则。智力活动的规则和方法不能被授予专利权这一条款的目的在于防止针对智力活动规则的垄断,从而阻碍技术创新,因此程序算法在获得专利保护过程中才遇到一定障碍。实际上,程序算法并不必然是纯粹的数学算法,其可以与具体的技术特征相联系,解决技术问题。根据《专利审查指南》第二部分第一章"4.2 智力活动的规则和方法"的规定,如果一项权利要求仅涉及智力活动的规则和方法,不构成技术方案,不能授予专利权,如计算机的语言及计算规则、计算机程序本身。如果一项权利要求除智力活动的规则和方法外,还包括技术特征,则不能排除其获得专利保护的可能性。此时,需要对程序算法进行分类,区分抽象算法与具体算法,也有学者称为抽象思想与具体技术。计算机程序中的抽象算法属于思维层面,是表述、判断、记忆的规则和方法,不属于可专利主题;具体算法则将规则和方法与具体技术特征相结合,达到一定技术效果,可获得专利保护。

在界分抽象算法与具体算法技术,对智力活动规则和方法与具体技术特征进行关联过程中,有学者指出,某一规则、方法具有技术功能或者与物质介质相联系,符合专利的实质性要件,具有获得专利授权的可能。[3]需要注意,仅提出以计算机为载体/介质来实现某一算法/方法,将算法与计算机这一物质介质相联系,并不能说明其为具体算法,具体算法需要解决技术问题、产生技术效果。正如 Alice 案判决指出,该方法声明其只需要通过计算机实现,这一说明未能将抽象概念转化为符合专利条件的发明。若将程序算法与计算机相结合,通过计算机执行的程序算法解决技术问题,则属于具体算法,具有技术特征,构成技术方案,属于可专利主题。[4]如在"信号处理方法、数据处理方法及装置"(CN200910150720)的专利申请中,其将程序算法应用到具体技术领域,可授予专利权。根据《专利审查指南》的规定,将程序算法运用在工业控制、数据处理、计算机系统性能改进等领域,可构成技术方案,属于专利保护的客体。

解决技术问题的人工智能生成发明属于技术方案。如前所述,《专利法》第 2 条第 2 款规定,发明是对产品、方法或者其改进所提出的新的技术方案。探讨人工智能生成发明的可专利性,在专利申请与审查阶段,若要求保护的权利要求作为整体不属于智力活动的规则和方法,则需要进一步分析其是否属于技术方案。根据《专利审查指南》第二部分第一章对技术方案的定义,其是"对要解决的技术问题所采取的利用了自然规律的技术手段的

---

[1] 450 U.S. 175 (1981).
[2] 33 F. 3d 1526 (1994).
[3] 吴汉东:《计算机软件专利保护问题研究》,载《当代法学》2022 年第 3 期。
[4] Alice Corp. v. CLS Bank International, 573 U.S. 208 (2014).

集合"。

探讨人工智能生成发明是否属于技术方案，要从整体上看发明中记载的全部特征，是否采用了利用自然规律的技术手段，并由此获得技术效果。对于不包含程序算法的人工智能生成发明，其判断方法与普通专利并无太大区别；对于包含程序算法的人工智能生成发明，结合《专利审查指南》对"包含算法特征或商业规则和方法特征的发明专利申请审查"的相关规定，需分析其是否属于可专利主题，判断相关程序算法是否属于具体算法、能够解决具体的技术问题。

综上，在审查人工智能生成发明的可专利性时，可以从智力活动规则与方法、技术方案等层面分析。判断人工智能生成发明是否属于智力活动规则与方法时，只要涉及程序算法的人工智能生成发明是具体算法，用以解决具体技术问题，产生相应的技术效果，则属于技术方案，可以纳入专利客体范围。此外，对人工智能生成发明可专利性的判断，需要结合法律规定、产业实践、伦理道德等进行综合评价。[1]

本章案例研讨

16-1（总第29）：利用科学发现制成的产品可以获得专利保护
——大庆市某文具办公设备有限公司与国家知识产权局专利复审委员会、第三人陆某发明专利权无效行政纠纷上诉案[2]

一、案情简介

由陆某于1995年6月9日向国家知识产权局专利局提出名称为"一种防近视书簿"的发明专利申请，于2000年1月5日被授权公告，专利号为95111654.1，专利权人为陆某。本专利权利要求书如下："1. 一种练习本，其特征在于：其制作采用黄色纸张，该黄色纸张的反射光波频谱为波长550-610纳米的色光"。大庆市某文具办公设备有限公司（以下简称某设备公司）于2005年9月2日向专利复审委员会提出了宣告本专利权无效的请求。

专利复审委员会认为：本专利请求保护一种练习本，该练习本具有防近视的功能，本专利是利用陆某发现的在一定频谱范围内的黄色纸张的反射光相对安全舒适来防治近视，因此本发明是利用科学发现所制成的产品，其可以获得专利保护。关于本专利的实用性问题，在本专利说明书中已经记载了用黄色纸张制造练习本的技术方案，在某设备公司没有进一步证据来证明不能制造的情况下，不能认定本专利请求保护的产品无法制造。专利复审委员会于2007年6月6日作出第9918号决定，维持本专利权有效。某设备公司不服该决定，向北京市第一中级人民法院提起诉讼，请求撤销该决定。

二、法院裁判理由及结果

该院判决驳回某设备公司诉讼请求，维持被诉决定。某设备公司不服，向北京市高级人民法院提起上诉。

---

[1] 本节选自冯晓青、郝明英：《人工智能生成发明专利保护制度研究》，载《湖南大学学报（社会科学版）》2023年第2期。

[2] 北京市高级人民法院（2008）高行终字第256号行政判决书。

北京市高级人民法院认为本案的争议焦点为：专利复审委员会作出被诉决定在程序及实体上是否合法。关于程序问题，法院认定某设备公司主张专利复审委员会违背听证原则的规定不成立。在实体问题方面，法院认为关于无效宣告请求审查决定要点问题，被诉决定要点不属于司法审查范围，某设备公司以第9918号决定要点部分错误为由提起诉讼于法无据。关于本案涉及的专利新颖性认定，法院认为：单纯的科学发现不能被授予专利权，但利用科学发现制造出的产品是可以被授予专利权的。本专利是一种产品发明，在一定频谱范围内的黄色纸张的反射光相对安全舒适来防治近视属于科学发现的范畴，但本专利请求保护的是一种练习本，该练习本具有防近视的功能，因此本专利是利用科学发现制成的产品，是可以获得专利保护的。判断本专利相对于对比文件是否具有新颖性应当综合考虑两者的技术领域、所解决的技术问题、技术方案和预期效果实质上是否相同。本专利的主题名称为"一种防近视书簿"，其功能、用途及发明目的是提供一种防近视的书簿，通过改善视觉环境来防治近视，而附件16（某设备公司提交的证据）未披露相关技术内容，因此综合考虑本专利与附件16的功能、效果、技术方案等，本院认为本专利相对于附件16具备新颖性。由上述分析可知，原审判决关于本专利的新颖性的认定与本专利是否符合《专利法》第25条规定的认定并不存在矛盾之处，某设备公司的该项上诉主张没有事实和法律依据，本院不予支持。本案中，本专利权利要求并未记载"防近视"这一技术特征，原审判决将发明名称视为本专利权利要求中的必要技术特征错误，本院予以纠正，但原审判决的认定并未影响本专利新颖性的判断结果。原审判决关于本专利具有新颖性的认定结果，本院予以认可。

基于上述，二审法院判决驳回上诉，维持原判。

本案涉及科学发现不受专利保护与利用科学发现制成的产品可以受专利保护问题。在该案中，法院明确了受专利保护的客体应当是利用自然规律解决技术问题的技术方案。针对新颖性问题，二审法院强调"判断本专利相对于对比文件是否具有新颖性应当综合考虑两者的技术领域、所解决的技术问题、技术方案和预期效果实质上是否相同"。本案为认识发明和发现之间的辩证关系以及受专利法保护的发明创造的要求提供了启示与借鉴。

16-2（总第30）：没有利用自然规律实现技术效果的专利申请不符合专利权客体的条件
——侯某与国家知识产权局专利复审委员会因发明专利申请驳回复审行政纠纷上诉案[1]

一、案情简介

侯某申请的名称为"指导教学的计算机辅助方法和系统"的发明专利申请（以下简称本申请），其申请号为200680046843.9，申请日为2006年10月13日，优先权日为2005年10月13日和2006年8月10日，进入中国国家阶段日为2008年6月13日，公开日为2009年2月11日。经实质审查，国家知识产权局实质审查部门于2013年4月9日发出驳回决定，以权利要求1不符合2008年修正的《专利法》第2条第2款的规定为由，驳回了本申请，具体理由是：权利要求1的方法解决的问题实质上是解决传统的课堂教学方法缺乏吸

---

[1] 北京市高级人民法院（2017）京行终5591号民事判决书。

引力，不构成技术问题；所获得的效果也不是符合自然规律的技术效果，故该权利要求不符合2008年《专利法》第2条第2款的规定。侯某不服上述驳回决定，于2013年7月24日向专利复审委员会提出复审请求。其指出，本申请的目的是处理一种外部技术数据，具体而言是用于从学生工作台接收针对计算机系统提供的问题集的答案形式的数据，随后分析这些数据并将其转换成分数，这些分数用于产生从计算机系统中取出的存储数据来显示问题的新方式，从而达到形成新教学材料的一部分，以自动地适应学生的现有水平的技术效果，还能获得省去人类教师参与教学任务的需要的效果。

随后，专利复审委员会对本案进行审理。其于2016年2月26日向侯某发出复审通知书，指出本申请处理的数据是教学材料，没有采用技术手段。由计算机系统联网形成的远程教学系统，是公知的现有技术，利用这样的系统执行适应性教学的具体规则，并不能给系统本身的内部性能带来改进，也没有对其构成和功能带来任何功能上的改变。2016年7月28日，专利复审委员会作出第112310号复审请求审查决定，维持国家知识产权局驳回决定。侯某不服，向北京知识产权法院提起行政诉讼。

二、法院裁判理由及结果

一审法院驳回了侯某诉讼请求。侯某进而向北京市高级人民法院提起上诉。

北京市高级人民法院认为：技术方案是对要解决的技术问题所采取的利用了自然规律的技术手段的集合。未采用技术手段解决技术问题，以获得符合自然规律的技术效果的方案，不属于专利权的客体。因此，在认定是否属于技术方案时，应当从其是否利用了自然规律、解决的是否为技术问题、是否获得了技术效果进行整体、综合判断。

本申请权利要求1请求保护一种系统辅助适应性教学方法，根据其专利文本所记载内容可知，该解决方案使用预载入数据库中的教学数据执行教学过程，其接受教师的登录，选择预设数据的教学主题开展适应性教学，获得学生的个人成绩，并据此建立学生的水平值，根据学生的水平值制定教学数据集，开展教学。该解决方案虽然使用数据库、教学辅助系统来开展教学，然而使用前述数据库等仅是利用相关公知技术，从而实现对教学过程中教学方式的改善，而并未给教学辅助系统以及数据库本身的内部性能带来改进，也未对其构成和功能带来任何功能上的改变。本申请权利要求1实质上解决的是现有的传统课堂教学和自动化教学存在的问题，实现"因人施教"，显然其不受自然规律的约束，并未利用技术手段。原审判决关于本申请权利要求1不属于专利保护客体的认定并无不当，本院予以确认。此外，知识产权具有地域性，我国境外其他国家的授权情况并不能当然成为涉案的本申请应当获准授权的法定事由。

基于上述，二审法院驳回上诉，维持原判。

本案涉及申请专利的发明创造应当符合自然规律、采用技术手段、解决技术问题并实现技术效果的要求。该案中，专利授权机关和法院均认定有针对性的辅助性教学的问题不构成技术问题，且未采用技术手段获得符合自然规律的技术效果，因此不能被授予专利权。基于专利权的地域性和国际保护的独立性原则，其在其他国家被授权则与我国是否应当授权之间不存在必然联系。

第十七章 专利权的主体

本章提要

本章主要阐述和探讨专利权的主体，包括成为专利权主体的条件和相关的专利权归属。

本章的重点为各类专利权主体的法定构成条件，难点在于专利权归属的确定。

第一节 专利权主体概述

在法律关系中，权利主体就是权利之享有者和义务之承担者，专利权主体也是如此。准确地说，专利权的主体就是对专利权享有使用、收益和处分并承担相应义务的人，它可以是自然人、法人或非法人组织。专利权的主体也就是专利权人。

专利权的取得有原始取得和继受取得两种方式。原始取得是申请人向国家知识产权局递交专利申请，经审查合格后授权取得。专利申请人可以是发明、实用新型的发明人或者外观设计的设计人，也可以是发明人或设计人的单位。根据我国参加的《巴黎公约》《专利合作条约》（PCT）和TRIPs协议等国际条约的规定，或者根据我国与其他国家签署的双边协议，在满足一定条件的前提下，外国人也可以在我国申请专利，成为专利申请人，享有相关的权利。专利申请权也可以转让。专利一旦授权，专利申请人或专利申请权的受让人就成为专利权人。

专利权的继受取得是继受人依法从原专利权所有人处取得专利权。继受取得方式既包括自然人的继承或受遗赠，或者通过受让、[1] 赠予等方式取得，也包括法人因合并或破产等造成的财产继受。继受取得后，继受人就成为专利权人，但需及时向国家知识产权局办理著录事项变更手续。

美国专利法规定仅有发明人才可成为申请人，并要求申请人通过誓词形式保证自己是发明的合法所有人。在美国，发明多为职务发明或受雇发明，因此专利申请一般伴有转让协议，申请人将专利申请权转让给他所属的公司、大学或研究机构。[2]

---

[1] 参见最高人民法院（2019）最高法知民终394号民事判决书（专利权转让合同纠纷案）。
[2] 35 USC § 115.

第二节 发明人与设计人

发明人是指参与完成发明或实用新型、对发明或实用新型作出创造性贡献的人;设计人是参与完成外观设计、对外观设计作出创造性贡献的人。发明人或设计人可以是一个人,也可以是共同完成发明创造的两个人或多个人。

发明人(或设计人)应当具备三个条件:①发明人需为自然人;②发明人需是直接参加发明创造的人;③发明人需为发明的实质性特点做出创造性贡献。

1. 发明人需为自然人。发明创造是一种智力活动,从事发明创造需要具有创造性思维,而创造性思维只有自然人才能够具备,法人或非法人组织都不具备,因此法人或非法人组织不能成为发明人。不过,法人或非法人组织可作为职务发明创造的合法所有人,享有专利申请权和专利权。在理论上,这和著作权法中作者只能是自然人,而法人或非法人组织可作为著作权受让人的规定相同。

在专利法的意义上说,发明是一种事实行为而非法律行为,因此,任何人皆可作出发明创造,获得专利权。在历史上和现实中获得专利权的不仅有大发明家,也有普通的技术人员甚至普通民众。电灯和留声机等众多发明的发明者爱迪生、飞机的发明者莱特兄弟、电话的发明者贝尔、炸药的发明者诺贝尔和法国科学家巴斯德等,他们都曾针对他们的伟大发明获得专利权。

2. 发明人需是直接参加发明创造的人。发明可以是非常复杂的一类创造性活动,需要有充足的知识、科学的计划和各种实现步骤,也可能需要较好的灵感。对于高新技术领域的发明而言,还需要有充足的物质保障和资金支持。因此,在很多情形下,发明需要一个团队的共同努力才可完成,包括试验的直接参与者、组织管理者、提供资料或物质保障者等。在这些参与者中,只有直接参与发明创造的人才属发明人,其他人只是辅助发明创造的人。

3. 发明人需为发明的实质性特点做出创造性贡献。尽管在很多情形下发明属于团队创造活动,但发明创造毕竟属于脑力劳动,它要求发明人在具备本领域技术知识的基础上,再加以创新,才可实现专利法意义上的发明创造。因此,并非所有直接参与了发明创造过程的人都可成为发明人,如一般工作人员仅按照设计好的工艺流程进行操作,并未对发明有创造性的智力投入,就不能成为发明人。

对外观设计的设计人的要求与对发明人的要求相同。[1]

需要指出的是,随着人工智能技术及其产业化的迅猛发展,学界不仅对人工智能生成发明的可专利性存在争议,而且对相关发明人或者设计人的认定也存在争议。[2] 这一问题

---

[1] 参见湖北省武汉市中级人民法院(2022)鄂01知民初713号民事判决书(发明专利申请权纠纷案);天津市第三中级人民法院(2021)津03知民初12号民事判决书(外观设计专利权属纠纷案)。

[2] 例如,2023年12月,英国最高法院在一个涉及利用人工智能生成发明的专利申请的纠纷案件中指出,英国专利法上的发明人必须是自然人,本案中人工智能不能成为发明人。See Thaler v. Comptroller-General of Patents, Designs and Trademarks [2023 UKSC 49].

反映了技术发展对专利制度的巨大挑战。[1]

第三节 外国人

外国人，是具有外国国籍的自然人和依据外国法律成立并在外国登记注册的法人，包括外国自然人、外国企业和外国其他组织。对外国人是否给予专利保护有一个过程，现代国家对外国人的发明创造一般是有条件或无条件地给予专利保护的。《巴黎公约》第2条、第3条规定，应允许外国人在本国申请并取得专利权。但各国对哪些外国人可以申请专利，以及取得专利权的条件的规定则各有不同，主要有：以美国、德国、英国为代表，无条件给予外国人以国民待遇；以日本、法国、意大利等为代表，采用互惠、对等原则给予外国人以国民待遇。

我国《专利法》原则上承认外国自然人和法人在我国有申请专利和取得专利权的权利，具体按以下两种情况处理。

一、在我国有经常居所或营业所的外国人

这主要是指在我国境内长期居住、生活、工作的外国自然人和在我国设有机构、长期营业的外国公司、企业和其他组织。营业所必须是真实有效的，非经营工商业务的场所，如仅起联络作用的办事处不能列入。我国《专利法》对这部分外国人给予与中国单位和个人完全相同的待遇，不附加任何条件或限制。这也是履行《巴黎公约》所规定的国民待遇原则的体现。

二、在我国没有经常居所或营业所的外国人

这限于以下三种情况：一是外国自然人或法人所属国与我国签订了共同承认申请并取得专利权的双边协定；二是外国自然人或法人所属国与我国共同参加了相互承认申请并取得专利权的国际条约；三是虽不符合上述规定，但外国自然人或法人所属国允许我国自然人或法人去该国申请专利并取得专利权。按照互惠原则，我国也允许该自然人或法人在我国申请专利并取得专利权。关于互惠原则，应当注意的是，它仅是指在申请专利并取得专利权问题上的互惠，并不是指享有相等的实体权利。该外国人在我国申请专利后享有的权利和承担的义务，只能以我国的法律规定为准。

关于外国人或外国企业在中国的专利申请，2000年《专利法》第19条第1款规定："在中国没有经常居所或者营业所的外国人、外国企业或者外国其他组织在中国申请专利和办理其他专利事务的，应当委托国务院专利行政部门指定的专利代理机构办理"；[2] 第2款规定："中国单位或者个人在国内申请专利和办理其他专利事务的，可以委托专利代理机构办理"。2008年《专利法》则将上述第19条第1款修改为："在中国没有经常居所或者营业所的外国人、外国企业或者外国其他组织在中国申请专利和办理其他专利事务的，应

---

[1] 参见 Schwartz, David L.; Rogers, Max, "'Inventorless' Inventions? The Constitutional Conundrum of AI-Produced Inventions", *Harvard Journal of Law & Technology* (*Harvard JOLT*), Vol. 35, Issue 2 (Spring 2022), pp. 531-580; Currey, Rebecca, "Australian Court Overturns Finding That AI Systems Can Be an 'Inventor' for the Australian Patent Regime", *RAIL: The Journal of Robotics, Artificial Intelligence & Law*, Vol. 5, Issue 5 (September-October 2022), pp. 363-368; Hrdy, Camilla A., "The Value in Secrecy", *Fordham Law Review*, Vol. 91, Issue 2 (November 2022), pp. 557-608.

[2] 这里的"国务院专利行政部门指定的专利代理机构"，实质上是指涉外专利代理机构。

当委托依法设立的专利代理机构办理";将第2款修改为："中国单位或者个人在国内申请专利和办理其他专利事务的,可以委托依法设立的专利代理机构办理"。[1] 显然,2008年《专利法》取消了外国自然人、企业或者其他组织在中国申请专利和办理其他专利事务而必须委托指定的涉外代理机构办理的规定,而代之以应当委托依法设立的专利代理机构办理。对此,现行《专利法》在第18条第1款及第2款中予以规定。

我国于1984年《专利法》颁布后即加入了《巴黎公约》。根据该公约的规定,参加公约的成员国应给予其他公约成员国的自然人和法人以国民待遇,该公约成员国自然人和法人均可在我国申请并取得专利。同样,我国自然人和法人也可在其他成员国申请专利并获得专利权。[2]

第四节 发明创造的权利归属

发明创造的种类包括职务发明、非职务发明、合作发明和委托发明等。我国《专利法》对这几类发明创造的权利归属原则作了明确规定。[3]

一、职务发明创造与非职务发明创造的权利归属

从19世纪下半叶起,发明渐趋复杂,作出一项发明需要有较多的资金和设备,越来越多的发明不像过去那样是由独立的发明人个人主动完成的,而是由法人(公司、企业、研究机构等)的工作人员在履行其职务期间完成的。西方国家称这些发明为"雇员发明"。对于雇员发明,谁有权获得专利,雇员还是雇主?对于这个问题在法律上最早作出规定的是1897年奥匈帝国的专利法。该法规定了这样的原则,即雇员在职务上作出的发明,除合同或者服务规程另有规定外,发明人有获得专利的权利。当今世界主要国家的规定采取的立法形式不尽相同,但都体现出一个共同的特点,即法律承认发明人对其发明有权获得专利的这个原则可以有例外。[4] 我国《专利法》将这种"雇员发明"称作"职务发明创造"。由于涉及单位和个人利益的分配,正确判定特定发明创造是职务发明创造还是非职务发明创造就显得至关重要,职务发明创造或非职务发明创造定性错误,都将影响其各个权利主体的利益。实践中,相当一部分专利纠纷案件,都涉及要求确认一项发明创造是职务发明创造还是非职务发明创造的内容。

(一)职务发明创造及其认定

《专利法》第6条第1款规定："执行本单位的任务或者主要是利用本单位的物质技术条件所完成的发明创造为职务发明创造。职务发明创造申请专利的权利属于该单位,申请被批准后,该单位为专利权人。该单位可以依法处置其职务发明创造申请专利的权利和专利权,促进相关发明创造的实施和运用。"值得指出的是,上述"该单位可以依法处置其职务发明创造申请专利的权利和专利权,促进相关发明创造的实施和运用",是2020年《专利法》第四次修正时新增的内容。该规定有利于赋予单位根据职务发明创造的特定情况灵活处置其专利申请权和专利权,以促进相关发明创造的实施和运用。

---

[1] 2020年《专利法》在第18条予以规定。
[2] 本节选自冯晓青、刘友华:《专利法》,法律出版社2022年版,第90~91页。
[3] 参见最高人民法院(2022)最高法知民终2436号民事判决书(专利申请权权属纠纷案)。
[4] 参见何敏:《职员发明财产权利归属正义》,载《法学研究》2007年第5期。

为了正确实施《专利法》第 6 条的规定，《专利法实施细则》第 13 条又对职务发明创造的几种具体情况作了进一步的规定。综合这些规定，职务发明创造的具体含义应包含以下几点：

1. 发明人或设计人是本单位的工作人员。这里所称的"单位"，既包括法人单位，也包括非法人单位，包括企业、事业单位、社会团体、国家机关和其他组织等。按照我国以企业组织形式划分企业类型的现代企业法律制度，企业则包括个人独资企业、合伙企业、公司企业。工作人员，即指这些单位的具体工作人员，包括单位的各级负责人，也包括临时工作人员如临时聘用或从其他单位借调、聘请来的人员。

2. 是在执行本单位的任务时所完成的发明创造。执行本单位的任务所完成的发明创造包括三种情况：

（1）是在本职工作中作出的发明创造。判断一工作是否是本职工作，可以参考工作人员的职务内容、责任范围和工作目标来确定，一般不仅考虑所学的专业。

（2）履行本单位交付的本职工作之外的任务所作出的发明创造。这主要是指根据单位的要求，工作人员在完成单位短期或临时下达的工作任务时作出的发明创造。如参加为特定目的而临时设立的研究、设计小组而作出的发明创造。[1]

（3）退休、调离原单位后或者劳动、人事关系终止后 1 年内作出的，与其在原单位承担的本职工作或者原单位分配的任务有关的发明创造。这主要是因为发明创造是复杂的脑力劳动，需要有长期构思并动手实践的过程。发明尽管是在离职以后 1 年内作出的，但实际上又与其原来担任的职务或所接受的工作任务有密切关系，大多数是在职期间已经开始研究设计，有的甚至已经接近完成，所以应当认为是职务发明创造。

3. 主要是利用本单位的物质技术条件完成的发明创造。本单位的物质技术条件是指本单位的资金、设备、零部件、原材料或者不对外公开的技术资料等。其中，不对外公开的技术资料主要是指本单位自有的内部情报或资料以及本单位独有的技术秘密，包括技术档案、设计图纸和新技术信息等，但不包括单位图书馆或资料室对外公开的情报、资料。根据外国的立法，主要以企业的经验和活动为基础的发明，也认为是职务发明。

主要利用本单位的物质技术条件指的是对本单位物质技术条件（如实验室、仪器、设备等）的利用应当是完成发明创造所必不可少的。如果是少量利用或者对完成发明创造没有实质帮助的，不能视为主要利用本单位的物质条件。需要注意的是，只有在工作人员完成发明创造不是进行其本职工作，也不是执行其单位分配的任务，而是自己进行的情况下，才需要根据"主要是利用本单位的物质技术条件完成的发明创造"这一规定来确定专利申请权和专利权的归属。

《专利法》第 6 条第 3 款规定："利用本单位的物质技术条件所完成的发明创造，单位与发明人或者设计人订有合同，对申请专利的权利和专利权的归属作出约定的，从其约定。"[2] 此款表明，发明人只要按照事先约定向单位返还规定的资金或者缴纳有关物质技术使用费的，就可以将该发明创造作为非职务发明创造。这种例外规定体现了对发明创造人创新精神的鼓励和保护。

应指出的是，由于发明创造这一智力成果的特点，决定了其产生不受时间和场所的限

---

[1] 参见上海知识产权法院（2017）沪 73 民初 349 号民事判决书（专利申请权权属纠纷案）。

[2] 参见上海市高级人民法院（2017）沪民终 261 号民事判决书（专利权权属纠纷案）。

制，劳动过程具有一定的连续性。因此，不能简单地以发明创造是在工作时间内还是在业余时间内完成的情况作为标准来确定其是职务发明创造还是非职务发明创造。[1]

(二) 职务发明创造与非职务发明创造的权利归属

根据《专利法》第6条第1款、第2款规定，职务发明创造申请专利的权利属于该单位；申请被批准后，该单位为专利权人。

值得指出的是，尽管职务发明创造的发明人或设计人不享有对该职务发明创造申请专利的权利，但其仍然享有以下两项权利：一是发明人和设计人的署名权，即有权在该项职务发明创造上标明其是发明人或设计人，并因此获得荣誉和精神奖励。现行《专利法》第16条第1款明确规定："发明人或者设计人有权在专利文件中写明自己是发明人或者设计人。"[2] 二是获得物质报酬的权利。[3] 现行《专利法》第15条第1款规定："被授予专利权的单位应当对职务发明创造的发明人或者设计人给予奖励；发明创造专利实施后，根据其推广应用的范围和取得的经济效益，对发明人或者设计人给予合理的报酬。"这里的奖励和报酬，包括发给奖金和报酬，如专利申请被授权后的奖金、本单位实施专利后的报酬以及许可他人实施专利后的报酬等。[4] 这一规定，有利于鼓励和补偿发明人的创造性劳动。为充分维护发明人或者设计人合法权益，平衡发明人、设计人与单位之间的利益，促进单位实施、运用专利，该条第2款规定："国家鼓励被授予专利权的单位实行产权激励，采取股权、期权、分红等方式，使发明人或者设计人合理分享创新收益。"[5]

《专利法》第6条第2款规定："非职务发明创造，申请专利的权利属于发明人或者设计人；申请被批准后，该发明人或者设计人为专利权人。"其第7条则规定："对发明人或者设计人的非职务发明创造专利申请，任何单位或者个人不得压制。"

(三) 由财政资金支持形成的育种发明专利权归属

根据《中华人民共和国种子法》（以下简称《种子法》）第13条第1款规定，由财政资金支持形成的育种发明专利权，除涉及国家安全、国家利益和重大社会公共利益的外，授权项目承担者依法取得。该规定明确了项目承担者可以对由财政资金支持形成的育种发明取得专利权。该规定在一定程度上是对《科学技术进步法》第32条相关规定的吸收，有利于调动项目承担者从事育种发明的专利。

二、合作完成或委托完成的发明创造的权利归属

《专利法》第8条规定："两个以上单位或者个人合作完成的发明创造、一个单位或者个人接受其他单位或者个人委托所完成的发明创造，除另有协议的以外，申请专利的权利属于完成或者共同完成的单位或者个人；申请被批准后，申请的单位或者个人为专利权人。"

两个以上单位或个人合作完成发明创造应当签订书面合同。这种合同根据《民法典》称为合作开发合同。这种合同和委托开发合同共同构成技术开发合同。合同中应当写明申

---

[1] 参见陕西省西安市中级人民法院（2021）陕01知民初3196号民事判决书（实用新型专利权权属纠纷案）。
[2] 参见陕西省高级人民法院（2016）陕民终624号民事判决书（发明人、设计人署名权纠纷案）。
[3] 参见最高人民法院（2021）最高法知终1172号民事判决书（发明人、设计人奖励、报酬纠纷案）。
[4] 参见最高人民法院（2019）最高法知终230号民事判决书（发明人、设计人奖励、报酬纠纷案）。
[5] 冯晓青、刘友华：《专利法》，法律出版社2022年版，第88页。

请和获得专利的归属。[1] 根据《专利法》第 8 条的规定，所谓"完成"，其含义应是对发明创造的实质性特点作出了创造性的贡献。如果某合作单位只是从资金、设备、场地等物质条件方面给予了他方积极支持，或只是参与完成了中间试验等一些辅助工作，则不能被当作为共同完成发明创造的单位。[2]

一个单位或个人委托其他单位或个人进行发明创造时，应当签订委托合同。依照我国《民法典》规定，在委托作出发明创造的民事行为中，委托方的主要义务是支付研究开发经费和报酬，提供技术资料、原始数据并完成协作事项；受委托方的主要义务是制定和实施研究开发计划，合理使用研究开发经费，按期完成研究开发任务，交付研究开发成果，提供有关的技术资料和必要的技术指导，帮助委托方掌握研究开发成果。[3]

本章案例研讨

17-1（总第 31）：执行本单位的任务所完成的发明创造为职务发明创造
——钱某与上海某矿机科技有限公司专利权权属纠纷上诉案[4]

一、案情简介

钱某于 2000 年至 2011 年 6 月在上海某矿机科技有限公司（以下简称某矿机公司）从

---

[1]《民法典》"技术开发合同"一节对于合作开发合同当事人的权利和义务、违约责任、合同解除、合同风险负担及通知义务、权利归属等重要问题都作了详细规定，是处理合同开发合同纠纷的主要法律依据。例如，其第 855 条规定，合作开发合同的当事人应当按照约定进行投资，包括以技术进行投资，分工参与研究开发工作，协作配合研究开发工作；第 856 条规定，合作开发合同的当事人违反约定造成研究开发工作停滞、延误或者失败的，应当承担违约责任；第 857 条规定，作为技术开发合同标的的技术已经由他人公开，致使技术开发合同的履行没有意义的，当事人可以解除合同；其第 858 条规定，技术开发合同履行过程中，因出现无法克服的技术困难，致使研究开发失败或者部分失败的，该风险由当事人约定；没有约定或者约定不明确，依照本法第 510 条的规定仍不能确定的，风险由当事人合理分担。当事人一方发现前款规定的可能致使研究开发失败或者部分失败的情形时，应当及时通知另一方并采取适当措施减少损失；没有及时通知并采取适当措施，致使损失扩大的，应当就扩大的损失承担责任。其第 860 条则规定，合作开发完成的发明创造，申请专利的权利属于合作开发的当事人共有；当事人一方转让其共有的专利申请权的，其他各方享有以同等条件优先受让的权利。但是，当事人另有约定的除外。合作开发的当事人一方声明放弃其共有的专利申请权的，除当事人另有约定外，可以由另一方单独申请或者由其他各方共同申请。申请人取得专利权的，放弃专利申请权的一方可以免费实施该专利。合作开发的当事人一方不同意申请专利的，另一方或者其他各方不得申请专利。

[2] 参见上海知识产权法院（2017）沪 73 民初 106 号民事判决书（专利权权属纠纷案）。

[3]《民法典》"技术开发合同"一节对于委托开发合同当事人的权利和义务、违约责任、权利归属等重要问题都作了详细规定，是处理委托开发合同纠纷的主要法律依据。例如，其第 852 条规定，委托开发合同的委托人应当按照约定支付研究开发经费和报酬，提供技术资料，提出研究开发要求，完成协作事项，接受研究开发成果；第 853 条规定，委托开发合同的研究开发人应当按照约定制定和实施研究开发计划，合理使用研究开发经费，按期完成研究开发工作，交付研究开发成果，提供有关的技术资料和必要的技术指导，帮助委托人掌握研究开发成果；第 854 条规定，委托开发合同的当事人违反约定造成研究开发工作停滞、延误或者失败的，应当承担违约责任；第 859 条规定，委托开发完成的发明创造，除法律另有规定或者当事人另有约定外，申请专利的权利属于研究开发人。研究开发人取得专利权的，委托人可以依法实施该专利。研究开发人转让专利申请权的，委托人享有以同等条件优先受让的权利。

[4] 上海市高级人民法院（2013）沪高民三（知）终字第 129 号民事判决书。

事技术研发等工作，并按月在某矿机公司领取工资。2005年3月29日，某矿机公司与钱某签订《专利使用协议》。该协议第1条约定，钱某在某矿机公司任职期间，利用本身经验与知识，结合某矿机公司产品需要而研发的专利，由某矿机公司申请经审查批准后，适用本协议。其他专利为钱某的非职务专利。

2008年11月21日，某矿机公司向国家知识产权局申请名称为一种固体泵送装置的实用新型专利（以下简称固体泵送专利），并于2009年9月9日获得授权，专利号为ZL200820155786.4，专利权人为某矿机公司，发明人为钱某和朱某、朱某某。根据该专利《说明书》的记载，固体泵送专利涉及松散固体物料的压缩、运输、搬送类。

2011年2月11日，钱某向国家知识产权局申请名称为"秸秆压缩泵送装置"的发明专利（以下简称涉案专利），并于2013年3月6日获得授权，专利号为ZL201110036249.4。发明人及专利权人均为钱某。涉案专利《说明书》背景技术中列举了固体泵送专利的技术方案，并载明其不能实际实施的弊端。《说明书》发明内容部分载明"本发明的目的是根据上述现有技术的不足之处，提供一种秸秆压缩泵送装置……"

某矿机公司认为该专利属于职务发明创造，遂向上海市第二中级人民法院起诉。

二、法院裁判理由及结果

上海市第二中级人民法院认为，本案的争议焦点为涉案专利是否为职务发明，专利权是否应当归某矿机公司所有。

1. 涉案专利是钱某为执行本单位的任务所完成的发明创造。

上海市第二中级人民法院认为，根据《专利法》第6条第1款的规定和《专利法实施细则》第12条的规定，涉案专利应为钱某为执行本单位的任务所完成的职务发明创造。首先，某矿机公司属于《专利法》意义上钱某的"本单位"。《专利法》意义上的"本单位"并不限于员工与单位存在劳动关系，与员工存在临时工作关系、劳务关系等的主体都属于《专利法》意义上的"本单位"。本案中，钱某自2000年起至2011年6月一直在某矿机公司工作，故某矿机公司属于《专利法》意义上钱某的"本单位"。其次，涉案专利是为了执行某矿机公司的任务所完成的发明创造。自2008年起，某矿机公司即确立了生物质发电领域物料运输技术的研发任务。钱某参与了相关研发工作，并作为发明人研发出固体泵送专利。之后，某矿机公司向钱某明确提出了需进一步改进的任务要求。涉案专利是对固体泵送专利的改进和完善，是钱某为执行本单位的任务所完成的职务发明创造。因此，根据《专利法》第6条第1款的规定，涉案专利的专利权人应为某矿机公司。

2. 涉案专利的权利归属不适用《专利使用协议》的约定。

上海市第二中级人民法院认为，根据《专利法》第6条第3款的规定，利用本单位的物质技术条件所完成的发明创造，单位与发明人或者设计人订有合同，对申请专利的权利和专利权的归属作出约定，从其约定。因此，在职务发明中，可以对专利申请权和专利权的归属进行约定的情形并不包括执行本单位的任务所完成的发明创造。本案中，涉案专利是钱某为执行某矿机公司的工作任务所完成的发明创造。某矿机公司与钱某所签订的《专利使用协议》对涉案专利并不适用。

综上，涉案专利是钱某为执行某矿机公司的任务所完成的职务发明创造，专利权应归某矿机公司所有。

钱某不服一审判决，提出上诉。关于本案涉案专利归属问题，上海市高级人民法院认为应从以下三点进行考虑：其一，关于涉案双方的关系；其二，关于上诉人工作职责范围是否应依据《专利使用协议》进行确定；其三，关于上诉人研发涉案专利行为性质的认定。二审法院认可了一审法院的相应观点，故判决驳回上诉，维持原判。

职务发明的归属问题反映了专利法中发明人与权利人的区别。本案充分讨论了职务发明认定的要件，以及专利使用等协议的效力等问题，对于职务发明的认定具有指导作用，案件中的很多问题，如研发涉案专利行为的性质，都值得深入研究。职务发明的认定和归属也一直是理论界和实务界讨论的热点问题，应予以关注。

17-2（总第32）：职务发明创造权属纠纷中发明人确认之诉和权属之诉的并案审理
——杨某、广州某生物技术股份有限公司、赖某与深圳市某精密仪器股份有限公司专利权权属纠纷上诉案[1]

一、案情简介

涉案专利权属争议的基本事实如下：2016年3月31日，广州某生物技术股份有限公司（以下简称某生物技术公司）以王某、朱某作为发明人向国家知识产权局提出涉案专利申请，并于2016年11月16日获得授权，专利权人为某生物技术公司，涉案专利合法有效。2019年9月10日，某生物技术公司向国家知识产权局提出放弃涉案专利权声明。2019年9月17日，深圳市某精密仪器股份有限公司（以下简称某精密仪器公司）就涉案专利向国家知识产权局提出中止程序请求。2019年11月8日，国家知识产权局出具《视为未提出通知书》，载明：涉案专利目前处于中止期间，不予办理放弃专利权手续。2020年5月28日，国家知识产权局出具《中止程序请求审批通知书》。2019年9月18日，某精密仪器公司就涉案专利向广州知识产权法院提起确权诉讼。

与涉案专利相同发明创造的发明专利权属的相关事实如下：2016年3月31日，某生物技术公司以赖某、杨某、王某作为发明人，以与涉案专利完全相同的发明创造，向国家知识产权局提出7326号发明专利申请，后发明人变更为王某、朱某，申请公布日为2017年3月8日，申请人为某生物技术公司。后某精密仪器公司与某生物技术公司因该发明专利申请权发生争议，某精密仪器公司向法院提起确权诉讼。最高人民法院于2020年11月23日作出（2019）最高法知民终800号民事判决，认定7326号发明专利申请是由赖某、杨某在某精密仪器公司离职后1年内作出的职务发明，该发明专利申请权归属于某精密仪器公司所有。

二、法院裁判理由及结果

一审法院认为，本案属于专利权权属纠纷。该院判决确认涉案专利权归属某精密仪器公司所有，发明人为杨某、赖某。某生物技术公司、杨某、赖某不服该判决，向最高人民法院提起上诉。

最高人民法院另查明：某生物技术公司提出涉案专利申请及7326号发明专利申请的时间均为2016年3月31日。庭审中，各方当事人确认，涉案专利的技术方案与800号案件所涉7326号发明专利申请的技术方案完全相同，为同样的发明创造。法院将争议焦点归纳为

---

[1] 最高人民法院（2021）最高法知民终2146号民事判决书。

原审法院关于涉案专利为杨某、赖某作为某精密仪器公司员工的职务发明创造，涉案专利权归属某精密仪器公司的认定是否不当。根据本院查明的事实，涉案专利的技术方案与800号民事判决所涉7326号发明专利申请的技术方案相同，为同一发明创造。在先生效的800号民事判决已认定，卢某、谢某、朱某、王某均不是涉案发明创造的发明人，涉案发明创造是杨某、赖某从某精密仪器公司离职后1年内作出的发明创造，且与该二人在某精密仪器公司承担的本职工作有关，属于职务发明创造，应归属于某精密仪器公司。

关于某精密仪器公司能否同时提出确认涉案专利发明人的诉讼请求，法院认为，首先，在职务发明创造专利（申请）权权属纠纷案件中，确认原告是否享有发明创造的专利（申请）权，应首先确认发明创造的发明人，在此基础上才能对发明创造的权利归属作出认定，发明人的确认直接影响发明创造的权利归属，故原告关于发明创造权利归属的主张与发明人的确认具有直接关联关系。其次，基于确认发明创造发明人与确认专利（申请）权归属之间的直接关联关系，允许原告同时提出确认发明创造发明人的诉讼请求，有利于查明案件事实，有效解决纠纷，避免分案审理可能出现的裁判冲突。因此，在专利（申请）权权属纠纷案件中，原告可以同时提出确认发明人的诉讼请求。本案中，某精密仪器公司同时提出确认涉案专利发明人的诉讼请求，原审法院将其与涉案专利权属的诉讼请求合并审理，程序并不违法，处理结果正确，本院予以维持。

基于上述，二审法院判决驳回上诉，维持原判。

本案不仅涉及涉案专利（申请）权权属纠纷案件中如何界定专利权的归属以及发明人资格的确认等实体问题，而且涉及职务发明创造专利权或者专利申请权权属纠纷的原告能否同时提出发明人确认之诉，以及在相关发明人参与诉讼的前提下人民法院是否可以作为同一个案件合并审理或者虽然分立为两个案件但进行合并审理的程序性问题。该案中，最高人民法院对此作了肯定回答。本案为处理涉及职务发明创造专利权权属纠纷案件提供了重要启发。

第十八章 授予专利权的条件

> **本章提要**
>
> 本章主要阐述和探讨发明、实用新型和外观设计专利授权的实质条件，包括发明、实用新型专利的新颖性、创造性、实用性条件；外观设计专利的新颖性、显著性、美感性、适用于工业上应用、与在先权利的无冲突性。
>
> 本章还将简要探讨人工智能生成发明授予专利权条件的判定。本章的重点是发明与实用新型的三个实质要件，难点是对新颖性和创造性的理解，以及人工智能生成发明授予专利权条件的判定。

并非所有的发明创造都可以获得专利权。这是因为，一旦发明创造被授予专利权，专利权人就获得针对该发明创造的独占实施权，社会公众就不能自由使用，如果不论水平高低和有无实际应用价值，对所有发明创造都授予专利权，就可能让社会付出太大成本，不利于科技、经济和社会的发展。为此各国专利法规定发明创造需满足一定条件，经审查合格后才可获得专利权，否则专利申请就可能被驳回。发明创造需要满足的授权条件称为可专利性。我国《专利法》规定，发明专利和实用新型专利需要满足的条件包括新颖性、创造性与实用性，即所谓专利"三性"，而外观设计专利条件包括新颖性、显著性、美感性、适用工业上应用与合法性（与在先权利的无冲突性）。

第一节 发明和实用新型授予专利权的条件

《专利法》第22条第1款规定："授予专利权的发明和实用新型，应当具备新颖性、创造性和实用性。"本节即对发明和实用新型的新颖性、创造性和实用性进行阐述和研究。

一、新颖性

（一）新颖性的含义

由于专利权的获得是以专利申请人公开其发明技术方案的内容为对价的，一个已经公开的、公众可以自由获得的技术方案就无需对其提供专利保护。这样，一个发明技术方案要得到专利保护，就必须是尚未公开的，即要具有新颖性。至于法律上新颖性的定义，现在许多国家是以排除的方式来规定的。[1]

《专利法》第22条第2款规定："新颖性，是指该发明或者实用新型不属于现有技术；也没有任何单位或者个人就同样的发明或者实用新型在申请日以前向国务院专利行政部门提出过申请，并记载在申请日以后公布的专利申请文件或者公告的专利文件中。"

（二）新颖性的判断标准

根据我国《专利法》的规定，发明和实用新型的新颖性标准有两点：

1. 不属于现有技术。至于什么是现有技术，《专利法》第22条第5款对其作出了解释："本法所称现有技术，是指申请日以前在国内外为公众所知的技术。"所谓公众，是指不负有保密义务的人。它不包括与发明人、申请人有信任关系的人，如研究开发的合作者、同事，对发明人、申请人依法有保密义务的人（如技术秘密转让合同的受让人、专利代理师、参与鉴定的人，以及依社会观念或者商业习惯负有保密义务的人）。"为公众所知"指的就是公开。关于"公开"，应注意以下几点：

第一，在公开的方式上，法律没有限制。一项技术因公开而成为现有技术的方式有很多，如以出版的方式或书面方式公开，以使用的形式或以口头形式公开等。出版物泛指一切附载有技术信息的有形物质载体，包括印刷品、胶片、磁带、电子出版物等，而将技术信息在出版物上发表的，便是以出版物公开。这种公开方式是最为常见的。由于应用而导致一项或多项技术内容和技术方案被公众所知，就是使用公开。使用公开的表现形式也很多，如为生产经营目的制造、使用、销售、展示等。其他方式还包括有演讲、报告、授课等口头形式的公开。当然，这种公开，必须是使公众知晓或应当知晓发明创造内容，达到同行业一般技术水平的人能够实施的程度。

第二，在公开的地域范围上，《专利法》也没有限制，采用的是国际通行的绝对新颖性标准。上述任何形式的全世界范围内的公开都会使一项发明成为现有技术。

第三，公开的时间也是一个重要的判断因素。对于实行先申请制的国家，由于判断某项技术是否具有新颖性时，是以该技术与申请日前公开了的技术作为对比物，故现有技术公开的日期确定就具有关键意义。对于以出版或发表方式公开的，公开日应为该出版物的出版日或发表日，亦即出版物之版权页上的日期。为进行情报交流向图书馆提交的技术情报资料，其公开日为图书馆收到该资料的日期。非公开发表的学位论文，以其答辩日或提交日作为公开日。对于使用公开来说，其公开日就是使用者将其技术方案向公众提供的日期。公开的口头报告、讲演、授课以报告、讲演、授课之日为公开日。

另外，在判断发明或实用新型专利申请是否具有新颖性时，需要将专利申请中的各项权利要求与现有技术中的单项技术或抵触申请中的相关内容分别比较，而不应将其与现有技术或抵触申请中的几项技术的组合或一份对比文件中的多项技术方案的组合进行对比，此即新颖性判断中的单一对比原则。

2. 不属于抵触申请中的技术。抵触申请是指一项申请专利的发明或实用新型在申请日以前，已有同样的发明或者实用新型提出过申请，并记载在该在后申请的申请日以后公布的专利申请文件或者公告的专利文件中。在先申请称为在后申请的抵触申请。依照《专利

---

[1] 汤宗舜：《专利法教程》，法律出版社2003年版，第78页。See Dreyfuss, Rochelle C.; Benoliel, Daniel, "Technological Self-Sufficiency and the Role of Novelty Traps", *Vanderbilt Journal of Entertainment & Technology Law*, Vol. 24, Issue 3 (Spring 2022), pp. 441–486.

法》第 22 条第 2 款规定，抵触申请包含任何单位或者个人（含申请人本人在内）在先申请、在后公布或者公告的发明或者实用新型专利申请。新颖性对抵触申请的排除，目的在于防止专利重复授权，[1] 以确保专利权的专有性，也防止申请人将一项同样的发明申请为若干个专利，增加专利申请审批负担。[2]

（三）新颖性丧失的例外

申请专利的技术在申请日以前公开将会导致该技术成为现有技术，该申请将丧失新颖性，这是一个基本的原则。然而，这一原则也有例外，在某些特殊情况下，尽管申请专利的发明或者实用新型在申请日前公开，但在一定的期限内提出专利申请的，则不丧失新颖性。这种例外情况几乎是所有国家专利法都有的规定，它是对发明人提供的一种临时保护，亦有利于科技的交流。专利制度中给专利申请人临时保护的一定期限，称为"新颖性宽限期"。

根据我国《专利法》第 24 条的规定，申请专利的发明创造在申请日以前 6 个月内，有下列情况之一的，不丧失新颖性：

1. 在国家出现紧急状态或者非常情况时，为公共利益目的首次公开的。这是现行《专利法》所作的宽限期的新增情形。其旨在当国家出现紧急状态或非常状态时，对为公共利益目的首次公开的技术予以豁免，从而免除发明人为公共利益需要而首次公开技术的担忧，突出对紧急状态或非常情况的技术保障。该新增规定也体现了专利制度维护国家利益、公共利益的价值取向。并且，其有利于在国家出现紧急状态或者非常情况时，为公共利益目的及时公开相关发明创造，使发明创造者解除后顾之忧，不用担心其发明创造被公开后丧失申请专利的新颖性的风险。[3]

2. 在中国政府主办或者承认的国际展览会上首次展出的。这项是《专利法》根据《巴黎公约》而作的临时保护规定。中国政府主办的国际展览会，包括国务院、各部委主办或者国务院批准由其他机关或者地方政府举办的国际展览会。中国政府承认的国际展览会，包括一定级别的由外国举办的国际展览会。所谓国际展览会，是指展出的展品除了举办国的展品以外，还必须有来自外国的产品。

3. 在规定的学术会议或者技术会议上首次发表的。"规定的学术会议或者技术会议"，是指国务院有关主管部门或者全国性学术团体组织召开的学术会议或者技术会议。

4. 他人未经申请人同意而泄露其内容的。他人未经申请人同意的公开是非法公开，如他人违反约定公开了发明创造的内容，他人用欺骗或者间谍手段从发明人、设计人或者经他们告知获得发明创造内容的任何其他人那里得到该内容，将其发表出来的。[4]

---

[1] 为避免重复授权并协调同一申请人对同样的发明创造既申请实用新型专利又申请发明专利，《专利法》第 9 条第 1 款规定："同样的发明创造只能授予一项专利权。但是，同一申请人同日对同样的发明创造既申请实用新型专利又申请发明专利，先获得的实用新型专利权尚未终止，且申请人声明放弃该实用新型专利权的，可以授予发明专利权。"《审理专利授权确权行政案件适用法律规定（一）》第 18 条则规定，外观设计专利与相同种类产品上同日申请的另一项外观设计专利相比，整体视觉效果相同或者属于仅具有局部细微区别等实质相同的情形的，人民法院应当认定其不符合专利法第九条关于"同样的发明创造只能授予一项专利权"的规定。参见最高人民法院（2007）行监字第 4 号行政判决书（发明专利无效纠纷提案）。

[2] 参见最高人民法院（2021）最高法知民终 1066 号民事判决书（侵害实用新型专利权纠纷案）。

[3] 冯晓青、刘友华：《专利法》，法律出版社 2022 年版，第 106 页。

[4] 参见最高人民法院（2020）最高法知行终 588 号行政判决书（专利无效宣告纠纷案）。

上述规定对应着《巴黎公约》的临时保护期规定。在美国，相应的临时保护期为1年，即从公开到专利申请如果超过了1年期限，专利申请将不满足新颖性。[1]

（四）新颖性的不同标准

新颖性要求一个发明应是新的，应是原来没有出现过或使用过的产品或方法。判断新颖性的具体标准是将申请专利的发明和现有技术相比，看现有技术中是否公开了该产品或方法。

对现有技术范围定义的不同可导致不同的新颖性标准。共有三种新颖性标准，分别是绝对新颖性、相对新颖性和混合新颖性。对于绝对新颖性而言，现有技术的公开范围是世界范围，即在申请日前在世界范围内通过出版物公开、使用公开或其他形式公开的技术信息都可构成现有技术，此外再加上在本专利局提起的但尚未公开的专利申请中含有的技术信息。

欧洲专利局等采用绝对新颖性标准。《欧洲专利公约》（European Patent Convention, EPC）规定，对于欧洲专利而言，无论是出版物的公开还是使用公开或者其他形式的公开，都应在世界范围内考查，但对潜在的现有技术考查一般则仅限在欧洲专利局（EPO）审查。因此，虽然绝对新颖性也称为世界新颖性，但不是绝对意义上的世界新颖性，因为一个专利局难以对在其他国家或地区的专利局中提起的专利申请中的潜在现有技术进行考察和对比。

相对新颖性也称为局部新颖性，是指无论是出版物公开，还是使用公开或其他形式的公开，都以本国国内为准，潜在的现有技术亦然。本标准较低，仅被少部分国家采用。

在绝对新颖性和相对新颖性之间，还有混合新颖性标准，即出版物的公开是世界范围，其他形式的公开是本国范围。我国在第三次修改《专利法》前适用该标准，在第三次修改《专利法》后适用绝对新颖性标准。[2]

二、创造性

创造性，在美国专利法中被称为非显而易见性（Non-obviousness），[3] 在《欧洲专利公约》中被称为至少涉及一个发明步骤（Inventive step）。依据我国《专利法》第22条第3款规定，创造性是指"与现有技术相比，该发明具有突出的实质性特点和显著的进步，该实用新型具有实质性特点和进步"。这里的"突出的实质性特点"，是指与现有技术相比，该发明有明显的本质区别，是非显而易见的，本领域的普通技术人员已不能直接从现有技术中得出该发明的全部必要技术特征。"也就是说，发明和现有技术的差别对发明所属技术领域的普通技术人员来说不是显而易见的，发明才被视为具有突出的实质性特点。发明是创造性构思的结果，它源于现有技术又高于现有技术。它在突破现有技术的基础上为人们提供了新的技术手段。如果只是现有技术的简单重复、拼凑，或者只是现有技术推理的必然结果，就不是具有创造性的发明。一般地说，在审查发明的突出实质性特点时，不仅要考虑发明的内容即技术方案本身，而且要考虑发明的目的和效果，把它们作为一个整体看待，即应从技术原理、技术构思、技术效果等方面综合认定。"[4] "显著的进步"，是指与

---

[1] 35 USC § 102 (b).
[2] 最高人民法院（2020）最高法知行终97号行政判决书（发明专利申请驳回复审行政纠纷案）。
[3] See Graham v. John Deere Co., 383 U.S. 1 (1966).
[4] 冯晓青、刘友华：《专利法》，法律出版社2022年版，第109页。

最接近的现有技术相比，发明有很大的进步，可表现为克服了现有技术的缺点和不足、为解决一个技术问题提供了一种不同的技术方案或代表新的技术趋势等。显著的进步强调发明的实质效果比现有技术在质和量上有明显的进步，具有质的飞跃。即发明与其最接近的现有技术相比具有长足的进步。这是对前者的进一步说明，强调发明的实质性特点标志着技术进步，可以防止那些在技术上有特点但其技术实质是倒退或对科技进步没有益处的发明被授予专利。《专利审查指南》规定，在评价发明是否具有显著的进步时，主要应当考虑发明是否具有有益的技术效果。以下情况，通常应当认为发明具有有益的技术效果，具有显著的进步：①发明与现有技术相比具有更好的技术效果，如质量改善、产量提高、节约能源、防治环境污染等；②发明提供了一种技术构思不同的技术方案，其技术效果基本上能够达到现有技术的水平；③发明代表某种新技术发展趋势；④尽管发明在某些方面有负面效果，但在其他方面具有明显积极的技术效果。[1]

创造性的本质是要求与现有技术相比，发明不仅要更新颖，而且要有本质的不同，以避免社会为此付出太大成本。在可专利性判断中，对创造性的判断标准最难掌握，认定该标准的模糊性也最大。为帮助判断发明专利的创造性，美国联邦最高法院于1966年在Graham v. John Deere Co.案中提出"Graham显而易见性调查"（Graham obviousness inquiry）标准，意在帮助对非显而易见性的专利进行判断。该标准可包括以下四个方面：确定现有技术范围；确定发明与现有技术的差异；确定本领域的普通技术水平，即确定本领域中具有普通技术水平的人的知识和判断力，以此判断发明与现有技术的差异对于他来说是否属显而易见；考虑相关的辅助因素，如发明是否解决了本产业中一个长期未能解决的问题、发明在商业上的成功、其他人的失败等。

事实上，专利法并不要求每一件发明都有了不起的进步或实质上的区别，现实中的大部分发明都是在原有技术方案的基础上改进而成。至于改进到多大程度才算具有创造性或非显而易见性，并无统一标准，需要靠审查员在审查实践中具体掌握。这指示着创造性判断标准的主观性。[2]

三、实用性

美国专利法要求发明应是有用的，《欧洲专利公约》要求发明应有工业实用性，其实简单地理解都是要求发明是有用的，有切实的、能够实现的用途。[3] 此处的工业不应理解为狭义的工业，而应理解为广义的产业，包括工业、农业、林业、渔业、采矿业、畜牧业、交通运输业、文化体育娱乐业、卫生健康业等。我国《专利法》第22条第4款将实用性定义为"该发明或者实用新型能够制造或者使用，并且能够产生积极效果"。

实用性要求包括以下三个方面：①发明应当能够实现。这要求发明应是具体的、可行的技术方案，而不应是违背自然规律的、不可能实现的技术方案，也不应是抽象的理论或者简单的构思或设想。②发明的实施应有一定的积极效果。效果可以有大有小，可以体现在社会、经济、技术等很多方面。③发明的实施不应违背国家法律、伦理道德、[4] 公共秩

---

[1] 冯晓青、刘友华：《专利法》，法律出版社2022年版，第111页。

[2] 参见最高人民法院（2020）最高法知行终475号行政判决书（发明专利权无效宣告请求行政纠纷案）。

[3] 35 USC § 101；EPC, Article 57.

[4] 参见刘鑫：《专利授权伦理审查的制度重构——从"科技向善"到"专利向善"的法律安排》，载《法学评论》2023年第3期。

序等社会公共利益。由此可见，利用独特的不可再现的自然条件完成、不具备再现性、缺乏具体实施手段、违背自然规律以及不产生积极效果的发明或实用新型不能满足实用性标准。

对实用性标准的审查虽然看似简单，但也有很多因素需要考虑。从 19 世纪初至今，美国专利法中的实用性标准也一直在宽松和严格之间徘徊。1817 年，斯托里（Story）法官在 Lowell v. Lewis 案中认为，如果一件专利不是特别有用的话，就会在社会中沉积并被丢弃，因此可把衡量专利是否有用的工作交给社会来做，专利局仅负责审查专利实用性的最低标准即不违反社会道德伦理即可。[1] 这种宽泛的标准在美国持续了大约一个半世纪。1966 年，美国联邦最高法院在 Brenner v. Manson 案中开始要求发明应有特别用处，指出专利不是狩猎证，不是对探索的奖励，而是对其成功结论的补偿，专利制度必须与商业世界而非哲学领地相联系。[2] 从此实用性标准开始逐步严格，尤其是对药品专利。但美国联邦巡回上诉法院（CAFC）在 1995 年的 Inre Brana 案中，认为如果对药品专利的实用性要求太过苛刻，就可能阻止通过专利保护具有良好市场前景或治疗前景的药品，因而会阻碍卫生领域的研究和发展。[3]

能够满足实用性标准并不意味着发明或实用新型能够在经济上获益。获利与否与市场需求和经营策略密切相连，远非技术因素所能判断。对于授权的美国专利而言，最终能够转化为产品的比例也仅有 3%~5%，绝大部分专利都仅能作为专利文献存在，成为社会公知技术或现有技术的一部分。[4]

除满足新颖性、创造性和实用性的"三性"外，发明和实用新型还需得到充分公开，使本领域的普通技术人员能够实施本发明和实用新型，这一点也非常重要。

第二节 外观设计授予专利权的条件

外观设计专利需要满足的条件与发明专利及实用新型专利不同。如前所述，它需要满足的可专利性包括新颖性、显著性、美感性、适用工业上应用和与在先权利的无冲突性。

一、新颖性

现行《专利法》第 23 条第 1 款规定："授予专利权的外观设计，应当不属于现有设计；也没有任何单位或者个人就同样的外观设计在申请日以前向国务院专利行政部门提出过申请，并记载在申请日以后公告的专利文件中。"[5] 其第 4 款则对上述"现有设计"进行了定义："本法所称现有设计，是指申请日以前在国内外为公众所知的设计。"这表明我国对外观设计专利新颖性的判断采取的也是绝对新颖性标准，即各种形式公开的范围是世界范围。

---

[1] Lowell v. Lewis, 15 Fed. Cas. 1018（C. C. D. Mass. 1817）.

[2] Brenner v. Manson, 383 U. S. 519, 148 U. S. P. Q. 689.

[3] Inre Brana, 51 F 3d. 1560, 34 U. S. P. Q. 2d 1436（Fed. Cir. 1995）.

[4] 参见黎华献：《专利实用性要件之适用标准的反思与重构》，载《清华法学》2020 年第 6 期。参见最高人民法院（2016）最高法行申 789 号行政裁定书（发明专利申请驳回复审行政纠纷案）。

[5] 《审理专利授权确权行政案件适用法律规定（一）》第 19 条规定，外观设计与申请日以前提出申请、申请日以后公告，且属于相同或者相近种类产品的另一项外观设计相比，整体视觉效果相同或者属于仅具有局部细微区别等实质相同的情形的，人民法院应当认定其构成专利法第 23 条第 1 款规定的"同样的外观设计"。

对外观设计在新颖性上的要求，现行《专利法》规定了与发明、实用新型相类似的条件，即授予专利的外观设计，一是不属于现有设计，二是不同于抵触申请中的设计。鉴于现有设计及抵触申请在判定外观设计专利方面的重要性，《专利审查指南》分别作了进一步规定。根据其第四部分第五章"2. 现有设计"的规定，现有设计包括申请日以前在国内外出版物上公开发表过、公开使用过或者以其他方式为公众所知的设计。关于现有设计的时间界限、公开方式等参照第二部分第三章"2.1 现有技术"的规定。现有设计中一般消费者所熟知的、只要提到产品名称就能想到的相应设计，称为惯常设计。例如，提到包装盒就能想到其有长方体、正方体形状的设计。又根据其"5. 根据专利法第二十三条第一款的审查"的规定，不属于现有设计，是指在现有设计中，既没有与涉案专利相同的外观设计，也没有与涉案专利实质相同的外观设计。判断对比设计是否构成涉案专利的抵触申请时，应当以对比设计所公告的专利文件全部内容为判断依据。与涉案专利要求保护的产品的外观设计进行比较时，判断对比设计中是否包含有与涉案专利相同或者实质相同的外观设计。例如，涉案专利请求保护色彩，对比设计所公告的为带有色彩的外观设计，即使对比设计未请求保护色彩，也可以将对比设计中包含有该色彩要素的外观设计与涉案专利进行比较；又如，对比设计所公告的专利文件含有使用状态参考图，即使该使用状态参考图中包含有不要求保护的外观设计，也可以将其与涉案专利进行比较，判断是否为相同或者实质相同的外观设计。

还值得指出的是，《审理专利授权确权行政案件适用法律规定（一）》对于判断外观设计的整体视觉效果及如何认定属于现有设计作了规定。其第16条规定："人民法院认定外观设计是否符合专利法第二十三条的规定，应当综合判断外观设计的整体视觉效果。为实现特定技术功能必须具备或者仅有有限选择的设计特征，对于外观设计专利视觉效果的整体观察和综合判断不具有显著影响。"其第17条第1款则规定，外观设计与相同或者相近种类产品的一项现有设计相比，整体视觉效果相同或者属于仅具有局部细微区别等实质相同的情形的，人民法院应当认定其构成专利法第23条第1款规定的"属于现有设计"。

二、显著性

《专利法》第23条第2款要求"授予专利权的外观设计与现有设计或者现有设计特征的组合相比，应当具有明显区别"。这一规定包含两层含义：一是授予专利权的外观设计与每一项现有设计单独相比，不仅不应当在整体视觉效果上实质相同，而且应当具有明显区别，这一标准排除简单的商业性转用类设计，如对自然物的简单摹仿，采用众所周知的外观设计特征等，也排除与现有设计不相同但与现有设计的区别对产品的整体视觉效果不具有显著影响的外观设计；二是允许将两项或者两项以上现有设计的特征组合起来，判断申请获得专利权的外观设计与之相比是否具有明显区别，这一标准排除将惯常设计特征、知名产品的设计特征组合而成的设计，也排除对多项现有设计的特征进行简单组合而成的设计。这与TRIPs协议的要求是一致的。

《专利审查指南》第四部分第五章"4. 判断主体"节规定，在判断外观设计是否符合前述《专利法》第23条第1款、第2款规定时，应当基于涉案专利产品的一般消费者的知识水平和认知能力进行评价。其"6. 根据专利法第二十三条第二款的审查"节规定，涉案专利与现有设计或者现有设计特征的组合相比不具有明显区别是指如下几种情形：①涉案专利与相同或者相近种类产品现有设计相比不具有明显区别；②涉案专利是由现有设计转用得到的，二者的设计特征相同或者仅有细微差别，且该具体的转用手法在相同或者相近种类产品的现有设计中存在启示；③涉案专利是由现有设计或者现有设计特征组合得到的，所述现有设计与涉案专利的相应设计部分相同或者仅有细微差别，且该具体的组合手法在相同或者相近种类产品的现有设计中存在启示。对于涉案专利是由现有设计通过转用和组合之后得到的，应当依照②、③所述规定综合考虑。应当注意的是，上述转用和/或组合后产生独特视觉效果的除外。现有设计特征，是指现有设计的部分设计要素或者其结合，如现有设计的形状、图案、色彩要素或者其结合，或者现有设计的某组成部分的设计，如整体外观设计产品中的零部件的设计。

《审理专利授权确权行政案件适用法律规定（一）》对于是否"具有明显区别"的认定也作了规定。其第 17 条第 2 款规定，除前款规定的情形外，外观设计与相同或者相近种类产品的一项现有设计相比，二者的区别对整体视觉效果不具有显著影响的，人民法院应当认定其不具有《专利法》第 23 条第 2 款规定的"明显区别"。人民法院应当根据外观设计产品的用途，认定产品种类是否相同或者相近。确定产品的用途，可以参考外观设计的简要说明、外观设计产品分类表、产品的功能以及产品销售、实际使用的情况等因素。其第 20 条则规定：根据现有设计整体上给出的设计启示，以一般消费者容易想到的设计特征转用、拼合或者替换等方式，获得与外观设计专利的整体视觉效果相同或者仅具有局部细微区别等实质相同的外观设计，且不具有独特视觉效果的，人民法院应当认定该外观设计专利与现有设计特征的组合相比不具有专利法第 23 条第 2 款规定的"明显区别"。

三、美感性

产品外观设计的目的与商标不同，不是出于商品来源识别性的考虑，而是为了美化产品的外观，增加产品的市场竞争力。因此，外观设计需要具有美感。

有人认为"美感"的判断不具备客观性，个人感觉不同。因此，有的国家将这一标准表达为"装饰性"。关于美感性的判断标准，虽然对美感的判断属主观性标准，我国《专利法》《专利法实施细则》均没有对美感标准作出界定，但美感又不是不可以描述的：首先，一种外观设计不应引起人们（一般消费者）产生诸如恐惧、厌恶或感到在道德上不可接受等不愉快的联想；其次，一种外观设计应使人们产生愉悦或亲近的感受。其中，第一层次的要求是外观设计需要满足的，第二层次的要求是希望外观设计能够满足的。有时外观设计的独特性或新颖性也可帮助增加该设计的美感。

《专利审查指南》第四部分第五章"7.3 适于工业应用的富有美感的新设计"规定："富有美感，是指在判断是否属于外观设计专利权的保护客体时，关注的是产品的外观给人的视觉感受，而不是产品的功能特性或者技术效果。"

四、适于工业上应用

外观设计专利保护的目的在于美化生活、促进经济发展。授予专利权的外观设计应当适用于工业上应用，即外观设计能够用于产品的制造，而且这种产品是能够用工业生产方法（包括手工业）批量生产出来的。也就是说，适用于工业上应用是指该外观设计能应用于产业上并形成批量生产。使用了某一外观设计或者具有某外观设计的产品是可以批量生产的，如果不能批量生产，不具有工业实用性，则不能申请专利。大部分国家都要求外观设计在工业上能够利用。单纯的不能用于工业的美术作品可以成为作品受著作权法的保护。[1]

---

[1] 冯晓青、刘友华：《专利法》，法律出版社 2022 年版，第 120~121 页。

五、与在先权利的无冲突性

该条件又被称为合法性。《专利法》第 23 条第 3 款规定:"授予专利权的外观设计不得与他人在申请日以前已经取得的合法权利相冲突。"《审理专利纠纷案件适用法律规定》第 11 条规定:"人民法院受理的侵犯专利权纠纷案件,涉及权利冲突的,应当保护在先依法享有权利的当事人的合法权益。"其第 12 条规定,《专利法》第 23 条第 3 款所称的合法权利,"包括就作品、商标、地理标志、姓名、企业名称、肖像,以及有一定影响的商品名称、包装、装潢等享有的合法权利或者权益"。《专利审查指南》第四部分第五章 "7. 根据专利法第二十三条第三款的审查" 节对《专利法》上述规定也作出了进一步解释:他人,是指专利权人以外的民事主体,包括自然人、法人或者非法人组织;合法权利,是指依照我国法律享有并且在涉案专利申请日仍然有效的权利或者权益,包括商标权、著作权、企业名称权(包括商号权)、肖像权以及知名商品特有包装或者装潢使用权等;在申请日以前已经取得,是指在先合法权利的取得日在涉案专利申请日之前;相冲突,是指未经权利人许可,外观设计专利使用了在先合法权利的客体,从而导致专利权的实施将会损害在先权利人的相关合法权利或者权益。这些规定,不仅有利于在专利授权确权审查实践中统一标准,而且有利于在司法实践中正确审理外观设计专利案件。

还应当指出,与在先权利的无冲突性并非仅外观设计专利需满足的条件,发明专利和实用新型专利也同样需要满足。概括而言,所有发明创造的专利申请人应保证他所提交申请的发明创造没有对他人的在先合法权利造成侵害,否则专利申请就可能被驳回,或者即使侥幸得到授权,也可能引发专利权属纠纷,或者导致专利权被宣告无效的后果。[1]

第三节 人工智能生成发明授予专利权条件的判定

前面探讨了人工智能生成发明属于可专利主题。在专利申请审查实践中,需要进一步判定特定的人工智能生成发明专利申请是否能够满足新颖性、创造性、实用性的要求,这是技术方案能否被授予专利权的前提。人工智能生成发明的过程包含大量的数据学习,其对数据的收集与分析能力较强,对人力检索现有技术以判断新颖性提出了挑战;同时,人工智能在跨学科、跨技术领域的技术分析与创新能力远超某一领域普通技术人员的水平,对创造性标准的判断亦提出了挑战。

一、新颖性标准判断

新颖性要求发明不属于现有技术,即在申请日以前不为国内外公众所知。在发明的新颖性审查与判断中,是否属于现有技术,主要以审查员的检索为限。人工智能以算法为基础,具有超强的数据挖掘与分析能力,其生成发明的过程可以充分规避现有技术,从而符合新颖性的要求。这种对现有技术的收集与分析能力,是人力所不能及的,在由审查员"人工"进行审查时,无疑增加了新颖性的判断难度。此时需要明确对"现有技术"范围的检索与分析、对新颖性的判断难度是由于人类与人工智能在检索能力上的差别造成的,并不意味着人工智能生成发明不能满足新颖性的要求,只不过人工智能生成发明的特点对现有新颖性的审查与判断带来了挑战。为探索解决这一问题,将人工智能检索引入专利新颖性审查作为辅助判断工具,不仅能够解决人工智能生成发明新颖性的判断,同时亦能够

---

[1] 参见最高人民法院(2021)最高法知行终 464 号行政判决书(专利权无效宣告行政纠纷案)。

在审查自然人发明的新颖性之中发挥作用，弥补人力检索的不足。

二、创造性标准判断

如前所述，创造性要求发明与现有技术相比，具有突出的实质性特点和显著的进步。其中，突出的实质性特点是指对本领域普通技术人员而言，发明是非显而易见的，即在现有技术基础上不是仅通过逻辑分析、推理、有限实验就可以得到的；显著的进步是指与现有技术比能够产生有益的技术效果。创造性判断虽说是以"本领域普通技术人员"为视角，但在具体审查实践中，仍然是由审查员来进行辨别。与新颖性标准判断相同，人力的信息获取与处理能力远低于人工智能，由于"人"学习能力以及专业领域的限制，现有关于创造性的审查标准均指出是"本领域"或者"所属技术领域"，对人工智能而言，其进行跨学科、跨领域的学习与组合发明相对容易，这就打破了"人"的学科、知识局限性，本领域普通技术人员的理性人假设失去适用空间，也给创造性标准的判断带来了挑战。对此，可探索更高的判断基准，不以"本领域普通技术人员"为限。

三、实用性标准判断

如前所述，专利申请审查中，需要进行实用性审查，即发明是否能够在产业上制造或使用（再现性），并产生积极效果。再现性要求所属技术领域人员能够重复实施为解决技术问题采用的技术方案，且这种重复实施不得依赖随机因素。就发明需产生积极效果而言，人工智能生成发明与普通发明专利审查并不存在差异，实用性标准在人工智能生成发明审查中并不存在适用上的障碍。但基于算法运算与数据学习，人工智能有可能以较低成本生成大量发明，此时需要考虑这些发明的质量以及赋予专有权保护是否会影响"知识共享"。基于对人工智能有可能生成海量发明的担忧，有学者建议可以在实用性标准审查时采用更为严格的标准，如在特定行业中的制造、特定产品上的使用。[1] 实际上，根据目前人工智能技术发展水平以及应用现状，对实用性标准的审查在人工智能生成发明与普通发明之间不应存在不同，或者目前尚不存在进行差异化审查的现实需求，若要适用更为严格的标准，需对人工智能生成发明的数量、质量以及产业使用情况进行充分调研与论证，再进行相应调整。

总的来说，人工智能生成发明对专利制度提出了一定挑战。对于人工智能生成发明"三性"的判断，需特别关注人工智能对新颖性与创造性判断提出的挑战。[2]

本章案例研讨

18-1（总第33）：新颖性判断中本领域惯用手段的直接置换的认定
——某电话股份有限公司与国家知识产权局专利复审委员会专利权无效宣告上诉案[3]

一、案情简介

名称为"用于执行电信系统中的随机访问的方法和设备"的发明专利（以下简称本专

---

[1] Erica Fraser, "Computers as Inventors-Legal and Policy Implications of Artificial Intelligence on Patent Law", *SCRIPTed: A Journal of Law, Technology and Society*, Vol. 13, Issue 3 (December 2016), pp. 305-333.

[2] 本节选自冯晓青、郝明英：《人工智能生成发明专利保护制度研究》，载《湖南大学学报（社会科学版）》2023年第2期。

[3] 北京市高级人民法院（2019）京行终513号行政判决书。

利),专利号为200880129948.X,专利权人为某电话股份有限公司(以下简称某电话股份公司)。某技术有限公司于2014年11月14日向原国家知识产权局专利复审委员会(以下简称专利复审委员会)提出无效宣告请求,其理由是本专利不符合《专利法》第22条第2款的规定,请求宣告本专利权利要求1-26全部无效,同时提交了证据1等相关证据。2015年5月21日,专利复审委员会作出第26030号无效宣告请求审查决定(以下简称被诉决定),决定:宣告本专利的权利要求1-7、12、14-20、25无效,在权利要求8-11、13、21-24、26的基础上继续维持本专利有效。某电话股份公司不服被诉决定,向北京知识产权法院提起诉讼。

二、法院裁判理由及结果

一审法院认为判决驳回某电话股份公司的诉讼请求。某电话股份公司不服一审判决,向北京市高级人民法院上诉。北京市高级人民法院认为:判断本专利权利要求4是否具备新颖性,关键在于上述授权是否属于新颖性判断过程中的"惯用手段的直接置换"。参照2010年《专利审查指南》第二部分第三章"3.2.3惯用手段的直接置换"的规定,"如果要求保护的发明或者实用新型与对比文件的区别仅仅是所属技术领域的惯用手段的直接置换,则该发明或者实用新型不具备新颖性"。在判断是否"惯用手段的直接置换"的过程中,至少需满足以下要件:一是相关技术手段为本领域惯用的技术手段;二是相关技术手段的置换属于"直接置换"。首先,本领域的惯用手段为本领域公知常识的下位概念。因此,有关公知常识的判断规则对于相关技术手段是否为本领域惯用手段的认定,同样适用。考虑到举证的必要性及难易程度等因素,当事人可以通过充分说明或者提交证据证明的方式确定相应的技术手段是否属于惯用手段。其次,若相关的区别仅在于"惯用手段的直接替换",则涉案申请或专利同样不具备新颖性。在创造性判断过程中,若涉案申请或专利对本领域技术人员而言,相对于一篇对比文件和公知常识的结合是显而易见的,则其不具备创造性。虽然,上述新颖性下本领域惯用手段为创造性下本领域公知常识的下位概念,但二者的显著区别为新颖性的判断过程中,要求惯用手段的替换为"直接的",即不但要求相关的技术手段可以替换,同时要求将涉案申请或专利对比文件中的不同技术手段替换后,不会影响该技术手段与其他技术特征之间的配合等关系。本案中,各方对本专利权利要求4的附加技术特征为"在物理下行链路控制信道PDCCH上传送包含所述RAPID的所述消息",而证据1公开的是通过切换消息的方式传送消息,并未提出异议。本领域技术人员公知,证据1公开的是通过切换消息的方式传送消息,系通过数据信道传送相应的消息。同时,通过数据信道传送消息与通过控制信道传送消息,涉及不同解调制及解压缩等,对其他与之匹配的技术特征提出了新的要求。故本案中,在对比文件1的基础上,不宜认定本专利权利要求4限定的附加技术特征属于"惯用手段的直接置换"。据此,被诉决定与原审判决的相关认定缺乏事实及法律依据,本院予以纠正。某电话股份公司的相关主张成立,本院予以支持。

综上,某电话股份公司的上诉主张部分具备事实或法律依据,判决撤销原审判决和被诉决定;国家知识产权局对涉案发明专利提出的无效宣告请求重新作出决定。

本案涉及发明专利申请新颖性的判断,其中焦点问题是新颖性判断中的"惯用手段的直接置换"的理解与评判。在该案中,二审法院认为,"惯用手段的直接置换"的过程中,至少需满足以下要件:一是相关技术手段为本领域惯用的技术手段;二是相关技术手段的置换属于"直接置换"。这里的直接置换，不仅要求相关的技术手段可以替换，而且要求将涉案发明与对比文件中的不同技术手段替换后，不会影响该技术手段与其他技术特征之间的配合等关系。二审法院纠正了一审关于权利要求 4 的认定，肯定了部分权利要求符合新颖性条件。本案为理解新颖性判断中"惯用手段的直接置换"的内涵提供了启发。

18-2（总第 34）：创造性判断明确发明实际解决的技术问题
——上诉人国家知识产权局、某科技有限公司与被上诉人山东某电气有限公司实用新型专利权无效行政纠纷案[1]

一、案情简介

在上诉人国家知识产权局、某科技有限公司与被上诉人山东某电气有限公司（以下简称某电气公司）实用新型专利权无效行政纠纷案中，涉及专利号为 201520439003.5、名称为"一种光伏组件及其自动清扫装置"的实用新型专利（以下简称本专利），专利权人为某科技有限公司。某电气公司向国家知识产权局申请宣告本专利无效。国家知识产权局经审查作出第 36657 号无效宣告请求审查决定（以下简称被诉决定），维持本专利有效。某电气公司认为，被诉决定关于本专利具备创造性的认定有误，故向北京知识产权法院（以下简称一审法院）提起诉讼。

二、法院裁判理由及结果

一审法院认为，基于区别技术特征（2），本专利实际解决的技术问题是如何确保清扫装置能够正常前行。鉴于对比文件 3、5 均公开了区别技术特征（2），且均给出了将区别技术特征（2）用于对比文件 1 以解决上述技术问题的启示，可以认定本专利权利要求 1 不具备创造性。故判决撤销被诉决定，判令国家知识产权局重新作出决定。国家知识产权局、某科技有限公司不服，向最高人民法院提起上诉。最高人民法院二审认为，在创造性判断中，确定发明实际解决的技术问题，通常要在发明相对于最接近的现有技术存在的区别技术特征的基础上，考虑本领域普通技术人员在阅读本案专利说明书后，根据该区别技术特征在权利要求请求保护的技术方案中所产生的作用、功能或者技术效果等来确定。发明实际所要解决的技术问题的确定，是通过与最接近的现有技术比较得出的，而非以其背景技术的记载为依据。据此，在创造性判断中确定发明实际解决的技术问题时，要针对区别技术特征在本专利技术方案中所产生的作用、功能或者技术效果等来确定。在确定发明实际解决的技术问题时，既不能概括归纳得过于上位，从而低估了本专利的创造性，也不能简单将区别技术特征在本专利技术方案中实际所产生的作用、功能或者技术效果作为发明实际解决的技术问题，从而高估了本专利的创造性。确定发明实际所要解决的技术问题，应当在区别技术特征在本专利技术方案中实际所产生的作用、功能或者技术效果的基础上，进行适当的概括。

本案中，区别技术特征（2）为"设置在框架另一端的支撑轮与光伏面板的下侧边具有预定的间隙"。根据本专利说明书第 0054 段的记载，该间隙使得自动清扫装置既能够顺

---

[1] 选自《最高人民法院知识产权案件年度报告（2019）》，第 52~54 页；最高人民法院（2019）最高法知行终 32 号行政判决书。

着清扫光伏面板移动，又不会由于边沿参差而被卡。由此可见，由于光伏面板边沿上有参差不齐的现象，本专利通过区别技术特征（2）的设置能够解决这一问题，使清扫装置能够正常前行。因此，在确定本专利权利要求1所解决的技术问题时，需要从区别技术特征（2）所直接解决的避免边沿参差而被卡导致清扫装置不能正常前行这一技术问题出发，将本专利权利要求1相对于对比文件1所解决的技术问题确定为如何使自动清扫装置能够适应光伏面板宽度在一定范围内的变化而正常前行。一审判决称该区别技术特征在权利要求1的技术方案中所产生的作用是确保清扫装置能够正常前行，但是，本领域普通技术人员普遍知晓，影响光伏清扫装置正常前行的因素有很多，显然每一种具体问题对应着不同的解决手段，将技术问题概括得过于上位，容易导致创造性判断出现偏差。最高人民法院于2019年9月27日判决撤销一审判决，驳回某电气公司的诉讼请求。

本案涉及在创造性判断时针对发明实际解决的技术问题，应当针对区别技术特征在本专利技术方案中所产生的作用、功能或者技术效果等加以确定。在该案中，最高人民法院明确了不能简单将区别技术特征在本专利技术方案中实际所产生的作用、功能或者技术效果作为发明实际解决的技术问题。确定发明实际所要解决的技术问题，应当在区别技术特征在本专利技术方案中实际所产生的作用、功能或者技术效果的基础上，进行适当的概括。本案为理解创造性判断明确发明实际解决的技术问题的内涵提供了范例。

18-3（总第35）：区别技术特征认定中对发明构思的考量
——上诉人某纺织有限及两合公司、国家知识产权局与被上诉人浙江某智能装备股份有限公司发明专利权无效行政纠纷上诉案[1]

一、案情简介

在上诉人某纺织有限及两合公司（以下简称某纺织有限公司）、国家知识产权局与被上诉人浙江某智能装备股份有限公司（以下简称某智能设备公司）发明专利权无效行政纠纷案中，涉及专利号为200810175661.2，名称为"假捻变形机"的发明专利（以下简称本专利）。专利权人为某纺织有限公司。某智能设备公司请求宣告本专利无效。国家知识产权局作出第32984号无效宣告请求审查决定（以下简称被诉决定），维持本专利有效，其中认为本专利与证据1或2的区别技术特征为：第一输送机构和第二输送机构分别构成一个缠绕输送机构；而第三输送机构构成一个夹紧输送机构。某智能设备公司认为，被诉决定对本专利权利要求1与现有技术的区别技术特征和所解决的技术问题认定错误，权利要求1相对于现有技术不具备创造性，故向北京知识产权法院（以下简称一审法院）提起诉讼。

二、法院裁判理由及结果

一审法院认为，第一、二输送机构与第三输送机构在结构、功能以及相互之间的配合关系上相对独立，并不存在不可分割的紧密联系，故在确定区别特征时，不应当将三个输送机构组合成一个整体进行比较。本专利是现有技术的简单组合，本专利所带来的有益效

---

[1] 选自《最高人民法院知识产权案件年度报告（2020）》，第65~69页；最高人民法院（2020）最高法知行终279号行政判决书。

果,是两种输送机构本身分别产生的技术效果叠加。此种组合不需要创造性的劳动,不具备创造性,故判决撤销被诉决定,国家知识产权局重新作出决定。某纺织有限公司、国家知识产权局不服,向最高人民法院提起上诉,主张一审法院关于本专利与证据1或2的区别技术特征和创造性判断错误。

最高人民法院认为,在判断要求保护的发明相对于最接近的现有技术的区别技术特征时,应当考虑该发明的发明构思,确定该发明与最接近的现有技术之间所存在的技术差异。如果该发明的发明构思就在于所对应的各个技术要素的结合,并且现有技术既没有直接或者隐含公开这种结合的教导,也没有公开这种结合所能产生的技术效果,则在确定区别技术特征时,应当将该发明保护的这种技术要素的结合予以整体性对待,不宜以其中的单个技术要素作为判断是否构成区别技术特征的基本对象。本案中,本专利的发明构思是:通过不同类型的输送机构的组合配置,即将第一输送机构和第二输送机构设置为一个缠绕输送机构,将第三输送机构设置为一个夹紧输送机构,实现"将丝线不损伤地引导到后处理区,并保证丝线张力在后处理区能够保持恒定,在卷绕换筒过程中不松弛"的技术效果。现有技术所公开的丝线输送装置均系由单一类型输送机构组合构成,并未给出由不同类型输送机构组合配置而成的供料装置的教导,也没有公开由不同类型输送机构组合配置所能达到的技术效果。因此,在确定本专利与最接近的现有技术所存在的区别特征时,应将本专利不同类型输送机构的组合配置作为一个整体予以对待,并将其作为与最接近的现有技术的区别技术特征。而且,某纺织有限公司二审提交的《现代变形丝加工》一书中记载,"对丝线输送装置、丝条的接触面及包绕角等进行细致的优化,对于获得稳定的高速加工和高质产品是非常重要的",亦证明组成供料装置的各个输送机构之间并非相互独立,输送机构的类型和工序配置关系等,均会对最终产品的质量以及效率产生重要影响,由此印证了组成本专利供料装置的各输送机构之间构成紧密的配合关系,在认定本专利与最接近的现有技术的区别技术特征时,宜将本专利不同类型输送机构的组合配置作为一个整体予以对待。最高人民法院于2020年12月28日判决撤销原判,驳回某智能设备公司的诉讼请求。

本案涉及区别技术特征认定中对发明构思的考量。该案"裁判要旨"明确:"如果发明构思就在于对各个技术要素的结合,且现有技术既没有公开这种结合的教导,也没有公开这种结合所能产生的技术效果,则在确定本专利与最接近现有技术的区别技术特征时,可以将相互结合的多个技术要素视为一个整体,认定为一个区别技术特征。"本案对于理解涉及多种技术要素结合的发明构思与区别技术特征的内涵具有启发意义。

18-4(总第36):具有一定缺陷的技术方案仍然可以具备实用性
——厦门某鞋业有限公司诉国家知识产权局驳回复审(专利)上诉案[1]

一、案情简介

申请系名称为"一种鞋子"的实用新型专利申请,申请人为厦门某鞋业有限公司(以下简称某鞋业公司)。作为本案审查基础的权利要求为:"1. 一种鞋子,包括鞋底及鞋子带

---

[1] 最高人民法院(2022)最高法知行终68号行政判决书。

体,其特征在于:所述鞋子带体设有空心容腔,并在该空心容腔上设有至少一开口,该开口活动配合有一密封空心容腔的盖体……"2018年11月29日,国家知识产权局实质审查部门经实质审查,驳回本申请。某鞋业公司对上述驳回决定不服,于2018年12月21日向国家知识产权局提出了复审请求。2020年2月11日,国家知识产权局作出被诉决定认为:该实用新型脱离了社会需要,不具备《专利法》第22条第4款规定的实用性。据此,决定维持原驳回决定。某鞋业公司不服,向北京知识产权法院提起诉讼,请求撤销被诉决定,判令国家知识产权局重新作出审查决定。

二、法院裁判理由及结果

北京知识产权法院认为:本申请要求保护一种可以携带如指甲油、药膏及香水等物品的鞋子,其主要通过在鞋子的带体或脚趾托上设置空心容腔,在上述容腔内填充上述物品以实现其技术方案。然而,根据生活常识可知,首先,要向鞋子的带体或脚趾托这些纤细的部件中填充或取用上述指甲油、药膏及香水并不方便。其次,药膏一类物品的性质粘稠,难以采用直接倾倒等方式来填充和取用;再次,要向鞋子的带体或脚趾托这些纤细的部件中填充或取用上述物品,不仅耗时费力,而且无法保证使药膏等物质隔绝空气而避免其变质的问题;最后,在填充或取用的过程中,因其空间狭窄,必然造成相关内容物的漏洒,不仅徒增耗损,而且腐蚀鞋面。因此,本申请存在固有缺陷、明显无益、脱离社会需要。法院判决驳回某鞋业公司的诉讼请求。某鞋业公司不服一审判决,向最高人民法院提起上诉。

最高人民法院认为:本案争议焦点是本申请能否产生积极效果。能够产生积极效果,是指发明或者实用新型专利申请在提出申请之日,其产生的经济、技术和社会的效果是所属技术领域的技术人员可以预料到的。这些效果应当是积极的和有益的。只有明显无益、脱离社会需要的发明或者实用新型专利申请的技术方案不具备实用性。

应当注意的是,要求申请专利的发明或者实用新型能够产生积极效果,并不要求发明或者实用新型毫无缺点。事实上,任何技术方案都不能是完美无缺的。只要存在的缺点或者不足之处没有严重到使有关技术方案根本无法实施或者根本无法实现其发明目的的程度,就不能因为存在这样或者那样的缺点或者不足之处,否认该技术方案具备实用性。申请中存在的缺陷可能恰恰是申请人进行下一步研发的方向,如此才能不断促使研发人员进行发明创造并推动科技进步。本案中,虽然如被诉决定和一审判决所述,向本申请所涉空心容腔中填充指甲油、药膏、香水等物品以及取用、更换上述内容物可能会存在一定不便,但上述物品因被填充进鞋子的空心容腔内,使用人出行时无需单独携带便可随时取用,能够在一定程度上满足社会需要,从而产生积极有益的社会效果,并非明显无益。被诉决定以及一审判决仅因本申请的技术方案可能存在一定缺陷就直接认定该方案无积极效果,不符合专利法关于实用性的认定标准,有所不妥,本院予以纠正。二审法院判决:撤销原审判决和被诉决定,国家知识产权局就涉案实用新型专利申请提出的复审请求重新作出审查决定。

涉案专利申请涉及《专利法》第22条第4款规定的实用性要求。实用性要求能够制造或者使用,并且能够产生积极效果。实用性体现了专利法的社会本位性与保护发明创造的目的。该案表明,实用性并非意味着完美无缺,只要不影响技术方案实施或实现发明目的,就不能轻易否定申请专利的实用性。

第十九章 专利权的取得

> **本章提要**
> 本章主要阐述和探讨专利权取得的相关程序和形式条件,包括专利申请文件,与专利申请、审查、复审及无效相关的程序,专利的国际申请。
> 本章的重点是专利申请文件和相关的专利程序,难点是专利的国际申请。

第一节 专利申请文件

依据专利制度的社会契约理论,[1] 发明人为获得专利,需向社会公开其发明创造,为保障发明创造能够向社会充分公开,专利法对申请文件的格式与内容给予了明确规定。这是专利申请必须满足的形式条件。现行《专利法》第26条第1款规定:"申请发明或者实用新型专利的,应当提交请求书、说明书及其摘要和权利要求书等文件。"其第27条则规定:"申请外观设计专利的,应当提交请求书、该外观设计的图片或者照片以及对该外观设计的简要说明等文件。申请人提交的有关图片或者照片应当清楚地显示要求专利保护的产品的外观设计。"以下将以《专利法》《专利法实施细则》和《专利审查指南》为依据,阐述发明、实用新型和外观设计专利申请文件。

一、发明和实用新型专利申请文件

（一）请求书

请求书是国家知识产权局提供的固定表格,内有发明创造名称、发明人、申请人、专利代理机构、优先权声明、申请人或代理人签章等内容。现行《专利法》第26条第2款规定:"请求书应当写明发明或者实用新型的名称,发明人的姓名,申请人姓名或者名称、地址,以及其他事项。"根据《专利法实施细则》第19条规定,请求书应包括以下内容:①发明、实用新型的名称,这个名称应简明扼要地表明发明的技术主题;②申请人是中国单位或者个人的,其名称或者姓名、地址、邮政编码、组织机构代码或者居民身份证件号码,申请人是外国人、外国企业或者外国其他组织的,其姓名或者名称、国籍或者注册的

---

[1] 社会契约论是专利制度的一种重要理论。除此之外,还有自然权利论、非物质财产论、报酬论、发明奖励论、利益平衡论等观点。详见冯晓青、刘友华:《专利法》,法律出版社2022年版,第32~36页。

国家或者地区；③发明人或者设计人的姓名；④申请人委托专利代理机构的，受托机构的名称、机构代码以及该机构指定的专利代理师的姓名、执业证号码、联系电话；⑤要求优先权的，申请人第一次提出专利申请的申请日、申请号以及原受理机构的名称；⑥申请人或者专利代理机构的签字或者盖章；⑦申请文件清单；⑧附加文件清单；⑨其他需要写明的有关事项。

(二) 说明书

对于发明专利和实用新型专利而言，最重要的申请文件是说明书和权利要求书。说明书是专利申请案的关键组成部分，是最重要的申请文件之一。现行《专利法》第26条第3款规定："说明书应当对发明或者实用新型作出清楚、完整的说明，以所属技术领域的技术人员能够实现为准；必要的时候，应当有附图。摘要应当简要说明发明或者实用新型的技术要点。"说明书的目的是充分公开发明，对发明的技术方案作出清楚、完整的说明，基本要求是让本技术领域的技术人员能够依据说明书实现本发明。

《专利法实施细则》第20条规定：发明或者实用新型专利申请的说明书应当写明发明或者实用新型的名称，该名称应当与请求书中的名称一致。说明书应当包括下列内容：①技术领域：写明要求保护的技术方案所属的技术领域；②背景技术：写明对发明或者实用新型的理解、检索、审查有用的背景技术；有可能的，并引证反映这些背景技术的文件；③发明内容：写明发明或者实用新型所要解决的技术问题以及解决其技术问题采用的技术方案，并对照现有技术写明发明或者实用新型的有益效果；④附图说明：说明书有附图的，对各幅附图作简略说明；⑤具体实施方式：详细写明申请人认为实现发明或者实用新型的优选方式；必要时，举例说明；有附图的，对照附图。由此可见，说明书一般应包括发明名称、所属技术领域、背景技术、发明目的、技术方案、技术效果、[1] 附图说明、具体实施方式附图等部分。其中，技术领域部分写明技术方案所属的技术领域；背景技术应写明对发明的理解、检索、审查有用的背景技术，在必要和可能时可引证相关文献；发明内容部分要写明发明要解决的技术问题以及技术方案；具体实施方式应详细写明实现发明的优选方式。

尽管《专利法》要求说明书应充分公开发明的技术方案，但却不代表要求发明人或申请人应公开他所掌握的关于发明的所有信息。这就是说，在保障技术方案得以充分公开的前提下，发明人或申请人还可以以技术秘密的形式适当保留相应的技术信息。这样一旦得到专利授权，权利人就可既对公开的技术方案享有专利权，又对未公开的技术信息享有关于技术秘密的权利，许可别人使用时也可实施专利和技术秘密双重许可，获得更大的经济收益。并且，涉及技术秘密保护的部分还不受专利法中规定的强制许可的限制。

但同时应认识到，技术秘密保护也有缺陷，如不能防止"反向工程"等。因此，应考察哪一种或几种形式是较为合理的保护方式。

---

[1] 根据《审理专利授权确权行政案件适用法律规定（一）》第13条规定，说明书及附图未明确记载区别技术特征在权利要求限定的技术方案中所能达到的技术效果的，人民法院可以结合所属技术领域的公知常识，根据区别技术特征与权利要求中其他技术特征的关系，区别技术特征在权利要求限定的技术方案中的作用等，认定所属技术领域的技术人员所能确定的该权利要求实际解决的技术问题。被诉决定对权利要求实际解决的技术问题未认定或者认定错误的，不影响人民法院对权利要求的创造性依法作出认定。

(三) 说明书摘要

说明书摘要是关于发明或实用新型专利申请内容的概要，内容包括发明创造的名称、所属技术领域、要解决的技术问题、技术方案要点和主要用途等，也可包含最能说明发明的化学式。《专利法实施细则》第 26 条第 1 款规定："说明书摘要应当写明发明或者实用新型专利申请所公开内容的概要，即写明发明或者实用新型的名称和所属技术领域，并清楚地反映所要解决的技术问题、解决该问题的技术方案的要点以及主要用途。"摘要是说明书记载内容的概述，它仅是一种技术信息，不具有法律效力。摘要的内容不属于发明或者实用新型原始记载的内容，不能作为以后修改说明书或者权利要求书的根据，也不能用来解释专利权的保护范围。[1]

(四) 权利要求书

权利要求书是发明人要求享有独占实施权的技术范围表述。权利要求书是专利保护的灵魂，是最重要的专利文件，是专利保护所依据的法定文件。它划定了专利保护的界限，不仅是专利局审查专利的依据，而且是专利权人保护自己发明的依据以及法院在专利侵权案件确定被诉侵权人是否存在专利侵权的依据。

《专利法》第 26 条第 4 款规定："权利要求书应当以说明书为依据，清楚、简要地限定要求专利保护的范围。"说明书是权利要求书赖以成立的基础；权利要求书则是以简明、精练的语言复述受保护的技术特征，旨在明确获得专利的发明或实用新型的保护范围。权利要求书可以称为发明或实用新型技术特征的法律化。一方面，权利要求书中所描述的技术特征只有在说明书中找到依据才有效，对说明书中没有记载的技术特征不能请求保护。即权利要求书中的每一项权利要求所要求保护的技术方案应当是所属技术领域[2]的技术人员能够从说明书充分公开的内容中得到或概括得出的技术方案，并且不得超出说明书公开的范围，因为专利法不可能对没有公开的技术内容进行保护。另一方面，说明书中所描述的内容只有在权利要求书中体现出来，才能受到专利法保护。权利要求书中应当记载发明或实用新型构成所不可缺少的全部内容，即把发明或实用新型的全部本质特征列入请求权项之中，否则遗漏的部分将成为现有技术的一部分而得不到专利法的保护。在专利法理论上，说明书中公开的技术特征如果在权利要求中没有主张保护，没有主张的这部分技术特征被认为"捐献给社会"了，这也就是所谓"捐献原则"。[3] 捐献原则反映了特殊情况下专利权这一私权保护与公共领域保留的关系。[4]

---

[1]《专利审查指南》第二部分第二章"2.4 说明书摘要"节。

[2] 根据《审理专利授权确权行政案件适用法律规定（一）》第 12 条规定，人民法院确定权利要求限定的技术方案的技术领域，应当综合考虑主题名称等权利要求的全部内容、说明书关于技术领域和背景技术的记载，以及该技术方案所实现的功能和用途等。

[3] 参见某制药株式会社与温州某药业有限公司确认是否落入专利权保护范围纠纷案，最高人民法院（2022）最高法知民终 905 号民事判决书。

[4] 冯晓青、刘友华：《专利法》，法律出版社 2022 年版，第 137~138 页。根据《审理专利授权确权行政案件适用法律规定（一）》第 7 条规定，所属技术领域的技术人员根据说明书及附图，认为权利要求有下列情形之一的，人民法院应当认定该权利要求不符合《专利法》第 26 条第 4 款关于清楚地限定要求专利保护的范围的规定：①限定的发明主题类型不明确的；②不能合理确定权利要求中技术特征的含义的；③技术特征之间存在明显矛盾且无法合理解释的。其第 8 条则规定，所属技术领域的技术人员阅读说明书及附图后，在申请日不能得到或者合理概括得出权利要求限定的技术方案的，人民法院应当认定该权利要求不符合《专利法》第 26 条第 4 款关于"权利要求书应当以说明书为依据"的规定。

权利要求包括独立权利要求和从属权利要求两类。权利要求书应当有独立权利要求，也可以有从属权利要求。其中，独立权利要求应当从整体上反映发明或者实用新型的技术方案，记载解决技术问题的必要技术特征。从属权利要求应当用附加的技术特征，对引用的权利要求作进一步限定。[1] 权利要求也可按照涉及的主题种类，分为产品权利要求和方法权利要求两类。

权利要求书的撰写要求使用清晰、准确和精确的语言，清楚和简要地表明请求保护的范围。之所以要求权利要求书应明确和简要，是为了有利于专利审查员、公众、司法机关能够方便地判断出专利的保护内容止于何处。它应有说明书的支持，以说明书为依据，否则就可能被驳回。权利要求书的撰写有一定技巧，不宜太宽泛，但也不宜太狭窄：太宽泛可能会涉及他人的合法权利或者现有技术，从而丧失可专利性；太狭窄则可能丧失本来应属于专利权人的权利，他人也可更容易规避其专利保护范围。

发明或者实用新型的独立权利要求应当包括前序部分和特征部分，按照下列规定撰写：①前序部分：写明要求保护的发明或者实用新型技术方案的主题名称和发明或者实用新型主题与最接近的现有技术共有的必要技术特征；②特征部分：使用"其特征是……"或者类似的用语，写明发明或者实用新型区别于最接近的现有技术的技术特征。这些特征和前序部分写明的特征合在一起，限定发明或者实用新型要求保护的范围。发明或者实用新型的性质不适于用前款方式表达的，独立权利要求可以用其他方式撰写。一项发明或者实用新型应当只有一个独立权利要求，并写在同一发明或者实用新型的从属权利要求之前。[2]

发明或者实用新型的从属权利要求应当包括引用部分和限定部分。其中，引用部分写明引用的权利要求的编号及其主题名称；限定部分写明发明或者实用新型附加的技术特征。限定部分的作用就是用附加技术特征进一步限定发明。从属权利要求只能引用在前的权利要求。引用两项以上权利要求的多项从属权利要求，只能以择一方式引用在前的权利要求，并不得作为另一项多项从属权利要求的基础。[3]

《专利审查指南》详细规定了说明书和权利要求书的撰写要求，应作为专利申请文件撰写的参考。专利申请文件符合专利法规定的条件，才能通过专利局的初步审查，进入实质审查阶段。实质审查主要是判断发明是否满足可专利性要求。

二、外观设计专利申请文件

根据《专利法》第27条规定，申请外观设计专利的，应当提交请求书、该外观设计的图片或者照片以及对该外观设计的简要说明等文件。申请人提交的有关图片或者照片应当清楚地显示要求专利保护的产品的外观设计。此外，申请人还应在申请书中注明外观设计应用的产品。如果是二维的平面外观设计，申请人需提交产品的两面视图；如果是三维的立体外观设计，申请人应提交正投影六面视图和立体图，或者是相应的照片。

申请人请求保护色彩的，应当提交彩色图片或者照片。申请人应当就每件外观设计产品所需要保护的内容提交有关图片或者照片。外观设计的简要说明应当写明外观设计产品的名称、用途，外观设计的设计要点，并指定一幅最能表明设计要点的图片或者照片。省略视图或者请求保护色彩的，应当在简要说明中写明。对同一产品的多项相似外观设计提

---

[1]《专利法实施细则》第23条。
[2]《专利法实施细则》第24条。
[3]《专利法实施细则》第25条。

出一件外观设计专利申请的，应当在简要说明中指定其中一项作为基本设计。简要说明不得使用商业性宣传用语，也不能用来说明产品的性能。[1] 这是因为，提供申请文件的目的就是要充分公开说明创造，从而使发明创造能够更有效地为社会服务。

三、依赖遗传资源完成的发明创造专利申请文件的信息披露义务

《专利法》第26条第5款规定："依赖遗传资源完成的发明创造，申请人应当在专利申请文件中说明该遗传资源的直接来源和原始来源；申请人无法说明原始来源的，应当陈述理由。"

要求披露遗传资源来源的目的是保护遗传资源的财产权，保护遗传资源来源地国家或地区的利益。在相当长的时间内，发展中国家与发达国家之间在生物遗传资源技术方面存在巨大差距。发展中国家尽管遗传资源丰富，但终归是有限的。我国是世界上遗传资源最为丰富的国家之一，遗传资源也是我国十分重要的战略资源。通过在专利法中对遗传资源进行规范，是我国通过立法保护遗传资源的重要体现和保障。其中，规定依赖遗传资源完成的发明创造申请专利的信息披露义务就是一个重要方面。我国已制定遗传资源管理方面的规范，遗传资源管理和保护的立法呈现出以不同的法律建立遗传资源法律保护体系的特点，其中专利法规定与遗传资源有关的发明创造专利申请和保护问题。对于依赖遗传资源完成的发明创造，《专利法》上述规定有利于我国相关主管部门了解遗传资源的获取与利用是否符合国际上规定的知情同意和惠益分享原则，便于保护来自我国的遗传资源提供者的利益，促进遗传资源惠益共享。[2]

第二节 专利申请的审查和批准

一、专利申请原则

专利申请需要满足一定的原则，包括书面原则、先申请（先发明）原则、单一性原则、合法性原则等。

（一）书面原则

书面原则是指专利申请人（或其代理人）在办理专利申请等与专利有关的业务时，应采用书面形式，提交符合要求的书面申请文件等，而不得采取口头、电话、电报、电传、胶片、提交实物等形式代替书面形式。在我国和一些国家逐渐兴起的电子申请文档可理解为书面形式的一种。专利文件的书面化有利于专利文件的检索、阅读、处理和保存。《专利法实施细则》第3条规定，专利文件应使用中文和规范的科技术语，外国人名、地名和科技术语尚无统一中文译文的，应注明原文。

（二）先申请原则或先发明原则

先申请原则或先发明原则是为保障专利权的独占性而设立的。就同样的发明创造有两个或多个申请的，专利权若授予最先申请人就是先申请原则，专利权若授予最先发明人就是先发明原则。无论哪种原则，均能保证针对一件发明创造仅有一个专利权。绝大多数国家采用先申请原则。先发明原则能够激励创新，但若有专利申请权冲突，就可能面临复杂的举证问题，也可能由此拖延科技信息交流，而先申请原则能够基本避免这些问题。长期

---

[1]《专利法实施细则》第30条和第31条。
[2] 冯晓青、刘友华：《专利法》，法律出版社2022年版，第143~144页。

实行先发明原则的典型国家如美国，2011年美国总统签署的《发明法案》对专利法实施了改革，顺应世界潮流改先发明原则为先申请原则。我国《专利法》第9条第2款规定："两个以上的申请人分别就同样的发明创造申请专利的，专利权授予最先申请的人。"又依照《专利法实施细则》第47条第1款规定，若有两个或多个申请人在同一天（指申请日；有优先权的，指优先权日）分别就同样的发明创造提起专利申请，申请人应在收到国家专利局通知后自行协商确定申请人。

（三）单一性原则

单一性原则又称"一申请一发明"原则，即一份专利申请只能含有一项发明创造。单一性原则的设置目的是保障专利权的单一性，即一件符合授权条件的发明创造享有一项专利权。单一性原则有利于专利管理机关对专利文献的分类、检索和审查，也有利于专利授权后的使用、许可或转让。施行该原则还可以防止申请人把两个或多个发明创造置于一个专利申请中，达到少缴专利申请费、审查费和专利维持费的目的。对于不满足单一性要求即不属于一个总构思或相互之间没有关联的专利申请，专利审查员可要求申请人进行分案申请，把不属于一件发明创造的技术方案分割出来另行申请专利。

我国《专利法》第31条规定："一件发明或者实用新型专利申请应当限于一项发明或者实用新型。属于一个总的发明构思的两项以上的发明或者实用新型，可以作为一件申请提出。一件外观设计专利申请应当限于一项外观设计。同一产品两项以上的相似外观设计，或者用于同一类别并且成套出售或者使用的产品的两项以上外观设计，可以作为一件申请提出。"可见，充分保护申请人正当权利的合案申请，法律也是允许的。[1]

（四）合法性原则

专利申请合法性原则体现于申请人资格合法，而且体现于申请程序和手续以及专利申请的实质内容合法等方面。遵循合法性原则，是保障专利申请符合专利法的规定和专利立法宗旨[2]的重要保障。鉴于近些年来随着我国专利申请和授权数量飙升，"非正常专利申请行为"现象日益凸显，严重背离了专利保护宗旨，2021年初国家知识产权局发布了《关于规范申请专利行为的办法》，自2021年3月11日起施行。该部门规章第2条第1款规定，"本办法所称非正常申请专利行为是指任何单位或者个人，不以保护创新为目的，不以真实发明创造活动为基础，为牟取不正当利益或者虚构创新业绩、服务绩效，单独或者勾联提交各类专利申请、代理专利申请、转让专利申请权或者专利权等行为。"其第2款则列举了常见的非正常专利申请行为，如"同时或者先后提交发明创造内容明显相同、或者实质上由不同发明创造特征或要素简单组合变化而形成的多件专利申请的""所提交专利申请存在编造、伪造或变造发明创造内容、实验数据或技术效果，或者抄袭、简单替换、拼凑现有技术或现有设计等类似情况的""所提交多件专利申请的发明创造内容系主要利用计算机程序或者其他技术随机生成的""不以实施专利技术、设计或其他正当目的倒买倒卖专利申请权或专利权，或者虚假变更发明人、设计人的"等。根据《审理专利授权确权行政案件适用法律规定（一）》第5条规定，当事人有证据证明专利申请人、专利权人违反诚实信用原则，虚构、编造说明书及附图中的具体实施方式、技术效果以及数据、图表等有关技术

---

[1] 参见最高人民法院（2016）最高法行再41号行政判决书（发明专利权无效行政纠纷案）。

[2] 现行《专利法》第1条规定："为了保护专利权人的合法权益，鼓励发明创造，推动发明创造的应用，提高创新能力，促进科学技术进步和经济社会发展，制定本法。"

内容，并据此主张相关权利要求不符合专利法有关规定的，人民法院应予支持。

二、专利申请、审查与授权

（一）专利申请

1. 专利申请的提出及申请日的确定。根据《专利法》第3条第1款规定，国务院专利行政部门统一受理和审查专利申请，依法授予专利权。专利申请人就发明创造向国家知识产权局递交专利申请，由国家专利局受理部进行项目审查。项目审查包括文件是否齐备以及是否基本符合形式要件等。若合格则受理申请，给予申请号，确定申请日。确定申请日的基本原则是以专利局收到申请文件之日为申请日，对于通过邮寄递交的以寄出的邮戳日为申请日，若寄出的邮戳日不清楚的则以文件收到日为申请日，但如果申请人能够证明其寄出日期，则以寄出邮戳日为申请日。以电子形式向国务院专利行政部门提交各种文件的，以进入国务院专利行政部门指定的特定电子系统的日期为递交日。《专利法》第28条即规定："国务院专利行政部门收到专利申请文件之日为申请日。如果申请文件是邮寄的，以寄出的邮戳日为申请日。"申请日的确定对于专利审查及确定是否享有优先权都至关重要，因此申请日又称为关键日。如果申请不属于首次申请，申请人可要求享有优先权，但需提交优先权证明文件。

《专利法》第18条第2款、第3款规定："中国单位或者个人在国内申请专利和办理其他专利事务的，可以委托依法设立的专利代理机构办理。专利代理机构应当遵守法律、行政法规，按照被代理人的委托办理专利申请或者其他专利事务；对被代理人发明创造的内容，除专利申请已经公布或者公告的以外，负有保密责任。专利代理机构的具体管理办法由国务院规定。"据此，中国单位或者个人在国内申请专利和办理其他专利事务，其是否委托依法设立的专利代理机构办理，由其自主决定，即既可以直接办理，也可以委托上述机构办理。2018年11月6日，国务院公布了修订后的《专利代理条例》，自2019年3月1日起施行。根据该条例第2条规定，专利代理，是指专利代理机构接受委托，以委托人的名义在代理权限范围内办理专利申请、宣告专利权无效等专利事务的行为。

关于专利申请，《专利法》第21条对国务院专利行政部门及其工作人员规定了相应的要求。具体而言，其第21条第1款规定："国务院专利行政部门应当按照客观、公正、准确、及时的要求，依法处理有关专利的申请和请求"；第3款规定："在专利申请公布或者公告前，国务院专利行政部门的工作人员及有关人员对其内容负有保密责任。"

此外，向国务院专利行政部门申请专利和办理其他手续，应当按照规定缴纳费用。《专利法》第81条对此作了规定。

2. 专利申请的修改。[1] 专利申请提出后，各国专利法一般允许对请求书、说明书、权利要求书等申请文件进行更正或修改。其原因在于：绝大多数国家实行先申请原则，申请人为获得专利权，不得不尽早提出申请，很可能存在对发明创造的说明及权利要求的表达不够完善的缺陷而需要修改；如果不允许修改，就会使那些本应获得专利的发明创造被排除在专利保护之外。

专利申请文件修改受到法定条件限制。我国《专利法》第33条明确规定："申请人可以对其专利申请文件进行修改，但是，对发明和实用新型专利申请文件的修改不得超出原

---

[1] 本部分及以下关于专利申请的分案与撤回，详见冯晓青、刘友华：《专利法》，法律出版社2022年版，第151~157页。

说明书和权利要求书记载的范围,对外观设计专利申请文件的修改不得超出原图片或者照片表示的范围。"原说明书和权利要求书记载的范围,包括原说明书和权利要求书文字记载的内容和根据原说明书和权利要求书文字记载的内容以及说明书附图能直接地、毫无疑义地确定的内容。[1]《专利法实施细则》则对专利申请文件修改的时间限制作了具体规定。其第 57 条规定:"发明专利申请人在提出实质审查请求时以及在收到国务院专利行政部门发出的发明专利申请进入实质审查阶段通知书之日起的 3 个月内,可以对发明专利申请主动提出修改。实用新型或者外观设计专利申请人自申请日起 2 个月内,可以对实用新型或者外观设计专利申请主动提出修改。申请人在收到国务院专利行政部门发出的审查意见通知书后对专利申请文件进行修改的,应当针对通知书指出的缺陷进行修改。国务院专利行政部门可以自行修改专利申请文件中文字和符号的明显错误。国务院专利行政部门自行修改的,应当通知申请人。"[2]

3. 专利申请的分案。专利申请的分案又称分案申请,它是申请人将包含两个以上的发明创造的专利申请中的某一部分或某几部分分割出来,另外提出一项或多项专利申请。《专利审查指南》要求分案申请应当以原申请(第一次提出的申请)为基础提出。分案申请的类别应当与原申请的类别一致。分案申请应当在请求书中填写原申请的申请号和申请日;对于已提出过分案申请,申请人需要针对该分案申请再次提出分案申请的,还应当在原申请的申请号后的括号内填写该分案申请的申请号。

专利申请缺乏单一性是分案申请最常见的原因。除此之外,还可能因其他原因而需要对申请分案。主要有:申请人认为原合案申请不如分案申请有利;申请中包含同一发明的制造和用途两种权利要求,这种结合是法律所禁止的;多项优先权的存在;原申请说明书中有的技术特征未写入权利要求书中,申请人想增加保护内容。专利申请已经被驳回、撤回或者视为撤回的,不能提出分案申请。

分案申请既包括形式要求,也包括实质要求。其中,形式要求主要有:①分案申请的申请人应是原申请的申请人或其合法继受人;②作为分案申请基础的原专利申请在国务院专利行政部门应当是一项有效的申请;③在规定的时间内提出;④办理各种书面手续,如提交请求书,写明原申请的申请号和申请日,提交原申请文件副本等。根据《专利法实施细则》第 49 条第 3 款规定,分案申请的请求书中应当写明原申请的申请号和申请日。实质要求主要有:①分案申请中记载的技术方案必须是原专利申请中包含的内容。也就是说,分案申请在内容上不得超出原申请文件记载的范围。②分案申请中的发明、实用新型或外观设计与原专利申请分案后保留的不同,即分案以后的原申请与分案申请的权利要求书应当分别要求保护不同的发明,但它们的说明书可以允许有不同的情况。③分案的申请不得改变原申请的类别。[3]

4. 专利申请的撤回。《专利法》第 32 条规定:"申请人可以在被授予专利权之前随时撤回其专利申请。"专利申请的撤回必须符合一定的条件,主要有:①只有当对申请人的专利

---

[1]《专利审查指南》第二部分第八章"5.2.1.1 修改的内容与范围"。参见最高人民法院(2021)最高法知行终 440 号行政判决书(驳回复审(专利)行政纠纷案)。

[2] 参见最高人民法院(2016)最高法行再 41 号行政判决书(专利行政管理(专利)再审案)。

[3] 参见最高人民法院(2017)最高法民申 1461 号民事裁定书(侵害发明专利权纠纷案);国家知识产权局 2022 年第 4W113042 号无效宣告请求审查决定书(发明专利无效案)。

申请权无争议时，专利局才会批准、公告其撤回请求。申请本身不应成为变更之诉的标的，否则就难以确保合法权利人的权益。②申请人申请专利后随即向第三方出让了实施许可证，而且该许可证的出让已公告，那么其撤回申请的请求应当附具该被许可人书面同意证明。③履行书面形式要求，即应当向专利局提出书面声明。《专利法实施细则》第 41 条第 1 款规定："申请人撤回专利申请的，应当向国务院专利行政部门提出声明，写明发明创造的名称、申请号和申请日。"

此外，为了敦促申请人履行义务，专利法还设立了许多推定撤回的规定，即"视为撤回"。根据《专利法》《专利法实施细则》的规定，申请被视为撤回主要有以下几种情况：①申请人未按时缴纳或未缴足申请费的；②申请人在初审阶段未在指定期限内陈述其对国务院专利行政部门的通知意见的；③发明专利已经在外国提出过申请，国务院专利行政部门可以要求申请人在指定期限内提交该国为审查其申请进行检索的资料或者审查结果的资料，无正当理由逾期不提交的；④申请人在规定期限内不提出实质审查请求的；⑤发明专利申请人在实质审查阶段未在指定期限内陈述其对国务院专利行政部门通知意见或者对其申请进行修改的；⑥国务院专利行政部门认为专利申请不符合单一性，通知申请人在指定期限内对其申请进行修改，申请人期满未答复的。视为撤回与主动撤回具有相同的法律后果。

5. 专利申请优先权请求。在专利申请中还有一重要事项就是优先权请求。优先权原则是一项重要的国际知识产权保护原则，在《巴黎公约》《专利合作条约》和 TRIPs 协议中都有规定。设立优先权原则的主要作用是保证专利申请人就其发明创造提出第一次专利申请后，有足够时间对专利申请给予修改和完善，或者考虑是否向其他国家提出专利申请，并选择专利代理师和办理手续，而不必担心在此期间被第三人抢先申请。现行《专利法》第 29 条规定："申请人自发明或者实用新型在外国第一次提出专利申请之日起十二个月内，或者自外观设计在外国第一次提出专利申请之日起六个月内，又在中国就相同主题提出专利申请的，依照该外国同中国签订的协议或者共同参加的国际条约，或者依照相互承认优先权的原则，可以享有优先权。申请人自发明或者实用新型在中国第一次提出专利申请之日起十二个月内，或者自外观设计在中国第一次提出专利申请之日起六个月内，又向国务院专利行政部门就相同主题提出专利申请的，可以享有优先权。"

我国《专利法》规定了外国优先权和本国优先权两种优先权。外国优先权或称国际优先权，是指来自条约成员国的国民在一个成员国申请专利后，在优先权期限内可就相同主题向我国专利局提起专利申请，在满足条件的情况下享有优先权，对其专利申请的现有技术判断是从优先权日开始。[1] 本国优先权或称国内优先权，是指在申请国内专利的过程中，在优先权期限内，申请人如果针对相同主题有新的技术进步，可就相同主题提交新的申请，新的申请以原申请的申请日作为优先权日，原申请被视为撤回。[2]

在行使优先权时，我国《专利法》还特别规定了专利申请转换机制：首次申请为发明专利申请的，第二次申请可以转换为实用新型专利申请；首次申请为实用新型专利申请的，第二次申请可以转换为发明专利申请。这种选择机制为申请人提供了更为自由的行为空间，

---

[1] 参见"一种驱动液态镜头的音圈马达及其镜头组"实用新型专利权无效宣告请求案，2020 年第 46459 号审查决定。

[2] 参见浙江省高级人民法院（2017）浙民终 213 号民事判决书（侵害实用新型专利权纠纷案）。

供申请人视需要选择。

另外，《专利法》第 30 条规定："申请人要求发明、实用新型专利优先权的，应当在申请的时候提出书面声明，并且在第一次提出申请之日起十六个月内，提交第一次提出的专利申请文件的副本。申请人要求外观设计专利优先权的，应当在申请的时候提出书面声明，并且在三个月内提交第一次提出的专利申请文件的副本。申请人未提出书面声明或者逾期未提交专利申请文件副本的，视为未要求优先权。"

(二) 专利申请审查与授权

1. 专利申请审查制度。在世界范围内，主要有形式审查制和实质审查制两种专利审查制度。形式审查制是指对专利申请不经过实质审查，只进行形式审查，合格后就授予专利权。形式审查制的优点是节省时间和人力资源，但也有专利权质量不能保证和专利权不稳定等缺陷。有的国家对形式审查制给予变通，附加检索报告等要求，使之较为完善。与形式审查制相对应，实质审查制规定专利申请除需经过形式审查外，还需经过实质审查阶段，合格后再授予专利权。实质审查制又称完全审查制，是对专利申请的实质性内容进行审查的制度，包括申请专利的发明创造是否具备专利法要求的新颖性、创造性、实用性，说明书是否充分公开了发明等内容。美国 1836 年开启了实质审查制的先河。19 世纪下半叶后期，大多数工业发达的国家和不少发展中国家都相继接受了实质审查制。[1]

随着技术进步与社会发展，专利申请数量日益增长，专利申请案积压成为各国专利局面临的共同问题。在实质审查制的基础上，延迟审查制应运而生。上述实质审查制的特点是除非专利获得授权，否则专利申请不公开，因此可被称为不事先公开的实质审查制。延迟审查制又称"早期公开请求审查制"，其要点是不论其后是否授予专利权，专利申请都应在申请日后满 18 个月内向社会公开，然后专利局依据申请人的请求给予实质审查，符合条件者授予专利权。该制度最早在 1964 年由荷兰创立。

延迟审查制的优点包括：促使发明尽早向社会公开，有利于科技信息交流，使发明服务于社会，避免社会的重复性投入；申请人主动性大，可撤回没有竞争力及市场价值或不可能获得专利的申请，节省更多成本。当今世界多数国家采取延迟审查制，过去实行实质审查制的典型国家如美国，通过 2000 年开始生效的《发明人保护法》，将其中的许多条款直接列入了专利法，包括将实质审查制改为一定条件下的早期公开延迟审查制。

2. 我国专利申请的审查与授权。对于三种专利申请，我国采取分别对待的原则：对实用新型专利和外观设计专利申请基本采取形式审查制，对发明专利申请采取延迟审查制。

在专利申请文件合格、齐备后，专利申请就进入初步审查阶段。审查员除对申请文件进行形式审查外，还对文件明显的实质性缺陷进行审查，其中包括专利申请是否明显属于违反《专利法》第 5 条（违禁条款）、第 25 条（客体的直接排除）、第 18 条与第 19 条第 1 款（关于外国人之代理）、第 31 条第 1 款（单一性要求）和第 33 条（修改不得超出范围）以及《专利法实施细则》相应规定中的情形。如果初步审查不合格，审查员要求申请人限期补正，若申请人不按时补正该专利申请就可能被视为撤回，若补正后仍不合格就可能被驳回申请。

如果初步审查合格，专利申请就进入下一程序，实用新型和外观设计专利申请直接获得授权，由国家知识产权局授予专利权，发给专利证书并给予登记、公告，保护期分别为

---

[1] 冯晓青、刘友华：《专利法》，法律出版社 2022 年版，第 170 页。

10 年和 15 年，自专利申请日起算。《专利法》第 40 条即规定："实用新型和外观设计专利申请经初步审查没有发现驳回理由的，由国务院专利行政部门作出授予实用新型专利权或者外观设计专利权的决定，发给相应的专利证书，同时予以登记和公告。实用新型专利权和外观设计专利权自公告之日起生效。"

《专利法》第 34 条规定："国务院专利行政部门收到发明专利申请后，经初步审查认为符合本法要求的，自申请日起满十八个月，即行公布。国务院专利行政部门可以根据申请人的请求早日公布其申请。"发明专利申请一旦公布可产生相应的法律后果：该发明由潜在的现有技术转化为现有技术；该申请对其后就相同的发明创造提出的专利申请构成抵触申请；申请人就公开的技术方案获得一定的临时保护。关于临时保护问题，后文将专题探讨。

发明专利申请自申请日起 3 年内，国务院专利行政部门可以根据申请人随时提出的请求，对其申请进行实质审查；申请人无正当理由逾期不请求实质审查的，该申请即被视为撤回。国务院专利行政部门认为必要的时候，可以自行对发明专利申请进行实质审查。[1] 发明专利的申请人请求实质审查的时候，应当提交在申请日前与其发明有关的参考资料。发明专利已经在外国提出过申请的，国务院专利行政部门可以要求申请人在指定期限内提交该国为审查其申请进行检索的资料或者审查结果的资料；无正当理由逾期不提交的，该申请即被视为撤回。[2] 国务院专利行政部门对发明专利申请进行实质审查后，认为不符合本法规定的，应当通知申请人，要求其在指定的期限内陈述意见，或者对其申请进行修改；无正当理由逾期不答复的，该申请即被视为撤回。[3] 发明专利申请经申请人陈述意见或者进行修改后，国务院专利行政部门仍然认为不符合《专利法》规定的，应当予以驳回。[4]

实质审查将全面审查发明是否属《专利法》排除的客体，发明是否具有实用性、新颖性、创造性，发明是否得到充分公开，权利要求书是否合乎要求等所有方面。经过实质审查，专利申请若不合格，专利审查员可能要求专利申请人限期修改并陈述意见，逾期不答复的，专利申请被视为撤回。若修改后专利申请仍不合格，申请就可能被驳回。申请人对权利要求书的修改应在原范围内进行。

若实质审查没有发现驳回理由，或者申请人通过修改专利申请文件克服了专利申请的原有缺陷，专利申请就为合格，国家知识产权局就会决定授予发明专利权，发给专利证书并登记、公告。发明专利的专利权自公告之日起生效，保护期为 20 年，自申请日起算。《专利法》第 39 条规定："发明专利申请经实质审查没有发现驳回理由的，由国务院专利行政部门作出授予发明专利权的决定，发给发明专利证书，同时予以登记和公告。发明专利权自公告之日起生效。"

专利申请获得授权后，专利申请人成为专利权人，开始享有相应的专利权。但专利权人也须尽一定的义务，其中包括按时缴纳专利维持费。专利维持费也称为专利年费。作为一种较好的经济杠杆，专利维持费呈阶段性增高趋势，它能够促使专利权人尽早实施专利，并主动放弃一些不能带来经济效益的专利。专利维持费的缴纳有 6 个月的宽限期，超过宽

---

[1]《专利法》第 35 条。
[2]《专利法》第 36 条。
[3]《专利法》第 37 条。
[4]《专利法》第 38 条。

限期仍不缴纳者可能丧失专利权。[1]

除专利权人不按时缴纳专利权维持费而可能导致专利权提前终止外,权利人也可主动书面声明放弃专利权。[2] 如果没有提前终止的情形,专利权可一直持续到保护期限届满才终止。无论是提前终止还是期限届满终止,在专利权终止后,为该专利权保护的发明创造归于公有领域,成为社会公共财产的一部分。[3]

3. 发明专利申请的临时保护制度。现行《专利法》第13条规定:"发明专利申请公布后,申请人可以要求实施其发明的单位或者个人支付适当的费用。"该规定在理论上被称为发明专利申请的临时保护制度。值得注意的是,该规定以发明专利申请最终被授权为前提。换言之,如果发明专利申请最终被驳回,尽管因为被公布而被他人实施,就依然不能主张获得适当使用费。为规范发明专利申请临时保护的司法适用,《审理侵犯专利权案件应用法律解释(二)》第18条规定:"权利人依据专利法第十三条诉请在发明专利申请公布日至授权公告日期间实施该发明的单位或者个人支付适当费用的,人民法院可以参照有关专利许可使用费合理确定。发明专利申请公布时申请人请求保护的范围与发明专利公告授权时的专利权保护范围不一致,被诉技术方案均落入上述两种范围的,人民法院应当认定被告在前款所称期间内实施了该发明;被诉技术方案仅落入其中一种范围的,人民法院应当认定被告在前款所称期间内未实施该发明。发明专利公告授权后,未经专利权人许可,为生产经营目的使用、许诺销售、销售在本条第一款所称期间内已由他人制造、销售、进口的产品,且该他人已支付或者书面承诺支付专利法第十三条规定的适当费用的,对于权利人关于上述使用、许诺销售、销售行为侵犯专利权的主张,人民法院不予支持。"

第三节 专利申请复审、专利权无效和司法救济程序

一、专利申请复审程序

在国家知识产权局除有国家专利局专门负责专利申请的审查和授权外,还设置有专利复审与无效部,[4] 负责处理专利申请驳回复审和专利权无效审查业务。

专利申请在任何阶段被驳回或被视为撤回,如果申请人不服驳回决定或被视为撤回决定,就可以在收到驳回(或视为撤回)决定之日起3个月内向国务院专利行政部门提起复审请求。《专利法》第41条规定:"专利申请人对国务院专利行政部门驳回申请的决定不服的,可以自收到通知之日起三个月内向国务院专利行政部门请求复审。国务院专利行政部门复审后,作出决定,并通知专利申请人。专利申请人对国务院专利行政部门的复审决定不服的,可以自收到通知之日起三个月内向人民法院起诉。"国务院专利行政部门经过审查,既可以驳回申请人的复审请求,也可以撤销专利局的驳回决定。一旦国务院专利行政部门决定撤销专利局的驳回决定,专利申请就进入申请的下一环节,其中包括授予专利权。这是专利申请的复审程序。复审程序是对专利申请审查程序必要的行政救济。根据上述《专利法》第41条规定,专利申请人如果对国务院专利行政部门的决定不服,可以在收到

---

[1] 参见最高人民法院(2019)最高法知民终424号民事判决书(财产损害赔偿纠纷案)。
[2] 参见河南省郑州市中级人民法院(2016)豫01民初557号民事判决书(侵害实用新型专利权纠纷案)。
[3] 参见周围:《过期专利许可费条款的反垄断法规制》,载《法商研究》2020年第5期。
[4] 其前身为"国家知识产权局专利复审委员会",简称为专利复审委员会。

复审决定之日起3个月内，以国务院专利行政部门为被告，向有管辖权的人民法院即北京知识产权法院提起诉讼，请求给予司法救济。[1] 关于这一私法救济程序，下面还将阐述。

二、专利权无效宣告程序

在专利公告授权后，任何人如果认为该专利不能满足专利法要求的条件，就可以在任何时间请求国务院专利行政部门宣告该专利权无效，从而启动专利权无效宣告请求程序。《专利法》第45条规定："自国务院专利行政部门公告授予专利权之日起，任何单位或者个人认为该专利权的授予不符合本法有关规定的，可以请求国务院专利行政部门宣告该专利权无效。"请求宣告无效包括请求宣告部分专利权无效和全部专利权无效。设置无效宣告程序的目的，在于纠正因专利申请审查疏漏所导致的对不符合专利法要求的发明创造授予专利权的错误。[2]

请求宣告专利权无效的理由可以包括：发明创造违反违禁条款；发明创造属专利法明确排除的客体；发明专利或实用新型专利不能满足新颖性、创造性或实用性要求；外观设计专利不能满足新颖性、显著性、实用性或美感性要求，或者与他人的在先合法权利相冲突；技术方案没有得到充分公开；专利申请违反单一性原则；违反先申请原则，专利权授予了后申请之人；权利主体不合格；对专利申请文件的修改或分案申请超出原有范围。请求人应提供证据支持其请求。国务院专利行政部门应通知专利权人答复。经过审理，国务院专利行政部门既可决定维持专利权有效，也可决定宣告专利权无效。如宣告无效，由国务院专利行政部门登记、公告。《专利法》第46条第1款即规定："国务院专利行政部门对宣告专利权无效的请求应当及时审查和作出决定，并通知请求人和专利权人。宣告专利权无效的决定，由国务院专利行政部门登记和公告。"

专利权一经宣告无效，会产生一定的法律后果，相应的发明创造进入公有领域，任何人皆可自由使用。根据《专利法》第47条规定，宣告无效的专利权视为自始即不存在。宣告专利权无效的决定对在宣告专利权无效前人民法院作出并已执行的专利侵权的判决、调解书，已经履行或者强制执行的专利侵权纠纷处理决定，以及已经履行的专利实施许可合同和专利权转让合同，不具有追溯力。但是因专利权人的恶意给他人造成的损失，应当给予赔偿。依照前款规定不返还专利侵权赔偿金、专利使用费、专利权转让费，明显违反公平原则的，应当全部或者部分返还。概言之，专利权无效决定一般不具追溯力，但有恶意赔偿原则和显失公平应予返还原则作为补充。

在实践中，还存在专利权被宣告无效后，专利权无效宣告前人民法院作出但未执行的专利侵权的判决、调解书尚未执行的情况。在这种情况下，该判决或调解书是否还需要履行以及相应的程序启动问题值得研究。对此，《审理侵犯专利权案件应用法律解释（二）》第29条规定："宣告专利权无效的决定作出后，当事人根据该决定依法申请再审，请求撤销专利权无效宣告前人民法院作出但未执行的专利侵权的判决、调解书的，人民法院可以裁定中止再审审查，并中止原判决、调解书的执行。专利权人向人民法院提供充分、有效的担保，请求继续执行前款所称判决、调解书的，人民法院应当继续执行；侵权人向人民

---

［1］ 参见最高人民法院（2019）最高法知行终29号行政判决书（发明专利申请驳回复审案）；北京市高级人民法院（2014）高行（知）终字第2815号行政判决书（外观设计专利申请驳回复审行政纠纷上诉案）。

［2］ 参见最高人民法院（2021）最高法知行终556号行政判决书（发明专利权无效行政纠纷案）；最高人民法院（2022）最高法知行终132号行政判决书（实用新型专利权无效行政纠纷案）。

法院提供充分、有效的反担保，请求中止执行的，人民法院应当准许。人民法院生效裁判未撤销宣告专利权无效的决定的，专利权人应当赔偿因继续执行给对方造成的损失；宣告专利权无效的决定被人民法院生效裁判撤销，专利权仍有效的，人民法院可以依据前款所称判决、调解书直接执行上述反担保财产。"其第30条则规定："在法定期限内对宣告专利权无效的决定不向人民法院起诉或者起诉后生效裁判未撤销该决定，当事人根据该决定依法申请再审，请求撤销宣告专利权无效前人民法院作出但未执行的专利侵权的判决、调解书的，人民法院应当再审。当事人根据该决定，依法申请终结执行宣告专利权无效前人民法院作出但未执行的专利侵权的判决、调解书的，人民法院应当裁定终结执行。"[1]

三、司法救济程序

设置专利复审与无效审查机构的目的是纠正和救济在专利申请审查和授权中可能出现的偏差和失误，无论是复审程序还是无效程序皆是如此。为纠正行政程序中可能出现的问题，我国《专利法》也规定了相应的司法救济措施，其中包括专利申请驳回复审诉讼和专利权无效诉讼两种。这与TRIPs协议第32条要求的在专利撤销程序后应有司法救济程序的规定一致。

包括专利申请人、无效宣告请求人或其相对人（即专利权人）在内的当事人如果对国务院专利行政部门的决定不服，可以在接到复审决定之日起3个月内，以国务院专利行政部门为被告，向北京知识产权法院提起行政诉讼，请求法院撤销复审决定并责令国务院专利行政部门作出新的决定。在无效诉讼程序中，法院应通知无效宣告请求程序的对方当事人作为第三人参加诉讼。人民法院可以判决维持国务院专利行政部门的结论，也可撤销其结论并责令其作出新的结论。如果对法院的判决不服，当事人（包括国务院专利行政部门）可以向最高人民法院提起上诉。

除非司法程序得出了最后结论并生效，否则国务院专利行政部门的行政决定不发生效力，原来的专利权状态继续保持。通过行政复审，再加上司法救济，就可以在一定程度上纠正专利授权中的偏差，维护专利申请、审查和授权的公正性。[2]

第四节 专利的国际申请

专利申请人可就其发明创造向其他国家的专利局提出专利申请，获得外国专利。这有两条途径，分别是向目标国专利局直接递交申请和通过《专利合作条约》（PCT）途径递交申请。专利的国际申请一般需要较多的申请费用和授权后的维持费用，因此申请人应认真筹划，应去对自己的产品真正有益的国家申请专利。如果只打算申请少数几个国家专利，则去目标国专利局直接申请即可，如果目标国是《巴黎公约》的成员国和TRIPs协议的成员，我国申请人可依照公约、条约、我国与该国的双边协定或者互惠原则，享有该国的国民待遇以及相应的优先权，但一般仍需委托本地国专利代理师办理有关专利申请等事务，

---

[1] 参见最高人民法院（2016）最高法民再384号民事判决书（侵害实用新型专利权纠纷案）。

[2] 参见李雨峰：《专利确权的属性重释与模式选择》，载《中外法学》2022年第3期；李晓鸣：《我国专利无效宣告制度的不足及其完善》，载《法律科学（西北政法大学学报）》2021年第1期；参见最高人民法院（2019）最高法知行终33号行政判决书（发明专利权无效行政纠纷案）；北京市高级人民法院（2014）高行终字第74号行政判决书（实用新型专利权无效宣告纠纷案）。

这和外国专利申请人在我国申请专利的要求一样。如果申请人希望申请多个国家的专利，并且这些国家属于PCT的缔约国，就可通过PCT途径递交国际申请，达到简化程序和节约成本的目的。通过PCT途径向其他国家或地区的专利局递交的专利申请称为专利国际申请。尽管有国际申请的概念，但现在尚没有国际专利的概念。

PCT是专门规定专利国际申请的条约，其成员国包括所有重要的发达国家和发展中国家。我国是PCT的缔约国，我国专利局是PCT的国际受理局、国际检索单位和初步审查单位之一，因此我国申请人可较为便利地利用PCT途径进行国际申请。PCT国际申请除涉及一般的发明专利外，还涉及实用新型专利等类型。

PCT规定的国际申请程序包括国际和国家两个阶段。国际阶段包括国际申请的受理、形式审查、国际检索、国际公布等必经程序和可选择的国际初步审查程序。国家阶段包括办理进入国家阶段的手续和在指定国专利局的审批程序。我国的单位或个人在国内递交专利申请后如果提出PCT国际申请，在国际阶段除由世界知识产权组织（WIPO）国际局进行国际公布外，其他程序都在我国专利局进行。但其后的国内阶段则在指定国专利局依照指定国专利法的具体规定进行。

此外，根据我国《专利法》第19条规定，任何单位或者个人将在中国完成的发明或者实用新型向外国申请专利的，应当事先报经国务院专利行政部门进行保密审查。[1] 保密审查的程序、期限等按照国务院的规定执行。中国单位或者个人可以根据中华人民共和国参加的有关国际条约提出专利国际申请。申请人提出专利国际申请的，应当遵守前款规定。国务院专利行政部门依照中华人民共和国参加的有关国际条约、本法和国务院有关规定处理专利国际申请。对违反本条第1款规定向外国申请专利的发明或者实用新型，在中国申请专利的，不授予专利权。上述"在中国完成的发明或者实用新型"，依据《专利法实施细则》第8条规定，是指技术方案的实质性内容在中国境内完成的发明或者实用新型。

本章案例研讨

19-1（总第37）：权利要求修改对同一专利多个无效宣告请求审查程序的影响
——上诉人某投资股份有限公司与被上诉人国家知识产权局、原审第三人深圳某电子有限公司实用新型专利权无效行政纠纷案[2]

一、案情简介

名称为"头发矫直刷"的发明专利，其申请号为201390000237.9，申请日为2013年5月16日，专利权人为某管理及投资股份有限公司（以下简称某投资公司）。针对本专利权，深圳某电子有限公司（以下简称某电子公司）于2015年9月21日向专利复审委员会提出无效宣告请求。专利复审委员会于2016年10月19日作出被诉决定，宣告本专利权全部无效。此外，某电子公司还曾于2016年2月1日对本专利权提出无效宣告请求。北京知识产

---

[1] 参见"一种可伸缩的传动总成装置及升降立柱"的实用新型专利无效案，2022年5W126301无效宣告请求审查决定书。

[2] 最高人民法院（2020）最高法知行终93号行政判决书。

权法院认为，某投资公司的诉讼请求是撤销被诉决定。因被诉决定审理的基础为本专利授权公告时的权利要求，而在针对本专利的另一个无效案件中，某投资公司修改了前述权利要求，且该修改后的权利要求已被专利复审委员会接受。基于此，本案被诉决定的审理基础已经发生变化，针对被诉决定的审理已不具有实质意义。据此，某投资公司要求撤销被诉决定的诉讼请求不予支持。原审法院判决：驳回某投资公司的诉讼请求。某投资公司不服，向最高人民法院提起上诉。

二、法院裁判理由及结果

最高人民法院确认了原审法院查明的事实基本属实。另查明：某投资公司不服第30358号决定向原审法院提起行政诉讼，原审法院于2017年4月10日立案受理，某投资公司在该案中的诉讼请求为依法撤销第30358号决定并责令国家知识产权局重新作出决定。原审法院就该案于2019年10月21日作出的（2017）京73行初2434号行政判决，判决驳回某投资公司的诉讼请求。某投资公司不服（2017）京73行初2434号行政判决，向该院提起上诉。最高人民法院经审理后，于2020年9月16日作出（2020）最高法知行终358号行政判决，判决驳回上诉，维持原判。

最高人民法院认为，在涉及同一专利权的多个无效宣告请求审查程序中，专利权人在其中一个程序中对权利要求进行了修改，且该修改符合专利法规定的，应当视为专利权人对原权利要求的放弃，专利权人对其权利的处分必然会对其他尚未完成的、涉及同一专利权无效宣告请求审查行政程序及后续的行政诉讼程序产生实质性影响。

在第30358号决定涉及的无效宣告请求程序中，某投资公司作为专利权人修改了权利要求书且已被国家知识产权局接受，修改方式为删除权利要求1、4、9，将权利要求1、4、9合并为新的权利要求1，并相应修改其余权利要求的编号和引用关系，上述修改构成对其修改前的权利要求的放弃，必然会对同时正在进行中的无效宣告请求程序即本案涉及的无效宣告请求审查程序产生实质性影响。在此情况下，本案的无效请求审查程序不应再基于本专利授权公告时的权利要求书即修改前的权利要求继续审查并作出决定。第30358号决定于2016年10月18日作出，宣告本专利权全部无效，而专利复审委员会又基于授权公告时即修改前的权利要求于同月19日作出本案被诉决定宣告本专利权全部无效。本案被诉决定作出时，实质上审查基础已不复存在而无继续审查之必要，故应对已作出的被诉决定予以撤销，且国家知识产权局也无需重新作出审查决定。原审判决关于被诉决定的审理基础已经发生变化，针对被诉决定的审理已不具有实质意义的认定正确，但未对本案被诉决定作出处理，本院予以纠正。综上所述，某投资公司的上诉请求部分成立。判决撤销涉案行政判决和第30338号无效宣告请求审查决定，驳回某投资公司的其他上诉请求。

本案涉及同一专利权的多个无效宣告请求审查程序中，专利权人在其中一个程序中对权利要求进行了修改，如何处理后续的无效宣告程序问题。该案中，最高人民法院认为上述修改只要符合专利法规定的，就应当视为专利权人对原权利要求的放弃，专利权人对其权利的处分必然会对其他尚未完成的、涉及同一专利权无效宣告请求审查行政程序及后续的行政诉讼程序产生实质性影响。本案为理解针对同一专利权的多个无效宣告请求审查程序的衔接和处理提供了重要的司法指引。

19-2（总第38）：缺乏创造性的实用新型专利权应被宣告无效
——某股份有限公司诉国家知识产权局专利复审委员会专利无效行政纠纷案[1]

一、案情简介

北京市第一中级人民法院经审理查明：2000年1月31日某股份有限公司向中国专利局申请了00227259.8号"一种用于可充电电池组的电路保护元件"实用新型专利，该专利申请于2001年1月31日被授予实用新型专利权，经授权的权利要求为：①一种用于可充电电池组的电路保护元件，其特征在于所述的电路保护元件由一个金属丝和两块金属薄片组成，所述的金属薄片分别焊接在所述的金属丝两端。②根据权利要求1所述电路保护元件，其特征在于所述金属丝选自铜丝、铜合金丝中的一种，所述金属薄片选自镍金属片、铜金属片、镍合金片、铜合金片中的一种，所述金属薄片熔断时承受的电流大于所述金属丝熔断时承受的电流。③根据权利要求1或2所述电路保护元件，其特征在于所述的电路保护元件装放在一个绝缘套管内。④根据权利要求3所述电路保护元件，其特征在于所述的套管由石棉纤维、石棉混纺纤维中的一种材料制备。

2001年8月29日，某公司以该专利不具有新颖性和创造性，且不符合《专利法》第26条及《专利法实施细则》第2、20、21、22条之规定为由，请求专利复审委员会宣告该专利权无效。

二、法院裁判理由及结果

北京市第一中级人民法院经审理认为，专利复审委员会作出第6147号无效决定程序合法，适用法律亦无不当。本专利涉及电路保护元件，附件8涉及微型保险丝，其也属于电路保护元件。虽然电路保护元件在附件8中与在本专利中的应用场合不同，本专利是应用于充电电池组中而附件8是应用于印刷电路板中，但由于二者均具有保护电路的功能，同属电路保护元件，故专利复审委员会认定本专利与附件8属于相类似技术领域并无不当。附件8公开了一种保险丝，该保险丝包括一个第一端子、一个第二端子、一个可熔断导体，第一端子、第二端子通过焊接分别连接在可熔断导体的两端。端子由通过冲压导体原料的平坦片制造，端子可以由铜合金制成，也可采用磷-铜和铍-铜以及其他导电材料的合金，可熔断导体可以是导线。由附图1.2可以看出，第一端子、第二端子的宽度远大于厚度，因此该第一端子、第二端子可被看作是金属薄片。权利要求1中没有对金属薄片的形状、结构作具体限定，该金属薄片属于上位概念，而附件8中具有导电、夹持绝缘体等功能的端子具有特定形状、结构，属于下位概念，附件8已经公开了权利要求1中的金属薄片。由于附件8中的保险丝还具有绝缘体、外壳等技术特征，故附件8所公开的技术方案与权利要求1不同。权利要求1不具有绝缘体、外壳的功能，对于绝缘体、外壳的省略并未给权利要求1带来意料不到的技术效果，故某股份有限公司关于权利要求1属于封闭式权利要求的主张不予支持。附件8公开的技术内容与权利要求1的区别仅在于附件8没有公开保险丝是用在可充电电池组中的。权利要求1的主题名称为一种用于可充电电池组的电路保护元件，与附件8相比，其名称不同并未给该电路保护元件带来结构上的改变；同时对本领域技术人员来讲，将属于类似技术领域的印刷电路的保险丝用于可充电电池组中并不

---

[1] 北京市高级人民法院（2005）高行终字第232号行政判决书。

需要创造性劳动。因此，专利复审委员会认定权利要求1不具有创造性是正确的。一审法院判决维持专利复审委员会第6147号无效决定。某股份有限公司不服，向北京市高级人民法院提起上诉。

二审法院查明的事实与一审法院相同。法院认为，本专利应用于可充电电池组的电路保护，附件8应用于印刷电路板的电路保护，应用领域虽然不同，但二者的发明目的、技术功能是相同的，都属于电路保护元件。本专利在本质上是一个熔断器，附件8也是一个用于印刷电路上的熔断器，二者的技术原理和所起作用都是防止过大电流通过被保护的电路，同属于相同或相近的技术领域。本专利权利要求1是由一个金属丝和两个金属薄片组成的简单技术方案，与之相比附件8则较为复杂，还包括了其他组成部分，这是因为附件8作为分立元件应用于印刷电路，而本专利不需要作为分立元件使用。附件8中作为熔断器核心部分也包括了熔断导体和与其焊接的两个端子，而且端子也由片状金属材料制成。故附件8中的电路保护元件已经包含了权利要求1技术方案中的全部结构技术特征，区别仅在于附件8没有公开电路保护元件可用于可充电电池组中。对于本领域普通技术人员来说，将附件8中的电路保护元件用于可充电电池组中不需要花费创造性劳动，故本专利权利要求1不具有创造性。同理，依据本案有关的具体事实和证据，各从属权利要求2、3、4也不具有创造性。某股份有限公司认为，本专利取得了商业上的成功，但并未提供确实、充分的证据予以支持，而且也未能证明商业上的成功来源于技术方案所带来的技术效果，其主张不予支持。综上，一审判决和专利复审委员会第6147号无效决定认定事实清楚、适用法律正确、审理程序合法，本院应予维持。上诉人某股份有限公司的上诉理由不能成立，其上诉请求不予支持。据此，依照我国《行政诉讼法》第61条第1项之规定，判决如下：驳回上诉，维持原判。

本案的争议焦点在于涉案"一种用于可充电电池组的电路保护元件"实用新型专利是否具有创造性。对于本领域普通技术人员来说，将特定元件用于发明中不需要花费创造性劳动的，不具有创造性，不应授予专利。在分析实用新型专利创造性高度时，由于实用新型与发明的差异，以及实用新型判断的基准——现有技术与发明的现有技术在创造性高度上的差异，可以直接导致其创造性高度判定上的差异。因此，在判定实用新型专利创造性时可以直接采用发明专利创造性判定的标准而无须另觅一套新的标准。[1]

---

[1] 冯晓青主编：《知识产权权属专题判解与学理研究（第1分册）》，中国大百科全书出版社2010年版，第202~213页。

第二十章 专利权的内容

本章提要

本章主要阐述和探讨专利权人的权利和义务。

本章的重点和难点都是专利权人的独占实施权与专利实施许可权。

第一节 专利权人的权利

从各国专利法的规定来看，专利权权能，概括起来为"行"与"禁"两方面。行，是指权利人对权利客体可为占有、使用、收益、处分之主动行为，为积极权能；禁，是指能够排斥他人对权利人主动行为的干涉和妨碍，为消极权能。在"禁"的权能方面，专利权体现为禁止他人未经专利权人的许可而利用专利的行为。我国《专利法》第11条即通过对权利的禁止性规定来确定专利权的权能。专利权人的专利权主要包括对发明创造的独占实施权和对实施权的处分权。

一、独占实施权

独占实施权是专利权人禁止他人未经许可为生产经营目的实施其专利的权利。如果从"行"与"禁"上来区分，实施权体现为"行"，独占权体现为"禁"。

（一）实施权

对于发明和实用新型产品专利，实施权是指专利权人制造、使用、许诺销售、销售、进口其专利产品的权利。对于方法专利，实施权则是指使用其专利方法以及使用、许诺销售、销售、进口依照该专利方法直接获得的产品的权利。对于外观设计专利，实施权即制造、许诺销售、销售、进口其外观设计专利产品的权利。

1. 制造权。制造权是指专利权人通过生产来制造其专利产品的权利。制造权仅指向产品专利。制造专利产品是为生产经营目的生产、加工专利说明书中所描述的产品。制造的产品可能是一种独立的产品，也可能是构成其他产品的一个部件。从制造权的角度看，他人只要未经许可制造了与专利产品相同的产品，不论该产品制造了多少，是用什么方法制造的，就构成专利侵权。[1]

2. 使用权。对于产品专利来说，使用权是指专利权人将其专利产品通过性能的实现而

---

[1] 冯晓青、刘友华：《专利法》，法律出版社2022年版，第186页。

付诸应用的权利。对于方法专利而言，使用专利方法是指专利权人将权利要求书中记载的专利方法技术方案的每个过程予以实现。使用专利方法所获得的产品，是指一项产品制造方法的发明专利被授予专利权后，专利权人使用该方法所直接获得的产品。

3. 许诺销售权。按照《审理专利纠纷案件适用法律规定》第18条的解释，许诺销售是指以做广告、在商店橱窗中陈列或者在展销会上展出等方式作出销售商品的意思表示，许诺销售权也就是进行销售前的准备活动或促销活动的权利。

4. 销售权。这是指专利权人将其专利产品以及依照其专利方法获得的产品从己方转移给他方，并从他方获得相应价金的权利。

5. 进口权。专利法上的进口，是指将专利权人或其许可的单位、个人售出的专利产品或者包含专利产品的物品，或者依照专利方法直接生产的产品从境外进入到我国境内的行为。进口权则是专利权人实施这种进口行为的权利。进口权的设置使得即使在没有获得专利保护的国家所制造出的我国专利权人的产品，在中国境内仍受专利法保护。

《知识产权海关保护条例》第3条规定："国家禁止侵犯知识产权的货物进出口。海关依照有关法律和本条例的规定实施知识产权保护，行使《中华人民共和国海关法》规定的有关权力。"专利权人发现侵权嫌疑货物即将进出境的，可以向货物进出境海关提出采取知识产权保护措施的申请。

(二) 禁止权

专利权本质上是一种禁止权，即通过禁止他人未经许可利用专利权来维护专利权人的独占性实施权。其他民事权利如物权固然亦包含禁止权的内涵，但专利权中禁止权的"禁止"范围可以更宽。例如，一个发明只能有一个专利权，专利权人不仅可以排斥他人实施专利权人取得的发明，而且可以禁止他人实施包括他人自己完成的与专利权人相同的发明。[1] 现行《专利法》第11条规定："发明和实用新型专利权被授予后，除本法另有规定的以外，任何单位或者个人未经专利权人许可，都不得实施其专利，即不得为生产经营目的制造、使用、许诺销售、销售、进口其专利产品，或者使用其专利方法以及使用、许诺销售、销售、进口依照该专利方法直接获得的产品。外观设计专利权被授予后，任何单位或者个人未经专利权人许可，都不得实施其专利，即不得为生产经营目的制造、许诺销售、销售、进口其外观设计专利产品。"专利权人有权禁止他人未经许可实施其专利，具体体现如下：

1. 对产品发明专利权人和实用新型专利权人而言，其有权禁止他人未经许可以生产经营为目的制造、使用、许诺销售、销售、进口其专利产品。根据《审理侵犯专利权案件应用法律解释》第12条第1款规定，将侵犯发明或者实用新型专利权的产品作为零部件，制造另一产品的，人民法院应当认定属于《专利法》第11条规定的使用行为；销售该另一产品的，人民法院应当认定属于《专利法》第11条规定的销售行为。根据其第3款规定，被诉侵权人之间存在分工合作的，人民法院应当认定为共同侵权。[2] 在司法实践中，产品买卖合同依法成立的，人民法院应当认定属于《专利法》第11条规定的销售。下述关于外观

---

[1] 在他人享有先用权时则存在例外。关于先用权的内容，本书第二十一章将予以探讨。

[2] "红外线烹调"专利侵权纠纷案，浙江省高级人民法院 (2015) 浙知终字第186号民事判决书 (指导案例第83号)。

设计专利产品的销售相同。[1]

2. 对方法发明专利权人而言，其有权禁止他人未经许可以生产经营为目的使用该方法；有权禁止他人未经许可使用、许诺销售、销售、进口用该专利方法直接获得的产品。《审理侵犯专利权案件应用法律解释》第13条第1款规定："对于使用专利方法获得的原始产品，人民法院应当认定为专利法第十一条规定的依照专利方法直接获得的产品。"又依据《审理侵犯专利权案件应用法律解释（二）》第20条规定，对于将依照专利方法直接获得的产品进一步加工、处理而获得的后续产品，进行再加工、处理的，人民法院应当认定不属于《专利法》第11条规定的"使用依照该专利方法直接获得的产品"。[2]

3. 对外观设计专利权人而言，其有权禁止他人未经许可以生产经营为目的制造、许诺销售、销售、进口其外观设计专利产品。根据《审理侵犯专利权案件应用法律解释》第12条第2款规定，将侵犯外观设计专利权的产品作为零部件，制造另一产品并销售的，人民法院应当认定属于《专利法》第11条规定的销售行为，但侵犯外观设计专利权的产品在该另一产品中仅具有技术功能的除外。根据其第3款规定，被诉侵权人之间存在分工合作的，人民法院应当认定为共同侵权。值得注意的是，外观设计专利权中的禁止权并不包含使用权。这是因为，外观设计专利权的使用并不会对该外观设计专利权人的利益造成实质损害，法律需要禁止的是以生产经营为目的制造、许诺销售、销售、进口其外观设计专利产品的行为，这类行为会直接挤占外观设计专利权人的市场。

二、实施权的处分权

（一）许可权

专利权人可以与他人签订专利实施许可合同，许可他人依合同约定来制造、使用、许诺销售、销售、进口其专利产品，使用其专利方法以及使用、许诺销售、销售、进口依照该专利方法直接获得的产品。《专利法》第12条规定："任何单位或者个人实施他人专利的，应当与专利权人订立实施许可合同，向专利权人支付专利使用费。被许可人无权允许合同规定以外的任何单位或者个人实施该专利。"实践中，专利实施许可合同不限于书面合同。在当代，专利权人许可他人实施已成为专利实施的一种主要方式，是促进专利发明创造的推广应用，引进国外先进技术、进行国际技术交流的重要途径。

许可实施合同也称许可证，其内容与特征包括：合同标的是已取得专利权的发明创造的制造、使用、销售、许诺销售或进口的权利，既可以分别许可，也可以共同许可；专利权不转移，被许可人只能取得使用权；许可实施仅在合同有效期内有效，合同期满实施权收回；合同为有偿合同，被许可人需支付专利许可使用费；除非合同明确约定，被许可人无再许可权；应订立实施许可合同。[3]

关于上述专利权实施许可问题，需要指出的是，《民法典》关于技术许可合同的规定适用专利权实施许可合同。《民法典》第862条第2款规定："技术许可合同是合法拥有技

---

[1]《审理侵犯专利权案件应用法律解释（二）》第19条。

[2] 该规定是对《审理侵犯专利权案件应用法律解释》第13条第2款规定"对于将上述原始产品进一步加工、处理而获得后续产品的行为，人民法院应当认定属于专利法第十一条规定的使用依照该专利方法直接获得的产品"的改进。根据《审理侵犯专利权案件应用法律解释（二）》第31条规定，应当以《审理侵犯专利权案件应用法律解释（二）》第20条的规定为准。

[3] 参见最高人民法院（2022）最高法知民终139号民事判决书（侵害发明专利权纠纷案）；戴哲：《专利许可使用权性质的重新界定及规则完善》，载《清华法学》2024年第2期。

的权利人,将现有特定的专利、技术秘密的相关权利许可他人实施、使用所订立的合同。"其第 863 条第 2 款规定:"技术许可合同包括专利实施许可、技术秘密使用许可等合同。"《民法典》还对包括专利实施许可合同在内的技术许可合同制度作了具体规定,是处理专利实施许可合同纠纷案件的基本法律依据。[1]

还应注意,许可实施的专利应在专利保护期内,一旦超过该保护期,实施许可合同或相关条款应归于无效,否则就显失公平。[2]此外,对于共有专利权,在共有人没有相反约定的情况下,任何共有人可以单独实施该专利或者单独以普通许可方式许可他人实施该专利;除此之外,以其他方式处置或者行使共有权的,如转让、放弃、独占许可[3]应当取得全体共有人的同意。同时,在没有约定的情况下,共有人以普通许可的方式许可他人实施该专利的,收取的使用费应当在共有人之间分配。[4]

(二) 转让权

《专利法》第 10 条规定:"专利申请权和专利权可以转让。中国单位或者个人向外国人、外国企业或者外国其他组织转让专利申请权或者专利权的,应当依照有关法律、行政法规的规定办理手续。转让专利申请权或者专利权的,当事人应当订立书面合同,并向国务院专利行政部门登记,由国务院专利行政部门予以公告。专利申请权或者专利权的转让自登记之日起生效。"

根据上述规定,除许可他人实施外,专利权人还可以将专利权转让给他人。专利权的转让,导致专利权的主体发生变更,转让后原专利权人不再享有专利权,受让人依法获得专利权。转让专利权的,专利权人和受让人应订立书面合同,向国家知识产权局登记,由国家知识产权局公告,权利转让自登记之日起生效。如果专利权的受让人是外国人,转让需经国务院对外经济贸易主管部门和科学技术行政部门即国家商务部和科技部批准。此外,还有专利权转移的特例,包括自然人的继承或法人的继受。对于涉及权利主体变更者,当事人需向国家知识产权局办理著录事项变更手续,经登记、公告后生效。[5]

关于上述专利权转让问题,还需要指出的是,《民法典》关于技术转让合同的规定适用专利权转让合同。《民法典》第 862 条第 1 款规定,技术转让合同是合法拥有技术的权利人,将现有特定的专利、专利申请、技术秘密的相关权利让与他人所订立的合同。其第 863 条规定,技术转让合同包括专利权转让、专利申请权转让、技术秘密转让等合同。此外,

---

[1] 如《民法典》第 864 条关于技术许可合同的限制性条款、第 865 条关于专利实施许可合同限制的规定、第 866 条关于专利实施许可合同许可人主要义务的规定、第 867 条关于专利实施许可合同被许可人主要义务的规定、第 870 条关于技术许可合同许可人保证义务的规定、第 872 条关于许可人违约责任的规定、第 873 条关于被许可人违约责任的规定、第 874 条关于被许可人侵权责任的规定,以及第 875 条关于后续技术成果的归属与分享的规定等。

[2] 这种情况可能涉及知识产权领域的反垄断问题。See Lasercomb America, Inc. v. Reynolds, 911 F. 2d 970 (4th Cir. 1990).

[3] 参见张轶:《论专利独占许可的法律属性》,载《法律科学(西北政法大学学报)》2023 年第 3 期。

[4] 《专利法》第 14 条规定:"专利申请权或者专利权的共有人对权利的行使有约定的,从其约定。没有约定的,共有人可以单独实施或者以普通许可方式许可他人实施该专利;许可他人实施该专利的,收取的使用费应当在共有人之间分配。除前款规定的情形外,行使共有的专利申请权或者专利权应当取得全体共有人的同意。"参见最高人民法院(2020)最高法知民终 954 号民事判决书(侵害发明专利权纠纷案)。

[5] 参见最高人民法院(2020)最高法知民终 1654 号民事判决书(专利权转让合同纠纷案)。

《民法典》还对包括专利权转让合同在内的技术转让合同的相关制度作了规定。[1]

（三）放弃权

专利权人还有主动放弃其专利权的权利。但应当注意，专利权人对专利权的放弃不得损害他人的合法权益，如不得妨害专利实施被许可人依据许可合同取得的正当权益。在破产清偿程序中，专利权作为破产清偿资产，也不得随意被放弃。根据《专利法》第44条规定，专利权人可以书面声明放弃其专利权。放弃专利权，国务院专利行政部门登记和公告。

除了上述几项主要的权利外，专利权人还有在专利产品上或产品包装上，按照国家知识产权局规定的方式，标明专利标记和专利号的权利。现行《专利法》第16条第2款规定："专利权人有权在其专利产品或者该产品的包装上标明专利标识。"《专利法实施细则》第99条则规定：专利权人依照现行《专利法》第16条第2款的规定，在其专利产品或者该产品的包装上标明专利标识的，应当按照国务院专利行政部门规定的方式予以标明。

第二节 专利权人的义务

专利权人在享有权利的同时，也应尽相应的法定义务，这也是权利义务一致性法理的体现。没有无义务之权利，也没有无权利之义务。专利权人通过尽相应的义务，以维护自己的权利，有利于保护发明人的权益和维护社会公众的利益，以保障专利制度目的之实现。按照专利法的规定，专利权人的义务包括按时缴纳专利维持费和实施专利等内容。

一、缴纳年费的义务

专利权人须按时缴纳专利维持年费，这是专利权人的一项基本义务。除补偿维持专利权所需的相应成本之外，专利维持费的作用是督促专利权人通过成本收益计算，尽早放弃不能或不太可能带来经济利益的发明创造，使之尽早进入公有领域，成为社会公共财产，从而有利于社会的进步和发展。因此，专利维持年费一般呈阶段性增高趋势，以保障其设置能够起到经济杠杆的调节作用。

为保障专利权人履行缴纳专利年费的义务，《专利法》和《专利法实施细则》均作了相应规定。《专利法》第43条规定："专利权人应当自被授予专利权的当年开始缴纳年费。"《专利法实施细则》第115条则规定："授予专利权当年以后的年费应当在上一年度期满前缴纳。专利权人未缴纳或者未缴足的，国务院专利行政部门应当通知专利权人自应当缴纳年费期满之日起6个月内补缴，同时缴纳滞纳金；滞纳金的金额按照每超过规定的缴费时间1个月，加收当年全额年费的5%计算；期满未缴纳的，专利权自应当缴纳年费期满之日起终止。"不按照规定缴纳年费，则会产生专利权终止的法律后果。根据《专利法》第44条第1款规定，"没有按照规定缴纳年费"，是专利权在期限届满前终止的一种情形。

此外，为防止因不可抗力等意外因素导致专利权人没有按照规定缴纳专利年费、使其专利权被终止的情况出现，《专利法实施细则》第6条第1~4款规定了"权利恢复"制度：当事人因不可抗拒的事由而延误专利法或者本细则规定的期限或者国务院专利行政部门指定的期限，导致其权利丧失的，自障碍消除之日起2个月内且自期限届满之日起2年内，

---

[1] 如《民法典》第864条关于技术转让合同的限制性条款、第870条关于技术转让合同让与人保证义务的规定、第871条关于技术转让合同受让人保密义务的规定、第873条关于受让人违约责任的规定、第874条关于受让人侵权责任的规定以及第875条关于后续技术成果的归属与分享的规定。

可以向国务院专利行政部门请求恢复权利。除前款规定的情形外，当事人因其他正当理由延误专利法或者本细则规定的期限或者国务院专利行政部门指定的期限，导致其权利丧失的，可以自收到国务院专利行政部门的通知之日起 2 个月内向国务院专利行政部门请求恢复权利；但是，延误复审请求期限的，可以自复审请示期限届满之日起 2 个月内向国务院专利行政部门请求恢复权利。当事人依照本条第 1 款或者第 2 款的规定请求恢复权利的，应当提交恢复权利请求书，说明理由，必要时附具有关证明文件，并办理权利丧失前应当办理的相应手续；依照本条第 2 款的规定请求恢复权利的，还应当缴纳恢复权利请求费。当事人请求延长国务院专利行政部门指定的期限的，应当在期限届满前，向国务院专利行政部门提交延长期限请求书，说明理由，并办理有关手续。[1]

二、实施专利的义务

专利权人应有义务实施专利，把社会需要的专利产品或专利方法工业化地应用，这是实现发明创造目的乃至整个专利制度目的之必经之路。专利权人可以自己实施专利，也可以许可他人实施。专利权人也可以同时选择自己实施并许可他人实施。如果专利权人不实施专利，某些条件下，可构成专利强制实施许可的法定理由。职务发明创造的专利人为单位，该单位需要促进相关发明创造的实施和运用。国家鼓励被授予专利权的单位实行产权激励，采取股权、期权、分红等方式，使发明人或者设计人合理分享创新收益。

三、充分公开发明创造的义务

如前所述，专利制度的本质特点是一种以公开换保护的法律制度。专利权不是专利权人纯粹的私人财产，专利权人获得专利是对社会公众自由利用技术的限制；根据知识产权法权利义务的平衡精神，专利权人在获得专利法赋予的垄断权的同时，必须履行公开其发明的义务。这种义务既是对公众的义务，也是对专利权人的竞争对手的义务，更是对国家的义务。只有履行充分公开其发明的义务，才能满足技术知识和信息传播和使用的公共利益，专利发明的社会价值也才能够实现。因此，促进技术的充分公开便成为专利法的一个十分重要的宗旨。专利法对这种公开义务的确立，体现了专利法中的利益平衡机制——专利法是一种以垄断换公开的机制，而垄断和公开是一种对价。正是在这个意义上，专利法理论出现了"社会契约论"思想，它体现了专利权人和社会公众之间的利益平衡。[2]

如前所述，我国《专利法》第 26 条第 3 款即对发明创作的公开有明确的要求。2020 年 8 月 24 日最高人民法院审判委员会第 1810 次会议通过，自 2020 年 9 月 12 日起施行的《审理专利授权确权行政案件适用法律规定（一）》，其第 6 条第 1 款则规定："说明书未充分公开特定技术内容，导致在专利申请日有下列情形之一的，人民法院应当认定说明书及与该特定技术内容相关的权利要求不符合专利法第二十六条第三款的规定：（一）权利要求限定的技术方案不能实施的；（二）实施权利要求限定的技术方案不能解决发明或者实用新型所要解决的技术问题的；（三）确认权利要求限定的技术方案能够解决发明或者实用新型所要解决的技术问题，需要付出过度劳动的"。该规定对司法实践中处理"是否充分公开"案件提供了重要的指引。[3]

---

[1] 参见北京市高级人民法院（2018）京行终 5548 号行政判决书（专利行政纠纷案）；广东省高级人民法院（2015）粤高法民三终字第 157 号民事判决书（侵害外观设计专利权纠纷上诉案）。

[2] 冯晓青：《知识产权法利益平衡理论》，中国政法大学出版社 2006 年版，第 115~116 页。

[3] 参见最高人民法院（2021）最高法行再 283 号行政判决书（发明专利权无效宣告请求行政纠纷案）。

四、遵循诚实信用原则，不滥用专利权[1]

从一般意义上说，专利权作为一种独占权，其所有者即专利权人有权对侵害其专利权的行为提起诉讼或者要求负责专利执法的部门处理，这也是专利权保护的基本内涵。但是，如前所述，专利法又是一种在保护专利权与维护公众利益之间平衡的制度，专利权人行使权利并非没有任何限制，其中一个重要方面就是遵循诚实信用原则，不得滥用权利，不得进行恶意诉讼。[2]专利权的滥用会违反公平竞争，为此专利法需要渗透到相应法律中去，否则专利制度本身所具有的公平竞争的作用就会受到削弱。在美国就有一种滥用专利权学说，如专利权人利用技术优势把一些不合理的限制性商业做法强加于购买专利许可证的企业，即构成滥用专利权的行为，将受到有关法律的约束。从历史沿革看，美国联邦最高法院早在20世纪初即提出了专利权滥用原则。例如，在1917年的Motion Picture案[3]中，法院接受了专利权滥用作为专利侵权诉讼的抗辩理由。在1942年的Morton Salt案[4]中，美国联邦最高法院指出专利权滥用的原则不仅可以作为专利侵权诉讼的抗辩理由，而且相关行为与是否同时构成反托拉斯法所禁止的行为无关。在1944年的Mercoid案[5]中，则进一步认为专利权滥用原则不仅代表了专利权人有意扩张其由专利法所无法获得的保障，而且代表专利权人不当限制市场竞争；故一旦法院由被告举证中发现专利权人的行为构成专利权滥用，则其行为应被视为违反《反垄断法》的规定。[6]

根据各国专利法规定，当专利权人滥用其专利权时，可以采取强制许可、撤销专利或终止专利、宣布专利权无效等法律措施予以制裁。2020年《专利法》第四次修改时，亦对诚实信用原则作了规定。现行《专利法》第20条规定："申请专利和行使专利权应当遵循诚实信用原则。不得滥用专利权损害公共利益或者他人合法权益。滥用专利权，排除或者限制竞争，构成垄断行为的，依照《中华人民共和国反垄断法》处理。"从条文表述可知，诚实信用原则既要求权利人诚信地行使权利，又不得损害公共利益和他人合法权益，更不得破坏正常的竞争秩序。

---

[1] 本部分选自冯晓青、刘友华：《专利法》，法律出版社2022年版，第196~197页。
[2] 参见江苏省苏州市中级人民法院（2020）苏05民初726号民事判决书（商业诋毁纠纷案）；上海市高级人民法院（2019）沪民终139号民事判决书（因恶意提起知识产权诉讼损害责任纠纷案）。
[3] Motion Picture Patents Co. v. Universal Film Manufacturing Co., 243 US 502.
[4] Morton Salt Co. v. G. S. Superego Co., 314 U. S. 488, 492 (1942).
[5] Mercoid Corp. v. Mid-Continent Investment Co., 320 U. S. 661 (1944).
[6] 以上案例详见王先林：《知识产权与反垄断法——知识产权滥用的反垄断问题研究》，法律出版社2001年版，第108页。另参见最高人民法院（2022）最高法知民终139号民事判决书（侵害发明专利权纠纷案）；最高人民法院（2014）民三终字第7号民事判决书（侵犯外观设计专利权民事纠纷案）。

本章案例研讨

20-1（总第39）：发明专利许可合同效力及履行情况的认定
——北京某科技有限责任公司诉阳泉某化工有限责任公司专利合同纠纷案[1]

一、案情简介

某大学和北京某科技有限责任公司（以下简称某科技公司）拥有"气化炉"发明专利权。2013年12月10日，原告某科技公司（合同乙方）与被告阳泉某化工有限责任公司（合同甲方，以下简称某化工公司）签订《专利实施许可合同》，约定技术许可方式为普通实施许可。后来，双方因为履行合同条款发生争议，某科技公司向太原市中级人民法院提起合同违约诉讼。

二、法院裁判理由及结果

一审法院认为，在原、被告双方进行讨论协商合作原告许可专利实施的期间，被告又于2014年2月18日与案外人山西某煤化工公司对其煤气化装置工程项目签订了《专利实施许可合同》，说明被告基于多种因素考虑，不再愿意与原告合作原告专利的实施项目，本合同也不再愿意继续履行，因当时原、被告双方所签合同并未生效，对双方当事人没有法律约束力，通过诉讼也不能强制要求被告按照合同履行相关付款义务。故原告要求被告支付前两期的发明专利许可使用费共计595万元的诉讼请求，理由不足，不予支持。但原告为签订本合同多次提交技术资料和协商解决合作中出现的问题，付出了相应的劳动，被告在合作期间又与案外人签订专利实施合同，致使涉案合同不能继续履行，给原告为签订本合同所做的付出造成一定的损失，理应由被告来承担。法院判令被告某化工公司赔偿原告某科技公司损失20万元，驳回原告其他诉讼请求。某科技公司不服，向本院提起上诉。

二审法院认为：一审确定为侵犯发明专利权纠纷错误，适用涉及专利侵权诉讼的法律条款，适用法律错误，依法应予纠正。

涉案《专利实施许可合同》签订前后，双方对涉案合同约定的权利义务已经进行了部分实质性的履行。涉案合同签订前后，上诉人和被上诉人已对合同约定的部分内容进行了履行，上诉人已向被上诉人交付了涉案专利工艺包纸质文件及技术附件，双方还对合同履行中的相关问题解决进行讨论进行会议纪要，上诉人已对合同约定的主要义务进行了履行，被上诉人在接收上诉人交付的涉案专利工艺包纸质文件及技术附件后，本应积极依约履行合同义务，支付涉案第一笔专利许可实施使用费255万元，其不但未予支付，反而以未如期支付款项主张涉案合同未生效，属于故意阻止合同生效条件成就的行为，依据相关法律规定，应当依法认定涉案合同为有效合同。

现涉案工程已经完成并投入使用，故本案纠纷需要解决的是专利许可实施使用费的问题。应结合双方履行合同情况，酌情作出裁判，由被上诉人支付上诉人相应的涉案专利许可使用费。被上诉人在与上诉人签订专利许可合同全部接受上诉人专利技术资料的情况下，又擅自与案外人山西阳某（集团）有限责任公司签订专利合同，严重违背诚实信用原则。按照涉案合同约定，第一笔专利许可使用费用255万元，在合同签订后10个工作日内支

---

[1] 山西省高级人民法院（2018）晋民终210号民事判决书。

付,被上诉人应当支付上诉人 255 万元;合同约定的第二笔专利许可使用费用 340 万元,在工艺包审查合格、交付后支付。结合本案双方履行情况,本院酌情确定由被上诉人应当支付上诉人 170 万元,共计被上诉人应当支付上诉人 425 万元。另,因涉案工程已全部完成并投入使用,涉案合同已无继续履行的必要,故涉案合同予以解除。

基于上述,二审法院判决:撤销原判第一项、维持原判第二项,被上诉人向上诉人支付涉案专利许可使用费 425 万元。

本案涉及专利权许可使用合同是否有效、履行以及专利许可使用费的支付义务等问题。在该案中,二审法院纠正了一审法院关于案由的认定以及合同尚未生效的观点,认定合同已经进行了部分实质性履行,因而判决被上诉人支付前两笔专利许可使用费。本案对于认识专利许可合同的效力和履行具有启发价值。

20-2(总第 40):专利恶意诉讼主观恶意的认定及反赔问题
——某电子公司诉某实业公司、某塑胶公司因恶意提起知识产权诉讼损害责任纠纷案[1]

一、案情简介

ZL201521093294.3"一种车载导航的显示屏组件"实用新型的发明人是殷某、芦某和关某,原专利权人是某公司。2018 年 8 月 21 日,经国家知识产权局审查并公布,专利权人由某公司变更为广东某电子科技有限公司(以下简称某电子公司)。ZL201630019862.9"纯触屏汽车导航通用机"外观设计的专利权人是深圳市某塑胶制品有限公司(以下简称某塑胶公司)。某塑胶公司将案涉外观设计专利许可给东莞某实业投资有限公司(以下简称某实业公司)排他实施,某实业公司对某电子公司的经销商提起了 11 起侵权诉讼。2019 年 5 月和 6 月,某塑胶公司涉案外观设计专利权分别被两家公司向国家知识产权局申请宣告无效。同年 10 月,该专利权被宣告全部无效。某塑胶公司不服向北京知识产权法院提起行政诉讼。该院驳回某塑胶公司的诉讼请求。某塑胶公司仍不服,上诉至最高人民法院。

鉴于某塑胶公司抢先将案涉外观设计申请为专利,并被授予专利权,以及恶意起诉某电子公司多家经销商的行为,某电子公司向广东省广州知识产权法院提起"因恶意提起知识产权诉讼损害责任纠纷"之诉,要求某实业公司、某塑胶公司就造成的损害予以赔偿。

二、法院裁判理由及结果

广州知识产权法院认为,应否中止诉讼等待涉案外观设计专利权无效决定的司法终审结果以及某实业公司、某塑胶公司是否构成恶意诉讼,某电子公司相应诉讼请求能否成立等是本案应解决的问题。至一审法院判决之日,二审法院尚未就某塑胶公司涉案外观设计专利权应否被宣告无效作出终审判决。故涉案外观设计专利权尚处于有效状态。法院认为,明知自己专利权无效仍提起侵权之诉是恶意诉讼的一种典型表现。在这种情况下,专利权无效是认定某电子公司构成恶意诉讼的要件之一。但恶意诉讼的表现形式并不限于此。涉案外观设计专利是否有效,不影响一审法院根据本案证据对某实业公司、某塑胶公司是否

---

[1] 广东省高级人民法院(2021)粤民终 3090 号民事判决书。

恶意诉讼进行认定。本案无需中止诉讼以等待涉案外观设计专利权无效决定的司法终审结果。

基于以下分析，一审法院认为某塑胶公司具有恶意：其一，某电子公司涉案实用新型专利的附图设计构成涉案外观设计专利的在先近似设计。其二，某塑胶公司未提交任何其独立完成涉案外观设计专利的证据，其明知某电子公司具有在先近似设计，仍抢先申请涉案外观设计专利，具有恶意。其三，某塑胶公司教唆或帮助了某实业公司的起诉行为，具有恶意。基于前述，广州知识产权法院判决某实业公司、某塑胶公司连带赔偿某电子公司经济损失 256 000 元。某实业公司、某塑胶公司不服该判决，向广东省高级人民法院提起上诉。

二审法院认为：在案证据显示王某投资设立深圳市某科技有限公司以及该公司与某塑胶公司是关联公司。前述该证据能够相互印证，形成完整的证据链条，足以证明某塑胶公司知道某电子公司持有的涉案实用新型专利，并且某塑胶公司知道该实用新型专利中公开的附图设计。在此情况下，某塑胶公司以他人实用新型专利中公开的附图为基础为其自己申请外观设计专利，并以该外观设计专利为权利基础指控某电子公司的产品销售商侵权，该行为有违诚实信用原则。在一审法院已经认定被诉侵权销售商合法来源抗辩成立，被诉侵权销售商已在该案诉讼中披露被诉侵权产品来源于某电子公司的情况下，某塑胶公司在后续案件中却有意避开某电子公司，其目的在于某塑胶公司知悉某电子公司掌握有足够证据证明某电子公司享有该外观设计的在先权利，如果某电子公司参与后续案件的诉讼，则某塑胶公司难以胜诉，故某实业公司仅选择起诉某电子公司的产品销售商。这一行为亦证明其恶意提起知识产权诉讼的主观故意。二审法院判决驳回上诉，维持原判。

本案是明知自己主张权利的法律基础不具备而恶意主张权利、企图以合法形式获得非法利益的专利侵权纠纷案件。包括专利诉讼在内的知识产权恶意诉讼行为违背了知识产权保护宗旨和诚信原则，不应得到法院支持。该案为认识知识产权的合法保护边界以及正当行使权利提供了启发。

第二十一章 专利权的限制

本章提要

本章主要阐述和探讨对专利权的限制，包括不被专利法视为侵犯专利权的行为、指定许可制度、专利实施的特别许可制度（专利实施的开放许可、强制许可制度）。

本章的重点是不视为侵犯专利权的行为和强制许可制度，难点是开放许可制度。

任何权利皆有限制，专利权也不例外。对专利权的限制，有些是在专利法中规定的，有些则分散于其他法律中，如《反垄断法》《反不正当竞争法》《对外贸易法》等。

专利法内部规范的限制，首先是地域性和时间性的限制，这是基于知识产权基本性质的限制，也是最重要和最有效的限制。一旦超出一个国家或地区的范围，由该国或该地区授予的专利权就归于无效。同样地，专利权一旦超出保护期，发明创造也归于公有领域，成为全社会的共同财富。其次是专利法将某些特定情形不视为侵犯专利权。最后是专利实施的指定许可制度、开放许可制度、强制许可制度对专利权进行限制。

第一节 不视为侵犯专利权的行为

我国《专利法》第75条规定了五种不视为侵犯专利权的情形，分别是专利权穷竭、在先使用、临时过境交通工具的使用、科学研究和药品及医疗器械的实验例外。

一、专利权穷竭

权利穷竭原则，也称为权利用尽原则，它是对知识产权的一种通用限制。[1] 专利权穷竭是指，"专利产品或者依照专利方法直接获得的产品，由专利权人或者经其许可的单位、个人售出后，使用、许诺销售、销售、进口该产品的"行为不视为侵犯专利权。[2] 换言之，合法制造的专利产品一旦售出，进入流通领域，专利权人将不再能够控制该产品的使用、销售或许诺销售等环节，他人可自由使用、许诺销售或销售该产品，也可以赠与等形式处置该专利产品。

对于专利权穷竭应注意三点：①该产品应是合法制造的产品，即由专利权人自己制造

---

[1] 参见任军民：《我国专利权权利用尽原则的理论体系》，载《法学研究》2006年第6期。
[2] 《专利法》第75条第1项。

或许他人制造的产品,未经专利权人许可制造的非法产品不受专利权穷竭的限制,专利权人在一定范围内仍可主张权利。②对于合法制造的专利产品,穷竭的仅是使用权、销售权、许诺销售权和进口权,制造权并未穷竭,如果他人未经专利权人许可制造该专利产品,仍可构成侵权。③专利权穷竭仅意味着专利权人对专利产品的利用和流通的某些环节失去了控制力,并不意味着专利权的丧失。

从物权和专利权等知识产权的关系也可理解专利权穷竭原则。作为一种准物权,专利权不能对抗第三人通过合法、善意方式取得的物权。这是专利权等知识产权局限性的一种表现。从实践角度看,即使专利法能够赋予专利权人针对其专利产品的完全控制权,在现实中权利人也未必能够实现其完全的控制权。从公平和效率的角度理解,专利产品的制造和售出,已经赋予专利权人从其专利产品中获利的机会,如果赋予专利权人对其专利产品无限制的控制权,将阻碍专利产品的正常流通和应用,加大社会运行成本,影响正常的社会经济秩序。[1]

当涉及专利产品的平行进口时,专利权穷竭就成为一个复杂的理论问题和现实问题。专利法领域的平行进口是指在一个国家合法制造的专利产品进口到另一个专利权人也享有相同专利权的国家,是否会侵犯另一专利权人在进口国的专利权?这涉及专利权穷竭是否有地域性的问题,理论界和实践界对此问题皆有争议,值得探讨。

二、先用权

先用权是指他人在专利申请日前对某种专利产品或方法在原有范围内的使用权,相关的使用主体被称为先用权人。现行《专利法》第75条第2项将先用权定义为,在专利申请日前,他人已经制造出相同产品或使用相同方法,或者已经作好制造或使用的必要准备。[2] 专利法通过赋予先用权人原有范围内使用的权利,对专利权构成限制,达到平衡专利权人和先用权人权益的目的。这里不可避免地涉及先用权与专利权的冲突,需要通过制度性规定加以协调。

现行《专利法》明确规定了先用权人的权利范围是"仅在原有范围内继续制造、使用"。此规定一方面赋予先用权人权利,另一方面又对其权利实施构成限制。具体而言有三个要点:①"原有范围"并非仅指先用权人在申请日前生产或销售该专利产品或使用该专利方法的地域范围,同时也包括生产或销售的规模和使用形式等多个方面。[3] ②先用权人的权利范围仅是在这些原有范围内继续制造和使用专利产品,不能逾越该范围,否则就构成对专利权的侵犯,除非先用权人事先得到专利权人的许可。③先用权人不能再许可第三人制造该专利产品或使用该专利方法,也不得将其转让给第三人,除非连同企业一起

---

[1] 参见云南省昆明市中级人民法院(2015)昆知民初字第440号民事判决书(侵害外观设计专利权纠纷案);Impression Products v. Lexmark International, Inc., 137 S. Ct. 1523 (2017).

[2] 《审理侵犯专利权案件应用法律解释》第15条第2款规定,有下列情形之一的,人民法院应当认定属于《专利法》第75条第2项规定的已经作好制造、使用的必要准备:一是已经完成实施发明创造所必需的主要技术图纸或者工艺文件;二是已经制造或者购买实施发明创造所必需的主要设备或者原材料。

[3] 根据《审理侵犯专利权案件应用法律解释》第15条第3款规定,"原有范围"包括专利申请日前已有的生产规模以及利用已有的生产设备或者根据已有的生产准备可以达到的生产规模。

转让。[1]

应注意，先用权人就其制造和使用专利产品享有先用权还需要满足一个前提，即他所持有和使用的技术来源应合法。这是指，先用权人使用的产品制造技术应为他自己独立研发，或者是从第三人处合法受让而得，而不应是从专利权人处以非法手段获得，否则在先使用权就丧失了法理基础。《审理侵犯专利权案件应用法律解释》第15条第1款即规定，被诉侵权人以非法获得的技术或者设计主张先用权抗辩的，人民法院不予支持。如果该技术是从专利权人处通过合同依约获得，对其使用范围或转让事宜之处理应按合同约定，此时已不属于先用权概念的范畴。

专利法既赋予先用权人一定的权利，以构成对专利权的限制，又限制先用权人的权利行使，以保护专利权人的利益免受其他权利滥用的侵犯。这种既限制又保护的做法是专利制度的利益平衡策略，其也体现在其他多个方面。[2]

三、临时过境交通工具的使用

依照现行《专利法》第75条第3项规定，临时通过中国领陆、领水、领空的外国运输工具，依照其所属国同中国签订的协议或者共同参加的国际条约，或者依照互惠原则，为运输工具自身需要而在其装置和设备中使用有关专利的，不视为侵犯专利权。该规定是参照《巴黎公约》第5条之三的规定而制定的——临时地或偶然地进入到一国领域的交通工具，仅为该交通工具所用的装置对专利产品的使用不视为侵犯专利权。

本规定对外运公司、航空公司等在国际穿梭的企业意义重大，因为它们使用的交通工具非常复杂，其中可能涉及侵权部件，若因此受到有效专利所在国的扣押，将非常不利，此时依据《巴黎公约》的该例外规定就可得到免责。但《巴黎公约》第5条之三也要求，所涉专利产品应是交通工具的必要组成部分，并非其装载物。装载物的侵权不适用本例外规定。

四、专为科学研究和实验而使用有关专利

科学是人类文明的基石之一，鼓励人们从事自由的科学探索和研究是保障人类文明活力的一个前提，因此大多数国家的专利法都将非商业性的科学研究、实验性使用作为专利权保护的例外，科研人员可自由使用有关的专利产品和方法。我国《专利法》第75条第4项也规定，"专为科学研究和实验而使用有关专利的"不视为侵犯专利权，使用者不用经过专利权人许可，不用缴纳许可使用费。上述规定的合理性在于：一是这种行为的目的并非生产经营，而是科学技术的进步与发展，其对社会是有益的；二是由于这种行为并非为了生产经营，对专利权人的利益也不会造成多大损害。正如此，专利权的效力不应及于专为科学研究和实验而使用有关专利的行为。当然，这里的"专为科学研究和实验而使用"的适用对象并非限于科研机构。除了科研机构可以为科学研究和实验目的使用有关专利，高

---

[1] 《审理侵犯专利权案件应用法律解释》第15条第4款规定："先用权人在专利申请日后将其已经实施或作好实施必要准备的技术或设计转让或者许可他人实施，被诉侵权人主张该实施行为属于在原有范围内继续实施的，人民法院不予支持，但该技术或设计与原有企业一并转让或者承继的除外。"

[2] 参见最高人民法院（2021）最高法知民终134号民事判决书（侵害专利权纠纷案）。

校甚至企业的研发部门也可以使用。[1]

五、药品和医疗器械的实验例外

上述限制是 2008 年《专利法》第三次修改时新增加的，体现于现行《专利法》第 75 条第 5 项规定，即为提供行政审批所需要的信息，制造、使用、进口专利药品或者专利医疗器械的，以及专门为其制造、进口专利药品或者专利医疗器械的，不视为侵犯专利权。

这一限制原因在于，上述对他人专利的利用，实际上还属于试验阶段的利用，尽管利用人的长远目标是商业性的，但短期目标是针对药品的行政审批，没有商业效果。最主要的原因则在于，药品或者医疗器械专利权的保护期届满后，即使其他公司仿制该药品或者医疗器械，按照各国对药品和医疗器械上市审批制度，仍然必须提供其药品或者医疗器械的各种实验资料的数据，证明其产品符合安全性、有效性等要求，才能获得上市许可。因此，如果只有在专利权保护期限届满之后才允许其他公司开始进行相关实验，以获取药品和医疗器械行政管理部门颁发上市许可所需的资料和数据，就会大大延迟仿制药品和医疗器械的上市时间，导致公众难以在专利权保护期限届满后及时获得价格较为低廉的仿制药品和医疗器械，这在客观上起到了延长专利权保护期限的效果。为了解决这一问题，美国、加拿大、英国、澳大利亚等国均在其专利法中明确规定了药品和医疗器械的实验例外，而且这一制度也被世界贸易组织的争端解决机构在对有关纠纷的裁决中所认可，认为采用药品和医疗器械的实验例外没有违背 TRIPs 协议的规定。

作为公共健康问题较为突出的人口大国，我国在《专利法》中增加有关药品和医疗器械的实验例外的规定，可使公众在药品和医疗器械专利权保护期限届满之后及时获得价格较为低廉的仿制药品和医疗器械，这对我国解决公共健康问题具有重要意义。根据上述规定，药品生产者或者研发机构为提供行政审批所需要的信息，制造、使用、进口专利药品或者专利医疗器械的，不视为侵犯专利权；他人专门为药品生产者或者研发机构提供行政审批所需要的信息而制造、进口专利药品或者专利医疗器械并将其提供给药品生产者或者研发机构的行为也不视为侵犯专利权。[2]

第二节　指定许可[3]

国家指定许可，是指国家有关主管部门不经专利权人的同意，通过指定单位实施需要推广应用的重要的专利发明创造。国家指定许可是对专利权的一种非常规限制，是我国专利法所特有的，充分体现了我国专利法的社会主义性质。这一限制的基本特点是以国家利益或公共利益为依据，主要反映行政的意志。我国 2000 年《专利法》对国有企事业单位、

---

〔1〕 冯晓青、刘友华：《专利法》，法律出版社 2022 年版，第 221 页。See Katherine J. Strandburg, "What Does the Public Get-Experimental Use and the Patent Bargain", *Wisconsin Law Review*, Vol. 2004, Issue 1 (2004), pp. 81-156; Steven J. Grossman, "Experimental Use or Fair Use as a Defense to Patent Infringement", *IDEA: The Journal of Law and Technology*, Vol. 30, Issue 3 (1990), pp. 243-264; Gregory N. Pate, "Analysis of the Experimental Use Exception", *North Carolina Journal of Law & Technology*, Vol. 3, Issue 2 (Spring 2002), pp. 253-272. 参见北京知识产权法院（2016）京 73 民初 994 号民事判决书（侵害专利权纠纷案）；广东省高级人民法院（2014）粤高法民三终字第 292 号民事判决书（侵害实用新型专利权纠纷案）。

〔2〕 See Roche Products v. Bolar Pharmaceutical, 221 USPQ 937, cert denied (1984); 733 F. 2d 858.

〔3〕 本节选自冯晓青、刘友华：《专利法》，法律出版社 2022 年版，第 231~232 页。

集体所有制单位和个人的国家指定许可分别作了不同的规定，2008年《专利法》将该条修改为仅针对国有企事业单位的发明专利给予国家指定许可，而2020年修法仅是对条文顺序作了改动，将其从第14条调为第六章"专利实施的特别许可"第49条，内容未作改动。

现行《专利法》第49条规定："国有企业事业单位的发明专利，对国家利益或者公共利益具有重大意义的，国务院有关主管部门和省、自治区、直辖市人民政府报经国务院批准，可以决定在批准的范围内推广应用，允许指定的单位实施，由实施单位按照国家规定向专利权人支付使用费。"国家指定许可实施限于国有企事业单位的发明专利，但这种实施是受严格限制的：其一，必须是重要的发明创造。即对发展国民经济具有重大作用，对国家利益或公共利益有重大意义，需要大面积推广应用的发明创造。其二，有权决定指定实施的限于国务院有关主管部门和省、自治区、直辖市人民政府。省级人民政府有关主管部门以及省级以下各级人民政府都无权实施指定许可。其三，实施单位应按照规定向专利权人支付使用费。使用费数额由作出指定实施决定的部门视具体情况确定。从理论上讲，国有企事业单位的发明专利其所有权属于国家，国家理所当然从全局利益出发有权实施指定许可限制。

按照指定授权实施的发明创造专利限于发明专利。而且，国家指定许可只适用于中国单位和个人的专利，不适用于外国人、外国企业和外国其他组织在中国取得的专利。这有利于更好地贯彻对外开放的政策，吸引外国人来华申请并取得专利。

上述指定许可也是专利权限制形式。其直接原因是，有些重要的发明，不仅涉及专利权人的利益，而且与国家利益或公共利益密切相关。如果按照通常的实施他人专利的模式，就需要实施单位与专利权人进行谈判，在签订实施许可合同后才能实施专利。对于那些具有重大价值的发明专利来说，这不利于迅速推广。为此，《专利法》自1984年颁布以来，虽经四次修正，但一直保留了促进具有重大价值的发明创造的行政推广制度。

当然，由于专利权毕竟是一种私权，私权保护是专利法的主旋律。专利法对指定许可的范围和条件应当从严，以免损害专利权人的利益。根据现行《专利法》，指定许可限于对国家利益或者公共利益具有重大意义的国有企业事业单位的发明专利，不包括中国集体所有制单位和个人的发明专利，这样就大大缩小了适用指定许可的范围。

第三节 开放许可[1]

开放许可，是指专利权人通过专利授权部门公告作出声明，表明凡是希望实施其专利的人，均可通过支付规定的许可费而获得实施该专利的许可。[2] 开放许可制度最早建立在英国和德国，其目的在于打破专利权人的垄断、让更多的人得以实施专利。[3] 开放许可制度的引入是2020年《专利法》修改的亮点之一。2015年4月，国家知识产权局发布的《中华人民共和国专利法修改草案（征求意见稿）》第一次在本次修法中引入了当然许可制度，并在《国家知识产权局关于〈中华人民共和国专利法修订草案（送审稿）〉的说

---

[1] 本节选自冯晓青、刘友华：《专利法》，法律出版社2022年版，第224~226页。
[2] 国家知识产权局：《以开放许可制度促专利运用》，https：//www.cnipa.gov.cn/art/2020/12/2/art_2198_155356.html，最后访问时间：2024年4月16日。
[3] 罗莉：《我国〈专利法〉修改草案中开放许可制度设计之完善》，载《政治与法律》2019年第5期。

明》指出引入该制度旨在解决专利许可供需信息不对称问题,降低专利许可成本。2019 年发布的《专利法(修正案草案)征求意见》将该制度更名为"开放许可",并最终在现行《专利法》得到了保留,其条文设置在第六章"专利实施的特别许可"中的第 50 条、第 51 条和第 52 条中,包括开放许可声明及其生效的程序要件、被许可人获得开放许可的程序和权利义务以及相应的争议解决路径。

一、开放许可的申请程序及生效条件

《专利法》第 50 条第 1 款规定:"专利权人自愿以书面方式向国务院专利行政部门声明愿意许可任何单位或者个人实施其专利,并明确许可使用费支付方式、标准的,由国务院专利行政部门予以公告,实行开放许可。就实用新型、外观设计专利提出开放许可声明的,应当提供专利权评价报告。"其第 51 条第 1 款规定:"任何单位或者个人有意愿实施开放许可的专利的,以书面方式通知专利权人,并依照公告的许可使用费支付方式、标准支付许可使用费后,即获得专利实施许可。"其第 2 款规定:"开放许可实施期间,对专利权人缴纳专利年费相应给予减免。"

从上述条文可知,开放许可的申请程序为:首先,专利权人必须向国务院专利行政部门提交声明,表明其具有许可任何单位或个人实施其专利的意愿,并在声明中明确许可使用费的支付方式、标准;其次,由国务院专利行政部门予以公告;最后,有意愿实施该专利的单位或个人,应当通知专利权人,并按照公告的内容履行支付费用的义务后,就获得了专利实施的许可。开放许可的生效主要在于专利权人与有意愿实施专利的单位或个人之间的意思表示达成一致,且有意愿实施专利的单位或个人按公告的要求支付许可费用。应当注意的是,为确保开放许可的安全,专利权人的声明、被许可人的响应等均需由书面形式确定。除此之外,为保障专利权的稳定性和被许可人的利益,实用新型和外观设计的专利权人应在声明中提交专利权评估报告。

为确保开放许可与普通许可相互转换的灵活性,现行《专利法》第 51 条第 3 款规定:"实行开放许可的专利权人可以与被许可人就许可使用费进行协商后给予普通许可,但不得就该专利给予独占或者排他许可。"从本款规定可知,一方面开放许可不排除专利权人与被许可人重新达成普通许可的情形;另一方面在开放许可期间,从开放许可转换成普通许可的,不能是独占或排他许可。这主要是基于开放许可与普通许可的最大区别在于开放许可的承诺方不得拒绝任何被许可方的许可请求;也就是说,与被许可人达成普通许可后,在开放许可实施期间,还应确保其他第三人可取得开放许可的权利。

二、开放许可的撤回

现行《专利法》第 50 条第 2 款规定:"专利权人撤回开放许可声明的,应当以书面方式提出,并由国务院专利行政部门予以公告。开放许可声明被公告撤回的,不影响在先给予的开放许可的效力。"根据该规定,专利权人有随时撤回开放许可的权利,但撤回开放许可也需要经过一定的程序方能完成。与开放程序的申请类似,专利权人欲撤回开放许可的,应当先向国务院专利行政部门提出撤回开放许可声明的书面申请,由国务院专利行政部门就撤回开放许可声明进行公告,公告后即撤回。为保证开放许可期间被许可人的利益,开放许可声明被公告撤回的,不影响之前达成的许可效力。

三、实施开放许可纠纷的解决

现行《专利法》第 52 条规定:"当事人就实施开放许可发生纠纷的,由当事人协商解决;不愿协商或者协商不成的,可以请求国务院专利行政部门进行调解,也可以向人民法院起诉。"可见，本条考虑到了开放许可纠纷的多元化解决，即当事人既可自行协商进行和解、调解，也可以向国务院专利行政部门申请调解，还可以直接向法院起诉，其确保了专利许可交易的效率。应当注意的是，根据《专利法实施细则》第97条的规定，当事人请求处理专利侵权纠纷或者调解专利纠纷的，由被请求人所在地或者侵权行为地的管理专利工作的部门管辖。可见，一般的专利纠纷的调解由被请求人所在地或者侵权行为地的管理专利工作的部门管辖，但开放许可纠纷的行政调解主体为国务院专利行政部门，这主要是考虑到国务院专利行政部门处理开放许可声明的公告以及公告的撤回等情形，基层专利行政部门并无相应职责，由国务院专利行政部门调解开放许可纠纷更为适宜。

第四节 强制许可

专利权的强制许可是一项重要的专利制度，是为防止专利权人滥用其独占实施权而设立的一种制约机制，旨在平衡专利权人的利益和社会公众的利益。《巴黎公约》和TRIPs协议对此都有内容详尽的规定，我国专利法也是如此。具体条款可见《巴黎公约》第5条A款第（2）~（5）项、TRIPs协议第31条、我国《专利法》第53~63条、《专利法实施细则》第89~91条。

一、强制许可的种类

强制许可的基本含义是：国家知识产权局可以不经专利权人的许可，通过行政程序而直接允许第三者实施专利权人取得专利权的发明或实用新型，并向其颁布实施该专利的强制许可证的法律行为。[1] 根据我国《专利法》第53~63条和《专利法实施细则》第89~91条规定，强制许可有以下四种类型。

第一，防止专利权滥用的强制许可。这包括以下两种情况：一是专利权人自专利权被授予之日起满3年，且自提出专利申请之日起满4年，无正当理由未实施或者未充分实施其专利的；二是专利权人行使专利权的行为被依法认定为垄断行为，为消除或者减少该行为对竞争产生的不利影响的。[2] 具备其中的一种情形，即构成申请强制许可的理由，国务院专利行政部门根据具备实施条件的单位或者个人的申请，可以给予实施发明专利或者实用新型专利的强制许可。所谓"未充分实施"，是指专利权人及其被许可人实施其专利的方式或者规模不能满足国内对专利产品或者专利方法的需求。根据《专利法》第59条规定，依照《专利法》第53条第1项以及《专利法》第56条规定申请强制许可的单位或者个人应当提供证据，证明其以合理的条件请求专利权人许可其实施专利，但未能在合理的时间内获得许可。

第二，在国家出现紧急状态或非常情况时，或者为公共利益目的的强制许可。《专利法》第54条对此作出了规定："在国家出现紧急状态或者非常情况时，或者为了公共利益的目的，国务院专利行政部门可以给予实施发明专利或者实用新型专利的强制许可。"根据《专利法》第57条规定，强制许可涉及的发明创造为半导体技术的，其实施限于公共利益的目的和《专利法》第53条第2项规定的情形。

第三，基于公共健康而给予的涉及药品专利的强制许可。现行《专利法》第55条规

---

[1] 冯晓青、杨利华主编：《知识产权法学》，中国大百科全书出版社2008年版，第254页。
[2] 《专利法》第53条。

定:"为了公共健康目的,对取得专利权的药品,国务院专利行政部门可以给予制造并将其出口到符合中华人民共和国参加的有关国际条约规定的国家或者地区的强制许可。"其中"取得专利权的药品",根据《专利法实施细则》第89条第2款之规定,是指解决公共健康问题所需的医药领域中的任何专利产品或者依照专利方法直接获得的产品,包括取得专利权的制造该产品所需的活性成分以及使用该产品所需的诊断用品。该规定涉及的药品强制许可明显是基于2001年世界贸易组织通过的《多哈宣言》和《议定书》的规定而增加规定的。中国加入世界贸易组织以后,《议定书》的通过对TRIPs协议有所突破,即规定了在一定条件下的药品专利的强制许可:为了公共健康目的,可以给予制造并出口专利药品到特定国家或者地区的强制许可,从而打破了TRIPs协议第31条关于强制许可只能或主要用于供应国内市场需要的限制性规定。中国作为世界贸易组织的成员,应遵循这一最新规定,其修改《专利法》自然应吸收上述议定书的规定。[1]

第四,从属专利强制许可,也可称依存专利强制许可。所谓从属专利或依存专利,是指在前一专利的基础上发展出后一专利,后一专利的实施依赖于前一专利的实施,后一专利就可称为是前一专利的从属专利。从属专利的强制许可,要求与前一专利相比,从属专利有重大技术进步,可产生显著的经济意义,此时经后一专利权人请求,国家知识产权局可给予其实施前一专利的强制许可;在此情形下,如果前一专利权人要求,国家知识产权局也可给予其实施后一专利的强制许可,从而形成交叉许可。《专利法》第56条规定:"一项取得专利权的发明或者实用新型比前已经取得专利权的发明或者实用新型具有显著经济意义的重大技术进步,其实施又有赖于前一发明或者实用新型的实施的,国务院专利行政部门根据后一专利权人的申请,可以给予实施前一发明或者实用新型的强制许可。在依照前款规定给予实施强制许可的情形下,国务院专利行政部门根据前一专利权人的申请,也可以给予实施后一发明或者实用新型的强制许可。"

有的文献将从属专利强制许可称为交叉强制许可是不确切的,因为前一专利权人未必有兴趣实施后一专利,如果他不要求实施后一专利,则只形成单方向的强制许可,不形成交叉许可。

二、专利强制许可的条件和限制

强制许可制度是对专利权的必要限制,为《巴黎公约》和TRIPs协议所重视。但为防止成员滥用强制许可制度从而损及专利权的正当行使,《巴黎公约》和TRIPs协议又对强制许可规定了严格的实施条件和限制,这些规定也多为我国《专利法》《专利法实施细则》所吸纳。

关于强制许可应满足的条件和限制包括:①强制许可只能是非独占许可,专利权人仍有权向第三人发放许可;②在作出合理条件的强制许可决定前应留有足够时间;③强制许可之被许可人不可转让,不可再许可[2];④被许可人仍需向专利权人支付使用费,其数额由专利权人和强制许可实施者协商,双方如果不能达成协议,由作出强制许可决定的专利管理机关裁决;⑤作出强制许可决定的机关应根据作出强制许可的理由,规定强制许可的实施范围和时间,当理由消失且不再发生时,应专利权人的请求,作出决定的机关应及时

---

[1] 冯晓青、刘友华:《专利法》,法律出版社2022年版,第228页。

[2] 《专利法》第61条规定:"取得实施强制许可的单位或者个人不享有独占的实施权,并且无权允许他人实施。"

决定终止强制许可;[1] ⑥强制许可仅涉及发明专利和实用新型专利,不涉及外观设计专利,也不涉及技术秘密;⑦强制许可一般限于国内市场需要;[2] ⑧强制许可的决定应采取个案审查制;⑨对于强制许可的行政决定应有司法救济。[3]

《专利法》第62条规定:"取得实施强制许可的单位或者个人应当付给专利权人合理的使用费,或者依照中华人民共和国参加的有关国际条约的规定处理使用费问题。付给使用费的,其数额由双方协商;双方不能达成协议的,由国务院专利行政部门裁决。"其第63条规定:"专利权人对国务院专利行政部门关于实施强制许可的决定不服的,专利权人和取得实施强制许可的单位或者个人对国务院专利行政部门关于实施强制许可的使用费的裁决不服的,可以自收到通知之日起三个月内向人民法院起诉。"这在性质上是针对行政决定的司法救济。

强制许可制度是对专利权的限制,而这些条件又是对强制许可制度的限制,通过对限制措施的限制,就可在一定程度上防止滥用强制许可制度,避免损害专利权人的合法权益。

本章案例研讨

21-1（总第41）：专利侵权纠纷案件中适用权利穷竭原则的限制
——范某与吉林市某工贸有限公司侵害实用新型专利权纠纷再审申请案[4]

一、案情简介

2006年4月5日,涉案专利获得授权,专利权人为范某,专利权在有效期内。某交通工程项目部作为需方与吉林市某工贸有限公司（以下简称某工贸公司）签订《营梅高速公路护栏螺栓供货合同书》（以下简称《供货合同》）,约定由某工贸公司承担某交通工程护栏螺栓供货任务,包括三种螺栓（即被诉侵权产品）。《供货合同》约定某工贸公司按照吉林某工程股份有限公司（以下简称某工程公司）提供的设计图纸进行加工制作。《供货合同》签订后,某工贸公司按照合同约定的标准、规格、数量向某工程公司提供被诉侵权产品。某工程公司使用了某工贸公司提供的被诉侵权产品。范某向吉林省长春市中级人民法院起诉某工贸公司侵害其实用新型专利权。

二、法院裁判理由及结果

一审法院认为:通过当庭的比对和认定,可以确认被诉侵权产品的技术特征,已经完

---

[1]《专利法》第60条规定:"国务院专利行政部门作出的给予实施强制许可的决定,应当及时通知专利权人,并予以登记和公告。给予实施强制许可的决定,应当根据强制许可的理由规定实施的范围和时间。强制许可的理由消除并不再发生时,国务院专利行政部门应当根据专利权人的请求,经审查后作出终止实施强制许可的决定。"上述规定,有利于使社会公众知悉专利许可实施情况,并基于强制许可的理由消除并不再发生时及时终止强制许可。

[2]《专利法》第58条规定:"除依照本法第五十三条第（二）项、第五十五条规定给予的强制许可外,强制许可的实施应当主要为了供应国内市场。"

[3] Paris Convention, Article 5. A. (2)~(5); TRIPs, Article 31; 参见彭心倩:《专利强制许可下的专利权人权益保障论》,载《政治与法律》2019年第5期。

[4] 最高人民法院（2013）民提字第223号民事判决书。

全落入涉案专利权利要求1和权利要求3的保护范围，构成侵权，应当依法承担相应的民事责任。法院遂判决停止侵权和赔偿损失。某工贸公司不服一审判决，向吉林省高级人民法院提起上诉称：现有证据足以证明范某已经许可设计院将其享有专利权的产品，以图纸的形式对外公开进行设计，并要求将该产品用于某高速公路的护栏上，正是在此情况下，某工贸公司依据图纸为某工程公司提供被诉侵权产品，故本案属于《专利法》第69条第1项所规定的权利穷竭情形。

二审法院认为：范某虽享有该项技术的专利权，但范某并未依照法律规定对其专利技术加以保护，而是无偿地将其专利技术提供给公路设计部门，公路设计部门也未将其权利归属披露给第三方，因而，某工贸公司并无过错，范某的行为属于许可使用行为，故某工贸公司并不构成侵权，法院因而判决撤销一审判决，驳回范某的全部诉讼请求。范某不服，向最高人民法院申请再审。

最高人民法院再审认为，故被诉侵权产品落入涉案专利权利要求1和权利要求3的保护范围，也即落入了涉案专利权的保护范围。关于某工贸公司的行为是否侵害了涉案专利权，最高人民法院认为，范某曾向设计院提供涉案专利图纸进行推广，设计院也是在范某所提供图纸的基础上作了《供货合同》所附图纸的设计，但由于设计院本身并不涉及专利产品的制造、销售和使用，范某也未与设计院签订实施许可合同，未要求或者主张支付使用费，设计院甚至主张范某从未告知涉及专利技术，因此从范某的上述推广行为中并不能得出范某许可设计院实施其专利的意思表示，更无法得出范某许可设计方案的具体实施者某工程公司、某工贸公司实施涉案专利的意思表示。范某和设计院均认为范某的本意是希望设计院将其专利技术纳入到设计方案中，然后通过设计方案具体实施者购买其专利产品或者依法获得其实施许可而获利。设计方案的实施者某工程公司、某工贸公司等仍需从专利权人或者经其许可的主体处购买专利产品，或者依法获得专利权人的实施许可。二审法院将范某向设计院提供专利图纸的行为认定为许可行为没有法律依据。据此，最高人民法院再审判决撤销二审判决、维持一审判决第一项和第三项，即：某工贸公司停止侵犯范某享有涉案实用新型专利权的行为，驳回范某其他诉讼请求，变更一审判决第二项为赔偿经济损失为20万元。

本案涉及专利侵权诉讼中被告提出权利穷竭抗辩是否满足法定条件的问题。在该案中，一审法院否定了被告对涉嫌专利产品的利用已获得许可的主张，判决承担侵权责任。二审法院作出相反认定，认为被告不构成专利侵权。再审法院则明确了本案不适用权利穷竭原则，最终认定被告侵害专利权成立。本案为认识专利侵权纠纷案件中适用权利穷竭的条件提供了启发。

21-2（总第 42）：实用新型专利侵权纠纷案件先用权抗辩的判定
——闫某与桦甸市某播种器厂侵害实用新型专利权纠纷案[1]

一、案情简介

闫某为涉案专利 1 的专利权人，该专利于 2017 年 8 月 16 日终止。闫某也是涉案专利 2 的专利权人，该专利权的专利申请日为 2012 年 4 月 20 日，授权公告日为 2012 年 10 月 31 日。桦甸市某播种器厂（以下简称某播种器厂）成立于 2005 年 2 月 26 日，类型为个体工商户，经营范围包括：播种器/制造。闫某认为某播种器厂侵害其专利权，故向长春市中级人民法院提起侵害专利权之诉。被告则提出先用权抗辩。

二、法院裁判理由及结果

一审法院认定，被告行为未落入原告专利权保护范围。同时，涉案专利 2 的申请日为 2012 年 4 月 20 日，某播种器厂于 2005 年注册成立开始从事播种器制造，2011 年 10 月 9 日完成被诉侵权产品技术设计图纸，2011 年 12 月 22 日在优酷视频网站上发布广告性质宣传视频许诺销售被诉侵权产品，可以认定某播种器厂在该专利申请日前已经具备一定的生产规模，利用已有条件和生产设备已经制造了相同产品并已有生产准备，其后在原有范围内继续制造被诉侵权产品的行为，依法不视为侵犯涉案专利 2 的专利权，某播种器厂提出的先用权抗辩成立。一审法院判决驳回闫某的全部诉讼请求。闫某不服，向最高人民法院提起上诉。

关于某播种器厂针对涉案专利 2 提出的先用权抗辩能否成立，最高人民法院认为，闫某上诉认为某播种器厂针对涉案专利 2 提出的先用权抗辩不能成立，理由是涉案专利 1 早于涉案专利 2，而根据先用权的独立性条件，先用权人所使用的发明创造必须是独立或合法获得，且与专利权人无关，以非法途径得到的发明创造不能产生优先权。该院认为，涉案专利 1 与涉案专利 2 是两个独立的专利，是否存在涉案专利 1，对于判断某播种器厂针对涉案专利 2 提出的先用权抗辩而言，既无关联也不产生影响。闫某上诉主张的先用权独立性条件缺乏法律依据。原审判决认定某播种器厂提出的先用权抗辩成立并无不当。

基于上述，最高人民法院判决驳回上诉，维持原判。

本案涉及实用新型专利侵权判断和先用权抗辩原则适用的问题，两审法院均认为被告符合先用权抗辩的条件。本案为认识专利侵权纠纷案件解决中如何适用先用权抗辩提供了启示。

---

[1] 最高人民法院（2021）最高法知民终 1650 号民事判决书。

21-3（总第43）：现有技术抗辩基础事实的合法性判断
——上诉人上海某电子科技有限公司与被上诉人广东某科技有限公司、江苏某旅游股份有限公司、北京某网络科技股份有限公司侵害实用新型专利权纠纷案[1]

一、案情简介

上海某电子科技有限公司（以下简称某电子公司）拥有名称为"一种应用于自动租售终端系统的连接手柄"的实用新型专利（以下简称涉案专利）。其向江苏省苏州市中级人民法院（以下简称一审法院）提起诉讼，主张在江苏某旅游股份有限公司（以下简称某旅游公司）管理的旅游景区内使用的共享儿童手推车的连接手柄落入涉案专利保护范围。上述被诉侵权产品系广东某科技有限公司（以下简称某科技公司）制造并销售给某网络公司，并由某网络公司使用在某旅游公司管理的景区内租赁给游客使用，三公司的行为构成侵害某电子公司的涉案专利权。某电子公司在涉案专利申请日前曾向某科技公司采购儿童推车租赁设备并签订采购合同，某科技公司依约完成产品制造并在涉案专利申请日前将产品交付承运人运输。某科技公司据此提出现有技术抗辩。

二、法院裁判理由及结果

一审法院认为，被诉侵权技术方案于相关产品交付承运人运输后即因投入市场而被公开，某科技公司的现有技术抗辩成立。故驳回某电子公司的诉讼请求。某电子公司不服，向最高人民法院提起上诉。

二审经审理查明，某电子公司与某科技公司的采购合同约定儿童推车租赁设备及相关设计的专利权属于某电子公司，某科技公司对某电子公司的儿童推车租赁设备的知识产权、产品资料、业务模式、软件功能负有保密义务。某科技公司在须知网公开文章及图片的行为属于违反合同保密义务的披露行为。

最高人民法院二审认为，综合案件相关事实，某科技公司将相关产品交付承运并未导致被诉侵权技术方案为公众所知，一审法院关于相关产品交付承运人运输后即因投入市场而导致被诉侵权技术方案被公开的认定有所不当，予以纠正。关于某科技公司依据其在须知网公开的文章及图片主张现有技术抗辩的问题，现有技术抗辩制度可以防止社会公众遭受不当授权的专利权人提出的侵权诉讼的侵扰，在无效宣告行政程序之外提供更为便捷的救济行为进行合理预测和评价。但是，民事主体从事民事活动，应当遵循诚信原则，同时不得违反法律和公序良俗，这是民法的基本原则。作为一项民事诉讼中的侵权抗辩事由，现有技术抗辩的行使也应遵循上述民法基本原则，被诉侵权人在有关抗辩事由中应当是善意或者无过错的一方，任何人不能因自身违法或不当行为而获得利益。如果被诉侵权人主张现有技术抗辩的现有技术，系由其本人或者由其授意的第三人违反明示或者默示保密义务而公开的技术方案，则该被诉侵权人不得依据该项现有技术主张现有技术抗辩，否则将使得被诉侵权人因自身违法公开行为而获得利益，明显违反民法基本原则和专利法立法精神。根据某电子公司与某科技公司的协议，某科技公司负有保密义务，该公司未经专利权人某电子公司同意而公开涉案专利技术方案，违反合同义务，其行为具有违法性和可责难

---

[1] 选自《最高人民法院知识产权案件年度报告（2022）》，第8~10页；最高人民法院（2020）最高法知民终1568号民事判决书。

性，基于前述有关民法基本原则，其不能依据该项现有技术主张现有技术抗辩。

基于上述，2021年7月9日最高人民法院判决撤销原判，某科技公司停止侵害并赔偿经济损失及维权合理开支，某网络公司和某旅游公司对其中维权合理开支承担连带责任。

本案涉及专利侵权诉讼中适用现有技术抗辩的基础事实要求合法的问题。在该案中，最高人民法院强调被诉侵权人在有关抗辩事由中应当是善意或者无过错的一方，任何人不能因自身违法或不当行为而获得利益。该案"裁判要点"则指出："任何人不得从违法行为中获益。被诉侵权人或者其授意的第三人违反明示或者默示的保密义务公开专利技术方案，被诉侵权人依据该非法公开的事实状态主张现有技术抗辩的，人民法院不予支持。"该案为理解专利侵权纠纷案件适用现有技术抗辩原则提供了司法指引。

第二十二章 专利权的保护

本章提要

本章主要阐述和探讨专利权的保护范围、专利侵权及其判定、专利侵权抗辩、专利权侵权的法律责任、专利侵权诉讼及其他专利诉讼。

本章的重点是专利侵权及其判定以及专利侵权的法律责任,难点是专利侵权判定方法。

第一节 专利权的保护范围

专利权人获得专利权后,就取得对其发明创造的独占实施权。专利权保护范围及于何处,将决定着其能够在多大范围内行使权利,阻止他人未经许可的商业性使用,或在他人侵权时主张权利,要求侵权人停止侵权并赔偿损失。就发明和实用新型专利而言,专利权的保护范围是以权利要求书的内容为准,只是不同国家或地区在不同历史发展时期形成了不同的解释原则。

一、权利要求解释的几种模式

(一) 周边限定原则

周边限定原则对应着权利要求书的周边请求制,主要为英美法系国家所采用。该原则的含义是,专利权的保护范围需要严格、忠实地按照权利要求书记载的内容进行解释。在此原则中,权利要求书的作用相当于在权利保护主题周围树起的"篱笆墙",能够相对清晰地标明专利权人的权利范围,起到周边限定的作用。周边限定原则能够让专利审查员、法官、同业竞争者和社会公众较为容易地了解专利权保护范围,提高专利审查和利用效率。

但是,对周边限定原则也不宜作绝对严格的教条主义理解,即认为只有一字不差地按照权利要求书的内容才构成侵权,否则会纵容侵权,对专利权的保护没有益处。为此美国联邦法院在审判实践中发展出等同原则予以补充,使某些表面上看起来有一些差异但却实质等同的侵权仍然能够受到追究。

(二) 发明概念限定原则

该原则又称中心限定原则,它对应着权利要求书中的发明概念请求制,主要在一些大陆法系国家及部分东欧国家适用。其要点是专利权范围的确定不应仅限于对权利要求书内容的直接解释,而应以权利要求书记载的技术方案为中心,结合说明书和附图的内容,全面考虑发明目的和性质，把发明作为一个总构思向外延伸，全面理解发明应覆盖的范围，而专利权的范围及于何处，则需要法院认定。在此原则中，权利要求书的作用就像路标，仅有指示作用，并不能够确定具体的保护范围。[1]

发明概念限定原则的优点在于能够以权利要求书记载的技术方案为中心，将专利权保护范围扩大到包括本领域的普通技术人员通过阅读说明书能够一般联想到的技术特征，因此对专利权人可能更为有利。但从同业竞争者和社会公众的角度看，此原则不能起到公示专利权保护范围的作用，使专利权的保护范围处于一种待定状态，社会公众无法对专利权的保护范围作出明确判断，这可能会妨碍本领域的技术创新和本行业的正当竞争。

（三）折衷原则

随着知识产权国际保护日趋增强，上述两种原则有相互融合的趋势，这就出现所谓的折衷原则。折衷原则是指，专利权保护范围的确定以权利要求书的内容为准，说明书和附图可用于解释权利要求。

二、我国关于发明和实用新型专利权保护范围的界定

（一）发明和实用新型专利权保护范围确定的基本原则

我国《专利法》参照《欧洲专利公约》的规定，采用了上述折衷原则。《专利法》第64条第1款规定："发明或者实用新型专利权的保护范围以其权利要求的内容为准，说明书及附图可以用于解释权利要求的内容。"《审理专利纠纷案件适用法律规定》对此作出进一步解释。[2] 2009年12月通过的《审理侵犯专利权案件应用法律解释》和2020年修正的《审理侵犯专利权案件应用法律解释（二）》对于人民法院在司法实践中如何确定专利权的保护范围作了更明确的规定。本部分仅对关于发明和实用新型专利权保护范围的规定进行介绍和分析。

对于发明和实用新型专利而言，人民法院应当根据权利人主张的权利要求，依据《专利法》第64条第1款规定确定专利权的保护范围。权利人在一审法庭辩论终结前变更其主张的权利要求的，人民法院应当准许。权利人主张以从属权利要求确定专利权保护范围的，人民法院应当以该从属权利要求记载的附加技术特征及其引用的权利要求记载的技术特征，确定专利权的保护范围。[3] 在人民法院确定专利权的保护范围时，独立权利要求的前序部分、特征部分以及从属权利要求的引用部分、限定部分记载的技术特征均有限定作用。[4] 这些规定，明确了以独立权利要求和从属权利要求界定专利权保护范围的基本原则。

根据《审理侵犯专利权案件应用法律解释（二）》第3条规定，因明显违反《专利法》第26条第3款、第4款导致说明书无法用于解释权利要求，且不属于本解释第4条规定的情形，专利权因此被请求宣告无效的，审理侵犯专利权纠纷案件的人民法院一般应当裁定中止诉讼；在合理期限内专利权未被请求宣告无效的，人民法院可以根据权利要求的记载确定专利权的保护范围。

（二）以权利要求确定发明和实用新型专利权保护范围的解释规则

在司法实践中，如何根据个案明确发明和实用新型专利权的权利要求，需要明确对权

---

[1] 郑成思：《知识产权法》，法律出版社2003年版，第217页。
[2] 该司法解释分别在2015年和2020年被修正。如无特别说明，本书均以2020年修正版为准。
[3] 《审理侵犯专利权案件应用法律解释》第1条。
[4] 《审理侵犯专利权案件应用法律解释（二）》第5条。

利要求的相关解释规则。司法实践还确认："对于保护范围明显不清楚的专利权，不能认定被诉侵权技术方案构成侵权"。[1]

1. 明确发明和实用新型专利权保护范围的依据。人民法院应当根据权利要求的记载，结合本领域普通技术人员阅读说明书及附图后对权利要求的理解，确定现行《专利法》第64条第1款规定的权利要求的内容。[2] 人民法院对于权利要求，可以运用说明书及附图、权利要求书中的相关权利要求、专利审查档案进行解释。说明书对权利要求用语有特别界定的，从其特别界定。以上述方法仍不能明确权利要求含义的，可以结合工具书、教科书等公知文献以及本领域普通技术人员的通常理解进行解释。[3] 权利要求书、说明书及附图中的语法、文字、标点、图形、符号等存有歧义，但本领域普通技术人员通过阅读权利要求书、说明书及附图可以得出唯一理解的，人民法院应当根据该唯一理解予以认定。[4] 人民法院可以运用与涉案专利存在分案申请关系的其他专利及其专利审查档案、生效的专利授权确权裁判文书解释涉案专利的权利要求。专利审查档案，包括专利审查、复审、无效程序中专利申请人或者专利权人提交的书面材料，国务院专利行政部门制作的审查意见通知书、会晤记录、口头审理记录、生效的专利复审请求审查决定书和专利权无效宣告请求审查决定书等。[5]

权利要求书有两项以上权利要求的，权利人应当在起诉状中载明据以起诉被诉侵权人侵犯其专利权的权利要求。起诉状对此未记载或者记载不明的，人民法院应当要求权利人明确。经释明，权利人仍不予明确的，人民法院可以裁定驳回起诉。[6]

2. 功能性权利要求的解释规则。对于权利要求中以功能或者效果表述的技术特征，人民法院应当结合说明书和附图描述的该功能或者效果的具体实施方式及其等同的实施方式，确定该技术特征的内容。[7] 功能性特征，是指对于结构、组分、步骤、条件或其之间的关系等，通过其在发明创造中所起的功能或者效果进行限定的技术特征，但本领域普通技术人员仅通过阅读权利要求即可直接、明确地确定实现上述功能或者效果的具体实施方式的除外。与说明书及附图记载的实现前款所称功能或者效果不可缺少的技术特征相比，被诉侵权技术方案的相应技术特征是以基本相同的手段，实现相同的功能，达到相同的效果，且本领域普通技术人员在被诉侵权行为发生时无需经过创造性劳动就能够联想到的，人民法院应当认定该相应技术特征与功能性特征相同或者等同。[8]

3. 使用环境特征限定的权利要求的解释规则。被诉侵权技术方案不能适用于权利要求

---

[1] 例如，在"'防电磁污染服'专利侵权纠纷案"中，法院认为由于无法确定权利要求1的保护范围，本案无法判定被诉侵权产品技术特征是否落入原告权利要求限定的保护范围，故驳回原告诉讼请求（四川省高级人民法院（2011）川民终字第391号民事判决书，指导案例第55号）。
[2] 《审理侵犯专利权案件应用法律解释》第2条。
[3] 《审理侵犯专利权案件应用法律解释》第3条。
[4] 《审理侵犯专利权案件应用法律解释（二）》第4条。
[5] 《审理侵犯专利权案件应用法律解释（二）》第6条。参见北京市高级人民法院（2018）京民终531号民事判决书。（侵犯发明专利权纠纷案）
[6] 《审理侵犯专利权案件应用法律解释（二）》第1条。
[7] 《审理侵犯专利权案件应用法律解释》第4条。参见"雨刮器"专利侵权纠纷案，最高人民法院（2019）最高法知民终2号民事判决书（指导案例第115号）。
[8] 《审理侵犯专利权案件应用法律解释（二）》第8条；《审理专利授权确权行政案件适用法律规定（一）》第9条。参见最高人民法院（2021）最高法知民终2176号民事判决书（侵害实用新型专利权纠纷案）。

中使用环境特征所限定的使用环境的，人民法院应当认定被诉侵权技术方案未落入专利权的保护范围。[1]

4. 以制备方法界定产品技术特征的权利要求的解释规则。对于权利要求中以制备方法界定产品的技术特征，被诉侵权产品的制备方法与其不相同也不等同的，人民法院应当认定被诉侵权技术方案未落入专利权的保护范围。[2]

5. 封闭式权利组合物权利要求的解释规则。被诉侵权技术方案在包含封闭式组合物权利要求全部技术特征的基础上增加其他技术特征的，人民法院应当认定被诉侵权技术方案未落入专利权的保护范围，但该增加的技术特征属于不可避免的常规数量杂质的除外。前款所称封闭式组合物权利要求，一般不包括中药组合物权利要求。[3]

6. 捐献原则适用的条件。对于仅在说明书或者附图中描述而在权利要求中未记载的技术方案，权利人在侵犯专利权纠纷案件中将其纳入专利权保护范围的，人民法院不予支持。[4]

7. 禁止反悔原则适用的条件。专利申请人、专利权人在专利授权或者无效宣告程序中，通过对权利要求、说明书的修改或者意见陈述而放弃的技术方案，权利人在侵犯专利权纠纷案件中又将其纳入专利权保护范围的，人民法院不予支持。[5] 权利人证明专利申请人、专利权人在专利授权确权程序中对权利要求书、说明书及附图的限缩性修改或者陈述被明确否定的，人民法院应当认定该修改或者陈述未导致技术方案的放弃。[6]

8. 专利侵权诉讼中主张的权利要求被宣告无效的处理规则。权利人在专利侵权诉讼中主张的权利要求被国务院专利行政部门宣告无效的，审理侵犯专利权纠纷案件的人民法院可以裁定驳回权利人基于该无效权利要求的起诉。有证据证明宣告上述权利要求无效的决定被生效的行政判决撤销的，权利人可以另行起诉。专利权人另行起诉的，诉讼时效期间从上述行政判决书送达之日起计算。[7]

9. 方法权利要求的解释规则。方法权利要求未明确记载技术步骤的先后顺序，但本领域普通技术人员阅读权利要求书、说明书及附图后直接、明确地认为该技术步骤应当按照特定顺序实施的，人民法院应当认定该步骤顺序对于专利权的保护范围具有限定作用。[8]

在具体的专利执法和司法实践中，如果权利要求书中有详细而明确的记载，就可完全以权利要求书的内容确定专利权保护范围；如果权利要求书的内容不清楚或有歧义，则需通过说明书和附图的帮助来了解该发明创造的目的、有益效果和具体实施方案，以便清楚

---

[1]《审理侵犯专利权案件应用法律解释（二）》第9条。参见最高人民法院（2012）民提字第1号民事判决书（专利侵权纠纷再审案）。

[2]《审理侵犯专利权案件应用法律解释（二）》第10条。参见"'奥氮平'药品制备专利侵权纠纷案"，最高人民法院（2015）民三终字第1号民事判决书（指导案例第84号）。

[3]《审理侵犯专利权案件应用法律解释（二）》第7条。参见最高人民法院（2012）民提字第10号民事判决书（侵害专利权纠纷案）。

[4] 此即前面提到过的捐献原则，《审理侵犯专利权案件应用法律解释》第5条。参见最高人民法院（2017）最高法民申1826号民事裁定书（侵害发明专利权纠纷案）。

[5]《审理侵犯专利权案件应用法律解释》第6条。

[6]《审理侵犯专利权案件应用法律解释（二）》第13条。参见刘紫微：《专利禁止反悔原则适用范围的再思考》，载《华东政法大学学报》2023年第4期。

[7]《审理侵犯专利权案件应用法律解释（二）》第2条。

[8]《审理侵犯专利权案件应用法律解释（二）》第11条。

地理解权利要求书的内容；而对于权利要求书中没有记载的内容，即使说明书或附图中有所涉及，也不能据此确定专利权的保护范围。

除了上述关于权利要求的解释规则外，专利授权确权行政案件相关司法解释所确立的司法适用规则也值得重视。例如，2020年9月12日起施行的《审理专利授权确权行政案件适用法律规定（一）》即有相关规定：人民法院应当以所属技术领域的技术人员在阅读权利要求书、说明书及附图后所理解的通常含义，界定权利要求的用语。权利要求的用语在说明书及附图中有明确定义或者说明的，按照其界定。依照前款规定不能界定的，可以结合所属技术领域的技术人员通常采用的技术词典、技术手册、工具书、教科书、国家或者行业技术标准等界定。人民法院在专利确权行政案件中界定权利要求的用语时，可以参考已被专利侵权民事案件生效裁判采纳的专利权人的相关陈述。权利要求书、说明书及附图中的语法、文字、数字、标点、图形、符号等有明显错误或者歧义，但所属技术领域的技术人员通过阅读权利要求书、说明书及附图可以得出唯一理解的，人民法院应当根据该唯一理解作出认定。[1]

三、外观设计专利权的保护范围

外观设计专利权保护范围的确定与发明专利或实用新型专利不同，因为一种带有美感的设计难以用语言描述，而只能以图片或照片直观显示。通过图片或照片对外观设计专利产品的全方位展示就能较为全面地确定一种外观设计专利的保护范围。因此，我国《专利法》第64条第2款规定："外观设计专利权的保护范围以表示在图片或者照片中的该产品的外观设计为准，简要说明可以用于解释图片或者照片所表示的该产品的外观设计。"从这一规定可见，外观设计专利权的保护范围由两方面内容构成：①表示图片或照片中的该外观设计；②在申请专利时指定的产品上使用的该外观设计。

《审理侵犯专利权案件应用法律解释》对外观设计专利权保护范围的界定作出了进一步规定。根据其第8条规定，在与外观设计专利产品相同或者相近种类产品上，采用与授权外观设计相同或者近似的外观设计的，人民法院应当认定被诉侵权设计落入《专利法》第64条第2款规定的外观设计专利权的保护范围。又根据其第9条规定，人民法院应当根据外观设计产品的用途，认定产品种类是否相同或者相近。确定产品的用途，可以参考外观设计的简要说明、国际外观设计分类表、产品的功能以及产品销售、实际使用的情况等因素。[2]

在界定外观设计专利权保护范围时，对于外观设计相同或者近似的判断，实际上是以一般消费者的普通注意力作为判定主体的。《审理侵犯专利权案件应用法律解释（二）》第14条规定：人民法院在认定一般消费者对于外观设计所具有的知识水平和认知能力时，一般应当考虑被诉侵权行为发生时授权外观设计所属相同或者相近种类产品的设计空间。设计空间较大的，人民法院可以认定一般消费者通常不容易注意到不同设计之间的较小区别；设计空间较小的，人民法院可以认定一般消费者通常更容易注意到不同设计之间的较

---

[1]《审理专利授权确权行政案件适用法律规定（一）》第2~4条。参见最高人民法院（2023）最高法知民终4号民事判决书（是否落入专利权保护范围纠纷案）。

[2] 参见辽宁省高级人民法院（2022）辽民终1071号民事判决书（侵害外观设计专利权纠纷案）；"手持淋浴喷头"外观设计侵权纠纷案，最高人民法院（2015）民提字第23号民事判决书（指导案例第85号）。

小区别。[1] 此外，该司法解释还对"成套产品的外观设计专利""组装关系唯一的组件产品的外观设计专利"和"变化状态产品的外观设计专利"的保护范围和相应的专利侵权判定标准作了具体规定。这些规定，为外观设计专利权保护范围的界定提供了重要指引。

四、药品专利权保护的特殊性[2]

（一）药品专利权期限延长制度

从纯粹的理论层面而言，不同类型的专利以及同一类型的专利基于其获得以及市场生命力的不同，应当获得不同的专利保护期限。然而，法律需要面对实践、解决现实问题。上述理念有其合理性，但缺乏可操作性，因而在立法规定上是不能实现的。目前无论是从国际公约还是国内外的专利法对专利保护期限的规定来看，其都规定同一类型的专利权的保护期是一样的。如我国《专利法》第42条第1款规定，发明专利权的期限为20年，实用新型专利权的期限为10年，外观设计专利权的期限为15年，均自申请日起计算。就药品的专利保护期限而言，之所以需要考虑对其专利权保护期限作出特别规定，是因为药品的研发周期长、风险大，现有的专利权的保护期限（从申请之日起起算），对相当一部分药品专利而言可能无法取得最佳经济效益。

在我国《专利法》第四次修改过程中，对于是否有必要引进药品专利权期限延长制度，存在一定争议。最终通过的现行《专利法》引进了这一制度，其第42条第2款增加了发明专利权授权过程中因不合理延迟给予专利权期限补偿的制度："自发明专利申请日起满四年，且自实质审查请求之日起满三年后授予发明专利权的，国务院专利行政部门应专利权人的请求，就发明专利在授权过程中的不合理延迟给予专利权期限补偿，但由申请人引起的不合理延迟除外"。其第3款则增加了新药专利权期限补偿制度："为补偿新药上市审评审批占用的时间，对在中国获得上市许可的新药相关发明专利，国务院专利行政部门应专利权人的请求给予专利权期限补偿。补偿期限不超过五年，新药批准上市后总有效专利权期限不超过十四年"。上述规定考虑到了新药上市审评审批需要占用一定时间，为了促进新药研发和对研发的投资，引进上述规定具有必要性。当然，鉴于专利权延长意味着对社会公众义务的加重，上述规定还明确了最长的补偿期限。

（二）药品专利链接制度

1984年，美国国会通过了Hatch-Waxman法案，建立了其药品专利链接制度。[3] 从美国实施药品专利链接制度的经验来看，其主要具有以下方面的作用和价值：一是减少专利药品专利诉讼，促成药品专利权人和相关主体的沟通；二是有利于公共健康，维护消费者利益。一般而言，专利药品的价格较之于仿制药要高。通过制度的设计和运行，药品专利届满之后仿制药很快能够上市，这显然有利于消费者获得价格相对低的药品。从美国等国家实施的药品专利链接制度的内容来看，其是为了协调仿制药品注册申请与其上市前已经上市的相关专利药品的关系，在仿制药注册申请、上市前与相关药品专利保护之间建立"链接"，形成有效的信息沟通和协调机制，旨在避免仿制药上市侵犯在先的药品专利权，

---

[1]《审理专利授权确权行政案件适用法律规定（一）》第14条第2款则对设计空间的认定，列举了以下因素：设计空间的认定，人民法院可以综合考虑下列因素：①产品的功能、用途；②现有设计的整体状况；③惯常设计；④法律、行政法规的强制性规定；⑤国家、行业技术标准；⑥需要考虑的其他因素。

[2] 本部分摘自冯晓青：《知识产权保护论》，中国政法大学出版社2022年版，第67～70页。

[3] 刘立春、朱雪忠：《美国和加拿大药品专利链接体系要素的选择及其对中国的启示》，载《中国科技论坛》2014年第1期。

实现仿制药上市与有效保护药品专利的利益平衡。

在我国《专利法》第四次修改过程中，对于是否有必要引进国外已实施的药品专利链接制度，也存在一定争议。在吸收各方面意见、考虑各方面因素的情况下，现行《专利法》最终引进了药品专利链接制度。其第76条第1款规定：药品上市审评审批过程中，药品上市许可申请人与有关专利权人或者利害关系人，因申请注册的药品相关的专利权产生纠纷的，相关当事人可以向人民法院起诉，请求就申请注册的药品相关技术方案是否落入他人药品专利权保护范围作出判决。国务院药品监督管理部门在规定的期限内，可以根据人民法院生效裁判作出是否暂停批准相关药品上市的决定；第2款规定：药品上市许可申请人与有关专利权人或者利害关系人也可以就申请注册的药品相关的专利权纠纷，向国务院专利行政部门请求行政裁决；第3款规定：国务院药品监督管理部门会同国务院专利行政部门制定药品上市许可审批与药品上市许可申请阶段专利权纠纷解决的具体衔接办法，报国务院同意后实施。上述规定，旨在协调申请注册的药品与相关药品专利权的保护的关系，防止申请注册的药品侵犯相关药品专利权。[1]

值得指出的是，为规范药品专利链接制度、正确实施《专利法》第76条规定，2021年7月4日公布的《最高人民法院关于审理申请注册的药品相关的专利权纠纷民事案件适用法律若干问题的规定》，自2021年7月5日起施行。根据其第1条规定，当事人依据《专利法》第76条规定提起的确认是否落入专利权保护范围纠纷的第一审案件，由北京知识产权法院管辖。

第二节 专利侵权行为及其判定

一、专利侵权行为的概念和类型

专利侵权行为即侵犯专利权的行为，它表现为侵权人未经专利权人许可，也没有法定依据，以生产经营为目的实施专利权的行为。

专利侵权分直接侵权和间接侵权两类。对于产品专利，直接侵权是未经许可直接实施了专利产品的制造、使用、许诺销售、销售、进口行为；对于方法专利，是未经许可使用专利方法以及对依照方法直接获得产品的使用、许诺销售、销售和进口行为；对于外观设计专利，是未经许可实施其外观设计专利，即为生产经营目的擅自制造、许诺销售、销售、进口其外观设计专利产品的行为。

间接侵权是为直接侵权提供帮助和条件等，包括引诱侵权和辅助侵权两种。[2] 其中，引诱侵权是引诱或唆使他人侵犯专利权的行为。[3] 辅助侵权，又称帮助侵权，是为侵权人提供各种便利条件构成的侵权。间接侵权人既可和直接侵权人承担连带侵权责任，也可单独承担侵权责任。专利侵权的间接侵权理论发端于美国1871年的Wallace v. Holmes案，[4]

---

[1] 参见最高人民法院（2022）最高法知民终905号民事判决书（确认是否落入专利权保护范围纠纷案）。

[2] 参见蔡元臻：《专利间接侵权制度专门化研究》，载《中外法学》2021年第5期；Chiang, Tun-Jen, "The Conduit Theory of Secondary Liability in Patent and Copyright Law", *Nevada Law Journal*, Vol. 23, Issue 1（Fall 2022）, pp. 65-114.

[3] See Limelight Networks, Inc. v. Akamai Techs., Inc., 572 U. S. 915 (2014).

[4] Wallace v. Holmes, 29 F. Cas. 74 (C. C. D. Conn. 1871).

后来为美国《专利法》所吸收，列为第 271 条。[1] 我国《专利法》尚无专利间接侵权的规定，《民法典》第 1169 条第 1 款则规定："教唆、帮助他人实施侵权行为的，应当与行为人承担连带责任"，该规定也适用于专利间接侵权。《审理侵犯专利权案件应用法律解释（二）》第 21 条对于上述帮助侵权与教唆他人实施侵权行为作了具体规定："明知有关产品系专门用于实施专利的材料、设备、零部件、中间物等，未经专利权人许可，为生产经营目的将该产品提供给他人实施了侵犯专利权的行为，权利人主张该提供者的行为属于民法典第一千一百六十九条规定的帮助他人实施侵权行为的，人民法院应予支持。明知有关产品、方法被授予专利权，未经专利权人许可，为生产经营目的积极诱导他人实施了侵犯专利权的行为，权利人主张该诱导者的行为属于民法典第一千一百六十九条规定的教唆他人实施侵权行为的，人民法院应予支持。"[2]

按照侵权产品是否完全或实质模仿专利产品，又可以将专利侵权分为完全侵权和实质侵权两种，完全侵权又称字面侵权，是对专利产品的完全仿制；实质侵权是通过对产品的等同特征替换实现的侵权。对这两种侵权分别适用不同的判定原则。

此外，《专利法实施细则》第 101 条规定了几种假冒专利的行为：①在未被授予专利权的产品或者其包装上标注专利标识，专利权被宣告无效后或者终止后继续在产品或者其包装上标注专利标识，或者未经许可在产品或者产品包装上标注他人的专利号；②销售第①项所述产品；③在产品说明书等材料中将未被授予专利权的技术或者设计称为专利技术或者专利设计，将专利申请称为专利，或者未经许可使用他人的专利号，使公众将所涉及的技术或者设计误认为是专利技术或者专利设计；④伪造或者变造专利证书、专利文件或者专利申请文件；⑤其他使公众混淆，将未被授予专利权的技术或者设计误认为是专利技术或者专利设计的行为。假冒专利行为，有些不仅损害了消费利益、扰乱市场秩序，还侵犯了专利标记权，如标注他人专利号的行为。基于假冒专利的危害性，其情节严重者甚至可以被追究刑事责任。对此，后面还将继续探讨。

二、专利侵权的判定

在判断是否构成专利侵权之前，应先明确所涉专利是一个有效专利，满足地域性和时间性等要求，即在本国享有专利权且在侵权行为发生时专利权尚在保护期内。

（一）发明与实用新型专利侵权判断原则

1. 全面覆盖原则。对字面侵权的判断可适用全面覆盖原则，该原则是指：如果专利产品的必要技术特征都被侵权产品覆盖，在侵权产品中得到体现，就称为满足全面覆盖原则，可判定为构成字面侵权。

全面覆盖原则可有多种表现，其中包括：侵权产品（或方法）的全部必要技术特征与权利要求书中记载的技术特征完全相同，并一一对应；侵权产品的全部必要技术特征多于权利要求书记载的全部技术特征，但包含权利要求书记载的全部技术特征。

根据《审理侵犯专利权案件应用法律解释》第 7 条的规定，人民法院判定被诉侵权技术方案是否落入专利权的保护范围，应当审查权利人主张的权利要求所记载的全部技术特征。被诉侵权技术方案包含与权利要求记载的全部技术特征相同或者等同的技术特征的，人民法院应当认定其落入专利权的保护范围；被诉侵权技术方案的技术特征与权利要求记

---

[1] 35 U.S.C. 271 (b), (c), (d).
[2] 参见福建省高级人民法院（2017）闽民终 1172 号民事判决书（侵害发明专利权纠纷案）。

载的全部技术特征相比，缺少权利要求记载的一个以上的技术特征，或者有一个以上技术特征不相同也不等同的，人民法院应当认定其没有落入专利权的保护范围。由此可见，我国通过司法解释的形式明确了发明和实用新型专利侵权的全面覆盖原则。[1]

2. 等同原则。在现实生活中真正发生字面侵权的情形并不多，因为侵权人若真想生产专利产品，但又不愿支付使用费，一般会有被控侵权的预期，因此更愿意对专利产品的必要技术特征进行调整或修正，如可能会省略一些非必要技术特征，或增加一些非必要技术特征，或将专利产品的必要技术特征以其他简单变换的技术特征进行替换，预期既可达到制造专利产品或利用其优势的目的，又可免除被诉侵权的后果。这可能构成实质侵权，对实质侵权的判断可以适用等同原则。

实质侵权的要点在于通过等同替换的方式改变专利产品，试图达到规避被控侵权的目的。因此，判断是否构成实质侵权，就是要看侵权产品的必要技术特征是否为专利产品必要技术特征的等同替换，如果是就可认为构成实质侵权。等同替换就是对必要技术特征的替换，如在某些情形下方形别针对圆形别针的替换，或螺钉连接对铆钉连接的替换等。

等同原则有两种表述方法和测试标准，与之相关的等效性判断也有两种途径：第一种是非实质性差异标准，考察在被控侵权产品的必要技术特征和专利产品的必要技术特征之间是否存在实质性差异，如果没有就可认为构成等同；第二种是"功能、方式和效果"三要素标准，考察被控侵权产品和专利产品是否具有基本相同的功能、方式和效果，如果是就可认为构成等同。

在第二种判断标准中，应坚持三种要素分别比对、再行综合的途径，而不应仅就技术方案的整体进行比对就期望得出结论。例如，不应不顾两种技术方案的方式的不同，而仅以功能比较相近或效果基本相似等比较，得出两技术方案等同的结论。否则，对于技术的后来者和社会公众都可能造成对技术创新的障碍。

我国采用第二种测试标准和表述方法。如前所述，《审理侵犯专利权案件应用法律解释》第7条第2款规定："被诉侵权技术方案包含与权利要求记载的全部技术特征相同或者等同的技术特征的，人民法院应当认定其落入专利权的保护范围；被诉侵权技术方案的技术特征与权利要求记载的全部技术特征相比，缺少权利要求记载的一个以上的技术特征，或者有一个以上技术特征不相同也不等同的，人民法院应当认定其没有落入专利权的保护范围。"又根据《审理专利纠纷案件适用法律规定》第13条规定，"发明或者实用新型专利权的保护范围以其权利要求的内容为准，说明书及附图可以用于解释权利要求的内容"，是指专利权的保护范围应当以权利要求记载的全部技术特征所确定的范围为准，也包括与该技术特征相等同的特征所确定的范围。等同特征，是指与所记载的技术特征以基本相同的手段，实现基本相同的功能，达到基本相同的效果，并且本领域普通技术人员在被诉侵权行为发生时无需经过创造性劳动就能够联想到的特征。

由上述规定，可以看出等同特征与创造性标准之间的关系。发明或实用新型需满足创造性才可能被授予专利，而等同特征仅是对已有专利的必要技术特征的非实质性置换，对本领域的普通技术人员而言并不需付出创造性劳动就可联想得到，因而不具创造性。如果对专利产品的必要技术特征的改进（包括其分解、删除或重新组合等），已非本领域的普通

---

[1] 参见山东省烟台市中级人民法院（2021）鲁02知行初6号一审行政判决书（专利行政纠纷案）；山东省高级人民法院（2011）鲁民三终字第117号民事判决书（侵害发明专利权纠纷上诉案）。

技术人员不付出创造性劳动就能够联想得到的结果，即可以认为具有创造性，就不构成等同替换；如果该技术方案可满足其他可专利性条件，就可能获得新的专利授权。

总结关于等同侵权判定的司法解释规定和司法实践，在运用等同原则判定专利侵权时应注意以下问题：一是技术特征和手段等效的判断，应当以所属技术领域的普通技术人员所拥有的专业知识为准，不应当从专家或审查员的角度来判断。二是判定有无等效性时，应当借助说明书和附图，因为发明的目的、效果、优点只能在说明书中才能找到，权利要求书中不得写进这些内容。三是在判断代替手段与被代替的必要技术特征是否等效时，还应当从所属技术领域、技术解决方案、技术经济效果等方面综合考虑，如专利中的构成部分的目的、该部分与其他构成部分组合后具有的性质和该部分预定的功能。如果被控侵权物的技术特征有实质性的进步，被控侵权人的代替手段形成了新的技术、经济或社会效果，在所属技术领域的普通专业人员看来是想不到的，就不应视为专利侵权。[1]

在实际的侵权判断中，如果被控侵权人通过故意省略个别必要技术特征的方式试图规避侵权指责，但却造成侵权技术方案在性能上和效果上明显劣于专利技术方案，并且可证明二者之间的因果关系，这时就可认为侵权技术构成对专利技术的等同替换，构成实质侵权。[2]

3. 禁止反悔（Estopple）原则。根据前述《审理侵犯专利权案件应用法律解释》第6条规定，专利申请人、专利权人在专利授权或者无效宣告程序中，通过对权利要求、说明书的修改或者意见陈述而放弃的技术方案，不得在侵犯专利权纠纷案件中又将其纳入专利权保护范围。可见禁止反悔原则是诚信原则在专利制度中的反映。该原则的作用之一在于限制专利权人滥用等同原则，因为当等同原则与禁止反悔原则冲突时，优先适用禁止反悔原则。[3]

一般而言，要确定专利侵权只要一种原则得到满足即可，但要否定构成专利侵权，则至少需要在适用全面覆盖原则和等同原则后才可得出初步结论。

一般的专利侵权判定过程是：在确认是有效专利之后，先判断侵权产品是否满足全面覆盖原则，如果满足则侵权产品构成字面侵权，判定即可终止；如果侵权产品不满足全面覆盖原则，则一般认为不构成字面侵权，需要继续适用等同原则进行判断，如果满足等同原则即可认为构成实质侵权；如果仍不满足等同原则，则一般可认为不构成实质侵权；至此，除非有其他相反证据，一般则可认定被控侵权产品并未侵犯该专利权。[4]

（二）外观设计专利侵权判断

1. 以一般消费者作为主体判断标准。《审理侵犯专利权案件应用法律解释》第10条规定：“人民法院应当以外观设计专利产品的一般消费者的知识水平和认知能力，判断外观设计是否相同或者近似。”外观设计侵权判断的主体标准，与前述外观设计专利权保护范围的判断主体标准一样，都是"一般消费者"。应当注意，这里的"一般消费者"是一个虚拟

---

[1] 冯晓青、刘友华：《专利法》，法律出版社2022年版，第269~270页。

[2] 最高人民法院（2022）最高法知民终1769号民事判决书（侵害实用新型专利权纠纷案）；最高人民法院（2022）最高法知民终1381号民事判决书（侵害发明专利权纠纷案）。国外案例，详见Graver Tank & Mfg. Co. v. Linde Air Products Co., 339 U.S. 605 (1950)（明确了等同原则的适用，尤其是基于"方式、功能、效果"因素的判定）。

[3] 参见最高人民法院（2011）民提字第306号民事判决书（侵犯实用新型专利权纠纷案）。

[4] 参见青海省西宁市中级人民法院（2023）青01知民初15号民事判决书（侵害发明专利权纠纷案）。

的主体，与前述专利侵权判定中的所属领域普通技术人员类似。

2. 以外观设计整体视觉效果进行综合判断。《审理侵犯专利权案件应用法律解释》第11条规定："人民法院认定外观设计是否相同或者近似时，应当根据授权外观设计、被诉侵权设计的设计特征，以外观设计的整体视觉效果进行综合判断；对于主要由技术功能决定的设计特征以及对整体视觉效果不产生影响的产品的材料、内部结构等特征，应当不予考虑。下列情形，通常对外观设计的整体视觉效果更具有影响：（一）产品正常使用时容易被直接观察到的部位相对于其他部位；（二）授权外观设计区别于现有设计的设计特征相对于授权外观设计的其他设计特征。被诉侵权设计与授权外观设计在整体视觉效果上无差异的，人民法院应当认定两者相同；在整体视觉效果上无实质性差异的，应当认定两者近似。"[1]

三、专利侵权抗辩

一旦被控或被告知侵犯他人专利权，被控人也需积极应对。视不同情形，其可采取的应对策略包括：主张自己的行为属专利法规定的侵权例外，如属于在先使用；收集证据，请求国务院专利行政部门宣告该专利权无效；采取现有技术和现有设计抗辩；请求法院判决自己的使用不侵犯该专利权。前两种抗辩前面已作介绍，后两种抗辩也是专利侵权诉讼中经常采用的方式，以下将进行探讨。

（一）现有技术和现有设计抗辩

《专利法》第67条规定："在专利侵权纠纷中，被控侵权人有证据证明其实施的技术或者设计属于现有技术或者现有设计的，不构成侵犯专利权。"根据《审理侵犯专利权案件应用法律解释（二）》第22条规定，对于被诉侵权人主张的现有技术抗辩或者现有设计抗辩，人民法院应当依照专利申请日时施行的专利法界定现有技术或者现有设计。

一项获得专利权的技术或设计如果是现有技术或设计，就违反了新颖性条件，任何人都可以通过无效宣告程序来请求宣告该专利权无效。但其只能向国务院专利行政部门提出无效宣告请求，不能由受案法院或者管理专利工作的部门就该专利权是否有效的问题作出认定。一般情况下，受案法院或者管理专利工作的部门需要等待宣告专利权无效或者维持专利权有效的决定生效之后，才能认定被控侵权行为不构成侵权行为，或者恢复原来的侵权审理或者处理程序。这种做法使专利侵权纠纷的审判、处理程序变得复杂而漫长，浪费行政、司法资源，要么使专利权人的权益得不到及时保护，要么使被控侵权人陷入无端的诉累之中，从各方面来看都是不利的。

根据《审理侵犯专利权案件应用法律解释》第14条规定，被诉落入专利权保护范围的全部技术特征，与一项现有技术方案中的相应技术特征相同或者无实质性差异的，人民法院应当认定被诉侵权人实施的技术属于《专利法》第62条（现行《专利法》第67条）规定的现有技术。被诉侵权设计与一个现有设计相同或者无实质性差异的，人民法院应当认定被诉侵权人实施的设计属于《专利法》第62条（现行《专利法》第67条）规定的现有设计。[2]

适用现有技术和现有设计抗辩原则，应当注意几点：①此处的现有技术仅指单项现有

---

[1] 参见甘肃省高级人民法院（2022）甘知民终9号民事判决书（侵害外观设计专利权纠纷案）；上海市高级人民法院（2022）沪民终281号民事判决书（侵害外观设计专利权纠纷案）；西藏自治区高级人民法院（2023）藏知民终1号民事判决书（侵害外观设计专利权纠纷案）。

[2] 参见最高人民法院（2020）民终1282号民事判决书（侵害发明专利权纠纷案）。

技术，而非几项现有技术的有机组合。②作为一种抗辩制度，适用时既需要被控侵权人自己提出抗辩主张，同时也需要其提供支持其抗辩主张的证据。③被控侵权人只能以其实施的技术或者设计是现有技术或者现有设计为由进行抗辩，不能依据其他法定的能够宣告专利权无效的理由进行抗辩。④在被控侵权人提出现有技术或者现有设计抗辩主张，并提出有关证据的情况下，受案法院或者管理专利工作的部门机关应当首先判断抗辩能否成立；一旦认定抗辩成立，就可以直接作出认定不构成专利侵权的判决或者决定，无需就被控侵权技术或者设计是否落入专利权保护范围进行判断。⑤现有技术抗辩成立，认定被控侵权人不构成侵权的结论仅适用于具体案件。[1]

（二）请求人民法院确认不侵犯专利权

请求确认不侵权之诉是近年来在知识产权领域出现的新类型案件。在知识产权侵权纠纷中，维权的主动性掌握在权利人手中，权利人可以自主地决定以何种方式何时主张权利。依民法理论，权利人自主处分其民事权利无可非议，但是知识产权具有无形性，其权利边界模糊导致侵权与否公众并不易确定，因而知识产权维权可能会更多地涉及社会关系中其他人的利益。如果权利人不及时行使其权利，公众特别是被权利人"指控"的涉嫌侵权人的生产与经营将长期处于不稳定之中，这种不稳定可能带来现实的损害。专利权领域更是如此。

在专利领域，常出现如下困境：专利权人轻率地向与其有竞争关系的制造商、经销商或客户等发出律师函或警告信，或在公开媒体上发表声明，对他人进行侵权指控和威胁，但在相当长的期间内并不向管辖法院提起诉讼。此时，作为被控侵权方，其一方面难以最终准确判断自己行为究竟是否合法；另一方面也无从知晓权利人是否会起诉和何时起诉，此种权利的不确定状态无疑会对被控侵权方可能的合法经营造成相当的损害。如何衡平专利权人和社会公众间的利益冲突，确认不侵权之诉可谓是制约专利权滥用和有效保护被控侵权方合法权益的平衡器。[2]

《审理侵犯专利权案件应用法律解释》第18条对提起确认不侵权之诉的理由及条件进行了明确解释，即权利人向他人发出侵犯专利权的警告，被警告人或者利害关系人经书面催告权利人行使诉权，自权利人收到该书面催告之日起1个月内或者自书面催告发出之日起2个月内，权利人不撤回警告也不提起诉讼，被警告人或者利害关系人可以向人民法院提起请求确认其行为不侵犯专利权。确立这种诉讼形式的目的在于防止专利权人滥用专利权，以专利权作为压制其他人开展正常生产经营活动的手段，破坏公平的竞争环境。[3]

第三节　专利侵权的法律责任

专利侵权可能涉及三种形式的法律责任，分别是民事责任、行政责任和刑事责任。

一、专利侵权的民事责任

根据侵权法理论和我国《民法典》的规定，民事法律责任形式主要包括停止侵权、赔

---

[1] 参见云南省高级人民法院（2022）云民终1246号民事判决书（侵害外观设计专利权纠纷案）。

[2] 冯晓青、刘友华：《专利法》，法律出版社2022年版，第318页。

[3] 参见最高人民法院（2020）最高法知终225号民事裁定书（确认不侵害专利权纠纷案）；最高人民法院（2019）最高法知民终732、733、734号民事判决书（确认不侵害专利权及标准必要专利许可纠纷案）。

偿损失、消除影响和赔礼道歉等。针对专利侵权，我国《专利法》规定了停止侵权和赔偿损失等民事责任形式。对专利权人而言，这是非常重要的救济措施。

(一) 停止侵权

侵权人一旦被认定侵犯了他人的专利权，就应立即停止制造、使用、销售、许诺销售或进口等侵权行为。有权要求或责令侵权人停止侵权的主体有专利权人、相关利害关系人、管理专利工作的部门和人民法院。停止侵权能够切实地维护专利权人的合法权益，因而在专利侵权纠纷案件中，作为原告的专利权人或者利害关系人一般都会提出停止侵权的诉讼请求。[1]

关于停止侵权，需要注意被诉侵权产品的使用者不存在主观过错时仍然具有停止相关行为的义务。《审理侵犯专利权案件应用法律解释（二）》第25条规定："为生产经营目的使用、许诺销售或者销售不知道是未经专利权人许可而制造并售出的专利侵权产品，且举证证明该产品合法来源的，对于权利人请求停止上述使用、许诺销售、销售行为的主张，人民法院应予支持，但被诉侵权产品的使用者举证证明其已支付该产品的合理对价的除外。本条第一款所称不知道，是指实际不知道且不应当知道。本条第一款所称合法来源，是指通过合法的销售渠道、通常的买卖合同等正常商业方式取得产品。对于合法来源，使用者、许诺销售者或者销售者应当提供符合交易习惯的相关证据。"

还应当指出，在特殊情况下，人民法院在认定构成专利侵权时，仍然可以不判决停止使用，而改为判令专利侵权人支付相应的费用。《审理侵犯专利权案件应用法律解释（二）》第26条即规定："被告构成对专利权的侵犯，权利人请求判令其停止侵权行为的，人民法院应予支持，但基于国家利益、公共利益的考量，人民法院可以不判令被告停止被诉行为，而判令其支付相应的合理费用。""上述规定很好地考虑了制止专利侵权与维护国家利益和公共利益之间的关系，有利于在维护专利权人利益的基础上更好地维护国家利益和公共利益，实现专利法的立法宗旨。从专利法原理来说，专利法以保护专利权人的利益为基础和核心，但也承载着维护国家利益、公共利益的使命。在专利侵权纠纷案件中，尽管法院认定被告构成专利侵权，但如果判令被告停止使用涉案专利技术可能会损害国家利益、公共利益，此时就应当采取不判令停止使用而判令被告支付相应的合理费用的方式。应当说，这也很好地体现了专利法上的利益平衡理念。"[2]

(二) 赔偿损失

侵权人未经专利权人许可实施其专利，构成侵犯专利权，引起纠纷，专利权人可主张权利，要求侵权人停止侵权和赔偿损失，双方当事人可就此协商，寻求解决方案。如果当事人不愿协商或者协商不成，专利权人或利害关系人（如独占被许可人）可以向有管辖权的人民法院起诉，也可以请求具有管辖权的省级管理专利工作的部门或专利管理工作量大又有实际处理能力的市级管理专利工作的部门处理。如果专利权人或利害关系人直接向人民法院起诉，或者当事人因管理专利工作的部门调解不成或对调解意见反悔而向人民法院起诉，人民法院经过审理认为构成侵犯专利权，就可判决侵权人立即停止侵权并赔偿专利权人或利害关系人的损失。

现行《专利法》第65条规定："未经专利权人许可，实施其专利，即侵犯其专利权，

---

[1] 参见最高人民法院（2020）最高法知民终1696号民事判决书（侵害发明专利权纠纷案）。

[2] 冯晓青、刘友华：《专利法》，法律出版社2022年版，第179页。

引起纠纷的，由当事人协商解决；不愿协商或者协商不成的，专利权人或者利害关系人可以向人民法院起诉，也可以请求管理专利工作的部门处理。管理专利工作的部门处理时，认定侵权行为成立的，可以责令侵权人立即停止侵权行为，当事人不服的，可以自收到处理通知之日起十五日内依照《中华人民共和国行政诉讼法》向人民法院起诉；侵权人期满不起诉又不停止侵权行为的，管理专利工作的部门可以申请人民法院强制执行。进行处理的管理专利工作的部门应当事人的请求，可以就侵犯专利权的赔偿数额进行调解；调解不成的，当事人可以依照《中华人民共和国民事诉讼法》向人民法院起诉。"

1. 专利侵权损害赔偿额的计算标准。关于专利侵权赔偿数额，我国《专利法》规定了以传统的民事赔偿的填平原则为主、法定赔偿和惩罚性赔偿为辅的计算方法。[1] 依据《专利法》第71条规定，侵犯专利权的赔偿数额依次有以下几种计算方法：

第一，按照专利权人或利害关系人因被侵权所受到的实际损失确定。[2] 专利权人因被侵权所受到的损失可以根据专利权人的专利产品因侵权造成销售量减少的总数乘以每件专利产品的合理利润所得之积计算；如果权利人销售量减少的总数难以确定，则可以将侵权产品在市场上销售的总数乘以每件专利产品的合理利润所得之积视为权利人因被侵权所受到的损失。[3]

第二，实际损失难以确定的，可以按照侵权人因侵权所获得的利益确定。侵权人因侵权所获得的利益可以根据该侵权产品在市场上销售的总数乘以每件侵权产品的合理利润所得之积计算；侵权人因侵权所获得的利益一般按照侵权人的营业利润计算，对于完全以侵权为业的侵权人，可按销售利润计算。[4] 为了合理地保护双方的合法利益，对于确定侵权所获利益，应当限于侵权人因侵犯专利权行为所获得的利益；因其他权利所产生的利益，应当合理扣除。[5] 针对侵权产品作为另一产品的零部件或者产品包装的情况，《审理侵犯专利权案件应用法律解释》第16条第2款规定，对侵犯发明、实用新型专利权的产品系另一产品的零部件的，人民法院应当根据该零部件本身的价值及其在实现成品利润中的作用等因素合理确定赔偿数额；第3款规定，侵犯外观设计专利权的产品为包装物的，人民法院应当按照包装物本身的价值及其在实现被包装产品利润中的作用等因素合理确定赔偿数额。

第三，使用费合理倍数的标准。在举证困难或举证不能的情形下，如果权利人的损失或者侵权人获得的利益难以确定，有专利许可使用费可以参照的，人民法院可以根据专利权类型、侵权行为的性质和情节、专利许可的性质、范围和时间等因素，参照该专利许可使用费的倍数合理确定赔偿数额。没有专利许可使用费可以参照或者专利许可使用费明显不合理的，人民法院可以根据专利权的类型、侵权行为的性质和情节等因素，依照《专利法》第71条第2款关于法定赔偿的规定确定赔偿数额。[6]

依照前述三种方式计算的侵权赔偿数额，应当包括权利人为制止侵权行为所支付的合

---

[1] 参见张玲：《论专利侵权赔偿损失的归责原则》，载《中国法学》2012年第2期。
[2] 参见 Jason Reinecke, "Lost Profits Damages for Multicomponent Products: Clarifying the Debate", 71 *Stan. L. REV.* 1621, 2019, pp. 1621-1658.
[3] 《审理专利纠纷案件适用法律规定》第14条第1款。
[4] 《审理专利纠纷案件适用法律规定》第14条第2款。
[5] 《审理侵犯专利权案件应用法律解释》第16条第1款。
[6] 《审理专利纠纷案件适用法律规定》第15条。

理开支，包括合理的律师费、调查取证费和交通费等。根据《审理专利纠纷案件适用法律规定》第 16 条规定，权利人主张其为制止侵权行为所支付合理开支的，人民法院可以在现行《专利法》第 71 条确定的赔偿数额之外另行计算。

第四，法定赔偿标准。《专利法》第 71 条第 2 款规定："权利人的损失、侵权人获得的利益和专利许可使用费均难以确定的，人民法院可以根据专利权的类型、侵权行为的性质和情节等因素，确定给予三万元以上五百万元以下的赔偿。"其第 3 款规定："赔偿数额还应当包括权利人为制止侵权行为所支付的合理开支。"

适用法定赔偿，当事人可以在诉讼中提出请求，法院也可以在案件的审理中依职权决定适用。在确定具体案件的赔偿数额时，要考虑以下酌定因素：专利权的类型、侵权行为的性质和情节等。例如，被侵犯的专利权是发明专利还是实用新型专利、外观设计专利，是仅进行了制造、销售、许诺销售、使用行为、进口行为中的一种行为还是几种行为都存在，侵权人是故意还是过失，侵权行为持续的时间、范围、后果等。[1]

第五，惩罚性赔偿。根据《专利法》第 71 条第 1 款规定，侵犯专利权的赔偿数额按照权利人因被侵权所受到的实际损失或者侵权人因侵权所获得的利益确定；权利人的损失或者侵权人获得的利益难以确定的，参照该专利许可使用费的倍数合理确定。对故意侵犯专利权，情节严重的，可以在按照上述方法确定数额的 1 倍以上 5 倍以下确定赔偿数额。在专利侵权行为存在主观故意且情节严重时，根据上述规定即可适用惩罚性赔偿标准计算侵权损害赔偿额。

关于知识产权侵权惩罚性赔偿，本书在总论及著作权法部分均已作出过探讨。就专利侵权损害赔偿而言，与惩罚性赔偿的一般法理一样，都是通过加大赔偿力度，实现有力遏制侵权的目的。在适用条件方面，也都是要求侵权行为存在主观故意且情节严重。当然，鉴于惩罚性赔偿数额大大超过了被侵权人的实际损失，在专利侵权案件中适用惩罚性赔偿同样应当从严掌握，不得随意适用。如前所述，为增强人民法院审理知识产权侵权纠纷案件适用法律的可操作性，最高人民法院公布了《侵害知识产权民事案件惩罚性赔偿解释》，其规定对于专利侵权案件适用惩罚性赔偿同样适用。例如，参照其第 3 条第 1 款规定，对于侵害专利权的故意的认定，人民法院应当综合考虑被侵害专利权客体类型、权利状态和相关产品知名度、被告与原告或者利害关系人之间的关系等因素。该条第 2 款列举的可以初步认定被告具有侵害知识产权的故意的情形也适用于专利权。参照其第 4 条规定，对于侵害专利权情节严重的认定，人民法院应当综合考虑侵权手段、次数，侵权行为的持续时间、地域范围、规模、后果，侵权人在诉讼中的行为等因素。被告有下列情形的，人民法院可以认定为情节严重：①因侵权被行政处罚或者法院裁判承担责任后，再次实施相同或者类似侵权行为；②以侵害专利权为业；③伪造、毁坏或者隐匿侵权证据；④拒不履行保全裁定；⑤侵权获利或者权利人受损巨大；⑥侵权行为可能危害国家安全、公共利益或者人身健康；⑦其他可以认定为情节严重的情形。又如，根据其第 6 条规定，人民法院依法确定惩罚性赔偿的倍数时，应当综合考虑被告主观过错程度、侵权行为的情节严重程度等因素。因同一侵权行为已经被处以行政罚款或者刑事罚金且执行完毕，被告主张减免惩罚

---

[1] 参见最高人民法院（2020）最高法知民终 357 号民事判决书（侵害实用新型专利权纠纷案）。

性赔偿责任的，人民法院不予支持，但在确定前款所称倍数时可以综合考虑。[1]

2. "善意侵权"的赔偿例外。《专利法》第 77 条还规定了无主观过错的专利产品使用者或销售者的赔偿例外：为生产经营目的使用、许诺销售或者销售不知道是未经专利权人许可而制造并售出的专利侵权产品，能证明该产品合法来源的，不承担赔偿责任。此规定可帮助追究侵权产品的来源，便于更好地制止专利侵权。[2]

3. 权利人与侵权人约定赔偿的效力。在实践中，存在权利人与侵权人就专利侵权损害赔偿额进行约定的情形。当发生实际的专利侵权时，可以该约定作为损害赔偿额。《审理侵犯专利权案件应用法律解释（二）》第 28 条即规定：权利人、侵权人依法约定专利侵权的赔偿数额或者赔偿计算方法，并在专利侵权诉讼中主张依据该约定确定赔偿数额的，人民法院应予支持。

4. 专利侵权损害赔偿的举证责任问题。关于专利侵权损害赔偿额的界定，还值得重视举证责任问题。《专利法》第 71 条第 4 款规定："人民法院为确定赔偿数额，在权利人已经尽力举证，而与侵权行为相关的账簿、资料主要由侵权人掌握的情况下，可以责令侵权人提供与侵权行为相关的账簿、资料；侵权人不提供或者提供虚假的账簿、资料的，人民法院可以参考权利人的主张和提供的证据判定赔偿数额。"《审理侵犯专利权案件应用法律解释（二）》第 27 条也作了相关规定，权利人因被侵权所受到的实际损失难以确定的，人民法院应当依照《专利法》第 71 条第 1 款的规定，要求权利人对侵权人因侵权所获得的利益进行举证；在权利人已经提供侵权人所获利益的初步证据，而与专利侵权行为相关的账簿、资料主要由侵权人掌握的情况下，人民法院可以责令侵权人提供该账簿、资料；侵权人无正当理由拒不提供或者提供虚假的账簿、资料的，人民法院可以根据权利人的主张和提供的证据认定侵权人因侵权所获得的利益。[3]

二、专利侵权的行政责任

专利侵权的行政责任，是指专利侵权人因违反专利法而被管理专利工作的部门依法给予行政处罚所应承担的强制性法律后果。除针对一般专利侵权行为、责令专利侵权人停止侵权外，管理专利工作的部门还可以针对不同情形分别给予不同的行政处罚。

专利法特别规定了对假冒专利行为的行政处理。《专利法》第 68 规定："假冒专利的，除依法承担民事责任外，由负责专利执法的部门责令改正并予公告，没收违法所得，可以处违法所得五倍以下的罚款；没有违法所得或者违法所得在五万元以下的，可以处二十五万元以下的罚款；构成犯罪的，依法追究刑事责任。"销售不知道是假冒专利的产品，并且能够证明该产品合法来源的，由负责专利执法的部门责令停止销售，但免除罚款的处罚。

针对实践的要求，《专利法》还授予负责专利执法的部门在查处假冒专利行为时的一些特别权力。《专利法》第 69 条规定："负责专利执法的部门根据已经取得的证据，对涉嫌假冒专利行为进行查处时，有权采取下列措施：（一）询问有关当事人，调查与涉嫌违法行为有关的情况；（二）对当事人涉嫌违法行为的场所实施现场检查；（三）查阅、复制与涉嫌

---

[1] 参见河南省郑州市中级人民法院（2021）豫 01 知民初 1012 号民事判决书（侵害实用新型专利权纠纷案）。

[2] 参见新疆维吾尔族自治区乌鲁木齐市中级人民法院（2022）新 01 民初 93 号民事判决书（侵害外观设计专利权纠纷案）。

[3] 参见最高人民法院（2021）最高法知民终 1840 号民事判决书（侵害发明专利权纠纷案）；山东省青岛市中级人民法院（2020）鲁 02 知民初 40 号民事判决书（侵害发明专利权纠纷案）。

违法行为有关的合同、发票、账簿以及其他有关资料；（四）检查与涉嫌违法行为有关的产品；（五）对有证据证明是假冒专利的产品，可以查封或者扣押。管理专利工作的部门应专利权人或者利害关系人的请求处理专利侵权纠纷时，可以采取前款第（一）项、第（二）项、第（四）项所列措施。负责专利执法的部门、管理专利工作的部门依法行使前两款规定的职权时，当事人应当予以协助、配合，不得拒绝、阻挠。"

《专利法》第70条规定："国务院专利行政部门可以应专利权人或者利害关系人的请求处理在全国有重大影响的专利侵权纠纷。地方人民政府管理专利工作的部门应专利权人或者利害关系人请求处理专利侵权纠纷，对在本行政区域内侵犯其同一专利权的案件可以合并处理；对跨区域侵犯其同一专利权的案件可以请求上级地方人民政府管理专利工作的部门处理。"上述规定明确了国务院专利行政部门和地方人民政府管理专利在查处专利侵权纠纷方面的管辖权限。《专利法实施细则》第97条进一步规定："当事人请求处理专利侵权纠纷或者调解专利纠纷的，由被请求人所在地或者侵权行为地的管理专利工作的部门管辖。两个以上管理专利工作的部门都有管辖权的专利纠纷，当事人可以向其中一个管理专利工作的部门提出请求；当事人向两个以上有管辖权的管理专利工作的部门提出请求的，由最先受理的管理专利工作的部门管辖。管理专利工作的部门对管辖权发生争议的，由其共同的上级人民政府管理专利工作的部门指定管辖；无共同上级人民政府管理专利工作的部门的，由国务院专利行政部门指定管辖。"上述规定，进一步明确了管理专利工作的部门处理专利侵权纠纷案件的行政管辖权，有利于明确管理专利工作的部门的分工和权限，并方便当事人提出行政处理的请求。[1]

管理专利工作的部门在调解、处理专利侵权纠纷时，应查明事实，分清是非，按照专利法及其实施细则的有关规定，促使当事人之间达成调解协议。若达成协议，管理专利工作的部门应制作调解书，并经当事人签名盖章、调解处理人员签名和加盖管理专利工作的部门公章。当事人如对调解反悔，可以向人民法院起诉。

如调解不能达成协议，管理专利工作的部门应对专利侵权纠纷及时作出处理决定。管理专利工作的部门应根据相关事实和法律，在认定侵权行为成立时，责令侵权人立即停止侵权行为。当事人如果对此决定不服，可以在收到处理通知之日起15日内，依照《行政诉讼法》的规定，以作出处理决定的管理专利工作的部门为被告，向有管辖权的人民法院起诉，请求撤销该管理专利工作的部门的决定。如果侵权人在15日期限内不起诉又不停止侵权，管理专利工作的部门可申请人民法院给予强制执行。《审理专利纠纷案件适用法律规定》第19条规定，对于管理专利工作的部门已经作出过侵权或不侵权认定的侵犯专利权纠纷案件，人民法院仍应当就当事人的诉讼请求进行全面审查。

在管理专利工作的部门处理专利侵权的过程中，可能面临专利权被提出无效宣告的情况。对此，根据《专利法实施细则》第98条规定，在处理专利侵权纠纷过程中，被请求人提出无效宣告请求并被国务院专利行政部门受理的，可以请求管理专利工作的部门中止处理。管理专利工作的部门认为被请求人提出的中止理由明显不能成立的，可以不中止处理。

《专利法实施细则》第102条则规定，除专利侵权纠纷外，管理专利工作的部门还可以

---

[1] 此外，《专利法》第3条还规定了相关行政部门对于专利管理工作的权限。其第3条第1款规定"国务院专利行政部门负责管理全国的专利工作……"。第2款则规定："省、自治区、直辖市人民政府管理专利工作的部门负责本行政区域内的专利管理工作。"

对下列专利纠纷进行调解：①专利申请权和专利权归属纠纷；②发明人、设计人资格纠纷；③职务发明创造的发明人、设计人的奖励和报酬纠纷；④专利权人提起的关于在发明专利申请公布后和专利授权前因使用发明而未支付适当费用的纠纷。对于前款第4项所列的纠纷，当事人请求管理专利工作的部门调解的，应当在专利权被授予之后提出。

应当说，专利侵权纠纷的行政处理，是我国颇具特色的知识产权行政保护方式，其具有简便快捷、处理及时的特点，也为TRIPs协议所认可。根据TRIPs协议的要求，所有行政决定之后都应有司法救济，我国《专利法》的规定也体现了这一点。[1]

三、专利侵权的刑事责任

专利侵权行为一旦违反相关的刑事条款，就可能构成犯罪，行为人须承担相应的刑事责任。与侵犯商标权或著作权的行为相比，侵犯专利权的行为涉及的刑事责任种类较少，相应的处罚措施也较轻。根据前述《专利法》第68条规定，假冒专利构成犯罪者须依法承担刑事责任。相应地，《刑法》第216条规定，假冒他人专利，情节严重的，处3年以下有期徒刑或者拘役，并处或者单处罚金。[2]

根据《知识产权刑事案件应用法律解释》第10条的规定，行为人的以下行为构成《刑法》第216条规定的"假冒他人专利"行为：①未经许可，在其制造或销售的产品或产品的包装上标注他人专利号；②未经许可，在广告或其他宣传材料中使用他人的专利号，使公众将所涉及的技术误认为是他人的专利技术；③未经许可，在合同中使用他人的专利号，使人将合同涉及的技术误认为是他人专利技术；④伪造或者变造他人的专利证书、专利文件或者专利申请文件。

根据上述司法解释第4条的规定，假冒他人专利，具有下列情形之一，属于《刑法》第216条规定的"情节严重"，应当以假冒专利罪判处3年以下有期徒刑或者拘役，并处或者单处罚金：①非法经营数额在20万元以上或者违法所得数额在10万元以上；②给专利权人造成直接经济损失50万元以上；③假冒两项以上他人专利，非法经营数额在10万元以上或者违法所得数额在5万元以上；④其他情节严重的情形。[3]

2007年4月5日施行的《知识产权刑事案件应用法律解释（二）》，以及2020年9月14日起施行的《知识产权刑事案件应用法律解释（三）》对知识产权犯罪及处理作出新规定。这些具体判定标准和措施为我国司法系统及时处理假冒他人专利犯罪提供了统一依据。

第四节 专利诉讼

专利诉讼包括民事诉讼、行政诉讼和刑事诉讼。本节将分别进行阐述和探讨。

一、专利民事诉讼

专利民事诉讼，是专利民事案件诉讼的简称，是指"人民法院在专利申请人、专利权人等当事人和其他诉讼参与人的参加下，审理和解决专利民事纠纷案件的全部活动"。[4]

---

[1] 现行《专利法》还规定了另一种违反专利法的行政责任。其第79条规定："管理专利工作的部门不得参与向社会推荐专利产品等经营活动。管理专利工作的部门违反前款规定的，由其上级机关或者监察机关责令改正，消除影响，有违法收入的予以没收；情节严重的，对直接负责的主管人员和其他直接责任人员依法给予处分。"

[2] 参见贺志军：《刑法中的"假冒他人专利"新释》，载《法商研究》2019年第6期。

[3] 参见江苏省南通市中级人民法院（2015）通中知刑初字第0001号刑事判决书（假冒专利罪案）。

[4] 冯晓青、刘友华：《专利法》，法律出版社2022年版，第303页。

专利民事诉讼，包括专利权属诉讼、专利侵权诉讼和专利合同诉讼等类型。在专利民事诉讼实践中，数量最多的还是专利侵权纠纷案件。因此，以下在兼顾对专利权属诉讼和合同诉讼相关问题进行介绍和探讨的同时，将以专利侵权诉讼作为重点加以研究。

专利侵权诉讼是针对专利侵权行为直接而有效的基本救济方式，能够对专利权起到重要的保护作用，国际公约和各国专利法都对专利侵权诉讼作出详细规定。在我国，《专利法》《专利法实施细则》、最高人民法院有关专利权纠纷案件的司法解释等都对专利侵权诉讼作了具体规定，具体包括《审理专利纠纷案件适用法律规定》《审理侵犯专利权案件应用法律解释》和《审理侵犯专利权案件应用法律解释（二）》等。

（一）受案范围[1]

根据《审理专利纠纷案件适用法律规定》第1条规定，结合专利司法实践，专利民事案件的受案范围主要如下：

1. 发明专利临时保护期使用费纠纷案件。这是指发明专利公布后至授予专利权之前实施发明的费用的纠纷案件。[2]

2. 专利权属纠纷案件。这类案件又可以分为专利申请权纠纷案件和专利权归属纠纷案件。其中，专利申请权纠纷案件是指谁有权申请专利而引起的纠纷案件。涉及专利申请权的纠纷主要有：关于是职务发明创造还是非职务发明创造的纠纷；关于谁是发明创造的发明人或设计人的纠纷（发明创造发明人、设计人署名权纠纷案件）；关于合作完成或者接受委托完成的发明创造，谁有权申请专利的纠纷；发明人或设计人与其所在单位对职务发明创造是否申请专利的纠纷。专利权归属纠纷案件是指在专利权被授予后，当事人之间就谁有权取得专利权而引起的专利纠纷案件。专利权归属纠纷主要有以下几类：职务发明创造与非职务发明创造界定的专利权归属纠纷；是否为共有专利权人之间的纠纷；委托研究的专利权归属纠纷。此外，职务发明创造发明人、设计人的奖励、报酬纠纷也可以纳入此类。[3]

3. 专利侵权纠纷案件。专利侵权纠纷案件是指未经专利权人许可，也没有经法律特别授权，以生产经营为目的实施其专利所引起纠纷的案件。它是专利民事纠纷案件中最普遍、最典型的纠纷案件，通常具有以下特点：一是专业技术性很强，绝大多数涉及技术问题的讼争；二是取证较为困难，因为侵权人常用隐蔽、伪装的手段实施侵权；三是在三种专利中，实用新型专利诉讼较多；四是侵权被告往往在诉讼程序中请求宣告专利权无效。对专利权的保护，最主要的是及时、有效地制裁专利侵权行为。人民法院对这一类案件进行处理将会形成专利侵权诉讼。

---

[1] 本部分选自冯晓青、刘友华：《专利法》，法律出版社2022年版，第303~305页。

[2] 参见最高人民法院（2021）最高法知民终434号民事判决书（发明专利临时保护期使用费纠纷、侵害发明专利纠纷案）。

[3] "配药机器人"专利权属纠纷案，最高人民法院（2019）最高法民申6342号民事裁定书（指导案例第158号）。在该案中，法院认为：判断是否属于专利法规定的与在原单位承担的本职工作或者原单位分配的任务"有关的发明创造"时，应注重维护原单位、离职员工以及离职员工新任职单位之间的利益平衡，综合考虑以下因素作出认定：一是离职员工在原单位承担的本职工作或原单位分配的任务的具体内容；二是涉案专利的具体情况及其与本职工作或原单位分配的任务的相互关系；三是原单位是否开展了与涉案专利有关的技术研发活动，或者有关的技术是否具有其他合法来源；四是涉案专利的权利人、发明人能否对专利技术的研发过程或者来源作出合理解释。由于原告不能对涉案专利技术的研发过程或技术来源作出合理解释，法院认定本案系职务发明创造。

4. 专利合同纠纷案件。专利合同纠纷案件是指当事人因履行专利合同规定的义务或对合同条款的解释而引起的纠纷案件。这类纠纷有以下几类：①专利申请权转让合同纠纷和专利权转让合同纠纷。在这类纠纷中，如遇专利权人提出侵权诉讼，合同纠纷和侵权纠纷可以合并审理。②专利实施许可合同纠纷。在解决这类纠纷时如遇第三方提出专利权属争议，人民法院应中止对合同纠纷的审理，先解决当事人之间的专利权属纠纷。③专利技术中介合同纠纷。它是专利代理机构、技术市场和个人等与专利权人和实施单位分别或共同签订中介合同后因履行合同义务而引起的纠纷。对这些合同纠纷问题应按《民法典》的相关规定加以解决。

值得指出的是，假冒他人专利纠纷案件、诉前申请行为保全纠纷案件、诉前申请财产保全纠纷案件、因申请行为保全损害责任纠纷案件、因申请财产保全损害责任纠纷案件、确认不侵害专利权纠纷案件，均可以纳入专利民事纠纷案件范畴。

(二) 当事人资格和可诉行为

根据前述《专利法》第65条规定，提起专利侵权诉讼的起诉人可为专利权人或利害关系人。其中，利害关系人是对案件的诉讼标的具有直接或者间接利害关系的人。专利侵权诉讼中的利害关系人，主要是指专利独占许可合同中的独占被许可人以及专利独家（排他）许可合同中的独家（排他）被许可人。具体而言，专利权人或专利独占许可的被许可人可单独起诉；专利独家许可的被许可人可与专利权人共同提起诉讼，并且在专利权人不起诉的情形下，独家许可的被许可人也可提起诉讼；专利普通许可的被许可人可与专利权人共同提起诉讼，或者在得到专利权人授权的情形下单独提起诉讼。

对于被告资格而言，是原告主张侵害其民事权益的人。在专利侵权诉讼中，被告如未经许可，制造、使用、许诺销售、销售、进口专利产品的人。在间接侵权的场合，间接侵权人也符合被告主体资格。

可诉专利侵权行为包括三类：①在起诉时正在进行的专利侵权；②即发侵权，即在起诉时专利侵权人已经做好必要的侵权准备，正要开始实施的侵权；③曾经持续一段时间，但目前已结束的专利侵权行为。此类既往的专利侵权行为一般可诉，但需受时效限制。

(三) 诉讼管辖

专利民事案件的管辖，可分为级别管辖、地域管辖和专属管辖。

1. 级别管辖。专利民事案件级别管辖解决的是上下级法院之间就受理第一审专利民事案件的分工和权限。根据《适用〈民事诉讼法〉解释》第2条第1款的规定，专利纠纷案件由知识产权法院、最高人民法院确定的中级人民法院和基层人民法院管辖。

2. 地域管辖。因侵犯专利权行为提起的诉讼，由侵权行为地或被告住所地的人民法院管辖。侵权行为地包括：被诉侵犯发明、实用新型专利权的产品的制造、使用、许诺销售、销售、进口等行为的实施地；专利方法使用行为的实施地，依照该专利方法直接获得的产品的使用、许诺销售、销售、进口等行为的实施地；外观设计专利产品的制造、许诺销售、销售、进口等行为的实施地；假冒他人专利的行为实施地。上述侵权行为的侵权结果发生地。[1] 原告仅对侵权产品制造者提起诉讼，未起诉销售者，侵权产品制造地与销售地不一致的，制造地人民法院有管辖权；以制造者与销售者为共同被告起诉的，销售地人民法院有管辖权。销售者是制造者分支机构，原告在销售地起诉侵权产品制造者制造、销售行为

---

[1]《审理专利纠纷案件适用法律规定》第2条。

的，销售地人民法院有管辖权。[1]

3. 专属管辖。2014年8月31日公布施行了《全国人民代表大会常务委员会关于在北京、上海、广州设立知识产权法院的决定》，2014年的《关于北京、上海、广州知识产权法院案件管辖的规定》，对北京、上海和广东省的专利侵权案件的管辖作出了新的规定。例如，其第1条规定：知识产权法院管辖所在市辖区内的专利、植物新品种、集成电路布图设计、技术秘密、计算机软件民事和行政案件；[2] 对国务院部门或者县级以上地方人民政府所作的涉及著作权、商标、不正当竞争等行政行为提起诉讼的行政案件；以及涉及驰名商标认定的民事案件。对上述三地的专利侵权一审案，分别由北京、上海和广州知识产权法院管辖，其上诉案由知识产权法院所在地的高级人民法院知识产权审判庭审理。2020年12月26日公布的《全国人民代表大会常务委员会关于设立海南自由贸易港知识产权法院的决定》，专门管辖海南省内应由中级人民法院管辖的知识产权民事、行政、刑事案件，实行知识产权审判"三合一"。

2023年10月16日修正的《关于知识产权法庭若干问题的规定》第2条规定，最高人民法院知识产权法庭审理下列上诉案件：①专利、植物新品种、集成电路布图设计授权确权行政上诉案件；②发明专利、植物新品种、集成电路布图设计权属、侵权民事和行政上诉案件；③重大、复杂的实用新型专利、技术秘密、计算机软件权属、侵权民事和行政上诉案件；④垄断民事和行政上诉案件。知识产权法庭审理下列其他案件：①前款规定类型的全国范围内重大、复杂的第一审民事和行政案件；②对前款规定的第一审民事和行政案件已经发生法律效力的判决、裁定、调解书依法申请再审、抗诉、再审等适用审判监督程序的案件；③前款规定的第一审民事和行政案件管辖权争议，行为保全裁定申请复议，罚款、拘留决定申请复议，报请延长审限等案件；④最高人民法院认为应当由知识产权法庭审理的其他案件。

（四）诉讼时效

《专利法》第74条规定："侵犯专利权的诉讼时效为三年，自专利权人或者利害关系人知道或者应当知道侵权行为以及侵权人之日起计算。发明专利申请公布后至专利权授予前使用该发明未支付适当使用费的，专利权人要求支付使用费的诉讼时效为三年，自专利权人知道或者应当知道他人使用其发明之日起计算，但是，专利权人于专利权授予之日前即已知道或者应当知道的，自专利权授予之日起计算。"该规定分别明确了专利侵权诉讼和发明专利申请公布后至专利权授予前临时保护诉讼时效。在实践中，专利侵权可能具有连续性，等到专利权人或者利害关系人发现侵权行为，可能早已超过3年。为充分维护权利人合法权益，《审理专利纠纷案件适用法律规定》第17条补充规定：权利人超过3年起诉的，如果侵权行为在起诉时仍在继续，在该项专利权有效期内，人民法院应当判决被告停止侵权行为，侵权损害赔偿数额应当自权利人向人民法院起诉之日起向前推算3年计算。

（五）诉前保全措施

1. 诉前财产保全与行为保全。诉前财产保全和行为保全的目的，是为了及时制止正在实施或者即将实施侵犯专利权、妨碍其实现权利的行为，有效地维护专利权人或利害关系

---

[1]《审理专利纠纷案件适用法律规定》第3条。参见湖南省长沙市中级人民法院（2019）湘01民初3186号之一民事裁定书（专利权权属、侵权纠纷案）。

[2] 参见吴汉东：《计算机软件专利保护问题研究》，载《当代法学》2022年第3期。

人的合法权益。《专利法》第72条规定："专利权人或者利害关系人有证据证明他人正在实施或者即将实施侵犯专利权、妨碍其实现权利的行为，如不及时制止将会使其合法权益受到难以弥补的损害的，可以在起诉前依法向人民法院申请采取财产保全、责令作出一定行为或者禁止作出一定行为的措施。"[1]

还应当注意的是，针对财产保全措施，在相关民事纠纷中专利权本身也可以被作为进行财产保全的标的。这与上述专利侵权诉讼中专利权人或者利害关系人在起诉前依法向人民法院申请采取财产保全不同。[2]

2. 诉前证据保全。诉前证据保全的目的，是为了及时固定证据，防止证据可能灭失或者以后难以取得。《专利法》第73条规定："为了制止专利侵权行为，在证据可能灭失或者以后难以取得的情况下，专利权人或者利害关系人可以在起诉前依法向人民法院申请保全证据。"为了规范证据保全行为，前述《知识产权民事诉讼证据规定》对于包括专利权在内的知识产权民事诉讼证据保全制度作了详细规定。例如，其第11条规定："人民法院对于当事人或者利害关系人的证据保全申请，应当结合下列因素进行审查：（一）申请人是否已就其主张提供初步证据；（二）证据是否可以由申请人自行收集；（三）证据灭失或者以后难以取得的可能性及其对证明待证事实的影响；（四）可能采取的保全措施对证据持有人的影响。"其第12条第2款规定："证据保全涉及技术方案的，可以采取制作现场勘验笔录、绘图、拍照、录音、录像、复制设计和生产图纸等保全措施。"其第14条则规定："对于人民法院已经采取保全措施的证据，当事人擅自拆装证据实物、篡改证据材料或者实施其他破坏证据的行为，致使证据不能使用的，人民法院可以确定由其承担不利后果。构成民事诉讼法第一百一十一条规定情形的，人民法院依法处理。"该司法解释相关规定，成为处理专利侵权案件包括诉前证据保全在内的证据保全问题的重要依据和指引。[3]

（六）中止诉讼：专利侵权诉讼与无效程序的衔接

在专利侵权诉讼过程中有时会出现使诉讼过程暂时无法进行的法定事由，这时就需暂时中止诉讼过程，等相关事由得到解决后再继续诉讼过程。在专利侵权诉讼中，可导致诉讼中止的事由主要涉及实用新型专利与外观设计专利侵权的无效抗辩。

《审理专利纠纷案件适用法律规定》第5~8条对于发明、实用新型和外观设计专利侵权纠纷案件适用中止诉讼的情形和条件作了明确规定，是专利侵权案件中涉及专利权无效宣告问题时进行相关程序衔接的重要司法指引。具体而言，相关规定如下：人民法院受理的侵犯实用新型、外观设计专利权纠纷案件，被告在答辩期间内请求宣告该项专利权无效的，人民法院应当中止诉讼，但具备下列情形之一的，可以不中止诉讼：①原告出具的检索报告或者专利权评价报告未发现导致实用新型或者外观设计专利权无效的事由的；②被告提供的证据足以证明其使用的技术已经公知的；③被告请求宣告该项专利权无效所提供的证据或者依据的理由明显不充分的；④人民法院认为不应当中止诉讼的其他情形。人民法院受理的侵犯实用新型、外观设计专利权纠纷案件，被告在答辩期间届满后请求宣告该

---

[1] 参见浙江省宁波市中级人民法院（2022）浙02证保1号民事裁定书（申请诉前停止侵害专利权纠纷案）；最高人民法院（2019）最高法知民终732、733、734号民事裁定书（确认不侵害专利权及标准必要专利许可纠纷案）。

[2] 《审理专利纠纷案件适用法律规定》第9条。

[3] 参见最高人民法院（2019）最高法知民终702号民事判决书（侵害发明专利权纠纷案）。

项专利权无效的,人民法院不应当中止诉讼,但经审查认为有必要中止诉讼的除外。人民法院受理的侵犯发明专利权纠纷案件或者经国务院专利行政部门审查维持专利权的侵犯实用新型、外观设计专利权纠纷案件,被告在答辩期间内请求宣告该项专利权无效的,人民法院可以不中止诉讼。人民法院决定中止诉讼,专利权人或者利害关系人请求责令被告停止有关行为或者采取其他制止侵权损害继续扩大的措施,并提供了担保,人民法院经审查符合有关法律规定的,可以在裁定中止诉讼的同时一并作出有关裁定。[1]

(七)方法专利的举证责任

鉴于方法专利侵权[2]诉讼过程中的取证过程困难甚至不能,专利法一般规定侵犯方法专利权的举证责任倒置。现行《专利法》第66条第1款规定:"专利侵权纠纷涉及新产品制造方法的发明专利的,制造同样产品的单位或者个人应当提供其产品制造方法不同于专利方法的证明。"如果被告不能够举证其生产方法不同于专利方法,法院就可认定被告使用了专利权人的专利方法,从而需承担专利侵权责任。

根据《审理侵犯专利权案件应用法律解释》第17条规定,产品或者制造产品的技术方案在专利申请日以前为国内外公众所知的,人民法院应当认定该产品不属于《专利法》第66条第1款规定的新产品。[3]

(八)实用新型专利和外观设计专利侵权纠纷的专利权评价报告制度

《专利法》第66条第2款规定:"专利侵权纠纷涉及实用新型专利或者外观设计专利的,人民法院或者管理专利工作的部门可以要求专利权人或者利害关系人出具由国务院专利行政部门对相关实用新型或者外观设计进行检索、分析和评价后作出的专利权评价报告,作为审理、处理专利侵权纠纷的证据;专利权人、利害关系人或者被控侵权人也可以主动出具专利权评价报告。"这一规定,明确了我国在处理实用新型专利和外观设计专利侵权纠纷中的专利权评价报告制度。

根据案件审理需要,人民法院可以要求原告提交检索报告或者专利权评价报告。原告无正当理由不提交的,人民法院可以裁定中止诉讼或者判令原告承担可能的不利后果。

专利权评价报告主要作用在于供受案法院或者行政机关判断相关专利权的稳定性,以决定是否因被控告侵权人提起专利权无效宣告申请而终止相关程序。因此,专利权评价报告既不是行政决定,也不是对专利权有效性的正式判决。专利权是否有效,只能由无效宣告程序来确定。[4]

---

[1] 参见福建省高级人民法院(2016)闽民终891号民事判决书(侵害发明专利权纠纷案)。

[2] 关于方法专利侵权的界定,详见"无线路由器"专利侵权纠纷案,最高人民法院(2019)最高法知民终147号民事判决书(指导案例第159号)。法院认为,若被告基于生产经营为目的在被诉侵权产品中固化专利方法的实质内容,而行为或行为结果对专利权利要求的技术特征被全面覆盖起到了不可替代的实质性作用,终端用户在正常使用该被诉侵权产品时就能自然再现该专利方法过程,就应认定被诉侵权行为人实施了该专利方法,侵害了专利权人的专利权。国外案例,详见 NTP, Inc v. Research in Motion, 418 F. 3d 1282 (Fed. Cir. 2005)(明确了方法权利要求的解释规则)。

[3] 参见最高人民法院(2021)最高法知民终872号民事判决书(侵害发明专利权纠纷案)。

[4] 参见吉林省长春市中级人民法院(2020)吉01知民初7号民事裁定书(侵害实用新型专利权纠纷案);山东省高级人民法院(2016)鲁民终1684号民事裁定书(侵害实用新型专利权纠纷案)。

（九）关于被告以其技术方案或者外观设计被授予专利权或者以实施标准无需专利权人许可为由抗辩不侵犯涉案专利权的处理

在实践中，存在被诉侵权人以其技术方案或者外观设计被授予专利权为由抗辩不侵犯涉案专利权的情形。对此，《审理侵犯专利权案件应用法律解释（二）》第23条规定："被诉侵权技术方案或者外观设计落入在先的涉案专利权的保护范围，被诉侵权人以其技术方案或者外观设计被授予专利权为由抗辩不侵犯涉案专利权的，人民法院不予支持。"该规定的合理性在于，保护在先权利是包括专利法在内的知识产权法的重要原则，即使被诉侵权技术方案或者外观设计被授予专利权，只要其落入在先专利授权的技术方案或者外观设计的保护范围，就仍然构成专利侵权。

在实践中，还可能存在基于实施标准的专利侵权纠纷。对此，《审理侵犯专利权案件应用法律解释（二）》第24条规定："推荐性国家、行业或者地方标准明示所涉必要专利的信息，被诉侵权人以实施该标准无需专利权人许可为由抗辩不侵犯该专利权的，人民法院一般不予支持。推荐性国家、行业或者地方标准明示所涉必要专利的信息，专利权人、被诉侵权人协商该专利的实施许可条件时，专利权人故意违反其在标准制定中承诺的公平、合理、无歧视的许可义务，导致无法达成专利实施许可合同，且被诉侵权人在协商中无明显过错的，对于权利人请求停止标准实施行为的主张，人民法院一般不予支持。本条第二款所称实施许可条件，应当由专利权人、被诉侵权人协商确定。经充分协商，仍无法达成一致的，可以请求人民法院确定。人民法院在确定上述实施许可条件时，应当根据公平、合理、无歧视的原则，综合考虑专利的创新程度及其在标准中的作用、标准所属的技术领域、标准的性质、标准实施的范围和相关的许可条件等因素。法律、行政法规对实施标准中的专利另有规定的，从其规定。"上述规定，有利于协调标准必要专利的保护与贯彻"FRAND原则"（公平、合理、无歧视原则）的关系，既要充分保护专利权，也要防止标准必要专利的滥用。

二、专利行政诉讼

专利行政诉讼是专利行政案件诉讼的简称，其是发明创造人、专利申请人、专利权人或其他利害关系人认为国务院专利行政部门或管理专利工作的部门的具体行政行为侵犯了其合法权益而引起争议，由人民法院进行裁决的活动。专利行政诉讼既是行政诉讼，又是专利诉讼。[1]

根据《审理专利纠纷案件适用法律规定》第1条规定，专利行政诉讼是涉及专利授权机关、管理机关或复审机关的范围广泛的行政诉讼。专利行政诉讼涉及的案件类型包括：不服国务院专利行政部门维持驳回申请复审决定案件；不服国务院专利行政部门专利权无效宣告请求决定案件；不服国务院专利行政部门实施强制许可决定案件；不服国务院专利行政部门实施强制许可使用费裁决案件；不服国务院专利行政部门行政复议决定案件；不服国务院专利行政部门作出的其他行政决定案件；不服管理专利工作的部门行政决定案件等。

专利行政诉讼既涉及专利技术或相关的专利事宜判断，又涉及行政机关作为一方当事人，有时还可能涉及公共利益问题，因此其既有别于一般的专利侵权民事诉讼案件，又有别于一般的行政诉讼案件，处理难度大，专利行政诉讼适用《行政诉讼法》规定的相关

---

[1] 冯晓青、刘友华：《专利法》，法律出版社2022年版，第301页。

程序。

值得指出的是，基于专利权的法定性和国家授予性，专利行政诉讼中存在一类其他行政案件所不具备的授权确权行政诉讼。根据前述《审理专利授权确权行政案件适用法律规定（一）》第1条规定，专利授权行政案件是指专利申请人因不服国务院专利行政部门作出的专利复审请求审查决定，向人民法院提起诉讼的案件，专利确权行政案件是指专利权人或者无效宣告请求人因不服国务院专利行政部门作出的专利无效宣告请求审查决定，向人民法院提起诉讼的案件。

该司法解释对于在专利授权确权行政诉讼中权利要求的解释、专利保护范围的界定、外观设计的整体视觉效果、同样的外观设计、"违反法定程序"的内涵、相关证据规则等都作了明确规定。其中部分规定在本书有关章节中已作介绍与分析。这些规定，对于正确审理专利授权确权行政案件，统一裁判标准，更好地在司法实践中执行专利法，具有十分重要的意义。以下规定可见一斑：审查决定系直接依据生效裁判重新作出且未引入新的事实和理由，当事人对该决定提起诉讼的，人民法院依法裁定不予受理；已经受理的，依法裁定驳回起诉。被诉决定查明事实或者适用法律确有不当，但对专利授权确权的认定结论正确的，人民法院可以在纠正相关事实查明和法律适用的基础上判决驳回原告的诉讼请求。当事人主张有关技术内容属于公知常识或者有关设计特征属于惯常设计的，人民法院可以要求其提供证据证明或者作出说明。专利申请人、专利权人在专利授权确权行政案件中提供新的证据，用于证明专利申请不应当被驳回或者专利权应当维持有效的，人民法院一般应予审查。[1]

三、专利刑事诉讼

专利刑事诉讼是专利刑事案件诉讼的简称。专利刑事诉讼是指司法机关在当事人和其他诉讼参与人的参加下，查实被告人是否实施了专利犯罪行为，是否应承担刑事责任，以及应当承受何种刑事处罚的全部活动。专利刑事诉讼是我国刑事诉讼的一种类型，应当适用《刑事诉讼法》的有关规定。

对于专利刑事诉讼的主体资格，很多国家专利法规定，专利权人可以提起刑事诉讼，请求法院予以保护。刑事诉讼依受害人自诉而开始，受害人也可以撤回自己的自诉。也就是说，对专利刑事案件很多国家采取的是"不告不理"的原则。

在我国，专利刑事案件诉讼的受案范围包括假冒他人专利的犯罪行为、擅自向外国申请专利、泄露国家重要机密的犯罪行为，以及专利局工作人员和有关国家工作人员徇私舞弊的犯罪行为。[2] 如前所述，根据《专利法》第68条规定，假冒专利构成犯罪的，依法追究刑事责任。《专利法》第4条规定："申请专利的发明创造涉及国家安全或者重大利益需要保密的，按照国家有关规定办理。"其第78条规定："违反本法第十九条规定向外国申请专利，泄露国家秘密的，由所在单位或者上级主管机关给予行政处分；构成犯罪的，依法追究刑事责任。"其第80条则规定："从事专利管理工作的国家机关工作人员以及其他有关国家机关工作人员玩忽职守、滥用职权、徇私舞弊，构成犯罪的，依法追究刑事责任；尚不构成犯罪的，依法给予处分。"

---

[1]《审理专利授权确权行政案件适用法律规定（一）》第26~29条。
[2] 冯晓青、刘友华：《专利法》，法律出版社2022年版，第309页。

本章案例研讨

22-1（总第44）：被告产品技术特征未覆盖专利权利要求全部技术特征不构成专利侵权
——李某诉某重型机械公司侵犯实用新型专利权纠纷案[1]

一、案情简介

李某于1990年11月5日向中国专利局申请了名称为"旗杆"的实用新型专利，于1991年8月21日获得第90222928号专利权。该专利的权利要求为"一种旗杆由杆体、滑轮和旗绳组成，其特征在于：杆体是中空的，空腔分成下气室、中气室和上气室，在杆体旗帜升起的一侧开有若干个升旗排气孔和挂旗排气孔，杆体的下部装有分别通往三个气室的进气管，并与气源相连"。

1993年5月，首钢总公司应第七届全国运动会筹委会委托，接受研制全运会主会场的国旗、会旗吹飘装置的任务，责成被告某重型机械公司组织完成。被告如期完成设计、制作和安装主会场国旗、会旗旗杆的任务。被告制作的旗帜吹飘装置由主旗杆、旗帜、小旗杆、定滑轮、升降绳、风机组成，主旗杆顶端装有球形旗冠装饰；在中空的主旗杆上部设有扁形吹风孔、下部设有进风孔；在主旗杆上部侧面装有定滑轮；在主旗杆上部与旗帜升起的适当位置处等间距装有6排12个不对称的扁孔锥形风嘴，并镶嵌于主旗杆吹风孔内；风机出风口与主旗杆进风口通过带法兰的软管联通，风机进风口设有风量调节阀；主旗杆底端固定在地基上，风机固定在基座上。原告认为被告制作的旗帜吹飘装置侵犯其专利权，于1993年10月8日向北京市中级人民法院提起诉讼。

二、法院裁判理由及结果

一审法院北京市中级人民法院于1994年11月14日审理认为，《专利法》规定实用新型专利权的保护范围以其权利要求的内容为准。因此，当行为人实施的技术方案与专利技术方案存在实质等同时，才能判断行为人实施的行为已落入专利权的保护范围，继而认定侵犯专利权成立。原告在其专利的权利要求书、说明书及附图中所载明的技术方案与被告制造的旗帜吹飘装置相比，中空的旗杆内部结构不同，杆体两侧排气孔分布也不同，这两点不同是实质不相等同的，被告的旗帜吹飘装置并未落入原告的专利权范围，原告起诉被告侵犯其专利权缺乏事实与法律依据，因此驳回原告诉讼请求。

原告不服一审判决，提起上诉。北京市高级人民法院认为，上诉人的"旗杆"实用新型专利技术方案涉及一种由中空旗杆、滑轮、旗绳组成，利用风源将风沿3条输气管道分别送到杆体内部的3个气室，并通过在杆体旗帜升起的一侧开设若干排气孔的吹飘旗帜装置。被上诉人制作的"旗杆"也是由中空旗杆、滑轮、旗绳组成，其工作原理是利用风源将风沿一条输风管道送入旗杆内部的一个气室，通过在杆体旗帜升起的一侧开设的出气装置吹飘旗帜。二者的根本区别在于上诉人的专利技术方案在旗杆内有3个气室，而被上诉人技术中的旗杆内仅有一个气室。上诉人在其专利技术中明确要求保护的只是3气室旗杆，而单气室"吹风式旗杆"技术于1987年上诉人申请专利之前就已成为公有技术。因此，上诉人的专利保护范围不应包括单气室旗帜吹飘装置，被上诉人的"旗帜吹飘装置"并未覆

---

[1] 北京市高级人民法院（1995）高知终字第5号民事判决书。

盖上诉人专利的全部技术特征。原审判决认定事实清楚，适用法律正确，因此驳回上诉，维持原判。

发明和实用新型专利的专利权保护范围以其权利要求书确定的范围为准，并且还可以通过等同原则确定其范围，因此既不应作非常严格的字面解释，也不应作漫无边际的扩大解释，对是否构成专利侵权的判断也需适用包括等同原则在内的判断原则。本案为认识实用新型专利的保护范围如何确定提供了范例。

22-2（总第45）：药品专利链接纠纷案中等同侵权与禁止反悔原则的适用
——某制药株式会社与温州某药业有限公司确认
是否落入专利权保护范围纠纷案[1]

一、案情简介

某制药株式会社向北京知识产权法院提起药品专利链接诉讼，请求确认温州某药业有限公司（以下简称某药业公司）的"艾地骨化醇软胶囊"仿制药技术方案落入涉案专利权利要求的保护范围。

二、法院裁判理由及结果

一审法院认为，涉案专利为含活性成分的化学药物组合物专利，属于《药品专利纠纷早期解决机制实施办法（试行）》第5条规定的专利类型。该院认定涉案仿制药未落入涉案专利保护范围，故判决驳回中外株式会社的诉讼请求。某制药株式会社不服，提起上诉。

最高人民法院认为：本案为确认是否落入药品专利权保护范围纠纷。该类纠纷是《专利法》第76条规定的特殊类型纠纷，其实体审理的核心是确认被诉技术方案是否落入相关药品专利权保护范围，与侵害专利权纠纷中专利侵权判定部分的审理并无实质不同，故可以适用专利法及相关司法解释关于专利侵权判定的相关规定。

药品上市审评审批过程中，药品上市许可申请人与有关专利权人或者利害关系人之间因申请注册的药品相关的专利权产生的纠纷仅是双方之间关于相关专利权的一种特殊形式的纠纷，通常被称为药品专利链接纠纷。对于化学仿制药而言，国务院药品监督管理部门依据仿制药申请人的申报资料进行药品上市审评审批，并在规定的期限内根据人民法院对该类纠纷作出的生效裁判决定是否暂停批准相关药品上市，故在判断仿制药的技术方案是否落入专利权保护范围时，原则上应以仿制药申请人的申报资料为依据进行比对评判。如果仿制药申请人实际实施的技术方案与申报技术方案不一致，其需要依照药品监督管理相关法律法规承担法律责任；如果专利权人或利害关系人认为仿制药申请人实际实施的技术方案构成侵权，亦可另行提起侵害专利权纠纷之诉。因此，仿制药申请人实际实施的技术方案与申报资料是否相同，一般不属于确认落入专利权保护范围纠纷之诉的审查范围。

该院认为，需要界定涉案仿制药申请中的抗氧化剂辅料与涉案专利中的dl-α-生育酚是否构成等同技术特征。捐献规则和禁止反悔规则都可以构成适用等同原则的限制，其目的都是在公平保护专利权人的利益和维护社会公众利益之间实现合理的平衡。如果符合限

---

[1] 最高人民法院（2022）最高法知民终905号民事判决书。

制适用等同原则的条件，通常无需再判断两特征是否构成手段、功能、效果基本相同以及本领域技术人员是否无需创造性劳动即能联想到。本案中，由于某药业公司以某制药株式会社修改权利要求的行为主张适用禁止反悔规则，以作为修改结果的专利文本主张适用捐献规则，故本院首先基于专利权人对权利要求的修改对本案是否应当适用禁止反悔规则作出评判。据侵犯专利权纠纷解释第6条的规定，专利申请人、专利权人在专利授权或者无效宣告程序中，通过对权利要求、说明书的修改或者意见陈述而放弃的技术方案，权利人在侵犯专利权纠纷案件中又将其纳入专利权保护范围的，人民法院不予支持。在专利权人修改权利要求的情况下，如果其主张原权利要求和修改后权利要求的保护范围之间的特定技术方案并未被放弃，应当进行举证或者给予合理的说明。某制药株式会社并无合理理由或者证据证明其并未通过修改权利要求放弃使用其他抗氧化剂的技术方案，故本案应当适用禁止反悔规则，不宜再将采用某某某作为抗氧化剂的技术方案纳入涉案专利权的等同保护范围内。涉案仿制药中采用的抗氧化剂某某某与涉案专利权利要求1中的dl-α-生育酚不构成等同的技术特征，涉案仿制药的技术方案不落入涉案专利权的保护范围。最高人民法院驳回上诉，维持原判。

本案是我国首例药品专利链接诉讼案件，其涉及仿制药技术方案是否落入专利权利要求保护范围的判断。在该案中，最高人民法院明确，可以沿用关于专利侵权的规定进行认定。原则上，应当以仿制药申请人的申报资料为依据比对评判。若涉案仿制药技术方案未落入专利权利要求保护范围，即应驳回原告诉讼请求。本案还涉及等同侵权、禁止反悔和捐献原则等的适用问题。本案为认识药品专利链接纠纷的处理提供了重要范例。

22-3（总第46）：外观设计专利侵权以外观设计产品相同或者相似为前提
——漳州市某食品有限公司诉李某及某食品公司外观设计专利侵权纠纷案[1]

一、案情简介

漳州市某食品有限公司（以下简称漳州某食品公司）是名称为"工艺品（凤梨拼盘）"外观设计专利的独占被许可人。漳州某食品公司在李某经营的商店公证购买了名称为"旺来拼盘吸冻"的被诉侵权产品。福建省晋江市某食品有限公司（以下简称晋江某食品公司）确认被诉侵权产品由其生产、销售。被诉侵权产品的外部整体造型为承载在托盘上的凤梨，自上而下由三部分构成：顶层是朝上伸展的叶子；中间层是由若干颗粒捆扎而成的圆柱形果实，圆柱形果实的内部填充了具有可食用性的果冻；底层是带底座的托盘。销售时，顶层的装饰物、底层的托盘与中间层的圆柱形果实一同销售。根据产品实际使用情况，被诉侵权产品除供食用外，消费者购买后也可以将其作为贡品和摆设，达到装饰的效果。漳州某食品公司以李某和晋江某食品公司为被告提起诉讼，请求法院判令两被告立即停止侵害本案专利权的行为，赔偿经济损失8万元。

---

[1]《最高人民法院知识产权案件年度报告（2013）》，第17~19页；最高人民法院（2013）民申字第1658号民事裁定书。

二、法院裁判理由及结果

厦门市中级人民法院一审认为，本案被诉侵权产品为果冻，系可食用食品，而本案外观设计专利为"工艺品（凤梨拼盘）"，系装饰品，两者用途不同，产品功能不同，且在国际外观设计分类表中分别属不同的类别，故本案被诉侵权产品的外观设计未落入本案专利保护范围。据此判决驳回漳州某食品公司的全部诉讼请求。漳州某食品公司不服，提出上诉。福建省高级人民法院二审认为，在凤梨模型中注入可食用的材料并不影响其同时具有装饰的功能和用途，被诉侵权产品可以用作装饰陈列、摆放，故被诉侵权产品与本案专利产品属于相近种类产品。晋江某食品公司在与本案专利相近的产品种类上使用与本案专利相近似的外观设计，构成侵权。遂判决晋江某食品公司、李某立即停止侵权行为，晋江某食品公司赔偿漳州某食品公司2万元。晋江某食品公司不服，向最高人民法院申请再审。最高人民法院于2013年9月26日驳回晋江某食品公司的再审申请。

最高人民法院审查认为：外观设计不能脱离其产品而单独存在，但外观设计专利的保护客体并非产品本身，也并非脱离外观设计专利限定的产品类别抽象出来的设计方案。在确定外观设计专利权的保护范围时，产品的种类以及外观设计均是需要考虑的因素。如果在与外观设计专利产品相同或者相近种类产品上，被诉侵权产品采用了与授权外观设计相同或者近似的外观设计，则应当认定被诉侵权产品落入外观设计专利权的保护范围。确定产品种类相同或相近的依据是产品是否具有相同或相近似的用途，而产品销售、实际使用的情况是认定用途的参考因素。根据产品实际使用情况，被诉侵权产品除供食用外，消费者购买后也可以将其作为贡品和摆设，达到装饰的效果。尽管被诉侵权产品的果实中盛装了果冻，具有食用的功能，但由于其与本案专利产品具有相同的装饰用途，应认为被诉侵权产品与本案外观设计专利产品种类相近。晋江某食品公司在与本案专利相近的产品种类上使用与本案专利相近似的外观设计，二审法院认定被诉侵权产品落入本案外观设计专利的保护范围，并无不当。

本案涉及外观设计专利侵权判定中相同或相近种类产品的认定。在本案中，最高人民法院主张在外观设计专利侵权判定中，确定产品种类是否相同或相近的依据是产品是否具有相同或相近似的用途，产品销售、实际使用的情况可以作为认定用途的参考因素。该案可作为同类案件中如何判断外观设计专利侵权中涉及产品是否相同或者近似的参考案例。

22-4（总第47）：侵权和解后再次销售相同侵权产品的惩罚性赔偿责任
——上诉人金某与被上诉人郑某五金机电劳保建材经营部、原审被告郑州某商贸有限公司侵害发明专利权纠纷案[1]

一、案情简介

金某为名称为"反向地面刨毛机"的发明专利（以下简称涉案专利）的权利人。金某认为，某五金机电劳保建材经营部（以下简称某经营部）、在双方和解后再次销售同种被诉

---

[1]《最高人民法院知识产权案件年度报告（2022）》，第19~21页；最高人民法院（2022）最高法知民终871号民事判决书。

侵权产品，构成重复侵权，故向河南省郑州市中级人民法院（以下简称一审法院）提起诉讼，请求适用惩罚性赔偿判令某经营部等赔偿金某经济损失及合理费用共计25万元。

二、法院裁判理由及结果

一审法院认为，虽然某经营部存在侵权的故意，但未达到情节严重程度，不符合适用惩罚性赔偿的条件，故适用法定赔偿确定某经营部赔偿金某经济损失及维权合理开支共计1万元。金某不服，向最高人民法院提起上诉，请求改判某经营部赔偿经济损失及维权合理开支共计10万元或发回重审。

最高人民法院二审认为，在本案之前，金某曾因某经营部销售被诉侵权产品向一审法院提起专利侵权诉讼，后双方达成《和解协议》，某经营部承诺停止侵权并赔偿经济损失及合理费用共计3万元。某经营部在经历前案诉讼后，已明知金某系涉案专利权人，也明知其销售被诉侵权产品侵害涉案专利权，但在前案中作出停止侵权承诺并支付赔偿款后，仍然再次销售被诉侵权产品，具有侵权的故意，构成重复侵权，属于《侵害知识产权民事案件惩罚性赔偿解释》第4条规定的"其他可以认定为情节严重的情形"。某经营部主观上存在侵权故意且侵权情节严重，应承担惩罚性赔偿责任。关于赔偿数额，本案中，虽然各方当事人均未举证证明权利人因被侵权的实际损失、侵权人侵权获利或可供参考的专利许可使用费等，但是考虑到本案某经营部在前案达成和解协议后不到两个月内即发生再次侵权行为，侵权持续时间较短，侵权获利有限，以及涉案专利于2021年8月10日到期，本案为批量维权性质等因素，酌情以前案《和解协议》约定赔偿数额为计算基数。

最高人民法院于2022年10月10日判决撤销原判，改判某经营部承担惩罚性赔偿责任，赔偿金某经济损失及维权合理开支共计6万元。

本案涉及专利侵权的惩罚性赔偿问题。惩罚性赔偿适用的条件是被诉侵权人存在主观故意且情节严重的行为。该案中，侵权人曾与专利权人就有关销售侵权产品行为的纠纷达成和解，现再次发生专利侵权行为。最高人民法院二审考虑到行为人的主观故意性且情节严重，适用惩罚性赔偿标准，且计算的基础为参照在先和解协议约定的赔偿数额。本案为理解专利侵权惩罚性赔偿标准的适用提供了启发。

22-5（总第48）：专利权人与侵权人的事先约定可以作为确定专利侵权损害赔偿数额的依据
——再审申请人中山市某日用制品有限公司与被申请人湖北
某儿童用品有限公司侵害实用新型专利权纠纷案[1]

一、案情简介

中山市某日用制品有限公司（以下简称某日用品公司）系名称为"前轮定位装置"实用新型专利（即本案专利）的专利权人。2008年4月，某日用品公司曾以湖北某儿童用品有限公司（以下简称某儿童用品公司）侵犯本案专利为由提起专利侵权诉讼。

---

[1] 《最高人民法院知识产权案件年度报告（2013）》，第78~81页；最高人民法院（2013）民提字第116号民事判决书。

二、法院裁判理由及结果

武汉市中级人民法院一审判决某儿童用品公司停止侵权并赔偿损失。某儿童用品公司不服，提起上诉。二审期间，经法院主持调解，双方达成调解协议并由湖北省高级人民法院制作了民事调解书，其主要内容为：某儿童用品公司保证不再侵犯某日用品公司的专利权，如发现一起侵犯某日用品公司实用新型专利权的行为，自愿赔偿某日用品公司100万元。后某日用品公司发现某儿童用品公司仍在从事侵害本案专利权的经营行为，遂于2011年5月再次向湖北省武汉市中级人民法院提起诉讼，请求法院判令某儿童用品公司赔偿某日用品公司100万元并承担诉讼费用。

一审庭审中，经法院释明，某日用品公司明确表示本案依据专利侵权起诉，不选择合同违约之诉，但请求法院对侵权赔偿数额按双方约定的标准计算。一审法院认为，根据原《中华人民共和国合同法》（以下简称《合同法》，已失效）第122条的规定，侵权责任与违约责任竞合时，受损害方有选择权。某日用品公司明确选择提起侵权之诉，应根据侵权责任法确定赔偿数额。若赔偿标准以前案民事调解书的约定为准，则与《合同法》的上述规定相冲突。因某日用品公司主张侵权之诉，违约之诉无法纳入法庭调查和辩论的范围，法院无须对违约行为及违约责任作出判断，故不宜适用当事人约定的违约赔偿金。一审法院遂适用法定赔偿判决某儿童用品公司赔偿某日用品公司14万元。

某日用品公司不服，提出上诉。湖北省高级人民法院二审认为，侵权行为成立与否是本案双方当事人权利义务关系的基础，前案中被诉侵权童车产品的型号与本案中被诉侵权童车产品的型号不同，故调解协议约定的赔偿数额不能适用于本案。遂判决驳回上诉，维持一审判决。某日用品公司仍不服，向最高人民法院申请再审。最高人民法院裁定提审本案。

最高人民法院提审认为：关于本案能否适用双方在前案调解协议中约定的赔偿数额确定方法。首先，本案中某儿童用品公司应承担的民事责任不属于侵权责任与违约责任竞合之情形。《合同法》第122条所规定的违约责任与侵权责任发生竞合的前提是当事人双方之间存在基础交易合同关系，基于该交易合同关系，一方当事人的违约行为侵害了对方权益而产生侵权责任。因此，该规定中的违约行为是指对基础交易合同约定义务的违反，且该违约行为同时侵害了对方权益，而不是指对侵权行为发生之后当事人就如何承担赔偿责任所作约定的违反。前案调解协议不是某日用品公司与某儿童用品公司之间的基础交易合同，而是对侵权行为发生后如何承担侵权赔偿责任（包括计算方法和数额）的约定。因此，本案中某儿童用品公司应承担的民事责任不属于《合同法》第122条规定的侵权责任与违约责任竞合的情形。其次，本案中某儿童用品公司应承担的民事责任系侵权责任。前案调解协议的法律意义与效果不在于对某儿童用品公司的合同交易义务作出约定，而在于对侵权责任如何承担作出约定。当事人双方将某儿童用品公司将来侵权行为发生后的具体赔偿方法和数额写进调解协议，只是为了明确某儿童用品公司再次侵权时其侵权责任应如何承担。最后，《中华人民共和国侵权责任法》（已失效）、《专利法》等法律并未禁止被侵权人与侵权人就侵权责任的方式、侵权赔偿数额等预先作出约定。这种约定的实质是，双方就未来发生侵权时权利人因被侵权所受到的损失或者侵权人因侵权所获得的利益，预先达成的一种简便的计算和确定方法。基于举证困难、诉讼耗时费力等因素的考虑，双方当事人在私法自治的范畴内完全可以对侵权赔偿数额作出约定。这种约定既包括侵权行为发生后的事后约定，也包括侵权行为发生前的事先约定。因此，本案适用调解协议中双方约定的赔偿数额确定方法，与《专利法》第65条的有关规定并不冲突。综上，本案可以适用前案调解协议中约定的赔偿数额确定方法。最高人民法院遂于2013年12月7日判决撤销原一、二审判决，判令某儿童用品公司赔偿某日用品公司100万元。

专利侵权认定成立后，侵权数额如何确定是与实践密切相关的重要问题。本案的核心问题是，专利权人与侵权人的事先约定是否可以作为确定专利侵权损害赔偿数额的依据。最高人民法院主张侵权人与权利人就再次侵权的赔偿数额作出约定后再次侵权的，人民法院可直接适用该约定确定侵权损害赔偿数额。本案反映了专利侵权损害赔偿中，当事人事先约定的赔偿数额应得到法院的尊重。本案也反映了知识产权侵权纠纷解决中当事人意思自治原则以及调解效力的执行等相关问题值得探讨。此外，许诺销售行为和制造行为的认定，本案的再审判决也提供了一定的示例，可以结合具体案情思考。

本编拓展阅读书目

1. 冯晓青、刘友华：《专利法》，法律出版社 2022 年版。
2. 汤宗舜：《专利法教程》，法律出版社 2003 年版。
3. 汤宗舜：《专利法解说》，知识产权出版社 2002 年版。
4. 苏平、何培育主编：《专利法》，北京大学出版社 2020 年版。
5. 文希凯主编：《专利法教程》，知识产权出版社 2013 年版。
6. 尹新天：《中国专利法详解》，知识产权出版社 2011 年版。
7. 尹新天：《专利权的保护》，知识产权出版社 2005 年版。
8. 陈丽苹：《专利法律制度研究》，知识产权出版社 2005 年版。
9. 曾陈明汝：《专利商标法选论》，中亨打字印刷行 1977 年版。
10. 曾陈明汝：《两岸暨欧美专利法》，中国人民大学出版社 2007 年版。
11. 罗娇：《创新激励论——对专利法激励理论的一种认知模式》，中国政法大学出版社 2017 年版。
12. 胡波：《专利法的伦理基础》，华中科技大学出版社 2011 年版。
13. 宁立志：《专利的竞争法规制研究》，中国人民大学出版社 2021 年版。
14. 刘友华：《云计算专利法律问题研究》，法律出版社 2018 年版。
15. 梁志文：《论专利公开》，知识产权出版社 2012 年版。
16. 闫文军：《专利权的保护范围：权利要求解释和等同原则适用》，法律出版社 2007 年版。
17. 于阜民：《专利权的刑事保护》，社会科学文献出版社 2005 年版。
18. 吴欣望：《专利经济学》，社会科学文献出版社 2005 年版。
19. 冯晓青主编：《专利侵权专题判解与学理研究》，中国大百科全书出版社 2010 年版。
20. 崔国斌：《专利法：原理与案例》，北京大学出版社 2016 年版。
21. 石必胜：《专利权有效性司法判断》，知识产权出版社 2016 年版。
22. 程永顺：《中国专利诉讼》，知识产权出版社 2005 年版。
23. 毛金生等编著：《专利运营实务》，知识产权出版社 2013 年版。
24. 杨利华：《美国专利法史研究》，中国政法大学出版社 2012 年版。
25. 邹琳：《英国专利制度的产生和发展研究》，法律出版社 2018 年版。
26. 袁锋：《专利制度的历史变迁——一个演化论的视角》，中国人民大学出版社 2021 年版。
27. [美] J. M. 穆勒：《专利法》，沈超等译，知识产权出版社 2013 年版。
28. [日] 吉藤幸朔：《专利法概论》，宋永林、魏启学译，专利文献出版社 1990 年版。
29. [日] 竹中俊子主编：《专利法律与理论——当代研究指南》，彭哲、沈旸、许明亮译，知识产权出版社 2013 年版。
30. [英] 克里斯汀·麦克劳德：《发明工业革命：1660~1880 年的英国专利制度》，张南、苏汉廷、王宇涵译，知识产权出版社 2023 年版。
31. [奥] 伊利奇·考夫：《专利制度经济学》，柯瑞豪译，北京大学出版社 2005 年版。

第四编 商标法

第二十三章 商标法概述

本章提要

本章主要阐述和探讨商标的概念和特征、商标的种类、商标的功能和作用、商标与其他商业标志的关系、商标制度的起源和发展、我国商标制度的产生和发展、我国商标立法的原则等。

本章的重点是商标的概念和特征、商标的功能和作用、我国商标制度的产生和发展,难点是商标与其他商业标志的关系以及我国商标法的修改及其缘由。

第一节 商标的概念、特征与类型

一、商标的概念与特征

（一）商标的概念

商标（Trademark，mark，brand），通常也被称为"牌子"。关于商标的概念，有多种表述。法国《工业、商业和服务业商标法》将商标表述为："一切用于识别任何企业的产品、物品或服务的有形标记都可视为工业、商业或服务业商标。"TRIPs协议第15条规定："任何标记或标记的组合，只要能够将一企业的货物和服务区别于其他企业的货物或服务，即能够构成商标。"根据我国现行《商标法》第8条规定，任何能够将自然人、法人或者非法人组织的商品与他人的商品区别开的标志，包括文字、图形、字母、数字、三维标志、颜色组合和声音等，以及上述要素的组合，均可以作为商标申请注册。

简单地说，商标是生产经营者为了使自己生产经营的商品或提供的服务与其他生产经营者生产的商品或提供的服务相区别而使用的一种商业标志。如"娃哈哈"纯净水、"可口可乐"饮料、"海尔"空调等。

(二) 商标的特征

上述关于商标概念的表述虽然不同，但都表明了商标的本质特征：[1]

1. 商标是一种识别性标志。商标是识别不同生产经营者的商品或服务的一种商业标志。
2. 商标的识别对象是生产经营者的商品或服务。
3. 商标是由文字、图形、字母、三维标志、声音等要素以及各要素的组合构成。
4. 商标是生产经营者商誉的载体，承载着生产经营者的商誉。

二、商标的类型

根据不同的标准，可以将商标划分为不同的类型。由于不同类型的商标具有不同的功能和特点，划分商标的类型就具有重要的法律意义，立法者可以根据不同类型的商标制定不同的法律规范，以对其进行规范和调整，从而实现不同类型商标应有的功能和作用。

(一) 根据商标的构成要素进行划分

根据商标的构成要素，可将商标划分为可视性商标和非可视性商标。

1. 可视性商标。可视性商标是指人们的视觉可以看得见的商标，包括平面商标、立体商标和颜色商标等。

(1) 平面商标。平面商标是指以文字、图形、字母、数字等要素以及上述要素组合构成的商标。其中，文字商标是指以文字构成的商标，如"同仁堂"商标、"白玉"商标等。文字商标含义明确，便于记忆，但其重在表意，缺乏形象性。图形商标是指以平面图形构成的商标，如玫瑰花、百合花等植物图形商标；老虎、狮子等动物图形商标。图形商标重在表形，不便于称呼，其表意性不如文字商标，因此单纯以图形作为商标使用的情况比较少。字母商标是指以汉语拼音字母或外文字母构成的商标，如"LINING"商标、"adidas"商标等。字母商标简洁易记，但是往往缺乏表意性和表形性。数字商标是指以数字或符号[2]构成的商标，如"555"商标、"999"商标、"505"商标等。数字商标虽然简单又特别，容易记忆，但是缺乏表意性。组合商标是指由文字、图形、数字、字母等上述要素组合而成的商标，如文字和图形的组合商标、字母和图形的组合商标、数字和图形的组合商标等。在实践中，组合商标的使用最为普遍，尤其是文字和图形的组合商标，这种商标图文并茂、形象生动，既可以表形，也可以表意。

(2) 立体商标。立体商标，也称三维标志商标，是指由长、宽、高三种度量组成的三维立体标志构成的商标，如以可口可乐饮料瓶的形状作为商标、以麦当劳门前立体人物造型作为商标等。立体商标是以特有的形状作为标志。

(3) 颜色商标。颜色商标是指以不同颜色的组合构成的商标。[3] 例如，加州牛肉面店面使用的红色和蓝色相间的颜色组合商标。色彩的组合往往具有独特的创意和美感，因此其显著性较强，便于识别，但其缺乏表意性，不便于称呼和宣传。

2. 非可视性商标。非可视性商标是指不能依靠视觉看到的商标，而是依靠听觉或嗅觉听到或闻到的商标，例如，以"一段特殊的音乐"或"一种特殊的味道"作为商标等。其中，声音商标是我国 2013 年 8 月修改《商标法》时增加的类型。

---

[1] 参见余俊：《商标本质基础观念的重构》，载《中国法学》2023 年第 5 期。

[2] 参见彭学龙：《商标法基本范畴的符号学分析》，载《法学研究》2007 年第 1 期。

[3] 在国外司法实践中，也存在单一颜色被认可作为商标注册的案例。详见 Qualitex Co. v. Jacobson Prods. Co., 514 U. S. 159 (1995)（获得第二含义的单一颜色可以作为商标）。

根据商标的构成要素对商标进行划分的法律意义在于：有助于商标法律依据上述划分确定予以保护的商标种类。

（二）根据商标使用对象进行划分

根据商标使用对象，可将商标分为商品商标和服务商标。

1. 商品商标。商品商标（Commodity trademarks）是指使用在商品上，用于区别不同的生产经营者的相同商品而使用的标志。例如，"方正"电脑、"农夫山泉"矿泉水和"华为"手机等。

2. 服务商标。服务商标（Service trademarks）是指提供服务的经营者，为了使自己提供的服务与他人提供的服务相区别而使用的标志。例如，"全聚德"烤鸭、"东来顺"涮肉、"麦当劳"快餐、"南方航空"公司等。

服务商标的使用是适应社会经济发展和促进社会服务性产业发展的需要而产生的。1946 年美国《商标法》首先提出对服务商标进行保护。我国 1993 年第一次修改《商标法》时增加了对这类商标保护的规定，1999 年原国家工商行政管理总局制定了《关于保护服务商标若干问题的意见》，进一步完善了我国商标法律制度。

将商标划分为商品商标和服务商标的法律意义在于：商品领域和服务领域毕竟存在一定的差异，商品商标和服务商标在商标的使用方式、保护范围以及侵权判断等方面会存在一定差异，因而需要对它们进行有一定区别的法律规定。但是，根据《商标法》第 4 条第 2 款规定，其有关商品商标的规定适用于服务商标。当然，基于两者的差别，《商标法实施条例》和有关商标的司法解释对于服务商标也作了部分特殊规定。在针对服务商标有特殊规定时，自然应适用这些特殊规定。[1]

（三）根据商标是否注册进行划分

根据商标是否注册，可将商标分为注册商标和未注册商标。

1. 注册商标。注册商标（Registered trademarks）是指由一国商标主管机关按照法律规定，对申请注册的商标进行审查并予以核准注册的商标。例如，"同仁堂""六必居""华为""中兴""联想"等商标就是经过我国商标局核准的注册商标。

2. 未注册商标。未注册商标（Unregistered trademarks）是指未经一国商标主管机关予以核准注册的商标。

区分注册商标和未注册商标的法律意义在于：注册商标和未注册商标具有不同的法律地位。注册商标受商标法保护，注册商标所有人对其注册商标享有专有使用的权利，并有权禁止他人使用。未注册商标则通常不受商标法保护，商标使用人不享有专有使用的权利，也无权禁止他人使用，而且一旦该商标被他人申请注册，商标使用人便不能再继续使用，否则即构成对他人商标权的侵权。[2] 当然，在先使用的有一定影响的未注册商标和未注册驰名商标受商标法保护，对此将在后面的相关章节中探讨。

（四）根据商标的特殊功能进行划分

根据商标的特殊功能，可将商标分为集体商标、证明商标、联合商标和防御商标。

1. 集体商标。集体商标（Collective trademarks）是指以团体、协会或者其他组织名义

---

[1] 参见 In re Canadian Pacific, Ltd., 754 F. 2d 992（Fed. Cir. 1985）（明确服务商标中服务的内涵）。

[2] 参见黄汇：《反不正当竞争法对未注册商标的有效保护及其制度重塑》，载《中国法学》2022 年第 5 期。

注册，供该组织成员在商事活动中使用，以表明使用者在该组织中的成员资格的标志。[1]集体商标的主要功能不是用来表明某一生产经营者的商品或某一服务者的服务，而是表明商品的生产经营者或服务的提供者属于同一个组织。例如，黄桥镇烧饼协会将"黄桥烧饼"注册为集体商标，由协会的所有成员使用。

集体商标有利于中小企业的发展。中小企业联合使用集体商标，不仅可以分摊广告成本以解决资金不足问题，用集体商标展开广告攻势，提高其商品或服务的知名度，而且还可以取得规模经济效益，提高其产品的竞争力和市场占有率，从而使其在激烈的市场竞争中立于不败之地。因此，使用集体商标对我国中小企业的发展具有重要意义。

2. 证明商标。证明商标（Certification trademarks）是指由对某种商品或服务具有监督能力的组织所控制，而由该组织以外的单位或个人使用于其商品或者服务，用以证明该商品或服务的原产地、原料、制造方法、质量或者其他特定品质的标志。[2]证明商标在一些国家也被称为"保证商标"，这是因为其具有区别商品或服务的特定品质以及保证商品或服务质量的特殊功能。

法国是世界上最早实行证明商标保护制度的国家。例如，"法国香槟""干邑葡萄酒"和"轩尼诗葡萄酒"等都是证明商标。证明商标对保护我国的名优土特产具有重要意义。在我国，证明商标越来越多，如"库尔勒香梨""章丘大葱""平谷大桃""大兴西瓜""信阳毛尖"等。

我国1984年和1993年的《商标法》都没有关于集体商标和证明商标保护的规定。1993年国务院批准修订的《中华人民共和国商标法实施细则》（以下简称《商标法实施细则》，已失效）首次规定了对集体商标和证明商标的保护，并于2001年第二次修改后的《商标法》中明确规定了对这两类商标的保护。

区分集体商标和证明商标的法律意义在于：集体商标和证明商标具有与一般商标不同的功能，需要法律对其加以特别规定。例如，原国家工商行政管理局1994年发布了《集体商标、证明商标注册和管理办法》，2003年又重新制定并发布了《集体商标、证明商标注册和管理办法》，对集体商标和证明商标的申请、注册、使用和管理等作了明确、具体的规定。2023年12月29日，国家知识产权局令第79号又公布了《集体商标、证明商标注册和管理规定》，自2024年2月1日起施行。根据国家知识产权局针对《集体商标、证明商标注册和管理规定》的制定说明指出：鉴于本规章与原国家工商行政管理总局局令（第6号）发布的《集体商标、证明商标注册和管理办法》存在部分内容交叉，为便于公众清楚地识别和适用，规章名称定为《集体商标、证明商标注册和管理规定》，以与原规章进行区分。在具体适用时，根据新规定优于旧规定的原则，对于集体商标、证明商标注册、管理、运用等内容，两个规章不一致的，适用新规章；涉及集体商标、证明商标行政执法内容的，继续按照原规章相关条款执行。

2023年12月29日第十四届全国人民代表大会常务委员会第七次会议第二次修订的《公司法》第48条规定："股东可以用货币出资，也可以用实物、知识产权、土地使用权、股权、债权等可以用货币估价并可以依法转让的非货币财产作价出资；但是，法律、行政法规规定不得作为出资的财产除外。对作为出资的非货币财产应当评估作价，核实财产，

---

[1]《商标法》第3条第2款。
[2]《商标法》第3条第3款。

不得高估或者低估作价。法律、行政法规对评估作价有规定的，从其规定。"根据这一规定和现行《商标法》第 3 条第 4 款规定，集体商标、证明商标注册和管理的特殊事项，由国务院市场监督管理部门规定。

3. 联合商标。联合商标（Associated trademarks）是指同一商标所有人在相同或者类似商品或服务上申请注册的若干个与正商标（也称主商标）相近似的商标。正商标是指最初创设的商标，联合商标是相对于正商标而言的，是与正商标相近似的商标。例如，某企业最初注册使用了商标"乐口福"，而"口乐福""福口乐""口福乐"等就是与正商标"乐口福"近似的联合商标。使用联合商标的目的并非是为了在生产经营中实际使用，而是为了保护正商标不被他人影射，防止他人利用与自己商标近似的商标搭便车，[1]从而损害自身合法权益。需要注意的是，联合商标的作用有限，因为理论上它并不能穷尽所有与正商标相近似的商标。

另外，联合商标还涉及几个问题需要解决：①联合商标是否需要实际使用？按照商标法的一般原理，注册商标必须实际使用，否则存在被撤销的法律风险，而商标注册人如果实际使用联合商标，不仅不利于其正商标知名度和信誉的培育，而且也将导致其成本的提高。②联合商标注册是否有限制？目前，在为联合商标提供注册保护的国家，大都规定只有驰名商标才可以注册联合商标，但对驰名商标来说，注册联合商标的意义不大，因为驰名商标的保护范围和力度足以防止他人利用与正商标近似的商标而搭便车的行为。我国《商标法》对联合商标未作规定，在实践中允许生产经营者申请注册联合商标。

4. 防御商标。防御商标（Defensive trademarks）是指同一商标所有人将与其正商标相同的商标，使用在与其正商标使用的商品或者服务类似或者不类似的商品或服务上的商标。防御商标也是相对于正商标而言的。例如，可口可乐公司不仅将"可口可乐"商标注册使用在饮料这类商品上，还在其他所有类别（"全类"）的商品上都使用了"可口可乐"商标，前者是正商标，后者就是防御商标。防御商标的功能在于通过阻止他人在不同类别的商品或服务上使用其正商标，以防止他人搭便车。需要注意的是，防御商标也存在与上述联合商标同样的问题，因此有一些国家已经取消了对防御商标保护的规定，如英国在 1994 年取消了这方面规定。[2] 我国《商标法》对防御商标未作规定，在实践中亦允许申请注册防御商标。

第二节　商标的功能和作用

商标的功能是指由商标作为一种识别性标志所具有的天然属性而决定其具有的特定作用。商标的作用是指因商标的实际使用，使得商标的功能得以发挥，从而产生的实际效果或效用。

在以往的著作中，大都将商标的功能与作用等同。严格来说，商标的作用与商标的功能有一定区别：商标的功能是内在的、潜在的，而只有在实际使用过程中其功能得到充分

---

[1] 参见孔祥俊：《论"搭便车"的反不正当竞争法定位》，载《比较法研究》2023 年第 2 期；冯术杰：《"搭便车"的竞争法规制》，载《清华法学》2019 年第 1 期。

[2] 徐棣枫、解亘、李友根编著：《知识产权法——制度·理论·案例·问题》，科学出版社 2005 年版，第 354 页。

发挥与实现,并产生积极的效果,才是商标的作用。

一、商标的功能

根据商标法理论,商标通常具有如下功能:

(一) 标示来源功能

这是商标的天然功能,也是商标最基本的功能。有了商标,生产经营者就可以将其生产经营的商品或提供的服务与其他生产经营者的商品或服务区别开来。"商标是商品的脸面",就是商标标示商品或服务来源功能的写照。

(二) 广告宣传功能

商标本身具有天然的广告宣传功能,"商标是一种无声的推销员",只要使用了商标,就可以表明商品或服务的来源,发挥其吸引消费者的广告宣传功能。

二、商标的作用

作为商品经济的产物,商标的使用在商品经济的发展中具有重要的作用,具体表现为以下几方面:

(一) 区分商品或服务来源、引导消费者选择商品或服务

商标本质和基本功能是区别商品或服务,这一功能在实际使用中使商标产生了区分商品或服务来源的效果。从消费者心理学的角度看,消费者存在"认牌购货"的心理。[1] 消费者通过"认牌购货",选择自己信赖的生产经营者的商品或服务。消费者"认牌购货"可以节约信息成本,包括时间成本和金钱成本,这在客观上又促进了商品的及时、有效流通,从而提高经济效益、促进经济的发展。从这里也可以理解,为何商标被视为前述的"无声的推销员"。

(二) 保证和标示商品或服务质量

商标的信誉取决于商标所标示的商品或服务的质量,商品或服务的质量是商标信誉的灵魂。商品或服务的质量越高,商标的信誉就越高,商标信誉越高,消费者对该商标标识的商品或服务就越信赖,该商品或服务在市场竞争中的地位也就越高。生产经营者使用商标,就等于向消费者立下了质量保证书,因为经营者要想在激烈的市场竞争中立于不败之地,就必须要通过各种方法赢得消费者的青睐,其中提高商品或服务质量是必要的和首要的方法。[2] 从这一点上看,商标具有保证商品或服务质量的作用。另外,商标也具有标示商品或服务质量的作用,一些信誉高的商标(特别是驰名商标)本身就是高品质的标志。例如,"华为""海尔""联想""IBM"等商标。

(三) 用于广告宣传

市场经济是"眼球"经济,在激烈的市场竞争中,广告宣传具有重要的作用,它可以吸引消费者认识、了解和选择自己的商品或服务。经营者在广告宣传中除了介绍自己的商品或服务的特点、质量、价格和功能等信息以外,总是要特别强调和突出自己的商标,以使消费者认识自己的商标,从而引导消费者购买自己的商品或选择自己的服务。可以说,商标是经营者必不可少的、最基本、最有效和最直接的广告宣传工具。

---

[1] 参见彭学龙:《商标法基本范畴的心理学分析》,载《法学研究》2008年第2期。

[2] 参见章凯业:《商标保护与市场竞争关系之反思与修正》,载《法学研究》2018年第6期。

第三节 商标与其他商业标志

除了商标以外，使用在商品或服务上的标志，还有商品名称、商品装潢、商号、地理标志、域名、特殊标志等其他商业标志，这些商业标志与商标既有联系又有区别。

一、商标与商品名称

商品名称是商品的称谓，用于区别不同商品。商品名称包括通用名称和有一定影响的名称。通用名称包括法定的或者约定俗成的商品名称。法定的通用名称是指依据法律规定或者国家标准、行业标准确定的名称。约定俗成的通用名称是指相关公众普遍认为能够指代一类商品的名称。如"电视机""摩托车""汽车""手机"等都是商品的通用名称。有一定影响的商品名称是指经过生产经营者的使用，使消费者将使用该名称的商品与生产经营者联系起来，具备了识别商品来源功能的名称。

商品名称与商标都是商业标志，但两者具有如下区别：①使用目的不同。商品通用名称的使用是用于区别不同商品的，商标的使用是用于区别商品或服务来源的。②产生方式不同。商品通用名称依据法律或约定俗成自然产生，有一定影响的名称依据使用而产生，无需办理任何手续；商标分为注册商标和未注册商标，未注册商标无需办理任何手续，注册商标需要办理申请、核准手续。③专有性不同。通用名称不具备专有性，但有一定影响的商品名称具有专有性；商标未经注册虽然可以使用，但不会产生专有性，商标一旦经过注册即具备了专有性。④法律保护依据不同。有一定影响的商品名称和未注册商标可以依据反不正当竞争法予以保护，注册商标可以依据商标法予以保护。

二、商标与装潢

装潢是为了美化和宣传商品或服务，在商品、商品包装上或服务场所等使用文字、图案、色彩等要素以及文字、图案、色彩等要素的组合所进行的一种装饰。

商标与装潢都是商业标志，都是使用在商品、商品包装上或者服务场所上，但二者也有着明显的区别：①使用目的不同。商标用于区分商品或服务来源，商品装潢则用于美化和宣传商品或服务。②构成要素的要求不同。商标必须由法定的要素构成，而且不能是商品的通用名称、通用型号和直接表示商品质量、功能等的标志；装潢的构成要素则没有限制，可以是直接表示商品或服务的质量、功能等的标志。③标志可改变性不同。注册商标一经注册不能随意改变，装潢则可以根据市场需求而不断变化。④专有性的不同。注册商标具有专有性，而装潢一般不具有专有性，只有有一定影响的装潢才具有专有性。⑤保护依据不同。注册商标依据商标法予以保护，一般装潢不受法律的保护，有一定影响的装潢则可依据反不正当竞争法予以保护。

三、商标与商号

商号是企业名称或厂商名称中最具特征的部分，例如，"北京全聚德烤鸭有限公司"中的"全聚德"就是商号。企业名称由行政区划名称、字号、行业或者经营特点、组织形式组成。[1] 现实中，有些企业的商标与商号相同，例如，"海尔""同仁堂""中兴"等，既

---

[1]《企业名称登记管理规定》第6条规定：企业名称由行政区划名称、字号、行业或者经营特点、组织形式组成。跨省、自治区、直辖市经营的企业，其名称可以不含行政区划名称；跨行业综合经营的企业，其名称可以不含行业或者经营特点。

是商标也是商号。

商标与商号都是商业标志，其区别主要表现在：①使用目的不同。商标用于区分商品或服务来源，商号则用于区分生产经营者自身。②拥有数量不同。生产经营者通常可以拥有多个商标，但只能拥有一个商号。[1] ③构成要素不同。商标的构成要素可以是文字、图形、字母、数字、三维标志、颜色组合和声音等，以及上述要素的组合等，商号只能由文字构成。[2] ④产生依据不同。在我国，注册商标依据《商标法》产生，商号主要是依据《企业名称登记管理规定》产生。⑤使用要求不同。商标无论是否注册都可以使用，商号不经登记不得使用。⑥法律效力不同。注册商标在全国范围内享有商标专用权，商号的效力仅限于登记主管机关所辖行政区域。

四、商标与地理标志

地理标志是指标示某商品来源于某地区，该商品的特定质量、信誉或者其他特征，主要由该地区的自然因素或者人文因素所决定的标志。[3] 地理标志主要是用于标示农副产品和土特产品的，如"烟台苹果""西湖龙井"等。

商标与地理标志作为商业标志，具有如下区别：①功能不同。商标具有区别商品或服务来源的功能，不直接反映商品或服务的质量、原料、功能等特征，地理标志则直接反映商品的质量、原料和其他特征，有品质保证、质量认证的功能。②专有性不同。商标一经注册即具有专有性，地理标志是客观存在的，不具有专有性，不属于任何个人，属于地理标志所标示的地区内所有生产经营者共同使用的标志。③限制不同。商标可以自愿进行注册，注册商标属于商标注册人所有，可以依法进行许可或转让，地理标志则不属于任何个人，一般不可以作为一般商标注册，也不能进行转让或许可，但是，地理标志可以依法作为证明商标或集体商标进行注册。

五、商标与域名

域名是指互联网上的地址，是识别网上主体身份的标志，有"网上商标"之称。域名是随着互联网的发展而出现的，具有识别功能和商业价值的标志。

域名与商标具有明显的区别：①构成要素不同。域名可以由字母、数字和符号等构成，不能由图形、三维标志、颜色及其组合等构成。②唯一性不同。在不相同或不相类似的商品上可以注册相同或近似的商标，而域名具有唯一性，不能注册两个或两个以上完全相同的域名，但可以注册两个以上近似的域名。③是否注册要求不同。商标采用自愿注册原则，不经注册也可以使用，域名必须注册才能使用，而且采用的是先注册先占原则。④效力范围不同。商标具有地域性，只在注册国家或地区才获得法律的保护，而且还受商品或服务类别的限制，域名注册后不受地域限制，也不受商品或服务类别的限制。

六、商标与特殊标志

特殊标志是指在经国务院批准举办的国际性或全国性的文化、教育、体育、科学研究及其他社会公益活动中所使用的，由文字、图形组成的名称及其缩写、会徽、吉祥物等标志。例如，奥林匹克五环图案、北京奥林匹克标志，吉祥物等。特殊标志也可以用于与所

---

[1]《企业名称登记管理规定》第4条规定：企业只能登记一个企业名称，企业名称受法律保护。

[2]《企业名称登记管理规定》第8条规定：企业名称中的字号应当由两个以上汉字组成。县级以上地方行政区划名称、行业或者经营特点不得作为字号，另有含义的除外。

[3]《商标法》第16条第2款。

有人的事业或公益活动相关的商品、商品包装、纪念品上以及广告中。

特殊标志与商标有着明显的区别：①使用目的不同。商标使用是以营利为目的，是为了区分商品或服务来源，特殊标志使用不以营利为目的，是为了宣传和传播文化、教育、体育和科学研究等公益性活动。②使用主体不同。商标使用主体是生产经营者，特殊标志的使用主体是文化、教育、体育、科学研究及其他社会公益活动的主办者。例如，奥林匹克五环图案标志的所有者是国际奥林匹克委员会。③许可使用的目的不同。注册商标的许可使用主要是为了实现商标权的财产性价值；特殊标志的许可使用，主要是为了表明该商品或服务的生产经营者取得了特殊标志所有人的许可，或者与特殊标志所标示的事业或活动之间存在支持、赞助或合作等关系。④保护的依据不同。在我国，注册商标依据《商标法》予以保护，特殊标志依据《巴黎公约》、国务院1996年颁布的《特殊标志管理条例》和国务院2002年公布、2018年修订的《奥林匹克标志保护条例》予以保护。

第四节　商标制度的起源和发展

一、商标制度的起源

商标作为商品来源的标记，是商品经济的产物，并伴随着商品经济的发展而发展。随着社会生产力的发展，产生了商品交换，为了区别不同生产经营者的商品，商标应运而生。在自由竞争时期，商标使用是商品生产者、经营者自己的事情，政府仅从商品质量的角度进行监督，没有立法保护生产经营者的商标。商标作为一种私有财产受到法律的承认和保护，并成为一种严格法律制度，肇始于资本主义自由商品经济时期。自18世纪、19世纪欧洲工业革命以来，资本主义商品经济得到了长足的发展，与商品生产和销售有直接关系的商标也日渐显现其重要的作用，逐渐成为生产经营者争夺市场、谋取经济利益、开展市场竞争的重要工具。[1] 从私有财产神圣不可侵犯的原则出发，许多资本主义国家从19世纪50年代起先后制定了一些专门的法律，将商标纳入工业产权的保护范围。[2]

关于商标保护的早期法律是1803年法国制定的《关于工厂、制造场和作坊的法律》，该法第16条将假冒商标行为认定为私自伪造文件罪。但是，这部法律并不是关于商标保护的专门法律，也并未在法国全境实行。一般认为，法国1857年制定的《关于以使用原则和不审查原则为内容的制造标记和商标的法律》是世界上第一部具有现代意义的商标法。

在英国，对于商标的保护最初采用判例法的形式。第一个经法院判决保护商品提供者专用标识的案例发生在1618年，这起纠纷是由一个布商假冒另一布商的标识而引起的。英国采用判例法保护商标的时间比较长，从19世纪开始，英国制定了一些成文法。美国于1870年制定了《联邦商标条例》，同年8月又补充了对侵犯商标权行为适用刑事制裁的规定，该法因被联邦最高法院判决违反宪法而被废除，1881年美国又制定了新的《商标法》。德国于1874年公布了《商标保护法》，采用的是"不审查原则"，后来又于1894年颁布了以"审查原则"为内容的《商标法》。日本受德国和英国商标法的影响，于1884年制定了《商标条例》。随后，其他一些国家也在19世纪末颁布了商标法。到目前为止，世界上绝大多数国家都制定了商标法，商标法已经成为各国通行的工业产权制度。

---

[1] 参见余俊：《商标观念形成的物本和人本进路》，载《清华法学》2023年第5期。
[2] 吴汉东主编：《知识产权法学》，北京大学出版社2005年版，第234页。

二、商标制度的发展

19世纪下半叶，随着国际交往的日益频繁和国际贸易的发展，商品在世界范围内进行着广泛的流通，商标的使用也跨越了国界的限制，这使得商标的国际保护成为必要，由此商标法律制度开始走向国际化。商标法律制度国际化的标志是有关国际组织的建立和国际公约的签订。随着经济全球化的发展，商标法律制度的国际化必将进一步发展和深化。有关商标法律制度国际化问题，将在本书第六编探讨。

三、我国商标制度的产生与发展

早在春秋战国时期，我国商标的雏形就已经出现，并且随着贸易的发展而发展。在我国商品经济相对发达的宋代，商标的使用已经相当普遍，甚至出现了纸制商标标识。我国现存最早且较完整的商标出现于北宋，当时山东刘家"功夫针铺"已使用"白兔"商标，以持钢针的白兔为中心图案，两侧刻有"认门前白兔儿为记"八字，下方刻有"收买上等钢条，造功夫细针，不误宅院使用，客转与贩，别有加饶，请记白"，不但图文并茂，而且宣传了商品的质量，具备了现代商标的基本特征。刘家功夫针铺"白兔"商标印制模板现藏于中国历史博物馆，该模板是迄今发现年代最为久远的一个完整的商标印制模板，是我国商标发展史上珍贵的历史见证。

我国近代商标制度始于清朝末年。当时帝国主义列强纷纷强迫清政府在其对外通商条约中订立保护外国商标的条款，1904年清政府颁布了《商标注册试办章程》，这是我国历史上最早的商标法规。1923年，北洋政府在《商标注册试办章程》的基础上颁布了《商标法》及其实施细则，并在工商部内设立商标局受理商标注册申请。但由于北洋政府的崩溃，该法也未能实施。1930年，南京国民政府公布了《商标法》及其实施细则，并于1935年、1938年作了两次修订，而且还借鉴了国外的商标法，该法经数次修订后目前仍在我国台湾地区施行。

我国现代商标制度是指中华人民共和国成立后实行的商标制度。中华人民共和国成立后，1950年政务院批准公布了中华人民共和国第一部商标法规——《商标注册暂行条例》，后又由财政经济委员会颁布了施行细则。《商标注册暂行条例》及其施行细则的颁布和实行，标志着我国商标法制建设的开始。

1956年以后，随着生产资料社会主义改造的基本完成，为了加强商标管理，促使企业保证和提高商品质量，1963年国务院又公布了《商标管理条例》（已失效），并由原中央工商行政管理局同时公布了实施细则。该条例虽然是一部适应我国当时具体情况的商标法规，但忽视了对商标权的保护，只强调对商标的行政管理，体现了浓厚的计划经济色彩，对商标权进行保护的作用很有限。

"文革"期间，我国的商标法制遭到了严重破坏，商标注册和管理工作处于瘫痪状态。十一届三中全会后，我国经济形势发生巨大变化。1978年国家工商行政管理局成立，下设商标局，开始对全国的商标进行清理整顿，着手制定新的商标法，恢复全国商标统一注册工作。1982年8月公布了《商标法》，自1983年3月1日起施行。为配合《商标法》的实施，1983年3月，国务院又公布了《商标法实施细则》，并于1988年进行了第一次修订。1982年《商标法》是中华人民共和国制定的第一部保护知识产权的法律，它不仅标志着我国现代商标法制的正式建立，而且标志着我国知识产权保护制度的正式建立。总的来说，1982年的《商标法》对保护商标权人的权利，维护市场竞争秩序，促进市场经济的发展，起到了重要的作用。

随着我国经济社会的发展、市场经济体制的确立和深入、加入世界贸易组织以及建设创新型国家的需要，我国《商标法》进行了多次修改和完善。[1]

（一）《商标法》第一次修改

随着我国市场经济体制的确立和发展，1982年起施行的《商标法》中存在的问题和不足也逐渐显露。为了弥补《商标法》的不足，进一步完善我国的商标法律制度，使其适应新形势下我国经济发展的要求，我国对《商标法》进行了第一次修改。1993年2月22日，公布了《全国人民代表大会常务委员会关于修改〈中华人民共和国商标法〉的决定》，同时通过了《关于惩治假冒注册商标犯罪的补充规定》，同年7月15日，国务院批准了第二次修订的《商标法实施细则》。此次《商标法》修改的主要内容有：①扩大了《商标法》的保护范围，将服务商标纳入保护范围；②对商标禁用标志作了补充规定，禁止将县级以上行政区划地名以及公众知晓的外国地名作为商标注册；③强化了对商标使用许可的管理，规定被许可人必须在使用被许可商标的商品上标明其名称和商品产地；④增加了对注册不当商标的撤销程序；⑤重新界定商标侵权行为的涵义，扩大了商标侵权行为的范围；⑥加大了对商标侵权行为的惩罚力度。

（二）《商标法》第二次修改

为了进一步加强对商标权的保护，适应我国加入世界贸易组织的需要，2001年10月27日公布了《全国人民代表大会常务委员会关于修改〈中华人民共和国商标法〉的决定》，这是我国在加入世界贸易组织前夕，为与TRIPs协议接轨，对《商标法》进行的第二次修改。2002年8月3日，国务院批准了第三次修订的《商标法实施细则》，并将其更名为《商标法实施条例》。此次《商标法》修改的主要内容有：①主体方面，扩大了商标权的主体，增加了自然人作为商标注册主体的规定；②客体方面，扩大了商标构成要素的范围，将字母、数字、颜色、三维标志补充到商标的构成要素中，第一次将立体商标纳入到商标法保护范围，对集体商标、证明商标的保护作了明确的规定，将驰名商标和地理标志纳入了保护范围；③程序方面，增加了商标申请优先权的规定，明确规定申请注册的商标不得侵犯他人合法的在先权利，也不得以不正当手段抢先注册他人已经使用并有一定影响的商标，取消了商标评审委员会的终局决定权，增加了对行政裁决可以经过司法审查的规定；④执法方面，加强了对商标侵权的查处力度，明确了销售侵权商品的侵权构成与主观过错无关，增加了"反向假冒"侵权行为的规定，明确了商标侵权损害赔偿范围，增加了诉前临时措施的规定。

（三）《商标法》第三次修改

经过两次修改的《商标法》是一部既符合我国社会主义市场经济发展的实际需要，又与TRIPs协议相一致的商标法律。经过这次修改，我国的商标法律制度完全告别了计划经济，突出了商标权利的私权、财产权性质，它表明了我国商标法律制度逐步走向科学化和国际化。当然，随着形势的发展，经过第二次修改的《商标法》在实施中也出现了一些新的问题，不能适应改革开放和经济发展的需要，需要进一步完善。2003年第三次《商标法》修改工作开始启动，经过十年的努力，第三次《商标法》修改工作完成。2013年8月30日公布了《全国人民代表大会常务委员会关于修改〈中华人民共和国商标法〉的决定》，并于2014年5月1日起施行。

---

[1] 参见杜颖：《商标法律制度的失衡及其理性回归》，载《中国法学》2015年第3期。

第三次《商标法》修改的内容主要有：①增加关于商标审查时限的规定；②完善商标注册异议制度；③改进驰名商标保护制度；④加强对商标专用权保护，规定了惩罚性赔偿制度、提高了法定赔偿数额、规定了证据妨碍制度，规范商标申请和使用行为，规定禁止抢注他人商标，规范商标代理活动。

第三次修改后的《商标法》有利于方便申请人注册、进一步维护公平竞争的市场秩序并进一步加大对商标侵权的处罚力度。其有关内容将在本篇中具体分析。此外，《商标法实施条例》也进行了修改，并与修改后的《商标法》同一天实施。

(四)《商标法》第四次修改

为了贯彻落实党中央、国务院决策部署，适应经济社会发展形势，加强知识产权保护，进一步优化营商环境，解决实践中的突出问题，更有效地遏制商标恶意注册行为，加大商标专用权保护力度，2019年4月23日第十三届全国人民代表大会常务委员会第十次会议对《商标法》进行了第四次修改。第四次《商标法》修改的主要内容有：

1. 规制商标恶意注册行为。①在《商标法》第4条中增加了"不以使用为目的的恶意商标注册申请，应当予以驳回"的规定。《商标法》如此规定，旨在从源头上制止商标恶意注册行为，使商标注册申请回归以使用为目的的制度本源。②规范商标代理行为，在《商标法》第19条增加了关于商标代理机构知道或应当知道委托人存在恶意注册行为的，不得接受其委托的规定。③将恶意注册作为提出异议和无效宣告的理由。

2. 加大对商标侵权行为的惩罚力度。①提高惩罚性赔偿数额，将原来的1至3倍提高到1至5倍。②提高法定赔偿额的上限，将原来的300万提高到500万元。

第二十四章 商标权的取得

本章提要

本章主要阐述和探讨有关商标权的取得方式、商标注册的条件与原则，商标注册的申请、审查与核准，商标的国际注册。

本章的重点是商标注册的条件与原则、商标的审查原则和审查程序，难点是商标注册的审查程序。

第一节 商标权的取得方式

商标权的取得方式有两种：原始取得和继受取得。

一、商标权的原始取得

商标权的原始取得也称直接取得，是指不以他人的商标权为依据而最初、直接地取得。从各国商标法律制度的规定来看，商标权的原始取得基本采用以下原则：

（一）使用取得原则

使用取得原则，是指商标权通过使用而获得、以使用的先后确定商标权的归属。根据这一原则，商标权属于最先使用该商标的人，即使该商标的使用人不进行注册，也不影响其获得商标权。采用使用原则的国家也进行商标注册，但商标注册不是获得商标权的前提，只是为了在法律上起到声明的作用，以增加商标权的法律效力，商标的最先使用人可以根据其使用在先的事实，请求撤销使用在后的已经注册的商标。

使用取得原则，注重对商标的使用，反映了权利先占的古老传统，可以保护最先使用商标人的利益，符合商标的本质。但是，该原则在实践中存在很多弊端：在认定商标权时确定商标的最先使用人往往存在困难，故商标权可能会归属于非最先使用人；由于商标的最先使用人可以根据其使用在先的事实，请求撤销使用在后的已经注册的商标，因此会导致商标权缺乏稳定性。使用原则作为19世纪中叶以前盛行的原始商标保护制度的残存，目前已被世界上绝大部分国家所摒弃。

（二）注册取得原则

注册取得原则，是指商标权通过注册而获得、以申请注册的先后确定商标权的归属，即商标权授予最先提出注册申请的人。[1] 依据注册原则，商标权只有通过注册才能获得，而不论商标是否已经使用；并且，对同一商标，无论谁先使用，商标权只能授予最先申请注册的人。

注册取得原则具有程序简便易行、获得的商标权稳定性强、有利于督促商标使用人及时申请注册、有利于商标管理机关对商标进行管理等特点，因此世界上大多数国家都采用这一原则。但是，该原则也存在一定的弊端：由于该原则不以商标使用作为获得商标权的条件，在实践中很容易造成商标"抢注"[2] "商标囤积"[3] 以及商标恶意注册[4] 现象的发生。

（三）混合原则

混合原则，也称折中原则，是上述注册取得原则和使用取得原则的折中适用原则。依据该原则，商标权需要经过注册才能获得，但是，法律规定在核准注册后的一定时间内，最先使用商标的人可以以使用在先为由提出撤销与自己先使用的商标相同或近似的商标，只有在法律规定的时间内，没有人提出撤销申请，该注册商标才具有稳定的商标权。

混合原则虽然可以吸收使用取得和注册取得原则的优点，并在一定程度上避免使用取得和注册取得两原则的弊端，但给予最先使用人过长的抗辩时间，又会使善意取得的注册商标处于权利不稳定状态；而且一旦有先使用人提出撤销申请，将使商标注册人因使用该商标进行的投入遭受损失。因此，如何为最先使用人确定一个合理的抗辩时间是施行该原则的难点。[5] 目前世界上适用这一原则的只有少数国家。

二、商标权的继受取得

商标权的继受取得，也称传来取得，是指商标权的取得以他人既存的商标权为基础，不是直接、最初的取得。继受取得有两种方式：一是通过商标转让取得，即根据转让合同，由商标权人将商标权有偿或无偿地转让给受让人，受让人由此获得商标权，其中无偿转让实际上是赠予；二是通过继承或遗赠取得。

第二节 商标注册的条件

实行商标注册制度的国家，都要求商标注册申请人和商标标志必须符合法律规定的条件。只有符合法律规定的条件，商标注册申请才能被核准，申请人才能获得商标权。我国《商标法》对商标注册申请人和商标标志的条件作了明确的规定。

一、商标注册申请人的条件

根据现行《商标法》第4条第1款规定，自然人、法人或者非法人组织在生产经营活动中，对其商品或者服务需要取得商标专用权的，应当向商标局申请商标注册。《商标法》

---

[1] 参见黄汇：《中国商标注册取得权制度的体系化完善》，载《法律科学（西北政法大学学报）》2022年第1期；吴伟光：《商标权注册取得制度的体系性理解及其制度异化的纠正》，载《现代法学》2019年第1期。

[2] 参见宁立志、叶紫薇：《商标恶意抢注法律适用研究》，载《法学评论》2022年第2期；杨利华：《商标抢注规制新突破：公共领域保留原则的引入——以网络热词的商标抢注为对象》，载《社会科学战线》2022年第5期。

[3] 参见戴文骐：《商标囤积的体系化规制》，载《法商研究》2022年第6期。

[4] 参见吴汉东：《恶意商标注册的概念体系解读与规范适用分析》，载《现代法学》2023年第1期。

[5] 参见彭学龙：《寻求注册与使用在商标确权中的合理平衡》，载《法学研究》2010年第3期。

第17条则规定："外国人或者外国企业在中国申请商标注册的，应当按其所属国和中华人民共和国签订的协议或者共同参加的国际条约办理，或按对等原则办理。"根据以上规定，在我国商标注册申请人包括：

1. 自然人。自然人作为商标注册申请人是《商标法》第二次修改时增加的内容。根据现行《商标法》规定，凡是从事工商业活动的自然人都可以申请商标注册，取得商标权。

值得注意的是：虽然我国《商标法》关于自然人可以进行商标注册的规定是对不允许自然人注册商标这一制度的重大突破，也强化了商标权的私权属性，但是在商标注册实践中，出现了大量非为生产经营目的而单纯以买卖商标为目的申请商标的现象，这样不仅导致大量注册商标被闲置，从而浪费商标资源，而且造成由于商标注册申请量增加，从而增加了商标注册主管部门的工作量、加剧了延长商标注册审查周期的情况。为此，2007年原国家工商行政管理总局商标局发布了《自然人办理商标注册申请注意事项》，明确规定只有从事经营活动的自然人才可以进行商标注册。此外，在商标注册实践中，允许自然人申请注册商标还存在一个十分严重的问题，即"不以使用为目的的恶意商标注册申请"日益严重，严重背离了商标立法宗旨，破坏了商标注册秩序。鉴于此，在2019年第四次修改《商标法》时，在第4条第1款中增加了"不以使用为目的的恶意商标注册申请，应当予以驳回"。

2. 法人。凡是依法成立的能够独立承担民事责任的企业、事业单位和社会团体，都可以申请商标注册，取得商标权。

3. 非法人组织。凡是经依法成立、有一定的组织机构和财产，但又不具有法人资格的非法人组织，都可以申请商标注册，取得商标权。

4. 外国人（包括外国的企业和自然人）。外国人在我国申请商标注册，必须符合以下条件：①外国人的所属国与中国签订了有关协议；②或者外国人的所属国与中国共同参加了有关的国际公约；③或者该外国人的所属国受理我国商标申请人的商标注册申请。

需要注意的是，我国《商标法》第二次修改时增加了"商标权共有"的规定。根据现行《商标法》第5条规定，两个以上的自然人、法人或者非法人组织可以共同向商标局申请注册同一商标，共同享有和行使该商标专用权。商标权共有的规定是适应实践中共有商标权的需要而作出的，这一规定为商标权共有提供了法律依据。

二、商标标志的条件

（一）商标构成要素必须符合法律规定

商标的构成要素是商标的外在表现形式，它不能由使用者自由选择，而应由法律作出规定。依《商标法》第8条规定，任何能够将自然人、法人或者非法人组织的商品与他人的商品区别开的标志，包括文字、图形、字母、数字、三维标志、颜色组合和声音等，以及上述要素的组合，均可以作为商标申请注册。由此可见，在我国，商标的构成要素既包括文字、图形、字母、数字、三维标志及颜色组合等可视性标志，也包括声音这一非可视性标志。

我国《商标法》在第二次修改前未明确规定对字母商标和数字商标的保护，但由于实践中存在一定数量的字母商标和数字商标，第二次修改《商标法》时增加了对这类商标保护的规定，三维标志和颜色组合作为商标的构成要素，也是《商标法》第二次修改时增加的内容。声音商标则是第三次修改《商标法》时增加的内容，这一规定使得我国商标法律制度进一步符合了TRIPs协议的要求。

(二) 商标必须具备显著性，便于识别，并不得与他人在先取得的合法权利相冲突

1. 商标的显著性（distinctiveness）。显著性是指商标从总体上具有的能与他人同一种或类似商品上使用的商标区别开来的独有的特征，即商标的独特性（区别性）和识别性。独特性是指某一标志具有的不同于其他标志的特征，如"娃哈哈"与"乐百氏"、"伊利"与"蒙牛"等。识别性是针对标志与其标示的对象之间的关系而言，是指某标志不能是标示对象的通用名称、图形、型号等，也不能是对标示对象属性的描述。例如，"65度"酒，购买者会认为"65度"表明了酒的酒精含量，"65度"就不适宜作为酒这种商品的商标。

显著性是对商标最基本的要求和商标赖以存在的基础，也是商标的本质属性和精髓，商标缺乏这一特征，就会失去其存在的意义。各国商标法以及有关国际公约都将显著性作为商标构成的必要条件和商标注册的绝对条件。〔1〕我国《商标法》第9条第1款规定：申请注册的商标，应当有显著特征〔2〕，便于识别，并不得与他人在先取得的合法权利相冲突。《商标审查审理指南》下编第一章"3.2 商标的显著特征"对其概念和内涵作了解释："商标的显著特征，亦即商标的显著性，是商标标志获得商标注册的前提条件。商标的显著性是指商标应当具备的足以使相关公众区分商品或者服务来源的特征，具体来讲，是指商标能够使消费者识别、记忆，进而发挥指示商品或者服务来源的功能与作用。"其第四章"释义"节则规定："判断商标是否具有显著特征，除了要考虑商标标志本身的含义、呼叫和外观构成，还要结合商标指定的商品或者服务、商标指定商品或者服务的相关公众的认知习惯、商标指定商品或者服务所属行业的实际使用情况等，进行具体的、综合的、整体的判断。"〔3〕

商标的显著性可分为以下两种情形：

（1）固有显著性，是指商标的构成要素本身具有天然的独特性和可识别性。例如，"康佳""柯达""SONY"等就是因为标志本身具有显著性而获得了注册。固有显著性也有强弱之分，按照显著性强弱来划分，商标依次可分为臆造商标、任意商标和暗示性商标。其中，臆造商标是指无特定含义，由臆造的文字或词汇构成的商标，这种商标的显著性最强，如"海信""Nike""Kodak"等。任意商标是指与所表示的对象没有特别联系，由现有的常用词或词组构成的商标，这类商标也具有较强的显著性，只是显著性较臆造商标弱，例如，"娃哈哈""喜洋洋"等。〔4〕暗示性商标是由常用词汇构成，以隐喻、暗示等方式提示商品或服务的属性或特点，这类商标是具备固有显著性的，只是显著性比臆造和任意商标弱，如自行车商标"永久"、饮料商标"健力宝"等。对此，2020年修正的《最高人民法院关于审理商标授权确权行政案件若干问题的规定》（以下简称《审理商标授权确权行政案件规定》）第11条有明确的规定："商标标志只是或者主要是描述、说明所使用商品的质量、主要原料、功能、用途、重量、数量、产地等的，人民法院应当认定其属于商标法第十一条第一款第（二）项规定的情形。商标标志或者其构成要素暗示商品的特点，

---

〔1〕 参见北京市高级人民法院（2021）京行终5797号行政判决书（驳回复审商标案）；山东省潍坊市中级人民法院（2021）鲁07民初91号民事判决书（侵害商标权及不正当竞争纠纷案）。

〔2〕 参见付继存：《注册商标使用中的"未改变显著特征"》，载《法学研究》2021年第6期。

〔3〕 参见谢晴川：《商标"显著特征"之内涵重释》，载《法学研究》2022年第4期。

〔4〕 在美国的司法实践中，任意商标被解释为这样一些词，发明它们的唯一目的就是将它们作为商标来使用，是常用的字019以非同寻常的方式来使用。详见李明德：《美国知识产权法》，法律出版社2003年版，第283页。See Two Pesos, Inc. v. Taco Cabana, Inc., 505 U.S. 763 (1992).

但不影响其识别商品来源功能的,不属于该项所规定的情形。"由此可见,商标标志或者其构成要素暗示商品的特点,只要不影响其识别商品来源功能的,就不属于缺乏显著性的标志。[1]

(2)获得显著性,也称后发显著性或者"第二含义",是指商标的构成要素本身不具有独特性和可识别性,但是通过实际使用后取得了可识别性。[2] 以"两面针"牙膏为例,由于"两面针"是表示商品原料的标志,本身不具备独特性和可识别性,本不能获得注册,但该标志经过长期使用后取得了区别牙膏这类商品的特性,因此获得了注册。"获得显著性"理论在有关的国际公约和我国商标法中均有体现。TRIPs 协议第 15 条第 1 项规定:"如果标志不具有区别相关商品或服务的固有属性,成员可以根据其通过使用取得的显著性,给予注册。"我国《商标法》第 11 条规定:"下列标志不得作为商标注册:(一)仅有本商品的通用名称、图形、型号的;(二)仅直接表示商品的质量、主要原料、功能、用途、重量、数量及其他特点的;(三)其他缺乏显著特征的。前款所列标志经过使用取得显著特征,并便于识别的,可以作为商标注册。"[3]

根据《商标审查审理指南》下编第四章"2.3 其他缺乏显著特征的"规定,上述规定中的"其他缺乏显著特征的",是指前述两项规定以外的、依照社会通常观念,作为商标使用在指定商品或者服务上不具备商标的显著特征的标志。常见类型主要包括:①商标过于简单或者过于复杂;②表示商品或者服务特点的短语或者句子,或者普通广告宣传用语;③日常商贸场所、用语或标志;④企业的组织形式、行业名称或简称;⑤仅有申请人(自然人除外)名称全称;⑥常用祝颂语和日常用语、网络流行词汇及表情包、常用标志符号、节日名称、格言警句等。

《商标审查审理指南》下编第四章"2.4 经过使用取得显著特征的"还对"经过使用取得显著特征"的内涵和认定作了规定。其明确应当综合考虑以下因素:相关公众对该标志的认知情况;该标志在指定商品或者服务上实际使用的时间、使用方式、同行业使用情况;使用该标志的商品或者服务的销售量、营业额及市场占有率;使用该标志的商品或者服务的广告宣传情况及覆盖范围;使该标志取得显著特征的其他因素。判断某个标志是否属于经使用取得显著特征的标志,应以相关公众的认知为准。如当事人主张该标志经使用取得显著特征,应当提交相应的证据材料加以证明。用以证明该标志使用情况的证据材料,应当能够显示所使用的商标标志、商品或者服务、使用日期及该标志的使用人。该标志的使用包括商标注册申请人及商标被许可使用人的使用。申请注册经使用取得显著特征的标志,应当与实际使用的标志基本一致,不得改变该标志的显著特征;且应当限定在实际使用的商品或者服务上。如在该标志与其他标志共同使用的情况下,应将该标志与其他标志的显著特征加以区别,对该标志本身是否经使用具有显著特征作出判断。

---

[1] 参见广东省深圳市中级人民法院(2019)粤 03 民终 31635 号民事判决书(侵害商标权纠纷案)。

[2] See Fromer, Jeanne C., Against Secondary Meaning, *Notre Dame Law Review*, Vol. 98, Issue 1 (November 2022), pp. 211-266.

[3] 参见北京市高级人民法院(2020)京行终 3768 号行政判决书(商标行政纠纷案);湖南省高级人民法院(2010)湘高法民三终字第 11 号民事判决书(侵犯商标专用权及不正当竞争纠纷上诉案)。See also Union Carbide Corp. v. Ever-Ready, Inc., 531 F. 2d 366(7th Cir. 1976)(不具备第二含义的描述性商标不能受到保护);Investacorp, Inc. v. Arabian Investment Banking Corp., 931 F. 2d 1519(11th Cir. 1991)(描述性标志和暗示性标志的区别);Wal-Mart Stores v. Samara Bros., 529 U. S. 205(2000)(获得第二含义的商业外观受保护)。

需要注意的是，商标的显著性不是永久不变的，而是随着使用情况不断变化的。商标既可以通过使用获得后发显著性，也可以因为使用不当而丧失显著性。注册商标一旦丧失了显著性就会导致被撤销。根据现行《商标法》第49条规定，注册商标成为其核定使用的商品的通用名称，任何单位或者个人可以向商标局申请撤销该注册商标。实践中，因丧失显著性成为商品的通用名称而被撤销的例子不在少数，如"阿司匹林""暖水瓶""味素"等。[1]

2. 商标不得与他人在先取得的合法权利相冲突。申请注册商标应当遵守诚实信用原则，尊重他人的在先权利。如果申请注册商标损害了他人的在先权利，在先权利人就可以阻止该商标注册申请。对此，《商标法》第32条规定：申请商标注册不得损害他人现有的在先权利，也不得以不正当手段抢先注册他人已经使用并有一定影响的商标。《审理商标授权确权行政案件规定》第18条规定："商标法第三十二条规定的在先权利，包括当事人在诉争商标申请日之前享有的民事权利或者其他应予保护的合法权益。诉争商标核准注册时在先权利已不存在的，不影响诉争商标的注册。"

上述在先取得的合法权利，包括但不限于下列内容：姓名权、肖像权、著作权、专利权、企业名称权益、域名权益，有一定影响的商品名称、包装、装潢权益等。[2] 需要注意的是，根据上述司法解释规定，注册商标申请日以前已经合法取得的权利或合法权益，在核准注册时已经不存在的，不能作为在先权利或权益影响该商标的注册申请。[3]

《审理商标授权确权行政案件规定》对注册商标申请损害在先权利或在先权益的情形作了更加明确的规定。

（1）损害著作权。《审理商标授权确权行政案件规定》第19条规定："当事人主张诉争商标损害其在先著作权的，人民法院应当依照著作权法等相关规定，对所主张的客体是否构成作品、当事人是否为著作权人或者其他有权主张著作权的利害关系人以及诉争商标是否构成对著作权的侵害等进行审查。商标标志构成受著作权法保护的作品的，当事人提供的涉及商标标志的设计底稿、原件、取得权利的合同、诉争商标申请日之前的著作权登记证书等，均可以作为证明著作权归属的初步证据。商标公告、商标注册证等可以作为确定商标申请人为有权主张商标标志著作权的利害关系人的初步证据。"该条对在先作品的认定、享有著作权的举证等问题作了规定，对于判定当事人主张诉争商标损害其在先著作权是否成立提供了司法指引。

（2）损害姓名权。《审理商标授权确权行政案件规定》第20条规定："当事人主张诉争商标损害其姓名权，如果相关公众认为该商标标志指代了该自然人，容易认为标记有该商标的商品系经过该自然人许可或者与该自然人存在特定联系的，人民法院应当认定该商标损害了该自然人的姓名权。当事人以其笔名、艺名、译名等特定名称主张姓名权，该特定名称具有一定的知名度，与该自然人建立了稳定的对应关系，相关公众以其指代该自然人的，人民法院予以支持。"该条对损害姓名权，包括以笔名、译名、艺名等特定名称主张姓

---

[1] 参见广东省汕头市中级人民法院（2022）粤05民终1025号民事判决书（侵害商标权纠纷案）。See also Bayer Co. v. United Drug Co., 272 F. 505 (S. D. N. Y. 1921); Kellogg Co. v. Nat'l Biscuit Co., 305 U. S. 111 (1938).

[2] 与专利权、商标权和著作权等积极权利不同，对企业名称、域名、有一定影响商品、包装、装潢享有的只是法律予以保护的权益。

[3] 参见最高人民法院（2022）最高法行再3号行政判决书（商标权无效宣告请求行政纠纷案）；北京市高级人民法院（2019）京行终7352号行政判决书（商标权无效宣告请求行政纠纷案）。

名权的条件作出了明确的规定。上述规定实际上也是对司法实践经验的总结。例如，在"乔丹"注册商标案中，最高人民法院再审中阐释了姓名权构成要件即为：该姓名有一定知名度，与该自然人建立了稳定的对应关系，相关公众以该姓名指代该自然人。[1]

（3）损害字号权益。《审理商标授权确权行政案件规定》第21条规定："当事人主张的字号具有一定的市场知名度，他人未经许可申请注册与该字号相同或者近似的商标，容易导致相关公众对商品来源产生混淆，当事人以此主张构成在先权益的，人民法院予以支持。当事人以具有一定市场知名度并已与企业建立稳定对应关系的企业名称的简称为依据提出主张的，适用前款规定。"该条对字号和企业名称简称作为在先权益的条件作出了明确的规定。

（4）损害角色形象著作权以及损害作品名称、角色名称等权益。《审理商标授权确权行政案件规定》第22条规定："当事人主张诉争商标损害角色形象著作权的，人民法院按照本规定第十九条进行审查。对于著作权保护期限内的作品，如果作品名称、作品中的角色名称等具有较高知名度，将其作为商标使用在相关商品上容易导致相关公众误认为其经过权利人的许可或者与权利人存在特定联系，当事人以此主张构成在先权益的，人民法院予以支持。"该条规定角色形象可以主张在先著作权，作品名称、作品中的角色名称可以主张在先权益，并对构成在先权益的条件作出了规定。

《商标审查审理指南》下编第十四章"3.5 肖像权"则补充了侵害肖像权的注册问题。其规定，未经许可，将他人的肖像申请注册商标，给他人肖像权可能造成损害的，系争商标应当不予核准注册或者予以无效宣告。其具体适用要件为：①在相关公众的认知中，系争商标图像指向该肖像权人；②系争商标的注册给他人肖像权可能造成损害；③系争商标的注册申请未经肖像权人许可。

还值得指出，《审理注册商标、企业名称与在先权利冲突民事案件规定》，也规定了注册商标不得侵犯在先权利。例如，其第1条第1款规定："原告以他人注册商标使用的文字、图形等侵犯其著作权、外观设计专利权、企业名称权等在先权利为由提起诉讼，符合民事诉讼法第一百一十九条规定的，人民法院应当受理。"

（三）申请注册的商标不得使用法律禁止使用的标志

1. 不得作为商标使用的标志。各国商标法都有关于商标禁止使用标志的规定，我国《商标法》第10条规定了不得作为商标使用的标志：

第一，同中华人民共和国的国家名称、国旗、国徽、国歌、军旗、军徽、军歌、勋章等相同或者近似的，以及同中央国家机关的名称、标志、所在地特定地点的名称或者标志性建筑物的名称、图形相同的。该规定体现了对国家、政府（特别是中央政府）和军队尊严的维护，符合《巴黎公约》第6条之三的规定，是各国通行的做法。中央国家机关所在地通常是一个国家的首都，是国家的代表和象征，所以表示首都的特定地名或标志性建筑物的名称或图形，应禁止作为商标使用，如"中南海""天安门"等。这是2001年第二次修改《商标法》时增加的内容。另外，中央国家机关的名称和标志也是一个国家的象征，也应禁止作为商标使用，例如，"中华人民共和国国务院"等，这是第三次修改《商标法》时增加的内容。

---

[1] 最高人民法院（2016）最高法行再27号行政判决书（商标争议行政纠纷案）；参见北京知识产权法院（2017）京73行初9208号行政判决书（商标权无效宣告请求行政纠纷案）。

《审理商标授权确权行政案件规定》第 3 条第 1 款规定：《商标法》第 10 条第 1 款第 1 项规定的同中华人民共和国的国家名称等"相同或者近似"，是指商标标志整体上与国家名称等相同或者近似。易言之，如果商标标志整体上与国家名称不相同或不相近似，是可以作为商标使用和注册的。如"中国劲酒"就因为整体上与国家名称不相同和不相近似被注册为商标。

第二，同外国的国家名称、国旗、国徽、军旗等相同或者近似的，但经该国政府同意的除外。该规定体现了我国对其他国家、政府和军队的尊重，也符合国与国之间的平等原则。需要注意的是，如果某一国家出于特定的目的或习惯，不禁止将上述标志作为商标使用的，我国也不强行禁止，允许将其作为商标使用。

第三，同政府间国际组织的名称、旗帜、徽记等相同或者近似的，但经该组织同意或者不易误导公众的除外。该规定体现了我国对国际组织的尊重，是国际上通行的做法。如"联合国"的旗帜、"世界贸易组织"的名称等不得作为商标使用。需要注意的是，如果经有关的国际组织同意或者在不易误导公众的情形下，上述标志可以作为商标使用。

第四，与表明实施控制、予以保证的官方标志、检验印记相同或者近似的，但经授权的除外。该规定是根据《巴黎公约》第 6 条之三的要求在第二次修改《商标法》时新增加的。官方标志和检验印记属于特定标志，由国家有关行政法律法规规定和调整，在国家经济生活中起着维护秩序的重要作用，如海关的"免检"标志、质量认证标志中的"方圆标志""长城标志"等。禁止上述标志作为商标使用是为了防止导致消费者误认，误导其作出错误的消费选择，故未经授权，任何生产经营者不得将其作为商标使用。

第五，同"红十字""红新月"的名称、标志相同或者近似的。"红十字"标志是各国"红十字会"的专用标志，也是世界各国普遍承认的国际人道主义标志。"红十字会"是一个志愿的国际性救护、救济组织，而在伊斯兰国家，相关组织被称为"红新月会"。根据《改善战地武装部队伤者病者境遇之日内瓦公约》等的规定，上述标志不得作为商标使用。

第六，带有民族歧视性的。将带有民族歧视性的标志作为商标使用，不利于各民族的团结和统一，危及国家的安全与稳定。因此，为了尊重各民族、维护民族团结和国家的稳定，《商标法》禁止将带有民族歧视性的标志作为商标使用。

第七，带有欺骗性，容易使公众对商品的质量等特点或者产地产生误认的。这类标志作为商标使用违反诚实信用原则、违背良好的商业道德，不仅会误导消费者，还会造成不正当竞争，妨碍正常的竞争秩序，因此应禁止使用。例如，以"长寿"作为香烟商标、将"纯羊毛"用于化纤服装上就带有欺骗性。《审理商标授权确权行政案件规定》第 4 条规定："商标标志或者其构成要素带有欺骗性，容易使公众对商品的质量等特点或者产地产生误认，国家知识产权局认定其属于 2001 年修正的商标法第十条第一款第（七）项规定情形的，人民法院予以支持。"[1]

第八，有害于社会主义道德风尚或者有其他不良影响的。该规定是为了维护社会主义道德风尚，促进社会主义精神文明建设。具体实践中，人民法院在审查判断有关标志是否构成具有其他不良影响的情形时，应当考虑该标志或者其构成要素是否可能对我国政治、经济、文化、宗教、民族等社会公共利益和公共秩序产生消极、负面影响。另外，如果将

---

[1] 参见北京市高级人民法院（2020）京行终 1618 号行政判决书（注册商标无效宣告案）。

政治、经济、文化、宗教、民族等领域公众人物姓名等申请注册为商标，属于"其他不良影响"。对此，《审理商标授权确权行政案件规定》第5条明确规定：商标标志或者其构成要素可能对我国社会公共利益和公共秩序产生消极、负面影响的，人民法院可以认定其属于商标法第10条第1款第8项规定的"其他不良影响"。将政治、经济、文化、宗教、民族等领域公众人物姓名等申请注册为商标，属于前款所指的"其他不良影响"。此外，其第3条第2款规定："对于含有中华人民共和国的国家名称等，但整体上并不相同或者不相近似的标志，如果该标志作为商标注册可能导致损害国家尊严的，人民法院可以认定属于商标法第十条第一款第（八）项规定的情形。"[1]

第九，县级以上行政区划的地名或者公众知晓的外国地名，不得作为商标。但是地名具有其他含义或者作为集体商标、证明商标组成部分的除外；已经注册的使用地名的商标继续有效。禁止地名作为商标使用是各国通行的做法。地名是用于标示自然形态或地理区域的符号，属于公知公用的名称，不能被任何人通过注册为商标成为其私有财产。以地名作为商标使用缺乏显著特征，仅能说明商品的产地而不能区别商品的来源，而且容易造成消费者对商品或服务来源的误认；地名作为商标被某一经营者独占使用，对同一地区的其他经营者来说是不公平的，因为地名属于该地区内所有的经营者共有，不能由某一经营者独占。

但是，在地名具有其他含义或者作为集体商标、证明商标组成部分的情形下是可以用作商标的。"其他含义"应理解为除了作为地名使用外，还有具体、明确、公知的其他含义或是已在公众中约定俗成的其他用语。有些地名本身具有其他方面的意义，而该意义与商品或服务并不直接相关，例如，"山海关"既是地名，又是名胜古迹，其作为商标使用就具有显著性。对此，《审理商标授权确权行政案件规定》第6条明确规定："商标标志由县级以上行政区划的地名或者公众知晓的外国地名和其他要素组成，如果整体上具有区别于地名的含义，人民法院应当认定其不属于商标法第十条第二款所指情形。"

另外，集体商标和证明商标不可避免地要使用地名作为商标的一部分，特别是证明原产地的证明商标只能使用地名。如"金华"火腿、"景德镇"瓷器、"湘绣"等。而且，已经注册的使用地名的商标继续有效，如"青岛"啤酒、"茅台"白酒、"黄河"汽车等。

需要注意的是，上述禁止使用的标志不仅针对注册商标，也针对未注册商标，即上述标志不仅不能用作商标进行注册，也不允许用作商标进行使用。

2. 注册商标不得使用的标志。《商标法》第11条规定："下列标志不得作为商标注册：（一）仅有本商品的通用名称、图形、型号的；（二）仅直接表示商品的质量、主要原料、功能、用途、重量、数量及其他特点的；（三）其他缺乏显著特征的。前款所列标志经过使用取得显著特征，并便于识别的，可以作为商标注册。"

根据该条规定，下列标志不得作为商标注册：

（1）仅有本商品的通用名称、图形、型号的标志。商品的通用名称、通用图形和型号是被某一行业共同认可、共同使用的，具有区别其他商品的共有特征。这类标志作为商标使用缺乏显著性，不能区别商品的来源，如果为某一经营者独占，则对其他经营者不公平。因此，上述标志不能通过商标注册为某一经营者独占。但法律并没有完全禁止将上述标志用作商标使用，上述标志如果与其他具有显著性的标志组合在一起，在整体上具有显著性，

---

[1] 参见北京市高级人民法院（2022）京行终6309号行政判决书（驳回复审商标案）。

则可以进行注册。例如，"汽车"牌汽车不能进行商标注册，但是"大众汽车"可以进行注册。

对于如何判定商品的通用名称，《审理商标授权确权行政案件规定》第10条作出了明确规定："诉争商标属于法定的商品名称或者约定俗成的商品名称的，人民法院应当认定其属于商标法第十一条第一款第（一）项所指的通用名称。依据法律规定或者国家标准、行业标准属于商品通用名称的，应当认定为通用名称。相关公众普遍认为某一名称能够指代一类商品的，应当认定为约定俗成的通用名称。被专业工具书、辞典等列为商品名称的，可以作为认定约定俗成的通用名称的参考。约定俗成的通用名称一般以全国范围内相关公众的通常认识为判断标准。对于由于历史传统、风土人情、地理环境等原因形成的相关市场固定的商品，在该相关市场内通用的称谓，人民法院可以认定为通用名称。诉争商标申请人明知或者应知其申请注册的商标为部分区域内约定俗成的商品名称的，人民法院可以视其申请注册的商标为通用名称。人民法院审查判断诉争商标是否属于通用名称，一般以商标申请日时的事实状态为准。核准注册时事实状态发生变化的，以核准注册时的事实状态判断其是否属于通用名称。"[1]

（2）仅直接表示商品的质量、主要原料、功能、用途、重量、数量及其他特点的标志。就同类商品而言，其原料、功能、用途等特点通常是一致的，是该类商品具有的共同特点，不能由某一经营者独占；而且用商品共有的特点作为商标，不具有显著性，不具有识别不同经营者商品或服务的功能。但是，如果标志或者其构成要素暗示商品的特点，但不影响其识别商品来源功能的，则可以认为具有显著性。

《审理商标授权确权行政案件规定》第11条规定："商标标志只是或者主要是描述、说明所使用商品的质量、主要原料、功能、用途、重量、数量、产地等的，人民法院应当认定其属于商标法第十一条第一款第（二）项规定的情形。商标标志或者其构成要素暗示商品的特点，但不影响其识别商品来源功能的，不属于该项所规定的情形。"

（3）其他缺乏显著特征的标志。这一规定主要是指除了上述两种不具有显著性标志之外的其他不具有显著性的标志，意在进一步强调商标的显著性。

显著性是对注册商标提出的实质性条件。《审理商标授权确权行政案件规定》第7条规定："人民法院审查诉争商标是否具有显著特征，应当根据商标所指定使用商品的相关公众的通常认识，判断该商标整体上是否具有显著特征。商标标志中含有描述性要素，但不影响其整体具有显著特征的；或者描述性标志以独特方式加以表现，相关公众能够以其识别商品来源的，应当认定其具有显著特征。"其第8条规定："诉争商标为外文标志时，人民法院应当根据中国境内相关公众的通常认识，对该外文商标是否具有显著特征进行审查判断。标志中外文的固有含义可能影响其在指定使用商品上的显著特征，但相关公众对该固有含义的认知程度较低，能够以该标志识别商品来源的，可以认定其具有显著特征。"

3. 禁止作为商标注册的三维标志。《商标法》第12条规定："以三维标志申请注册商标的，仅由商品自身的性质产生的形状、为获得技术效果而需有的商品形状或者使商品具有实质性价值的形状，不得注册。"

（1）仅由商品自身性质产生的形状。商品自身性质产生的形状是指某类商品具有的区

---

[1] 参见北京市高级人民法院（2022）京行终51号行政判决书（商标撤销复审案）；湖北省高级人民法院（2022）鄂知民终483号民事判决书（侵害商标权纠纷案）。

别于其他类商品的特有的形状,这种形状是该类商品具有的共同形状,不能由某个经营者独占,否则会使同类商品经营者的经营活动受到限制;而且,以这种共有的形状作为商标使用缺乏显著性。例如,"麻花"的形状不能被麻花的经营者申请注册为商标。

(2)为获得技术效果而需有的商品形状。这一规定主要是为了维护社会公共利益,防止经营者利用注册商标对为获得技术效果而需有的商品形状进行永久垄断。根据我国《专利法》的规定,为获得技术效果而需有的商品形状,可以申请实用新型专利。因专利权是有期限的垄断权。但是,如果允许将上述形状进行商标注册,无疑将使经营者利用注册商标永久独占上述形状,从而会损害社会公共利益。

(3)使商品具有实质性价值的形状。这一规定的目的同第二种情形相同,也是为了维护社会公共利益,防止经营者无限期地独占上述形状。

《审理商标授权确权行政案件规定》第9条规定:"仅以商品自身形状或者自身形状的一部分作为三维标志申请商标注册,相关公众一般情况下不易将其识别为指示商品来源标志的,该三维标志不具有作为商标的显著特征。该形状系申请人所独创或者最早使用并不能当然导致其具有作为商标的显著特征。第一款所称标志经过长期或者广泛使用,相关公众能够通过该标志识别商品来源的,可以认定该标志具有显著特征。"也就是说,商品的自身形状或自身形状的一部分不具有固有的显著性,但可以经过长期或广泛使用获得后发显著性,获得后发显著性后即可以注册为商标,例如,"迪奥"香水瓶、"费列罗"巧克力等就是因为经过长期或广泛使用获得后发显著性后予以注册的立体商标。[1]

4.注册商标不得与他人已经注册的商标相混同。这是对注册商标新颖性的规定,是指注册商标不得与他人已经注册的商标相同或相近似。混同有四种表现形式:①在同一种商品或服务上使用与他人注册商标相同的商标;②在同一种商品或服务上使用与他人注册商标相近似的商标;③在类似的商品或服务上使用与他人的注册商标相同的商标;④在类似的商品或服务上使用与他人的注册商标相近似的商标。

关于上述同一种商品、类似商品、相同商标、近似商标的概念及其认定,本编相关章节将进行详细阐述和探讨。在此不复述。

第三节 商标注册的原则

商标注册的原则是指商标申请人进行商标注册应遵守的基本准则。根据我国《商标法》的规定,商标注册必须按照以下原则进行。

一、自愿注册原则

自愿注册原则,是指商标是否进行注册完全由商标使用人根据自己的意愿和需要自主决定。自愿注册原则是国际惯例,也是目前世界上大多数国家商标法律制度中规定的一项原则。这一原则有两方面的含义:其一,商标使用人既可以使用注册商标,也可以使用未注册商标;其二,只有经过注册的商标才能取得商标专用权,进而取得商标法的保护。

如前所述,依《商标法》第4条第1款规定,自然人、法人或者非法人组织在生产经营活动中,对其商品或者服务需要取得商标专用权的,应当向商标局申请商标注册。需要注意的是,在采用自愿注册原则的同时,《商标法》第6条规定:"法律、行政法规规定必

---

[1] 参见最高人民法院(2018)最高法行再26号行政判决书(商标注册申请驳回复审行政纠纷案)。

须使用注册商标的商品，必须申请商标注册，未经核准注册的，不得在市场销售。"

另外，根据《中华人民共和国烟草专卖法》第 19 条第 1 款的规定："卷烟、雪茄烟和有包装的烟丝必须申请商标注册，未经核准注册的，不得生产、销售。"1984 年的《中华人民共和国药品管理法》（以下简称《药品管理法》）第 41 条第 1 款曾规定："除中药材、中药饮片外，药品必须使用注册商标；未经核准注册的，不得在市场销售。"但是 2001 年及 2013 年修改后的《药品管理法》均取消了这一规定。也就是说，目前在我国只有烟草制品必须进行商标注册，其他商品是否进行商标注册完全由商标使用人根据自己的需要自行决定。

二、诚实信用原则

诚实信用原则贯穿在商标注册申请和商标使用的全过程，而且商标代理机构在进行商标代理活动中也要遵循该原则。《商标法》第 7 条第 1 款规定："申请注册和使用商标，应当遵循诚实信用原则"。这是 2013 年第三次修改《商标法》时增加的内容。将民事活动应遵循的基本原则明确在《商标法》中，目的在于倡导市场主体从事有关商标的活动时应诚实守信，同时对日益猖獗的商标抢注行为予以规制。

《商标法》除在上述第 7 条第 1 款对诚实信用原则作了原则性的规定外，在其第 4 条、第 13 条、第 15 条、第 16 条、第 19 条、第 27 条、第 32 条、第 44 条等条款中，对在商标注册申请和商标使用过程中违反诚实信用原则的具体情形分别作了规定。如《商标法》第 15 条规定："未经授权，代理人或者代表人以自己的名义将被代理人或者被代表人的商标进行注册，被代理人或者被代表人提出异议的，不予注册并禁止使用。就同一种商品或者类似商品申请注册的商标与他人在先使用的未注册商标相同或者近似，申请人与该他人具有前款规定以外的合同、业务往来关系或者其他关系而明知该他人商标存在，该他人提出异议的，不予注册。"这一规定旨在防止违反诚实信用原则，将他人已经在先使用的商标抢先进行注册，从而加大了对已使用但未注册商标的保护力度，同时也能够在一定程度上更加有效地遏制频发的商标抢注现象。[1]

为了进一步规范商标注册申请行为，国家市场监督管理总局 2019 年 10 月 11 日公布了《规范商标申请注册行为若干规定》，该规定自 2019 年 12 月 1 日起施行。《规范商标申请注册行为若干规定》对商标注册申请人和商标代理机构违反诚实信用原则的行为作出了明确的规定。例如，其第 3 条规定："申请商标注册应当遵循诚实信用原则。不得有下列行为：（一）属于商标法第四条规定的不以使用为目的恶意申请商标注册的；（二）属于商标法第十三条规定，复制、摹仿或者翻译他人驰名商标的；（三）属于商标法第十五条规定，代理人、代表人未经授权申请注册被代理人或者被代表人商标的；基于合同、业务往来关系或者其他关系明知他人在先使用的商标存在而申请注册该商标的；（四）属于商标法第三十二条规定，损害他人现有的在先权利或者以不正当手段抢先注册他人已经使用并有一定影响的商标的；（五）以欺骗或者其他不正当手段申请商标注册的；（六）其他违反诚实信用原则，违背公序良俗，或者有其他不良影响的。"其第 4 条规定："商标代理机构应当遵循诚实信用原则。知道或者应当知道委托人申请商标注册属于下列情形之一的，不得接受其委托：（一）属于商标法第四条规定的不以使用为目的恶意申请商标注册的；（二）属于商标

---

[1] 参见"江小白"商标行政纠纷案，最高人民法院（2019）最高法行再 224 号行政判决书（指导案例第 162 号）。

法第十五条规定的；（三）属于商标法第三十二条规定的。商标代理机构除对其代理服务申请商标注册外，不得申请注册其他商标，不得以不正当手段扰乱商标代理市场秩序。"[1]

三、以使用为目的原则

不以使用为目的的商标注册申请违反了诚实信用原则，应当予以规制。如前所述，现行《商标法》第4条规定，不以使用为目的的恶意商标注册申请，应当予以驳回。这是2019年第四次修改《商标法》时增加的内容。在我国商标注册程序不断优化、注册周期进一步缩短、注册成本大幅减低、当事人获得商标注册更为便捷的同时，也出现了不以使用为目的的恶意申请和为转让牟利而大量囤积商标的现象，严重扰乱了市场经济秩序和商标注册管理秩序，引起了社会广泛关注。此次修改是从源头上制止恶意申请注册行为，使商标申请注册回归以使用为目的的制度本源。

为了准确判断什么是"不以使用为目的的恶意商标注册申请"，《商标审查审理指南》下编第二章"2. 释义"节规定，其是指申请人并非基于生产经营活动的需要，而提交大量商标注册申请，缺乏真实使用意图，不正当占用商标资源，扰乱商标注册秩序的行为。仅损害特定主体的民事权益，不涉及损害公共利益的，不属于该条规定情形。其"3. 适用条件"节补充规定，申请人基于防御目的申请与其注册商标标识相同或者近似的商标，以及申请人为具有现实预期的未来业务预先适量申请商标，不属于上述情形。《规范商标申请注册行为若干规定》第8条则规定可以综合考虑以下因素：①申请人或者与其存在关联关系的自然人、法人、非法人组织申请注册商标数量、指定使用的类别、商标交易情况等；②申请人所在行业、经营状况等；③申请人被已生效的行政决定或者裁定、司法判决认定曾从事商标恶意注册行为、侵犯他人注册商标专用权行为的情况；④申请注册的商标与他人有一定知名度的商标相同或者近似的情况；⑤申请注册的商标与知名人物姓名、企业字号、企业名称简称或者其他商业标识等相同或者近似的情况；⑥商标注册部门认为应当考虑的其他因素。[2]

四、先申请原则

先申请原则，是指两个或两个以上的申请人，在同一种或类似的商品上申请注册相同或近似的商标时，初步审定并公告申请在先的商标，驳回后申请人的申请。先申请原则是采用注册取得商标权原则的国家对商标注册申请进行审查时适用的原则。我国《商标法》第31条规定："两个或者两个以上的商标注册申请人，在同一种商品或者类似商品上，以相同或者近似的商标申请注册的，初步审定并公告申请在先的商标；同一天申请的，初步审定并公告使用在先的商标，驳回其他人的申请，不予公告。"由此可见，我国采用的是先申请原则。

在适用先申请原则时，需要注意以下问题：

1. "申请在先"以申请日为判断标准。《商标法实施条例》第18条第1款规定："商标注册的申请日期以商标局收到申请文件的日期为准。"即申请日期最早的为"申请在先"

---

[1] 关于商标申请注册和办理其他商标事务中的"不正当手段"，《商标审查审理指南》也作了规定。根据其下编第一章"3.7 不正当手段与恶意"节规定，不正当手段一般是指商标申请人或者商标代理机构在申请商标注册或者办理其他商标事宜时，违背诚实信用原则，以牟取不正当利益为目的，扰乱商标注册秩序以及违反商业道德或行业惯例等行为。

[2] 参见北京市高级人民法院（2022）京行终4207号行政判决书（商标权无效宣告请求行政纠纷案）；北京市高级人民法院（2021）京行终9516号行政判决书（无效宣告商标案）。

的商标注册申请。

2. 同一日申请的，初步审定并公告使用在先的商标。这是对先申请原则的补充规定。《商标法实施条例》第 19 条规定："两个或者两个以上的申请人，在同一种商品或者类似商品上，分别以相同或者近似的商标在同一天申请注册的，各申请人应当自收到商标局通知之日起 30 日内提交其申请注册前在先使用该商标的证据。同日使用或者均未使用的，各申请人可以自收到商标局通知之日起 30 日内自行协商，并将书面协议报送商标局；不愿协商或者协商不成的，商标局通知各申请人以抽签的方式确定一个申请人，驳回其他人的注册申请。商标局已经通知但申请人未参加抽签的，视为放弃申请，商标局应当书面通知未参加抽签的申请人。"

3. 关于商标使用的方式。《商标法》第 48 条规定："本法所称商标的使用，是指将商标用于商品、商品包装或者容器以及商品交易文书上，或者将商标用于广告宣传、展览以及其他商业活动中，用于识别商品来源的行为。"可见，商标的使用方式是多种多样的。

五、优先权原则

优先权原则是《巴黎公约》确立的关于工业产权国际保护的一项重要原则，其主要作用是使工业产权的申请人在第一次提出申请后，可以在优先权的有效期限内考虑是否在其他成员国提出注册申请，而无须担心在这段时间被他人抢先申请。

《商标法》第 25 条规定："商标注册申请人自其商标在外国第一次提出商标注册申请之日起六个月内，又在中国就相同商品以同一商标提出商标注册申请的，依照该外国同中国签订的协议或者共同参加的国际条约，或者按照相互承认优先权的原则，可以享有优先权。依照前款要求优先权的，应当在提出商标注册申请的时候提出书面声明，并且在三个月内提交第一次提出的商标注册申请文件的副本；未提出书面声明或者逾期未提交商标注册申请文件副本的，视为未要求优先权。"《商标法实施条例》第 20 条则补充规定："依照商标法第二十五条规定要求优先权的，申请人提交的第一次提出商标注册申请文件的副本应当经受理该申请的商标主管机关证明，并注明申请日期和申请号。"

（一）适用优先权原则的条件

适用优先权原则需要符合以下条件：①商标注册申请人先在外国提出了商标注册申请，然后又在中国提出商标注册申请；②商标注册申请人在外国和中国提出的注册申请商标是同一商标，并且该商标使用于相同的商品上；③优先权的有效期是 6 个月，即在中国提出注册申请距离在外国第一次提出的申请不能超过 6 个月；④申请人第一次提出申请的外国同中国签有协议，或者与中国共同参加了国际条约，或者与中国相互承认优先权；⑤商标注册申请人在中国提出申请时，需要提交优先权的书面声明，主张优先权，并在 3 个月内提交第一次提出商标注册申请文件的副本，以确定第一次申请的日期，即确定优先权日；⑥第一次提出商标注册申请文件的副本应当经受理该申请的商标主管机关证明，并注明申请日期和申请号。

（二）临时保护

《商标法》第 26 条规定："商标在中国政府主办的或者承认的国际展览会展出的商品上首次使用的，自该商品展出之日起六个月内，该商标的注册申请人可以享有优先权。依照前款要求优先权的，应当在提出商标注册申请的时候提出书面声明，并且在三个月内提交展出其商品的展览会名称、在展出商品上使用该商标的证据、展出日期等证明文件；未提出书面声明或者逾期未提交证明文件的，视为未要求优先权。"这是对商标在展览会上首次使用给予临时保护的规定。

适用临时保护应符合下列条件：①申请注册的商标在展览会上首次使用；②展览会必须是中国政府主办或者承认的国际展览会；③商标注册申请必须在展览会展出该商标使用的商品之日起 6 个月内提起；④商标注册申请人在中国提出申请时，需要提交优先权的书面声明，主张优先权，并在 3 个月内提交展出其商品的展览会名称、在展出商品上使用该商标的证据、展出日期等证明文件，以确定优先权日。

第四节　商标注册申请

一、商标注册申请的方式与要求

《商标法》第 27 条规定："为申请商标注册所申报的事项和所提供的材料应当真实、准确、完整。"

商标注册申请（Application for trademark registration）的方式是指申请商标注册的途径。

《商标法》第 18 条规定："申请商标注册或者办理其他商标事宜，可以自行办理，也可以委托依法设立的商标代理机构办理。外国人或者外国企业在中国申请商标注册和办理其他商标事宜的，应当委托依法设立的商标代理机构办理。"该规定确立了自行办理和委托商标代理机构办理两种方式：

1. 自行办理。中国自然人、法人或非法人组织可以自行办理商标申请。自行办理简单易行，只需要按照《商标法》和《商标法实施条例》规定的程序和要求办理即可。基于简约、方便的考虑，就商标注册申请事宜而言，当事人可以直接通过网络办理申请手续，这也体现了我国商标制度现代化的要求。

2. 委托商标代理机构办理。根据《商标法》上述规定，中国自然人、法人或者非法人组织可以委托商标代理机构办理。外国人或外国企业在中国申请商标注册和办理其他商标事宜的，应当委托依法设立的商标代理机构办理。这里的"依法设立的商标代理机构"，包括商标代理公司、商标事务所、知识产权代理公司等。没有取得商标代理资质，则不能从事商标代理业务。根据《商标法实施条例》第 5 条规定，当事人委托商标代理机构申请商标注册或者办理其他商标事宜，应当提交代理委托书。代理委托书应当载明代理内容及权限；外国人或者外国企业的代理委托书还应当载明委托人的国籍。外国人或者外国企业的代理委托书及与其有关的证明文件的公证、认证手续，按照对等原则办理。申请商标注册或者转让商标，商标注册申请人或者商标转让受让人为外国人或外国企业的，应当在申请书中指定中国境内接收人负责接收商标局、商标评审委员会后继商标业务的法律文件。商标局、商标评审委员会后继商标业务的法律文件向中国境内接收人送达。

为规范商标代理行为，《商标法》对商标代理机构的职责和义务作了规定。其第 19 条规定："商标代理机构应当遵循诚实信用原则，遵守法律、行政法规，按照被代理人的委托办理商标注册申请或者其他商标事宜；对在代理过程中知悉的被代理人的商业秘密，负有保密义务。委托人申请注册的商标可能存在本法规定不得注册情形的，商标代理机构应当明确告知委托人。商标代理机构知道或者应当知道委托人申请注册的商标属于本法第四条、第十五条和第三十二条规定情形的，不得接受其委托。商标代理机构除对其代理服务申请商标注册外，不得申请注册其他商标。"其第 20 条规定："商标代理行业组织应当按照章程规定，严格执行吸纳会员的条件，对违反行业自律规范的会员实行惩戒。商标代理行业组织对其吸纳的会员和对会员的惩戒情况，应当及时向社会公布。"此外，《商标法》第69条第2款规定："商标局、商标评审委员会以及从事商标注册、管理和复审工作的国家机关工作人员不得从事商标代理业务和商品生产经营活动。"

二、申请商标注册的程序

根据现行《商标法》和《商标法实施条例》的规定，申请商标注册，需要向商标局提交商标注册申请书、商标图样、有关证明文件，并缴纳申请费。[1]

（一）提交商标注册申请书

商标注册申请书是商标注册的重要法律文件，应当写明申请人的姓名或者名称、地址、国籍等基本情况，同时还要符合其他相关的法律规定。

《商标法》第22条规定："商标注册申请人应当按规定的商品分类表填报使用商标的商品类别和商品名称，提出注册申请。商标注册申请人可以通过一份申请就多个类别的商品申请注册同一商标。商标注册申请等有关文件，可以以书面方式或者数据电文方式提出。"

1. 提交商标注册申请书。《商标法实施条例》第13条第1款规定，申请商标注册应当按照公布的商品和服务分类表填报。每一件商标注册申请应当向商标局提交《商标注册申请书》1份。

2. "一标多类"。2001年《商标法》实行的是"一标一类"申请制度，[2] 不便于商标注册申请人的申请，也使得商标申请审查程序变得复杂和繁琐，增加了商标主管部门的工作量，也不符合商标注册国际惯例。2013年修改的《商标法》将"一标一类"修改为"一标多类"，[3] 便利了申请人的申请，也有利于减轻商标局的工作量，适应了时代发展的需要。

3. 书面方式或数据电文方式。根据《商标法实施条例》第8条的规定，以数据电文方式提交商标注册申请等有关文件，应当按照国家知识产权局的规定通过互联网提交。

（二）提交商标图样

根据《商标法实施条例》第13条规定，每一件商标注册申请除应当向商标局提交《商标注册申请书》1份外，还应提交商标图样1份；以颜色组合或者着色图样申请商标注册的，应当提交着色图样，并提交黑白稿1份；不指定颜色的，应当提交黑白图样。该条第2~5款还分别就商标图样的要求、以三维标志申请商标注册的要求、以颜色组合申请商标注册的要求、以声音标志申请商标注册的要求作了具体规定。

（三）提交有关证明文件

申请商标注册的文件主要有：提交能够证明申请人身份的有效证件的复印件；申请注册集体商标、证明商标的，应当提交主体资格证明文件和使用管理规则；委托代理的，应提交委托代理书；申请优先权的，应提交能够证明优先权日的证明文件；其他证明文件等。如《商标法实施条例》第14条规定："申请商标注册的，申请人应当提交其身份证明文件。商标注册申请人的名义与所提交的证明文件应当一致。前款关于申请人提交其身份证明文件的规定适用于向商标局提出的办理变更、转让、续展、异议、撤销等其他商标事宜。"

---

[1] 《商标法》第72条规定："申请商标注册和办理其他商标事宜的，应当缴纳费用，具体收费标准另定。"

[2] 2001年《商标法》第20条规定："商标注册申请人在不同类别的商品上申请注册同一商标的，应当按商品分类表提出注册申请。"

[3] 现行《商标法》维持了这一规定。参见其第22条第2款。

(四) 缴纳申请费用

缴纳申请费用也是商标注册申请人的基本义务。《商标法实施条例》第97条规定："申请商标注册或者办理其他商标事宜，应当缴纳费用。缴纳费用的项目和标准，由国务院财政部门、国务院价格主管部门分别制定。"

三、商标注册的另行申请、重新申请和变更申请

(一) 另行申请

《商标法》第23条规定："注册商标需要在核定使用范围之外的商品上取得商标专用权的，应当另行提出注册申请。"《商标法》第56条规定，注册商标的专用权，以核准注册的商标和核定使用的商品为限。也就是说，商标注册人不得擅自扩大商标的使用范围；即使扩大使用的商品与核定使用的商品是同一类别也不允许；如果要扩大使用范围，必须重新填报《商标注册申请书》，按照商标注册申请程序另行办理商标注册；如果未经另行注册就使用，属于违反《商标法》的行为，将会受到处罚，因为自行扩大注册商标原核定使用的商品或服务范围，很可能出现与他人已经注册的商标或者初步审定的商标相同或近似的情况。

(二) 重新申请

《商标法》第24条规定："注册商标需要改变其标志的，应当重新提出注册申请。"根据前述《商标法》第56条规定，注册商标的效力只及于核准注册的商标标志，如果擅自对其进行修改，就会使其脱离商标局核准的专用范围；而且，改变后的标志很可能与他人的注册商标相同或近似。因此，如果要改变注册商标标志，必须重新提出注册申请，按照一个新的商标填写《商标注册申请书》，重新办理注册。

(三) 变更申请

《商标法》第41条规定："注册商标需要变更注册人的名义、地址或者其他注册事项的，应当提出变更申请。"商标注册后，注册商标所有人因某种特殊的原因，诸如企业合并、分立、迁移等，而需要对注册人名义、地址或者其他注册事项予以变更，由于这种变更并不涉及注册商标本身的改变，因此只需要向商标局提出变更申请即可。商标局对变更申请予以核准后，发给商标注册人相应证明，并予以公告。《商标法实施条例》第17条进一步规定："申请人变更其名义、地址、代理人、文件接收人或者删减指定的商品的，应当向商标局办理变更手续。"

第五节　商标注册申请的审查与核准注册

一、商标注册申请的审查

商标注册申请的审查是商标主管机关对商标注册申请是否符合商标法的规定进行审查，并决定是否予以核准注册所进行的一系列活动的总称。《商标法》第2条规定："国务院工商行政管理部门商标局主管全国商标注册和管理的工作。国务院工商行政管理部门设立商标评审委员会，负责处理商标争议事宜。"其第29条则规定："在审查过程中，商标局认为商标注册申请内容需要说明或者修正的，可以要求申请人做出说明或者修正。申请人未做

出说明或者修正的，不影响商标局做出审查决定。"[1]

(一) 审查制度

商标注册申请的审查主要分为形式审查和实质审查两种制度。世界上只有少数国家采用形式审查制度，如法国、瑞典等，包括我国在内的大多数国家都采用包含了形式审查内容的实质审查制度。

1. 形式审查。形式审查又称书面审查，是商标主管机关对商标注册申请是否符合法律规定的条件和手续所进行的审查。形式审查的内容主要有：商标注册申请人的资格是否合法，申请文件是否齐备，申请书的填写和商标图样是否符合商标法的要求，有关证明文件是否齐备，申请费和注册费等是否已缴纳等。《商标审查审理指南》上编第一章"2. 审查原则"一节所确立的形式审查的原则有：书面审查原则、一次性告知原则和确保效率原则。经形式审查合格的，由商标主管机关登记申请日期、编定审定号，并发给《受理通知书》，表明正式受理申请，之后进入实质审查程序。形式审查不合格的，予以退回或者指定期限补正。《商标法》第38条规定："商标注册申请人或者注册人发现商标申请文件或者注册文件有明显错误的，可以申请更正。商标局依法在其职权范围内作出更正，并通知当事人。前款所称更正错误不涉及商标申请文件或者注册文件的实质性内容。"

《商标法实施条例》第18条规定："商标注册的申请日期以商标局收到申请文件的日期为准。商标注册申请手续齐备、按照规定填写申请文件并缴纳费用的，商标局予以受理并书面通知申请人；申请手续不齐备、未按照规定填写申请文件或者未缴纳费用的，商标局不予受理，书面通知申请人并说明理由。申请手续基本齐备或者申请文件基本符合规定，但是需要补正的，商标局通知申请人予以补正，限其自收到通知之日起30日内，按照指定内容补正并交回商标局。在规定期限内补正并交回商标局的，保留申请日期；期满未补正的或者不按照要求进行补正的，商标局不予受理并书面通知申请人。本条第二款关于受理条件的规定适用于办理其他商标事宜。"

(1) 申请日的确定。确定申请日是形式审查的主要目的。商标注册申请采用先申请原则，申请日是判断申请先后的重要期日，也是确定商标权归属的重要依据。根据《商标法实施条例》第18条规定，商标局收到申请文件的日期，被视为商标注册的申请日期。

(2) 申请的受理。商标注册申请手续齐备，符合要求并交纳费用的，申请予以受理。

(3) 申请的补正。在形式审查过程中，对申请手续基本齐备或者申请文件基本符合规定，但是需要补正的，商标局通知申请人予以补正。

(4) 不予受理。申请需要补正的，如期满未补正或者未按照要求进行补正的，商标局不予受理。

2. 实质审查。实质审查主要是对申请注册的商标是否符合商标法规定的实质性条件所进行的审查。实质审查的内容主要是对商标注册条件的审查，包括对商标注册的绝对条件和相对条件的审查。

商标注册的绝对条件主要包括：①商标是否具备法定的构成要素；②商标是否具备显著性，便于识别；③构成商标的标志是否属于商标法禁止使用的标志。

---

[1] 为督促商标注册申请等工作的有效开展，认真贯彻实施商标法，《商标法》还作了相关规定。其第37条规定："对商标注册申请和商标复审申请应当及时进行审查。"其第69条第1款则规定："从事商标注册、管理和复审工作的国家机关工作人员必须秉公执法，廉洁自律，忠于职守，文明服务。"

商标注册的相对条件主要包括：①申请注册的商标是否与在先权利冲突。②申请注册的商标是否与已经注册的商标混同，即申请注册的商标是否与他人在同一种或者类似商品上已经注册的商标相同或者近似。《商标法》第30条规定："申请注册的商标，凡不符合本法有关规定或者同他人在同一种商品或者类似商品上已经注册的或者初步审定的商标相同或者近似的，由商标局驳回申请，不予公告。"③申请注册的商标是否与被撤销、被宣告无效或期满不再续展被注销不满1年的商标相同或者近似。《商标法》第50条规定："注册商标被撤销、被宣告无效或者期满不再续展的，自撤销、宣告无效或者注销之日起一年内，商标局对与该商标相同或者近似的商标注册申请，不予核准。"

商标注册的条件在前文已经详尽阐述，不再赘述，此处仅对申请注册的商标是否与他人已经注册的商标混同进行进一步说明。混同包括四种情形：商标相同、商品相同；商标相同，商标近似；商品类似，商标相同；商品类似，商标近似。

近似商标与类似商品是商标法中的重要概念，商标申请的审查、异议、核准和商标侵权判定都涉及这两个基本概念，因为商标保护的根本目的在于保护商标的可区别性，防止混淆，而商标近似、商品类似与否是判断混淆的重要参考因素。2020年修正的《审理商标民事案件适用法律解释》第9~12条对此作了明确的规定。相关概念及其认定原则，将在本书第二十九章再行阐述。

针对实施上述审查制度，《商标审查审理指南》下编第一章"1. 审查审理适用的基本原则"节还对审查审理的基本原则作了进一步规范，具体包括诚实信用原则，以注册为主、以使用为补充的原则，保护合法在先权利原则，标准执行一致与个案审查原则，防止权利滥用原则等。这些原则的贯彻，对于保障商标确权审查机关公正、高效完成审查审理事务具有重要意义。

（二）商标注册的初步审定和公告

《商标法》第28条规定："对申请注册的商标，商标局应当自收到商标注册申请文件之日起九个月内审查完毕，符合本法有关规定的，予以初步审定公告。"《商标法实施条例》第21条规定："商标局对受理的商标注册申请，依照商标法及本条例的有关规定进行审查，对符合规定或者在部分指定商品上使用商标的注册申请符合规定的，予以初步审定，并予以公告；对不符合规定或者在部分指定商品上使用商标的注册申请不符合规定的，予以驳回或者驳回在部分指定商品上使用商标的注册申请，书面通知申请人并说明理由。"

1. 审查期限。根据《商标法》第28条的规定，商标局的审查期限是在收到商标注册申请文件之日起9个月内。上述规定有利于加速商标申请的审查，从而缩短审查周期，使商标申请人尽快获取商标权，增强商标注册申请被核准的可预期性。

2. 初步审定。初步审定是指商标局对申请注册的商标经过实质审查，认为其符合《商标法》的规定，作出予以初步核准的决定；不符合规定的，予以驳回。

3. 公告。初步审定后，商标局将商标注册申请刊登在《商标公告》上，公之于众。对初步审定的商标予以公告目的在于征求社会公众对初步审定的商标注册申请予以监督，提高商标注册的准确性。《商标公告》是由商标局印制并定期出版的刊物，用以刊登初步审定的公告、注册公告、转让公告、撤销公告、注销公告以及商标局认为需要刊登的其他公告。

（三）商标注册申请的异议

商标注册申请的异议（Opposition），是指由法律规定的异议人对商标局初步审定予以公告的商标提出不具有合法性、不应予以注册的意见。异议程序的设置，目的在于加强对商标注册申请审查工作的监督，弥补商标主管机关工作的疏漏，及时纠正和减少审查工作的失误，给予注册在先的商标权人及其利害关系人保护自身合法权益的机会，避免权利冲突的发生。对于商标注册申请的异议，2013年修改的《商标法》对2001年《商标法》关于异议程序的规定进行了较大幅度的修正和完善。2019年《商标法》第四次修改时，维持了2013年修改的规定。

《商标法》第33条规定："对初步审定公告的商标，自公告之日起三个月内，在先权利人、利害关系人认为违反本法第十三条第二款和第三款、第十五条、第十六条第一款、第三十条、第三十一条、第三十二条规定的，或者任何人认为违反本法第四条、第十条、第十一条、第十二条、第十九条第四款规定的，可以向商标局提出异议。公告期满无异议的，予以核准注册，发给商标注册证，并予公告。"其第35条第1款规定："对初步审定公告的商标提出异议的，商标局应当听取异议人和被异议人陈述事实和理由，经调查核实后，自公告期满之日起十二个月内做出是否准予注册的决定，并书面通知异议人和被异议人。有特殊情况需要延长的，经国务院工商行政管理部门批准，可以延长六个月。"其第2款规定："商标局做出准予注册决定的，发给商标注册证，并予公告。异议人不服的，可以依照本法第四十四条、第四十五条的规定向商标评审委员会请求宣告该注册商标无效。"其第3款规定："商标局做出不予注册决定，被异议人不服的，可以自收到通知之日起十五日内向商标评审委员会申请复审。商标评审委员会应当自收到申请之日起十二个月内做出复审决定，并书面通知异议人和被异议人。有特殊情况需要延长的，经国务院工商行政管理部门批准，可以延长六个月。被异议人对商标评审委员会的决定不服的，可以自收到通知之日起三十日内向人民法院起诉。人民法院应当通知异议人作为第三人参加诉讼。"其第4款规定："商标评审委员会在依照前款规定进行复审的过程中，所涉及的在先权利的确定必须以人民法院正在审理或者行政机关正在处理的另一案件的结果为依据的，可以中止审查。中止原因消除后，应当恢复审查程序。"

上述规定，可以从以下几方面理解：

1. 对提起异议主体的规定。《商标法》对提起异议主体作了不同规定。对于依据《商标法》中规定的相对禁止性条款（第13条第2款和第3款、第15条、第16条第1款、第30条、第31条、第32条）提起异议的主体，限定为"在先权利人、利害关系人"；对依据《商标法》中规定的绝对禁止性条款（第4条、第10条、第11条、第12条、第19条第4款）提起异议的主体规定为"任何人"，这一规定不同于原先对异议人的无限制规定，在某种程度上可以解决现行规定导致的一些异议人出于恶意竞争或出于其他不正当的目的，恶意利用异议程序阻挠他人的商标注册申请的现象。

2. 提起异议程序的理由。提起异议的理由是商标注册申请不符合《商标法》的规定，具体为不符合《商标法》第4条、第10条、第11条、第12条、第13条第2款和第3款、第15条、第16条第1款、第19条第4款、第30条、第31条、第32条的规定。

3. 提出异议的时间。《商标法》规定提起异议的时间是自公告之日起3个月内向商标局提出。

4. 商标局审查异议申请的时限。商标局必须在公告期满之日起12个月内作出是否予以注册的决定；有特殊情况需要延长的，经过国务院工商行政管理部门批准可以延长6个月。如此规定可以确保商标局尽快进行审查，提高审查效率，从而缩短商标注册周期，确保商标申请尽快被核准。

5. 商标评审委员会对商标局不予注册决定复审的时限。即如果被异议人对商标局作出不予注册的决定不服，可以自收到不予注册的通知之日起 15 日内向商标评审委员会申请复审，商标评审委员会必须在收到复审申请之日起 12 个月内作出复审决定。有特殊情况需要延长的，经国务院工商行政管理部门批准，可以延长 6 个月。如此规定也保证了缩短商标申请周期，确保商标注册申请尽快被核准。

6. 商标评审委员会关于中止审查的规定。商标评审委员会在对商标局不予注册决定进行复审的过程中，需要确定商标注册申请是否损害他人现有的在先权利，而在先权利的确定必须以人民法院正在审理或者行政机关正在处理的另一案件的结果为依据的，商标评审委员会可以中止审查。中止原因消除后，应当恢复审查程序。这样规定有利于保证复审决定的正确性和合法性。

（四）商标注册申请的复审

复审（Reexamination）是商标复审部门对商标注册申请进行的评审。商标复审部门对商标注册申请的复审，对于保障商标局商标审查工作的合法性及保障商标注册申请人的合法权益具有重要意义。商标复审部门的复审主要有两种情形：

1. 对商标局驳回申请不予公告决定的复审。《商标法》第 34 条规定："对驳回申请、不予公告的商标，商标局应当书面通知商标注册申请人。商标注册申请人不服的，可以自收到通知之日起十五日内向商标评审委员会申请复审。商标评审委员会应当自收到申请之日起九个月内做出决定，并书面通知申请人。有特殊情况需要延长的，经国务院工商行政管理部门批准，可以延长三个月。当事人对商标评审委员会的决定不服的，可以自收到通知之日起三十日内向人民法院起诉。"[1]

2. 对商标局作出的不予注册决定的复审。2001 年《商标法》无论对商标局予以注册还是不予注册的决定，都规定了复审程序，这样做不利于商标申请人的快速获权，故 2013 年修改的《商标法》对此作了修改。现行《商标法》沿袭了前述修改。对此，前述《商标法》第 35 条第 2 款和第 3 款作了规定。

由此可以看出，现行《商标法》只规定了对商标局不予注册的决定，商标评审委员会才予以复审；而对商标局作出予以注册的决定，如果异议人不服，商标评审委员会不再予以复审，而是规定异议人可以向商标评审委员会请求宣告该注册商标无效。也就是说，在商标局驳回异议申请后，商标局直接作出核准注册的决定。这样就保证了商标申请人的快速获权，不会因为漫长的异议程序导致获权遥遥无期，这也是缩短申请周期的具体体现。[2]

二、商标注册申请的核准注册

商标注册申请的核准注册是商标申请人取得商标权的决定性程序，也是商标注册申请审查和核准程序的最后一个阶段。根据《商标法》的规定，核准注册有两种情形：一是商标注册申请经商标局初步审定公告后 3 个月内无人提出异议，异议期届满后，由商标局予以核准注册。二是商标注册申请经商标局初步审定公告后 3 个月内有人提出异议，但异议不成立，由商标局予以核准注册。

---

[1] 参见北京市高级人民法院（2021）京行终 8370 号行政判决书（驳回复审商标案）。
[2]《商标法实施条例》对于商标评审委员会审理不服商标局驳回商标注册申请决定的复审、商标评审委员会审理不服商标局不予注册决定的复审的相关程序和要求都作了详细规定。详见其第 52 条、第 53 条、第 56 条等条款。

《商标法》第 36 条规定："法定期限届满，当事人对商标局做出的驳回申请决定、不予注册决定不申请复审或者对商标评审委员会做出的复审决定不向人民法院起诉的，驳回申请决定、不予注册决定或者复审决定生效。经审查异议不成立而准予注册的商标，商标注册申请人取得商标专用权的时间自初步审定公告三个月期满之日起计算。自该商标公告期满之日起至准予注册决定做出前，对他人在同一种或者类似商品上使用与该商标相同或者近似的标志的行为不具有追溯力；但是，因该使用人的恶意给商标注册人造成的损失，应当给予赔偿。"

予以核准注册的商标由商标局发给商标注册人商标注册证，并在《商标公告》上刊登注册公告。商标注册证是由商标局颁发的，证明商标注册人对商标局在核定使用的商品上核准注册的商标享有商标权的凭证。商标注册人自其商标被商标局核准注册之日起，成为商标权人，取得商标权。

第六节 集体商标、证明商标的申请、审查与核准注册

一、集体商标、证明商标的申请

（一）申请主体

如前所述，集体商标是指以团体、协会或者其他组织名义注册，供该组织成员在商事活动中使用，以表明使用者在该组织中的成员资格的标志。集体商标的基本功能在于赋予作为其成员的生产经营者的商品或者服务以某种共性，表明生产经营者是某个集体组织的成员，从而与不属于该集体组织成员的生产经营者区别开来。因此，集体商标的申请主体为集体组织，包括团体、协会或其他组织。证明商标则是指由对某种商品或者服务具有监督能力的组织所控制，而由该组织以外的单位或者个人使用于其商品或者服务，用以证明该商品或者服务的原产地、原料、制造方法、质量或者其他特定品质的标志。证明商标的基本功能在于证明商品或者服务具有某方面特征或品质。因此，证明商标的申请主体为依法成立、对所申请的商品或者服务的特定品质具有监督能力的组织。

地理标志集体商标和地理标志证明商标的申请主体应当是经该地理标志所标示地区县级以上人民政府或者主管部门同意、对该地理标志产品特定品质具备监督检测能力、不以营利为目的的团体、协会或者其他组织，一般为社会团体法人、事业单位法人，且其业务范围与所监督使用的地理标志产品相关。以地理标志申请注册集体商标的，该团体、协会或其他组织应当由来自该地理标志标示的地区范围的成员组成。值得注意的是，农民专业合作社属于《商标法》第 3 条第 2 款所指的"其他组织"，可以作为集体商标或证明商标的申请主体，但因其是营利性主体，不能作为地理标志集体商标和地理标志证明商标的申请主体。[1]

（二）申请文件

申请注册集体商标、证明商标的，除满足商标注册申请一般文件要求外，申请人还应提交相关主体资格证明文件和使用管理规则。2024 年国家知识产权局制定的《集体商标、证明商标注册和管理规定》第 3 条、第 4 条规定：申请集体商标注册的，应当附送主体资格证明文件、集体成员的名称、地址和使用管理规则；申请证明商标注册的，应当附送主体资格证明文件、使用管理规则和证明其具有的或者其委托机构具有的专业技术人员、专业检测

---

[1]《商标审查审理指南》第九章"集体商标、证明商标的审查审理"，第"6.2 申请人主体资格的审查"节。

设备等情况的证明材料，以表明其具有监督该证明商标所证明的特定商品品质的能力。

《集体商标、证明商标注册和管理规定》第6条规定，集体商标、证明商标的使用管理规则应当依法制定，对注册人、集体成员和使用人具有约束力，并包括下列内容：使用该集体商标或者证明商标的宗旨；使用该集体商标的商品的品质或者使用该证明商标证明的商品的原产地、原料、制造方法、质量或者其他特定品质等；使用该集体商标或者证明商标的手续；使用该集体商标或者证明商标的权利、义务；集体商标的集体成员或者证明商标的使用人违反其使用管理规则应当承担的责任；注册人对使用该集体商标或者证明商标商品的检验监督制度。证明商标的使用管理规则还应当包括使用该证明商标的条件。

申请以地理标志作为证明商标、集体商标注册的，应当附送管辖该地理标志所标示地区的县级以上人民政府或者主管部门的批准文件。另外，以地理标志作为证明商标、集体商标注册的，应当在申请书件中说明：该地理标志所标示的商品的特定质量、信誉或者其他特征；该商品的特定质量、信誉或者其他特征主要由该地理标志所标示地区的自然因素或者人文因素所决定；该地理标志所标示的地区的范围。申请人还应当提交具有的或者其委托机构具有的专业技术人员、专业检测设备等情况的证明材料。外国人或者外国企业申请以地理标志作为证明商标、集体商标注册的，申请人应当提供该地理标志以其名义在其原属国受法律保护的证明。

二、集体商标、证明商标申请注册的审查

集体商标、证明商标作为一种类型的商标，商标主管部门仍然要依据《商标法》有关注册商标的基本规定进行审查，判断该商标是否属于《商标法》规定的不予注册的情形，如是否属于《商标法》规定的禁用之列，是否具有显著特征、便于识别，是否与在先权利冲突。而集体商标、证明商标与普通商标在功能、使用条件等方面均有不同，因此，在审查时应当坚持标准执行的一致性与个案审查原则。[1]

在集体商标、证明商标的注册审查中，除了对标志（包括是否违反《商标法》规定的禁用条款、是否具有显著性等）进行审查外，还应当对其申请人主体资格、使用管理规则、指定商品或服务的品质标准、检验检测能力等特有事项进行审查。其中，对集体商标、证明商标使用管理规则的审查，应当审查使用管理规则中包含的内容是否明确、具体。例如，集体商标使用管理规则应明确集体成员所享有的权利和应履行的义务，证明商标使用管理规则应详细说明该证明商标所证明的内容。这既便于集体商标、证明商标的注册人进行管理，也便于申请使用该集体商标、证明商标的申请人进行商品生产经营或服务提供时有据可依。

在对使用集体商标或证明商标的商品或服务的品质标准的审查方面，集体商标所指定商品或者服务的品质应当有现行有效、具体明确且与所指定的商品或者服务相关的标准（如国家标准、行业标准等）；证明商标的申请人需在使用管理规则中详细描述该证明商标证明的商品或者服务的原料、制造方法、质量或者其他特定品质的具体标准。

对证明商标申请人检测能力的审查，申请人自身具备检测能力的，提交其自有检测资质证书、检测人员名单和检测设备清单，即认定其具有监督该证明商标所证明的特定商品品质的能力；申请人自身不具备检测能力而委托他人检测的，提交委托检测协议、受托单位检测资质证书、检测人员名单和检测设备清单，从而间接认定申请人具有监督该证明商

---

[1]《商标审查审理指南》第九章"集体商标、证明商标的审查审理"，第"3.3 集体商标和证明商标标志的审查"节。

标所证明的特定商品品质的能力。[1]

对地理标志集体商标和地理标志证明商标的审查，需特别注意：一般情况下，商标中有商品的地理标志，而该商品并非来源于该标志所标示的地区，误导公众的，适用《商标法》第16条第1款不予注册并禁止使用；使用他人作为证明商标、集体商标注册的葡萄酒、烈性酒地理标志标识并非来源于该地理标志所标示地区的葡萄酒、烈性酒，即使同时标出了商品的真正来源地，或者使用的是翻译文字，或者伴有"种""型""式""类"以及其他类似表述的，并不以"误导公众"为条件，直接适用《商标法》第16条第1款的规定；多个葡萄酒地理标志构成同音字或者同形字，但能够彼此区分且不误导公众的，每个地理标志都可以作为证明商标或者集体商标申请注册。另外，在对地理标志集体商标和地理标志证明商标进行审查时，除对其标志（如显著性）进行审查外，还应对其申请人主体资格、使用管理规则、检验检测能力、指定商品的特定质量、信誉或者其他特征、地理标志产品与产地的关联性以及生产地域范围等特有事项进行审查。

对于含有地名的商标的申请注册，根据《商标法》第10条第2款的规定，县级以上行政区划的地名或者公众知晓的外国地名，不得作为商标进行注册或使用。该规定的例外情形之一是将该地名作为集体商标或证明商标的组成部分。相较于2003年《集体商标、证明商标注册和管理办法》，2024年2月1日施行的《集体商标、证明商标注册和管理规定》新增了含地名商标的注册和使用规定，其中第9条明确了以县级以上行政区划的地名或者公众知晓的地名作为组成部分申请注册集体商标、证明商标的，仍需要具有显著特征，便于识别。由于地名一般只能说明商品的地理来源，而不能识别商品的生产经营者或者服务的提供者，缺乏商标应有的区分商业来源的功能，因此，应当综合考虑标志整体显著特征、知名度等因素，对含地名的集体商标和证明商标是否可以注册进行判定。住所、经营地不在相应地域的生产者、经营者，不得申请含相应地域名称的集体商标或证明商标，以避免造成公众对商品或服务的来源地产生误认。另外，由县级以上行政区划的地名或者公众知晓的地名作为组成部分申请注册集体商标、证明商标的，标志中含有商品名称的，指定商品应当与商标中的商品名称一致或者密切相关；若指定商品的特定品质并非由当地的自然因素和人文因素所决定，但商品信誉与商标所含地名有密切关联，不会被误认为地理标志的，才可以注册为集体商标或证明商标。[2] 考虑到地名属于公共资源，该类商标的注册也不得损害社会公共利益。

三、集体商标、证明商标的核准注册

《商标法》以及相关法律法规，包括《集体商标、证明商标注册和管理办法》和《集体商标、证明商标注册和管理规定》，并未对集体商标、证明商标的核准注册程序做另行规定，因此适用于普通商标的核准注册程序同样适用于集体商标和证明商标，即该商标经商标局初步审定公告后3个月内无人提出异议，或者经商标局初步审定公告后3个月内有人提出异议，但异议不成立，则由商标局予以核准注册。申请人在其申请注册的集体商标、证明商标核准注册前，可以向国家知识产权局申请撤回该集体商标、证明商标的注册申请。

---

[1]《商标审查审理指南》第九章"集体商标、证明商标的审查审理"，第"4.2.4 证明商标注册申请人检测能力的审查"节。

[2]《商标审查审理指南》第九章"集体商标、证明商标的审查审理"，第"3.4 含无其他含义的县级以上行政区划地名的集体商标和证明商标的审查"节。

申请人撤回集体商标、证明商标注册申请的，应当注明申请人和商标注册申请号。经审查符合规定的，准予撤回。申请人名称不一致，或者商标注册申请已核准注册，或者已作出不予受理、驳回或者不予注册决定的，撤回申请不予核准。

集体商标、证明商标经核准注册后，集体商标、证明商标注册人应当按照使用管理规则准许集体成员使用集体商标，许可他人使用证明商标。集体商标、证明商标在许可使用、转让、管理、保护等方面，均有一些特殊规定。

第七节 商标国际申请

如前所述，知识产权具有地域性特点。这一特点使得各国在知识产权领域的交往存在一定的阻碍。商标所有人如果需要在不同国家获得商标注册，就需要分别寻找代理人、分别交付申请注册费用；而且，还要以不同的语言按照各国商标法的不同要求进行注册。这种分别注册的方式既费时又费力，而且还要支付较高的申请注册费。因此，通过某种国际合作减少和简化注册手续并减少有关费用的国际申请方式应运而生。商标国际申请是指根据1891年的《商标国际注册马德里协定》（以下简称《马德里协定》）、《商标国际注册马德里协定有关议定书》（以下简称《马德里议定书》）以及《商标国际注册马德里协定及该协定有关议定书的共同实施细则》建立的马德里联盟成员国间的商标申请注册制度。

我国《商标法》第21条规定："商标国际注册遵循中华人民共和国缔结或者参加的有关国际条约确立的制度，具体办法由国务院规定。"《商标法实施条例》第34条则规定：商标法第21条规定的国际注册，是指根据《马德里协定》《马德里议定书》及《商标国际注册马德里协定及该协定有关议定书的共同实施细则》的规定办理马德里商标国际注册。马德里商标国际注册申请包括以中国为原属国的商标国际注册申请、指定中国的领土延伸申请及其他有关申请。[1]

一、商标国际申请的程序和要求

按照《马德里协定》等的规定，该协定成员国的国民和在成员国内有住所或有实际从事工商业活动的营业所的非成员国国民，只要在其本国商标主管部门取得注册后，即可向本国商标主管部门提交商标国际申请案，本国的商标主管部门经过审查核实，确认国际申请案中的商标与申请人在国内已经获得注册的商标完全一致，然后将其申请案转呈世界知识产权组织国际局，由国际局进行形式审查。如果申请案符合《马德里协定》及《商标国际注册马德里协定及该协定有关议定书的共同实施细则》的要求，即予以公告，并通知申请人要求注册的成员国。被要求的成员国有权在1年内向国际局提出驳回注册申请。如果1年内未提出驳回注册申请，该商标则被认为在该国已获准注册，应获得该国商标法的保护。

《商标法实施条例》除了上述第34条对于商标国际申请的概念作了界定外，还在第五章"商标国际注册"中作了更详细的规定。以下为部分重要内容：

以中国为原属国申请商标国际注册的，应当在中国设有真实有效的营业所，或者在中国有住所，或者拥有中国国籍。符合本条例第35条规定的申请人，其商标已在商标局获得

---

[1] 参见"迪奥"立体商标纠纷案，最高人民法院（2018）最高法行再26号行政判决书（指导案例第114号）。在该案中，法院认为，申请商标国际注册信息如仅缺失部分视图等形式要件，需要遵循国际公约的规定，为申请商标国际注册的当事人提供合理补正机会。

注册的,可以根据马德里协定申请办理该商标的国际注册。符合本条例第35条规定的申请人,其商标已在商标局获得注册,或者已向商标局提出商标注册申请并被受理的,可以根据马德里议定书申请办理该商标的国际注册。[1]

以中国为原属国申请商标国际注册的,应当通过商标局向世界知识产权组织国际局(以下简称国际局)申请办理。以中国为原属国的,与马德里协定有关的商标国际注册的后期指定、放弃、注销,应当通过商标局向国际局申请办理;与马德里协定有关的商标国际注册的转让、删减、变更、续展,可以通过商标局向国际局申请办理,也可以直接向国际局申请办理。以中国为原属国的,与马德里议定书有关的商标国际注册的后期指定、转让、删减、放弃、注销、变更、续展,可以通过商标局向国际局申请办理,也可以直接向国际局申请办理。[2]

通过商标局向国际局申请商标国际注册及办理其他有关申请的,应当提交符合国际局和商标局要求的申请书和相关材料。商标国际注册申请指定的商品或者服务不得超出国内基础申请或者基础注册的商品或者服务的范围。商标国际注册申请手续不齐备或者未按照规定填写申请书的,商标局不予受理,申请日不予保留。申请手续基本齐备或者申请书基本符合规定,但需要补正的,申请人应当自收到补正通知书之日起30日内予以补正,逾期未补正的,商标局不予受理,书面通知申请人。通过商标局向国际局申请商标国际注册及办理其他有关申请的,应当按照规定缴纳费用。申请人应当自收到商标局缴费通知单之日起15日内,向商标局缴纳费用。期满未缴纳的,商标局不受理其申请,书面通知申请人。[3]

商标局在马德里协定或者马德里议定书规定的驳回期限(以下简称驳回期限)内,依照商标法和本条例的有关规定对指定中国的领土延伸申请进行审查,作出决定,并通知国际局。商标局在驳回期限内未发出驳回或者部分驳回通知的,该领土延伸申请视为核准。世界知识产权组织对商标国际注册有关事项进行公告,商标局不再另行公告。[4]

此外,《商标法实施条例》还对指定中国的领土延伸申请的异议、国际注册商标有效期起算及其续展、指定中国的领土延伸申请办理转让、指定中国的领土延伸申请办理删减、申请撤销国际注册商标、申请宣告国际注册商标无效等制度作了明确规定。[5] 例如,其第49条规定:"依照商标法第四十九条第二款规定申请撤销国际注册商标,应当自该商标国际注册申请的驳回期限届满之日起满3年后向商标局提出申请;驳回期限届满时仍处在驳回复审或者异议相关程序的,应当自商标局或者商标评审委员会作出的准予注册决定生效之日起满3年后向商标局提出申请。依照商标法第四十四条第一款规定申请宣告国际注册商标无效的,应当自该商标国际注册申请的驳回期限届满后向商标评审委员会提出申请;驳回期限届满时仍处在驳回复审或者异议相关程序的,应当自商标局或者商标评审委员会作出的准予注册决定生效后向商标评审委员会提出申请。依照商标法第四十五条第一款规定申请宣告国际注册商标无效的,应当自该商标国际注册申请的驳回期限届满之日起5年内向商标评审委员会提出申请;驳回期限届满时仍处在驳回复审或者异议相关程序的,应当

---

[1] 《商标法实施条例》第35~36条。
[2] 《商标法实施条例》第37条。
[3] 《商标法实施条例》第38~41条。
[4] 《商标法实施条例》第42条、第44条。
[5] 《商标法实施条例》第45~49条。

自商标局或者商标评审委员会作出的准予注册决定生效之日起 5 年内向商标评审委员会提出申请。对恶意注册的，驰名商标所有人不受 5 年的时间限制。"

关于商标国际注册问题，本书第六编还将予以介绍。

二、商标国际申请的优点

商标国际申请是企业实施商标国际化经营战略的基本法律手段，所谓"兵马未动、粮草先行"。其对于我国企业实施商标战略、开拓国际市场、提高国际市场竞争力的意义不可低估。[1] 此外，从国际申请本身看，其也有独特的优点：

1. 申请人可以通过本国商标主管部门直接向世界知识产权组织国际局办理商标的国际申请事宜，无需委托国内外的代理机构代为办理。

2. 只需要使用一种语言，填写一份申请书，比较简便。

3. 可以为申请人节省申请注册费用。国际申请不需要根据保护的国家分别缴纳申请注册费用，只需缴纳统一的费用，这一费用低于分别到每个国家申请的费用总和。

4. 可以享受较长时间的保护。通过国际申请，注册商标的有效期为 20 年，期满后可以申请续展。

本章案例研讨

24-1（总第 49）：申请注册商标应合理避让他人在先商标
——再审申请人深圳某工艺傢俬有限公司与被申请人北京某传统硬木家具有限公司及二审上诉人国家知识产权局商标权无效宣告请求行政纠纷案[2]

一、案情简介

北京某传统硬木家具有限公司（以下简称某家具公司）于 2015 年 8 月 21 日申请注册诉争商标 友联 you lian，后被核准注册，核定使用在第 20 类家具等商品上。引证商标 友联·为家 注册人为深圳某工艺傢俬有限公司（以下简称某工艺傢俬公司），申请日期为 2005 年 10 月 31 日，核定使用在家具等第 20 类商品上。原国家工商行政管理总局商标评审委员会作出裁定，认为诉争商标与引证商标构成使用在同一种或类似商品上的近似商标，裁定对诉争商标予以无效宣告。某家具公司不服，提起行政诉讼。

二、法院裁判理由及结果

一审法院认为，在案证据能够证明某家具公司及其"友联"品牌经某家具公司在家具等商品上长期使用，已形成一定的市场份额，建立了一定的市场声誉。诉争商标与引证商标在整体设计、视觉效果等方面存在一定差别，共存于市场，不必然导致相关公众的混淆、误认，未构成使用在同一种或类似商品上的近似商标。遂判决撤销被诉裁定，判令国家知识产权局重新作出裁定。

---

[1] 冯晓青：《企业知识产权战略》，知识产权出版社 2015 年版，第 193～197 页。
[2] 最高人民法院（2022）最高法行再 1 号行政判决书。

国家知识产权局和某工艺傢俬公司均不服，提起上诉。北京市高级人民法院二审认为，诉争商标与引证商标在整体视觉效果和呼叫上存在一定差异，在某家具公司成立前，其关联主体即将"友联"作为企业字号，并使用在家具等商品上。某家具公司及其关联主体在家具上使用"友联"的时间早于引证商标的申请日，且在引证商标申请注册前，某家具公司使用在家具上的"友联"商标在北京地区已经具有一定知名度和影响力，二者共存于市场不会导致相关公众的混淆、误认。遂判决驳回上诉，维持原判。某工艺傢俬公司不服，向最高人民法院申请再审。

最高人民法院再审认为：某家具公司申请注册诉争商标时，引证商标二为在先有效注册商标。诉争商标与引证商标相比对，汉字"友联"系诉争商标的显著识别部分，被引证商标二完整包含，诉争商标标志与引证商标二标志构成近似。二者核定使用商品构成相同或类似商品。某家具公司原审提供的证据可以证明，至少在2006年至2014年间某家具公司及其关联公司向某工艺傢俬公司订购了大量红木家具，某工艺傢俬公司出具相关销售单的头部显著位置印有"友聯工藝及图"或"友联·為家"，某工艺傢俬公司的引证商标"友联·为家"亦是在此期间申请注册；某家具公司或其关联公司还使用与某工艺傢俬公司使用的相同图形标识宣传友联红木，这种宣传至少在2003年即已存在。因此，某家具公司在申请注册本案诉争商标时，对某工艺傢俬公司突出使用"友联"相关标志经营红木家具系明知，未合理避让，主观难谓善意。某家具公司提交的证据表明其相关商品集中在北京市各家具市场销售，引证商标同样使用在家具类商品上，而且，某家具公司提交的早期使用证据中关于"友联"的标志多与诉争商标存在一定区别。综合上述情况，诉争商标如与引证商标二在相同或类似商品上共存于市场，以相关公众的一般注意力为标准，易造成混淆误认。最高人民法院裁定提审本案，并于2022年6月27日判决撤销一、二审判决和被诉裁定，驳回某家具公司的诉讼请求。

本案涉及商标申请注册应遵循诚实信用原则，在相同或者类似商品上申请相同或者近似商标，应当注意合理避让他人在先注册商标，以免和在先注册商标具有混淆之虞。该案中，最高人民法院认定某家具公司在业务往来中获悉他人使用的在先商标后，在相同或类似商品上申请注册与他人商标相近似的商标，容易造成混淆而不应获得注册。本案为认识商标注册中尊重在先权利提供了范例。

24-2（总第50）：证明商标显著性的认定
——再审申请人某有限公司与被申请人国家工商行政管理总局商标评审委员会商标驳回复审行政纠纷案[1]

一、案情简介

2007年2月14日，某有限公司向国家工商行政管理总局商标局（以下简称商标局）提出第5918201号证明商标"蓝牙"（即申请商标）注册申请，指定使用在第42类"计算机

---

[1]《最高人民法院知识产权案件年度报告（2016）》，第54~56页；最高人民法院（2016）最高法行申2159号行政裁定书。

编程；与数据、声音、影像及照明的录制、传送及复制有关的计算机硬件及软件咨询"等服务上。商标局以申请商标违反了《商标法》(2001修正)第11条第1款第2项和第28条规定为由，对申请商标予以驳回。某有限公司不服，向商标评审委员会提出复审申请。商标评审委员会于2013年12月9日作出商评字〔2013〕第129452号《关于第5918201号"蓝牙"（证明商标）商标驳回复审决定》（以下简称第129452号决定），对申请商标不予核准注册。某有限公司不服，提起行政诉讼。

二、法院裁判理由及结果

北京市第一中级人民法院一审认为，"蓝牙"作为商标使用在指定服务上，直接表示了指定服务的服务内容和服务方式等，缺乏商标应有的显著性。遂判决维持第129452号决定。某有限公司不服，提起上诉。北京市高级人民法院二审判决驳回上诉、维持原判。某有限公司仍不服，以证明商标与普通商标在区分功能、权利主体、使用主体等方面具有明显区别，证明商标要求的表征特定品质不同于《商标法》第11条第1款第2项规定的"显著性"标准，原审判决适用法律错误为由，向最高人民法院申请再审。

最高人民法院审查认为：显著性是商标发挥识别不同商品或者服务功能的基础。虽然商标法对证明商标的申请主体、使用主体及基本功能作出了专门规定，但证明商标作为注册商标的一种类型，仍然应当符合注册商标的一般性规定，即具有显著性。虽然"蓝牙"最初是作为"Bluetooth"的中文翻译进入我国并为中国消费者所认识，而"Bluetooth"也已作为商标在中国被核准注册。但自20世纪90年代蓝牙技术产生后，某有限公司及电子通信领域的公司长期将"蓝牙"作为"一种近距离无线通信技术"使用在音箱、耳机、打印机、手机、鼠标等产品上，并开展相关标准化活动，蓝牙技术、蓝牙产品已迅速普及并被广大消费者所接受，相关公众普遍认为"蓝牙"是一种能在移动电话、PDA、无线耳机、笔记本电脑、相关外设等众多设备之间进行无线信息交换的短距离无线通信技术，蓝牙产品就是包含短距离无线通信技术的产品。而且，某有限公司在诉讼过程中也曾称"申请商标一直都是仅使用在符合特定技术标准和要求的商品和服务上，与特定技术标准联系更为紧密。"因此，申请商标"蓝牙"使用在指定服务上，直接表示了服务的技术特点，缺乏商标应有的显著特征，不符合《商标法》第11条第1款第2项的规定。最高人民法院于2016年7月26日裁定驳回某有限公司的再审申请。

本案涉及申请注册证明商标的条件。证明商标和一般商标在功能定位、申请主体、使用主体和方式等方面均存在区别。该案中，商标评审委员会和三级法院均认为证明商标注册也应满足商标具备显著特征的要求。本案为认识证明商标申请注册问题提供了司法指引。

第二十五章 商标权的内容

本章提要

本章主要阐述和探讨商标权的概念、商标权人的权利、商标权的期限、商标权的续展和商标权的限制。

本章的重点是商标权的概念、商标权人的权利以及商标权的限制,难点是商标权限制及其合理性。

第一节 商标权的概念

商标权是商标法律制度的核心内容。商标权有广义和狭义之分:广义的商标权是指注册商标所有人对其注册商标享有的专有权以及未注册商标使用人对其使用的未注册商标依法享有的合法权益。狭义的商标权仅指注册商标所有人对其注册商标依法享有的专有权,即"商标专用权"。我国《商标法》第3条第1款规定:"经商标局核准注册的商标为注册商标,包括商品商标、服务商标和集体商标、证明商标;商标注册人享有商标专用权,受法律保护。"

由此可见,我国《商标法》规定的商标权实际上是指狭义的商标权,而且商标权又被称为上述"商标专用权"(The right to exclusively use of a trademark)。根据《商标法》的规定,商标权的主体是注册商标所有人,既包括商标的最初注册人,也包括受让注册商标的受让人;商标权的客体是注册商标,只有经商标局核准注册的商标才享有商标专用权;商标权的内容包括专有使用权、禁用权、许可权、转让权等,其中专有使用权是商标权中最基本的核心权利,其他权利都派生于专有使用权。没有商标专有使用权,商标权就失去了其存在的意义。正是基于以上关系,一般情况下人们认为商标权就是商标专用权。

事实上,商标权与商标专用权不可简单地等同。商标权是注册商标所有人对其注册商标享有的所有权,即独占性的支配权。[1] 也就是说,商标权人对自己的注册商标可以独占使用,也可以许可他人使用,可以将其转让、放弃,还可以禁止他人使用。"商标专用权"这一表达则未能揭示出商标权作为无形财产权的精髓,它只是商标权中最基本的内容,不能涵盖商标权的全部内容。特别是随着市场经济的进一步发展,商标权作为一种无形财产

---

[1] 参见吕炳斌:《商标财产化的负面效应及其化解》,载《法学评论》2020年第2期;罗莉:《信息时代的商标共存规则》,载《现代法学》2019年第4期。

权,还会产生新的内容,远远不只是一种"专用权"。有观点即认为将"商标专用权"改为"商标权"更为合理。2013年、2019年修改后的《商标法》仍然使用了"商标专用权"这一表述,主要是基于商标专用权是商标权中最重要、最基本的内容。

第二节 商标权人的权利

商标权人的权利主要有注册商标的专有使用权、禁止权、许可权和转让权等内容。

一、专有使用权

注册商标专有使用权是指注册商标所有人对其注册商标专有、专用的权利。专有使用权是商标权中最基本的核心权利,是商标权区别于其他有体财产权最主要的法律特征。专有使用注册商标是商标权人注册商标的主要目的。商标只有经过使用才能起到区别于相同商品或服务以及类似商品或服务的目的,从而更好地树立商标的信誉,争创名牌,而只有专有使用才能更好地体现商标权的价值。

需要注意的是,专有使用权具有相对性,只能在法律规定的范围内使用。如前所述,《商标法》第56条规定:"注册商标的专用权,以核准注册的商标和核定使用的商品为限。"即注册商标只能在注册时所核定的商品或者服务项目上使用,而不能在与核定的商品或服务类似的商品或者服务项目上使用;商标权人也不得使用与注册商标相近似的商标。例如,注册商标为"娃哈哈",核定使用在纯净水上,商标权人只能在这一范围内使用,而不可以使用"哈娃娃""哈哈娃"等与注册商标"娃哈哈"相近似的商标,也不能将上述商标使用在与纯净水商品类似的矿泉水商品上。当然,在申请注册了联合商标或防御商标的情况下另当别论。

二、禁止权

禁止权是指注册商标所有人有权禁止他人未经其许可,在同一种或者类似商品或服务项目上使用与其注册商标相同或近似的商标并造成混淆之虞的行为。商标权人可以通过商标管理机关或人民法院对其注册商标进行法律保护。商标权的客体具有无形性,商标权人不可能通过实际占有商标标记来阻止他人的使用,必须依赖于他人的不作为以防止其商标权受到侵害,因此必须建立一种法律上的制度,通过赋予商标权人禁止权来防止他人的擅自使用。

禁止权与专有使用权一样也是构成商标权的核心内容之一,而使用权与禁止权的区别在于两者有着不同的效力范围:其一,专有使用权涉及的是注册商标所有人使用注册商标的问题,禁止权涉及的是对抗他人非法使用注册商标的问题。其二,专有使用权具有相对性,即以核准注册的商标和核定使用的商品或服务项目为限;禁止权具有绝对性,不以核准注册的商标和核定使用的商品或服务项目为限,即不仅可以禁止任何人未经其许可将与其注册商标相同的商标使用在同一种商品或服务项目上,而且可以禁止他人将与其注册商标相同或者近似的商标使用在相同或类似的商品或者服务项目上。也就是说,商标权人的禁止权的效力范围要大于专有使用权,即商标权的保护范围大于商标专用权的保护范围。

三、许可权

许可权是指注册商标所有人通过签订许可使用合同,许可他人使用其注册商标的权利。许可他人使用是商标权人行使其商标权的一种方式,商标权人可以通过许可他人使用其注册商标实现其商标权的财产价值。许可人是注册商标所有人,被许可人根据合同约定,支付商标使用费后在合同约定的范围和时间内有权使用该注册商标。

四、转让权

转让权是指注册商标所有人在法律允许的范围内,根据自己的意愿,将自己的注册商标所有权转让给他人的权利。转让商标权是商标所有人行使其商标权的一种方式。商标权转让后,受让人取得注册商标所有权,原来的商标权人丧失商标专用权。

除了以上主要权利之外,商标权人的权利还包括续展权、使用注册商标的标记权、[1]质押融资权、[2]放弃权[3]等。

第三节 商标权的期限与续展

一、商标权的期限

商标权的期限是指注册商标所有人享有的商标专用权的有效期限。注册商标有效期长,商标专用权存在的时间也长;反之亦然。世界各国商标法对在其本国注册的商标的有效期均作了明确规定,但期限的长短不尽相同,如美国和意大利等国规定为20年,法国、日本、德国等多数国家规定为10年。规定注册商标的有效期有利于增强注册商标所有人的商标法律意识,充分发挥商标的作用,也便于商标所有人根据实际需要决定以后是否继续使用该注册商标;同时,注册商标所有人如果想继续使用该注册商标,必须按法律规定申请续展,这实际上也是商标主管部门定期对注册商标进行必要审查的一种方式。如果一个商标一经注册就可以无限期地使用,注册商标所有人将会忽视对其注册商标的使用管理,这样不利于增强商标所有人的商标法律意识,也不利于发挥商标的作用。

《商标法》第39条规定:"注册商标的有效期为十年,自核准注册之日起计算。"这一规定符合国际上通行的做法。

二、商标权的续展

1. 续展的概念和意义。商标权的续展,又称注册商标的续展(Renewal),是指注册商标所有人在注册商标有效期届满前后的一定时间内,依法办理一定的手续,延长其注册商标有效期的制度。注册商标的续展是商标法中的一项重要制度,其意义在于:使注册商标所有人长时间不间断地享有商标专用权,进而树立良好的商标信誉;也有利于生产经营者保证商品和服务质量,从而保护消费者的利益,维护市场经济秩序;还可以加强对注册商标的管理等。

对于注册商标续展的性质,有以下两种不同观点:①"延长说"。该学说认为,注册商标的续展是商标权的延长,凡基于该商标权发生的一切法律关系,都应随着商标权的延长而延长。②"更新说"。该学说认为,注册商标的续展属于商标权的更新,基于商标权发生的法律关系不一定都随着商标权的续展而得以延续。[4]

2. 续展的合理性。商标权可以不受次数限制地续展,这一规定不同于前述专利权和著

---

[1]《商标法》第9条第2款规定:商标注册人有权标明"注册商标"或者注册标记。

[2]《商标法实施条例》第70条规定:"以注册商标专用权出质的,出质人与质权人应当签订书面质权合同,并共同向商标局提出质权登记申请,由商标局公告。"

[3] See Kellogg Co. v. Nat'l Biscuit Co., 305 U.S. 111 (1938).

[4] 冯晓青主编:《知识产权法》,中国政法大学出版社2015年版,第341页。

作权的保护期的特性,可以从以下方面加以理解:[1]

商标权作为"对识别性标记的权利",不同于作为"对创造性成果的权利"的专利权和著作权。商标法通过保护商标而增进了消费者利益和有效竞争的公共利益,同时最终通过刺激生产者或经营者改善产品或者服务质量而提升商标信誉。[2] 商标信誉的形成需要时间,商标权人从商标中获得经济利益也主要体现于培植商标信誉。一旦确立了商标信誉,商标将成为厂商获取利益、占领市场的重要手段。对商标权的保护,在很大程度上是对商标确立的信誉的保护。商标权人维持商标的信誉既使自己从商标信誉中能够获得更好的经济效益,又对更好地保护消费者利益、为促进有效竞争的社会公共利益提供了保障。因为商标信誉是建立在商品或服务质量的基础之上的,改善商品或者服务质量、促进有效竞争,无疑增进了社会公共利益。为了维护商品流通交易秩序,商标权保护有必要随着厂商维护商标信誉而在时间上不断扩张。从保护消费者和社会公众利益角度看,允许商标权保护期的不断延长也符合消费者和广大公众的利益,因为消费者通常习惯于"认牌购货"。另外,从公平保护商标权人利益方面看,越是有信誉的商标越值得给予保护,当一定期限过后如果因为商标保护期届满而不能被续展,商标权人为该商标付出的巨大投资和心血将毁于一旦,这对商标权人来说显然是不公平的。因此,在从权利的有限保护期的角度认识知识产权时,对商标权的保护期要作特殊考虑,允许对商标权保护期的续展。不过应注意,尽管商标权在保护期内可以是无限续展的,如果商标不被使用或失去了受保护的条件时,商标保护就将终止。

3. 续展的条件。《商标法》第 40 条规定:"注册商标有效期满,需要继续使用的,商标注册人应当在期满前十二个月内按照规定办理续展手续;在此期间未能办理的,可以给予六个月的宽展期。每次续展注册的有效期为十年,自该商标上一届有效期满次日起计算。期满未办理续展手续的,注销其注册商标。商标局应当对续展注册的商标予以公告。"

这表明,在我国进行注册商标续展要符合以下条件:①必须由商标注册人提出续展申请。②注册商标有效期即将届满。只有当注册商标的有效期即将届满时,才存在注册商标是否需要续展的问题。③商标注册人需要继续使用注册商标。商标所有人申请商标注册,目的是使用,只有已经使用并需要继续使用的注册商标,才在有效期届满时产生续展的问题。如果商标所有人不需要继续使用,续展也就失去了意义。④必须在规定的时间内提出续展申请。《商标法》规定要在注册商标有效期满前 12 个月按规定办理续展手续,在此期间未能办理的,可以给予 6 个月的宽展期。这有利于商标注册人进行续展,以维持其商标权。

4. 申请续展的手续与续展的核准。在我国,申请续展的手续比较简单。《商标法实施条例》第 33 条规定:"注册商标需要续展注册的,应当向商标局提交商标续展注册申请书。商标局核准商标注册续展申请的,发给相应证明并予以公告。"申请续展是商标注册人的民事权利,也是一种要式法律行为,不仅要符合法律关于申请时间的规定,而且要经过法定的手续。实践中,大多数情况下对续展申请可予以核准,但也有例外,如过了宽展期提出续展申请、自行改变原注册商标标识或自行扩大原注册商标核定使用的商品范围,均不能

---

[1] 冯晓青:《知识产权法利益平衡理论》,中国政法大学出版社 2006 年版,第 592 页。
[2] See Heymann, Laura A., "Trademark Law and Consumer Constraints", *Arizona Law Review*, Vol. 64, Issue 2 (2022), pp. 339-382.

被核准。[1] 根据《商标审查审理指南》上编第十二章"6.3 不予核准"规定，续展申请存在下列情形之一的，不予核准：①申请人并非商标注册人且无其他利害关系的；②已办理了相同内容的续展申请；③注册商标已丧失商标专用权的；④超出法定期限提交续展申请的；⑤撤回续展申请的；⑥其他不应核准续展的情况。

5. 续展注册商标的有效期。注册商标经过核准续展注册后，即为续展注册商标。根据《商标法》第 40 条的规定，每次续展注册的有效期为 10 年，而且续展没有次数限制，续展注册商标的有效期自该商标上届有效期满次日起计算。也就是说，只要商标所有人依法连续进行续展注册，商标专用权就可能永久存在。因此，注册商标所有人应当准确把握自己注册商标有效期的起始期限，以便适时办理续展注册手续，保证注册商标专用权的有效性。

6. 续展公告。即由商标局对续展注册的商标予以公告，以便社会公众了解该注册商标的权利状况。

第四节 商标权的限制

商标权在本质上是一种合法的垄断权。如果商标权人滥用权利，不合理限制他人使用其注册商标标志，就可能损害他人合法权益，乃至社会公共利益。[2] 因此，有必要采取措施防止商标权人滥用权利，以此平衡商标权人的利益和社会公共利益。可以说，对商标权进行限制就是为了防止商标权人滥用商标权。世界各国对商标权的限制主要是通过规定合理使用、商标权用尽和先用权制度来实现的。

一、商标合理使用制度

商标权领域的"合理使用"，也称为"正当使用"，是指经营者为了宣传自己的商品，可以合理的方式正当使用自己的姓名、名称；或者使用其经营的商品的名称；或者使用标示商品形状、图形、型号、质量、主要原料、用途、功能、数量、重量、来源等特点的标志，而不受商标权人限制的一种法律制度。[3] 商标合理使用通常包括叙述性合理使用、[4] 说明性合理使用[5] 和指示性合理使用[6] 三种。[7] 其中，叙述性合理使用保护的是生产经营者对自己生产经营的商品进行描述的自由，实质上是赋予竞争者对自身产品进行描述的权利；说明性合理使用保护的是生产经营者为了向公众介绍自己生产经营的产品的质量、功能、主要原料、用途、产品型号等涉及产品的基本信息而使用他人的注册商标标识的自由；指示性合理使用保护的是为了客观地说明商品或者服务的特点、用途等而在生产经营

---

[1] 冯晓青主编：《知识产权法》，中国政法大学出版社 2015 年版，第 341 页。

[2] 参见黄汇、徐真：《商标法公共领域的体系化解读及其功能实现》，载《法学评论》2022 年第 5 期；魏森：《论商标法对表达自由的保护》，载《法律科学（西北政法大学学报）》2020 年第 4 期。

[3] 集体商标、证明商标正当使用有一定的特殊性，详见本书第二十八章第二节。

[4] 参见上海市高级人民法院（2004）沪高民三（知）终字第 87 号民事判决书（商标侵权纠纷案）。

[5] 参见最高人民法院（2017）最高法民再 273 号民事判决书（商标侵权纠纷案）。

[6] 参见上海市高级人民法院（2014）沪高民三（知）终字第 104 号民事判决书（侵害商标权及不正当竞争纠纷上诉案）；上海知识产权法院（2015）沪知民终字第 161 号民事判决书（商标侵权及不正当竞争纠纷上诉案）。

[7] 参见 Mohan, M. P. Ram; Gupta, Aditya, Litigating Barbie: "Trademark Infringement, Parody and Free Speech", *Delaware Journal of Corporate Law*, Vol. 47, Issue 1 (2022), pp. 33-64.

活动中使用他人注册商标标识的行为。[1]

《商标法》第59条第1款规定："注册商标中含有的本商品的通用名称、图形、型号，或者直接表示商品的质量、主要原料、功能、用途、重量、数量及其他特点，或者含有的地名，注册商标专用权人无权禁止他人正当使用。"第2款规定："三维标志注册商标中含有的商品自身的性质产生的形状、为获得技术效果而需有的商品形状或者使商品具有实质性价值的形状，注册商标专用权人无权禁止他人正当使用。"

上述商品的通用名称、图形、型号，或者直接标示商品的质量、主要原料、功能、用途、重量、数量等的标志，是表明某类商品共有的特点的标志，具有公共领域性质，经营该类商品的经营者都可以使用，而不能由某个经营者独占。因此，如果商标权人的注册商标中含有上述标志，他就无权禁止其他经营者的叙述性、说明性或指示性正当使用，否则会损害其他经营者的合法权益，也不利于经营者的公平竞争。

二、在先使用权

在先使用权是指在先使用未注册商标的人，在他人将其先使用的商标进行注册后，仍然享有在法律规定的原有范围内继续使用该注册商标的权利。在先使用权是一种抗辩权，用以对抗商标权人的侵权控诉，因为在先使用权人的继续使用行为不构成侵权。2013年修改《商标法》时增加了在先使用权制度。现行《商标法》第59条第3款规定："商标注册人申请商标注册前，他人已经在同一种商品或者类似商品上先于商标注册人使用与注册商标相同或者近似并有一定影响的商标的，注册商标专用权人无权禁止该使用人在原使用范围内继续使用该商标，但可以要求其附加适当区别标识。"在先使用权制度可以起到限制商标权、保护商标在先使用人利益的作用。该制度充分体现了商标法的利益平衡原则，实现了商标法平衡在先使用人与注册商标人之间利益的目的。

根据上述规定，在先使用权的构成要件如下：

1. 商标使用在先。即在先使用权人的商标是在商标注册人申请商标注册之前先行进行了使用。

2. 在先使用商标具有一定影响。即在先使用权人的商标经过使用后具有了一定的影响。根据国家知识产权局2020年公布的《商标侵权判断标准》第33条第1款和第2款规定，有一定影响的商标，是指在国内在先使用并为一定范围内相关公众所知晓的未注册商标。有一定影响的商标的认定，应当考虑该商标的持续使用时间、销售量、经营额、广告宣传等因素进行综合判断。

3. 商品相同或类似、商标相同或近似。《审理商标授权确权行政案件规定》第23条第3款规定："在先使用人主张商标申请人在与其不相类似的商品上申请注册其在先使用并有一定影响的商标，违反商标法第三十二条规定的，人民法院不予支持。"即在先使用权的主张必须基于商品相同或者类似、商标相同或者近似，否则，不构成在先使用权。

4. 在先使用权人只能在原有范围内继续使用。即在先使用权人不能扩大原有的范围使用商标。《商标侵权判断标准》第33条第3款规定："使用人有下列情形的，不视为在原使用范围内继续使用：（一）增加该商标使用的具体商品或者服务；（二）改变该商标的图形、文字、色彩、结构、书写方式等内容，但以与他人注册商标相区别为目的而进行的改变除外；（三）超出原使用范围的其他情形。"

---

[1] 冯晓青：《商标权的限制研究》，载《学海》2006年第4期。

5. 根据商标注册人的要求附加适当区别标识。为防止在先使用权人的商品或服务与商标注册人的商品或服务混同,商标注册人可以要求在先使用权人附加适当的标识,以便将两者的商品或服务区别开来。[1]

三、商标权用尽制度

商标权用尽,也称商标权穷竭,是指注册商标所有人或经过其许可将享有商标权的商品售出后,商标权人无权限制其他人对该商品的销售的一种法律制度。通过权利用尽原则限制商标权人的权利,使得公众不受商标权人的非法控制,可以对公共利益予以保护。我国《商标法》虽然没有明确规定商标权用尽制度,但不论是在理论中,还是在司法实践中,商标权用尽制度在我国都是适用的。[2]

商标权穷竭的合理性在于均衡商标权人和附载商标的商品所有人的利益,保障商品在市场上的正常流通,促进经济贸易活动的正常进行。其实质是附载商标的商品所有人对商标权的一种限制。商标权保护的重要目的在于,禁止在相同或者类似的商品上使用相同或近似商标以避免消费者对商品的来源发生混淆,从而激发厂商通过改进商品质量和经营管理提高其商誉,进一步促进社会物质财富质量和数量的提高。在商标权人或者其授权的人已将附载商标的商品投放市场后,其他任何人的使用或者销售行为一般不会对商标权产生实质性损害。如果此时对商标权人的权利不予穷竭,商标权人就可以利用商标权控制附载其商标的商品的整个流通,这就难以避免市场垄断、抬高价格行为的发生。为了保障其他生产经营者和消费者的合法权利,就需要对商标权给予权利穷竭的限制。可见,商标权穷竭制度旨在通过限制商标权而实现贸易自由,因而是衡平商标权人利益与社会利益的结果。[3]

本章案例研讨

25-1(总第 51):商标侵权纠纷案件中在先使用的判定
——烟台某机床装备股份有限公司与呼和浩特某(集团)有限公司、烟台某机床配件附件有限公司侵害商标权纠纷案[4]

一、案情简介

烟台某机床附件厂于 1984 年 2 月 28 日被核准取得环球加图形组合商标,商标注册证号为 204705,核定使用商品为第 7 类机床附件。经多次续展、转让,烟台某机床装备股份有限公司(以下简称烟台某股份公司)经核准受让成为该商标专用权人,有效期至 2024 年 2 月 27 日。烟台某股份公司以呼和浩特某(集团)有限责任公司(以下简称呼和浩特某有限

---

[1] 参见李雨峰:《未注册在先使用商标的规范分析》,载《法商研究》2020 年第 1 期;参见山西省晋城市中级人民法院(2021)晋 05 民初 186 号民事判决书(侵害商标权纠纷案);广东省广州知识产权法院(2020)粤 73 民终 5237 号民事判决书(侵害商标权纠纷案)。See also ZAZU Designs v. L´Oreal S. A., 979 F. 2d 499(7th Cir. 1992)。

[2] 参见山东省青岛市中级人民法院(2021)鲁 02 民初 886 号民事判决书(侵害商标权、不正当竞争纠纷案);天津市滨海新区人民法院(2020)津 0116 民初 3814 号民事判决书(侵害商标权纠纷案)。

[3] 冯晓青:《商标权的限制研究》,载《学海》2006 年第 4 期。

[4] 山东省高级人民法院(2021)鲁民终 1272 号民事判决书。

公司)、烟台某机床配件附件有限公司(以下简称烟台某有限公司)为被告,向山东省烟台市中级人民法院提起侵害商标权之诉。

二、法院裁判理由及结果

一审法院认为,关于呼和浩特某有限公司使用涉案商标是否属于在先使用问题,本案中呼和浩特机床附件厂系烟台某机床附件厂于1965年整体搬迁分迁而建,经批准,呼和浩特机床附件厂变更成为呼和浩特某有限公司。通过审案证据文件可以看出,呼和浩特机床附件厂与烟台机床附件厂在1983年7月9日涉案商标申请注册前共同使用涉案商标。虽然烟台机床附件厂和呼和浩特机床附件厂与呼和浩特某有限公司曾签订过商标使用协议,但根据协议内容和双方真实意思表示来看,该内容并非许可使用法律关系,应认定为在行政命令主导下形成事实上的共用商标法律关系,因此呼和浩特某有限公司对涉案商标的使用行为具有正当性,不存在攀附商标权人商标知名度及商业信誉的故意。呼和浩特某有限公司继续使用环球商标不会造成相关公众混淆。烟台某有限公司销售呼和浩特某有限公司生产的卡盘产品也不构成侵权。一审法院判决驳回原告诉讼请求。原告不服,上诉至山东省高级人民法院。

关于呼和浩特某有限公司、烟台某有限公司的被诉侵权行为是否侵害了烟台某股份公司的涉案商标权,二审法院认为:涉案商标由烟台机床附件厂1958年注册后,虽然商标权人几经变更,但涉案商标持续使用至今,涉案商标权益从1958年延续至今。并且商标法施行后,涉案商标进行了续展注册,商标法亦明确规定,商标法施行前已经注册的商标继续有效。所以,涉案商标申请日至少应为1958年。呼和浩特某有限公司则未能提交有效证据证明其在1958年之前使用过涉案商标。呼和浩特某有限公司认为烟台机床附件厂在1958年之前使用环球商标的行为也应视为呼和浩特某有限公司使用的主张没有事实及法律依据。并且,在商标法施行后,烟台机床附件厂先后与呼和浩特机床附件厂、呼和浩特机床附件总厂签订《关于沿用"环球"牌商标的协议》中载明在商标法实施前后烟台机床附件厂均同意呼和浩特机床附件厂、呼和浩特机床附件总厂使用涉案商标;环球集团公司与呼和浩特某有限公司亦先后多次签订商标使用许可协议;上述事实表明上述主体间在商标法实施前后实质上均为商标使用许可关系。虽然呼和浩特机床附件厂、呼和浩特机床附件总厂、呼和浩特某有限公司长时间使用涉案商标,对商标商誉的积累做出一定贡献,但是也不能改变其系商标被许可人的身份。所以,呼和浩特某有限公司认为其对涉案商标系在先使用不构成侵权的主张不能成立,呼和浩特某有限公司在商标使用许可到期后仍使用涉案商标,其行为侵害了涉案商标权。

二审法院还就呼和浩特某有限公司、烟台某有限公司如何承担民事责任进行了认定。二审法院判决撤销原审判决,呼和浩特某有限公司立即停止生产、销售侵犯涉案注册商标专用权的商品的行为并赔偿损失;烟台某有限公司立即停止销售侵犯涉案注册商标专用权的商品的行为并赔偿经济损失,以及消除影响,驳回烟台某股份公司的其他诉讼请求。

本案涉及商标侵权纠纷案件中,在先使用抗辩是否成立的问题。在商标实践中,存在因为历史原因不同主体使用同一商标的错综复杂的情况,此时需要明确使用行为的性质。在该案中,二审法院纠正了一审法院关于当事人对涉案商标的使用不是商标许可合同关系的观点,认定属于商标许可关系,因而"商标使用许可到期后仍使用涉案商标,其行为侵害了涉案商标权"。本案为理解商标侵权纠纷案件中商标使用行为的性质以及在先使用的判定提供了启示。

25-2（总第52）：使用"沁州黄"通用名称不构成侵害"沁州"注册商标专用权
——山西沁州黄小米（集团）有限公司与山西沁州檀山皇小米发展有限公司、山西沁县檀山皇小米基地有限公司确认不侵害商标权及侵害商标权纠纷案[1]

一、案情简介

山西沁州黄小米（集团）有限公司（以下简称沁州黄公司）享有第606790号"沁州"注册商标专用权。该商标于1992年被核准注册，核定使用商品为第30类小米。2003年和2006年，该商标先后被认定为长治市知名商标和山西省著名商标、驰名商标。山西沁州檀山皇小米发展有限公司（以下简称檀山皇发展公司）享有第1368854号"檀山皇+图形+拼音"商标、第1368856号"檀山+图形+拼音"注册商标专用权。该商标于2000年被核准注册，核定使用商品为第30类谷类制品、米。2006年3月，"檀山皇"商标被认定为山西省著名商标。2006年2月，山西省长治市工商局根据沁州黄公司的投诉，对四伟檀山皇名优特产经销部涉嫌侵犯"沁州"注册商标专用权的产品进行了查处。檀山皇发展公司不服，向山西省长治市中级人民法院提起诉讼。

二、法院裁判理由及结果

山西省长治市中级人民法院认定檀山皇发展公司的行为构成侵权。檀山皇发展公司不服，提起上诉。山西省高级人民法院二审判决驳回上诉，维持一审判决。2008年，山西省太原市工商行政管理局在处理山西省工商行政管理局转来的沁州黄公司投诉材料时，就小米商品上使用"沁州黄"等字样是否侵权，请示山西省工商行政管理局。山西省工商行政管理局批复依法保护"沁州"商标专用权，对涉嫌侵权行为依法进行查处。檀山皇发展公司等企业不服，针对该批复向国家工商行政管理总局提起行政复议。国家工商行政管理总局复议认为，司法机关已认定"沁州黄"不是小米品种的通用名称，复议申请人的行为侵害了"沁州"商标专用权。2008年11月，檀山皇发展公司、山西沁县檀山皇小米基地有限公司（以下简称檀山皇基地公司）以沁州黄公司为被告向山西省太原市中级人民法院提起本案诉讼，要求确认其有权在小米商品上以非商标形式使用"沁州黄"，不侵犯"沁州"商标专用权。沁州黄公司提出管辖权异议后，本案被移送至山西省长治市中级人民法院审理。一审法院审理认为，在先生效裁判文书已确认"沁州黄"不是商品通用名称，檀山皇发展公司在相同商品包装上突出使用"沁州黄"等字样的行为构成侵权。双方当事人均不服，提出上诉。山西省高级人民法院二审认为，"沁州黄"是谷物类中小米特产的通称，檀山皇发展公司、檀山皇基地公司在商品包装上使用"沁州黄"属正当使用，不侵犯"沁州"注册商标专用权。沁州黄公司不服，向最高人民法院申请再审。2013年12月30日，最高人民法院裁定驳回沁州黄公司的再审申请。

最高人民法院审查认为：依据本案事实，根据1959年山西省农业建设厅编辑的《山西

---

[1]《最高人民法院识产权纠纷案件年度报告（2013）》，第40~43页；最高人民法院（2013）民申字第1642号民事裁定书。

省农作物品种志》以及 1987 年商业部粮食购销司编著的《粮食商品手册·名优品种》等文献，"沁州黄"小米是小米品种名称，且列为 5 个小米名优品种之一。2004 年 7 月 1 日实施的中华人民共和国国家标准《原产地域产品沁州黄小米》（GB19503-2004）及 2008 年 11 月 1 日实施的中华人民共和国国家标准《地理标志产品沁州黄小米》（GB/T19503-2008），对"沁州黄小米"的定义均为：源于古沁州，即现今山西省长治市所辖沁县、武乡、襄垣及屯留县境内特定的小米产区，选用沁州黄等优质品种，按照特定生产技术规程种植的谷子加工而成的粳性小米。约定俗成的通用名称一般以全国范围内相关公众的通常认识为判断标准。对于由于历史传统、风土人情、地理环境等原因形成的相关市场较为固定的商品，在该相关市场内通用的称谓，可以认定为通用名称。"沁州黄"能够反映出一类谷子（米）与其他谷子（米）的根本区别，符合通用名称的要求。"沁州黄"不是沁州黄公司最初使用并创造的名称。作为谷物品种的名称，"沁州黄"符合通用名称对广泛性和规范性的要求。在"沁州"商标申请注册前，"沁州黄"已经成为通用的谷物品种名称，沁州黄公司对沁州黄小米品种提纯复壮、产业化及商品化的贡献，不能成为其垄断"沁州黄"这一通用名称的理由。沁州黄公司没有提交证据证明"沁州黄"已经与其形成一一对应关系。"沁州"注册商标虽然具有较高知名度，但是无权禁止其他企业将"沁州黄"文字使用在以"沁州黄"谷子加工而成的小米商品上，以表明其小米的品种来源。檀山皇发展公司、檀山皇基地公司在包装上使用"沁州黄"文字以表明小米品种来源的行为，属于正当使用。

在该案中，最高人民法院主张：因历史传统、风土人情、地理环境等原因形成的相关市场较为固定的商品，其在该相关市场内的通用称谓可以认定为通用名称；注册商标权人不能因其在该商品市场推广中的贡献主张对该商品的通用名称享有商标权，无权禁止他人使用该通用名称来表明商品品种来源。该案较好地体现了商标权的保护与维护公有领域资源之间的利益平衡。

25-3（总第 53）：利用他人注册商标中表明商品受众特点的常用词汇构成叙述性合理使用
——《家庭》杂志社诉北京某咨询有限公司等商标侵权纠纷案[1]

一、案情简介

1990 年 1 月 10 日，《家庭》杂志社被核准注册"家庭"文字商标，注册证号为 509556，核定使用的商品为第 16 类杂志。北京某咨询有限公司（以下简称某咨询公司）于 2001 年创办了《家庭 OTC》杂志，至 2002 年 6 月共发行了 4 期。在封面的正上方印有杂志名称"家庭 OTC"，其中"家庭"二字为艺术字体，字体颜色配合封面整体色调，有黑色及黄色两种，"OTC"三个英文字母均为白色，与"家庭"二字的大小相同，呈平行整齐排列（首刊号除外）。目前在国内期刊市场上，带有"家庭"字样的杂志多达四十余种，如《家庭医药》《家庭医生》《家庭保健》等。《家庭》杂志社认为《家庭 OTC》杂志侵害其"家庭"注册商标专用权，故向北京市第二中级人民法院提起侵害商标权诉讼。

---

[1] 北京市高级人民法院（2003）高民终字第 901 号民事判决书。

二、法院裁判理由及结果

一审法院认为,"OTC"作为"非处方药物"一词的英文缩写,虽是近几年来新兴的一个词汇,但已经被广泛用于药物包装及药店柜台的标示牌等处,并被广泛宣传,而"家庭"二字只是一个常用词汇,比较之下人们的注意力更容易放在新兴的词汇上。从《家庭OTC》杂志在名称的使用方式上看,以白颜色标识"OTC",也不能认为是有意淡化该三个字母,故不存在所谓"'家庭'二字构成显著部分"。法院判决驳回《家庭》杂志社的诉讼请求。《家庭》杂志社不服一审判决,向北京市高级人民法院提起上诉。

二审法院认为:本案争议焦点为《家庭OTC》作为杂志名称,是否对《家庭》杂志社注册在第16类杂志类商品上的"家庭"注册商标构成商标侵权。《商标法实施条例》第49条规定:"注册商标中含有的本商品的通用名称、图形、型号,或者直接表示商品的质量、主要原料、功能、用途、重量、数量及其他特点,或者含有地名,注册商标专用权人无权禁止他人正当使用。"本案中,"家庭"一词是人们在日常生活、工作和学习中使用的常用基本词汇,其作为报刊杂志名称的一部分,具有说明刊物本身特点或者刊物读者群特点的功能和属性。《家庭》杂志社在选用"家庭"二字作为商标时,由于"家庭"一词表达的是商品或者服务本身的特征,因而它的区别作用,即显著性就弱,只是经过《家庭》杂志社将其作为杂志名称长期使用后,才使"家庭"二字有了特定的杂志名称的含义,即在"家庭"二字的基本含义之外产生出第二含义。因此,《家庭》杂志社虽经国家商标局核准在第16类杂志类商品上注册了"家庭"文字商标,成为该注册商标的专用权人,但不能阻止他人对"家庭"二字的合理使用。目前国内期刊市场上诸多带有"家庭"字样的杂志存在的客观事实,亦足以说明在报刊杂志类商品上确实存在着对"家庭"一词合理使用的情况。鉴于某咨询公司创办的《家庭OTC》杂志使用"家庭"二字完全是善意地说明该杂志的特征或者属性,因此,其行为不构成对《家庭》杂志社所享有的"家庭"注册商标专用权的侵犯。《家庭》杂志社关于"某咨询公司主观上有恶意使用'家庭OTC'名称误导消费者的故意"的主张不能成立。

《家庭OTC》杂志的相关公众主要是医院、药店、制药企业、医药经销企业以及医生、患者,这部分人不但知道"OTC"的含义,而且更关注杂志中的"OTC",而不是"家庭"这两个字。况且,《家庭OTC》杂志与《家庭》杂志的发行渠道不同。《家庭OTC》杂志采用的是直投的方式,主要是针对医院、药店、制药企业以及医药经销企业发放,并没有在公开渠道发行;而《家庭》杂志在国内是通过全国各地邮局订阅和发行,在国外是通过中国国际图书贸易总公司发行。因此,二者在发行渠道中不可能发生交叉,当然不会使消费者对商品来源产生混淆。《家庭》杂志社关于"'家庭'与'家庭OTC'足以使公众产生联想,误认为《家庭OTC》杂志是《家庭》杂志社所办"的主张缺乏事实依据。

基于上述,二审法院判决驳回上诉,维持原判。

本案涉及他人对基于第二含义取得注册的注册商标的合理使用不构成侵害注册商标专用权的问题。该案中,两级法院均认定被告的杂志名称《家庭OTC》不构成侵害原告注册商标"家庭"。本案反映注册商标专有权存在合法的边界,不能侵蚀他人使用第一含义上的内涵行使商标法上表达自由的权利。本案为理解注册商标的合理使用提供了启发。

25-4（总第 54）：注册商标中地名的正当使用受法律保护
——再审申请人吴某、刘某与被申请人袁州区某豆腐作坊、邹某、袁州某蔬菜摊、高某、袁州某豆制品摊、余某侵害商标权及不正当竞争纠纷案[1]

一、案情简介

在再审申请人吴某、刘某与被申请人江西省宜春市袁州区南庙某豆腐作坊（以下简称某豆腐作坊）、邹某、袁州区城西某生蔬菜摊（以下简称某生蔬菜摊）、高某、袁州区城西某豆制品摊（以下简称某豆制品摊）、余某侵害商标权及不正当竞争纠纷案中，吴某、刘某诉称"南庙"豆腐经过其二十多年的经营，在宜春已创立了一定的名气。某豆腐作坊、某生蔬菜摊及其经营者未经其许可，订制印有"南庙"标识的豆腐模具盒，并且在豆腐上印制"南庙"标识，构成侵害其"南庙"注册商标专用权及不正当竞争。请求法院判令：六被告立即停止被诉侵权行为及不正当竞争，并赔偿经济损失。

二、法院裁判理由及结果

江西省宜春市中级人民法院一审认为，南庙系江西省宜春市袁州区下辖的一个乡级行政区域地名，某豆腐作坊位于袁州区南庙镇邮桥村梁溪组，故某豆腐作坊在其产品上使用"南庙梁溪"等文字，具有描述该商品产地等功能，属于公众惯常理解的表示商品产地、地理位置等方式的正当使用。故判决驳回吴某、刘某的全部诉讼请求。吴某、刘某不服，提起上诉。江西省高级人民法院二审判决驳回上诉，维持原判。吴某、刘某不服，向最高人民法院申请再审。

最高人民法院审查认为，南庙系江西省宜春市袁州区下辖的一个乡级行政区域地名，当地盛产豆腐且具有做豆腐的传统，而吴某、刘某提交的证据无法证明涉案商标经过使用已经与其产生对应关系，故相关公众易将南庙豆腐识别为宜春南庙镇范围内生产的豆腐。同时，某豆腐作坊位于袁州区南庙镇邮桥村梁溪组，在其产品上使用的"南庙梁溪南"文字与涉案商标字体不同，不具有攀附涉案商标的主观恶意，不会导致当地相关公众的混淆误认。因此，某豆腐作坊在其豆腐上使用"南庙梁溪南"等文字属于直接表示商品产地的正当使用。吴某、刘某主张某豆腐作坊构成不正当竞争的行为是其在豆腐模具上使用的"南庙梁溪南"文字。如上所述，前述属于直接表示商品产地的正当使用，故被诉侵权行为亦不构成擅自使用吴某、刘某"南庙"豆腐包装、装潢的不正当竞争行为。

最高人民法院于 2022 年 2 月 28 日裁定驳回吴某、刘某的再审申请。

本案涉及注册商标中含有的地名的正当使用问题。地名商标中的地名本身属于任何人都可以自由利用的公共资源，不能因为在被他人申请注册商标后而禁止其他人在地名意义上正当、善意地使用该地名。本案为认识地名商标的保护边界以及地名的正当使用提供了范例。

---

[1] 最高人民法院（2021）最高法民申 7933 号民事裁定书。

25-5（总第55）：商标侵权纠纷案件中权利穷竭原则的适用
——某服饰（杭州）有限公司诉刘某侵害商标权纠纷案[1]

一、案情简介

某服饰（杭州）有限公司（以下简称某服饰公司）于2011年12月7日获准注册第8869794号"leisure"注册商标，核定使用商品第25类：服装、婴儿全套衣、防水服、鞋、帽、袜、围巾、腰带、游泳衣、手套（服装）。某服饰公司于2018年1月28日获准注册第14874487号"三彩·丽雪"商标，核定使用商品第25类：针织服装、连衣裙、T恤衫、羽绒服装、服装、化妆舞会用服装、围巾、婚纱，注册有效期限自2018年1月28日至2028年1月27日止。某折扣店系个体工商户，于2016年6月13日注册成立，于2018年12月12日注销，经营者刘某，经营范围为销售女装。某服饰公司认为刘某销售的涉案服装侵害其注册商标专用权，故向哈尔滨市中级人民法院提出商标侵权之诉。

二、法院裁判理由及结果

法院将焦点问题归纳为刘某是否侵害了某服饰公司的上述两个注册商标专用权。法院认定，庭审证据材料表明，刘某作为经营者的某折扣店销售了被诉侵权服装。聊天记录表明，某服饰公司承认某折扣店销售的是其销售给程某的丽雪品牌服装。某服饰公司的自认与刘某举示的证据内容相互印证，能够佐证刘某举示证据的真实性及微信聊天主体的身份。本案客观证据与刘某举示的程某、范某出具的《证明》等证人证明材料、某服饰公司的相关自认、本院对范某的询问等相互印证，形成了完整、一致的证据链条和证明体系，足以证明被诉侵权服装是某服饰公司售出的服装。本院对刘某举示的证据予以采信，刘某销售的被诉侵权商品系来自某服饰公司的三彩丽雪品牌尾货服装属实。

被诉侵权服装与某服饰公司正品服装的款式、材质、做工、缝有的布标和水洗标的材质、颜色、位路及标注的货号、文字内容、字体、字号、字型等相同，带有涉案标识的布标及水洗标均是与服装一起一次性缝制在服装内侧缝制缝处，布标及水洗标均没有被拆开或者后缝制的痕迹的事实，与某服饰公司关于处理库存商品及尾货时，与服装一体、无法消除的标识不能去掉，否则导致服装破损的自认印证一致。某服饰公司不能举证证明刘某销售的服装是某服饰公司已经去掉涉案注册商标标识的尾货服装，不能举证证明刘某销售的服装是假冒某服饰公司涉案注册商标的服装，不能排除和否定刘某销售的被诉侵权服装系来自某服饰公司的带有涉案注册商标标识的正品服装。

根据商标权利用尽原则，商标注册人或者被许可人使用注册商标的商品售出后，他人再行销售的，无需得到商标注册人的许可，不侵犯注册商标专用权。本案，刘某销售的被诉侵权服装，是某服饰公司销售给程某的带有"leisure"标识的正品服装，经程某销售给某公司，某公司又销售给刘某。刘某销售的被诉侵权服装是来自某服饰公司的带有涉案注册商标的合法商品，不构成侵害某服饰公司涉案注册商标权。某服饰公司对他人再

---

[1] 黑龙江省哈尔滨市中级人民法院（2019）黑01民初149号民事判决书。

行销售其已售出的带有某服饰公司注册商标的商品，无权主张侵害其注册商标权。在商品来自商标权人的情况下，销售者未按照商标权人划定的市场区域销售来自商标权人的商品，并不改变该商品是来自商标权人、不是侵害商标权的商品的性质，而不是侵害商标权的行为，不能按照侵害商标权处理。无论刘某销售的被诉侵权服装是否属串货服装、是否超出了某服饰公司划定的市场区域销售，均不构成对某服饰公司涉案注册商标权的侵害。另外，在商品来自商标权人并带有商标权人设置的商标标识的情况下，不能将销售者使用该商标标识宣传、销售商品的行为作为侵害商标权的假冒行为。在被诉侵权服装来自某服饰公司并带有某服饰公司原设置的涉案注册商标的情况下，即使刘某存在另行使用涉案注册商标进行宣传和增加吊牌的行为，亦不属侵害涉案注册商标权的假冒行为。

基于上述，法院驳回某服饰公司的诉讼请求。

本案涉及商标侵权纠纷案件中如何适用权利穷竭原则。在该案中，法院明确认定刘某销售的被诉侵权服装是来自某服饰公司的带有涉案注册商标的合法商品，属于商标权穷竭的范畴，不构成侵害某服饰公司涉案注册商标权。本案为理解商标法中的权利穷竭原则提供了范例。

第二十六章 商标权的利用

> **本章提要**
>
> 本章主要阐述和探讨注册商标的使用、注册商标的使用许可和注册商标的转让。
>
> 本章的重点是注册商标使用许可的方式和注册商标转让的条件，难点是注册商标转让限制。

第一节 注册商标的使用

一、注册商标使用概述

"商标的生命在于使用。一方面，商标的使用是商标专用权得以维持和保护的必要条件，商标的使用是商标功能实现的前提，只有发挥商标的识别来源功能，才能构成商标的使用。另一方面，商标的价值体现在使用过程中，其所承载的商誉是通过商标的使用而获得的。"[1] 在商标使用中，注册商标的使用具有关键意义。

注册商标的使用，是指在生产经营中商标注册人为了将自己生产经营的商品或服务与其他生产经营者的商品或服务相区别，而将其注册商标使用于商品、商品包装或者容器以及商品交易文书上，或者将商标用于广告宣传、展览以及其他商业活动中，用于识别商品或服务来源的行为。

商标注册后就会产生受商标法保护的商标权，其中商标专用权是商标权中最基本的核心权利。商标权人只有通过专有使用其注册商标，才能发挥其注册商标的作用，并树立其注册商标的信誉，争创名牌，从而为其带来实际利益。注册商标搁置不用，其他人又不能使用，无疑会造成有限的商标资源的浪费。因此，各国商标法对注册商标的使用都作出了规定，即使采用注册原则取得商标权的国家，虽然不以商标的使用作为取得商标权的前提，也规定在取得商标注册后的一定期限内必须使用该注册商标，否则将会带来一定的法律后果，包括导致该注册商标被撤销的法律后果。

如前所述，我国《商标法》第49条第2款规定："注册商标成为其核定使用的商品的通用名称或者没有正当理由连续三年不使用的，任何单位或者个人可以向商标局申请撤销该注册商标。商标局应当自收到申请之日起九个月内做出决定。有特殊情况需要延长的，

---

[1] 国家知识产权局《商标审查审理指南》下编第一章"3.6商标的使用"。

经国务院工商行政管理部门批准，可以延长三个月。"现行《商标法》在肯定 2001 年《商标法》第 44 条规定的基础上，明确规定了不使用注册商标的法律后果，即任何单位或个人都可以向商标局申请撤销该注册商标；同时还明确了商标评审委员会审理的期限，即自收到申请之日起 9 个月内作出决定，有特殊情况需要延长的，经国务院工商行政管理部门批准，可以延长 3 个月。由此可见，使用注册商标既是商标权人的权利，也是其义务。

在商标法意义上，注册商标使用也具有特定的要求。商标的使用一般需满足以下要件：一是商标使用人是商标权利人或经权利人授权的人；二是商标使用在指定或核定使用的商品或者服务上；三是规范使用商标标志；四是商标使用地点在中国境内，包括在中国境内从事商品的生产、加工、销售或提供的相关服务；五是使用应为公开、真实、合法的商业性使用。[1]

二、注册商标使用的方式

注册商标的使用还可以从注册商标的使用者角度进行研究。从注册商标使用者角度看，注册商标的使用既包括注册商标所有人（商标权人）自己的使用，也包括注册商标所有人许可他人的使用，以及其他不违背商标权人意志的使用等情形，这些使用都属于《商标法》所规定的注册商标的使用。《审理商标授权确权行政案件规定》第 26 条第 1 款即规定："商标权人自行使用、他人经许可使用以及其他不违背商标权人意志的使用，均可认定为商标法第四十九条第二款所称的使用。"

如前所述，《审理商标授权确权行政案件规定》第 26 条第 2～4 款规定：实际使用的商标标志与核准注册的商标标志有细微差别，但未改变其显著特征的，可以视为注册商标的使用。没有实际使用注册商标，仅有转让或者许可行为；或者仅是公布商标注册信息、声明享有注册商标专用权的，不认定为商标使用。商标权人有真实使用商标的意图，并且有实际使用的必要准备，但因其他客观原因尚未实际使用注册商标的，人民法院可以认定其有正当理由。前述《商标法实施条例》第 67 条则规定了不可归责于商标注册人的正当理由。

三、注册商标使用时应注意的问题

注册商标的使用必须严格限制在核准注册的商标和核定使用的商品或者服务的范围内，即商标权人既不可以扩大注册商标的使用范围，也不能擅自改变其注册商标标识。使用注册商标，可以在商品、商品包装、说明书或者其他附着物上标明"注册商标"或者注册标记。使用注册标记，应当标注在商标的右上角或者右下角。使用注册商标，商标权人应当保证使用其注册商标的商品质量，维护商标信誉。

第二节　注册商标使用许可

一、注册商标使用许可的概念和意义

注册商标使用许可，也称商标权的使用许可，是指注册商标所有人通过签订商标使用许可合同，许可他人使用其注册商标的行为。在注册商标使用许可中，注册商标所有人为许可人，获得注册商标使用权的人为被许可人。商标权的使用许可不是商标所有权的转移，而是商标使用权的转移，即许可使用后，许可人并不丧失商标权，仍为该注册商标所有人，

---

[1]《商标审查审理指南》下编第一章"3.6 商标的使用"。

被许可人只取得使用权。许可使用权是商标权的一项重要内容,它是从商标专用权中派生出来的一项重要的从属权利。

商标权使用许可制度是国际上通行的一种重要的商标法律制度,是适应商品经济的高度发展而在世界各国所通行的做法,也是许可证贸易的一种重要形式。在国内、国际贸易中,工业产权流转往往具有附随性,商标权使用许可往往与技术转让相联系,是技术转让的一种形式。

实行商标权使用许可制度具有重要意义:可以充分发挥注册商标的作用,促进商品经济的发展;被许可人可以通过依法使用他人有一定信誉的商标打开市场、扩大生产经营、提高其商品或者服务的质量,取得可观的经济收益;可以在许可方与被许可方的合作下,扩大在国际市场上有竞争力的出口商品和对外服务项目的规模并保证其质量;有利于促进技术转让和技术引进,从而促进国际经济技术的交流与合作;可以避免注册商标因一定时间的连续不使用而被撤销的情形发生,因为被许可人的使用被视为许可人的使用;可以满足消费者的需要和保护消费者的利益。[1]

二、注册商标使用许可的形式

《审理商标民事案件适用法律解释》第3条规定:"商标法第四十三条规定的商标使用许可包括以下三类:(一)独占使用许可,是指商标注册人在约定的期间、地域和以约定的方式,将该注册商标仅许可一个被许可人使用,商标注册人依约定不得使用该注册商标;(二)排他使用许可,是指商标注册人在约定的期间、地域和以约定的方式,将该注册商标仅许可一个被许可人使用,商标注册人依约定可以使用该注册商标但不得另行许可他人使用该注册商标;(三)普通使用许可,是指商标注册人在约定的期间、地域和以约定的方式,许可他人使用其注册商标,并可自行使用该注册商标和许可他人使用其注册商标。"

根据上述规定,商标使用许可包括三种形式:独占使用许可、排他使用许可和普通使用许可。区别使用许可的这些不同形式,其意义在于分清当事人的权利、义务及责任。[2]

(一)独占许可

在独占许可(Exclusive license)中,被许可人获得了在合同规定范围内对该注册商标的独占使用权,故只能由被许可人使用该注册商标,即使是许可人也不能使用该注册商标,否则即构成违约。

(二)排他许可

在排他许可(Sole license)中,被许可人虽然取得了注册商标的使用权,但许可人仍然保留使用该注册商标的权利,只是排除了其他第三人对注册商标的使用。

(三)普通许可

在普通许可(General license)中,不仅许可人可以自行使用,而且可以再许可其他人

---

[1] 在商标使用许可实践中,需要注意商标使用许可与商业特许经营(简称特许经营)之间的关系。特许经营指的是特许人通过签订特许经营协议的形式,将其所有的注册商标、企业名称、专利和技术秘密等知识产权资源许可给其他经营者(被特许人),被特许人根据特许经营协议的约定以统一经营模式的形式进行经营并支付特许经营费用。特许经营涉及对注册商标的许可使用,但其内涵更广,并且受统一经营模式的约束。我国《商业特许经营条例》对特许经营活动进行了规范。参见北京市海淀区人民法院(2019)京0108民初48797号民事判决书(合同纠纷案)。

[2] 参见上海市高级人民法院(2014)沪高民三(知)终字第117号民事判决书(商标使用许可合同纠纷案)。

使用其注册商标。

商标权使用许可的形式取决于许可双方的共同意愿，而双方共同意愿的选择又取决于双方对市场情况的分析、判断及各自具体的需求。

三、商标使用许可合同的内容

《商标法》第43条第1款规定，商标注册人可以通过签订商标使用许可合同，许可他人使用其注册商标。商标使用许可合同主要包括以下内容：①合同双方当事人的姓名或名称、地址；②许可使用的注册商标的名称、注册证号、使用注册商标的商品范围和名称；③许可使用的形式；④许可使用的期限和地区；⑤许可使用费的数额或者计算方法及其支付方式和期限；⑥许可人监督商品或者服务质量以及被许可人保证商品或者服务质量的措施及责任；⑦违约责任；[1] ⑧双方认为需要约定的其他事项。

四、签订许可使用合同时需要注意的问题

1. 被许可人应当具有取得商标专用权的主体资格，即应当是符合《商标法》规定的自然人、法人或者非法人组织以及外国人或外国企业。

2. 许可人应当是注册商标的所有人。

3. 被许可使用的商标，应当与核准注册的商标相一致，不得改变构成注册商标的标志。

4. 被许可使用注册商标的商品或服务范围以核定使用的商品或者服务为限。

5. 许可使用的期限不能超过注册商标专用权的期限。

6. 未经许可人授权，被许可人不得擅自转让、注销其注册商标，也不得将该商标许可第三人使用。[2]

五、注册商标使用许可中双方当事人的义务

商标权使用许可合同的中心内容是有关双方当事人义务的规定。根据《商标法》第43条的规定，商标使用许可合同双方当事人的义务主要有：

（一）许可人的义务

1. 监督义务和备案义务。①许可人应当监督被许可人使用其注册商标的商品质量。[3] ②备案义务。许可他人使用其注册商标的，许可人应当将其商标使用许可报商标局备案，由商标局公告。商标使用许可未经备案不得对抗善意第三人。[4]

2. 保持注册商标的有效性。在使用许可合同的有效期内，许可人不得申请注销其注册商标，不得将其注册商标擅自向第三人转让，只有经过被许可人同意后方能转让。

3. 注册商标出质后不得许可他人使用。我国《民法典》第444条第2款规定知识产权中的财产权出质后，出质人不得转让或者许可他人使用，但是出质人与质权人协商同意的除外。

4. 维护被许可人的合法使用权．当他人侵犯商标专用权时，许可人应及时采取有效措

---

[1] 参见广西壮族自治区梧州市中级人民法院（2019）桂04民初230号民事判决书（商标使用许可合同纠纷案）。

[2] 参见辽宁省沈阳市中级人民法院（2021）辽01民初3346号民事判决书（商标使用许可合同纠纷案）。

[3] See Dawn Donut Co. v. Hart's Food Stores, Inc., 267 F.2d 358 (2d Cir. 1959).

[4] 《商标法实施条例》第69条规定："许可他人使用其注册商标的，许可人应当在许可合同有效期内向商标局备案并报送备案材料。备案材料应当说明注册商标使用许可人、被许可人、许可期限、许可使用的商品或者服务范围等事项。"《审理商标民事案件适用法律解释》第19条则规定："商标使用许可合同未经备案的，不影响该许可合同的效力，但当事人另有约定的除外。"

(二) 被许可人的义务

1. 被许可人的保证义务和标明义务。①被许可人应当保证使用该注册商标的商品质量;②被许可人必须在使用该注册商标的商品上标明被许可人的名称和商品产地。[1]

2. 接受许可人的监督。

3. 按合同的约定支付商标使用费。

4. 不得自行扩大使用注册商标的范围。

5. 不得擅自改变他人的注册商标。

6. 未经许可人授权不得擅自实施分许可。

7. 维护商标权人的商标权。如被许可使用的商标被他人侵权,被许可人应及时通知许可人并协助许可人查明事实。

六、商标使用许可合同的备案程序

为便于国家商标局对全国商标使用许可的管理,维护当事人双方的合法权益,如前所述,《商标法》第 43 条第 3 款规定商标使用许可合同要报商标局备案,而且明确规定由许可人向商标局备案;如果商标使用许可合同没有报商标局备案,不得对抗善意第三人。[2]

第三节 注册商标的转让

一、注册商标转让的概念

注册商标转让,又称商标权转让,是指商标权人依法将其注册商标转让给他人所有的行为。在注册商标转让中,商标权人为转让人,接受转让的人为受让人,商标权转让的结果是原商标权人不再享有商标权,而受让人成为新的商标权人。[3] 注册商标的转让,是市场经济发展过程中的客观需要,有利于发挥商标的经济价值及实现资源的充分利用。从注册商标转让的历史看,存在连同企业或其商誉一并转让[4]到自由转让的发展过程。

二、注册商标转让的形式

注册商标的转让主要有两种形式:合同转让和继受转让。

1. 合同转让。合同转让是指转让人与受让人通过签订注册商标转让合同的形式进行转让。合同转让是商标权转让的主要形式。

2. 继受转让。继受转让是指受让人通过法律上的承继关系而取得注册商标专用权的行为。现实中继受转让一般有三种情况:①企业合并、兼并或者拍卖出售时,注册商标连同使用该注册商标的企业一同转让。②企业以注册商标入股、出资时,注册商标转让给受让的企业。③作为自然人的注册商标所有人死亡而由其继承人继承商标权。

三、注册商标转让的限制

因为注册商标的转让涉及商标权的取得、管理和保护等法律问题,也涉及转让当事人

---

[1] 根据《商标法实施条例》第 71 条规定,违反上述义务,由市场监督管理部门责令限期改正;逾期不改正的,责令停止销售,拒不停止销售的,处 10 万元以下的罚款。

[2] 参见陕西省高级人民法院 (2016) 陕民终字第 129 号民事判决书 (侵害商标权及不正当竞争纠纷案)。

[3] 参见北京市第一中级人民法院 (2004) 一中民初字第 11433 号民事判决书 (确认注册商标专用权转让行为无效纠纷案)。

[4] See Pepsico, Inc. v. Grapette Co., 416 F. 2d 285 (8th Cir. 1969).

双方和消费者的利益，《商标法》需要对注册商标的转让规定一定的条件，并对转让进行限制。

《商标法》第42条规定："转让注册商标的，转让人和受让人应当签订转让协议，并共同向商标局提出申请。受让人应当保证使用该注册商标的商品质量。转让注册商标的，商标注册人对其在同一种商品上注册的近似的商标，或者在类似商品上注册的相同或者近似的商标，应当一并转让。对容易导致混淆或者有其他不良影响的转让，商标局不予核准，书面通知申请人并说明理由。转让注册商标经核准后，予以公告。受让人自公告之日起享有商标专用权。"[1]

《商标法实施条例》第31条规定："转让注册商标的，转让人和受让人应当向商标局提交转让注册商标申请书。转让注册商标申请手续应当由转让人和受让人共同办理。商标局核准转让注册商标申请的，发给受让人相应证明，并予以公告。转让注册商标，商标注册人对其在同一种或者类似商品上注册的相同或者近似的商标未一并转让的，由商标局通知其限期改正；期满未改正的，视为放弃转让该注册商标的申请，商标局应当书面通知申请人。"

我国对注册商标的转让的限制具体如下：

1. 注册商标的转让必须依法定程序进行。即转让人和受让人要签订转让协议，转让人和受让人在签订转让协议后，应当共同向商标局提出申请，并经商标主管机关核准后，予以公告，受让人从公告之日起才享有商标专用权。商标主管机关未予核准的，注册商标的转让无效。

2. 受让人必须具备商标注册申请人的资格。如法人或者非法人组织必须依法成立；受让人受让药品、烟草制品的注册商标，应当提供有关主管部门允许其生产经营该商品的证明文件等。

3. 受让人必须保证使用该注册商标的商品质量。这既是《商标法》第42条第1款的要求，也是维护消费者利益，实现注册商标转让制度目的之所需。

4. 一并转让。注册商标所有人必须将其在同一种或者类似商品上注册的相同商标或近似商标一并转让，不允许割裂核定的商品范围而进行部分转让。一并转让的合理性在于，防止在转让后，在同一种或者类似商品上转让人和受让人拥有近似商标，从而容易造成混淆。[2]

5. 已经许可他人使用的注册商标不得随意转让。已经许可他人使用的注册商标关系到被许可人的利益，如允许原注册商标所有人随意转让，可能会引起被许可人与受让人之间的矛盾，损害被许可人的利益。因此，只有征得被许可人同意后才可将注册商标转让给他人，转让被核准后，受让人仍可与被许可人继续签订注册商标使用许可合同。当然，商标使用许可合同如另有约定，则从其约定。同时，根据《审理商标民事案件适用法律解释》第20条规定，注册商标的转让不影响转让前已经生效的商标使用许可合同的效力，但商标使用许可合同另有约定的除外。由此可见，处理注册商标转让与此前的商标使用许可合同的关系，需要重视合同约定的具体内容。

6. 已经出质的注册商标不得随意转让。《民法典》第444条第2款规定，知识产权中的

---

[1] 参见西藏自治区高级人民法院（2020）藏知民终1号民事裁定书（侵害商标权纠纷案）。
[2] 参见北京市海淀区人民法院（2018）京0108民初33866号民事判决书（商标权转让合同纠纷案）。

财产权出质后，出质人不得转让或者许可他人使用，但是出质人与质权人协商同意的除外。这一规定的目的是更好地保护质权人的利益。商标权作为知识产权的一部分，关于商标权质押自然也适用于上述规定。

7. 集体商标和证明商标转让的限制。集体商标和证明商标具有特殊性，关系到使用这两类商标的利益，因而需要受到一定限制。对此，《集体商标、证明商标注册和管理办法》第16条第1款规定："申请转让集体商标、证明商标的，受让人应当具备相应的主体资格，并符合商标法、实施条例和本办法的规定。"《集体商标、证明商标注册和管理规定》第14条第1款则作了类似规定。

8. 共有商标的转让。对于共同所有的商标，任何一个共有人或者部分共有人不得私自转让。如前所述，《商标法》第5条规定了共同申请注册同一商标以及共同享有和行使该商标专用权的制度。维护共有商标权人的合法权益，对共有商标的转让应当经过全体共有人同意。[1]

第四节 注册商标利用的其他方式

注册商标所有人对其注册商标，除了采用自己使用、许可他人使用、转让等方式利用外，还可以通过质押、出资、证券化等方式进行利用。

一、商标权质押

商标权作为一项财产权，具有价值和使用价值，可以作为质押的标的。目前，包括商标权质押在内的知识产权质押已经成为实现知识产权财产性价值的主要方式之一，可以解决我国企业特别是中小企业融资难的问题，助力企业的生存与发展。

我国《商标法》没有规定商标权质押，但《民法典》对商标权质押作了规定。

（一）商标权中的财产权可以出质

根据《民法典》第440条的规定，可以转让的注册商标专用权中的财产权可以出质。

（二）登记设立

《民法典》第444条第1款规定："以注册商标专用权、专利权、著作权等知识产权中的财产权出质的，质权自办理出质登记时设立。"

二、商标权出资

根据《公司法》第48条第1款规定，股东可以用货币出资，也可以用实物、知识产权、土地使用权、股权、债权等可以用货币估价并可以依法转让的非货币财产作价出资；但是，法律、行政法规规定不得作为出资的财产除外。基于此，注册商标所有人可以通过将商标权作为出资方式获得相应的股权。

三、商标权证券化

商标权证券化是知识产权证券化在商标权领域的具体表现形式，是企业可行的结构性融资手段之一。它是指发起人以商标权将来可能产生的现金流量剥离于企业对外披露的财务报表之外作为基础资产，分离与重组其中的风险和收益因素，将商标权许可使用费收益权转移给特殊目的机构（Special Purpose Vehicle，SPV），并由该特殊目的机构向投资者发行以该基础资产为担保的可流通权利凭证的过程。亦即发起人以商标权未来可能产生的现

---

[1] 参见广东省高级人民法院（2012）粤高法民三终字第8和9号民事判决书（商标权权属纠纷案）。

金流量（包括预期的商标权许可费和已签署许可合同中保证支付的使用费）作为基础资产和有效支撑，通过一定的融资结构安排对风险与收益进行分割与重新组合，转移给一个特设机构，由后者据此发行商标权支付证券进行融资的过程。商标权证券化是一种重要的金融创新，是资产证券化在商标权领域的拓展。其本质是以商标权资产的预期收益为核心的融资模式。

本章案例研讨

26-1（总第56）：尚未获得注册的商标的许可使用合同是否有效
——再审申请人天津开发区某贸易有限公司与被申请人北京某经贸有限公司，一审被告、二审被上诉人广州某皮具有限公司商标许可使用合同纠纷案[1]

一、案情简介

2007年3月1日，北京某经贸有限公司（以下简称北京某经贸公司）从案外人沃尔西公司获得"wolsey"系列文字及图形商标在中国内地、香港、澳门地区独占使用权和再许可权，期限为2007年3月1日至2013年12月31日。2007年4月12日，北京某经贸公司与天津开发区某贸易有限公司（以下简称天津某贸易公司）签订《再许可授权协议》，约定北京某经贸公司授权天津某贸易公司在中国内地独家使用第1802类商品上的"wolsey"商标、"无赛"商标和"狐狸图形"商标，该协议有效期为2007年5月1日至2013年12月31日。其中"wolsey"商标的注册/申请号为3730891号，"无赛"商标的注册/申请号为37308090号，"狐狸图形"商标的注册/申请号为3730889号，其授权使用的商品均为第1802类皮革、人造革及其制品、皮箱和旅行包等商品。协议还规定了天津某贸易公司应从2008年1月1日起向北京某经贸公司支付商标使用费的数额与方式，以及天津某贸易公司应向北京某经贸公司提交相关报表和报告等义务。同日，北京某经贸公司与天津某贸易公司签订《补充协议》，约定天津某贸易公司的法定代表人金某成立新公司后，以新公司的名义重新签署合同；天津某贸易公司向北京某经贸公司交付50万美元（人民币383万元）的wolsey（金狐狸）商标的加盟费用等。2007年6月1日，广州某皮具有限公司（以下简称广州某皮具公司）成立，随后向北京某经贸公司支付了383万元商标加盟费。前述商标许可合同中的三个商标均由沃尔西公司于2003年9月24日申请，其中第3730889号"狐狸图形"注册商标和37308090号"无赛"注册商标于2006年6月7日获得注册，核定使用的商品包括第1802类箱包皮具商品。第3730891号"wolsey"商标申请注册时其申请使用的商品类别为包括第1802类箱包皮具商品在内的第18类商品。商标局于2006年2月14日裁定驳回了该商标在第1802类箱包皮具商品上的注册申请。国家工商行政管理总局商标评审委员会于2010年3月1日维持了商标局裁定。随后，第3730891号"wolsey"商标于2010年9月7日获得注册，核定使用的商品为第1801类、第1804类、第1805类、第1806类箱包皮具商品。上述情况发生的原因在于，案外人海图公司已经在先申请"wolsey"商标，并

---

[1]《最高人民法院知识产权案件年度报告（2013）》，第68~72页；最高人民法院（2012）民申字第1501号民事裁定书。

于2009年11月28日在第1802类箱包皮具商品上获准注册。案外人海图公司获得"wolsey"注册商标之后，向工商行政管理部门投诉天津某贸易公司使用"wolsey"商标的行为。天津某贸易公司因此受到工商行政管理部门的行政处罚。2011年10月11日，北京某经贸公司以天津某贸易公司、广州某皮具公司未依约提供报表、报告，拒不支付商标许可费为由，提起诉讼，请求法院判令解除许可合同，两被告给付商标使用费1488万元及逾期付款滞纳金。天津某贸易公司、广州某皮具公司以许可合同中的第3730891号"wolsey"注册商标并未在第1802类皮具商品上获得注册，北京某经贸公司构成根本违约为由，提出抗辩。

二、法院裁判理由及结果

北京市第二中级人民法院一审认为，本案商标许可合同有效，但是第3730891号"wolsey"注册商标核定使用的商品并不包括协议约定的第1802类皮具商品，致使天津某贸易公司签订合同目的不能实现，北京某经贸公司构成根本违约。遂判决解除本案商标许可协议，北京某经贸公司返还天津某贸易公司商标加盟费383万元。

北京某经贸公司不服，提出上诉。北京市高级人民法院二审认为，天津某贸易公司并未就主张北京某经贸公司返还商标加盟费提起反诉，一审判决超出了当事人诉讼请求范围；北京某经贸公司在签订合同时不存在欺诈，本案商标许可合同有效。遂判决解除本案商标许可合同，同时改判天津某贸易公司给付北京某经贸公司商标许可使用费446.4万元。天津某贸易公司不服，向最高人民法院申请再审。其主要理由之一为第3730891号"wolsey"商标具有核心价值，北京某经贸公司故意隐瞒其不享有该商标在第1802类商品上的注册商标专用权的事实，与天津某贸易公司就包括该商标在内的三个商标签订许可协议，构成合同欺诈，北京某经贸公司无权收取商标使用费。最高人民法院于2013年3月26日裁定驳回天津某贸易公司的再审申请。

最高人民法院审查认为：关于北京某经贸公司是否存在欺诈行为的问题。本案北京某经贸公司与天津某贸易公司签订的《再许可授权协议》及《补充协议》是双方当事人的真实意思表示，不违反法律禁止性规定。天津某贸易公司主张北京某经贸公司构成欺诈，其主要理由是认为北京某经贸公司隐瞒了沃尔西公司在第1802类商品上不享有"wolsey"注册商标专用权的事实。但根据查明的事实，其一，2007年3月1日沃尔西公司将"wolsey"商标许可北京某经贸公司独占使用，以及2007年5月1日北京某经贸公司再许可天津某贸易公司独占使用时，海图公司尚未获得"wolsey"注册商标，3730891号"wolsey"商标系沃尔西公司正在申请注册（包括在第1802类商品上）中的商标。在此期间，北京某经贸公司将该商标再许可天津某贸易公司使用的行为并无不当。其二，未注册商标能否许可他人使用，法律法规对此没有禁止性规定，且在北京某经贸公司与天津某贸易公司签订的合同中，亦未限定许可天津某贸易公司使用的三个商标必须均为注册商标。相反，许可合同明确写明了北京某经贸公司"不保证商标有效性"的条款。根据该条款的内容，天津某贸易公司作为本案商标的被许可方，理应知晓签订合同时被许可使用的三个商标的权利状态，其中第3730891号"wolsey"商标为北京某经贸公司正在申请注册中的商标。其三，本案合同关于商标许可使用费的约定未区分三个商标各自的独立价值，特别是未就第3730891号"wolsey"商标是否具有核心价值，其使用费应高于其他两个商标等作出特别约定。二审法院结合天津某贸易公司在签订本案合同前即与北京某经贸公司存在商业合作关系，以及天津某贸易公司一直将"wolsey"商标与"狐狸图形"商标在相关商品上同时使用等情况，认定北京某经贸公司"wolsey"商标在第1802类皮具商品上未获得注册，不影响天津某贸易公司实现签订本案合同根本目的,北京某经贸公司不存在欺诈行为,并无不当。

本案的核心问题是"尚未获得注册的商标的许可使用合同是否有效"。在该案中,最高人民法院主张:"法律法规对许可他人使用尚未获得注册的商标未作禁止性规定,商标许可合同当事人对商标应当获得注册亦未有特别约定,一方以许可使用的商标未获得注册构成欺诈为由主张许可合同无效的,不予支持。"该案体现了法院在处理商标使用许可合同问题时,在查明合同约定不违背法律强制性规定的前提下充分尊重当事人意思自治原则。当然,本案也反映了如何对待未注册商标许可使用权的效力问题。

26-2(总第57):重复授权许可时未经备案不得对抗善意第三人
——海南某饮食管理有限公司与澄迈金江某餐饮分店、
第三人广州某饮食管理有限公司侵害商标权纠纷案[1]

一、案情简介

原告海南某饮食管理有限公司(以下简称海南某饮食管理公司)通过与广州某饮食管理有限公司(以下简称广州某饮食管理公司)于2012年11月5日签订《特许经营合同》,取得在海南省范围内使用"多美丽"系统进行区域特许经营权。2012年1月5日,广州某饮食管理公司向原告出具《注册商标使用许可证明》,同意原告在海南省范围内使用"多美丽"注册商标进行快餐的被特许经营,期限从2012年1月5日至2042年1月5日止。2009年7月13日,王某、黄某与广州某饮食管理公司签订《特许经营合同》《商标使用许可合同》等。原合同到期后,王某又与广州某饮食管理公司签订了《特许经营合同》《注册商标使用许可合同》等,广州某饮食管理公司于同日出具《注册商标使用许可证明》,同意王某在海南省某县号使用"多美丽"注册商标进行快餐特许经营。

海南某饮食管理公司以澄迈金江某餐饮分店为被告,向海南省第一中级人民法院提起侵害商标权诉讼。澄迈金江某餐饮分店辩称,其早在2009年已合法取得和拥有"多美丽"商标使用权,对原告并不构成侵权。

二、法院裁判理由及结果

一审法院认为:原告与广州某饮食管理公司于2012年1月5日签订的《特许经营合同》是双方的真实意思表示,内容合法有效。该合同约定广州某饮食管理公司授权海南某饮食管理公司在海南省范围内特许经营中使用"多美丽"注册商标,并约定"甲方(广州某饮食管理公司)不得自己直营、与第三人联营、加盟式再许可第三方在乙方(海南某饮食管理公司)授权区域内使用甲方系统开设多美丽快餐店,并不得以任何方式培养或支持第三方采用与'多美丽'系统相似或相近的经营方式开店",故海南某饮食管理公司取得案涉商标于2012年1月5日起至2042年1月4日止在海南省范围的独占许可使用权。

被告与广州某饮食管理公司于2014年10月1日签订《注册商标使用许可合同》,许可期限为2014年10月1日至2019年9月30日,根据合同约定,该许可模式为普通许可。现原告没有证据证明被告的合同系伪造,故对该合同的真实性应予确认。

---

[1] 海南省第一中级人民法院(2016)琼96民初147号民事判决书。

从原告、被告各自提供的证据证实的情况来看，广州某饮食管理公司可能存在数次重复授权许可的情况。其先是授权王某在2009年10月1日至2014年9月30日期间使用案涉商标，又许可原告在2014年10月1日至2019年9月30日期间在海南省范围内独占使用案涉商标；在王某之前的许可使用到期后，又于2014年10月1日再次与其签订合同，授权王某在2014年10月1日至2019年9月30日期间使用案涉商标。现因广州某饮食管理公司无正当理由拒不到庭参加诉讼，致使案涉商标是否存在被重复授权的事实无法查明，根据现有证据，应认定广州某饮食管理公司存在重复授权的情况。

《商标法》第43条第3款规定，商标使用许可未经备案不得对抗善意第三人。本案中，原告、被告均未提供证据证明其许可合同经过商标局备案。虽然被告是在后的被许可人，但其提供了广州某饮食管理公司致原告的解除合同通知书和律师函，该通知书和律师函虽为复印件，但被告并非上述材料的发出人或收件人，不能提供原件情有可原，符合常理。况且，原告也不能提供充分的证据证明上述材料系伪造。被告在广州某饮食管理公司向其提供上述材料的情况下，基于对广州某饮食管理公司的信赖与其签订合同，已尽到相应的审查义务，应当认定其为善意的一方。在原告未能举证证明其商标使用许可经商标局备案的情况下，依法不能产生对抗被告的效力。故原告主张被告侵犯其商标独占使用许可权于法无据，本院不予支持。

法院判决：驳回原告海南某饮食管理公司的诉讼请求。

本案涉及原告未能举证证明其商标使用许可经商标局备案的情况下，依法不能产生对抗被告的效力。在该案中，涉及授权许可的"多美丽"注册商标存在重复许可的情况，被告获得的许可具有合理性，法院判决被告不构成侵害商标权。本案为注册商标重复许可情况下善意第三人保护提供了范例。

第二十七章 商标权的终止

> **本章提要**
>
> 本章主要阐述和探讨商标权终止的情形及其缘由。
>
> 本章的重点是注册商标无效宣告、注册商标撤销与注销程序,难点是在于商标权终止事由的区分、注册商标无效宣告的情形及效力。

第一节 商标权的终止概述

一、商标权的终止的概念和意义

商标权的终止,又称商标权的消灭,是指由于注册商标本不应当予以注册、出现法律规定的导致商标权丧失的不法原因以及商标权人主动放弃注册或续展,或者续展未被核准,商标权人的注册商标专用权不再存在、也不再受法律保护。规定商标权的终止制度的意义在于:

1. 它是商标权人自由意志的体现。商标权人取得了商标权以后,是维持还是放弃已经取得的商标权是其自由的选择,其可以根据商标本身的情况和市场竞争的现状选择对商标权的维护或放弃。如选择放弃权利,则商标权可以因商标权人的申请注销或在法律规定的时间内不使用或者期满不续展而消灭。

2. 它是对私权的限制。商标权是一种私权,但私权不是绝对的。对于不以使用为目的恶意注册、违法注册、不具有显著性而取得注册、以欺骗手段或者其他不正当手段取得注册的商标,国家商标主管机关有权依法对其作出无效的决定,也有权因任何单位或个人的请求依法作出无效的裁定,以维护正常的社会经济秩序。对于侵犯他人相关权益而取得注册的商标,国家商标主管机关有权因在先权利人或者利害关系人的请求作出无效的裁定,以维护相关权利人的利益与正当的竞争秩序。对使用不当的注册商标,国家商标主管机关有权予以撤销。

二、商标权终止的情形

根据《商标法》的有关规定,导致商标权终止的情形有以下几种:

1. 因商标权人主动申请注销注册商标,导致商标权提前消灭。这主要是由于商标权人所属的企业发生关闭、转产、合并、停产等情况,不再生产、经营注册商标的商品或服务。在这种情况下,商标权人可主动申请注销其注册商标,提前放弃该商标的专用权。关于商标权因注销而终止,本章第三节将进行专门探讨。

2. 因注册商标法定有效期限届满而未办理续展注册或者续展注册申请被驳回,导致注册商标被注销而使商标权终止。如前所述,注册商标的有效期为10年,自核准注册之日起计算;《商标法》第40条则规定了注册商标续展制度。商标权人未依法申请续展注册或者续展注册申请被驳回,即会导致商标权终止的法律后果。

3. 因商标不当注册或侵犯他人在先权利,被宣告注册商标无效,导致商标权终止。根据《商标法》规定,对已经注册的商标,违反法定禁用及注册限制条件的,或者是以欺骗手段[1]或者其他不正当手段取得注册的,[2]或者是侵犯他人在先合法权益取得注册的,都可能会因为被宣告无效从而导致商标权终止。关于注册商标无效宣告制度,下一节将进行专门探讨。

4. 因商标权人违反商标法有关使用商标的规定而不当使用注册商标的,商标局撤销注册商标,导致商标权终止。与多数国家商标法一样,我国《商标法》规定了使用注册商标和合法使用注册商标的要求。如果商标权人不能按照法律规定使用注册商标与合法使用注册商标,将会导致注册商标被撤销从而使专用权消灭的后果。关于商标权撤销制度,本章第三节也将专门探讨。

三、商标权不同终止情形的区别

商标权终止的上述情形固然都会出现商标权不再存在的法律后果,但在主体、性质和效力上仍有所不同:

1. 主体不同。注册商标无效事由分为绝对事由与相对事由。针对绝对事由,商标主管机关可以主动宣告注册商标无效,任何单位或个人也可以请求宣告注册商标无效;针对相对事由,在先权利人或利害关系人可以请求宣告注册商标无效。在注册商标撤销程序中,针对自行改变注册商标事由,商标局可以在商标注册人限期不改正的情况下撤销注册商标;针对注册商标通用化或者连续3年不使用事由,任何单位或个人可以向商标局申请撤销该注册商标。针对注销事由,商标权人可以主动申请注销,商标局也可以主动注销期满未续展或者续展申请被驳回的注册商标。

2. 性质不同。无效事由在性质上是不应当准予商标注册的事由。撤销事由是注册后的不当使用行为。注销事由是商标权人处分私权的行为。

3. 效力不同。若符合注册商标无效事由,经依法确认后,注册商标专用权视为自始即不存在。若符合撤销事由,经依法确认后,注册商标专用权自公告之日起终止。申请注销注册商标,经商标局核准注销的,注册商标专用权自商标局收到其注销申请之日起终止。

---

[1] 根据《商标审查审理指南》下编第十六章"3.1 以欺骗手段取得商标注册的行为"规定,此种行为是指系争商标注册人在申请注册商标时,采取向商标注册部门虚构或者隐瞒事实真相、提交伪造的申请书件或者其他证明文件等手段骗取商标注册。该行为包括但不限于下列情形:①伪造申请书件章戳或签字的行为;②伪造、涂改申请人的身份证明文件的行为,包括使用虚假的身份证、营业执照等身份证明文件,或者涂改身份证、营业执照等身份证明文件上重要登记事项等行为;③伪造其他证明文件的行为。

[2] 根据《商标审查审理指南》下编第十六章"3.2 以其他不正当手段取得商标注册的行为"规定,下列情形属于"以其他不正当手段取得注册:①系争商标申请人申请注册多件商标,且与他人具有一定知名度或较强显著特征的商标构成相同或者近似的;②系争商标申请人申请注册多件商标,且与他人字号、企业名称、社会组织及其他机构名称,有一定影响的商品名称、包装、装潢等构成相同或者近似的;③其他可以认定为以不正当手段取得注册的情形。

期满不续展或者续展申请被驳回的，注册商标专用权自该商标上一届有效期满次日起终止。

第二节　注册商标无效宣告制度

一、注册商标无效宣告的概念

注册商标的无效宣告，是指商标主管机关对违反商标法的规定而不当注册的和侵犯他人相关权益而取得注册的商标按照法律程序宣告其无效的制度。

二、注册商标无效宣告的情形

根据《商标法》第44条、第45条的规定，注册商标无效宣告的情形有两种：一种是因不当注册被宣告无效；另一种是因注册商标侵犯他人相关权益而被宣告无效。

（一）因不当注册被宣告无效

商标不当注册包括以下情形：

1. 违反《商标法》禁止使用及禁止注册的规定获得注册的。具体是指《商标法》第10条规定的不得作为商标使用、第11条规定的不得作为商标注册以及第12条规定的功能性三维标志不得注册的情形。[1]

2. 不以使用为目的恶意取得商标注册的。根据《商标法》第4条的规定，如果申请注册人取得商标注册的目的不是自己或许可他人使用，也不是实施商标防御策略，而是为了囤积商标牟利、要挟在先使用人或者其他不正当目的，即使商标主管机关准予注册，商标主管机关也可以宣告其无效，其他单位或个人也可以依法请求宣告其无效。但是，注册申请审查及无效宣告复审并不要求提供实际使用证据。[2]

3. 因采用欺骗手段或其他不正当手段获得注册的。所谓欺骗手段，是指以故意制造假象或故意隐瞒事实真相的手法，骗取注册。例如，申请人伪造国家烟草主管部门批准生产的文件而申请卷烟、雪茄和有包装烟丝的商标注册。欺骗本身是一种不正当手段，审查判断商标是否属于以其他不正当手段取得注册，需要考虑其是否属于欺骗手段以外的扰乱商标注册秩序、损害公共利益、不正当占用公共资源或者以其他方式谋取不正当利益的手段。如利诱、胁迫审查人员等，也会导致注册商标被宣告无效。[3]

（二）因注册商标侵犯他人相关权益被宣告无效

具体包括以下情形：

1. 侵犯驰名商标权益而获得注册。根据《商标法》第13条第2~3款规定，就相同或者类似商品申请注册的商标是复制、摹仿或者翻译他人未在中国注册的驰名商标，容易导致混淆的，不予注册并禁止使用。就不相同或者不相类似商品申请注册的商标是复制、摹仿或者翻译他人已经在中国注册的驰名商标，误导公众，致使该驰名商标注册人的利益可能受到损害的，不予注册并禁止使用。对恶意注册的，驰名商标所有人不受5年的时间限制。根据《审理商标授权确权行政案件规定》第25条规定，人民法院判断诉争商标申请人是否"恶意注册"他人驰名商标，应综合考虑引证商标的知名度、诉争商标申请人申请诉

---

[1] 参见最高人民法院（2019）最高法行再240号行政判决书（商标权无效宣告请求行政纠纷案）。

[2] 参见北京市高级人民法院（2022）京行终4971号行政判决书（商标权无效宣告请求行政纠纷案）；北京知识产权法院（2017）京73行初9208号行政判决书（商标权无效宣告请求行政纠纷案）。

[3] 参见最高人民法院（2011）知行字第37号驳回再审申请通知书（商标争议行政纠纷案）。

争商标的理由以及使用诉争商标的具体情形来判断其主观意图。引证商标知名度高、诉争商标申请人没有正当理由的，人民法院可以推定其注册构成《商标法》第45条第1款所指的"恶意注册"。[1]

2. 越权代理或代表获得注册。《商标法》第15条第1款规定："未经授权，代理人或者代表人以自己的名义将被代理人或者被代表人的商标进行注册，被代理人或者被代表人提出异议的，不予注册并禁止使用。"对于如何确定代理人、代表人及代理关系，《审理商标授权确权行政案件规定》第15条规定："商标代理人、代表人或者经销、代理等销售代理关系意义上的代理人、代表人未经授权，以自己的名义将与被代理人或者被代表人的商标相同或者近似的商标在相同或者类似商品上申请注册的，人民法院适用商标法第十五条第一款的规定进行审理。在为建立代理或者代表关系的磋商阶段，前款规定的代理人或者代表人将被代理人或者被代表人的商标申请注册的，人民法院适用商标法第十五条第一款的规定进行审理。商标申请人与代理人或者代表人之间存在亲属关系等特定身份关系的，可以推定其商标注册行为系与该代理人或者代表人恶意串通，人民法院适用商标法第十五条第一款的规定进行审理。"上述规定也是对商标实践的回应。在商标实践中，有些抢注行为发生在代理、代表关系尚在磋商的阶段，即抢注在先，代理、代表关系形成在后，此时应将其视为代理人、代表人的抢注行为。对于恶意串通行为，则视情况根据商标注册申请人与上述代理人或者代表人之间的特定身份关系等进行推定。

另外，《商标法》第15条第2款规定："就同一种商品或者类似商品申请注册的商标与他人在先使用的未注册商标相同或者近似，申请人与该他人具有前款规定以外的合同、业务往来关系或者其他关系而明知该他人商标存在，该他人提出异议的，不予注册。"这种情形的注册也属于侵犯他人相关权益的注册，可以被宣告无效。在实践中，商标申请人与在先使用人之间具有亲属关系、劳动关系或者营业地址邻近、商标申请人与在先使用人曾就达成代理、代表关系进行过磋商，但未形成代理、代表关系，以及商标申请人与在先使用人曾就达成合同、业务往来关系进行过磋商，但未达成合同、业务往来关系等，可以认定为"其他关系"。对此，《审理商标授权确权行政案件规定》第16条作了明确规定。

3. 不能正确标示商品来源的地理标志注册。《商标法》第16条第1款规定："商标中有商品的地理标志，而该商品并非来源于该标志所标示的地区，误导公众的，不予注册并禁止使用；但是，已经善意取得注册的继续有效。"《审理商标授权确权行政案件规定》第17条规定："地理标志利害关系人依据商标法第十六条主张他人商标不应予以注册或者应予无效，如果诉争商标指定使用的商品与地理标志产品并非相同商品，而地理标志利害关系人能够证明诉争商标使用在该产品上仍然容易导致相关公众误认为该产品来源于该地区并因此具有特定的质量、信誉或者其他特征的，人民法院予以支持。如果该地理标志已经注册为集体商标或者证明商标，集体商标或者证明商标的权利人或者利害关系人可选择依据该条或者另行依据商标法第十三条、第三十条等主张权利。"[2]

4. 侵害他人在先权益的注册。如前所述，《商标法》第32条规定："申请商标注册不得损害他人现有的在先权利，也不得以不正当手段抢先注册他人已经使用并有一定影响的商标。"根据《审理商标授权确权行政案件规定》第23条第1款的规定，在先使用人主张商

---

[1] 参见北京市高级人民法院（2022）京行终4298号行政判决书（商标权无效宣告请求行政纠纷案）。
[2] 参见北京市高级人民法院（2017）京行终3288号行政判决书（商标权无效宣告请求行政纠纷案）。

标申请人以不正当手段抢先注册其在先使用并有一定影响的商标的，如果在先使用商标已经有一定影响，而商标申请人明知或者应知该商标，即可推定其构成"以不正当手段抢先注册"。但商标申请人举证证明其没有利用在先使用商标商誉的恶意的除外。换言之，如果申请人明知或者应知他人已经使用并有一定影响的商标而予以抢注，即可认定其采用了不正当手段。在中国境内实际使用并为一定范围的相关公众所知晓的商标，即应认定属于已经使用并有一定影响的商标。又根据《审理商标授权确权行政案件规定》第23条第2款的规定，在先使用人举证证明其在先商标有一定的持续使用时间、区域、销售量或者广告宣传的，人民法院可以认定为有一定影响。

在司法实践中，注册商标涉及侵害他人在先权利的情形，通常还见于商标注册侵害姓名权、字号（商号）权、角色形象著作权等。基于此，为增强司法适用的可操作性，《审理商标授权确权行政案件规定》分别作了规定。具体而言，其第20条规定："当事人主张诉争商标损害其姓名权，如果相关公众认为该商标标志指代了该自然人，容易认为标记有该商标的商品系经过该自然人许可或者与该自然人存在特定联系的，人民法院应当认定该商标损害了该自然人的姓名权。当事人以其笔名、艺名、译名等特定名称主张姓名权，该特定名称具有一定的知名度，与该自然人建立了稳定的对应关系，相关公众以其指代该自然人的，人民法院予以支持。"其第21条规定："当事人主张的字号具有一定的市场知名度，他人未经许可申请注册与该字号相同或者近似的商标，容易导致相关公众对商品来源产生混淆，当事人以此主张构成在先权益的，人民法院予以支持。当事人以具有一定市场知名度并已与企业建立稳定对应关系的企业名称的简称为依据提出主张的，适用前款规定。"其第22条则规定："当事人主张诉争商标损害角色形象著作权的，人民法院按照本规定第十九条进行审查。对于著作权保护期限内的作品，如果作品名称、作品中的角色名称等具有较高知名度，将其作为商标使用在相关商品上容易导致相关公众误认为其经过权利人的许可或者与权利人存在特定联系，当事人以此主张构成在先权益的，人民法院予以支持。"

5. 违反先申请原则的注册。如前所述，《商标法》第31条规定了先申请原则。如果违反这一原则而申请并获得商标注册，即应当被宣告无效。

6. 与他人初步审定或已经注册的商标混淆的注册。如前所述，根据《商标法》第30条规定，同他人在同一种商品或者类似商品上已经注册的或者初步审定的商标相同或者近似的，由商标局驳回申请，不予公告。如果违反这一规定的商标被核准注册，则应当予以宣告无效。

三、注册商标无效宣告的程序

（一）因注册不当被宣告无效的程序

《商标法》第44条第1款规定："已经注册的商标，违反本法第四条、第十条、第十一条、第十二条、第十九条第四款规定的，或者是以欺骗手段或者其他不正当手段取得注册的，由商标局宣告该注册商标无效；其他单位或者个人可以请求商标评审委员会宣告该注册商标无效。"[1] 据此，因注册不当被宣告无效分为以下两种情形：

---

[1]《审理商标授权确权行政案件规定》第24条规定，以欺骗手段以外的其他方式扰乱商标注册秩序、损害公共利益、不正当占用公共资源或者谋取不正当利益的，人民法院可以认定其属于商标法第44条第1款规定的"其他不正当手段"。

1. 商标局依职权主动宣告注册商标无效。对于不当注册的商标，商标局发现后依职权应主动宣告该注册商标无效。《商标法》第 44 条第 2 款规定："商标局做出宣告注册商标无效的决定，应当书面通知当事人。当事人对商标局的决定不服的，可以自收到通知之日起十五日内向商标评审委员会申请复审。商标评审委员会应当自收到申请之日起九个月内做出决定，并书面通知当事人。有特殊情况需要延长的，经国务院工商行政管理部门批准，可以延长三个月。当事人对商标评审委员会的决定不服的，可以自收到通知之日起三十日内向人民法院起诉。"

2. 其他单位或个人可以请求商标评审委员会宣告注册商标无效。除了商标局依职权主动宣告无效外，对不当注册的商标，其他单位或个人可以请求商标评审委员会宣告注册商标无效。对于该种情形，《商标法》第 44 条第 3 款规定："其他单位或者个人请求商标评审委员会宣告注册商标无效的，商标评审委员会收到申请后，应当书面通知有关当事人，并限期提出答辩。商标评审委员会应当自收到申请之日起九个月内做出维持注册商标或者宣告注册商标无效的裁定，并书面通知当事人。有特殊情况需要延长的，经国务院工商行政管理部门批准，可以延长三个月。当事人对商标评审委员会的裁定不服的，可以自收到通知之日起三十日内向人民法院起诉。人民法院应当通知商标裁定程序的对方当事人作为第三人参加诉讼。"如此规定，也是为了简化裁定程序，加快注册商标的确权。

(二) 因注册商标侵犯他人相关权益被宣告无效

《商标法》第 45 条对依据此种情形提起无效宣告的主体、提起的时间、宣告无效的机关等作出了规定。其第 1 款规定："已经注册的商标，违反本法第十三条第二款和第三款、第十五条、第十六条第一款、第三十条、第三十一条、第三十二条规定的，自商标注册之日起五年内，在先权利人或者利害关系人可以请求商标评审委员会宣告该注册商标无效。对恶意注册的，驰名商标所有人不受五年的时间限制。"[1]

1. 提起注册商标无效宣告的主体。提起无效宣告的主体必须是在先权利人或利害关系人，其他人不得提起。这样就将无效宣告的提起主体范围大大缩小，有利于避免他人滥用无效宣告程序损害注册商标权所有人的合法权益以及社会公共利益。

2. 提起无效宣告的时间。对于不当注册的，宣告无效没有时间限制，即任何时候都可以被宣告无效。原因在于，注册不当商标直接违反商标法的规定，应当使其在注册商标存续期间的任何时候都有被宣告无效的机会。与不当注册被宣告无效不同，因侵犯他人相关权益注册的商标，在先权利人或利害关系人需要自该商标注册之日起 5 年内向商标评审委员会提起无效宣告请求，超过 5 年商标评审委员会不再受理；但是对于恶意注册的，驰名商标所有人不受 5 年时间的限制。上述规定是为了维护社会经济秩序的稳定，也是防止在先权利人或利害关系人怠于行使权利。对于恶意注册，驰名商标所有人之所以不受 5 年时间的限制，是因为恶意注册行为在商标法上始终应受到否定性评价，不宜设立一定的期限。

3. 除了商标局依职权宣告无效外，由单位或个人、权利人或利害关系人提起的无效宣

---

[1] 在实践中，应注意区分仅能提起无效宣告请求还是可以直接向人民法院民事诉讼。对此，《审理注册商标、企业名称与在先权利冲突民事案件规定》(2020 修正) 第 1 条第 2 款规定："原告以他人使用在核定商品上的注册商标与其在先的注册商标相同或者近似为由提起诉讼的，人民法院应当根据民事诉讼法第一百二十四条第 (三) 项的规定，告知原告向有关行政主管机关申请解决。但原告以他人超出核定商品的范围或者以改变显著特征、拆分、组合等方式使用的注册商标，与其注册商标相同或者近似为由提起诉讼的，人民法院应当受理。"

告请求是向商标评审委员会提起。

4. 商标评审委员会裁定的期限。《商标法》第45条第2款规定："商标评审委员会收到宣告注册商标无效的申请后，应当书面通知有关当事人，并限期提出答辩。商标评审委员会应当自收到申请之日起十二个月内做出维持注册商标或者宣告注册商标无效的裁定，并书面通知当事人。有特殊情况需要延长的，经国务院工商行政管理部门批准，可以延长六个月。当事人对商标评审委员会的裁定不服的，可以自收到通知之日起三十日内向人民法院起诉。人民法院应当通知商标裁定程序的对方当事人作为第三人参加诉讼。"

5. 商标评审委员会的中止审查。《商标法》第45条第3款规定："商标评审委员会在依照前款规定对无效宣告请求进行审查的过程中，所涉及的在先权利的确定必须以人民法院正在审理或者行政机关正在处理的另一案件的结果为依据的，可以中止审查。中止原因消除后，应恢复审查程序。"

四、注册商标无效宣告的生效

《商标法》第46条规定："法定期限届满，当事人对商标局宣告注册商标无效的决定不申请复审或者对商标评审委员会的复审决定、维持注册商标或者宣告注册商标无效的裁定不向人民法院起诉的，商标局的决定或者商标评审委员会的复审决定、裁定生效。"该规定明确了注册商标无效宣告的生效条件，有利于给社会公众明确的预期。

五、注册商标无效宣告的效力

《商标法》第47条规定："依照本法第四十四条、第四十五条的规定宣告无效的注册商标，由商标局予以公告，该注册商标专用权视为自始即不存在。宣告注册商标无效的决定或者裁定，对宣告无效前人民法院做出并已执行的商标侵权案件的判决、裁定、调解书和工商行政管理部门做出并已执行的商标侵权案件的处理决定以及已经履行的商标转让或者使用许可合同不具有追溯力。但是，因商标注册人的恶意给他人造成的损失，应当给予赔偿。依照前款规定不返还商标侵权赔偿金、商标转让费、商标使用费，明显违反公平原则的，应当全部或者部分返还。"该规定明确了注册商标无效宣告的效力。

从上述规定可知，关于宣告无效的决定或裁定的追溯力，原则上被宣告无效的注册商标一开始就被视为不存在。宣告无效的决定或裁定在下列情形下不具有追溯力：①对无效宣告前，人民法院作出并且已经执行的商标侵权案件的判决、裁定、调解书；②对无效宣告前，市场监督管理部门作出并已执行的商标侵权案件的处理决定以及已经履行的商标转让或者使用许可合同。换言之，如果在无效宣告前，人民法院或市场监督管理部门作出的尚未执行的商标侵权案件的判决、裁定、调解书、处理决定，以及没有履行的商标转让或使用许可合同，就不需要继续执行或履行，即无效宣告决定或裁定在此种情形下具有追溯力。当然，从公平原则出发，《商标法》规定如果不返还商标侵权赔偿金、商标转让费、商标使用费，又明显违反公平原则的情况下，应当全部或部分返还。另外《商标法》还规定，因为商标注册人的恶意给他人造成的损失，应当给予赔偿。这一规定也体现了《商标法》对恶意行为的否定性评价与采取法律规制手段的意蕴。

第三节 注册商标的撤销与注销制度

一、注册商标的撤销制度

(一) 注册商标撤销的概念

注册商标撤销，是指商标主管机构对违反商标法关于注册商标使用的有关规定的注册商标，依法予以撤销的制度。

世界上大多数国家都通过设定注册商标撤销制度，撤销那些违反商标法规定的注册商标。我国1982年《商标法》没有规定这一制度，1988年修订《商标法实施细则》时增加了不当注册商标的撤销程序，1993年《商标法》修正时将这一程序纳入其中，2001年又作了进一步的完善。2013年修改的《商标法》对撤销程序进行了改进，将原来规定的撤销不当注册和侵犯他人相关权益注册的商标的程序改为无效宣告程序。现行《商标法》维持了这一规定。

(二) 注册商标撤销的情形

《商标法》第49条规定："商标注册人在使用注册商标的过程中，自行改变注册商标、注册人名义、地址或者其他注册事项的，由地方工商行政管理部门责令限期改正；期满不改正的，由商标局撤销其注册商标。注册商标成为其核定使用的商品的通用名称或者没有正当理由连续三年不使用的，任何单位或者个人可以向商标局申请撤销该注册商标。商标局应当自收到申请之日起九个月内做出决定。有特殊情况需要延长的，经国务院工商行政管理部门批准，可以延长三个月。"根据上述规定，导致注册商标被撤销的情形有以下三种：

1. 因违法撤销。如前所述，根据《商标法》和《商标法实施条例》的规定，商标注册人如果要改变注册商标，需要重新进行申请；改变注册人名义、地址或者其他注册事项，需要进行变更申请。如果商标注册人自行改变注册商标、注册人名义、地址或者其他注册事项，由地方工商行政管理部门责令限期改正，期满不改正的，由商标局撤销其注册商标。根据《商标审查审理指南》下编第十七章"3. 是否存在自行改变注册商标、注册人名义、地址或者其他注册事项情形的判定"节的解释，自行改变注册商标，是指商标注册人或者被许可使用人在实际使用注册商标时，擅自改变该商标的文字、图形、字母、数字、立体形状、颜色组合等，导致原注册商标的主要部分和显著特征发生变化。改变后的标志同原注册商标相比，易被认为不具有同一性。自行改变注册商标的注册人名义，是指商标注册人名义（姓名或者名称）发生变化后，未依法向商标注册部门提出变更申请，或者实际使用注册商标的注册人名义与《商标注册簿》上记载的注册人名义不一致。自行改变注册商标的注册人地址，是指商标注册人地址发生变化后，未依法向商标注册部门提出变更申请，或者商标注册人实际地址与《商标注册簿》上记载的地址不一致。自行改变注册商标的其他注册事项，是指除注册商标、商标注册人名义、地址之外的其他注册事项发生变化后，注册人未依法向商标注册部门提出变更申请，致使与《商标注册簿》上登记的有关事项不一致。

2. 因注册商标成为其核定使用的商品的通用名称被撤销。注册商标一旦成为其核定使用的商品的通用名称后就丧失了其识别功能，不能起到区别商品或服务来源的作用，因此会导致被撤销。根据《商标审查审理指南》下编第十七章"4. 是否存在注册商标成为其核定使用商品的通用名称情形的判定"节的解释，注册商标成为其核定使用商品的通用名称，是指原本具有商标显著特征的注册商标，在市场实际使用过程中，退化为其核定使用商品的通用名称。判定系争商标是否属于商品的通用名称，应当从商标标志整体上进行审查，且应当认定通用名称指向的具体商品，对与该商品类似的商品不予考虑。判定系争商标的显著特征，亦即商标的显著性商标是否属于商品的通用名称，关键是判定该商标的功能是区分不同商品还是区分不同商品来源，如商标的主要功能是区分不同商品，应判定为通用名称。其具体适用条件则为：①注册商标在其获准注册之时尚未成为其核定使用商品的通用名称；②注册商标在市场实际使用过程中，丧失了其识别商品来源的功能，在被提出撤销申请时已成为其核定使用商品的通用名称。

3. 因没有正当理由连续3年不使用被撤销。商标注册申请以使用为目的，商标注册以后如果不使用，就不仅不能发挥商标的识别功能，反而会浪费商标资源而影响其他经营者的使用，因此，《商标法》规定注册商标要以使用为目的，而且注册以后要进行实际使用，如果连续3年不使用会导致被撤销。根据《商标审查审理指南》下编第十七章"5. 连续三年不使用注册商标情形的判定"节的解释，连续3年不使用注册商标，是指一个注册商标在其有效期内不使用，且该状态不间断地持续3年以上。连续3年不使用注册商标的时间起算，应当自申请人向商标注册部门申请撤销该注册商标之日起，向前推算3年。

（1）使用的含义。根据《审理商标授权确权行政案件规定》第26条第1~3款的规定：商标权人自行使用、他人经许可使用以及其他不违背商标权人意志的使用，均可认定为《商标法》第49条第2款所称的使用。实际使用的商标标志与核准注册的商标标志有细微差别，但未改变其显著特征的，可以视为注册商标的使用。没有实际使用注册商标，仅有转让或者许可行为；或者仅是公布商标注册信息、声明享有注册商标专用权的，不认定为商标使用。此外，根据《商标审查审理指南》下编第十七章"5. 连续三年不使用注册商标情形的判定"节的规定，未在公开的商业领域使用、改变了注册商标主要部分和显著特征的使用以及仅以维持商标注册为目的的象征性使用，也不被认定为商标使用。系争商标实际使用的商品未在中国境内流通而直接出口的，则可以认定构成核定商品的使用。

（2）正当理由。《审理商标授权确权行政案件规定》第26条第4款规定："商标权人有真实使用商标的意图，并且有实际使用的必要准备，但因其他客观原因尚未实际使用注册商标的，人民法院可以认定其有正当理由。"《商标法实施条例》第67条则规定："下列情形属于商标法第四十九条规定的正当理由：（一）不可抗力；（二）政府政策性限制；（三）破产清算；（四）其他不可归责于商标注册人的正当事由。"

（三）注册商标撤销的程序

1. 注册商标的撤销机关及期限。①因自行改变注册商标、注册人名义、地址或其他注册事项的，先由地方市场监督管理部门责令限期改正；期满不改正的，由商标局撤销其注册商标。②因注册商标成为通用名称和连续3年不使用的，任何单位或者个人都可以向商标局申请撤销该注册商标。商标局应当自收到申请之日起9个月内作出决定。有特殊情况需要延长的，经国务院工商行政管理部门批准，可以延长3个月。对此，前述《商标法》第49条第2款已有规定。

2. 撤销决定的复审。《商标法》第54条规定："对商标局撤销或者不予撤销注册商标的决定，当事人不服的，可以自收到通知之日起十五日内向商标评审委员会申请复审。商标评审委员会应当自收到申请之日起九个月内做出决定，并书面通知当事人。有特殊情况需要延长的,经国务院工商行政管理部门批准,可以延长三个月。当事人对商标评审委员会的决定不服的,可以自收到通知之日起三十日内向人民法院起诉。"

(四) 撤销注册商标决定的生效及效力

《商标法》第55条规定:"法定期限届满,当事人对商标局做出的撤销注册商标的决定不申请复审或者对商标评审委员会做出的复审决定不向人民法院起诉的,撤销注册商标的决定、复审决定生效。被撤销的注册商标,由商标局予以公告,该注册商标专用权自公告之日起终止。"

二、注册商标的注销制度

注册商标的注销,是指商标权人主动放弃商标专用权,商标局给予注销或者注册商标有效期及宽展期届满,商标权人未提出续展申请或者续展申请被驳回,商标局予以注销的制度。

根据《商标法》第40条与《商标法实施条例》第73条[1]的规定,商标注销是导致商标权消灭的一种行为。商标注销的原因有以下两种:

1. 商标注册人申请注销。商标所有人自动申请注销注册商标,并向商标局申请办理注销手续,这是商标权人行使放弃权的体现。

2. 注册商标有效期届满且宽展期届满、商标注册人未提出续展注册申请或者续展申请被驳回。此为"过期注销",即注册商标有效期届满,商标所有人没有按法律规定进行续展或者虽提出续展注册申请但未被核准,由商标局注销其注册商标。

3. 注册商标有效期内,因注册商标所有人被撤销、解散、破产及其他原因而关闭,或者因注册商标所有人死亡而在法定期限内无人继承的,由商标局注销其注册商标。

本章案例研讨

27-1(总第58):通过使用获得"第二含义"的注册商标不应被宣告无效
——云南某茶业股份有限公司等与国家知识产权局商标行政纠纷案[2]

一、案情简介

诉争商标注册人云南某茶业股份有限公司(以下简称云南某茶叶公司)拥有"曼松"注册商标,核定使用商品(第30类,类似群3001-3002;3005-3006;3008;3010;3012;3018):咖啡;茶;茶叶代用品;冰茶;茶饮料;非医用营养粉;以谷物为主的零食小吃;谷类制品;含淀粉食品;食用芳香剂。第三人石某对该注册商标向商标评审委员会提起无效宣告请求。2019年7月23日,商标评审委员会作出《关于第9335126号"曼松"商标无效宣告请求裁定书》。诉争商标在"茶;茶叶代用品;冰茶;茶饮料"商品上的注册违反

---

[1]《商标法实施条例》第73条规定:"商标注册人申请注销其注册商标或者注销其注册商标在部分指定商品上的注册的,应当向商标局提交商标注销申请书,并交回原《商标注册证》。商标注册人申请注销其注册商标或者注销其注册商标在部分指定商品上的注册,经商标局核准注销的,该注册商标专用权或者该注册商标专用权在该部分指定商品上的效力自商标局收到其注销申请之日起终止。"

[2] 北京市高级人民法院(2020)京行终3768号行政判决书。

了 2001 年《商标法》第 11 条第 1 款第 2 项的规定，予以宣告无效；诉争商标在"咖啡；非医用营养粉；以谷物为主的零食小吃；谷类制品；含淀粉食品；食用芳香剂"商品上的注册予以维持。云南某茶业公司不服该裁定中关于宣告无效的部分，向北京知识产权法院提起行政诉讼。

二、法院裁判理由及结果

一审法院认为，将"曼松"使用在"茶；茶叶代用品；冰茶；茶饮料"商品上，属于对茶叶品种、产地等特点的直接描述，不具备显著性。该院判决驳回云南某茶叶公司的诉讼请求。云南某茶叶公司不服原审判决，向北京市高级人民法院提起上诉。

二审法院将该案争议焦点归纳为争议焦点为诉争商标的注册是否违反 2001 年《商标法》第 11 条第 1 款第 2 项的规定。法院认为，审查诉争商标是否具有显著特征，应当根据商标所指定使用商品的相关公众的通常认识，判断该商标整体上是否具有显著特征。商标标志中含有描述性要素，但不影响其整体具有显著特征的；或者描述性标志以独特方式加以表现，相关公众能够以其识别商品来源的，应当认定其具有显著特征。审查判断诉争商标是否具有显著特征，一般以商标申请日时的事实状态为准。核准注册时事实状态发生变化的，以核准注册时的事实状态判断其是否具有显著特征。根据相关公众的通常认识，作为茶叶的品种名称，只有普洱茶、乌龙茶、黑茶、白茶等，曼松茶本质上是对曼松王子山茶、背阴山茶的简略称呼，即使历史上曼松曾以倚邦茶山脉的"贡茶"产地所记载，但以现在的相关公众通常认知，并佐以各行业协会及研究会出具的说明，曼松茶尚不足以认定为茶叶的品种名称。故原审判决认定"曼松"使用在"茶；茶叶代用品；冰茶；茶饮料"商品上属于对茶叶品种的直接描述存有不当，应予纠正。

根据记载，曼松贡茶主要长在曼松王子山，中华人民共和国成立前，王子山的茶园几乎毁尽，茶园烧毁后地用来种粮食。可见，曼松贡茶在历史上的知名度早已不能延及现在的产地及市场。虽然茶类商品及服务通常与相应的地理位置紧密相连，但根据在案事实，在诉争商标申请日前，尤其是云南某茶叶公司在 2007 年投资开发王子山和背阴山之前，曼松（蛮松）仅为一村落名称，并不是相关公众熟知的茶叶产地，相关史料记载仅为沉睡的历史文化，在无曼松茶实际产品推向市场并予广泛流通的情况下，相关公众亦不会当然地将曼松自然村识别为茶叶产地。先有诉争商标进行使用，才有相关公众对曼松茶的产地认知，再有曼松茶的来源识别。因此，以诉争商标申请注册日为判断标准，"曼松"商标使用"茶；茶叶代用品；冰茶；茶饮料"商品上，尚不足以被相关公众认知为茶叶产地等特点的直接描述。原审判决相关认定有误，应予纠正。

商标的识别作用在于使用。云南某茶叶公司将历史沉浸的曼松茶重新推进市场，进入社会公众视野，对曼松品牌的盘活并使用做出了贡献，应予倡导。诉争商标的注册和使用，赋予了"曼松"除村落以外的第二含义，即表征特定茶叶的品质和来源，该含义有别于地名，并指向云南某茶叶公司。当然，这并不妨碍"曼松"自然村的茶农正当使用"曼松"村落名称。

基于上述分析，二审法院判决撤销原审判决和被诉裁定，要求国家知识产权局针对涉案"曼松"商标的无效宣告请求重新作出裁定。

本案涉及有关地名的商标注册是否具有显著性而引发无效宣告的问题。该案中，二审法院改判了一审法院的观点，认为"曼松"商标除了村落以外还具有表征特定茶叶的品质和来源的第二含义,具有显著性,因而可以获得注册。本案为认识涉及地名的注册商标的显著性和无效宣告的认定提供了启发。

27-2(总第59):连续三年公开、真实、有效的商标商业使用的认定
——上海某资产管理有限公司与国家知识产权局、
原审第三人江苏某酒厂股份有限公司注册商标连续3年不使用行政撤销案[1]

一、案情简介

诉争商标系第1470448号"洋河"商标,由江苏某酒厂于1999年4月9日提出注册申请,于2000年11月7日核准注册,核定使用在第33类"葡萄酒;果酒(含酒精);开胃酒;蒸馏酒精饮料;蒸馏饮料;含酒精果子饮料;含水果的酒精饮料;蒸煮提取物(利口酒和烈酒);白兰地"商品上,专用期限至2020年11月6日。

上海某资产管理有限公司(以下简称某资产管理公司)于2018年1月9日针对诉争商标以连续3年不使用为由向原国家工商行政管理总局商标局(以下简称商标局)提出撤销注册申请。商标局经审查作出商标撤三字[2018]第Y015233号决定,驳回某资产管理公司的撤销申请,诉争商标不予撤销。某资产管理公司不服商标局作出的决定,于2018年11月1日提出复审申请。2019年6月6日,国家知识产权局作出商评字[2019]第126632号《关于第1470448号"洋河"商标撤销复审决定书》(以下简称被诉决定),诉争商标予以维持。某资产管理公司不服被诉决定,向北京知识产权法院提起行政诉讼。

二、法院裁判理由及结果

一审法院认为,江苏某酒厂提交的证据4某贸易公司在指定期间内开具的多张销售发票显示有"洋河"字样,可以证明某贸易公司在指定期间内销售了"洋河"白酒。鉴于江苏某酒厂在第33类酒类商品上注册有多件"洋河"文字商标,其是否对诉争商标进行了使用,仍需结合其他证据予以认定。然而,江苏某酒厂提交的其他证据均未显示本案诉争商标,仅证据5、证据7产品宣传图片、天猫店铺中的销售图片和户外广告图片上显示的文字为"洋河老字号""洋河微分子""洋河大曲象耳"文字,亦非本案诉争商标。因此,江苏某酒厂提交的全部证据,均不足以证明其于指定期间内在诉争商标核定使用的商品上进行了真实、公开、合法有效的使用,故判决撤销被诉决定,国家知识产权局重新作出决定。国家知识产权局、江苏某酒厂和一审原告某资产管理公司均不服原审判决,向北京市高级人民法院提起上诉。

二审法院认为,江苏某酒厂提交的证据4某贸易公司在指定期间内开具的多张销售发票显示有"洋河"字样,可以证明某贸易公司在指定期间内销售了"洋河"白酒。证据5、证据7产品宣传图片、天猫店铺中的销售图片和户外广告图片上显示的文字为"洋河老字号""洋河微分子""洋河大曲象耳"文字,非本案诉争商标。二审诉讼中提交的第一组证据中的江苏省著名商标牌匾未在指定期间内,"中国驰名商标"牌匾不能单独证明诉争商标的使用,第二组证据从产品照片和宣传报道内容来看更近似"洋河迎宾"商标的使用,同时考虑到江苏某酒厂注册有第3610596号"洋河迎宾"商标,其在第33类商品上申请的含

---

[1] 北京市高级人民法院(2020)京行终4258号行政判决书。

"洋河"字样的商标近400件，故本院难以认定上述证据的使用为本案诉争商标的使用。第三、四组证据显示的是"洋河牌蓝的诱惑酒""洋河牌醇香酒""洋河牌大曲酒""洋河牌特曲酒"，非本案诉争商标。因此，原审法院相关认定正确，本院予以维持。

同时，原审法院已明确认定，江苏某酒厂提交的证据4某贸易公司在指定期间内开具的多张销售发票显示有"洋河"字样，可以证明某贸易公司在指定期间内销售了"洋河"白酒。鉴于江苏某酒厂在第33类酒类商品上注册有多件"洋河"文字商标，其是否对诉争商标进行了使用，仍需结合其他证据予以认定。故原审法院已对江苏某酒厂在白酒（烧酒）商品上使用诉争商标是否属于对诉争商标的合法使用作出了认定，某资产管理公司关于原审法院事实认定存在疏漏的上诉理由缺乏依据，本院不予支持。

基于上述，二审法院判决驳回上诉，维持原判。

本案涉及连续3年无正当理由不使用注册商标应予以撤销的问题。在该案中，一、二审法院均认定"江苏某酒厂提交的全部证据，均不足以证明其于指定期间内在诉争商标核定使用的商品上进行了真实、公开、合法有效的使用"，因而法院判决撤销维持涉案注册商标的涉案决定。本案为认识《商标法》规定的连续3年无正当理由不使用注册商标的判定提供了启发。

第二十八章 商标管理

> **本章提要**
>
> 本章主要阐述和探讨我国商标管理的概况、商标管理机关、注册商标管理、未注册商标管理以及商标印制管理等内容。
>
> 本章的重点是注册商标管理、未注册商标管理、商标印制管理，难点是违反商标印制管理规定的法律责任。

第一节 商标管理概述

一、商标管理的概念和意义

商标管理（Administration of trademarks），是指商标主管机关依法对商标使用、印制等行为进行的指导、协调、检查、监督等活动的总称。[1] 商标管理属于知识产权管理的范畴。[2] 其有广义和狭义之分。广义的商标管理是指国家主管机关和企业对商标注册和商标使用所依法进行的管理，包括国家主管机关的商标行政管理和企业对商标的内部管理两部分。狭义的商标管理仅指国家主管机关对商标的行政管理，而不包括企业对商标的内部管理。我国《商标法》规定的商标管理一般是指狭义的商标管理，可分为商标的使用管理和商标印制管理两部分，而商标使用管理又分为注册商标使用管理和未注册商标使用管理两大类。

商标管理有以下几方面的重要意义：其一，保护注册商标专用权，制裁如假冒他人注册商标、冒充注册商标等侵权行为，维护市场竞争秩序。其二，监督商标使用人使用商标的商品和服务质量，维护消费者的合法利益。其三，增强商标权人的法律观念，保障商标制度有效运行。

二、商标管理机关

我国对商标管理实行集中注册和分级管理相结合的制度，建立了国家市场监督管理部门和地方市场监督管理部门两级管理的商标管理机构体制。

---

[1] 黄勤南主编：《知识产权法》，法律出版社2000年版，第119页。

[2] 冯晓青：《企业知识产权管理》，中国政法大学出版社2012年版，绪论，第2页。该书主张，知识产权管理作为对知识产权的系统谋划活动，其目的是通过有效运营知识产权，加强对知识产权的保护，防止知识产权流失，提高市场竞争力，获取最佳经济效益。

（一）商标局

商标局是全国商标注册和管理的主管机关。在国务院机构改革前，其曾隶属于原国家工商行政管理总局；机构改革后，隶属于国家知识产权局。商标局的主要职责是：①主管全国商标注册工作，代表国家对符合要求的国内外商标注册申请进行审查，办理注册，授予专用权，颁发《商标注册证》，办理我国企业商标国际注册申请；②指导地方各级市场监督管理部门商标管理工作；③开展有关商标管理的国际交往活动，处理涉外商标事宜；④办理有关商标管理的其他事务，如认定驰名商标并给予保护、编辑出版《商标公告》、办理商标使用许可的备案手续等。

（二）地方各级市场监督管理部门

地方各级市场监督管理部门是指省（自治区、直辖市）、地（市）、县（市、区）市场监督管理局。一般设有商标处、科负责本辖区内商标管理的一些具体工作。

地方各级市场监督管理部门的主要职责是：①监督本辖区内注册商标的商品质量，对粗制滥造、以次充好、欺骗消费者的行为，给予行政处罚；②对本辖区内的注册商标和未注册商标的使用进行日常管理；③对商标标识的印制进行管理；④对国家规定必须使用注册商标的商品而未使用注册商标的行为进行处理；⑤宣传商标法规，指导工商企业正确使用商标；⑥指导并督促检查本辖区内的商标档案工作。

当事人对市场监督管理部门在商标管理中作出的罚款或处理决定不服的，可以将有关市场监督管理部门作为被告向人民法院提起行政诉讼。

第二节　注册商标的使用管理

注册商标的使用，包括商标注册人的使用和被许可使用人的使用，主要为商标注册人的使用。如前所述，《商标法》第 48 条对"商标的使用"的概念作了规定，强调商标使用行为是"用于识别商品来源的行为"。

根据我国《商标法》《商标法实施条例》的有关规定，市场监督管理部门对注册商标的使用管理的内容主要包括以下几个方面。

一、注册标记使用的管理

商标注册标记，是指用以说明该商标已经注册的标记，与注册商标一起使用在商品包装上。我国《商标法》、原《商标法实施细则》曾规定，使用注册标记是一项义务，在使用注册商标时"应当"标明"注册商标"字样或者注册标记。2001 年《商标法》则将"义务"转化为"权利"。其第 9 条规定，商标注册人"有权"标明"注册商标"或者注册标记。注册商标标识有两种：一为"注册商标"四个字；二为注册标记。《商标法实施条例》第 63 条规定：使用注册商标，可以在商品、商品包装、说明书或者其他附着物上标明"注册商标"或者注册标记。注册标记包括㊟和®。使用注册标记，应当标注在商标的右上角或者右下角。一般来说，"注册商标"四字常置于商标的下方或者将四字分开置于商标的左右两边，即一边标注"注册"二字，另一边标注"商标"二字。

二、对注册商标核定使用的商品或者服务的限制管理

如前所述，根据《商标法》第 56 条规定，注册商标的专用权，以核准注册的商标和核定使用的商品为限。从法律规定可以看出，注册商标的使用范围只能是在经核定使用的商品或者服务中，在其他类商品或服务中或者在同一类的其他商品或服务上使用，都属于法

三、注册商标相关事项变更的管理

前述《商标法》第 23 条和第 24 条分别规定了另行提出注册申请与重新提出注册申请。其第 49 条第 1 款还规定了商标注册人在使用注册商标的过程中自行改变注册商标、注册人名义、地址或者其他注册事项的法律责任。《商标法实施条例》第 30 条则规定:"变更商标注册人名义、地址或者其他注册事项的,应当向商标局提交变更申请书。变更商标注册人名义的,还应当提交有关登记机关出具的变更证明文件。商标局核准的,发给商标注册人相应证明,并予以公告;不予核准的,应当书面通知申请人并说明理由。变更商标注册人名义或者地址的,商标注册人应当将其全部注册商标一并变更;未一并变更的,由商标局通知其限期改正;期满未改正的,视为放弃变更申请,商标局应当书面通知申请人。"根据这些规定可知,商标注册人不能自行改变相关事项,以免造成市场秩序的混乱。如遇自行改变注册事项的,市场监督管理机关有权责令有关商标注册人限期改正;拒不改正的,商标注册人所在地市场监督管理机关报请商标局撤销其注册商标。

四、对注册商标成为其核定使用商品的通用名称或不使用注册商标的限制管理

使用注册商标是商标注册人的权利,同时也是其义务。正确使用注册商标可以为商标注册人带来多方面利益。如果不正确使用或长期不使用注册商标对注册商标资源来说是一种浪费,也是对其他人合法权利的一种不合理限制,因此,各国对不正确使用商标和不使用注册商标的时间均有限制性规定。《商标法实施条例》第 65 条规定:"有商标法第四十九条规定的注册商标成为其核定使用的商品通用名称情形的,任何单位或者个人可以向商标局申请撤销该注册商标,提交申请时应当附送证据材料。商标局受理后应当通知商标注册人,限其自收到通知之日起 2 个月内答辩;期满未答辩的,不影响商标局作出决定。"其第 66 条规定:"有商标法第四十九条规定的注册商标无正当理由连续 3 年不使用情形的,任何单位或者个人可以向商标局申请撤销该注册商标,提交申请时应当说明有关情况。商标局受理后应当通知商标注册人,限其自收到通知之日起 2 个月内提交该商标在撤销申请提出前使用的证据材料或者说明不使用的正当理由;期满未提供使用的证据材料或者证据材料无效并没有正当理由的,由商标局撤销其注册商标。前款所称使用的证据材料,包括商标注册人使用注册商标的证据材料和商标注册人许可他人使用注册商标的证据材料。以无正当理由连续 3 年不使用为由申请撤销注册商标的,应当自该注册商标注册公告之日起满 3 年后提出申请。"

五、对使用注册商标的商品或服务质量的管理

根据《商标法》第 7 条规定,商标使用人应当对其使用商标的商品质量负责。各级市场监督管理部门应当通过商标管理,制止欺骗消费者的行为。

六、对注册商标转让和使用许可的管理

(一) 对注册商标转让的管理

商标注册人有权转让其注册商标,但商标权的转让必须依法进行。前述《商标法》第 42 条规定了注册商标转让的限制,包括签订转让协议、共同提出申请、受让人保证使用该注册商标的商品质量、"一并转让"等。在注册商标转让中,应遵循《商标法》的这些规定。

(二) 对注册商标使用许可的管理

商标注册人许可他人使用其注册商标时,当事人可以签订使用许可合同。《商标法》第

43 条规定了许可人监督被许可人使用其注册商标的商品质量、被许可人保证使用该注册商标的商品质量以及在使用该注册商标的商品上标明被许可人的名称和商品产地、许可人将其商标使用许可报商标局备案的义务。《商标法实施条例》第 69 条则规定："许可他人使用其注册商标的，许可人应当在许可合同有效期内向商标局备案并报送备案材料。备案材料应当说明注册商标使用许可人、被许可人、许可期限、许可使用的商品或者服务范围等事项。"

七、对被撤销、被宣告无效或者被注销的注册商标的管理

前述《商标法》第 50 条规定了对被撤销、被宣告无效或者被注销的注册商标的处理措施。尽管注册商标被撤销或者注销，但是其在市场上的影响力不会立即消失，如果立即核准注册相同或者近似的商标，势必会造成市场秩序的混乱，因此给予 1 年的保护期是十分必要的。此外，前述《商标法实施条例》第 68 条规定了撤销或无效的相应法律后果，第 73 条规定了注册商标注销的申请手续和终止日期。其第 74 条则规定："注册商标被撤销或者依照本条例第七十三条的规定被注销的，原《商标注册证》作废，并予以公告；撤销该商标在部分指定商品上的注册的，或者商标注册人申请注销其商标在部分指定商品上的注册的，重新核发《商标注册证》，并予以公告。"

八、对使用驰名商标的管理

根据《商标法实施条例》第 72 条规定，商标持有人依照《商标法》第 13 条规定请求驰名商标保护的，可以向市场监督管理部门提出请求。经商标局依照《商标法》第 14 条规定认定为驰名商标的，由市场监督管理部门责令停止违反《商标法》第 13 条规定使用商标的行为，收缴、销毁违法使用的商标标识；商标标识与商品难以分离的，一并收缴、销毁。

九、对集体商标和证明商标的特殊管理

《商标法》关于注册商标的一般性规定也适用于集体商标和证明商标。鉴于集体商标和证明商标所具有的特殊性，原国家工商行政管理总局制定了《集体商标、证明商标注册和管理办法》，对这两类商标进行特殊管理。如前所述，2023 年 12 月 29 日国家知识产权局公布的《集体商标、证明商标注册和管理规定》对集体商标、证明商标的注册和管理作了补充和优化。关于集体商标和证明商标的管理，也需要遵循该部门规章的规定。

（一）注册集体商标、证明商标必须符合使用管理规则的规定

根据《集体商标、证明商标注册和管理办法》第 10 条和第 11 条规定，集体商标的使用管理规则包括：①使用的宗旨；②使用该商标的集体成员范围；③使用该商标须符合的条件；④使用该商标须履行的手续；⑤使用集体商标的商品或者服务要求达到的质量；⑥使用该商标的成员的权利义务，以及违反该规则应承担的责任。证明商标的使用管理规则包括：①使用的宗旨；②该商标证明的商品或者服务所具有的特定品质；③使用该商标所须具备的条件；④使用该商标须履行的手续；⑤使用该商标的权利义务以及违反该规则应当承担的责任。

《集体商标、证明商标注册和管理规定》则对上述规定进行了优化。其第 6 条规定：集体商标、证明商标的使用管理规则应当依法制定，对注册人、集体成员和使用人具有约束力，并包括下列内容：①使用该集体商标或者证明商标的宗旨；②使用该集体商标的商品的品质或者使用该证明商标证明的商品的原产地、原料、制造方法、质量或者其他特定品质等；③使用该集体商标或者证明商标的手续；④使用该集体商标或者证明商标的权利、义务；⑤集体商标的集体成员或者证明商标的使用人违反其使用管理规则应当承担的责任；

⑥注册人对使用该集体商标或者证明商标商品的检验监督制度。证明商标的使用管理规则还应当包括使用该证明商标的条件。集体商标、证明商标使用管理规则应当进行公告。注册人修改使用管理规则的，应当提出变更申请，经国家知识产权局审查核准，并自公告之日起生效。

（二）对集体商标、证明商标注册人和使用人的管理要求

考虑到集体商标、证明商标的使用人与注册人不是同一主体，且一般为多个主体，为维护良好商标注册和使用秩序，需要进一步强化注册人的管理义务和使用人的使用要求。[1]《集体商标、证明商标注册和管理办法》和《集体商标、证明商标注册和管理规定》对集体商标、证明商标注册人和使用人均提出了相应的管理要求。主要内容如下：

集体商标、证明商标注册人应当实施下列行为，履行商标管理职责，保证商品品质：①按照使用管理规则准许集体成员使用集体商标，许可他人使用证明商标；②及时公开集体成员、使用人信息、使用管理规则；③检查集体成员、使用人的使用行为是否符合使用管理规则；④检查使用集体商标、证明商标的商品是否符合使用管理规则的品质要求；⑤及时取消不符合使用管理规则的集体成员、使用人的集体商标、证明商标使用资格，并履行变更、备案手续。[2] 为管理和运用集体商标、证明商标的需要，注册人可以向集体成员、使用人收取合理费用，收费金额、缴纳方式、缴纳期限应当基于公平合理原则协商确定并予以公开。[3]

集体商标注册人的集体成员，在履行该集体商标使用管理规则规定的手续后，可以使用该集体商标。集体成员不得在不符合使用管理规则的商品上使用该集体商标。集体商标注册人不得将该集体商标许可给非集体成员使用。[4] 凡符合证明商标使用管理规则规定条件的，在履行该证明商标使用管理规则规定的手续后，可以使用该证明商标，注册人不得拒绝办理手续。使用人不得在不符合使用管理规则的商品上使用该证明商标。证明商标注册人不得在自己提供的商品上使用该证明商标。[5]

集体成员、使用人使用集体商标、证明商标时，应当保证使用的商品符合使用管理规则的品质要求。集体成员、使用人可以将集体商标、证明商标与自己的注册商标同时使用。地域范围外生产的商品不得使用作为证明商标、集体商标注册的地理标志。[6] 集体商标、证明商标注册人应当促进和规范商标使用，提升商标价值，维护商标信誉，推动特色产业发展。[7]

（三）集体商标、证明商标的正当使用

如前所述，集体商标、证明商标正当使用具有一定的特殊性。基于此，《集体商标、证明商标注册和管理规定》在《商标法》《商标法实施条例》规定基础上，在第22~26条对集体商标、证明商标的正当使用作了专门规定。其具体内容如下：对下列正当使用集体商标、证明商标中含有的地名的行为，注册商标专用权人无权禁止：①在企业名称字号中使

---

[1] 国家知识产权局关于《集体商标、证明商标注册和管理规定》的制定说明。
[2] 《集体商标、证明商标注册和管理规定》第11条。
[3] 《集体商标、证明商标注册和管理规定》第12条。
[4] 《集体商标、证明商标注册和管理规定》第15条。
[5] 《集体商标、证明商标注册和管理规定》第16条。
[6] 《集体商标、证明商标注册和管理规定》第17条。
[7] 《集体商标、证明商标注册和管理规定》第18条。

用；②在配料表、包装袋等使用表明产品及其原料的产地；③在商品上使用表明产地或者地域来源；④在互联网平台或者店铺的商品详情、商品属性中客观表明地域来源；⑤其他正当使用地名的行为。前述所述正当使用集体商标、证明商标中含有的地名，应当以事实描述为目的且符合商业惯例，不得违反其他法律规定。他人以事实描述方式在特色小吃、菜肴、菜单、橱窗展示、互联网商品详情展示等使用涉及餐饮类的集体商标、证明商标中的地名、商品名称等文字的，并且未导致误导公众的，属于正当使用行为，注册商标专用权人无权禁止。《商标法实施条例》第4条第2款中的正当使用该地理标志是指正当使用作为集体商标注册的地理标志中的地名、商品名称或者商品的通用名称，但不得擅自使用该集体商标。有《集体商标、证明商标注册和管理规定》第22条至第24条所述正当使用行为的，行为人不得恶意或者贬损集体商标、证明商标的信誉，扰乱市场竞争秩序，损害其注册人合法权益。

（四）对被撤销的集体商标和证明商标的管理

对被撤销的集体商标和证明商标的管理规定与一般的注册商标有所不同。对一般注册商标而言，自被撤销或者注销之日起1年内，商标局对与该商标相同或者近似的商标注册申请，不予核准。《集体商标、证明商标注册和管理规定》第26条规定，注册人怠于行使权利导致集体商标、证明商标成为核定使用的商品的通用名称或者没有正当理由连续3年不使用的，任何人可以根据商标法第49条申请撤销该注册商标。集体商标、证明商标的使用范围要比一般的注册商标广，使用期间造成的影响更大，被撤销后消除其影响所需的时间也更长。

（五）集体商标、证明商标注册人、集体成员、使用人的品牌建设

《集体商标、证明商标注册和管理规定》第19条和第20条对集体商标、证明商标注册人、集体成员、使用人的品牌建设作了如下规定：证明商标注册人、集体成员、使用人应当加强品牌建设，履行下列职责：①加强自律，建立产品溯源和监测机制，制定风险控制预案，维护商标品牌形象和信誉；②鼓励采用或者制定满足市场需求的先进标准，树立良好的商标品牌形象；③结合地方特色资源，挖掘商标品牌文化内涵，制定商标品牌建设发展计划，开展宣传推广，提升商标品牌价值。地方人民政府或者行业主管部门应当根据地方经济发展需要，合理配置公共资源，通过集体商标、证明商标加强区域品牌建设，促进相关市场主体协同发展。地方知识产权管理部门应当支持区域品牌获得法律保护，指导集体商标、证明商标注册，加强使用管理，实行严格保护，提供公共服务，促进高质量发展。

（六）集体商标、证明商标注册人和相关主体违法行为的法律责任

集体商标、证明商标的注册人对其商标的使用负有管理、控制的责任，未依法履行相关责任，将承担相应的法律责任。根据《集体商标、证明商标注册和管理办法》第21条规定，集体商标、证明商标注册人没有对该商标的使用进行有效管理或者控制，致使该商标使用的商品达不到其使用管理规则的要求，对消费者造成损害的，由市场监督管理部门责令限期改正；拒不改正的，处以违法所得3倍以下的罚款，但最高不超过3万元；没有违法所得的，处以1万元以下的罚款。此外，违反《商标法实施条例》第6条、《集体商标、证明商标注册和管理办法》第14条、第15条、第17条、第18条、第20条规定的，由市场监督管理部门责令限期改正；拒不改正的，处以违法所得3倍以下的罚款，但最高不超过3万元；没有违法所得的，处以1万元以下的罚款。又根据《集体商标、证明商标注册和管理规定》第27条规定，对从事集体商标、证明商标注册和管理工作的人员以及其他依

法履行公职的人员玩忽职守、滥用职权、徇私舞弊、弄虚作假、违法违纪办理商标注册、管理、保护等事项，收受当事人财物，牟取不正当利益，依法依纪给予处分；构成犯罪的，依法追究刑事责任。

第三节 对未注册商标使用的管理

一、对必须使用注册商标的商品不得使用未注册商标的管理

我国实行商标注册自愿原则，但也有例外。根据前述《商标法》第6条规定，法律、行政法规规定必须使用注册商标的商品不得使用未注册商标。同时，根据《商标法》第51条还规定，违反该规定的，由地方市场监督管理部门责令限期申请注册，违法经营额5万元以上的，可以处违法经营额20%以下的罚款，没有违法经营额或者违法经营额不足5万元的，可以处1万元以下的罚款。

二、对使用未注册商标不得违反禁用规定的管理

根据《商标法》第52条之规定，《商标法》第10条的禁用条款也适用于未注册商标。

三、对未注册商标不得冒充注册商标的管理

冒充注册商标（Falsely represented as being a registered trademark），是指商标使用人在未经商标主管机关予以核准注册的商标上标明"注册商标"字样或者加注注册标记的行为。需要指出的是，冒充注册商标与假冒注册商标是两个不同概念，前者是没有相对利害关系人的不正当竞争行为，后者则是针对特定商标注册人的商标侵权行为。以下几种都属于冒充注册商标的行为：①在未注册也未申请注册的商标上使用"注册商标"字样或注册标记的；②已提出注册申请，但未经商标局核准之前就在商标上加注"注册商标"字样或注册标记；③未办理商标续展注册手续而被注销，或注册商标因违法使用而被撤销后，仍继续使用商标并加注"注册商标"字样或注册标记；④商标注册人超过了核定使用商品范围使用注册商标并标注"注册商标"字样或注册标记。

根据《商标法》第52条规定，将未注册商标冒充注册商标使用的，或者使用未注册商标违反本法禁用条款规定的，由地方市场监督管理部门予以制止，限期改正，并可以予以通报，违法经营额5万元以上的，可以处违法经营额20%以下的罚款，没有违法经营额或者违法经营额不足5万元的，可以处1万元以下的罚款。

第四节 商标印制管理

商标印制过程中常出现违法情况，因而商标印制管理成为商标管理中的重要环节，应当引起足够重视。为切实贯彻执行《商标法》，加强商标印制管理，维护我国的经济秩序，维护消费者的合法利益，原国家工商行政管理总局出台了多个相关文件：1985年制定《商标印制管理暂行办法》（已失效）；1990年8月8日公布《商标印制管理办法》，于1990年10月1日起施行；2004年8月19日，公布修改后的《商标印制管理办法》，自2004年9月1日起施行。

一、对商标印制单位的管理

商标应当由商标印制单位印刷。商标印制单位，是指依法登记并取得印制商标单位证书的企业和个体工商户。凡是依法登记的从事印刷、印染、刻字、织字、晒蚀、印铁、铸

模、冲压、烫印、贴花等项业务的企业和个体工商户，需要承接商标印制业务的，应当申请印制商标单位证书。印制商标单位证书由国家市场监督管理总局统一印制，其发证机关是地（市）级或省级市场监督管理局。

商标印制单位应具有下列条件：①有与其承印商标业务相适应的技术、设备及仓储保管设施等条件；②有3名以上取得《商标印制管理人员资格证书》的人员；③商标印制业务管理人员资格经省级市场监督管理部门考核产生，其证书由国家市场监督管理部门统一印制，省级市场监督管理部门核发；④印制商标单位必须是依法登记的从事印刷、印染、刻字、织字、晒蚀、印铁、铸模、冲压、烫印、贴花等项业务的企业和个体工商户。

不符合以上条件，未取得指定印制商标单位资格的企业和个体工商户，不得承印商标标识。对没有取得指定印制商标单位资格而从事商标印制业务的单位或个人，由市场监督管理部门予以制止，收缴其商标标识，并根据情节轻重处以非法经营额20%以下的罚款；属于侵犯商标专用权的，依照《商标法实施条例》规定的相关措施予以制止。

二、对商标印制委托人的管理

《商标印制管理办法》第3条规定，商标印制委托人委托商标印制单位印制商标的，应当出示营业执照副本或者合法的营业证明或者身份证明。

根据《商标印制管理办法》第4条的规定，商标印制委托人委托商标印制单位承印注册商标的，商标印制委托人应出示《商标注册证》或者由注册人所在地县级市场监督管理局签章的《商标注册证》复印件，并另行提供一份复印件。签订商标使用许可合同使用他人注册商标，被许可人需印制商标的，还应当出示商标使用许可合同文本，并提供一份复印件。

商标印制单位承印未注册商标的，应当与商标印制委托人签订合同，合同中应明确所印制的商标侵犯他人注册商标专用权时双方各自应当承担的法律责任。

外国人或外国企业需印制其未在中国注册的商标，印制单位应按有关规定审核相关证明材料，并应与商标印制委托人签订印制合同，在合同中明确规定若所印制商标侵犯他人注册商标专用权时，双方应当承担的法律责任。

我国港澳台地区的企业和个人在内地印制其在内地未注册的商标，印制单位与商标印制委托人需要在合同中明确规定如所印制商标侵犯他人注册商标专用权时，双方应当承担的法律责任。

上述商标印制委托人委托印制的印刷企业，必须是市场监督管理部门批准的指定印制商标单位，不得委托非指定印制商标单位印制。

三、对商标印制单位必须依法从事商标印制的管理

《商标印制管理办法》对商标印制单位承印商标等内容进行了规定，具体有以下几个方面：

1. 印制单位必须在核准的印制商标经营项目内承接业务，不得超越核准的经营范围。

2. 印制单位承印商标时，应当严格核查相关的证明文件及图标、图样，符合要求的，才能予以印制；如果商标印制单位疏于核查，或者发现不符合要求而仍为其印制的，由行为地市场监督管理部门责令限期改正并处罚款，可以收缴其印制商标单位证书。

3. 印制单位应建立登记审查等商标印制管理制度。①商标印制审核制度。在承印前，印制单位应当对相关证明文件是否真实、齐全，手续是否符合法律规定进行严格审核。只有证明文件真实、齐全，手续符合法定条件的，才可予以承印，否则应予以拒印。②商标

印制登记归档制度。印制完成后，商标印制单位应当提取标识样品，随同《商标注册证》复印件、《商标印制业务登记表》、商标使用许可合同文本复印件、商标印制授权书复印件等一并造册存档。③商标标识出入库制度。印制后的商标标识进出库时，应做到认真清点数量、登记台账，避免多余的商标进入市场。对多印制的商标还应做好销毁等处理工作。④废次商标标识销毁制度。基本上每次印制商标的过程中都会产生废次商标，为维持市场秩序，应对废次商标的处理加以重视，完善废次商标标识销毁制度。

四、违反商标印制管理的法律责任

在商标印制活动中，商标印制单位和商标印制委托人都必须严格遵守有关法律规定，否则将被追究法律责任。

1. 商标印制委托人未按规定向印制单位出示相关证明文件的，市场监督管理部门视其情节轻重，可予以通报、封存或收缴商标标识。

2. 商标印制单位不按规定审查委托人的材料，或明知违法依然承印商标的，市场监督管理部门应责令其限期改正并酌情处以罚款。

3. 非法印制或买卖商标标识，侵犯他人注册商标专用权的，市场监督管理部门应责令立即停止销售；收缴并销毁侵权商标标识；消除现存商品上的侵权商标；收缴直接专门用于商标侵权的模具、印版和其他作案工具；采取前四项措施不足以制止侵权行为的，或侵权商标与商品难以分离的，责令并监督销毁侵权物品。

4. 没有取得"指定印制商标单位"资格而承接印制商标业务的，由市场监督管理部门没收非法所得。

5. 商标印制单位不按规定建立健全商标印制档案制度和废次商标标识销毁制度的，市场监督管理部门有权责令其限期改正并处以罚款。

本章案例研讨

28-1（总第60）：市场监管部门依法对不构成正当使用的商标侵权行为处罚决定应予以维持
——龙泉市某刀剑厂与龙泉市市场监督管理局、第三人浙江省龙泉市某宝剑厂有限公司撤销行政处罚决定案[1]

一、案情简介

1979年10月31日，龙泉某宝剑厂（后变更为龙泉某宝剑公司）取得了注册号为第130250号的"龙泉牌"商标，该注册证上显示其使用商标标识为"龙泉宝剑（小篆体）及字母"，核准使用商品为第28类（注册时为第74类，后核准转为商品国际分类第28类），核定使用商品为宝剑。2004年4月22日，经第130250号商标注册人变更为龙泉某宝剑公司。2014年1月13日，经原国家工商行政管理总局认定为驰名商标。2020年4月13日，龙泉市市场监督管理局（以下简称龙泉市场监管局）基于龙泉市某宝剑厂的举报，对龙泉市某刀剑厂涉嫌侵犯龙泉市某宝剑厂注册商标专用权的行为予以立案调查。经调查后，认

---

[1] 浙江省高级人民法院（2022）浙行终749号行政判决书。

定龙泉市某刀剑厂侵害龙泉某宝剑公司涉案注册商标专用权。龙泉市场监管局遂于2021年4月8日作出龙市监案字［2021］第20号行政处罚决定，责令龙泉市某刀剑厂立即停止侵权行为，并处以罚款20 000元。龙泉市某刀剑厂不服，向浙江省丽水市中级人民法院提起诉讼。

二、法院裁判理由及结果

一审法院认为，龙泉市某刀剑厂涉案行为构成商标性使用，判决驳回龙泉市某刀剑厂的诉讼请求。龙泉市某刀剑厂不服，向浙江省高级人民法院提起上诉。

二审法院认为，被诉行政处罚决定权具有事实和法律依据，理由如下：

第一，龙泉市某刀剑厂的涉案行为构成商标性使用。本案中，龙泉市某刀剑厂在其经营的淘宝店铺"御字号龙泉宝刀宝剑龙泉市某刀剑厂"首页中将"龙泉宝剑"作为产品分类目录使用等行为，均具有识别其所售宝剑商品来源的功能，构成商标法意义上的使用。其在作为宝剑产品赠品的青花瓷挂件上标注标识，属于将标识用于宝剑商品的广告宣传等商业活动中，同样构成商标性使用。

第二，龙泉市某刀剑厂使用的涉案标识"龙泉宝剑"字样以及"图片"的文字部分与涉案商标构成商标法意义上的近似。首先，注册商标专用权应考虑商标当时注册的历史背景和商标注册证上记载的内容。涉案商标为"龙泉"牌商标，该商标注册证上显示的商标标识为竖排小篆体"龙泉宝剑"及字母"LUNGCHÜAN SWORDS"，核准使用商品为第28类，核定使用商品为宝剑。故使用在宝剑商品上的前述商标标识构成涉案注册商标专用权的保护范围。其次，本案中龙泉某宝剑公司取得涉案商标具有较悠久的历史背景和沿革。经过其长期使用、广泛宣传，其中的"龙泉"字样具有了独立于地名的标识特定商品的意义。涉案商标标识在消费者心目中与龙泉某宝剑公司的特定商品相联系，已具有较高的知名度。其中涉案商标标识的主体和显著识别部分为竖排小篆体"龙泉宝剑"。龙泉市某刀剑厂使用的涉案标识"龙泉宝剑"字样，以及"图片"的文字部分与涉案商标的显著部分汉字的字形、读音和含义相同，仅字体存在区别，构成商标法意义上的近似。

第三，龙泉市某刀剑厂的涉案行为不属于商标法规定的正当使用行为。首先，"龙泉宝剑"不属于通用名称。"龙泉宝剑"并非已被相关公众普遍认可，成为法定或约定俗成能够指代宝剑商品的通用名称。其次，对地名的正当使用，应是以善意方式在必要范围内作描述性使用，客观说明商品或服务的类别或产地，而非商标意义上的使用。对于是否善意和必要，可以参考商业惯例等因素进行判断。本案中，龙泉市某刀剑厂前述使用方式均已超出了单纯标注商品产地的必要程度，客观上容易导致相关公众误认为其所售商品与龙泉某宝剑公司之间存在对应关系，从而混淆商品来源。同时，龙泉市某刀剑厂作为与龙泉某宝剑公司同一地区且属同一行业的经营者，对涉案商标的归属应是明知的，但其依然将"龙泉宝剑"进行商标性使用，显然不属于善意使用。

基于上述，二审法院判决驳回上诉，维持原判。

本案涉及商标侵权行为行政处罚的司法审查问题。在该案中，市场监管部门依法对不构成正当使用的商标侵权行为处罚决定被两级法院认定为合法。本案的特殊性在于，"龙泉"作为注册商标也是地名，在判断商标侵权行为时，既要保障市场主体正当使用地名的权利，也要防止他人非正当使用商标中的标识，明确商标权的合法边界，防止市场主体之间的恶性竞争。

28-2（总第61）：销售假冒注册驰名商标商品的侵权行为 行政处罚决定应予以维持
——新津县某副食店与成都市某市场监督管理局、成都市某区人民政府罚款及行政复议案[1]

一、案情简介

2002年2月21日，四川省泸州某公司经核准取得第1719161号"国窖"注册商标，核定使用在第33类的酒（饮料）等商品上。经续展注册，该商标处于有效期内。2006年10月12日，原国家工商行政管理总局商标局认定泸州某公司使用在第33类白酒商品上的"国窖"注册商标为驰名商标。2020年12月16日，张某到起新津县某副食店（以下简称新津某副食店）购买了一件（共计6瓶）"国窖1573"酒，经手者为李某母亲及张某某。张某某在张某的要求下开具了收款收据，标注了商品品名"国窖1573"及数量、价格。张某要求张某某在收据上抄写其购买的"国窖1573"酒外包装箱上的生产日期、批号、编码等内容，张某某拒绝抄写。张某当面读出了外包装箱上的相关数字"20200518""1061V4""07959625022075"，张某某及李静母亲均未提出异议。张某扫描张某某提供的店内微信收款码付款5580元。2020年12月29日，张某向成都市某市场监督管理局（以下简称某市场监管局）举报称，其于2020年12月16日在新津某副食店购买的涉案"国窖1573"酒经个人识别为假冒产品，申请查处并协调赔偿。张某举报时提供了收款收据、录音记录。2021年6月2日，某市场监管局对新津某副食店作出警告和罚款20万元的行政处罚。新津某副食店向成都市新津区人民政府（以下简称某区政府）提出行政复议申请，请求撤销某市场监管局作出的行政处罚决定书中第2项20万元罚款的决定。2021年10月22日，成都市某区人民政府（以下简称某区政府）作出行政复议决定，维持前述行政处罚决定。新津某副食店不服该决定，向四川省成都市中级人民法院提起行政诉讼。

二、法院裁判理由及结果

一审法院认为，涉案证据能够认定被查处的"国窖1573"酒外箱系新津某副食店销售的"国窖1573"酒的外箱。泸州某公司授权的打假人员在新津某副食店查处现场，对涉案"国窖1573"酒的外箱、礼盒的防伪标签、防伪胶带、生产批次等外观记载进行鉴别，能够证明系假冒泸州某公司注册商标的产品。综合"国窖"为中国驰名商标、新津某副食店拒绝与举报人协商退还货款已经造成消费者财产损失等因素对新津某副食店从重处罚，对其处以200 000元罚款的行政处罚，并无不当。一审法院判决驳回原告诉讼请求。新津某副食店不服，向四川省高级人民法院提起上诉。

二审法院将该案争议焦点为：①93号行政处罚决定的程序是否合法。②93号行政处罚决定的事实认定是否清楚、法律适用是否正确、处罚幅度是否恰当。法院认为，《驰名商标认定和保护规定》规定由地级市以上工商行政管理部门办理涉及驰名商标认定的违法案件，但权利人的注册商标有驰名商标认定记录，不涉及驰名商标认定的商标侵权假冒案件，县级以上知识产权管理部门有权立案查处。本案中，93号行政处罚决定不涉及对驰名商标的

---

[1] 四川省高级人民法院（2022）川知行终1号行政判决书。

认定，某市场监管局有权立案查处，某市场监管局提交的证据能够实现其证明目的，本院予以采信。某市场监管局认定新津某副食店销售了涉案"国窖1573"酒的事实清楚，一审法院对该事实予以确认，并无不当。新津某副食店的销售假冒注册商标专用权的产品，构成销售侵犯注册商标专用权商品的行为。某市场监管局依据《商标法》及《四川省市场监督管理行政处罚裁量基准》的规定，对新津某副食店从重处罚并无不当。

二审法院判决驳回上诉，维持原判。

本案涉及对销售假冒注册商标的商品的行为予以行政处罚的司法审查问题。在该案中，两级法院均认定涉案行政决定程序合法、认定事实清楚、处罚幅度适当，对新津某副食店从重处罚并无不当，故驳回了新津某副食店的诉讼请求。本案对于认识对商标侵权行为进行行政处罚决定的司法审查程序和内涵具有启发意义。

第二十九章 商标权的保护

本章提要

本章主要阐述和探讨商标权保护的概念、意义、范围，商标侵权的认定、种类和商标侵权应承担的法律责任，商标权纠纷的解决等相关知识，以及驰名商标的认定及其享有的特殊法律保护。

本章的重点是商标侵权的认定、种类及商标侵权的法律责任、驰名商标享有的特殊法律保护，其中，商标侵权的认定和驰名商标享有的特殊法律保护是本章的难点。

第一节 商标权保护概述

一、商标权保护的概念及意义

商标权的保护，是指国家运用法律手段制止、制裁商标侵权行为和商标犯罪行为，从而保护商标注册人对其注册商标享有的专用权，以维护国家商标管理秩序的制度。

《商标法》第1条开宗明义，明确规定商标法制定的目的是"为了加强商标管理，保护商标专用权，促使生产、经营者保证商品和服务质量，维护商标信誉，以保障消费者和生产、经营者的利益，促进社会主义市场经济的发展。"

由此可以看出，商标权保护具有如下重要意义：

1. 有利于保障消费者、生产者和经营者的利益。基于注册商标承载的信誉和市场竞争力，现实生活中商标侵权行为人采用假冒、仿冒他人注册商标等非法手段牟取非法利益的案例屡见不鲜。加强商标权的保护，有利于打击这种非法行为，降低消费者认牌购物的成本，维护商标权人的合法权益。

2. 有利于保证使用注册商标的商品或服务的质量。加强商标权保护，可以使生产经营者获得保持商品或服务质量一致性的充分的激励，并在动态的市场竞争环境中持续提高商品质量，提升服务品质。这就加强了使用注册商标的商品或服务质量的监督与管理。

3. 有利于保障社会主义市场经济的良好竞争秩序。商标是消费者识别商品或服务的标志，商标权的保护有利于市场交易的有序进行，维护良好的市场竞争秩序。

4. 有利于促进社会主义市场经济的发展。商标是企业信誉的集中反映。商标权的保护有利于保障、提升企业形象，扩大企业影响力，提高企业的竞争力，从而促进社会经济的整体发展。

二、商标权的保护方式

商标权的保护方式可以分为两部分：一部分是各级市场监督管理部门行使保护商标权的行政职能；另一部分是司法部门行使保护商标权的司法职能。

从实践来看，两种保护方式相结合可以形成对商标权更有效、更全面的保护。当然，随着我国仲裁制度的完善，仲裁也成为保护商标权的一种形式。[1]

第二节 商标权的保护范围

商标权的保护范围，可以从商标专用权和商标禁止权两个维度加以理解。其中，商标专用权限定了商标注册人自身可以行使的权利范围，尤其是对注册商标的使用范围；商标禁止权则限定了商标注册人禁止他人使用的范围。如前所述，商标禁止权的范围大于商标专用权的范围。

一、商标专用权的保护范围

我国《商标法》以注册商标专用权为保护对象。其第 56 条规定："注册商标的专用权，以核准注册的商标和核定使用的商品为限。"可见，注册商标的保护范围为核准注册的商标和核定使用的商品。

（一）核准注册的商标

注册商标所有人应当使用核准注册的商标，法律不允许变更使用。自行改变注册商标，且改变其显著特征，或者自行改变注册商标的注册人名义、地址或者其他注册事项，会导致注册商标被撤销的后果。

根据《商标法》和《商标法实施条例》的规定，未注册商标一般情况下不受商标法保护。但是，《商标法》也规定了一些例外，如在先使用的有一定影响的未注册商标、未注册驰名商标受到相应保护。

需要指出的是，在商标实践中，商标注册人有可能因为使用、宣传不当而使其注册商标成为其核定使用的商品通用名称。在这种情况下，根据《商标法》第 49 条第 2 款规定，任何单位或者个人可以向商标局申请撤销该注册商标。

（二）核定使用的商品

商标作为区别商品的一个标志，是与具体的商品紧密相连的。商标注册人应将核准注册的商标使用在核定使用的商品上。如果注册商标所有人要将注册商标用于同一类的其他商品上，应当另行提出申请。否则，由此产生的未注册商标权益只能由竞争法来保护。《商标审查审理指南》下编第十七章"5.2 商标使用的判定"即规定，商标注册人应当在核定使用的商品上使用注册商标。商标注册人在核定使用的商品上使用注册商标的，在与该商品相类似的商品上的注册可予以维持。商标注册人在核定使用商品之外的类似商品上使用其注册商标，不能视为对其注册商标的使用。又根据国家知识产权局发布的《商标侵权判断标准》第 9 条第 3 款规定，核定使用的商品或者服务名称是指国家知识产权局在商标注册工作中对商品或者服务使用的名称，包括《类似商品和服务区分表》中列出的商品或者

---

[1] 在当前推进知识产权治理体系和治理能力现代化，施行知识产权的"严保护""大保护""快保护"和"同保护"格局下，对包括商标权在内的知识产权的保护采取社会治理等形式、引进知识产权全链条保护体系也值得考虑。详见冯晓青：《知识产权保护论》，中国政法大学出版社 2022 年版，第 102~119 页。

二、商标禁止权的保护范围

前面已经指出，商标禁止权是指注册商标所有人有权禁止他人未经其许可，在同一种或者类似商品或服务项目上使用与其注册商标相同或近似的商标并造成混淆之虞的行为。商标禁止权的范围与商标专用权不同，并且前者大于后者。如前所述，商标专用权的范围以核准注册的商标和核定使用的商品为限，而作为商标专用权实质的商标禁止权范围却扩张到类似商品和近似商标上。禁止权之所以可以超出注册事项而发生效力，是因为商标权作为无形财产权，其价值是通过注册商标的识别功能来体现的。这种识别作用的发挥，又以消费者能否辨认为转移。鉴于类似商品和近似商标的使用会造成对注册商标的仿冒和映射，导致消费者的误认和混淆，有必要将商标权的保护范围扩张到商标权人使用范围之外，[1] 商标禁止权应运而生。

从本章后面几节对于商标权保护的探讨可知，商标侵权在很大程度上体现为以近似商标和类似商品为特征的侵权行为。商标禁止权的确立，事实上在规制商标侵权方面发挥着十分重要的作用。

第三节 商标侵权及其法律责任

在商标权保护实践中，商标权保护主要体现为对商标侵权的认定和追究商标侵权人的侵权责任。因此，本节主要基于商标侵权研究商标权的保护问题。

一、商标侵权行为的认定

商标侵权行为，是指侵犯注册商标专用权的行为，即未经商标注册人的许可，也没有法律的特别授权而从事的使商标注册人的商标专用权受到损害的违法行为。[2]

商标侵权的认定与一般民事侵权的认定不同。一般民事侵权行为的认定需要满足不法行为、损害后果、因果关系与过错四个要件，而在知识产权领域，由于知识产权客体的无形性，侵权认定与一般民事侵权存在一些差异：①商标侵权行为并不要求侵权人必须具备主观故意。[3] 对此后面还将说明。②在知识产权侵权的认定上存在着"即发侵权"理论，即并不要求必然要有损害后果，在没有损害后果的情况下，侵权行为也可能成立。

在商标侵权行为认定方面，关键点在于判断被诉侵权行为是否属于商标法意义上的商标使用行为。对此，前述《商标侵权判断标准》有明确规定。根据其第3条规定，判断是否构成商标侵权，一般需要判断涉嫌侵权行为是否构成商标法意义上的商标的使用。[4] 如前所述，《商标法》第48条对于什么是"商标的使用"作了定义。《商标侵权判断标准》第4条对于"商标用于商品、商品包装、容器以及商品交易文书"、第5条对于"商标用于服务场所以及服务交易文书"、第6条对于"商标用于广告宣传、展览以及其他商业活动中的"具体表现形式分别作了列举。其第7条则规定："判断是否为商标的使用应当综合考虑使用人的主观意图、使用方式、宣传方式、行业惯例、消费者认知等因素。"如前所述，商

---

[1] 冯晓青：《知识产权法利益平衡理论》，中国政法大学出版社2006年版，第279页。
[2] 参见蔡元臻：《商标间接侵权制度论要》，载《环球法律评论》2023年第5期。
[3] 参见王国柱：《论商标故意侵权的体系化规制》，载《东方法学》2020年第5期。
[4] 参见殷少平：《论商标使用概念及其立法定义的解释》，载《法学家》2022年第6期。

标的使用本质上是用于识别商品来源的行为。在司法实践中，大量案件也为被诉侵权人的行为是否属于商标性使用行为。换言之，如果能够证明涉案行为尽管涉及商标注册人的商标标识、但并不属于商标性使用行为，就不能认定为商标侵权。[1]

二、商标侵权的表现

根据《商标法》第57条、《商标法实施条例》和《审理商标民事案件适用法律解释》相关条款等的规定，商标侵权行为有以下表现形式：

1. 未经商标注册人的许可，在同一种商品上使用与其注册商标相同的商标的行为。此即假冒注册商标侵权行为。这里的"相同"，是指视觉上完全相同或者基本无差别的商标使用在同类商品上。例如，有人在西服上注册"幸福"商标，另一人也将"幸福"商标使用在自己生产的西服上，后者即构成对前者的商标侵权。对于假冒侵权行为，通常认为推定存在混淆可能性。上述假冒商标侵权行为，也是最严重的商标侵权。基于此，该行为情节严重的须承担刑事责任。对此，本章还将继续予以探讨。

对于上述行为，最重要的是如何判定"同一种商品"和"与注册商标相同的商标"。对此，《商标侵权判断标准》第9条第1款规定："同一种商品是指涉嫌侵权人实际生产销售的商品名称与他人注册商标核定使用的商品名称相同的商品，或者二者商品名称不同但在功能、用途、主要原料、生产部门、消费对象、销售渠道等方面相同或者基本相同，相关公众一般认为是同种商品。"[2]其第13条规定："与注册商标相同的商标是指涉嫌侵权的商标与他人注册商标完全相同，以及虽有不同但视觉效果或者声音商标的听觉感知基本无差别、相关公众难以分辨的商标。"[3]《审理商标民事案件适用法律解释》第9条第1款则规定："商标法第五十七条第（一）（二）项规定的商标相同，是指被控侵权的商标与原告的注册商标相比较，二者在视觉上基本无差别。"上述两个规范尽管对于"商标相同"表述有所不同，但都强调视觉上基本无差别，这与商标侵权强调基于普通消费者一般认知能力和水平是一致的。

在实践中，还存在企图通过突出使用企业名称中的字号达到与注册商标混淆的目的的行为。对此，《商标侵权判断标准》第23条第1款规定："在同一种商品或者服务上，将企业名称中的字号突出使用，与他人注册商标相同的，属于商标法第五十七条第一项规定的

---

[1] 参见王太平：《商标法上商标使用概念的统一及其制度完善》，载《中外法学》2021年第4期；吕炳斌：《商标侵权中"商标性使用"的地位与认定》，载《法学家》2020第2期。参见内蒙古自治区高级人民法院（2021）内知民终91号民事判决书（侵害商标权及不正当竞争纠纷案）；福建省高级人民法院（2021）闽民终1352号民事判决书（侵害商标权纠纷案）。

[2] 鉴于在实践中还存在同一种服务的商标侵权，该部门规章同条第2款对于"同一种服务"的概念也作出了定义：同一种服务是指涉嫌侵权人实际提供的服务名称与他人注册商标核定使用的服务名称相同的服务，或者二者服务名称不同但在服务的目的、内容、方式、提供者、对象、场所等方面相同或者基本相同，相关公众一般认为是同种服务。

[3] 为强化该部门规章的适用性，其第14条对于"可以认定与注册商标相同的情形"作了详细列举。如就文字商标而言，"改变注册商标的字体、字母大小写、文字横竖排列，与注册商标之间基本无差别的""在注册商标上仅增加商品通用名称、图形、型号等缺乏显著特征内容，不影响体现注册商标显著特征的"；就图形商标而言，"图形商标在构图要素、表现形式等视觉上基本无差别的"；就声音商标而言，"声音商标的听觉感知和整体音乐形象相同，或者基本无差别的"。《商标侵权判断标准》第22条第1款还规定："自行改变注册商标或者将多件注册商标组合使用，与他人在同一种商品或者服务上的注册商标相同的，属于商标法第五十七条第一项规定的商标侵权行为。"

商标侵权行为。"

2. 未经商标注册人的许可，在同一种商品上使用与其注册商标近似的商标，或者在类似商品上使用与其注册商标相同或者近似的商标，容易导致混淆的行为。此即仿冒注册商标侵权行为。仿冒包括三种类型：①与注册商标相同的商标用在类似商品上；②类似的商标用在同一种商品上；③与注册商标近似的商标用在类似的商品上。[1]

值得注意的是，2013年《商标法》修改时增加了"容易导致混淆"作为认定上述侵权的条件之一。混淆，通常是指消费者在选购商品过程中将附有某商标的商品误认为是自己本来要选购的商品。混淆的可能，则是指具有一般分辨力的消费者依照普通注意力会发生这种错误。TRIPs协议第16条对这一点有明确规定："注册商标所有人应享有专有权防止任何第三方未经许可而在贸易活动中使用与注册商标相同或近似的标记去表示相同或类似的商品或服务，以造成混淆的可能。"[2]

此外，《商标法实施条例》第76条规定："在同一种商品或者类似商品上将与他人注册商标相同或者近似的标志作为商品名称或者商品装潢使用，误导公众的，属于商标法第五十七条第二项规定的侵犯注册商标专用权的行为。"该规定加强了对注册商标专用权的保护，有利于杜绝滥用注册商标所有人商标标识、损害其合法权益的行为。

上述类型的商标侵权，可谓最普遍和典型的商标侵权行为。为增强法律适用的可操作性，《审理商标民事案件适用法律解释》以及《商标侵权判断标准》对于"近似商标""类似商品""类似服务""容易导致混淆"等重要概念也作了明确界定。

关于"近似商标"或者说"与注册商标近似的商标"的概念及其认定，《审理商标民事案件适用法律解释》第9条第2款规定："商标法第五十七条第（二）项规定的商标近似，是指被控侵权的商标与原告的注册商标相比较，其文字的字形、读音、含义或者图形的构图及颜色，或者其各要素组合后的整体结构相似，或者其立体形状、颜色组合近似，易使相关公众对商品的来源产生误认或者认为其来源与原告注册商标的商品有特定的联系。"其第10条则对近似商标认定原则作了如下规定：①以相关公众[3]的一般注意力为标准；②既要进行对商标的整体比对，又要进行对商标主要部分的比对，比对应当在比对对象隔离的状态下分别进行；③判断商标是否近似，应当考虑请求保护注册商标的显著性和

---

[1] 参见最高人民法院（2022）最高法民再238号民事判决书（侵害商标权纠纷案）；最高人民法院（2022）最高法民再277号民事判决书（侵害商标权纠纷案）；最高人民法院（2022）最高法民终209号民事判决书（侵害商标权及不正当竞争纠纷案）；湖北省高级人民法院（2022）鄂知民终190号民事判决书（侵害商标权及不正当竞争纠纷案）；江西省高级人民法院（2022）赣民终127号民事判决书（侵害商标权纠纷案）；天津市高级人民法院（2023）津民终314号民事判决书（侵害商标权及不正当竞争纠纷案）；贵州省高级人民法院（2023）黔民终261号民事判决书（侵害商标权及不正当竞争纠纷案）。

[2] "混淆"和"混淆可能性"不仅是商标侵权界定时使用的重要概念，而且是商标授权确权程序中同样重要的概念。为此，《商标审查审理指南》对这两个重要概念及其认定也作了规定。具体而言，其下编第一章"3.5 混淆"规定：混淆通常是指使用在同一种或类似商品或者服务上的商标，因为二者相同或者近似，使相关公众对商品或者服务的来源产生误认。商标的识别功能是体现商标核心价值的本质属性，而混淆则是对商标识别功能的实质破坏。混淆既包括使相关公众认为与商标相关的商品或者服务系由真正权利人自己生产或提供，也包括使相关公众认为与商标相关的商品或者服务的提供者与真正权利人存在某种关联，如许可关系、合作关系等。由此可见，其界定的混淆既包括直接混淆，也包括关联关系意义上的间接混淆。

[3] 根据《审理商标民事案件适用法律解释》第8条规定，商标法所称相关公众，是指与商标所标识的某类商品或者服务有关的消费者和与前述商品或者服务的营销有密切关系的其他经营者。

知名度。

《商标侵权判断标准》规定的内容则如下：与注册商标近似的商标，是指涉嫌侵权的商标与他人注册商标相比较，文字商标的字形、读音、含义近似，或者图形商标的构图、着色、外形近似，或者文字图形组合商标的整体排列组合方式和外形近似，或者立体商标的三维标志的形状和外形近似，或者颜色组合商标的颜色或者组合近似，或者声音商标的听觉感知或者整体音乐形象近似等。涉嫌侵权的商标与他人注册商标是否构成近似，参照现行《商标审查审理指南》关于商标近似的规定进行判断。判断商标是否相同或者近似，应当在权利人的注册商标与涉嫌侵权商标之间进行比对。判断与注册商标相同或者近似的商标时，应当以相关公众的一般注意力和认知力为标准，采用隔离观察、整体比对和主要部分比对的方法进行认定。[1]

从上述两个规范对于近似商标概念及其认定看，尽管表述有所不同，但实质上差别不大。不过，仍然有一个值得注意之处，就是上述司法解释强调商标近似仍然包含了混淆之虞的内涵，部门规章则不再强调这一内涵。

关于"类似商品""类似服务"的概念及其认定，根据《审理商标民事案件适用法律解释》第11条规定，类似商品是指在功能、用途、生产部门、销售渠道、消费对象等方面相同，或者相关公众一般认为其存在特定联系、容易造成混淆的商品。类似服务，是指在服务的目的、内容、方式、对象等方面相同，或者相关公众一般认为存在特定联系、容易造成混淆的服务。商品与服务类似，是指商品和服务之间存在特定联系，容易使相关公众混淆。其第12条则规定，认定商品或者服务是否类似，应当以相关公众对商品或者服务的一般认识综合判断；《商标注册用商品和服务国际分类表》《类似商品和服务区分表》可以作为判断类似商品或者服务的参考。

《商标侵权判断标准》规定的内容则有：类似商品是指在功能、用途、主要原料、生产部门、消费对象、销售渠道等方面具有一定共同性的商品。类似服务是指在服务的目的、内容、方式、提供者、对象、场所等方面具有一定共同性的服务。判断是否属于同一种商品或者同一种服务、类似商品或者类似服务，应当在权利人注册商标核定使用的商品或者服务与涉嫌侵权的商品或者服务之间进行比对。判断涉嫌侵权的商品或者服务与他人注册商标核定使用的商品或者服务是否构成同一种商品或者同一种服务、类似商品或者类似服务，参照《类似商品和服务区分表》进行认定。对于《类似商品和服务区分表》未涵盖的商品，应当基于相关公众的一般认识，综合考虑商品的功能、用途、主要原料、生产部门、消费对象、销售渠道等因素认定是否构成同一种或者类似商品；对于《类似商品和服务区分表》未涵盖的服务，应当基于相关公众的一般认识，综合考虑服务的目的、内容、方式、提供者、对象、场所等因素认定是否构成同一种或者类似服务。[2]

从上述两个规范对类似商品和类似服务概念及其认定看，与前述近似商标相似，尽管

---

[1]《商标侵权判断标准》第15~18条。参见辽宁省高级人民法院（2022）辽民终535号民事判决书（侵害商标权及不正当竞争纠纷案）；贵州省高级人民法院（2022）黔行终309号行政判决书（商标行政处罚纠纷案）；浙江省嘉兴市中级人民法院（2019）浙04民终3299号民事判决书（侵害商标权纠纷案）。

[2]《商标侵权判断标准》第10~12条。参见广东省高级人民法院（2017）粤73民终387号民事判决书（侵害商标权纠纷上诉案）；北京市丰台区人民法院（2009）丰民初字第449号民事判决书（侵犯注册商标专用权以及不正当竞争纠纷案）；河北省衡水市中级人民法院（2023）冀11民终2075号民事判决书（侵害商标权纠纷案）。

表述上有所不同，实质上则差别不大。只是在是否包含混淆之虞方面，司法解释强调存在，部门规章则未予规定。

关于"容易导致混淆"，在商标侵权理论上又称为"混淆可能性"。混淆可能性是否为判定商标侵权的"独立要件"，还是在上述关于近似商标、类似商品或服务的判定中直接引入混淆可能性标准，在商标法理论与实践中存在一定分歧。[1] 从现行《商标法》上述规定看，应当是将其作为独立的要件。鉴于这一因素在判定商标侵权中的极端重要地位，《商标侵权判断标准》也作出了相关规范。其具体内容是：在商标侵权判断中，在同一种商品或者同一种服务上使用近似商标，或者在类似商品或者类似服务上使用相同、近似商标的情形下，还应当对是否容易导致混淆进行判断。商标法规定的容易导致混淆包括以下情形：①足以使相关公众认为涉案商品或者服务是由注册商标权利人生产或者提供；②足以使相关公众认为涉案商品或者服务的提供者与注册商标权利人存在投资、许可、加盟或者合作等关系。商标执法相关部门判断是否容易导致混淆，应当综合考量以下因素以及各因素之间的相互影响：①商标的近似情况；②商品或者服务的类似情况；③注册商标的显著性和知名度；④商品或者服务的特点及商标使用的方式；⑤相关公众的注意和认知程度；⑥其他相关因素。[2]

关于上述混淆可能性，在商标法理论中，有售前混淆（又称初始兴趣混淆）、售中混淆和售后混淆的分类。这实际上是从销售商品的时间和过程界定混淆概念的。[3]

在实践中，存在企图突出使用企业名称中的字号达到混淆目的的行为。对此，《商标侵权判断标准》第23条第2款规定："在同一种或者类似商品或者服务上，将企业名称中的字号突出使用，与他人注册商标近似、容易导致混淆的，属于商标法第五十七条第二项规定的商标侵权行为。"此外，为攀附目的附着颜色，也可能涉嫌落入本项商标侵权行为之

---

[1] 参见王太平：《商标侵权的判断标准：相似性与混淆可能性之关系》，载《法学研究》2014年第6期；Lim, Daryl, "Trademark Confusion Simplified: A New Framework for Multifactor Tests", *Berkeley Technology Law Journal*, Vol. 37, Issue 2 (2022), pp. 867-938; Lim, Daryl, "Trademark Confusion Revealed: An Empirical Analysis", *American University Law Review*, Vol. 71, Issue 4 (April 2022), pp. 1285-1366.

[2] 《商标侵权判断标准》第19~21条。其第22条第2款还规定："自行改变注册商标或者将多件注册商标组合使用，与他人在同一种或者类似商品或者服务上的注册商标近似、容易导致混淆的，属于商标法第五十七条第二项规定的商标侵权行为。"此外，《商标审查审理指南》下编第一章对于混淆可能性的界定也做了如下规定："混淆可能性的判定，首先，应考虑商品或者服务的类似程度和双方商标标志的近似程度；其次，应考虑在先商标的显著性和知名度等因素；再次，商标申请人若存在意图导致混淆后果的故意，有助于认定混淆可能性，但申请人是否具有恶意并非认定混淆可能性的必备要件；最后，其他影响混淆可能性判定的因素，包括相关公众的注意程度、实际发生混淆等。在先商标的显著性和知名度、商标申请人的主观意图、实际发生混淆等因素均需结合商标权利人提交的证据予以判定。"上述规定尽管是针对商标授权确权目的，但对于商标侵权判断中的"混淆可能性"的界定依然具有参考和适用价值。参见上海知识产权法院（2021）沪73民终600号民事判决书（商标侵权及不正当竞争纠纷案）；山西省高级人民法院（2021）晋民终649号民事判决书（侵害商标权纠纷案）；河南省高级人民法院（2022）豫知民终8号民事判决书（侵害商标权纠纷案）。See also Park'n Fly v. Dollar Park & Fly, 469 U.S. 189 (1985)（明确混淆可能性的考虑因素）；Beer Nuts, Inc. v. Clover Club Foods Co., 711 F. 2d 934 (10th Cir. 1983)（明确混淆可能性标准）；Beacon Mutual Ins. Co. v. OneBeacon Ins. Group, 376 F. 3d 8 (1st Cir. 2004)（混淆可能性界定）。

[3] See Grotrian v. Steinway & Sons, 365 F. Supp. 707 (S.D.N.Y. 1973)（售前混淆的认定）；Ferrari S. P. A. Esercizio Fabriche Automobili E Corse v. Roberts, 944 F. 2d 1235 (6th Cir. 1991)（售后混淆的认定）。此外，还存在一种特殊的混淆形式，即反向混淆。See also Sheff, Jeremy N., "Reverse Confusion and the Justification of Trademark Protection", *George Mason Law Review*, Vol. 30, Issue 1 (Fall 2022), pp. 123-178.

列。《商标侵权判断标准》第 24 条即规定："不指定颜色的注册商标，可以自由附着颜色，但以攀附为目的附着颜色，与他人在同一种或者类似商品或者服务上的注册商标近似、容易导致混淆的，属于商标法第五十七条第二项规定的商标侵权行为。注册商标知名度较高，涉嫌侵权人与注册商标权利人处于同一行业或者具有较大关联性的行业，且无正当理由使用与注册商标相同或者近似标志的，应当认定涉嫌侵权人具有攀附意图。"[1]

3. 销售侵犯注册商标专用权的商品。《商标法》取消了原先立法中的"明知"，也就是说无论销售者是否明知或者应知销售的是侵犯他人注册商标的产品均构成侵权，主观状态不影响商标权侵权的定性。但是，主观状态会影响到后面还将专门探讨的商标侵权赔偿责任的承担，销售者是否构成赔偿主体也需要进一步认定。进言之，如果销售者主观上知道或应当知道销售的是侵犯他人注册商标权的商品，应承担赔偿责任；对于诸多商标侵权行为，作为非专业人员的销售者难以分辨，如果销售者不知道销售的是侵犯注册商标权的商品，能证明商品的合法来源并说明提供者，则不承担赔偿责任。《商标法》第 64 条第 2 款即对此作了规定。依该法第 60 条第 2 款规定，销售不知道是侵犯注册商标专用权的商品，能证明该商品是自己合法取得并说明提供者的，由市场监督管理部门责令停止销售。[2]

此外，在包工包料加工承揽经营活动以及商品销售活动中，承揽人、商品销售者的相关行为也可能被纳入上述侵权行为类型。《商标侵权判断标准》第 25 条规定："在包工包料的加工承揽经营活动中，承揽人使用侵犯注册商标专用权商品的，属于商标法第五十七条第三项规定的商标侵权行为。"其第 26 条则规定："经营者在销售商品时，附赠侵犯注册商标专用权商品的，属于商标法第五十七条第三项规定的商标侵权行为。"

4. 伪造、擅自制造他人注册商标标识或者销售伪造、擅自制造的注册商标标识。伪造商标标识，是指模仿他人注册商标标识而制造出与该注册商标标识相同的标识的行为；擅自制造，是指未经商标注册人的委托授权，直接印制他人注册商标标识的行为或超出授权范围在数量上多加制造他人注册商标标识的行为；[3] 销售伪造、擅自制造的注册商标标识，是指将伪造、擅自制造的注册商标标识作为买卖标的获取不当利益的行为。

5. 未经商标注册人同意，更换其注册商标并将该更换商标的商品又投放市场销售。此种侵权行为又被称为"反向假冒"。商标权的保护范围是注册商标本身和核定使用的商品，法律保护商标权，同时要求商标使用人对其商品的质量负责。如果允许行为人未经商标注册人同意，更换其注册商标并将该更换商标的商品又投放市场，势必会造成消费者的误认，而且损害商标权人特定商标与其商品之间的联系，从而使其借助商标实施品牌战略的目的化为泡影。因此，包括法国、葡萄牙和我国在内的一些国家均将反向假冒行为视为商标侵权行为。

---

[1] 参见宁夏回族自治区银川市中级人民法院（2023）宁 01 知民终 8 号民事判决书（侵害商标权及不正当竞争纠纷案）。

[2] 《商标侵权判断标准》第 27 条规定：有下列情形之一的，不属于商标法第六十条第二款规定的"销售不知道是侵犯注册商标专用权的商品"：①进货渠道不符合商业惯例，且价格明显低于市场价格的；②拒不提供账目、销售记录等会计凭证，或者会计凭证弄虚作假的；③案发后转移、销毁物证，或者提供虚假证明、虚假情况的；④类似违法情形受到处理后再犯的；⑤其他可以认定当事人明知或者应知的。其第 28 条则规定：商标法第 60 条第 2 款规定的"说明提供者"是指涉嫌侵权人主动提供供货商的名称、经营地址、联系方式等准确信息或者线索。对于因涉嫌侵权人提供虚假或者无法核实的信息导致不能找到提供者的，不视为"说明提供者"。

[3] 冯晓青：《知识产权法学》，中南工业大学出版社 1997 年版，第 441 页。

6. 故意为侵犯他人商标专用权行为提供便利条件，帮助他人实施侵犯商标专用权行为的。该项规定是2013年《商标法》新增的内容，是将修订前《商标法实施条例》中的内容纳入《商标法》中。《商标法实施条例》第75条补充规定："为侵犯他人商标专用权提供仓储、运输、邮寄、印制、隐匿、经营场所、网络商品交易平台等，属于商标法第五十七条第六项规定的提供便利条件。"[1]《商标侵权判断标准》第30条则规定："市场主办方、展会主办方、柜台出租人、电子商务平台等经营者怠于履行管理职责，明知或者应知市场内经营者、参展方、柜台承租人、平台内电子商务经营者实施商标侵权行为而不予制止的；或者虽然不知情，但经商标执法相关部门通知或者商标权利人持生效的行政、司法文书告知后，仍未采取必要措施制止商标侵权行为的，属于商标法第五十七条第六项规定的商标侵权行为。"

7. 给他人的注册商标权造成其他损害的行为。该项属于兜底性规定。除上述规定以外，其他类型的商标侵权行为皆归于此类。《审理商标民事案件适用法律解释》第1条规定："下列行为属于商标法第五十七条第（七）项规定的给他人注册商标专用权造成其他损害的行为：（一）将与他人注册商标相同或者相近似的文字作为企业的字号在相同或者类似商品上突出使用，容易使相关公众产生误认的；（二）复制、摹仿、翻译他人注册的驰名商标或其主要部分在不相同或者不相类似商品上作为商标使用，误导公众，致使该驰名商标注册人的利益可能受到损害的；（三）将与他人注册商标相同或者相近似的文字注册为域名，并且通过该域名进行相关商品交易的电子商务，容易使相关公众产生误认的。"[2]《商标侵权判断标准》第31条也确认了上述第三种行为属于给他人的注册商标权造成其他损害的行为。

值得注意的是，《商标法》第58条规定了与上述司法解释第一种类型相关的行为及其法律适用："将他人注册商标、未注册的驰名商标作为企业名称中的字号使用，误导公众，构成不正当竞争行为的，依照《中华人民共和国反不正当竞争法》处理"。在商标实践中，应注意基于个案的特定事实选择适用法律。[3]

在商标侵权纠纷案件中，还存在一些特殊场景，如贴牌或者说定牌加工问题。对于这类案件，需要根据个案判定被控行为是否构成侵害商标权。[4]

三、商标侵权抗辩事由

商标侵权抗辩事由是指在形式上表现出不法性特点，但实质上不构成侵权的法律事实。从商标法的规定与实践做法看，商标侵权抗辩事由主要有如下内容：

1. 商标权基础抗辩。构成商标侵权的基础是存在合法有效的商标权。如果被告能够提

---

[1] 参见天津自由贸易试验区人民法院（2021）津0319民初18738号民事判决书（侵害商标权纠纷案）；福建省武夷山市人民法院（2022）闽0782民初1263号民事判决书（侵害商标权纠纷案）。

[2] 参见海南省自由贸易港知识产权法院（2022）琼73行初1号行政判决书（请求撤销行政决定及行政复议决定案）；辽宁省高级人民法院（2022）辽民终1679号民事判决书（侵害商标权及不正当竞争纠纷案）；上海知识产权法院（2021）沪73民终744号民事判决书（侵害商标权及不正当竞争纠纷案）。

[3] 还值得指出的是，鉴于商标侵权与后面还将专门探讨的不正当竞争行为具有诸多共通性，在大量的商标侵权纠纷案件中，原告除了主张商标侵权外还同时主张构成不正当竞争。参见"小拇指"侵害商标权及不正当竞争纠纷案，天津市高级人民法院（2012）津高民三终字第0046号民事判决书（指导案例第30号）。

[4] 参见孔祥俊：《商标使用行为法律构造的实质主义——基于涉外贴牌加工商标侵权案的展开》，载《中外法学》2020年第5期。

出证据，证明原告主张受法律保护的商标专用权已不复存在，法院即可以驳回原告的诉讼请求。例如，在涉及某一注册商标侵权案中，被告提出原告主张的注册商标早已因注册不当在1995年即被撤销，法院在查实后即可直接判决被告不构成商标侵权。

2. 正当使用抗辩。如前所述，《商标法》第59条规定了合理使用制度。在商标侵权纠纷案件中，如果被告能够证明其行为并非商标使用行为，而属于正当使用，即可免除侵权的指控。除此之外，司法实践通常认为，在产品修理、零配件制造、产品销售、产品组装等商业领域中，经营者为了向消费者描述其制造、销售的商品或提供的服务内容、来源等，应当允许其合理使用商标权人的商标。但经营者必须遵守指示性合理使用的规则，在使用时应当基于诚信善意，不能以描述的需要为由随意使用商标权人的商标，使用商标的具体形式、程度应保持在合理范畴之内，不会对商标权人的合法权益造成损害。[1]

3. 在先使用抗辩。如前所述，《商标法》第59条第3款规定了在先使用抗辩制度。如果被告行为符合在先使用的条件，即可提出这一抗辩。[2]

4. 商标权滥用抗辩。商标权滥用属于知识产权滥用的范畴。商标权滥用抗辩的合理性在于，商标权有其合法保护边界，其权利人不得违背诚信原则而损害他人合法权益。在王某诉深圳某服饰股份有限公司、杭州某百货有限公司侵害商标权纠纷案中，再审法院即指出：当事人违反诚实信用原则，损害他人合法权益，扰乱市场正当竞争秩序，恶意取得、行使商标权并主张他人侵权的，人民法院应当以构成权利滥用为由，判决对其诉讼请求不予支持。[3]

四、商标侵权行为的法律责任

根据《商标法》第60条、第61条和第67条规定，注册商标专用权一旦受到商标侵权行为的侵害，商标权人或者利害关系人可通过以下三种途径追究侵权人的法律责任：①请求市场监督管理部门处理，要求对侵权人的商标侵权行为进行行政处罚，追究侵权人的行政责任。②向人民法院提起民事诉讼，追究侵权人的民事责任。如果被侵权人采用第一种办法——请求市场监督管理部门处理，对其处理决定不服的，可以向人民法院提起诉讼。③情节严重，构成《刑法》规定的有关犯罪的，可以要求司法机关追究侵权人的刑事责任。由此可以看出，商标侵权人对其侵权行为承担法律责任的方式主要有三种：民事责任、行政责任和刑事责任。

（一）民事责任

因商标权的无形财产的特殊性，注册商标民事侵权责任的承担方式与一般侵权民事责任的承担方式有相同之处，但比一般侵权民事责任的承担方式范围小。一般侵权民事责任中的恢复原状、修理、更换等责任形式在此无法适用，可以适用的方式主要有三种：停止侵害、消除影响、赔偿损失。

---

[1] 江苏省高级人民法院《侵害商标权民事纠纷案件审理指南（修订版）》（2020年12月29日江苏省高级人民法院审判委员会第36次全体会议讨论通过）第6.1.2条。参见海南省海口市琼山区人民法院（2022）琼0107民初5418号民事判决书（侵害商标权纠纷案）；黑龙江省高级人民法院（2022）黑民终668号民事判决书（侵害商标权纠纷案）。

[2] 参见河南省郑州市中级人民法院（2021）豫01知民初1505号民事判决书（侵害商标权纠纷案）。

[3] 最高人民法院（2014）民提字第24号民事判决书。参见广东省高级人民法院（2019）粤民终477号民事判决书（侵害商标权纠纷案）；湖南省长沙市中级人民法院（2023）湘01司惩4号决定书（侵害商标及不正当竞争纠纷司法惩戒案）；刘加良、李畅：《商标权恶意诉讼的理性规制》，载《法学论坛》2023年第5期。

1. 停止侵害。停止侵害是知识产权保护重要内容之一。[1] 侵权行为发生后，被侵害人有权要求侵害人停止侵害。其中需要特别提及的是诉前保全措施。

根据《商标法》规定，只要有侵权行为存在，无论侵权行为是否给商标权人造成损失，商标权人都有权要求侵权行为人立即停止侵害行为。在商标纠纷审结前，符合《民事诉讼法》有关规定的，商标权人可以请求人民法院采取预防性措施，责令停止侵害，以防止侵权人继续进行侵权活动。关于商标侵权诉讼中涉及的停止侵权的诉前行为保全制度，下一节将进行阐释，在此不赘述。

2. 消除影响。侵权人的侵权行为损害了商标权人的商誉，商标权人有权要求侵权人用有效方式消除影响，挽回声誉。

3. 赔偿损失。赔偿损失是指侵权人以自己相应价值的财产弥补被侵权人的损失，是商标侵权人承担民事责任的一种主要方式。在商标侵权纠纷案件中，被侵权人一般都会提出损害赔偿的请求。

由于商标权是一种无形财产权，如何计算侵害商标权造成的损害赔偿额是一个关键问题。各国对此规定不一。根据我国现行《商标法》第63条规定，侵犯商标专用权的赔偿数额，按照权利人因被侵权所受到的实际损失确定；实际损失难以确定的，可以按照侵权人因侵权所获得的利益确定；权利人的损失或者侵权人获得的利益难以确定的，参照该商标许可使用费的倍数合理确定。对恶意侵犯商标专用权，情节严重的，可以在按照上述方法确定数额的1倍以上5倍以下确定赔偿数额。赔偿数额应当包括权利人为制止侵权行为所支付的合理开支。权利人因被侵权所受到的实际损失、侵权人因侵权所获得的利益、注册商标许可使用费难以确定的，由人民法院根据侵权行为的情节判决给予500万元以下的赔偿。

由此可见，上述规定确立了我国对商标侵权损害赔偿的几种计算方式：实际损失、侵权获利、许可费用合理倍数、惩罚性赔偿和法定赔偿。在司法实践中，究竟选取哪种方式还需要结合个案确定。《审理商标民事案件适用法律解释》第13条规定："人民法院依据商标法第六十三条第一款的规定确定侵权人的赔偿责任时，可以根据权利人选择的计算方法计算赔偿数额。"鉴于损害赔偿在商标权保护中的重要地位和作用，以下将结合相关司法解释和部门规章的相关规定对上述不同计算标准加以探讨。

（1）实际损失。从侵权本源意义来说，实际损失是最合理的损害赔偿计算标准。但基于前述商标权的无形财产属性以及商标侵权的复杂性，在商标侵权纠纷案件中被侵权人很难提供其因被侵权而受到的实际损失的证据。对此，根据《审理商标民事案件适用法律解释》第15条规定，因被侵权所受到的损失，可以根据权利人因侵权所造成商品销售减少量或者侵权商品销售量与该注册商标商品的单位利润乘积计算。上述计算方法看似简单，但要查明"权利人因侵权所造成商品销售减少量"难度也很大，故而在实践中有些商标案件不得不选择侵权获利的方法。

（2）侵权获利。商标侵权获利，也可以称之为商标侵权违法所得。其之所以可以作为商标侵权损害赔偿额，一则是因为前述实际损失难以证明，二则也是因为不能让侵权人因

---

[1] 冯晓青：《知识产权保护论》，中国政法大学出版社2022年版，第351页。参见最高人民法院（2022）最高法民终312号民事判决书（侵害商标权及不正当竞争纠纷案）；最高人民法院（2022）最高法民终313号民事判决书（侵害商标权及不正当竞争纠纷案）。

侵权而获利的侵权法法理。根据《审理商标民事案件适用法律解释》第14条规定，侵权所获得的利益，可以根据侵权商品销售量与该商品单位利润乘积计算；该商品单位利润无法查明的，按照注册商标商品的单位利润计算。

（3）许可费用合理倍数。适用这一赔偿标准，是考虑到实际损害或者侵权获利均难以界定，同时也存在可以参考的商标许可费的情况。之所以是许可费用合理倍数，是因为商标侵权和正常的许可证贸易不同，只有以许可费用合理倍数计算，才能实现有效制止商标侵权的目的。

（4）惩罚性赔偿。惩罚性赔偿是2013年修改《商标法》时新增的商标侵权损害赔偿制度。在2019年修改《商标法》时，惩罚性赔偿的标准由原先的1至3倍提高到1至5倍，旨在通过加大惩罚性赔偿力度达到有力遏制存在主观恶意和情节严重的商标侵权行为。需要指出的是，前述关于著作权侵权和专利侵权惩罚性赔偿制度的规定中，针对主观过错，使用的是"故意"的表述，前述《商标法》第63条使用的则是"恶意"的表述。为统一裁判标准，《侵害知识产权民事案件惩罚性赔偿解释》第1条第2款明确将上述规定以及《反不正当竞争法》第17条第3款规定的"恶意"解释为包含在"故意"的概念中。[1]

（5）法定赔偿。法定赔偿是前述实际损失、侵权所得、许可费都难以确定时所采取的计算商标侵权损害赔偿额的标准。《审理商标民事案件适用法律解释》第16条规定："权利人因被侵权所受到的实际损失、侵权人因侵权所获得的利益、注册商标使用许可费均难以确定的，人民法院可以根据当事人的请求或者依职权适用商标法第六十三条第三款的规定确定赔偿数额。人民法院在适用商标法第六十三条第三款规定确定赔偿数额时，应当考虑侵权行为的性质、期间、后果，侵权人的主观过错程度，商标的声誉及制止侵权行为的合理开支等因素综合确定。当事人按照本条第一款的规定就赔偿数额达成协议的，应当准许。"上述规定表明，法定赔偿可以根据当事人的请求或者人民法院依职权适用，并且允许当事人协商确定。在商标侵权案件中，与前述著作权侵权案件和专利侵权案件一样，适用法定赔偿标准的比例极高。[2] 这一现象值得警惕和思考。

此外，关于商标侵权损害赔偿，以下问题也值得重视：

第一，制止侵权行为所发生的合理开支问题。如前所述，《商标法》第63条第1款规定了赔偿数额应当包括权利人为制止侵权行为所支付的合理开支。又根据《审理商标民事案件适用法律解释》第17条规定，制止侵权行为所支付的合理开支，"包括权利人或者委托代理人对侵权行为进行调查、取证的合理费用。人民法院根据当事人的诉讼请求和案件具体情况，可以将符合国家有关部门规定的律师费用计算在赔偿范围内。"合理开支计入损害赔偿额的"合理性"在于，其是制止商标侵权所不可缺少的费用，是基于侵权而发生的，如果不计入赔偿，权利人所获得的损害赔偿就会打折扣，不利于充分维护商标权人的合法权益。

第二，商标权人因未实际使用其注册商标时其损害赔偿请求权的限制问题。《商标法》第64条第1款规定："注册商标专用权人请求赔偿，被控侵权人以注册商标专用权人未使用注册商标提出抗辩的，人民法院可以要求注册商标专用权人提供此前三年内实际使用该注

---

[1] 参见四川自由贸易试验区人民法院（2021）川0193民初5246号民事判决书（侵害商标权纠纷案）；浙江省杭州市中级人民法院（2021）浙01民初886号民事判决书（侵害商标权纠纷案）。

[2] 参见广东省高级人民法院（2020）粤民终1588号民事判决书（侵害商标权纠纷案）。

册商标的证据。注册商标专用权人不能证明此前三年内实际使用过该注册商标，也不能证明因侵权行为受到其他损失的，被控侵权人不承担赔偿责任。"

第三，善意销售不承担赔偿抗辩问题。对此，前述《商标法》第 64 条第 2 款已作规定，即销售不知道是侵犯注册商标专用权的商品，能证明该商品是自己合法取得并说明提供者的，不承担赔偿责任。在此不赘述。

4. 其他责任方式。《商标法》第 63 条第 4 款规定："人民法院审理商标纠纷案件，应权利人请求，对属于假冒注册商标的商品，除特殊情况外，责令销毁；对主要用于制造假冒注册商标的商品的材料、工具，责令销毁，且不予补偿；或者在特殊情况下，责令禁止前述材料、工具进入商业渠道，且不予补偿。"其第 5 款规定："假冒注册商标的商品不得在仅去除假冒注册商标后进入商业渠道。"

（二）行政责任

《商标法》第 60 条规定："有本法第五十七条所列侵犯注册商标专用权行为之一，引起纠纷的，由当事人协商解决；不愿协商或者协商不成的，商标注册人或者利害关系人可以向人民法院起诉，也可以请求工商行政管理部门处理。工商行政管理部门处理时，认定侵权行为成立的，责令立即停止侵权行为，没收、销毁侵权商品和主要用于制造侵权商品、伪造注册商标标识的工具，违法经营额五万元以上的，可以处违法经营额五倍以下的罚款，没有违法经营额或者违法经营额不足五万元的，可以处二十五万元以下的罚款。对五年内实施两次以上商标侵权行为或者有其他严重情节的，应当从重处罚。销售不知道是侵犯注册商标专用权的商品，能证明该商品是自己合法取得并说明提供者的，由工商行政管理部门责令停止销售。对侵犯商标专用权的赔偿数额的争议，当事人可以请求进行处理的工商行政管理部门调解，也可以依照《中华人民共和国民事诉讼法》向人民法院起诉。经工商行政管理部门调解，当事人未达成协议或者调解书生效后不履行的，当事人可以依照《中华人民共和国民事诉讼法》向人民法院起诉。"[1] 又根据其第 61 条规定，对侵犯注册商标专用权的行为，市场监督管理部门有权依法查处；涉嫌犯罪的，应当及时移送司法机关依法处理。

上述规定表明，对于商标侵权行为的解决，商标注册人或者利害关系人可以采取的手段有：与侵权嫌疑人协商解决、向人民法院起诉以及请求市场监督管理部门处理。[2] 就协商解决而言，其优点是省时省力，易于执行。但协商解决纠纷不是必经程序，是否协商解决取决于当事人的意愿。其一般适用于较轻微、明确的商标侵权纠纷案件。向人民法院起诉即会形成商标民事诉讼，有关商标诉讼问题将在本章第四节专题探讨。本部分将结合

---

[1]《商标法实施条例》第 78 条规定，"违法经营额"的计算，可以考虑下列因素：①侵权商品的销售价格；②未销售侵权商品的标价；③已查清侵权商品实际销售的平均价格；④被侵权商品的市场中间价格；⑤侵权人因侵权所产生的营业收入；⑥其他能够合理计算侵权商品价值的因素。其第 79 条规定，下列情形属于上述"能证明该商品是自己合法取得的"情形：①有供货单位合法签章的供货清单和货款收据且经查证属实或者供货单位认可的；②有供销双方签订的进货合同且经查证已真实履行的；③有合法进货发票且发票记载事项与涉案商品对应的；④其他能够证明合法取得涉案商品的情形。《商标侵权判断标准》第 34 条则规定，上述"五年内实施两次以上商标侵权行为"，是指同一当事人被商标执法相关部门、人民法院认定侵犯他人注册商标专用权的行政处罚或者判决生效之日起，5 年内又实施商标侵权行为的。

[2] 2019 年现行《商标法》施行后，国务院进行了进一步机构改革，其中原工商行政管理部门被并入市场监督管理部门。

《商标法》《商标法实施条例》以及有关司法解释和部门规章重点探讨商标侵权的行政责任。

请求市场监督管理部门处理的重要内容是追究商标侵权人的行政责任。除此之外，基于市场监督管理部门调处商标侵权纠纷的权限和职能，市场监督管理部门还可以就赔偿数额进行行政调处。即商标侵权纠纷发生后，应当事人的请求，市场监督管理部门可以就赔偿的数额进行调解。调解在自愿的原则下进行，没有强制约束力。调解不成或者调解达成协议但不履行的，被侵权人可以向人民法院起诉。该诉讼以侵权人为被告，诉讼的性质是民事诉讼。

关于上述追究商标侵权的行政责任，以下问题值得进一步认识：

1. 商标侵权的行政处罚措施。被侵权人可以通过向行政机关控告或检举，请求行政机关对侵权人予以行政处罚。根据《商标法》第60条和《商标法实施条例》第77条、第80条、第82条的规定，有权处理商标侵权行为的行政机关为各级市场监督管理部门。市场监督管理部门依法对商标侵权行为进行认定，属于侵权的，责令立即停止侵权行为，没收、销毁侵权商品和专门用于制造侵权商品、伪造注册商标标识的工具，并可以处以罚款。当事人对处理决定不服的，可以自收到处理通知之日起15日内依照《行政诉讼法》向人民法院起诉；侵权人期满不起诉又不履行的，市场监督管理部门可以申请人民法院强制执行。

2. 市场监督管理部门可以行使的职权。根据《商标法实施条例》第77条规定，对侵犯注册商标专用权的行为，任何人可以向市场监督管理部门投诉或者举报。依照《商标法》第62条第1款规定，县级以上市场监督管理部门根据已经取得的违法嫌疑证据或者举报对涉嫌侵犯他人注册商标专用权的行为进行查处时，可以行使下列职权：①询问有关当事人，调查与侵犯他人注册商标专用权有关的情况；②查阅、复制当事人与侵权活动有关的合同、发票、账簿以及其他有关资料；③对当事人涉嫌从事侵犯他人注册商标专用权活动的场所实施现场检查；④检查与侵权活动有关的物品；对有证据证明是侵犯他人注册商标专用权的物品，可以查封或者扣押。市场监督管理部门依法行使前款规定的职权时，当事人应当予以协助、配合，不得拒绝、阻挠。[1]

3. 市场监督管理部门针对不同情形下的商标侵权和相关违法行为的行政处理措施。

（1）善意侵权的处理。根据《商标法实施条例》第80条规定，销售不知道是侵犯注册商标专用权的商品，能证明该商品是自己合法取得并说明提供者的，由市场监督管理部门责令停止销售，并将案件情况通报侵权商品提供者所在地市场监督管理部门。《商标侵权判断标准》第29条则规定，针对上述情况，对侵权商品责令停止销售，对供货商立案查处或者将案件线索移送具有管辖权的商标执法相关部门查处。对责令停止销售的侵权商品，侵权人再次销售的，应当依法查处。

（2）在先权利的甄别。《商标侵权判断标准》第32条规定："在查处商标侵权案件时，应当保护合法在先权利。以外观设计专利权、作品著作权抗辩他人注册商标专用权的，若注册商标的申请日先于外观设计专利申请日或者有证据证明的该著作权作品创作完成日，商标执法相关部门可以对商标侵权案件进行查处。"

---

[1] 为保障市场监督管理部门规范执法、廉洁自律，根据《商标法》第70条规定，市场监督管理部门应当建立健全内部监督制度，对负责商标注册、管理和复审工作的国家机关工作人员执行法律、行政法规和遵守纪律的情况，进行监督检查。

(3) 涉案商品是否为权利人生产或者其许可生产的证明。《商标侵权判断标准》第 36 条规定："在查处商标侵权案件过程中，商标执法相关部门可以要求权利人对涉案商品是否为权利人生产或者其许可生产的商品出具书面辨认意见。权利人应当对其辨认意见承担相应法律责任。商标执法相关部门应当审查辨认人出具辨认意见的主体资格及辨认意见的真实性。涉嫌侵权人无相反证据推翻该辨认意见的，商标执法相关部门将该辨认意见作为证据予以采纳。"

(4) 对商标代理机构在从事商标代理及相关活动中的违法行为的行政处罚。根据《商标法》第 68 条规定，商标代理机构有下列行为之一的，由市场监督管理部门责令限期改正，给予警告，处 1 万元以上 10 万元以下的罚款；对直接负责的主管人员和其他直接责任人员给予警告，处 5 千元以上 5 万元以下的罚款；构成犯罪的，依法追究刑事责任：①办理商标事宜过程中，伪造、变造或者使用伪造、变造的法律文件、印章、签名的；②以诋毁其他商标代理机构等手段招徕商标代理业务或者以其他不正当手段扰乱商标代理市场秩序的；③违反《商标法》第 4 条、第 19 条第 3 款和第 4 款规定的。商标代理机构有前款规定行为的，由市场监督管理部门记入信用档案；情节严重的，商标局、商标评审委员会可以决定停止受理其办理商标代理业务，予以公告。商标代理机构违反诚实信用原则，侵害委托人合法利益的，应当依法承担民事责任，并由商标代理行业组织按照章程规定予以惩戒。对恶意申请商标注册的，根据情节给予警告、罚款等行政处罚；对恶意提起商标诉讼的，由人民法院依法给予处罚。上述规定，对于规范商标代理机构依法代理商标注册申请和办理其他商标事务，遵循诚信原则，严格贯彻商标法的规定，具有十分重要的意义。[1]

(三) 刑事责任

对于侵犯商标权的犯罪的规定主要体现在《刑法》"侵犯知识产权罪"中。1979 年《刑法》规定了假冒注册商标罪，但规定的范围显得过窄，法律制裁偏轻。因此，1993 年 2 月 22 日全国人大常委会通过了《关于惩治假冒注册商标犯罪的补充规定》，对《刑法》进行了补充和修正。1997 年 10 月 1 日实施的《刑法》在吸收上述内容的基础上，在第三章第七节规定了三种假冒商标的犯罪，即假冒注册商标罪、销售假冒注册商标的商品罪，非法制造、销售注册商标标识罪。2020 年 12 月 26 日通过的《刑法修正案（十一）》进一步完善了假冒注册商标犯罪构成标准，扩大了入罪范围，并加大了处罚力度。与《商标法》所规定的商标侵权行为相互衔接，同时对假冒商标犯罪行为及其惩处的规定更加完善，更具有可操作性。

1. 假冒商标犯罪的犯罪构成。根据刑法的犯罪构成理论，假冒注册商标犯罪和其他犯罪一样，其构成要件包括以下四个方面：

(1) 犯罪客体。商标管理制度的核心是对商标专用权的保护。假冒注册商标犯罪侵犯了注册商标专用权，破坏的是商标专用权所反映的国家商标管理制度。因此，假冒注册商标犯罪的客体是商标管理制度和他人注册商标专用权。

(2) 犯罪主体。无论是个人、单位，只要实施了侵犯他人注册商标专用权的行为，均可成为假冒注册商标犯罪主体。

(3) 犯罪主观方面。此类犯罪的主观方面须是故意，过失不构成此类犯罪。这里的故意还应是直接故意，即"明知"是他人已经注册的商标而实施假冒行为。如《商标法》第

---

[1] 参见四川省高级人民法院（2022）川知行终 1 号行政判决书（罚款及行政复议案）。

67 条第 3 款规定："销售明知是假冒注册商标的商品，构成犯罪的，除赔偿被侵权人的损失外，依法追究刑事责任。"

前述《知识产权刑事案件应用法律解释》第 9 条第 2 款规定，以下情形应当认定为"明知"：①知道自己销售的商品上的注册商标被涂改、调换或者覆盖的；②因销售假冒注册商标的商品受到过行政处罚或者承担过民事责任、又销售同一种假冒注册商标的商品的；③伪造、涂改商标注册人授权文件或者知道该文件被伪造、涂改的；④其他知道或者应当知道是假冒注册商标的商品的情形。

（4）犯罪客观方面。此罪的客观方面表现为行为人违反商标管理法规，假冒他人注册商标、销售明知是假冒注册商标的商品以及伪造、擅自制造注册商标标识，情节严重的行为。

2. 不同类型商标犯罪的处理。根据我国《刑法》和《知识产权刑事案件应用法律解释》的规定，如果在实施假冒注册商标犯罪同时，又销售该假冒注册商标的商品，符合刑事犯罪要件的，根据《刑法》第 213 条的规定，应当以假冒注册商标罪定罪处罚。明知他人实施侵犯商标权的犯罪，而为其提供贷款、资金、账号、发票、证明、许可证件，或者提供生产、经营场所，或者运输、储存、代理进出口等便利条件、帮助的，不另外定罪，而以侵犯商标权犯罪的共犯论处。实施《刑法》第 213 条规定的假冒注册商标罪，又销售明知是他人的假冒注册商标的商品，情节严重，构成犯罪的，应当实行数罪并罚。在实践中应注意伪造、擅自制造他人注册商标标识或者销售伪造、擅自制造的注册商标标识与伪造、变造国家机关证件罪等相关罪名的区别。《商标法实施条例》第 64 条第 3 款明确规定："伪造或者变造《商标注册证》或者其他商标证明文件的，依照刑法关于伪造、变造国家机关证件罪或者其他罪的规定，依法追究刑事责任。"

3. 商标犯罪的类型。根据《刑法》《商标法》等的规定，具体如下：

（1）假冒注册商标罪。《商标法》第 67 条第 1 款规定："未经商标注册人许可，在同一种商品上使用与其注册商标相同的商标，构成犯罪的，除赔偿被侵权人的损失外，依法追究刑事责任。"又根据《刑法》第 213 条规定，未经注册商标所有人许可，在同一种商品、服务上使用与其注册商标相同的商标，[1] 情节严重的，处 3 年以下有期徒刑，并处或者单处罚金；情节特别严重的，处 3 年以上 10 年以下有期徒刑，并处罚金。需要说明的是，"与其注册商标相同的商标"包括：其一，改变注册商标的字体、字母大小写或者文字横竖排列，与注册商标之间基本无差别的；其二，改变注册商标的文字、字母、数字等之间的间距，与注册商标之间基本无差别的；其三，改变注册商标颜色，不影响体现注册商标显著特征的；其四，在注册商标上仅增加商品通用名称、型号等缺乏显著特征要素，不影响体现注册商标显著特征的；其五，与立体注册商标的三维标志及平面要素基本无差别的；其六，其他与注册商标基本无差别、足以对公众产生误导的商标。[2]

根据《知识产权刑事案件应用法律解释》第 1 条规定，"情节严重"是指：①非法经

---

〔1〕 根据《知识产权刑事案件应用法律解释》第 8 条的解释，"相同的商标"是指与被假冒的注册商标完全相同，或者与被假冒的注册商标在视觉上基本无差别、足以对公众产生误导的商标。

〔2〕 《知识产权刑事案件应用法律解释（三）》第 1 条。参见安徽省淮南市大通区人民法院（2022）皖 0402 刑初 227 号刑事判决书（假冒注册商标罪案）；黑龙江省高级人民法院（2022）黑刑终 91 号刑事判决书（假冒注册商标罪、销售假冒注册商标的商品罪案）。

营数额在 5 万元以上或者违法所得数额在 3 万元以上的；②假冒两种以上注册商标，非法经营数额在 3 万元以上或者违法所得数额在 2 万元以上的；③其他情节严重的情形。"情节特别严重"是指：①非法经营数额在 25 万元以上或者违法所得数额在 15 万元以上的；②假冒两种以上注册商标，非法经营数额在 15 万元以上或者违法所得数额在 10 万元以上的；③其他情节特别严重的情形。

（2）销售假冒注册商标的商品罪。根据《刑法》第 214 条规定，销售明知是假冒注册商标的商品，违法所得数额较大或者有其他严重情节的，处 3 年以下有期徒刑，并处或者单处罚金；违法所得数额巨大或者有其他特别严重情节的，处 3 年以上 10 年以下有期徒刑，并处罚金。"数额较大"是指销售金额[1]在 5 万元以上的；"数额巨大"是指销售金额在 25 万元以上的。[2]

（3）非法制造、销售非法制造的注册商标标识罪。《商标法》第 67 条第 2 款规定："伪造、擅自制造他人注册商标标识或者销售伪造、擅自制造的注册商标标识，构成犯罪的，除赔偿被侵权人的损失外，依法追究刑事责任。"又根据《刑法》第 215 条的规定，伪造、擅自制造他人注册商标标识或者销售伪造、擅自制造的注册商标标识，情节严重的，处 3 年以下有期徒刑，并处或者单处罚金；情节特别严重的，处 3 年以上 10 年以下有期徒刑，并处罚金。"情节严重"是指：①伪造、擅自制造或者销售伪造、擅自制造的注册商标标识数量在 2 万件以上，或者非法经营数额在 5 万元以上，或者违法所得数额在 3 万元以上的；②伪造、擅自制造或者销售伪造、擅自制造两种以上注册商标标识数量在 1 万件以上，或者非法经营数额在 3 万元以上，或者违法所得数额在 2 万元以上的；③其他情节严重的情形。"情节特别严重"是指：①伪造、擅自制造或者销售伪造、擅自制造的注册商标标识数量在 10 万件以上，或者非法经营数额在 25 万元以上，或者违法所得数额在 15 万元以上的；②伪造、擅自制造或者销售伪造、擅自制造两种以上注册商标标识数量在 5 万件以上，或者非法经营数额在 15 万元以上，或者违法所得数额在 10 万元以上的；③其他情节特别严重的情形。[3]

此外，还有以下问题值得注意：一是与商标侵权有关的其他犯罪行为。《商标法》第 71 条规定："从事商标注册、管理和复审工作的国家机关工作人员玩忽职守、滥用职权、徇私舞弊，违法办理商标注册、管理和复审事项，收受当事人财物，牟取不正当利益，构成犯罪的，依法追究刑事责任；尚不构成犯罪的，依法给予处分。"这一规定明确了有关国家机关工作人员的职责权限，更有利于保护商标权人的合法利益。二是对于假冒注册商标罪相关物品的处置。《知识产权刑事案件应用法律解释（三）》第 7 条规定："除特殊情况外，假冒注册商标的商品、非法制造的注册商标标识、侵犯著作权的复制品、主要用于制造假冒注册商标的商品、注册商标标识或者侵权复制品的材料和工具，应当依法予以没收和销毁。上述物品需要作为民事、行政案件的证据使用的，经权利人申请，可以在民事、行政

---

[1] 根据《知识产权刑事案件应用法律解释》第 9 条的解释，这里的"销售金额"，是指销售假冒注册商标的商品后所得和应得的全部违法收入。

[2] 参见四川省达州市中级人民法院（2022）川 17 刑初 12 号刑事判决书（销售假冒注册商标的商品罪案）；浙江省乐清市人民法院（2022）浙 0382 刑初 957 号刑事附带民事判决书（假冒注册商标、销售假冒注册商标的商品案）；云南省高级人民法院（2022）云刑终 721 号刑事裁定书（销售假冒注册商标的商品罪案）。

[3] 参见湖南省新邵县人民法院（2020）湘 0522 刑初 37 号刑事判决书（假冒注册商标罪及非法制造注册商标标识罪案）。

案件终结后或者采取取样、拍照等方式对证据固定后予以销毁。"[1]

第四节 商标诉讼

商标案件可以分为民事纠纷案件、行政纠纷案件和刑事案件。相应地，商标诉讼可以分为民事诉讼、行政诉讼和刑事诉讼。在法律适用上，分别适用我国《民事诉讼法》《行政诉讼法》和《刑事诉讼法》的规定。[2]

一、商标民事诉讼

商标民事诉讼，是指在商标注册人等诉讼当事人的参与下，人民法院按照诉讼程序审理商标民事纠纷案件的活动和过程。

（一）受案范围

商标民事诉讼的受案范围，包括商标权权属纠纷、侵权纠纷和合同纠纷案件三类。

根据 2020 年修正的《最高人民法院关于商标法修改决定施行后商标案件管辖和法律适用问题的解释》（以下简称《商标法修改后商标案件管辖和法律适用解释》）第 1 条规定，人民法院受理的商标民事纠纷案件有：商标权权属纠纷案件；侵害商标权纠纷案件；确认不侵害商标权纠纷案件；商标权转让合同纠纷案件；商标使用许可合同纠纷案件；商标代理合同纠纷案件；申请诉前停止侵害注册商标专用权案件；申请停止侵害注册商标专用权损害责任案件；申请诉前财产保全案件；申请诉前证据保全案件等。

在实践中，商标侵权纠纷案件最为典型和普遍。以下也主要以商标侵权案件作为探讨的对象。

（二）诉讼主体资格

根据前述《商标法》第 60 条第 1 款规定，对于侵害注册商标专用权的行为，商标注册人或者利害关系人可以向人民法院起诉。《审理商标民事案件适用法律解释》第 4 条第 1 款将上述"利害关系人"解释为：包括注册商标使用许可合同的被许可人、注册商标财产权利的合法继承人等。其第 2 款则规定："在发生注册商标专用权被侵害时，独占使用许可合同的被许可人可以向人民法院提起诉讼；排他使用许可合同的被许可人可以和商标注册人共同起诉，也可以在商标注册人不起诉的情况下，自行提起诉讼；普通使用许可合同的被许可人经商标注册人明确授权，可以提起诉讼。"上述规定，明确了在商标侵权诉讼中，具有原告主体资格的范围。商标侵权诉讼被告，则是商标注册人或者利害关系人认为侵害其商标专用权的单位或个人。

（三）诉讼管辖

在级别管辖上，根据《商标法修改后商标案件管辖和法律适用解释》第 3 条规定，一审商标民事案件，由中级以上人民法院及最高人民法院指定的基层人民法院管辖。涉及对驰名商标保护的民事、行政案件，由省、自治区人民政府所在地市、计划单列市、直辖市辖区中级人民法院及最高人民法院指定的其他中级人民法院管辖。《商标案件管辖和法律适用解释》第 2 条第 4 款则补充规定："各高级人民法院根据本辖区的实际情况，经最高人民法院批准，可以在较大城市确定 1-2 个基层人民法院受理第一审商标民事纠纷案件。"

---

[1] 参见刘铁光：《论商标保护民刑之间的衔接》，载《环球法律评论》2023 年第 4 期。
[2] 参见邱润根：《商标案件刑民交叉责任的界分步骤》，载《政治与法律》2021 年第 10 期。

在地域管辖上,《审理商标民事案件适用法律解释》第 6 条规定:"因侵犯注册商标专用权行为提起的民事诉讼,由商标法第十三条、第五十七条所规定侵权行为的实施地、侵权商品的储藏地或者查封扣押地、被告住所地人民法院管辖。前款规定的侵权商品的储藏地,是指大量或者经常性储存、隐匿侵权商品所在地;查封扣押地,是指海关等行政机关依法查封、扣押侵权商品所在地。"其第 7 条则规定:"对涉及不同侵权行为实施地的多个被告提起的共同诉讼,原告可以选择其中一个被告的侵权行为实施地人民法院管辖;仅对其中某一被告提起的诉讼,该被告侵权行为实施地的人民法院有管辖权。"[1] 从上述规定可知,商标侵权案件原告选择管辖的法院较为灵活,有利于其根据案情有效地维护其合法权益。

(四)诉前保全措施

《商标法》第 65 条规定:"商标注册人或者利害关系人有证据证明他人正在实施或者即将实施侵犯其注册商标专用权的行为,如不及时制止将会使其合法权益受到难以弥补的损害的,可以依法在起诉前向人民法院申请采取责令停止有关行为和财产保全的措施。"其第 66 条则规定:"为制止侵权行为,在证据可能灭失或者以后难以取得的情况下,商标注册人或者利害关系人可以依法在起诉前向人民法院申请保全证据。"上述规定,确立了诉前行为保全、财产保全和证据保全制度。这些制度,有利于商标注册人或者利害关系人及时制止侵权、维护自身合法权益。[2]

商标注册人或者利害关系人向人民法院申请诉前停止侵权行为时,需要注意以下几点:

1. 需要提交书面申请书。申请书应当载明当事人及其基本情况;申请的具体内容、范围、申请的理由,包括有关行为如不及时制止,商标注册人或者利害关系人的合法权益受到难以弥补的损害的具体说明。

2. 需要提供担保。人民法院可以责令申请人提供担保,申请人不提供担保的,驳回申请。担保范围的确定应当考虑责令停止有关行为所涉及的商标销售收益,以及合理的仓储、保管等费用和停止有关行为可能造成的合理损失。在执行停止有关行为的裁定过程中,被申请人可能因采取该项措施遭受更大损失的,人民法院可以责令申请人追加相应的担保。申请人不追加的,可以解除有关停止措施。如果申请人错误申请造成被申请人损失的,被申请人可以向人民法院起诉请求申请人赔偿,也可以在商标注册人或者利害关系人提起的侵犯注册商标专用权的诉讼中提出损害赔偿要求,人民法院根据情况可以一并处理。裁定停止侵犯注册商标专用权行为的效力,维持到终审法律文书生效时为止。

上述诉前财产保全,是为了实现避免商标注册人或利害关系人的合法权益受到难以弥

---

[1] 参见上海市高级人民法院(2020)沪民终 406 号民事判决书(商标侵权纠纷案);重庆市第五中级人民法院(2020)渝 05 民辖终 494 号民事裁定书(商标侵权纠纷案)。

[2] 参见陕西省西安市中级人民法院(2019)陕 01 行保 1 号之一民事裁定书(申请诉前停止侵害注册商标专用权案);安徽省亳州市中级人民法院(2019)皖 16 民初 351 号民事判决书(侵害商标权纠纷案);北京知识产权法院(2016)京 73 行保 1 号民事裁定书(申请诉前停止侵害注册商标专用权纠纷案)。司法实践中还出现了"反向行为保全"案件,参见浙江省杭州市余杭区人民法院(2019)浙 0110 行保 1 号民事裁定书(申请诉前停止侵害知识产权案)。

补的损害。值得一提的是，最高人民法院还发布了针对注册商标权进行财产保全的规定。[1] 这一类型的财产保全和本部分探讨的维护商标注册人或者利害关系人合法权益的诉前财产保全制度不同，应注意区分。

（五）诉讼时效

《审理商标民事案件适用法律解释》第18条规定："侵犯注册商标专用权的诉讼时效为三年，自商标注册人或者利害权利人知道或者应当知道权利受到损害以及义务人之日起计算。商标注册人或者利害关系人超过三年起诉的，如果侵权行为在起诉时仍在持续，在该注册商标专用权有效期限内，人民法院应当判决被告停止侵权行为，侵权损害赔偿数额应当自权利人向人民法院起诉之日起向前推算三年计算。"上述规定，既与《民法典》关于诉讼时效的规定一致，也与前述著作权侵权和专利侵权纠纷案件诉讼时效的确定一致。

（六）举证责任

《商标法》第63条第2款规定："人民法院为确定赔偿数额，在权利人已经尽力举证，而与侵权行为相关的账簿、资料主要由侵权人掌握的情况下，可以责令侵权人提供与侵权行为相关的账簿、资料；侵权人不提供或者提供虚假的账簿、资料的，人民法院可以参考权利人的主张和提供的证据判定赔偿数额。"该规定有利于促使侵权人积极配合举证，使人民法院能够更好地查明案情事实，公平合理地处理商标侵权纠纷案件。

（七）商标侵权诉讼和行政处理程序以及其他类型诉讼的衔接

《商标法》第62条第3款规定："在查处商标侵权案件过程中，对商标权属存在争议或者权利人同时向人民法院提起商标侵权诉讼的，工商行政管理部门可以中止案件的查处。中止原因消除后，应当恢复或者终结案件查处程序。"《商标侵权判断标准》第35条补充规定：正在国家知识产权局审理或者人民法院诉讼中的下列案件，可以适用商标法第六十二条第三款关于"中止"的规定：①注册商标处于无效宣告中的；②注册商标处于续展宽展期的；③注册商标权属存在其他争议情形的。《审理商标民事案件适用法律解释》第5条则规定："商标注册人或者利害关系人在注册商标续展宽展期内提出续展申请，未获核准前，以他人侵犯其注册商标专用权提起诉讼的，人民法院应当受理。"《商标法修改后商标案件管辖和法律适用解释》第4条则规定："在行政管理部门查处侵害商标权行为过程中，当事人就相关商标提起商标权权属或者侵害商标权民事诉讼的，人民法院应当受理。"[2] 这些规定，有利于商标侵权案件行政处理与商标权属诉讼和侵权诉讼的衔接与协调，提高处理案件的效率，更好地践行商标法。

此外，商标侵权诉讼有时涉及合同纠纷问题，如商标被许可人超越授权范围或者期限利用被许可商标的行为，就存在违约和侵权竞合的问题。对于这种情况，注册商标人享有选择违约或侵权诉讼的权利。

（八）民事制裁适用的问题

《审理商标民事案件适用法律解释》第21条规定："人民法院在审理侵犯注册商标专用

---

[1]《关于人民法院对注册商标权进行财产保全的解释》（2020修正）。具体内容有：关于商标局协助执行的程序（第1条）、注册商标权保全的期限一次不得超过1年（第2条）以及人民法院对已经进行保全的注册商标权，不得重复进行保全（第3条）。

[2]《商标案件管辖和法律适用解释》第3条则规定："商标注册人或者利害关系人向国家知识产权局就侵犯商标权行为请求处理，又向人民法院提起侵害商标权诉讼请求损害赔偿的，人民法院应当受理。"

权纠纷案件中,依据民法典第一百七十九条、商标法第六十条的规定和案件具体情况,可以判决侵权人承担停止侵害、排除妨碍、消除危险、赔偿损失、消除影响等民事责任,还可以作出罚款,收缴侵权商品、伪造的商标标识和主要用于生产侵权商品的材料、工具、设备等财物的民事制裁决定。罚款数额可以参照商标法第六十条第二款的有关规定确定。行政管理部门对同一侵犯注册商标专用权行为已经给予行政处罚的,人民法院不再予以民事制裁。"上述规定,明确了在商标侵权诉讼如何适用民事制裁的问题。应当注意的是妥善处理好民事制裁和行政处罚的关系,以防止被诉侵权人受到重复处罚。

二、商标行政诉讼

商标行政诉讼可以分为商标授权确权纠纷行政案件的诉讼以及行政相对人对于市场监督管理部门关于商标侵权行政处罚不服的行政纠纷案件诉讼等类型。[1] 这些案件,需要根据《商标法》《行政诉讼法》等的规定处理。

关于第一类商标行政诉讼,《审理商标授权确权行政案件规定》第1条作了界定:商标授权确权行政案件,是指相对人或者利害关系人因不服国家知识产权局作出的商标驳回复审、商标不予注册复审、商标撤销复审、商标无效宣告及无效宣告复审等行政行为,向人民法院提起诉讼的案件。其第2条则规定:"人民法院对商标授权确权行政行为进行审查的范围,一般应根据原告的诉讼请求及理由确定。原告在诉讼中未提出主张,但国家知识产权局相关认定存在明显不当的,人民法院在各方当事人陈述意见后,可以对相关事由进行审查并作出裁判。"此外,该司法解释对于诉讼过程中出现的违反法定程序、出现新的事实,以及重复申请和特定情形下裁定驳回起诉等问题也作了明确规定,是人民法院审理这类行政案件的重要司法指引。

具体而言,《审理商标授权确权行政案件规定》第27条规定:当事人主张国家知识产权局下列情形属于行政诉讼法第70条第3项规定的"违反法定程序"的,人民法院予以支持:①遗漏当事人提出的评审理由,对当事人权利产生实际影响的;②评审程序中未告知合议组成员,经审查确有应当回避事由而未回避的;③未通知适格当事人参加评审,该方当事人明确提出异议的;④其他违反法定程序的情形。其第28条规定:"人民法院审理商标授权确权行政案件的过程中,国家知识产权局对诉争商标予以驳回、不予核准注册或者予以无效宣告的事由不复存在的,人民法院可以依据新的事实撤销国家知识产权局相关裁决,并判令其根据变更后的事实重新作出裁决。"其第29条规定:当事人依据在原行政行为之后新发现的证据,或者在原行政程序中因客观原因无法取得或在规定的期限内不能提供的证据,或者新的法律依据提出的评审申请,不属于以"相同的事实和理由"再次提出评审申请。在商标驳回复审程序中,国家知识产权局以申请商标与引证商标不构成使用在同一种或者类似商品上的相同或者近似商标为由准予申请商标初步审定公告后,以下情形不视为"以相同的事实和理由"再次提出评审申请:①引证商标所有人或者利害关系人依据该引证商标提出异议,国家知识产权局予以支持,被异议商标申请人申请复审的;②引证商标所有人或者利害关系人在申请商标获准注册后依据该引证商标申请宣告其无效的。其第30条则规定:"人民法院生效裁判对于相关事实和法律适用已作出明确认定,相对人

---

[1] 根据《商标法修改后商标案件管辖和法律适用解释》第1条规定,商标行政案件有不服国家知识产权局作出的复审决定或者裁定的行政案件、不服国家知识产权局作出的有关商标的其他行政行为的案件,以及其他商标行政案件。

或者利害关系人对于国家知识产权局依据该生效裁判重新作出的裁决提起诉讼的,人民法院依法裁定不予受理;已经受理的,裁定驳回起诉。"

此外,就上述第一类商标行政纠纷案件而言,《商标法修改后商标案件管辖和法律适用解释》规定了管辖法院:不服国家知识产权局作出的复审决定或者裁定的行政案件及国家知识产权局作出的有关商标的行政行为案件,由北京市有关中级人民法院管辖。根据前述关于北京知识产权法院的管辖权限的规定,这里的"北京市有关中级人民法院"实际上就是北京知识产权法院。

至于上述第二类商标行政纠纷案件,主要是对行政相对人商标侵权行政处罚不服提起行政诉讼,需要按照行政诉讼一般管辖原则和其他规定确定有管辖权的人民法院审理。

三、商标刑事诉讼

商标刑事诉讼,是指在国家公诉机关参与下,人民法院按照刑事诉讼程序,依法追究假冒注册商标犯罪行为人刑事责任的活动和过程。商标刑事诉讼涉及犯罪嫌疑人资格的确定、假冒注册商标行为罪与非罪的界定、假冒注册商标罪应承担的刑事法律责任等问题。

为统一裁判标准,最高人民检察院和最高人民法院公布的前述三个关于办理知识产权刑事案件的司法解释,对于包括假冒商标犯罪在内的知识产权犯罪行为的定罪量刑和刑事责任界定等重要问题都作了明确规定。例如,《知识产权刑事案件应用法律解释(二)》第4条规定:"对于侵犯知识产权犯罪的,人民法院应当综合考虑犯罪的违法所得、非法经营数额、给权利人造成的损失、社会危害性等情节,依法判处罚金。罚金数额一般在违法所得的一倍以上五倍以下,或者按照非法经营数额的50%以上一倍以下确定。"其第5条则规定:"被害人有证据证明的侵犯知识产权刑事案件,直接向人民法院起诉的,人民法院应当依法受理;严重危害社会秩序和国家利益的侵犯知识产权刑事案件,由人民检察院依法提起公诉。"这些规定,自然同样适用于假冒注册商标犯罪案件。[1]

关于商标刑事诉讼,还值得注意的是应注意区分假冒注册商标罪和不构成犯罪的一般假冒注册商标行为的界限。在司法实践中,应当特别注意"同一种商品""与注册商标相同"的商标的界定,以及"非法经营数额"的合理计算,以避免犯罪非罪化或者相反。[2]

第五节 驰名商标的特殊保护

一、驰名商标的概念及保护历史

驰名商标(Well-known trademarks)是一个国际通用的法律概念。《巴黎公约》最先涉及驰名商标问题。但1883年签订的该公约最初文本并没有提及驰名商标,直到1925年该公约第五次修订后的海牙文本才首次出现了有关驰名商标保护的规定。直到现在,国际上

---

[1] 参见江苏省宿迁市中级人民法院(2015)宿中知刑初字第0004号刑事判决书(假冒注册商标案,指导案例第87号);镇江经济开发区人民法院(2020)苏1191刑初92号刑事判决书(销售假冒注册商标的商品罪案);新疆生产建设兵团伊宁垦区人民法院(2020)兵0402刑初9号刑事判决书(销售假冒注册商标的商品罪案)。

[2] 参见福建省厦门市中级人民法院(2018)闽02刑终632号刑事判决书(假冒注册商标罪、销售假冒注册商标的商品罪案);上海市高级人民法院(2019)沪刑终106号刑事裁定书(假冒注册商标罪、王某销售假冒注册商标的商品罪案);安徽省蚌埠市中级人民法院(2016)皖03刑终194号刑事裁定书(假冒注册商标罪、销售假冒注册商标的商品罪、销售非法制造的注册商标标识上诉案)。

也没有对驰名商标下一个确切的、公认的定义。但一般认为，其是在一国内为相关公众所熟知的商标。

《巴黎公约》虽然规定了驰名商标保护制度，但没有作出任何强制性规定来要求其成员国必须予以实施。加之该公约将驰名商标的认定权赋予了各成员国，这使得对驰名商标的保护并没有因公约的规定而形成一种明确的、规范性的制度。

《巴黎公约》没有规定认定驰名商标的具体标准，也没有规定注册驰名商标跨类保护制度，而 TRIPs 协议不仅规定了驰名商标保护的条件和认定标准，而且规定了注册驰名商标的跨类保护制度。由此可见，TRIPs 协议在驰名商标保护问题上比《巴黎公约》的规定有重要改进。

我国驰名商标法律制度建立时间较短。1982 年《商标法》没有对驰名商标问题作出规定，1996 年原国家工商行政管理局出台《驰名商标认定和管理暂行规定》（已失效）为驰名商标的法律保护提供了一定的依据。2001 年为适应 TRIPs 协议而对《商标法》进行的修改以及 2002 年《商标法实施条例》的修订对驰名商标的认定条件和保护标准也作了明确的规定，这是我国首次对驰名商标提供较为完整的法律保护。2003 年 4 月 17 日，原国家工商行政管理总局发布《驰名商标认定和保护规定》，自同年 6 月 1 日起施行。2009 年 4 月 22 日公布了《审理驰名商标民事案件应用法律解释》，自 2009 年 5 月 1 日起施行。2013 年修改《商标法》时，再一次完善了驰名商标制度。2020 年 12 月 23 日，《审理驰名商标民事案件应用法律解释》被修正，并自 2021 年 1 月 1 日起施行。其第 1 条即规定了驰名商标的定义：指在中国境内为相关公众所熟知的商标。迄今为止，我国已建立了比较完善的驰名商标认定与保护制度。

二、驰名商标的认定与案件管辖

（一）认定原则和具体情形

《商标法》第 13 条第 1 款规定，为相关公众所熟知的商标，持有人认为其权利受到侵害时，可以依照本法规定请求驰名商标保护。其第 14 条第 1 款规定，驰名商标应当根据当事人的请求，作为处理涉及商标案件需要认定的事实进行认定。这些规定表明，驰名商标的认定与保护遵循"被动保护、个案认定"原则，即认定机关只有在遇到具体案件时，才对商标驰名与否进行认定。也就是说，对驰名商标的认定是在商标争议、异议、侵权纠纷案中提起的，当商标权利人认为自己的商标已经驰名并受到不法侵害时，可以根据相关事实有选择地向认定机关提出认定申请，提交充分的相关证据，请求驰名商标的特殊保护。此外，根据《计算机网络域名民事案件适用法律解释》第 6 条规定，人民法院审理域名纠纷案件，根据当事人的请求以及案件的具体情况，可以对涉及的注册商标是否驰名依法作出认定。

《审理商标民事案件适用法律解释》第 22 条第 1 款规定，人民法院在审理商标纠纷案件中，根据当事人的请求和案件的具体情况，可以对涉及的注册商标是否驰名依法作出认定。根据《审理驰名商标民事案件应用法律解释》第 2 条规定：在下列民事纠纷案件中，当事人以商标驰名作为事实根据，人民法院根据案件具体情况，认为确有必要的，对所涉商标是否驰名作出认定：①以违反《商标法》第 13 条的规定为由，提起的侵犯商标权诉讼；②以企业名称与其驰名商标相同或者近似为由，提起的侵犯商标权或者不正当竞争诉讼；③符合本解释第 6 条规定的抗辩或者反诉的诉讼。[1] 其第 3 条则规定，人民法院对于下列情况下所涉商标是否驰名不予审查：①被诉侵犯商标权或者不正当竞争行为的成立不以商标驰名为事实根据的，如抢注商标为域名，造成相关公众误认的；②被诉侵犯商标权或者不正当竞争行为因不具备法律规定的其他要件而不成立的。原告以被告注册、使用的域名与其注册商标相同或者近似，并通过该域名进行相关商品交易的电子商务，足以造成相关公众误认为由，提起的侵权诉讼，按照前款第 1 项的规定处理。

（二）认定机关和认定程序

根据《商标法》第 14 条第 2~4 款规定，在商标注册审查、工商行政管理部门查处商标违法案件过程中，当事人依照《商标法》第 13 条规定主张权利的，商标局根据审查、处理案件的需要，可以对商标驰名情况作出认定。在商标争议处理过程中，当事人依照《商标法》第 13 条规定主张权利的，商标评审委员会根据处理案件的需要，可以对商标驰名情况作出认定。[2] 在商标民事、行政案件审理过程中，当事人依照《商标法》第 13 条规定主张权利的，最高人民法院指定的人民法院根据审理案件的需要，可以对商标驰名情况作出认定。由此可见，驰名商标的认定实行司法和行政认定并行的"双轨认定"体制。根据《商标法实施条例》第 3 条规定，商标局、商标评审委员会是法定的有权认定驰名商标的行政机关。《最高人民法院关于涉及驰名商标认定的民事纠纷案件管辖问题的通知》中规定，涉及驰名商标认定的民事纠纷案件，由省、自治区人民政府所在地的市、计划单列市中级人民法院，以及直辖市辖区内的中级人民法院管辖。

（三）认定标准

《商标法》第 14 条确立了驰名商标认定的五项标准：①相关公众对该商标的知晓程度。这里的"公众"并不是泛指一切公众，而是指与使用商标所标示的某类商品或者服务有关的消费者，生产前述商品或者提供服务的其他经营者以及经销渠道中所涉及的销售者和相关人员等。②证明该商标使用持续时间的有关材料，包括该商标使用、注册的历史和范围的有关材料。③证明该商标的任何宣传工作的持续时间、程序和地理范围的有关材料，包括广告宣传和促销活动的方式、地域范围、宣传媒体的种类以及广告投放量等有关材料。④证明该商标作为驰名商标受保护记录的有关材料，包括该商标曾在中国或其他国家和地区作为驰名商标受保护的有关材料。⑤证明该商标驰名的其他证据材料，包括使用该商标的主要商品近 3 年的产量、销售量、销售收入、利税、销售区域等有关材料。

在认定驰名商标时，人民法院可以结合行业排名、市场调查报告、市场价值评估报告、是否曾被认定为驰名商标等证据客观、全面地进行审查。《审理驰名商标民事案件应用法律解释》第 4 条规定："人民法院认定商标是否驰名，应当以证明其驰名的事实为依据，综合考虑商标法第十四条第一款规定的各项因素，但是根据案件具体情况无需考虑该条规定的全部因素即足以认定商标驰名的情形除外。"其第 8 条则规定："对于在中国境内为社会公众所熟知的商标，原告已提供其商标驰名的基本证据，或者被告不持异议的，人民法院对

---

[1]《审理驰名商标民事案件应用法律解释》第 6 条规定："原告以被诉商标的使用侵犯其注册商标专用权为由提起民事诉讼，被告以原告的注册商标复制、摹仿或者翻译其在先未注册驰名商标为由提出抗辩或者提起反诉的，应当对其在先未注册商标驰名的事实负举证责任。"

[2]《商标法实施条例》第 3 条规定："商标持有人依照商标法第十三条规定请求驰名商标保护的，应当提交其商标构成驰名商标的证据材料。商标局、商标评审委员会应当依照商标法第十四条的规定，根据审查、处理案件的需要以及当事人提交的证据材料，对其商标驰名情况作出认定。"

该商标驰名的事实予以认定。"

（四）认定效力与判决书、调解书对于驰名商标认定的处理

有关认定机关在具体案件中对驰名商标的认定仅对本案有效，不针对第三者，也不能针对市场竞争者。但涉及该驰名商标的案件再次发生时，先前的认定只能作为曾经受到驰名商标保护的记录，认定机关作出新认定时可以作为参考。

《审理商标民事案件适用法律解释》第22条第3款规定："当事人对曾经被行政主管机关或者人民法院认定的驰名商标请求保护的，对方当事人对涉及的商标驰名不持异议，人民法院不再审查。提出异议的，人民法院依照商标法第十四条的规定审查。"《审理驰名商标民事案件应用法律解释》第7条则规定："被诉侵犯商标权或者不正当竞争行为发生前，曾被人民法院或者行政管理部门认定驰名的商标，被告对该商标驰名的事实不持异议的，人民法院应当予以认定。被告提出异议的，原告仍应当对该商标驰名的事实负举证责任。除本解释另有规定外，人民法院对于商标驰名的事实，不适用民事诉讼证据的自认规则。"

此外，根据《审理驰名商标民事案件应用法律解释》第13条规定，在涉及驰名商标保护的民事纠纷案件中，人民法院对于商标驰名的认定，仅作为案件事实和判决理由，不写入判决主文；以调解方式审结的，在调解书中对商标驰名的事实不予认定。上述规定，体现了驰名商标司法认定的地位和具体处理方式。

（五）驰名商标民事和行政案件的管辖

如前述，《商标法修改后商标案件管辖和法律适用解释》第3条规定了涉及对驰名商标保护的民事、行政案件的级别管辖原则，即由省、自治区人民政府所在地市、计划单列市、直辖市辖区中级人民法院及最高人民法院指定的其他中级人民法院管辖。

三、驰名商标的特殊保护

驰名商标享有的特殊保护体现在以下两方面：

1. 未注册的驰名商标所有人可以对抗他人在后的注册商标或禁止他人使用。[1]《商标法》第13条第2款规定："就相同或者类似商品申请注册的商标是复制、摹仿或者翻译他人未在中国注册的驰名商标，容易导致混淆的，不予注册并禁止使用。"[2] 如前所述，《商标法》第45条第1款还规定违反《商标法》关于驰名商标保护制度的规定的，在先权利人或者利害关系人可以请求宣告该注册商标无效，对恶意注册的，驰名商标所有人不受5年的时间限制。由此可见，商标虽然未获注册，但一旦被认定为驰名商标，他人若在相同或类似商品（服务）上申请复制、摹仿或者翻译驰名商标或申请容易造成混淆标志的，不予注册并禁止使用；已经注册的，依法予以宣告无效。对于抢注未注册驰名商标的，根据抢注人的主观恶意程度，如果在先抢注人属非恶意的情况，未注册驰名商标所有人有权自商标注册之日起5年内请求商标评审委员会宣告该注册商标无效；如果在先注册属恶意注

---

[1] 参见王太平：《论我国未注册驰名商标的反淡化保护》，载《法学》2021年第5期；冯晓青：《未注册驰名商标保护及其制度完善》，载《法学家》2012年第4期。

[2] 《审理驰名商标民事案件应用法律解释》第9条第1款规定：足以使相关公众对使用驰名商标和被诉商标的商品来源产生误认，或者足以使相关公众认为使用驰名商标和被诉商标的经营者之间具有许可使用、关联企业关系等特定联系的，属于商标法第十三条第二款规定的"容易导致混淆"。《审理商标授权确权行政案件规定》第12条则补充规定，人民法院应当综合考量如下因素以及因素之间的相互影响，认定是否容易导致混淆：①商标标志的近似程度；②商品的类似程度；③请求保护商标的显著性和知名程度；④相关公众的注意程度；⑤其他相关因素。商标申请人的主观意图以及实际混淆的证据可以作为判断混淆可能性的参考因素。

册，则不受 5 年的限制。

依据《审理商标民事案件适用法律解释》第 2 条规定，复制、摹仿、翻译他人未在中国注册的驰名商标或其主要部分，在相同或者类似商品上作为商标使用，容易导致混淆的，应当承担停止侵害的民事法律责任。[1]《审理驰名商标民事案件应用法律解释》第 11 条则作了补充规定："被告使用的注册商标违反商标法第十三条的规定，复制、摹仿或者翻译原告驰名商标，构成侵犯商标权的，人民法院应当根据原告的请求，依法判决禁止被告使用该商标，但被告的注册商标有下列情形之一的，人民法院对原告的请求不予支持：（一）已经超过商标法第四十五条第一款规定的请求宣告无效期限的；（二）被告提出注册申请时，原告的商标并不驰名的。"上述规定，既体现了对未在中国注册的未注册驰名商标的保护，也体现了法律的公平原则。

此外，《审理驰名商标民事案件应用法律解释》第 12 条规定："当事人请求保护的未注册驰名商标，属于商标法第十条、第十一条、第十二条规定不得作为商标使用或者注册情形的，人民法院不予支持。"由此可见，主张未注册驰名商标保护，需要以合法为前提条件。

2. 已注册的驰名商标可以享受跨类保护。[2]《商标法》第 13 条第 3 款规定："就不相同或者不相类似商品申请注册的商标是复制、摹仿或者翻译他人已经在中国注册的驰名商标，误导公众，致使该驰名商标注册人的利益可能受到损害的，不予注册并禁止使用。"已经获得注册的，驰名商标注册人有权请求商标评审委员会宣告该注册商标无效。

根据《审理驰名商标民事案件应用法律解释》第 9 条第 2 款规定，足以使相关公众认为被诉商标与驰名商标具有相当程度的联系，而减弱驰名商标的显著性、贬损驰名商标的市场声誉，或者不正当利用驰名商标的市场声誉的，属于上述"误导公众，致使该驰名商标注册人的利益可能受到损害"。又根据其第 10 条规定，原告请求禁止被告在不相类似商品上使用与原告驰名的注册商标相同或者近似的商标或者企业名称的，人民法院应当根据案件具体情况，综合考虑以下因素后作出裁判：①该驰名商标的显著程度；②该驰名商标在使用被诉商标或者企业名称的商品的相关公众中的知晓程度；③使用驰名商标的商品与使用被诉商标或者企业名称的商品之间的关联程度；④其他相关因素。《审理商标授权确权行政案件规定》第 13 条则对"认定诉争商标的使用是否足以使相关公众认为其与驰名商标具有相当程度的联系"的考虑因素作了列举：①引证商标的显著性和知名程度；②商标标志是否足够近似；③指定使用的商品情况；④相关公众的重合程度及注意程度；⑤与引证商标近似的标志被其他市场主体合法使用的情况或者其他相关因素。

由此可见，现行法律与司法解释将已注册驰名商标的保护范围扩大到"不相同或者不相类似商品"上，实行跨类保护。对驰名商标的跨类保护体现了我国商标立法在一定程度上引入了反淡化理论。反淡化理论最早起源于美国。驰名商标淡化，是指减少或削弱驰名商标对其商品或服务的识别性和显著性能力的行为，无论在驰名商标所有人与他人之间是否存在竞争关系，或者存在混淆或误解或欺骗的可能性。[3]

---

[1] 参见山东省高级人民法院（2021）鲁民终 977 号民事判决书（侵害商标权纠纷案）；江苏省南京市中级人民法院（2018）苏 01 民初 3450 号民事判决书（侵害商标权纠纷案）。

[2] 参见冯晓青：《注册驰名商标反淡化保护之探讨》，载《湖南大学学报（社会科学版）》2012 年第 2 期。

[3] 参见福建省高级人民法院（2020）闽民终 1354 号民事判决书（侵害商标权纠纷案）；四川省成都市中级人民法院（1999）成知初字第 59 号民事判决书（不正当竞争、商标侵权纠纷案）；北京市高级人民法院（2015）民三终字第 7 号民事判决书（侵害商标权纠纷案）。

3. 未注册驰名商标与企业名称发生冲突时，该驰名商标可以得到特别保护。如前所述，《商标法》第 58 条规定，将他人注册商标、未注册的驰名商标作为企业名称中的字号使用，误导公众，构成不正当竞争行为的，依照《反不正当竞争法》处理。[1]

4. 驰名商标与域名发生冲突时，该商标可以得到特别保护。《计算机网络域名民事案件适用法律解释》第 4 条第 2 项规定，人民法院审理域名纠纷案件，对被告域名或其主要部分构成对原告驰名商标的复制、摹仿、翻译或音译，或者与原告的注册商标、域名等相同或近似，足以造成相关公众的误认，应当认定为侵权或不正当竞争。对以商业为目的将他人驰名商标注册为域名的行为，该解释第 5 条第 1 款规定，应将其认定为恶意，依照有关法律构成侵权的，应当适用相应的法律规定；构成不正当竞争的，可以适用《民法典》第 7 条、《反不正当竞争法》第 2 条第 1 款的规定，对注册的域名予以撤销。[2]

四、对驰名商标使用的禁止性规定

《商标法》第 14 条第 5 款规定：生产、经营者不得将"驰名商标"字样用于商品、商品包装或者容器上，或者用于广告宣传、展览以及其他商业活动中。这是对驰名商标使用的限制性规定。该规定是基于以前大量存在着厂商广告宣传中宣称自身为"驰名商标"或"中国驰名商标"的不当行为。根据《商标法》第 53 条规定，违反上述规定的，由地方市场监督管理部门责令改正，处 10 万元罚款。本书认为，禁止使用驰名商标标识做广告，有利于维护市场公平竞争秩序，实现驰名商标制度的立法宗旨，彻底解决在实践中驰名商标制度被"异化"的问题。

本章案例研讨

29-1（总第 62）：商标不相同也不近似不构成侵权
——申请再审人湖南省某机械实业有限公司、湖南省某钢锄厂与被申请人湖南省某锻造厂、郴州市某实业有限责任公司侵犯商标权纠纷案[3]

一、案情简介

被申请人湖南某锻造厂成立于 1997 年 11 月，经营范围为钢锄等。郴州市某实业公司成立于 2000 年 11 月，经营范围为五金工具、农具生产等产品的批发零售、自营和代理各类商品和技术的进出口。湖南某锻造厂于 2001 年以"雏鸡"中文文字和鸡图案组合作为商标向国家工商行政管理总局商标局（以下简称商标局）申请注册商标并获得核准，商标注册号为第 1641855 号，核定使用商品为第 8 类锄头等。2002 年 1 月 1 日，湖南某锻造厂与郴州市某实业有限责任公司（以下简称郴州市某实业公司）签订合同，许可郴州市某实业公司使用第 1641855 号商标。湖南某锻造厂、郴州市某实业公司均生产钢锄并使用"雏鸡"

---

[1] 参见上海市第一中级人民法院（2010）沪一中民五（知）初字第 9 号民事判决书（侵犯商标专用权及不正当竞争纠纷案）；宁夏回族自治区高级人民法院（2017）宁民终 56 号民事判决书（侵害商标权纠纷案）。

[2] 参见江苏省高级人民法院（2019）苏民终 1316 号民事判决书（侵害商标权纠纷案）。

[3]《最高人民法院知识产权纠纷案件年度报告（2010）》，第 52~56 页；最高人民法院（2010）民提字第 27 号民事判决书。

中文文字和雉鸡图案组合商标，其产品出口销往非洲和东南亚等国家。湖南某钢锄厂成立于1997年，经营范围为钢锄等生产及销售。湖南省某机械实业有限公司（以下简称湖南某机械公司）经营范围为工具等生产及销售。湖南某钢锄厂于1999年开始使用"银鸡"中英文和鸡图案组合商标。湖南某钢锄厂于2000年2月以"银鸡"中文和拼音"YINJI"组合作为商标，向商标局申请注册并获得核准，商标注册号为第1364633号，核定使用商品为第8类锄头等。湖南某锻造厂、郴州市某实业公司和湖南某机械公司、湖南某钢锄厂均生产农用钢锄，其外形、尺寸基本相同。湖南某锻造厂、郴州市某实业公司在其生产的钢锄上使用"雉鸡"中文文字和鸡（鸡头向右，鸡尾朝左）图案，并标有英文"JOGOOBRAND"及"中国制造"中英文加棱形图案商标。湖南某钢锄厂、湖南某机械公司在其生产的钢锄上使用"银鸡"和鸡（鸡尾朝右，鸡头向左并反向向右）图案，并标有英文"SILVER-COCK"及"中国制造"中英文加棱形图案商标。2007年1月12日，湖南某锻造厂、郴州市某实业公司以湖南某钢锄厂、湖南某机械公司生产和出口的"银鸡"牌钢锄侵犯其"雉鸡"牌注册商标专用权为由提起诉讼。

二、法院裁判理由及结果

湖南省郴州市中级人民法院一审认为，湖南某钢锄厂、湖南某机械公司使用的"银鸡"中文文字加鸡图案商标，与湖南某锻造厂拥有的"雉鸡"中文文字加鸡图案的注册商标从文字、图案、颜色、图形相比较，二者在视觉上基本无差别，容易使相关公众对商品的来源产生误认或者认为其来源与湖南某锻造厂注册商标的商品有特定的联系，侵犯了湖南某锻造厂注册商标专用权，遂判决湖南某钢锄厂、湖南某机械公司停止侵权并赔偿人民币50万元。

湖南某钢锄厂、湖南某机械公司不服一审判决，提起上诉。湖南省高级人民法院经审理，对湖南某钢锄厂称其早在1999年就开始使用"银鸡"中英文和鸡图案商标的事实不予认定，认为一审判决基本正确，判决驳回上诉，维持一审判决。湖南某钢锄厂、湖南某机械公司不服二审判决，向最高人民法院申请再审。

最高人民法院再审认为：根据民事优势证据原则，对一审法院查明的湖南某钢锄厂早在1999年就开始使用"银鸡"中英文和鸡图案商标的事实予以确认。湖南某锻造厂的注册商标与湖南某钢锄厂、湖南某机械公司使用的银鸡标识均由鸡图形和相关鸡文字组成。经比对，两者鸡图形从视觉上看有明显不同，"雉鸡""银鸡"文字在视觉及呼叫上亦有明显区别，被诉侵权标识主色调为绿白两色，且有菱形边框，从整体上比较，也与湖南某锻造厂的注册商标有明显的区别。此外，根据最高人民法院查明的事实，在生产锄头等产品的行业内，以"鸡"图形+文字的商标被较广泛的注册、使用。嘉禾锻造厂也未提交其第1641855号"雉鸡及图"注册商标在1999年以前具有较高知名度的相关证据，且在嘉禾锻造厂的第1641855号"雉鸡及图"商标注册之前，湖南某钢锄厂已经在其生产、销售的钢锄上使用了"银鸡"中英文和鸡图案商标，根据本案现有证据难以认定湖南某钢锄厂有借用嘉禾锻造厂的注册商标声誉的主观故意。此外，根据原审法院查明的事实，在湖南某锻造厂提起本案诉讼之前，湖南某钢锄厂、湖南某机械公司与湖南某锻造厂、郴州市某实业公司在其各自生产、销售的钢锄上对相关商标均进行了大规模的使用，仅本案诉讼发生之前6年，各自的出口产值均已超过数百万美元。因此，湖南某钢锄厂、湖南某机械公司和湖南某锻造厂、郴州市某实业公司虽然处于同一地区，双方的锄头等产品均多数销往国外市场，相关公众已经将两者的商标区别开来，已经形成了各自稳定的市场。综合考虑以上因素，湖南某钢锄厂、湖南某机械公司使用的"银鸡"中英文和鸡图案商标和湖南某锻造厂享有注册商标专用权的第1641855号"雉鸡及图"商标不构成近似商标。最高人民法院提审后遂于2010年6月24日作出再审判决，撤销一、二审判决，驳回湖南某锻造厂、郴州市某实业公司诉讼请求。

在侵犯商标专用权纠纷案件中，通常需要认定被告与原告商标的近似性。本案则反映了"判断商标近似时对注册商标的显著性和知名度等因素的考虑"。最高人民法院在该案中认为，"根据《最高人民法院关于审理商标民事纠纷案件适用法律若干问题的解释》第9条和第10条的规定，在商标侵权纠纷案件中，认定被诉侵权标识与主张权利的注册商标是否近似，应当视所涉商标或其构成要素的显著程度、市场知名度等具体情况，在考虑和对比文字的字形、读音和含义，图形的构图和颜色，或者各构成要素的组合结构等基础上，对其整体或者主要部分是否具有市场混淆的可能性进行综合分析判断"。该观点表明，认定商标近似关键是要考虑是否存在市场混淆的可能性，而相关商标的显著性和知名度可以用于判断这一可能性。本案同时也反映了在先使用对于商标侵权判定的影响。在本案中，最高人民法院确认了"银鸡"中英文和鸡图案商标使用于一审原告"雉鸡及图"商标注册申请日之前，认定再审被申请人不存在攀附的主观故意。加之各方在同一地区已形成相对稳定市场，最终认定商标侵权不成立。

29-2（总第63）：在先行政处罚不影响民事侵权责任的认定
——再审申请人南方某泵业股份有限公司与被申请人福建省永安市某泵阀经营部侵害商标权及不正当竞争纠纷案[1]

一、案情简介

南方某泵业股份有限公司（以下简称南方某泵业公司）是第1911649号"![]"商标、第7420325号、第7420328号"![CNP]"商标及第1269135号"CNP"商标的权利人，上述商标核准注册在"泵"等商品上。永安市某泵阀经营部（以下简称某泵阀经营部）在部分小区项目中销售安装的无负压变频给水设备的不锈钢稳流罐罐体上标有"CNP 南方泵业"及"![CNP] 南方泵业"字样，变频控制柜显示屏上标有"智能变频南方某泵业公司"字样。南方某泵业公司主张某泵阀经营部销售上述产品的行为侵害了其注册商标专用权，并构成不正当竞争，故诉至福建省三明市中级人民法院。在此之前，永安市市场监督管理局曾经对某泵阀经营部的行为进行过行政查处，并作出《行政处罚决定书》，认定相关行为构成侵犯他人注册商标专用权的违法行为，责令某泵阀经营部立即停止侵权行为，并罚款25 000元。

---

[1] 最高人民法院（2021）最高法民申6419号民事裁定书。

二、法院裁判理由及结果

一审法院认为，某泵阀经营部的行为构成商标侵权及不正当竞争，故判决其停止侵权，赔偿南方某泵业公司经济损失并支付合理费用共计 80 000 元。某泵阀经营部不服，提起上诉。

福建省高级人民法院二审认为，南方某泵业公司并未提供证据证明某泵阀经营部在 2013 年后还继续销售被诉侵权产品，且《行政处罚决定书》已经责令某泵阀经营部停止侵权行为，故一审判决某泵阀经营部停止商标侵权及不正当竞争行为的事实依据不足；此外，鉴于现有证据不能证明某泵阀经营部在本案起诉之日起前 3 年存在侵权行为，根据《审理商标民事案件适用法律解释》第 18 条规定，某泵阀经营部无需承担赔偿损失的责任。故判决撤销一审判决；驳回南方某泵业公司的诉讼请求。南方某泵业公司不服，向最高人民法院申请再审。最高人民法院于 2022 年 3 月 29 日裁定指令福建省高级人民法院再审本案。

最高人民法院审查认为，南方某泵业公司在本案中的诉讼请求包括责令某泵阀经营部停止侵害商标权及不正当竞争行为，二审法院应结合当事人的诉讼主张及相关证据内容，查明被诉侵权行为的具体情形，对被诉侵权行为进行认定并确定是否须判令某泵阀经营部停止侵害商标权及不正当竞争行为，而不能仅以被诉侵权行为已经被行政查处就简单认为民事诉讼无需对侵权责任再进行认定。即便违法行为已经受到行政处罚，亦不因此而排除其应依法承担相应民事责任。本案须在进一步审查相关证据，查明相关案件事实的基础上，对某泵阀经营部应否停止侵权并承担相应赔偿责任作出认定和判决。

本案涉及已经受过行政处罚的商标侵权纠纷案件的处理，如何认识行政处罚与该案中商标侵权认定及其民事责任间的关系。在该案中，最高人民法院"裁判要旨"指出："在商标侵权案件中，被诉侵权行为曾经受到行政处罚，虽然行政查处的相关证据能够反映被诉侵权行为存在的事实以及具体的表现形式，但是人民法院仍应结合当事人在侵权案件中的诉讼主张及相关证据，对被诉侵权行为的具体情形及应当承担的侵权责任进行认定。"该案为理解商标侵权行政责任与民事侵权认定及其责任追究的关系提供了启示。

29-3（总第 64）：注册商标专用权的保护不能排除他人对相关标识的正当使用
——上海某餐饮管理有限公司与成都市温江某青花椒鱼火锅店侵害商标权纠纷案[1]

一、案情简介

2016 年 9 月 7 日，上海某餐饮公司注册取得第 17320763 号注册商标，商标内容为横向排列的"青花椒"字样，左侧带有云朵状的花椒图案，核定服务项目为第 43 类，包括饭店、餐厅等。2021 年 5 月 21 日，上海某餐饮公司发现成都市温江某青花椒鱼火锅店（以下简称某火锅店）在店招上使用"青花椒鱼火锅"字样，认为该行为侵害其注册商标专用权，故向四川省成都市中级人民法院提起侵权之诉。

二、法院裁判理由及结果

一审法院认为，被诉侵权标识被某火锅店用于店招等处，且属于突出使用，其使用方

---

[1] 四川省高级人民法院（2021）川知民终 2152 号民事判决书。

式、使用位置起到了识别服务来源的功能，属于商标性使用。将被诉侵权标识"青花椒"与涉案第 17320763 号注册商标相比对，易使相关公众在识别、呼叫、判读时误以为被诉侵权服务与涉案商标权利人具有一定联系，产生混淆或误认。法院判决某火锅店被诉行为构成商标侵权，判令某火锅店停止侵权并赔偿经济损失及合理开支。某火锅店不服，提起上诉。

四川省高级人民法院二审认为：青花椒系一种植物果实以及由此制成的调味料的名称，在川渝地区种植历史悠久，以其作为川菜的调味料已广为人知，成为川菜不可或缺的元素和川菜风味的独特印记。"青花椒"是用于指代一种特定调味料的通用名称，处于公有领域，不能作为商标注册在调味料上。上海某餐饮公司将"青花椒"申请注册在第 43 类服务上，可以认为具有一定的显著性，能够起到区分服务来源的作用。但由于餐饮服务和菜品调味料之间的天然联系，使得服务商标标识和含有"青花椒"字样的特色菜品名称在辨识上界限微妙、相互混同，极大地降低了其注册商标的显著性，几乎难以起到通过商标来识别服务来源的作用。上海某餐饮公司在其自身的官网宣传推广中使用的"青花椒砂锅鱼&招牌青花椒味"，其实也是强调"青花椒"是其菜品的口味和特点。本案审理中，上海某餐饮公司提交的证据也不能证明涉案商标经过使用已经取得了较高的辨识度，为公众所熟知，与作为调味料的"青花椒"可以说是泾渭分明。涉案商标取得授权后，其弱显著性特点决定了其保护范围不宜过宽，否则会妨碍其他市场主体的正当使用，影响公平竞争的市场秩序。

本案中，某火锅店对"青花椒"字样的使用系正当使用。上海某餐饮公司的涉案商标分别是竖行排列的"青花椒"文字商标以及由"青花椒"文字加图案构成的图文组合商标，其中"青花椒"是涉案商标的主要文字和呼叫部分。某火锅店店招上的标识为"青花椒鱼火锅"，其上含有的"青花椒"标识与上海某餐饮公司涉案商标中含有的"青花椒"文字以及呼叫相同，但某火锅店在"青花椒"字样前面附加自己的注册商标标识，后面带有"鱼火锅"三个字，"青花椒"与"鱼火锅"在字体、字号、色彩、高度、字间距等方面均保持一致，没有单独突出使用，与上海某餐饮公司的涉案商标存在明显差异。某火锅店在店招上将"青花椒"使用在"鱼火锅"之前，完整而清晰地向公众表达了其向消费者提供的招牌菜是"青花椒鱼火锅"，该标识中包含的"青花椒"是对其提供的特色菜品鱼火锅中含有青花椒调味料的客观描述，并非商标性使用。某火锅店没有攀附上海某餐饮公司涉案商标的意图，相关公众一般也不会将其与经营活动主要在上海等地的上海某餐饮公司的涉案商标联系起来，某火锅店店招上的"青花椒"字样不具有识别服务来源的作用，不会导致相关公众产生混淆或误认，其使用行为不构成商标侵权，不应承担侵权责任。将特色菜品名称标注在店招上是餐饮行业的惯常做法，特别是在川渝地区以川菜为特色的众多中小微餐馆经营中，无论是在店招还是菜单上使用"青花椒"字样，相关公众都习惯将其含义理解为含有青花椒调味料的特色菜品。上海某餐饮公司作为餐饮行业经营者，注册和使用商标都应当遵循诚实信用原则，对某火锅店就"青花椒"字样的正当使用和诚实经营，无权干预和禁止，其诉讼请求不应得到支持。一审法院对此认定事实和适用法律错误，本院予以纠正。

二审法院判决撤销原判，驳回上海某餐饮管理有限公司的全部诉讼请求。

本案涉及商标专用权保护的边界以及注册商标正当使用等问题。在该案中，二审法院改判了一审法院关于被告行为性质的认定,认为被告在营业中使用的"青花椒鱼火锅"中包含的"青花椒"是对其提供的特色菜品鱼火锅中含有青花椒调味料的客观描述,并非商标性使用,进而认定被告不构成商标侵权。该案还提出了常情、常理和常识在商标侵权判断中的适用问题。本案对于商标侵权纠纷案件中界定相关标识的正当使用提供了司法指引。

29-4(总第65):同一案件商标侵权赔偿数额多种计算方式之适用
——苏州某医疗用品有限公司、苏州某包装有限公司、
滑某因与某医疗用品股份有限公司侵害商标权及不正当竞争纠纷案[1]

一、案情简介

某股份公司曾用名某实业(深圳)有限公司,注册成立于2000年8月24日。2009年4月24日,某股份公司注册并使用在第5类医用敷料、消毒棉商品上的"wnr"商标被行政认定为驰名商标。2009年11月28日,某实业(深圳)有限公司经核准注册了第4235155号"稳健"商标,核定使用在第10类医用导管、外科仪器和器械等。2016年2月24日,该商标变更注册人名义为某医疗用品股份有限公司(以下简称某股份公司)。某股份公司认为苏州某医疗用品有限公司(以下简称苏州某医疗用品公司)、苏州某包装有限公司(以下简称苏州某包装公司)、滑某在生产、销售的口罩及对外宣传中使用了与涉案商标相同的标识,三者构成共同商标侵权和不正当竞争,向江苏省苏州市中级人民法院提起诉讼,要求三被告承担连带赔偿责任。

二、法院裁判理由及结果

一审法院认定苏州某医疗用品公司、苏州某包装公司的涉案行为构成商标侵权。两者和滑某构成共同侵权,应共同就全案侵权行为承担民事责任。关于损害赔偿,法院认为,可以采用综合计算模式,损害赔偿金额可由三部分构成:其一,对于能够明确被控侵权产品销量的部分,适用被告获利的计算规则;其二,在符合适用惩罚性赔偿条件的情况下,以被告获利金额作为惩罚性赔偿的计算基数;其三,对于无法查明具体销量的部分,适用法定赔偿进行酌定。以上三部分数额相加,即为案件总的损害赔偿金额。一审法院判决:三被告立即停止涉案侵犯涉案注册商标专用权的行为和不正当竞争行为,苏州某医疗用品有限公司立即停止使用现有企业名称,赔偿某股份公司经济损失及维权合理费用人民币1 021 655元。被告不服上述判决,上诉于江苏省高级人民法院。

二审法院认为:被控侵权商品为口罩,其商品类别与涉案注册商标核定使用类别相同。被控侵权商品外包装上使用的标识,其中的文字"稳健医疗"与某股份公司的第17780385号注册商标完全相同,其对该标识的使用构成侵权。苏州某医疗用品公司、苏州某包装公司上述对"winner""稳健""稳健医疗"标识的使用行为,已经可以起到识别商品来源的作用,属于商标性使用,且所使用标识与某股份公司第12317834号"wmer"、第4235155号"健"、第6868276号"健"、第17780385号"物"注册商标相同或类似。综上,苏州某医疗用品公司、苏州某包装公司侵害了上述涉案注册商标专用权。

苏州某医疗用品公司还构成不正当竞争。首先,根据某股份公司提交证据,其企业字

---

[1] 江苏省高级人民法院(2022)苏民终842号民事判决书。

号在 2020 年苏州某医疗用品公司成立时，已属于具有一定影响的企业字号。苏州某医疗用品公司未经允许擅自使用"稳健"字号，明显具有攀附某股份公司商誉的主观故意。其次，从法院查明的苏州某医疗用品公司对企业名称的使用方式来看，其在多处将"苏州某医疗用品有限公司"与"稳健医疗""winner/稳健""稳健"等标识混同使用，主观上具有让人产生误认的故意，客观上也很容易使人误认为其公司与某股份公司存在特定联系。最后，虽然"稳健"属于通用词汇，作为商标或企业字号显著性较弱，但经过某股份公司的长期使用及大量宣传，其在医疗物资行业内具有了较高的知名度，在此情形下，法律应保护依附于该商标或字号之上的企业商誉。

关于本案是否应当适用惩罚性赔偿。根据一审法院查明的事实，在某股份公司两次向市场监管部门投诉后，苏州某医疗用品公司仍持续实施侵权行为，其故意侵权的恶意明显。同时，苏州某医疗用品公司、苏州某包装公司、滑某的侵权渠道多样、侵权情节严重。在此情形下，对可以查明的侵权获利部分可以适用惩罚性赔偿。对于可以查明的线上销售部分，因苏州某医疗用品公司、苏州某包装公司、滑某拒不提供其财务账簿等资料，应承担对其不利的法律后果，一审法院采信某股份公司提交的利润率数据计算侵权获利，并无不当。对于无法查明具体销量的部分，一审法院综合考虑涉案侵权行为的情节、规模、持续时间，以及对某股份公司所造成的损害后果、某股份公司维权所支出的合理费用、涉案侵权行为对疫情防控的影响等因素，酌情确定 90 万元赔偿数额，亦无明显不当。

基于上述，二审法院判决驳回上诉，维持原判。

本案涉及商标侵权及不正当竞争纠纷案件中共同侵权的认定以及采用多种计算方式界定侵权损失赔偿额等问题。在该案中，一、二审法院均确认了被告行为构成商标侵权和不正当竞争，并根据案情针对不同行为分别适用侵权获利、惩罚性赔偿和法定赔偿方法计算侵权损害赔偿额。本案为商标侵权损害赔偿中适用多种计算方法的裁判思路提供了司法指引。

29-5（总第66）：以非善意取得的商标权对他人的正当使用行为提起商标侵权之诉构成权利滥用

——再审申请人深圳歌力思服饰股份有限公司、再审申请人王某及一审被告杭州某百货有限公司侵害商标权纠纷再审申请案[1]

一、案情简介

王某拥有第 7925873 号"歌力思"商标，该商标注册有效期自 2011 年 6 月 21 日至 2021 年 6 月 20 日，核定使用商品（第 18 类）为仿皮；钱包；手提包等。其亦申请注册第 4157840 号商标，核定使用商品（第 18 类）手提袋；钱包；公文包等。2012 年 8 月 16 日，原国家工商行政管理总局商标评审委员会就申请人深圳市歌力思服饰设计有限公司对该商标的异议复审申请发出商标评审申请受理通知书。

深圳市歌力思服饰设计有限公司成立于 1996 年 11 月 18 日。2011 年 5 月 9 日，该公司更名为深圳市歌力思投资管理有限公司。深圳歌力思服装实业有限公司成立于 1999 年 6 月

---

[1] "歌力思"商标侵权纠纷案，最高人民法院（2014）民提字第 24 号民事判决书（指导案例第 82 号）。

8日，2011年11月4日，该公司更名为歌力思服饰股份有限公司（即本案中的歌力思公司）。深圳市歌力思服饰设计有限公司为本案歌力思公司的股东（发起人）之一。第1348583号"歌力思"商标的注册人为深圳市歌力思服饰设计有限公司，核定使用商品为第25类的衬衣；服装等。2008年12月18日，深圳歌力思服装实业有限公司受让取得第1348583号"歌力思"商标。2012年3月1日，该商标经核准变更后的注册人为歌力思公司。第4225104号"ellassay"商标注册人为深圳歌力思服装实业有限公司，核定使用商品为第18类的（动物）皮；钱包；旅行包等。

王某认为歌力思公司和杭州某百货有限公司侵害其涉案注册商标专用权，向浙江省杭州市中级人民法院提起商标侵权诉讼。

二、法院裁判理由及结果

浙江省杭州市中级人民法院认为，歌力思公司在其手提包商品的吊牌上标注"品牌中文名：歌力思"标识的行为应认定为将该标识作为商标在商品上的使用。被诉侵权商品所使用的"歌力思"商标与王某涉案注册商标构成近似商标。歌力思公司擅自使用、杭州某公司擅自销售上述商品的行为构成对上述商标专用权的侵害。歌力思公司不服一审判决，向浙江省高级人民法院提起上诉。二审法院判决驳回上诉，维持原判。歌力思公司向最高人民法院申请再审。

最高人民法院认为：第4157840号商标经初步审定公告后，即因歌力思公司的关联企业提出异议申请而进入商标确权行政和司法审查程序。生效人民法院判决明确撤销商标评审委员会对第4157840号商标予以核准注册的异议复审裁定，并责令其针对第4157840号商标重新作出异议复审裁定。由此可见，第4157840号商标迄今为止尚未被核准注册，无从产生注册商标专用权，王某持有的商标注册证显然系商标行政管理机关误发，王某无权据此对他人提起侵害商标权之诉。对王某与第4157840号商标有关的诉讼请求不予支持。

关于歌力思公司、杭州某公司的行为是否侵害第7925873号商标权的问题，最高人民法院认为，民事诉讼活动同样应当遵循诚实信用原则。一方面，它保障当事人有权在法律规定的范围内行使和处分自己的民事权利和诉讼权利；另一方面，它又要求当事人在不损害他人和社会公共利益的前提下，善意、审慎地行使自己的权利。任何违背法律目的和精神，以损害他人正当权益为目的，恶意取得并行使权利、扰乱市场正当竞争秩序的行为均属于权利滥用，其相关权利主张不应得到法律的保护和支持。

本案中，首先，歌力思公司拥有合法的在先权利基础。根据已经查明的事实可知，歌力思公司及其关联企业最早将"歌力思"作为企业字号使用的时间为1996年，歌力思公司最早在服装等商品上取得"歌力思"注册商标专用权的时间为1999年。此后，经歌力思公司及其关联企业的长期使用和广泛宣传，已具有较高的市场知名度，对前述商业标识享有合法的在先权利。其次，歌力思公司在本案中的使用行为系基于合法的权利基础，使用方式和行为性质均具有正当性。本案中，从销售场所来看，限于歌力思专柜，专柜通过标注歌力思公司的"ellassay"商标等方式，明确表明了被诉侵权商品的提供者。从歌力思公司的具体使用方式来看，由于"歌力思"本身就是歌力思公司的企业字号，且与其"ellassay"商标具有互为指代关系，故歌力思公司在被诉侵权商品的吊牌上使用"歌力思"文字来指代商品生产者的作法不具有攀附第7925873号商标知名度的主观意图，亦不会为普通消费者正确识别被诉侵权商品的来源制造障碍。在此基础上，杭州某公司销售被诉侵权商品的行为亦不为法律所禁止。最后，王某取得和行使第7925873号商标权的行为难谓正当。

第7925873号商标由中文文字"歌力思"构成,与歌力思公司在先使用的企业字号以及在先于服装商品上注册的"歌力思"商标的文字构成完全相同。"歌力思"本身为无固有含义的臆造词,具有较强的固有显著性。王某曾长期在广州市经营皮具商行,作为地域接近、经营范围关联程度较高的商品经营者,王某对"歌力思"字号及商标完全不了解的可能性较低。在上述情形之下,王某仍于2009年在与服装商品关联性较强的手提包、钱包等商品上申请注册第7925873号商标,其行为难谓正当。据此,王某以非善意取得的商标权对歌力思公司的正当使用行为提起的侵权之诉,构成权利滥用,其与此有关的诉讼请求不应得到法律的支持。

最高人民法院判决撤销浙江省杭州市中级人民法院和浙江省高级人民法院涉案判决,驳回王某的全部诉讼请求。

本案涉及商标侵权诉讼中的滥用商标权问题。在该案中,最高人民法院认定"王某以非善意取得的商标权对歌力思公司的正当使用行为提起的侵权之诉,构成权利滥用,其与此有关的诉讼请求不应得到法律的支持"。该院改判了一、二审被告构成商标侵权的认定,明确被告拥有合法的在先权利基础,在该合法权利基础上的相关使用行为也具有合法性和正当性。本案为认识滥用商标诉讼以及商标侵权与正当使用行为的界限提供了重要范例。

29-6(总第67):在同一种商品上使用与注册商标相同的商标情节严重的构成假冒注册商标罪
——李某、陈某假冒注册商标犯罪案[1]

一、案情简介

江苏省南通某公司于2004年8月17日注册成立,其核准经营的范围是生产、销售日用化妆品,但该公司自成立至案发时,未取得生产许可证。被告人李某为该公司董事及实际经营人,负责公司的全部事务;被告人陈某于2004年11月至该公司工作,为该公司负责产品配制的技术人员。

被告人李某在负责管理南通某公司期间,在未获注册商标所有权人许可的情况下,与该公司法定代表人哈某(另案处理)合谋生产、销售假冒注册商标的商品,由被告人陈某负责产品的配方。2004年12月~2005年3月,该公司生产假冒"DOVE""JERGENS""SENSODYNE(新爽多)""NIVEA""FA""REXONA""NAIR""BOSSHUGOBOSS"等八种注册商标的化妆品,共计价值155 734美元,折合人民币1 287 001.35元。被告人陈某参与了假冒"DOVE""NIVEA""JERGENS""NAIR""BOSSHUGOBOSS"等五种注册商标商品的生产、销售行为,价值为118 272美元,折合人民币977 411.64元。案发后,公安机关依法将南通某公司的化妆品生产线四条及相关设备予以查封。

二、法院裁判理由及结果

江苏省南通市中级人民法院认为,被告人李某身为南通某公司董事及实际经营人,未经注册商标所有人许可,在同一种商品上使用与其注册商标相同的商标,情节特别严重,

---

[1] 江苏省南通市中级人民法院(2005)通中刑二初字第14号刑事判决书。

其行为已构成假冒注册商标罪。被告人陈某明知南通某公司生产、销售假冒他人注册商标的商品，仍为公司的假冒行为提供技术指导，参与对部分假冒商品的配制，其行为亦构成假冒注册商标罪，应当承担相应的刑事责任。公诉机关指控被告人李某、陈某犯假冒注册商标罪的事实清楚，证据确实、充分，指控的罪名成立，法院予以采纳。被告人陈某明知南通某公司生产、销售假冒他人注册商标的商品，仍为其提供技术上的帮助，进行假冒注册商标商品的配制，该行为在南通某公司实施犯罪过程中起关键作用。此外，陈某所参与犯罪的数额达人民币 97 万余元，犯罪情节特别严重。因此，被告人陈某的辩护人认为其在犯罪中所起的作用较小且本案危害较小的辩护意见不能成立，法院不予采纳。但是其辩护人以被告人陈某归案后认罪态度好，请求法院对其从轻处罚的辩护意见成立，法院予以采纳。南通市中级人民法院根据我国《刑法》第 213 条、第 220 条、第 30 条、第 31 条、第 35 条、第 64 条之规定，判决：被告人李某犯假冒注册商标罪，判处有期徒刑 4 年，并处罚金人民币 50 万元；被告人陈某犯假冒注册商标罪，判处有期徒刑 3 年，并处罚金人民币 30 万元；公安机关查封在案的南通某公司的生产设备予以没收，上缴国库。

根据《刑法》的规定，在同种商品上使用与他人注册商标相同的商标且情节严重的行为构成假冒注册商标罪。本罪和生产销售伪劣产品罪、销售假冒注册商标的商品罪以及非法制造、销售非法制造的注册商标标识罪等有密切联系。正确区分四者之间的关系是认定的关键。同时，具有假冒注册商标和销售该假冒注册商标的商品行为的以假冒注册商标罪论，而如果同时销售他人的假冒注册商标的商品的，以假冒注册商标罪和销售假冒注册商标的商品罪定罪处罚。如果假冒注册商标的商品存在掺杂、掺假、以假充真、以次充好、以不合格产品冒充合格产品的，构成假冒注册商标罪和生产、销售伪劣产品罪的竞合，择一重罪处罚。本案中，李某、陈某的行为具有假冒注册商标和销售假冒注册商标的商品性质，但是销售是假冒的后续行为，应按照假冒注册商标罪定罪处罚。[1]

29-7（总第 68）：获得显著性的未注册商标可被认定为未注册驰名商标
——内蒙古某乳业（集团）股份有限公司诉董某、河南某乳业有限公司"酸酸乳"未注册驰名商标侵权及不正当竞争纠纷案[2]

一、案情简介

河南某乳业公司所生产的酸酸乳饮料的外包装上使用了与原告内蒙古某乳业（集团）股份有限公司（以下简称内蒙古某乳业公司）生产的酸酸乳饮料外包装上比较相似的图案和文字，原告生产的酸酸乳饮料属于知名商品。原告曾经在 2002 年 7 月 23 日将"酸酸乳"作为商标向国家商标局提交过注册申请，但是被驳回；2005 年 11 月 12 日原告又将"酸酸乳"作为商标向国家商标局提交了商标注册申请，到一审开庭审理时仍然还在审查之中，没有结果。原告生产销售的蒙牛酸酸乳饮料通过大量的广告宣传，已经具有了较高的社会知名度，同时具有较大的销售量，已经满足了我国驰名商标的条件，虽然还没有被国家商

---

[1] 冯晓青主编：《商标侵权专题判解与学理研究》，中国大百科全书出版社 2010 年版，第 459 页。
[2] 内蒙古自治区呼和浩特市中级人民法院 (2006) 呼民四初字第 12 号民事判决书。

标局批准注册为商标,但是作为未注册商标也可以被法院直接认定为驰名商标。

二、法院裁判理由及结果

呼和浩特市中级人民法院认为,内蒙古某乳业公司从2000年起在其生产的乳饮料上突出、广泛地使用"酸酸乳"商标。虽然内蒙古某乳业公司所提出的对"酸酸乳"商标的注册申请曾因为商标中带有"酸"和"乳"等表明产品特征和主要原料的词,被国家工商行政管理总局商标局以不具有显著性为由不予核准,但在内蒙古某乳业公司对该商标进行持续使用和宣传、推广后,该商标已在实际使用中获得了极高的知名度和良好的市场声誉,成为全国家喻户晓的品牌。法院对内蒙古某乳业公司乳饮料上的"酸酸乳"未注册商标进行了司法认定,认定该商标为未注册驰名商标。该案二审中,内蒙古自治区高级人民法院驳回河南某乳业公司的上诉,维持原判。

在该案中,呼和浩特市中级人民法院对蒙牛公司诉董某、河南某乳业有限公司商标侵权和不正当竞争案作出判决,直接认定原告在乳饮料中使用的"酸酸乳"为未注册驰名商标。这被认为是我国第一件在商标侵权诉讼中通过司法认定的未注册驰名商标。二审法院对未注册驰名商标司法认定的特别说明则体现了驰名商标之"个案认定、被动保护"的意旨,强调了驰名商标保护的动态性,这种动态性来源于驰名商标在市场中声誉的变化。[1]

29-8(总第69):注册驰名商标跨类保护的认定
——百度在线网络技术(北京)有限公司、北京百度网讯科技有限公司与被告广西某百度房地产经纪股份有限公司、广西某百度房地产经纪股份有限公司某分公司侵害商标权及不正当竞争纠纷案[2]

一、案情简介

百度在线网络技术(北京)有限公司(以下简称百度在线公司)于2001年5月28日经核准注册第1579950号"百度"商标,核定使用范围为第42类的计算机编程、计算机软件设计、以计算机信息网络方式提供计算机信息、以计算机信息网络方式提供技术研究信息等;于2007年7月14日经核准注册第4096733号"Baidu百度"商标,核定使用范围为第42类的计算机编程、计算机软件设计、以计算机信息网络方式提供计算机信息、以计算机信息网络方式提供技术研究信息等。北京百度网讯科技有限公司(以下简称百度网讯公司)与百度在线公司签订《注册商标使用许可协议》,约定后者以普通许可的方式许可前者使用上述两商标,并对侵权行为授予诉权。上述两公司认为广西某百度房地产经纪股份有限公司(以下简称广西某百度公司)和广西某百度房地产经纪股份有限公司某分公司(以下简称广西某百度公司某分公司)擅自使用涉案注册商标和字号,遂向广西壮族自治区南宁市中级人民法院提出诉讼,请求判令被告停止侵权,消除影响并赔偿损失。

---

[1] 冯晓青主编:《商标侵权专题判解与学理研究》,中国大百科全书出版社2010年版,第440页。

[2] 广西壮族自治区南宁市中级人民法院(2020)桂01民初2718号民事判决书。

二、法院裁判理由及结果

法院认为，涉案商标核定使用在第42类的计算机编程、计算机软件设计、以计算机信息网络方式提供计算机信息等服务上，而被诉侵权的服务为房地产经纪，两者属于不相类似的商品和服务。两原告在本案中主张根据《商标法》第13条对涉案商标进行跨类别保护，故有必要对涉案商标是否驰名作出认定。

本案中，"百度"商标多次获得司法和行政保护，多次被司法、行政机关认定在"以计算机信息网络方式提供计算机信息"服务上为驰名商标，且被认定达到驰名程度的时间点早于2005年4月13日。综合案件事实，涉案第1579950号商标在被诉侵权行为发生时为相关公众广为知晓，属于驰名商标。第4096733号商标于2007年7月14日经核准注册。该商标被核准注册前，两原告即已开始使用，相关媒体对该商标进行了大量报道，结合"百度"搜索引擎的知名度和影响力，可以认定第4096733号商标在被诉侵权行为发生时为相关公众广为知晓，属于驰名商标。

针对关于被诉侵权行为是否侵害涉案商标专用权问题，两被告在经营活动中涉案行为，属于商标法意义上的商标使用行为。本案中，"百度"是两被告企业名称中的字号，两被告在经营中使用"百度房产"标识，其中"房产"为服务类别名称，不具有识别商品或服务来源的功能，不具有显著性，"百度"在该商标标识中具有指示服务来源的作用，具有较强的识别性。"百度房产"标识的显著部分"百度"与涉案第1579950号"百度"商标文字、读音相同；与第4096733号"Bai⒇百度"商标的呼叫方式及汉字部分"百度"相同。"百度房产"标识整体与第1579950号"百度"商标和第4096733号"Bai⒇百度"商标构成近似，属于复制、模仿涉案第1579950号"百度"、第4096733号"Bai⒇百度"驰名商标的行为，侵害了两原告的注册商标专用权。

针对关于两被告的行为是否构成不正当竞争问题，法院认为鉴于广西某百度公司成立时，涉案第1579950号"百度"商标已经获准注册并达到驰名程度，广西某百度公司将"百度"文字作为字号使用，容易使公众误认为其提供的服务与两原告存在特定联系，攀附两原告在长期经营中积累的商誉，构成不正当竞争。广西某百度公司某分公司作为广西某百度公司的分支机构，将"百度"文字作为字号使用，按照前述分析，亦构成不正当竞争。

两原告要求两被告停止在经营活动中使用"百度房产"标识、停止使用包含"百度"文字的企业名称并变更企业名称，依法有据，本院予以支持。

基于上述，法院判决被告停止侵权、消除影响、赔偿损失并变更企业字号。

本案涉及注册驰名商标的跨类保护以及侵害注册驰名商标权认定等问题。在该案中，基于被告和原告使用的标识不存在相同和类似问题以及原告两商标被认定驰名的事实，法院认为有必要考虑驰名商标跨类保护问题。法院基于本案被告实施的行为，认定两被告构成了侵害两原告驰名商标权的行为，故判决被告停止侵权、消除影响、赔偿损失。同时，由于被告还使用了原告企业字号，法院认定其攀附两原告在长期经营中积累的商誉，构成不正当竞争，故同时判决变更企业字号。本案为认识驰名商标的跨类保护和相关的不正当竞争问题提供了启发。

本编拓展阅读书目

1. 全国人大常委会法制工作委员会编:《中华人民共和国商标法释义》,法律出版社 2013 年版。
2. 《中华人民共和国商标法解读》编写组编著:《中华人民共和国商标法解读》,中国法制出版社 2013 年版。
3. 国家工商行政管理总局商标局编著:《中华人民共和国商标法释义》,中国工商出版社 2003 年版。
4. 王莲峰:《商标法学》,北京大学出版社 2023 年版。
5. 王太平、姚鹤徽:《商标法》,中国人民大学出版社 2020 年版。
6. 王太平、邓宏光主编:《商标法》,北京大学出版社 2017 年版。
7. 杜颖:《商标法》,北京大学出版社 2016 年版。
8. 杜颖:《社会进步与商标观念:商标法律制度的过去、现在和未来》,北京大学出版社 2012 年版。
9. 黄晖:《商标法》,法律出版社 2016 年版。
10. 张曼、方婷主编:《商标法教程》,清华大学出版社 2021 年版。
11. 何怀文编著:《商标法注释书》,中国民主法制出版社 2021 年版。
12. 曾陈明汝:《商标法原理》,中国人民大学出版社 2003 年版。
13. 付继存:《商标法的价值构造研究——以商标权的价值与形式为中心》,中国政法大学出版社 2012 年版。
14. 邓宏光:《商标法的理论基础——以商标显著性为中心》,法律出版社 2008 年版。
15. 彭学龙:《商标法的符号学分析》,法律出版社 2007 年版。
16. 罗晓霞:《竞争政策视野下商标法理论研究——关系、协调及制度构建》,中国政法大学出版社 2013 年版。
17. 宁立志、叶紫薇:《商标抢注研究》,人民出版社 2022 年版。
18. 姚鹤徽:《商标混淆可能性研究》,知识产权出版社 2015 年版。
19. 《十二国商标法》翻译组译:《十二国商标法》,清华大学出版社 2013 年版。
20. 冯晓青、杨利华主编:《中国商标法研究与立法实践——附百年商标法律规范》,中国政法大学出版社 2013 年版。
21. 左旭初:《中国商标法律史(近现代部分)》,知识产权出版社 2005 年版。
22. 孔祥俊:《商标法适用的基本问题》,中国法制出版社 2012 年版。
23. 孔祥俊:《商标法:原理与判例》,法律出版社 2021 年版。
24. 《中华人民共和国商标法:案例注释版》,中国法制出版社 2021 年版。
25. 北京市高级人民法院知识产权庭主编:《北京法院商标疑难案件法官评述(2013)》,法律出版社 2014 年版。
26. 冯晓青主编:《商标侵权专题判解与学理研究》,中国大百科全书出版社 2010 年版。
27. 蒋志培主编:《专利商标新型疑难案件审判实务》,法律出版社 2007 年版。

28. 祝铭山主编:《典型案例与法律适用:商标权纠纷》,中国法制出版社2004年版。
29. 董炳和、谭筱清等:《商标法体系化判解研究》,武汉大学出版社2008年版。
30. 程永顺主编:《商标权纠纷案件法官点评》,知识产权出版社2004年版。
31. 中华全国律师协会知识产权专业委员会编:《商标业务指南》,中国法制出版社2007年版。
32. [英]杰里米·菲利普斯:《商标法:实证性分析》,马强主译,中国人民大学出版社2014年版。

第五编 其他知识产权

第三十章 制止不正当竞争权

本章提要

本章主要阐述和探讨不正当竞争行为的含义、特征及与相关概念的关系，反不正当竞争法立法沿革、性质和作用，反不正当竞争法与知识产权单行法的关系、与知识产权有关的不正当竞争行为及其表现、对涉嫌不正当竞争行为的调查、不正当竞争行为的法律责任等。

本章的重点是反不正当竞争法与知识产权法的关系以及与知识产权有关的不正当竞争行为，其中反不正当竞争法与知识产权法的关系是本章的难点。

第一节 不正当竞争行为的概念和特征

一、不正当竞争行为的含义

（一）不正当竞争行为的定义

在一般意义上，竞争是宇宙生命的常态。在经济生活领域，竞争既是经济活动的常态和市场经济发展的根本动力，也是市场经济的本质属性和市场经济充满活力的体现。市场经济中的竞争应当是正当竞争，即竞争者之间地位平等，在遵守公平、诚实信用等基本法则的前提下开展的竞争。但在实践中，为了获得更大的利益，以缺乏诚实信用的手段开展竞争的行为也屡见不鲜。因此，竞争行为具有两面性。

"不正当竞争"（Unfair competition）是西方国家在19世纪才推出的一个法律概念，是"正当竞争"的反称。由于市场经济的复杂性，加之市场竞争形势不断变化，对不正当竞争这一概念的具体内涵，目前尚未形成统一认识。有关国际公约及各国立法对其界定也不尽相同。例如，德国《制止不正当竞争法》称不正当竞争为"在营业中为竞争目的采取违反善良风俗的行为"。《巴黎公约》则在第10条之二第2项规定："凡在工商业活动中违反诚实经营的竞争行为即构成不正当竞争行为。"可见，无论是国际公约还是各国立法，都将不正当竞争行为与违反"诚信""公正"原则联系在一起。因此，不正当竞争行为是一种违反公正、平等、诚实信用的竞争规则的非法行为和不当行为。

我国已加入《巴黎公约》，该公约对我国具有约束力。在界定不正当竞争行为的含义时，应注意国际上的趋同性。1993年9月2日公布、同年12月1日施行的我国第一部《反不正当竞争法》第2条第2款规定："本法所称的不正当竞争，是指经营者违反本法规定，损害其他经营者的合法权益，扰乱社会经济秩序的行为。"2017年11月4日首次修订的《反不正当竞争法》第2条第2款则将不正当竞争定义为"经营者在生产经营活动中，违反本法规定，扰乱市场竞争秩序，损害其他经营者或者消费者的合法权益的行为"。2019年4月23日修正的该法则维持了2017年《反不正当竞争法》的上述规定。对比上述定义，2017年《反不正当竞争法》及现行法的改进之处有：其一，强调经营者是"在生产经营活动中"违反本法规定，这样就揭示了不正当竞争出现于生产经营活动中的特质。其二，强调不正当竞争是"扰乱市场竞争秩序"的行为，相对于1993年《反不正当竞争法》规定的"扰乱社会经济秩序"能更好地凸显不正当竞争的属性，因为扰乱社会经济秩序的行为很多，不正当竞争则侧重于对市场竞争秩序的破坏。其三，强调不正当竞争不仅损害其他经营者合法权益，而且可能损害消费者合法权益，这样就对该行为的损害性有更加准确的定性。上述关于不正当竞争的定义和定性，无疑为实践中判断不正当竞争行为提供了基本的法律依据。

（二）不正当竞争行为与相关概念之间的关系

与不正当竞争行为关系比较密切的两个概念是垄断和限制竞争行为。

1. 不正当竞争行为与垄断行为的关系。不正当竞争行为和垄断行为具有十分密切的关系。垄断作为一种经济现象，一般是指独占，即少数企业通过自身经济增长或合并等形成对国内某一市场或某一行业的独占与控制，排斥市场有效竞争，并获得高额垄断利润。垄断是市场经济激烈竞争或过度竞争的结果，通常也是不正当竞争行为追求的目标和结果。垄断一旦形成，会限制、阻碍竞争的开展，也会加剧不正当竞争。垄断和不正当竞争行为都是发生于工商业领域中损害其他经营者或消费者合法权益，违反法律和商业道德，扰乱市场竞争秩序的行为。从本质上说，垄断也是一种不正当竞争行为，有的国家即将垄断纳入统一的制止不正当竞争法律之中。在我国，对垄断行为的规制体现在专门的《反垄断法》中，不过《反不正当竞争法》也在一定程度上规范垄断行为。

2. 不正当竞争行为与限制竞争行为的关系。限制竞争行为是经营者滥用经济优势排挤竞争对手或经营者之间以协议或其他方式就商品价格、生产销售量以及与之相关的技术、设备等方面相互约束，以排挤竞争对手，而在一定交易领域内限制正常竞争或排斥竞争的行为。不正当竞争行为与限制竞争行为并没有本质的区别，两者既可以发生交叉，也可以发生转化。我国《反不正当竞争法》对部分限制竞争行为作了规定。

需要指出的是，不正当竞争行为通常是在狭义上说的。从广义上看，垄断行为和限制竞争行为也属于不正当竞争行为的范畴。

二、不正当竞争行为的特征

不正当竞争行为具有以下特征：

1. 行为主体的特定性。不正当竞争行为是在市场竞争中发生的，侵权主体具有特定性。如果不是发生在经营者的生产经营活动中的不正当、不合法行为，就不能称其为具有民事法律规范意义的不正当竞争行为。我国《反不正当竞争法》第2条第3款限定不正当竞争行为主体为"经营者"即是体现。根据该款的规定，经营者是指从事商品生产、经营或者提供服务的自然人、法人和非法人组织。这里的自然人是指从事商品经营或服务的自然人，如个体工商户；法人包括企业法人和实行企业化经营的事业单位法人以及取得从事营利性活动经营资格的社团法人；非法人组织是不具备法人资格、从事经济活动的组织。

2. 行为的竞争性。[1] 不正当竞争行为的竞争性，体现在以下两方面：①行为人主观方面一般具有竞争性，这表现为行为人在主观上具有与竞争对手争夺顾客等竞争动机与目的，行为人在主观上存在过错。一般而言，不正当竞争行为的主观方面是故意。它是采取不正当手段进行"竞争"的故意，即只有在不正当竞争意识的支配下进行的扰乱市场竞争秩序、损害其他经营者或消费者合法权益，才构成不正当竞争行为。当然，"过失"并非总是不能构成不正当竞争。《反不正当竞争法》第9条第3款规定的侵犯商业秘密的不正当竞争行为即可由过失构成。②行为不仅发生在市场经济的竞争活动中，而且其本身是一种竞争行为。

3. 竞争行为的违法性。这种违法性体现在违反反不正当竞争法和规范市场竞争秩序的其他相关法律规范上。不正当竞争行为的违法性体现为直接违法和规避法律规定等方面。违法性是不正当竞争的本质属性，反映了法律对于这种行为的否定性评价。

4. 竞争行为的不当性和非诚实性。不正当竞争行为人有采取不正当手段与他人进行竞争的行为。该行为往往表现为不正当竞争者对特定或不特定经营者实施单方面妨碍公平竞争的行为。这种行为体现在以下两个方面：①盗用他人竞争优势，如擅自使用与他人有一定影响的商品名称、包装、装潢等相同或者近似的标识；[2] ②采取不正当手段使自己占据竞争优势，如进行虚假或者引人误解的商业宣传，欺骗、误导消费者，编造、传播虚假信息或者误导性信息，损害竞争对手的商业信誉、商品声誉等。在不正当竞争行为中，行为不仅具有不当性，而且违反了经营者从事经营活动所必须遵守的诚实信用原则，具有非诚实性。在不正当竞争行为中，行为人行为的非诚实性与不当性是互相关联的。

5. 竞争行为的损害性。从损害的主体看，不正当竞争行为会给其他经营者的合法权益造成损害，也可能使消费者合法权益受到损害。这一特性反映了不正当竞争行为民事侵权性质。从损害结果看，不正当竞争行为具有损害性，但不一定表现为已然损害后果。其损害结果可能是对竞争者的直接损害，也可能是间接损害，甚至可能只是"潜在损害"，因而在客观构成上，不正当竞争行为具有上述特殊性，它不强调侵害行为与损害结果之间的必然因果关系，两者之间既可以是必然因果关系，也可以是偶然因果关系。这也是不正当竞争行为与一般侵权行为构成要件的不同之处。从不正当竞争行为损害的具体表现形式来看，它主要有以下形式：①损害其他经营者的商誉，败坏其商品声誉和商业形象，典型的如捏造、散布虚假事实诋毁或贬低竞争对手商誉的行为。②破坏正常的市场竞争秩序，如以擅自使用他人有一定影响的企业名称（包括简称、字号等）形式出现的欺骗性交易行为，造成消费者对商品或服务来源的认识发生混淆，不仅损害其他经营者的利益，而且损害消费者利益，破坏了市场竞争秩序。③对公序良俗、社会主义道德风尚的破坏，如将一般产品

---

[1] 参见陈耿华：《我国竞争法竞争观的理论反思与制度调适——以屏蔽视频广告案为例》，载《现代法学》2020年第6期；陈兵：《互联网经济下重读"竞争关系"在反不正当竞争法上的意义——以京、沪、粤法院2000~2018年的相关案件为引证》，载《法学》2019年第7期。司法实践中的竞业限制纠纷案，实际上也反映了不正当竞争行为的"竞争性"。参见万得竞业限制纠纷案，上海市第一中级人民法院（2021）沪01民终12282号民事判决书（指导案例第190号）。

[2] 参见王文敏：《反不正当竞争法中的禁止盗用规则及其适用》，载《现代法学》2021年第1期。

夸大为名牌产品，作虚假或者引人误解的商业宣传，不但会造成其他经营者和消费者的损害，而且扭曲了良好的社会道德风尚。

第二节　反不正当竞争法及其与知识产权单行法的关系

一、反不正当竞争法

（一）反不正当竞争立法概况

1. 反不正当竞争的国内立法。竞争是商品经济发展的客观要求。有竞争就会出现不正当竞争现象，这也是市场经济的规律。商品经济比较发达的国家，很早就通过立法来制止不正当竞争，最初是通过国王颁布特权证书来制止不正当竞争，这是不正当竞争的立法雏形。但封建特权时代并没有形成自由竞争的社会环境和商品经济土壤，也不会出现现代意义上的反不正当竞争法。现代意义上的反不正当竞争法是随着资本主义商品经济的发展而产生、发展，并随着市场经济的发育而不断完善的。[1]

从时间跨度看，19世纪上半叶到19世纪末是反不正当竞争法的孕育期，此时自由资本主义完成并向垄断资本主义过渡，为反不正当竞争法的产生提供了社会环境。19世纪末到第二次世界大战前夕，是反不正当竞争制度的形成期。这一时期反不正当竞争法的发展具有以下几个特点：①反不正当竞争与保护工业产权紧密地结合，如一些国家对假冒商标、厂商名称、服务标志的行为的制裁以"不正当竞争"之诉来实现。②反不正当竞争行为的专项立法不断出现。从第二次世界大战后到现在则是反不正当竞争立法的发展和成熟阶段。这一阶段的特点是反不正当竞争立法数量日益增多，调整范围日益广泛。从立法体例看，很多国家确立了反不正当竞争法和反垄断法并行的立法体例，如德国、日本、韩国和中国。但也有国家和地区采用统一立法的模式，如美国和我国台湾地区即是如此。

2. 反不正当竞争的国际立法。随着各国对外贸易的发展，不正当竞争行为日趋国际化，反不正当竞争的国际立法应运而生，主要有《巴黎公约》《制止商品来源虚假或欺骗性标记马德里协定》《日内瓦国际贸易规则》《保护原产地名称及其国际注册里斯本协定》（以下简称《里斯本协定》）等国际公约。其中《巴黎公约》的规定最为典型，它在1900年布鲁塞尔修订会议上补充了制止不正当竞争的内容。该公约规定，本同盟成员国必须对各国国民保证予以取缔不正当竞争的有效保护。这就使加入《巴黎公约》的100多个成员国，不仅在国家立法层面，而且在国际层面也有了防止不正当竞争的法律依据。

3. 我国反不正当竞争立法概况。我国古代没有形成大规模的商品经济，也就不具备产生反不正当竞争法的基础。但统治者为维护市场交易秩序也曾制定一些规则。如《唐律》中涉及的反不正当交易法规有：规定禁止买卖的物品，如盐、铁；禁止不合格的手工业品上市；严格管理物价等。在半殖民地半封建时期及国民党统治时期，西方商品经济渗入中国市场。政府对囤积居奇、假冒注册商标等行为开始重视，也曾颁布过一些规范市场竞争秩序的规章，如国民党统治时期曾发布《仿造已注册之商标应以违造记令》等。

中华人民共和国成立后曾长期实行排斥市场机制和市场竞争的计划经济体制。十一届三中全会后，我国商品经济得到很大发展，政府开始重视市场竞争机制。1980年10月17日，国务院公布了《国务院关于开展和保护社会主义竞争的暂行规定》，这是新中国第一个

---

[1]　参见宋亚辉：《论反不正当竞争法的一般分析框架》，载《中外法学》2023年第4期。

比较完整的涉及竞争规范的行政法规。它明确肯定了竞争对中国社会主义现代化建设的重要作用。此后，一些专门性的规范性文件又陆续出台，对垄断和不正当竞争行为作了规定。但这些规定内容不系统、法律责任不明确、处罚普遍偏轻，现实中大量的不正当竞争行为得不到有效制止，因而迫切需要制定专门的反不正当竞争法律。1993年9月2日，我国第一部《反不正当竞争法》终于颁布。如前所述，该法后来分别在2017年和2019年作了修订和修正。我国《反不正当竞争法》强调"经营者在生产经营活动中，应当遵循自愿、平等、公平、诚信的原则，遵守法律和商业道德"。[1] 从广义上看，最高人民法院发布的关于制止不正当竞争的相关司法解释，以及"两高"发布的包含侵害商业秘密之类的不正当竞争行为的刑事司法解释，也可以纳入反不正当竞争立法范畴。对此，本章和第三十一章将进行介绍和阐述。在此不赘述。

（二）反不正当竞争法的性质

关于反不正当竞争法的性质，我国学者尚未达成统一的意见。其中一种代表性的观点认为，反不正当竞争法属于知识产权法的范畴。其主要理由是：①从我国国内立法和官方文件看，反不正当竞争法被纳入知识产权法领域；②从国际立法看，《巴黎公约》和《成立世界知识产权组织公约》分别将制止不正当竞争行为纳入工业产权、知识产权保护对象，TRIPs协议也将制止不正当竞争视为知识产权的范畴；③反不正当竞争法以其他知识产权法的调整对象作为自己的保护对象，并对相关知识产权立法管辖不到的客体给予保护，带有拾遗补缺的功效；④反不正当竞争法对各类知识产权客体的交叉部分给予兜底性质的保护，使知识产权保护融为一个有机整体。因此，反不正当竞争法是知识产权领域涉及内容最为广泛的制度。[2]

除知识产权法性质的观点外，还有一种代表性的观点是将反不正当竞争法视为经济法的范畴，认为反不正当竞争法主要是调整市场竞争秩序的法律规范，非民事的行政手段是主要的调整手段。

本书认为，尽管如上所述反不正当竞争法与知识产权单行法具有十分密切的关系，但不能因此将其完全纳入知识产权法的范畴。毕竟这两个法律的基本性质和调整手段是不同的：知识产权法作为一种私法，它主要通过私法的方式加以调整，即主要以私权保护为出发点和归属；竞争法则以公法的方法来调整竞争关系。当然，反不正当竞争法领域确实有相当一部分属于知识产权法的范畴——只是在这个意义上可将反不正当竞争法视为知识产权法的一部分。也正是在这个意义上，本书将制止不正当竞争权纳入"其他知识产权"的范畴。

（三）我国《反不正当竞争法》的特点与作用

我国《反不正当竞争法》是在立足中国国情基础上制定的一部规范市场竞争秩序有效运行的法律，是一部具有中国特色的竞争法律。《反不正当竞争法》的特点主要有：

1. 对于不正当竞争的认定采用定义加列举式。各国反不正当竞争法对不正当竞争概念

---

[1] 现行《反不正当竞争法》第2条。在反不正当竞争法理论上，这被视为"一般条款"。在司法实践中，鉴于很多不正当竞争行为难以归入某种法定类型，人民法院在诸多案件中适用了这一条款。对此，在理论与实践层面均存在一定争议。参见陈耿华：《反不正当竞争法一般条款扩张适用的理论批判及规则改进》，载《法学》2023年第1期；吴峻：《反不正当竞争法一般条款的司法适用模式》，载《法学研究》2016年第2期。

[2] 吴汉东主编：《知识产权法》，法律出版社2004年版，第282页。参见陈耿华：《反不正当竞争法自由竞争价值的理论证成与制度调适》，载《比较法研究》2021年第6期。

的界定有定义式、列举式、定义和列举相结合的模式，其中第三种是《巴黎公约》采用的模式。我国《反不正当竞争法》采用定义加列举式，既可以避免挂一漏万，又可以使一些突出、特定的不正当竞争行为有明确的含义，因而是一种较为科学的界定模式。

2. 调整对象具有广泛性。《反不正当竞争法》从我国市场经济发展的现状出发，对现实生活中比较典型的不正当竞争行为进行了规范，对以排挤竞争对手为目的，在一定交易领域内限制竞争的行为作出了禁止性规定。

3. 采取了政府主动干预的手段。我国《反不正当竞争法》实行政府主动干预原则，在赋予不正当竞争受害者司法救济权利的同时，侧重通过行政手段进行干预。这种侧重行政救济手段的特色是由我国的现实国情决定的。《反不正当竞争法》没有设立查处不正当竞争行为的专门机构，但赋予县级以上监督检查部门以监督检查权力。

我国《反不正当竞争法》是在建立社会主义市场经济体制的客观形势下产生的。其第1条明确了立法宗旨：促进社会主义市场经济健康发展，鼓励和保护公平竞争，制止不正当竞争行为，保护经营者和消费者的合法权益。我国《反不正当竞争法》对于建立和完善社会主义市场经济体制具有重要的作用。主要体现为：①规范市场行为，维护市场竞争秩序；②保护公平竞争，使竞争机制正常地发挥作用；③保护生产经营者和消费者的合法权益；④促进我国经济与世界经济的接轨，进一步实行对外开放。保护工业产权的《巴黎公约》把对竞争者的保护上升到"国民待遇"高度，现在反不正当竞争已成为国际贸易基本规则之一。我国经济要融入国际经济大循环中，必须制定良好的反不正当竞争规则。

二、反不正当竞争法与知识产权单行法的关系

制止不正当竞争是《成立世界知识产权组织公约》列明的知识产权人应享有的知识产权中的一项，也是《巴黎公约》对成员国国内立法的一项最低要求。知识产权法不仅要维护权利人的利益，而且要服务于维护公平竞争的目标。作为规制不正当竞争行为的反不正当竞争法也就与知识产权法具有密切的联系。从全球经济形势看，当前世界贸易的重心已转向知识产权领域。这一领域的竞争也日趋激烈。不正当竞争在知识产权领域大有泛滥之势，并且在很大程度上表现为对知识产权的侵害，如形形色色的仿冒行为。现实生活中的不正当竞争行为也以侵害知识产权最为显著。[1] 反不正当竞争法将侵害专利权、商标权等知识产权的行为列为其禁止对象，这就进一步强化和拓宽了知识产权保护的力度和范围。对于其他专项法律保护不够的地方，如商业秘密等，反不正当竞争法从制止不正当竞争的角度予以弥补，从而使知识产权人的权益得到充分保障。[2]

（一）反不正当竞争法与专利法的关系

专利法是保障专利权人对其所有的发明创造享有专有权利的法律。授予专利权实质上

---

[1] 参见卢纯昕：《反不正当竞争法在知识产权保护中适用边界的确定》，载《法学》2019年第9期。

[2] 关于反不正当竞争法和知识产权单行法之间的关系，还可以从两者的法律性质方面加以认识。一般认为，反不正当竞争法是"行为法"，知识产权单行法则是"权利法"。就前者而言，调整的是法益关系，后者针对的则是实体权利的产生、变动和保护。基于这一认识，在司法实践中，当某一权利人基于某一知识产权获得了保护，法院对于再适用反不正当竞争法保护通常持慎重的态度。参见孔祥俊：《反不正当竞争法补充保护知识产权的有限性》，载《中国法律评论》2023年第3期；龙俊：《反不正当竞争法"权利"与"利益"双重客体保护新论》，载《中外法学》2022年第1期；张占江：《反不正当竞争法属性的新定位——个结构性的视角》，载《中外法学》2020年第1期；王先林：《竞争法视野的知识产权问题论纲》，载《中国法学》2009年第4期。参见江苏省南京市中级人民法院（2022）苏01民终13541号民事判决书（侵害著作权及不正当竞争纠纷案）。

是赋予专利权人对专利所涉及的发明创造的一种合法垄断,这种合法垄断为市场公平竞争环境创造了条件。专利法本身具有鼓励创新、鼓励公平竞争的作用。专利法对假冒专利、以营利为目的仿制他人专利产品等不正当竞争行为予以制裁,有利于维护整个社会的公平竞争秩序。

但是,专利法只规范市场经济活动中特殊的违法行为,对一些与专利权相关的行为无法调整。例如,有一定影响的商品包装、装潢未申请外观设计专利或专利保护期限届满后,被他人擅自使用引起消费者误购的,专利法无法调整。又如,商业秘密中的技术秘密往往是专利技术的核心内容,如果该技术秘密被他人泄露,专利法的保护极其有限。专利权作为一种垄断权,如果不加以限制,也有可能妨碍公平竞争,滥用专利权就是专利权领域的一种不正当竞争行为。例如,有人利用对实用新型和外观设计专利申请不进行实质审查的规定,明知是已知技术却申请专利,然后利用专利法的规定起诉他人侵犯专利权,要求获得赔偿。这就是专利权人滥用专利权的不正当竞争行为的一种表现。[1] 反不正当竞争法则可以对专利权领域内的不正当竞争行为予以调整,特别是它可以补充保护工业产权中与发明创造相关但又得不到专利法保护的技术秘密。从理论上讲,专利法也要渗透到相应的法律中去,以便更好地发挥作用,否则专利法本身所具有的公平竞争的作用也会受到侵蚀。反不正当竞争法即是其一,它可以弥补专利法的不足,使专利法保护更趋充分和完善。

(二) 反不正当竞争法与商标法的关系

从历史上看,反不正当竞争法和商标法都是在侵权行为法的基础上发展起来的,目的都是鼓励和保护公平竞争,它们共同构成保护竞争秩序中的一环。假冒他人注册商标甚至被反不正当竞争法列在不正当竞争行为的首位。商标法以保护商标标识与商品或服务之间的特定联系,促进公正的工商业竞争秩序为基本职能,但它规范的只是市场经济活动中某种特殊的具体的违法行为,反不正当竞争法则可以对与商标邻接但又没有得到商标法充分保护的其他识别性标志实施保护,对损害商标权又得不到商标法制裁的各种不正当竞争行为予以制裁。例如,"淡化"商标行为,特别是淡化驰名商标的行为;将他人有一定影响的商品包装、装潢、名称用作自己商品的商标的行为;"抢注"未注册驰名商标的行为;在广告宣传中贬损他人商标,损害他人商标信誉的行为等,都可以用反不正当竞争法规范。易言之,反不正当竞争法可以对商标法缺乏规定或保护不周之处进行补充保护。[2]

实际上,商标法所调整的侵犯商标权的行为也是一种违背诚实信用原则和良好商业道德的不正当竞争行为。在商标权保护方面,商标法和反不正当竞争法的关系可以视为特别法与普通法的关系。

(三) 反不正当竞争法与著作权法的关系

著作权法是调整作品著作权及与著作权有关的权利的知识产权法。著作权法对于维护文化领域的公平竞争秩序,实现各国的文化政策,具有重要作用。当然,一般来说,知识产权法领域的不正当竞争大部分存在于工业产权中,而且主要是与类似专利权、商标权的一些权利相关联。但实际上,与著作权或相关权利相近的制止不正当竞争的判例在国外早

---

[1] 参见江苏省高级人民法院(2021)苏民终919号民事判决书(商业诋毁纠纷案)。
[2] 参见甘肃省酒泉市中级人民法院(2021)甘09知民初35号民事判决书(侵害商标权及不正当竞争纠纷案)。

已出现，我国从1991年起也有了这类案例。[1] 尽管我国《反不正当竞争法》没有明确涉及著作权保护的问题，学术界对著作权法与反不正当竞争法的关系探讨也相对较少，但著作权领域同样存在需要由反不正当竞争法来调整的不正当竞争行为。例如，制作、出售假冒他人的美术作品及其他作品，假冒他人署名发表自己作品，仿制他人作品标志，使人误以为是原作品或与原作品有关的作品，[2] 以及滥用著作权的行为，属于不正当竞争行为。[3]

总的来说，反不正当竞争法与其他知识产权法具有十分密切的关系。它们共同为维护我国社会经济、科学文化等领域正常的竞争秩序服务。其中有些不正当竞争行为是知识产权其他部门法已作规定的，这就形成了交叉保护或重叠保护。知识产权其他部门法未作规定的则可看成是反不正当竞争法对知识产权保护的拓宽和强化。而且，反不正当竞争法从维护公平竞争秩序的角度出发，在加强知识产权保护的同时，对滥用知识产权的行为也进行调整，以实现知识产权立法的宗旨。[4]

第三节 与知识产权有关的不正当竞争行为

市场竞争的激烈和市场交易活动的复杂性决定了不正当竞争行为的多样性。《巴黎公约》第10条之二列举应予"特别"禁止的几种不正当竞争行为是：①不择手段地对同行的营业所、商品或工商业活动造成混淆的一切行为；②在经营商业中的损害竞争者的营业所、商品或工商业活动的信誉的虚假说法；③在经营中，使用会使公众对商品的性质、制造方法、特点、用途和数量易于产生误解的表示或说法。这三种不正当竞争行为都与知识产权有关，我国《反不正当竞争法》遵循了《巴黎公约》的规定，对不正当竞争行为作了具体界定。[5] 本节只对与知识产权有关的若干不正当竞争行为进行阐述和研究。[6]

---

[1] 参见湖南省长沙市中级人民法院（2004）长中民三初字第221号民事判决书（著作权侵权、不正当竞争纠纷案）；最高人民法院（1999）知终字第6号民事判决书（不正当竞争纠纷上诉案）；北京市高级人民法院（2023）京民申215号民事裁定书（著作权侵权及不正当竞争纠纷案）；吉林省高级人民法院（2023）吉民终127号民事判决书（著作权侵权及不正当竞争纠纷案）。

[2] 吴汉东主编：《知识产权法》，法律出版社2004年版，第282页。

[3] 参见浙江省义乌市人民法院（2022）浙0782民初2790号民事判决书（侵害作品信息网络传播权纠纷案）。

[4] 参见刘银良：《知识产权法与反不正当竞争法关系重探》，载《中国法学》2023年第6期。

[5] 参见张占江：《不正当竞争行为认定范式的嬗变 从"保护竞争者"到"保护竞争"》，载《中外法学》2019年第1期。

[6] 参见焦海涛：《不正当竞争行为法律规制的体系化》，载《比较法研究》2024年第2期；郭传凯：《不正当竞争行为司法认定的"泛道德化"倾向及其矫正》，载《现代法学》2023年第4期；浙江州市中级人民法院（2023）浙03民初423号民事判决书（不正当竞争纠纷案）；天津自由贸易试验区人民法院（2022）津0319民初23977号民事判决书（不正当竞争纠纷案）；江苏省高级人民法院（2023）苏民终280号民事判决书（不正当竞争纠纷案）；福建省高级人民法院（2022）闽民终1871号民事判决书（不正当竞争纠纷案）；陕西省高级人民法院（2022）陕知终139号民事判决书（不正当竞争纠纷案）；广西壮族自治区高级人民法院（2023）桂民终196号民事判决书（不正当竞争纠纷案）；广东省深圳市中级人民法院（2023）粤03民终4897号民事判决书（不正当竞争纠纷案）；重庆市第一中级人民法院（2022）渝01民初3538号民事判决书（不正当竞争纠纷案）；湖南省长沙市开福区人民法院（2023）湘0105民初2875号民事判决书（不正当竞争纠纷案）。

一、混淆行为

这种行为是指经营者采用仿冒的标志或其他虚假的标志从事市场交易，故意引起消费者误认误购，以牟取非法利益的行为，又称商业仿冒行为或欺骗性交易行为。[1] 该行为的实质是利用欺骗性标志不正当地利用诚实经营者的商业信誉和商品声誉，以达到欺骗消费者、取得竞争优势、牟取非法利益的目的。它包括商业主体混同行为和虚假标示商品的行为。前者指经营者为达到使其生产经营的商品与他人的有一定声誉的商品相混淆的目的而故意以一定方式不正当地利用他人商业信誉与商品声誉；后者指为达到使其他生产经营者、消费者发生误认的目的而对自己生产经营的商品在成分、质量、产地、来源、荣誉等方面进行虚假的标示。现行《反不正当竞争法》第 6 条列举了四类"引人误认为是他人商品或者与他人存在特定联系"的混淆行为。以下不妨逐一介绍和探讨。[2]

1. 擅自使用与他人有一定影响的商品名称、包装、装潢等相同或者近似的标识。[3] 商品的名称、包装、装潢与商标一样，具有识别作用，并可以保护商品信誉和刺激消费者购买欲。有一定影响的商品名称、包装、装潢更是如此。与他人有一定影响的商品名称、包装、装潢相同或近似，就会使消费者认为所购买的商品是其意欲购买的知名商品，这就会直接损害有一定影响的商品名称、包装、装潢经营者利益和消费者利益。因此，该行为是一种不正当竞争行为。

值得注意的是，为了便于在司法实践中更好地处理不正当竞争行为，最高人民法院在 2006 年颁布了《审理不正当竞争民事案件应用法律解释》，该规定于 2007 年 2 月 1 日起施行。基于《民法典》施行后的现实，该司法解释在 2020 年对"引言"部分作了修改，其他条款未变。2022 年 3 月 16 日公布的《适用〈反不正当竞争法〉的解释》，自 2022 年 3 月 20 日起施行。该司法解释施行后，前述《审理不正当竞争民事案件应用法律解释》即行废止。因此，本书以《适用〈反不正当竞争法〉的解释》为依据，阐述相关规定的内容。在必要时，则会涉及《审理不正当竞争民事案件应用法律解释》的规定。

《适用〈反不正当竞争法〉的解释》涉及本项的规定有以下内容：

（1）"有一定影响"标识的界定。根据《适用〈反不正当竞争法〉的解释》第 4 条规定，具有一定的市场知名度并具有区别商品来源的显著特征的标识，人民法院可以认定为

---

[1] 参见李士林：《商业标识的反不正当竞争法规整——兼评〈反不正当竞争法〉第 6 条》，载《法律科学（西北政法大学学报）》2019 年第 6 期。

[2] 在 1993 年《反不正当竞争法》第 5 条使用的表述是采取不正当手段从事市场交易，损害竞争对手的行为。其将"假冒他人的注册商标"纳入这类行为之首。如前所述，假冒他人的注册商标是我国《商标法》严厉制裁的商标侵权行为。鉴于这种行为具有很大的欺骗性，1993 年《反不正当竞争法》将这种已在《商标法》中得到调整的行为规定为本条首要的不正当竞争行为，实际上是对我国注册商标的加重保护。现行《反不正当竞争法》第 6 条则取消了这一规定。原因在于，毕竟该行为在《商标法》等法律中作了明确规定，对于商标专用权这一实体性权利的保护，不必在反不正当竞争法中重复规定。

[3] 1993 年《反不正当竞争》第 5 条第 2 项规定的相应行为表现是"擅自使用知名商品特有或近似的名称、包装、装潢，造成和他人知名商品相混淆，使购买者误认为是该知名商品"。该法实施后至 2017 年《反不正当竞争法》施行前，司法实践中相关案例使用的也是这一表述。本章探讨的部分案例即是如此。参见山东省高级人民法院（2022）鲁民终 390 号民事判决书（不正当竞争纠纷案）；河南省漯河市中级人民法院（2020）豫 11 知民初 1 号民事判决书（侵害商标权及不正当竞争纠纷案）；"费列罗"包装装潢案，最高人民法院（2006）民三提字第 3 号民事判决书（指导案例第 47 号）；山东省高级人民法院（2023）鲁民终 1035 号民事判决书（擅自使用与他人有一定影响的商品装潢相同或者近似的标识纠纷案）。

《反不正当竞争法》第 6 条规定的"有一定影响的"标识。人民法院认定《反不正当竞争法》第 6 条规定的标识是否具有一定的市场知名度，应当综合考虑中国境内相关公众的知悉程度，商品销售的时间、区域、数额和对象，宣传的持续时间、程度和地域范围，标识受保护的情况等因素。该规定强调了标识的市场知名度且应具有区别商品来源的显著特征。从这一解释看，是将上述标识视为有一定影响的未注册商标。[1]

（2）标识不具有区别商品来源的显著特征的表现。《适用〈反不正当竞争法〉的解释》第 5 条规定："反不正当竞争法第六条规定的标识有下列情形之一的，人民法院应当认定其不具有区别商品来源的显著特征：（一）商品的通用名称、图形、型号；（二）仅直接表示商品的质量、主要原料、功能、用途、重量、数量及其他特点的标识；（三）仅由商品自身的性质产生的形状，为获得技术效果而需有的商品形状以及使商品具有实质性价值的形状；（四）其他缺乏显著特征的标识。前款第一项、第二项、第四项规定的标识经过使用取得显著特征，并具有一定的市场知名度，当事人请求依据反不正当竞争法第六条规定予以保护的，人民法院应予支持。"上述规定，实际上是沿袭了前述《商标法》对缺乏显著特征的标识的规定。原因在于，正如前所述，赋予上述标识以有一定影响的未注册商标定位，故可以按照商标的显著性要求判定。

（3）他人正当使用应排除不正当竞争行为。根据《适用〈反不正当竞争法〉的解释》第 6 条规定，因客观描述、说明商品而正当使用下列标识，当事人主张属于反不正当竞争法第六条规定的情形的，人民法院不予支持：①含有本商品的通用名称、图形、型号；②直接表示商品的质量、主要原料、功能、用途、重量、数量以及其他特点；③含有地名。该规定也是沿袭了《商标法》关于注册商标标识正当使用的规定。对于上述规定，可以从如下方面理解：既然注册商标保护不能限制他人正当使用，对于保护力度更低的未注册商标的保护自然也不能限制他人的正当使用。

（4）不得作为商标使用的标志也不得给予制止不正当竞争的保护。《适用〈反不正当竞争法〉的解释》第 7 条规定："反不正当竞争法第六条规定的标识或者其显著识别部分属于商标法第十条第一款规定的不得作为商标使用的标志，当事人请求依据反不正当竞争法第六条规定予以保护的，人民法院不予支持。"该规定的合理性在于，禁止作为商标使用的标志通常承载着公共利益，不宜由任何人通过作为商标使用或注册形式获得法律保护，自然也不能通过反不正当竞争法予以保护。

（5）帮助侵权的认定。《适用〈反不正当竞争法〉的解释》第 15 条规定："故意为他人实施混淆行为提供仓储、运输、邮寄、印制、隐匿、经营场所等便利条件，当事人请求依据民法典第一千一百六十九条第一款予以认定的，人民法院应予支持。"这一规定，有利于切断实施混淆类不正当竞争的基础条件，维护合法经营者和消费者合法权益。

2. 擅自使用他人有一定影响的企业名称（包括简称、字号等）、社会组织名称（包括简称等）、姓名（包括笔名、艺名、译名等）。这里的企业名称、社会组织名称和姓名，分别受到相关法律法规的保护，而不论是否有一定影响。如企业对其名称享有企业名称权、社会组织对其名称享有名称权、自然人对其姓名享有姓名权。如果企业名称（包括简称、

---

[1] 关于上述标识中的"装潢"，《适用〈反不正当竞争法〉的解释》第 8 条规定：由经营者营业场所的装饰、营业用具的式样、营业人员的服饰等构成的具有独特风格的整体营业形象，人民法院可以认定为反不正当竞争法第 6 条第 1 项规定的"装潢"。

字号等）、社会组织名称（包括简称、字号等）具有一定影响，在经营活动中他人擅自使用就容易造成市场主体混淆，从而损害企业、社会组织、自然人或消费者合法权益。因此，上述行为被纳入不正当竞争行为。《适用〈反不正当竞争法〉的解释》第9条对于相关概念的认定作了规定：市场主体登记管理部门依法登记的企业名称，以及在中国境内进行商业使用的境外企业名称，人民法院可以认定为反不正当竞争法第6条第2项规定的"企业名称"。有一定影响的个体工商户、农民专业合作社（联合社）以及法律、行政法规规定的其他市场主体的名称（包括简称、字号等），人民法院可以依照反不正当竞争法第6条第2项予以认定。此外，其第11条还对与上述相近似的标识作了规定，具体将在下面介绍。[1]根据其第25条规定，依据《反不正当竞争法》第6条的规定，当事人主张判令被告停止使用或者变更其企业名称的诉讼请求依法应予支持的，人民法院应当判令停止使用该企业名称。《反不正当竞争法》第18条第2款则规定："经营者登记的企业名称违反本法第六条规定的，应当及时办理名称变更登记；名称变更前，由原企业登记机关以统一社会信用代码代替其名称。"

3. 擅自使用他人有一定影响的域名主体部分、网站名称、网页等。在当代信息网络社会，域名具有重要的财产价值和商业价值。经营者的网站名称和网页对于开展电子商务、宣传其产品或服务也具有重要意义。因此，应当禁止他人擅自使用他人有一定影响的域名主体部分、网站名称、网页等。《适用〈反不正当竞争法〉的解释》第11条还规定："经营者擅自使用与他人有一定影响的企业名称（包括简称、字号等）、社会组织名称（包括简称等）、姓名（包括笔名、艺名、译名等）、域名主体部分、网站名称、网页等近似的标识，引人误认为是他人商品或者与他人存在特定联系，当事人主张属于反不正当竞争法第六条第二项、第三项规定的情形的，人民法院应予支持。"这一规定有利于防止其他经营者对这些标识和名称的仿冒行为，加强对不正当竞争行为的打击力度。[2]

4. 其他足以引人误认为是他人商品或者与他人存在特定联系的混淆行为。在实践中，混淆类不正当竞争行为多种多样，法条列明的类型有限。为避免挂一漏万，有效规制这类行为，《反不正当竞争法》第6条第4项规定了兜底性条款。对此，《适用〈反不正当竞争法〉的解释》第13条规定：经营者实施下列混淆行为之一，足以引人误认为是他人商品或者与他人存在特定联系的，人民法院可以依照反不正当竞争法第6条第4项予以认定：①擅自使用反不正当竞争法第6条第1项、第2项、第3项规定以外"有一定影响的"标识；②将他人注册商标、未注册的驰名商标作为企业名称中的字号使用，误导公众。[3]

针对《反不正当竞争法》第6条规定的行为，《适用〈反不正当竞争法〉的解释》还沿袭前述《商标法》关于商标使用、相同或者近似商标的判断方法，以及运用联想型混淆理论等作了规定，有利于人民法院统一上述混淆行为类型不正当竞争纠纷案件裁判标准。

---

[1] 参见黑龙江省哈尔滨市中级人民法院（2022）黑01行终382号行政判决书（撤销行政处罚决定及行政复议决定案）；福建省高级人民法院（2022）闽民终1132号民事判决书（不正当竞争纠纷案）；黑龙江省高级人民法院（2022）黑民终733号民事判决书（擅自使用他人有一定影响的社会组织名称纠纷案）；辽宁省大连市中级人民法院（2023）辽02民终6496号民事判决书（擅自使用他人有一定影响的企业名称纠纷案）。

[2] 参见黑龙江省高级人民法院（2022）黑民终236号民事判决书（不正当竞争纠纷案）；广东省广州互联网法院（2019）粤0192民初23002号民事判决书（著作权权属、侵权纠纷、商业贿赂不正当竞争纠纷案）。

[3] 参见云南省高级人民法院（2022）云民终904号民事判决书（不正当竞争纠纷案）；福建省厦门市中级人民法院（2021）闽02民初2771号民事判决书（侵害商标权及不正当竞争纠纷案）。

其具体规定如下：在中国境内将有一定影响的标识用于商品、商品包装或者容器以及商品交易文书上，或者广告宣传、展览以及其他商业活动中，用于识别商品来源的行为，人民法院可以认定为《反不正当竞争法》第6条规定的"使用"。人民法院认定与《反不正当竞争法》第6条规定的"有一定影响的"标识相同或者近似，可以参照商标相同或者近似的判断原则和方法。《反不正当竞争法》第6条规定的"引人误认为是他人商品或者与他人存在特定联系"，包括误认为与他人具有商业联合、许可使用、商业冠名、广告代言等特定联系。在相同商品上使用相同或者视觉上基本无差别的商品名称、包装、装潢等标识，应当视为足以造成与他人有一定影响的标识相混淆。经营者销售带有违反《反不正当竞争法》第6条规定的标识的商品，引人误认为是他人商品或者与他人存在特定联系，当事人主张构成《反不正当竞争法》第6条规定的情形的，人民法院应予支持。[1] 此外，其第14条还沿用了前述善意侵权者能证明该商品是自己合法取得并说明提供者时不承担赔偿责任的规定，有利于公平合理地维护当事人合法权益。[2]

二、虚假宣传行为

虚假宣传行为是经营者以广告等方法对其商品进行的与实际情况不符合的、旨在误导消费者的宣传。《反不正当竞争法》第8条规定："经营者不得对其商品的性能、功能、质量、销售状况、用户评价、曾获荣誉等作虚假或者引人误解的商业宣传，欺骗、误导消费者。经营者不得通过组织虚假交易等方式，帮助其他经营者进行虚假或者引人误解的商业宣传。"虚假宣传行为主观上具有欺骗、误导消费者的故意，客观上则会造成消费者误认的后果，从而损害消费者利益，因而该行为构成不正当竞争，应受到反不正当竞争法的规制。

《适用〈反不正当竞争法〉的解释》对如何认定《反不正当竞争法》第8条规定的虚假宣传行为作了规定，为人民法院审理这类案件提供了重要指引。具体而言，其第16条规定："经营者在商业宣传过程中，提供不真实的商品相关信息，欺骗、误导相关公众的，人民法院应当认定为反不正当竞争法第八条第一款规定的虚假的商业宣传。"又根据其第17条的规定，经营者具有下列行为之一，欺骗、误导相关公众的，人民法院可以认定为《反不正当竞争法》第8条第1款规定的"引人误解的商业宣传"：①对商品作片面的宣传或者对比；②将科学上未定论的观点、现象等当作定论的事实用于商品宣传；③使用歧义性语言进行商业宣传；④其他足以引人误解的商业宣传行为。人民法院应当根据日常生活经验、相关公众一般注意力、发生误解的事实和被宣传对象的实际情况等因素，对引人误解的商业宣传行为进行认定。此外，其第18条规定，当事人主张经营者违反《反不正当竞争法》第8条第1款的规定并请求赔偿损失的，应当举证证明其因虚假或者引人误解的商业宣传行为受到损失。[3]

三、侵犯商业秘密行为

商业秘密是一种特殊的知识产权。我国《民法典》第123条第2款明确将其纳入知识产权客体的范畴。保护商业秘密对于建立和完善市场经济体制，健全竞争机制，完善知识

---

[1]《适用〈反不正当竞争法〉的解释》第10条、第12条和第14条第1款。

[2] 参见最高人民法院（2022）最高法民再76号民事判决书（不正当竞争纠纷案）。

[3] 参见福建省龙岩市中级人民法院（2021）闽08民初735号民事判决书（不正当竞争纠纷案）；黑龙江省高级人民法院（2022）黑民终236号民事判决书（不正当竞争纠纷案）；"同德福"侵害商标权及不正当竞争纠纷案，重庆市高级人民法院（2013）渝高法民终字00292号民事判决书（指导案例第58号）。

产权制度具有重要意义。市场经济发达国家都建立了商业秘密保护制度。不过，商业秘密与一般的知识产权客体相比仍然具有诸多特殊性，很多国家和地区商业秘密保护模式是将其纳入制止不正当竞争法律之中。我国于1993年12月1日起施行的《反不正当竞争法》首次将商业秘密纳入实体法保护范畴。现行《反不正当竞争法》第9条规定了侵害商业秘密的行为表现，第15条规定了监督检查部门及其工作人员对调查过程中知悉的商业秘密负有保密义务，第21条规定了侵害商业秘密的行政责任，第32条则规定了侵权嫌疑人的举证责任。此外，2020年9月10日公布了《审理侵犯商业秘密民事案件适用法律规定》，自2020年9月12日起施行。关于商业秘密的保护，本书第三十一章将专题研究。

四、商业诋毁行为

商业诋毁行为是指经营者编造、传播虚假信息或者误导性信息，损害竞争对手的商业信誉和商品声誉的行为，又称商业诽谤行为或诋毁商誉行为。商业信誉即经营者信得过的名声及其对顾客的吸引力，以及由此带来的经济利益。商品声誉是指商品的名声、荣誉以及由此带来的经济利益。厂商的商业信誉和商品声誉又可称为"商誉"。《反不正当竞争法》第11条对此类行为作了明确规定：即"经营者不得编造、传播虚假信息或者误导性信息，损害竞争对手的商业信誉、商品声誉"。

商誉是企业一项极其重要的无形资产，具有重要的财产价值。它是经营者通过参与市场竞争的连续活动而逐渐形成的，从商业角度反映了消费者对经营者能力、品德、实力和其商品品质的社会评价。良好商誉的形成需要商誉主体长期努力经营，并付出比社会平均劳动更多的劳动，这种超额劳动的实质是财产，它以超额利润的货币形式流回生产者或经营者。这种超额利润就是商誉价值的体现。正因为商誉在市场竞争中有不可估量的作用，它常常遭受不正当竞争之害。这种行为通常表现为行为人编造、传播虚假信息或者误导性信息，诋毁或贬低竞争对手的商誉，或者对竞争对手进行诽谤。

侵害商誉行为的表现形式主要有：①行为人在公共场合向公众捏造和散布虚假事实诋毁或贬低竞争对手的商誉。如行为人用新闻发布会、声明性公告等形式，捏造、散布虚假事实以诋毁竞争对手的商誉。②经营者在经营过程中，向业务客户或消费者编造、散布虚假事实损害竞争对手的商誉。③利用虚假广告或对比性广告进行不符合实际的宣传，以贬低竞争对手的商誉，抬高自己企业或商品的知名度。④行为人在出售的商品说明上，对竞争对手同类商品进行诋毁和贬低，诱使消费者不再购买该商品。⑤行为人假借消费者之口，向有关组织捏造或散布虚假事实，或者唆使他人在公众中制造谣言，传播或散布诋毁、贬低竞争对手的商誉的虚假事实。根据《适用〈反不正当竞争法〉的解释》第19条规定，当事人主张经营者实施了《反不正当竞争法》第11条规定的商业诋毁行为的，应当举证证明其为该商业诋毁行为的特定损害对象。[1]

五、经营者利用网络从事的不正当竞争行为

当前，人类进入数字时代和数字社会，数字经济日益凸显。数字时代与信息网络技术及其产业化迅猛发展一脉相承。数字时代的重要特点是以信息网络、大数据、人工智能、

---

[1] 参见新疆维吾尔自治区高级人民法院（2022）新民终81号民事判决书（商业诋毁纠纷案）；北京知识产权法院（2020）京0108民初8661号民事判决书（不正当竞争纠纷案）；安徽省滁州市中级人民法院（2022）皖11民初296号民事判决书（商业诋毁纠纷案）；最高人民法院（2022）最高法民再75号民事判决书（商业诋毁纠纷案）。

区块链等技术为基础，数字化产业急剧增长，实体经济逐渐步入数字经济。[1] 在数字经济时代，电子商务如火如荼，通过网络平台开展市场经营和竞争活动日益重要，"平台经济"概念的提出就是体现。

在信息网络环境下，经营者利用网络从事生产经营活动引发的不正当竞争纠纷也日益增多，亟待法律规制。为此，2017 年在首次修订《反不正当竞争法》时新增了经营者利用网络从事生产经营活动的不正当竞争的规定，对于在信息网络和数字经济环境下有效规制新型不正当竞争行为，维护信息网络环境下公平竞争秩序具有重要意义。

《反不正当竞争法》第 12 条第 1 款规定：经营者利用网络从事生产经营活动，应当遵守本法的各项规定。其第 2 款则明确列举了所禁止的利用技术手段，通过影响用户选择或者其他方式，实施妨碍、破坏其他经营者合法提供的网络产品或者服务正常运行的行为。[2] 以下不妨分别进行介绍和探讨。

1. 未经其他经营者同意，在其合法提供的网络产品或者服务中，插入链接、强制进行目标跳转。链接是网络之间进行联络和通信的基本技术手段。对于经营者合法提供的网络产品或者服务而言，未经其同意通过技术手段插入链接，则会扰乱经营者正常提供的网络产品或者服务，造成流量的丧失或其他损失，因此应当予以禁止。强制进行目标跳转也存在类似的后果。根据《适用〈反不正当竞争法〉的解释》第 21 条规定，未经其他经营者和用户同意而直接发生的目标跳转，人民法院应当认定为《反不正当竞争法》第 12 条第 2 款第 1 项规定的"强制进行目标跳转"。仅插入链接，目标跳转由用户触发的，人民法院应当综合考虑插入链接的具体方式、是否具有合理理由以及对用户利益和其他经营者利益的影响等因素，认定该行为是否违反《反不正当竞争法》第 12 条第 2 款第 1 项的规定。[3]

2. 误导、欺骗、强迫用户修改、关闭、卸载其他经营者合法提供的网络产品或者服务。在互联网环境下，同行竞争者采取技术创新、商业模式创新等手段争夺用户和流量，获取更多广告效益和市场竞争优势，是一种常见的做法。但是，经营者合法提供的网络产品或者服务受法律保护，采取误导、欺骗、强迫用户修改、关闭、卸载其他经营者合法提供的网络产品或者服务的行为，会对其他经营者通过信息网络开展正常的经营活动造成损害，同时也可能损害消费者利益。因此，这类行为也应当予以规制。根据《适用〈反不正当竞争法〉的解释》第 22 条规定，经营者事前未明确提示并经用户同意，以误导、欺骗、强迫用户修改、关闭、卸载等方式，恶意干扰或者破坏其他经营者合法提供的网络产品或者服务，人民法院应当依照《反不正当竞争法》第 12 条第 2 款第 2 项予以认定。[4]

3. 恶意对其他经营者合法提供的网络产品或者服务实施不兼容。兼容是互联网产品或服务实现共通共享的基本形式，其对经营者实现合法提供的网络产品或者服务的目的，以及用户体验等都具有重要价值。恶意对其他经营者合法提供的网络产品或者服务实施不兼

---

[1] 冯晓青：《数字时代的知识产权法》，载《数字法治》2023 年第 3 期。

[2] 参见蒋舸：《〈反不正当竞争法〉网络条款的反思与解释 以类型化原理为中心》，载《中外法学》2019 年第 1 期；参见网络弹窗不正当竞争纠纷案，山东省高级人民法院（2010）鲁民三终字第 5-2 号民事判决书（指导案例第 45 号）。

[3] 参见北京知识产权法院（2019）京 73 民终 2799 号民事判决书（不正当竞争纠纷案）；上海知识产权法院（2017）沪 73 民终 197 号民事判决书（不正当竞争纠纷案）；江西省高级人民法院（2022）赣民终 718 号民事判决书（不正当竞争纠纷案）。

[4] 参见北京市第一中级人民法院（2009）一中民初字第 16849 号民事判决书（不正当竞争纠纷案）。

容，则会破坏经营者提供的网络产品的正常安装、下载和运行，从而不仅损害其他经营者合法权益，而且会损害消费者利益，故此种行为也应受到反不正当竞争法的规制。[1]

4. 其他妨碍、破坏其他经营者合法提供的网络产品或者服务正常运行的行为。信息网络技术发展，一方面大大便利了信息交流和平台经济发展，另一方面也为网络新型不正当竞争行为提供了更多的空间。在信息网络环境下，除了前述三种网络不正当竞争行为，实践中完全可能存在其他类型的妨碍、破坏其他经营者合法提供的网络产品或者服务正常运行的行为。因此，《反不正当竞争法》第12条规定了上述兜底条款。根据有学者的研究，这类行为如：通过向用户提供具有屏蔽合法网络广告功能的产品或者服务，获取用户、推广产品以及获取流量的行为；通过技术手段破坏、规避其他网络经营者为自身产品或者服务所设置的技术限制措施，妨碍、破坏其他经营者合法提供的网络产品或者服务正常运行的行为。[2]

第四节 对涉嫌不正当竞争行为的调查

针对涉嫌不正当竞争行为，《反不正当竞争法》第三章专门规定了调查、查处制度。这对于及时发现不正当竞争行为，并采取相应措施具有重要意义。

一、监督检查部门可以采取的措施

依照《反不正当竞争法》第4条规定，县级以上人民政府履行市场监督管理职责的部门对不正当竞争行为进行查处；法律、行政法规规定由其他部门查处的，依照其规定。根据《反不正当竞争法》第13条规定，监督检查部门调查涉嫌不正当竞争行为，可以采取下列措施：①进入涉嫌不正当竞争行为的经营场所进行检查；②询问被调查的经营者、利害关系人及其他有关单位、个人，要求其说明有关情况或者提供与被调查行为有关的其他资料；③查询、复制与涉嫌不正当竞争行为有关的协议、账簿、单据、文件、记录、业务函电和其他资料；④查封、扣押与涉嫌不正当竞争行为有关的财物；⑤查询涉嫌不正当竞争行为的经营者的银行账户。采取前款规定的措施，应当向监督检查部门主要负责人书面报告，并经批准。采取前款第4项、第5项规定的措施，应当向设区的市级以上人民政府监督检查部门主要负责人书面报告，并经批准。监督检查部门调查涉嫌不正当竞争行为，应当遵守《中华人民共和国行政强制法》和其他有关法律、行政法规的规定，并应当将查处结果及时向社会公开。

上述规定赋予了监督检查部门调查涉嫌不正当竞争行为可以采取的法定措施，这些措施涉及经营场所检查、了解相关情况和提供相关资料、查询相关资料和银行账户、扣押有关财物等。由于上述行为涉及涉嫌不正当竞争行为的经营者的相关利益甚至重大利益，该条规定对监督检查部门采取相关措施时，应当向监督检查部门主要负责人书面报告并经批准，如果是针对上述第4项和第5项行为，则要求政府监督检查部门为设区的市级以上人

---

[1] 参见焦海涛：《互联网不兼容行为中"恶意"的解释与认定》，载《法学家》2022年第4期。参见北京市第一中级人民法院（2011）一中民初字第136号民事判决书（不正当竞争纠纷案）。

[2] 李扬：《反不正当竞争法基本原理》，知识产权出版社2022年版，第325~326页。参见广东省高级人民法院（2022）粤民终4541号民事判决书（不正当竞争纠纷案）；浙江省高级人民法院（2022）浙民申5195号民事裁定书（不正当竞争纠纷案）；湖北省高级人民法院（2022）鄂知民终500号民事判决书（不正当竞争纠纷案）；北京知识产权法院（2022）京73民终3270号民事判决书（不正当竞争纠纷案）。

民政府监督检查部门。此外，该条还要求监督检查部门调查涉嫌不正当竞争行为应当依法进行，并向社会公开处理结果。上述规定，有利于防止监督检查部门滥用权力、随意采取措施，从而可能损害涉嫌不正当竞争行为的经营者的合法权益。同时，应当将查处结果及时向社会公开，体现了政务公开、透明的原则，也有利于加强社会公众的监督，保障反不正当竞争法的有效实施。无疑，针对与知识产权有关的不正当竞争采取上述措施，也有利于更好地保护知识产权，制止不正当竞争行为。

二、被调查者和监督检查部门及其工作人员的相关义务

由于监督检查部门调查不正当竞争行为时，需要接触和了解被调查的涉嫌不正当竞争行为的经营者的有关资料和情况，监督检查部门根据《反不正当竞争法》第 13 条采取相关措施时，需要被调查的经营者甚至其相关的利害关系人及其他有关单位、个人予以配合，特别是根据监督检查部门的要求如实提供相关资料或者情况。基于此，《反不正当竞争法》第 14 条规定："监督检查部门调查涉嫌不正当竞争行为，被调查的经营者、利害关系人及其他有关单位、个人应当如实提供有关资料或者情况。"同时，监督检查部门及其工作人员在对涉嫌不正当竞争行为的经营者进行上述调查时，很可能接触、了解到该经营者的商业秘密，而这些商业秘密有可能对经营者开展市场竞争活动具有重要意义，因此应当赋予监督检查部门及其工作人员的相关保密义务。基于此，《反不正当竞争法》第 15 条规定："监督检查部门及其工作人员对调查过程中知悉的商业秘密负有保密义务"。

三、对涉嫌不正当竞争行为的举报及其处理

涉嫌不正当竞争行为的线索，既可以由监督检查部门及其工作人员主动发现，也可能来自相关单位和个人的举报。从事涉嫌不正当竞争行为的经营者必然要与其他单位和个人发生业务上的联系，故相关行为总有可能被其他单位和个人发现。为了鼓励其他单位和个人积极举报这类行为，法律应当赋予其向监督检查部门举报的权利，并要求向监督检查部门举报、依法及时处理相关的举报行为。基于此，《反不正当竞争法》第 16 条规定："对涉嫌不正当竞争行为，任何单位和个人有权向监督检查部门举报，监督检查部门接到举报后应当依法及时处理。监督检查部门应当向社会公开受理举报的电话、信箱或者电子邮件地址，并为举报人保密。对实名举报并提供相关事实和证据的，监督检查部门应当将处理结果告知举报人。"

第五节 不正当竞争行为的法律责任

经营者实施不正当竞争行为应当承担相应的法律责任。根据《反不正当竞争法》的规定，不正当竞争行为人承担法律责任的形式有民事责任、行政责任与刑事责任。《反不正当竞争法》第 27 条即规定："经营者违反本法规定，应当承担民事责任、行政责任和刑事责任，其财产不足以支付的，优先用于承担民事责任。"

一、民事责任

不正当竞争行为具有民事侵权的性质，因此民事责任是不正当竞争行为的基本责任类型。不正当竞争行为的民事责任，就是经营者在生产经营活动中违反反不正当竞争法规定，扰乱市场竞争秩序，损害其他经营者或者消费者的合法权益而应承担的强制性民事法律后果。在不正当竞争行为民事责任方面，我国《反不正当竞争法》突出了损害赔偿责任。其第 17 条第 1 款规定："经营者违反本法规定，给他人造成损害的，应当依法承担民事责

任。"其第 2 款则规定:"经营者的合法权益受到不正当竞争行为损害的,可以向人民法院提起诉讼。"关于不正当竞争行为损害赔偿的构成要件,需要把握以下几点:

1. 行为具有违法性,违背商业道德。行为违法性是指经营者的行为违反了《反不正当竞争法》的规定,实施了采取不正当竞争手段的违法行为。这种行为表现为行为人违反诚实信用原则、违背商业道德,[1] 实施了《反不正当竞争法》所禁止的行为。

2. 行为具有损害性。行为的损害性表现为不正当竞争行为侵害其他经营者合法权益的后果。这种损害包括财产权利的损害和非财产权利的损害,如商业信誉、商品声誉的降低,既得利益的减少以及可得利益的丧失等。损失事实是不正当竞争行为损害赔偿责任的基础,因为按照民法理论"无损害即无赔偿"。无疑,这种损害首先是针对其他合法经营者和消费者而言的。从其他合法经营者的角度看,被行为人损害的合法权利有:①财产所有权,即实施不正当竞争行为给他人造成的财产损失;②名誉权,如捏造、散布虚假事实、损害竞争对手的商誉;③知识产权,如侵犯商业秘密等。从消费者的角度看,消费者会因为不正当竞争行为而错误选择商品或者服务,如前述混淆行为和虚假宣传行为即是如此。当然,不正当竞争行为的损害还体现在对公平竞争秩序的破坏性方面,这使得该行为还可能损害公共利益、触犯国家行政管理法规,需要承担行政责任,对此将在本节继续探讨。

3. 损害事实与致害行为之间具有因果关系。这一要件要求经营者的违法行为是造成不正当竞争损害后果的原因,从《反不正当竞争法》第 17 条的规定也可以推出,只要经营者的违法行为造成了被侵害人的损失,就应承担损害赔偿责任。

值得注意的是,在确定不正当竞争行为损害赔偿责任时,是否需要行为人主观上具有过错。从《反不正当竞争法》的规定来看,其在第 9 条使用了"明知"或"应知"的限定条件,其他地方没有加以明确。有观点认为,经营者实施的不正当竞争行为一般不以过错为构成要件,因而在损害赔偿构成要件上,也无须考虑过错问题,即不正当竞争行为的损害赔偿责任一般为无过错责任。[2] 这一观点值得商榷。从侵权行为法一般理论出发,侵权行为产生后必然会产生相应的民事责任,而承担民事责任的目的是保障受害人的利益获得恢复与补偿。因此,这种因侵权产生的民事责任一般指的就是损害赔偿责任。损害赔偿是侵权行为的直接责任后果,也是侵权民事责任的承担方式。正因如此,国内外民法学者对侵权行为的定义往往从损害赔偿责任方面界定,对不正当竞争这种侵权行为也一样。在损害赔偿确定方面,主观过错应是考虑的重要因素之一。

关于不正当竞争行为的损害赔偿责任,《反不正当竞争法》第 17 条第 3 款和第 4 款还分别针对损害赔偿的计算标准以及混淆行为和侵犯商业秘密行为的法定赔偿责任作出了规定。其中,第 3 款规定:"因不正当竞争行为受到损害的经营者的赔偿数额,按照其因被侵权所受到的实际损失确定;实际损失难以计算的,按照侵权人因侵权所获得的利益确定。经营者恶意实施侵犯商业秘密行为,情节严重的,可以在按照上述方法确定数额的一倍以

---

[1] 关于"商业道德"的界定,详见《适用〈反不正当竞争法〉的解释》第 3 条规定,其将商业道德界定为特定商业领域普遍遵循和认可的行为规范,规定人民法院应当结合案件具体情况,综合考虑行业规则或者商业惯例、经营者的主观状态、交易相对人的选择意愿、对消费者权益、市场竞争秩序、社会公共利益的影响等因素,依法判断经营者是否违反商业道德;人民法院认定经营者是否违反商业道德时,可以参考行业主管部门、行业协会或者自律组织制定的从业规范、技术规范、自律公约等。

[2] 冯晓青主编:《不正当竞争及其他知识产权侵权专题判解与学理研究(第 1 分册)》,中国大百科全书出版社 2010 年版,第 328 页。

上五倍以下确定赔偿数额。赔偿数额还应当包括经营者为制止侵权行为所支付的合理开支。"需要指出的是,上述关于恶意且情节严重的侵犯商业秘密行为的惩罚性赔偿制度,是2019年修正《反不正当竞争法》时新增的内容,体现了法律对于侵害商业秘密行为"重拳出击"的用意。对此,第三十一章还将继续阐述。其第4款规定:"经营者违反本法第六条、第九条规定,权利人因被侵权所受到的实际损失、侵权人因侵权所获得的利益难以确定的,由人民法院根据侵权行为的情节判决给予权利人五百万元以下的赔偿。"同样需要指出,上述法定赔偿中的500万元以下标准也是2019年修法时新增的规定,此前的2017年《反不正当竞争法》第17条规定的是300万元以下赔偿标准。无疑,这也体现了《反不正当竞争法》对于混淆行为和侵犯商业秘密行为加强打击力度的立法意旨。

关于不正当竞争行为民事责任问题,还应当注意不正当竞争行为之界定与侵害著作权、专利权或者注册商标专用权等知识产权的关系以及相应的法律适用问题。根据《适用〈反不正当竞争法〉的解释》第1条规定,经营者实施不正当竞争行为且属于《专利法》《商标法》《著作权法》等规定之外情形的,人民法院可以适用《反不正当竞争法》第2条予以认定。又依照其第24条规定,对于同一侵权人针对同一主体在同一时间和地域范围实施的侵权行为,人民法院已经认定侵害著作权、专利权或者注册商标专用权等并判令承担民事责任,当事人又以该行为构成不正当竞争为由请求同一侵权人承担民事责任的,人民法院不予支持。[1] 上述规定,有利于协调知识产权单行法保护与制止不正当竞争行为的关系,防止因同一事实对同一侵权人重复追究法律责任。

二、行政责任

从法理学的角度看,不同类型的法律责任的存在可以保障权利人获得必要的法律保护。西方国家将专门的反不正当竞争法视为私法范畴,侧重以民事责任方式规制不正当竞争行为,但也不排除其他责任方式。如一些国家的行政主管部门针对垄断和不正当竞争行为在法律救济选择和范围方面拥有广泛的自由裁量权。有些国家行政机构本身可以被授予类似于民事法庭所具有的司法权,如匈牙利的经济局和印度的垄断与限制性贸易管理委员会。从我国《反不正当竞争法》的规定看,不正当竞争行为属于违反平等、自愿、公平、诚信、守法和公序良俗等民事法律基本原则的行为。但是,很多不正当竞争行为不仅损害了其他经营者的合法权益,而且损害了消费者,触犯了国家行政管理法规,因而也应承担行政责任。我国《反不正当竞争法》强化了行政制裁对制止不正当竞争行为的作用,赋予了行政主管机关主动追究不正当竞争行为人行政责任的权力。

具体地说,《反不正当竞争法》规定的不正当竞争行为行政责任有以下几种形式:

1. 停止违法行为。违法行为的存在会进一步损害经营者、消费者和社会公共利益,因此,所有的不正当竞争行为人都应承担此法律后果。例如,《反不正当竞争法》第18条第1款规定:"经营者违反本法第六条规定实施混淆行为的,由监督检查部门责令停止违法行为,没收违法商品。违法经营额五万元以上的,可以并处违法经营额五倍以下的罚款;没有违法经营额或者违法经营额不足五万元的,可以并处二十五万元以下的罚款。情节严重的,吊销营业执照。"

---

[1] 此外,《适用〈反不正当竞争法〉的解释》第26~27条还规定了不正当竞争民事纠纷案件诉讼管辖制度。如其第26条规定:"因不正当竞争行为提起的民事诉讼,由侵权行为地或者被告住所地人民法院管辖。当事人主张仅以网络购买者可以任意选择的收货地作为侵权行为地的,人民法院不予支持。"

2. 没收非法所得。没收非法所得适用于不正当竞争行为人获得了非法收入的情况。《反不正当竞争法》第 21 条规定："经营者以及其他自然人、法人和非法人组织违反本法第九条规定侵犯商业秘密的，由监督检查部门责令停止违法行为，没收违法所得，处十万元以上一百万元以下的罚款；情节严重的，处五十万元以上五百万元以下的罚款。"

3. 行政罚款。行政罚款体现了行政主管机关对不正当竞争行为实施的具有强制性的金钱处罚，属于承担行政责任的重要方式。例如，《反不正当竞争法》第 23 条规定："经营者违反本法第十一条规定损害竞争对手商业信誉、商品声誉的，由监督检查部门责令停止违法行为、消除影响，处十万元以上五十万元以下的罚款；情节严重的，处五十万元以上三百万元以下的罚款。"其第 24 条规定："经营者违反本法第十二条规定妨碍、破坏其他经营者合法提供的网络产品或者服务正常运行的，由监督检查部门责令停止违法行为，处十万元以上五十万元以下的罚款；情节严重的，处五十万元以上三百万元以下的罚款。"关于行政罚款，在实践中有一个问题需要明确，即不正当竞争行为人在承担行政责任后，可否再追究损害赔偿的民事责任。从法理上讲，受害的经营者有权依法取得民事救济，不能因为不正当竞争行为人承担了行政责任而免除其民事责任，否则将无法充分保障受到不正当竞争行为侵害的其他经营者的合法权益。实际上，从《反不正当竞争法》第 27 条规定也能对此加以理解。

4. 吊销营业执照。这是指行政主管机关对不正当竞争行为人登记注册的营业执照依法撤销的行为。由于这一行政处罚形式最为严厉，它只适用于情节严重的不正当竞争行为。例如，《反不正当竞争法》第 20 条第 1 款规定："经营者违反本法第八条规定对其商品作虚假或者引人误解的商业宣传，或者通过组织虚假交易等方式帮助其他经营者进行虚假或者引人误解的商业宣传的，由监督检查部门责令停止违法行为，处二十万元以上一百万元以下的罚款；情节严重的，处一百万元以上二百万元以下的罚款，可以吊销营业执照。"

在以上行政处罚措施中，行政主管机关可以根据不正当竞争行为的性质、主观恶性、危害后果等情节决定适用何种责任类型。原则上讲，这些责任形式是相互独立的，行政主管机关可以单独适用其中的一种，也可以合并适用其中的几种。

《反不正当竞争法》还规定了依法从轻或者减轻行政处罚、不予处罚的情形，以及将不正当竞争行为信息计入信用记录和妨害监督检查部门依照本法履行职责，拒绝、阻碍调查的行政处罚责任。[1] 同时，为了保障行政主管机关依法行政，并保障当事人的合法权益不受侵犯，《反不正当竞争法》提供了相应的制度保障。该法第 29 条规定："当事人对监督检查部门作出的决定不服的，可以依法申请行政复议或者提起行政诉讼。"其第 30 条规定："监督检查部门的工作人员滥用职权、玩忽职守、徇私舞弊或者泄露调查过程中知悉的商业秘密的，依法给予处分。"[2]

三、刑事责任

为有效地维护市场竞争秩序，不少国家反不正当竞争法都规定了不正当竞争行为的刑事责任。这种责任适用于情节严重、构成犯罪的行为，其承担方式主要包括监禁和罚金。不正当竞争行为适用刑事责任的情形较少。我国市场主体法律意识比较薄弱，当前广泛适用不正当竞争行为刑事责任调整商事关系还难以被人们普遍接受。

---

〔1〕《反不正当竞争法》第 25 条、第 26 条和第 28 条。
〔2〕 参见安徽省芜湖经济技术开发区人民法院（2022）皖 0291 行初 11 号行政判决书（行政处罚案）。

《反不正当竞争法》第 31 条规定："违反本法规定，构成犯罪的，依法追究刑事责任。"在具体适用刑事责任时，人民法院除依《反不正当竞争法》外，还应依据《刑法》追究不正当竞争行为人的刑事责任。

本章案例研讨

30-1（总第 70）：销售仿冒商品的行为构成不正当竞争
——再审申请人某（北京）科技发展有限公司与被申请人新泰市某装饰工程有限公司不正当竞争纠纷案[1]

一、案情简介

某（北京）科技发展有限公司（以下简称某科技发展公司）是核定使用在水龙头、地漏等商品上的"潜水艇"系列商标的商标权人。潜水艇商标经过使用具有一定知名度。某科技发展公司经公证购买了新泰市某装饰工程有限公司（以下简称某装饰工程公司）销售的标有"宁波市某卫浴有限公司"字样的地漏。某科技发展公司遂诉至山东省泰安市中级人民法院，请求判令某装饰工程公司停止销售标注"宁波市某卫浴有限公司"相关标识的涉案地漏产品，并赔偿 5 万元的经济损失。

二、法院裁判理由及结果

一审法院经审理认为，某装饰工程公司仅实施了销售行为，不构成《反不正当竞争法》规定的不正当竞争行为，不承担损害赔偿责任，但应当赔偿合理支出，故判决某装饰工程公司立即停止销售被诉侵权产品，并赔偿某科技发展公司合理开支 3000 元，驳回其他诉讼请求。某科技发展公司不服，提起上诉。山东省高级人民法院二审判决驳回上诉，维持原判。某科技发展公司不服，向最高人民法院申请再审。

最高人民法院再审认为：从目的解释的角度来看，反不正当竞争法鼓励和保护公平竞争，制止不正当竞争行为，保护经营者和消费者的合法权益。销售者与生产者都是参与市场经营的主体，两者均为反不正当竞争法意义上的经营者。销售行为使仿冒产品进入市场流通领域，产生混淆误认可能性，因此，不正当的销售行为与生产行为相同，都对市场竞争秩序产生不利影响，损害经营者及消费者的利益。销售行为应当受到反不正当竞争法的规制。从体系化解释的角度来看，反不正当竞争法对仿冒行为进行规制的基础是经营者对商业标识享有合法权益，这与商标法的保护方式相近。商标法明确规定销售侵权商品的行为构成侵权行为。因此，销售行为可以成为反不正当竞争法规制的对象。从利益平衡的角度，某科技发展公司已就被诉侵权产品的生产者进行追诉，该生产者已被判令停止使用涉案企业名称，但被诉侵权产品仍有销售，应当根据案件具体情况给予某科技发展公司救济途径。综上，销售者的销售行为属于《反不正当竞争法》第 6 条规定的使用行为。某装饰工程公司销售被诉侵权产品，构成不正当竞争。某装饰工程公司主张被诉侵权产品系供货商赠与，但未提交证据证明，其抗辩不能成立。

最高人民法院于 2022 年 9 月 30 日判决撤销一审、二审判决，某装饰工程公司赔偿某科

---

[1]《最高人民法院知识产权案件年度报告（2022）》，第 78～80 页；最高人民法院（2022）最高法民再 230 号民事判决书。

技发展公司经济损失及合理开支1万元。

本案涉及销售仿冒商品的行为构成不正当竞争的认定。在该案中，最高人民法院提审后，在再审中从目的解释、体系化解释和利益平衡角度阐明了销售仿冒产品应受反不正当竞争法规制的正当性。其"裁判要旨"明确"经营者销售商品足以引人误认为是他人商品或者与他人存在特定联系的，可以依法认定构成《反不正当竞争法》第6条规定的不正当竞争行为"。本案为从反不正当竞争法的角度认识销售仿冒产品行为提供了启示。

30-2（总第71）：商业诋毁行为的认定
——再审申请人某电器（惠州）有限公司与被申请人某视像科技股份有限公司、一审被告某科技集团股份有限公司商业诋毁纠纷案[1]

一、案情简介
某视像科技股份有限公司（以下简称某视像股份公司）认为某电器（惠州）有限公司（以下简称某电器有限公司）在微博及抖音短视频上发布的被诉侵权视频构成商业诋毁，诉至山东省青岛市中级人民法院。

二、法院裁判理由及结果
一审法院认为，某电器有限公司作为某视像股份公司的直接竞争对手，发布包含针对某视像股份公司激光电视产品虚假信息和误导性信息的被诉侵权视频，损害了某视像股份公司的商业信誉和商品声誉，构成了对某视像股份公司的商业诋毁。故判决：某电器有限公司赔偿某视像股份公司经济损失50万元（包含制止侵权行为的合理开支）；驳回某视像股份公司的其他诉讼请求。某视像股份公司、某电器有限公司不服，提起上诉。山东省高级人民法院二审认定商业诋毁行为成立，判决：某电器有限公司赔偿某视像股份公司经济损失及维权合理开支共计200万元，并刊登声明以消除影响。某电器有限公司不服，向最高人民法院申请再审。

最高人民法院审查认为：认定是否构成商业诋毁，其根本要件是相关经营者之行为是否以误导方式对竞争对手的商业信誉或者商品声誉造成了损害。本案中某电器有限公司并未提供充足的证据证明某激光电视存在见光死、观看角度小、漏光等问题，视频中男主角对安装"无从下手""被安装过程击倒"等内容亦与某视像股份公司为用户提供免费的安装服务不符，容易对消费者造成误导。某电器有限公司作为某视像股份公司的同业竞争者，对他人商品进行对比评论或者批评时应当本着诚实信用的原则，遵守法律和商业道德，客观、真实、中立地进行评价，不能损害他人商誉，误导公众。退一步讲，即便激光电视存在一定问题，某电器有限公司亦不能采取被诉侵权视频中的表达方式，片面夸大激光电视的不足。作为同业竞争者，对真实的信息进行描述也应客观、全面。被诉行为的片面性和不准确性，容易导致消费者对相关商品产生错误认识，进而影响到消费者的决定，并对某视像股份公司的商业信誉或商品声誉产生负面影响，损害某视像股份公司的利益。

---

[1] 选自《最高人民法院知识产权案件年度报告（2022）》，第82~83页；最高人民法院（2021）最高法民申6512号民事裁定书。

最高人民法院于2022年6月24日裁定驳回某电器有限公司再审申请。

本案涉及同行竞争者商业诋毁的认定问题。在该案中，最高人民法院明确"认定是否构成商业诋毁，其根本要件是相关经营者之行为是否以误导方式对竞争对手的商业信誉或者商品声誉造成了损害"。实践中对于商业诋毁这类不正当竞争的认定，可以从行为人的主观故意以及行为表现等方面界定，其中在行为表现方面应注意限于公开的、具有损害性的误导行为。本案为认识商业诋毁行为的界定提供了范例。

30-3（总第72）：存在竞争关系经营者之间商业宣传行为构成不正当竞争的认定
——广州某智能技术有限公司与南昌某智能科技有限公司、
江西某实业有限公司不正当竞争纠纷案[1]

一、案情简介

广州某智能技术有限公司（以下简称广州某技术公司）系专利号为ZL201530558380.6、名称为"飞行器"外观设计专利的专利权人，该专利申请日为2015年12月25日，授权公告日为2016年8月3日。该外观设计专利涉及的产品为广州某技术公司的亿航184载人无人机。2018年12月，广州某技术公司被深圳市无人机行业协会、全国无人机协会合作互助联盟评为"中国无人机十大品牌"。2021年2月16日，某研究机构发表做空报告。该做空报告发表当日，广州某技术公司股价急速下跌，最高下跌64%，收盘下跌26%，股价报46.30美元。

2021年3月1日，广州某技术公司向广州市某公证处申请对南昌某智能科技有限公司（以下简称南昌某科技公司）主办、江西某实业有限公司（以下简称江西某实业公司）实际运营的网站相关网页进行保全证据公证，并出具公证书。公证的网页截图中显示，江西某实业公司网站"定制之家"页面所使用的广州某技术公司外观设计专利图片右下方写有"载人动力系统"。2021年3月23日，广州某技术公司向江西某实业公司发送电子邮件，要求江西某实业公司按照其拟好的内容对外发布道歉声明。江西某实业公司回复公司官网仅错放216机型图片，但从未公开场合宣传和广州某技术公司的关系，也未使用广州某技术公司产品作为卖点宣传。广州某技术公司对此回复，其与江西某实业公司之前和现在的正式合作只限于行业机等非载人机型。广州某技术公司认为，南昌某科技公司、江西某实业公司实施了虚假宣传的不正当竞争行为，遂向江西省南昌市中级人民法院提起诉讼。

二、法院裁判理由及结果

一审法院认为：南昌某科技公司、江西某实业公司与广州某技术公司既无竞争关系，亦未实施虚假宣传及混淆行为，广州某技术公司因做空报告引起的股价下跌亦与南昌某科技公司、江西某实业公司无直接关联。该院判决：驳回广州某技术公司的全部诉讼请求。

二审法院认为，根据查明的事实，江西某实业公司未经广州某技术公司许可，擅自在由南昌某科技公司主办、由其实际运营的涉案网站"定制之家"页面使用了广州某技术公司外观设计专利"飞行器"（亿航184）图片，并在右下方标注"载人动力系统"，因广州

---

[1] 江西省高级人民法院（2022）赣民终379号民事判决书。

某技术公司载人无人机在该领域具有较高的知名度,南昌某科技公司、江西某实业公司该种宣传方式会使相关公众误认为其生产、销售的电机被用于广州某技术公司亿航184载人无人机,从而给南昌某科技公司、江西某实业公司的电机带来一定的竞争优势;而事实上,南昌某科技公司、江西某实业公司生产、销售的电机并未在广州某技术公司该机型上使用。南昌某科技公司、江西某实业公司该种商业宣传,攀附了广州某技术公司在载人无人机领域的商誉,扰乱了该行业正常的竞争秩序,损害他人权益。南昌某科技公司、江西某实业公司该种宣传,应认定系《反不正当竞争法》第8条第1款规定的引人误解的商业宣传,构成对广州某技术公司的不正当竞争。

关于民事责任的承担,鉴于南昌某科技公司、江西某实业公司在其网站上引人误解的商业宣传客观上确实被做空报告利用并对广州某技术公司造成负面影响,南昌某科技公司、江西某实业公司应以对等方式在其网站上刊登声明赔礼道歉、消除影响。对于赔偿损失,考虑南昌某科技公司、江西某实业公司不正当竞争行为的方式、侵权情节和广州某技术公司因不正当竞争行为所受到的损失、南昌某科技公司、江西某实业公司因侵权所获得的利益难以确定,本院依《反不正当竞争法》第17条第4款等规定酌定赔偿数额。

基于上述,二审法院判决撤销原审判决,南昌某科技公司、江西某实业公司赔偿广州某技术公司经济损失(包括维权合理开支费用)15万元,承担赔礼道歉、消除影响责任,驳回广州某技术公司的其他诉讼请求。

本案涉及存在竞争关系经营者之间商业宣传行为构成不正当竞争的认定。在该案中,二审法院改判了一审法院判决的观点,认定被告在相关网站上使用原告"飞行器"外观设计专利图片并在右下方标注"载人动力系统"的行为,属于攀附他人商誉的商业宣传,构成不正当竞争。本案为认识商业宣传行为的合法边界提供了启示。

30-4(总第73):企业字号与在先注册商标冲突构成不正当竞争的认定
——再审申请人某宝岛(北京)眼镜有限公司与被申请人福建某宝岛眼镜(连锁)有限公司侵害商标权及不正当竞争纠纷案[1]

一、案情简介

再审申请人某宝岛(北京)眼镜有限公司(以下简称某宝岛北京公司)拥有第772859号宝岛图文组合商标和第1394755号"宝岛"文字商标(以下简称涉案两商标)被核准注册在第42类眼镜行(包括验光、配镜、修缮等服务)上。某宝岛北京公司为涉案两商标中国大陆地区独占被许可人,有权单独向人民法院提起侵权诉讼。某宝岛北京公司向四川省成都市中级人民法院起诉称,福建某宝岛公司构成商标侵权和不正当竞争,请求判令其承担停止侵权,变更企业名称等民事责任。

二、法院裁判理由及结果

一审法院认为,福建某宝岛公司的被诉侵权行为构成侵犯涉案两商标专用权;在企业

---

[1]《最高人民法院知识产权案件年度报告(2020)》,第138~141页;最高人民法院(2020)最高法民再380号民事判决书。

名称中使用"宝岛"字样的行为不构成对某宝岛北京公司的不正当竞争。某宝岛北京公司、福建某宝岛公司均不服一审判决，提起上诉。

四川省高级人民法院二审认为，福建某宝岛公司的被诉侵权行为构成侵犯涉案两商标专用权。福建某宝岛公司在企业名称中使用"宝岛"字样，是经案外人福州宝岛公司授权使用，系对福州宝岛公司所创设品牌的承继和延续，具有合法性，不构成不正当竞争。据此，判决驳回上诉，维持原判。某宝岛北京公司不服，向最高人民法院申请再审。

最高人民法院再审认为，对于合法取得的注册商标专用权、企业名称或字号，应依法行使权利。对于注册商标与企业名称、字号之间的冲突，应当区分不同情况，按照诚实信用、保护在先权利、维护公平竞争和避免混淆等原则，依法处理。如果注册使用企业名称的行为本身并不具有恶意，只是在实际使用过程中，由于企业名称的简化使用、突出使用等不规范使用行为，导致相关公众将其与他人注册商标产生混淆误认的，属于商标侵权行为，可以要求相关企业规范使用其企业名称。如果注册使用企业名称的行为本身缺乏正当性，不正当地将他人具有较高知名度的在先注册商标作为字号注册登记为企业名称，即使规范使用仍容易产生市场混淆的，可以按照不正当竞争行为处理。本案中，在福建某宝岛公司设立之前，涉案两商标专用权人已与福州宝岛公司就涉案两商标的侵权事宜发生了纠纷，并已诉至法院；时任福州某宝岛公司总经理的陈某对此情况应予知晓。福建某宝岛公司在注册企业名称时，虽然福州某宝岛公司及其唯一股东——某集团专门向福建省福州市工商行政管理局出具了声明信和授权书，称"如在公司商号上有异议纠纷，均由我司负责"，但该种声明仅能表明其愿意对字号上的异议纠纷承担相应的法律责任，但并不能据此认定福建某宝岛公司企业名称的注册具有正当性。从现有证据来看，尚不足以证明福建某宝岛公司在注册时已经从福州宝岛公司处获得了"宝岛"字号的绝对权益。涉案两商标在眼镜行业等服务上享有在先注册商标专用权，且在福建某宝岛公司成立之时在相关市场上已经具有一定的知名度，福建某宝岛公司区别不同市场主体主要标志的企业名称"宝岛"与涉案两商标的主要识别部分相同，容易引起公众误认二者存在某种联系或为同一市场主体，使他人对其服务来源产生混淆。从福建某宝岛公司使用"宝岛"字号的方式来看，其在实际使用中主要是通过简化企业名称的方式突出使用"宝岛"字号，这种突出使用方式已经被一审、二审判决认定为商标侵权，其亦一定程度上能够证明福建某宝岛公司在注册"宝岛"字号及使用时具有攀附"宝岛"商标声誉、搭便车的主观故意，其行为在性质上属于违背诚实信用原则，容易引起市场混淆的不正当竞争行为。为了避免消费者的混淆，保护经营者和消费者的合法权益，维护公平的市场竞争秩序，某宝岛北京公司主张福建某宝岛公司应当停止在企业名称中使用"宝岛"字号具有事实和法律依据，应予支持。

最高人民法院提审本案，并于2020年12月31日改判责令福建某宝岛公司停止在企业名称中使用"宝岛"字号。

本案涉及企业名称注册与在先注册商标发生冲突时构成不正当竞争的认定问题，在该案中，最高人民法院"裁判要点"指出："对于注册商标与企业名称、字号之间的冲突，应当区分不同情况，按照诚实信用、保护在先权利、维护公平竞争和避免混淆等原则，依法处理。如果不正当地将他人具有较高知名度的在先注册商标作为字号注册登记为企业名称，即使规范使用仍容易产生市场混淆的，可以按照不正当竞争行为处理。"据此，最高人民法院改判了一审、二审法院的观点，认定福建某宝岛公司的被诉行为构成不正当竞争。本案为认定企业名称与商标权冲突的解决提供了范例。

30-5（总第74）：技术手段抓取平台公开和非公开数据不正当竞争认定
——湖南某软件股份有限公司与北京某网络技术有限公司不正当竞争纠纷案[1]

一、案情简介

北京某网络技术有限公司（以下简称某网络公司）系微博平台的运营方，其主张对微博平台中的相关数据享有权益，包括对微博平台全部后端数据享有的权益，微博运营方是微博平台和微博产品的所有权及知识产权人。某网络公司主张湖南某软件股份有限公司（以下简称某软件公司）通过非法手段抓取、存储微博平台后端数据，在鹰击系统中展示这些数据并基于此加工整理形成数据分析报告的四项行为构成不正当竞争，故向北京市海淀区人民法院提起诉讼。

二、法院裁判理由及结果

一审法院从以下四个层面分析某软件公司被诉行为是否违反了《反不正当竞争法》第12条规定：其一，竞争关系是否影响不正当竞争行为的判定；其二，被诉行为是否属于网络环境下的不当行为；其三，某网络公司的合法权益是否因被诉行为受到损害；其四，某软件公司关于被诉行为正当性的抗辩意见是否成立。在上述问题分析基础上，法院判决：被告某软件公司立即停止涉案不正当竞争行为，消除影响并赔偿损失。被告不服，向北京知识产权法院提起上诉。

二审法院认为：本案的核心问题在于，某软件公司开发的鹰击系统通过何种方式获取某网络公司的大量微博数据，这种获取方式是否属于反不正当竞争法所禁止的不正当竞争行为。

关于某软件公司与某网络公司之间是否存在反不正当竞争法意义上的竞争关系，法院认为：反不正当竞争法旨在制止不正当竞争行为，维护合法有序的市场竞争秩序，故对于不正当竞争纠纷诉讼主体之间的竞争关系不应作狭义的理解和限制，现代市场中的竞争关系不仅包括同业竞争，而且包括不同经营者对同一经营资源或交易机会进行争夺的情形。本案中，虽然某网络公司与某软件公司的经营领域不同，但二者重要的经营资源均包含新浪微博数据，而某网络公司通过大量投入所积累的新浪微博数据显然具有商业价值，并可为某网络公司带来直接或间接的经济利益、提供竞争优势。在案证据显示，某网络公司已与某公司就上述新浪微博数据在舆情监测服务方面的商业化利用展开了合作，而某软件公司与某公司的经营模式、经营领域高度趋同，新浪微博数据正是某公司与某软件公司所共同需求的核心经营资源。因此，若某软件公司不正当地获取新浪微博数据并用以提供商业化舆情监测服务，在提高自身竞争优势的同时，会直接减弱某网络公司利用上述微博数据进行商业化利用的交易机会与交易空间，二者存在反不正当竞争法意义上的竞争关系。

关于某软件公司获取新浪微博数据的方式是否合法，本案中某网络公司指控的不正当竞争行为系鹰击系统未经许可擅自抓取、展示、应用、分析新浪微博数据的行为。获取信息是后续展示、应用、分析行为的基础和前提，故本案的关键在于鹰击系统获取新浪微博

---

[1] 北京知识产权法院（2019）京73民终3789号民事判决书。

数据的方式是否具有正当性。某软件公司主张鹰击系统获取新浪微博数据的渠道有两个，一是通过登录五个数据接口账户获取高权限的新浪微博数据；二是通过网络爬虫技术，抓取新浪微博公开的数据后予以集成。

关于某软件公司提出的网络爬虫技术，法院认定证据不能证明在未登录状态下对某一关键词持续可以搜索更多内容，亦不能证明面对海量的微博信息，其鹰击系统是如何选定关键词并将信息有效地整合在一起。即便网络爬虫可以模拟用户行为，但根据一审勘验的过程可知，每次用户触发行为加载信息都需要一定时间，网络爬虫面对多次触发才可以完整收集的微博信息，其获取、显示过程显然无法达到鹰击系统所宣传的"微博数据更新频率是秒级"的效果。因此，在不通过技术手段破坏或者绕开新浪微博所作的技术限制的情况下，无法实现某软件公司所宣称的鹰击系统所具有的功能。某软件公司对此说明了一种技术上实现的可能性，但对于该种实现方式，某软件公司并未提交任何证据证明鹰击系统系通过该种方式实现。即便鹰击系统对精确到秒的信息获取方式如其所述，在某软件公司对其他明显不能自圆其说之处作出合理解释的情况下，一审判决认定某软件公司主张的网络爬虫技术不足以支撑鹰击系统所需数据、某软件公司系通过不正当手段获取新浪微博数据，结论亦无不当。

二审法院判决驳回上诉，维持原判。

本案涉及以技术手段和不正当方式抓取他人享有合法权益的公开和非公开数据的不正当竞争问题。在该案中，原告对微博平台相关数据享有合法权益，被告通过鹰击系统获取新浪微博数据的方式被认定为具有不正当性而构成不正当竞争。本案为认识网络平台数据的反不正当竞争法保护提供了范例。

第三十一章 商业秘密权

> **本章提要**
> 本章主要阐述和探讨商业秘密法律保护的起源及其发展、商业秘密法律保护的理论基础、我国商业秘密法律保护体系、商业秘密法律保护的客体及其构成要件、侵犯商业秘密的法律救济。
> 本章的重点是商业秘密的构成要件以及侵犯商业秘密的法律救济,难点是商业秘密的法律保护的理论基础。

第一节 商业秘密保护概论

一、商业秘密法律保护的起源及其发展

商业秘密保护古已有之。人们很早就认识到商业秘密的价值,并通过严防信息外传的方式保护自己的商业秘密,形成了各种"祖传秘方""家传绝技"。虽然商业秘密的价值在于其不为人所知,但其在一定范围内的披露是不可避免的,因为商业秘密具有商业性,意味着商业秘密持有人常常不得不与其雇员或者商业合作伙伴分享其部分或者全部信息,特别是当商业秘密持有人将其商业秘密用于大规模的商业生产经营时。因此,对商业秘密进行法律保护具有必要性。

不过,商业秘密法律保护的历史则要短得多。有学者声称古罗马时期即有禁止收买竞争对手的奴隶获得商业信息的规定(Actio servi corrupti),从而给商业秘密提供了法律保护,也有观点对此提出了质疑。一般认为,英国和美国从信任关系特别是雇员对雇主的忠诚义务出发,于19世纪上半叶通过若干个判例开创了现代商业秘密民事法律保护的先河。欧陆国家对商业秘密的法律保护则首先始于刑事立法。1844年的法国刑法典禁止雇员偷窃其雇主的生产秘密,1896的德国反不正当竞争法规定侵害他人商业秘密者不仅需承担刑事责任,而且必须赔偿商业秘密所有者因此遭受的损害。在世界范围内,逐渐形成了一些英美法系国家在判例法基础上发展而成的衡平法框架下的商业秘密法律保护模式和大陆法系国家以反不正当竞争法、合同法、劳动法、知识产权法和刑法等一部或者多部制定法保护商业秘密的模式。进入20世纪后,美国逐渐在商业秘密保护的司法、理论研究和立法方面走在了世界前列。美国法律协会于1939年发布了《侵权法重述》,对各州商业秘密法进行了总结,在很长时间内一直是美国商业秘密保护法的重要渊源。1979年美国法律改革委员会颁布了旨在统一美国各州的商业秘密保护法的《统一商业秘密法》。该法现已为美国绝大多数州采

用。1996年美国颁布了《商业间谍法案》，追究侵害商业秘密行为的刑事责任。2016年的《商业秘密保护法案》对《商业间谍法案》进行了修订，允许商业秘密所有人在联邦执法机构就商业秘密侵害行为提起民事诉讼。[1]

近几十年来的科技、市场和社会大变革使商业秘密保护受到前所未有的挑战，在全球范围内建立对商业秘密法律保护的呼声越来越高。随着全球经济一体化的加深，大企业的生产经营常常分布于不同的国家和地区，导致其部分商业秘密不可避免地流入不同国家和地区；随着数字网络技术的发展，不仅大量的信息以数字状态存在和交流，而且企业的管理也越来越多地建立在数字技术的基础上，信息安全对现代企业的发展至关重要；而比以往更加自由和频繁的人员流动也增加了商业秘密泄露的风险。在发达国家的推动下，当然也基于各成员的共识，1995年生效的TRIPs协议首次明确要求其成员对商业秘密提供有效的保护，并对商业秘密的含义进行了界定。2016年6月8日，欧洲议会和欧盟委员会通过了《欧盟商业秘密保护指令》（欧盟第2016/943号指令），旨在统一欧盟成员国有关保护商业秘密免受非法获取、使用和披露侵害的法律。一些多边条约和双边条约中也规定了对商业秘密的保护。例如，1994年的《北美自由贸易协定》及2020年取代它的美国-墨西哥-加拿大协定都包含专门的商业秘密条款。又如，我国已经正式加入的2022年1月1日生效的《区域全面经济伙伴关系协定》（RCEP）也在"知识产权"章节中规定了包含商业秘密保护的条款。

二、商业秘密法律保护的理论基础

人们对商业秘密具有价值且有必要获得法律保护固然不存在异议，[2] 对其法律性质及以何种方式、如何对其提供法律保护却存在较大争议。加之法律传统的不同，各国对商业秘密提供的保护也不完全一致。

（一）合同法

早期的商业秘密保护建立在合同法理论基础上。在商业秘密尚未成为一个法律概念的中世纪，商业日益发达的地中海沿岸手工业作坊主为了防止学徒盗用其商业秘密，在签订雇佣合同时即有意识地加入了保密条款。在英国和美国最初的商业秘密判例中，涉案当事人之间存在的保密协议是所有人以商业秘密被盗用为由提起诉讼的前提条件。合同直至今天仍是保护商业秘密的最佳手段之一，不仅商业秘密许可本身采取合同的形式，而且在其他商业交易和合作以及雇佣关系中都存在大量的保密协议。

保密协议可以是明示合同也可以是默示合同。明示的保密协议可以通过书面签订也可以口头约定，可以独立的保密合同也可以其他合同中保密条款的形式存在。默示的保密合同分为事实上的默示合同和法律上的默示合同。其中，前者是指当事人之间虽然不存在明示的协议，但根据当事人的行为或者其他事实，如交易习惯、合同缔结和履行的背景、合同的明示条款可以推定双方之间存在保密约定。后者也被称为准合同，由于当事人处于特定的关系中，从一方当事人对另一方当事人所负有的法定义务中可以顺理成章地推定其必然同时负有保密义务，此时当事人之间即存在法律上的保密合同。例如，雇员对雇主负有

---

[1] See Kapczynski, Amy, "The Public History of Trade Secrets", *UC Davis Law Review*, Vol. 55, Issue 3 (February 2022), pp. 1367-1444.

[2] See Hrdy, Camilla A., "The Value in Secrecy", *Fordham Law Review*, Vol. 91, Issue 2 (November 2022), pp. 557-608.

忠诚义务，因而对其在职务范围内所接触到的雇主的商业秘密负有保密义务。有些特定职业或者身份的人依法对其客户、委托人的商业秘密负有保密义务。我国《商标法》第19条第1款即规定，商标代理人对于代理过程中知悉的被代理人的商业秘密负有保密义务。因此，商标代理人与商标申请人之间即存在法定的默示保密合同。默示合同理论使得商业秘密所有人即使在没有明示的商业秘密合同或者明示的商业秘密合同的效力有争议或者内容有遗漏的情况下，仍然能够得到法律救济，大大增强了对商业秘密所有人的保护。

我国《民法典》以及因《民法典》施行而废止的《合同法》均对与合同有关的当事人相互之间保守商业秘密的义务作了原则性规定。合同有关当事人之间的保密义务先于其合同义务，即在合同订立过程中已产生；且该义务不以合同成立为条件，即使有关当事人最终未能订立合同，彼此之间的保密义务仍然存在。在合同存续期间，保密则是合同当事人履行合同所应遵循的基本原则之一。合同履行完毕之后，当事人仍然可能根据约定或者交易习惯在一段时间内负有保密义务。合同有关当事人的保密义务所涉及的秘密既包括合同中明确约定的商业秘密，也包括订立合同过程知悉的商业秘密。合同有关当事人的保密义务包括不得泄露或者不正当使用合同他方当事人的商业秘密。泄露、不正当使用对方的商业秘密并造成损失的，应当承担赔偿责任。

以合同理论保护商业秘密的优势是显而易见的，特别是在商业秘密无法获得其他法律保护的情况下，因为签约方如果泄露或非法使用商业秘密，所有人只需证明商业秘密的存在，即可根据合同追究其违约责任。保密协议的存在也可以作为商业秘密所有人对其秘密采取了保密措施的证据。但合同理论也有着明显的缺陷，因为合同具有相对性、只能约束签约当事人；即使是将有意订立合同但最终未能达成一致的合同有关当事人也纳入保密义务人范围内，合同法所能提供的保护仍然有限。如果侵犯商业秘密的人是与所有人没有任何合同关系的人，无论其是以不当手段盗取，还是由于错误或者偶然事件获得商业秘密，所有人都无法根据合同理论追究其法律责任。另外，违约责任属于民事责任，故根据合同理论无法对商业秘密侵权人进行刑事处罚，不利于打击情节严重的侵犯商业秘密行为。

（二）侵权法

在合同法之外，英美法系国家的法官很早就基于普通法上的侵权理论给商业秘密所有人提供保护。1939年美国法律协会出版了《侵权法重述》，明确将侵占商业秘密行为归类为一种侵权，对商业秘密涵盖的内容以及可以导致商业秘密侵占诉讼的要素进行了详尽阐释，使得对商业秘密侵权法保护更为明确，也推动了商业秘密保护在美国各州之间的趋同化。

侵权法理论既不要求当事人之间存在合同义务，也不需要证明商业秘密的财产性质。侵权行为成立的要件有二：被告从事了有过错的行为；该行为给原告造成了损害。因此，只要行为人出于商业目的且采用了不正当手段获取了所有人的商业秘密，并给所有人造成了损害，则无论行为人是否与所有人存在合同关系，无论其是否负有保密义务，所有人都可以追究其侵权责任。另外，侵权法理论不禁止他人以合法手段获得商业秘密，允许他人对商业秘密进行自由模仿。行为人通过正当手段，例如，通过观察、分析运用商业秘密的商品或者独立研究开发出相同的技术或者获得相同的经营信息，在自己的生产经营中使用和向公众披露都不违反法律。

侵权法较之合同法理论在保护商业秘密方面更为灵活：首先，侵权法理论不以合同的存在为前提。在合同法理论下，合同的存在是所有人受保护的前提。没有明示合同，所有人往往由于难以举证而无法受到保护。其次，与合同法只能约束合同当事人不同，侵权法赋予所有人要求所有因过错行为导致其因商业秘密被泄露或者窃取而受损的人承担责任，包括没有直接违反保密义务的人，如诱使他人跳槽的人。

当然，侵权理论在保护商业秘密方面也有明显的缺陷。侵权理论以当事人负有"义务"为前提，而该"义务"很多时候来自于明示或者默示合同中，因此侵权理论与合同理论在很大程度上重合；而且，侵权理论对何为获取商业秘密的"不正当途径/方式"也无清晰标准，对于促进商业秘密法律保护发展的作用有限。

（三）反不正当竞争法

对商业秘密的侵犯一方面通常发生在商业领域，由在商业上有竞争关系的人为了获取商业竞争优势而实施；另一方面其也是对公认的商业道德如诚实信用的违反。因此，保护商业秘密不受侵犯符合反不正当竞争法维护市场竞争秩序和商业伦理的目标，一些国家将其纳入反不正当竞争法框架内也就顺理成章。德国早在1896年的《反不正当竞争法》中即对商业秘密提供了保护。不少大陆法系国家纷纷跟进，如奥地利、波兰、西班牙、瑞士、日本等，均将商业秘密置于反不正当竞争法的保护之下。如前所述，我国对商业秘密的保护也主要由反不正当竞争法提供。另外，美国1985年修订的《统一商业秘密法》明确指出，商业秘密法的主要目的之一是"维护商业道德的水准"。1993年美国律师协会将商业秘密纳入《反不正当竞争法第三次重述》中。

世界知识产权组织在1993年的《反不正当竞争保护——对世界现状的研究》和1996年的《反不正当竞争示范法》草案中，也将侵犯商业秘密列为不正当竞争行为，这反映了国际上对以反不正当竞争法保护商业秘密的认可。

反不正当竞争法旨在调整处于竞争之中的市场主体之间的关系，故其本应仅适用于商业秘密侵权人与商业秘密所有人存在商业竞争关系，或者商业秘密侵权人的行为以不正当竞争为目的的情形。现实生活中很多侵犯商业秘密的主体恰恰是企业自己的员工。一些国家如德国，从立法伊始即将员工视为侵犯商业秘密的主体之一，突破了反不正当竞争法的适用范围。我国直至《反不正当竞争法》2019年修正之前，对于能否追究员工、前员工的侵犯商业秘密法律责任始终存在争议。另外，在反不正当竞争法框架下，也容易产生非经营主体对其有商业价值的信息是否可以受商业秘密保护的疑问，如科研人员对其处于开发中或者申请专利过程中等尚未商业化利用的信息。

（四）财产法

商业秘密具有财产保护的要件：有用性、稀缺性和可支配性。商业秘密能够为持有人通过采取保密措施而独有，与所有人对财产的占有相似；而且能为持有人带来经济利益的特征也与财产类似。1868年，美国马萨诸塞州最高法院在 Peabody v. Norfolk 案[1]中肯定了可以将所有人采取了保密措施的生产工艺看作是财产。如果将商业秘密视为财产，商业秘密所有人就拥有对世权，可以请求排除任何人对其商业秘密的侵犯并要求赔偿，而不必证明其与侵权人之间存在合同或者特定的法律关系。商业秘密在美国受到的保护与财产十分相似：商业秘密可以被转让；其上可以设立担保；可以成为信托的对象；企业破产时必须由破产财产管理人保管；而且在联邦税法中，商业秘密也被当作财产权的客体。因此，商业秘密财产权论一度在美国颇为流行。

---

[1] 98 Mass. 452 (1868).

然而，多年来围绕商业秘密能否被看作是一种财产一直存在争议。一些大陆法系国家由于法律上物的概念严格局限于有体物而无法将商业秘密纳入财产范畴，即使是在美国，各法院的判例也不尽一致。一些法院虽然承认商业秘密具有财产性，但给予所有人的救济并没有超出根据当时的侵权法所能达到的结果，另一些法院则根本否认商业秘密的财产权性质。

（五）知识产权法

商业秘密与知识产权法所保护的其他对象具有很多相似性。首先，商业秘密的本质是信息，与知识产权的其他客体一样，也是无体的，且具有无限的可复制性。对作为商业秘密的信息的搜集、掌握，一般也需要智力劳动。商业秘密的秘密性虽然并不等于新颖性或者创造性，但不为人知的商业秘密往往也具备一定的新颖性或者创造性。其次，相比财产权人对其财产的控制和利用，商业秘密所有人对商业秘密的控制与知识产权人对其他知识产权的控制和利用更相似。商业秘密获得保护的前提是其秘密性，但法律并不要求绝对的秘密性，如法律允许商业秘密所有人许可他人实施自己的商业秘密。因此，所有人对商业秘密所拥有的权利与其说是财产权，不如说是控制权，即排除他人接触、使用、泄露商业秘密的权利。

随着商业秘密在经济中日益增长的重要性以及全球贸易与合作的日益密切，跨国公司对促进商业秘密保护国际化的要求也日益迫切。借助已经深入人心且有良好国际化基础的知识产权制度成为加强商业秘密保护的一个理想选择。在美国和欧盟的推动下，尽管受到一些发展中国家的反对，前述TRIPs协议将商业秘密规定在知识产权保护范畴内，使得商业秘密的知识产权属性得到了普遍的承认。

当然，对商业秘密知识产权论并非没有质疑。首先，知识产权保护以公开为前提，既是为了公众可以合法地获取先进的技术和享用新作品，从而达到促进科技进步和文艺繁荣的目标，也是为了公众可以知晓知识产权人的权利内容和边界从而避免侵权。商业秘密则相反，以信息处于秘密状态为其获得保护的先决条件，公开的商业秘密则落入公共领域。公众无法从处于不为人知状态的商业秘密中受益：既无法实施商业秘密中的成熟技术，无法在商业秘密的基础上进行新的研发，也不能根据商业秘密避免已知的失败方法和路径。其他人如需要获得与商业秘密相同的信息则不得不重复开发，造成社会资源的浪费。其次，知识产权保护是有期限的，旨在促进知识产权人积极实施其权利，促进知识产品的扩散和传播；但商业秘密的保护期限并无限制，只要该信息仍处于秘密状态，即可继续享受法律保护。再次，知识产权法旨在保护创新、促进技术进步和文艺繁荣，对知识产权对象设立了保护门槛，但获得商业秘密法律保护的信息仅需具备秘密性、商业价值性和保密性，并不必然满足创造性等质量要求。最后，知识产权法的目的并不止步于保护所有人的权益。公共利益亦是知识产权法的重要目标，甚至被很多人认为是知识产权法的终极目标。因此，知识产权法还通过对知识产权人附加实施义务来推动技术的实施和作品的传播。商业秘密所有人不仅没有实施义务，甚至没有告知公众或者相关部门其拥有商业秘密的义务。因此，商业秘密所有人仅为保持其竞争优势而囤积大量的秘密信息却并不使用的现象十分普遍；把某个生产过程中无法长期保持竞争优势的技术信息申请为专利、其他大量的相关信息借助于商业秘密加以保护，使得保护期届满的专利仍然无法真正为公众所用，已经成为很多公司特别是大公司保持竞争优势的重要手段。这无疑使公众无法从已经开发的技术中受益，使得竞争对手不得不重复开发，造成社会资源的浪费。

三、我国商业秘密法律保护体系

在我国，商业秘密所有人很长时间只能依靠自力救济保护其商业秘密。中华人民共和国成立后的计划经济时代，政府对国有企业之间的商品实行无偿调拨和使用，商业秘密的法律保护也无从谈起。随着1978年改革开放政策的实施，外国投资进入中国市场，商业秘密的法律保护被提上了议事日程。1980年12月14日财政部公布了《中华人民共和国中外合资经营企业所得税法施行细则》（已失效），第一次将"专有技术"写入了法律条文中。该"专有技术"实质为技术性的商业秘密，即技术秘密。1983年国务院公布的《中华人民共和国中外合资经营企业法实施条例》（已失效）则首次允许外国投资方以专有技术作为建立中外合资企业的出资方式之一。1985年，国务院在《技术引进合同管理条例施行细则》（已失效）中对"专有技术"的概念作了进一步的规定。1986年制定的《民法通则》（已失效）虽然没有明确提到商业秘密，但一般认为其第118条中的"其他科技成果权"包括商业秘密。

"商业秘密"作为一个法律术语最早出现于1991年的《民事诉讼法》中。该法允许涉及商业秘密的案件不公开审判，但并没有对商业秘密的概念本身进行界定。1992年7月14日最高人民法院发布的《关于适用〈中华人民共和国民事诉讼法〉若干问题的意见》（已失效）首次对商业秘密概念作了解释。1993年《反不正当竞争法》给商业秘密作了立法定义并提供了较为全面的保护。同年颁布的《公司法》则规定了公司董事、监事、经理保守公司秘密的义务。1997年的《刑法》设立了侵犯商业秘密罪，对商业秘密持有人提供了刑事保护。1999年的《合同法》对合同当事人在订立合同过程中涉及商业秘密时的权利和义务、技术秘密成果的归属与分享、技术秘密的转让、违反保密义务的违约责任等作了规定。此外，关于商业秘密的保护还散见于《中华人民共和国劳动法》《中华人民共和国劳动合同法》以及一些行政法规、部门规章和司法解释中。

2017年的《民法总则》首次明确了商业秘密是知识产权的一种。2019年全国人大常委会对《反不正当竞争法》进行修改，总结司法实践经验并考虑了新技术的发展，对商业秘密的概念、侵权手段、侵权人的范围、侵权责任都作了修改，进一步加强了对商业秘密的保护。2021年1月1日实施的《民法典》沿袭了此前《民法总则》和《合同法》中有关商业秘密的规定，并增加了商业秘密许可合同的规定。至此，我国已经形成了以《反不正当竞争法》《民法典》以及《刑法》为主体的商业秘密保护法律体系。

第二节 商业秘密法律保护的客体及其构成要件

一、可以获得商业秘密保护的客体

商业秘密的保护客体非常广泛。不少国家立法都对商业秘密的内涵采取了列举加概括的方式进行说明。例如，美国法律统一委员会1979年颁布、1985年修改的《统一商业秘密法》第1.4条关于"商业秘密"的定义中指出，"商业秘密"意为特定信息，包括配方、样式、编辑产品、程序、设计、方法、技术或工艺等。1996年的美国《反经济间谍法》（Economic Espionage Act of 1996）第9条第3款进一步扩大了商业秘密的范围，指出商业秘密是指所有形式和类型的财务、经营、科学、技术、经济或工程信息，包括样式、计划、编辑产品、程序装置、配方、图纸、方法、技术、工艺、流程或编码，无论有形或者无形，无论是否或怎样得到物理、电子、描述的、摄影的或者书面方式的存储、编辑或者记忆，如果所有者对该信息采取了合理的措施，且该信息由于未能被公众所知悉、且通过正当手段不易获得而具有实际或者潜在的独立经济价值。

2016 年颁布的欧盟《商业秘密保护指令》的全称是"关于保护未披露的技术诀窍和经营信息（商业秘密）免受不合法的侵占、使用和披露的指令"，揭示了商业秘密所包括的范围，即未披露的技术诀窍和经营信息。德国 2019 年制定的《商业秘密法》对可以作为商业秘密的信息的类型并没有作任何限制。根据该法第 2 条，任何信息，不论其整体抑或是组成部分的顺序和关系不为通常处理该类信息的行业内人士所普遍知悉或容易获得，并因此具有经济价值；其所有人有权将该信息保密并采取了相应的措施保护其秘密性，均可以构成商业秘密。

如前所述，我国改革开放初期的立法仅以允许外国投资人以专有技术投资的方式承认了技术秘密的价值。不过，我国首次给商业秘密提供全面保护的立法即 1993 年的《反不正当竞争法》即承认了经营信息和技术信息一样可能构成商业秘密。2019 年修改后的《反不正当竞争法》第 9 条第 4 款中将商业秘密定义为不为公众所知悉、具有商业价值并经所有人采取相应保密措施的技术信息、经营信息等商业信息。这次修改一方面在技术信息和经营信息后面增加"等"字，给商业秘密客体范围的扩充提供了空间；另一方面用"商业信息"对商业秘密的客体进行了概括和限制，即作为商业秘密客体的信息必须可以用于商业之中或者会对商业产生影响。2020 年公布的《审理侵犯商业秘密民事案件适用法律规定》则对商业秘密司法保护的法律适用作了详细规定，其中包括对商业秘密保护客体的列举。根据其第 1 条规定，"与技术有关的结构、原料、组分、配方、材料、样品、样式、植物新品种繁殖材料、工艺、方法或其步骤、算法、数据、计算机程序及其有关文档等信息"，人民法院可以认定为《反不正当竞争法》第 9 条第 4 款所称的技术信息；[1]"与经营活动有关的创意、管理、销售、财务、计划、样本、招投标材料、客户信息、数据等信息"，人民法院可以认定为《反不正当竞争法》第 9 条第 4 款所称的经营信息。[2]

在可以作为商业秘密保护的经营信息中，客户名单占据十分重要的地位。我国首个有关经营信息的商业秘密纠纷案中所涉及的商业秘密客体即是客户名单。不过，作为商业秘密保护的客户名单并非字面意义上的客户名单，即并非若干个客户名称及其联系方式的集合。这些信息很容易从公开渠道获得，不具备下述商业秘密所要求的秘密性。为更准确地对涉及客户名单的商业秘密进行描述，《审理侵犯商业秘密民事案件适用法律规定》已使用"客户信息"这一表述。其第 1 条第 3 款规定，客户信息包括客户的名称、地址、联系方式以及交易习惯、意向、内容等信息。其第 2 条则规定："当事人仅以与特定客户保持长期稳定交易关系为由，主张该特定客户属于商业秘密的，人民法院不予支持。客户基于对员工个人的信赖而与该员工所在单位进行交易，该员工离职后，能够证明客户自愿选择与该员工或者该员工所在的新单位进行交易的，人民法院应当认定该员工没有采用不正当手段获

---

[1] 参见广东省深圳市中级人民法院（2021）粤 03 民初 1114 号民事判决书（侵害商业秘密纠纷案）；最高人民法院（2019）最高法知民终 562 号民事判决书（侵害技术秘密纠纷案）；最高人民法院（2019）最高法知民终 562 号民事判决书（侵害技术秘密纠纷案）。

[2] 参见山东省高级人民法院（2016）鲁民终 1364 号民事判决书（侵犯商业秘密纠纷案）；最高人民法院（2013）民三终字第 6 号民事判决书（侵犯商业秘密纠纷案）。

取权利人的商业秘密。"[1]

二、商业秘密保护的构成要件

技术信息、经营信息等商业信息需要满足一定的条件才可获得商业秘密保护。根据《反不正当竞争法》第10条第4款规定，商业信息要构成商业秘密必须满足三个要件，即秘密性、商业价值性和保密性。

(一) 秘密性

商业秘密应当具备秘密性，这是显而易见的。一项失去秘密性的商业信息当然不能被称为商业秘密。秘密性不仅是一项商业信息成为商业秘密的前提，而且是商业秘密具有商业价值的原因。商业秘密的秘密性意味着掌握该信息的人数有限，也就意味着该信息可能是新颖的、稀缺的。秘密性要求构成商业秘密的信息"不为公众所知悉"。一项商业信息完全不为公众所知，显然是秘密的；一项商业信息的组成部分为公众所知，但如其各组成部分的顺序和相互关系不为公众所知，也同样满足秘密性的要求。

当然，商业秘密的秘密性并不是绝对的，即并非只有一人所知的商业信息才构成商业秘密。首先，法律要求商业秘密必须具有秘密性的原因是为了商业秘密持有人可以据此获得比较优势。其次，要求商业秘密绝对保密不利于发挥商业秘密的作用。商业秘密持有人在利用商业秘密的过程中，很可能需要和其他人分享该商业信息，如与原材料和零部件生产商、售后服务提供者分享。最后，商业秘密的绝对秘密性也是无法证明的。只要该商业信息仅为有限的人知晓，就有可能构成商业秘密。

一项商业信息是否是秘密的，应由该信息所属领域的相关人员来判断。公众普遍知晓的信息当然不构成商业秘密；公众虽然不知晓，但是所属领域的相关人员普遍了解的知识，也不构成商业秘密。因此，公众并非判断一项商业信息是否具有秘密性的合适人选。只有当一项商业信息不为其所属领域相关人员普遍知悉和容易获得，才能被认定为《反不正当竞争法》第10条第4款所规定的"不为公众所知悉"。《审理侵犯商业秘密民事案件适用法律规定》第3条即规定："权利人请求保护的信息在被诉侵权行为发生时不为所属领域的相关人员普遍知悉和容易获得的，人民法院应当认定为反不正当竞争法第九条第四款所称的不为公众所知悉。"其第4条第1款则从反面排除的角度列举了人民法院可以认定有关信息为公众所知悉的类型：①该信息在所属领域属于一般常识或者行业惯例的；②该信息仅涉及产品的尺寸、结构、材料、部件的简单组合等内容，所属领域的相关人员通过观察上市产品即可直接获得的；③该信息已经在公开出版物或者其他媒体上公开披露的；④该信息已通过公开的报告会、展览等方式公开的；⑤所属领域的相关人员从其他公开渠道可以获得该信息的。其第2款则规定，将为公众所知悉的信息进行整理、改进、加工后形成的新信息，符合本规定第3条规定的，应当认定该新信息不为公众所知悉。[2]

---

[1] 参见陕西省高级人民法院（2022）陕知民终10号民事判决书（侵害商业秘密及虚假宣传纠纷案）；上海知识产权法院（2017）沪73民终250号民事判决书（侵害商业秘密、不正当竞争纠纷案）上海知识产权法院（2021）沪73民终805号民事判决书（侵害商业秘密纠纷案）。

[2] 参见四川省成都市中级人民法院（2022）川01民终19062号民事判决书（侵害经营秘密纠纷案）；最高人民法院（2021）最高法知民终1363号民事判决书（侵害技术秘密纠纷案）；湖北省武汉市中级人民法院（2021）鄂01知民初12009号民事判决书（不正当竞争纠纷案）。

(二) 商业价值性

商业秘密的商业价值性，是指一项商业信息因为不为公众所知悉而具有现实的或者潜在的商业价值。对此，《审理侵犯商业秘密民事案件适用法律规定》第7条第1款作了明确规定。该条第2款还规定，生产经营活动中形成的阶段性成果符合前款规定的，人民法院经审查可以认定该成果具有商业价值。

商业秘密的商业价值性既是其所有人取得商业秘密并维护其秘密性的内在动力，也是法律保护商业秘密的重要原因。当一项具有商业价值的信息仅为少数市场主体所掌握，该少数市场主体即拥有了相对其他市场主体的竞争优势。正因为此，欧盟《商业秘密保护指令》第2条（1）（b）规定，商业秘密所需满足的要求之一是"因为秘密而拥有商业价值"。

值得指出的是，商业价值并非指实用性，而是指竞争优势。一项商业信息的实用性并不因其是否秘密而有变化，但给所有者带来的经济利益与知晓者多寡有着直接的联系。当一项商业信息仅为一人或者少数几人所拥有，则拥有人因享有相对竞争优势而可能获得较多的利益。能够直接运用于生产制造、市场运营和企业管理的商业秘密固然具有商业价值；尚处于研发过程中的技术信息、还在制定过程中的商业方案等，都因为不够成熟还不具有实用性，但其具有商业价值也是不言而喻的。另外，商业秘密侵权人也不必通过实施其非法获取的商业秘密而获得商业利益。商业秘密所有人的竞争者在知晓了该商业秘密后，可以通过采取不同的商业策略使得该商业秘密所有人的商业秘密无法达到预期目的、甚至根本无法实施，从而给其造成损失、给自己争取竞争优势。因此，我国《反不正当竞争法》于2017年修改时，将原第10条第3款的"具有实用性"取而代之以"具有商业价值"的表述。

商业秘密所具有的商业价值性也不仅体现在其能够为其所有人带来现实的经济利益。任何能够给其所有人带来潜在的经济利益或者竞争优势的商业信息都是具有商业价值性的。能够直接实施的商业秘密通常可以为其所有人带来现实的经济收益，尚不具备实施条件的商业秘密可以在将来条件成熟时为其所有人带来经济收益。另外，能够给其所有人带来积极经济收益的商业秘密固然具有商业价值，能够让其所有人避免失败的信息则帮助其所有人减少了可能的损失、并相对其他不掌握该信息因而很可能无法避免失败的竞争者而言具有了竞争优势，也具有商业价值。换言之，无论是知道怎么做还是知道不能怎么做，无论是现在即可直接实施还是将来才能实施的商业秘密，都具有商业价值。

商业秘密的商业价值性也并不要求商业信息长期有效。美国1939年的第一次侵权法重述中在对商业秘密进行说明时曾指出，商业秘密与商业运营中的暂时性事件有关的简单信息不同，换言之，只有关乎企业长期运营、能够长期具有商业价值的信息才能构成商业秘密。但该观点已经为美国立法所摒弃。在现代商业中，无论是技术还是市场形势都处于不断的发展变化中，商业信息的时效性越来越短。特别是一些市场促销方案，往往是一次性的。但时效性与商业价值并不必然成正比。即使是一次性的商业信息，也完全有可能给其所有人带来巨大的利益甚至对其长期发展产生重大影响。因此，商业信息的时效性并不影响商业秘密的价值性。在该商业信息公开或者失去价值前，其价值性都应为法律所承认。[1]

（三）保密性

商业秘密的保密性，又称管理性，是指商业秘密的所有人为了防止其商业秘密泄露采取了合理的保密措施。商业秘密所有人要维持其商业信息的秘密性，必须采取保密措施。商业秘密的保密措施既是避免商业秘密外泄的屏障，也是商业秘密所有人主张权利的重要依据。由于处于秘密状态，不仅商业秘密所包含的信息不为公众所知，甚至商业秘密的成立在发生纠纷之前都可能不为外人所知。没有保密措施，商业秘密的内容和边界就无法被界定，商业秘密所有人就不能要求其他人承担保密义务。所以，所有人采取保护措施，不仅在事实上保护了商业秘密不被泄露，而且在法律上产生了确立商业秘密的后果。如果说商业秘密的前两个构成要件即秘密性、商业价值性更多地描述了其内在特质的话，保密措施则构成了商业秘密存在的外在标志。

在实践中，商业秘密由于其所有人怠于保管而无法获得法律保护的例子时有发生。我国的一些传统商业秘密，如景泰蓝、宣纸等的制造工艺就是因为缺乏必要的保密措施，而被外国人轻而易举地获得，从而造成了不可估量的损失。从保密措施的要求来说，商业秘密所有人不仅必须采取保密措施，而且其采取的保密措施应当有效。例如，虽然将商业秘密保管于某间特定的办公室、该办公室也安装了锁，但由于工作人员大意而没有锁门、甚至未关门，则不能认为该保密措施有效。只有为防止商业信息被泄漏所采取的与其商业价值等具体情况相适应的保护措施，才可以认定为其采取了合理的保密措施。《审理侵犯商业秘密民事案件适用法律规定》第5条即规定："权利人为防止商业秘密泄露，在被诉侵权行为发生以前所采取的合理保密措施，人民法院应当认定为反不正当竞争法第九条第四款所称的相应保密措施。人民法院应当根据商业秘密及其载体的性质、商业秘密的商业价值、保密措施的可识别程度、保密措施与商业秘密的对应程度以及权利人的保密意愿等因素，认定权利人是否采取了相应保密措施。"

根据《审理侵犯商业秘密民事案件适用法律规定》第6条规定：具有下列情形之一，在正常情况下足以防止商业秘密泄露的，人民法院应当认定权利人采取了相应保密措施：①签订保密协议或者在合同中约定保密义务的；②通过章程、培训、规章制度、书面告知等方式，对能够接触、获取商业秘密的员工、前员工、供应商、客户、来访者等提出保密要求的；③对涉密的厂房、车间等生产经营场所限制来访者或者进行区分管理的；④以标记、分类、隔离、加密、封存、限制能够接触或者获取的人员范围等方式，对商业秘密及其载体进行区分和管理的；⑤对能够接触、获取商业秘密的计算机设备、电子设备、网络设备、存储设备、软件等，采取禁止或者限制使用、访问、存储、复制等措施的；⑥要求离职员工登记、返还、清除、销毁其接触或者获取的商业秘密及其载体，继续承担保密义务的；⑦采取其他合理保密措施的。

当然，法律不必也不宜对商业秘密的保密措施设立过高的要求。首先，万无一失的保密措施不存在，任何保密措施都有可能存在漏洞。即使在当时看来完美的保密措施，也有可能随着新技术的出现、市场情况的变化等原因而不那么无懈可击。其次，对保密措施提出过高的要求，势必使得一些经济实力不够强大的个人和中小企业无法就其商业秘密获得

---

[1] 参见最高人民法院（2022）最高法知民终541号民事判决书（侵害技术秘密纠纷案）；江西省高级人民法院（2015）赣民三终字第22号民事判决书（侵害商业秘密纠纷案）。

有效的法律保护。再次,对保密措施的过高要求还将推动商业秘密所有人和侵权人之间就保密措施和破解措施之间的"竞赛",增加商业秘密所有人的负担。最后,反不正当竞争法的存在是为了维护公平的市场竞争,保障诚信的商业道德,而非加剧不合理的竞争,造成"劣币驱逐良币"的后果。因此,商业秘密所有人所采取的保密措施只要达到在正常情况下足以防止商业秘密泄漏,即可满足法律对于商业秘密的保密措施的要求。[1]

第三节 侵犯商业秘密的法律救济

一、侵犯商业秘密的行为及侵权主体

(一) 侵犯商业秘密的行为

《反不正当竞争法》第9条第1款规定,任何经营者从事了下列行为都侵犯了他人的商业秘密:①以盗窃、贿赂、欺诈、胁迫、电子侵入或者其他不正当手段获取权利人的商业秘密;[2] ②披露、使用或者允许他人使用以前项手段获取的权利人的商业秘密;[3] ③违反保密义务或者违反权利人有关保守商业秘密的要求,披露、使用或者允许他人使用其所掌握的商业秘密;[4] ④教唆、引诱、帮助他人违反保密义务或者违反权利人有关保守商业秘密的要求,获取、披露、使用或者允许他人使用权利人的商业秘密。其第2款规定:经营者以外的其他自然人、法人和非法人组织实施前款所列违法行为的,视为侵犯商业秘密;第3款规定:第三人明知或者应知商业秘密权利人的员工、前员工或者其他单位、个人实施本条第1款所列违法行为,仍获取、披露、使用或者允许他人使用该商业秘密的,视为侵犯商业秘密。由此可见,商业秘密侵权行为包括非法获取、非法使用、非法泄露等行为。[5]

为增强适用上述规定的可操作性,《审理侵犯商业秘密民事案件适用法律规定》对上述行为的界定作了补充规定。其第8条规定:被诉侵权人以违反法律规定或者公认的商业道德的方式获取权利人的商业秘密的,人民法院应当认定属于《反不正当竞争法》第9条第1款所称的以其他不正当手段获取权利人的商业秘密。其第9条规定:被诉侵权人在生产经营活动中直接使用商业秘密,或者对商业秘密进行修改、改进后使用,或者根据商业秘密调整、优化、改进有关生产经营活动的,人民法院应当认定属于《反不正当竞争法》第9条所称的使用商业秘密。其第10条规定:当事人根据法律规定或者合同约定所承担的保密义务,人民法院应当认定属于《反不正当竞争法》第9条第1款所称的保密义务。当事人未在合同中约定保密义务,但根据诚信原则以及合同的性质、目的、缔约过程、交易习惯

---

[1] 参见四川省成都市中级人民法院(2022)川01民终19062号民事判决书(侵害经营秘密纠纷案);河南省郑州市中级人民法院(2021)豫01刑初53号刑事判决书(侵犯商业秘密罪案)。

[2] 参见江苏省常熟市人民法院(2022)苏0581刑初437号刑事判决书(侵犯商业秘密罪案);四川省成都市中级人民法院(2019)川01刑初1121号刑事判决书(侵犯商业秘密罪案)。

[3] 参见上海市第三中级人民法院(2016)沪03刑初37号刑事判决书(侵犯商业秘密案);福建省厦门市中级人民法院(2020)闽02民初918号民事判决书(侵害技术秘密纠纷案);北京知识产权法院(2020)京73民终2581号民事判决书(侵犯商业秘密纠纷案)。

[4] 参见青海省西宁市中级人民法院(2020)晋05民初124号民事判决书(侵害商业秘密纠纷案);安徽省合肥高新技术产业开发区人民法院(2022)皖0191刑初412号刑事判决书(侵犯商业秘密罪案)。

[5] 参见最高人民法院(2022)最高法知民终816号民事判决书(侵害技术秘密纠纷案);湖北省武汉市中级人民法院(2021)鄂01知民初334号民事判决书(侵害技术秘密纠纷案)。

等，被诉侵权人知道或者应当知道其获取的信息属于权利人的商业秘密的，人民法院应当认定被诉侵权人对其获取的商业秘密承担保密义务。

（二）侵权主体

商业秘密的侵权主体种类较多。由于商业秘密能够给市场主体带来竞争优势，因此，首当其冲的商业秘密侵权人是商业秘密所有人的竞争对手。这也是包括我国在内的一些国家通过《反不正当竞争法》对商业秘密提供法律保护的原因。

当然，其他人也可能出于各种原因从事上述行为，特别是商业秘密所有人的员工和前员工。商业秘密所有人的员工和前员工往往是商业秘密的直接实施者、密切接触者或者有机会接触者。由于《反不正当竞争法》调整的是市场竞争中的经营者之间的关系，为明确经营者之外的其他人，特别是员工和前员工亦可构成商业秘密的侵权人，2017 年《反不正当竞争法》修订时特意把"员工、前员工或者其他单位、个人"明确写入侵犯商业秘密的行为主体。[1] 2019 年修正的《反不正当竞争法》则在第 9 条中增加了前述第 2 款，明确了经营者以外的其他自然人、法人和非法人组织实施第 1 款的行为也视为侵犯商业秘密，并在第 21 条有关侵犯商业秘密的责任条款中在"经营者"后面增加了"其他自然人、法人和非法人组织"。上述《反不正当竞争法》第 9 条第 3 款则将明知或者应知商业秘密权利人的员工、前员工或者其他单位、个人实施本条第 1 款所列违法行为，仍获取、披露、使用或者允许他人使用该商业秘密的第三人增列为侵害商业秘密的主体。从上述规定可知，侵犯商业秘密主体资格的范围较广，不仅包括直接实施侵犯商业秘密的经营者，而且包括经营者以外的其他自然人、法人和非法人组织，以及明知或者应知商业秘密权利人的员工、前员工或者其他单位、个人实施《反不正当竞争法》第 9 条第 1 款所列违法行为而仍获取、披露、使用或者允许他人使用该商业秘密的第三人。这样就能够在更大的范围内追究侵犯商业秘密行为人的法律责任，有利于加强对商业秘密的保护，对于潜在侵权人也具有较强的威慑性。

此外，还有一些行政机关工作人员、司法工作人员等，对其因为工作关系所知悉的他人的商业秘密负有保密义务。具有这些身份的人，如果违反保密义务，泄露他人商业秘密，则不仅构成商业秘密侵权人，需要承担相应的民事乃至刑事责任，而且可能需要承担组织纪律处分等不利后果。前述《反不正当竞争法》第 15 条规定即是如此。

二、提起诉讼主体资格

《审理侵犯商业秘密民事案件适用法律规定》第 26 条规定："对于侵犯商业秘密行为，商业秘密独占使用许可合同的被许可人提起诉讼的，人民法院应当依法受理。排他使用许可合同的被许可人和权利人共同提起诉讼，或者在权利人不起诉的情况下自行提起诉讼的，人民法院应当依法受理。普通使用许可合同的被许可人和权利人共同提起诉讼，或者经权利人书面授权单独提起诉讼的，人民法院应当依法受理。"上述规定和其他知识产权诉讼中提起诉讼的主体资格的标准一致，将商业秘密权利人的利害关系人也纳入侵权诉讼主体中，

---

[1] 2019 年现行《反不正当竞争法》维持了这一规定。根据《审理侵犯商业秘密民事案件适用法律规定》第 11 条规定，法人、非法人组织的经营、管理人员以及具有劳动关系的其他人员，人民法院可以认定为《反不正当竞争法》第 9 条第 3 款所称的员工、前员工。其第 12 条则规定，人民法院认定员工、前员工是否有渠道或者机会获取权利人的商业秘密，可以考虑与其有关的下列因素：①职务、职责、权限；②承担的本职工作或者单位分配的任务；③参与和商业秘密有关的生产经营活动的具体情形；④是否保管、使用、存储、复制、控制或者以其他方式接触、获取商业秘密及其载体；⑤需要考虑的其他因素。

有利于提高商业秘密的保护力度。[1]

三、举证责任、民刑证据衔接与诉讼证据保密

（一）举证责任

商业秘密所有人对其商业信息所拥有的权益是民事权益，商业秘密侵权纠纷案件适用民事诉讼程序。因此，一直以来，商业秘密侵权纠纷案件审理过程中所采用的证据规则与一般民事诉讼程序并无区别，即"谁主张、谁举证"，主张其商业秘密受到侵害的权利人需要证明其合法拥有商业秘密，且被控侵权人从事了侵犯商业秘密行为。

然而，商业秘密的秘密性也对商业秘密所有人维权带来了一些困难。一方面，秘密性是一种消极事实，商业秘密所有人无法直接证明商业秘密的秘密性；另一方面，不仅商业秘密所有人所拥有的信息处于秘密状态，而且被控侵权人所获得或者使用的涉嫌侵权信息也往往处于保密状态。对于合法商业秘密的存在问题，司法实践中常采取降低商业秘密所有人证明标准的方式来解决，即在商业秘密所有人阐明其拥有的信息属于商业秘密的范畴、并证明其采取了保密措施之后，即推定该涉案信息构成商业秘密，除非被控侵权人能够提出相反证明。对于商业秘密受到不法侵害的问题，法院通常通过"接触+实质性相似"标准[2]来判断，即要求商业秘密所有人证明被控侵权人的信息与其商业秘密相同或者实质相同以及被控侵权人有机会接触其商业秘密。在商业秘密侵权纠纷案件中，要证明被控侵权人的信息与商业秘密所有人的信息相同或者实质相同难度较大。商业秘密包含的信息种类、存在形态以及给拥有者带来竞争优势的方式等多种多样。被控侵权人使用或利用商业秘密的方式可能和商业秘密合法所有人的利用方式完全不同。例如，被控侵权人获得了商业秘密所有人的商业秘密后，完全有可能在商业秘密所有人的技术方案或者商业方案基础上形成新的、完全不同的技术方案或者商业方案。[3] 更何况，有些商业秘密的内容是避免从事某项行为，更难证明被控侵权人的信息与商业秘密所有人的信息相同或者相似。因此，在商业秘密纠纷案件中，侵权证据往往仅为被控侵权人持有，商业秘密所有人很难证明自己的商业秘密被侵害。

考虑到商业秘密侵权纠纷案件中权利人举证难度的现实情况，2019年修改的《反不正当竞争法》引入了举证责任转移规则，规定权利人提供初步证据证明商业秘密被侵犯后，举证责任即在被控侵权方，这样就减轻了权利人的举证责任，加重了被控侵权人的举证责任。该法第32条规定："在侵犯商业秘密的民事审判程序中，商业秘密权利人提供初步证据，证明其已经对所主张的商业秘密采取保密措施，且合理表明商业秘密被侵犯，涉嫌侵

---

[1] 在商业秘密侵权诉讼中，存在一类和前述类似的确认不侵害商业秘密诉讼纠纷案，此时提起诉讼的为被控侵权人，而不是商业秘密所有人。参见最高人民法院（2021）最高法知民终2460号民事判决书（确认不侵害知识产权纠纷案）；张浩然：《商业秘密权利主体的认定规则重构》，载《中外法学》2023年第6期。

[2] 在商业秘密侵权理论上，这也是判定商业秘密是否受到侵害的基本标准。为增强对该标准司法适用的可操作性，《审理侵犯商业秘密民事案件适用法律规定》第13条作了以下规定："被诉侵权信息与商业秘密不存在实质性区别的，人民法院可以认定被诉侵权信息与商业秘密构成反不正当竞争法第三十二条第二款所称的实质上相同。人民法院认定是否构成前款所称的实质上相同，可以考虑下列因素：（一）被诉侵权信息与商业秘密的异同程度；（二）所属领域的相关人员在被诉侵权行为发生时是否容易想到被诉侵权信息与商业秘密的区别；（三）被诉侵权信息与商业秘密的用途、使用方式、目的、效果等是否具有实质性差异；（四）公有领域中与商业秘密相关信息的情况；（五）需要考虑的其他因素。"

[3] 依照前述《审理侵犯商业秘密民事案件适用法律规定》第9条规定，这种情况依然可能构成擅自使用的侵犯商业秘密的行为。

权人应当证明权利人所主张的商业秘密不属于本法规定的商业秘密。商业秘密权利人提供初步证据合理表明商业秘密被侵犯，且提供以下证据之一的，涉嫌侵权人应当证明其不存在侵犯商业秘密的行为：（一）有证据表明涉嫌侵权人有渠道或者机会获取商业秘密，且其使用的信息与该商业秘密实质上相同；（二）有证据表明商业秘密已经被涉嫌侵权人披露、使用或者有被披露、使用的风险；（三）有其他证据表明商业秘密被涉嫌侵权人侵犯"。需要指出的是，该规定并非举证责任倒置，因为商业秘密权利人仍然对侵犯商业秘密行为的发生负有提供初步证据的义务。如果被控侵权人未能提供证据证明权利人所主张的商业秘密不构成法律规定的商业秘密或者其不存在侵犯商业秘密行为，也不必然导致商业秘密侵权成立，法院仍需要根据商业秘密权利人提供的证据进行判定，只是法院此时可能会以较低的标准来审查商业秘密权利人的证据，更容易作出对被控侵权人不利的判决。[1]

关于侵犯商业秘密举证责任，还值得探讨的是，前述《著作权法》第54条第4款、《专利法》第71条第4款和《商标法》第63条第2款均规定了类似于欧美文书令性质的侵权人无正当理由拒不提供相关证据材料的法律后果，在商业秘密侵权案件中，是否可以适用相同的证据规则。对此，《审理侵犯商业秘密民事案件适用法律规定》第24条给予了明确回答，即"权利人已经提供侵权人因侵权所获得的利益的初步证据，但与侵犯商业秘密行为相关的账簿、资料由侵权人掌握的，人民法院可以根据权利人的申请，责令侵权人提供该账簿、资料。侵权人无正当理由拒不提供或者不如实提供的，人民法院可以根据权利人的主张和提供的证据认定侵权人因侵权所获得的利益。"该规定不仅有利于督促被告配合举证，而且有利于人民法院查清案件事实，更好地维护当事人合法权益。

（二）民刑证据衔接

从我国商业秘密诉讼实践来看，存在大量的"先刑后民"的案件。这样一来，就存在商业秘密刑事案件中司法机关认定的证据在后来的商业秘密侵权民事案件中是否适用与如何衔接的问题。对此，《审理侵犯商业秘密民事案件适用法律规定》第22条规定："人民法院审理侵犯商业秘密民事案件时，对在侵犯商业秘密犯罪刑事诉讼程序中形成的证据，应当按照法定程序，全面、客观地审查。由公安机关、检察机关或者人民法院保存的与被诉侵权行为具有关联性的证据，侵犯商业秘密民事案件的当事人及其诉讼代理人因客观原因不能自行收集，申请调查收集的，人民法院应当准许，但可能影响正在进行的刑事诉讼程序的除外。"上述规定，有利于解决商业秘密民刑交叉案件，也有利于在民事案件中如何对待和适用刑事案件中认定的证据问题，在一定程度上体现了证据协同和效率原则。

（三）诉讼证据保密

在商业秘密侵权诉讼中，涉及当事人商业秘密的诉讼证据本身需要保密，否则将对相关当事人造成损害。对此，《审理侵犯商业秘密民事案件适用法律规定》第21条规定："对于涉及当事人或者案外人的商业秘密的证据、材料，当事人或者案外人书面申请人民法院采取保密措施的，人民法院应当在保全、证据交换、质证、委托鉴定、询问、庭审等诉讼活动中采取必要的保密措施。违反前款所称的保密措施的要求，擅自披露商业秘密或者在

---

[1] 参见王艳芳：《侵犯商业秘密举证责任制度的缺陷与重构》，载《中国法律评论》2023年第3期；参见天津市第三中级人民法院（2021）津03知民初190号民事判决书（侵害技术秘密纠纷案）；最高人民法院（2021）最高法知民终1839号民事判决书（侵害商业秘密及不正当竞争纠纷案）；广东省高级人民法院（2019）粤知民终457号民事判决书（侵害技术秘密纠纷案）。

诉讼活动之外使用或者允许他人使用在诉讼中接触、获取的商业秘密的，应当依法承担民事责任。构成民事诉讼法第一百一十一条规定情形的，人民法院可以依法采取强制措施。构成犯罪的，依法追究刑事责任。"

四、保全措施

相对于知识产权法的其他领域，保全措施在商业秘密纠纷案件中的适用较晚。保全措施作为一项可能对被控侵权人利益产生巨大影响的措施，其适用有着严格的前提，即权利人或者利害关系人必须有证据证明他人正在实施或者即将实施侵犯知识产权、妨碍其实现权利的行为，如不及时制止将会使其合法权益受到难以弥补的损害。相对于其他知识产权人，因为其权利所指向的对象是公开的，甚至是在国家相关行政机关登记、注册的，因而比较容易判断权利归属和权利边界，商业秘密由于具有秘密性，法院在审判前很难判断原告的权利是否处于危险之中，甚至无法判断原告是否拥有商业秘密。事实上，商业秘密案件中原告的胜诉率远低于其他知识产权领域的原告胜诉率。因此，虽然《专利法》《著作权法》和《商标法》均在中国加入世界贸易组织前引入了保全制度，但该制度当时未能在商业秘密纠纷中适用。

然而，正因为商业秘密具有秘密性，在发生纠纷时商业秘密所有人比其他知识产权人可能更需要保全措施，因为其一旦被公开，商业秘密就不复存在，商业秘密所有人就彻底失去了该商业秘密。而且，这一结果是不可逆的。因此，知识产权理论与实务界多支持保全措施适用于商业秘密纠纷案件。

2012年我国《民事诉讼法》修改后建立了行为保全与财产保全并立的民事保全制度，为保全措施在商业秘密案件中的适用扫清了障碍。如前所述，2018年最高人民法院发布《审查知识产权行为保全案件适用法律规定》，自2019年1月1日起施行。其对行为保全在包括商业秘密案件在内的知识产权纠纷案件中适用的程序、考量因素等作了规定，其中第6条第1项明确规定，申请人的商业秘密即将被非法披露属于《民事诉讼法》第100条和第101条中所规定的"情况紧急"因而应采取保全措施的情形。如前所述，其第7条规定了人民法院审查行为保全申请应当综合考量的因素。一旦法院作出保全裁定，可以责令被控侵权人作出一定行为或者禁止其作出一定行为，前者如在电脑上删除商业秘密信息、将包含有商业秘密的载体交还保全申请人、销毁含有商业秘密的载体等，后者如停止泄露或者使用商业秘密等。此外，《审理侵犯商业秘密民事案件适用法律规定》第15条也规定了侵犯商业秘密行为保全制度："被申请人试图或者已经以不正当手段获取、披露、使用或者允许他人使用权利人所主张的商业秘密，不采取行为保全措施会使判决难以执行或者造成当事人其他损害，或者将会使权利人的合法权益受到难以弥补的损害的，人民法院可以依法裁定采取行为保全措施。前款规定的情形属于民事诉讼法第一百条、第一百零一条所称情况紧急的，人民法院应当在四十八小时内作出裁定。"

五、法律责任

商业秘密侵权人根据其侵权情节可能承担民事责任、行政责任，乃至刑事责任。

（一）民事责任

1. 侵犯商业秘密行为承担民事责任的主要方式。根据前述《反不正当竞争法》第17条第1款和第2款规定，经营者侵犯商业秘密，给他人造成损害的，应当依法承担民事责任。经营者的合法权益受到侵犯商业秘密行为损害的，可以向人民法院提起诉讼。[1] 侵犯商业秘密的民事责任，主要是停止侵害和赔偿损失。一旦判定侵权成立，商业秘密侵权人应立即停止侵权，并依法承担侵权损害赔偿责任。其中，关于停止侵权的持续时间，《审理侵犯商业秘密民事案件适用法律规定》第17条规定："人民法院对于侵犯商业秘密行为判决停止侵害的民事责任时，停止侵害的时间一般应当持续到该商业秘密已为公众所知悉时为止。依照前款规定判决停止侵害的时间明显不合理的，人民法院可以在依法保护权利人的商业秘密竞争优势的情况下，判决侵权人在一定期限或者范围内停止使用该商业秘密。"其第18条则规定，权利人请求判决侵权人返还或者销毁商业秘密载体，清除其控制的商业秘密信息的，人民法院一般应予支持。这一规定，有利于使"停止侵害"法律责任得以落实。

关于损害赔偿，2019年修改后的《反不正当竞争法》第17条第3款规定了包括侵犯商业秘密行为在内的不正当竞争行为受到损害的经营者的赔偿数额的计算标准。根据这一标准，因侵犯商业秘密行为受到损害的经营者的赔偿数额，"按照其因被侵权所受到的实际损失确定；实际损失难以计算的，按照侵权人因侵权所获得的利益确定"。为进一步打击商业秘密侵权，该条第3款还引入了惩罚性赔偿制度。参照该款规定，经营者恶意实施侵犯商业秘密行为，情节严重的，可以在按照上述方法确定数额的1倍以上5倍以下确定赔偿数额。赔偿数额还应当包括经营者为制止侵权行为所支付的合理开支。该条第4款则将2017年《反不正当竞争法》同条款中的法定赔偿标准从300万元提升到500万元。其规定为：如果商业秘密所有人因被侵权所受到的实际损失、侵权人因侵权所获得的利益难以确定的，人民法院可以根据侵权行为的情节判决给予商业秘密所有人500万元以下的赔偿。为增强法定赔偿标准的可操作性，《审理侵犯商业秘密民事案件适用法律规定》第20条第2款规定："人民法院依照反不正当竞争法第十七条第四款确定赔偿数额的，可以考虑商业秘密的性质、商业价值、研究开发成本、创新程度、能带来的竞争优势以及侵权人的主观过错、侵权行为的性质、情节、后果等因素。"[2]

从前述我国知识产权侵权损害赔偿制度的规定看，除上述实际损失、违法所得外，还存在基于许可费用或权利费用计算的标准。就商业秘密侵权损害赔偿而言，这一标准自然也可以适用。《审理侵犯商业秘密民事案件适用法律规定》第20条第1款规定"权利人请求参照商业秘密许可使用费确定因被侵权所受到的实际损失的，人民法院可以根据许可的性质、内容、实际履行情况以及侵权行为的性质、情节、后果等因素确定。"

在实践中，商业秘密可能因为侵权行为导致被公开，从而失去秘密性。这种情况下，对商业秘密的损害更大，因为该商业秘密将进入公共领域。针对此种情形，《审理侵犯商业秘密民事案件适用法律规定》第19条规定："因侵权行为导致商业秘密为公众所知悉的，人民法院依法确定赔偿数额时，可以考虑商业秘密的商业价值。人民法院认定前款所称的商业价值，应当考虑研究开发成本、实施该项商业秘密的收益、可得利益、可保持竞争优

---

[1] 依照《审理侵犯商业秘密民事案件适用法律规定》第16条规定，经营者以外的其他自然人、法人和非法人组织侵犯商业秘密，权利人依据《反不正当竞争法》第17条的规定主张侵权人应当承担的民事责任的，人民法院应予支持。

[2] 参见最高人民法院（2021）最高法知民终2298号民事判决书（侵害技术秘密纠纷案）；最高人民法院（2021）最高法知民终1363号民事判决书（侵害技术秘密纠纷案）。

势的时间等因素。"

在实践中，针对侵权损害赔偿额，还可能存在在先的生效刑事裁判已认定相关数额。此时可否按照上述认定数额确定民事案件中的损害赔偿额，需要明确。《审理侵犯商业秘密民事案件适用法律规定》第23条规定："当事人主张依据生效刑事裁判认定的实际损失或者违法所得确定涉及同一侵犯商业秘密行为的民事案件赔偿数额的，人民法院应予支持。"[1]

2. 不承担侵犯商业秘密责任的情形。他人使用与商业秘密权利人实质上相同的商业信息，并非一定构成侵犯商业秘密。商业秘密保护具有相对性，并不禁止他人的独立研发与反向工程行为。《审理侵犯商业秘密民事案件适用法律规定》第14条对此作了明确规定："通过自行开发研制或者反向工程获得被诉侵权信息的，人民法院应当认定不属于反不正当竞争法第九条规定的侵犯商业秘密行为。前款所称的反向工程，是指通过技术手段对从公开渠道取得的产品进行拆卸、测绘、分析等而获得该产品的有关技术信息。被诉侵权人以不正当手段获取权利人的商业秘密后，又以反向工程为由主张未侵犯商业秘密的，人民法院不予支持。"上述规定表明，自行开发研制或者反向工程获得被诉侵权信息，不仅不应被认定为侵犯商业秘密行为，反而也应当获得商业秘密保护或者其他法律形式的保护，如将上述获得技术信息申请专利。上述规定，也揭示了只有合法地获取商业秘密的行为才受法律保护。除上述第14条第1~2款规定的合法情形外，在实践中还存在其他形式的合法获取情形，如通过受让或许可而获取，因商业秘密所有人未采取合理保密措施从而使得其他人可以轻易获得等情形。[2] 此外，商业秘密是否存在民法意义上的"善意取得"制度，也值得探讨。[3]

3. 诉讼方式选择与诉讼中止。在商业秘密侵权纠纷案件中，涉嫌侵权人可能同时违反侵权人与权利人之间的保密约定。例如，前述《反不正当竞争法》第9条第1款第3项规定的"违反保密义务或者违反权利人有关保守商业秘密的要求，披露、使用或者允许他人使用其所掌握的商业秘密"就构成侵权与违约的竞合。在这种情况下，商业秘密权利人有权选择提起违约之诉还是侵权之诉。此外，商业秘密侵权纠纷案件也可能基于同一被诉侵犯商业秘密行为的刑事案件尚未审结而需要中止，存在如何协调商业秘密民刑案件的问题。依据《审理侵犯商业秘密民事案件适用法律规定》第25条规定，当事人以涉及同一被诉侵犯商业秘密行为的刑事案件尚未审结为由，请求中止审理侵犯商业秘密民事案件，人民法院在听取当事人意见后认为必须以该刑事案件的审理结果为依据的，应予支持。上述民事案件的继续审理，需要在中止的原因消除后进行，此时仍然需要就涉嫌侵权人是否承担和如何承担民事责任加以确定。

(二) 行政责任

本书第三十章对于不正当竞争行为的行政责任作了探讨。侵犯商业秘密行为作为不正当竞争的一种形式，自然也适用关于一般意义上的不正当竞争行政责任的法理和规定。当

---

[1] 参见江苏省南京市中级人民法院（2019）苏01民初3444号民事判决书（侵害技术秘密纠纷案）。

[2] 冯晓青：《企业知识产权战略》，知识产权出版社2015年版，第277~280页。参见张吉豫：《软件反向工程的合法性及立法建议》，载《中国法学》2013年第4期；最高人民法院（2020）最高法知民终538号民事判决书（侵害技术秘密纠纷案）。

[3] 参见汤茂仁：《论商业秘密善意取得制度在我国的适用》，载《法律适用》2013年第12期；梁志文：《论商业秘密法上的头脑知识规则》，载《法学》2023年第6期。

然，侵犯商业秘密行为依然有其特点。《反不正当竞争法》第21条规定："经营者以及其他自然人、法人和非法人组织违反本法第九条规定侵犯商业秘密的，由监督检查部门责令停止违法行为，没收违法所得，处十万元以上一百万元以下的罚款；情节严重的，处五十万元以上五百万元以下的罚款。"值得指出的是，相较于2017年《反不正当竞争法》同条规定的"处十万元以上五十万元以下的罚款；情节严重的，处五十万元以上三百万元以下的罚款"，该规定中罚款力度很大，充分体现了《反不正当竞争法》通过加大行政处罚强化对商业秘密保护的意蕴。[1]

（三）刑事责任

如前所述，商业秘密具有商业价值，这也使得侵犯商业秘密的行为有愈演愈烈之势。由于商业秘密的价值依赖于其秘密性，因此，对商业秘密侵权行为的事先阻止远比事后的救济更有意义。在这方面，刑事制裁显然具有民事救济和行政处罚所不可比拟的优势。[2]因此，法国早在1844年、德国于1896年即对商业秘密提供刑事保护。

我国《刑法》在1997年修订时增设了侵犯商业秘密罪，利用刑罚的强大威慑力，给商业秘密提供了有力的保护。2020年底修正后的《刑法》删除了与《反不正当竞争法》不尽一致的商业秘密概念，使刑法中的商业秘密违法行为与《反不正当竞争法》中的有关规定相协调，提高了侵犯商业秘密罪的刑罚，并增设了一条有关涉境外商业秘密犯罪的规定。根据《刑法》第219条的规定，有下列侵犯商业秘密行为之一，情节严重的，处3年以下有期徒刑，并处或者单处罚金；情节特别严重的，处3年以上10年以下有期徒刑，并处罚金：①以盗窃、贿赂、欺诈、胁迫、电子侵入或者其他不正当手段获取权利人的商业秘密的；②披露、使用或者允许他人使用以前项手段获取的权利人的商业秘密的；③违反保密义务或者违反权利人有关保守商业秘密的要求，披露、使用或者允许他人使用其所掌握的商业秘密的。明知前款所列行为，获取、披露、使用或者允许他人使用该商业秘密的，以侵犯商业秘密论。本条所称权利人，是指商业秘密的所有人和经商业秘密所有人许可的商业秘密使用人。依照《刑法》第219条之一规定，对于将商业秘密非法提供给境外的机构、组织、人员并构成犯罪的，处罚更为严重，即处五年以下有期徒刑，并处或者单处罚金；情节严重的，处5年以上有期徒刑，并处罚金。此外，根据《刑法》第220条规定，单位犯侵犯商业秘密罪的，对单位判处罚金，并对其直接负责的主管人员和其他直接责任人员，依照第219条和第219条之一的规定处罚。

如前所述，为强化知识产权的刑法保护，"两高"发布了知识产权刑事司法解释，其中也包含商业秘密犯罪的规定。例如，《知识产权刑事案件应用法律解释（三）》第3条规定：采取非法复制、未经授权或者超越授权使用计算机信息系统等方式窃取商业秘密的，应当认定为刑法第219条第1款第1项规定的"盗窃"。以贿赂、欺诈、电子侵入等方式获取权利人的商业秘密的，应当认定为刑法第219条第1款第1项规定的"其他不正当手段"。其第4条规定：实施刑法第219条规定的行为，具有下列情形之一的，应当认定为

---

[1] 参见上海知识产权法院（2016）沪73行初1号行政判决书（行政处罚行政纠纷案）。
[2] 参见李冠煜：《论侵犯商业秘密罪的罪量要素：以明确性原则为根据的审查》，载《政法论坛》2023年第3期；唐稷尧：《扩张与限缩：论我国商业秘密刑法保护的基本立场与实现路径》，载《政治与法律》2020年第7期；贺志军：《侵犯商业秘密罪"重大损失"之辩护及释法完善》，载《政治与法律》2020年第10期；王志远：《侵犯商业秘密罪保护法益的秩序化界定及其教义学展开》，载《政治与法律》2021年第6期。

"给商业秘密的权利人造成重大损失"：①给商业秘密的权利人造成损失数额或者因侵犯商业秘密违法所得数额在30万元以上的；②直接导致商业秘密的权利人因重大经营困难而破产、倒闭的；③造成商业秘密的权利人其他重大损失的。给商业秘密的权利人造成损失数额或者因侵犯商业秘密违法所得数额在250万元以上的，应当认定为刑法第219条规定的"造成特别严重后果"。此外，其第5条针对"实施刑法第二百一十九条规定的行为造成的损失数额或者违法所得数额"，规定了可以参照的方式认定；第6条规定了在刑事诉讼程序中，当事人、辩护人、诉讼代理人或者案外人书面申请对相关商业信息采取保密措施的规定。[1]

本章案例研讨

31-1（总第75）：通过公开渠道可直接获取的信息不构成商业秘密
——北京某网络科技有限责任公司诉刘某侵犯商业秘密纠纷案[2]

一、案情简介

2005年3月17日，北京某网络科技有限责任公司（甲方，以下简称北京某网络公司）与刘某（乙方）签订兼职协议，甲方自2005年3月17日起录用乙方为甲方的兼职员工，从事词汇项目英语教学与研究工作，期限为2005年3月17日至2005年9月17日。

2005年4月29日，北京某网络公司（甲方）与刘某（乙方）签订保密协议，约定：甲方的商业秘密包括但不限于：①以课件、教材、文件、资料、图表、笔记、报告、信件、传真、电子载体等形式体现的有关"构件英语"的原理、研究成果、教学模式、教法等；②商业渠道、客户资料、商业运作模式、战略信息、研究动向、业务流程、合同及各种内部文书及法律、法规规定的其他不为公众所知悉的其他经营信息。非经甲方书面明示可以对外公布的商业秘密，乙方故意或出于疏忽泄露给第三方的，视为侵犯了甲方的商业秘密。

2005年7月19日~20日，刘某带领北京某网络公司的老师与淄博某中学的教师在青岛某大学召开研讨会，主要内容是关于构件英语与新课标的差距。刘某在青岛夏令营期间，曾被其他教师借走过语法课件、听说课件、写作课件数天。北京某网络公司遂以违反保密协议为由，向北京市海淀区人民法院起诉刘某侵犯其商业秘密。

二、法院裁判理由及结果

一审法院认为，本案虽属违约之诉，但违约标的指向的仍是商业秘密，因而本案的关键在于认定双方保密协议约定的"商业秘密"是否是法律意义上的商业秘密。如双方协议中约定的"商业秘密"并不构成法律意义上的商业秘密，则不构成违约侵犯商业秘密。

北京某网络公司主张其商业秘密的具体载体是课件光盘和加密狗，并现场向法院演示

---

[1] 参见张怀印：《商业秘密刑法的域外适用：美国机制与中国因应》，载《中国刑事法杂志》2022年第1期。参见上海市浦东新区人民法院（2021）沪0115刑初5190号刑事判决书（侵犯商业秘密罪案）；上海市普陀区人民法院（2019）沪0107刑初1254号刑事判决书（侵犯商业秘密罪）；山东省青岛市中级人民法院（2021）鲁02刑终381号刑事裁定书（侵犯商业秘密罪案）。

[2] 北京市第一中级人民法院（2006）一中民终字第12314号民事判决书。

其课件光盘所承载的商业秘密，明确商业秘密的核心即课件光盘所载明的教法。法庭现场勘验后认为，课件光盘内容主要是对英语语法、词汇、阅读、写作、听说等方面的规律和原理进行分类总结和归纳，以动画、练习等形式供学生学习，而这些规律、原理以及学习方法本身在英语教学界近年来已经为人所熟知，并为一些英语书籍所介绍，从其他公开的渠道能够获得。北京某网络公司亦通过在课堂上向学生演示课件的内容，发行相配套的构件英语教师用书、学生用书等方式，从而事实上使得课件的主要内容和原理处于公众可以知道的境地，在社会上广为流传。商业秘密则是不能从公开渠道直接获取的。如果该信息属于行业中的公知知识或者仅是对公知信息的简单组合、变换、整理，即便有关经营者予以投资开发并采取了严密的保密措施，也不属于法律规定的商业秘密。北京某网络公司加密的课件是通过整合市面上的英语资源，进行采集、汇编和加工制成的，虽以新教案的思路和要求来体现，但仍难以构成商业秘密。因为课件和加密狗并不构成商业秘密，所以不能认定被告的行为是违约侵犯商业秘密的行为。故对北京某网络公司的诉讼请求，一审法院未予支持。

北京某网络公司不服一审判决，向北京市第一中级人民法院提起上诉。北京市第一中级人民法院经审理后确认北京某网络公司主张构成商业秘密的课件光盘的内容已经为人所熟知，北京某网络公司已经在课堂上演示构件英语课件的内容并发行配套的教师用书和学生用书为公众所知悉。据此，二审法院判决驳回上诉、维持原判。

随着公众商业秘密保护意识的提高，越来越多的经营主体会采取保密措施对其所拥有的商业信息加以保护，以维护商业信息的秘密性。但并非所有被采取保密措施的商业信息必然构成商业秘密。保密措施只是商业秘密得以继续维持秘密性的手段。如果一项商业信息从一开始即不具备秘密性，后续即使采取保密措施也无法改变其性质。在实践中，由于原告对商业信息本身是否具有秘密性的认识错误而导致败诉的案件不少，本案是比较典型的一例。

31-2（总第76）：约定保密期限届满后的保密义务
——上诉人石家庄某氨基酸有限公司、河北某生物科技有限公司与
被上诉人北京某生物技术股份有限公司侵害技术秘密纠纷案[1]

一、案情简介

北京某生物技术股份有限公司（以下简称北京某生物技术公司）就其研发的饲料级胍基乙酸产品的生产工艺即"甘氨酸-单氰胺法"采用技术秘密予以保护，且与可以接触相关技术信息的员工签订了《保密协议》。2010年6月，北京某生物技术公司与石家庄某氨基酸有限公司（以下简称石家庄某氨基酸公司）分别签订《关于北京某生物技术公司与石家庄某氨基酸公司联合开发胍基乙酸项目的战略合作协议》（以下简称战略合作协议）、《委托加工协议》（以下简称加工协议），约定石家庄某氨基酸公司为北京某生物技术公司

---

[1] 选自《最高人民法院知识产权案件年度报告（2021）》，第94~98页；最高人民法院（2020）最高法知民终621号民事判决书。

加工饲料级胍基乙酸产品，未明确约定石家庄某氨基酸公司使用相关技术信息的期限，但约定了合同期限和保密期限，即合同有效期3年，双方协商同意，可以书面补充协议方式延长协议期限；合作期内及双方合作结束后3年内，石家庄某氨基酸公司必须对双方合作有关的销售数据、技术信息等进行保密，不得向任何人泄漏任何相关资料。2014年6月，北京某生物技术公司委托石家庄某氨基酸公司生产最后一批饲料级胍基乙酸，双方合作终止。2016年3月10日，北京某生物技术公司发现石家庄某氨基酸公司将胍基乙酸作为饲料添加剂生产、经营、使用、宣传并销售给用户。2016年下半年开始，北京某生物技术公司发现河北某生物科技公司在对外宣传、参加展会，销售饲料级胍基乙酸产品时，宣称其生产工艺来自于北京某生物技术公司、石家庄某氨基酸公司或者与之有关。北京某生物技术公司认为石家庄某氨基酸公司、河北某生物科技公司侵害其技术秘密，故向河北省石家庄市中级人民法院（以下简称一审法院）提起诉讼，请求判令其停止侵害并赔偿经济损失及维权合理开支1067万元。

二、法院裁判理由及结果

一审法院认为，石家庄某氨基酸公司、河北某生物科技公司的行为均构成对北京某生物技术公司涉案技术秘密的使用和披露，判决石家庄某氨基酸公司、河北某生物科技公司停止侵害并共同赔偿经济损失及维权合理开支共计50万元。石家庄某氨基酸公司、河北某生物科技公司不服，向最高人民法院提起上诉。

最高人民法院二审认为，对于技术许可使用合同约定的保密期限届满后，被许可人是否仍负有保密义务的问题，由于技术许可合同需遵循当事人意思自治原则，如果合同中明确约定保密期限届满后，被许可人可以许可他人使用、披露相关商业秘密，则被许可人实施上述行为不构成侵害商业秘密；如果技术许可合同并未明确约定保密期限届满后，被许可人可以许可他人使用、披露相关商业秘密，则需要根据双方签订合同的目的、双方的权利义务、合同对价、合同履行情况、商业惯例及诚信原则等，综合判断保密期限届满后，被许可人是否可以许可他人使用、披露相关商业秘密。首先，包括技术秘密在内的商业秘密是民事主体依法享有的知识产权，任何人未经许可不得披露、使用和允许他人使用权利人的商业秘密。商业秘密自产生之日就自动取得，并具有相对排他性，即同一商业秘密可能由多个权利主体占有；同时，商业秘密的保护期限具有不确定性，只要商业秘密不被泄露，就一直受法律保护。技术许可合同约定保密期间，仅代表双方当事人对该期间的保密义务进行了约定。该保密期间届满后，虽然合同约定的保密义务终止，但被许可人仍需承担除自己使用以外的保密义务。其次，法律规定的保密义务既包括侵权法意义上的、普遍的消极不作为义务，也包括基于诚实信用原则的合同前、合同中、合同后的保密义务。对于当事人在订立合同过程中知悉的商业秘密，无论合同是否成立，都不得泄露或者不正当地使用，泄露或者不正当地使用该商业秘密给对方造成损失的，应当承担损害赔偿责任；合同终止后，当事人仍然有保密义务，未尽到保密义务的，应当向对方承担赔偿责任。最后，按照技术许可合同的性质，被许可人仅是获得了使用相关商业秘密的权利，合同中约定有保密期限，也不应当解释为保密期限届满后，受让人和被许可人可以许可他人使用、甚至披露相关商业秘密。因为披露商业秘密属于放弃商业秘密民事权利的行为，除非合同中有明确约定，否则该行权处分行为不能由非权利主体作出。技术许可合同中被许可人应当承担的保密义务至少包括：未经许可人同意，不得擅自许可第三人使用相关商业秘密；应当按照合同约定采取保密措施，不应故意或者过失泄露相关商业秘密；对许可人提供或者传授的技术和有关技术资料，应当按照合同约定的范围和期限承担保密义务；对超过合同约定范围和期限仍需保密的技术，应当遵循诚实信用的原则，履行合同保密的附随义务。

本案中，战略合作协议、加工协议均没有授权石家庄某氨基酸公司在合同约定的保密期限届满后可以许可他人使用、披露涉案技术秘密，且根据战略合作协议、加工协议对石家庄某氨基酸公司保密义务和保密期限的约定，石家庄某氨基酸公司未经北京某生物技术公司许可，不得将胍基乙酸出售给除北京某生物技术公司之外的任何第三方，显然，北京某生物技术公司作为涉案技术秘密的权利人通过签订战略合作协议、加工协议，允许石家庄某氨基酸公司使用涉案技术秘密，旨在充分利用涉案技术秘密商业价值，与石家庄某氨基酸公司实现合作共赢。石家庄某氨基酸公司提供的在案证据不能证明战略合作协议、加工协议约定的保密期限届满后，北京某生物技术公司具有允许石家庄某氨基酸公司许可他人使用、披露涉案技术秘密的任何意思表示；亦不能证明石家庄某氨基酸公司为了在保密期限届满后享有与北京某生物技术公司同等的涉案技术秘密权利人权益，支付了相当于涉案技术秘密价值的合理对价。故，石家庄某氨基酸公司在战略合作协议、加工协议约定的保密期限届满后，即2014年6月北京某生物技术公司与石家庄某氨基酸公司合作终止3年后（2017年6月30日后），仅能自己使用涉案技术秘密，不能许可他人使用、披露涉案技术秘密。

最高人民法院于2021年12月18日判决维持原判关于损害赔偿的判项，改判原判关于停止侵害的判项。

本案涉及技术秘密许可合同约定的保密期限届满后被许可人能否继续使用以及许可他人使用合同所涉商业秘密的问题。最高人民法院"裁判要旨"指出：技术秘密许可合同约定的保密期限届满，除非另有明确约定，一般仅意味着被许可人的约定保密义务终止，但其仍需承担侵权法上普遍的消极不作为义务和基于诚实信用原则的后合同附随保密义务。本案为认识技术秘密许可合同约定的保密期限相关法律问题提供了启示。

31-3（总第77）：商业秘密侵权惩罚性赔偿标准的适用
——广州某高新材料股份有限公司等与吴某等侵害技术秘密纠纷上诉案[1]

一、案情简介

2000年6月6日，广州某高新材料股份有限公司（以下简称广州某材料公司）登记成立。2007年10月30日，九江某高新材料股份有限公司（以下简称九江某材料公司）登记成立，独资股东是广州某材料公司。两公司为证明两者之间存在卡波技术的许可使用关系，提交了两份《授权书》。广州某材料公司、九江某材料公司认为吴某、安徽某化工有限公司（以下简称安徽某化工公司）等侵害其享有的技术秘密，故向广州知识产权法院提起诉讼。

二、法院裁判理由及结果

一审法院认定被告侵害商业秘密成立。其中关于损害赔偿，法院认为被告存在主观故意和情节严重行为，故可以适用惩罚性赔偿。既然基数全部数额查明时可以适用惩罚性赔

---

[1] 最高人民法院（2019）最高法知民终562号民事判决书。

偿，举重以明轻，部分数额能够确定时也可就该部分适用惩罚性赔偿。本案中，安徽某化工公司部分侵权获利为 11 951 095 元，就该部分获利可以适用惩罚性赔偿。综合考虑，也为了最终认定赔偿的目的，法院确定 2.5 惩罚倍数并取其整数 3000 万元作为安徽某化工公司的赔偿数额。法院判决被告停止侵害并分别赔偿损失。一审判决后，被告不服，向最高人民法院提起上诉。

最高人民法院对一审法院关于被告主体资格、侵害行为认定予以肯定。关于损害赔偿，一审法院根据已查明的安徽某化工公司的部分销售情况进行计算得出其侵权获利，并无明显不当。本案中，就客观方面而言，行为人已实际实施侵害行为，并且系其公司的主营业务、构成主要利润来源；从主观方面看，行为人包括公司实际控制人及管理层等，明知其行为构成侵权而仍予以实施。本案中安徽某化工公司以及刘某等人的行为，即属此类情形。

在计算侵权损害赔偿额时，应考虑涉案技术秘密在被诉侵权产品生产中所占的技术比重及其对销售利润的贡献。根据已查明的事实，安徽某化工公司在生产卡波系列产品时，其工艺、流程和部分设备侵害了原告的涉案技术秘密，但其卡波配方并未被认定侵害原告的技术秘密。原审法院在确定侵权获利时，未考虑涉案技术秘密在卡波整体工艺流程中的作用，同时也未充分考虑除涉案技术秘密信息之外的其他生产要素在卡波产品生产过程中的作用，有所不当，在此本院依法予以纠正。综合考虑涉案被侵害技术秘密在卡波产品生产过程中所起的作用，本院酌情确定涉案技术秘密的贡献程度为 50%，因此对于安徽某化工公司的侵权获利，本院根据原审法院确定的数额并考虑涉案技术秘密所起作用，取整数确定为 600 万元。

庭审中，安徽某化工公司虽辩称生产其他产品，但并未提交证据加以佐证，且其所生产的卡波产品名称虽有差别，但均由同一套设备加工完成。此外，当其前法定代表人刘某因侵害商业秘密行为被追究刑事责任、相关生产工艺、流程及设备涉嫌侵害权利人技术秘密后，安徽某化工公司仍未停止生产，销售范围多至二十余个国家和地区，同时在本案原审阶段无正当理由拒不提供相关会计账册和原始凭证，构成举证妨碍，足见其侵权主观故意之深重、侵权情节之严重。反不正当竞争法设立惩罚性赔偿制度的初衷在于强化法律威慑力，打击恶意严重侵权行为，威慑、阻吓未来或潜在侵权人，有效保护创新活动，对长期恶意从事侵权活动之人应从重处理，因此，本院依据所认定的安徽某化工公司侵权获利的 5 倍确定本案损害赔偿数额。

关于连带责任承担问题，安徽某化工公司利用侵害广州某材料公司、九江某材料公司技术秘密的工艺、流程和设备持续生产卡波产品，与华某的非法披露、刘某的非法利用具有直接关联，安徽某化工公司获利与华某、刘某的侵权行为关系极为密切，因此原审法院认定华某、刘某应承担连带赔偿责任，并无不当。

二审法院判决维持原判第一项、第三项；变更第二项中关于刘某赔偿额；驳回华某、刘某、安徽某化工公司的上诉请求。

本案涉及商业秘密侵权法律责任中的惩罚性赔偿标准的适用问题。本案作为最高人民法院在知识产权领域适用惩罚性赔偿标准的第一案，提出了"计算侵权损害赔偿额时，应考虑涉案技术秘密在被诉侵权产品生产中所占的技术比重及其对销售利润的贡献"等重要观点。本案为认识商业秘密侵权惩罚性赔偿标准的适用提供了启示。

第三十二章 集成电路布图设计权

本章提要

本章主要阐述和探讨集成电路布图设计的概念与特征、立法保护历史沿革，集成电路布图设计知识产权保护及其意义，集成电路布图设计知识产权保护的主体、客体与内容，集成电路布图设计的登记程序，集成电路布图设计权的内容、限制与保护。

本章的重点是集成电路布图设计权的内容、限制与保护，难点是集成电路布图设计纳入知识产权保护的缘由。

第一节 集成电路布图设计保护概述

集成电路布图设计（Lay-out design of integrated circuits）的名称，在不同国家或国际组织的表述有所不同。美国《半导体芯片保护法》称之为"掩模作品"（maskwork）；日本《半导体集成电路布局法》称之为"线路布局"（circuit layout）；欧共体及其成员国在其立法中称布图设计为"形貌结构"（topography）；世界知识产权组织在《关于集成电路的知识产权条约》中将其定名为"布图设计"。在这些名称中以"布图设计"一词更为妥当，已在产业界及有关学术界广泛使用，《中国大百科全书》中亦有"布图设计"的专门词条。

一、集成电路布图设计保护的演变

20世纪50年代，人们在发明晶体管的基础之上，发明了平面工艺，并很快制造出集成电路。1958年，美国德克萨斯公司发明了半导体集成电路，它由7个元件组成。此后，集成电路发展迅猛并被应用到众多领域，带动了微电子信息技术的迅速发展，也给其发明人和设计人带来了巨大的经济利益。但是，由于仿造他人的集成电路布图设计很容易，且成本低廉，集成电路布图设计领域仿造行为屡有发生，严重侵害了集成电路布图设计原创作者的利益。为了防止和惩戒仿造行为，鼓励人们积极创作集成电路布图设计，各国纷纷制定相关法律以保护创作者的权利。专门以保护集成电路布图设计的法律主要是在20世纪80年代才开始出现的。1984年12月，美国率先制定了《半导体芯片保护法》，接着日本和欧共体也制定相应的法律保护集成电路布图设计。除此之外，发展中国家也加入集成电路布图设计立法保护的行列，积极制定本国法律。1989年，在世界知识产权组织的推动下，

《关于集成电路的知识产权条约》在美国华盛顿签订。条约虽然至今仍未生效,[1] 但它对各国制定国内法具有重要的推动作用和借鉴意义。

我国一直以来都重视发展集成电路,也积极保护集成电路布图设计创作者的权利。20世纪60年代我国开始研制集成电路,到了20世纪80年代至90年代,我国不仅能生产小、中、大规模集成电路,而且在超大规模集成电路研制方面取得重大成就和进步。我国主要是由知识产权法律来对集成电路进行保护的。1989年,我国在《关于集成电路的知识产权条约》上签字,2001年4月2日,国务院正式公布了《集成电路布图设计保护条例》,该条例标志着我国对集成电路布图设计专门立法保护的正式开始。同年11月28日,国家知识产权局颁布了《集成电路布图设计行政执法办法》,自颁布之日施行。2020年5月28日颁布,2021年1月1日实施的《民法典》第123条第2款也明确,权利人依法就集成电路布图设计享有专有的权利,这是对集成电路布图设计专有权知识产权性质的确认。

二、集成电路布图设计的概念与特征

我国《集成电路布图设计保护条例》第2条对集成电路与布图设计分别定义如下:集成电路,是指半导体集成电路,即以半导体材料为基片,将至少有一个是有源元件的两个以上元件和部分或者全部互连线路集成在基片之中或者基片之上,以执行某种电子功能的中间产品或者最终产品。集成电路布图设计(以下称布图设计)是指集成电路中至少有一个是有源元件的两个以上元件和部分或者全部互连线路的三维配置,或者为制造集成电路而准备的上述三维配置。

集成电路的设计一般要经过版图设计和工艺设计两个阶段。根据不同目的,不同的布图设计能产生不同的功用,具有不同的功能。布图设计本质上是一种智慧产品,具有以下主要特征:

1. 无形性。布图设计是集成电路中各种元器件的配置方式,这种配置方式虽然最终固化在电子芯片上,布图设计本身却是抽象的、无形的,要区分布图设计与其附着的特定载体。该特定载体主要是电子芯片,它是有形的,可以为人们所感知,与布图设计相区别。布图设计的无形性与其他知识产权客体是一致的。

2. 可复制性。布图设计一旦表现在一定载体上以后,即可被翻拍复制,重复制作,通过一定的技术可将已存在的布图设计无限复制。正是由于布图设计的可复制性,使他人能够复制已有的布图设计,法律才保护布图设计创作者的复制权利。

3. 固定性。布图设计依靠其特有的排列和三维设计而产生特有的功用。布图设计的形状、大小都受到集成电路参数要求的限制。布图设计因此受到诸多客观因素的制约,它如何排列设置都是固定的,不具有随意性。

第二节 集成电路布图设计知识产权保护及其意义

集成电路布图设计是一种体现了集成电路中各种电子元件配置方式的图形。集成电路的设计过程通常分为两个部分:版图设计和工艺设计。所谓版图设计,是将电子线路中的

---

[1] 该公约1989年签署,至今尚未生效。但是,由于TRIPs协议第1条要求各成员方应给予其他成员方国民以本协议所规定的待遇,包括"《关于集成电路的知识产权条约》所规定的受保护资格标准的自然人或法人",可以认为其间接产生了执行效力。

各个元器件及其相互连线转化为一层或多层的平面图形,将这些多层图形按一定的顺序逐次排列构成三维图形结构,这种图形结构即为布图设计。工艺设计,就是把这种图形结构通过特定的工艺方法"固化"在硅片或其他半导体基片上以实现电路的物理形态。所以,集成电路是根据需要实现的功能而设计的。不同的功能对应不同的布图设计。从这个意义上说,对布图设计的保护也就实现了对集成电路的保护。

集成电路布图设计的核心在于版图设计,它是集成电路从逻辑设计向物理实现转化的关键阶段,而工艺设计则更多关注如何通过具体制造工艺来实现版图设计中的图形布局要求。上述两者共同构成了集成电路从设计到生产的重要组成部分。

一、集成电路的法律保护模式

集成电路作为一种工业产品,从理论上讲应当受到专利法的保护。但是,人们在实践中发现,由于集成电路本身的特性,大部分集成电路产品不能达到专利法所要求的创造性高度,所以得不到专利法的保护。于是在1979年,美国众议院议员爱德华(Edward)首次提出了以著作权法保护集成电路的议案。但由于依照著作权法禁止以任何方式复制他人作品,这样实施反向工程也将成为非法,因此,这一议案被议会否决。尽管如此,它对后来集成电路保护的立法仍然有着重要意义,因为它提出了以保护布图设计的独特方式来保护集成电路的思想;在此基础上,美国于1984年颁布了《半导体芯片保护法》;世界知识产权组织曾多次召集专家会议和政府间外交会议研究集成电路保护问题,逐渐形成了以保护布图设计方式实现对集成电路保护的共识,终于在1989年缔结了《关于集成电路的知识产权条约》。在此期间,其他一些国家颁布的集成电路保护法都采用了这一方式。

在集成电路产业迅速发展的今天,知识产权手段的运用已成为企业对抗竞争者的有效策略。然而,一些国内企业对于知识产权在集成电路行业里的适用范围不甚清楚。因此,有必要根据不同知识产权类型的保护要件,了解集成电路产品在其制造过程中可以适用的知识产权保护形式。

(一)可获得专利法保护的内容

专利权因其排他性而在知识产权体系中能给权利人提供强大的保护,不仅可以保护权利人自身的技术,而且可以利用专利权来阻碍或攻击竞争者的产品、技术的发展。但获得专利权保护的条件也最严格,一般而言,集成电路的专利大概可以划分为三大类,即制程专利(Processes)、装置专利(Devices)以及线路专利(Circuits),[1] 故在集成电路产品的制造过程中能满足专利新颖性、创造性和实用性的产品和技术均有获得专利保护的可能性:①集成电路产品制造过程中产生的新的制造方案和特殊工艺;②集成电路产品封装、测试的新方法和新工艺;③制造集成电路产品中发明的新的辅助设备和装置;④具备创造性的集成电路产品,如第一个发明的电荷耦合器件(CCD, Charge-Coupled Device)。[2]

(二)可获得著作权法保护的内容

与专利权相比,由于著作权获得保护的实质和形式要件相对而言较为宽松、简单,取得著作权的时间较快且成本较低,因而在集成电路产品制造过程中产生凡是可以适用著作权保护的作品,如软件、数据化储存在电脑中的布图设计、电路表档案以及任何计算机绘图显示影像等,都能获得著作权法的保护。同时,为起到公示的作用,即使著作权取得不

---

[1] 《专利审查指南》第二部分第五章。
[2] Brenner v. Manson, 383 U. S. 519, 148 U. S. P. Q. 689.

以登记和公告为要件，但在实践中权利人往往会进行登记。

（三）可获得商标法保护的内容

集成电路产品的品牌名称、标识或者图形可以被注册为商标，通过商标法防止假冒、仿冒和不正当竞争行为。

（四）可获得反不正当竞争法保护的内容

对于未达到专利保护标准但仍具有商业秘密性质的设计和技术信息，集成电路产品可以通过反不正当竞争法来防止未经授权的获取、泄露和使用。

（五）合同法保护

合同法也是保护集成电路知识产权的一种重要手段。例如，签订保密协议、许可协议等方式，可以明确各方当事人的权利义务。在我国，合同法保护主要体现于《民法典》的相关规定。

（六）特别法保护

有些国家和地区针对集成电路的特点制定了专门的集成电路布图设计保护法，如欧盟的《半导体产品布图设计权利指令》。

由此可见，集成电路作为具有高技术含量和商业价值的重要产品，其法律保护模式在全球范围内通常涉及知识产权法律制度和相关法律制度的综合运用。

二、进行集成电路布图设计保护的意义

集成电路产业包括布图设计、芯片制造、封装检测等部分，其中布图设计最具原创性，技术含量最高。但是，长期以来中国半导体产业一直是芯片封装检测业占据绝对统治地位，芯片制造业和设计业的发展相对滞后，影响了产业链的完善。这说明中国集成电路产业的整体创新能力明显不足，同时也说明过去多年国家确立优先发展集成电路设计、鼓励制造业发展的思路是正确的，这为我国集成电路产业的整体发展奠定了基础。[1]

集成电路是信息产业的核心和基础，是世界高科技竞争的制高点之一。影响我国集成电路产业发展的最大瓶颈是知识产权，相关标准也成了重要障碍。因此，国内集成电路企业在注重研发和自主创新的同时，必须关注知识产权。在国外企业专利壁垒的强大攻势之下，只有掌握了自主的知识产权并依托自主的标准，才能达到事半功倍的效果。国内企业应当将知识产权的创造、运用、保护、管理与企业自身发展有机结合。只有注重集成电路布图设计的保护，才能在应对国外企业竞争时多一把"保护伞"。

第三节 集成电路布图设计权的客体、主体及归属

集成电路布图设计权，也称拓扑图（Topography）权，是指布图设计权利人对其布图设计依法享有的专有权利。

一、集成电路布图设计权的客体

集成电路布图设计权的客体是布图设计，它是布图设计权赖以存在的基础，布图设计要受到法律的保护，应当具备法律要求的条件——独创性。《集成电路布图设计保护条例》第4条第1款规定："受保护的布图设计应当具有独创性，即该布图设计是创作者自己的智

---

[1] 参见雷艳珍：《我国集成电路布图设计专门法保护中的基本问题——以布图设计保护范围的确定为中心》，载《法律适用》2023年第2期。

力劳动成果,并且在其创作时该布图设计在布图设计创作者和集成电路制造者中不是公认的常规设计。"该规定表明,独创性包含两层含义:①布图设计必须是创作者独立完成的,而不是对已有布图设计的复制或剽窃;②创作者在创作时该布图设计在布图设计创作者和集成电路制造者中应具有一定创新性,而不能是公认的常规设计。创新性就是要求它应当区别于已有的常规设计,如果与公认的常规设计相比没有一定的创新,该布图设计就不能被认为具有独创性。"创作时"是判定创新性的时间标准,在这个时间内创造的布图设计不被业内人士(即布图设计创作者和集成电路制造者)判定为是普通的公认的常规设计。以业内人士的判断为准是判断创新性的实质标准,这一判断与集成电路布图设计的专业性有关,布图设计作为一种新型的科技成果,是不易为普遍公众所了解的,故而不能由公众来判断其是否具有创新性。[1]

常规设计是不受保护的,但由常规设计组成的布图设计的组合作为整体如果具有独创性,也可以受到保护。[2] 对布图设计的保护只限于该布图设计本身,不延及思想、处理过程、操作方法或数学概念等。[3]

二、集成电路布图设计权的主体和归属

(一) 集成电路布图设计权的主体

集成电路布图设计权的主体,即布图设计权利人,其依法享有布图设计专有权。布图设计权利人是依照《集成电路布图设计保护条例》的规定,对布图设计享有专有权的自然人、法人或者非法人组织。布图设计权利人首先是独立创作布图设计的创作者。按照《集成电路布图设计保护条例》第3条第1款规定,中国自然人、法人或者非法人组织创作的布图设计,依照该条例享有布图设计专有权。一般来说,只有自然人才能够创作布图设计成为权利人。但是,法人及非法人组织也可依法作为创作者享有布图设计权。其他自然人、法人和非法人组织依法受让布图设计权也可以成为布图设计权利人,这种受让包括受赠、继承、买受等。

外国人在一定的情况下也可以成为布图设计权的主体,这些情况有:①外国人创作的布图设计首先在中国境内投入商业利用的。首先在中国境内投入商业利用指外国人将其在外国未投入商业利用的布图设计通过合法途径和程序首先在中国境内进行商业利用,在这种情况下,该布图设计依法受我国法律的保护。②外国人依其所属国同中国签订的有关布图设计保护协议或者与中国共同参加有关布图设计保护国际条约而享有布图设计权。[4]

(二) 集成电路布图设计权的归属

布图设计由谁创作就归谁所有,即布图设计专有权属于布图设计创作者,这是布图设计权归属的一般原则。[5] 布图设计创作者一般应为自然人,由自然人创作的布图设计,该自然人是创作者。[6] 但是,如果布图设计是由法人或非法人组织主持,依据法人或非法人

---

[1] 参见最高人民法院(2019)最高法知民终490号民事判决书(侵害集成电路布图设计专有权纠纷案);江苏省高级人民法院(2015)苏知民终字第00114号民事判决书(集成电路布图设计专有权纠纷案)。

[2] 《集成电路布图设计保护条例》第4条第2款。

[3] 《集成电路布图设计保护条例》第5条。

[4] 《集成电路布图设计保护条例》第3条第2~3款。

[5] 参见江苏省常熟市人民法院(2017)苏05民初1168号民事判决书(集成电路布图设计专有权权属认定纠纷案)。

[6] 《集成电路布图设计保护条例》第9条第3款。

组织的意志而创作，并由法人或非法人组织承担责任，该法人或非法人组织被认为是创作者，由其享有布图设计专有权。[1] 如果布图设计是由两个以上自然人、法人或者非法人组织合作创作的，其专有权的归属由合作者约定；未作约定或者约定不明的，其专有权由合作者共同享有。[2] 对合作创作要求各方都应当直接参与合作创作的活动，仅提供组织咨询或给予物质性帮助的人不视为合作者，不能享有布图设计权。

根据委托人委托而创作的布图设计，其专有权应当由委托人和受托人双方约定，未作约定的或者约定不明的，布图设计专有权由受托人即创作人享有。[3] 一般来说，受托创作布图设计是受托人为委托人的使用目的而创作的，不是受托人主动完成，而且受托人在创作过程中可能受到委托人的各种物质帮助。因此，如果双方有约定，应当按照约定确定布图设计专有权的归属。但是，由于委托创作布图设计实际上是受托人独立创作完成的，受托人是创作者，如果委托人和受托人对布图设计专有权归属无约定或约定不明，就依法应当由创作者即受托人享有。

第四节 集成电路布图设计的登记

和大多数国家一样，我国对集成电路布图设计不实行自动保护，而要求进行登记，即布图设计权是经登记而取得的。《集成电路布图设计保护条例》第8条明确规定，布图设计专有权经国务院知识产权行政部门登记产生。未经登记的布图设计不受本条例保护。其第14条则规定，国务院知识产权行政部门负责布图设计登记工作，受理布图设计登记申请。据此，集成电路布图设计若要受到法律保护，应当到国务院知识产权行政部门申请布图设计登记。登记的效力在于当其受到侵犯或发生合同纠纷时，权利人能够向有关部门提请行政处理或向法院提起诉讼，登记是权利证明最为有效的方式。登记在侵权或违约之诉中具有法律效力。但是，未登记的，并不必然否认创作者对其集成电路布图设计的所有者身份。因此，在确权之诉中，提起诉讼是不以登记为前提的。

一、申请登记的材料

布图设计的登记程序是由当事人向国务院知识产权行政部门申请登记而启动的。根据《集成电路布图设计保护条例》第16条规定，申请布图设计登记，应当提交：①布图设计登记申请表；②布图设计的复制件或者图样；③布图设计已投入商业利用的，提交含有该布图设计的集成电路样品；④国务院知识产权行政部门规定的其他材料。如果申请登记的布图设计涉及国家安全或重大利益，需要保密的，应当按照国家有关规定办理。[4]

二、申请人资格与对布图设计的要求

申请布图设计登记时要获得批准，申请人应当具备一定条件：首先，申请人必须是中国自然人、法人或者非法人组织，如果是外国人的，该申请人应当符合我国法律、法规规定的主体条件，或者是符合有关公约的要求。其次，该布图设计应当具有独创性，这也是

---

[1]《集成电路布图设计保护条例》第9条第1~2款。该规定显然是借鉴了前述法人作品著作权归属制度。

[2]《集成电路布图设计保护条例》第10条。

[3]《集成电路布图设计保护条例》第11条。参见安徽省合肥市中级人民法院（2022）皖01民初750号民事判决书（集成电路布图设计合同纠纷案）；最高人民法院（2020）最高法知民终394号民事判决书（集成电路委托开发合同纠纷案）。

[4]《集成电路布图设计保护条例》第15条。

进行登记的客体要件。最后，布图设计存在不予登记的情形。《集成电路布图设计保护条例》第 17 条规定："布图设计自其在世界任何地方首次商业利用之日起 2 年内，未向国务院知识产权行政部门提出登记申请的，国务院知识产权行政部门不再予以登记。"可见，对于首次商业利用之日起 2 年内不申请登记，无论该商业利用是在国内或国外，布图设计人将丧失向国务院知识产权行政部门申请登记的权利。

三、登记公告、驳回复审和司法救济程序

针对布图设计登记申请，《集成电路布图设计保护条例》规定了初步审查登记、公告程序以及驳回登记申请的行政复审和后续的司法救济制度。其第 18 条规定："布图设计登记申请经初步审查，未发现驳回理由的，由国务院知识产权行政部门予以登记，发给登记证明文件，并予以公告"；第 19 条规定："布图设计登记申请人对国务院知识产权行政部门驳回其登记申请的决定不服的，可以自收到通知之日起 3 个月内，向国务院知识产权行政部门请求复审。国务院知识产权行政部门复审后，作出决定，并通知布图设计登记申请人。布图设计登记申请人对国务院知识产权行政部门的复审决定仍不服的，可以自收到通知之日起 3 个月内向人民法院起诉。"《集成电路布图设计保护条例》第 21 条则规定，在布图设计登记公告前，国务院知识产权行政部门的工作人员对其内容负有保密义务。

四、布图设计登记后的撤销

布图设计获准登记后，如果国务院知识产权行政部门发现登记不符合《集成电路布图设计保护条例》规定的，应当予以撤销并通知布图设计权利人，并予以公告。布图设计权利人对登记部门撤销布图设计登记的决定不服的，可以自收到通知之日起 3 个月内向人民法院起诉。[1]

此外，关于集成电路布图设计的保护，还有必要了解一下我国香港特别行政区的相应制度。香港特别行政区亦特别立法保护集成电路布图设计，但没有建立相关的登记制度，不要求布图设计需要先进行登记方能取得保护。如此一来，一旦发生布图设计纠纷，在香港特别行政区就不能以已取得登记作为证明布图设计所有权的初步证据，将使布图设计创作者的举证变得困难。同时，缺乏登记制度的管理，相关部门将难以对布图设计的创作进行统计，不利于政府了解整个集成电路布图设计的行业状况。因而，集成电路布图设计在我国香港特别行政区所获得的保护相对其他国家、地区而言操作性更弱一些。

第五节　集成电路布图设计权的内容、限制、期限与终止

一、布图设计权的内容

布图设计权，即布图设计专有权，是布图设计权利人对其布图设计享有的专有权利。[2] 布图设计权利人主要享有如下权利：

（一）复制权

《集成电路布图设计保护条例》第 7 条第 1 项明确规定，布图设计权利人对受保护的布图设计的全部或者其中任何具有独创性的部分进行复制享有专有权。换言之，布图设计权利人有权将其受法律保护的布图设计的全部或其中任何具有独创性的部分以复制方式加以

---

[1]《集成电路布图设计保护条例》第 20 条。
[2] 参见刘建臣：《从排他到获酬：芯片设计赋权模式的变革》，载《中外法学》2023 年第 5 期。

利用。所谓"复制"（Reproduction），根据该条例第2条第4项的解释"是指重复制作布图设计或者含有该布图设计的集成电路的行为"。布图设计本质上具有可复制性，复制布图设计不仅是布图设计权利人一项重要的权利，而且是其他人使用布图设计的主要途径。

（二）商业利用权

《集成电路布图设计保护条例》第7条第2项明确规定，布图设计权利人享有将受保护的布图设计、含有该布图设计的集成电路或者含有该集成电路的物品投入商业利用的专有权。根据《集成电路布图设计保护条例》第2条第5项的解释，"商业利用"（Commercial exploitation）"是指为商业目的进口、销售或者以其他方式提供受保护的布图设计、含有该布图设计的集成电路或者含有该集成电路的物品的行为"。基于布图设计人对其布图设计享有商业利用的专有权，其他自然人、法人或非法人组织未经其许可即不能对受保护的布图设计进行商业利用。

（三）转让权和许可权

《集成电路布图设计保护条例》第22条规定："布图设计权利人可以将其专有权转让或者许可他人使用其布图设计。转让布图设计专有权的，当事人应当订立书面合同，并向国务院知识产权行政部门登记，由国务院知识产权行政部门予以公告。布图设计专有权的转让自登记之日起生效。许可他人使用其布图设计的，当事人应当订立书面合同。"

根据上述规定，布图设计权利人可以通过行使转让权或许可权的形式实现一定的经济利益。当然，这并不排除权利人无偿转让和许可其布图设计权的情形。转让（Assign）布图设计专有权的，该布图设计权的归属发生了转移，因此当事人应当订立书面合同，向布图设计登记部门登记，并由该登记部门公告。登记之后，布图设计登记专有权的转让才正式生效。许可他人使用布图设计的，当事人仅需订立书面合同，因为许可使用时，布图设计权的归属未变，被许可人只享有使用的权利，因此无须登记公告。值得一提的是，《民法典》第876条对于集成电路布图设计专有权等其他知识产权的转让和许可，规定参照"技术转让合同和技术许可合同"的有关规定。

（四）获得报酬权

布图设计人自己使用其布图设计可能获取一定经济利益，这是其行使权利的必然结果，但是在一定的情况下，其他人使用布图设计并不是专有权人行使权利的结果，而是依法进行的使用，其他人在进行这种使用时，应当向布图设计专有权人支付报酬。取得使用布图设计非自愿许可的当事人，也应当向布图设计权利人支付合理的报酬。

（五）禁止他人使用权

布图设计专有权本身就包含两个方面的内容，即自己使用和禁止他人使用。除非法律另有规定，其他人不得私自使用权利人的布图设计，否则权利人有权要求其停止使用并进行赔偿。

二、布图设计权的限制

布图设计权利人享有布图设计专有权。[1] 但是，这并不代表法律对布图设计专有权没有限制。合理使用、权利用尽和非自愿许可是对布图设计专有权最主要的限制。这些限制的基本原理，和前述相关知识产权限制制度具有异曲同工之妙，本质上是为了实现专有权

---

[1] 参见最高人民法院（2019）最高法知民终490号民事判决书（侵害集成电路布图设计专有权纠纷案）。

利的保护与权利限制的平衡，在私权保护基础之上确保社会公众的利益。[1]

（一）合理使用

合理使用是指其他人在合理的范围内依法可以不经布图设计权利人的许可并不需向其支付报酬而使用布图设计。[2] 其一般不具有商业目的或者该使用是有充分理由的。合理使用的情形主要有：

1. 为个人目的或者单纯为评价、分析、研究、教学等目的而复制受保护的布图设计的。布图设计权利人享有专有权不应成为限制科技发展的障碍，而评价、分析、研究、教学等活动对促进科技发展都是有重要意义的。需要注意的是，法律不限制这种使用的数量，因为这与布图设计本身特性有关，它是作为整体而使用的。

2. 在评价、分析布图设计的基础上，创作出具有独创性的布图设计的。评价和分析的结果可能就是创造出新的布图设计，对于这种行为和活动法律不应当禁止，因为与其他知识产权制度激励创造和创新的意旨相同，布图设计法律保护制度应当为在现有布图设计基础上创作具有独创性的布图设计提供制度空间。

3. 对自己独立创作的与他人相同的布图设计进行复制或者将其投入商业利用。这里没有创作的时间限制。它没有要求必须在他人相同的布图设计获得登记公告之前或之后。该项合理使用，与著作权法中的巧合作品的情况类似，本质上也是为了使具有独创性的成果受到法律保护。

《集成电路布图设计保护条例》第33条对上述合理使用作了明确规定，是确保社会公众合理使用布图设计的基本法律依据。

（二）权利用尽

"权利用尽"是前述著作权法、专利法和商标法等知识产权法中的一项重要原则。根据这一原则，知识产权人自己生产或许可生产的知识产品投入市场后，任何人都可以使用或进一步进行销售，而不被认定为侵权。布图设计专有权的行使也应遵循这一原则，它是指对权利人或经其许可投放市场的受保护的布图设计或含有该布图设计的集成电路或含有该集成电路的产品售出后，被他人再次商业利用的，属于合法行为。

《集成电路布图设计保护条例》第24条规定了上述权利用尽制度："受保护的布图设计、含有该布图设计的集成电路或者含有该集成电路的物品，由布图设计权利人或者经其许可投放市场后，他人再次商业利用的，可以不经布图设计权利人许可，并不向其支付报酬。"

（三）非自愿许可

非自愿许可制度是布图设计权行使限制中的一项制度。其是指在某种法定情形下，由主管行政部门授权第三人使用布图设计，该第三人可以不经过布图设计权利人的许可而使用其布图设计，但应当向权利人支付报酬。非自愿许可的情形有：国家出现紧急状态或者非常情况、为了公共利益的目的；经人民法院或不正当竞争行为监督检查部门依法认定布

---

[1] 冯晓青：《知识产权制度及其运行研究——法律保护·战略运用》，光明日报出版社2022年版，第32~68页。

[2] 参见广东省高级人民法院（2014）粤高法民三终字第1231号民事判决书（侵害集成电路布图设计专有权纠纷案）；最高人民法院（2016）最高法民申1491号民事裁定书（侵害集成电路布图设计专有权纠纷案）。

图设计权利人有不正当竞争行为而需要给予补救。[1]

根据《集成电路布图设计保护条例》第 26 条规定，国务院知识产权行政部门作出给予使用布图设计非自愿许可的决定，应当及时通知布图设计权利人。给予使用布图设计非自愿许可的决定，应当根据非自愿许可的理由，规定使用的范围和时间，其范围应当限于为公共目的非商业性使用，或者限于经人民法院、不正当竞争行为监督检查部门依法认定布图设计权利人有不正当竞争行为而需要给予的补救。非自愿许可的理由消除并不再发生时，国务院知识产权行政部门应当根据布图设计权利人的请求，经审查后作出终止使用布图设计非自愿许可的决定。

依据《集成电路布图设计保护条例》第 27 条规定，取得使用布图设计非自愿许可的自然人、法人或者非法人组织不享有独占的使用权，并且无权允许他人使用；第 28 条规定，取得使用布图设计非自愿许可的自然人、法人或者非法人组织应当向布图设计权利人支付合理的报酬，其数额由双方协商；双方不能达成协议的，由国务院知识产权行政部门裁决。任何一方对国务院知识产权行政部门关于使用布图设计非自愿许可的报酬的裁决不服的，都可以自收到通知之日起 3 个月内向人民法院起诉。[2]

同时，《集成电路布图设计保护条例》为布图设计权利人对于国务院知识产权行政部门作出给予使用布图设计非自愿使用的决定不服的，也提供了程序救济。其第 29 条规定，布图设计权利人对国务院知识产权行政部门关于使用布图设计非自愿许可的决定不服的，布图设计权利人可以自收到通知之日起 3 个月内向人民法院起诉。

三、布图设计权的期限

与其他知识产权一样，对布图设计的保护也有一定期限。由于布图设计是一种新技术，更新较快，而且为促进科技发展，对布图设计的保护期限不能太长。当然，为了不挫伤创作者的积极性，保护权利人的利益，保护期限也不宜太短。世界知识产权组织《关于集成电路的知识产权条约》要求缔约国应当给予权利人不可少于 8 年的保护期限，这是一个比较合适的期限。我国对布图设计的保护期限为 10 年，从布图设计登记申请之日或者在世界任何地方首次投入商业利用之日起算，并以较前日期为准。但是，布图设计无论是否登记或投入商业利用，自创作完成之日起 15 年后将不再受保护。[3] 我国对布图设计的保护期限与国际条约要求的期限是相符的。

四、布图设计权的终止

布图设计权可因下列情形而终止：①保护期限届满。②布图设计专有权属于自然人的，该自然人死后，无人继承的，布图设计因进入公有领域而终止。如果有继承人的，继承人在该布图设计保护期内享有布图设计权。依照《集成电路布图设计保护条例》第 13 条第 1 款和《民法典》继承编的规定，布图设计专有权属于自然人的，该自然人死亡后，其专有权在该条例规定的保护期内依照《民法典》的规定转移。③布图设计人是法人或非法人组织，如果该法人或非法人组织变更或者终止又没有承继其权利、义务的法人或者非法人组织的，该布图设计因进入公有领域而终止。如果有承继人，承继人在保护期内享有布图设

---

[1]《集成电路布图设计保护条例》第 25 条。
[2]《集成电路布图设计保护条例》第 29 条
[3]《集成电路布图设计保护条例》第 12 条。

计权，期限届满的，布图设计权终止。[1]

第六节　侵犯集成电路布图设计权的法律责任

根据我国《民法典》《集成电路布图设计保护条例》等的规定，侵犯布图设计权的法律责任，表现为民事责任和行政责任。同时，对国务院知识产权行政部门的工作人员在布图设计管理工作中存在的构成犯罪的行为，则可以追究刑事责任。

一、民事责任

布图设计权属于知识产权的范畴，自然也属于民事权利。因此，侵犯布图设计权的法律责任首先体现为民事责任，这种责任形式和前述侵犯知识产权民事责任一样，主要体现为停止侵权和赔偿损失。《集成电路布图设计保护条例》第30条规定，除本条例另有规定的外，未经布图设计权利人许可，有下列行为之一的，行为人必须立即停止侵权行为，并承担赔偿责任：①复制受保护的布图设计的全部或者其中任何具有独创性的部分的；②为商业目的进口、销售或者以其他方式提供受保护的布图设计、含有该布图设计的集成电路或者含有该集成电路的物品的。侵犯布图设计专有权的赔偿数额，为侵权人所获得的利益或者被侵权人所受到的损失，包括被侵权人为制止侵权行为所支付的合理开支。

由此可见，侵犯布图设计权的民事责任主要体现为对复制权和商业利用权的侵害所带来的强制性民事法律后果。至于前述转让权、许可使用权等是行使布图设计权的表现，基于布图设计权的专有权利特征，擅自转让或许可自然人也构成侵害布图设计权的范畴，因而也同样需要承担停止侵权和赔偿损失的民事责任。

毫无疑问，追究侵犯布图设计权的民事责任，以布图设计权侵权成立为前提。[2] 在司法实践中，因而需要排除不构成侵权的情形。对此，前述关于合理使用、权利用尽和非自愿许可的情形，显然应当排除在布图设计权侵权的范围。除此之外，《集成电路布图设计保护条例》第33条还规定了另一种不视为侵权的情形，即"在获得含有受保护的布图设计的集成电路或者含有该集成电路的物品时，不知道也没有合理理由应当知道其中含有非法复制的布图设计，而将其投入商业利用的，不视为侵权。前款行为人得到其中含有非法复制的布图设计的明确通知后，可以继续将现有的存货或者此前的订货投入商业利用，但应当向布图设计权利人支付合理的报酬"。一方面，该条规定上述相关行为不视为侵权，是考虑到不存在主观过错的商业利用者在对含有非法复制的布图设计的集成电路或者含有该集成电路的物品进行销售时，很难查实和确证，为保护善意利用者并促进集成电路产品的流通，需要将其行为作为侵权例外处理；另一方面，毕竟含有非法复制的布图设计的集成电路或者含有该集成电路的物品的商业利用和市场流通会对布图设计人的合法权利造成损害，因而其还规定行为人得到其中含有非法复制的布图设计的明确通知后，尽管可以继续将存货与订货投入商业使用，但应向布图设计权利人支付合理的报酬。

---

[1]《集成电路布图设计保护条例》第13条第2款。

[2] 从知识产权侵权界定的一般原理和布图设计保护实践来说，对于布图设计侵权的判定，仍然遵循"接触+实质性相似"的标准。前述自2020年11月18日起施行的《知识产权民事诉讼证据规定》第19条第5项即规定，人民法院可以对"被诉侵权集成电路布图设计与请求保护的集成电路布图设计的异同"这一待证事实的专门性问题委托鉴定。参见上海市高级人民法院（2014）沪高民三（知）终字第12号民事判决书（侵害集成电路布图设计专有权纠纷案）。

关于在民事诉讼中追究侵犯布图设计权民事责任问题，还需要指出的是为了更好地维护布图设计权利人的合法权益，《集成电路布图设计保护条例》规定了诉前行为保全和财产保全制度。其第32条规定："布图设计权利人或者利害关系人有证据证明他人正在实施或者即将实施侵犯其专有权的行为，如不及时制止将会使其合法权益受到难以弥补的损害的，可以在起诉前依法向人民法院申请采取责令停止有关行为和财产保全的措施。"如前所述，2018年最高人民法院公布《审查知识产权行为保全案件适用法律规定》，自2019年1月1日起施行。根据其第1条规定，侵犯布图设计权纠纷案件行为保全和财产保全程序与要求显然可以适用该司法解释规定。

二、行政责任

侵犯布图设计权的行为，还可以承担行政责任。《集成电路布图设计保护条例》第31条规定："未经布图设计权利人许可，使用其布图设计，即侵犯其布图设计专有权，引起纠纷的，由当事人协商解决；不愿协商或者协商不成的，布图设计权利人或者利害关系人可以向人民法院起诉，也可以请求国务院知识产权行政部门处理。国务院知识产权行政部门处理时，认定侵权行为成立的，可以责令侵权人立即停止侵权行为，没收、销毁侵权产品或者物品。当事人不服的，可以自收到处理通知之日起15日内依照《中华人民共和国行政诉讼法》向人民法院起诉；侵权人期满不起诉又不停止侵权行为的，国务院知识产权行政部门可以请求人民法院强制执行。应当事人的请求，国务院知识产权行政部门可以就侵犯布图设计专有权的赔偿数额进行调解；调解不成的，当事人可以依照《中华人民共和国民事诉讼法》向人民法院起诉。"

上述规定，可以作如下理解：其一，侵犯布图设计权纠纷，当事人可以通过协商的形式加以解决。协商无疑是解决包括侵犯布图设计权纠纷在内的侵犯知识产权纠纷案件的重要形式。其有利于及时化解纠纷，并便于执行。其二，在不愿协商或者协商不成的情况下，布图设计权利人或者利害关系人[1]除了向人民法院提起侵权诉讼这一基本形式外，可以请求国务院知识产权行政部门处理。其三，对于侵犯布图设计权成立的行政案件，国务院知识产权行政部门可以采取责令立即停止侵权行为，没收、销毁侵权产品或者物品的形式维护布图设计权利人或利害关系人的合法权益。同时，相关行政行为受《行政诉讼法》的约束，以保障行政处理的公正性。其四，国务院知识产权行政部门还被赋予对侵犯布图设计专有权的赔偿数额进行调解的权力。这有利于通过行政程序一揽子解决侵犯布图设计权纠纷。当然，在调解不成时，当事人依然可以提起民事诉讼。

如前所述，为有效地通过行政执法形式保护布图设计，国家知识产权局在2001年公布并实施了《集成电路布图设计行政执法办法》。该部门规章对请求处理布图设计专有权侵权纠纷的条件、请求书的内容、请求人应当提供证据、口头审理程序、赔偿数额调解、调查取证以及法律责任等问题都作了具体规定，是国务院知识产权行政部门即国家知识产权局对侵犯布图设计纠纷案件的行政处理的基本规范。

三、刑事责任

我国《刑法》在关于知识产权犯罪部分的规定中，并未规定侵犯布图设计的犯罪。基

---

[1] 参照前述关于侵犯著作权、专利权、商标权等知识产权纠纷案件主体资格认定原理和司法解释规定，这里的"利害关系人"可以理解为布图设计许可合同的独占被许可人、排他被许可人以及普通被许可人。具体适用条件也可参照前述司法解释的规定确定。

于刑法上的罪刑法定原则，自然不能追究侵犯布图设计权的刑事责任。原因在于，侵犯布图设计行为本身和行为人主观上是否存在过错均难以界定，为促进我国集成电路布图设计创新，将这类行为定义为非犯罪化。不过，侵犯布图设计行为不入罪，不等于与布图设计管理相关的行为不能入罪。《集成电路布图设计保护条例》第34条即规定："国务院知识产权行政部门的工作人员在布图设计管理工作中玩忽职守、滥用职权、徇私舞弊，构成犯罪的，依法追究刑事责任；尚不构成犯罪的，依法给予行政处分。"

本章案例研讨

32-1（总第78）：集成电路布图设计专有权侵权纠纷的行政处理
——无锡某微电子有限公司与南京某科技有限公司集成电路布图设计专有权侵权纠纷案[1]

一、案情简介

无锡某微电子有限公司认为，南京某科技有限公司侵犯了其集成电路布图设计专有权，故请求国家知识产权局认定侵权行为成立，责令停止侵权行为，销毁掩模和侵权产品，赔偿侵权损失。

二、国家知识产权局处理认定理由及结果

国家知识产权局对本案高度重视，抽调相关专业人员，组织成立了合议组，并依法立案。第一次口头审理结束后不久，南京某科技有限公司就向苏州市中级人民法院提起布图设计专有权的权属纠纷诉讼，认为涉案布图设计专有权应当由其和无锡某微电子有限公司共有，随后向合议组申请中止侵权纠纷的行政执法程序。根据《集成电路布图设计保护条例实施细则》第33条规定，发生权属纠纷的，当事人可以请求中止相关程序。但是实施细则没有具体规定何种情形应当中止或者不予中止行政执法程序，合议组对上述请求进行了充分的研究和讨论，最终决定不中止执法程序。

合议组从专有权载体的确定、鉴定机构的选择、独创性认定、侵权认定等焦点问题入手，经历了权属纠纷、中止请求、行政复议、技术鉴定、两次口头审理等多个程序，最终认定南京某科技有限公司侵害无锡某微电子有限公司集成电路布图设计专有权成立，并作出责令停止侵权，没收、销毁相关专用设备及产品的处理决定。

本案是《集成电路布图设计保护条例》自2001年施行以来，国家知识产权局受理的首起集成电路布图设计侵权纠纷案件。2019年国家知识产权局又处理了两例相类似的案件。这类案件的办结，为权利人维权提供了新的路径，也对形成多类型知识产权保护具有重要意义。这类案件的行政处理表明，虽然权利人更多倾向于获取专利权的保护，但是这并不否定行政裁决对于纠纷处理的作用。

---

[1] 国家知识产权局集侵字［2017］001号行政处理决定书。

32-2（总第79）：直接复制集成电路布图设计中具有独创性的部分构成侵害布图设计专用权
——某科技（上海）股份有限公司等诉上海某电子零件有限公司侵害集成电路布图设计专有权纠纷案[1]

一、案情简介

2008年3月1日，某科技（上海）股份有限公司（以下简称某科技公司）完成了名称为ATT7021AU的布图设计创作，同年5月9日向国家知识产权局提出布图设计登记申请，同年7月2日获得《集成电路布图设计登记证书》。该集成电路布图设计登记的图样共有16层。2010年1月20日，原告向上海市某公证处申请办理保全证据公证，到上海某电子零件有限公司（以下简称某电子公司）经营场所购买集成电路芯片100片。原告向上海市第一中级人民法院提起某电子公司、深圳市某微科技有限公司（以下简称某微科技公司）侵害布图设计专有权诉讼。

二、法院裁判理由及结果

一审法院认为，原告对涉案ATT7021AU集成电路布图设计依法享有专有权，即享有复制权和投入商业利用的权利。法院判决被告停止侵害并赔偿损失。某科技公司、某微科技公司均不服，向上海市高级人民法院提起上诉。

关于涉案RN8209、RN8209G芯片的相应布图设计与某科技公司ATT7021AU集成电路布图设计中的"数字地轨与模拟地轨衔接的布图"和"独立升压器电路布图"是否相同，二审法院认为，由于集成电路布图设计的创新空间有限，因此，在布图设计侵权判定中对于两个布图设计构成相同或者实质性相似的认定应当采用较为严格的标准。本案中，即使按照较为严格的判定标准，某微科技公司涉案RN8209、RN8209G芯片的相应布图设计也与某科技公司ATT7021AU集成电路布图设计中的"数字地轨与模拟地轨衔接的布图"和"独立升压器电路布图"构成实质性相似。

关于某科技公司ATT7021AU集成电路布图设计中的"数字地轨与模拟地轨衔接的布图"和"独立升压器电路布图"是否具有独创性，法院认为，只要某科技公司提供的证据以及所作的说明可以证明其主张保护的布图设计不属于常规设计的，则应当认为某科技公司已经完成了初步的举证责任。某微科技公司提交的证据材料尚不足以证明某科技公司ATT7021AU集成电路布图设计中的"数字地轨与模拟地轨衔接的布图"和"独立升压器电路布图"是常规设计。

关于某微科技公司生产、销售涉案RN8209、RN8209G芯片的行为是否侵犯某科技公司享有的ATT7021AU集成电路布图设计专有权，法院认为，某微科技公司未经某科技公司许可，在其生产、销售的涉案RN8209、RN8209G芯片中包含了某科技公司ATT7021AU集成电路布图设计中具有独创性的"数字地轨与模拟地轨衔接的布图"和"独立升压器电路布图"，其行为已经侵犯了某科技公司ATT7021AU集成电路布图设计专有权，应当承担相应的民事责任。法院认为，布图设计中任何具有独创性的部分的相同或者实质性相似与整个布图设计的相同或者实质性相似是两个不同的判定标准。只有在判定被控侵权行为是否属

---

[1] 上海市高级人民法院（2014）沪高民三（知）终字第12号民事判决书。

于复制布图设计的全部的情况下,才需要对整个芯片的布图设计是否相同或者实质性相似进行判断,从而才可能涉及某微科技公司所主张的两项集成电路布图设计整体相似度的问题。本案所涉"数字地轨与模拟地轨衔接的布图"和"独立升压器电路布图"存在常规的布图设计,某微科技公司完全可以使用这些常规设计;或者,某微科技公司可以通过自行研发创作出具有独创性的不同的布图设计。但是,某微科技公司没有采取上述做法,而是直接复制某科技公司 ATT7021AU 集成电路布图设计中具有独创性的"数字地轨与模拟地轨衔接的布图"和"独立升压器电路布图"用于制造涉案 RN8209、RN8209G 芯片并进行销售,其行为已经构成侵权。

法院还指出,本案中某微科技公司之所以对某科技公司 ATT7021AU 集成电路布图设计进行部分复制,既不是为个人目的,亦不是单纯为评价、分析、研究、教学等目的,而是为了研制新的集成电路以进行商业利用;某微科技公司认可其接触了某科技公司 ATT7021AU 集成电路布图设计,而非通过反向工程获得;某微科技公司未经许可直接复制了某科技公司 ATT7021AU 集成电路布图设计中具有独创性的"数字地轨与模拟地轨衔接的布图"和"独立升压器电路布图"用于制造涉案 RN8209、RN8209G 芯片并进行销售。因此,无论某微科技公司涉案 RN8209、RN8209G 芯片的布图设计是否具有独创性,其行为均不适用《集成电路布图设计保护条例》第 23 条第 2 项的规定。

本案涉及直接复制某科技公司 ATT7021AU 集成电路布图设计中具有独创性的部分构成侵害布图设计专有权。在该案中,法院认为布图设计中任何具有独创性的部分的相同或者实质性相似与整个布图设计的相同或者实质性相似不同,在界定布图设计专用权侵权时只需要就具有独创性部分进行对比即可。本案为认识集成电路布图设计专有权保护边界、常规设计和独创性设计的区分提供了启发。

32-3(总第 80):销售侵犯集成电路布图设计权的芯片的侵权认定
——南京某电子有限公司与某电子技术(深圳)有限公司侵害
集成电路布图专有权纠纷案[1]

一、案情简介

2006 年 6 月 5 日,南京某电子有限公司(以下简称南京某电子公司)完成了 ME6206 芯片的布图设计创作,于 2006 年 6 月 5 日首次投入商业利用,2007 年 3 月 26 日获得国家知识产权局颁发的《集成电路布图设计登记证书》,登记号为 BS.07500011.3。该布图设计专有权目前处于合法有效状态。南京某电子公司指控某电子技术(深圳)有限公司(以下简称深圳某电子公司)销售的 QX6206 芯片侵犯了其 ME6206 集成电路布图设计专有权,向广东省深圳市中级人民法院提起诉讼。

二、法院裁判理由及结果

双方当事人在庭审后向一审法院提出鉴定申请,法院向国家知识产权局调取了 ME6206 集成电路样品芯片 1 只,依法委托北京某软件技术有限公司进行技术鉴定。鉴定意见为芯

---

[1] 广东省高级人民法院(2014)粤高法民三终字第 1231 号民事判决书。

片QX6206L33T和芯片ME6206版图相似度为89.04%。根据受委托公司出具的"QX6206L33T与JZ6206A33XG"集成电路布图设计相似度验证报告记载，芯片QX6206L33T和芯片JZ6206A33XG版图相似度为96.91%。

一审法院将本案争议的焦点问题归纳为深圳某电子公司销售的QX6206是否构成侵权，若构成侵权，深圳某电子公司应当如何承担民事责任。法院认为，集成电路布图设计实质上是一种图形设计，是确定用以制造集成电路的电子元件在一个传导材料中的几个图形排列和连接的布局设计，涉案ME6206芯片的布图设计具有独创性。布图设计专有权的保护范围应当以布图设计授权文件所确定的三维配置为准。权利人所提交的布图设计的复制件或者图样，或者提交的集成电路样品均用于确定这种三维配置。本案中，被控侵权芯片QX6206L33T和南京某电子公司芯片ME6206两者的制造工艺、顶层模块布局以及各模块内布局基本相同，两芯片的集成电路布图设计相同，可以认定两芯片属相同的产品，即深圳某电子公司销售的芯片QX6206L33T含有的集成电路布图设计与南京某电子公司享有专有权的涉案布图设计相同。深圳某电子公司抗辩其销售的被控侵权芯片QX6206L33T来源于某公司，根据深圳某电子公司的申请，法院依法委托北京某软件技术有限公司，对深圳某电子公司公证购买的JZ6206A33XG芯片与被控侵权芯片QX6206L33T进行集成电路布图设计相似度鉴定。经鉴定，芯片QX6206L33T和芯片JZ6206A33XG版图相似度为96.91%。法院认为，虽然深圳某电子公司主张其销售的QX6206L33T就是某公司的JZ6206A33XG，但其提交的对账单、送货单、增值税专用发票等证据，无法证明QX6206L33T与JZ6206A33XG同一性，且根据鉴定报告，两芯片的版图也有所区别，不是完全相同，因此，深圳某电子公司的合法来源抗辩不能成立。综上，一审法院判决被告停止侵害并赔偿损失。深圳某电子公司不服原审判决，向广东省高级人民法院提起上诉。

二审法院将本案争议焦点归纳为南京某电子公司是否有权主张权利；深圳某电子公司的销售行为是否构成侵权；如构成侵权，原审法院判决的赔偿数额是否合理。

关于深圳某电子公司的销售行为是否构成侵权，《集成电路布图设计保护条例》第33条第1款规定："在获得含有受保护的布图设计的集成电路或者含有该集成电路的物品时，不知道也没有合理理由应当知道其中含有非法复制的布图设计，而将其投入商业利用的，不视为侵权。"深圳某电子公司的主张成立，理由如下：首先，本案并无证据证明深圳某电子公司存在复制行为。二审期间，南京某电子公司亦明确承认其并无证据证明深圳某电子公司存在生产复制行为，故本案仅可认定深圳某电子公司存在销售行为，故宜把重点集中于审查深圳某电子公司销售的被诉产品来源如何，深圳某电子公司在获得该产品时，是否不知道也没有合理理由应当知道其中含有非法复制的布图设计。其次，本案的证据足以证明被诉产品合法来源于某公司。原审法院仅以产品名称略有差别，相关鉴定报告的版图相似度未达到完全相同为由，就否认被诉产品来源于某公司，有违日常生活常理与行业经验，不符合民事证据规则，本院不予支持。最后，本案并无证据证明深圳某电子公司知道或者有合理理由应当知道被诉产品中含有非法复制的布图设计。深圳某电子公司仅仅改变产品名称而并未改变芯片产品，其对合法获得的芯片产品进行重新贴标后销售仍然属于《集成电路布图设计保护条例》第2条第5项规定的"为商业目的销售含有该布图设计的集成电路"的商业利用行为，并未侵害南京某电子公司涉案集成电路布图设计专有权。

二审法院判决撤销原审判决，驳回南京某电子公司的诉讼请求。

本案涉及销售侵犯集成电路布图设计权的芯片的侵权认定问题。在该案中，二审法院改判了一审法院关于深圳某电子公司销售的QX6206芯片侵害原告涉案集成电路布图设计专有权的观点，认为原审法院仅以相关鉴定报告的版图相似度未达到完全相同就否认被诉产品来源于某公司有违日常生活常理、行业经验和民事诉讼证据规则。本案对认识为商业目的销售含有布图设计的集成电路的商业利用行为是否侵权提供了启示。

第三十三章 植物新品种权

本章提要

本章主要阐述和探讨植物新品种权知识产权保护模式及其意义，我国《种子法》《植物新品种保护条例》以及相关司法解释对植物新品种权保护规定的主要内容，包括品种权的内容及归属、品种权的授予条件、品种权取得的程序、品种权保护的限制、品种权侵权的法律救济等。

本章的重点是我国法律、法规和司法解释对植物新品种权保护的主要内容，难点是植物新品种权知识产权保护的意义及其与专利权保护的关系。

第一节 植物新品种保护概述

一、植物新品种的属性

植物新品种（New varieties of plants），是指经过人工培育的或者对发现的野生植物加以开发，具备新颖性、特异性、一致性和稳定性并有适当命名的植物品种。[1] 植物新品种属于"植物品种"的范畴，是其下位概念。根据2021年修正后的《种子法》第90条第2项的解释，品种是指"经过人工选育或者发现并经过改良，形态特征和生物学特性一致，遗传性状相对稳定的植物群体"。

植物新品种权简称品种权，国外又称植物育种者权利，是指植物新品种保护审批机关根据法律、法规的规定，赋予品种权人对其新品种的专有权利。品种权是一种新型权利，与著作权、专利权、商标权等知识产权相比，其权利内容虽然不同，但是都具有知识产权的共性，因而属于知识产权的范畴。

二、植物新品种权知识产权保护模式

（一）植物新品种的国际保护方式

植物新品种是重要的农业生产资料，能够促进农业更快、更健康地发展，对植物新品种进行法律保护是各国共同关心的议题。由于植物新品种是科研人员经过人工培育对发现

---

[1]《中华人民共和国植物新品种保护条例》（以下简称《植物新品种保护条例》）第2条。

的野生植物加以开发而产生的植物品种，植物新品种的开发过程本质上是科研人员的智力活动过程，植物新品种是智力活动的最终成果，故对植物新品种应当由知识产权法律来进行保护。但对于是否由其中的专利法来保护植物新品种，各国的做法不同。美国于1930年由国会颁布了《植物专利法》，规定对于用无性繁殖方法所得的可区别的植物新品种，[1]可授予专利。这是一种特殊的专利，即植物专利。德国也是最早对植物品种提供法律保护的国家之一，为人工培育的新植物提供专门的保护。德国专利局也授予过许多项有关植物的专利。但是，就大多数国家来说，对植物新品种进行保护不属于专利法的范畴，它们更多的是制定专门的法律保护植物新品种。

采用何种法律对植物新品种进行保护是由各国根据本国的法律传统、法律观念、立法技术等各方面考虑的结果，因此各国采用了并不一致的立法模式。为了协调和统一国家之间的植物新品种保护法律制度，1961年12月，各国在巴黎缔结了《国际植物新品种保护公约》（International Convention for the Protection of New Varieties of Plants），公约于1968年生效，并分别于1972年、1978年、1991年进行了几次修订，目前采用的是1978年修订本。根据公约要求，各国成立了植物新品种保护联盟（简称UPOV）。公约对植物新品种的定义、保护客体的范围、取得品种权的条件、育种者的权利以及权利的期限等进行了规定。公约在对植物新品种的保护方式上基本上延续了德国模式，对植物新品种实施专门保护，但允许各国利用专利的方法或以专门方式加上专利的方法对植物新品种进行保护。

（二）我国对植物新品种的保护方式

根据我国《专利法》第25条第1款第4项的规定，植物品种不能获得专利。为了保护植物新品种权，鼓励培育和使用植物新品种，促进农业、林业的发展，国务院制定了《植物新品种保护条例》，于1997年3月20日公布，并于同年10月1日起施行。《植物新品种保护条例》的制定和施行标志着我国正式建立了植物品种权法律保护制度。该条例根据2013年1月31日《国务院关于修改〈中华人民共和国植物新品种保护条例〉的决定》进行了第一次修订，并根据2014年7月29日《国务院关于修改部分行政法规的决定》进行了第二次修订，修订后的条例自2014年7月29日起施行。

为了使我国的植物品种权能够得到国外的承认和保护，同时也为了使我国能够从国外引进先进的植物品种，我国于1999年3月23日向国际植物新品种保护联盟总部递交了《国际植物新品种保护公约》的加入书，并顺利成为该公约的成员之一。我国加入的是《国际植物新品种保护公约》1978年文本，其品种保护广度和深度小于1991年文本。

在我国对植物新品种权立法保护方面，还值得特别重视的是前述2021年底第三次修正的《种子法》。该法将"鼓励育种创新，保护植物新品种权"作为立法目的之一，并对植物新品种的权属和保护制度、侵权例外和法律救济等都作了规定，是继《植物新品种保护条例》后保护植物新品种最为全面的立法。至此，我国对植物新品种的保护体系更趋完整。本章也将对该法规定的相关内容予以介绍和研究。

另外，要将某一植物的种或属列入保护名录，必须要事先研制出该植物的DUS测试指南，否则无法测试其特异性、一致性和稳定性，无法审查授权。由于资金不足、田间种植

---

[1] 关于我国针对无性繁殖授权品种保护范围的确定，参见最高人民法院（2022）最高法知民终782号民事判决书（侵害植物新品种权纠纷案）；关于无性繁殖授权品种行为的侵权判定，参见最高人民法院（2022）最高法知民终435号民事判决书（侵害植物新品种权纠纷案）。

需要时间等因素，测试指南研制相对缓慢，品种权目录的扩展相对缓慢。原农业部曾就第七批植物品种保护名录征求意见。

三、品种权知识产权保护的意义

我国是农业大国和人口大国，植物新品种的培育对我国具有重要的战略意义。加强植物新品种的知识产权保护，鼓励育种者的创新，对于保持我国农林业的持续稳定发展，促进我国种业产业化、市场化，增强国际竞争力起着重要的作用。《植物新品种保护条例》第1条即规定了"保护植物新品种权，鼓励培育和使用植物新品种，促进农业、林业的发展"的立法意旨。

知识产权制度的核心是保护权利人能够依法行使自己的权利，制裁侵权行为。品种权的保护亦不例外。植物新品种与其他知识产权保护的客体相比，具有自身的特点，其技术信息均包含在植物的繁殖材料上，生产过程相对简单，只需简单的技术、适宜的气候条件和水肥即可生产，基本上不存在生产技术和方法上的障碍。且植物新品种经过实质审查，权利的稳定性较高，作为载体的繁殖材料通过各种途径极易得到。这一特点使得植物新品种一旦被窃取，就很容易被繁殖（生产），并且能够保持原植物的特性，侵权者能够较顺利地完成侵权生产的全过程，从而造成植物新品种权侵权的发现难、取证难。这一现实情况也凸显了加强对植物新品种知识产权保护的必要性。

第二节　植物新品种权的取得

一、属于国家保护的植物品种

申请品种权保护的植物新品种应当属于国家植物新品种保护名录中列举的植物的属或者种。植物一般分为门—纲—亚纲—目—科—属—种等基本序列，属和种是最基本、最细小的单位。植物品种保护名录由审批机关即农业、林业行政部门确定并公布。首批可以申请品种权的植物有水稻、玉米、大白菜、马铃薯、紫花苜蓿、草地早熟禾、毛白杨、泡桐属、杉木、木兰属、牡丹、梅、蔷薇属、菊属、春兰、山茶属、石竹属、唐菖蒲属等18个属或种。只要是属于这些属或种的，不论其是人工培育的还是野生的，均可以被授予品种权。农业和林业部门可以根据具体情况将其他植物品种列入保护名录中。

二、品种权的授予条件

《植物新品种保护条例》第13条规定：申请品种权[1]的植物新品种应当属于国家植物品种保护名录中列举的植物的属或者种。植物品种保护名录由审批机关确定和公布。除此之外，《种子法》和《植物新品种保护条例》还规定授予品种权应具备以下条件。基于立法层级效力的考虑，以下主要阐述和探讨《种子法》的相关规定。

（一）新颖性

授予品种权的植物新品种应当具备新颖性。《种子法》第90条第6项规定，新颖性（Novelty），是指申请植物新品种权的品种在申请日前，经申请权人自行或者同意销售、推广其种子，在中国境内未超过1年；在境外，木本或者藤本植物未超过6年，其他植物未超过4年。该法施行后新列入国家植物品种保护名录的植物的属或者种，从名录公布之日起1年内提出植物新品种权申请的，在境内销售、推广该品种种子未超过4年的，具备新

---

[1]《植物新品种保护条例》中的"品种权"是"植物新品种权"的简称。

颖性。除销售、推广行为丧失新颖性外，下列情形视为已丧失新颖性：①品种经省、自治区、直辖市人民政府农业农村、林业草原主管部门依据播种面积确认已经形成事实扩散的；②农作物品种已审定或者登记2年以上未申请植物新品种权的。[1]

（二）特异性

《种子法》第90条第7规定，特异性（Speciality），是指一个植物品种有一个以上性状明显区别于已知品种。特异性要求申请品种权的植物新品种应当明显区别于在递交申请以前已知的植物品种。[2] 特异性考虑的是该植物品种具有异于已知的植物品种的特性和质量，使人能够从根本上区分新品种与已知植物品种。特异性与新颖性不同，新颖性考虑的是植物新品种在申请保护之前没有被推广使用；而特异性则主要考虑新品种的内在特殊性。不过，两者都体现了申请品种权保护的特殊要求。另外，特异性要求的是新品种明显区别于已有植物品种，如果只是一般的、不明显的差异，不能被授予品种权。[3]

（三）一致性

《种子法》第90条第8项规定，一致性（Homogeneity），是指一个植物品种的特性除可预期的自然变异外，群体内个体间相关的特征或者特性表现一致。特异性要求申请品种权的植物新品种经过繁殖，除了可预见的变异外，其相关的特征或特性一致。[4] 这里的"可预见的变异"，主要是指因内外部因素的影响而带来的新品种的变异，如植被的发育和生长等。

（四）稳定性

《种子法》第90条第9项规定，稳定性（Stability），是指一个植物品种经过反复繁殖后或者在特定繁殖周期结束时，其主要性状保持不变。稳定性要求植物新品种经过反复繁殖后或者在特定繁殖周期结束时，其相关的特征或特性保持不变。[5] 授予品种权的新品种应当与一般的植物一样，能够经过反复繁殖，或者在特定的繁殖周期后，其所具有的特征或特性不会发生变异。稳定性与一致性要求有一定的相似之处，但前者是对整个品种的要求，后者则考虑个体的稳定性。例如，一种新品种具有某种特性，这种植物品种在相当范围内的不同地方种植，它仍然具有这种特性就是新品种的稳定性的表现。如果一种植物品种被认为具有某种特性，在这种植物生长一段时间后仍然保持这种特性，则认为这种植物具有一致性。

（五）适当的名称

《种子法》第27条第1款规定："授予植物新品种权的植物新品种名称，应当与相同或者相近的植物属或者种中已知品种的名称相区别。该名称经授权后即为该植物新品种的通用名称。下列名称不得用于授权品种的命名：（一）仅以数字表示的；（二）违反社会公德

---

[1] 参见最高人民法院（2022）最高法知行终809号行政判决书（植物新品种权无效行政纠纷案）。关于植物新品种与农作物品种侵权认定的界分，参见安徽省高级人民法院（2020）皖民初4号民事判决书（侵害植物新品种权纠纷案）。

[2] 《植物新品种保护条例》第15条。

[3] 参见北京市高级人民法院（2020）京73行初10638号民事判决书（植物新品种权无效宣告纠纷案）；最高人民法院（2015）民申字第2633号民事裁定书（侵害植物新品种权纠纷申请再审案）；陕西省高级人民法院（2015）陕民三终字第00001号民事判决书（侵害植物新品种权纠纷案）。

[4] 《植物新品种保护条例》第16条。

[5] 《植物新品种保护条例》第17条。

的；（三）对植物新品种的特征、特性或者育种者身份等容易引起误解的。"《植物新品种保护条例》第 18 条也规定授予品种权的植物新品种应当具备适当的名称（Appropriate denomination），并对不得用于授权品种的名称作了同样的列举。《种子法》第 27 条第 2 款则规定，同一植物品种在申请新品种保护、品种审定、[1] 品种登记、推广、销售时只能使用同一个名称。生产推广、销售的种子应当与申请植物新品种保护、品种审定、品种登记时提供的样品相符。

三、品种权的申请和审批

（一）品种权的申请与受理

取得品种权必须经过申请（Application）、受理（Acceptance）、审查（Examination）和批准（Approval）并授予品种权几个程序和阶段。申请是最早的一个阶段。

1. 申请主体。品种权的申请主体属于完成育种的单位和个人，以及受让取得申请权的单位和个人，这些人可称为申请权人。申请权人要取得品种权，必须向审批机关提出申请。依照《植物新品种保护条例》第 19 条规定，中国的单位和个人申请品种权的，可以直接或者委托代理机构向审批机关提出。但是，如果该申请品种权的植物新品种涉及国家安全或者重大利益需要保密的，应当按照国家有关规定办理。又根据其第 20 条规定，如果申请人是外国人、外国企业或者外国其他组织，应当按照其所属国和中国签订的协议或者共同参加的国际条约办理，或者根据互惠原则，依照该条例办理。[2]

2. 申请文件。《植物新品种保护条例》第 21 条规定，申请品种权的，应当向审批机关提交符合规定格式要求的请求书、说明书和该品种的照片。申请文件应当使用中文书写。

3. 申请日、优先权日的确定及申请的受理。一般是以审批机关收到品种权申请文件之日为申请日，如果申请文件是邮寄的，则以寄出的邮戳日为申请日。[3] 申请人自在外国第一次提出申请之日起 12 个月内，又在中国就该植物新品种提出品种权申请的，依照该外国同中国签订的协议或者共同参加的国际条约，或者根据相互承认优先权的原则，可以享有优先权，以第一次提出申请之日为优先权日。申请人要求优先权的，应当在申请时提出书面说明，并在 3 个月内提交向原受理机关第一次提出品种权申请文件的副本；未提出书面说明或未提交申请文件副本的，视为放弃优先权。[4]

审批机关收到申请文件后，对提交了上述中文文件的品种权申请应当受理，明确申请日，给予申请号，并自收到申请之日起 1 个月内通知申请人缴纳申请费。对不符合或者经修改仍不符合《植物新品种保护条例》第 21 条规定的品种权申请，审批机关不予受理，并通知申请人。[5]

4. 申请的撤回与向国外申请品种权的登记要求。《植物新品种保护条例》第 25 条规定，申请人可以在品种权授予前修改或者撤回品种权申请。其中，赋予申请人修改权的合理性在于，方便申请人对申请材料进行修改，以使申请满足授权的要求；授予申请人以撤

---

[1] 参见"先玉 335"品种权纠纷案，最高人民法院（2015）民申字第 2633 号民事裁定书（指导案例第 100 号）。

[2] 参见新疆维吾尔自治区高级人民法院（2009）新民三终字第 14 号民事判决书（植物新品种申请权权属纠纷案）。

[3] 《植物新品种保护条例》第 22 条。

[4] 《植物新品种保护条例》第 23 条。

[5] 《植物新品种保护条例》第 24 条。

回权的原因则在于，是否获得品种权属于申请人意思自治范畴，赋予申请人这一程序性权利，可以使申请人最终决断是否需要获得品种权。此外，该条例第26条规定，中国的单位或者个人将国内培育的植物新品种向国外申请品种权的，应当按照职责分工向省级人民政府农业、林业行政部门登记。

（二）品种权申请的审查和批准

品种权申请的审查分为两个阶段，即初步审查阶段和实质性审查阶段。在申请被驳回后，还可能存在驳回复审阶段。

1. 初步审查。《植物新品种保护条例》第27条规定："申请人缴纳申请费后，审批机关对品种权申请的下列内容进行初步审查：（一）是否属于植物品种保护名录列举的植物属或者种的范围；（二）是否符合本条例第二十条的规定；（三）是否符合新颖性的规定；（四）植物新品种的命名是否适当。"审批机关应当自受理品种权申请之日起6个月内完成初步审查。对经初步审查合格的品种权申请，审批机关予以公告，并通知申请人在3个月内缴纳审查费。对经初步审查不合格的品种权申请，审批机关应当通知申请人在3个月内陈述意见或者予以修正；逾期未答复或者修正后仍然不合格的，驳回申请。[1]

2. 实质审查。申请经过初审后，由申请人缴纳申请费，审批机关对品种权申请的新品种的特异性、一致性和稳定性进行实质性审查，申请人未按照规定缴纳审查费的，品种权申请视为撤回。审批机关主要依据申请文件和其他有关书面材料进行实质审查。审批机关认为必要时，可以委托指定的测试机构进行测试或者考察业已完成的种植或其他试验的结果。在审批时，因审查需要，申请人应当根据审批机关的要求提供必要的资料和植物新品种的繁殖材料。[2]对经实质审查符合《植物新品种保护条例》规定的品种权申请，审批机关应当作出授予品种权的决定，颁发品种权证书，并予以登记和公告。对经实质审查不符合本条例规定的品种权申请，审批机关予以驳回，并通知申请人。[3]

3. 申请被驳回后的复审。依据《植物新品种保护条例》第32条规定，审批机关设立植物新品种复审委员会。对审批机关驳回品种权申请的决定不服的，申请人可以自收到通知之日起3个月内，向植物新品种复审委员会请求复审。植物新品种复审委员会应当自收到复审请求书之日起6个月内作出决定，并通知申请人。申请人对植物新品种复审委员会的决定不服的，可以自接到通知之日起15日内向人民法院提起诉讼。

此外，《植物新品种保护条例》第33条规定，品种权被授予后，在自初步审查合格公告之日起至被授予品种权之日止的期间，对未经申请人许可，为商业目的生产或者销售该授权品种的繁殖材料的单位和个人，品种权人享有追偿的权利。这一规定和前述专利法中的发明专利权临时保护相类似，都是为了补偿授权前他人使用所造成的市场份额的损失。当然，这种临时保护以申请被授权为前提。换言之，如果申请最终被驳回，他人自申请公开至被驳回前的使用，申请人无权要求追偿。

---

[1]《植物新品种保护条例》第28条。

[2]《最高人民法院关于审理侵害植物新品种权纠纷案件具体应用法律问题的若干规定（二）》（以下简称《审理侵害植物新品种权案件应用法律规定（二）》）第3条规定："受品种权保护的繁殖材料应当具有繁殖能力，且繁殖出的新个体与该授权品种的特征、特性相同。前款所称的繁殖材料不限于以品种权申请文件所描述的繁殖方式获得的繁殖材料。"

[3]《植物新品种保护条例》第29~31条。

第三节 品种权的内容、归属与限制

一、品种权的内容

植物新品种权,简称品种权,是指品种权主体依照法律规定对植物新品种所享有的权利,包括人身权和财产权。其中,人身权主要属于育种人,育种人有权表明自己的育种人身份,任何人都不能剥夺其人身权利。但是,品种权的主要内容是指财产权。根据《种子法》和《植物新品种保护条例》的规定,品种权包括以下内容。

(一) 独占权

《种子法》第28条第1款规定,植物新品种权所有人对其授权品种享有排他的独占权。独占权包含两个方面:①自己使用品种权。这是独占权的应有之义,完成育种的单位或个人等植物新品种权所有人依法可以对植物新品种进行使用,这种使用不考虑其是商业利用或其他使用。②禁止他人使用其所有的植物新品种权。《种子法》第28条第2款规定,任何单位或者个人未经植物新品种权所有人许可,不得生产、繁殖和为繁殖而进行处理、许诺销售、销售、进口、出口以及为实施上述行为储存该授权品种的繁殖材料,不得为商业目的将该授权品种的繁殖材料重复使用于生产另一品种的繁殖材料。[1] 本法、有关法律、行政法规另有规定的除外。其第3款规定,实施前款规定的行为,涉及由未经许可使用授权品种的繁殖材料而获得的收获材料的,应当得到植物新品种权所有人的许可;但是,植物新品种权所有人对繁殖材料已有合理机会行使其权利的除外;第4款规定,对实质性派生品种[2]实施第2款、第3款规定行为的,应当征得原始品种的植物新品种权所有人的同意。实质性派生品种制度的实施步骤和办法由国务院规定。[3]

(二) 转让权和许可使用权

植物新品种的申请权和品种权可以转让。转让植物新品种的申请权和品种权应当严格遵守法律的规定:①转让该申请权和品种权必须得到有关部门的批准。我国的单位或者个人就其在国内培育的植物新品种向外国人转让其申请权或者品种权的,应当经审批机关批准。审批机关指国务院农业、林业行政部门。如果是国有单位在国内转让申请权或者品种权的,还应当按照国家有关规定报经有关行政主管部门批准。②转让申请权或者品种权的,当事人应当订立书面合同,并向审批机关登记,由审批机关予以公告。[4]

品种权人也可以有偿或者无偿地许可他人使用其植物新品种。在许可使用中,当事人也应当订立书面合同,并明确该许可使用的对象、范围和使用方式等。《种子法》第28条第1款规定,植物新品种权所有人可以将植物新品种权许可他人实施,并按照合同约定收

---

[1] 参见最高人民法院(2022)最高法知民终13号民事判决书(侵害植物新品种权纠纷案)。

[2] 《种子法》第90条第10项规定,实质性派生品种是指由原始品种实质性派生,或者由该原始品种的实质性派生品种派生出来的品种,与原始品种有明显区别,并且除派生引起的性状差异外,在表达由原始品种基因型或者基因型组合产生的基本性状方面与原始品种相同。

[3] 《植物新品种保护条例》第6条规定完成育种的单位或者个人对其授权品种,享有排他的独占权,并从禁止权的角度同样列举了独占权所控制的权利内容。两相比较,可以发现《种子法》规定的内容更全面。

[4] 《植物新品种保护条例》第9条。参见最高人民法院(2014)民申字第52号民事裁定书(侵害植物新品种权纠纷申请再审案);广西壮族自治区高级人民法院(2017)桂民终95号民事判决书(侵害植物新品种权纠纷案)。

取许可使用费；许可使用费可以采取固定价款、从推广收益中提成等方式收取。根据前述《民法典》第876条规定，植物新品种权的转让和许可，参照适用"技术转让合同和技术许可合同"一节的有关规定。此外，按照《审理侵害植物新品种权案件应用法律规定（二）》第2条规定，品种权转让未经国务院农业、林业主管部门登记、公告，受让人以品种权人名义提起侵害品种权诉讼的，人民法院不予受理。[1] 在实践中，还存在互授许可的情形。[2]

（三）名称标记权

名称标记权即品种权人有在自己的授权品种包装上标明品种权标记的权利，如注明品种在中国授权的时间、品种权申请号、品种权号以及品种的名称、品种权人的名称等。值得注意的是，品种权人行使名称标记权应受到一定限制。《植物新品种保护条例》第12条规定："不论授权品种的保护期是否届满，销售该授权品种应当使用其注册登记的名称。"

二、品种权的归属

（一）确定品种权归属的基本原则

品种权归属的一般原则是谁育种、谁取得品种权。在一般情况下，品种权属于完成育种的单位或个人。[3] 一个植物新品种只能授予一项品种权。如果两个以上的单位或个人分别就同一个植物新品种申请品种权的，无论这些单位或个人是否均为完成育种单位或个人，审批机关只能授予一项品种权。关于品种权的归属，我国采用的是先申请原则，并辅之以先完成原则。

《种子法》第26条第1款规定："一个植物新品种只能授予一项植物新品种权。两个以上的申请人分别就同一个品种申请植物新品种权的，植物新品种权授予最先申请的人；同时申请的，植物新品种权授予最先完成该品种育种的人。"《植物新品种保护条例》第8条作了实质相同的规定。同时，《种子法》第26条第2款还规定："对违反法律，危害社会公共利益、生态环境的植物新品种，不授予植物新品种权。"这一规定明确排除了不合法、损害公共利益和生态环境的植物新品种获得授权的可能性。

（二）品种权归属的不同类型

1. 职务育种。职务育种，是指育种人是为执行单位的任务或主要是利用单位的物质条件完成的育种。《植物新品种保护条例》第7条第1款规定，执行本单位的任务或者主要是利用本单位的物质条件所完成的职务育种，植物新品种的申请权属于该单位。职务育种所得的植物新品种的申请权和品种权属于完成育种的单位。[4]

2. 非职务育种。非职务育种，是指既不是完成单位的任务，也不是主要利用单位的物

---

[1] 参见最高人民法院（2020）最高法知民终650号民事判决书（植物新品种实施许可合同纠纷案）；甘肃省兰州市中级人民法院（2014）兰民三初字第12号民事判决书（植物新品种追偿权纠纷案）。

[2] 参见"9优418水稻"品种互授许可案，江苏省高级人民法院（2011）苏知民终字第0194号、（2012）苏知民终字第0055号民事判决书（指导案例第86号）。在相关案件中，法院认为：基于维护公共利益和保障国家粮食安全、促进植物新品种转化实施的考虑，如果父本与母本对植物新品种生产具有基本相同价值，人民法院可直接判令双方当事人相互授权许可，并且相互免除相应的许可费。

[3] 参见湖南省高级人民法院（2022）湘知民终25号民事判决书（植物新品种合同纠纷案）；最高人民法院（2020）最高法知民终942号民事判决书（植物新品种申请权权属纠纷案）；福建省高级人民法院（2010）闽民终字第436号民事判决书（植物新品种品种权纠纷案）。

[4] 参见河南省高级人民法院（2015）豫法知民终字第00356号民事判决书（侵害植物新品种权纠纷上诉案）。

质条件所完成的育种。《植物新品种保护条例》第7条第1款规定，非职务育种，植物新品种的申请权属于完成育种的个人。申请被批准后，品种权属于申请人。非职务育种的申请权和品种权属于完成育种的个人，可见非职务育种的主体是自然人。

3. 委托育种。单位或者个人可以委托他人为其育种。根据《植物新品种保护条例》第7条第2款规定，委托育种，品种权的归属由当事人在合同中约定；没有合同约定的，品种权属于受委托完成的单位或者个人。

4. 合作育种。由两个或两个以上的单位或个人共同完成的育种为合作育种。依照《植物新品种保护条例》第7条第2款规定，合作育种，品种权的归属由当事人在合同中约定；没有合同约定的，品种权属于共同完成育种的单位或者个人。

此外，品种权以及品种申请权还存在共有的情形。对此，《审理侵害植物新品种权案件应用法律规定（二）》第1条对共有人的权利行使和利益分配作了规定：共有人对权利行使有约定的，人民法院按照其约定处理。没有约定或者约定不明的，共有人主张其可以单独实施或者以普通许可方式许可他人实施的，人民法院应予支持。共有人单独实施该品种权，其他共有人主张该实施收益在共有人之间分配的，人民法院不予支持，但是其他共有人有证据证明其不具备实施能力或者实施条件的除外。共有人之一许可他人实施该品种权，其他共有人主张收取的许可费在共有人之间分配的，人民法院应予支持。

（三）由财政资金支持形成的植物新品种权利归属

按照《种子法》第13条的规定，由财政资金支持形成的植物新品种权，除涉及国家安全、国家利益和重大社会公共利益的外，授权项目承担者依法取得。由财政资金支持为主形成的育种成果的转让、许可等应当依法公开进行，禁止私自交易。该规定的依据及合理性和前述针对由财政资金支持形成的育种发明专利权归属类似，也是为了更好地调动项目承担者从事植物新品种研发的积极性，实现新品种研发的突破。

三、对品种权的限制

植物作为人类衣食住行的重要原料来源，与人类的生存和发展息息相关。因此，各国在保护植物新品种的育种者权利的同时，无不基于社会公共利益的目的，对育种者的权利给予一定的限制。例如，《国际植物新品种保护公约》在序言中明确提出了平衡育种者权利和社会公共利益的原则。日本《农业种子和种苗法》规定以实验或科研为目的使用受保护品种，包括为培育其他品种而使用受保护品种不侵害品种权；农民自留受保护品种的种子或种苗不侵害品种权。这些限制性规定对于保障农业科技人员开展正常的科学研究、保护农民的生产生活具有十分重要的意义。

我国《种子法》和《植物新品种保护条例》对品种权人的专有权也规定了相应限制。

（一）合理使用

《种子法》第29条规定："在下列情况下使用授权品种的，可以不经植物新品种权所有人许可，不向其支付使用费，但不得侵犯植物新品种权所有人依照本法、有关法律、行政法规享有的其他权利：（一）利用授权品种进行育种及其他科研活动；（二）农民自繁自用授权品种的繁殖材料。"《植物新品种保护条例》第10条作了同样的规定。上述第一种情况是所谓"科研特权"[1]。换言之，任何单位和个人可以将授权品种的繁殖材料用于培育新的品种，也可以将繁殖材料用于其他科研活动。《审理侵害植物新品种权案件应用法律规定

---

[1] 参见广东省广州知识产权法院（2018）粤73民初707号民事判决书（侵害植物新品种权纠纷案）。

（二）》第 11 条明确规定："被诉侵权人主张对授权品种进行的下列生产、繁殖行为属于科研活动的，人民法院应予支持：（一）利用授权品种培育新品种；（二）利用授权品种培育形成新品种后，为品种权申请、品种审定、品种登记需要而重复利用授权品种的繁殖材料。"上述第二种情形则是所谓"农民特权"。[1]这里的"自繁自用"，应理解为农民自己繁殖授权品种的繁殖材料，并且自己使用该繁殖材料，但不包括为销售目的而繁殖授权品种的繁殖材料。《审理侵害植物新品种权案件应用法律规定（二）》第 12 条规定："农民在其家庭农村土地承包经营合同约定的土地范围内自繁自用授权品种的繁殖材料，权利人对此主张构成侵权的，人民法院不予支持。对前款规定以外的行为，被诉侵权人主张其行为属于种子法规定的农民自繁自用授权品种的繁殖材料的，人民法院应当综合考虑被诉侵权行为的目的、规模、是否营利等因素予以认定。"

此外，授权品种的繁殖材料的生产、繁殖、销售也存在类似于前述知识产权穷竭的情况。《审理侵害植物新品种权案件应用法律规定（二）》第 10 条规定了有条件的不构成侵权的例外："授权品种的繁殖材料经品种权人或者经其许可的单位、个人售出后，权利人主张他人生产、繁殖、销售该繁殖材料构成侵权的，人民法院一般不予支持，但是下列情形除外：（一）对该繁殖材料生产、繁殖后获得的繁殖材料进行生产、繁殖、销售；（二）为生产、繁殖目的将该繁殖材料出口到不保护该品种所属植物属或者种的国家或者地区。"[2]

（二）强制许可使用

《种子法》第 30 条规定：为了国家利益或者社会公共利益，国务院农业农村、林业草原主管部门可以作出实施植物新品种权强制许可的决定，并予以登记和公告。取得实施强制许可的单位或者个人不享有独占的实施权，并且无权允许他人实施。《植物新品种保护条例》第 11 条则在针对主管部门作出强制许可决定并予以登记和公告的规定基础上，规定了实施强制许可使用费的确定及其程序救济制度，即取得实施强制许可的单位或者个人应当付给品种权人合理的使用费，其数额由双方商定；双方不能达成协议的，由审批机关裁决。品种权人对强制许可决定或者强制许可使用费的裁决不服的，可以自收到通知之日起 3 个月内向人民法院提起诉讼。

此外，2007 年 9 月 19 日公布并于 2014 年 4 月 25 日第二次修订的《中华人民共和国植物新品种保护条例实施细则（农业部分）》（以下简称《植物新品种保护条例实施细则（农业部分）》）第 12 条规定了国务院农业行政部门可以作出实施品种权的强制许可决定的三种类型：①为了国家利益或者公共利益的需要；②品种权人无正当理由自己不实施，又不许可他人以合理条件实施的；③对重要农作物品种，品种权人虽已实施，但明显不能满足国内市场需求，又不许可他人以合理条件实施的。申请强制许可的，应当提交强制许可请求书，说明理由并附具有关证明文件各一式两份。1999 年 8 月 10 日公布、2011 年 1 月 25 日修改的《中华人民共和国植物新品种保护条例实施细则（林业部分）》（以下简称《植物新品种保护条例实施细则（林业部分）》）第 9 条也作了相关规定。

基于品种对人类生活、生产的重要意义，不仅当事人可以申请强制许可，而且农业、林业行政主管部门可以依职权决定实施强制许可，这是其与专利强制许可制度的一个重要

---

[1] 参见最高人民法院（2019）最高法知民终 407 号民事判决书（侵害植物新品种权纠纷案）。

[2] 关于繁殖材料的判定，参见浙江省杭州市中级人民法院（2022）浙 01 知民初 96 号民事判决书（侵害植物新品种权及不正当竞争纠纷案）。

区别。

第四节　植物新品种权的期限、终止和无效

一、植物新品种权的期限

按照《植物新品种保护条例》第34条规定，品种权的保护期限，自授权之日起，藤本植物、林木、果树和观赏树木为20年，其他植物为15年。品种权人应当自被授予品种权的当年开始缴纳年费，并且按照审批机关的要求提供用于检测的该授权品种的繁殖材料。[1]

二、植物新品种权的终止

通常情况下，植物新品种权因保护期限届满而终止。但是，"有下列情形之一的，品种权在其保护期限届满前终止：（一）品种权人以书面声明放弃品种权的；（二）品种权人未按照规定缴纳年费的；（三）品种权人未按照审批机关的要求提供检测所需的该授权品种的繁殖材料的；（四）经检测该授权品种不再符合被授予品种权时的特征和特性的。品种权的终止，由审批机关登记和公告"。[2] 以下不妨分别进行探讨。

1. 品种权人以书面声明放弃品种权的，品种权自声明之日起终止。品种权人放弃自己的权利属于处分自己民事权利的行为，应当予以尊重。但是，放弃品种权是一种重大的民事行为，必须以书面形式进行。

2. 品种权人未按照规定缴纳年费而导致其品种权终止，原因在于缴纳年费是其法定义务。本着权利义务一致性原理和要求，在品种权他人未履行缴纳年费的义务的情况下，该品种权即在保护期限届满前终止。关于未按照规定缴纳年费而终止品种权的时间，《植物新品种保护条例实施细则（农业部分）》第55条与《植物新品种保护条例实施细则（林业部分）》第42条和第60条规定不一致，其中前者规定自应当缴纳年费期满之日起终止品种权，后者则规定自补交年费期限届满之日起终止品种权。[3] 不过，两者都规定了"品种权人未按时缴纳授予品种权第1年以后的年费，或者缴纳的数额不足的，品种保护办公室应当通知申请人自应当缴纳年费期满之日起6个月内补缴"。因此，前述终止品种权的时间都可以被理解为"自补交年费期限届满之日起终止品种权"。否则，上述补缴年费的规定就会失去意义。

3. 品种权人未按照审批机关的要求提供检测所需的该授权品种的繁殖材料的，国家农业、林业行政部门予以登记，品种权自登记之日起终止。

4. 经检测该授权品种不再符合被授予品种权时的特征和特性的，品种权自国家农业、林业部门登记之日起终止。

当品种权保护期满或因其他原因失去法律保护后，品种权所保护的品种便进入公有领域，成为社会的公共财富，任何人均可自由利用。

---

[1]《植物新品种保护条例》第35条。

[2]《植物新品种保护条例》第36条。

[3] 参见广西壮族自治区高级人民法院（2017）桂民终95号民事判决书（侵害植物新品种权纠纷案）。

三、植物新品种权的无效

（一）品种权无效宣告程序

我国《植物新品种保护条例》第 37 条规定了品种权的无效宣告程序，即自审批机关公告授予品种权之日起，植物新品种复审委员会可以依据职权或者依据任何单位或者个人的书面请求，对不符合新颖性、特异性、一致性和稳定性要求的植物新品种，宣告品种权无效；宣告品种权无效的决定由审批机关登记和公告，并通知当事人。品种权人或者无效宣告请求人对植物新品种复审委员会的决定不服的，可以自收到通知之日起 3 个月内向人民法院提起诉讼。品种权无效宣告制度和前述专利权无效宣告、商标权无效宣告制度宗旨类似，都是为了纠正错误的授权或核准决定，维护社会公共利益和法制统一。此外，该条还规定，对不符合关于植物新品种命名规定的，予以更名。宣告品种权无效或者更名的决定，由审批机关登记和公告，并通知当事人。

（二）品种权无效宣告的效力

《植物新品种保护条例》第 38 条规定："被宣告无效的品种权视为自始不存在。宣告品种权无效的决定，对在宣告前人民法院作出并已执行的植物新品种侵权的判决、裁定，省级以上人民政府农业、林业行政部门作出并已执行的植物新品种侵权处理决定，以及已经履行的植物新品种实施许可合同和植物新品种权转让合同，不具有追溯力。但是，因品种权人的恶意给他人造成损失的，应当给予合理赔偿。依照前款规定，品种权人或者品种权转让人不向被许可实施人或者受让人返还使用费或者转让费，明显违反公平原则的，品种权人或者品种权转让人应当向被许可实施人或者受让人返还全部或者部分使用费或者转让费。"上述规定，明确了品种权无效宣告的效力和法律后果。之所以规定被宣告无效的品种权视为自始不存在，是因为该品种权本不应被授予。不具有追溯力的规定，则是为了维护相关制度实施的稳定性和可预期性。同时，基于制止恶意和维护公平正义的考虑，在特定情况下被许可实施人或者受让人有要求返还全部或者部分使用费或者转让费的权利。

第五节　植物新品种权的保护

对植物品种权人的法律保护分两种：一种是对品种权授予之前他人未经其许可为商业目的生产或销售该授权品种的繁殖材料的行为享有的追偿权，此即前面介绍过的"临时保护"；[1]另一种是对侵犯新品种权行为的法律救济，包括追究侵权人的民事责任、行政责任和刑事责任。在具体的实施方式上，则主要包括行政执法和司法保护，其中前者以追究侵权人行政责任为基本形式，后者一般是品种权人通过民事诉讼程序依法维护自己的权益。

关于追究侵害品种权的法律责任，《种子法》《植物新品种保护条例》和有关植物新品种保护的司法解释都有明确规定。其中，司法解释主要包括 2020 年修正的《审理植物新品种案件解释》《审理侵害植物新品种权案件应用法律规定》，以及 2021 年公布的《审理侵害植物新品种权案件应用法律规定（二）》。这几项司法解释明确了涉及品种权案件的受理、管辖、诉讼中止、鉴定机构的确定等程序性问题以及侵权行为的认定、惩罚性赔偿数

---

[1]《审理侵害植物新品种权案件应用法律规定（二）》第 19 条规定了临时保护期使用费纠纷处理的措施。参见海南省自由贸易港知识产权法院（2021）琼 73 知民初 24 号民事判决书（植物新品种临时保护期使用费纠纷案）。

额的确定等实体问题，有助于法院及时、正确审理侵犯植物新品种权纠纷案件。本章将以上述法律、行政法规和司法解释的相关规定为依据进行介绍和研究。

一、侵害品种权的法律责任

（一）民事责任

侵害品种权的民事责任，需要掌握以下基本问题和相关规定的内涵。

1. 品种权侵权行为的构成要件。追究侵害品种权的民事责任，首先需要确定哪些行为构成对植物品种权的侵权。[1] 按照前述《种子法》第28条规定，未经植物新品种权所有人许可，生产、繁殖[2]和为繁殖而进行处理、许诺销售、销售、进口、出口以及为实施上述行为储存该授权品种的繁殖材料，以及为商业目的将该授权品种的繁殖材料重复使用于生产另一品种的繁殖材料，属于侵害品种权的行为，但法律、行政法规另有规定的除外。[3] 构成品种权侵权行为，需同时具备以下条件：

（1）有效品种权的存在。一项品种只有在其被授予品种权的有效期间内，才受法律保护，第三人利用该品种的行为才有可能构成侵害品种权。在授予品种权以前、品种权期限届满后、品种权被宣告无效后或者已经终止后，第三人的利用行为不构成侵权。还应注意的一个问题是，在品种权有效地域范围内的利用行为才可能构成侵权。如美国的品种权人在美国境内取得品种权，要在中国取得保护，应先在我国进行申请，否则中国的种业公司即使使用了该授权品种也不构成侵权。

（2）有利用品种权的行为。利用品种权的行为，如生产、繁殖和为繁殖而进行处理、销售以及为实施上述行为储存该授权品种的繁殖材料，为商业目的将该授权品种的繁殖材料重复使用于生产另一品种的繁殖材料。

（3）未经品种权人的许可。利用授权品种的行为如果已经事先获得品种权人的许可，则不构成侵权；只有利用行为未经品种权人许可，才可能构成侵权。许可的形式包括书面许可、口头许可以及默示许可等形式。书面许可、口头许可相对明确，默示许可界定难度大一些。所谓默示许可，是指一方当事人提出民事权利的要求，对方未用语言或者文字明确表示意见，但其行为表明已经接受该要求。如品种权人对利用其授权品种的一方进行了技术指导，这个指导行为实际上就构成了默示许可。

关于上述未经品种权人许可，还应注意实践中存在的尽管获得了许可但超越了约定的范围时，仍然应认定为未经许可。《审理侵害植物新品种权案件应用法律规定（二）》第7条规定，受托人、被许可人超出与品种权人约定的规模或者区域生产、繁殖授权品种的繁殖材料，或者超出与品种权人约定的规模销售授权品种的繁殖材料，品种权人请求判令受托人、被许可人承担侵权责任的，人民法院依法予以支持。

---

〔1〕 参见傅蕾、张语兮：《诚实信用原则在植物新品种侵权案件中的适用——兼评（2020）最高法知民终943号案》，载《法律适用》2021年第12期。

〔2〕 《审理侵害植物新品种权案件应用法律规定（二）》第5条规定，种植授权品种的繁殖材料的，人民法院可以根据案件具体情况，以生产、繁殖行为认定处理。

〔3〕 参见河南省郑州市中级人民法院（2021）豫01知民初1078号民事判决书（侵害植物新品种权纠纷案）；河南省郑州市中级人民法院（2021）豫01知民初256号民事判决书（侵害植物新品种权纠纷案）；四川省成都市中级人民法院（2020）川01知民初244号民事判决书（植物新品种权纠纷案）；最高人民法院（2022）最高法知民终782号民事判决书（侵害植物新品种权纠纷案）；山西省高级人民法院（2019）晋民再41号民事判决书（植物新品种权属纠纷案）。

（4）出于商业目的。商业目的应理解为生产经营目的，即以营利为目的实施一定的行为，才可能构成侵权。[1] 不以营利为目的，则不构成侵权。

2. 侵害品种权的表现形式。从前述《种子法》第28条规定，可知侵害品种权的具体表现形式。依据《审理侵害植物新品种权案件应用法律规定》第2条规定，未经品种权人许可，生产、繁殖或者销售授权品种的繁殖材料，或者为商业目的将授权品种的繁殖材料重复使用于生产另一品种的繁殖材料的，人民法院应当认定为侵害植物新品种权。被诉侵权物的特征、特性与授权品种的特征、特性相同，或者特征、特性的不同是因非遗传变异所致的，人民法院一般应当认定被诉侵权物属于生产、繁殖或者销售授权品种的繁殖材料。[2] 被诉侵权人重复以授权品种的繁殖材料为亲本与其他亲本另行繁殖的，人民法院一般应当认定属于为商业目的将授权品种的繁殖材料重复使用于生产另一品种的繁殖材料。[3] 由于种子经营的市场化，当前植物新品种权侵权主要表现在侵犯生产权、销售权方面。[4]

侵犯名称标记权和假冒授权品种也属于侵害品种权的表现形式。其中，侵犯名称标记权，是指销售授权品种未使用其注册登记的名称，而使用品种权人的名称或其他名称的行为。假冒他人授权品种，是指未经品种权人许可擅自使用其品种标记，冒充他人授权品种的行为。其主要情形有：①以非授权品种冒充申请或者授权品种名称；②以此种授权品种冒充他种授权品种的名称；③在其生产或销售的产品包装上使用他人的品种标记；④在广告或者其他宣传材料中使用他人的品种标记，使购买者将所涉及的品种误认为是授权品种；⑤伪造或变造他人的品种权证书；⑥其他足以使他人将非品种权品种误认为他人授权品种的行为。此外，根据《审理侵害植物新品种权案件应用法律规定（二）》第6条规定，品种权人或者利害关系人举证证明被诉侵权品种繁殖材料使用的名称与授权品种相同的，人民法院可以推定该被诉侵权品种繁殖材料属于授权品种的繁殖材料；有证据证明不属于该

---

[1] 参见广东省广州知识产权法院（2018）粤73民初707号民事判决书（侵害植物新品种权纠纷案）；山东省高级人民法院（2014）鲁民再字第13号民事判决书（侵害植物新品种权纠纷案）；四川省高级人民法院（2018）川民终459号民事判决书（侵害植物新品种权民事纠纷案）；安徽省高级人民法院（2022）皖民初2号民事裁定书（侵害植物新品种权纠纷案）；河南省郑州市中级人民法院（2023）豫01知民初865号民事判决书（侵害植物新品种权纠纷案）；内蒙古自治区呼和浩特市中级人民法院（2023）内01知民初18号民事判决书（侵害植物新品种权纠纷案）。

[2] 参见"金海5号"品种权侵权纠纷案，甘肃省高级人民法院（2013）甘民三终字第63号民事判决书（指导案例第92号）。在该案中，法院认为：明确被诉侵权人生产、销售的植物新品种的繁殖材料是否属于授权品种的繁殖材料，关键在于确定应用该繁殖材料培育的植物新品种的特征、特性，是否与授权品种的特征、特性相同。"三红蜜柚"品种权侵权纠纷案（最高人民法院（2019）最高法知民终14号民事判决书，指导案例第160号）则进一步明确了授权品种繁殖材料的范围。该案中，法院认为：蔡某在申请三红蜜柚植物新品种权时提交的是采用以嫁接方式获得的繁殖材料枝条，但这并不意味着三红蜜柚植物新品种权的保护范围仅限于以嫁接方式获得的该繁殖材料，以其他方式获得的枝条也属于该品种的繁殖材料。同时，认定某一植物材料为某一授权品种的繁殖材料，应同时满足属于活体、具有繁殖能力，并且繁殖出的新个体与该授权品种的特征特性相同的条件。被诉侵权蜜柚果实的籽粒及其汁胞均不具备繁殖授权品种三红蜜柚的能力，不属于三红蜜柚品种的繁殖材料。具体而言，被诉侵权蜜柚果实是收获材料而非繁殖材料，不属于植物新品种权保护的范围。

[3] 为统一裁判标准，《审理侵害植物新品种权案件应用法律规定（二）》对于侵害品种权相关行为的认定作了规定。例如，其第9条规定，被诉侵权物既可以作为繁殖材料又可以作为收获材料，被诉侵权人主张被诉侵权物系作为收获材料用于消费而非用于生产、繁殖的，应当承担相应的举证责任。参见最高人民法院（2022）最高法知民终783号民事判决书（侵害植物新品种权纠纷案）。

[4] 参见最高人民法院（2022）最高法知民终2907号民事判决书（侵害植物新品种权纠纷案）。

授权品种的繁殖材料的，人民法院可以认定被诉侵权人构成假冒品种行为，并参照假冒注册商标行为的有关规定确定民事责任。

根据《民法典》第1169条规定，侵害品种权还存在教唆、帮助侵权的情形。《审理侵害植物新品种权案件应用法律规定（二）》第8条规定，被诉侵权人知道或者应当知道他人实施侵害品种权的行为，仍然提供收购、存储、运输、以繁殖为目的的加工处理等服务或者提供相关证明材料等条件的，人民法院可以依据《民法典》第1169条的规定认定为帮助他人实施侵权行为。

此外，在司法实践中，应注意存在侵权抗辩的多种情形。例如，前述有关合理使用的规定即可以作为有关案件中被告的抗辩依据。[1]

3. 侵害品种权的民事责任承担形式。依照《种子法》第72条第1款规定，有侵害品种权行为的，由当事人协商解决，不愿协商或者协商不成的，植物新品种权所有人或者利害关系人可以请求县级以上人民政府农业农村、林业草原主管部门进行处理，也可以直接向人民法院提起诉讼。除了下述行政处理手段外，在实践中通过向人民法院提起民事诉讼的形式追究侵权人的民事责任，也是十分普遍的做法。根据《民法典》第179条、第1185条和《种子法》第73条的规定和案件具体情况，品种权侵权人承担民事责任的基本形式为停止侵害和赔偿损失。[2]

（1）停止侵权。停止侵权是追究品种权侵权民事责任的基本手段，否则将造成侵权蔓延和持续，无法及时有效维护权利人的合法权益。《审理侵害植物新品种权案件应用法律规定（二）》第14条规定："人民法院根据已经查明侵害品种权的事实，认定侵权行为成立的，可以先行判决停止侵害，并可以依据当事人的请求和具体案情，责令采取消灭活性等阻止被诉侵权物扩散、繁殖的措施。"

（2）赔偿损失。赔偿损失无疑是品种权侵权承担民事责任的主要形式，其对于弥补品种权人因被侵权造成的损害具有关键意义。对此，《种子法》第72条第3款和第4款规定了赔偿额的计算方式：侵犯植物新品种权的赔偿数额按照权利人因被侵权所受到的实际损失确定；实际损失难以确定的，可以按照侵权人因侵权所获得的利益确定。权利人的损失或者侵权人获得的利益难以确定的，可以参照该植物新品种权许可使用费的倍数合理确定。故意侵犯植物新品种权，情节严重的，可以在按照上述方法确定数额的1倍以上5倍以下确定赔偿数额。权利人的损失、侵权人获得的利益和植物新品种权许可使用费均难以确定的，人民法院可以根据植物新品种权的类型、侵权行为的性质和情节等因素，确定给予500万元以下的赔偿。赔偿数额应当包括权利人为制止侵权行为所支付的合理开支。[3] 由此可见，该规定借鉴了前述知识产权单行法规定的损害赔偿标准，特别是引进了惩罚性赔偿制度和法定赔偿制度，完善了品种权侵权损害赔偿制度体系，有利于加大对侵权行为的打击

---

[1] 参见最高人民法院（2022）最高法知民终1296号民事判决书（侵害植物新品种权纠纷案）；最高人民法院（2022）最高法知民终1210号民事判决书（侵害植物新品种权纠纷案）；最高人民法院（2021）最高法知民终2487号民事判决书（侵害植物新品种权纠纷案）。

[2] 参见甘肃省兰州市中级人民法院（2021）甘01民初51号民事判决书（侵害植物新品种权纠纷案）。

[3] 参见最高人民法院（2022）最高法知民终783号、789号民事判决书（侵害植物新品种权纠纷案）；最高人民法院（2021）最高法知民终2487号民事判决书（侵害植物新品种权纠纷案）；江苏省南京市中级人民法院（2020）苏01民初226号民事判决书（侵害植物新品种权纠纷案）。

和威慑力度。[1]

在侵害品种权案件的处理中，可能存在对侵权物是否折抵权利人所受损失以及是否采取责令销毁侵权物的问题。对此，《审理侵害植物新品种权案件应用法律规定》第7条规定，权利人和侵权人均同意将侵权物折价抵扣权利人所受损失的，人民法院应当准许。

关于侵害品种权的损害赔偿，还值得注意的是，在特定情况下行为人不承担损害赔偿责任。其一是委托代为繁殖侵害品种权的繁殖材料的相关主体并不知道代繁物为侵害品种权的繁殖材料的情况。《审理侵害植物新品种权案件应用法律规定》第8条规定，以农业或者林业种植为业的个人、农村承包经营户接受他人委托代为繁殖侵害品种权的繁殖材料，不知道代繁物是侵害品种权的繁殖材料并说明委托人的，不承担赔偿责任。这一规定体现了无过错不承担损害赔偿的基本理念。其二是无过错销售侵权品种繁殖材料并能提供合法来源的情况。《审理侵害植物新品种权案件应用法律规定（二）》第13条规定："销售不知道也不应当知道是未经品种权人许可而售出的被诉侵权品种繁殖材料，且举证证明具有合法来源的，人民法院可以不判令销售者承担赔偿责任，但应当判令其停止销售并承担权利人为制止侵权行为所支付的合理开支。对于前款所称合法来源，销售者一般应当举证证明购货渠道合法、价格合理、存在实际的具体供货方、销售行为符合相关生产经营许可制度等。"从该规定和前述善意销售者不承担赔偿责任的规定看，此处不同在于仍然要求销售者承担权利人为制止侵权行为所支付的合理开支。

（二）行政责任

行政责任即通过行政执法程序，由县级以上人民政府农业农村或林业草原行政管理机关依法对品种权进行保护。如前所述，对于品种权侵权行为，《种子法》第72条第1款规定，除协商、向人民法院提起诉讼的形式加以解决外，植物新品种权所有人或者利害关系人可以请求县级以上人民政府农业农村、林业草原主管部门进行处理。[2] 当然，县级以上农业农村或林业草原行政主管部门，行政事务繁忙，对具体案件难以投入太多力量；若走诉讼途径，也会面临取证难、耗时长的问题。不过，正如本书总论部分指出的，行政处理亦有其独特优势和特色。

从《种子法》和《植物新品种保护条例》的规定看，行政执法和相应的追究侵害品种权的行政责任体现于责令侵权人停止侵权行为与没收违法所得和种子等。此外，相关农业农村、林业草原主管部门对侵权纠纷进行行政调解，也具有独特意义。具体而言，《种子法》第72条第2款规定："县级以上人民政府农业农村、林业草原主管部门，根据当事人自愿的原则，对侵犯植物新品种权所造成的损害赔偿可以进行调解。调解达成协议的，当事人应当履行；当事人不履行协议或者调解未达成协议的，植物新品种权所有人或者利害关系人可以依法向人民法院提起诉讼。"其第6款规定："县级以上人民政府农业农村、林业草原主管部门处理侵犯植物新品种权案件时，为了维护社会公共利益，责令侵权人停止侵权行为，没收违法所得和种子；货值金额不足五万元的，并处一万元以上二十五万元以

---

[1]《审理侵害植物新品种权案件应用法律规定（二）》对于"侵权行为情节严重"的认定因素及相应的赔偿倍数的确定作了规定，详见其第17条。关于适用惩罚性赔偿的案例，参见最高人民法院（2022）最高法知民终783号民事判决书（侵害植物新品种权纠纷案）。

[2]《植物新品种保护条例》第39条第1款也有类似规定。两者不同的是，《种子法》将处理品种权侵权纠纷的行政主管部门的级别从"省级以上"降低到"县级以上"。基于法律效力高于行政法规的基本法理，在两者规定发生冲突时，应以《种子法》的规定为准。前述关于侵害品种权的行为表现等规定也一样。

下罚款；货值金额五万元以上的，并处货值金额五倍以上十倍以下罚款。"其第7款则规定："假冒授权品种的，由县级以上人民政府农业农村、林业草原主管部门责令停止假冒行为，没收违法所得和种子；货值金额不足五万元的，并处一万元以上二十五万元以下罚款；货值金额五万元以上的，并处货值金额五倍以上十倍以下罚款。"该款针对假冒授权品种行为规定的行政处罚措施和前款相同。此外，依据《植物新品种保护条例》第41条规定，县级以上人民政府农业农村、林业草原主管部门在查处假冒授权品种案件时，根据需要，可以封存或者扣押与案件有关的植物品种的繁殖材料，查阅、复制或者封存与案件有关的合同、账册及有关文件。这一行政处理措施，有利于加大对假冒授权品种的打击力度，净化品种市场。

（三）刑事责任

根据《植物新品种保护条例》第40条规定，假冒授权品种，情节严重，构成犯罪的，依法追究刑事责任。此外，县级以上人民政府农业农村、林业草原主管部门有关部门的工作人员在处理侵犯植物新品种权案件和进行相关行政管理时，有可能存在涉嫌犯罪的情况。根据该条例第44条规定，对于其滥用职权、玩忽职守、徇私舞弊、索贿受贿，构成犯罪的，依法追究刑事责任；尚不构成犯罪的，依法给予行政处分。

二、品种权诉讼

品种权诉讼主要涉及民事诉讼和行政诉讼，对于假冒授权品种则还可能存在刑事诉讼。

1. 受案范围。《审理植物新品种案件解释》对于植物新品种纠纷案件的受案范围作了规定。根据其第1条和第3条规定，植物新品种申请驳回复审行政纠纷案件、植物新品种权无效行政纠纷案件、植物新品种权更名行政纠纷案件、植物新品种权强制许可纠纷案件，以及植物新品种权实施强制许可使用费纠纷案件，由北京知识产权法院作为第一审人民法院审理。以下案件则由知识产权法院，各省、自治区、直辖市人民政府所在地和最高人民法院指定的中级人民法院作为第一审人民法院审理：植物新品种申请权权属纠纷案件；植物新品种权权属纠纷案件；[1] 植物新品种申请权转让合同纠纷案件；植物新品种权转让合同纠纷案件；侵害植物新品种权纠纷案件；假冒他人植物新品种权纠纷案件；植物新品种培育人署名权纠纷案件；植物新品种临时保护期使用费纠纷案件；植物新品种行政处罚纠纷案件；植物新品种行政复议纠纷案件；植物新品种行政赔偿纠纷案件；植物新品种行政奖励纠纷案件；其他植物新品种权纠纷案件。当事人对植物新品种纠纷民事、行政案件第一审判决、裁定不服，提起上诉的，由最高人民法院审理。具体而言，是由最高人民法院知识产权法庭负责审理。

2. 诉讼主体资格。侵害品种权纠纷案件的诉讼主体资格，主要包括民事案件和行政案件原被告的确定。关于民事案件的相关主体资格，《审理侵害植物新品种案件应用法律规定》第1条规定："植物新品种权所有人（以下称品种权人）或者利害关系人认为植物新品种权受到侵害的，可以依法向人民法院提起诉讼。前款所称利害关系人，包括植物新品种实施许可合同的被许可人、品种权财产权利的合法继承人等。独占实施许可合同的被许可人可以单独向人民法院提起诉讼；排他实施许可合同的被许可人可以和品种权人共同起诉，也可以在品种权人不起诉时，自行提起诉讼；普通实施许可合同的被许可人经品种权人明

---

[1]《种子法》第73条规定："当事人就植物新品种的申请权和植物新品种权的权属发生争议的，可以向人民法院提起诉讼。"《植物新品种保护条例》第43条作了同样规定。

确授权,可以提起诉讼。"上述规定和前述侵害著作权、专利权、商标权民事案件中诉讼主体资格的确定相同,原因也在于同属知识产权的范畴。

针对行政案件的相关主体资格,《审理植物新品种案件解释》第5条规定,关于植物新品种申请驳回复审行政纠纷案件、植物新品种权无效或者更名行政纠纷案件,应当以植物新品种审批机关为被告;关于植物新品种强制许可纠纷案件,应当以植物新品种审批机关为被告;关于实施强制许可使用费纠纷案件,应当根据原告所请求的事项和所起诉的当事人确定被告。[1]

3. 诉讼管辖。《审理植物新品种案件解释》第4条规定,以侵权行为地确定人民法院管辖的侵害植物新品种权的民事案件,其所称的侵权行为地,是指未经品种权所有人许可,生产、繁殖或者销售该授权植物新品种的繁殖材料的所在地,或者为商业目的将该授权品种的繁殖材料重复使用于生产另一品种的繁殖材料的所在地。

4. 举证责任与当事人的注意义务。《审理侵害植物新品种权案件应用法律规定(二)》第15条规定:"人民法院为确定赔偿数额,在权利人已经尽力举证,而与侵权行为相关的账簿、资料主要由被诉侵权人掌握的情况下,可以责令被诉侵权人提供与侵权行为相关的账簿、资料;被诉侵权人不提供或者提供虚假账簿、资料的,人民法院可以参考权利人的主张和提供的证据判定赔偿数额。"该规定和前述侵害知识产权相关举证责任规定一致,有利于促使被诉侵权人配合举证,方便人民法院查明案件事实。[2] 在审理侵害植物新品种权纠纷案件中,还应注意查明相关当事人是否履行必要的注意义务,从而判定被控侵权人是否存在侵权过错。[3]

5. 诉前保全。依照《审理侵害植物新品种权案件应用法律规定》第5条规定,品种权人或者利害关系人向人民法院提起侵害植物新品种权诉讼前,可以提出行为保全或者证据保全请求,人民法院经审查作出裁定。人民法院采取证据保全措施时,可以根据案件具体情况,邀请有关专业技术人员按照相应的技术规程协助取证。上述诉前保全措施,旨在及时、有效地维护品种权,防止品种权人或者利害关系人因为未采取相应措施而造成难以弥补的损害。为强化证据保全制度的作用,《审理侵害植物新品种权案件应用法律规定(二)》第16条规定,被诉侵权人有抗拒保全或者擅自拆封、转移、毁损被保全物等举证妨碍行为,致使案件相关事实无法查明的,人民法院可以推定权利人就该证据所涉证明事项的主张成立。构成民事诉讼法第111条规定情形的,依法追究法律责任。

6. 专业性问题鉴定。品种权纠纷涉及的专业技术问题复杂,常常需要借助专业鉴定查明案件事实。例如,《知识产权民事诉讼证据规定》第19条第4项即规定,人民法院可以对"被诉侵权物与授权品种在特征、特性方面的异同,其不同是否因非遗传变异所致"待证事实的专门性问题委托鉴定。《审理侵害植物新品种权案件应用法律规定》第3条规定:"侵害植物新品种权纠纷案件涉及的专门性问题需要鉴定的,由双方当事人协商确定的有鉴

---

[1] 参见最高人民法院(2022)最高法知民终435号民事判决书(侵害植物新品种权纠纷案);福建省厦门市中级人民法院(2020)闽02民初1516号之二民事判决书(侵害植物新品种权纠纷案);最高人民法院(2019)最高法知民终774号民事判决书(侵害植物新品种权纠纷案)。

[2] 参见浙江省杭州市中级人民法院(2022)浙01民初96号民事判决书(侵害植物新品种权及不正当竞争纠纷案);最高人民法院(2022)最高法知民终13号民事判决书(侵害植物新品种权纠纷案)。

[3] 参见河南省郑州市中级人民法院(2022)豫01知民初1514号民事判决书(侵害植物新品种权纠纷案)。

定资格的鉴定机构、鉴定人鉴定；协商不成的，由人民法院指定的有鉴定资格的鉴定机构、鉴定人鉴定。没有前款规定的鉴定机构、鉴定人的，由具有相应品种检测技术水平的专业机构、专业人员鉴定。"其第4条则规定："对于侵害植物新品种权纠纷案件涉及的专门性问题可以采取田间观察检测、基因指纹图谱检测等方法鉴定。对采取前款规定方法作出的鉴定意见，人民法院应当依法质证，认定其证明力。"此外，《审理侵害植物新品种权案件应用法律规定（二）》第20~24条分别对专业性鉴定机构的选择、缺乏基因指纹图谱等分子标记检测方法进行鉴定的品种采用行业通用方法鉴定、一方当事人对鉴定意见有异议的处理、基因指纹图谱等分子标记检测方法鉴定涉及的相关举证责任以及田间观察检测与基因指纹图谱等分子标记检测的结论不同时的处理等，为侵害品种权纠纷案件进行专业性鉴定提供了明确指引。

7. 侵权诉讼与无效程序的衔接。《审理植物新品种案件解释》第6条规定，人民法院审理侵害植物新品种权纠纷案件，被告在答辩期间内向植物新品种审批机关请求宣告该植物新品种权无效的，人民法院一般不中止诉讼。

本章案例研讨

33-1（总第81）：实质性参与合作育种者应享有合作育种者资格
——林某与某省农业科学院果树所、陆某、卢某植物新品种权属纠纷上诉案[1]

一、案情简介

林某在自家果园内发现一棵琯溪蜜柚果实，由于其裂果露出红色的果肉，为查明原因，便将情况上报。某县科技局农艺师卢某得知后进行了现场观测，发现果肉变红着色均匀，无异味，形态发育正常，因而认定该品种属于自然的变异，具有很好的育种前途。林某基于这一思路，准备大胆进行嫁接。从1998年开始，他将从母树上剪下的枝条嫁接在"土柚"树头上，2003年成功挂果。在1999年还进行了高接换种，2005年开始挂果，果实与母树相同，果肉也呈红色。同时进行嫁接育苗的还有果农林某某，林某某在卢某指导下其嫁接培育的果树也在同一时间成功开始挂果。在2003年7月，某省农业科学院果树所（以下简称果树所）研究室申请了名为"红肉蜜柚变异新株系选育研究"的研究项目，并在同年8月获得了立项。果树所进行的研究涉及红肉蜜柚突变单株的子一代、子二代、子三代生物特性以及红肉蜜柚遗传稳定性等内容，并进行了品质鉴定、产量测定、红肉呈色色素鉴定、核糖体DNA（RDNA）中的ITS-PCR测定、花粉形态观察研究、不同品种花粉授粉试验。同时，果树所还对新株系进行了《植物新品种保护条例》中规定的新颖性、特异性、一致性、稳定性问题进行了研究，以及合理整形修剪、科学施肥、不同区域等关键配套栽培技术试验研究。2005年9月，果树所向福建省非主要农作物品种认定委员会申请福建省非主要农作物新品种认定。经过对某县小溪镇厝垱村红肉蜜柚园的现场考察鉴定和现场测产，最终形成的鉴定意见通过了"非主要农作物品种认定"。与此同时，其也向农业部申报了"红肉蜜柚"植物新品种权。2007年3月1日，农业部主管部门经实质审查后颁发了

---

[1] 福建省高级人民法院（2010）闽民终字第436号民事判决书。

《植物新品种权证书》。在该证书中，被授予"红肉蜜柚"植物新品种权人的有果树所、陆某、卢某，林某则被列为品种培育者之一。该红肉蜜柚品种在2006年经果树所培育，发现其具有降血压、防止糖尿病的医用效果，并且有很多对人体有益的元素，因而澄清了以前的传言，提高了农民种植红肉蜜柚的积极性。一审法院还查明，林某从被告果树所中获得了1000元，作为"母树"拥有者的补偿费，同时被告开展的一切研究活动和省非主要农作物品种认定、农业部对红肉蜜柚植物新品种权进行实质性审查均在林某某的果园里进行。

二、法院裁判理由及结果

基于以上事实，福州市中级人民法院首先明确了该案应定性为植物新品种权权利归属纠纷，因而属于人民法院受理范围。法院认为："林某发现了可培育'红肉蜜柚'植物新品种的种源，为后续培育新品种做出了重大贡献。不仅如此，林某还成功地对该变异品种进行了嫁接、培育，在果树所2003年介入研究之前就已经培育出了'红肉蜜柚'。其作为育种者所付出的劳动理当得到法律保护"。法院一方面确认了果树所享有申请的"红肉蜜柚"植物新品种权合法性，即"果树所以林某某的果园为实验基地，并根据植物新品种所必须具备的条件，开展了一系列的研究工作，经有关专家的鉴评，通过了省非农作物品种认定，并经申请获得了农业部授权'红肉蜜柚'植物新品种权证书"；另一方面也同时确认了林某对该红肉蜜柚植物新品种享有植物新品种权。理由是林某对该植物新品种的获得进行了研究，并取得了成功，为保护农民育种的合法权利和研究人员育种的积极性，不能剥夺其对该植物新品种享有的专有权。同时，法院基于植物新品种权属纠纷与涉案植物新品种转让系不同的法律关系的，驳回了林某主张撤销被告以"红肉蜜柚"为标的的转让行为并责令果树研究所赔偿林某经济损失人民币100万元，陆某、卢某承担连带责任的请求。

一审判决后，果树所等不服上述判决，向福建省高级人民法院提起上诉。二审法院确认了上述事实。法院充分肯定了林某在其自家果园内发现可用于培育"红肉蜜柚"植物新品种的种源，为此后"红肉蜜柚"品种选育、新品种权申请，以及最终取得"红肉蜜柚"新品种权作出其应有的贡献。同时，根据前述确认的事实认定林某作为育种者，具体而言是共同育种人之一，遂判决驳回上诉，维持原判。

本案属于植物新品种权属纠纷，体现了法律对农民从事植物新品种方面科学研究的保护，与专业人员一样，只要从事并获得了可以获得知识产权保护的成果，就可以依法获得相应的知识产权。这无疑也体现了法律的平等和公平原则。这可以说是本案留给我们的一个启示。

33-2（总第82）：植物品种特异性判断中已知品种的确定
——上诉人黑龙江某种业有限公司与被上诉人农业农村部植物新品种复审委员会植物新品种申请驳回复审行政纠纷案[1]

一、案情简介

涉及申请号为20150963.4、名称为"哈育189"的玉米植物新品种申请。黑龙江某种

---

[1]《最高人民法院知识产权案件年度报告（2022）》，第83~86页；最高人民法院（2021）最高法知行终453号行政判决书。

业有限公司(以下简称某种业公司)认为,"哈育189"是在先已知的植物品种,"利合228"在国内首次申请品种审定或品种权保护的时间均晚于"哈育189",不能作为评价"哈育189"特异性的近似品种。故向北京知识产权法院(以下简称一审法院)提起诉讼,请求判令撤销农业农村部植物新品种复审委员会(以下简称植物新品种复审委员会)于2019年1月17日作出的《关于维持〈哈育189品种实质审查驳回决定〉的决定》(以下简称被诉决定),并判令植物新品种复审委员会重新作出决定。

二、法院裁判理由及结果

一审法院认为,"哈育189"递交品种权申请时间为2015年6月29日,"利合228"品种权初审合格公告时间为2015年5月1日,"利合228"可以作为本申请递交前已知的植物品种,"哈育189"并未明显区别于在递交申请以前已知的植物品种"利合228",被诉决定关于"哈育189"不具备特异性的认定结论正确,应予确认。据此驳回某种业公司的诉讼请求。某种业公司不服,向最高人民法院提起上诉,主张"哈育189"通过审定时间为2015年4月8日,"哈育189"与"利合228"相比,"哈育189"系法定在先的"已知的植物品种","哈育189"玉米品种具备特异性。

最高人民法院二审认为,授予品种权的植物新品种应当具备特异性。《植物新品种保护条例》第15条规定,特异性是指申请品种权的植物新品种应当明显区别于在递交申请以前已知的植物品种。在特异性的判定中,确定在先的已知品种的目的是固定比对对象,即比较该申请品种与递交申请日以前的已知品种是否存在明显的性状区别,因此,作为特异性判断的已知品种,不能是申请授权品种自身。与特异性的判断标准不同,对于是否具备新颖性,是以申请植物新品种保护的品种自身作为基准,判断其销售推广的时间是否超过了规定的时间。《植物新品种权保护条例》第14条规定,新颖性是指申请品种权的植物新品种在申请日前该品种繁殖材料未被销售,或者经育种者许可,在中国境内销售该品种繁殖材料未超过1年;在中国境外销售藤本植物、林木、果树和观赏树木品种繁殖材料未超过6年,销售其他植物品种繁殖材料未超过4年。因此,申请植物新品种权保护的品种在申请日之前存在的审定、推广的时间,对判断其是否具备新颖性具有重要意义,但与选择确定作为特异性判断的已知品种并无关联。

本案中,某种业公司上诉提交的关于"哈育189"玉米品种参加品种审定预备试验、通过审定初审核等时间点的证据,是其具备新颖性的重要事实,与选择确定其作为特异性判断的已知品种不具有关联性。否则,以"哈育189"玉米品种审定提出或通过审定的时间早于申请品种权保护的申请日为由,将其自身作为特异性判断的已知品种,不符合需要两个以上对象比对才有可能判断是否存在区别的逻辑常理,也有悖于品种权保护制度。因此,有关"哈育189"玉米品种参加品种审定时间的证据与本案中已知品种的认定不具有关联性。

最高人民法院于2021年8月10日判决驳回上诉,维持原判。

本案涉及植物品种特异性判断中已知品种的认定。在该案中,最高人民法院明确了植物新品种特异性和新颖性判定的区别。其裁判要旨明确:"在植物新品种特异性判断中,确定在先的已知品种的目的是固定比对对象,即比较该申请品种与递交申请日以前的已知品种是否存在明显的性状区别。因此,特异性判断中的已知品种,不能是申请授权品种自身。与特异性的判断标准不同,新颖性判断则是以申请植物新品种保护的品种自身作为考察对象,判断其销售推广时间是否已超规定时间。"本案为认识植物新品种特异性的内涵及其判定提供了启示。

33-3（总第83）：未经许可销售授权品种侵害植物新品种权
——山东某农业良种有限公司诉滕州市某种子有限公司及潘某品种权侵权纠纷案[1]

一、案情简介

2011年7月29日,山东省农业科学院某农业应用研究所与中国农业科学院作物科学研究所申请"鲁原502"的小麦植物新品种权。2016年3月1日,被授予品种权。2012年5月10日,中国农科院作物科学研究所颁发授权书,授权山东省农科院某农业应用研究所全权代理"鲁原502"小麦品种权及开发应用等事宜。2012年5月11日,二者（甲方）与被许可人山东某农业良种有限公司（乙方,以下简称某农业良种有限公司）签署了《植物新品种许可开发经营协议》,约定甲方将"鲁原502"小麦品种开发经营权独占许可乙方行使,许可期限为12年。2016年3月1日,二者共同出具《联合授权声明》,载明：2009年9月24日,山东省农科院某农业应用研究所、中国农科院作物科学研究院授权某农业良种有限公司独占行使"鲁原502"新品种的使用权,并有对外转授权的权利。为促进"鲁原502"的生产、推广,某农业良种有限公司依法授权安徽某种业有限公司（以下简称某农业良种有限公司）在安徽省区域内对"鲁原502"品种权的独占实施许可权。授权期限自2016年3月1日至2021年3月1日。2016年9月21日,根据某农业良种有限公司的举报,怀远县农业委员会前往怀远县集镇潘某经营的门市部,发现存有"鲁原502"小麦种子,数量7500kg。在农委会现场检查时,潘某出示了加盖滕州市某种子有限公司（以下简称金穗公司）财务专用章的单据一张,单据上载明"种子502、1580袋—25kg"等信息。2016年9月29日,农委会将潘某销售的"鲁原502"种子扦样送至北京小麦种子检测中心进行检测,检验结果为：与"鲁原502"标准样品比较未检测出差异位点。

二、法院裁判理由及结果

某农业良种有限公司向安徽省合肥市中级人民法院提起诉讼,认为滕州市某种子有限公司和潘某侵犯了其"鲁原502"小麦品种权。安徽省合肥市中级人民法院判决潘某、金穗公司于判决生效之日起,立即停止侵犯"鲁原502"植物新品种权的行为,并赔偿经济损失。金穗公司不服安徽省合肥市中级人民法院（2016）皖01民初427号民事判决,向安徽省高级人民法院提起上诉,认为：某农业良种有限公司无权以自己的名义提起诉讼,不是本案适格主体,无权提起诉讼；现有证据不能证明金穗公司将"鲁原502"小麦品种销售给了潘某；一审法院认定某农业良种有限公司经济损失的数额没有根据且明显过高。经审查,二审对一审查明的事实予以确认,驳回上诉,维持原判。

本案涉及三个争议焦点：原告主体是否适格、是否构成侵权、侵权数额如何计算,这三个争议焦点在此类案件中具有一定的普遍性。主体适格与否,要重点关注主体权利的来源,尤其是在存在多个许可关系中,要根据许可合同的具体情况来分析主体是否享有诉权。

---

[1] 安徽省高级人民法院（2018）皖民终52号民事判决书。

是否构成侵权的判定，要回归特异性、稳定性、一致性等要件的判断。具体赔偿数额的计算，则要根据植物新品种权的类型、侵权行为的性质和情节等因素进行判定。

33-4（总第84）：侵害无性繁殖植物新品种权的判定及许可替代停止使用方式的适用
——四川某猕猴桃种植有限责任公司与马边彝族自治县某猕猴桃专业合作社侵害植物新品种权纠纷案[1]

一、案情简介

2011年9月1日，扬州某果业科技有限公司（以下简称扬州某果业公司）向中国农业部植物新品种保护办公室提出植物新品种授权申请，2014年11月1日获得"杨氏金红1号"植物新品种权，属或者种为猕猴桃属。2011年7月22日，扬州某果业公司将该品种的国内使用权以排他许可的方式授予四川某农业科技开发有限公司（以下简称四川某农业公司），2020年1月12日，扬州某果业公司出具《声明》，载明四川某农业公司为"杨氏金红1号"品种权合法的排他性使用权人。2021年1月26日，扬州某果业公司出具《授权声明》，授权四川某猕猴桃种植有限责任公司（以下简称四川某猕猴桃种植公司）就侵害"杨氏金红1号"品种权的行为以自己的名义提起民事诉讼。马边彝族自治县某猕猴桃专业合作社（以下简称某合作社）在该自治县下溪镇某村和荞坝镇某村的两个基地种植7000株猕猴桃树。前述猕猴桃树系某合作社于2018年1月19日、2019年12月18日从案外人某公司处购买猕猴桃树枝条后，将枝条上的芽孢移接到实生苗砧木上进行嫁接而来，且前述猕猴桃树与涉案授权品种为同一品种。四川某猕猴桃种植公司认为某合作社的行为侵害涉案植物新品种权，遂向四川省成都市中级人民法院提起诉讼，请求判令某合作社向其支付品种许可使用费及维权合理开支。

二、法院裁判理由及结果

一审法院认定某合作社在案外人处购买了涉案猕猴桃品种的接穗并予以种植的行为侵害了授权品种的植物新品种权。法院判决某合作社向四川某猕猴桃种植公司支付品种使用费及赔偿维权合理开支共计140 833元。某合作社不服，向最高人民法院提起上诉。

二审法院认为：在案证据显示某公司与四川某农业公司在合同中明确约定某公司负有不流出接穗的义务。因此，某合作社使用的接穗是未经品种权人许可而售出的"杨氏金红1号"的枝条，其使用接穗是以生产繁殖授权品种为目的，且所生长出的植株属于授权品种的繁殖材料。涉案授权品种作为主要通过无性繁殖方式扩繁的作物种类，对其进行营养繁殖，通过扦插、嫁接的种植行为就可以生产繁殖出与授权品种特征特性相同的新的繁殖材料，实现授权品种基因的复制和传递。扦插、嫁接的种植行为是实现此类植物品种价值的重要方式，不应一律豁免种植行为的侵权责任。因此，对主要以无性繁殖方式扩繁的植物新品种而言，除法律、行政法规另有规定外，未经品种权人许可，不构成私人非商业性使用的种植行为应认定为构成《种子法》第28条规定的生产授权品种繁殖材料的行为。从被诉侵权主体的性质看，农民专业合作社是以营利为目的的市场主体，其行为不属于可以

---

[1] 最高人民法院（2022）最高法知民终211号民事判决书。

直接豁免侵权责任的农民自繁自用。从被诉侵权的种植规模和行为目的看，某合作社在两个种植基地共种植猕猴桃树 7000 株，种植规模较大，其行为目的是收获果实、从中营利，属于为营利目的的生产繁殖。综上，某合作社的涉案被诉侵权行为生产出了新的繁殖材料，损害了品种权人的市场竞争利益，应认定为生产繁殖授权品种繁殖材料的行为，构成对涉案植物新品种权的侵害。

涉案授权品种为猕猴桃，猕猴桃树为多年生植物，可通过收获猕猴桃果实为种植者持续带来经济效益。四川某猕猴桃种植公司在本案中请求无需铲除苗木，而要求某合作社向其支付许可使用费，相比于简单地停止侵害和销毁侵权物，品种权人以许可使用费代替停止侵害的请求具有实际可操作性，既符合避免资源浪费物尽其用的原则，又有利于发挥涉案种植基地的经济效益，对此应予以肯定和鼓励。法院考虑如下因素确定本案许可使用费：①尊重涉案授权品种的市场价值，考虑同时期的可比许可使用费情况。②保障某合作社对于种植行为的合理预期利益。需要特别指出的是，原审法院在确定许可使用费时采用分段计算的方法，对于原审法庭辩论终结前的使用费按照实际种植株数和时间计算金额，对于法庭辩论终结以后的许可使用费按照实际种植株数和种植时间提供计算方法，考虑了判决的可执行性。

二审法院判决驳回上诉，维持原判。

本案涉及种植无性繁殖品种行为是否侵害植物新品种权的问题。在该案中，一、二审法院均认定某合作社的行为属于生产、繁殖行为并构成侵害植物新品种权。同时，在法律责任承担方面，法院基于涉案果树即将进入结果期，认为铲除果树将给种植户造成较大经济损失，且不利于农村经济发展和实现利益平衡，判决以许可使用费替代停止侵害法律责任。本案为认识种植无性繁殖品种行为的法律属性和以许可使用费替代停止侵害法律责任提供了范例。

33-5（总第 85）："农民自繁自用"例外的认定
——上诉人秦某与被上诉人江苏省某种业科技有限公司
侵害植物新品种权纠纷案[1]

一、案情简介

江苏某种业科技有限公司（以下简称江苏某种业公司）是"南粳 9108"水稻植物新品种（以下简称涉案品种）权的独占被许可人。其认为，秦某未经涉案品种的品种权人某农业科学院许可，擅自生产、销售"南粳 9108"水稻种子的行为，侵害了江苏某种业公司的权益，故向江苏省南京市中级人民法院（以下简称一审法院）提起诉讼，请求判令秦某停止侵害并赔偿经济损失 50 万元。

二、法院裁判理由及结果

一审法院认为，秦某未经许可，利用自留"南粳 9108"水稻种子用于较大规模生产经

---

[1] 选自《最高人民法院年度报告（2020）》，第 142~143 页；最高人民法院（2019）最高法知民终 407 号民事判决书。

营活动、以稻换种变相销售"南粳9108"水稻种子的行为，侵害了江苏某种业公司就涉案品种享有的独占许可权，判决秦某停止侵害并赔偿江苏某种业公司经济损失50万元。秦某不服，向最高人民法院提起上诉，主张其行为属于农民自繁自用，不应承担赔偿责任。

最高人民法院二审认为，"自繁自用"例外适用的主体应是以家庭联产承包责任制的形式签订农村土地承包合同的农民个人，不包括合作社、种粮大户、家庭农场等新型农业经营主体；适用的土地范围应是通过家庭联产承包责任制承包的土地，不包括通过各种流转方式获得经营权的土地；适用的种子用途也应以自用为限，除了法律规定可以在当地集贸市场上出售、串换剩余的常规种子外，不能通过各种交易形式将所生产、留用的种子提供给他人使用。本案中，秦某通过与其他农户签订转包合同的方式进行土地流转，并已实际获得973.2亩土地的经营权，该973.2亩土地有别于其基于家庭联产承包责任制所承包的土地。若允许秦某播种上述面积土地所使用的繁殖材料均由其自己生产、自己留种、无需支付使用费，无疑会给包括江苏某种业公司在内的涉案品种权利人造成重大经济损失。因此，秦某未经许可生产"南粳9108"水稻种子并留作第二年播种使用的行为，不属于法律规定的"农民自繁自用"情形，构成侵权，一审判决的这一认定是正确的。秦某关于其生产行为属于"农民自繁自用"例外而不构成侵权的上诉主张不能成立，不予支持。但是，一审判决确定的经济损失过高。

最高人民法院于2020年12月28日改判秦某赔偿江苏某种业公司经济损失10万元。

本案涉及"自繁自用"例外适用的主体范围和土地范围。在该案中，最高人民法院"裁判要旨"明确："适用《种子法》第29条第2项规定的'农民自繁自用例外'至少应当满足以下两个条件：适用主体为农村承包经营户，即与农村集体经济组织签订农村土地承包经营合同，取得土地承包经营权的农村集体经济组织成员；适用范围不得超过该农村承包经营户自己承包的土地"。涉案主体和土地范围显然不符合上述规定，因而被两级法院判定为侵害植物新品种权，应承担损害赔偿责任。本案为司法实践中如何界定"农民自繁自用"提供了范例。

第三十四章 商号权与地理标志权

本章提要

本章主要阐述和探讨商号权与地理标志权的基本法律问题，包括商号与地理标志两种商业标志的含义和特征及其与商标保护的关系，商号权与地理标志权的法律性质，法律、法规对这些商业标志的规定和保护等。

本章的重点是商号与地理标志的含义、特征及其保护，难点是商号与地理标志的法律性质以及商号与地理标志保护、商标保护的关系。

第一节 商号权

一、商号的概念、特征与构成要素

（一）商号的概念与特征

商号（Trade name），又称字号、厂商名称，是企业名称的基本组成部分。其是指经营者在经营活动中用以标示自己，并区别于他人名号的特有名称。商号是经营者人格化的标志。简单地说，商号是用于区别不同经营者的，是经营者商业信誉和服务质量特征的重要体现。

商号具有区别功能和财产功能。商号可以表明产品是由哪个经营者生产和经营的，客户和消费者通过使用特定的经营者的产品，可以判断该经营者所生产的产品的基本特性和质量，从而使一企业与其他企业区别开来。正是由于商号在一定程度上代表了商品的特性和质量，故而具有良好声誉的商号对客户和消费者具有强大的吸引力，能够为经营者带来巨大利润。

商号具有以下主要特征：①非自动获得性。商号必须和企业名称一起经依法登记后方可使用。②唯一性。2020年12月28日公布的《企业名称登记管理规定》第4条规定："企业只能登记一个企业名称，企业名称受法律保护。"《企业名称登记管理规定》第17条规定："在同一企业登记机关，申请人拟定的企业名称中的字号不得与下列同行业或者不使用行业、经营特点表述的企业名称中的字号相同：（一）已经登记或者在保留期内的企业名称，有投资关系的除外；（二）已经注销或者变更登记未满1年的原企业名称，有投资关系或者受让企业名称的除外；（三）被撤销设立登记或者被撤销变更登记未满1年的原企业名称,有投资关系的除外。"③地区性和排他性。经核准使用的商号在核定使用的地区享有专有权,即在登记主管机关辖区内任何人不得使用与已登记注册的同行业企业名称相同或相似的名称和商号。确有特殊需要的,必须经省级以上登记主管机关核准在规定的范围内使用一个从属名称。

(二) 商号的构成要素

1. 企业名称及商号构成要素的内容。商号与企业名称具有密切联系,但严格地说,两者不是同一概念。如前所述,商号是企业名称的基本组成部分,实际上也是其核心要素。《企业名称登记管理规定》对于企业名称各个构成要素及其要求作了明确规定。其主要内容如下:

企业名称由行政区划名称、字号、行业或者经营特点、组织形式组成。跨省、自治区、直辖市经营的企业,其名称可以不含行政区划名称;跨行业综合经营的企业,其名称可以不含行业或者经营特点。上述行政区划名称应当是企业所在地的县级以上地方行政区划名称。市辖区名称在企业名称中使用时应当同时冠以其所属的设区的市的行政区划名称。开发区、垦区等区域名称在企业名称中使用时应当与行政区划名称连用,不得单独使用。企业名称中的字号应当由两个以上汉字组成。县级以上地方行政区划名称、行业或者经营特点不得作为字号,另有含义的除外。上述行业或者经营特点应当根据企业的主营业务和国民经济行业分类标准标明。国民经济行业分类标准中没有规定的,可以参照行业习惯或者专业文献等表述。企业应当根据其组织结构或者责任形式,依法在企业名称中标明组织形式。[1]

由此可见,商号只是企业名称的一个组成部分,它与企业名称不能完全等同,只是其构成企业名称中的本质部分。一个完整的企业名称应当具备上述特征,如"蚌埠一品黄山经贸有限公司",其中"一品黄山"就是该公司的商号或称字号。

2. 商号选择的要求。商号可以由企业自主选择,但被选定的商号要符合法律规定的条件。《企业名称登记管理规定》第5条规定:企业名称应当使用规范汉字。民族自治地方的企业名称可以同时使用本民族自治地方通用的民族文字。其第11条则列举了企业名称不得包含的情形:①损害国家尊严或者利益;②损害社会公共利益或者妨碍社会公共秩序;③使用或者变相使用政党、党政军机关、群团组织名称及其简称、特定称谓和部队番号;④使用外国国家(地区)、国际组织名称及其通用简称、特定称谓;⑤含有淫秽、色情、赌博、迷信、恐怖、暴力的内容;⑥含有民族、种族、宗教、性别歧视的内容;⑦违背公序良俗或者可能有其他不良影响;⑧可能使公众受骗或者产生误解;⑨法律、行政法规以及国家规定禁止的其他情形。

二、商号与商标的关系

商号和商标一样,也是企业的一种无形财产。商号用于标识经营者的营业或企业名称,能够为商品提供可预期的质量保证,在这一点上其与商标具有相似的作用。但是,两者标识的侧重点不同:商号用于标识企业本身,一个商号的声誉对由其生产的商品具有重要影响,而商标是用于标识特定商品或服务的来源。商号和商标一样,都能为企业带来一定的声誉,一个具有良好声誉的商号,消费者会认可它及使用该商号的企业所生产的商品或提供的服务。

---

[1] 《企业名称登记管理规定》第6~10条。

商号和商标关系密切，但如果这两者不统一，有时也会产生矛盾，例如，消费者只知晓某商品或服务的商标却不知是何经营者生产或提供，或者只知有某企业而不知该企业生产或提供何种商品或服务。这种矛盾不利于企业获得更多的利润。针对这种情况，目前世界上出现了将商号和商标合二为一的趋势，一些企业将其比较著名的商标作为商号，如广东省三水运动饮料厂，将其企业名称改为广州健力宝饮料厂，实际上是将其商标"健力宝"作为企业的商号。与将商标作商号相对应，有些企业则将商号作商标申请注册，如同仁堂制药厂注册的"同仁堂"商标。事实上，将商号与商标统一是现代企业一种十分重要的竞争战略。[1] 商号与商标统一，有利于企业提高商誉，增强商品的竞争力，也使对二者的使用能得到更好的保护。至于将商标作商号还是以商号作商标，则由各企业依自己的不同情况而定。[2] 当然，商号与商标一体化策略也有其适用条件，在很多情况下是将其中知名度较高的一项向另一项延伸。从品牌战略的角度看，其有利于打造企业品牌核心价值，节省广告费用，培养企业品牌竞争力。[3]

三、商号权的取得和内容

（一）商号权的取得

关于商号权的取得方式，世界各国和地区的做法不一。在实行使用取得原则的国家和地区，商号基于实际使用即可取得商号权。在实行登记注册原则的国家，只有按照规定的条件和程序完成登记注册手续，才能取得商号权。还有一种模式则是登记对抗原则，即商号只有经登记才能产生对抗第三人的效力。即企业名称经登记注册后得以对抗第三人。凡注册登记的企业名称因相同而发生争议的，按申请登记的先后顺序处理，即先申请登记的享有在先权利；盗用、假冒他人企业名称的，即构成侵犯商号权，应承担相应的法律责任。

我国对企业名称施行登记制度。《企业名称登记管理规定》第2条第1款规定，县级以上人民政府市场监督管理部门负责中国境内设立企业的企业名称登记管理。其第16条规定："企业名称由申请人自主申报。申请人可以通过企业名称申报系统或者在企业登记机关服务窗口提交有关信息和材料，对拟定的企业名称进行查询、比对和筛选，选取符合本规定要求的企业名称。申请人提交的信息和材料应当真实、准确、完整，并承诺因其企业名称与他人企业名称近似侵犯他人合法权益的，依法承担法律责任。"其第18条规定：企业登记机关对通过企业名称申报系统提交完成的企业名称予以保留，保留期为2个月。设立企业依法应当报经批准或者企业经营范围中有在登记前须经批准的项目的，保留期为1年。申请人应当在保留期届满前办理企业登记。其第20条则规定：企业登记机关在办理企业登记时，发现企业名称不符合本规定的，不予登记并书面说明理由。企业登记机关发现已经登记的企业名称不符合本规定的，应当及时纠正。其他单位或者个人认为已经登记的企业名称不符合本规定的，可以请求企业登记机关予以纠正。上述规定表明，商号权的获得，以申请人申请企业名称登记为基础和前提。为保障登记的包含商号的企业名称合法，赋予登记机关及时纠正错误登记的机会。[4] 此外，《企业名称登记管理规定》第12条针对企业

---

[1] 冯晓青：《企业知识产权战略》，知识产权出版社2015年版，第211~213页。

[2] 关于商号权和商标权保护边界的划分，参见湖南省衡阳市中级人民法院（2020）湘04知民初603号民事判决书（侵害企业名称（商号）权纠纷案）。

[3] 冯晓青：《知识产权制度及其运行研究——法律保护·战略运用》，光明日报出版社2022年版，第308~323页。

[4] 参见湖北省武汉市中级人民法院（2020）鄂01行终1040号行政判决书（行政管理纠纷案）。

名称冠以"中国""中华""中央""全国""国家"等字词的审核和使用要求、第 13 条针对分支机构名称的要求、第 14 条针对企业集团名称的要求、第 15 条针对有投资关系或者经过授权的企业名称的特殊情况分别作了规定。

(二) 商号权的内容

《民法典》《企业名称登记管理规定》等规定了企业名称权及其内容，实际上包含了商号权的内容。例如，《民法典》第 1013 条规定："法人、非法人组织享有名称权，有权依法决定、使用、变更、转让或者许可他人使用自己的名称"。《民法典》第 1016 条第 1 款规定：法人、非法人组织决定、变更、转让名称的，应当依法向有关机关办理登记手续，但是法律另有规定的除外。商号权包括以下主要内容：

1. 商号决定权。这一权利是商事主体根据自己生产经营需要自主决定使用商号的权利，不受他人妨碍。

2. 法定范围内的独占使用权。具体而言，商号权人有权禁止他人在核准登记的行政区域范围内使用相同的商号。凡冠以市名、县名的企业名称，在同一市县范围内，同行业企业不得同名；凡冠以省名、直辖市名或者自治区名而不冠市、县名的，在相应的省、直辖市或者自治区范围内，同行业企业不得同名。[1]

3. 商号转让权。关于这一权利，除了上述《民法典》的规定外，《企业名称登记管理规定》第 19 条也作了如下规定："企业名称转让或者授权他人使用的，相关企业应当依法通过国家企业信用信息公示系统向社会公示。"上述规定表明，商号权人享有转让其商号的权利。

4. 商号许可使用权。关于这一权利，除了上述《民法典》第 1013 条的规定外，《民法典》第 993 条规定："民事主体可以将自己的姓名、名称、肖像等许可他人使用，但是依照法律规定或者根据其性质不得许可的除外"。上述《企业名称登记管理规定》第 19 条也确认了商号权人许可使用其商号的权利。[2]

5. 商号变更权。关于这一权利，除了上述《民法典》的规定外，《企业名称登记管理规定》第 23 条也间接确认了商号权人对其商号的变更权。

关于商号权，还值得指出的是，与其他知识产权一样，其本身也受到一定限制，而并非在任何情况下他人使用商号权人的商号行为都需要获得其许可。例如，依照《民法典》第 999 条规定，为公共利益实施新闻报道、舆论监督等行为的，可以合理使用民事主体的姓名、名称、肖像、个人信息等；使用不合理侵害民事主体人格权的，应当依法承担民事责任。

四、商号权的性质

商号权是企业（经营者）对其使用和注册的商号依法享有的专有权。商号权和其他知识产权一样，也具有人身权和财产权相结合的特点。商号是用于表彰经营者的人格标志，与特定经营者紧密联系，具有人身性。[3] 但商号权并不是单一的人身权，其同时还具有财

---

[1] 参见甘肃省嘉峪关市中级人民法院（2014）嘉民三初字第 1 号民事判决书（企业名称使用合同纠纷案）。

[2] 参见江苏省高级人民法院（2021）苏民终 2636 号民事判决书（侵害商标权及不正当竞争纠纷案）。

[3] 依《民法典》第 990 条规定，人格权是民事主体享有的生命权、身体权、健康权、姓名权、名称权、肖像权、名誉权、荣誉权、隐私权等权利。从该规定也可以理解企业名称权中的商号权具有人格权属性，落入人身权的范畴。

产权的属性。作为一种无形的财产，商号可以被依法转让。但是，商号连同企业名称的转让必须是随企业或企业的一部分一同转让，而不能单独转让。因此，企业商号不是一种单一的财产。由此可见，商号兼具人身权和财产权的双重属性。

五、商号权的保护

在我国，《民法典》《反不正当竞争法》、最高人民法院发布的有关司法解释、《企业名称登记管理规定》等多部法律、司法解释和部门规章均规定了对企业名称的保护，自然涵盖对商号权的保护。[1] 此外，《公司法》诸多条文涉及载明公司名称的规定。以下分别予以介绍和分析。

《民法典》除前述第993条、第1013条外，其他多处条款也涉及企业名称保护。例如，其第58条、第110条第2款、第1014条、第1016条以及第1017条等。如《民法典》第110条第2款规定："法人、非法人组织享有名称权、名誉权和荣誉权"。《民法典》第1014条规定："任何组织或者个人不得以干涉、盗用、假冒等方式侵害他人的姓名权或者名称权"。《民法典》的上述相关规定，构成了我国对商号权保护的基本法依据。

从《反不正当竞争法》的规定看，如前所述，根据其第6条规定，经营者不得实施"擅自使用他人有一定影响的企业名称（包括简称、字号等）、社会组织名称（包括简称等）、姓名（包括笔名、艺名、译名等）"等混淆行为，引人误认为是他人商品或者与他人存在特定联系。前面的研究表明，《反不正当竞争法》主要是从禁止消费者混淆的角度保护有一定影响的企业名称（包括简称、字号等）的，在此不再赘述。[2]

在法律保护层面，如前所述，尽管《商标法》没有明确提及"企业名称权"，但其第32条规定的"申请商标注册不得损害他人现有的在先权利"实际上也包含了在先的企业名称权的保护。《商标审查审理指南》上编第一部分第三章"3.2异议主体"节即明确"在先权利包括但不限于在先商标权、字号权、著作权、外观设计专利权、姓名权和肖像权。"[3]

从司法解释的规定看，如前所述，《适用〈反不正当竞争法〉的解释》对于司法实践中企业名称的认定等问题也作了规定。《审理注册商标、企业名称与在先权利冲突民事案件规定》第2条则规定："原告以他人企业名称与其在先的企业名称相同或者近似，足以使相关公众对其商品的来源产生混淆，违反反不正当竞争法第六条第（二）项的规定为由提起诉讼，符合民事诉讼法第一百一十九条规定的，人民法院应当受理。"基于企业名称登记、使用不得与在先权利冲突的原则，该司法解释还从民事案件案由、发生侵权时应承担的法律责任等方面作了进一步规定。[4]

从部门规章的规定看，如前所述，《企业名称登记管理规定》对企业名称的构成、核准登记的程序、使用、转让、许可等方面作了规定。除此之外，其对于企业名称的法律保护也作了规定。值得指出的是，这里的法律保护不限于某企业的企业名称受到法律保护，也

---

[1] 参见李政辉：《论企业名称权保护的制度困境与法治出路》，载《法商研究》2023年第4期。

[2] 参见李友根：《论企业名称的竞争法保护——最高人民法院第29号指导案例研究》，载《中国法学》2015年第4期。参见福建省高级人民法院（2022）闽民终1132号民事判决书（不正当竞争纠纷案）；江苏省高级人民法院（2020）苏知终51号民事判决书（不正当竞争纠纷案）。

[3] 参见段威：《企业名称规范论：制度价值与规制路径》，载《中国政法大学学报》2022年第1期。

[4] 《审理注册商标、企业名称与在先权利冲突民事案件规定》（2020修正）第3~4条。

包括其申请登记、使用等行为不能侵害其他企业的企业名称权或其他权益。例如,《企业名称登记管理规定》第 21 条规定,企业认为其他企业名称侵犯本企业名称合法权益的,可以向人民法院起诉或者请求为涉嫌侵权企业办理登记的企业登记机关处理。企业登记机关受理申请后,可以进行调解;调解不成的,企业登记机关应当自受理之日起 3 个月内作出行政裁决;第 22 条规定,利用企业名称实施不正当竞争等行为的,依照有关法律、行政法规的规定处理;其第 23 条规定,使用企业名称应当遵守法律法规,诚实守信,不得损害他人合法权益;其第 24 条第 1 款规定:申请人登记或者使用企业名称违反本规定的,依照企业登记相关法律、行政法规的规定予以处罚。

我国立法对商号权给予了较为充分的保护,但规定零散、笼统,缺乏统一性;而且我国《企业名称登记管理规定》与《巴黎公约》第 8 条规定对厂商名称的保护尚存在一定的差距,有待完善。因此,本书建议我国制定专门有关商号权保护的法律,或者参照世界知识产权组织拟订的《发展中国家商标、商号和不公平竞争行为示范法》,将商号权法律制度与相关知识产权制度进行合并立法,以与国际公约协调。

在司法实践中,对于商号权的保护,则需要查明被告使用的商号或商标是否与原告的相同或者相似,同时也需要判定被告行为是否会造成相关公众混淆或误认。例如,在英陶洁具有限公司诉佛山某陶瓷有限公司侵犯企业名称权纠纷案[1]中,争议的焦点是被告登记并使用其企业名称中的商号"英陶"是否侵犯了原告企业名称中的相同商号"英陶"。由于被告登记使用"英陶"企业名称所在地和原告不同,加之原告又未能提供证据证明陶瓷公司使用其企业名称已使相关公众产生了误认,也不能证明其是在全国范围内具有广泛知名度的知名企业,或者洁具公司的字号是知名的字号,因此,一审、二审法院均认定被告不构成对原告企业名称权的侵犯,因而驳回了原告的诉讼请求。值得注意的是,在认定被告登记并使用与原告相同商号是否侵犯原告企业名称权时,法院并不只是考虑被告和原告企业名称登记的地域不同,还考虑了原告企业名称的知名度,以及原告能否证明被告行为使相关公众对其企业名称产生了误认,这样才能比较全面地评估被告是否对原告造成了损害,进而认定是否构成侵权。[2]

第二节 地理标志权

一、地理标志概述

"地理标志"(Geographical indication)是我国《商标法》第 16 条规定的用语,又称"地理标记"。和专利、商标等其他知识产权保护客体不同,国际上对地理标志尚缺乏单一的定义和统一的术语。

(一)相关概念

与地理标志相似的概念是货源标记(Indications of source)和原产地名称(Appellation of origin)。实际上,早在"地理标志"这个术语出现之前,在世界知识产权组织所管理的

---

[1] 吴汉东主编:《知识产权法》,法律出版社 2004 年版,第 285 页。
[2] 参见江苏省高级人民法院(2021)苏民终 2636 号民事判决书(侵害商标权及不正当竞争纠纷案);北京市高级人民法院(2022)京行终 1884 号行政判决书(商标权无效宣告行政纠纷案);北京市高级人民法院(2022)京行终 3410 号行政判决书(商标权无效宣告行政纠纷案)。

与地理标志有关的国际条约中就已存在上述两个相互区别的概念。"货源标记"和"原产地名称"这两个概念对后来 TRIPs 协议第 22 条第 1 款的"地理标志"的定义的形成有着很大的影响。

1. 货源标记。"货源标记"一词最早出现在 1883 年《巴黎公约》以及 1891 年《马德里协定》中，但是《巴黎公约》和《马德里协定》都没有对"货源标记"的定义作出明确规定。尽管如此，《马德里协定》第 1 条第 1 款中的表述却间接表明了"货源标记"的含义，即凡带有虚假或欺骗性标记的商品，其标记系将本协定所适用的国家之一或其中一国的某地直接或间接地标作原产国或原产地的，上述各国应在进口时予以扣押。由此可以推论出"货源标记"的定义为：作为商品来源国或来源地的一个国家或一个国家内一个地方的标记。

货源标记具有以下特征：①"标记"与商品"地理来源"之间必须具有特定的联系；②不要求商品具有某种源于或主要归因于其来源地的质量或特征；③货源标记既可以由直接标明商品地理来源的文字或短语来表示，如"中国制造""美国制造"等，也可以间接地用象征性符号、标记或其他文字、短语来表示，如以"埃菲尔铁塔"的图案或"拿破仑"的名字表示法国、用"富士山"图案表示日本等。这个要素被后来的"地理标志"概念所吸收。

2. 原产地名称。"原产地名称"作为一个术语首先出现在《巴黎公约》第 1 条第 2 款。该条款将货源标记和原产地名称同时规定为工业产权的保护对象，对货源标记和原产地名称没有作出区分，直到 1958 年签订的《里斯本协定》才对原产地名称作出了与货源标记不同的定义。《里斯本协定》第 2 条第 1 款规定："在本协定中，原产地名称系指一个国家、地区或地方的地理名称，用于指示一项产品来源于该地，其质量或特征完全或主要取决于其地理环境，包括自然和人文因素。"

由此可见，首先，原产地名称必须是一个直接的地理名称，包括国家、地区和地方的地理名称，象征性的符号、标记或其他表示方法都不能成为原产地名称。与《马德里协定》相比，这一要求大大提高了标记成为原产地名称的门槛，使可以作为原产地名称的标记的范围大大缩小。其次，要成为原产地名称还必须表明产品质量和特点完全或主要归因于其来源地的地理环境，包括自然因素和人文因素。

因此，原产地名称是用来表示商品来源地的特有标志，它表明商品的质量或特征完全或主要取决于某种地理条件或传统技术。如贵州茅台酒、涪陵榨菜、景德镇瓷器、湘绣等。虽然货源标记和原产地名称都具有识别商品来源的功能，但这两者还是有区别的——货源标记只表明商品的来源国或来源地，而原产地名称除了具有识别商品来源的功能之外，最重要的是原产地名称表明该商品的质量和特征与其产地的特殊自然条件和人文条件有关，这些自然条件（如气候、水质等）和人文条件（如传统制作工艺）决定着商品的相关特征、质量。

原产地名称表明了商品具有某种特定的质量保证。人们通过对原产地名称的识别而认可和购买标有某原产地名称的商品，它能给生产商带来经济利益。因此，原产地名称具有财产属性。在商品上使用原产地名称必须具备以下条件：①原产地名称是真实存在的地理名称，而不是臆造虚构的地名；②原产地名称的使用人是在该产地利用相同自然条件、采用相同传统技艺的生产经营者；③原产地名称所附着的商品是驰名的地方特产，在原产地以外的广大范围内为公众所知晓。

原产地名称与商标具有相似的功能和外部特征。但是，两者也有重要区别：

（1）原产地名称不具有排他性和专有性，而商标则具有强烈的排他性。原产地名称不为某一特定生产商所有，而是归属于原产地内的使用特定材料或具备一定技术条件或其他条件的特定产品的生产者，任何原产地内符合条件的生产者均可以使用原产地标志。

（2）原产地名称不具有可转让性，而商标是可以依法转让的。原产地名称不具有专有性，它不是哪个特定生产商的专有财产或专有权利，而是该地区内所有符合条件的生产者的共有财富。而且，原产地名称表明了商品与原产地的特定联系，在其他地区生产的商品是绝对不能冠以原产地名称的，原产地范围内符合条件的生产者都有权使用原产地名称，而其他地区的生产者在任何情况下都不能使用原产地名称。因此，原产地名称不具有可转让性是很自然的。

（3）原产地名称具有永久性，没有时间的限制，而商标具有一定的使用期限。由于原产地名称与特定的地理环境或人文环境直接联系，只要这种环境条件存在，原产地名称便不会丧失其基础，因此，原产地名称不受时间限制，但如果这种地理环境或人文环境条件因某种原因而消失时，原产地名称便不再具有意义，也就不复存在了。在这点上它与商标有很大不同。商标是有期限的，虽然在一次有效期届满时，权利人可无限制地申请续展，但这并不表明商标具有永久性。事实上，一旦权利人不续展，商标将被注销。

3. 地理标志。与货源标记以及原产地名称相比，"地理标志"是一个较新的概念，它在世界知识产权组织讨论建立有关产品地理来源名称或标记之国际保护条约的过程中首先被提及。当时世界知识产权组织提出这一概念的意图就是要把货源标记和原产地名称这两个概念以及其他符号标记都纳入其中。[1]

对"地理标志"这一概念作出最新、最具影响力界定的是TRIPs协议第22条第1款的规定，即地理标志是识别某一商品来源于成员领土或者该领土内某一地区或地方的标记，该商品的特定质量、声誉或其他特征主要归因于其地理来源。这一定义显然是建立在《里斯本协定》原产地名称定义的基础上的，但它又在某些方面与《里斯本协定》的规定有所不同，主要有以下三点：

（1）TRIPs协议明确规定地理标志是用于识别"商品"（goods）的标记。《里斯本协定》中的原产地名称所标示的则是"产品"（product）。TRIPs协议中的"商品"和《马德里协定》第1条第1款中的"商品"用语相一致。这种用语上的选择绝不是偶然的。

（2）用来识别商品来源地的国家、地区或地方的任何标记，可以是地理名称，也可以是图形标记或符号，甚至还可以是非"直接的地理名称"的其他名称，只要该名称具有标示商品地理来源的功能，例如Bssmati稻米。这一点又和货源标记相似，而与原产地名称不同。

（3）地理标志的概念中出现了一个新的要素，即"声誉"，这是《里斯本协定》所没有规定的。根据TRIPs协议第22条第1款，任何商品只要具备了"主要归因于其地理来源"的特定的"质量、声誉或其他特征"中的任何一项，就具有受地理标志保护的充分条件，因此仅具有声誉的商品也可以受地理标志的保护。反观《里斯本协定》中的原产地名称，其要求更为严格，不仅声誉不得作为受原产地名称保护的条件之一，而且要成为原产

---

[1] 由于TRIPs协议要求其成员遵循该条约的规定，因此该条约仍然间接发生了效力。

地名称，其产品的"质量和特征"必须"完全或主要归因于地理环境，包括自然和人文因素"，[1] 因此产品的质量和特征必须同时符合条件才能受到原产地名称的保护。

（二）对以上三个概念的比较

如果将货源标记、原产地名称和地理标志三个概念进行比较，就会发现：货源标记概念的外延最大，它既没有限制所使用的标记的类型（既可以是地理名称也可以是其他标记或符号），也没有对产品的特征、条件作任何限制性的要求，其涵盖了地理标志和原产地名称；原产地名称所涵盖的范围最小，因为原产地名称被限制在地理名称的范围之内，而且产品还必须具有符合要求的质量和特征；地理标志则比原产地名称的范围要广一些，居于原产地名称和货源标记二者之间。换言之，所有的原产地名称都是地理标志，但并非所有的地理标志都是原产地名称。

在把握地理标志的概念时，应当注意的是：不论货源标记、原产地名称还是地理标志，它们都是分别在各国际条约调整范围内使用的，这些国际条约所规定的权利和义务都分别只和各国际条约所涉及的概念和术语相关。因此，只有将"地理标志"及相关概念置于特定的话语环境中，才能准确理解其含义并正确处理各概念之间的法律或逻辑关系。

二、地理标志的法律性质

（一）地理标志权具有知识产权属性

根据《民法典》第123条第2款规定，地理标志属于知识产权客体之一。地理标志权在世界范围内被纳入知识产权保护体系，正是因为其具有知识产权的共同属性，如专有性、客体的非物质性等；稍显特殊的是，地理标志权没有严格的时间性。和商标权制度一样，地理标志权与其他知识产权存在一些重要区别：专利权制度与著作权制度根源于"知识的创造性"对经济发展的重要性，而地理标志与特定经济形态即商品经济相联系，其所体现的意义不在于"地理标志"富含多少"知识"、地理标志持有人为此"知识"付出多少代价以及"知识"对经济发展具有什么意义，而在于地理标志权制度背后所代表的经济秩序。[2] 正是基于这种本质区别，对地理标志的保护不具有严格的时间限制。

虽然地理标志与商标在本质上都属于知识产权的范畴，但法律对二者保护的侧重点不同。法律对商标的保护体现为"禁"与"行"两个方面：①商标权人可以积极地行使其专用权；②商标权人有权禁止他人非法使用。法律对地理标志的保护则主要体现为"禁"，既禁止非生产于特定地区的产品使用该地理标志，又禁止未达到规定标准的产品使用该地理标志，以防止地理标志成为通用标志。

具体来说，地理标志是与商标有关的商品区别标志，与商标权、商业秘密权等知识产权相比，有着明显的区别：①地理标志不能由个体专有，但商标可以被独家注册。一般情况下，商标不能注册为地理标志，地理标志也不能被注册为商标，但允许将地理标志注册为集体商标和证明商标。②时间性要求不同。很多地理标志都与传统、文化、历史紧密相关，而且该项权利也没有保护期限制。注册商标享有保护期，商业秘密权虽无保护期限制，但其主要内容一旦泄露则会导致权利丧失的后果。③权利转让不同。地理标志不得被转让或许可使用。商标则可以被转让或许可他人使用。商业秘密也具有可转让的法律特征。

---

[1]《里斯本协定》第2条。
[2] 李冬梅：《地理标志知识产权性质分析及法律对策》，载《大连海事大学学报（社会科学版）》2003年第1期。

④寻求法律保护和救济的权利主体范围不同。地理标志被滥用时，特定商品产地内的任何人均可起诉。其他权利被侵犯时，只有确定的权利个体方可主张权利。

(二) 地理标志权是一种集体性的共有权利

地理标志的集体性和共有性，是地理标志区别于传统知识产权的一个显著属性。地理标志是基于商品产地的自然条件和生产者的集体智慧而形成的，是归产地内生产者和经营者集体共有的一种权利。[1] 这一法律属性意味着：①地理标志不允许由个人独自注册，若独家注册势必会剥夺该地域内其他生产经营者的使用权。②产地内的所有企业和个人，只要其产品符合真实、稳定的传统条件，具有一定的质量和特点，都可以使用该地理标志。也就是说，该地理标志的使用权主要针对产地内所有符合该产品特质的企业和个人，而禁止使用的对象为产地外的企业和个人，以及虽在产地内但其产品不符合一定特质的企业和个人。③在盗用、假冒地理标志或侵权行为发生时，产地内任一权利人均可提起诉讼。根据《巴黎公约》的规定，在虚假产地标记所标示的国家、地区或地方，生产经营该项产品的任何人都应视为"有关当事人"，均有权起诉。④地理标志具有不可转让性。由于地理标志是一种集体性的共有权利，其具有不可转让性。该项权利虽具有财产意义，但使用这一标记的任何生产经营者都不得转让或许可他人使用，这是由于权利客体即地理标记的本源性所决定的。倘若允许地理标志转让使用，即会造成商品地域来源的混淆，扰乱社会经济秩序，从而也就使地理标志丧失了本来的功能与作用。

(三) 地理标志具有永久性

地理标志权可以永久得到保护的法律属性使其不同于其他知识产权。其他知识产权如专利权和著作权中的财产权都有时间性限制，权利人的权利在法律赋予的保护期内具有专有性，保护期限届满该智力成果则进入公有领域，成为人类的共同财富，任何人都可无偿使用。地理标志则没有时间性的限制要求，一般可以永久存在。

三、地理标志的法律保护

地理标志的重要意义已为世界各国所共识，当今世界各国大都制定国内法对地理标志加以保护或加入国际公约、双边条约或多边协定以共同保护地理标志。世界各国对地理标志的保护模式主要有三种：①通过商标法将其作为集体商标或证明商标来保护，由使用者向国家主管部门提出申请注册而获得商标法的保护，如德国、英国、美国、瑞士以及我国均采取此种保护方式。[2] ②进行专门立法。例如，法国在1919年颁布了《原产地名称保护法》对原产地名称进行全面的规定，以此来保护原产地名称。③通过反不正当竞争法加以保护。这种方式是将侵犯原产地名称的行为作为一种不正当竞争行为，由反不正当竞争法加以规制，从而保护原产地名称。瑞典、中国也采用这种保护方式。签订和加入国际公约、双边条约或多边协定来共同保护原产地名称是另一种有效的保护方式。这种方式能协

---

[1] 参见王笑冰：《关联性要素与地理标志法的构造》，载《法学研究》2015年第3期；张志成：《地理标志保护的法理基础及相关问题研究》，载《中国政法大学学报》2022年第6期。

[2] 如前述《商标法》第3条规定。此外，《商标法实施条例》第4条第2款对地理标志申请证明商标和集体商标事宜作了进一步规定。参见张今、卢结华：《商标法中地域性名称的司法认定：商标、地理标志、特有名称与通用名称之辨析》，载《法学杂志》2019年第2期；参见湖南省长沙市中级人民法院（2021）湘01民终163号民事判决书（侵害商标权纠纷案）；安徽省六安市中级人民法院（2022）皖15民初186号民事判决书（认定驰名商标、商标权权属纠纷案）；山东省滨州经济技术开发区人民法院（2021）鲁1691民初766号民事判决书（侵害商标权纠纷案）。

调各国的步伐，共同保护原产地名称。目前已经有一些国际公约将原产地名称列入知识产权范围加以保护。

（一）国际公约对地理标志的保护

1883年缔结的《巴黎公约》是最早对地理标志提供保护的国际公约之一。该公约虽未对地理标志给予科学的界定，但从相关内容中也可以得到一些启示，如公约第10条规定，对带有假冒原产地或生产者标记的商品进口时予以扣押。实际上，《巴黎公约》只是禁止直接或间接使用虚假原产地标记，而不是对地理标志进行系统保护。

为有效地保护地理标志，各国之间相继签订了一系列的国际条约，如1891年缔结的《马德里协定》是巴黎联盟框架下针对地理标志保护的专门国际协定。1958年的《里斯本协定》第2条第1项对地理标志作了明确的界定。20世纪60年代，通过了《发展中国家原产地名称和产地标记示范法》。此外，还有其他涉及原产地名称保护的国际性条约，如《关税与贸易总协定》《非洲知识产权组织班吉协定》以及《中美洲工业产权协定》等。

值得注意的是，1994年签订的TRIPs协议即对地理标志的保护进行了专门规定。其第二部分第3节不仅通过实质条款对地理标志提供保护，而且还规定了保护的最低标准。该协议还对葡萄酒、烈性酒的地理标志的附加保护作了规定。此外，基于利益平衡的考虑，TRIPs协议第24条第4~9款规定了有关地理标志保护的一些例外情况，涉及在先使用或善意使用、商标的在先注册或商标权的在先获得、通用名称、不利使用、姓名权的使用、产地国的保护等内容，具体内容将在本书第四十一章阐述。TRIPs协议是现今最具综合性的知识产权多边协议，其对地理标志的明确规定有利于促进世界各国、地区建立和完善对地理标志保护的法律制度。关于国际公约对地理标志的保护问题，本书第六编还将继续阐述。

由前述内容可知，从地理标志权制度产生伊始，人们即认为在本质属性上，其与商标制度无异，均属于知识产权这一制度体系。正是在这一认识基础上，世界各国以及相关国际公约规定了各自的地理标志保护制度。

（二）我国地理标志的法律保护

1. 我国地理标志的法律保护模式。原国家工商行政管理局于1994年12月公布了《集体商标、证明商标注册和管理办法》，规定将原产地名称作为一种证明商标，按照特殊办法加以注册使用和管理。

1999年8月17日，原国家质量技术监督局公布了《原产地域产品保护规定》（已失效），这是我国第一部专门规定地理标志（原产地名称）制度的部门规章，这一规章一度和《商标法》并存，形成了对地理标志保护的两种并行模式。2005年6月7日，原国家质量监督检疫总局又颁布了《地理标志产品保护规定》，该规定已于2005年7月15日起施行，原国家质量技术监督局颁布的《原产地域产品保护规定》同时废止。从内容上看，《地理标志产品保护规定》和《原产地域产品保护规定》是一脉相承的，它承继了《原产地域产品保护规定》的基本框架，所以在此之前已经建立起来的原产地域产品保护体制实际上基本被沿袭下来。《地理标志产品保护规定》在有效保护地理标志产品、促进地方经济发展方面发挥了重要作用。但是，由于该规章制定时间较早，且一直未作修改，已不能满足地理标志产品认定、保护和管理的现实需求，具体表现在：一是审查程序相关规定不够完善，未规定不予认定的情形以及变更和撤销程序；二是地理标志产品和专用标志的使用管理规定较少，缺少明确的操作指引；三是权利保护较弱，侵权行为不够明确。为解决上述问题，满足社会公众对地理标志产品保护制度完善的期待，国家知识产权局制定了《地理标志产品保护办法》（局令第八十号），自 2024 年 2 月 1 日起施行。该部门规章明确了国家知识产权局在地理标志保护中的主体地位。

《地理标志产品保护办法》共 36 条，主要内容如下：

（1）明确部门职责。明确国家知识产权局负责全国地理标志产品以及专用标志的管理和保护工作；统一受理和审查地理标志产品保护申请，依法认定地理标志产品。明确地方知识产权管理部门负责本行政区域内的地理标志产品及专用标志的管理和保护工作（第 5 条）。

（2）明确地理标志产品审查标准和程序。明确地理标志产品应当具备真实性、地域性、特异性和关联性（第 3 条），并规定不给予认定的情形（第 8 条）。将异议程序置于技术审查之后，优化审查程序，提高审查效率（第 14 条、第 15 条）。规定变更程序，对保护要求的非主要内容变更和主要内容变更规定不同的审查程序和要求（第 26 条）。规定撤销程序，明确撤销理由、证据材料要求、审查及救济途径（第 27 条至第 29 条）。

（3）明确申请人管理职责和生产者按标准生产的义务。县级以上人民政府或者其指定的具有代表性的社会团体、保护申请机构可以作为提出地理标志产品保护申请的申请人（第 9 条）。地理标志产品获得保护后，申请人应当采取措施对地理标志产品名称和专用标志的使用、产品特色质量等进行管理，地理标志产品生产者应当按照相应标准组织生产（第 23 条）。生产者未按标准生产且限期未改正将被注销专用标志使用注册登记（第 31 条）。

（4）加强地理标志产品的保护。明确在产地范围外的相同或者类似产品上使用受保护的地理标志产品名称、在产地范围外的相同或者类似产品上使用与受保护的地理标志产品名称相似的名称且误导公众、在产地范围内的不符合地理标志产品标准和管理规范要求的产品上使用受保护的地理标志产品名称、冒用或者伪造专用标志等具体违法行为，并规定依据相关法律法规处理（第 30 条）。

此外，鉴于本部门规章与原国家质量监督检验检疫总局制定的《地理标志产品保护规定》存在部分内容交叉，为便于公众识别和适用，规章名称定为《地理标志产品保护办法》，以与原部门规章进行区分。在具体适用时，根据新规定优于旧规定的原则，对于地理标志产品认定、管理和保护内容，两个规章不一致的，适用新规章；涉及行政执法的，继续按照原规章相关条款执行。

2. 地理标志保护与商标保护的冲突与协调。在商标的合法使用人与地理标志产品合法受保护人不一致的情况下，由于二者的权利对象指向同一类产品，其利益却是针锋相对的，双方就会产生激烈的冲突。根据不同的冲突形态可以分为以下几类：①普通商标与地理标志产品注册之间的冲突；②驰名商标与地理标志产品之间的权利冲突；③驰名商标与知名地理标志之间的权利冲突；④集体商标、证明商标权利人与地理标志产品权利人之间的冲突。此外，地理标志保护还涉及作为地名意义上的公共资源自由使用与地理标志专有权保护的协调问题。在司法实践中，应注意明确被控行为的性质。[1]

3. 我国地理标志专门立法及其与商标保护的协调。[2] 现行我国关于地理标志立法存在着分散、碎片化问题，这种局面导致我国不仅对地理标志保护力度不够，而且在地理标

---

[1] 参见青海省高级人民法院（2020）青知民终 20 号民事判决书（侵害商标权纠纷案）。
[2] 本部分选自冯晓青：《地理标志专门立法及其与商标保护的协调研究》，载《中国名牌》2023 年第 3 期。

志管理、质量监控等方面存在诸多问题。由于针对地理标志授权确权、保护和管理等缺乏统一的立法规定，如何与其他相关制度特别是相关的商标保护相协调，也是亟待解决的重要问题。

（1）地理标志专门立法的合理性。正是基于我国地理标志立法存在的问题，为完善我国地理标志保护制度，对地理标志进行统一的专门立法具有必要性。近几年来，党和国家层面相关政策与规划即提出了探讨地理标志专门立法的问题。例如，《知识产权强国建设纲要》提出，要"探索制定地理标志、外观设计等专门法律法规，健全专门保护与商标保护相互协调的统一地理标志保护制度"。2021年10月，国务院发布的《"十四五"国家知识产权保护和运用规划》提出，要"加强地理标志、商业秘密等领域立法"。2021年12月，国家知识产权局公布的《地理标志保护和运用"十四五"规划》则提出了更为具体的关于地理标志立法制度的构架。上述规范，强调了以下两点：一是有必要进行地理标志专门立法，以健全我国地理标志法律制度；二是地理标志法律制度应当与商标保护相协调。

我国对地理标志进行专门立法的必要性体现在：其一，从地理标志保护法理来说，地理标志作为知识产权保护客体范畴，本身就是自成一体并具有自身特色的标识类知识产权。这类特定的标识，依托特定的地区及其特定的商品类型，具有独特的彰显产品质量、信誉或者其他特征，而这些特征又主要由该地区的自然因素或者人文因素所决定。这些特征还决定了地理标志在权利获取、权利保护内容和权利行使、权利管理与运用方面均具有区别于商标一类标识性知识产权的特征。对地理标志保护进行专门立法，能够更好地发挥地理标志制度在促进经济社会发展方面的功能和作用。其二，从现行我国对地理标志保护的实践来说，由于缺乏统一立法，地理标志的授权确权、保护和管理十分分散，甚至还存在一定的冲突，影响了地理标志保护的效力。以审批地理标志产品为例，不同部门负责审批且条件不同，不利于树立地理标志品牌。

（2）地理标志专门立法与商标保护的衔接与协调。之所以存在两者协调问题，是因为地理标志的保护，可以借助于将地理标志申请为集体商标或者证明商标予以保护，以及在商标申请注册以及保护中，禁止将商标中有商品的地理标志、而该商品并非来源于该标志所标示的地区，误导公众的商标予以核准注册。由于地理标志本身与一般意义上的商标注册和保护存在较多的区别，如注册商标的显著性和地理标志中的"地名"具有公共资源性、需要确保地名被社会公众自由使用，以维护公共领域和公共利益不同，在权利主体和权利专有性上，申请为集体商标、证明商标的权利主体及其权利行使也与一般商标权存在很大不同。为此，需要基于地理标志的特点和属性，针对将地理标志申请注册集体商标、证明商标以及在实践中可能存在的与申请注册、使用商标有关的各种侵害地理标志的行为作出与商标法相一致的规定。这样一来，就必然需要考虑与商标法律制度涉及地理标志保护的规定相协调，而不能"各自为政"。

在推进地理标志专门立法时，需要充分吸收商标法律制度关于地理标志保护的规定，避免两者对同一问题的规定出现立法冲突和矛盾的现象。[1] 同时，借鉴现行商标法律制度和规范，对于地理标志权的授权确权、地理标志统一认定、地理标志审查工作机制、地理标志标准化体系、地理标志行政执法和司法保护等作出全面规定，更有利于实现地理标志保护与商标保护的协调和统一。为实现地理标志保护与商标保护的有机衔接与协调，需要

---

[1] 参见王笑冰：《真正地理标志保护的实质与我国地理标志统一立法》，载《法学研究》2023年第6期。

本章案例研讨

34-1（总第86）：未经许可继续使用原股东企业名称的行为构成不正当竞争
——再审申请人成都中铁二局某装饰工程有限责任公司与被申请人中铁二局建设有限公司擅自使用他人企业名称纠纷案[1]

一、案情简介

中铁二局建设有限公司（以下简称中铁二局）的三家子公司出资设立了成都中铁二局某装饰工程有限责任公司（以下简称成都中铁二局某装饰公司）。后发生多次股权变更，至2015年11月23日，中铁二局的最后一家子公司退出，不再持有成都中铁二局某装饰公司股份。此后，中铁二局多次要求成都中铁二局某装饰公司停止在其公司及分公司名称，以及对外活动和企业资料中使用"中铁二局"商标及字号并变更工商登记未果，遂向四川省成都市中级人民法院提起诉讼。

二、法院裁判理由及结果

一审法院认为，成都中铁二局某装饰公司在企业名称中使用"中铁二局"字样具有合理性、正当性，该行为不构成不正当竞争，一审法院对中铁二局要求成都中铁二局某装饰公司更名并赔偿损失的诉讼请求不予支持。中铁二局不服，向四川省高级人民法院提起上诉。

二审法院认为，中铁二局对"中铁二局"的字号享有企业名称权，成都中铁二局某装饰公司的行为构成不正当竞争。据此判决成都中铁二局某装饰公司停止在企业名称中使用"中铁二局"字样，并赔偿损失100 000元。成都中铁二局某装饰公司不服，向最高人民法院申请再审。

最高人民法院审查认为，判定成都中铁二局某装饰公司使用"中铁二局"是否侵害了中铁二局的企业名称权，要综合考虑成都中铁二局某装饰公司有无使用的合法权利基础。在中铁二局下属子公司系成都中铁二局某装饰公司的股东的情况下，成都中铁二局某装饰公司使用"中铁二局"没有违反诚实信用原则，属正当使用。但在2015年11月23日中铁二局下属子公司不再持有成都中铁二局某装饰公司股份的情况下，成都中铁二局某装饰公司与中铁二局则不再具有法律上的关联关系，不再具有继续使用中铁二局企业名称权的法律基础。考虑到成都中铁二局某装饰公司与中铁二局的业务范围的重合，以及中铁二局的知名度，容易使相关公众误认为成都中铁二局某装饰公司与中铁二局存在一定联系。在中铁二局明确两次发函要求变更企业名称的情况下，成都中铁二局某装饰公司并未在合理期限内对企业名称进行变更，而是继续使用，客观上会造成市场混淆，损害中铁二局的合法权益，二审法院认定构成不正当竞争并无不当。

---

[1]《最高人民法院知识产权案件年度报告（2021）》，第90~91页；最高人民法院（2021）最高法民申3888号民事裁定书。

最高人民法院于 2021 年 9 月 29 日裁定驳回了成都中铁二局某装饰公司的再审申请。

本案涉及未经许可继续使用原股东企业名称的行为是否构成不正当竞争问题。在该案中，二审和再审法院改判了一审法院的观点，认定涉案行为构成不正当竞争。最高人民法院"裁判要旨"明确："在经变更不再具有股权从属关系的情况下，当事人仍擅自使用原股东企业名称，要综合考量企业名称的知名度、原股东是否同意继续使用、业务范围是否重合、是否造成相关公众混淆误认等因素，判定该企业名称使用行为的合法性"。本案为认识涉及企业名称的相关不正当竞争的认定提供了启示。

34-2（总第 87）：地理标志证明商标专有权的界限
——"西湖龙井"地理标志证明商标侵权纠纷案[1]

一、案情简介

原告杭州市西湖区龙井茶产业协会经杭州市政府同意，注册了第 9129815 号"西湖龙井"地理标志证明商标，核定使用商品为第 30 类"茶叶"。原告制定的相关管理规则对使用"西湖龙井"商标的商品的生产地域、品质、工艺等进行规定。原告经公证从被告处购买了一礼盒茶叶。经比对，被告上海某茶叶有限公司销售的被控侵权商品的纸袋、礼盒和茶叶罐上均印有竖列的"西湖龍井"字样，销售名片背面印有"虎牌西湖龙井……"字样。

原告向法院诉称，原告经商标局核准注册了"西湖龙井"地理标志证明商标。被告销售的茶叶包装和名片上都显著地使用了"西湖龙井"标记，侵犯原告的商标权。请求判令被告停止侵犯原告"西湖龙井"注册商标专用权的行为并赔偿 100 000 元，在《解放日报》《新民晚报》刊登声明，消除影响。

二、法院裁判理由及结果

上海市杨浦区人民法院经审理后认为，原告是"西湖龙井"商标的商标权人。被告将印有"西湖龍井"字样的包装袋、礼盒和茶叶罐使用于其销售的茶叶，属于商标性使用。与涉案商标相比，两者区别仅在于简繁体、字体和横竖排列，且被告不能证明其产品来源于"西湖龙井"的指定生产区域并符合特定品质要求，其行为侵犯原告的商标权。此外，被告在名片上印制"虎牌西湖龙井"，使公众对茶叶的来源产生误认，亦构成侵权。被告应当承担停止侵权、赔偿损失等民事责任。据此判决：被告立即停止侵犯原告第 9129815 号"西湖龙井"注册商标专用权的行为；被告赔偿原告经济损失 30 000 元（其中包含合理费用 1720 元）。一审判决后，双方当事人均未提出上诉。

本案是一起典型的侵害地理标志证明商标的案件。证明商标的作用在于让相关公众可以通过商标来辨别特定商品或服务的来源。是否侵害地理标志证明商标的关键在于商品是否符合证明商标所标示的特定品质。对于在产地、品质、原料、制造方法等不符合规定的商品上标注该商标的，证明商标的注册人有权禁止，并依法追究其侵犯证明商标权利的责

---

[1] 上海市杨浦区人民法院（2014）杨民三（知）初字第 422 号民事判决书。

任。本案中,"西湖龙井"商标享有极高的声誉与知名度,承载了中国传统文化及独特的茶叶生产工艺。被告冒用该商标销售侵权产品,不仅会给该商标以及使用该商标的商品的声誉造成不良影响,而且会对公众的权益造成损害。本案判决通过禁止被告在非来源于指定生产区域、具备特定品质的商品上使用证明商标,有效保护了涉案商标的商誉及消费者权益,有利于维护良好的市场竞争秩序。

34-3(总第88):地理标志证明商标是否属于通用名称的认定
——武汉某粮油食品有限公司与湖北某桥米有限公司、京山市粮食行业协会侵害商标权纠纷案[1]

一、案情简介

2008年7月28日,某县粮食行业协会注册取得第5251319号"京山桥米"证明商标,核定使用商品为第30类"米",有效期为2008年7月28日至2018年7月27日,经续展有效期至2028年7月27日。2019年7月3日,经国家知识产权局核准,涉案商标注册人变更为本案某粮食协会。某粮食协会《管理规则》对"京山桥米"商标的使用条件、使用申请程序、被许可使用人的权利和义务、商标的管理和保护等进行了规定。2009年5月19日,湖北省质量技术监督局发布湖北省地方标准《地理标志产品京山桥米》(DB42T235—2009),该标准规定了京山桥米的术语和定义、地理标志产品保护范围、要求、试验方法、检验规则及标志等内容。某粮食行业协会、湖北某桥米有限公司(以下简称湖北某桥米公司)认为武汉某粮油食品有限公司(以下简称某粮油食品公司)侵害涉案注册商标权,遂向湖北省武汉市中级人民法院提起侵权之诉。

二、法院裁判理由及结果

一审法院认定被告构成对第5251319号"京山桥米"商标权的侵害,判决立即停止生产、销售标有"优道桥米""优选桥米"标识的侵权产品,并赔偿损失17万元,驳回某粮食协会、湖北某桥米公司的其他诉讼请求。某粮油食品公司不服,上诉至湖北省高级人民法院。

二审法院将争议焦点归纳为:①湖北某桥米公司是否属商标法规定的"利害关系人"及能否与某粮食协会共同提起本案诉讼;②某粮油食品公司使用案涉被控"桥米"标识行为是否构成商标侵权;③某粮油食品公司应否承担侵权责任及原审酌赔金额等裁判内容是否适当。

关于第一个争议焦点,本案中,某粮食协会为涉案证明商标的注册人,湖北某桥米公司为涉案证明商标的被许可人并已取得商标注册人的明确授权,其基于各自享有的独立诉权,选择分别起诉抑或共同起诉均不违背法律强制性规定。

关于第二个争议焦点问题,证明商标属于注册商标,与其他注册商标一样,适用商标法的一般规定,但证明商标同时又有其自身的特殊性。地理标志虽然不是商标,但其作为表明商品地区来源的标记,与商标一样具有识别商品的作用。特别是地理标志与商品的特定质量、信誉和其他特征紧密相关。《地理标志产品保护规定实施细则(暂行)》第6条

---

[1] 湖北省高级人民法院(2022)鄂知民终483号民事判决书。

规定，地理标志产品名称由地理名称和反映产品真实属性的通用产品名称构成。商标法意义上的通用名称，实质与该名称是否具有指代特定商业来源的识别功能紧密相关。基于商标法下的通用名称概念与商标基本功能密不可分，且地理标志包括地理标志证明商标的基本功能并不完全等同于普通商标，故对地理标志证明商标中的产品名称是否属通用名称的判定，不能等同于普通商标审查标准（即是否具有指示商业来源基本功能），而应审查其是否具有履行地理标志的基本功能，当其不具有识别地理来源而成为代指某一类产品的名称时，宜认定属通用名称，反之如该术语依旧能够履行指示地理来源的功能，则不宜认定为通用名称。

本案中，某粮食协会申请注册的"京山桥米"地理标志证明商标，"京山"是地理名称，主要表明"桥米"商品的产地范围。"桥米"则是京山的一种米，为特定区域内的产品名称。虽然从普通商标审查标准的角度而言，"桥米"名称作为米类商品，并不具有指示某一特定商业来源的功能，即不能将一个生产者的产品区别于其他生产者的产品，不具有显著性，但从地理标志证明商标的角度而言，"桥米"标志仍具有履行指示地理来源的商标基本功能。从"桥米"名称的外延看，"桥米"并非一个比较宽泛的概念，其外延并不包括京山特定种植区域范围以外生产的稻米。无论是"京山桥米"抑或"桥米"，均特指京山特定种植区域内符合特定产品品质的稻米。基于"京山桥米"证明商标中的"桥米"名称可以指示地理来源，能够将产自该地理来源的地域性特色产品与其他产地产品相区分，满足地理标志的基本功能，因而不宜被认定为通用名称。某粮油食品公司认为"桥米"属商品通用名称，混淆了"桥米"作为普通商标注册使用与作为地理标志证明商标注册使用的商标识别功能，其相关上诉理由本院不予采纳。

某粮油食品公司在产品包装上使用"优道桥米""优选桥米"标识完整包含了"桥米"二字，虽然相关公众不会对该大米的具体生产商或销售商产生混淆，但足以使相关公众将"优道桥米"理解为来源于京山桥米产地的"优道"牌京山桥米，将"优选桥米"理解为经过筛选后品质优良的京山桥米，误认该商品是"京山桥米"地理标志商品或源于"桥米"所标识的特定区域，具有该地理标志所标识的特定品质。原审据此认定其使用被控"桥米"标识的行为侵犯了"京山桥米"地理标志证明商标专用权并应承担相应侵权责任，具有事实和法律依据，本院予以确认。

二审法院驳回上诉，维持原判。

本案涉及地理标志证明商标是否属于通用名称的问题。在该案中，法院强调地理标志证明商标中的产品名称是否属通用名称的判定不宜按照普通商标标识商品来源的标准，而应当审查是否具有指示地理来源的功能。法院认定，"京山桥米"证明商标能够满足地理标志的基本功能，不宜认定为通用名称。本案为认识地理标志证明商标与通用名称的关系提供了启发。

34-4（总第89）：地理标志证明商标侵权的认定
——新疆维吾尔自治区阿克苏地区苹果协会与
吉林市某生鲜超市侵害商标权纠纷再审申请案[1]

一、案情简介

再审申请人吉林市某生鲜超市（以下简称某生鲜超市）因与被申请人新疆维吾尔自治区阿克苏地区苹果协会（以下简称阿克苏苹果协会）侵害商标权纠纷一案，不服吉林省高级人民法院（2021）吉民终242号民事判决，向最高人民法院申请再审。某生鲜超市主张经销的水果产品进货渠道合法，不存在侵权行为，其也不是水果批发商，进货数量不大，二审法院认定事实错误。

二、法院裁判理由及结果

再审审查阶段，某生鲜超市向最高人民法院提交了微信支付交易明细证明，拟证明其销售的被诉侵权商品具有合法进货渠道。最高人民法院经审查认为，本案应审查的主要问题为：二审判决认定某生鲜超市销售被诉侵权商品的行为侵害了第5918994号"AKSU阿克苏苹果AKESUAPPLE及图"注册商标（以下简称涉案商标）专用权并应当承担相应责任是否正确。

第一，关于某生鲜超市销售被诉侵权商品是否侵害涉案商标专用权的问题。《商标法》第3条第3款规定："本法所称证明商标，是指由对某种商品或者服务具有监督能力的组织所控制，而由该组织以外的单位或者个人使用于其商品或者服务，用以证明该商品或者服务的原产地、原料、制造方法、质量或者其他特定品质的标志。"该法第16条规定："商标中有商品的地理标志，而该商品并非来源于该标志所标示的地区，误导公众的，不予注册并禁止使用；但是，已经善意取得注册的继续有效。前款所称地理标志，是指标示某商品来源于某地区，该商品的特定质量、信誉或者其他特征，主要由该地区的自然因素或者人文因素所决定的标志。"又根据《商标法实施条例》第4条规定，《商标法》第16条规定的地理标志，可以依照商标法和本条例的规定，作为证明商标或者集体商标申请注册。以地理标志作为证明商标注册的，其商品符合使用该地理标志条件的自然人、法人或者非法人组织可以要求使用该证明商标，控制该证明商标的组织应当允许。据此，地理标志证明商标具有标识商品来源地的功能，其标志商品的原产地，以表明因原产地的气候自然条件、工艺、制作方法等因素决定的商品具有的特定品质。使用地理标志作为证明商标的主体，其商品应当来源于该标志所标示的地区，否则地理标志证明商标注册人将有权禁止其使用并依法追究其侵害证明商标权利的责任。

本案中，根据在案证据，某生鲜超市销售的被诉侵权商品的外包装上印有"阿克苏"字样，上述标识能够起到指示商品来源的作用，构成商标性使用，且完整包含涉案商标文字识别部分，二者构成近似商标。经查，第1152期《商标公告》上刊登的涉案商标使用管理规则载明：涉案商标是经原国家工商行政管理总局商标局核准注册的地理标志证明商标，用于证明"阿克苏苹果"的原产地域和特定品质；阿克苏苹果协会是涉案商标的注册人，对该商标享有专用权，负责该地理标志证明商标的管理工作；申请使用涉案商标的，应当按照本规则的规定，经阿克苏苹果协会审核批准；使用"阿克苏苹果"地理标志证明商

---

[1] 最高人民法院（2021）最高法民申5313号民事裁定书。

的产品的生产地域范围是新疆维吾尔自治区阿克苏地区阿克苏市（共3县2市44个乡镇和农场及农一师21个团场）。涉案商标使用管理实施细则载明：申请使用涉案商标的非种植户申请人的产品的生产地域范围为新疆维吾尔自治区阿克苏地区阿克苏市、阿拉尔市、库车县、新和县、沙雅县、温宿县、阿瓦提县等7个县、市现辖行政区域。申请使用涉案商标的非种植户申请人的包装物必须符合《"阿克苏苹果"商标标识及包装物印制、使用管理办法》的相关要求。涉案商标标识及包装物印制、使用管理办法载明：凡印有"阿克苏苹果"字样或者"阿克苏苹果；AKSU；AKESUAPPLE"证明商标标识的包装，必须按照本办法使用证明商标并接受阿克苏苹果协会的统一管理；凡经阿克苏苹果协会许可使用涉案商标的被许可人，其生产、销售的"阿克苏苹果"苹果包装箱必须印制或粘贴"阿克苏苹果"商标标识或使用阿克苏地区苹果协会指定的包装箱，并实行一箱一码。某生鲜超市未能提交证据证明其销售的商品符合上述规则中有关产地及包装等相应特点，亦未提交证据其已经过阿克苏苹果协会批准或授权，在此情况下，某生鲜超市销售标注"阿克苏"标识的商品，容易导致相关公众对商品来源以及商品的产地、品质等产生混淆误认，构成对涉案商标权的侵害。某生鲜超市虽主张其销售的商品具有合法来源，但并未提供充分证据证明，对其相关再审申请理由，最高人民法院不予支持。

第二，关于二审法院判决某生鲜超市承担的相应责任是否适当的问题。某生鲜超市销售侵害涉案商标专用权的商品，依法应当承担停止侵害和赔偿损失的侵权责任。关于赔偿数额，由于阿克苏苹果协会未能提交证据证明其因被侵权所受的实际损失及某生鲜超市因侵权所得利益，本案亦无可参照的商标许可使用费数额，二审法院综合考虑涉案商标的知名度、某生鲜超市的经营规模、阿克苏苹果协会因制止侵权行为的合理开支等因素，酌情确定某生鲜超市赔偿阿克苏苹果协会相应经济损失及合理开支并无明显不当。

综上，最高人民法院裁定驳回某生鲜超市的再审申请。

本案涉及地理标志证明商标保护边界及其侵权认定问题。在该案再审审查中，最高人民法院认定某生鲜超市销售标注"阿克苏"标识的商品未能提交证据证明其符合"阿克苏苹果"证明商标使用条件，"容易导致相关公众对商品来源以及商品的产地、品质等产生混淆误认，构成对涉案商标权的侵害"。本案为认识地理标志证明商标的法律保护和侵权认定提供了启示。

第三十五章 域名权

> **本章提要**
>
> 本章主要阐述和探讨域名的概念、结构、性质及法律特性等基本问题，以及域名冲突的解决。
>
> 本章的重点是域名争议以及域名与商标冲突纠纷的法律依据和解决机制，难点是域名的属性以及域名与商标的不同特征。

第一节 域名概述

一、域名的概念

随着国际互联网的迅猛发展，人们越来越认识到网络具有的巨大商业价值。网络是基于 TCP/IP 协议进行通信和连接的，为了区别在网络上不计其数的用户和计算机，每一台连接到互联网的主机上只能有一个唯一的、确定的 IP 地址（Internet protocol address），即互联网协议地址。

为了保证互联网上每台计算机的 IP 地址是独一无二的，用户必须向一定的机构申请注册。互联网名称与数字地址分配机构（The Internet Corporation for Assigned Names and Numbers，ICANN）就是这样的一个非营利性国际组织，它负责互联网协议（IP）地址的空间分配、协议标识符的指派、通用顶级域名（GTLD）以及国家和地区顶级域名（CCTLD）系统的管理和服务器系统的管理。域名系统（DNS）帮助用户在互联网上寻找路径。网络中的地址分配有 IP 地址系统和域名地址系统两套相互对应的方案。根据自 2017 年 11 月 1 日起施行的《互联网域名管理办法》第 55 条第 1 项的规定，域名就是"互联网上识别和定位计算机的层次结构式的字符标识，与该计算机的 IP 地址相对应"。

二、域名的结构

域名的结构，主要是指域名的构成要素。根据原信息产业部 2008 年 3 月 19 日公布的《信息产业部关于调整中国互联网络域名体系的公告》的附件《中国互联网络域名体系》，我国互联网域名结构有如下一些特点：

1. 我国的域名包括英文域名和中文域名。域名体系中各级域名可以由字母（A~Z，a~z，大小写等价）、数字（0~9）、连接符（-）或者汉字组成，各级域名之间用实点（.）连接，中文域名的各级域名之间用实点或者中文句号（。）连接。

2. 域名分为不同级别，包括顶级域名、二级域名等。根据《互联网域名管理办法》第

59条的解释,"顶级域名,指域名体系中根节点下的第一级域的名称"。二级域名下,可以有三级域名,如中国政法大学的域名为"cupl. edu. cn"。在该域名结构中,顶级域名、二级域名和三级域分别是"cn""edu"和"cupl"。

3. 域名至少包括两个部分：顶级域名和二级域名。在我国,顶级域名可以是（CN）或者是目前暂设的三个中文顶级域名："中国""公司"和"网络"。

4. 顶级域名CN之下,又有两类英文二级域名：一类是"类别域名",另一类是"行政区域名"。当然,在顶级域名CN之下也可以按照规定直接申请注册二级域名。

第二节　域名的法律性质及特性

一、关于域名法律性质的争议

目前在学界对域名的法律性质有多种观点,其中最主要的两种观点是围绕域名是否构成一种独立的知识产权而展开的。

（一）"域名权"尚未依法成为一种独立的知识产权

这种观点的理由归纳起来主要有以下几点：

1. 世界知识产权组织（WIPO）在分别于1998年11月和1999年4月发布的题为《互联网域名及地址的管理：知识产权问题》的中期报告和最终报告中明确表示,世界知识产权组织无意创设一种新类型的知识产权,也无意使现有的知识产权在网络空间中得到延伸。[1] 据此,持此种观点的人认为：世界知识产权组织不承认域名是一种可以单独保护的知识产权,因此在法律作出相应变动之前,知识产权不能自动延伸到域名领域。

2. 任何国家的法律条文中都没有"域名权"的字样,即法律尚未对其作出专门性规定。在法律没有把域名规定为一种权利以前,不能够认为域名是一种独立的知识产权,所以不存在所谓的"域名权"。[2]

3. 根据目前我国一些法院对计算机网络域名纠纷案作出的判决,如石家庄某公司诉北京某公司"pda"域名纠纷案,[3] 美国某公司诉北京某信息公司"DUPONT"域名纠纷案[4]等,可以看出我国是基于现行的《商标法》和《反不正当竞争法》对商业域名进行法律保护的。因此,并没有因为域名在商业上的应用而使其成为一种新类型的知识产权。

4. 由于电子商务的发展,许多相关的域名带上了商业色彩,并在网络上起到了类似商标、商号等商业标识的标识性作用,所以很多人称域名为企业的"网上商标",[5] 于是就产生了像域名抢注等域名与商标之间的各种冲突现象。由于域名与商标之间容易发生冲突,很容易让人认为域名是一种新类型的知识产权,但是某种权利与知识产权发生冲突,并不一定意味着这种权利本身就是一种知识产权。[6]

---

[1] 唐广良：《Internet域名纠纷及其解决》,载郑成思主编：《知识产权文丛（第4卷）》,中国政法大学出版社2000年版,第80页。
[2] 徐家力：《知识产权在网络及电子商务中的保护》,人民法院出版社2006年版,第143页。
[3] 参见北京市第一中级人民法院（1999）一中知初字第48号民事判决书。
[4] 参见北京市高级人民法院（2001）高知终字第47号民事判决书。
[5] 徐家力：《知识产权在网络及电子商务中的保护》,人民法院出版社2006年版,第143页。
[6] 张平：《域名的知识产权地位》,载陶鑫良、程永顺、张平主编：《域名与知识产权保护》,知识产权出版社2001年版,第69页。

5. 域名和一般意义上的知识产权在特征上存在差别,如在无形性、时间性、地域性和专有性等方面不同于一般知识产权。[1]

(二) 域名是一种独立的知识产权

这种观点的主要理由是:"域名属于可构成知识产权客体的智力成果";[2] 域名具有知识产权的某些属性;[3] 域名权具有特殊性。除了上述主要观点以外,还有一些其他观点,如认为域名应属于商誉的范围、域名是一种名称权等。[4]

综上所述,目前对域名的法律性质,尤其是对域名是否是一种独立的知识产权的问题争议还很大,至今尚无定论。其实,是否将域名作为一种独立的知识产权看待并无太大的意义,重要的是认识到域名具有的功能和特性,并且其所具有的这些功能与特性使得域名具有价值,与一定的经济利益相联系;同时,厘清域名在注册和使用中涉及的知识产权问题,并寻求域名与知识产权冲突的解决办法。从法理的角度说,任何一种合法的利益都要求法律保护,上升到法律层面就是要赋予其相应的权利。《民法典》第3条即规定:"民事主体的人身权利、财产权利以及其他合法权益受法律保护,任何组织或者个人不得侵犯。"因此,无论域名是否能作为一种独立的知识产权,其都要受到法律保护。

二、域名的法律特性

(一) 唯一性

域名在整个国际互联网上是唯一的,而且只有第一家登记注册的厂商或者机构才拥有该域名。由于域名的设计初衷就是为了方便记忆和识别,为了在技术上保证域名定位功能的实现,域名必须在全球范围内具有唯一性。域名的唯一性主要表现在两个方面:①域名为唯一的域名所有人独有;②不允许有两个或两个以上相同的域名存在。

(二) 标识性

在电子商务环境下,域名具有标识功能,人们通常会把这种网上的标识与现实中的企业的产品和形象联系起来,因此,企业在现实中通过提供一定的商品或服务树立了良好的企业形象、信誉后,都希望能在因特网上注册与其企业名称或商标等商业标识一致的域名,从而达到在网上更好地宣传其产品或服务的目的。

(三) 无地域性

由于因特网是跨国的,所以域名也是跨国的,不受地域制约。这个特点实际上也是由域名的唯一性特点所决定的。域名作为与数字IP地址对应的字符串,为了在技术上达到区分全球每个计算机用户的目的,不可能像传统类型的知识产权一样效力只限于本国境内。这说明,域名跨出了一国地域限制,在全世界同时发生效力。

(四) 价值性

网络技术的发展使得域名已经不只具有技术性功能,域名的标识功能越来越显示其重要性。域名在互联网上的定位功能使其具有重要的使用价值。域名具有的标识性与商标的性质最为相近,而标识作用也是域名成为一种无形财产的基础。在电子商务迅猛发展的时代,域名的巨大商业价值也日益凸显。另外,域名在使用过程中可以为商家创造良好的信

---

[1] 参见应家赟、叶良芳:《侵犯域名行为的保护法益及其刑法规制》,载《浙江学刊》2020年第1期。
[2] 广东省高级人民法院(2006)粤高法民三终字第26号民事判决书。
[3] 孔祥俊:《WTO知识产权协定及其国内适用》,法律出版社2002年版,第191页,注释9。
[4] 参见谢冠斌:《从域名的法律保护看知识产权制度的发展》,载《法学评论》2001年第3期。

誉、提高知名度、提供广泛的宣传等，从而为商家带来经济利益，所以，域名具有很大的经济价值。[1]

第三节　域名与商标的联系和区别

一、域名与商标的联系

（一）二者都具有标识性

域名从技术角度讲可以说是对计算机用户 IP 地址的一个标识，其他计算机用户通过键入域名就可以访问到该域名持有人的主页。除此之外，域名也能够起到标识域名所有者的身份及其产品或者服务的作用。[2] 如前所述，商标最基本的作用就是区别商品和服务的来源，保护商标的立足点也在于防止混淆。由此可见，二者均具有识别性。

（二）对二者都有注册要求

从制度层面讲，两者要受到全面的法律保护都有注册的必要性。尤其是域名，不进行注册就无法在互联网上使用；虽然商标可以在未注册的情况下进行使用，但法律对于未注册商标的保护相对较弱，未注册商标很难得到法律的全面保护。在注册方面，域名实行先申请原则。[3] 这与一般国家商标制度中的先申请原则相同。

二、域名与商标的区别

（一）组成结构不同

域名的结构在本章第一节中已经说明。为了保证其技术功能的实现，域名必须按照一定规则采用层次结构分级设置，并且其组成要素只能是字母、数字、连接符或者汉字。商标则可以文字、图形、字母、数字、三维标志、颜色组合和声音等，以及上述要素的组合构成，只要符合法律规定都可以成为注册商标使用。所以，域名结构的规范性要强于商标；而商标的显著性、标识性则强于域名。

（二）唯一性范围不同

商标的种类和构成有多种。因为商标必须依照商品和服务的分类进行注册和使用，除驰名商标以外，在不同类别的商品或服务（只要不是类似的）上可以注册并同时使用同一个商标，例如，几个厂家可以同时在其生产的不相类似的商品上分别使用"白杨"商标。但是域名在整个因特网上是唯一的，域名的注册只有时间先后的问题，不涉及商品或服务类别。只有最先成功注册的厂商或其他机构才能最终拥有该域名。

（三）标识对象不同

商标一般被生产者或者商家等用来标识其提供的商品或者服务；而域名是用来标识连接到互联网上的计算机用户的。

（四）标识性的产生基础不同

商标是用来标示生产经营者提供的商品和服务并可为视觉或非视觉感知的标识，其主

---

〔1〕参见刘晗：《域名系统、网络主权与互联网治理历史反思及其当代启示》，载《中外法学》2016 年第 2 期。

〔2〕张平：《域名的知识产权地位》，载陶鑫良、程永顺、张平主编：《域名与知识产权保护》，知识产权出版社 2001 年版，第 69 页。

〔3〕《互联网域名管理办法》第 26 条规定：域名注册服务原则上实行"先申请先注册"，相应域名注册实施细则另有规定的，从其规定。

要功能在于区别其他生产经营者的同类商品和服务。前面的研究表明，商标的标识功能源于其显著性。为了保证商标具有显著性，各国商标法律对作为商标的标志规定了限制性条件，除了不得将法律禁止使用的标识作为商标使用外，还需要排除不具有显著特征的标识。如前所述，我国《商标法》第11条即规定仅有本商品的通用名称、图形、型号等的标志不得作为商标注册。域名的注册除了同样不得使用法律禁止的内容外，[1] 并不存在显著特征的限制，域名的识别性则是由前述唯一性所保障的。

（五）是否具有地域性不同

商标作为一种传统的知识产权具有地域性，一般情况下，在一个国家注册的商标只在其本国以及与本国签订双边或者多边条约的国家内受到法律保护，要在其他国家也受到法律保护则需要重新向他国申请注册。域名没有这种限制，一个成功注册的域名可以在全球范围内进行使用。

（六）是否具有无相似性限制条款不同

商标保护的立足点是制止混淆。为了防止混淆，在商标注册的过程中，不允许在相同或者类似商品上就与注册商标相同或者近似的标志申请注册。在商标权的保护上，不允许商标权人或利害关系人以外的其他人在相同或者类似的商品上使用相同或者近似的商标并造成混淆之虞的行为。但是，对于在互联网上的域名则没有相似性的限制，如只有一个字母差异的两个域名尽管看起来很相似，但是从技术角度讲，域名系统还是能够分辨出其中的差异，所以这两个域名都可以是合法的域名。另外，商标权人还可以通过注册联合商标的方式来保护其主商标，但对域名来讲，靠传统的注册系列商标的手段来保护自己的域名就很难实施。

（七）取得原则不同

如前所述，商标权的取得原则因国家而异。世界上绝大多数国家采取注册取得原则，少数国家仍保留使用取得原则，如美国、菲律宾；还有的国家采取混合原则。另外，还有因驰名而取得商标权的情况，某些国家甚至在立法上肯定了商标因驰名而取得这一特例，如德国原来只承认注册取得，但是后来法院承认了在市场上带来声誉的使用也具有同样的效力，接着立法机关肯定了这一原则。[2] 域名则一律采取注册在先的原则。

第四节　域名纠纷的解决机制

域名纠纷不仅是域名与域名之间的争议，而且包括域名与商标之间的纠纷。域名与商标的纠纷自出现以来就受到人们的重视，并促使人们不断地探索妥善处理这种冲突的方法。目前域名纠纷的解决主要有调解、仲裁、诉讼、建立专门性的域名争议解决机构等方式。

一、国际上的域名纠纷解决机制

（一）调解

调解可以满足当事人对纠纷解决方式高效、经济的要求。但是，这种纠纷解决方式的

---

[1] 例如，《互联网域名管理办法》第28条第1款即规定了任何组织或者个人注册、使用的域名中，不得含有的内容。其第2款则规定，域名注册管理机构、域名注册服务机构不得为含有前款所列内容的域名提供服务。

[2] 张平：《域名的知识产权地位》，载陶鑫良、程永顺、张平主编：《域名与知识产权保护》，知识产权出版社2001年版，第69页。

局限性也非常明显，即没有强制力，因为其执行必须依靠当事人双方的自愿履行，而且很可能最后还需要通过诉讼方式解决。当然，在当事人自愿的前提下，调解与下述诉讼相比还是具有很大优势的，本章探讨的权利冲突类域名争议采用调解的方式解决，就可以充分发挥调解快捷、经济的特点。

（二）专门性的域名争议解决机制

为了弥补传统争议解决机制的不足，保障互联网的健康发展，人们一直在寻求建立一种高效、便捷、经济的域名争议解决机制。经过努力，世界知识产权组织于1999年推出其研究成果"世界知识产权组织最终报告"，在其基础上ICANN于1999年10月23日推出一种专门性的域名争议解决机制——"统一域名争议解决政策"（Uniform Domain Name Dispute Resolution Policy，UDRP），并先后指定世界知识产权组织仲裁与调解中心、美国国家仲裁论坛（NAF）、美国公共资源纠纷解决中心（CPRI）和加拿大的网上争议解决中心（ER）作为域名争议解决机构，为国际通用顶级域名提供争议解决服务。此外，经中国国际经济贸易仲裁委员会与香港国际仲裁中心的共同协商与努力，由其合作成立的"亚洲域名争议解决中心"也于2001年12月3日获得ICANN的授权，成为亚太地区第一家国际通用顶级域名争议解决机构。[1]

上述解决机制为解决域名纠纷提供了一种快速、便捷、低成本的机制，故世界各国和地区都纷纷采用，并在此基础上根据本国或地区的社会实际和法律环境作出相应调整，制定自己的域名争议解决机制。这一解决机制的重要特点就在于快速、简单，其基本内容通常都是要求申请注册域名的用户与负责注册的机构签订协议，承诺自己注册的域名一旦出现争议便接受域名注册管理机构指定的争议解决机构的裁决，争议的审理可以书面进行也可以网上进行，这样就大大提高了结案速度。这种程序的花费也非常低廉。参照这种争议解决方式，日本、韩国等国和我国香港特别行政区都已经指定了域名争议解决机构来解决域名争议。[2]

统一域名争议解决机制快速、便捷、低成本，有诉讼无法比拟的优点，而与仲裁和调解相比较，它又有着技术上的优势。虽然其强制力不及法院判决，但作出裁决后，维持或者撤销注册域名，或者将所涉域名转移给投诉人，这些都可以迅速地由域名注册管理机构执行，这是仲裁和调解无法做到的。值得一提的是，统一域名争议解决机制并不是要替代诉讼和仲裁，其自身也有局限性。如果当事人想要获得经济赔偿或遇到权利冲突类域名争议时，就必须求助于诉讼、仲裁、调解或其他争议解决方式，所以统一域名争议解决机制只是作为一种快速处理域名纠纷的基本保护机制，起着降低诉讼和仲裁压力，方便当事人和保护互联网健康发展的作用。

（三）诉讼

诉讼可以说是解决一切纠纷最有力的手段，因为与其他解决方法中的机构相比较，司法机构以国家强制力作后盾，能较好地解决问题，而且任何人都有通过诉讼获得司法救济的权利。《国家顶级域名争议解决办法》（以下简称《域名争议解决办法》）第15条规定："在依据本办法提出投诉之前，争议解决程序进行中，或者专家组作出裁决后，投诉人或者被投诉人均可以就同一争议向中国互联网络信息中心所在地的法院提起诉讼，或者基于协

---

[1] 曾陈明汝：《商标法原理》，中国人民大学出版社2003年版，第26页。
[2] 曾陈明汝：《商标法原理》，中国人民大学出版社2003年版，第26页。

议提请中国仲裁机构仲裁。"可以看出,当事人可以在任何时候通过提起诉讼的方式来保护自己的利益。

但在域名与商标的纠纷中,传统的诉讼方式表现出许多不足之处:①法院的管辖权具有地域性,而域名的全球性让不同国家或地区的法院都有可能获得对该域名纠纷的管辖权,判决结果也可能因各法院适用的法律不同而不同。②在各种纠纷处理方式中,诉讼的成本最高,耗时最长,无法满足域名与商标的纠纷对解决方式高效、经济的要求。

二、我国域名纠纷解决机制

(一) 我国域名争议解决机制

毫无疑问,调解、仲裁和诉讼也属于我国域名争议解决方法,而且这三种方法在现实中也解决了诸多域名争议。通过调解解决纠纷的方式人们较为熟悉,前面很多章节也多有涉及,故在此不复述,仅介绍和分析我国的域名争议解决机制。

我国虽然没有直接适用 ICANN 的统一域名争议解决机制,但是以其为基础建立了适合本国国情的机制。1997 年 6 月 3 日,中国科学院在国务院授权下组建了中国互联网络信息中心(CNNIC),此后 CNNIC 一直履行着国家互联网络信息中心的职责,并授权中国国际经济贸易仲裁委员会域名争议解决中心(CIETAC)和香港国际仲裁中心(HKIAC)这两个机构,建立起了具有中国特色的域名争议解决机制。因此,通过由 CNNIC 认可的域名争议解决机构解决域名与商标纠纷适用的规则与在诉讼中法院解决此类纠纷适用的法律文件有所不同。CNNIC 制定的《中国互联网络信息中心域名争议解决办法》是此类机构解决域名纠纷最重要的核心文件。2019 年 6 月 18 日中国互联网络信息中心对此作出修定,并将其更名为《域名争议解决办法》公布实施。该办法明确了其适用范围,即限于由中国互联网络信息中心负责管理的".CN"".中国"域名。同时,如果争议域名注册期限超过了 3 年,域名争议解决机构对此类争议将不予受理。与之配套的《国家顶级域名争议解决程序规则》(以下简称《域名争议解决程序规则》)还规定了域名争议解决机构解决域名争议过程中文件的提交与送达、投诉、答辩、专家组的指定、审理和裁决、裁决的送达与公布、费用等程序问题。

(二) 我国域名争议解决机制适用的对象

《域名争议解决办法》是我国解决域名和商标冲突的规范基础。其第 8 条规定,符合下列条件的投诉应当得到支持:①被投诉的域名与投诉人享有民事权益的名称或者标志相同,或者具有足以导致混淆的近似性;②被投诉的域名持有人对域名或者其主要部分不享有合法权益;③被投诉的域名持有人对域名的注册或者使用具有恶意。商标明显属于该条款中规定的投诉人享有民事权益的名称或者标志。也就是说,满足上述条件的任何认为注册域名侵害其商标权者,均有权向域名争议解决机构提出投诉,请求争议解决机构作出裁决。

实践中,域名注册人提交域名注册申请表时必须同意和接受域名注册申请协议,并表示同意遵守中国互联网络信息中心发布的域名相关管理政策和规定,其中就包括《域名争议解决办法》《中文域名争议解决办法(试行)》等。这种在申请协议中设立争议解决条款的做法,极大地扩大了我国域名争议解决机制的适用范围,在现实中取得了很好的效果。

(三) 中国国际经济贸易仲裁委员会网上争议解决中心解决域名争议的依据及原则

中国国际经济贸易仲裁委员会网上争议解决中心(以下简称贸仲网上争议解决中心),其前身为中国国际经济贸易仲裁委员会域名争议解决中心,是由 CNNIC 授权的域名争议解决机构,该中心于 2000 年由中国国际贸易仲裁委员会组建成立。该中心提供的重要服务有：依据中国互联网络信息中心发布的《域名争议解决办法》《域名争议解决程序规则》以及《通用网址争议解决办法》等一系列规则、办法解决域名争议，解决".CN"".中国"国家顶级域名争议。另外，该中心也解决诸如.COM、.ORG、.NET等通用顶级域名（GTLD）争议。

贸仲网上争议解决中心专家在依照《域名争议解决办法》《域名争议解决程序规则》以及中国相关法律规定等审理域名争议案件的实践中逐渐形成了中国域名争议审理和裁决的一系列基本原则，[1] 如投诉人所享有的民事权益应当是在中国受到合法保护的民事权益，投诉人应就其享有的在先民事权益进行投诉，尤其是关于实践中判断被投诉人注册或使用域名是否恶意的几种情形：如被投诉人对其不享有正当权益的标识明知或者应当知道属于他人所有商标或其他标识，为了谋取经济利益而注册容易引发与该标识混淆的域名；将他人享有合法权益的商业标识多次抢注为其域名，对商业标识所有人在网上正常使用该标识造成妨碍的；通过注册或他人转让等方式取得域名后损害被投诉人的商誉等都可以认定被投诉人的恶意。被投诉人注册域名后并不实际使用，而是长期使之处于闲置状况下，在一些具体个案中可以被认定构成恶意。[2]

（四）域名争议的诉讼解决

根据已经发生的具有代表性的案例来看，我国法院在解决域名与商标之间冲突时通常是依据《商标法》《商标法实施条例》《反不正当竞争法》《审理商标民事案件适用法律解释》《计算机网络域名民事案件适用法律解释》等法律文件。其中，前述《计算机网络域名民事案件适用法律解释》，对管辖问题、不正当竞争的认定、恶意的认定、惩罚性赔偿等作出了详细规定。以下将对其基本内容进行介绍和分析。

第一，案件性质与案由确定。根据《计算机网络域名民事案件适用法律解释》第1条规定，当事人对于涉及计算机网络域名注册、使用等行为的民事纠纷提起诉讼，符合《民事诉讼法》第119条规定的，按照民事纠纷案件予以受理。关于案由，其第3条规定，域名纠纷案件的案由，根据双方当事人争议的法律关系的性质确定，并在其前冠以计算机网络域名；争议的法律关系的性质难以确定的，可以通称为计算机网络域名纠纷案件。[3]

第二，案件管辖。《计算机网络域名民事案件适用法律解释》第2条规定，涉及域名的侵权纠纷案件，由侵权行为地或者被告住所地的中级人民法院管辖。对难以确定侵权行为地和被告住所地的，原告发现该域名的计算机终端等设备所在地可以视为侵权行为地。涉外域名纠纷案件包括当事人一方或者双方是外国人、无国籍人、外国企业或组织、国际组织，或者域名注册地在外国的域名纠纷案件。在中华人民共和国领域内发生的涉外域名纠纷案件，依照《民事诉讼法》第四编的规定确定管辖。

第三，注册、使用域名等行为构成侵权或者不正当竞争的认定。《计算机网络域名民事案件适用法律解释》第4条规定："人民法院审理域名纠纷案件，对符合以下各项条件的，应当认定被告注册、使用域名等行为构成侵权或者不正当竞争：（一）原告请求保护的民事

---

[1] 李虎：《中国域名争议案件审理裁决的基本原则》，载http://www.cnnic.net.cn/html/Dir/2003/10/23/1031.htm，最后访问时间：2024年4月25日。

[2] 参见刘满达：《域名抢注侵权的认定及争端解决》，载《法商研究（中南政法学院学报）》2001年第1期。

[3] 参见福建省厦门市思明区人民法院（2015）思民初字第4746号民事判决书（网络域名权属纠纷案）。

权益合法有效；（二）被告域名或其主要部分构成对原告驰名商标的复制、模仿、翻译或音译；或者与原告的注册商标、域名等相同或近似，足以造成相关公众的误认；（三）被告对该域名或其主要部分不享有权益，也无注册、使用该域名的正当理由；（四）被告对该域名的注册、使用具有恶意。"其中，关于"被告对该域名的注册、使用具有恶意"，其第5条第1款列举了以下因素，只要满足其一人民法院即可予以认定：①为商业目的将他人驰名商标注册为域名的；②为商业目的注册、使用与原告的注册商标、域名等相同或近似的域名，故意造成与原告提供的产品、服务或者原告网站的混淆，误导网络用户访问其网站或其他在线站点的；③曾要约高价出售、出租或者以其他方式转让该域名获取不正当利益的；④注册域名后自己并不使用也未准备使用，而有意阻止权利人注册该域名的；⑤具有其他恶意情形的。其第2款则规定，被告举证证明在纠纷发生前其所持有的域名已经获得一定的知名度，且能与原告的注册商标、域名等相区别，或者具有其他情形足以证明其不具有恶意的，人民法院可以不认定被告具有恶意。[1]

第四，域名纠纷案件中的驰名商标认定。在域名纠纷案件中，有的属于上述域名或其主要部分构成对原告驰名商标的复制、模仿、翻译或音译的情况。如前所述，根据《计算机网络域名民事案件适用法律解释》第6条规定，根据当事人的请求以及案件的具体情况，可以对涉及的注册商标是否驰名依法作出认定。

第五，域名注册、使用等行为构成侵权或者不正当竞争的法律后果。《计算机网络域名民事案件适用法律解释》第7条规定："人民法院认定域名注册、使用等行为构成侵权或者不正当竞争的，可以判令被告停止侵权、注销域名，或者依原告的请求判令由原告注册使用该域名；给权利人造成实际损害的，可以判令被告赔偿损失。侵权人故意侵权且情节严重，原告有权向人民法院请求惩罚性赔偿。"

本章案例研讨

35-1（总第90）：网络域名权属的界定
——陈某与美国某有限公司网络域名权属、侵权纠纷案[2]

一、案情简介

位于美国的某有限公司（英文名Bulu, Inc.），发现其所用商标"BULU"的对应域名"bulu.com"被我国公民陈某注册，故美国某有限公司将陈某投诉至美国国家仲裁院，认为其恶意注册并使用"bulu.com"域名，要求其将该域名转移至其名下。2019年1月2日，美国国家仲裁院认定陈某注册与使用案涉域名的行为符合ICANN《统一域名争议解决政策》中判定恶意注册使用域名的条件，裁决将"bulu.com"域名从陈某转移至美国某有限公司。陈某不服裁决结果，将美国某有限公司诉至广州互联网法院。

---

〔1〕参见广东省深圳市福田区人民法院（2019）粤0304民初3587号民事判决书（侵害商标权纠纷案）；广东省高级人民法院（2004）粤高法民三终字第323号民事判决书（互联网通用网址权属纠纷案）。

〔2〕广东省广州互联网法院（2019）粤0192民初69号民事判决书。

二、法院裁判理由及结果

该案的争议焦点为陈某能否被确认为涉案域名合法持有人,以及美国某有限公司应否赔偿陈某经济损失。广州互联网法院经审理认为,本案为涉外网络域名权属、侵权纠纷。根据《民事诉讼法》以及《最高人民法院关于互联网法院审理案件若干问题的规定》的规定,本院具有管辖权;根据《中华人民共和国涉外民事关系法律适用法》第48条、第50条的规定,依法适用中国法律处理涉案争议。

涉案域名由陈某在先注册并持有,目前在有效期内,由域名持有人享有合法、有效的权益,除非其注册、使用域名的行为侵犯他人的合法权益。陈某不存在构成侵权必须满足的"对该域名的注册、使用具有恶意"的要件,理由为:其一,陈某注册涉案域名的时间远远早于美国某有限公司成立或者商标注册、使用的时间,其注册涉案域名不存在恶意。其二,陈某没有将域名投入商业使用,不存在故意造成与美国某有限公司提供的产品、服务或网站混淆的情形。其三,在涉案域名出售或转让的沟通过程中,布鲁公司主动联系陈某要求购买,陈某对购买域名的报价回复属于正常的交易磋商,不能由此推断陈某存在要约高价出售或转让涉案域名以获取不正当利益的恶意情形。其四,美国国家仲裁院认定,涉案域名的"名称服务器"拥有7177个域名,推定陈某注册涉案域名具有恶意。本院认为,涉案域名的名称服务器是域名服务商为域名提供解析服务的,不能表明陈某注册的域名个数,现有证据不能证明陈某具有其他恶意情形。综上,陈某注册、使用涉案域名行为不构成侵权,能享有涉案域名的合法权益。美国某有限公司的投诉申请系维权的合法手段,不属于ICANN《统一域名争议解决政策之规则》中规定的恶意投诉情形,故不支持陈某赔偿损失的诉讼请求。

广州互联网法院于2020年3月25日作出判决:确认陈某对域名"bulu.com"享有域名持有者的合法权利;驳回陈某的其他诉讼请求。

本案是广州互联网法院首例因域名持有人不服国际域名争议解决机构的裁决而提起的网络域名权属、侵权诉讼案件,涉及域名资源法律保护问题。本案在尊重国际专门性域名争议解决机构仲裁行为的基础上,秉持保护公平竞争以及在先权利的原则,通过严密的司法认证和审查,作出了与美国域名争议解决机构不同的裁判结果,依法保护了我国域名持有人的合法权益。本案明确,司法裁判在规制域名恶意抢注行为、维护商标持有人合法权益的同时,也应充分考虑善意注册和使用域名的权利人的保护问题。

35-2(总第91):域名使用侵害驰名商标权及不正当竞争的认定
——上海某日化集团有限公司与某怡宝饮料(中国)有限公司侵害商标权及不正当竞争纠纷案[1]

一、案情简介

1992年6月开始,原告"某怡宝饮料(中国)有限公司"陆续申请多个"怡寶""怡宝"等商标,核定使用的商品或服务类别涵盖第18类、第32类、第40类等。1992年6月

---

[1] 上海市高级人民法院(2022)沪民终73号民事判决书。

开始,其又陆续申请多个"C'estbon"或含有该文字的商标,核定使用的商品或服务类别涵盖第29类、第32类、第40类等。其中,原告在本案中主张的第1789131号商标和第1794139号商标分别于2002年6月14日和6月21日获准注册,经续展有效期分别至2022年6月13日和6月20日,核定使用商品均为第32类茶饮料(水)、水(饮料)、无酒精饮料等。被告上海某日化集团有限公司成立于2013年5月23日,经营范围包括化妆品批发、零售等。被告成立后,通过购买或自行注册的方式持有5个含有"cestbon"的域名,并在主管部门进行了域名备案。原告认为被告注册、使用商标、字号和域名侵害其涉案注册商标专用权并构成不正当竞争,遂向上海知识产权法院提起诉讼。

二、法院裁判理由及结果

一审法院认为,关于被告注册、使用域名等行为是否构成商标侵权,根据《审理商标民事案件适用法律解释》第1条第3项的规定,将与他人注册商标相同或者相近似的文字注册为域名,并且通过该域名进行相关商品交易的电子商务,容易使相关公众产生误认的,属于给他人注册商标专用权造成其他损害的行为。本案中,被告在被诉域名所对应的网站上对其企业、产品等进行介绍、宣传,但并未通过该网站进行相关商品交易的电子商务。因此,被告注册、使用涉案域名的行为不构成商标侵权。

但是,根据《计算机网络域名民事案件适用法律解释》第4条、第5条规定,本案中原告以涉案注册商标作为权利基础主张域名侵权,被告域名的主体部分"cestbon"与该商标构成近似;原告商标使用在纯净水等受众广泛的快消品上,已为中国境内相关公众所熟知。在此情形下,被告称其使用含有"cestbon"的域名是因为法语词汇"C'estbon"的含义好,该理由并不成立。被告在明知涉案商标具有极高知名度的情况下,仍购买或注册含有"cestbon"的域名并使用,明显存在攀附原告注册商标商誉的主观故意,客观上足以造成相关公众的混淆,构成不正当竞争。

法院还就被告注册、使用的商标和字号是否侵权进行了认定。法院判决被告停止侵害原告注册商标专用权和不正当竞争行为,消除影响并赔偿损失。被告不服,向上海市高级人民法院提起上诉。

二审法院认为,关于上诉人使用涉案域名的行为是否构成不正当竞争,上诉人使用的涉案域名主要部分"cestbon"系对被上诉人驰名商标文字部分的复制、模仿;且上诉人对该域名主要部分"cestbon"不享有权益,也无使用该域名的正当理由;结合上诉人还存在侵犯被上诉人的注册商标专用权、仿冒字号的不正当竞争行为等情形,其明显具有攀附被上诉人商誉的主观恶意。鉴于上诉人在使用涉案域名的网站上对其企业、产品等进行介绍、宣传,其行为违背了诚实信用原则和公认的商业道德,侵害了被上诉人的正当利益,构成不正当竞争。

关于上诉人主张的"C'estbon"系法语常用语、与被上诉人无关的上诉理由,本院认为,被上诉人的涉案商标系驰名商标,上诉人使用的域名主要部分为"cestbon"文字,与涉案权利商标高度相似,足以造成相关公众的混淆误认,故上诉人的该项上诉理由不能成立。至于上诉人辩称的涉案域名由上诉人向第三方购买而非注册取得、被上诉人未及时购买相关域名应承担消极维权后果等上诉理由,并不影响对其行为性质的法律认定。此外,《计算机网络域名民事案件适用法律解释》第7条规定,人民法院认定域名注册、使用等行为构成侵权或者不正当竞争的,可以判令被告停止侵权、注销域名,或者依原告的请求判令由原告注册使用该域名。本案中,一审法院根据被上诉人的诉讼请求判令上诉人注销涉案域名于法有据，上诉人关于一审判决注销域名系否定上诉人财产权的上诉理由，本院不予支持。

二审法院判决驳回上诉，维持原判。

本案涉及域名注册和使用以及注册、使用商标和字号侵害驰名商标权的判定。在该案中，仅就域名注册和使用而言，法院认为被告使用的涉案域名主要部分"cestbon"系对原告驰名商标文字部分的复制、模仿，且被告对于该主要部分并不享有合法权益，也无使用该域名的正当理由，因此认定被告具有攀附原告商誉的主观故意，构成不正当竞争。本案为认识域名注册和使用侵害注册商标权、构成不正当竞争提供了范例。

35-3（总第92）：计算机网络域名侵犯商标权案件中对类似服务与商标标识近似的判断
——某家有在线网络有限公司与某家有购物集团股份有限公司计算机网络域名侵犯商标权纠纷案[1]

一、案情简介

原告某家有购物集团股份有限公司（以下简称某家有购物公司）成立于2010年6月13日，其经营范围包括：销售农副产品、百货、家居用品、厨卫设备、金银饰品、珠宝玉器、工艺品、化妆品、保健食品等。经核准，某家有购物公司于2012年7月20日受让取得第8365021号、第8365054号及第8365048号"WWW.JIAYOUGO.COM"、第6693600号和第6693601号"jiayougo"等8件注册商标。某家有购物公司主张家有在线网站域名"www.jiayou9.com"与其注册商标"www.jiayougo.com"近似，以及该购物网站名称中使用"家有"字样容易导致混淆，遂向贵州省贵阳市中级人民法院提起侵权和不正当竞争诉讼。

二、法院裁判理由及结果

一审法院认为，本案被告网站实际是为销售者的商品进行广告宣传，促成销售者与消费者之间进行商品交易，与原告第6693601号商标核定服务中数据通讯网络上的在线广告在服务功能、消费对象等方面是相同的，因此认定二者为类似服务。本案中，某家有在线网络有限公司（以下简称某家有在线公司）成立于2015年10月，其为商业目的注册、使用的域名主要部分"jiayou9"，与某家有购物公司早在2010年9月就已注册的第6693601号"jiayougo"商标近似，足以造成相关公众混淆服务来源，且某家有在线公司对其注册、使用的该域名主要部分并不享有权益，因此，某家有在线公司注册、使用该域名不具有正当性。法院判决某家有在线公司立即停止涉案"jiayougo"商标权的行为，注销涉案域名，赔偿损失和合理支出。某家有在线公司不服，向贵州省高级人民法院提起上诉。

二审法院认为本案争议焦点有两个：一是某家有在线公司注册、使用"www.jiayou9.com"网络域名是否侵害某家有购物公司第6693601号"jiayougo"注册商标的专用权。二是本案一审判决确定的赔偿数额是否合理。

认定某家有在线公司网络域名是否侵犯某家有购物公司商标专用权应先解决以下问题：

---

[1] 贵州省高级人民法院（2017）黔民终822号民事判决书。

其一，某家有在线公司提供的服务与某家有购物公司注册商标核定使用的服务项目是否相同或类似。其二，某家有在线公司"jiayou9.com"域名是否与某家有购物公司"jiayougo"商标构成近似并足以造成相关公众误认。根据一审查明的事实，第6693601号商标核定使用的服务项目为第35类，本类尤其包括为他人将各种商品归类，以便顾客浏览和购买，这种服务可由零售商店、批发商店、自动售货机、邮购目录或者借助电子媒介提供，例如，通过网站或者电视购物节目。某家有在线公司作为一家综合性的电商平台，则主要以通过网站为顾客提供销售地方农特产品、鲜活农产品、民间工艺品等服务为经营项目。某家有在线公司提供的在线电商服务在服务功能和消费对象方面与某家有购物公司核定商标使用的服务属于类似服务。

将第6693601号商标"jiayougo"与涉案域名主要组成部分"jiayou9"对比，两标识主要由拼音、字母和数字组成。从读音上对比分析，两标识的主要组成部分"jiayou"读音相同，但"jiayou"这一拼音词组是日常中相对固定的词组，本身固有的显著性并不强，其读音可以使人产生很多联想，比如"加油""佳友"等的读音都与"jiayou"相同，因此在商标权利人没有举证证明其涉案商标的读音通过使用具有显著性的情况下，商标权利人不能因注册"jiayougo"的商标而垄断对"jiayou"的读音。"jiayougo"只有作为一个整体被呼唤时才与汉字"家有购"的读音有对应关系，因"go"与"9"的读音明显不同，故当"jiayougo"与"jiayou9"被整体呼唤时，两者并不构成近似；从含义上对比分析，"jiayougo"是一个汉语拼音和英文单词的混合词组，其中的英文单词"go"即有去、进行、尝试等中文含义，又有与"家有购"中"购"谐音相同的意思，这也是该商标具有独创性的地方，而"jiayou9"是一个汉语拼音与阿拉伯数字的混合词组，其中的"9"作为数字使用并无实际含义，故两者含义对比并不近似；从字形上分析，第6693601号商标"jiayougo"中的"go"与"jiayou9"中的"9"，一个是字母组合一个是阿拉伯数字，"g"与"9"两者在视觉方面有一定的共同点，当把"jiayougo"与"jiayou9"在隔离状态下进行整体观察，可以发现两者有一定的近似性。但"jiayougo"与"jiayou9"两标识字形的近似程度客观上是否足以使相关公众产生混淆还需要综合考虑其他因素。被控侵权域名与涉案商标相比较，两者在字形上虽然有一定的近似性，但并不属于高度近似。在互联网环境下，网络域名之间任何一点符号的细微差别都会产生完全不同的结果，因此一般互联网用户在通过网络域名识别商品或者服务来源时会施以较高的注意义务。同时，商标只有通过实际使用才能发挥其识别功能和积累商誉的功能。某家有购物公司没有向法院提交该商标实际使用情况。某家有在线公司在类似的服务上使用了与某家有购物公司注册商标有一定近似性的网络域名，但由于并不会导致相关互联网用户的混淆，所以并不构成侵权。

基于上述认定，二审法院判决撤销原判，驳回某家有购物公司诉讼请求。

本案涉及计算机网络域名侵犯商标权案件中如何判定类似服务、与注册商标近似和具有混淆可能性。在该案中，二审法院纠正了一审法院关于被告使用的涉案域名构成侵害原告注册商标专用权的观点，基于被告行为不会导致相关互联网用户的混淆而改判其不构成商标侵权。本案为认识域名注册和使用侵害注册商标专用权的判定提供了启示。

第三十六章
非物质文化遗产与传统知识保护

> **本章提要**
> 　　本章主要阐述和探讨非物质文化遗产的概念、缘起和特征，非物质文化遗产的种类、构成要件以及非物质文化遗产权权利的主体、内容与保护，传统知识的概念及其与相关概念的关系、传统知识的保护与利用现状、传统知识保护与利用的平衡。
> 　　本章的重点是知识产权与非物质文化遗产、传统知识的关系，难点是非物质文化遗产的特征和构成要件、传统知识的保护与利用的平衡。

第一节　非物质文化遗产保护

一、非物质文化遗产概述

如同知识产权这一专有权利和知识产权法学门类的起源一样，人类对于自身财产和权利的认定均经历了一个类似的变迁过程。从个体范围的财产和权利意识升华到社会的财产和权利主张，从物质延伸到文化，从物质形态进而囊括非物质形态。人们在完善自身文化属性的同时，逐步意识到物质文化遗产、自然遗产和非物质文化遗产之间的内在依存关系，更发现在人类全球化和社会转型进程中对不同文化群体生存依托的非物质文化遗产进行的损坏和破坏并导致其消失的严重后果。因此，对各社区，尤其是原住民、各群体，有时是个人所依存的非物质文化遗产的生产、保护、延续和再创造方面进行保护成了国际社会的普遍共识，[1] 保护非物质文化遗产进而为丰富文化多样性的权利运动应运而生。

（一）非物质文化遗产的概念和缘起

非物质文化遗产（Intangible culture heritage）的概念随着其保护内容的不断扩大，其名称也经历了多次演变。有学者称其为"民间创作"（Traditional culture and folklore），也就是传统知识和民间文学；在与非物质文化遗产相关的公约中，相关概念被称为"口头和非物质遗产"（Oral and intangible heritage）。影响较大的称谓是"无形文化遗产"，源于无形文化财产的音译。我国《著作权法》第6条所称的民间文艺作品，也有学者称为"民间文学

---

[1] 参见唐海清：《略论非物质文化遗产国际人权法保护中的权利冲突——以文化权利与其他基本人权的冲突为视角》，载《法学评论》2013年第1期。

艺术表达"（Expressions of folklore），也反映了非物质文化遗产的部分内容。

上述几种概念经过不同的起源和演变，包含了各自所表达的范围，内涵和外延互有交叉，有所区别。

"非物质文化遗产"名称的权威概念源于联合国教科文组织大会于2003年通过的《保护非物质文化遗产公约》并正式沿用至今。2003年10月17日，联合国教科文组织颁布《保护非物质文化遗产公约》，开宗明义地指出："非物质文化遗产"，指被各社区、群体，有时是个人，视为其文化遗产组成部分的各种社会实践、观念表述、表现形式、知识、技能以及相关的工具、实物、手工艺品和文化场所。这种非物质文化遗产世代相传，在各社区和群体适应周围环境以及与自然和历史的互动中，被不断地再创造，为这些社区和群体提供认同感和持续感，从而增强对文化多样性和人类创造力的尊重。

我国2011年2月25日颁布、同年6月1日起施行的《中华人民共和国非物质文化遗产法》（以下简称《非物质文化遗产法》）基本沿用了上述概念：非物质文化遗产，"是指各族人民世代相传并视为其文化遗产组成部分的各种传统文化表现形式，以及与传统文化表现形式相关的实物和场所"。

（二）非物质文化遗产的特征

非物质文化遗产是一种受到法律保护的特定对象，具有相应的法律特征：

1. 非物质性。非物质性是指没有物理占有，不可触及形态的非实体物质属性，可以被人们感知、获取和捕捉，主要与以长城、故宫等为代表的、以物质文化出现的遗产相区别。知识产权的客体具有无形性的特征，这里非物质性与无形性的区别不大，也是人们认为知识产权的客体可以包括非物质文化遗产的原因之一。

必须强调的是，非物质文化遗产的非物质性并不绝对排除物质载体的存在。事实上，某些非物质文化遗产所强调的是非物质性与物质载体的融合。因此，从非物质性的法律特征上来看，非物质文化遗产可以分为没有物质载体的非物质文化遗产和非物质性与物质属性并存的非物质文化遗产。理解后者，即非物质文化遗产的非物质性与物质载体的并存，是理解非物质文化遗产的一个难点。

没有物质载体的非物质性文化遗产可以不借助物质手段表现出来，并为人们所感知，如口述文学。口述文学又称为口头文学、口承文学，是以人的语言和口腔系统为物质和非物质的表现手段。因此，非物质文化遗产所保护的是以人的语言为载体的口述文学。换句话说，这类非物质文化遗产不保护口腔系统。

另一类非物质文化遗产则是非物质性与物质载体并存，如民间泥塑以用泥土烧制后的造型为表现方式，既有承载于泥塑之上的民间工艺技术，也有作为依托的泥塑本身。这一类非物质文化遗产所保护的既有泥塑之上的非物质文化——工艺和文化传承，也有载体泥塑成品。这种保护方式与知识产权的保护方式明显不同。以著作权保护方式为例，著作权法并不保护载体，只是保护承载于载体之上的作品。比如，纸张不受著作权保护，保护的是纸张上承载的作品内容。当然，一般来说，尽管著作权保护的不是作品的载体，却离不开载体，否则人们就无法感知、接触、使用受著作权保护的作品。

2. 价值性。非物质文化遗产承载着特定民族、群体的生存信息，这些信息的生成并非一朝一夕，通常需要在特定的环境下通过世代传承和积累而形成。标志性的非物质文化遗产在时间和岁月的磨砺中去粗取精，不断升华，因此具有非同寻常的价值。这些价值可以体现为外在的现实利益，如非物质文化遗产特定主体的财产利益，也可以表现为潜在价值，如非物质文化遗产特定主体的文化利益。在非物质文化遗产有极其明确的主体时，或者权利主张人固定并有代表性时，这种价值性更为突出，价值的转换更加快捷。

3. 代表性。非物质文化遗产的代表性指该遗产必须具有一定的特色，并具备相应的影响力，从而使该遗产的文化存在形态形成认同感并以此来区别其他主体所传承的非物质文化遗产。作为特定民族、群体、社区乃至个人在历史演进中的一种文化形态表达，非物质文化遗产必须具有一定的代表性，即能够与其他民族、群体、社区乃至个人的文化形态有所区别。[1]

(三) 我国非物质文化遗产保护的重要意义

我国是一个具有悠久历史和灿烂文化的文明古国，在历史长河中沉淀了数量众多、价值巨大的非物质文化遗产。传承、保护和利用好非物质文化遗产，对于"继承和弘扬中华民族优秀传统文化，促进社会主义精神文明建设"[2]等方面意义重大。2021年8月，"两办"印发的《关于进一步加强非物质文化遗产保护工作的意见》即明确指出："非物质文化遗产是中华优秀传统文化的重要组成部分，是中华文明绵延传承的生动见证，是连结民族情感、维系国家统一的重要基础。保护好、传承好、利用好非物质文化遗产，对于延续历史文脉、坚定文化自信、推动文明交流互鉴、建设社会主义文化强国具有重要意义"。《知识产权强国建设纲要》在"构建响应及时、保护合理的新兴领域和特定领域知识产权规则体系"部分则指出，要"加强遗传资源、传统知识、民间文艺等获取和惠益分享制度建设，加强非物质文化遗产的搜集整理和转化利用"。在当前我国建设文化强国和推进知识产权强国背景下，我国非物质文化遗产保护具有更加重要的意义。[3]

二、我国非物质文化遗产的种类与构成要件

非物质文化遗产是一种文化血脉和群体气息，也可以说是一种知识信息。流传于世的带有文化属性的以非物质形态存在的知识信息种类各异。然而，并非所有的此类信息都可以上升到权利，也并非所有带有群体生存印记的群体象征或者符号都可以构成非物质遗产。因此，构成非物质文化遗产要求满足一定的构成要件。我国的非物质文化遗产的种类和构成要件遵循国际上通行的做法。

(一) 我国非物质文化遗产的种类

根据《保护非物质文化遗产公约》，"非物质文化遗产"可以分为以下几个类别：①口头传统和表现形式，包括作为非物质文化遗产媒介的语言；②表演艺术；③社会实践、仪式、节庆活动；④有关自然界和宇宙的知识和实践；⑤传统手工艺。

我国《非物质文化遗产法》第2条依照上述公约的规定，又将其细分为以下几类：①传统口头文学以及作为其载体的语言；②传统美术、书法、音乐、舞蹈、戏剧、曲艺和杂技；③传统技艺、医药和历法；④传统礼仪、节庆等民俗；⑤传统体育和游艺；⑥其他非物质文化遗产。可以看出，我国的非物质文化遗产分类在公约规定的基础上增加了属于我国特有的非物质文化遗产，如传统医药、武术以及书法技艺，并增加了兜底条款。此外，属于非物质文化遗产组成部分的实物和场所，凡属文物的，适用《中华人民共和国文物保

---

[1] 参见孙昊亮：《非物质文化遗产的公共属性》，载《法学研究》2010年第5期。
[2] 《非物质文化遗产法》第1条。
[3] 参见吴汉东：《论传统文化的法律保护——以非物质文化遗产和传统文化表现形式为对象》，载《中国法学》2010年第1期；黄玉烨：《论非物质文化遗产的私权保护》，载《中国法学》2008年第5期。

护法》的有关规定。

(二) 我国非物质文化遗产种类和相关概念的区别

在类别上,非物质文化遗产的许多名称与知识产权法特别是著作权法的客体的名称相同。例如,根据《著作权法》第3条对作品的定义,非物质文化遗产的许多类别都可以成为著作权法保护的对象。但是,两个相同的名称所包含的内容并不完全相同。

我国《著作权法》第6条所称的"民间文学艺术作品",包含了民间文学和民间艺术两大类,这两类的规定标志着部分非物质文化遗产可以进入著作权法的调整范围。但是,《非物质文化遗产法》的分类并没有规定民间文学和民间艺术这样的分类,故这两类实际上体现在各个类别中。以下将逐一分析。

1. 传统口头文学以及作为其载体的语言。这通常指流传在中国社会群体中,反映群体不同阶层生活形态和审美情趣的口述作品。这类作品既包括口头创作、口耳传承的方式,也包括口头创作、文本传承的方式,如笑话、神话、寓言等。

《著作权法实施条例》第4条第2项规定:口述作品,是指即兴的演说、授课、法庭辩论等以口头语言创作、未以任何物质载体固定的作品。著作权法上的口述作品与非物质文化遗产中的口述作品之间存在一定的共同点:①二者形成作品均为口头创作;②口头创作具有独创性;③二者通常以非物质形式的载体呈现。这些共同点表明非物质文化遗产的口述作品具有著作权法上的构成作品的属性,可以称之为作品。但是,二者之间的区别也是明显的:①并非所有的口述作品均可构成非物质文化遗产的口述作品,如演讲就被排除在非物质文化遗产之外。②传承方式不同。口述作品没有传承的概念,口述作品的重点在于为人们所感知的口头创作,而非物质文化遗产的重点在于对于口头创作的传承。③口述作品可以多种多样,有可能反映个人思想,也可能反映一种思辨的状态。但是,非物质文化遗产必须带有群体的生活印记,反映所在群体乃至个人的长期流传的代表性生活形态。

2. 传统美术、书法、音乐、舞蹈、戏剧、曲艺和杂技。传统美术和书法与著作权法上规定的美术作品差别不大。《著作权法实施条例》第4条第8项规定:美术作品,是指绘画、书法、雕塑等以线条、色彩或者其他方式构成的有审美意义的平面或者立体的造型艺术作品。这里的概念实际上包含了传统美术和书法作品。因此,二者的共同点在于都具有美术作品的一般特征。二者的区别在于:①传统美术和传统书法作品排除了非我国特有的美术作品,如油画。②传统美术和传统书法作品排除了不带有传统色彩的美术作品,如当代书法作品。③传统美术和传统书法作品排除了非传统技能和表现手法的美术作品。

著作权法上的音乐作品,是指歌曲、交响乐等能够演唱或者演奏的带词或者不带词的作品,传统音乐作品与著作权法上的音乐作品区别不大。这里要特别强调的是:①并非用传统乐器演奏出来的音乐就是非物质文化遗产中所指的传统音乐。②有些传统音乐不是用乐器,而可能是用肢体或者声腔等手法表现出来的。这种没有脚本的音乐作品带有非物质文化遗产的属性,却与著作权法上音乐作品所指对于脚本的保护明显不同。③对于传统音乐的改编或者加入不同元素的演绎不属于传统音乐。

传统的舞蹈、戏剧和曲艺主要是《保护非物质文化公约》中所指的表演艺术,通常在唱、说或者说、唱互相结合并伴有相应的肢体语言的状态下完成。传统的舞蹈、戏剧和曲艺与著作权法上的三者都具有艺术表现上的共性,但是二者之间在保护要点上的不同非常明显:①如同音乐作品一样,著作权法上的这类作品属于对已生成的脚本的表演和再演,表演风格和表演手段因表演人不同而有所差别,所以著作权法将这类作品统称为表演艺术作品，保护的要点是对已生成的脚本进行保护。传统的舞蹈、戏剧和曲艺保护的要点则在于从脚本到表演的保护。②即使是传统的舞蹈、戏剧和曲艺也并非都能纳入非物质文化遗产的行列，能否纳入有严格的界定。③著作权法并不要求表演者的存在或者是表演者的具体指定，但除了少数传统舞蹈、戏剧和曲艺，多数传统舞蹈、戏剧和曲艺要求存在表演者和明确的传承群体。

杂技作品原来不是我国《著作权法》保护的作品，2001年将其增加为一种新的著作权保护的作品形式。二者的共同点在于：均指向杂技这一我国特有的艺术表现形式。二者的区别在于：著作权法所保护的杂技是后台的编导为杂技的表演所设定的艺术内容，而不是其中的技巧环节和难度要素。也就是说，著作权法既然将杂技纳入表演艺术，所保护的仍然是其中的艺术表演成分。但是，非物质文化遗产所保护的恰恰既有其中的艺术表演成分，也有其中的技巧环节。

3. 传统技艺、医药和历法。传统技艺通常指传统手工艺技能，特别是工艺美术品的制作技术。非物质文化遗产所指的传统技艺覆盖广泛，具有代表性的可见刺绣等。著作权法对这一类没有明确区别，通常以美术作品的大类涵盖。某些传统技艺制作物及其方法可以申请专利。但是，专利法的保护手段与非物质文化遗产的保护手段仍然有所不同：①专利法要求新颖性，而我国的传统手工艺技能由于长期流传，多数已经为众人所知，失去了成为专利的价值，也不能满足授予专利权的条件。②专利法的意义在于一定期限的垄断结束之后，取得该专利的公开，从而有利于社会，而传统手工艺技能的掌握者为了追求技艺的独到之处，往往不愿意将关键性环节公之于众。非物质文化遗产的保护则不存在这些问题。

传统医药是非物质文化遗产中非常重要的组成部分。传统医药不仅包括传统的中医，而且包括各少数民族长期沿用的医药，如蒙医、壮医、藏医等。在专利法的构架中，疾病的诊断和治疗方法被排除在专利法的保护范围之外，这显然是出于人体状况千差万别以及人道主义的原因。但是，医药和医疗器械如果符合专利法的要求，仍然可以进入专利法的覆盖范围。历法的保护与下面的民俗等类似。

4. 传统礼仪、节庆等民俗，传统体育和游艺以及其他非物质文化遗产。因为非物质文化遗产的后三种类别与知识产权的关系并不紧密，因此，这里仅作简要介绍。传统礼仪通常分为两个部分：一个部分是与传统节庆融合于一身，在庆贺节庆的同时生成的礼仪方式。另一个部分则形成于人们的传统生活中，成为生活习俗的重要组成部分，如祭拜祖先等。传统礼仪、节庆不属于知识产权法保护的范围。传统的体育和游艺是指人们生产生活中积累下来的强身健身和嬉戏的活动，如武术等。体育不在知识产权的保护范围中，而非物质文化遗产也只吸收了我国特有的或者由我国源起的一些项目。其他非物质文化遗产主要指一些生产生活经验。作为一项兜底性的条款，这条的设置涵盖了种类庞杂的知识和技能。

（三）我国非物质文化遗产的构成要件

非物质文化遗产除了表现出的共同特征之外，还需要满足一定的构成要件。

1. 特有性。非物质文化遗产的特有性是指这种非物质文化遗产仅在特定的民族、群体、社区及至个人处显现。人们通常可以根据这种非物质文化遗产的外部表现来判断其源头。特有性不仅是明确该对象能否进入非物质文化遗产保护范围的关键，而且是不同非物质文化遗产之间的区别点。这里需要明确两点：①民族或者群体的人数不是判断特有性是否存在的标准。②地域的变迁也不影响特有性的本质。特有性在流传过程中可能会发生跨越民族乃至跨越国界的流传，只要这种文化形态依然在源头存在就不会导致源头的特有性的丧失,比如我国和蒙古国共同享有的"蒙古长调"。

2. 传承性。传承性是指非物质文化遗产以所在民族、群体、社区乃至个人的使用、依存为依托,代代相传,即"遗产性"。传承性是非物质文化遗产与许多知识产权保护对象的重要区别。不同类别的非物质文化遗产表现出不同的传承方式,其中较常见的是口传身授,即口头的讲解和身体力行的传授。近些年来随着数字化运动发展,传承方式也呈现了新的方式。

3. 活态性。活态性是指非物质文化遗产在传承过程中不间断,一直存在。活态性是非物质文化遗产最本质的构成要件,也是非物质文化遗产在传承时与其他遗产的最大区别。活态性的表现如下:首先是传承的不间断。非物质文化遗产要求在漫长时代过程中的传承和生存,这种岁月的记忆必须是不间断的;其次是历史的积累和沉淀。只有历史的产物才是非物质文化遗产;最后是过程的缓慢和渐进。下面三种情况,都不属于活态化:①某种非物质文化遗产在历史上曾经出现过,因为没有得到有效地传承,从而失去了传承的核心价值,失去了特有性;②某种非物质文化遗产在历史上曾经出现过,中间失去了生存的土壤,传承发生断层,由后人再挖掘和整理,从而失去了连续性;③创新过大,并非原汁原味的传承。

三、我国非物质文化遗产的权利主体、内容与法律保护

(一) 非物质文化遗产的权利主体

对于各类非物质文化遗产,其传承人就是非物质文化遗产的主体。我国的民族、群体、社区和个人均可以成为非物质文化遗产的主体,因此,非物质文化遗产的主体往往表现为多数人。这里要注意区别几点:①非物质文化遗产权的主体中既有普通民众,也有国家机关。②当核心技能、关键秘密掌握在个人手中时,尽管整个群体都处于传承区,但是此时的传承人并非整个群体,而是掌握核心技能和关键秘密的人。③代表性传承人和非物质文化遗产的主体不完全一致。国家可以认定非物质文化遗产的代表性传承人,但是并没有赋予代表性传承人的权利主体地位。在权利受到侵害时,必须区分代表性传承人的传承对象和非物质遗产的传承性质。也就是说,应当区分非物质文化遗产的类型以及传承者是个体性传承还是群体性传承。

(二) 非物质文化遗产权利内容

1. 使用权。一般来说,使用权意味着专有权人同时享有使用权和禁用权两种权利。使用权是指非物质遗产权利人可以对其进行各种渠道的利用。由于多数非物质文化遗产伴随着人们的生产、生活,故这种使用是必然的,也是传承性的一个表现。对于某些由传承人自行掌握的非物质文化遗产,这些传承人享有的使用权的排他性更强。

禁用权是指未经非物质文化遗产权利人许可,他人不得擅自利用其所有的非物质文化遗产。这里存在三种情况:①由于多数非物质文化遗产与特定群体的生产、生活紧密相随,禁用权的行使不能影响到本来存在的与非物质文化遗产相依存的生产、生活。②非物质文化遗产带有强烈的文化信息和民族印记,禁用权的行使并不禁止所有与其有关联的文化信息和民族印记的利用,这一点类似于合理使用。[1] ③由于非物质文化遗产的权利人人数众多,禁止权往往不能得到有效的利用。

2. 复制权。复制权是指非物质文化遗产权利人有权将非其所有的非物质文化遗产进行

---

[1] 参见四川省自贡市中级人民法院(2009)自民三初字第5号民事判决书(不正当竞争纠纷案)。

复制。但是，复制权的行使不得影响非物质文化遗产的传承与保护。复制权的滥用往往会对非物质文化遗产所蕴含的文化信息和群体特征造成破坏，从而导致整个非物质文化遗产的消失。

3. 商业利用权。非物质文化遗产权利人可以对非物质文化遗产进行多种商业利用。各种商业利用的前提是不影响非物质文化遗产主体的生产、生活。商业利用不得改变非物质文化遗产的风貌。

4. 许可权。许可权是指非物质文化遗产权利人可以将其所传承的非物质文化遗产授权他人进行一定程度的利用。许可权其实也是从商业利用权中分化而来的，商业利用权本身就代表着自己利用和许可他人利用。由于非物质文化遗产权利人往往人数众多，许可权的利用和维护往往流于形式。在权利人单一的情况下，许可权的利用更加充分。

5. 获得报酬权。获得报酬权是指非物质文化遗产权利人有权通过对所传承的非物质文化遗产进行利用，从而获得一定的报酬。获得报酬权是非物质文化遗产权利人利益的实现方式。

（三）非物质文化遗产的法律保护

1. 非物质文化遗产的传承、传播、利用的原则和要求。非物质文化遗产保护，建立在有效传承、传播、利用等方面，为此，《非物质文化遗产法》总则部分规定了相应的原则和要求。其主要内容有：国家对非物质文化遗产采取认定、记录、建档等措施予以保存，对体现中华民族优秀传统文化，具有历史、文学、艺术、科学价值的非物质文化遗产采取传承、传播等措施予以保护。保护非物质文化遗产，应当注重其真实性、整体性和传承性，有利于增强中华民族的文化认同，有利于维护国家统一和民族团结，有利于促进社会和谐和可持续发展。使用非物质文化遗产，应当尊重其形式和内涵。禁止以歪曲、贬损等方式使用非物质文化遗产。国家鼓励和支持公民、法人和非法人组织参与非物质文化遗产保护工作等。[1]

2. 非物质文化遗产的调查。《非物质文化遗产法》第二章规定了调查制度，规定县级以上人民政府根据非物质文化遗产保护、保存工作需要，组织非物质文化遗产调查。非物质文化遗产调查由文化主管部门负责进行。县级以上人民政府其他有关部门可以对其工作领域内的非物质文化遗产进行调查。[2] 同时，还规定了调查信息共享机制，代表性实物的收集与保存、非物质文化遗产档案及相关数据库的建设，公民、法人和非法人组织的调查、境外组织或者个人在京内的调查的限制与程序，征得调查对象的同意，尊重其风俗习惯，不得损害其合法权益。[3] 其第17条规定，对通过调查或者其他途径发现的濒临消失的非物质文化遗产项目，县级人民政府文化主管部门应当立即予以记录并收集有关实物，或者采取其他抢救性保存措施；对需要传承的，应当采取有效措施支持传承。无疑，实施调查制度，有利于全面理解非物质文化遗产布局和现状，采取相应措施加强对非物质文化遗产的保护。[4]

---

[1]《非物质文化遗产法》第3~5条、第9条。
[2]《非物质文化遗产法》第11条。
[3]《非物质文化遗产法》第12~16条。
[4] 参见牟延林、吴安新：《非物质文化遗产保护中的政府主导与政府责任》，载《现代法学》2008年第1期。

3. 物质文化遗产代表性项目名录制度。《非物质文化遗产法》第三章规定了这一制度。其具体内容包括：建立国家级和地方非物质文化遗产代表性项目名录的政府职责、国家级非物质文化遗产代表性项目名录的项目的推荐、国家级非物质文化遗产代表性项目名录的列入原则，文化主管部门对推荐或者建议列入国家级非物质文化遗产代表性项目名录的非物质文化遗产项目的专家评审、公示与审批，国家级和地方非物质文化遗产代表性项目保护规划的制定与实施、特定区域非物质文化遗产保护专项规划制定、非物质文化遗产代表性项目保护规划的实施情况的监督检查等。[1] 上述物质文化遗产代表性项目名录制度的实施，有利于加强对国家级和地方非物质文化遗产的重点保护，弘扬传统优秀文化。

4. 非物质文化遗产的传承与传播制度。《非物质文化遗产法》第四章规定了这一制度。[2] 其主要内容则包括：各级文化主管部门对非物质文化遗产代表性项目的代表性传承人的遴选，县级以上人民政府文化主管部门对非物质文化遗产代表性项目的代表性传承人开展传承、传播活动的支持，非物质文化遗产代表性项目的代表性传承人的职责和应当履行的义务，县级以上人民政府对宣传、展示非物质文化遗产代表性项目的支持措施，非物质文化遗产的相关研究、教育和宣传，公共文化机构等对非物质文化遗产的整理、研究、学术交流和非物质文化遗产代表性项目的宣传、展示，单位和个人依法设立非物质文化遗产展示场所和传承场所，展示和传承非物质文化遗产代表性项目，以及合理利用非物质文化遗产代表性项目开发文化产品和文化服务。[3]

此外，《非物质文化遗产法》第五章则规定了"法律责任"。下一部分对此将进行研究。

5. 侵害非物质文化遗产的保护措施。在实践中，非物质文化遗产的保护尤其体现为对侵害非物质文化遗产的法律救济。[4] 在非物质文化遗产受到侵害时，采取的救济方式主要有以下四种：

（1）行政保护方法的救济方式。《非物质文化遗产法》第五部分规定了文化主管部门和其他有关单位所负有的相应义务和行政责任制度。其第38条规定，文化主管部门和其他有关部门的工作人员在非物质文化遗产保护、保存工作中玩忽职守、滥用职权、徇私舞弊的，依法给予处分；第39条规定，文化主管部门和其他有关部门的工作人员进行非物质文化遗产调查时侵犯调查对象风俗习惯，造成严重后果的，依法给予处分；第40条规定，破坏属于非物质文化遗产组成部分的实物和场所应承担民事责任和行政责任；第41条规定，境外组织和个人违法行为应承担行政责任，包括责令改正，给予警告，没收违法所得及调查中取得的实物、资料，以及情节严重的行政处罚；第42条规定，违法行为构成犯罪的，依法追究刑事责任。上述规定体现了《非物质文化遗产法》对非物质文化遗产保护、保存、调查、使用过程中的违法行为依法惩治的意旨，是实现该法立法宗旨的重要保障。

从实践看，由于文化主管部门和其他部门负责非物质文化遗产名录和传承代表人的工作，当非物质文化遗产受到侵害时，权利人往往第一时间找到行政部门商量解决办法。当

---

[1]《非物质文化遗产法》第18~27条。

[2] 参见田艳：《非物质文化遗产代表性传承人认定制度探究》，载《政法论坛》2013年第4期；徐辉鸿：《非物质文化遗产传承人的公法与私法保护研究》，载《政治与法律》2008年第2期。

[3]《非物质文化遗产法》第28~37条。

[4] 参见杨明：《非物质文化遗产保护的现实处境与对策研究》，载《法律科学（西北政法大学学报）》2015年第5期；曹新明：《非物质文化遗产保护模式研究》，载《法商研究》2009年第2期。

然，行政保护的救济方法并不是最终的救济形式，司法救济方式仍然是最终的救济方式。

（2）知识产权法的救济方式。知识产权法并不能涵盖所有类别的非物质文化遗产保护，当非物质文化遗产的类别与知识产权法的保护对象发生交叉时，知识产权法的救济即产生。《非物质文化遗产法》第44条第1款即规定："使用非物质文化遗产涉及知识产权的，适用有关法律、行政法规的规定。"在针对非物质文化遗产保护的救济方式中，知识产权法的救济是目前普遍采用的方式。例如，在再审申请人杨某与被申请人国家知识产权局、一审第三人李某、郭某商标权无效宣告请求行政纠纷案[1]中，最高人民法院指出：非物质文化遗产的传承与发展，并不当然排斥知识产权的保护方式。在符合知识产权保护条件的情形下，对非物质文化遗产同样给予知识产权法保护，实质上也有利于促进传统文化的传承与发展。[2] 但是，由于非物质文化遗产主体的众多以及非物质文化遗产在传承中的变化，知识产权法的救济方式仍然存在局限性。此外，在通过知识产权法的救济方式中，同样存在上述行政保护途径，只不过此时是在非物质文化遗产符合知识产权客体要件的前提下实施的。

（3）合同法的救济方式。合同作为双方当事人设立、变更、终止民事权利义务关系的协议，一直在法律救济中扮演着重要的角色。但是，在非物质文化遗产的权利救济中，合同法一直是个辅助手段。因为，合同的订立和存在，往往预示着当事人知道自己享有非物质文化遗产权利。合同法的救济通常发生在对非物质文化遗产的非传承人订立以及对非物质文化遗产的商业性履行上，前者在实践中更多地寻求知识产权法的救济。

（4）单行条例的救济方式。有些非物质文化遗产的类别受到单行条例的保护，如传统医药和传统的工艺美术品。这些单行条例的救济与知识产权法的救济的侧重点并不相同。由于这些条例的法律责任规定不详，目前，单行条例主要作为法院参考和适用的规范性法律文件。此外，在地方立法层面，一些省、自治区、直辖市颁行了关于非物质文化遗产保护的地方性法规，对于传承和保护地方非物质文化遗产也具有重要意义。2013年6月1日起施行的《云南省非物质文化遗产保护条例》、2019年6月1日起施行的《北京市非物质文化遗产条例》即为地方立法例。

第二节 传统知识的保护[3]

一、传统知识概述

（一）传统知识的概念

目前在国际层面尚没有公认的传统知识的定义，各种法律文件与学术文章中所使用的传统知识的外延具有很大的差异性，因此清楚界定传统知识是一件非常困难的事。1992年《生物多样性公约》第8条（j）款将传统知识界定为"维持土著和地方社区体现传统生活方式而与生物多样性的保护和持久使用相关的知识、创新和做法"。《生物多样性公约》对传统知识的界定突出了以下三点：土著和地方社区、体现传统生活方式以及知识、创新和

---

[1] 最高人民法院（2018）最高法行再63号行政判决书。
[2] 参见江苏省丹阳市人民法院（2016）苏1181民初9467号民事判决书（侵害商标权纠纷案）。
[3] 选自全国经济专业技术资格考试参考用书编委会编、中国知识产权研究会组织编写：《高级经济实务（知识产权）》，中国人事出版社2023年版，第323~328页。

做法。不过，在《生物多样性公约》中，传统知识是在"与生物多样性的保护和持久使用相关"的前提下附带获得保护的，也即传统知识并非该公约的主要、直接保护对象。

世界知识产权组织关于传统知识的定义最初体现在1998~1999年《传统知识持有者的知识产权需要和期望：WIPO知识产权和传统知识事实调查团报告》中，该报告将传统知识界定为"基于传统的文学、艺术或科学作品；表演；发明；科学发现；外观设计；商标、商号及标记；未披露的信息；以及来自工业、科学、文学或艺术领域的智力活动产生的所有其他基于传统的创新和创造"。上述传统知识可以划分为民间文学艺术表达、传统科技知识和传统标记三种。其中，"基于传统的创新和创造"是指"通常是代代相传的；通常被视为与某一特定民族或其领土有关的，且随着环境的变化而不断演变"的知识体系，创造、创新和文化表现形式。世界知识产权组织最初关于传统知识的定义十分广泛，涵盖了几乎所有的知识产权客体。[1]

2000年，世界知识产权组织成立了名为"知识产权与遗传资源、传统知识和民间文学艺术政府间委员会"（WIPO-IGC）的专门机构。从该机构的名称可以看出，世界知识产权组织倾向于在狭义上使用传统知识，并将之与遗传资源和民间文学艺术相并列。2004年，WIPO-IGC提交讨论的《保护传统知识产权：目标与原则》将传统知识界定为"传统背景下作为智力活动成果的知识的内容或实体，包括构成传统知识体系组成部分的技术诀窍、技能、革新、实践和学问，以及体现本土和当地传统生活方式的，或者包含在编纂成典、世代相传的知识体系中的知识。传统知识不限于任何特定的技术领域，可能包括农业、环境和医学知识，以及与遗传资源有关的知识"。WIPO-IGC将传统知识的定义限定为民间文学艺术之外的技术性知识。基于上述内容可知，广义上的传统知识几乎涵盖了所有的知识产权对象，但是需要加上"基于传统"的限制，狭义的传统知识一般仅指基于传统的技术类知识。

（二）相关概念区分

1. 传统知识与本土知识。按照世界知识产权组织在《传统知识持有者的知识产权需要和期望：WIPO知识产权和传统知识事实调查团报告》中对相关术语的界定，"本土知识"至少可以从两个方面加以理解：①本土知识可以理解为土著社区、民族和国家掌握和使用的知识。相关研究将"土著社区、民族和国家"界定为"那些与在其领土上发展起来的'入侵前'和殖民前社会具有历史连续性，认为其自身区别于这些国家现在盛行的社会其他部分"，土著社区、民族和国家"构成社会的非支配部分，并决心根据其自身的文化模式、社会制度和法律制度，将其祖先领土及其族群身份作为其继续存在的基础，保存、发展和传播给后代"。据此，可以认为，传统知识可以来源于本土知识，本土知识可以作为传统知识的一部分。②本土知识也可以用来指本身是"土著"的知识，在这方面，本土知识与传统知识同义。当然，上述讨论是针对在广义上使用"传统知识"一词的。

2. 传统知识与非物质文化遗产。如前所述，联合国教科文组织大会于2003年通过了《保护非物质文化遗产公约》，该公约第2条对非物质文化遗产的概念作了界定，我国《非物质文化遗产法》第2条则借鉴了上述定义。根据上述定义，首先，传统知识与非物质文化遗产在所涉对象上存在较大差异，非物质文化遗产主要涉及与传统文化相关的对象，而

---

[1] 参见古祖雪：《TRIPS框架下保护传统知识的制度建构》，载《法学研究》2010年第1期。

广义上的传统知识则包括了文化类、[1] 技术类（狭义的传统知识）[2] 与标记类[3]的对象。其次，传统知识所涉及的对象主要是抽象性的知识，并不涵盖实体性的工具、实物、手工艺品和文化场所。因此，广义的传统知识与非物质文化遗产可以理解为交叉关系，而狭义的传统知识与非物质文化遗产可以理解为并列关系。[4]

二、传统知识的保护与利用现状

（一）我国传统知识的保护与利用

2008年印发的《国家知识产权战略纲要》提出"建立健全传统知识保护制度。扶持传统知识的整理和传承，促进传统知识发展。完善传统医药知识产权管理、保护和利用协调机制，加强对传统工艺的保护、开发和利用"。2016年国务院印发的《"十三五"国家知识产权保护和运用规划》提出"强化传统优势领域知识产权保护"，内容具体包括以下方面：开展遗传资源、传统知识和民间文艺等知识产权资源调查；制定非物质文化遗产知识产权工作指南，加强对优秀传统知识资源的保护和运用；完善传统知识和民间文艺登记、注册机制，鼓励社会资本发起设立传统知识、民间文艺保护和发展基金；探索构建中医药知识产权综合保护体系，建立医药传统知识保护名录。2021年国务院印发的《"十四五"国家知识产权保护和运用规划》指出，要"制定中医药传统知识保护条例""制定传统文化、民间文艺、传统知识等领域保护办法""积极参与遗传资源、传统知识、民间文艺、非物质文化遗产、广播组织等方面的知识产权国际规则制定"。2021年9月，中共中央、国务院发布的《知识产权强国建设纲要》在第三部分"建设面向社会主义现代化的知识产权制度"中规定："加强遗传资源、传统知识、民间文艺等获取和惠益分享制度建设，加强非物质文化遗产的搜集整理和转化利用。推动中医药传统知识保护与现代知识产权制度有效衔接，进一步完善中医药知识产权综合保护体系，建立中医药专利特别审查和保护机制，促进中医药传承创新发展"。上述文件均明确提出了建立健全传统知识保护制度的要求。

现有关于传统知识的保护和利用的法律规定可以划分为两类：一类是有关传统知识的专门立法；另一类是传统知识的非专门立法。[5]

就非专门立法而言，由于除"基于传统"这一限制条件外，广义上的传统知识与知识产权的对象基本吻合，故传统知识可以在既有的知识产权法律框架下获得保护。由知识产权法律制度对传统知识加以保护需要满足知识产权部门法中所强调的保护客体的构成要件，如著作权法对作品要求的独创性，专利法对技术发明要求的新颖性、创造性和实用性，以及商标法对注册商标所要求的显著性。在满足知识产权法的客体要求的前提下，传统知识的持有人可以获得保护。但是，由于传统知识一般是某一社群在共同生产实践中发展与积累的，一般很难满足"独创性""新颖性"或"显著性"等要求。例如，技术类的传统知

---

[1] 参见浙江省杭州市中级人民法院（2015）浙杭知初字第1146号民事判决书（著作权侵权纠纷案）；广东省中山市中级人民法院（2016）粤20民终1573号民事判决书（著作权侵权纠纷案）；广东省广州知识产权法院（2017）粤73民终383号民事判决书（著作权侵权纠纷上诉案）。

[2] 参见深圳市中级人民法院（2006）深中法民三初字第204号民事判决书（侵害其他科技成果权纠纷案）。

[3] 参见广东省广州市海珠区人民法院（2017）粤0105民初6037号民事判决书（侵害商标权纠纷案）。

[4] 参见徐家力：《传统知识的利用与知识产权的保护》，载《中国法学》2005年第6期。

[5] 参见杨明：《传统知识的法律保护：模式选择与制度设计》，载《法商研究》2006年第1期；徐家力：《传统知识的利用与知识产权的保护》，载《中国法学》2005年第6期。

识（狭义的传统知识）就很难获得专利法保护，知识产权的民事权利性与传统知识的社会性也很难兼容。因此，利用知识产权法律框架对传统知识的保护与利用进行规制存在困难。

就专门立法而言，如果从广义上对传统知识加以理解，则其不仅包括了技术类传统知识（狭义上的传统知识）的专门立法，而且包括了遗传资源、民间文艺等方面的专门立法。本部分仅对狭义上的传统知识立法进行介绍。[1] 我国关于狭义的传统知识的立法主要有《中华人民共和国中医药法》（以下简称《中医药法》）。该法第43条规定："国家建立中医药传统知识保护数据库、保护名录和保护制度。中医药传统知识持有人对其持有的中医药传统知识享有传承使用的权利，对他人获取、利用其持有的中医药传统知识享有知情同意和利益分享等权利。国家对经依法认定属于国家秘密的传统中药处方组成和生产工艺实行特殊保护。"

就对中医药的保护而言，《中医药法》规定了建立中医药传统知识保护数据库与保护名录。这里说的数据库，即是对中医药传统知识进行系统的收集与编排。各国专利审查部门如能建立基于传统知识的现有技术数据库，则有利于针对相关专利申请涉及的实质性条件的审查，避免对可以自由利用的现有技术的不适当的垄断。根据《中华人民共和国中医药法释义》，国家中医药管理局不断加强中医药传统知识保护研究体系建设力度，开展中医药传统知识保护名录和名录数据库建设工作，目前已入库宋元之前方剂类古籍内容4万余首方剂。就中医药的利用而言，《中医药法》对中医药传统知识的持有人及非持有人的权利进行了规定。对中医药传统知识的"持有"而言，其既可能是单一主体持有，也可能是集体主体持有，具体要看传统知识的存在状态。中医药传统知识的持有人享有传承使用的权利，对于他人获取、利用中医药传统知识的，《中医药法》与相关国际公约相衔接，规定了"知情同意"与"惠益共享"的利用制度。

（二）传统知识的国际保护与利用

1. 世界知识产权组织关于传统知识的保护与利用。世界知识产权组织是负责保护知识产权的联合国专门机构，也是目前对传统知识的保护与利用进行探索的最主要的国际组织。世界知识产权组织对传统知识的关注始于20世纪90年代。在20世纪90年代之前，尚没有国际组织通过系统的全球行动来记录和评估传统知识持有人与知识产权相关的需求。为方便讨论有关传统知识的保护问题，2000年世界知识产权组织成立的WIPO-IGC专门负责传统知识、遗传资源与民间文艺等问题的讨论。WIPO-IGC的目标是议定一部或多部国际法律文书的案文，以有效保护传统知识、传统文化表现形式和遗传资源。由于各国在传统知识等问题上存在分歧，WIPO-IGC至今没有形成一部统一的国际法律文书，但是也取得了一些重要成果，如《知识产权与遗传资源、传统知识和传统文化表现形式重要词语汇编》。

2. 联合国教育、科学及文化组织（以下简称UNESCO）有关传统知识的保护与利用。UNESCO成立于1945年，其致力于推动各国在教育、科学和文化领域开展国际合作。如果说WIPO及WIPO-IGC是在其职责与使命的指引下来探索有关传统知识的知识产权问题，UNESCO则更多地关注与传统知识有关的人权问题，将传统知识视为土著居民与社区的一项基本权利，并在此前提下探索传统知识的保护问题。WIPO及WIPO-IGC关注的范围要更为广泛一些，涉及遗传资源、传统知识与民间文艺多个方面，而UNESCO则将其着眼点放

---

[1] 参见张陈果：《论我国传统知识专门权利制度的构建——兼论已文献化传统知识的主体界定》，载《政治与法律》2015年第1期。

在土著居民的民族文化方面。2003 年，UNESCO 在第 32 届大会上通过了前述《保护非物质文化遗产公约》，虽然该公约所保护的对象是非物质文化遗产，但是由于非物质文化遗产的外延与传统知识的范畴存在交叉，因此该公约也可以说是有关传统知识保护的国际法律文件。2005 年，UNESCO 在第 33 届大会上通过了《保护和促进文化表现形式多样性公约》，该公约在序言部分指出，承认作为非物质和物质财富来源的传统知识的重要性，特别是原住民知识体系的重要性，其对可持续发展的积极贡献，及其得到充分保护和促进的需要。该条文表明了 UNESCO 对原住民传统知识的重要性，特别是在促进人类可持续发展方面的重要价值予以肯定。[1]

三、传统知识保护与利用的平衡

与遗传资源是自然的产物不同，传统知识是原住民、部落或地方社区在与环境的互动过程中形成的"经验知识"，并且是由原住民、部落与地方社区集体创作、传承与演绎的。原住民、部落或地方社区对传统知识的创作、传承与演绎行为使其对传统知识拥有了合理的利益诉求。按照洛克的财产权劳动理论，劳动者的劳动使其获得了对劳动对象的所有权。因此，从洛克的财产权劳动理论的角度而言，传统知识的持有者主张在传统知识保护与利用中享有一定权利具有哲学上的正当性。传统知识属于知识的范畴，从知识的经济属性而言，知识是具有非竞争性与非排他性的公共物品：非竞争性意味着特定知识被多个主体同时消费和使用，既不会导致知识物理价值的贬损，也不会减损不同主体之间使用特定知识的效用；非排他性意味着知识的传播成本极低，而排除他人获取知识的成本很高。从社会福利最大化的角度而言，对于传统知识的控制应限制在一定范围内，以促进传统知识的传播与利用。因此，传统知识的利用者在传统知识上的利益诉求具有经济学上的合理性。

由于传统知识承载着传统知识持有人与传统知识利用者等不同主体的利益诉求，传统知识保护作为一项整体性活动，需要在促进传统知识可持续利用的前提下，对各方的利益作出恰当的平衡。对传统知识的持有者而言，其利益诉求表现为精神层面——传统知识承载的持有人的尊严应获得尊重，以及物质层面——持有人有权从传统知识的衍生利用中获取经济利益。对传统知识的利用者而言，其利益诉求主要表现为物质层面——能够自由接触与利用传统知识。传统知识持有者的诉求即要求加以权利化，也即要求对其精神权利——控制披露和使用的权利，获得公认和承认归属的权利，防止贬损、侵犯和歪曲使用的权利，以及经济权利——商业获得的权利加以保护。相应地，传统知识利用者的诉求反映在立法文件中即要求对持有人的权利加以限制，例如，原住民、部落或地方社区内部成员可以依传统习惯对传统知识接触和使用，非原住民、部落或地方社区内部成员在尊重持有人精神权利的前提下，可以对传统知识进行非商业性利用，如保存性使用、科研性使用等。

---

[1] 参见古祖雪：《基于 TRIPS 框架下保护传统知识的正当性》，载《现代法学》2006 年第 4 期。

本章案例研讨

36-1（总第93）：民间文学艺术衍生作品的表达受著作权法保护
——洪某、邓某诉贵州某食品有限公司、贵州某民族文化研发有限公司著作权侵权纠纷案[1]

一、案情简介

原告洪某、邓某诉称：原告洪某从事蜡染艺术设计40余年，曾荣获中国十大民间艺术家和世界杰出华人艺术家称号。2003年其创作完成《和谐共生十二》作品，发表在2009年8月贵州人民出版社出版的《福远蜡染艺术》一书中，该作品色彩以靛蓝为主，深浅有度，图案造型精美，繁复对称，描绘了一幅花、鸟共生的和谐图景。洪某为支持老区文化发展，曾将涉案作品的使用权（蜡染上使用除外）转让给原告邓某，由邓某维护著作财产权。被告贵州某食品有限公司（以下简称贵州某食品公司）以促销为目的，擅自在其销售的商品上裁切性地使用了原告洪某的上述画作。原告认为被告行为侵害了原告洪某的署名权和邓某的复制权、发行权与获得报酬权，故向贵州省贵阳市中级人民法院提起诉讼，要求被告停止侵权、赔偿损失和赔礼道歉。

二、法院裁判理由及结果

法院将本案的争议焦点归纳为：一是本案所涉《和谐共生十二》作品是否受著作权法保护；二是本案所涉产品的包装图案是否侵犯原告的著作权；三是本案的责任主体如何确定；四是本案的侵权责任种类如何判定；五是本案的赔偿数额如何确定。法院认为：从《著作权法》第6条规定的文义解释分析，民间文学艺术作品的著作权应予保护，但这类作品具有不同于一般作品的特点，适用《著作权法》对民间文学艺术作品进行保护，不仅要厘清保护作品的条件，而且应兼顾民间文学艺术作品保护需要考量因素的特殊性。

关于第一个争议焦点，传统蜡染绘画图案纹样朴实生动，变化多样，主要取材于自然界的花、鸟、虫、鱼等物，但却又不仅仅是对自然物的真实刻画，而是蜡染艺术传承人通过对自然事物的观察、体验、提炼，并融入自己的思想创作出来的作品。本案所涉原告洪某的《和谐共生十二》画作中两只鸟尾部重合，中间采用铜鼓纹花连接而展示对称的美感，而这些正是传统蜡染艺术的自然纹样和几何纹样的主题特征，根据本案现有的证据，可以认定涉案作品显然借鉴了传统蜡染艺术的表达方式，创作灵感直接来源于黄平苗家蜡染背扇图案。但涉案作品对鸟的外形进行了补充，对鸟的眼睛、嘴巴丰富了线条使得鸟图形更加传神，对鸟的脖子、羽毛融入了作者个人的独创使得鸟图形更为生动，对中间的铜鼓纹花作者也融合了自己的构思而有别于传统的蜡染艺术图案。本案所涉原告洪某创作的《和谐共生十二》画作属于传统蜡染艺术作品的衍生作品，是对传统蜡染艺术作品的传承与创新，符合著作权法保护的作品特征，在原告洪某创新的范围内受著作权法的保护。

关于第二个争议焦点，绘画是美术作品最普遍的形式，本案所涉的作品即为绘画美术作品。经过庭审比对，本案所涉产品贵州辣子鸡、贵州小米渣、贵州猪肉干包装礼盒和产品手册中使用的花鸟图案与涉案《和谐共生十二》画作在鸟与花图形的结构造型、线条的

---

[1] 贵州省贵阳市中级人民法院（2015）筑知民初字第17号民事判决书（指导案例第80号）。

取舍与排列上一致，只是图案的底色和线条的颜色存在差别，就比对的效果来看，图案的底色和线条的颜色差别仅成为侵权的掩饰技巧或手段而已，并非独创性的智力劳动。在被告贵州某食品公司生产、销售涉案产品之前，原告洪某即发表了涉案《和谐共生十二》作品，被告贵州某食品公司有机会接触到原告的作品。据此，可以认定第三人贵州某民族文化研发有限公司（以下简称贵州某民族文化公司）有抄袭原告洪某涉案作品的故意，被告贵州某食品公司在生产、销售涉案产品包装礼盒和产品手册中部分使用原告的作品，侵犯了原告对涉案绘画美术作品的复制权。

关于第三个争议焦点，被告贵州某食品公司与贵州某民族文化公司签订了合同书，合同约定被告生产的所有产品的外包装、广告文案、宣传品等皆由贵州某民族文化公司设计，合同也约定如贵州某民族文化公司提交的设计内容有侵权行为，造成的后果由贵州某民族文化公司全部承担。但被告贵州某食品公司作为产品包装的委托方，并未举证证明其公司已尽到了合理的注意义务，且也是侵权作品的最终使用者和实际受益者。被告贵州某食品公司依法应承担本案侵权的民事责任。被告贵州某食品公司与第三人贵州某民族文化公司之间属另一法律关系，不属于本案的审理范围，当事人可另行主张解决。

关于第四个争议焦点，原告方的部分著作人身权和财产权受到侵害，客观上产生相应的经济损失，对于原告方的第一项赔偿损失的请求，依法应当获得相应的支持。对于原告方第二项要求被告停止使用涉案图案，销毁涉案包装盒及产品册页的诉请，依法应予支持。被告人贵州某食品公司事实上并无主观故意，也没有重大过失，只是没有尽到合理的审查义务而基于法律的规定承担侵权责任，原告洪某也未举证证明被告侵权行为造成其声誉的损害，故对于原告洪某要求被告人贵州某食品公司在刊登声明赔礼道歉的诉请，本院不予支持。

关于第五个争议焦点，法院认为，贵州蜡染有一定的区域特征和地理标志意义，以花、鸟、虫、鱼等为创作缘起的蜡染艺术作品在某种意义上属于贵州元素或贵州符号，被告贵州某食品公司作为贵州的本土企业，其使用贵州蜡染艺术作品符合民间文学艺术作品作为非物质文化遗产固有的民族性、区域性的基本特征要求。法院参照贵州省当前的经济发展水平和人们的生活水平，酌情确定由被告贵州某食品公司赔偿原告邓某经济损失。

综上，法院判决被告贵州五福坊食品有限公司停止侵害、赔偿损失，销毁涉案产品贵州辣子鸡、贵州小米渣、贵州猪肉干的包装盒及产品宣传册页，驳回原告洪某和邓某的其余诉讼请求。

本案涉及民间文学艺术衍生作品的表达的著作权保护问题。在该案中，法院认定《和谐共生十二》在借鉴传统蜡染艺术表达方式基础上融入了创作性劳动，对于其具有独创性部分应当给予著作权保护。本案对于认识民间文学艺术衍生作品的著作权保护以及对于传统文化的传承与创新、发展与保护问题提供了启发。

36-2（总第94）：基于改进民间药方的发明创造专利申请权归属的界定
——夏甲与夏乙专利申请权权属纠纷案[1]

一、案情简介

原告夏甲与被告夏乙为叔侄关系。原告之父夏丙（已亡故）早年获得一种中药药方，经过研究改进形成自己的药方和制药方法。原告跟随其父学会这一药方和制药方法，并用这一药方制作膏药在民间治病。原告之父于1985年将药方和制药方法传授给女儿夏丁（原告之姐、被告之姑），夏丁于1995年又传授给被告。被告于2009年2月18日向国家知识产权局对此药方和制药方法提出专利申请。原告、被告的药方在用药种类上相同，在相同种类的用药比例上稍有不同，制药方法形式稍有不同但原理相同。原告认为被告侵害其申请涉案专利权的权利，遂向齐齐哈尔市中级人民法院提起专利申请权权属纠纷诉讼。

原告诉称：其父亲夏丙生前研制一种用于舒筋活血、消炎止痛的中药秘方，用于民间治病。1954年，原告父亲将秘方传赠给原告，原告父亲并嘱咐自己的其他6个子女，秘方的所有权属于原告。原告受传秘方后，50多年来一直用此秘方为民众治病，广受当地民众的传颂。1983年，原告的姐姐夏丁多次找原告父亲要此秘方，并承诺绝不将秘方传给他人，于是原告父亲便将秘方告诉了夏丁。1995年，被告夏乙（原告大哥之子）见此秘方疗效显著且能赚钱，便找夏丁索要秘方，并承诺只是自己使用绝不传给他人、不申请专利、不与原告争夺所有权。夏丁相信了被告的承诺便将秘方告诉了被告。然而，被告背信弃义不守承诺，于2009年2月12日向国家知识产权局提出专利申请。原告认为，此秘方是原告父亲专传给原告的知识产权，且原告已用此秘方为民间治病50多年。

被告夏乙辩称：原告未向法院提供证据证明原告的中药秘方与被告申请专利的中药秘方的配方和配制方法完全一致，也没有证据证明被告所申请专利的配方是从原告处得来的；原告诉称1954年原告的父亲（被告的祖父）将秘方传授给原告，不符合事实也是不可信的。1954年时原告只有13岁，被告的父亲（原告之兄）17岁，况且当时原告之父正当壮年，身体健康，不可能将秘方传给13岁的孩子而不传给17岁的被告的父亲，可见原告的诉称不是事实。被告申请专利的配方是被告的父亲所传授的。被告在学会和掌握药方后，又经过潜心研究和实践，针对不同的伤病情况具体调整，改进了配方和配伍，经过多年实践形成了现在申请专利的配方。根据《专利法》保护申请在先的原则，假如原告的秘方与被告的配方基本一致，那么原告无权申请专利也无权限制他人申请专利。

二、法院裁判理由及结果

法院认为，原告、被告争议的药方是由民间药方改进而来，原告、被告均不能证实各自向法庭举示的药方是自己的发明创造。但通过双方当事人的陈述和有关证人的证实，此药方及制药方法来自民间，原告的父亲（被告的祖父）从他人处获得后经过研究改进，该药方属于原告父亲的发明创造。按照我国《专利法》规定，该专利的申请权属于原告的父亲。原告没有确实充分的直接证据证明其父将药方及制药方法赠与原告一人，因此在原告父亲死亡之后，药方的专利申请权应归由原告父亲的继承人共同行使。在原告、被告对药方和制作方法的专利申请权发生争议的情况下，原告、被告均不能单独行使专利申请权。

---

[1] 黑龙江省齐齐哈尔市中级人民法院（2009）齐民知初字第4号民事判决书。

故本院对原告要求被告立即停止所争议药方的专利申请行为的诉讼请求予以支持，对原告要求确认其为该药方申请专利权人的诉讼请求不予支持。依照《专利法》第6条第2款和原《民法通则》第76条、第78条的规定，判决驳回原告夏甲要求确认本案中药药方的专利申请权归夏甲一人所有的诉讼请求；被告夏乙无权就本案中药药方申请专利。

本案涉及在民间药方改进的基础上形成药方的专利申请权的归属问题。在该案中，法院认定涉案药方属于原告父亲对民间药方进行改进的发明创造，而原被告均无证据证明属于自己完成的发明创造，因而判决驳回原告诉讼请求，同时明确被告无权就本案中药药方申请专利。本案为认识在传统医药基础上进行改进所完成的药方的发明的专利申请权的归属提供了启示。

36-3（总第95）：非物质文化遗产传承、发展和保护不排除注册商标保护
——山东省某食品有限公司与山东德州某扒鸡股份有限公司侵害商标权纠纷再审申请案[1]

一、案情简介

再审申请人山东省某食品有限公司（以下简称某食品公司）因与被申请人山东德州某扒鸡股份有限公司（以下简称德州某扒鸡公司）、一审被告章丘某冷库商贸有限公司（以下简称某冷库公司）侵害商标权纠纷一案，不服山东省高级人民法院（2019）鲁民终851号民事判决，向最高人民法院申请再审。其申请再审称：有新的证据能足以证明"德州扒鸡"是由于历史传统、风土人情、地理、地理环境等原因形成的固定的商品业工具书、辞典列为商品名称，被诸多史志资料、官方文件、著作记载，被众多媒体争相传播报道，而且被认定为国家非物质文化遗产，应当被认定为约定俗成的通用名称，某食品公司对"德州扒鸡"的使用属于正当使用、非商标性使用。德州某扒鸡公司答辩称：①"德州扒鸡制作技艺"属于国家级非物质文化遗产，不是所有在山东省德州市生产的扒鸡都想当然地可以叫"德州扒鸡"。②德州某扒鸡公司的"德州""德州扒鸡"等系列注册商标合法有效，具有很高的知名度，不属于通用名称。③某食品公司在涉案侵权商品上使用"德州扒鸡"不属于正当使用，因此构成侵权。

二、法院裁判理由及结果

最高人民法院经审查认为，德州某扒鸡公司在本案中主张权利的第3892642号"德州扒鸡"商标目前仍为有效的注册商标，其注册商标专用权受法律保护。《商标法》第57条第2项规定，未经商标注册人的许可，在同一种商品上使用与其注册商标近似的商标，或者在类似商品上使用与其注册商标相同或者近似的商标，容易导致混淆的，属于侵犯注册商标专用权的行为。本案中，某食品公司在与第3892642号"德州扒鸡"商标核定使用商品相同的扒鸡商品上突出使用"德州扒鸡"文字，虽然存在文字字体上的差异，但二者已构成近似商标，容易导致混淆误认，一审、二审法院据此认定某食品公司的涉案行为侵害了德州某扒鸡公司对第3892642号"德州扒鸡"商标享有的注册商标专用权并无不当，本

---

[1] 最高人民法院（2020）最高法民申459号民事裁定书。

院对此予以确认。

《商标法》第59条第1款规定对商标标志构成要素的使用是否构成正当使用，应当结合案件事实尤其是相关标志的使用方式加以具体认定。根据《商标法》第11条第2款规定，实践中也存在具有一定描述性的标志通过使用取得显著特征后作为商标注册的情形。因此，在适用《商标法》第59条第1款判断对相关标志的使用是否构成正当使用时，必须结合商标法的其他条款以及相关标志的使用方式加以综合考虑。如果该使用方式发挥的主要是来源识别作用，则不宜认定其构成正当使用；如果该使用方式发挥的主要是描述、介绍作用且不会对商品来源产生混淆误认，则不宜仅因该注册商标的存在而禁止他人正当使用。当事人主张其对相关标志的使用构成正当使用的，除应当举证证明该标志属于该商品的通用名称、图形、型号，或者具有直接表示商品的质量、主要原料、功能、用途、重量、数量、产地及其他特点的描述作用外，还应当举证证明其使用方式以描述性、介绍性为主，而非以发挥商品来源识别作用为主。

本案中，某食品公司提交了相关证据并主张，"德州扒鸡"全称"德州五香脱骨扒鸡"，是山东传统名吃、鲁菜经典，且德州扒鸡制作技艺被确定为国家级非物质文化遗产，其使用是正当使用、非商标性使用。本院认为，首先，虽然德州扒鸡制作技艺被确定为国家级非物质文化遗产，但对非物质文化遗产的传承、发展和保护，并不当然排斥注册商标的保护，某食品公司以德州扒鸡制作技艺被确定为国家级非物质文化遗产为由主张其使用"德州扒鸡"属于正当使用，该理由不能成立。其次，某食品公司在被控侵权商品上使用的"德州扒鸡"字样显著、突出，其字体、文字排列方式与德州某扒鸡公司主张权利的第3892642号"德州扒鸡"商标字体、文字排列方式近似，而某食品公司自己的注册商标却以明显小于"德州扒鸡"字样的方式使用在被控侵权商品左上角，上述使用方式表明某食品公司并非是从描述其扒鸡产自德州的角度进行的使用，而是作为区别商品来源的标志的使用，一审、二审法院关于某食品公司提出的被诉侵权标志属于正当使用、非商标性使用的抗辩不能成立的认定并无不当，本院对此予以确认。

最高人民法院裁定驳回某食品公司的再审申请。

本案涉及非物质文化传承、发展与保护和商标权保护的关系。在该案中，最高人民法院明确德州扒鸡制作技艺被确定为国家级非物质文化遗产与"德州扒鸡"作为注册商标保护并不矛盾，在被控侵权商品上突出使用"德州扒鸡"造成混淆之虞则构成侵害注册商标专用权。本案为认识非物质文化遗产商标权保护提供了范例。

36-4（总第96）：使用民间手工棉纺织品通用名称"鲁锦"不构成侵害商标权
——山东鲁锦某有限公司诉某鲁锦工艺品有限责任公司、济宁某家纺有限公司侵害商标权及不正当竞争纠纷案[1]

一、案情简介

山东鲁锦某有限公司（以下简称山东鲁锦公司）的前身嘉祥县某民间工艺品厂于1999

---

[1] 山东省高级人民法院（2009）鲁民三终字第34号民事判决书（指导案例第46号）。

年12月21日取得注册号为第1345914号的"鲁锦"文字商标,有效期为1999年12月21日至2009年12月20日,核定使用商品为第25类即服装、鞋、帽类。山东鲁锦公司又于2001年11月14日取得注册号为第1665032号的"Lj+LUJIN"的组合商标,有效期为2001年11月14日至2011年11月13日,核定使用商品为第24类的纺织物、棉织品、纺织品等。该民间工艺品厂于2001年2月9日更名为嘉祥县鲁锦某有限公司,后于2007年6月11日改为现名。

2007年3月,山东鲁锦公司从济宁某家纺有限公司(以下简称济宁某家纺公司)鲁锦专卖店购买到由某鲁锦工艺品有限责任公司(以下简称某鲁锦工艺品公司)生产的与山东鲁锦公司注册商标所核定使用的商品相同或类似的商品,该商品上的标签(吊牌)包装盒、包装袋及店堂门面上均带有"鲁锦"字样。山东鲁锦公司认为济宁某家纺公司、某鲁锦工艺品公司侵害其涉案注册商标专用权,遂向山东省济宁市中级人民法院提起诉讼。

二、法院裁判理由及结果

一审法院根据山东鲁锦公司的申请,依法对某鲁锦工艺品公司、济宁某家纺公司进行了证据保全,发现二被告处存有大量同"鲁锦"注册商标核准使用的商品同类或者类似的商品,该商品上的标签(吊牌)、包装盒、包装袋、商品标价签以及被告店堂门面上均带有原告注册商标"鲁锦"字样。被控侵权商品的标签(吊牌)、包装盒、包装袋上已将"鲁锦"文字放大,作为商品的名称或者商品装潢醒目突出使用,且包装袋上未标识生产商及其地址。法院判决相关主体承担停止使用注册商标、字号,赔偿损失的法律责任。某鲁锦工艺品公司与济宁某家纺公司不服该判决,向山东省高级人民法院提出上诉。

二审法院认为:根据本案事实可以认定,在1999年山东鲁锦公司将"鲁锦"注册为商标之前,"鲁锦"已是山东民间手工棉纺织品的通用名称,"鲁锦"织造技艺为非物质文化遗产。某鲁锦工艺品公司、济宁某家纺公司的行为不构成商标侵权,也非不正当竞争。

首先,"鲁锦"已成为具有地域性特点的棉纺织品的通用名称。商品通用名称是指行业规范或社会公众约定俗成的对某一商品的通常称谓。该通用名称可以是行业规范规定的称谓,也可以是公众约定俗成的简称。鲁锦指鲁西南民间纯棉手工织锦,其纹彩绚丽灿烂似锦,在鲁西南地区已有上千年的历史。"鲁锦"作为具有山东特色的手工纺织品的通用名称,为国家主流媒体、各类专业报纸以及山东省新闻媒体所公认,山东省、济宁、菏泽、嘉祥、鄄城的省市县三级史志资料均将"鲁锦"记载为传统鲁西南民间织锦的"新名",有关工艺美术和艺术的工具书中也确认"鲁锦"就是产自山东的一种民间纯棉手工纺织品。"鲁锦"织造工艺历史悠久,在提到"鲁锦"时,人们想到的就是传统悠久的山东民间手工棉纺织品及其织造工艺。"鲁锦"织造技艺被确定为国家级非物质文化遗产。"鲁锦"代表的纯棉手工纺织生产工艺并非由某一自然人或企业法人发明而成,而是由山东地区特别是鲁西南地区人民群众的长期劳动实践而形成。"鲁锦"代表的纯棉手工纺织品的生产原料亦非某一自然人或企业法人特定种植,而是山东不特定地区广泛种植的棉花。自20世纪80年代中期后,经过媒体的大量宣传,"鲁锦"已成为以棉花为主要原料、手工织线、染色、织造的山东地区民间手工纺织品的通称,且已在山东地区纺织行业领域内通用,并被相关社会公众所接受。综上,可以认定"鲁锦"是山东地区特别是鲁西南地区民间纯棉手工纺织品的通用名称。

关于山东鲁锦公司主张"鲁锦"这一名称不具有广泛性,在我国其他地方也出产老粗布,但不叫"鲁锦"。对此法院认为,对于具有地域性特点的商品通用名称,判断其广泛性应以特定产区及相关公众为标准，而不应以全国为标准。我国其他省份的手工棉纺织品不叫"鲁锦"，并不影响"鲁锦"专指山东地区特有的民间手工棉纺织品这一事实。关于山东鲁锦公司主张"鲁锦"不具有科学性，棉织品应称为"棉"而不应称为"锦"。法院认为，名称的确定与其是否符合科学没有必然关系，对于已为相关公众接受、指代明确、约定俗成的名称，即使有不科学之处，也不影响其成为通用名称。关于山东鲁锦公司还主张"鲁锦"不具有普遍性，山东省内有些经营者、消费者将这种民间手工棉纺织品称为"粗布"或"老土布"。法院认为，"鲁锦"这一称谓是20世纪80年代中期确定的新名称，经过多年宣传与使用，现已为相关公众所知悉和接受。"粗布""老土布"等旧有名称的存在，不影响"鲁锦"通用名称的认定。

基于上述分析，山东省高级人民法院判决撤销原判，驳回山东鲁锦公司的诉讼请求。

本案涉及使用民间纺织品的通用名称不构成侵害商标专用权。在该案中，二审法院纠正了一审法院对于"鲁锦"法律属性的认识，认为"鲁锦"已成为山东省成为具有地域性特点的棉纺织品的通用名称。该案"裁判要点"明确："判断具有地域性特点的商品通用名称，应当注意从以下方面综合分析：①该名称在某一地区或领域约定俗成，长期普遍使用并为相关公众认可；②该名称所指代的商品生产工艺经某一地区或领域群众长期共同劳动实践而形成；③该名称所指代的商品生产原料在某一地区或领域普遍生产。"本案为认识具有传统文化特色的民间产品的名称是否构成通用名称提供了重要指导。

本编拓展阅读书目

1. 李扬：《反不正当竞争法基本原理》，知识产权出版社2022年版。
2. 王艳芳：《反不正当竞争法价值论》，商务印书馆2022年版。
3. 孔祥俊：《反不正当竞争法的创新性适用》，中国法制出版社2014年版。
4. 孔祥俊：《反不正当竞争法原理》，知识产权出版社2005年版。
5. 孔祥俊：《反不正当竞争法新论》，人民法院出版社2001年版。
6. 冯晓青主编：《不正当竞争及其他知识产权侵权专题判解与学理研究》，中国大百科全书出版社2010年版。
7. 孔祥俊：《商业秘密保护法原理》，中国法制出版社1999年版。
8. 张玉瑞：《商业秘密法学》，中国法制出版社1999年版。
9. 张耕等：《商业秘密法》，厦门大学出版社2012年版。
10. 唐青林编著：《商业秘密案件裁判规则》，中国法制出版社2022年版。
11. 孔祥俊主编：《商业秘密司法保护实务》，中国法制出版社2012年版。
12. 刘振伟、张桃林主编：《植物新品种权保护法律制度》，中国民主法制出版社2022年版。
13. 李秀丽：《植物新品种权保护原理》，知识产权出版社2021年版。
14. 王笑冰：《地理标志法律保护新论——以中欧比较为视角》，中国政法大学出版社2013年版。
15. 董炳和：《地理标志知识产权制度研究——构建以利益分享为基础的权利体系》，中国政法大学出版社2005年版。
16. ［英］德夫·甘杰：《地理标志法的重构》，李静、段晓梅、赖晓敏译，知识产权出版社2023年版。
17. 陶鑫良、程永顺、张平主编：《域名与知识产权保护》，知识产权出版社2001年版。
18. 王文章：《非物质文化遗产保护研究》，文化艺术出版社2013年版。
19. 中国社会科学院知识产权中心编：《非物质文化遗产保护问题研究》，知识产权出版社2012年版。
20. 严永和：《论传统知识的知识产权保护》，法律出版社2006年版。

第六编 知识产权的国际保护

第三十七章 知识产权国际保护概述

本章提要

本章主要阐述和探讨知识产权国际保护的原因、知识产权国际保护的主要方式、主要知识产权国际公约的产生背景和内容。

本章的重点是知识产权国际保护的原因,其中知识产权国际保护的原因也是本章的难点。

第一节 知识产权国际保护的产生和发展

如前所述,知识产权制度自其建立之时,就具有地域性的特点。所谓知识产权的地域性,是指知识产权一般只在授予其权利的国家或地区或确认其权利的国家或地区产生,并且只能在该国或该地区范围内发生法律效力、受到法律保护,其他国家或地区对其没有必须给予法律保护的义务。知识产权地域性的存在,引发了缔结保护知识产权的国际公约或双边协定、多边协定的需要,此即知识产权的国际保护。知识产权的国际保护,是在遵守国际公约、协定"最低要求"的基础上,履行我国对于知识产权保护的国际公约、协定的义务,根据国民待遇原则,一方面对于外国的知识产权由国内法提供保护,另一方面对于本国的知识产权在其他国家或地区同样获得保护。

一、知识产权国际保护的必要性

1. 知识产权的国际保护是历史发展的必然结果。智力成果和工商业标记作为信息集合,其本身具有易传播性,各种文学、艺术、科学作品以及专利、商标等传播开来,也会随着商业活动而跨出国门进行传播;随着时代和商业活动的发展,这种传播行为将越来越频繁。这样,一个国家或地区的知识产权就需要在其他国家或地区得到尊重,需要打破知识产权的地域性束缚而在其他国家或地区受到保护。知识产权的国际保护,一开始是通过双边互惠或单方承担保护义务的方式来实现的,但这些都无法保障知识产权在其他国家或地区得到适当和完善的保护,因此,在 19 世纪末各国、各地区开始缔结保护知识产权的国际公约，知识产权保护的国际公约、协定的制定活动日益活跃。

2. 知识产权的国际保护是现代国际贸易发展的必然要求。自20世纪80年代以来，国际贸易中传统的货物贸易所占比重逐渐下降，而服务贸易和知识产权贸易所占比重日益增加，知识产权在整个世界贸易中的地位越来越重要，其已成为世界贸易组织的三大支柱之一。知识产权的国际保护不仅需要依靠已有的国际公约，而且需要适应新出现的技术手段、传播方式的特点，制定并缔结新的国际公约、协定，以完善对知识产权的国际保护。

3. 知识产权的国际保护是建立国际经济新秩序的内在需要。现代社会中，发达国家和发展中国家在知识产权的拥有量上严重不平衡。在知识产权的保护程度方面，发达国家和发展中国家也存在着差距。这就需要在双方之间建立一个对话协商又互助互利的桥梁，在制定和缔结知识产权国际保护的有关公约、协定时，尤其是涉及发达国家和发展中国家利益时，这一点尤为重要。这也正是现代国际社会中知识产权国际保护的特点。

二、知识产权国际保护的方式

世界各国最初采取国家间缔结双边协议的方式进行知识产权的国际保护，后来逐渐发展到缔结国际知识产权保护公约的形式对知识产权进行国际保护。[1] 如《巴黎公约》于1883年3月20日签署，于1884年正式生效，其是世界上缔约最早的一部保护知识产权的国际公约。随后，1886年9月，由英、法、意、德等国发起并缔结了《伯尔尼公约》，于1887年生效。这两个国际公约成为知识产权国际保护方面最初的两个国际公约。此后，关于知识产权保护的许多国际公约相继签署。1967年在斯德哥尔摩签订了《成立世界知识产权组织公约》，1970年成立了世界知识产权组织。世界知识产权组织成为知识产权领域的专门机构，管理并主持缔结知识产权保护相关国际公约。1991年12月在日内瓦外交会议上达成了TRIPs协议，该协议在1995年7月1日正式生效，这一协议由世界贸易组织进行管理。TRIPs协议的重要性与《成立世界知识产权组织公约》大体相当，成为知识产权保护方面非常重要的国际公约。

三、知识产权国际保护公约和条约概况

目前主要的知识产权保护方面的国际公约、条约，除了前述《巴黎公约》、TRIPs协议外，在知识产权法的主要领域主要包括：

1. 商标权领域。主要有：《制止商品来源虚假或欺骗性标记马德里协定》（1891年在西班牙马德里缔结）、《马德里协定》（1891年在西班牙马德里缔结）、《里斯本协定》（1958年在葡萄牙里斯本缔结）、《商标注册用商品和服务国际分类尼斯协定》（1957年在法国尼斯缔结，以下简称《尼斯协定》）、《建立商标图形要素国际分类维也纳协定》（1973年在奥地利维也纳缔结，以下简称《维也纳协定》）、《商标注册条约》（1973年在奥地利维也纳缔结）、《保护奥林匹克会徽内罗毕条约》（1981年在肯尼亚内罗毕缔结，以下简称《内罗毕条约》）、《商标法条约》（1994年在瑞士日内瓦缔结）。

2. 专利权领域。主要有：《国际专利分类斯特拉斯堡协定》（1971年在法国斯特拉斯堡缔结）、《专利合作条约》（1970年在美国华盛顿缔结）、《国际承认用于专利程序的微生物保藏布达佩斯条约》（1977年在匈牙利布达佩斯缔结，以下简称《布达佩斯条约》）、《保护植物新品种国际公约》（1961年在法国巴黎缔结）、《工业品外观设计国际备案海牙协定》

---

[1] See Drahos, Peter, "BITS and BIPS: Bilateralism in Intellectual Property", *Journal of World Intellectual Property*, Vol. 4, Issue 6 (November 2001), pp. 791-808.

（1925年在荷兰海牙缔结）、《建立工业品外观设计国际分类洛迦诺协定》（1968年在瑞士洛迦诺缔结）。

3. 著作权法方面。主要有：《伯尔尼公约》（1896年于伯尔尼缔结）、《世界版权公约》（1952年在瑞士日内瓦缔结）、《罗马公约》（1961年在意大利罗马缔结）、《录音制品公约》（1971年在瑞士日内瓦缔结）、《视听作品国际登记条约》（1989年在瑞士日内瓦缔结）、《关于播送由人造卫星传播载有节目的信号公约》（1974年在比利时布鲁塞尔缔结）、《避免对版权使用费双重征税的多边公约》（1979年在西班牙马德里缔结）、《印刷字体的保护及其国际保存维也纳协定》（1973年在奥地利维也纳缔结）、《关于集成电路的知识产权条约》（1989年在美国华盛顿缔结）、《世界知识产权组织版权条约》与《世界知识产权组织表演和录音制品条约》（1996年在瑞士日内瓦缔结）。

除知识产权保护的国际公约以外，区域性的国际保护也正在加强。目前区域性知识产权国际保护的条约和协定主要有：欧共体的地区性跨国立法，如欧盟委员会在1986年通过的《半导体产品布图法律保护指令》、1991年5月14日欧共体理事会通过的《计算机程序法律保护指令》、1988年12月21日欧共体理事会通过的《缩小成员国商标法差异的理事会一号指令》、1992年7月14日欧共体理事会通过的《农产品与食品地理及货源标记保护条例》等。2020年9月14日，中欧缔结的《中欧地理标志协定》则是中国和欧洲就地理标志保护达成的双边协定。1992年8月，美国、加拿大、墨西哥3国在多伦多缔结了《北美自由贸易协定》（NAFTA），1994年1月1日实施，其第六部分第十七章专门对知识产权保护问题进行了规定；1969年5月，拉丁美洲国家玻利维亚、哥伦比亚、厄瓜多尔、秘鲁、委内瑞拉、智利等国，在哥伦比亚的卡塔赫那缔结了《卡塔赫那协定》，共同组成"安第斯组织"，1974年5月安第斯组织中协调其成员国事务的委员会发布了《工业产权适用规则统一条例》，该条例被安第斯组织成员国批准采纳；1962年9月，非洲法语国家马尔加什、喀麦隆、中非、加蓬、刚果等13个国家，在加蓬首都利伯维尔缔结了《建立非洲——马尔加什工业产权局协定》，1976年，"非洲——马尔加什工业产权局"更名为"非洲知识产权组织"（OAPI），1977年3月在中非首都班吉通过了《班吉协定》，其全称是《关于修订〈建立非洲——马尔加什工业产权局协定〉及建立非洲知识产权组织的协定》，《班吉协定》是世界上第一个全面跨国保护工业产权与版权的地区性公约。此外，近些年来，随着地区之间合作的强化，还出现了新的地区性协定中保护知识产权的系统性规定。本书第四十三章将予以探讨。

第二节　世界知识产权组织

一、世界知识产权组织的成立

《巴黎公约》和《伯尔尼公约》是最早的知识产权保护方面的两个国际公约，也是知识产权保护方面非常重要的两个国际公约。最初，巴黎联盟和伯尔尼联盟均设有秘书处，称为国际局，由两个国际局负责管理两个公约，而这两个国际局又都在瑞士联邦政府的监督之下工作。1893年，瑞士联邦政府将两个国际局合并，称为"保护工业产权和文学艺术产权联合国际局"，后来定名为"保护知识产权联合国际局"（BIRPI）。第二次世界大战结束以后，许多政府间组织发生变化，为了适应当时的国际形势需要，使"保护知识产权联合国际局"独立于瑞士联邦政府，并进而使该机构成为联合国的专门机构，巴黎联盟和伯尔尼联盟的成员国于1967年提议成立世界知识产权组织（World Intellectual Property Organization，WIPO），1967年7月14日，其中的51个国家在斯德哥尔摩签订了《成立世界知识产权组织公约》（Convention Establishing the World Intellectual Property Organization），该公约于1970年4月26日正式生效，世界知识产权组织随之成立，原"保护知识产权联合国际局"的全部职能转由世界知识产权组织国际局管理。《成立世界知识产权组织公约》于1979年进行了修正，截至2024年3月，共有193个成员国加入该公约。我国于1980年6月3日正式加入该公约，成为世界知识产权组织的第90个成员国。

1974年，世界知识产权组织成为联合国的一个专门机构，该组织在联合国总部设有联络处。世界知识产权组织是目前最重要的知识产权国际保护方面的国际组织，是一个参加国家多、影响大的国际组织。

二、世界知识产权组织的主要工作

《成立世界知识产权组织公约》确立了世界知识产权组织的两个主要宗旨：①通过国家间的合作，以及与其他国际组织的协作，促进国际范围内对知识产权的保护；②保证各种知识产权公约所建立的联盟之间的行政合作。为了贯彻世界知识产权组织的这两个宗旨，世界知识产权组织负责促进更多的国家接受已有的保护知识产权方面的国际公约，修订现行的国际公约，并且主持制订和缔结新的国际公约。目前，大多数关于知识产权保护的国际公约都由世界知识产权组织管理，其中一些国际公约是在世界知识产权组织的主持下缔结的。

世界知识产权组织的职责如下：①促进发展旨在便利全世界对知识产权的有效保护和协调各国在这方面的立法措施；②执行巴黎联盟、与该联盟有联系的各专门联盟以及伯尔尼联盟的行政任务；③担任或参加任何其他旨在促进保护知识产权的国际协定的行政事务；④鼓励缔结旨在促进保护知识产权的国际协定；⑤对于在知识产权方面请求法律——技术援助的国家给予合作；⑥收集并传播有关保护知识产权的情报，从事并促进这方面的研究，并公布这些研究的成果；⑦维持有助于知识产权国际保护的服务，在适当情况下，提供服务工作单位名册，并发表这种名册的材料。此外，世界知识产权组织还向发展中国家提供援助，援助方式主要包括：提供咨询意见、培训和提供文件及设备，目的在于促进发展中国家国内立法以及其在国际关系中尊重知识产权，制定保护知识产权的法律，培训政府、工业和执法部门中的专家以及提供专利信息服务，等等。

世界知识产权组织的主要机构为：大会、成员国会议、协调委员会、国际局。

大会是世界知识产权组织的最高权力机构，由任何一个联盟（巴黎联盟、伯尔尼联盟等）成员国的公约当事国组成，每一国政府应有一名代表。已参加公约但非联盟成员的国家可以以观察员的身份参加大会。大会的主要任务是：根据协调委员会提名，任命总干事；审批总干事关于世界知识产权组织的报告，并给以指示；审批协调委员会的报告与活动，并给以指示；决定可作为观察员另行参加本会议的国家；通过世界知识产权组织的财务条例；确定秘书处的工作语言；履行世界知识产权组织的职责及行使其他适合于《成立世界知识产权组织公约》的适当职权。大会以成员国半数为法定人数，一成员国有一票表决权。大会例会每3年举行一次，由世界知识产权总干事召集；大会特别会议由总干事根据协调委员会或大会1/4成员国的请求召开；大会应在世界知识产权组织总部召开；大会有自己的议事规则。

成员国会议，由《成立世界知识产权组织公约》的成员国组成，不论其是否为任何一联盟的成员国。成员国会议的主要任务是：讨论知识产权方面普遍关心的事项，并且应在尊重各联盟权限和自主的条件下就这些事项通过建议；通过本会议3年的预算，并在会议预算的限度内，制定3年的法律——技术援助计划；决定可以以观察员身份参加本会议的国家；通过对《成立世界知识产权组织公约》的修订案等。成员国会议以成员国的1/3构成法定人数，每一成员国有一票表决权，对本公约的修订决定，应以2/3多数票作出决议。成员国会议，每3年召开一次，由总干事负责召集，会期及会议地点与大会相同；成员国会议的特别会议应由总干事根据多数成员国的请求召开。成员国会议有自己的议事规则。

协调委员会由担任巴黎联盟执行委员会委员或伯尔尼联盟执行委员会委员或兼任两个执行委员会的委员的公约当事国组成，协调委员会的主要任务是：就两个或两个以上联盟共同有关的，或者一个或一个以上联盟与世界知识产权组织共同有关的一切有关行政、财务和其他事项，特别是各联盟共同开支的预算，向各联盟的机构、本组织成员国大会，成员国会议和总干事提出意见；拟定大会和成员国会议的议事日程；提名总干事候选人；等等。协调委员会每年举行一次，由总干事召集。协调的特别会议，应由总干事召集，或根据其本人倡议，或应协调委员会主席的请求，或根据协调委员会1/4委员国的请求召开。

世界知识产权组织国际局是世界知识产权组织的秘书处，是世界知识产权组织的常设的主要工作机构。国际局由总干事领导。总干事每任任期不少于6年，可连选连任。国际局的主要任务是：组织会议、准备文件、收集报告、分发情报、出版刊物、办理国际注册等。总干事和由其指派的工作人员可参加大会、成员国会议、协调委员会及任何其他委员会或工作组的一切会议，但无表决权。

第三十八章 巴黎公约

本章提要

本章主要阐述和探讨《巴黎公约》的产生背景、保护范围、基本原则和共同规则。

本章的重点是《巴黎公约》的基本原则和共同规则的主要内容，难点是《巴黎公约》的共同规则尤其是其中的关于专利权保护的共同规则。

第一节 巴黎公约的产生与发展概况

《巴黎公约》是知识产权领域的第一个国际公约，也是成员国最广泛的保护工业产权的国际公约。《巴黎公约》的产生有一个背景，即1873年奥匈帝国在维也纳举办一个国际展览会，由于许多外国发明在奥地利得不到保护，导致外国的新发明不能在该国际展览会上展出。为了解决这一问题，奥地利政府通过了一项特别法律，对于参加展览会的外国发明、外观设计和商标提供临时保护，保护期到1873年年底。此外，奥匈帝国政府还决定在维也纳召开专利改革会议，以便确定专利制度的一些基本原则，并要求各国就专利保护问题达成国际谅解。此后，在1878年和1880年先后在巴黎召开的国际会议上，与会各国讨论并通过了一份公约草案，1883年3月在巴黎召开保护工业产权的国际会议，经过讨论，最终在1883年3月20日通过了《巴黎公约》。最初的缔约国有14个。1884年7月7日该公约生效。截至2024年3月，该公约共有180个成员国。

《巴黎公约》自1890年布鲁塞尔会议起进行了多次修订，这些修订过的公约文本称为"议定书"。按照公约规定，公约的缔约国不批准新的修订公约文本，仍受原公约文本的约束；非缔约国加入公约的，只能加入最新的公约修订文本。目前，除1900年的布鲁塞尔文本和1911年的华盛顿文本因为没有国家接受其约束而失效外，1925年海牙文本、1934年伦敦文本、1958年里斯本文本仍有极少数国家适用，而绝大多数国家适用的是1967年斯德哥尔摩文本。我国于1985年3月19日加入该公约，适用的也是1967年斯德哥尔摩文本。

第二节 巴黎公约的保护范围

《巴黎公约》第1条对工业产权的保护对象专门作出了规定，具体列举了工业产权的范围。工业产权的保护对象有专利、[1] 实用新型、外观设计、商标、服务标记、厂商名称、货源标记或原产地名称和制止不正当竞争。《巴黎公约》规定，对工业产权应作广义的理解，不仅应适用于工业和商业本身，而且也应同样适用于农业和采掘业，适用于一切制成品或天然产品。这一规定在当时的时代背景之下，扩展了人们对于工业产权的理解和认识。

《巴黎公约》将专利、实用新型和外观设计作为工业产权的一部分，加以规定。这种规定方式，对后世许多国家的知识产权法立法模式有借鉴作用。

《巴黎公约》还对识别性标记作出了规定，如规定了商标（包括集体商标、驰名商标）、服务标记、厂商名称、货源标记或原产地名称。将厂商名称作为与商标一样的识别性标志加以规定，是《巴黎公约》的一个特点。对于货源标记或原产地名称，《巴黎公约》则是在第10条"虚假标记"中加以规定的。即直接或间接使用虚假的原产地名称的商品，在输入到该项原产地名称有权受到法律保护的巴黎联盟国家时，应予以扣押。在实施非法附加虚假原产地名称的国家或在该商品已输入进去的国家，同样应执行扣押。

《巴黎公约》对不正当竞争作出了定义，即凡在工商业活动中违反诚实的惯例的竞争行为即构成不正当竞争。对不正当竞争作出定义，主要是考虑到在国家间共同制定一些法律规范，以杜绝在国际贸易中出现的不正当竞争行为，避免对联盟各成员国的商业利益造成损害。

可以看到，《巴黎公约》对工业产权采取广义的规范，列举并保护广义的工业产权类型。

第三节 巴黎公约的基本原则

一、国民待遇原则

《巴黎公约》第2条规定，本联盟任何国家的国民，在保护工业产权方面，应在本联盟所有其他国家内享有各该国法律现在或今后授予各该国国民的各种利益；一切都不应损害本公约特别规定的权利。因此，他们应和各该国国民享有同样的保护，对侵犯他们的权利享有同样的法律上的救济手段，但以他们遵守各国国民规定的条件和手续为限。

国民待遇原则（Principle of national treatment）是《巴黎公约》最重要的原则，也是制定《巴黎公约》的初衷。该原则保护联盟的任何国家的国民在其他国家能够获得与该国国民相同的待遇。国民待遇原则适用于巴黎联盟各成员国的国民，不要求该国国民在其要求保护的国家必须有住所或营业所，只要求其具备巴黎联盟成员国的国籍即可。对于该联盟以外各国的国民，在该联盟一个国家的领土内设有住所或有真实、有效的工商业营业所的，应享有与该联盟各国国民同样的待遇。在此，"住所"是指较长期的能够进行实际联系的住所，而不要求是法律认可的住所；"营业所"是指实际从事工商业活动的处所，而不能是虚设的营业所。

《巴黎公约》规定，本联盟各成员国给予的国民待遇不能少于本公约所特别规定的权

---

[1] 这里的"专利"，与我国《专利法》中的"发明"同义。《巴黎公约》之所以没有像我国《专利法》一样，用"发明、实用新型、外观设计专利"之类的表述，是因为成员国法律对于实用新型和外观设计并非都纳入专利法的保护范围，有些国家对于实用新型或外观设计实施专门法保护。无论如何，它们都属于工业产权的保护范围。

利，因此不论各成员国的国内法如何规定，对于《巴黎公约》中特别规定的权利，应完全赋予其他国家的国民。

对于国民待遇原则，各成员国还可以提出保留意见。巴黎联盟成员各国法律中关于司法和行政程序、管辖权以及指定送达地址或委派代理人的规定，工业产权法中可能有所要求的，均可明确地予以保留。

二、优先权原则

《巴黎公约》第4条对优先权作出了规定。优先权的基本含义是，已经在本联盟的一个国家正式提出专利、实用新型、外观设计或商标注册申请的任何人，或其权利继受人，为了在其他国家提出申请，自第一次申请之日起一定期间内应享有优先权，对于专利和实用新型为12个月，对于外观设计和商标为6个月。

优先权（Right of priority）是《巴黎公约》对该联盟内申请人的一种保护，因此在上述期间届满前，在该联盟的任何其他国家后来提出的任何申请，不应因在这期间完成的任何行为，特别是另一项申请的提出、发明的公布或利用、外观设计复制品的出售或商标的使用而成为无效，而且这些行为不能产生任何第三人的权利或个人占有的任何权利。第三人在作为优先权基础的第一次申请的日期以前所取得的权利，按照该联盟每一国家的国内法予以保留。

《巴黎公约》规定的优先权期间，从申请人第一次提出申请之日起算；提出申请的当日不应计入期间之内。如果期间的最后一日是请求保护地国家的法定假日或者是主管局不接受申请的日子，期间应延至其后的第一个工作日。

在申请优先权时，《巴黎公约》允许第一申请为发明专利申请而在另一国家提出的第二申请为实用新型申请，反之亦然。如果第一申请为实用新型申请而第二申请为外观设计申请时，优先权的期间应为6个月。

申请人还可以要求多项优先权，作为多项优先权基础的多个在先申请可以发生在不同国家中。申请人要求多项优先权的，应当符合其要求优先权的国家法律所规定的发明单一性原则。也就是说，如果审查发现一项专利申请包含一个以上的发明，申请人可以将该申请分成若干分案申请，保留第一次申请的日期为各该分案申请的日期，如果有优先权，并保有优先权的利益。申请人也可以主动将一项专利申请分案，保留第一次申请的日期为各该分案申请的日期，如果有优先权，则保有优先权的利益。联盟各国有权决定允许这种分案申请的条件。

优先权并不是自动产生的，要享有优先权必须履行一定的手续。任何人希望利用以前提出的一项申请的优先权的，需要作出声明，说明提出该申请的日期和受理该申请的国家。

三、独立保护原则

（一）专利的独立保护原则

《巴黎公约》第4条之二规定了专利的独立保护原则，即联盟国家的国民向联盟各国申请的专利，与在联盟其他国家或非联盟国家就同一发明所取得的专利各不相关。独立保护原则的合理性在于，世界各国对于专利的授权以及宣告专利无效的条件和程序并不完全一致，因此，一个国家按照自己的国内法律是否授予专利以及因某些原因而宣告专利无效，并不对另一国家授予专利与否以及宣告专利无效与否构成障碍。这也体现了专利法适用中的主权原则。《巴黎公约》各成员国可以依照本国法律规定决定专利的授予或宣告专利的无效。

上述规定对申请优先权的各项专利来说具有特别意义，公约规定，在优先权期限内申请的各项专利，就其无效和丧失权利的理由以及其正常的期间而言，是相互独立的。

(二) 商标的独立保护原则

《巴黎公约》第6条还规定了商标的独立保护原则，即商标的申请和注册条件，由联盟各国的本国法律决定，在联盟一个国家正式注册的商标与在联盟其他国家注册的商标，包括在原属国注册的商标在内，各不相关。但联盟任何国家，对联盟国家的国民提出的商标注册申请，不得以未在原属国申请、注册或续展为理由而予以拒绝或使注册无效。商标的独立保护，与专利的独立保护有所不同，它更侧重于从结果上认定，一个商标如果在两个以上联盟国家（包括在原属国）获得正式注册后，它们是各不相关的。此外，如果商标注册在原属国续展，在任何情况下决不包含在该商标已经注册的联盟其他国家续展注册的义务。

为便于在跨国贸易中同一商标在世界各国均能获得注册，从而保持商标与厂商、商品的同一性，《巴黎公约》规定在原属国正式注册的每一商标，联盟其他国家也应和在原属国注册那样接受申请和给予保护。各该国家在正式注册前可以要求提供原属国主管机关发给的注册证书，该项注册证书不需认证。原属国是指申请人设有真实、有效的工商业营业所的联盟国家；或者如果申请人在联盟内没有这样的营业所，则指他设有住所的联盟国家；或者如果申请人在联盟内没有住所，但其是联盟国家的国民，则指他有国籍的国家。

为使一国商标更有可能在其他联盟国家获得注册，公约规定，决定一个商标是否适合于受保护，必须考虑到一切实际情况，特别是商标已使用期间的长短。如果一个商标是因长期使用而获得显著性，则其他国家对其应当予以保护。如果商标中有的构成部分与在原属国受保护的商标有所不同，但并未改变其显著性，亦不影响其与原属国注册的商标形式上的同一性的，联盟其他国家不得仅以此为理由而拒绝予以注册。

上述规定不适用于未在原属国获得注册的商标。

第四节 巴黎公约的共同规则

为防止各缔约国的国内法规定低于标准的保护，《巴黎公约》针对某些问题规定了最低标准，各缔约国应遵守这些最低标准，国内法的规定不得低于此标准，这些最低标准就是共同规则。

一、关于专利的共同规则

(一) 发明人的署名权

《巴黎公约》第4条之三规定，发明人有权要求在专利证书上记载自己是发明人。发明人可能和专利权人不一致，在这种情况下，在专利证书上署名，是发明人的基本权利。

(二) 在法律限制销售的情况下取得专利的条件

《巴黎公约》第4条之四规定，不得以专利产品的销售或依专利方法制造的产品的销售受到国内法的限制为理由，而拒绝授予专利或使专利无效。我国《专利法实施细则》修改后，增加了一条规定，即《专利法》第5条所称违反法律的发明创造，不包括仅其实施为法律所禁止的发明创造，与公约规定大体相同。

(三) 专利的强制许可

《巴黎公约》第5条规定，自专利申请提出之日起4年届满之前，或自授予专利之日起

3年届满以前（以后满期的期间为准），不得以不实施或不充分实施为理由申请强制许可；如果专利权人的不实施是有正当理由的，应拒绝强制许可。此外，这种强制许可不是独占性的。由此可见，公约所规定的强制许可，仅为专利不实施或不充分实施情况下的强制许可。

（四）缴纳权利维持费的宽限期以及专利的恢复

《巴黎公约》第5条之二要求各成员国法律应给予工业产权维持费的缴纳以不少于6个月的宽限期。如果成员国法律规定，此时应当缴纳附加费如滞纳金等费用，则必须缴纳附加费。此外，《巴黎公约》允许联盟各成员国以国内法规定，因未缴费而终止专利后，在有些情况下还可以恢复权利。

（五）专利侵权的例外

为了国际交通运输的便利，《巴黎公约》第5条之三规定了下列不属于专利侵权的行为：①联盟其他国家的船舶暂时或偶然地进入其船舶部件受该国专利保护的国家的领水时，在该船的船身、机器、船具、索具及其他附件上使用构成发明专利的器件，但以专为该船的需要而使用这些器件为限；②联盟其他国家的飞机或陆上车辆暂时或偶然地进入其飞机或车辆部件受该国专利保护国家时，在该飞机或陆上车辆的构造或操纵中或者在该飞机或陆上车辆的附件上使用构成专利的器件。在此，临时进入包括定期进入和偶然进入。在偶然进入的情况下，即使船舶、飞机、陆上车辆非暂时停留在公约某成员国，也不构成侵犯专利权。

（六）方法专利权人对某些进口产品的权利

《巴黎公约》第5条之四规定，一种产品进口到对该产品的制造方法有专利保护的联盟国家时，专利权人对该进口产品应享有进口国法律对在该国制造的产品根据方法专利所给予的一切权利。公约允许成员国依其国内专利法决定该进口产品是否构成侵权。

（七）外观设计在联盟所有国家均应受到保护

《巴黎公约》第5条之五规定，外观设计在联盟所有国家均应受到保护。即公约赋予各成员国保护外观设计的义务，但公约没有对外观设计的具体内容作出规定，而是规定由各成员国的国内法加以规定。此外，公约还规定对外观设计的保护，在任何情况下都不得以不实施或以进口物品与受保护的外观设计相同为理由而使其丧失，不应要求在商品上表示或载明外观设计保护，作为承认取得保护权利的一个条件。

（八）发明、实用新型、外观设计的临时保护措施

《巴黎公约》第11条规定，本联盟国家应按其本国法律对在联盟任何国家领土内举办的官方的或经官方承认的国际展览会展出的商品中可以取得专利的发明、实用新型、外观设计，给予临时保护。该项临时保护不应延展优先权的期间，如果在临时保护期内或者以后要求优先权，任何国家的主管机关可以规定其期间应自该商品参加展览会之日起计算。每一个国家认为必要时可以要求其提供证明文件，证实展出的物品及其参加展览会的日期。《巴黎公约》没有具体规定给予临时保护的期间，而是由各成员国国内法加以规定。此外，临时保护也不是自动产生的，各成员国可以要求申请人提交有关的证明文件。

二、关于商标的共同规则

（一）驰名商标的特别保护

《巴黎公约》第6条之二对驰名商标作出了特别保护的规定。联盟各国承诺，如本国法律允许，应依职权或依利害关系人请求，对构成商标注册国或使用国的主管机关认为在该

国已经驰名、属于有权享受本公约利益的人所有的、用于相同或相似商品商标的复制、仿制或翻译，而易于产生混淆的商标，拒绝或取消注册，并禁止使用。自注册之日起至少5年内，应允许提出取消这种商标的请求。联盟各国可以规定一个期间，在这期间内允许提出禁止使用这种商标的请求。对于以欺诈手段取得注册或使用的商标提出取消注册或禁止使用的请求的，不应规定时间限制。

（二）关于国徽、官方标志和政府间组织标志的禁令

《巴黎公约》第6条之三对于未经主管机关许可，而使用联盟国家的国徽、国旗或国家的其他标志、各国用以表示监督和证明的官方符号和检验印章以及政府间国际组织的徽章、旗帜、其他标志、缩写和名称等行为，要求各成员国采取适当措施拒绝注册或禁止使用，同时也规定了一系列的条件。

（三）商标的转让

对于商标的转让，《巴黎公约》各成员国中，有的国家要求商标的转让必须与企业一并转让，而有的国家则采取商标自由转让的原则。为了协调这两种法律制度，《巴黎公约》第6条之四规定，如果根据联盟国家的法律，商标只有在与其所属企业或商誉同时转让才有效时，只要该企业或商誉在该国的部分连同在该国制造或销售标有被转让商标的商品的专有权一起转让给受让人，即足以承认其转让有效。

此外，《巴黎公约》允许各成员国对于商标转让行为加以审查，如果受让人使用受让的商标事实上会让公众对标有该商标的商品的原产地、性质或重要品质产生误解的，则各成员国没有承认该项商标转让行为有效的义务。

（四）服务标记

《巴黎公约》第6条之六规定，联盟各国承诺保护服务标记，但不应要求联盟各国对该项标记的注册作出规定。也就是说，公约要求各成员国保护服务标记，但由于各成员国对服务标记的保护方式不同，有的采取反不正当竞争法的方式保护服务标记，有的采取和商标相同的方式保护服务标记，公约不要求各成员国都采取注册方式对服务标记加以保护。

（五）未经所有人授权而以代理人或代表人名义注册

《巴黎公约》第6条之七规定，如联盟一个国家的商标所有人的代理人或代表人未经该所有人授权而以自己名义向联盟一个或一个以上的国家申请商标注册，该所有人有权反对所申请的注册或要求先撤销注册，如该国法律允许，该所有人可以要求将该项注册转让给自己，除非该代理人或代表人能证明其行为是正当的。商标所有人如未授权使用，则有权反对上述情况下的代理人或代表人使用其商标。公约还允许各成员国内立法规定商标所有人行使该种权利的合理期限。

（六）使用商标的商品的性质对商标注册的影响

《巴黎公约》第7条规定，使用商标的商品的性质在任何情况下不应妨碍该商标的注册。一个商品在一个国家是否被允许出售，或其销售是否要办理某种手续，都不应成为其商标注册的障碍。

（七）集体商标

《巴黎公约》第7条之二规定，如果社团的存在不违反其原属国的法律，即使该社团没有工商业营业所，联盟各国承诺受理申请并保护属于社团的集体商标。如果社团的存在不违反原属国的法律，不得以该社团未在被请求给予保护国家设有营业所，或不是根据该国的法律所组成为理由，拒绝对该社团的这些商标给予保护。因此，对于集体商标的保护与

申请，与集体商标的社团是否在申请国设有营业所或是否依申请国的法律设立无关。此外，各成员国有权依国内法确定并审查保护集体商标的特别条件，如果商标违反公共利益，可以拒绝保护。

（八）对非法标有商标或厂商名称的商品在进口时予以扣押

《巴黎公约》第9条规定，一切非法标有商标或厂商名称的商品，在输入到该项商标或厂商名称有权受到法律保护的联盟国家时，对其应予以扣押。在实施非法附加商标或厂商名称的国家或在该商品已输入进去的国家，同样应执行扣押。这种扣押应遵照各国国内法的规定，依检察官或其他主管机关或利害关系人的请求执行。主管机关对于过境商品没有执行扣押的义务。如一国法律不准在输入时扣押，应以禁止或在国内扣押代之。如一国法律不准在输入时扣押，也不允许禁止输入或在国内扣押，在法律作出相应修改以前，应以该国国民按该国法律在此种情况下可以采取的诉讼和救济手段代之。

（九）商标在某些国际展览会中的临时保护

《巴黎公约》第11条规定，联盟国家应按其本国法律对在任何联盟国家领土内举办的官方的或经官方承认的国际展览会上展出的商品中的商标，给予临时保护。这一规定和发明、实用新型、外观设计的临时保护大体相同。

三、关于制止不正当竞争的共同规则

《巴黎公约》第10条之三列举了一些严重的不正当竞争行为，如：①不论采用什么方法，性质上对竞争者的营业所、商品或工商业活动造成混乱的一切行为；②在经营商业中，性质上损害竞争者的营业所、商品或工商业活动的信誉的虚伪说法；③在经营商业中使用易使公众对商品的性质、制造方法、特点、用途或数量产生误解的表示或说法。

《巴黎公约》要求各成员国承诺，对联盟其他国家国民保证采取有效的措施，以制止上述不正当竞争行为；还要求各成员国采取措施，准许不违反其本国法律而存在的联合会或社团，代表有利害关系的工业家、生产者和商人，在被请求给予保护的国家法律允许该国的联合会和社团提出控诉的范围内，为制止不正当竞争行为而向法院或行政机关提出控诉。

第三十九章 著作权国际保护

本章提要

本章主要阐述和探讨著作权国际保护的重要国际公约,包括《伯尔尼公约》《世界版权公约》《卫星公约》《罗马公约》《世界知识产权组织版权条约》和《世界知识产权组织表演和录音制品条约》。

本章的重点是对《伯尔尼公约》《罗马公约》的内容理解,难点是《世界知识产权组织版权条约》和《世界知识产权组织表演和录音制品条约》规定的内容。

第一节 伯尔尼公约

《保护文学和艺术作品伯尔尼公约》(Berne Convention for the Protection of Literary and Artistic Works)起源于1878年在法国巴黎成立的"国际文学协会"。19世纪,法国许多文学家和艺术家为解决其作品在国外被严重盗版的问题,由著名文学家维克多·雨果于1838年倡导创建了法国文学家协会。1878年国际文学协会(Association Litteraire Internationale)成立,它最早倡导签订一个保护文学艺术作品的世界性公约。1882年国际文学协会在罗马召开会议,决定于1883年在伯尔尼举行会议,讨论公约签订问题。1884~1886年经瑞士政府同意,在伯尔尼连续召开了三次外交会议,并于1886年9月由英国、法国等十国发起,通过了《伯尔尼公约》,该公约于1887年12月5日生效,此后于1896年、1908年、1914年、1928年、1948年、1967年和1971年经过多次修订,目前仅生效的文本就有7个,其中1971年巴黎文本最为重要。截至2024年3月,该公约共有181个成员国,其中绝大多数国家批准了公约的巴黎文本。我国于1992年10月15日加入该公约,也适用公约的1971年巴黎文本。

在著作权的国际保护方面,《伯尔尼公约》是最重要的一个国际公约。此外,由于该公约对于许多概念有明确的定义,因此它也影响了许多国家的著作权立法。

一、基本原则

(一)国民待遇原则

《伯尔尼公约》第3条规定,凡受本公约保护的作品,其作者除了在来源国之外,可在其他成员国享有后者的法律目前授予或今后可能授予其国民的权利,以及本公约所特别授予的权利。此外,如果作者非作品来源国国民,其作品又受本公约保护,则该作者仍得在该国享有与其国民作者同等的待遇。

国民待遇的享有包括作者系作品来源国和非作品来源国的国民，只要该作品受公约保护，该作者就应在其他缔约国享有国民待遇。享有国民待遇包括两个方面的内容：享有公约各成员国为其本国国民提供的保护、享有公约专门提供的保护。后者是指公约的最低保护要求，公约规定参加公约的各成员国在制定国内法时，保护著作权的最低标准不得低于该公约规定的标准。公约的规定还不妨碍作者请求得到本联盟成员国的法律所给予作者的、高于公约规定的保护。[1]

根据《伯尔尼公约》第3~5条规定，享有国民待遇的作者有：①公约成员国的国民，只要其具有某一成员国的国籍，其作品不论是否已出版，均在其他成员国国内享有国民待遇；②非公约成员国的国民，只要其作品首先在某一成员国国内出版或同时在成员国和非成员国出版，也享有国民待遇；③非公约成员国的国民，其在公约某成员国内有惯常居所，该作品享有国民待遇；④电影作品的制片人的总部或该人的惯常居所在公约某成员国内，则该成员国视为该电影作品的来源国，其作者在公约其他成员国内享有国民待遇；⑤建筑作品及建筑物中的艺术作品的作者，只要有关建筑物位于公约成员国地域内，或建筑物中的艺术品位于公约成员国地域内，则该成员国视为该建筑作品或艺术品的来源国，其作者在公约其他成员国内享有国民待遇。[2]

（二）自动保护原则

《伯尔尼公约》第5条第2款规定，作者为享有著作权及行使国民待遇，无须经过任何手续，不依赖于作品在来源国是否受到保护。这是由于公约各成员国对于著作权的享有规定了各不相同的条件，如有的国家要求进行著作权登记，有的国家要求加注著作权保留标记等。《伯尔尼公约》则规定，在这些有特殊要求的国家，作者要享有著作权无需履行任何手续，作品受保护是自动产生的，这就是自动保护原则。

另外，《伯尔尼公约》第2条第2款规定联盟成员国可以自行立法规定，一般作品或任何特定种类的作品，必须以某种物质形式加以固定，否则不受保护。也就是说，公约允许成员国以国内法规定作品受保护的条件是必须以某种物质形式加以固定，如果成员国有此规定，则作品应当在以某种物质形式加以固定后，才能受到保护。

（三）独立保护原则

《伯尔尼公约》第5条第2款还规定，作品的受保护程度及为保护作者权利而提供的救济方式，完全适用提供保护的那个国家的法律，但《伯尔尼公约》有特别授权规定的除外。在来源国受到的保护适用该国国内法。因此，作品在其来源国是否受到保护、作品在其他成员国是否受到保护及受保护的程度和为保护作者权利而提供的救济方式之间都是相互独立的，这就是独立保护原则。

---

[1] 参见上海市浦东新区人民法院（2015）浦民三（知）初字第1896号民事判决书（著作权侵权、不正当竞争纠纷案）。

[2] See Cotter, Thomas F., "Extraterritorial Damages in Copyright Law", *Florida Law Review*, Vol.74, Issue 1 (January 2022), pp.123-168；参见上海市高级人民法院（2000）沪高（知）终字第51号民事判决书（著作权侵权纠纷案）。

二、保护范围

(一) 受保护的作品

1. 文学艺术作品。《伯尔尼公约》第1条规定的文学艺术作品包括文学、科学和艺术领域内的一切成果,而不问其表现形式或方式如何。公约还列举了一些文学艺术作品的形式,诸如图书、小册子和其他文字作品;讲课、讲演、布道和其他同类性质的作品;戏剧或戏剧—音乐作品、舞蹈作品、哑剧作品;配词或未配词的乐曲;电影作品及使用与拍摄电影类似的方法表现的作品;图画、绘画、建筑、雕塑、雕刻及版画作品;摄影作品及使用与摄影相类似的方法表现的作品;实用艺术作品;文学或插图说明、地图、设计图、草图,以及与地理、地形、建筑、科学等有关的立体作品。当然上述列举只具有示范作用,并不是对所有作品形式的列举。

2. 演绎作品。《伯尔尼公约》第2条第3款规定的演绎作品,主要是指对文学艺术作品的翻译、改编、乐曲改编,以及用其他方式改变了原作而形成的作品。对于这类演绎作品,依照公约规定,在不损害原作著作权的情况下,演绎作品同原作一样受到保护。

此外,《伯尔尼公约》第2条第5款规定,文学或艺术作品的汇编,诸如百科全书和选集,凡由于对材料的选择和编排而构成智力创作的,应得到相应的、但不损害汇编内每一作品的版权的保护。汇编作品本身应在内容的选择与编排上体现出作者的创造性,仅将作品进行简单汇集,不能得到公约的保护。汇编作品还不得损害构成该汇编作品的每一个原作的著作权,否则应承担侵权责任。

3. 可以选择给予保护的作品。①官方文件。《伯尔尼公约》第2条第4款规定,联盟成员国可自行以立法决定对立法条文、行政及法律性质的官方文件以及这些作品的官方译本所提供的保护。对于官方文件,公约并未要求完全加以保护,而且成员国也大多为了法律、法规的贯彻执行而不保护官方文件的著作权。官方文件仅限于国家机构出版或汇编的文件,如果是由非国家机构出版或汇编的作品,其中又体现出智力创造性,则应得到公约的保护。②实用艺术品和工业品外观设计。《伯尔尼公约》第2条第7款允许各成员国自行立法决定本国法律对实用艺术品、工业品平面与立体外观设计等的保护程度,以及这些艺术品、工业品平面与立体设计的受保护条件,只要符合关于实用艺术品的保护期的规定即可。因此,《伯尔尼公约》各成员国有权以其他法律(如工业产权法等)对实用艺术品和工业品外观设计提供保护,只要其满足该公约所要求的保护期限不低于作品完成之后25年的条件即可。从这里可以看到,《伯尔尼公约》对于实用艺术品和工业品外观设计是作为一类特殊的作品加以规定的,这是因为《伯尔尼公约》各缔约国中有些国家并不完全以著作权法对实用艺术品和工业品外观设计加以保护,《伯尔尼公约》提供了这样的可能性。

4. 民间文学和艺术创作。《伯尔尼公约》并没有对民间文学和艺术创作的概念作出明确的界定,但《伯尔尼公约》第15条主要是针对民间文学和艺术创作作出的规定。该条规定,对于作品未曾出版、作者身份不详,但有足够理由推定该作者系联盟某成员国国民的情况,该成员国可自行以立法指定代表作者的主管当局,以便在各成员国中保护及行使作者的权利。这种未曾出版、作者身份不详,但又有证据证明是某成员国的国民的作品,就是针对民间文学和艺术创作而言的。《伯尔尼公约》未特别规定对这类作品必须以有形形式固定下来,因此一些世代流传下来的歌曲、说唱等都可以受到该条规定的保护。对民间文学和艺术创作的保护,应由成员国指定某一国家机关行使民间文学和艺术创作的著作权。如果上述指定作出后,成员国须以书面声明通知世界知识产权组织总干事,并详细开列被指定的当局的全部情况。总干事须立即将声明送达所有其他成员国，这样该成员国的民间文学和艺术创作可以受到公约的保护。

5. 口述作品。《伯尔尼公约》第2条之二规定，联盟各成员国可自行以立法全部或部分排除政治演说、法律诉讼中的演说依照该公约规定所享有的保护。联盟各成员国可自行以立法决定，在某些条件下，为提供信息之目的，可以将讲课、讲演及其他类似性质的公开发表的作品，以报刊及无线电广播、有线广播等方式复制及向公众传播。对于这些口述作品，各成员国为了政治目的、宣传目的和公共利益，可以规定其不受保护，但是对于上述作品的汇编，则口述作品的作者享有专有权，不经其同意而汇编其作品便构成侵犯著作权的行为。

6. 不受保护的作品。《伯尔尼公约》第2条第8款规定，本公约提供的保护不适用于具有纯粹消息报道性质的日常新闻。由于纯粹消息报道性质的日常新闻不具有智力创造的成分，不构成文学艺术作品，公约不对这样的作品提供保护。

(二) 受保护的权利

1. 精神权利。《伯尔尼公约》并未明确使用"精神权利"（Moral rights）一词，而是直接赋予作者以各种权利，从公约的规定可以看到，这些规定是针对"精神权利"而言的。根据《伯尔尼公约》第6条之二规定，精神权利不依赖于作者的经济权利，乃至在经济权利转让之后，作者仍有权声明自己系作品的原作者，并有权反对任何对其作品实施的有损作者声誉的歪曲、篡改或其他更改或贬抑。因此，公约认可了作者的署名权和保护作品完整权，但公约未规定发表权和修改权。

2. 经济权利。《伯尔尼公约》规定的经济权利（Economic rights）包括以下权利：

（1）翻译权。《伯尔尼公约》第8条规定，受本公约保护的文学作品的作者，在其原作的整个权利保护期内，享有翻译其作品及授权他人翻译其作品的专有权。

（2）复制权。1967年举行的《伯尔尼公约》斯德哥尔摩修订会议加入了复制权。《伯尔尼公约》第9条规定，受本公约保护的文学艺术作品的作者，享有授权他人以任何方式或形式复制其作品的专有权。任何录音或录像均被视为复制。

（3）公开表演权。《伯尔尼公约》第11条规定，戏剧、戏剧—音乐作品的作者，享有下列专有权：①授权他人以任何方法或方式公演其作品；②授权他人将其作品的演出向公众作任何传播。公开表演权主要是由戏剧、戏剧—音乐作品的作者享有，表演者公开表演他人作品，应当得到作者的授权；在非公开表演时，则无须得到作者的授权。此外，以现场表演和各种现代媒体传播手段（如录音、录像、现场直播、有线广播、闭路电视等方式）向公众传播演出时，也应事先得到作者的授权。

（4）广播权。《伯尔尼公约》第11条之二对广播权的规定是非常详细的，文学艺术作品的作者享有下列专有权：①授权广播其作品，或以任何其他无线电传送信号、音、像的方式将作品传播给公众；②原广播组织之外的广播机构，将其作品以有线传播方式向公众传送，或向公众重播；③以扬声器向公众传播或以同类传播信号、音、像的工具传播其作品。第一种情况是指以无线电方式（包括广播和电视）传播作品，应得到作者的许可。第二种情况是指其他广播机构将原广播组织播放的节目再一次的转播、重播或以有线传播方式向公众传送，对于这种转播、重播或以有线方式传送的行为，应事先得到作者的许可。第三种情况则更为广泛，如在公共场所（旅馆、商场、车站、飞机场等）中利用扬声器、录音机、录像机等能够传播信号、音、像的工具向公众传播节目，也应得到作者的许可。

公约也允许各成员国立法，对于一些具有特殊文献性质的录制品，将其保存于官方档案中。此时，这种保存无须得到作者的同意。

（5）公开朗诵权。《伯尔尼公约》第11条之三规定，文学作品的作者享有下列专有权：①授权以任何方法或方式公开朗诵其作品；②将这种朗诵向公众传播。文学作品的作者在其作品的权利保护期内，对作品的译本享有同样的权利。公开朗诵仅适用于文学作品，因为对艺术作品来说，不存在公开朗诵问题，文学作品也不仅限于诗歌之类，任何类型的文学作品如讲演稿、日记、信件等作品的作者均有公开朗诵权。对这种朗诵的公开传播行为，也必须事先得到作者的许可。

（6）改编权。《伯尔尼公约》第12条规定，文学艺术作品的作者享有授权他人将其作品改编、改写或作其他改动的专有权。

（7）摄制权和放映权。《伯尔尼公约》第14条规定，文学艺术作品的作者享有下列专有权：①授权将其作品改编为电影作品，并将后者复制、发行；②将经过改编或复制的作品公开演出或以有线方式向公众传播。将某一文学艺术作品改编为电影作品，需要得到原作者的授权；对于已生产出的电影作品进行拷贝并发行，也应当得到原作者的授权。此外，将电影作品公映或以有线方式向公众传播，属于作者的放映权效力范围，也应事先得到作者的许可。如果将某个从文学艺术作品中演绎出的电影作品改编为任何其他艺术形式，在必须得到电影作品作者授权的情况下，也须得到原作作者的授权。

（8）追续权。《伯尔尼公约》第14条之三规定，对于艺术品原作及作者、作曲人的原稿，有关作者或其亡故后由国家法律授权的人或机构，对于作品由作者手中第一次转让后的每一次转售，有权从中收取利益。这项权利不可让渡。追续权仅适用于艺术品原作或作者、作曲人的原稿。作者可以行使追续权；作者死后，其权利继承人也有权行使追续权。追续权不可转让，这是为了保护艺术品作者或作家、作曲家为生计而被迫签订放弃以后获取利益的机会的协议。《伯尔尼公约》并不要求各成员国均保护追续权，只有在作者所属国家的法律承认追续权的前提下，作者的追续权才可以在联盟其他成员国获得同样程度的保护。分享利益之方式和比例由各国法律确定。

（三）权利限制

1. 某些特殊情况下的复制。《伯尔尼公约》第9条规定，本联盟各成员国可自行在立法中准许在某些特殊情况下复制有关作品，只要这种复制与作品的正常利用不冲突，也不致不合理地损害作者的合法利益。所有录音或录像均应视为本公约所指的复制。如果复制量过大或向社会公开出售复制品，则构成侵犯著作权的行为。

2. 摘录作品。《伯尔尼公约》第10条第1款准许从公众已经合法获得的作品中摘录原文，只要摘录行为符合公平惯例，摘录范围未超过摘录目的所允许的程度；此外，以报刊提要的形式从报纸杂志上进行的摘要也属于摘录。摘录应标明作品的出处，如作品上有作者署名，还须标明作者姓名。

3. 为教学目的而利用作品。《伯尔尼公约》第10条第2款允许各成员国自行立法或依据各成员国之间现有的或即将签订的专门协定，在合理目的下以讲解的方式将文学艺术作品用于出版物、广播、录音或录像，以作为教学之用，只要这种利用符合公平惯例。这种利用方式也应标明作品的出处，并应尊重作者的署名权。

4. 报纸杂志和广播的转载与转播。公约允许报纸杂志和广播之间的转载和转播，但应由各成员国自行立法决定。《伯尔尼公约》第10条之二第1款规定，本联盟成员国可自行在立法中准许通过报刊及无线广播或有线广播，复制报纸杂志上关于经济、政治、宗教等时事性文章，以及同类性质的广播作品，只要该文章、作品中未明确保留复制权与广播权。

5. 为报道时事之目的而复制。《伯尔尼公约》第 10 条之二第 2 款规定，为报道时事之目的，以摄影、录制电影、有线或无线广播等方式，在符合报道目的的范围内复制所报道的时事中的文学艺术作品并向公众传播的条件，均应由本联盟成员国自行以立法加以确定。

6. 法定许可。法定许可涉及以下内容：

（1）广播的法定许可。文学艺术作品的作者享有广播权，但《伯尔尼公约》又规定，允许各成员国自行立法规定作者享有和行使广播权的条件，即允许各国立法规定在一些情况下，广播组织可以享有对作品进行广播的法定许可。究竟在何种情况下才享有法定许可，则由各成员国自行决定，但是，有关条件在任何情况下均不得损害作者的精神权利，也不得损害作者取得公平报酬的权利。当作者与广播组织在报酬问题上达不成协议时，公约允许由主管当局确定报酬额。此外，这一条件仅适用于作出该规定国家的广播组织，外国广播组织则不能享有法定许可。

（2）音乐作品录制的法定许可。对于已连同词曲和音乐一并录制过音乐作品的作者，其他录制者进行再次录制可以依法享有法定许可。《伯尔尼公约》规定，对于已授权录制其作品的音乐及词曲作品的作者，本联盟各成员国可自行对其再度授权录制的专有权予以保留或附加条件。这一法定许可在任何情况下均不得损害有关作者获得合理报酬的权利。如果在报酬问题上作者与录制者达不成协议，则由主管当局确定报酬额。同时，这一法定许可仅适用于某一立法国本国的录制者，而对外国录制者不适用。

对于电影作品中的词曲作者，不适用上述规定。

7. 政府主管当局的禁止权。《伯尔尼公约》规定，如果联盟任何成员国的主管当局认为有必要对于任何作品或制品的发行、演出、展出，通过法律或条件行使许可、监督或禁止权利，《伯尔尼公约》的条款绝不应妨碍联盟各成员国政府的这种权利。这就赋予各成员国为了国家公共利益或公共道德而监督、禁止某些作品或录音录像制品的发行、演出、展出的权利。

（四）保护期限

《伯尔尼公约》第 6 条之二规定，不受作者经济权利的影响，甚至在上述经济权利转让之后，作者仍保有要求其作品作者身份的权利，并有权反对对其作品的任何有损其声誉的歪曲、割裂或其他更改，或其他损害行为。该权利至少保留到作者经济权利期满为止，并由被请求给予保护的国家本国法所授权的人或机构行使。《伯尔尼公约》第 7 条则规定了经济权利的保护期限。如就一般作品而言，给予保护的期限为作者有生之年及其死后 50 年内。

第二节　世界版权公约

一、《世界版权公约》的制定背景

在《伯尔尼公约》生效之后，美国和拉丁美洲的大部分国家都没有加入该公约。这主要是因为这些国家在版权是否自动取得和保护、是否保护作者精神权利以及版权保护期限等重要问题上，与《伯尔尼公约》存在着矛盾。《世界版权公约》的制定目标是缓和关系、建立一个基础、构建一个方案，从而可以在文明、文化、立法和行政实践方面存在着广泛差异的国家间，甚至在时而发生利益冲突的国家之间达到一种和谐。为了在《伯尔尼公约》与《泛美版权公约》（Pan-American Convention）的成员之间达成基本原则上的一致；同时也为了协调两大法系在版权问题上的差异，由联合国教科文组织主持召开会议，于1952年在日内瓦缔结了《世界版权公约》（Universal Copyright Convention，UCC）。该公约于1971年在巴黎修订过一次，共有21条，并有一份"附加声明"和两项议定书。因此在版权领域，事实上形成了两个规定实质性内容的国际公约。截至2024年3月，《世界版权公约》成员国达到65个。

我国于1992年7月30日递交了加入《世界版权公约》的官方文件，同年10月30日该公约对中国生效，1995年中国加入该公约的政府间委员会。中国政府声明，根据该公约第5条之二的规定，利用第5条之三和之四，有利于发展中国家的关于翻译和复制的规定。

二、《世界版权公约》的主要内容

（一）国民待遇原则

《世界版权公约》第2条对于国民待遇原则的规定，分为两种类型：①任何缔约国国民出版的作品及在该国首先出版的作品，在其他各缔约国中，均享有其他缔约国给予其本国国民在本国首先出版之作品的同等保护，以及该公约特许的保护；②任何缔约国国民未出版的作品，在其他各缔约国中，享有该其他缔约国给予其国民未出版之作品的同等保护，以及该公约特许的保护。同时，公约允许任何缔约国可依本国法律将定居该国的任何人视为本国国民。

（二）非自动保护原则

《伯尔尼公约》第3条规定，依本国法律要求履行手续，如缴送样本、注册登记、刊载启事、办理证书、偿付费用或在该国国内制作出版等作为版权保护条件的各缔约国，对根据该公约加以保护的一切作品，以及在该国领土以外首次出版而其作者又非本国国民的作品，应视为符合上述要求，只要这些作品是作者或版权所有者授权出版的，并且，自首次出版之日起，在所有各册的版权栏内，标有"©"的符号，注明版权所有者之姓名、首次出版年份等。任何缔约国对于在本国初版的作品或其国民于任何地方出版的作品为取得和享有版权，还可以提出其他履行手续或其他条件的要求。对于各缔约国内未出版的作品，则不要求履行上述手续，就可得到版权的保护。缔约各国应有法律措施保护其他各缔约国国民尚未出版的作品，而无须履行手续。

（三）受保护的权利

《世界版权公约》没有明确规定保护作者的精神权利。这是为了适应美国等国家不保护作者精神权利的现状而采取的做法。《世界版权公约》对经济权利的规定，采取"列举式"方式，由各成员国国内法进行规定。《世界版权公约》第4条之二规定，本公约第1条所述的权利，应包括保证作者经济利益的各种基本权利，其中有准许以任何方式复制、公开表演及广播等专有权利，即扩及邻接权中的财产权利。

（四）保护期限

《世界版权公约》第4条规定，受该公约保护的作品，其保护期限不得少于作者有生之年及其死后的25年。但是，如果任何缔约国在本公约对该国生效之日，已将某些种类作品的保护期限规定为自该作品首次出版以后的某一段时间，则该缔约国有权保持其规定，并可将这些规定扩大应用于其他种类的作品。对所有这些种类的作品，其版权保护期限自首次出版之日起，不得少于25年。对摄影作品和实用艺术品的保护期不得少于10年。根据作者所属缔约国家的法律而未出版的作品，或根据首先出版某作品的缔约国家的法律已出版的作品，缔约国家均不得给予该作品以比其所属之同类作品规定的保护期限更长的保护期。

（五）对发展中国家的优惠待遇

《世界版权公约》第5条之二规定，根据联合国大会惯例被视为发展中国家的任何缔约国，可在批准、接受或参加本公约时，或在以后任何日期向联合国教科文组织总干事提交的通知中声明，将援用《世界版权公约》第5条之三或之四中任何一条或全部例外规定。发展中国家的任何国民，可以对一部文字作品自首次出版之日算起7年期满而翻译权所有者未授权以该国通用语文出版译本，向主管当局申请用该国通用语文翻译该作品并出版译本的非专有许可证。

三、《世界版权公约》和《伯尔尼公约》的关系

在《世界版权公约》生效之后，任何原已参加了《伯尔尼公约》的国家，可以再参加《世界版权公约》，但不得因此退出《伯尔尼公约》。否则，即使这样的国家参加了《世界版权公约》，该公约成员国中同时又是《伯尔尼公约》成员国的国家，也将不被承认享有《世界版权公约》所规定的国际保护。不过经联合国认可的发展中国家，可以退出《伯尔尼公约》而参加《世界版权公约》。

第三节 罗马公约

一、制定背景

《保护表演者、录音制品制作者和广播组织罗马公约》（Rome Convention for the Protection of Performers, Producers of Phonograms and Broadcasting Organizations）的制定，比《伯尔尼公约》晚了半个多世纪。1908年，英国曾提出加强录音制品制作人保护的诉求，1928年西班牙在《伯尔尼公约》罗马修正案时，提出保护表演人以对抗广播的诉求，1948年比利时在《伯尔尼公约》布鲁塞尔修正案时再度提出第11条之三，拟保护表演人被录制的表演，但均未成功。1961年10月26日，由国际劳工组织与世界知识产权组织及联合国教科文组织共同发起，在罗马缔结了《罗马公约》。这是关于邻接权保护的第一个国际性公约。该公约于1964年5月18日生效。截至2024年3月，共有97个成员国。

《罗马公约》是一个封闭性公约，它只对《伯尔尼公约》或《世界版权公约》的缔约国开放。由于TRIPs协议规定，世界贸易组织的成员应遵守该公约的实体性条款，因此，即使如中国这样的未加入该公约的世界贸易组织成员，也被视为《罗马公约》的成员，应当遵守《罗马公约》的实体性规定。

二、主要内容

（一）国民待遇原则

针对三种类型的邻接权，《罗马公约》第2条规定了国民待遇原则。

1. 只要符合下列条件之一，缔约各国应当给予表演者以国民待遇：①表演是在另一缔约国进行的；②表演已被录制在受公约第5条保护的录音制品上；③表演未被录制成录音制品，但在受公约第6条保护的广播节目中播放。

2. 只要符合下列条件之一，缔约各国应当给予录音制品制作者以国民待遇：①录音制品制作者是另一个缔约国的国民（国民标准）；②首次录音是在另一个缔约国制作的（录

制标准）；③录音制品是在另一个缔约国首次发行的（发行标准）。如果某种录音制品是在某一非缔约国首次发行的，但在首次发行后 30 天内也在某一缔约国发行（同时发行），则该录音制品应当认为是在该缔约国首次发行。

3. 只要符合下列两项条件之一，缔约各国就应当给予广播组织以国民待遇：①该广播组织的总部设在另一缔约国；②广播节目是由设在另一缔约国的发射台播放的。任何缔约国，通过向联合国秘书长递交通知书的办法，可以声明它只保护其总部设在另一个缔约国并从设在该同一缔约国的发射台播放的广播组织的广播节目。此种通知书可以在批准、接受或参加本公约的时候递交，或在此后任何时间递交。在后一种情况下，通知书应当于递交 6 个月之后生效。

（二）非自动保护原则

对于录音制品，如果某缔约国根据其国内法律要求履行手续作为保护录音制品制作者或表演者的条件，只要已经发行的录音制品的所有供销售的复制品上或其包装物上载有包括符号（P）和首次发行年份的标记，并且标记的方式足以使人注意到对保护的要求，就应当认为符合手续；如果复制品或其包装物上没有注明制作者或制作者的许可证持有者（载明姓名、商标或其他适当的标志），则标记还应当包括制作者权利所有者的姓名。此外，如果复制品或其包装物上没有注明主要表演者，则标记还应当包括在制作这些录音的国家内拥有此种表演者权利的人的姓名。

（三）专有权内容

1. 表演者的权利。《罗马公约》第 7 条规定：①禁止未经其同意，广播和向公众传播其表演，但如果该表演本身就是广播演出或出自录音、录像者例外；②禁止未经其同意，录制其未曾录制过的表演；③禁止未经其同意，复制其表演的录音或录像；④如果广播是经演员同意的，则禁止转播，禁止为广播目的的录音、录像，以及禁止为广播目的的此类录音、录像的复制。

2. 录音制作者权。《罗马公约》第 10 条规定，录音制品制作者应当有权授权或禁止直接或间接复制其录音制品。如果某种为商业目的发行的录音制品或此类唱片的复制品直接用于广播或任何向公众的传播，使用者则应当支付一笔合理的报酬给表演者，或录音制品制作者，或给二者。如有关各方之间没有协议，国内法律可以提出分享这些报酬的条件。

3. 广播组织权。《罗马公约》第 13 条规定，广播组织应当有权授权或禁止：①转播他们的广播节目；②录制他们的广播节目；③未经他们同意而制作其广播节目的录音或录像的复制；④向公众传播电视节目，如果此类传播是在收门票的公共场所进行的。行使这种权利的条件由被要求保护的缔约国的国内法律确定。

（四）保护期

《罗马公约》第 14 条规定，三种不同邻接权的保护期是以 20 年为最低期限，按三者的情况分别规定的。如果演出实况没有被录音或录像，表演者权保护期从表演活动发生之年的年底算起 20 年；录音制品录制者权保护期从录音制品录制之年的年底算起 20 年；广播者权保护期从有关的广播节目开始播出之年的年底算起 20 年。在保护期内，表演者、录音制品录制者及广播组织者可以行使自己的权利，即向经其许可而利用其专有权的人收取合理报酬。公约不阻止其成员国提供比 20 年更长的保护期。

（五）对邻接权的权利限制

《罗马公约》第 15 条规定，任何缔约国可以依其国内法律与规章，在涉及下列情况时作出例外规定：①私人使用；②在时事报道中少量引用；③某广播组织为了自己的广播节目利用自己的设备暂时录制；④仅用于教学和科学研究之目的。任何缔约国对表演者、录音制品制作者和广播组织的保护，可以在其国内法律与规章中作出与其在国内法律和规章中作出的对文学和艺术作品的著作权保护相同的限制。但是，只有在不违背该公约的范围内才能颁发强制许可证。

第四节　世界知识产权组织版权条约与表演和录音制品条约

一、制定背景

为解决网络环境下著作权保护中出现的新问题，世界知识产权组织专家委员会进行了长达6年的调研和讨论。1996年12月2日至20日在世界知识产权组织总部日内瓦召开了有120多个成员国参加的外交会议，世界知识产权组织专家委员会主席、芬兰教育部政府特别顾问利埃列斯先生向外交会议提交了三个国际公约的草案，它们分别是：《关于保护文学和艺术作品若干问题的条约（草案）》《保护表演者和录音制作者权利条约（草案）》和《关于数据库的知识产权条约（草案）》。经过三周的讨论，前两个草案获得通过，而《关于数据库的知识产权条约（草案）》因成员国分歧较大而未获得通过。1996年12月20日，共有56个国家和欧洲共同体的代表在这两个公约上签字，由此产生了《世界知识产权组织版权条约》（WCT）和《世界知识产权组织表演和录音制品条约》（WPPT）。由于这两个条约主要规范互联网环境下的著作权和邻接权问题，它们又有"互联网条约"之称。截至2024年3月，WCT共有116成员国，WPPT共有112个成员国。中国也加入了这两个国际公约，可以预见这两个公约对于中国著作权法律制度将产生深远影响。

二、两个条约的主要内容

（一）受保护的主体和客体

1. 受保护的主体。WCT第3条规定，缔约各方对于本条约所规定的保护应比照适用《伯尔尼公约》第2~6条的规定。《伯尔尼公约》第2~6条是关于"文学艺术作品"的定义、作品的类型以及作者的标准的规定，由此可见，WCT完全沿用了《伯尔尼公约》关于作者的规定，其所保护的主体以《伯尔尼公约》所确定的"作者"为标准。

WPPT第3条规定，受保护的表演者和录音制品制作者，应理解为符合《罗马公约》规定的标准、有资格受到保护的表演者或录音制品制作者，如同本条约的全体缔约方均假设为该公约缔约国的情形。这样，以假设WPPT的缔约方参加《罗马公约》（可能并未参加）的方式，以《罗马公约》所确立的表演者和录音制品制作者的标准，作为本条约的受保护者。此外，WPPT还特别在第2条中规定了"表演者"和"录音制品制作者"的定义，"表演者"是指表演者、歌唱家、音乐家、舞蹈家以及表演、歌唱、演说、朗诵、演奏、表现，或以其他方式表演文学或艺术作品或民间文学艺术作品的其他人员。"录音制品制作者"是指对首次将表演的声音或其他声音或声音表现物录制下来提出动议并负有责任的自然人或法人。

2. 受保护的客体。WCT第2条，特别参照TRIPs协议的规定，对著作权所保护的范围加以规定，即著作权保护延及表达，而不延及思想、过程、操作方法或数学概念本身。针对在数字化环境下出现的新作品，WCT第4条规定计算机程序作为《伯尔尼公约》第2条意义上的文学作品受到保护，此种保护适用于各计算机程序，而无论其表达方式或表达形式如何。对于数据库的保护问题，其第 5 条规定，数据或其他资料的汇编，无论采用任何形式，只要因其内容的选择或排列构成智力创作，其本身即受到保护。这种保护不延及数据或资料本身，亦不损害汇编中的数据或资料已存在的任何著作权。

WPPT 规定的受保护的客体包括表演者的表演和录音制作者制作的录音制品。

3. 受保护的权利。WCT 第 5 条规定了发行权，第 6 条规定了计算机程序和电影作品的出租权，第 8 条规定了向公众传播的权利。其中，第 8 条规定的权利与前述我国《著作权法》中的信息网络传播权对应。根据该条规定，在符合《伯尔尼公约》相关规定的前提下，文学和艺术作品的作者应享有专有权，以授权将其作品以有线或无线方式向公众传播，包括将其作品向公众提供，使公众中的成员在其个人选定的地点和时间可获得这些作品。这一权利的设立，大大强化了信息网络环境下的版权保护。[1] WPPT 第 5~10 条规定了表演者的权利，包括表演者的精神权利、表演者对其尚未录制的表演的经济权利、复制权、发行权、出租权、提供已录制表演的权利，涉及对已录制的表演和尚未录制的表演享有各种权利。其第 11~14 条则规定了录音制品制作者的权利，包括复制权、发行权、出租权、提供录音制品的权利。值得指出的是，上述 WPPT 第 10 条规定的表演者"提供已录制表演的权利"是指表演者应享有专有权，以授权通过有线或无线的方式向公众提供其以录音制品录制的表演，使该表演可为公众中的成员在其个人选定的地点和时间获得；第 14 条规定的录音制品制作者"提供录音制品的权利"，是指录音制品制作者应享有专有权，以授权通过有线或无线的方式向公众提供其录音制品，使该录音制品可为公众中的成员在其个人选定的地点和时间获得。这两条规定的内容均属于上述信息网络传播权。上述关于表演者和录音制品制作者的信息网络传播权，是两个公约赋予文学艺术作品、表演者和录音制品制作者的新的权利。

此外，这两个公约对于摄影作品、表演者权和录音制品制作者权的保护期限，均延长为 50 年，没有延续《伯尔尼公约》和《罗马公约》的有关规定，这是两个条约的特殊之处。

(二) 技术措施和权利管理信息

1. 对技术措施的保护。技术措施并不是作者的一项权利，只是作者为了防止他人未经其许可而得到其网络作品或录音制品而采取的一种技术手段。在 20 世纪 90 年代以后，对于要求保护技术措施的呼声越来越高，加强技术措施的保护有助于对网络传播的作品和录音制品的保护。WCT 第 11 条赋予各成员国以保护技术措施的义务，各成员国应规定适当的法律保护和有效的法律补救办法，以制止规避由作者为行使本条约所规定的权利而使用的、对就其作品进行未经该有关作者许可或未由法律准许的行为加以约束的有效措施。WPPT 第 18 条也有类似的规定，即缔约各方应规定适当的法律保护和有效的法律补救办法，制止规避由表演者或录音制品制作者为行使本条约所规定的权利而使用的、对就其表演或录音制品进行未经该有关表演者或录音制品制作者许可、或未由法律准许的行为加以约束的有效技术措施。各成员国应采取有效的法律制度，防止他人对加密的作品和录音制品进行解密、躲避、绕过、移动、关闭或妨碍技术措施。

2. 对权利管理信息的保护。WCT 赋予各成员国保护权利管理信息的义务。WCT 第 12

---

[1] 参见北京市高级人民法院（2013）高民终字第 2619 号民事判决书（侵害信息网络传播权纠纷案）；上海市杨浦区人民法院（2019）沪 0110 民初 8708 号民事判决书（侵害作品信息网络传播权纠纷案）。

条规定，缔约各方应规定适当和有效的法律补救办法，制止任何人明知或就民事补救，而言有合理根据知道其行为会诱使、促成、便利或包庇对本条约或《伯尔尼公约》所涵盖的任何权利的侵犯而故意从事以下行为：①未经许可去除或改变任何权利管理的电子信息；②未经许可发行，为发行目的进口、广播，或向公众传播明知已被未经许可去除或改变权利管理电子信息的作品或作品的复制品。根据该条第 2 款的解释，管理信息系指识别作品、作品的作者、对作品拥有任何权利的所有人的信息，或有关作品使用的条款和条件的信息，和代表此种信息的任何数字或代码，各该项信息均附于作品的每件复制品上或在作品向公众进行传播时出现。WPPT 第 19 条也规定了保护表演者和录音制品制作者的权利管理信息的义务。表演者和录音制品制作者的权利管理信息是指识别表演者、表演者的表演、录音制品制作者、录音制品、对表演或录音制品拥有任何权利的所有人的信息，或有关使用表演或录音制品的条款和条件的信息，和代表此种信息的任何数字或代码，各项信息均附于录制的表演或录音制品的每件复制品上或在录制的表演或录音制品向公众提供时出现。

第四十章 专利权国际保护

本章提要

本章主要阐述和探讨《专利合作条约》(PCT)、《布达佩斯条约》的主要内容。

本章的重点是PCT，难点是PCT所规定的国际专利申请程序。

第一节 专利合作条约

一、制定背景

为了简化国际间申请专利的手续，加快技术信息传播，促进缔约国的技术进步和经济发展，在世界知识产权组织的推动下，1970年6月19日在美国华盛顿签订了《专利合作条约》(Patent Cooperation Treaty, PCT)。根据PCT的规定，缔约国的国民或居民在一个缔约国的专利局或一个参加条约的地区专利局使用一种条约规定的语言（包括中文在内的12种语言之一）提交一份具有规定格式的申请文件，就可以在申请人指定的其他缔约国获得相当于同时在该国提出国家申请的效力。PCT于1978年1月24日生效，截至2024年3月，共有157个缔约国。

《专利合作条约》是一个封闭性公约，只有《巴黎公约》的成员国才可以参加这个公约。我国在1994年1月1日正式成为PCT的缔约国，国家知识产权局成为国际申请的受理局，同时被国际专利合作条约联盟大会指定为国际申请的国际检索单位和国际初步审查单位。

二、条约的优点

利用《专利合作条约》的机制有如下几方面的优点：①大大简化了成员国国民在成员国范围内申请专利的手续，由受理局代国民办理申请、提交、送达等手续，节约申请经费和申请时间；②减轻了条约各成员国专利局的工作量，避免了多次重复检索，只由检索局进行一次检索，即可对新颖性作出初步认定；③如果有些国家专利局缺乏实质审查能力，申请人还可以要求国际初审局进行初审；④延长了申请人所享有的优先权期限，国际申请在自优先权日起满20个月或进行初步审查程序的，自优先权日起满30个月前进入指定国的国家阶段，这就大大延长了12个月的优先权期限；⑤国际公布使得技术情报能尽快在世界范围内公布，促进专利情报的公布速度和传播广度，从优先权日算起第18个月后，由国际申请登记局（即世界知识产权组织国际局）公布专利申请案和国际检索报告。

正是 PCT 具有这些优点，在 20 世纪 90 年代之后，PCT 的缔约国迅速增加。1990 年 PCT 缔约国为 42 个国家，而到 2007 年已达 137 个国家。

三、PCT 国际专利申请程序

（一）国际申请的提出

PCT 第 3 条规定，缔约国的任何居民或国民均可提出国际申请。PCT 联盟大会可以决定允许非条约缔约国的《巴黎公约》任一缔约国的居民或国民提出国际申请。国际申请应向规定的受理局提出，由其按 PCT 及其附属规则的规定进行审查和执行。

在任一缔约国提出的保护发明的申请都可以按 PCT 规定提出国际申请。国际申请应包括一份申请书、一份说明书、一项或多项的权项、一幅或多幅的附图（如果需要）以及一份摘要。摘要仅用作技术情报，不能作任何其他目的之用，特别是不能作为解释所要求的保护范围。国际申请应使用一种规定的语言文字，并且按照符合规定的形式，符合发明的单一性的规定要求，按照规定交付费用。申请书应当指定一个或几个缔约国，希望它们按国际申请给发明以保护。每作一项指定时，都应在规定的时间期限内付给规定的费用。指定的国家超过 11 国时，仅缴纳 11 份指定费。

受理局应以收到国际申请的日期作为国际申请的提交日期。

（二）国际申请的检索

PCT 第 15 条规定，每一国际申请都应经过国际检索。国际检索应在权利要求书的基础上进行，并适当考虑到说明书和附图（如果有的话）。国际检索应由国际检索单位进行。国际检索单位由 PCT 联盟大会委任。该单位可以是一个国家专利局或是一个政府间组织，如国际专利研究所，其任务包括完成对申请主题所指的发明涉及的现有技术的文献调查报告。如果在设立统一的国际检索单位之前存在几个国际检索单位，则每一受理局应指定一个或几个国际检索单位有权对向该局提出的国际申请进行检索。每一国际申请都应经过国际检索。国际检索的目的是发现有关的现有技术。国际检索单位应在其条件允许的情况下，努力发现有关的现有技术。国际检索报告应在规定的时间期限内按规定的形式撰写。国际检索报告写就后，应尽速由国际检索单位转交给申请人和国际局。国际申请连同国际检索报告，应按规定送给每一个指定局，除非该指定局全部或部分地放弃这种要求。

（三）国际申请的公布和效力

PCT 第 21 条规定了国际申请的公布及其效力。国际局应公布国际申请。国际公布应在从该申请的优先权日期算起满 18 个月后迅速完成。申请人可要求国际局在上述期限届满之前公布其国际申请。申请人应在从优先权日期算起 20 个月内，向每一指定局提供国际申请的抄本一份和译本一份，并交付国家费用（如有交费规定）。在此期限届满之前，任何指定局一般不处理或审查国际申请书，但任何一指定局经申请人的明确请求，可随时处理或审查国际申请。国际申请在国际上公布在指定国的效力，应与指定国的国内法为未经审查的国家申请在国内强制公布所规定的效力一样。

（四）国际申请的初步审查

PCT 第 31~35 条规定了国际申请的初步审查制度，涉及"要求国际初步审查""国际初步审查单位""国际初步审查""国际初步审查单位的程序""国际初步审查报告"等内容。其规定缔约国的居民或国民的申请人，在其国际申请已提交该国或代表该国的受理局后，可要求进行国际初步审查。PCT 联盟大会可决定准许有权提出国际申请的人要求国际初步审查,即使他们是没有参加 PCT 的国家的居民或国民。对国际初步审查的要求应与国际申请分别提出。此要求应包括规定的各种细节,并应采用规定的语言文字和形式。提出要求后应在规定的时间期限内交付规定的费用。国际初步审查应由国际初步审查单位进行。国际初步审查的目的是对下述问题提出初步的无约束力的意见:申请专利的发明是否新颖,是否涉及创造性步骤(不是显而易见的)和是否在工业上适用。申请人在自优先权日起第 28 个月时可以得到一份国际初步审查报告。申请人还有 2 个月的时间,考虑审查报告是否对他有利,从而决定是否进入指定国的国内程序。如果申请人决定进入指定国的国内程序,他应当在自优先权日起第 30 个月届满之前,向全部或部分指定国提供国际申请的译文,并缴纳国家费用。国际申请自进入指定国后,该国专利局即按其本国法对国际申请进行审查。

第二节 布达佩斯条约

一、制定背景

在微生物专利申请中,仅靠文字和附图无法说明微生物,不足以将发明公开而让他人实施,必须有活的微生物标本。如果申请人向几个国家申请微生物专利,需将微生物活标本提交申请国,但微生物标本可能受到该国的进口限制,在申请人本国则可能遇到出口限制,并且微生物标本在旅途中很难存活。在此情况下,建立一种有利于微生物专利申请的制度势在必行。

英国首先提出了由世界知识产权组织考虑微生物在一国备案而取得其他国家承认的制度。1977 年,世界知识产权组织在布达佩斯召开了有 31 个《巴黎公约》成员国和 12 个组织的代表参加的外交大会,缔结了《国际承认用于专利程序的微生物保藏布达佩斯条约》(Budapest Treaty on the International Recognition of the Deposit of Microorganisms for the Purposes of Patent Procedure),并制定了条约的实施条例及附件。该条约于 1980 年生效,截至 2024 年 3 月,共有 89 个成员国。我国于 1995 年正式成为该条约的成员国。

《布达佩斯条约》的主要特征是为专利程序的目的允许或要求微生物寄存的缔约国必须承认向任何"国际保藏单位"提交的微生物寄存,不论该"国际保藏单位"是否在其领土之外。这避免了申请人需向每个要求保护的国家提交微生物寄存的不便和困难。

二、主要内容

(一)共同承认原则

《布达佩斯条约》第 3 条规定,缔约国允许或要求保存用于专利程序的微生物的,应承认为此种目的而在任一国际保存单位所做的微生物保存。这种承认应包括承认由该国际保存单位说明的保存事实和交存日期,以及承认作为样品提供的是所保存的微生物样品。任一缔约国均可索取由国际保存单位发出的存单副本。同时,任何缔约国均不得要求遵守和该条约及施行细则不同或另外的规定。在任何一个"国际微生物备案机构"备了案的标本,均对本国有效,而不能再要求有关申请人在本国另行提交标本;负责备案的国际机构必须对收到的标本进行审查,对不合乎要求的,应拒绝接受备案。这样,微生物专利的申请人只要在一个机构中备案,交纳一次手续费,就可以取得两个以上国家的承认。

(二)能够保存微生物的机构

《布达佩斯条约》第 6 条规定,保存微生物的机构必须具备两个条件:①该机构必须是设在缔约国内或是政府间工业产权组织的成员国内;②这样的机构必须履行一定的手续并经世界或某些政府间的工业产权组织作出保证，保证这些机构能够符合或继续符合一定的条件，即这个机构能够完成其科学和行政的任务，这个机构还应保证允许任何人或单位进行保藏并向有权得到这类样品的人提供样品而不提供给其他任何人。

我国的微生物保藏机构是中国科学院微生物研究所普通微生物保藏中心和武汉大学中国典型培养物保藏中心。

（三）输入输出限制

《布达佩斯条约》第5条规定，成员国只有在极个别的情况下（如对本国的卫生、安全等有危害），才可以限制送交备案之用的微生物进口或出口。各缔约国公认以下规定是十分合乎需要的，即如果某些种类微生物自其领土输出或向其领土输入受到限制时，只有在对国家安全或对健康或环境有危险而需要进行限制的情况下，这样的限制才适用于根据该条约保存或将要保存的微生物。

（四）重新保存

《布达佩斯条约》第4条规定，如果发生了某交存者不能负责的过失，这种微生物不能存活；或由于提供样品需要送出国外，而因出口或进口限制向国外送出或在国外接受该样品受到阻碍，该保藏单位在注意到它不可能提供样品后，应立即将这种情况通知交存人，并说明原因，交存人享有将原来保存的微生物重新提交保存的权利。交存者可以进行第二次微生物保藏，而保留最初的保藏日。

（五）微生物的备案标本

《布达佩斯条约实施细则》第11条第3款规定，微生物的备案标本，第三人无权自由索取，由成员国专利局根据所适用的法律审查，并出具证明，第三人才可以索取。

本章案例研讨

40-1（总第97）：涉外专利民事纠纷案件管辖的适当联系原则
——康文森无线许可有限公司与中兴通讯股份有限公司标准必要专利许可纠纷案[1]

一、案情简介

上诉人康文森无线许可有限公司（以下简称康文森公司）因与被上诉人中兴通讯股份有限公司（以下简称中兴公司）标准必要专利许可纠纷一案，不服广东省深圳市中级人民法院作出的（2018）粤03民初335号民事裁定，向最高人民法院提起上诉。

二、法院裁判理由及结果

最高人民法院经审查认为，本案系标准必要专利许可纠纷。本案在二审阶段的主要争议焦点问题有三：其一，中国法院对本案是否具有管辖权；其二，如果中国法院对本案具有管辖权，原审法院对本案行使管辖权是否适当；其三，本案是否应驳回起诉，告知原审原告向更方便的外国法院起诉。

关于第一个问题，中国法院对本案是否具有管辖权。康文森公司系外国企业，且其在中国境内没有住所和代表机构。针对在中国境内没有住所和代表机构的被告提起的涉外民

---

[1] 最高人民法院（2019）最高法知民辖终157号民事裁定书。

事纠纷案件，中国法院是否具有管辖权，取决于该纠纷与中国是否存在适当联系。判断标准必要专利许可纠纷与中国是否存在适当联系，应结合该类纠纷的特点予以考虑。一是标准必要专利许可纠纷的发生原因。仅有公平、合理、无歧视（FRAND）的许可承诺并不意味着合同已经成立，还需要进一步确定具体的许可条件。二是标准必要专利许可纠纷的核心。标准必要专利许可纠纷的核心是诉请法院确定特定许可条件或者内容，促使双方最终达成许可协议或者履行许可协议。三是标准必要专利许可纠纷的特殊性。标准必要专利许可纠纷既非典型的合同纠纷，又非典型的侵权纠纷，而是一种特殊的纠纷类型。四是标准必要专利纠纷的国际管辖。关于标准必要专利许可纠纷这一特殊纠纷是否与中国存在适当联系的判断，可以考虑许可标的所在地、专利实施地、合同签订地、合同履行地等是否在中国境内。只要前述地点之一在中国境内，则应认为该案件与中国存在适当联系，中国法院对该案件具有管辖权。

关于第二个问题，法院认为：标准必要专利许可纠纷的特殊性决定了标准必要专利纠纷应由中国哪个法院管辖，可以根据具体情况考虑许可标的所在地、专利实施地、合同签订地、合同履行地等连结点。本案中，中兴公司位于广东省深圳市，其在该地实施本案所涉标准必要专利。原审法院作为专利实施地法院，对本案具有管辖权。产品研发地、生产地属于专利实施地，原审法院以此确定本案管辖权，并无不当。

关于第三个问题，法院认为：其一，国外正在进行的平行诉讼不影响中国法院对案件的管辖权。根据《适用〈民事诉讼法〉解释》第533条第1款规定，即便某个案件的平行诉讼正在外国法院审理，只要中国法院对该案件依法具有管辖权，外国法院的平行诉讼原则上不影响中国法院对该案予以受理。其二，本案不符合不方便法院原则的适用条件。依据《适用〈民事诉讼法〉解释》第532条规定，不方便法院原则的适用，需要同时满足全部条件，且主张适用该原则的被告应对此承担证明责任。本案涉及中国标准必要专利许可问题，在中兴公司对于许可标的是否标准必要专利及其效力问题提出质疑的情况下，英国法院对此问题的审理不比中国法院更为便利。同时，中兴公司的经营收入60%来自中国，来自英国的经营收入占比不足0.1%，中兴公司所可能支付的许可费用必然主要基于其在中国境内实施康文森公司标准必要专利的行为，本案标准必要专利许可纠纷显然与中国具有更密切的联系，中国法院审理更为便利。

最高人民法院裁定驳回上诉，维持原审裁定。

    本案涉及涉外标准必要专利许可纠纷案件诉讼管辖问题。在该案中，最高人民法院指出标准必要专利许可纠纷具有特殊性，这类纠纷案件"中国法院是否具有管辖权，取决于该纠纷与中国是否存在适当联系。判断标准必要专利许可纠纷与中国是否存在适当联系，应结合该类纠纷的特点予以考虑。"在明确中国法院有管辖权后，则可以根据具体情况考虑许可标的所在地、专利实施地、合同签订地、合同履行地等连结点，从而确定具体的管辖法院。法院还特别明确不方便法院原则的适用条件不符合本案。本案为认识涉外标准必要专利许可纠纷案件诉讼管辖的确定提供了范例。

第四十一章 商标及相关标志的国际保护

本章提要

本章主要阐述和探讨商标及相关标志的国际保护方面的国际公约，包括《马德里协定》《尼斯协定》《维也纳协定》《里斯本协定》《制止商品来源虚假或欺骗性标记马德里协定》和《内罗毕条约》。

本章的重点是《马德里协定》，难点是《里斯本协定》和《制止商品来源虚假或欺骗性标记马德里协定》的比较。

第一节 马德里协定及议定书

一、制定背景

为简化商标国际注册流程，使商标注册人能够在最短的时间内，以较低的成本在指定国家获得商标注册，向商标注册人提供一种便捷的商标国际注册程序，一些国家于1891年4月14日在西班牙马德里签订了《商标国际注册马德里协定》（Madrid Agreement Concerning the International Registration of Marks）。该协定颁布之后，经过6次修订，最近一次修订形成的是1979年9月28日的斯德哥尔摩文本。截至2024年3月，该协定共有55个成员国。中国于1989年10月4日加入该协定。

由于《马德里协定》所规定的程序较为严格，因此许多重要国家没有加入该协定。为了解决这一问题，自20世纪60年代起世界知识产权组织就致力于扩大《马德里协定》的影响，在1989年6月27日通过了《商标国际注册马德里协定有关议定书》（Protocol Relating to the Madrid Agreement Concerning the International Registration of Marks）。截至2024年3月，该议定书共有114个参加国。1995年12月1日，中国加入该议定书。

所有《巴黎公约》的成员国均可以成为马德里体系的成员，任何《巴黎公约》的成员既可以加入《马德里协定》，也可以选择加入《马德里议定书》，或者两者均加入。

二、主要内容

（一）《马德里协定》的主要内容

1. 商标国际注册的申请。协定第3条规定，任何缔约国的国民，可以通过原属国的注册当局，向成立世界知识产权组织公约中的知识产权国际局提出商标注册申请，以在一切其他本协定参加国取得其已在所属国注册的用于商品或服务项目的标记的保护。每一个国际注册申请必须用细则所规定的格式提出；商标原属国的注册当局应证明这种申请中的具体项目与本国注册簿中的具体项目相符合，并说明商标在原属国的申请和注册的日期和号码及申请国际注册的日期。申请人应指明使用要求保护的商标的商品或服务项目，如果可能，也应指明其根据《尼斯协定》所分的相应类别。如果申请人未指明，国际局应将商品或服务项目分入该分类的适当类别。申请人所作的类别说明须经国际局检查，此项检查由国际局会同本国注册当局进行。如果本国注册当局和国际局意见不一致时，以后者的意见为准。

2. 国际注册及其效力。协定第 4 条规定，国际局应对提出申请的商标立即予以注册。从在国际局生效的注册日期开始，商标在每个有关缔约国的保护，应如同该商标直接在该国提出注册的一样。

3. 指定国的批驳。协定第 5 条规定，某一商标注册或延伸保护的请求经国际局通知各国注册当局后，指定国注册当局有权声明在其领土上不能给予这种商标以保护。根据《巴黎公约》，这种拒绝只能以对申请本国注册的商标同样适用的理由为根据。欲行使这种权利的各国注册当局，应在其本国法律规定的时间内，并最迟不晚于商标国际注册后或保护延伸的请求后 1 年之内，向国际局发出批驳通知，并随附所有理由的说明。国际局将不迟延地将此通知的批驳声明的一份抄件转给原属国的注册当局和商标所有人或其代理人。有关当事人得有同样的补救办法，犹如该商标曾由他向拒绝给予保护的国家直接申请注册一样。

4. 商标国际注册的有效期限。协定第 6 条规定，在国际局的商标注册的有效期为 20 年，并可予以续展。任何注册均可续展，期限自上一次期限届满时算起为 20 年，续展仅需支付基本费用，必要时还应支付补加费。保护期满前 6 个月，国际局应发送非正式通知，提醒商标所有人或其代理人确切的届满日期。对国际注册的续展可给予 6 个月的宽展期，但要收根据细则规定的罚款。

5. "中心打击"原则。协定第 6 条规定，自国际注册的日期开始满 5 年时，这种注册即与在原属国原先注册的国家商标无关系。然而自国际注册的日期开始 5 年之内，如在原属国原先注册的国家商标已全部或部分不复享受法律保护时，国际注册所得到的保护，不论其是否经已转让，也就全部或部分不再产生权利。当 5 年期限届满前因引起诉讼而致停止法律保护时，亦同样适用。

如原属国的商标自动撤销或依据职权被撤销，原属国的注册当局应要求撤销在国际局的商标，国际局应予以撤销。当引起法律诉讼时，上述注册当局应依据职权或经原告请求，将诉讼已经开始的申诉文件或其他证明文件的抄件，以及法院的最终判决，寄给国际局，国际局应在国际注册簿上予以登记。

6. 国际注册商标的转让。协定第 9 条之二规定，当在国际注册簿上注册的一个商标转让给一个缔约国的人，而此人并未在该缔约国注册商标时，后一国家的注册当局得将该转让通知国际局。国际局应登记该转让，通知其他注册当局，并在刊物上予以公布。如果转让是在国际注册后未满 5 年时间内办理的，国际局应征得新所有人所属国家的注册当局的同意，如可能并应将该商标在新所有人所属国家的注册日期和注册号码公布。凡将国际注册簿上注册的商标转让给一个无权申请国际商标的人，均不予登记。

(二)《马德里议定书》的主要修改内容

1. 与《马德里协定》的关系。属于马德里联盟议定书的参加国，即使未加入 1967 年于斯德哥尔摩修订并于 1979 年修改的《马德里协定》文本，也可以加入《马德里议定书》。此外，该议定书扩大了参加者的主体范围，政府间的国际组织也可以"缔约组织"的身份加入《马德里议定书》。因此，议定书在参加者范围上更加灵活。此外，对于某项国际申请或国际注册，当原属局既是参加该议定书，又是参加《马德里协定》（斯德哥尔摩文本）的国家局时，《马德里议定书》的各项规定对于同属该议定书和《马德里协定》（斯德哥尔摩文本）的任何其他国家内不产生效力。

2. 国际注册与国内注册的关系。议定书第4条之二规定，当一项商标注册申请已提交缔约方局，或一个商标已在缔约方局注册簿注册时，该项申请的申请人或该项注册的所有人，可依从议定书的规定通过在世界知识产权组织国际局的注册簿获准注册该商标，而取得该商标在缔约国或组织领土内的保护，条件是：①当基础申请已向一缔约国局提出或当一项基础注册已在该局注册。该申请的申请人或该注册的所有人系该缔约国的国民或居民，或在该缔约国内设有真实有效的工业或商业营业所；②当基础申请已在某缔约组织局提出或基础注册已在该局注册，该项申请的申请人和该项注册的所有人系该缔约组织成员国的国民或居民，或者在该缔约组织领土内设有真实有效的工业或商业营业所。

3. "领土延伸"申请。议定书第3条之三规定，①凡向某缔约方申请延伸国际注册取得的保护，应在国际申请书中专门注明。②领土延伸申请亦可于国际注册之后提出。此项申请应以实施细则规定的格式提出，国际局应立即予以登记，随即通知有关局。该项登记应在国际局的定期刊物上公告。此项领土延伸应在国际注册簿登记之日起生效，于有关国际注册期满时失效。凡欲行使该权利的局应在所适用的法律规定的期限内，最迟自国际局通知其延伸之日起1年期限届满前，将其驳回、通知国际局，并说明全部理由。

4. 指定国批驳期限的延长。议定书第5条规定，任何缔约方可以声明，对于根据《马德里议定书》进行的国际注册，一年期限由18个月代替。当然，缔约国也可以根据自身的需要，依然保留1年期限。

5. "中心打击"原则的修订。议定书第9条之五规定，如果商标在原属国被撤销，连带国际注册被撤销时，对于该项国际注册指定的全部或部分商品和服务，国际注册前所有人可向其商标曾有效的缔约方局提交同一商标的注册申请。该申请应视作在国际注册之日提交的申请或视作领土延伸之日提交的申请，并且如果该项国际注册曾享有优先权，仍应享有同样的优先权，条件是：①该申请应于国际注册被注销之日起3个月内提出；②对于有关缔约方而言，申请中的商品和服务应包括在国际注册的商品和服务名单中；③该申请应符合适用法律的一切要求，包括费用的规定。

6. 国际注册的有效期限。议定书第6条规定，在国际局注册商标以10年为期，并可按规定的条件续展。国际注册自注册之日起5年期满后，即分别与其基础申请或原注册，或者基础注册相独立。在注册之日起5年期满前，如果基础申请、原注册或基础注册在指定的全部或部分商品和服务上分别被撤回、失效、放弃或最终驳回、撤销、注销或被宣布无效，无论其是否全部转让，也不能再要求国际注册给予保护。当5年期限终止前已进行的程序于该期限结束后才作出基础申请、原注册或基础注册的驳回、撤销、注销或无效终局决定时，情况亦如此。

（三）《商标注册条约》对《马德里协定》的补充

为吸引更多的国家加入《马德里协定》，1973年6月在维也纳召开的工业产权外交会议上缔约了《商标注册条约》（Trademark Registration Treaty），该条约与《马德里协定》相比，内容更加宽松。该条约自1980年生效，当时只有布基纳法索、刚果、加蓬等5个国家加入该条约。

《商标注册条约》有如下几个特点：①不要求商标必须在原属国注册，以作为申请国际注册的前提条件。②国际注册不信赖原属国商标注册的存立，不受注册5年内在本国商标注册被撤销的影响。即使在原属国商标被撤销，在指定国商标依然有效。③将国际注册的语言扩大为法语和英语。

《商标注册条约》的其他规定和《马德里协定》相同。《商标注册条约》的参加国非常少，这表明它不可能达到其制定目的，无法取代《马德里协定》的地位。同时该条约的主要内容，已经为《马德里协定议定书》所覆盖或取代。

第二节 尼斯协定

一、制定背景

如前所述，注册商标需要指定用于某一商品或服务。同时，商品分类又是作为申请商标注册办理手续及缴纳费用的基本单位。商标注册和管理，需要有一套科学的分类管理体系，以进行商标或商品、服务的检索、查询。

由于各国使用各自的商品分类表已不能适应有关国际注册的商标事务的需要，制定国际统一的商标注册用商品分类表，成为紧迫的需要。为便于当事人在不同国家之间的国际申请，便利商标注册，1957年6月15日一些国家在法国尼斯缔结了《商标注册用商品和服务国际分类尼斯协定》（Nice Agreement Concerning the International Classification of Goods and Services for the Purposes of the Registration of Marks）。该协定曾于1967年和1977年修订两次，协定仅对《巴黎公约》缔约国开放。截至2024年3月，共有93个成员国。中国从1904年建立商标管理制度起，先后公布了6个商品分类表。我国于1988年11月起开始采用该国际分类，1994年8月9日正式成为该协定的成员国。

此外，《马德里协定》《商标注册条约》、非洲知识产权组织的《班吉协定》以及《欧洲共同体统一商标条约》等国际公约，都采用了《尼斯协定》的分类法。

二、商标注册用商品与服务分类法

《尼斯协定》第1条第2款规定，分类由下列两表组成：①分类表，视需要附加注释。②按字母顺序排列的商品和服务表，并对每个商品和服务项目标明所属类别。这些按字母顺序排列的商品和服务项目，共有1万余项。按字母顺序进行排列，主要是为了便于查找。

《尼斯协定》第1条规定，所有商品分为34个大类，服务分为8个大类。分类使用英文和法文两种文字，两种文本具有同等效力。目前使用的是2007年1月1日生效的第9版分类表。分类表中所列的商品或服务的名称或说明构成该商品或服务大致所属范围的一般的名称或说明。如果某一商品无法加以分类，《尼斯协定》还确定了进行分类的标准。

《尼斯协定》第2条规定，分类的效力取决于特别联盟的每个国家。在对任何特定的商标提供保护的范围或对服务商标的认可方面，对成员国家不具有约束力。各国可以保留将分类法作为主要体系使用或者作为辅助体系使用的权利。尼斯联盟各国的主管机关，应在有关商标注册的官方文件和公告中，载明商标注册的商品或服务项目所属的类别号。

值得指出的是，鉴于虚拟商品和服务在数字技术发展以及元宇宙背景下产生的必然性，有必要针对这一特殊类型的商品和服务加以分类，否则将不利于在数字空间开展相关电子商务活动。基于此，2023年1月1日生效的《尼斯分类》（第12版）首次规定了虚拟商品和服务的商标注册分类问题。具体而言，其在第 9 类规定了包含"经 NFT 认证的可下载的数字文件""使用区块链技术处理加密资产交易的可下载的计算机软件""用于接收和消费加密资产的可下载的密码钥匙"，以及"虚拟现实浏览器"和"虚拟键盘投影设备"。此外，其第 41 类包括"提供在线虚拟旅游"；第 42 类包括"加密资产挖掘"与"通过云提供虚拟计算机系统"。[1]

第三节　其他有关商标和相关标志的国际公约

一、商标图形要素国际分类维也纳协定

在检索商标注册时，如果能够按照商标本身的文字、图案的不同，加以分类，则更便利于商标注册。因此，在《尼斯协定》之外，建立按照商标要素为标准的分类法也非常必要。1973 年，由巴西、奥地利、比利时、丹麦、法国、南斯拉夫等国发起，在维也纳缔结了《建立商标图形要素国际分类维也纳协定》，即《维也纳协定》。根据该协定第 1~2 条规定，其所适用的国家组成特别联盟，采用共同的商标图形要素分类。图形要素分类由将商标图形要素分为类、组、项的一览表组成，并根据情况附加注释。图形要素分类载列于以英文和法文写就的一份正本，由世界知识产权组织总干事签字，并于本协定开放供签署时交其保存。该协定仅向巴黎公约的缔约国开放。该协定于 1985 年生效，同年修订过一次。截至 2024 年 3 月，共有 38 个成员国。

二、制止商品来源虚假或欺骗性标记马德里协定

为了防止国际间商品贸易中，出现商品来源虚假或欺骗性标志的行为，要求成员国一致采取有效措施阻止不公平竞争行为，1891 年在马德里缔结了《制止商品来源虚假或欺骗性标记马德里协定》。协定第 1 条明确规定，凡带有虚假或欺骗性标记的商品，其标志系将本协定所适用的国家之一或其中一国的某地直接或间接地标作原产国或原产地的，上述各国应在进口时予以扣押。在使用虚假或欺骗性产地标志的国家或者在已进口带有虚假或欺骗性产地标志的商品的国家也应实行扣押。该协定分别于 1911 年、1925 年、1934 年、1958 年、1967 年修订。截至 2024 年 3 月，共有 36 个成员国。

三、保护原产地名称及其国际注册里斯本协定

在《巴黎公约》中规定制止标有假冒产地标志的商品的交易和进口的行为。《巴黎公约》规定，进口时扣押非法标有受到保护的商标或厂商名称的商品的规定，也适用于直接或间接使用假冒的产地标志的商品。各缔约国应保证其他缔约国国民将获得法律上救济手段，以有效地制止在商品上直接或间接使用假冒的产地标志。《巴黎公约》对产地标志的规定，比较笼统。在 1958 年里斯本召开的外交大会上，专门缔结了保护原产地名称的条约，即《里斯本协定》。根据该协定第 2 条解释，原产地名称系指一个国家、地区或地方的地理名称，用于指示一项产品来源于该地，其质量或特征完全或主要取决于地理环境，包括自然和人为因素。协定第 3 条规定，其保护的内容是旨在防止任何假冒和仿冒，即使标明了产品的真实来源或者使用名称的翻译形式或附加"类""式""样""仿"字样或类似字样。该协定就将原产地名称的保护，从巴黎公约中分离出来，独立地加以规范。《里斯本协

---

[1] 冯晓青：《数字环境下知识产权制度面临的挑战、问题及对策研究》，载《社会科学战线》2023 年第 9 期。

定》对巴黎公约的成员国开放，只要是《巴黎公约》的成员国，都可以加入该协定。该协定曾于1967年和1979年作过两次修改。截至2024年3月，共有42个成员国。

四、保护奥林匹克会徽内罗毕条约

1981年9月，在世界知识产权总干事主持下，在内罗毕外交大会上，21个国家缔结了《保护奥林匹克会徽内罗毕条约》，即《内罗毕条约》。该条约是一个较为特殊的国际条约，保护的是"奥林匹克会徽"，旨在禁止不经允许而将奥林匹克会徽用于商业目的。根据条约第1条规定，本条约成员国非经国际奥林匹克委员会许可，有义务拒绝以国际奥林匹克委员会宪章规定的奥林匹克会徽组成的或含有该会徽的标志作为商标注册，或使其注册无效；并应采取适当措施禁止出于商业目的以此种标志作为商标或其他标记使用。凡参加联合国的国家，均可以参加该条约，而不限于《巴黎公约》的成员国。该条约自1983年生效，截至2024年3月，共有56个成员国。我国在1996年7月颁布了《特殊标志管理条例》，可以按照该条例保护奥林匹克会徽、名称及缩写、吉祥物等。

本章案例研讨

41-1（总第98）：涉外定牌加工案件中商标正当使用的判定
——再审申请人深圳市某焊接科技有限公司与被申请人浙江某科技股份有限公司
侵害商标权纠纷案[1]

一、案情简介

深圳市某焊接科技有限公司（以下简称某焊接科技公司）向浙江省高级人民法院申请再审称：最高人民法院在某工业株式会社与重庆某贸易有限公司侵害商标权纠纷再审案件中已明确否认"涉外定牌加工不侵权"理论，即不在中国境内的外国企业将其在国外注册的商标委托中国境内的企业贴牌加工，外国企业在国外注册的商标权不应受到中国法律的保护。二审判决认定某科技股份公司的被诉行为为不侵害涉案商标权错误。某科技股份公司辩称：①涉外定牌加工行为是否构成商标侵权，应根据个案情况具体分析。本案中，被诉侵权标识并非仅英文字母"STAHLWERK"，而是同时使用由"▽"和"STAHLWERK©"组合的标识，且被诉侵权商品还标注了德国 Stahlwerk Schweißgeräte Deutschland e. K.（以下简称德国 stahlwerk 公司）名称、电话号码和网址等信息，被诉侵权标识与涉案商标不构成近似，亦不会导致相关公众混淆误认。②涉案商标的注册违背诚信原则，涉案商标维权行为不具有法律上的正当性。

二、法院裁判理由及结果

浙江省高级人民法院将审查要点概括为：某科技股份公司的被诉行为是否侵害涉案商标专用权，以及如构成侵权，相应民事责任的承担。

法院认为：审理涉及涉外定牌加工的商标侵权纠纷案件，应当充分考量国内和国际经济发展大局，对特定时期、特定市场、特定交易形式的商标侵权纠纷进行具体分析，准确

---

[1] 浙江省高级人民法院（2021）浙民申4890号民事裁定书。

适用法律，妥善平衡商标权人与定牌加工方的利益，促进外贸产业的规范健康发展。涉外定牌加工贸易方式是我国对外贸易的重要方式，随着我国经济发展方式的转变，对于在涉外定牌加工中产生的商标侵权问题的认识也在不断变化和深化，既不能把这种贸易方式简单地固化为侵犯商标权的除外情形，也不能认为此种贸易方式下的商标使用均构成侵权。本案中，首先，某科技股份公司的被诉行为系合法授权范围内的涉外定牌加工行为。德国 stahlwerk 公司个人责任股东及企业管理负责人巴拉班于 2009 年 4 月 8 日在德国申请注册了 302009021017 号 "STAHLWERK" 商标，核定使用商品类别为第 7 类的电焊机等。巴拉班以德国 stahlwerk 公司所有人及 "STAHLWERK" 商标注册人的身份出具授权书，确认德国 stahlwerk 公司曾于 2017 年 10 月 25 日授权某科技股份公司在电焊机产品及产品外箱上使用 "STAHLWERK" 商标。被诉侵权商品系由某科技股份公司接受德国 stahlwerk 公司委托定牌生产，某科技股份公司在定牌生产过程中规范使用德国 stahlwerk 公司授权使用的 "STAHLWERK" 商标，且被诉侵权商品最终均向德国出口并在德国境内销售。其次，某焊接科技公司在本案中行使商标权的方式有违诚实信用原则。《商标法》第 7 条第 1 款规定，申请注册和使用商标，应当遵循诚实信用原则。在商标侵权案件审理中，同样应体现诚实信用原则的价值引导作用，任何有违商标法的立法本意和宗旨，不正当行使商标权的行为不应得到法律的支持。本案中，德国 stahlwerk 公司成立于 1998 年，成立后经营电焊机等商品，后该公司个人责任股东及企业管理负责人巴拉班于 2009 年 4 月在德国申请注册了电焊机商品上的 "STAHLWERK" 商标。在案的电子邮件往来记录显示，某焊接科技公司法定代表人陈某独资的一人有限责任公司百联公司在 2010 年左右即与德国 stahlwerk 公司有业务往来，为德国 stahlwerk 公司的 "STAHLWERK" 牌电焊机设计外观、加工产品。某焊接科技公司在一审法院调查询问时亦称，百联公司自 2008 年成立后至 2011 年期间与德国 stahlwerk 公司有过贸易代理业务合作。某焊接科技公司在明知德国 stahlwerk 公司以及德国 "STAHLWERK" 商标存在，且其关联公司曾接受德国 stahlwerk 公司委托在国内进行该品牌产品的设计、加工的情况下，却于 2011 年 10 月在国内申请注册同一种商品上的相同商标，继而还以该商标为权利基础，对德国 stahlwerk 公司授权的某科技股份公司在中国境内定牌加工被诉侵权商品的行为提起侵权之诉，其在本案中行使商标权的方式具有不正当性，有违诚实信用原则。综上，二审判决认定某科技股份公司的被诉行为不侵害涉案商标专用权，并无不当。

综上，浙江省高级人民法院驳回深圳市某焊接科技有限公司的再审申请。

本案涉及涉外定牌加工案件中商标正当使用的判定。在该案中，再审法院认定原告主张商标权保护的权利基础不成立，有违诚信原则，因而不受法律保护。具体而言，某焊接科技公司在明知德国 stahlwerk 公司以及德国 "STAHLWERK" 商标存在的情况下，在国内申请注册同一种商品上的相同商标，并以被核准的注册商标为基础起诉德国 stahlwerk 公司授权的某科技股份公司在中国境内定牌加工被诉侵权商品的行为。本案为认识涉外定牌加工案件被诉商标侵权是否成立提供了启示。

41-2（总第99）：涉外定牌加工行为的商标侵权判定
——浦江某锁业有限公司与某防盗产品国际有限公司侵害商标权纠纷再审申请案[1]

一、案情简介

2003年5月21日，经商标局核准，许某注册了第3071808号"PRETUL及椭圆图形"商标，核定使用商品为第6类的家具用金属附件、五金锁具、挂锁、金属锁（非电）等。2010年3月27日，商标局核准该商标转让给某防盗产品国际有限公司（以下简称某防盗产品公司）。

再审申请人浦江某锁业有限公司（以下简称某锁业公司）因与被申请人某防盗产品公司侵害商标权纠纷一案，不服浙江省高级人民法院（2012）浙知终字第285号民事判决，向最高人民法院申请再审。再审称：二审判决未认定某锁业公司是依据墨西哥"PRETUL"商标的合法使用人的委托从事涉外定牌加工的行为，属认定事实错误。涉外定牌加工是原《合同法》第251条规定的加工承揽关系，而不是销售合同关系。本案中，某锁业公司系受案外人墨西哥TRUPERHERRAMIENTASS. A. DEC. V.（以下简称储伯公司）委托，按照其要求生产挂锁，在挂锁上标注"PRETUL"商标标识，并全部返销到墨西哥。涉外定牌加工贸易在我国经济，尤其是对外贸易关系中具有重要地位，是我国目前重要的一种生产经营形态，忽视这个事实，将无法对这一社会经济现象作出正确的法律判断，更无以实现法律规范对经济活动的价值指引。二审判决对许某恶意抢注"PRETUL及椭圆图形"商标的事实不予审查，属认定事实错误。涉案产品包装盒及产品说明书用西班牙文标明"进口商：储伯公司"字样，更是区分了商品来源，墨西哥的相关公众完全可以识别该商品来源于储伯公司，即使有中国的相关公众，亦不会将该商品与某防盗产品公司相联系。某防盗产品公司答辩称：认定一个商标使用行为是否构成商标侵权与该行为是否为定牌加工行为没有关系，即使某锁业公司的涉案行为属于定牌加工，也同样应该认定属于商标侵权行为。涉案商标原注册人许某注册涉案商标是否构成抢注，不属于本案的审理范围。

二、法院裁判理由及结果

最高人民法院认为，根据当事人的再审申请及答辩意见，本案的争议焦点是某锁业公司之行为是否构成侵犯某防盗产品公司"PRETUL"商标专用权，以及某锁业公司之行为是否属于商标法意义上的商标使用行为。法院认为，本案中，根据原审法院查明的事实，储伯公司系墨西哥"PRETUL"或"PRETUL及椭圆图形"注册商标权利人（第6类、第8类）。某锁业公司受储伯公司委托，按照其要求生产挂锁，在挂锁上使用"PRETUL"相关标识并全部出口至墨西哥，该批挂锁并不在中国市场上销售，也就是该标识不会在我国领域内发挥商标的识别功能，不具有使我国的相关公众将贴附该标志的商品，与某防盗产品公司生产的商品的来源产生混淆和误认的可能性。商标作为区分商品或者服务来源的标识，其基本功能在于商标的识别性，某锁业公司依据储伯公司的授权，上述使用相关"PRETUL"标志的行为，在中国境内仅属物理贴附行为，为储伯公司在其享有商标专用权的墨西哥使用其商标提供了必要的技术性条件，在中国境内并不具有识别商品来源的功能。因此，某锁业公司在委托加工产品上贴附的标志，既不具有区分所加工商品来源的意义，也不能

---

[1] 最高人民法院（2014）民提字第38号民事判决书。

实现识别该商品来源的功能，故其所贴附的标志不具有商标的属性，在产品上贴附标志的行为亦不能被认定为商标意义上的使用行为。

商标法保护商标的基本功能，是保护其识别性。判断在相同商品上使用相同的商标，或者判断在相同商品上使用近似的商标，或者判断在类似商品上使用相同或者近似的商标是否容易导致混淆，要以商标发挥或者可能发挥识别功能为前提。也就是说，是否破坏商标的识别功能，是判断是否构成侵害商标权的基础。在商标并不能发挥识别作用，并非商标法意义上的商标使用的情况下，判断是否在相同商品上使用相同的商标，或者判断在相同商品上使用近似的商标，或者判断在类似商品上使用相同或者近似的商标是否容易导致混淆，都不具实际意义。本案中，一审、二审法院以是否相同或者近似作为判断是否构成侵犯商标权的要件，忽略了本案诉争行为是否构成商标法意义上的商标使用之前提，适用法律错误，本院予以纠正。

综上，某锁业公司根据储伯公司委托，在其生产的挂锁上使用"PRETUL"相关标识的行为，不属于商标法意义上的商标使用，不构成对某防盗产品公司"PRETUL及椭圆图形"商标权的侵犯。最高人民法院遂判决撤销二审判决和一审判决，驳回某防盗产品国际有限公司的诉讼请求。

本案涉及涉外定牌加工中商标侵权与正当使用的认定。在该案中，最高人民法院明确了涉案涉外定牌加工行为的性质，认为被诉侵权人使用"PRETUL"标志属于在中国境内仅属物理贴附行为，在中国境内并不具有识别商品来源的功能，故也不属于商标使用行为。基于此，最高人民法院撤销了二审和一审判决，驳回某防盗产品国际有限公司的诉讼请求。本案为认识涉外定牌加工商标侵权纠纷案件商标性使用的性质与侵权判定提供了启发。

第四十二章 与贸易有关的知识产权协议

本章提要

本章主要阐述和探讨TRIPs协议的产生、发展、目标和基本原则，TRIPs协议的主要内容，以及TRIPs协议中规定的知识产权执法，包括民事和行政程序及其救济、争端的防止和解决程序等内容。

本章的重点是TRIPs协议保护的领域，对于各种类型的知识产权所规定的主要内容，难点是TRIPs协议的产生背景及其规定的知识产权执法程序。

第一节 TRIPs协议的产生背景

一、关贸总协定中知识产权问题的由来

第二次世界大战结束后，为了处理国际经济贸易中的相关问题，"布雷顿森林体系"诞生。人们试图建立三个机构，用以作为联合国的专门机构，并对国际经济贸易活动进行宏观调控。这三个机构分别是世界银行、国际货币基金组织和国际贸易组织。前两个组织顺利建立起来后，人们制订了《国际贸易组织宪章（草案）》。此后，23个国家决定在1946年进行谈判，以尽早推动贸易自由化并解决当时国家间大量存在的贸易保护措施。经过第一轮谈判，形成了《关税与贸易总协定》（简称GATT），并于1948年1月生效。《关税与贸易总协定》一直是以临时性国际协议和组织的形式出现。随着国际经济新成员的出现，国际经济竞争的加剧，国际贸易变得更加复杂，《关税与贸易总协定》的作用受到了越来越严重的限制，影响了其有效性，在1973年~1979年的东京回合谈判中，人们试图解决一些问题，但成果有限。1986年~1994年的第八轮谈判，即乌拉圭回合谈判，是范围最广的一轮多边贸易谈判，最终促成了世界贸易组织的建立并产生了一套新的协议。

《关税与贸易总协定》谈判开始仅针对货物贸易，目的是制定成员间在有形货物贸易方面的共同准则。当时关贸总协定仅以个别条款简略地提到知识产权，而知识产权贸易也并不是很发达，知识产权的重要性没有显现出来。随着国际政治经济的发展，越来越多的发展中国家加入了关贸总协定，而且国家间的知识产权贸易变得越来越常见，人们越来越认识到知识产权对于企业发展和国民经济发展的重要性。发展中国家通常将限制外国知识产权的保护范围作为追赶外国先进技术的战略手段之一。此外，由于高新科技的发展，对电子技术、图书、商品商标的复制和仿制变得更加容易。在传统产业中，发达国家的竞争力

日趋下降，导致发达国家日益将知识产权作为提高其国际竞争力的一种手段，给予越来越多的重视，发达国家政府积极寻求国际范围的知识产权保护。这样，发展中国家和发达国家之间，在知识产权的保护问题上产生了越来越多的摩擦。

20世纪70年代，发展中国家和发达国家在关贸总协定的范围内即在假冒商品问题上发生了纠纷。1979年7月31日，美国和欧共体共同提出一项《遏制假冒商品进口的措施的协定》的建议稿。在关贸总协定1982年的部长级会议期间，美国努力将假冒商品纳入谈判议程，但遭到许多发展中国家的反对，发展中国家认为关贸总协定的工作项目没有包括解决知识产权问题，而假冒商标商品问题应属于世界知识产权组织的管辖范围。在世界知识产权组织中，由于其表决制度的特点，使得发展中国家能够依靠其数量上的优势获胜，从而发达国家的要求很难在世界知识产权组织中得到实现。因此，发达国家转而试图在关贸总协定范围内，以增加关贸总协定工作项目的办法，解决知识产权保护问题。在1982年的部长级会议上，时任美国贸易部长威廉·布洛克则要求将关贸总协定的工作扩展到诸如假冒、投资和服务问题上，而在1982年部长级会议以后，美国更加积极地寻求在关贸总协定新的工作项目中获得支持，并在新的谈判回合中将服务和高新技术商品纳入其中。这样，以关贸总协定为基础而进行知识产权谈判，逐渐成为发展中国家和发达国家争议的焦点。

二、世界贸易组织知识产权协议的形成

1986年1月，为了举行乌拉圭回合谈判，美国向筹备委员会再次提出了一项包括所有知识产权而不仅限于商标商品的建议。这一提议遭到了发展中国家的强烈反对，但在谈判过程中，一些发展中国家，尤其是东南亚地区的新兴工业国家，主张同意将知识产权保护问题包括在谈判的议程之中，他们希望制定知识产权保护的最低标准和多边解决争议的制度，以防止美国以他们的知识产权保护不力为由采取单方面的制裁措施。因此，发展中国家内部出现分歧。在美国的积极努力下，筹备委员会最终将知识产权列入乌拉圭回合谈判的日程。1986年9月20日，在埃斯特角发表的乌拉圭回合共同宣言中，将服务贸易、知识产权和投资措施作为三个新议题列入谈判议程，同时成立了TRIPs协议谈判小组，其谈判目标是为减少对国际贸易的扭曲和阻碍，并考虑促进对知识产权进行有效和充分的保护，以及确保实施知识产权的措施和程序本身不成为合法贸易的障碍。

1989年4月，乌拉圭回合谈判各方对于TRIPs协议的框架达成协议，将来知识产权谈判将包括如下内容：①关贸总协定的基本原则和有关知识产权国际保护方面的协议和条约的可适用的程度；②与贸易有关的知识产权的效力、范围及使用的标准和原则性条款；③在执行知识产权保护措施时，应考虑到各国法律制度的差异性的原则；④以多边方式迅速及有效地防止和解决政府间争端的程序；⑤为在最大范围内全面地落实谈判成果作过渡安排。

同时，在发达国家和发展中国家之间就下列一些问题的认识上取得了共识：①承认为处理国际假冒商品贸易行为而在原则、规则、纪律上建立多边结构的必要性；②承认知识产权为私有权；③承认保护知识产权的目的是保护公共利益；④承认最不发达国家在其域内法律和条例的实施上有最高的灵活性；⑤强调通过多边程序解决与贸易有关的知识产权争端的重要性；⑥期望在世界贸易组织与世界知识产权组织之间及其他有关国际组织之间建立相互支持的关系。

在乌拉圭回合谈判过程中，除正式谈判外，还有许多非正式谈判形式。1991年底，时任关贸总协定总干事阿瑟·邓克尔提出了乌拉圭回合的最后文本草案的框架，其中的"与贸易有关的知识产权协议"基本获得通过。这一"邓克尔文本"成为乌拉圭回合谈判最后协议的基础。1994年4月15日，来自125个缔约方中的部长在摩洛哥的马拉喀什举行会议，签署了乌拉圭回合一揽子协议，1995年1月，在日内瓦建立世界贸易组织。TRIPs协议[1]作为乌拉圭回合谈判最后协议文本，即《世界贸易组织协议》的一部分，于1995年7月1日正式生效。

三、世界贸易组织和TRIPs协议的关系

众所周知，世界知识产权组织是世界范围内管理知识产权的专门机构，在TRIPs协议生效之前，世界知识产权组织是知识产权领域最重要的立法、协调、争端解决机构。世界知识产权组织管理着知识产权领域内最重要的两大联盟，即巴黎联盟和伯尔尼联盟，此外还管理着数量众多的相关国际公约、协定，并且为适应社会经济发展的新情况而着力制定新的国际公约。当乌拉圭回合谈判结束之后，世界贸易组织以TRIPs协议约束各成员，由于世界贸易组织的重要地位，各成员不得不考虑遵守在世界贸易组织的谈判中的各项承诺，因此，TRIPs协议的重要性日益显现出来。

TRIPs协议仅涉及与贸易有关的知识产权的效力、范围、利用、执法及争端解决问题，同时也考虑到与世界知识产权组织管理下的有关知识产权的国际协议或公约的一致性，"期望着在世界贸易组织与世界知识产权组织及其他有关国际组织之间建立相互支持的关系"，但是没有涉及那些与国际贸易无关或关系不大的知识产权类型。此外，TRIPs协议另一个重要的创新在于创设了知识产权执法程序。相比在世界贸易组织的争端解决机制中贸易制裁是最终的解决办法，TRIPs协议的这一规定更具有强制性，比此前的任何知识产权保护方面的国际公约都具有威慑力，从而对知识产权提供更有效的保护。[2]

第二节 TRIPs协议的目标和基本原则

一、总目标

TRIPs协议第7条规定，知识产权的保护和实施应当对促进技术革新以及技术转让和传播作出贡献，对技术知识的生产者和使用者的共同利益作出贡献，并应当以一种有助于社会和经济福利以及有助于权利与义务平衡的方式进行，这是TRIPs协议的总目标。这一目标可以用来衡量成员国内知识产权立法是否符合TRIPs协议的要求，是否在宏观上符合促进技术发展、对于技术知识的创造者和使用者互利公平的要求。对发展中国家来说，要求考虑到发展中国家的实际情况，促进发展中国家的技术进步并有利于权利和义务的平衡。这一互利、平衡的目标，显然有利于发展中国家加快本国经济技术发展速度，对发展中国家争取平等互利的谈判条件、立足本国实际制定知识产权法具有特别重要的意义。

二、国民待遇原则

TRIPs协议第3条规定，除《巴黎公约》1967年文本、《伯尔尼公约》1971年文本、《罗马公约》及《关于集成电路的知识产权条约》（Treaty on Intellectual Property in Respect

---

[1] 本编采用的《与贸易有关的知识产权协议》译本，以官方文本为主，同时参考了郑成思：《世界贸易组织与贸易有关的知识产权》，中国人民大学出版社1996年版，第309~346页。

[2] 参见古祖雪：《后TRIPS时代的国际知识产权制度变革与国际关系的演变——以WTO多哈回合谈判为中心》，载《中国社会科学》2007年第2期。

of Integrated Circuits）已规定的例外，各成员在知识产权保护上，对其他成员之国民提供的待遇，不得低于其本国国民。这是在尊重《巴黎公约》《伯尔尼公约》《罗马公约》和《关于集成电路的知识产权条约》已有规定的基础上，进一步强调了各成员应给予其他成员之国民以国民待遇。该条同时规定，就表演者、录音制品制作者及广播组织而言，该义务仅适用于该协议所提供的权利，即 TRIPs 协议没有规定的权利，各成员没有义务给外国表演者、录音制品制作者及广播组织以国民待遇。

TRIPs 协议第 1 条第 3 款规定，"其他成员的国民"应理解为合乎《巴黎公约》1967 年文本、《伯尔尼公约》1971 年文本、《罗马公约》及《关于集成电路知识产权条约》所规定的标准，从而可享有保护的自然人或法人，就此而言，世界贸易组织的全体成员亦应视为上述公约的全体成员。任何可能适用《罗马公约》第 5 条第 3 款或第 6 条第 2 款的成员，应依照规定通知"与贸易有关的知识产权理事会"。由此可见，在认定"国民"标准的问题上，TRIPs 协议完全遵循了《巴黎公约》《伯尔尼公约》《罗马公约》及《关于集成电路的知识产权条约》所确立的标准。

三、最惠待遇原则

在知识产权方面的最惠待遇原则，是 TRIPs 协议富有特色的首创性规定，是世界贸易组织的基本原则在知识产权方面的具体应用。在知识产权保护上，最惠待遇原则是指某一成员提供给其他成员国国民的任何利益、优惠、特权或豁免，均应立即无条件地适用于全体其他成员之国民。但是，最惠待遇原则也有一些例外：

1. 由一般性司法协助及法律实施的国际协定引申出且并非专为保护知识产权的任何利益、优惠、特权或豁免，不适用最惠待遇原则。已缔结的仅在两个国家或若干国家内生效的、关于一般性司法协助及法律实施方面的双边协定、国际协定，并且非专为保护知识产权而缔结，因此而在相关国家的国民之间产生的利益、优惠、特权或豁免，不适用最惠待遇原则，不对其他成员之国民生效。

2. 《伯尔尼公约》1971 年文本或《罗马公约》所允许的不按国民待遇、而按互惠原则提供的任何利益、优惠、特权或豁免，不适用最惠待遇原则。

3. 该协议中未加规定的表演者权、录音制品制作者权及广播组织权。TRIPs 协议未规定的一些表演者权、录音制品制作者权及广播组织权，仅能够在都对这些权利有所规定的成员之间相互适用最惠待遇原则，而对于未规定保护这些权利的成员，可以不适用最惠待遇原则。对于 TRIPs 协议已有规定的表演者权、录音制品制作者权及广播组织权，则在所有成员之间均应适用最惠待遇原则。

4. 《建立世界贸易组织协定》生效之前业已生效的、并且已将该协议通知"与贸易有关的知识产权理事会"的知识产权保护国际协议中产生的任何利益、优惠、特权或豁免，不适用最惠待遇原则，但这些利益、优惠、特权或豁免应对其他成员之国民不构成随意的或不公平的歧视。

5. 各成员提供最惠待遇的义务，不适用于由世界知识产权组织主持缔结的多边协议中有关获得或维持知识产权的程序。这些多边协议中规定的有关获得或维持知识产权的程序方面的优惠待遇，没有加入这些多边协议的国家，不能利用 TRIPs 协议的最惠待遇原则而要求享有。这一规定，与国民待遇原则中的例外情况完全相同。

四、与《巴黎公约》和《伯尔尼公约》的关系

TRIPs 协议在多处提到世界知识产权组织所管理的国际公约，这一特点反映出该协议

是以《巴黎公约》《伯尔尼公约》《罗马公约》和《关于集成电路的知识产权条约》为基础的，其中相当一部分条款沿袭了上述国际公约的已有规定。除此之外，TRIPs协议还在已有国际公约的基础上，进行了补充，增加了许多新的规定。

TRIPs协议第2条规定，就本协议第二、第三及第四部分而言，全体成员均应符合《巴黎公约》1967年文本第1条至第12条及第19条之规定。本协议第一至第四部分之所有规定，均不得有损于成员之间依照《巴黎公约》《伯尔尼公约》《罗马公约》及《关于集成电路的知识产权条约》已经承担的现有义务。

TRIPs协议并不与《巴黎公约》和《伯尔尼公约》相抵触，如果某成员既是《巴黎公约》《伯尔尼公约》《罗马公约》或《关于集成电路的知识产权条约》的参加国，又是TRIPs协议的成员，则其履行TRIPs协议规定的义务之时，不得损害其因加入《巴黎公约》《伯尔尼公约》《罗马公约》或《关于集成电路的知识产权条约》而承担的义务。

此外，TRIPs协议第9条第1款规定，全体成员均应遵守《伯尔尼公约》1971年文本第1条至第21条及公约附录。但对于《伯尔尼公约》第6条之二规定之权利或对于从该条引申的权利，成员应依本协议而免除权利或义务。《伯尔尼公约》第6条之二规定的是作者的"精神权利"，由于有些英美法系国家，没有保护作者精神权利的传统，因而TRIPs协议排除了对作者"精神权利"的保护，如果有些成员没有遵守《伯尔尼公约》的保护作者"精神权利"的规定，并不违反TRIPs协议的规定。

第三节　TRIPs协议保护的领域

一、著作权和相关权

TRIPs协议第9条第1款规定，全体成员均应遵守《伯尔尼公约》1971年文本第1条至第21条及公约附录的规定。这样，TRIPs协议完全沿袭了《伯尔尼公约》的实体性条款，并且在此基础上作了富有特色的补充规定。

（一）著作权保护应延及表达，而不延及思想、工艺、操作方法或数学概念之类

TRIPs协议第9条第2款重申了这一理念，即对著作权的保护可延伸到公式，但不得延伸到思想、程序、操作方法或数学上的概念等。这一重申，具有深刻的涵义。由于在现代社会中作品的种类越来越复杂，除普通的作品之外，还有各种视听作品、计算机程序、数据库等新型作品也日益涌现，在这种情况下，有必要重新强调著作权的保护对象，以划定著作权的保护范围。

（二）确定计算机程序和数据库为作品

TRIPs协议第10条规定，无论经源代码或以目标代码表达的计算机程序，均应作为《伯尔尼公约》1971年文本所指的文字作品给予保护。数据或其他材料的汇编，无论采用机器可读形式还是其他形式，只要其内容的选择或安排构成智力创作，即应予以保护。这类保护不延及数据或材料本身，不得损害数据或材料本身已有的著作权。

（三）某些作品的出租权

在世界贸易组织各成员中，有些成员承认出租权是著作权的一部分，有些成员完全不承认出租权，为了调和这两种立法模式，TRIPs协议第11条规定，各成员至少要对计算机程序及电影作品这两种出租利润很大的作品，规定出租权，即成员应授权其作者或作者之合法继承人许可或禁止将其享有著作权的作品原件或复制件向公众进行商业性出租。这种

出租权的规定，还有两种例外情况：对于电影作品，成员可不承担授予出租权之义务，除非有关的出租已导致对作品的广泛复制，其复制程度又严重损害了成员授予作者或作者之合法继承人的复制专有权。对于计算机程序，如果有关程序本身并非出租的主要标的，则TRIPs协议关于出租权的规定不予适用。

（四）作品保护期

TRIPs协议第12条对《伯尔尼公约》作了补充性规定，除摄影作品或实用艺术作品外，如果某作品的保护期并非按自然人有生之年计算，则保护期不得少于该作品经许可而出版之年年终起50年，如果作品自完成时起50年内未被许可出版，则保护期应不少于作品完成之年年终起50年。按照《伯尔尼公约》的规定，摄影作品或实用艺术品的保护期限至少为作品完成之后25年。

（五）对专有权的限制和例外

TRIPs协议第13条规定，全体成员均应将专有权的限制或例外局限于一定特例中，该特例应不与作品的正常利用冲突，也不得不合理地损害权利持有人的合法利益。

（六）表演者、录音制品制作者及广播组织者的权利

TRIPs协议第14条规定了表演者、录音制品制作者及广播组织者的权利：①表演者应有可能制止未经其许可而对其尚未固定的表演加以固定，以及将已经固定的内容加以复制。表演者还应有可能制止未经其许可而以无线方式向公众广播其现场表演，向公众传播其现场表演。②录音制品制作者应有权许可或禁止他人对其作品的直接或间接复制。③广播组织应享有将其广播以无线方式传播、将其广播固定、将已固定的内容复制以及通过同样方式将其电视广播向公众传播的权利。④表演者及录音制品制作者的权利保护期至少为自有关的固定或表演发生之年年终起至第50年年终，广播组织者的权利保护期则至少为有关广播被播出之年年终起至第20年年终。⑤各成员可在《罗马公约》允许的范围内，对表演者、录音制品制作者和广播组织者的权利规定条件、限制、例外及保留。由于《罗马公约》主要是就邻接权作出规定，因此在遵守《罗马公约》的基础上，各成员可以规定各种条件、限制、例外或保留。

二、商标

TRIPs协议对商标作出了具体详细的规定。为了防止国际假冒商标行为的出现，杜绝因假冒商标而给许多知名企业带来损失，TRIPs协议还对驰名商标作出了特别保护规定。

（一）可保护的客体

TRIPs协议第15条确立了可授予商标权的标记的要求，任何能够将一企业的商品或服务与其他企业的商品或服务区分开的标记或标记组合，均应能够构成商标。如文字（包括人名）、字母、数字、图形要素、色彩的组合，以及上述内容的任何组合，均可以作为商标获得注册。成员可要求把"标记系视觉可感知"作为注册条件。如果有的标记本身不能区分有关商品或服务，但其在使用中获得了识别性（因使用而获得显著性），则可以获得商标注册。申请注册的商标所标示的商品或服务的性质，在任何情况下均不应成为该商标获得注册的障碍。

在有关商标获注册之前或在注册之后，成员应予以公告，并应提供请求撤销该注册的合理机会。此外，成员还可提供对商标的注册提出异议的机会。TRIPs协议要求商标注册程序的透明度，在商标获得注册之前的申请审查阶段和获得注册之后，都要求进行公告，并赋予第三人提出异议、请求撤销该商标注册的机会。

(二) 商标权人的权利

TRIPs 协议第 16 条规定，注册商标所有人享有专有权，以防止任何第三人未经其许可而在贸易活动中使用与注册商标相同或近似的标记去标示相同或类似的商品或服务。在对相同商品或服务使用相同标志的情况下，应推定存在混淆之可能。上述权利不应妨碍任何现行的优先权，也不应影响各成员方以使用为条件获得注册权的可能性。

TRIPs 协议第 21 条允许成员以域内法确定商标的许可与转让的条件，但不得对商标采取强制许可制度。此外，对商标不适用强制许可制度，这也是世界各国商标法的一致做法。针对各成员在商标是否应当独立转让的问题有不一致的规定，TRIPs 协议规定注册商标所有人有权连同或不连同商标所属的经营转让其商标。可见协议允许各成员国以其域内法自行作出规定。

(三) 对驰名商标的保护

TRIPs 协议第 16 条第 2 款扩充了《巴黎公约》关于驰名商标的规定：①扩大了驰名商标的保护范围。《巴黎公约》1967 年文本第 6 条之二，原则上适用于服务。前述《巴黎公约》1967 年文本第 6 条之二，是关于驰名商标的规定，TRIPs 协议将该规定扩大适用于服务商标，以保护那些驰名的服务商标。②将驰名商标的保护扩及适用于不相同或不相类似的商品或服务之上。《巴黎公约》1967 年文本第 6 条之二，原则上适用于与注册商标所标示的商品或服务不类似的商品或服务，只要在不类似的商品或服务上使用该商标，即会暗示该商品或服务与注册商标所有人存在某种联系，从而注册商标所有人的利益可能因此受损。③对驰名商标的认定标准。TRIPs 协议规定，确认某商标是否系驰名商标，应顾及有关公众对其知晓的程度，包括在该成员地域内因宣传该商标而使公众知晓的程度。[1]

(四) 商标权侵权的例外

TRIPs 协议第 17 条允许成员规定商标权侵权的例外，即在有些情况下使用构成商标的文字、图形时，并不构成侵权，如对说明性词汇的合理使用，但这种使用以顾及商标所有人及第三方的合法利益为前提，不得因这些合理使用而损害商标权人或利害关系人的合法利益。

(五) 保护期的规定

TRIPs 协议第 18 条规定了商标权的最低保护期限，即商标的首次注册及各次续展注册的保护期，均不得少于 7 年，商标的续展注册次数应为无限次。

(六) 对商标使用的要求

TRIPs 协议第 19 条并不要求注册商标一定要实际使用，但协议允许成员规定，将使用作为保持注册的前提，如果不使用，则可以撤销其注册。TRIPs 协议规定，至少要 3 年连续不使用（即 3 年或 3 年以上），同时商标所有人又未出示妨碍其使用的合理有效的理由，则成员可以撤销商标注册。如果是因为进口限制或政府对该商标所标示的商品或服务有其他要求，而导致商标不使用，则超过 3 年不使用不可以撤销该商标。

(七) 商标的使用不受不合理的特殊要求的干扰

TRIPs 协议第 20 条规定，商标在贸易中的使用不得受到一些不正当的特殊要求的妨碍，诸如要求与其他商标共同使用、以特殊形式使用或以不利于商标将一企业的商品或服务与其他企业的商品和服务区分开的方式使用。这并不排除要求将识别生产该商品或服务的企

---

〔1〕 参见上海知识产权法院（2015）沪知民初字第 518 号民事判决书（侵害商标权纠纷案）。

业商标与区别该企业有关的特定商品或者服务的商标一起使用，但不得将两者联系起来。

三、地理标志

TRIPs 协议非常强调对地理标志的保护，以专节保护地理标志。这是因为在国际贸易中，地理标志非常重要，对于许多特定产地产品的生产企业来说，他人假冒地理标志对其造成的损失是相当严重的。

1. 地理标志的定义。TRIPs 协议第 22 条第 1 款规定，地理标志是识别一种原产于一成员方境内或境内某一区域或某一地区的商品的标志，而该商品特定的质量、声誉或其他特性基本上可归因于其地理来源。

2. 地理标志的利害关系人的权利。TRIPs 协议第 22 条第 2 款规定，成员应当以法律措施保护地理标志的利害关系人有权阻止以各种方式在商品的称谓或表达上，明示或暗示有关商品来源于并非其真正来源地，并足以使公众对该商品来源误认的行为。此外，成员应遵守《巴黎公约》1967 年文本第 10 条之二的规定。依照《巴黎公约》1967 年文本第 10 条之二规定，直接或间接使用虚假的商品产地标志，构成不正当竞争行为，可以将商品予以没收。这一规定强调了地理标志不受任何形式的不正当竞争行为的侵犯。

3. 提供驳回或撤销侵犯地理标志的商标的法律制度。TRIPs 协议第 22 条第 3 款规定，如果某商标中包含有或组合有商品的地理标志，而该商品并非来源于该标志所标示的地域，具有误导公众无法认明真正来源地的性质时，成员应在立法允许时，依职权主动驳回或撤销商标的注册，或者应一方利害关系人的请求而驳回或撤销该商标注册。其第 4 款规定，如果某一地理标志字面上完全真实地表明了某商品的来源地，但仍会误导公众以为该商品来源于另一地域，这属于地理标志名称的相同或近似。在这种情况下，某一成员依然有权驳回或撤销该地理标志作为商标注册或禁止这种地理标志的使用。

4. 对葡萄酒与白酒地理标志的补充保护。TRIPs 协议第 23 条将酒类商品的地理标志保护作为重点。①即使在虚假标示地理标志的同时，也标出了商品的真正来源地；即使该地理标志使用的是翻译文字；即使使用某某"种"、某某"型"、某某"式"、某某"类"的字样，各成员也必须提供法律制度以制止这些做法。②如果诸多葡萄酒使用同音字或同形字的地理标志，则保护也必须及于每一标志。成员为了不误导消费者，应确定将有关同音字或同形字地理标志之间区别开的实际条件。③建立有关葡萄酒的注册和通告制度。TRIPs 协议还要求进一步进行谈判，以建立关于葡萄酒地理标志的通告及注册的多边体系，以使加入该体系的成员可以利用该体系保护自己的地理标志。

5. 地理标志侵权的例外。TRIPs 协议第 24 条还规定了一些情况下的地理标志使用行为，不构成侵权行为。例如，如果某成员域内之国民或居民已经使用了与另一成员所保护的地理标志相同的标志，但他已在部长级会议结束乌拉圭回合谈判之前（即 1994 年 4 月 15 日前）使用了至少 10 年，或者如不到 10 年，但其为善意使用，则可以继续保持原来的使用方式，不构成侵权行为；如果有人在贸易活动中，其姓名或其营业名称与某一成员所保护的地理标志相同或近似，只要不以故意误导公众的方式使用，则不构成侵权；对于在来源国已不受保护或中止保护的地理标志或在来源国已废止使用的地理标志，其他成员也没有保护的义务，在这些成员域内以这样的地理标志作为商标，不构成侵权。

四、工业品外观设计

TRIPs 协议确立了外观设计保护的标准，对外观设计所有人的权利进行了规定，确定了有关外观设计的基本规则。

1. 保护条件。TRIPs协议第25条规定，独立创作的、具有新颖性或原创性的工业品外观设计，必须加以保护，全体成员有义务提供保护。协议没有规定何为独创性、新颖性，但指出非新颖或非原创是指某外观设计与已知设计或已知设计特征之组合相比，无明显区别。

2. 保护范围。TRIPs协议规定，外观设计之保护，不得延及主要由技术因素或功能因素构成的设计。成员可以规定，外观设计不保护设计中的技术因素或功能因素，外观设计实质上仅为一件作品，仅具有美学价值，而其中的实用性因素主要由专利法加以保护。

3. 权利内容。TRIPs协议第26条规定，受保护的工业品外观设计所有人，应有权制止第三人未经其许可而以商业目的制造、销售或进口带有或体现有受保护设计的复制品或实质上是复制品之物品（即稍加改动后的复制品）。

4. 特别保护。TRIPs协议第25条第2款规定，对纺织品外观设计的特别保护。由于纺织品的外观设计对纺织品的市场竞争有着重要的意义，因此，TRIPs协议特别对纺织品的外观设计作出补充规定。同时，由于纺织品的更新换代较快，如果政府主管机关在审查之时，对纺织品的外观设计提出过多要求，会导致对纺织品的外观设计保护不力，因此，TRIPs协议规定，各成员应保证其对保护纺织品外观设计的要求，特别是对成本、检验或公布的要求，不至于不合理地损害寻求和获得保护的机会。此外，成员有自由选择用工业品外观设计法或用著作权法去履行TRIPs协议规定的保护纺织品外观设计的义务。以著作权法保护纺织品外观设计也为协议所允许。

5. 权利限制。TRIPs协议第26条第2款规定，成员可对工业品外观设计的保护规定有限的例外，只要在顾及第三方合法利益的前提下，该例外并未与受保护设计的正常利用发生不合理的冲突，也没有不合理地损害受保护设计所有人的合法利益。

6. 保护期限。TRIPs协议第26条第3款规定，工业品外观设计权的保护期应不少于10年。

五、专利

在乌拉圭回合谈判中，发达国家和发展中国家针对专利规则，进行了十分激烈的争论，但最终形成的专利规则在相当程度上反映了发达国家的要求。另外，TRIPs协议对已有国际公约中的专利制度进行了补充。

（一）授予专利的条件

TRIPs协议第27条第1款规定，一切技术领域中的任何发明，无论产品发明或方法发明，只要其新颖、含创造性并可付诸工业应用，均应有可能获得专利。这是因为有些发展中国家只保护药品和化学物质的方法而不保护药品和化学物质的产品专利，在技术领域上存在歧视；在有些发展中国家里，如果外国人不在本地制造产品而是从国外进口产品，则对其所享有的专利有一些歧视性做法。为了在国际上消除上述现象，TRIPs协议特别规定，不得因发明地点不同、技术领域不同及产品之系进口或系本地制造之不同而给予歧视。

（二）不授予专利的发明

TRIPs协议第27条第2款规定，如果为了保护公共秩序或公德，包括保护人类、动物或植物的生命与健康，或为避免对环境的严重破坏所必需，各成员均可将一些发明排除于可获专利之外，并可制止在该成员域内商业性地使用这类发明。

此外，该款特别列举了一些可排除于专利之外的发明：①诊治人类或动物的诊断方法、治疗方法及外科手术方法；②除微生物之外的动物、植物（在此指动、植物品种）；③生产动、植物的方法，主要是生物的方法，非生物方法及微生物方法除外。由于生物方法，主要是利用自然力，如杂交[1]、人工择优繁育等，是人类原始的培育优良品种的方法，所以不可能存在可专利性。非生物方法及微生物方法，如利用微生物技术改良土壤、人工嫁接等方法可以获得专利。针对植物新品种的保护，该款鉴于已有许多发达国家使用了专利制度保护植物新品种，作出了一项特别规定，即成员应以专利制度或有效的专门制度，或以任何组合制度，给植物新品种以保护。对各成员是否已对植物新品种给予保护，在世界贸易组织协议生效4年之后进行检查。

（三）专利权人的权利

TRIPs协议第28条规定：①产品专利权人，有权制止第三人未经其许可制造、使用、许诺销售、销售或为上述目的进口该专利产品。②方法专利权人，有权制止第三人未经其许可使用该专利方法；还有权制止第三人未经其许可使用、许诺销售、销售或为上述目的进口至少是依照该方法而直接获得的产品。这样，方法专利权人的权利不仅及于专利方法本身，而且延及依照该方法而获得的产品。③专利权人有权转让或通过继承转移专利权，以及有权缔结许可证合同。④专利权的保护期限应不少于自提交申请之日起20年。

（四）方法专利侵权举证责任

TRIPs协议第34条第1款规定，在方法专利的诉讼中，司法当局应有权责令被告证明其获得相同产品，使用了与原告的专利方法完全不同的方法。在此，TRIPs协议对于方法专利的侵权诉讼，规定了举证责任倒置的方法。同时，该款规定，如果使用该专利方法而获得的产品系新产品；或该相同产品极似使用该专利方法所制造，而专利权人经合理努力仍未能确定其确实使用了该专利方法，若无相反证据，就可以视为构成侵权行为。在此，TRIPs协议也允许各成员自由规定，在两种情况都满足之时，被控侵权人才承担举证责任；即在原告举证无法证明之时，才由被告承担举证责任。

如果有些被告制造某一产品之时，确实使用了自己的商业秘密或制造秘密，此时强行要求其进行举证并公开，不利于保护其制造秘密或商业秘密；因此，TRIPs协议第34条第3款规定，在法院引用被告所提出的相反证据进行判决时，应顾及被告保护其制造秘密及商业秘密的合法利益。

（五）专利申请的要求

TRIPs协议第29条要求专利申请人应清楚完整地披露其发明，达到使同一技术领域的技术人员能够实施该发明的程度。各成员还可以在域内法中要求申请人指明在申请之时（或在优先权日），该发明为申请人所知的最佳的实施方案；我国《专利法实施细则》已在专利申请文件中要求申请人指明优选方案。如果专利申请人曾在外国申请过专利，则成员可要求专利申请人提供其相应的外国申请及批准情况的信息。

（六）专利的强制许可使用

在《巴黎公约》中已有专利权的强制许可制度，但在TRIPs协议中，发达国家为了防止发展中国家随意使用专利的强制许可制度，规定了比《巴黎公约》更苛刻的条件。

TRIPs协议第31条（f）项规定，任何强制许可使用的授权，均应主要为供应授权之成员域内市场之需。有许多国家对该项规定提出异议，认为严格限制强制许可制造的药品仅

---

[1] 杂交种的亲本可以构成商业秘密保护对象。参见最高人民法院（2022）最高法知民终147号民事判决书（侵害技术秘密纠纷案）。

能供应国内市场需求的条件，导致很多自身没有药品生产能力或药品生产能力不足的国家无法使用该制度。在发展中国家的努力下，公共健康与知识产权问题成为多哈会议的议题。2001年11月在卡塔尔多哈召开的世界贸易组织第四届部长级会议上，围绕着专利权与公共健康问题，与会代表进行了三天的谈判，经第三世界国家的努力，通过了《关于〈与贸易有关的知识产权协定〉与公共健康问题的宣言》（以下简称《多哈宣言》）。

为解决《多哈宣言》遗留下来的问题，即突破国内需求条件的限制，在2003年8月30日，为了执行2001年《多哈宣言》第六段，世界贸易组织总理事会通过了关于执行多哈《关于〈与贸易有关的知识产权协定〉与公共健康的宣言》第6段的决定（以下简称《决定》）。通过这一决议所建立的体系，通常称为"第六段体系"。该《决定》规定在符合有关条件的情况下世界贸易组织成员可以授予其国内企业生产并出口特定专利药品的强制许可，不受TRIPs协议关于强制许可的使用应主要为供应国内市场的规定的限制。其重大意义就在于，使缺少或者没有药品生产能力的成员通过强制许可进口药品成为可能。

2005年12月6日，世界贸易组织总理事会通过了《修改〈与贸易有关的知识产权协议〉议定书》（以下简称《议定书》），并开放供各成员在2007年12月1日或部长级会议可能决定的更晚日期之前接受。《议定书》继受了《决定》的实体性规范，突破了TRIPs协议第31条（f）款所设定的限制。《议定书》为此规定，出口成员在第31条（f）段下的义务不适用于以下情形：出口成员为生产并出售药品到有资格进口的成员之目的的必要范围内，授权强制许可。

2007年11月28日在第十届全国人大常务委员会第三十次会议上，我国批准了《修改〈与贸易有关的知识产权协议〉议定书》，在我国批准《议定书》时，151个世界贸易组织成员中仅有美国、中国、瑞士、萨尔瓦多、韩国、挪威、印度、菲律宾、以色列、日本、澳大利亚等13个成员批准了该议定书。

（七）专利的撤销和无效

TRIPs协议第32条规定，对撤销专利或宣布专利无效的任何决定，被撤销专利权人或被宣布专利无效人均应有权得到司法审查的机会，即均应有权向法院起诉。

（八）专利侵权的例外

TRIPs协议第30条规定，成员可对所授予的专利权规定有限例外，只要在顾及第三方合法利益的前提下，该例外并未与专利的正常利用发生不合理的冲突，也未不合理地损害专利所有人的合法利益。

六、集成电路布图设计

《关于集成电路的知识产权条约》是1989年5月在美国华盛顿外交会议上缔结的一项旨在保护集成电路布图设计的国际条约，但至今该条约也没有生效。TRIPs协议第35条规定，依照《关于集成电路的知识产权条约》第2~7条（其中第6条第3款除外）、第12条及第16条第3款，为集成电路布图设计提供保护。这样，在《关于集成电路的知识产权条约》还未生效之前，TRIPs协议已基本上继承了该条约的实质性条款，并且要求各成员遵守，这样就使《关于集成电路的知识产权条约》借助TRIPs协议的规定而对各成员生效。

1. 集成电路布图设计权人的权利。TRIPs协议第36条规定，下列行为属于非法行为：①为商业目的进口、销售或以其他方式发行受保护的布图设计；②为商业目的进口、销售或以其他方式发行含有受保护布图设计的集成电路；③为商业目的进口、销售或以其他方式发行含有上述集成电路的物品（以其持续包含非法复制的布图设计为限）。

2. 对善意行为人的保护。TRIPs 协议第 37 条第 1 款规定，如果行为人在获得含有非法复制的布图设计的集成电路或含有这类集成电路的物品之时，不知也无合理根据应知有关物品中含有非法复制的布图设计，则任何成员不得规定这种行为为侵权行为。如果善意行为人在收到该布图设计是非法复制的通知之后，仍有一些库存物品或预购物品需要销售、进口或发行，则可以继续从事上述活动，但应向集成电路布图设计权人支付报酬，支付额应相当于自由谈判签订的有关该布图设计的使用许可证合同应支付的使用费。

3. 强制许可等的适用。依照 TRIPs 协议第 37 条第 1 款规定，专利权的强制许可使用制度原则上应适用于有关布图设计的任何非自愿许可或政府使用及为政府而使用的、未经权利持有人授权的活动，但从属专利的强制许可使用及法定交叉许可制度不适用于集成电路布图设计权。

4. 集成电路布图设计权的保护期限。由于各成员对集成电路布图设计是否采取"注册保护制度"有不同的规定，TRIPs 协议第 38 条规定：①在要求将注册作为保护条件的成员中，布图设计保护期不得少于从注册申请的提交日起或从该设计于世界任何地方首次付诸商业利用起 10 年；②在不要求将注册作为保护条件的成员中，布图设计保护期不得少于从该设计于世界任何地方首次付诸商业利用起 10 年；③成员还可以将布图设计的保护期限规定为布图设计创作完成起 15 年。

七、未公开信息

TRIPs 协议第 39 条第 1 款明确要求，在保证遵守《巴黎公约》1967 年文本第 10 条之二的规定为反不正当竞争提供有效保护的前提下，各成员必须对未公开信息提供保护。TRIPs 协议第一次在国际条约中明确了"未公开信息"必须受到保护，由此确立的一系列规则，是有关"未公开信息"相关法律制度的阶段性总结。

关于"未公开信息"的条件，TRIPs 协议第 39 条第 2 款规定，只有符合下列条件的有关信息，才构成"未公开信息"：①在一定意义上，其属于秘密。该信息作为整体或作为其中内容的确切组合，并非通常从事有关该信息工作之领域的人们所普遍了解或容易获得；②因其属于秘密而具有商业价值；③合法控制该信息之人，为保密已经根据有关情况采取了合理措施。

关于"未公开信息"权利人享有的权利内容，TRIPs 协议第 39 条第 2 款规定，权利人有权禁止他人未经其许可而以违背诚实商业行为的方式，披露、获得或使用合法处于其控制下的该信息。

关于对实验数据的保护，TRIPs 协议第 39 条第 3 款规定，当成员要求以提交未披露过的实验数据或其他数据，作为批准采用新化学成分的医药用或农用化工产品上市的条件时，如果该数据的原创活动包含了相当的努力，则该成员应保护该数据。除非出于保护公众的需要，或除非已采取措施保证对该数据的保护、防止不正当的商业使用，成员均应保护该数据以防止其被泄露。

第四节 知识产权执法

就知识产权的实体性规范作出规定之后，TRIPs 协议在第三部分规定了"知识产权的执法"。这一部分主要针对民事和行政程序及救济措施、临时措施、边境措施及刑事程序等问题作出规定。由于世界贸易组织协议的特点，知识产权执法是必须加以规定的部分，这也是 TRIPs 协议和其他国际公约、协定的不同之处。

一、民事和行政程序及救济

TRIPs 协议第三部分第二节规定了民事与行政程序及救济，这主要是为了督促各成员规范本国民事司法审判和行政机关的活动，以保障知识产权人的基本权利得以实现，并遵守 TRIPs 协议的实体法规范。

（一）在民事和行政程序中遵循公平合理的原则

TRIPs 协议第 41~42 条规定：①各成员应为权利持有人提供 TRIPs 协议所规定的各种类型知识产权的执法的民事和行政程序。这就要求各成员应以域内法保护 TRIPs 协议所规定的各种知识产权类型，并为权利持有人提供民事审查和行政审查的机会。②被告应有权获得及时的、足够详细的、包含权利主张之依据的书面通知，如起诉书、相关证据等。③应允许独立的法律顾问充当各方当事人的代理人，有关的程序不得强行规定当事人本人出庭以增加额外负担。④各成员应正式赋予程序中的各方当事人证明其权利主张以及出示一切有关证据的权利，即当事人有举证的权利和在诉讼中举证的机会。⑤除非有关措施与成员现行宪法相背离，成员应提供识别和保护秘密信息的法律措施。

（二）证据提供的规则

TRIPs 协议第 43 条规定：①如果一方当事人已经提供足够支持其权利主张的、并能够合理取得的证据，同时指出了由另一方当事人控制的证明其权利主张的证据，则司法当局或行政当局应在确保对秘密信息的保护的前提下，在适当场合下责令另一方当事人提供证据。据此，一方当事人的证据处于另一方当事人控制之下时，可以请求法院或行政机关责令另一方当事人提供证据，但成员有权规定在何种场合下才可以责令提供证据。②如果诉讼的一方当事人无正当理由拒绝提供或在合理期限内未提供必要的信息，或明显妨碍与知识产权之执法的诉讼有关的程序，则司法当局或行政当局在给当事人针对有关主张或证据提供充分的陈述机会的前提下，依据双方已经出示的信息，可以做出初步或最终的确认或否认的决定。

（三）对侵犯知识产权的救济措施

1. 禁令。TRIPs 协议第 44 条规定，成员应规定本国司法当局有权责令当事人停止侵权行为，尤其是在海关一旦放行之后，司法当局有权立即禁止含有侵犯知识产权的进口商品在该当局管辖范围内进入商业渠道，仅以该当局管辖范围为准，而非该成员域内全部禁止进入商业渠道。对于当事人在知道其所经营的商品会导致侵犯知识产权之前，其已经善意地得到或预购了有关商品，则不得适用禁令，禁止其流通。

2. 侵权人的损害赔偿。TRIPs 协议第 45 条规定，对已知或有充分理由应知自己从事之活动系侵权的当事人，司法当局应责令其向权利人支付足以弥补因其侵权行为而给知识产权人造成的损害的赔偿费。司法当局还应责令侵权人向知识产权人支付其开支，其中可包括适当的律师费。TRIPs 协议允许成员以域内法规定，在一些特殊的适当场合，即使侵权人不知或无充分理由应知自己从事之活动系侵权，也应返还所得利润或支付法定赔偿额，或者二者并处。

（四）其他救济措施

TRIPs 协议第 46 条规定了其他救济措施，加强了司法当局或行政当局的权力，有利于强化对侵权活动的有效威慑：①将已经发现的正处于侵权状态的商品排除出商业渠道，禁止其流通，排除的程序以不会再对知识产权人造成任何损害为限，并且执法机关不予任何补偿；②将主要用于制作侵权商品的原料与工具排除出商业渠道，排除程序以尽可能减少进一步的侵权危险为限，并且执法机关不予任何补偿；③上述两项权力的行使，应考虑到第三人（如正和侵权人进行商业活动的善意第三人）的利益保护问题，并考虑到执法手段和侵权的严重程度之间的平衡问题；④对于假冒商标的商品，除个别情况外，仅将非法附着在商品上的假冒商标拿掉是不够的，不足以将其放行而允许该类商品投放进商业渠道。

（五）获得信息权

TRIPs协议第47条规定，各成员可以域内法规定，只要不与侵权的严重程度不相协调，司法当局或行政当局均应有权责令侵权人将卷入制造和销售侵权商品或提供侵权服务的第三方的身份和销售渠道等信息提供给权利持有人。

（六）对被告的赔偿

为了防止有些知识产权人滥用TRIPs协议的执法程序或政府当局及官员们在执行公务过程中滥用职权，TRIPs协议第48条规定了向被告赔偿的制度。即如果一方滥用了知识产权的执法程序，司法当局或行政当局应有权责令该当事人向误受禁止或限制的另一方当事人对因滥用而造成的损害提供适当赔偿，还应赔偿受害人为此而支付的开支，其中应当包括适当的律师费。政府当局及官员们在知识产权执法过程中，应对因其过失而造成的损害承担赔偿责任，但善意采取或试图采取特定的救济措施而造成损害的情况除外。

为更有效地打击知识产权侵权行为，制止正在发生的侵权行为或保存有关证据，TRIPs协议在第三部分还建立了临时措施制度、边境措施制度和刑事救济手段。

二、争端的防止和解决

TRIPs协议第五部分规定了争端的防止和解决制度。为了尽可能地减少知识产权争端，与关贸总协定所确立的争端解决机制相协调，TRIPs协议第63条规定了"透明度"原则，第64条规定了"争端解决"措施，以防止和解决知识产权争端。

（一）争端的防止

TRIPs协议第63条要求各成员有关知识产权的法律、法规及法院判决等，必须具有透明性，以保证各成员国民能够知悉，增强知识产权的保护意识，并且应向与贸易有关的知识产权理事会通报，使之具备对外的透明度，这是防止出现争端的重要方法。例如，各成员所实施的、与协议内容有关的法律、条例以及普遍适用的终审司法判决和终局行政裁决，均应以该国文字颁布。如果在实践中无颁布的可能，则应以该国文字使公众能够获得，以使各成员政府及权利持有人知悉；一方成员的政府或政府代理机构与任何他方政府或政府代理机构之间生效的与协议内容有关的各种协议，也应予以颁布。其同时要求，如果披露有关秘密信息将妨害法律的执行、违反公共利益或损害特定的公有或私有企业的合法商业利益，则不要求成员披露该秘密信息。

（二）争端的解决

TRIPs协议第64条规定，除本协议的特殊规定之外，1994年《关税与贸易总协定》文本就解释及适用总协定第22条及第23条而达成的解决争端的规范和程序的谅解协议，应适用于就本协议而产生的争端与解决。也就是说，乌拉圭回合谈判最后文件中，就《关税与贸易总协定》第22条及第23条的解释和适用达成的《关于争端解决规则和程序的谅解》在TRIPs协议中适用。

此外，1994年《关税与贸易总协定》第23条第1款（b）项及（c）项，在《建立世界贸易组织协定》生效后的 5 年期限内,不适用于解决就 TRIPs 协议而产生的争端;对上述 5 年期限,还可以由部长级会议决定是否适用于 TRIPs 协议或者继续延长不适用的期限,通过后的建议无须更多的批准程序即应对全体成员生效。

第四十三章 知识产权国际保护的最新发展

> **本章提要**
>
> 本章主要介绍和阐述《全面与进步跨太平洋伙伴关系协定》（CPTTP）和《区域全面经济伙伴关系协定》（RCEP）中的知识产权制度。
>
> 本章的重点是两个地区性协定关于知识产权制度规定的内容，难点是上述两个协定的产生背景。

第一节 区域全面经济伙伴关系协定中的知识产权制度

一、《区域全面经济伙伴关系协定》的产生背景

《区域全面经济伙伴关系协定》（RCEP）是由东盟10国以及中国、日本、韩国、澳大利亚、新西兰和印度共同参与谈判的自由贸易协定。RCEP谈判正式启动于2012年，于2020年11月15日成功签署，并于2022年1月1日正式生效。该协定旨在加强亚洲各国之间的贸易联系，消除贸易壁垒，促进贸易和投资自由化，涵盖了贸易、服务、投资、电子商务、知识产权保护等多个领域。

自20世纪80年代以来，世界各国纷纷推动自由贸易，促进经济一体化。随着世界经济的快速发展，国与国之间的经济联系日益紧密，全球贸易和投资也在不断增长。亚太地区经济保持快速增长，具有丰富的人力和自然资源、多样化的经济体系和庞大的市场潜力。然而，该地区也存在不同的法规和标准，限制了贸易和投资的流动。RCEP是全球化和区域一体化趋势的产物，反映了亚太地区国家深化经济合作的共同愿望。

二、RCEP关于知识产权保护规定概况

RCEP是一个现代、全面、高质量、互惠的大型区域自贸协定。RCEP协定由序言、20个章节、4个市场准入承诺表附件组成。RCEP强调知识产权的保护和实施应当有助于促进技术创新和技术转让及传播，以利于社会和经济福利的方式保护技术知识的创造者和使用者的共同利益，并且有助于权利与义务的平衡。

根据RCEP规定，知识产权保护范围包括著作权和相关权利、商标、地理标志、工业设计和专利、集成电路布图设计（拓扑图）、植物品种，以及未披露信息。[1] RCEP最终

---

[1] RCEP, Article 11.2.

正式文本的知识产权专章共有 14 节，包含 83 条内容。第一节为总则和基本原则，第二至七节为各类知识产权的具体规则，第八节在不正当竞争部分对域名、未披露信息进行保护，第九节专门规定了国名的使用；第十节规定了知识产权权利的实施，第十一节至第十四节是关于合作与磋商、透明度、过渡期和技术援助、程序事项的安排。

2022 年 1 月发布的《商务部等 6 部门关于高质量实施〈区域全面经济伙伴关系协定〉（RCEP）的指导意见》，指出要加强知识产权保护，按照 RCEP 规定推动加入知识产权领域国际条约。

三、著作权保护

与 TRIPs 协议相比，RCEP 规定对载有加密节目的卫星和有线信号进行保护，就著作权集体管理问题进行了建议性规定，同时规定了著作权署名推定规则。

RCEP 在著作权和相关权利一节中规定，作者、表演者和录音制品制作者享有复制权、向公众传播权；[1] 录音制品的表演者和制作者，对于直接或间接使用为商业目的而发行的录音制品进行广播，应当享有获得一次性合理报酬或收取许可使用费的权利。[2] 对于保护广播组织和载有加密节目的卫星信号，RCEP 规定，每一缔约方应当授予广播组织专有权，禁止至少以无线方式转播其广播，固定其广播以及复制其广播录制品。每一缔约方应当致力于根据其法律法规，针对以下至少一种行为采取措施：故意接收；故意传播；或故意接收和进一步传播载有节目的信号，该信号最初为载有加密节目的卫星信号，明知该信号的解码未经该信号的合法分销方授权。[3] RCEP 建议各缔约方建立适当的组织对著作权及相关权利进行集体管理，鼓励此类组织以公平、高效、公开透明和对其成员负责的方式运作，包括公开和透明地记录许可使用费的收取和分配。[4] 在著作权限制和例外方面，RCEP 规定每一缔约方应当致力于为合法目的在其著作权和相关权利制度中提供适当的平衡。合法目的包括但不限于：教育、研究、批评、评论、新闻报道和为盲人、视障者或其他印刷品阅读障碍者获得已出版作品提供便利。[5] 此外，RCEP 还规定了保护著作权技术措施和权利管理信息方面的内容。

四、商标与地理标志保护

与 TRIPs 协议相比，RCEP 扩大了可申请商标的范围，规定了恶意注册商标的问题。RCEP 规定了商标的构成条件，每一缔约方应当确保能够将一个企业的货物和服务与其他企业的货物和服务区分开来的任何标记或者任何标记的组合都应当能够构成商标。同时特别规定，缔约方不得将标记可被视觉感知作为一项注册条件，也不得仅因该标记由声音组成而拒绝商标注册。[6] RCEP 保护证明商标和集体商标，每一缔约方也应当规定，可作为地理标志的标记能够依照其法律法规在商标制度下得到保护。[7] 关于地理标志的保护，在 RCEP 第十一章第四节也进行了专门规定。

商标权是一种专有权，每一缔约方应当规定，注册商标的所有权人享有专有权，以阻

---

[1] RCEP, Article 11.10.
[2] RCEP, Article 11.11.
[3] RCEP, Article 11.12.
[4] RCEP, Article 11.13.
[5] RCEP, Article 11.18.
[6] RCEP, Article 11.19.
[7] RCEP, Article 11.20.

止在贸易活动中所有第三方未经其同意，在同一种或类似商标或服务上使用可能会造成混淆的与已注册商标相同或近似的标记。在同一种货物或服务上使用相同标记的情况应推定存在混淆的可能。[1] 对于商标侵权之例外，RCEP 规定一缔约方可以对商标所赋予的权利规定有限的例外，如合理使用描述性术语，只要此类例外考虑到商标所有权人和第三方的正当利益。

对于恶意商标注册，RCEP 规定，每一缔约方应当规定其主管机关有权驳回申请或注销注册根据其法律法规属于恶意的商标申请或商标注册。[2] 在驰名商标的保护方面，RCEP 规定，每一缔约方应当规定适当措施，驳回、注销商标注册申请，以及禁止在相同或类似货物或服务上使用与该驰名商标相同或近似的商标，若该商标的使用可能造成与在先驰名商标的混淆。[3]

五、专利权保护

与 TRIPs 协议相比，RCEP 允许因实验目的而使用一项专利的行为，以消除专利对创新造成的壁垒。RCEP 详细规定了审查、获得专利的程序事项，特别关注了专利审查的效率问题。RCEP 规定了可专利性的具体条件和内容，授予的权利与授予权利的例外。针对专利的实验性适用，RCEP 规定在不限制"授予权利的例外"的情况下，每一缔约方应当规定，任何人可以出于与专利发明的客体有关的实验目的而作出在其他情况下可能侵犯一项专利的行为。[4] RCEP 就专利审查、授权程序事项进行了具体规定，也规定了 18 个月早期公开制度，每一缔约方应当在专利申请提交日或者在主张优先权的情况下，在最早的优先权日起的 18 个月届满后，迅速公布任何专利申请，除非该申请已被提前公布或者已经被撤回、放弃或者驳回。[5]

六、其他规定

RCEP 规定了遗传资源、传统知识和民间文学艺术相关内容。在遵循其国际义务的前提下，每一缔约方可以制定适当的措施保护遗传资源、传统知识和民间文学艺术。[6] 在不正当竞争一节，RCEP 规定了域名、未披露信息的保护相关内容。此外，就"国名"的保护，RCEP 同样在单独一节中进行了规定。

除上述具体知识产权权利内容之外，RCEP 规定了知识产权权利的实施，包括一般义务、民事救济、边境措施、刑事救济以及数字环境下的执法等内容。第十一节至第十四节是关于合作与磋商、透明度、过渡期和技术援助、程序事项的安排。

第二节 全面与进步跨太平洋伙伴关系协定的知识产权制度

一、《全面与进步跨太平洋伙伴关系协定》的产生背景

《全面与进步跨太平洋伙伴关系协定》（CPTPP）是一个多边自由贸易协定，涉及 11 个

---

[1] RCEP, Article 11.23.
[2] RCEP, Article 11.27.
[3] RCEP, Article 11.26.
[4] RCEP, Article 11.40.
[5] RCEP, Article 11.44.
[6] RCEP, Article 11.53.

太平洋沿岸国家。为了理解 CPTPP 的产生背景，需要追溯到其前身——《跨太平洋伙伴关系协定》（TPP）。到 2015 年，TPP 的谈判涉及 12 个国家，其中包括美国、加拿大、日本等经济大国。2015 年 10 月，12 个成员国成功结束谈判，达成 TPP 贸易协定，并于 2016 年 2 月正式签署。特朗普总统在 2017 年上台后，宣布美国退出 TPP，认为该协定不利于美国的利益。尽管美国退出，但其余 11 个成员国仍然认为区域贸易自由化对其经济有益，决定继续推进协定，但对原协定进行了调整和挑选，以适应新的形势，这一新协定被称为 CPTPP。

2020 年 11 月，国家主席习近平在亚太经合组织第二十七次领导人非正式会议上宣布，中方将积极考虑加入《全面与进步跨太平洋伙伴关系协定》（CPTPP）。2021 年 9 月 16 日，我国商务部部长向 CPTPP 保存方提交了我国正式申请加入 CPTPP 的书面信函，这意味着我国加入 CPTPP 的工作正式启动。

二、CPTTP 关于知识产权保护规定概况

CPTPP 共有 30 个章节，知识产权规定在第 18 章，共有 11 节 83 个条款，包括总则、合作、商标、国名、地理标志、专利和未披露实验数据或其他数据、工业品外观设计、版权和相关权、执行、互联网服务提供商、最后条款等内容。从 CPTPP 知识产权的总体规定和保护理念来看，其更强调市场的作用，要求成员国广泛加入现行国际公约，并且特别强调透明度原则。与 RCEP 相比，CPTPP 规定的知识产权保护范围更为广泛，保护措施方面更为详细和严格。CPTPP 知识产权章节内容丰富，既有保护理念与基本原则的概括性规定，也有知识产权制度的具体规定，既包括实体性规范，也包括程序性规范，确立的保护规则大大超过 TRIPs 协议确立的知识产权国际保护标准。

三、著作权保护

相较于 TRIPs 协议，CPTPP 中有关版权及相关权的保护力度较大。在具体版权保护制度中，CPTPP 进一步扩大了复制权的范围，每一缔约方应给予作者、表演者和录音制品制作者授权或禁止对其作品、表演和录音制品以任何方式或形式进行的所有复制的专有权，包括电子形式。[1] 在向公众传播权的规定中，CPTPP 吸收《世界知识产权组织版权条约》中相关规定，明确在《伯尔尼公约》规定基础上，每一缔约方应给予作者授权或禁止以有线或无线方式向公众传播其作品的专有权，包括向公众提供其作品，从而使公众人士可在其选择的地点和时间获得这些作品。[2] 此外，CPTPP 规定了表演者、录音制品制作者的权利，并就版权权利限制和例外、版权和相关权制度中的平衡进行了规定。[3]

四、商标与地理标志保护

CPTPP 扩展了商标保护范围，取消了商标"可被视觉感知"的要求，将声音商标、气味商标纳入保护范围。任何缔约方不得将视觉可感知作为标记注册的必要条件，也不得仅以该标记由声音组成为由拒绝注册为商标，各缔约方应尽最大努力允许气味注册为商标；缔约方可要求对商标进行简要和精确的描述或图片表示，或两者均包括。[4] CPTPP 强化了对驰名商标的保护，弱化了驰名商标的注册要求，将未注册驰名商标的保护延伸至跨类保护。无论在先驰名商标是否注册，与以一驰名商标标识的货物或服务不相同或不相似的货

---

[1] CPTPP, Article 18.58.
[2] CPTPP, Article 18.59.
[3] CPTPP, Article 18.66.
[4] CPTPP, Article 18.18.

物或服务,只要对这些货物或服务使用该商标会表明这些货物或服务与商标所有权人之间存在联系,且该商标所有权人的利益有可能因此种使用而受到损害,缔约方应当采取措施驳回在后商标注册的申请或撤销其注册并禁止使用。[1]

在地理标志保护方面,CPTPP 指出,缔约方认识到地理标志可通过商标或专门制度或其他法律手段加以保护。[2] 在集体商标和证明商标部分,CPTPP 规定,每一缔约方还应规定可作为地理标志的标记在其商标制度下可受到保护。[3] 在相同或类似标记的使用规定中,CPTPP 进一步明确,每一缔约方应规定注册商标的所有权人享有专有权,以阻止第三方未经该所有权人同意而在贸易过程中对与所有权人注册商标的货物或服务有关的货物或服务使用相同或相似标记,包括在后的地理标志,如此种使用会导致出现混淆的可能性。[4] 此外,在第十八章 E 节中,CPTPP 细化了针对地理标志保护的具体规则与程序。

五、专利权保护

CPTPP 规定了可授予专利的客体,同时规定了宽限期。[5] 在农用化学品相关措施中,对"农业化学品未披露试验数据或其他数据"提供相应保护。如一缔约方,作为授予一项新农用化学品上市许可的条件,要求提交有关该产品安全性和有效性的未披露试验数据或其他数据,则该缔约方在自该新农用化学品在该缔约方领土内获得上市许可之日起至少 10 年内,不得允许第三人未经以往提交此信息的人同意即根据该信息或根据授予提交该试验数据或其他数据的人的上市许可销售相同或相似产品。[6] 在与药品相关的措施中,规定了专利链接相关内容。[7] 在 G 节中规定了工业品外观设计的保护。

六、其他规定

CPTPP 在 I 节规定了"执法",为成员国设立了一般义务,并规定了民事和行政程序及救济、临时措施、刑事程序和处罚等,同时也提出这些执法程序需要在同等程度上适用于数字环境。在涉及版权或相关权的民事、刑事程序,以及如适用行政程序中,每一缔约方应规定,如无相反证据则推定主体适格和权利有效。[8] 此外,CPTPP 还规定了商业秘密的保护等。与 TRIPs 协议相较,CPTPP 加大了对知识产权侵权行为的民事和刑事处罚力度,包括扩大侵权民事赔偿计算范围,降低对侵犯商标权、版权行为进行刑事处罚的门槛等。

---

[1] CPTPP, Article 18.22.
[2] CPTPP, Article 18.29.
[3] CPTPP, Article 18.19.
[4] CPTPP, Article 18.20.
[5] CPTPP, Article 18.38.
[6] CPTPP, Article 18.47.
[7] CPTPP, Article 18.53.
[8] CPTPP, Article 18.72.

本编拓展阅读书目

1. 吴汉东主编:《知识产权国际保护制度研究》,知识产权出版社2007年版。
2. 杨帆:《知识产权的国际保护》,中国人民大学出版社2020年版。
3. 杨巧主编:《知识产权国际保护》,北京大学出版社2015年版。
4. 汤宗舜:《知识产权的国际保护》,人民法院出版社1999年版。
5. 刘筠筠、熊英:《知识产权国际保护基本制度研究》,知识产权出版社2011年版。
6. 董新凯、吴玉岭主编:《知识产权国际保护》,知识产权出版社2010年版。
7. 古祖雪:《国际知识产权法》,法律出版社2002年版。
8. 唐广良、董炳和:《知识产权的国际保护》,知识产权出版社2006年版。
9. 郑成思:《WTO知识产权协议逐条讲解》,中国方正出版社2001年版。
10. 孔祥俊:《WTO知识产权协定及其国内适用》,法律出版社2002年版。
11. 郑成思:《版权公约、版权保护与版权贸易》,中国人民大学出版社1992年版。
12. 何越峰主编:《PCT法律文件汇编(2004)》,知识产权出版社2005年版。
13. 中国科协学会服务中心编著:《国际知识产权保护典型案例汇编》,法律出版社2022年版。
14. 彭欢燕:《商标国际私法研究——国际商标法之重构》,北京大学出版社2007年版。
15. [美]卡拉·C.希比:《国际知识产权简明教程——在全球范围保护您的品牌、商标、著作权、专利、设计以及相关权利》,何群译,经济科学出版社2006年版。

附录一

知识产权法重要名词、术语及中英文对照

一、知识产权法总论

智力成果权	right to intellectual achievements
知识产权	intellectual property
工业产权	industrial property
无形财产	intangible property
无形财产权	intangible property right
虚拟财产	virtual property
商品化权	merchandising right
发现权	right of discovery
科技成果权	right to scientific and technological achievements
其他科技成果权	right to other scientific and technological achievements
私权	private right
知识产权的法定性	statutory nature of intellectual property
知识产权的专有性	exclusivity of intellectual property
知识产权的私权属性	private nature of intellectual property
知识产权的社会属性	social nature of intellectual property
知识产权的时间性	temporality of intellectual property
知识产权的地域性	territoriality of intellectual property
自主知识产权	independent intellectual property
知识产权法	intellectual property law
知识产权法院	intellectual property court
公有领域/公共领域	public domain
原始取得	original acquisition
继受取得	successive acquisition
专有使用权	exclusive right of use
独占实施许可	exclusive license
排他实施许可	sole license
普通实施许可	general implementation license
默示许可	implied license
知识产权代理	intellectual property agency
知识产权信托	intellectual property trust

知识产权质押	intellectual property pledge
知识产权证券化	securitization of intellectual property
知识产权侵权行为	infringement of intellectual property
知识产权共同侵权	joint infringement of intellectual property
知识产权直接侵权	direct infringement of intellectual property
知识产权间接侵权	indirect infringement of intellectual property
知识产权引诱侵权	induced infringement of intellectual property
知识产权帮助侵权	contributory infringement of intellectual property
知识产权即发侵权	imminent infringement of intellectual property
知识产权侵权损害赔偿	damages for infringement of intellectual property
知识产权侵权惩罚性赔偿	punitive damages for infringement of intellectual property
知识产权侵权法定赔偿	statutory damages for infringement of intellectual property
替代责任	vicarious liability
知识产权限制	restrictions on intellectual property rights
区域穷竭	regional exhaustion
国际穷竭	international exhaustion
国内穷竭	national exhaustion
权利用尽原则	principle of exhaustion of rights
知识产权滥用	misuse of intellectual property
禁令	injunction
临时禁令	interim injunction
永久禁令	permanent injunction
诉前禁令	preliminary injunction
在先权利	prior right
保护在先权利原则	principle of protection of prior rights
权利冲突	conflict of rights
司法主导原则	principle of judicial leadership
比例协调原则	principle of proportionality
国家知识产权局	China National Intellectual Property Administration

二、著作权

著作权/版权	copyright
著作权法	copyright law
著作权法修正案	Amendments to the Copyright Law
著作权所有	all rights reserved
著作权登记	copyright registration
著作权声明	copyright statement
版权标记	copyright mark
版权页	copyright page
工业版权	industrial copyright
版税制	royalty system

作者	author
作者权	right of author
拟制作者	pro forma author
作品	works
作品数字化	digitization of works
作品载体	carrier of works
作品自愿登记	voluntary registration of works
思想与表达二分法	idea-expression dichotomy
思想与表达合并原则	idea-expression merger doctrine
文学、艺术和科学作品	literary, artistic and scientific works
与著作权有关权益	copyright-related rights and interests
邻接权	neighboring rights
相关权	related rights
著作权客体	subject matter of copyright
文字作品	written works
口述作品	oral works
音乐、戏剧、曲艺、舞蹈、杂技艺术作品	musical, dramatic, quyi, choreographic and arobatic works
美术作品	works of fine art
书法作品	calligraphy works
雕塑作品	sculptural works
建筑作品	works of architecture
立体作品	three-dimensional works
摄影作品	photographic works
电影作品	cinematographic works
电视剧作品	television drama works
视听作品	audiovisual works
工程设计图	drawings of engineering designs
产品设计图	drawings of product designs
图形作品	graphic works
模型作品	model works
地图作品	map works
纪实作品	documentary works
计算机软件	computer software
计算机程序	computer program
民间文学艺术作品	expressions of folklore
实用艺术作品	works of applied art
不受著作权保护的作品	works unprotected by copyright
历法	calendars

通用数表	numerical tables
通用表格	forms of general use
公式	formulas
公有领域作品	works in the public domain
作品原件	original of works
美术作品原件	original of works of fine art
独创性	originality
创作高度	level of creativity
创作素材	materials of creativity
额头出汗原则	doctrine of sweat of brow
作品表达形式	expression of a work
制片人	film producer
网络服务提供者	internet service provider（ISP）
网络内容提供者	internet content provider（ICP）
避风港规则	safe harbor rule
红旗标准	red flag criteria
服务器标准	server criteria
用户感知标准	user perception criteria
实质替代标准	substantive alternative criteria
用户生成内容	User Generated Content（UGC）
专业生成内容	Professionally Generated Content（PGC）
人工智能生成内容	Artificial Intelligence Generated Content（AIGC）
人工智能生成作品	artificial intelligence generated works
国务院著作权主管管理部门	The Copyright Administration Department under the State Council
著作权集体管理	collective management of copyright
延伸性集体管理	extended collective management
精神权利	moral rights
经济权利	economic rights
发表权	the right of publication
署名权	the right of authorship
修改权	the right of alteration
保护作品完整权	the right of integrity
复制权	the right of reproduction
发行权	the right of distribution
出租权	the right of lease
展览权	the right of exhibition
表演权	the right of performance
放映权	the right of projection
广播权	the right of broadcasting

信息网络传播权	the right of information network dissemination
摄制权	the right of production
录制权	the right of recording
演绎权	the right of derivation
改编权	the right of adaptation
翻译权	the right of translation
汇编权	the right of compilation
获得报酬权	the right of remuneration
公共借阅权/公共出借权	public lending right
公开权	publicity right
追续权/延续权/转售权	right to an interest in resales (*droit de suite*)
收回权	right of withdrawal (*droit de repentir*)
著作权原始归属	original ownership of copyright
著作权后继归属	successive ownership of copyright
传播者	disseminator
传播者权	disseminator's right
表演者	performer
虚拟表演者	virtual performer
表演者权	performer's right
表演者人身权	performer's moral right
表演者财产权	performer's economic right
现场表演/活表演	live performance
机械表演	mechanical performance
虚拟表演	virtual performance
义演	charity performance
录音录像制作者	producers of sound recordings and video recordings
录音录像制作者权	the right of the producers of sound recordings and video recordings
录音制品	sound recordings
录像制品	video recording
广播电视组织	broadcasting and television organization
广播电视组织权	rights of broadcasting and television organization
图书出版者	book publisher
演绎作品	derivative work
改编作品	adaptation work
注释作品	annotated work
翻译作品	translation work
合作作品	joint work
汇编作品	compilation work
职务作品	service work

委托作品	commissioned work
单位作品	unit work
匿名作品	anonymous work
孤儿作品	orphan work
未发表作品	unpublished work
已发表作品	published work
著作权的限制	limitation of copyright
合理使用	fair use, fair dealing
私人复制	private reproduction
临时复制	interim reproduction
适当引用	proper citation
首次销售原则	principle of first sale
接触作品的权利	the right of access to the work
法定许可	statutory license
强制许可	compulsory license
拆封许可	unpacking license
专有出版权	exclusive right to publish a work
版式设计	format design
著作权被许可人	licensee of copyright
著作权保护期	term of copyright protection
自动保护原则	principle of automatic protection
著作权侵权行为	infringement of copyright
技术措施	technical measures
擅自发表	unauthorized publication
剽窃/抄袭	plagiarism
实质性相似	substantial similarity
接触	access
排除合理怀疑	beyond reasonable doubt
滑稽性模仿	parody
盗版	piracy

三、专利权

专利	patent
专利权	patent right
专利法	patent law
专利法规	patent laws and regulations
专利法实施细则	implementing regulations of patent law
发明创造	inventions-creations
合作发明创造	joint inventions-creations
发明	invention
小发明	small invention

显而易见的发明	obvious invention
开拓性发明	groundbreaking invention
改进发明	improved invention
改劣发明	regressive invention
科学发现	scientific discovery
发明权	inventor's right
发明主题	subject of invention
发明人	inventor
共同发明人	co-inventor, joint inventor
专利权人	patentee
产品发明	product invention
方法发明	process invention
专利产品	patented product
专利方法	patented process
依照专利方法直接获得的产品	products obtained directly according to patented methods
实用新型	utility models
外观设计	designs
局部外观设计	partial designs
设计人	designer
设计特征	design characteristic
设计空间	design space
专利法不予保护的对象	excluded subject matters from patent law
疾病的诊断和治疗方法	diagnosis and treatment of diseases
智力活动的规则和方法	rules and methods of intellectual activity
动植物品种的生产方法	methods of production of animal and plant varieties
国务院专利行政部门	The Patent Administration Department under the State Council
专利局	Patent Office
职务发明创造	service invention-creation
非职务发明创造	non-service invention-creation
非职务技术成果	non-service technical achievement
专利复审委员会	Patent Reexamination Board
专利复审和无效审理部	Patent Re-examination and Invalidation Division
专利性	patentability
新颖性	novelty
国内新颖性	domestic novelty
世界新颖性	global novelty
绝对新颖性	absolute novelty
相对新颖性	relative novelty
混合新颖性	blended novelty

新颖性宽限期	novelty grace period
使用公开	usage disclosure
书面公开	written disclosure
不视为丧失新颖性的公开	disclosure not considered a loss of novelty
创造性	inventiveness
非显而易见性	non-obviousness
实用性	utility
突出的实质性特点	outstanding substantive feature
显著的进步	significant progress
与在先权利相冲突	conflict with prior rights
现有技术	state of the art, prior art
背景技术	background technology
公知常识	common knowledge
本领域的技术人员	technicians in the field
申请专利的权利	right to apply for a patent
专利申请	patent application
申请的提出	filing of an application
在先申请	prior application
在后申请	post application
在先申请人	prior applicant
申请分案	division of an application
合案申请	joint application
申请在先原则	first-to-file principle
先发明原则	first-to-invent principle
一发明一专利原则	one patent for one invention principle
多项优先权	multiple priorities
部分优先权	partial priority
本国优先权	national priority
外国优先权	foreign priority
国际优先权	international priority
优先权日	priority date
优先权原则	principle of priority
请求书	request
说明书	specification
说明书附图	specification drawings
说明书摘要	specification abstract
权利要求书	claims
多项权利要求	multiple claims
独立权利要求	independent claim
从属权利要求	dependent claim, sub-claim

封闭式权利要求	closed claim
开放式权利要求	open claim
功能性限定权利要求	functionally limited claim
方法专利要求	process claim
权利要求的解释	interpretation of claims
禁止反悔原则	principle of estoppel
必要技术特征	essential technical features
非必要技术特征	non-essential technical features
附加技术特征	additional technical features
抵触申请	conflicting applications
撤回申请	application withdrawal
审查员	examiner
技术调查官	technical investigations officer
初步审查制	preliminary examination system
实质审查制	substantive examination system
延迟审查制	deferred examination system
申请初步审查	preliminary examination of an application
请求实质审查	request for substantive examination
专利检索	patent search
临时保护	temporary protection
申请被视为撤回	application deemed withdrawal
充分公开	full disclosure
授予专利	grant a patent
禁止重复授权原则	principle of prohibition of double patenting
专利年费	annual patent fee
专利权无效	invalidation of patent right
请求宣告无效	request for invalidation
基础专利	basic patent
从属专利	dependent patent
保密专利	secret patent
标准必要专利	standard essential patent
委托发明	commissioned invention
强制性标准	mandatory standard
独占实施权	exclusive right of implementation
制造权	right to manufacture
进口权	right to import
销售权	right to sell
许诺销售	promise to sell
本地实施要求	local implementation requirement
回授	grant back

许可证	license
分许可证	sub-license
从属许可证	dependent license
交叉许可	cross license
一揽子许可	blanket license, package license
开放许可	open license
专利实施的强制许可	compulsory license for exploitation of patent
依从专利强制许可	dependent patent compulsory license
强制许可程序	compulsory license procedure
非自愿许可	non-voluntary license
专利费	patent fee
专利标记	patent mark
专利代理	patent agency
专利权的放弃	waiver of patent rights
专利权的终止	termination of patent rights
专利权穷竭	exhaustion of patent rights
管理专利工作的部门	administrative authority for patent affairs
侵犯专利权	infringement of a patent
冒充专利	counterfeiting of a patent
平行进口	parallel import
反向工程	reverse engineering
等同物	equivalents
等同理论	doctrine of equivalents
等同特征	equivalent features
等同替换	equivalent replacement
等同侵权	equivalent infringement
字面侵权	literal infringement
全面覆盖原则	principle of comprehensive coverage
技术中立原则	principle of technological neutrality
公平、合理和非歧视原则（FRAND原则）	principle of fairness, reasonableness and non-discrimination (FRAND principle)
关键设施原则	essential facilities doctrine
临时过境	temporarily in transit
先用权	prior user right
Bolar例外	Bolar exceptions
现有技术抗辩	prior art defense
国际检索	international search
国际初步审查	international preliminary examination
国际初步审查单位	International Preliminary Examination Authority

国际专利分类法	International Patent Classification (IPC)

四、商标权

商标	trademark, mark
商标标识	trademark logo
商标要素	trademark element
商标法	trademark law
商标权	trademark right
商标专用权	exclusive right of trademarks
商标标示权	right to mark trademarks
商标续展权	renewal right of trademarks
商标管理	administration of trademarks
商标代理	trademark agency
商标局	Trademark Office
商标评审委员会	Trademark Review and Adjudication Board
注册商标	registered trademarks
未注册商标	unregistered trademarks
不当注册商标	improperly registered trademarks
商品商标	commodity trademarks
服务商标	service trademarks
文字商标	word trademark
数字商标	digital trademark
图形商标	graphic trademark
传统商标	traditional trademark
视觉商标	visual trademark
动态商标	dynamic trademark
立体商标	three-dimensional trademark
三维商标	three-dimensional trademark
声音商标	sound trademark
气味商标	scent trademark
集体商标	collective marks
驰名商标	well-known trademarks
注册驰名商标	registered well-known trademark
未注册驰名商标	unregistered well-known trademark
证明商标	certification marks
等级商标	grade trademark
联合商标	associated trademark
组合商标	combination trademark
防御商标	defensive trademark
无含义商标	trademark with no meaning
臆造商标	fanciful trademark

任意商标	arbitrary trademark
暗示商标	suggestive trademark
相同商标	identical trademark
近似商标	similar trademark
商标权人	trademark owner
商标注册申请人	applicant for trademark registration
商标注册人	trademark registrants
商标使用人	trademark user
商品分类表	classification of commodities
商品通用名称	common name of commodities
特殊标志	special symbol
奥林匹克标志	Olympic symbol
官方标志	official symbol
三维标志	three-dimensional symbol
显著性	distinctiveness
固有显著性	inherent distinctiveness
获得显著性	acquired distinctiveness
商标显著性的退化	degeneration of trademark distinctiveness
第二含义	secondary meaning
可识别性	recognizability
商标的近似性	similarity of a trademark
商标注册申请	application for trademark registration
基础注册	basic registration
领土延伸	territorial extension
驳回申请	rejection of application
另行申请	separate application
强制注册原则	principle of compulsory registration
自愿注册原则	principle of voluntary registration
商标异议	trademark opposition
异议人	opposer
异议请求书	a notice of opposition
单独对比原则	single-comparison principle
异议答辩	answer to the opposition
异议驳回	rejection of opposition
商标评审	trademark review and adjudication
商标抢注	trademark squatting
商标恶意注册	trademark registration in bad faith
使用在先原则	first-to-use principle
注册在先原则	first-to-file principle
在先使用权	prior user right

注册商标续展	renewal of registered trademarks
注册商标转让	assignment of registered trademarks
受让人	assignee
注册商标使用许可合同	trademark license contract
注册商标有效期	duration of trademark registration
注册商标注销	cancellation of a registered trademark
注册商标撤销	revocation of a registered trademark
注册商标无效宣告	invalidation of a registered trademark
注册商标专用权	the right to exclusive use of a registered trademark
商标权穷竭	exhaustion of trademark right
混淆	confusion
混淆理论	confusion theory
联想理论	association theory
仿冒行为	counterfeit behavior
商标混同	trademark confusion
反向混淆	reverse confusion
反向假冒	reverse counterfeit
商标性使用	trademark use
描述性使用	descriptive use
指示性使用	nominative use
误认	misidentification
相关公众	relevant public
注册商标的假冒	passing-off of registered trademarks
冒充注册商标	falsely represented as being a registered trademark
销售侵犯注册商标专用权的商品	sell the commodities that infringe upon the right to exclusive use of a registered trademark
伪造、擅自制造他人注册商标标识	forge, manufacture without authorization the marks of a registered trademark of others
销售伪造、擅自制造的注册商标标识	sell the marks of a registered trademark forged or manufactured without authorization
淡化	dilution
淡化理论	dilution theory
商标淡化	trademark dilution
跨类保护	cross-class protection
特许经营	franchise

五、其他知识产权

不正当竞争	unfair competition
制止不正当竞争	repression of unfair competition
反不正当竞争法	anti-unfair competition law

经营者	operator
商业道德	business ethics
搭便车行为	free riding
混淆行为	acts of confusion
有一定影响的商品名称、包装、装潢	trade names, packaging and decorations with certain influence
虚假宣传	false propaganda
商业诋毁	trade libel
强制目标跳转	forced redirection
数据抓取	data scrapping
恶意不兼容	malicious incompatibility
垄断	monopoly
垄断行为	monopolistic behavior
相关市场	relevant market
市场支配地位	dominant market position
滥用市场支配地位	abuse of the dominant market position
搭售	tied selling
垄断协议	monopolization agreement
横向限制协议	horizontal restrictive agreement
纵向限制协议	ertical restrictive agreement
经营者集中	operator concentration
反垄断法	anti-trust law
商业秘密	trade secret
技术秘密	technical secret
技术信息	technical information
经营信息	business information
商业信息	commercial information
秘密性	confidentiality
保密措施	confidentiality measure
竞业限制	non-compete restriction
不为公众所知悉	unknown to the public
不可避免披露原则	inevitable disclosure doctrine
集成电路布图设计	lay-out design of integrated circuits
掩模作品	mask work
非常规设计	unconventional design
布图设计复制	reproduction of layout design
布图设计商业利用	commercial utilization of layout design
布图设计侵权	layout design infringement
动物和植物品种	animal and plant varieties

植物品种	varieties of plants
植物新品种	new varieties of plants
已知品种	varieties of common knowledge
实质性派生品种	essentially derived varieties
转基因植物品种	genetically modified plant varieties
种质资源	germplasm resources
繁殖材料	propagating material
品种权	variety right
植物品种权	plant variety right
农民权	farmers' right
特异性	specialty
一致性	homogeneity
稳定性	stability
适当的名称	appropriate denomination
假冒授权品种	counterfeit authorized varieties
企业名称	enterprise name
企业名称权	right of enterprise name
商号	trade name
商号权	right to a trade name
地理标志	geographical indication
原产地名称	appellation of origin
原产地标记	indication of origin
原产地域产品	products of appellation of origin
货源标记	indication of source
来源地标记	mark of geographical source
域名	domain name
域名系统	domain name system
顶级域名	top level domain name
二级域名	second-level domain name
三级域名	third-level domain name
中文域名	Chinese domain name
域名唯一性	uniqueness of domain name
域名在先原则	principle of domain name priority
恶意域名注册	bad faith registration of domain name
反向域名侵夺	reverse domain name hijacking
域名注册人	domain name registrant
域名持有人	domain name holder
域名使用权	right to use domain name
域名转让权	right to transfer domain name
域名变更权	right to change domain name

域名注销权	right to cancel domain name
域名争议解决机构	domain name dispute resolution organization
域名争议解决程序	domain name dispute resolution procedure
传统知识	traditional knowledge
传统技艺	traditional skills
非物质文化遗产	intangible cultural heritage
非物质文化遗产的传承性	transmission of intangible cultural heritage
非物质文化遗产知识产权	intellectual property of intangible cultural heritage

六、知识产权国际保护

知识产权国际保护	international protection of intellectual property
知识产权国际关系	international relations of intellectual property
全球知识产权治理	global intellectual property governance
知识产权国际公约	international conventions on intellectual property
国民待遇原则	principle of national treatment
最惠国待遇原则	most favored nation principle
互惠原则	principle of reciprocity
最低限度保护水平原则	principle of minimum protection standards
透明度原则	principle of transparency
独立保护原则	principle of independent protection
知识产权域外效力	extraterritoriality of intellectual property
知识产权冲突规范	conflict of laws in intellectual property
知识产权保护的准据法	applicable laws for intellectual property protection
国际知识产权争议	international intellectual property disputes
国际知识产权争议解决	international intellectual property dispute resolution
世界贸易组织	World Trade Organization (WTO)
世界知识产权组织	World Intellectual Property Organization (WIPO)
边境措施	border measures

附录二 主要知识产权国际公约名称中英文对照

《成立世界知识产权组织公约》
Convention Establishing the World Intellectual Property Organization
《保护工业产权巴黎公约》
Paris Convention for the Protection of Industrial Property
《关于集成电路的知识产权条约》
Treaty on Intellectual Property in Respect of Integrated Circuits
《国际植物新品种保护公约》
International Convention for the Protection of New Varieties of Plants
《与贸易有关的知识产权协议》
Agreement on Trade-Related Aspects of Intellectual Property Rights
《保护文学和艺术作品伯尔尼公约》
Berne Convention for the Protection of Literary and Artistic Works
《世界版权公约》
Universal Copyright Convention
《保护表演者、录音制品制作者和广播组织罗马公约》
Rome Convention for the Protection of Performers, Producers of Phonograms and Broadcasting Organizations
《关于播送由人造卫星传播载有节目信号布鲁塞尔公约》
Brussels Convention Relating to the Distribution of Programme-Carrying Signals Transmitted by Satellite
《保护录音制品制作者防止未经许可复制其录音制品公约》
Convention for the Protection of Producers of Phonograms Against Unauthorized Duplication of Their Phonograms
《视听作品国际登记条约》
Treaty on the International Registration of Audiovisual Works
《视听表演北京条约》
Beijing Treaty on Audiovisual Performances
《世界知识产权组织版权条约》
WIPO Copyright Treaty
《世界知识产权组织表演和录音制品条约》
WIPO Performances and Phonograms Treaty

《专利合作条约》
Patent Cooperation Treaty

《专利法条约》
Patent Law Treaty

《国际专利分类斯特拉斯堡协定》
Strasbourg Agreement Concerning the International Patent Classification

《工业品外观设计国际分类洛迦诺协定》
Locarno Agreement Establishing an International Classification for Industrial Designs

《国际承认用于专利程序的微生物保藏布达佩斯条约》
Budapest Treaty on the International Recognition of the Deposit of Microorganisms for the Purposes of Patent Procedure

《商标法新加坡条约》
Singapore Treaty on the Law of Trademarks

《商标法条约》
Trademark Law Treaty

《商标国际注册马德里协定》
Madrid Agreement Concerning the International Registration of Marks

《商标国际注册马德里协定有关议定书》
Protocol Relating to the Madrid Agreement Concerning the International Registration of Marks

《商标注册用商品和服务国际分类尼斯协定》
Nice Agreement Concerning the International Classification of Goods and Services for the Purposes of the Registration of Marks

《建立商标图形要素国际分类维也纳协定》
Vienna Agreement Establishing an International Classification of the Figurative Elements of Marks

《商标注册条约》
Trademark Registration Treaty

《制止商品来源虚假或欺骗性标记马德里协定》
Madrid Agreement for the Repression of False or Deceptive Indications of Source on Goods

《保护奥林匹克会徽内罗毕条约》
Nairobi Treaty on the Protection of the Olympic Symbol

《保护原产地名称及其国际注册里斯本协定》
Lisbon Agreement for the Protection of Appellations of Origin and their International Registration

《保护非物质文化遗产公约》
Convention for the Safeguarding of the Intangible Cultural Heritage

《科学发现国际登记日内瓦条约》
Geneva Treaty on the International Recording of Scientific Discoveries

《生物多样性公约》
Convention on Biological Diversity